CÔTE D'OR

Remington Norman

CÔTE D'OR

DIE GROSSEN WEINGÜTER IM HERZEN BURGUNDS

VORWORT VON
Michael Broadbent

DEUTSCH VON
Wolfgang Kissel

FOTOS VON
JANET PRICE UND GERALDINE NORMAN

Hallwag Verlag
BERN UND STUTTGART

Für Geraldine

Abkürzungen
Im Text und in den Tabellen werden folgende Abkürzungen benutzt:
BGO – *Bourgogne Grand Ordinaire*
Bourg. – *Bourgogne*
F – *Fermier*
GC – *Grand Cru*
hl/ha – *Hektoliter pro Hektar*
M – *Métayeur*
o. A. – *ohne Angabe*
P – *Propriétaire*
PC – *Premier Cru*
PTG – *Passetoutgrain*
R – *Regional-Appellation*
(R) – *(Rot)*
V – *Villages-Appellation*
(W) – *(Weiß)*

Erläuterungen zu den Tabellen
1. *Grands Crus:* An die Kapitel mit der allgemeinen Beschreibung einer Gemeinde, in deren Gemarkung wenigstens eine Grand-Cru-Lage fällt, ist eine Tabelle mit den Namen, der Fläche, der Anzahl von Miteigentümern und dem ungefähren Jahresertrag in Kisten für die betreffenden Grand-Cru-Lagen angefügt.

2. *Domänen:* Der Weinbergbesitz der näher beschriebenen Domänen ist jeweils am Ende des Kapitels tabellarisch zusammengefaßt. Die Tabellen beruhen auf Angaben der Domänen selbst und enthalten Gemarkung, Namen und Rang (Grand Cru, Premier Cru usw.) der jeweiligen Lagen, den Anteil der Domäne in Hektar, das Durchschnittsalter der Reben bzw. das Datum der Anpflanzung sowie die Besitz- bzw. Bewirtschaftungsform *(propriétaire, métayeur* oder *fermier)*.

Dabei ist zu berücksichtigen, daß eine als juristische Person existierende Domäne den Weinbergbesitz ihrer Gesellschafter in Pacht oder Halbpacht bewirtschaften kann, so daß die Angaben F bzw. M nicht unbedingt Hinweise auf Weinbergbesitz Dritter darstellen. Andererseits kann sich bei einer als *métayeur* arbeitenden Domäne der angegebene Weinbergbesitz auf die von der Domäne bewirtschaftete Gesamtfläche beziehen; steht in diesem Fall die Hälfte des Ertrags dem Grundbesitzer zu, dann gibt die Ertragsziffer nicht die eigene Produktion wieder. Im allgemeinen waren die Domänen gebeten worden, den Weinbergbesitz zu nennen, der ihrer eigenen Produktion zugrunde liegt.

Alle Angaben stammen aus dem Zeitraum zwischen Oktober 1990 und Februar 1991 sowie zwischen März und Oktober 1995.

Die englische Originalausgabe ist unter dem Titel *The Great Domaines of Burgundy* im Verlag Kyle Cathie Ltd, London (UK), erschienen.

© Text: Remington Norman, 1992, 1996
© Fotos: Janet Price, 1992, und Geraldine Norman, 1996
© Karten: Kyle Cathie Ltd, 1992, 1996
Buchgestaltung: Geoff Hayes
Karten: Eugene Fleury

© Deutsche Ausgabe: Hallwag AG, Bern, 1996
Lektorat: Eva Meyer
Umschlaggestaltung: Robert Buchmüller
Satz: Hallwag AG, Bern
Printed and bound in Great Britain
by Butler & Tanner Ltd, Frome and London

ISBN 3-444-10470-7

INHALT

Vorwort von
Michael Broadbent 7

Einführung 8

Marsannay-la-Côte 12
Bruno Clair 14
Philippe Naddef 15

Fixin 16
Pierre Gelin 17

Gevrey-Chambertin 18
Bachelet 20
Alain Burguet 21
Philippe Leclerc 22
Denis Mortet 23
Maume 24
Joseph Roty 26
Philippe Charlopin-Parizot 28
Serafin Père et Fils 29
Armand Rousseau 30
Louis Trapet 32
Damoy, Vachet-Rousseau 34
Dugat-Py, Sylvie Esmonin 35
Geantet-Pansiot,
Rossignol-Trapet 36
Harmand-Geoffroy,
Claude Dugat,
Frédéric Esmonin 37

Morey-St-Denis 38
Dujac 40
Hubert Lignier 43
Robert Groffier 44
Clos des Lambrays 46
Ponsot 48
Clos de Tart 50
Perrot-Minot 51

Chambolle-Musigny 52
Barthod-Noëllat 54
Georges Roumier 55
Amiot-Servelle 58
Jacques-Frédéric Mugnier 60
Comte Georges de Vogüé 62

Vougeot 64
Bertagna 66
Georges Clerget 67
Alain Hudelot-Noëllat 68

Vosne-Romanée und
Flagey-Echézeaux 70
Robert Arnoux,
A. und F. Gros 72
Sylvain Cathiard,
Clavelier-Brosson 73
Forey Père et Fils,
Emmanuel Rouget 74
René Engel 75
Confuron-Cotétidot 76
Jean Grivot 78
Jean Tardy 81
Jean Gros 82
Lamarche 84
Méo-Camuzet 86
Mugneret-Gibourg 88
de la Romanée-Conti 90

Nuits-St-Georges und
Prémeaux-Prissey 94
de l'Arlot 96
Daniel Bocquenet 98
Michel Chevillon 99
Chopin-Groffier 100
Jean-Jacques Confuron 101
Robert Chevillon 102
Faiveley 104
Henri Gouges 106
Machard de Gramont 108
Alain Michelot 110
Fernand Lecheneaut et Fils 112
Thomas-Moillard 113
Prieuré-Roch 114
Remoriquet 114
Daniel Rion 115

Aloxe-Corton und
Ladoix-Serrigny 116
Daniel Senard 118
Jayer-Gilles 120
Prince Florent de Mérode 121

Pernand-Vergelesses 122
Bonneau du Martray 124
Dubreuil-Fontaine 126

Savigny-lès-Beaune 128
Simon Bize et Fils 130
Capron-Charcousset 132
Girard-Vollot 133
Chandon de Briailles 134
Maurice Ecard 136
Jean-Marc Pavelot 137

Chorey-lès-Beaune 138
Tollot-Beaut et Fils 140
Jacques Germain 142

Beaune 144
Joseph Drouhin 146
Louis Jadot 148
Champy et Cie 151
Louis Latour 152
Albert Morot 154

Pommard 156
Clos des Epeneaux 158
Jean-Marc Boillot 160
Anne-Françoise Gros/
Parent 161
de Courcel 162
Michel Gaunoux 163
Le Royer-Girardin 164

Volnay 166
Marquis d'Angerville 168
Michel Lafarge 170
de Montille 172
Bitouzet-Prieur 174
de la Pousse d'Or 175

Monthélie 176
Château de Monthélie 178
Monthélie-Douhairet 180
Darviot-Perrin 181

Auxey-Duresses 182
Jean Pierre Diconne 184
Leroy 186

Meursault 188
Robert Ampeau et Fils 190
Coche-Bizouard 192
Michel Bouzereau 193
Coche-Dury 194
des Comtes Lafon 196
Jacques Prieur 199
François Jobard 200
Joseph et Pierre Matrot 202
Michelot-Buisson 203
Pierre Morey 204
Rougeot 206
Guy Roulot 208

Puligny-Montrachet 210
Louis Carillon et Fils 212
Jean Chartron 214
Gérard Chavy et Fils 215
Leflaive 216
Etienne Sauzet 220

Chassagne-Montrachet 222
Blain-Gagnard 224
Colin-Deleger 225
Jean-Noël Gagnard 226
Gagnard-Delagrange 228
Jean-Marc Morey 229
Bernard Morey 230
Fernand Pillot 232
Michel Morey-Coffinet 233
Ramonet 234

St-Aubin 236
Hubert Lamy 238
Gérard Thomas 239

Santenay und Remigny 240
Adrien Belland 242
Vincent Girardin 244

Appellationen,
Qualitätskontrolle 246
Klima und Kleinklima an der
Côte d'Or 248
Geheimnis Boden 250
Pinot Noir 252
Chardonnay 253
Wahl des Pflanzguts 254
Pflege der Reben 256
Faßholz und sein Gebrauch 258
Rotweinbereitung 260
Weißweinbereitung 262
Guy Accad 264
Henri Jayer 265
Vom Winzer zum Verbraucher –
Vertriebswege 266
Burgunder kaufen und
genießen 268
Das Degustieren 270
Jahrgänge 1971–1995 273

Glossar 281

Maße und Gewichte 283

Index 284

Bibliographie 288

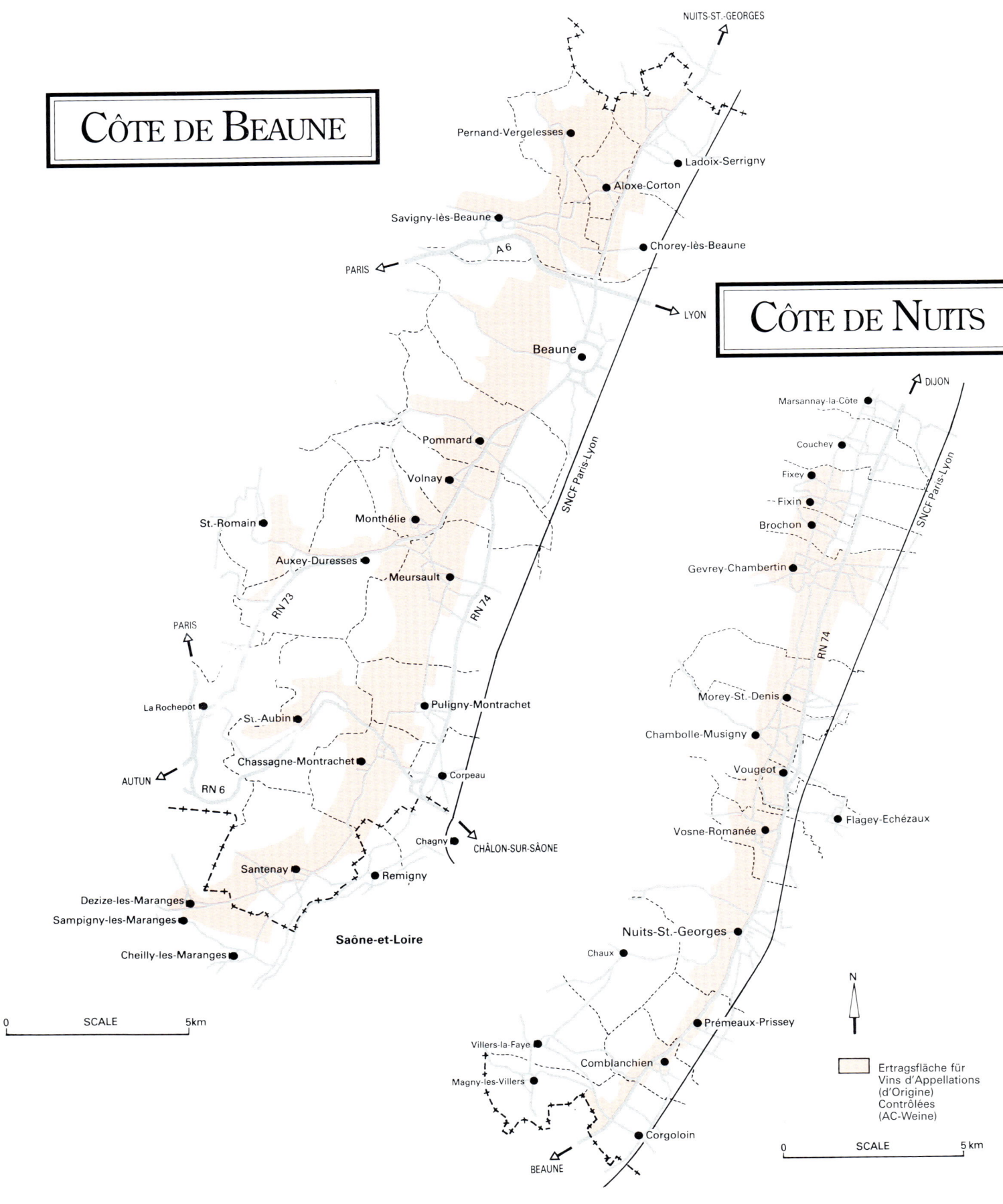

VORWORT

Es gibt keinen herzerwärmenderen Anblick als die nahezu unterbrochene Rebenkulisse auf den unteren Hängen der Côte d'Or. Fährt man in aller Muße, doch auch mit aller Vorsicht (die RN74 ist für ihre Tücken bekannt) von Dijon nach Beaune, dann passiert man Ortsschilder, die sich aneinandergereiht wie ein Namensappell der betörendsten Rotweine der Welt ausnehmen: Chambolle-Musigny, Vougeot, Vosne-Romanée... Die Weinberge selbst zeigen sich als rhythmisch schwingendes Bild paralleler Linien im Braun des Winters, im lichten Hellgrün des Frühjahrs und Frühsommers, im üppigen Grün des Septembers und schließlich, nach der Lese, in herbstlichem Rotgold – ein weitläufiger Park, der doch eigentlich aus einer Reihe kostbarer Privatgrundstücke besteht.

Auch über das alte, mauerumgürtete Beaune hinaus dehnen sich die Weinberge; nach rechts jedoch weitet sich der Blick, die Hauptstraße führt nicht mehr so dicht unter den Hängen entlang. Doch die Rebzeilen nehmen kein Ende, und die Liste berühmter Ortsnamen setzt sich fort: Pommard, Volnay, Meursault, Puligny, Chassagne...

In diesen Orten leben die Winzer und arbeiten in ihren Kellern. Hier ist alles ganz anders als in Bordeaux. Im Bordelais, insbesondere im Médoc, ist jedes Weingut fest in sich geschlossen, jedes hat sein Château und seinen Chai mitten auf dem eigenen Grund, jeder Weinberg ist fest in einer einzigen Hand, ob der Besitzer dort oder woanders lebt. In Burgund gibt es nichts, was mit den Châteaux von Bordeaux vergleichbar wäre. Der Begriff «Domäne» ist als Besitzbezeichnung nebulöser. Dahinter steckt meist ein Familienbetrieb – vielleicht aber auch eine «Société Anonyme» – mit verstreuten, individuell gepflegten Weinbergparzellen, manchmal nur ein paar Rebzeilen, und höchst individuell bereiteten Weinen.

Der Mann, der mich vor fast einem halben Jahrhundert mit feinem Wein bekannt machte, antwortete auf die Frage, was den Unterschied zwischen Bordeaux und Burgund ausmache, «rund 400 Meilen» – der wahre Unterschied war zu vielschichtig, als daß er ihn hätte erläutern mögen. Es sind verschiedene Welten: anderes Klima – hier maritim, dort kontinental –, anderer Boden, andere Rebsorten und vor allem andere Menschen. Meinem Gefühl nach sind die Menschen in Burgund dem Boden näher. Schon mit einem Schritt gelangt man vom Ortsrand in die Weinberge, ja selbst vom Zentrum der schönen, alten, reichen Stadt Beaune aus erreicht man sie zu Fuß in ein paar Minuten.

In Burgund ist der Name des Winzers ebenso wichtig wie die Weinberglagen, die er pflegt, ganz gleich, wie «grand» ein Grand Cru auch sein mag. Die Menschen und ihre «domaines» bilden den Schlüssel zu Burgund und das Thema dieses Buchs. Noch heute ist nicht jedermann gegenwärtig, daß ein himmelweiter Unterschied im Stil und in der Qualität zwischen dem einen Nuits-St-Georges – oder Pommard oder Meursault – und einem anderen bestehen kann; der Kenner weiß freilich, daß die Weine von Reben, die in der gleichen, aber doch mehrfach unterteilten Einzellage wachsen, sich deutlich voneinander unterscheiden können. In diesem Buch ist erklärt, woher das kommt.

Es gibt auf der ganzen Welt keinen ebenso erhebenden Wein wie den Burgunder: eine reiche «Robe», ein intensives Bukett, ein samtener Strom, der sich im Mund ausbreitet und Kopf und Herz umspült und überflutet. Ein solcher Wein entsteht nicht von selbst. Er wird bereitet von Individuen, standhaften Charakteren, die mit Hingabe den besten Wein erzeugen, den ihre sorgsam behüteten Reben hergeben können, wenn die unberechenbare Wachstumssaison zu Ende ist. Burgunder ist leicht zu trinken, bestechend leicht zu kritisieren und teuflisch schwer zu produzieren.

Und nun zum Autor. Remington Norman ist kein Neuling beim Thema Wein. Er ist Master of Wine und kann auf ein Leben im Weinhandel zurückblicken. Er sammelte in London vor allem im Fachhandel über lange Zeit hinweg Erfahrung mit Weinen aus Burgund, aber auch aus dem Elsaß und dem Rhonetal, wo er für seine anspruchsvollen Kunden die echten Kostbarkeiten aus der Masse der von Importeuren und Négociants hochgepriesenen, mehr oder minder vertrauten Namen herausfischte. Es trieb ihn mit Macht dazu, die Weinorte Burgunds zu durchforschen, lange Gespräche mit den Winzern zu führen, ihre Methoden zu studieren und aus erster Hand zu erfahren, wer am Fuß der «goldenen Hänge» den besten und den echtesten Wein hervorbringt.

Remington Norman vereint die Seele eines Künstlers mit dem nüchternen Verstand des Geschäftsmanns und einem wißbegierigen Geist. Kein anderes Buch über Burgund setzt sich so gründlich und verständlich mit der Philosophie und den Techniken der einzelnen Winzer und Kellermeister auseinander. Er schreibt klar, unprätentiös und mit Autorität. Was er herausgearbeitet und beschrieben hat, wird unser Verständnis und unser Wissen über einen der komplexesten und in Bestform unübertroffenen Weine der Welt ungemein erweitern. Es ist für mich nicht im geringsten eine Überraschung, daß sein Buch bei der Kritik viel Anklang gefunden und mit gutem Recht Auszeichnungen errungen hat. Alle, vom Erzeuger bis zum Verbraucher, profitieren von Remington Normans einmaliger Sichtweise. Er ermöglicht es uns, den Burgunder mit neuen Augen zu sehen und ihn mit größerem Verständnis und erneuerter Freude zu genießen.

Michael Broadbent

EINFÜHRUNG

Von allen großen Weinbauregionen der Welt gilt Burgund als eine der undurchsichtigsten. Der Grund liegt sowohl im Eindruck der Unberechenbarkeit – kaum jemals scheint eine Flasche einer anderen derselben Appellation im Geschmack zu gleichen – als auch im Gefühl, nur allzu oft stehe der Preis in keinem erkennbaren Verhältnis zur Qualität. Nimmt man hinzu, wie schwer es ist, sich im Wirrwarr der Appellationen, der Lagen- und Winzernamen zurechtzufinden, dann ist es kaum verwunderlich, daß viele Liebhaber und Profis sich nicht der scheinbar vergeblichen Mühe unterziehen, tiefer in die Materie einzudringen. Selbst routinierte Weinliebhaber schrecken vor einer längeren Reihe von Burgundern im Ladenregal oder auf der Weinkarte zurück und wenden sich lieber den berechenbareren Attraktionen von Bordeaux zu, um kostspieligen Enttäuschungen aus dem Weg zu gehen. Oft möchten Restaurantbesitzer und Weinkaufleute zwar gern mehr erfahren, wissen aber nicht, wo sie beginnen sollen.

Alles das ist bedauerlich, aber verständlich. Zweifellos ist Burgund im Nachteil gegenüber Bordeaux, das sich mit seiner geradlinigen Struktur leicht faßlicher Appellationen und einer relativ geringen Zahl großer Weingüter klarer darstellt. Dort verleiht die Kenntnis der Appellation und des Weinguts ein Maß an Sicherheit, das in Burgund fehlt.

Unnötigerweise hat sich Burgund aber auch selbst dadurch geschadet, daß es seinen guten Namen für allzuviel mittelmäßigen Wein hergegeben hat. Schlechte Qualität verwischt die Unterschiede zwischen den Appellationen und läßt Wein aus der einen Gemeinde ebenso schmecken wie Wein aus einer anderen, und wenn ein Grand Cru dünner und magerer schmeckt als ein weit billigerer Villages-Wein, dann gerät die Glaubwürdigkeit der Rangordnung ins Wanken, und das Image der ganzen Region bekommt Risse. Ein paar dürftige Weine genügen schon, um beim verwirrten Verbraucher Zweifel aufkommen zu lassen, ob denn ein Vosne-Romanée wirklich anders ist als ein Vougeot oder Volnay und ob der Name des Winzers wirklich etwas besagt. Nur zu nahe liegt da der Schluß, daß die Appellationen Unterscheidungen ohne Unterschiede darstellen.

Die Unberechenbarkeit läßt aber nicht nur Zweifel am Sinn des Appellationssystems, sondern grundsätzlich die Frage aufkommen, was denn am Burgunder so viel Aufmerksamkeit wert sei und ob es die opulenten, sinnebetörenden Weine, von denen man so oft liest, tatsächlich gibt, oder ob sie nur der ausschweifenden Phantasie von Weinbuchautoren entspringen.

Kein Wunder, daß so mancher die Suche nach einem heiligen Gral, der sich jedem Zugriff derart entzieht, schließlich aufgibt; wer dennoch bei der Stange bleibt, beschränkt sich oft auf eine einzige Quelle, mit der er einmal gute Erfahrungen gemacht hat. Beide verpassen das Beste am Burgunder.

Zum Glück aber gibt es die großen Burgunder noch – und nicht nur bei einigen wenigen für ihre ungeheuerlichen Preise berühmten Domänen. Trotz seiner offenkundigen Komplexität ist Burgund nämlich nicht wirklich kompliziert. Um diese Region verstehen zu können, muß man sich freilich in ihre Struktur und ihr außergewöhnlich vielschichtiges Produktionssystem vertiefen.

Das Ziel dieses Buchs ist es, Burgund zu entmystifizieren und allen, die den Mut verloren haben, neues Selbstvertrauen zu geben. Betrachtet man diese großartigste aller Weinbauregionen unter der Perspektive der Gebilde, die für die Qualität entscheidend sind – die Domänen nämlich –, dann kann man die wahre Magie ihrer Weine von den verschlungenen Strukturen trennen, die ihrer Definition zugrunde liegen.

Im folgenden soll hier der Aufbau dieses Buchs dargelegt, die Struktur der Côte d'Or beschrieben und die Grundlage erläutert werden, auf denen die Auswahl der hier vorgestellten 131 Domänen beruht. Zum Schluß werden noch die neueren Trends umrissen, die Burgund in einen modernen Kontext stellen.

Umfang

Das Weinbaugebiet Burgund erstreckt sich über weite Teile Ostfrankreichs – von Chablis im Norden über die Côte d'Or, die Côte Chalonnaise, das Mâconnais bis zum Beaujolais im Süden. Ein so großes Gebiet würde freilich diesen Band sprengen, daher ist sein Umfang auf das Herzstück Burgunds, die Côte d'Or, beschränkt. Hier liegen auf einem gerade 55 km langen Streifen zwischen Dijon und Santenay die weltberühmten Weinorte und -lagen, aus denen die feinsten Weine der Region stammen.

Die Côte d'Or wird im folgenden aus drei verschiedenen Perspektiven beleuchtet. Zunächst werden die feinsten Domänen und die zu ihnen gehörenden Menschen beschrieben. Es wird berichtet, wie sie ihre Arbeit in Weinberg und Keller anpacken und woran es liegt, daß manche Domänen beständig Besseres leisten als andere. Daneben steht jeweils ein kurzer Abriß über die bedeutendsten Weinorte an der Côte – ihre Geschichte, ihre Weine und vor allem ihre Weinlagen. Die dazugehörigen Karten sollen einen Eindruck davon vermitteln, wie sich die einzelnen Orte in das Gesamtbild der Côte einfügen. Schließlich werden in einem besonderen Abschnitt als Hintergrundinformationen Weinbau und Kellertechnik in großen Zügen geschildert und Betrachtungen zum Einkauf, Degustieren und Genießen feiner Burgunder angestellt, gefolgt von einer Übersicht über die Weinjahrgänge von 1971 bis 1995. Es wird darauf eingegangen, warum das Degustieren, so wichtig es an sich auch sein mag, doch nur ein Teilaspekt der wahren Würdigung des Weins ist – es gehört auch Verständnis für seine Entstehung und für die vielen Faktoren dazu, die zu seiner Qualität beitragen. Am Ende steht ein Glossar, in dem Begriffe erläutert sind, die im Text in Kursivdruck erscheinen.

In diesem Buch habe ich mich bemüht, meinem Leser, wie er mir vorschwebt, gerecht zu werden, der – ob Amateur oder Profi – Burgund und seinen Wein besser kennen- und verstehenlernen möchte. Soll es bleibenden Wert behalten, dann sind in gewissem Umfang technische Erläuterungen nicht zu vermeiden. Ich habe mich dabei so kurz wie möglich gefaßt, ohne jedoch wichtige Details zu vernachlässigen.

Die Struktur der Côte d'Or

Die Côte unterteilt sich in 28 Gemeinden, d. h. Gemarkungen. Das nördliche Teilstück von Marsannay bis Corgoloin wird nach der Stadt Nuits-St-Georges als Côte de Nuits bezeichnet; der südlich anschließende Teil von Ladoix-Serrigny bis Santenay heißt Côte de Beaune nach der Stadt Beaune.

Um jeden Ort herum erstreckt sich eine – wie aus den Karten ersichtlich wird – relativ kleine Rebfläche; sie ist in viele einzelne, genauestens ausgemessene Weinberglagen aufgeteilt, deren für den Außenstehenden oft kaum erkennbare Grenzen präzise registriert sind. Mit ganz wenigen Ausnahmen sind diese Weinberglagen auf viele verschiedene Winzer verteilt, die jeweils nur wenige Rebstöcke ihr eigen nennen. Beispielsweise ist die Lage Bâtard-Montrachet unter 49 Besitzern, der Clos de Vougeot sogar unter deren 82 aufgesplittert. Theoretisch wäre es also möglich, jedes Jahr 49 Flaschen Wein aus der einen und 82 aus der anderen Lage nebeneinanderzustellen, jede mit dem Namen eines anderen Erzeugers auf dem Etikett. Diese vielen Fla-

EINFÜHRUNG

schen wären sich im Geschmack zwar recht ähnlich, das aber würde in den Qualitätsunterschieden, die aus dem unterschiedlichen Können der einzelnen Winzer resultieren, untergehen. Bei solcher Zersplitterung werden alle Parallelen mit Bordeaux zunichte: Dort gibt es nur einen 1995er Château Latour, während es ebenso viele 1995er Bâtards bzw. Clos de Vougeots geben kann wie Teilhaber an diesen Lagen. Es ist diese Vielfalt, die den Burgunder so frustrierend und zugleich so faszinierend macht.

Das Können des Winzers ist jedoch nicht allein entscheidend für die Qualität des Burgunders. Auch die Weinberglagen selbst weisen unterschiedliches Qualitätspotential auf. Das drückt sich im System der Appellations Contrôlées aus, in dem jede Lage in die Kategorien Régional, Villages, Premier Cru bzw. Grand Cru eingeordnet ist (siehe Seite 246).

Zu den Unterschieden bei Weinberglagen und Erzeugern kommen dann noch bedeutende Unterschiede im Stil (meist aufgrund der Bodenbeschaffenheit) zwischen den Weinen der einzelnen Gemeinden. So dürfte ein Volnay Premier Cru meist besser sein als ein Volnay-Villages, beide aber sind im Charakter wiederum ganz anders als die Weine aus dem Nachbarort Pommard. Das Schema ist also komplex, jedoch logisch.

Die Einzelbesitzungen sind klein und bestehen oft nur aus einem Bruchteil eines Hektars in einem Weinberg. Um einigermaßen rentabel arbeiten zu können, muß ein Winzer oder eine Domäne über Besitzanteile an vielen Lagen verfügen: hier ein paar Zeilen, dort ein halber Hektar usw., und zwar nicht nur im Heimatort, sondern oft weit verstreut und in mehreren Qualitätskategorien. Der Wein aus jeder Appellation muß getrennt bereitet und abgefüllt werden. Auch das steht im Gegensatz zu Bordeaux, wo jedes Château einige größere Anteile an einer einzigen Appellation besitzt, die dann in einem, höchstens aber in zwei Weinen zusammenfließen.

An der Côte d'Or steht der Interessent deshalb vor einer unvergleichlich vielfältigeren Auswahl – Wein aus 28 Gemeinden, vier Qualitätsstufen, zahllosen Einzellagen und von einigen tausend Erzeugern. Zum Glück braucht man davon nicht einmal einen Bruchteil auf Anhieb zu kennen. Wenn man besseren als nur durchschnittlichen Burgunder sucht, genügt es schon, sich an eine relativ kleine Zahl von Weingütern zu halten, bei denen Qualität absoluten Vorrang hat. Die Unterschiede zwischen den Domänen sind beträchtlich: Manche bringen beständig herrlichen Wein hervor, anderen gelingt hie und da Exzellentes, und um wieder andere macht man am besten einen großen Bogen.

Aufgrund der Zersplitterung der Côte geht aus den vielen kleinen Einzelbesitzungen jeweils eine Vielzahl von Weinen von der einfachen Appellation régionale bis zum Grand Cru hervor. Der Name des Erzeugers ist dabei der verläßlichste Indikator für Qualität. Er hat sogar höheren Stellenwert als die Lage oder der Jahrgang. Der Winzer bzw. die Domäne bildet also den Schlüssel, der das Tor zu Burgund aufschließt.

Auswahl

Es war keine leichte Aufgabe, aus der Vielzahl der Domänen an der Côte rund 130 auszuwählen. Die Grundlagen hierfür bedürfen daher der Erläuterung und – da man es mit keinem Auswahlverfahren allen recht machen kann – wohl auch der Begründung.

So beruht die Auswahl auf echtem Verdienst und nicht auf Landbesitz oder Reputation – ein reichliches Werbebudget und der damit zusammenhängende Bekanntheitsgrad bürgen nicht immer für Qualität. Bei der Entscheidung, wer in dieses Buch aufgenommen werden soll, habe ich mich von zwei Haupterwägungen leiten lassen: zuerst absolute Qualität – d. h. die Fähigkeit, innerhalb der jeweiligen Klasse besonders Feines zu produzieren – und zweitens Beständigkeit – d. h. jene Jahr für Jahr erneut bewiesene Klasse, die schließlich die Überzeugung vermittelt, daß keine Flasche aus der betreffenden Domäne, gleich welcher Appellation oder welchen Jahrgangs, jemals enttäuschen wird. Die hier beschriebenen Domänen erfüllen diese beiden Kriterien.

Obgleich dieses Buch also der Crème de la crème gewidmet ist, soll es nicht einfach nur ihr Lob singen. Es gibt einige, oft sogar international bekannte Domänen, die immer wieder recht dürftige Weine hervorbringen. Manche erkennen das selbst und streben nach Verbesserung, andere dagegen kümmern sich nicht darum, solange ihre mittelmäßigen Grands und Premiers Crus reichen Gewinn abwerfen. In den Grenzen der Fairneß soll auf solche Gleichgültigkeit hingewiesen werden, die übrigens den Keim des Niedergangs in sich trägt, weil immer mehr qualitätsbewußte Abnehmer sich gegen exorbitante Preisforderungen für dürftige Produkte sträuben.

Nun ist es relativ leicht, aus guten Lagen in schönen Jahren achtbaren Wein zu produzieren; erst in der Bewältigung ungünstiger Voraussetzungen scheidet sich die Spreu vom Weizen. Freilich darf man nicht vergessen, daß auch die großartigsten Erzeuger nicht vor Fehlern, manchmal sogar Katastrophen, gefeit sind. Allerdings sind sie die ersten, die einen Mißgriff eingestehen und aus ihren Mißerfolgen die Motivation für weitere Bemühungen um bessere Leistungen beziehen.

Für dieses Buch wurden über 150 Domänen besucht, um deren geschichtliche Entwicklung in Erfahrung zu bringen, ihre Praktiken in Weinberg und Keller kennenzulernen und ihre Weine möglichst eingehend zu degustieren – die jüngeren Jahrgänge wurden an Ort und Stelle verkostet, Proben des Jahrgangs 1992 wurden zur weiteren vergleichenden Begutachtung mit nach London genommen. Aus der Gesamtzahl schälten sich nach und nach die 131 Domänen heraus, die in das Buch aufgenommen worden sind.

Leider zeigten sich einige Winzer nicht zur Mitarbeit geneigt, z. B. Engel, Pernin-Rossin und Jean Mongeard in Vosne sowie Ramonet in Chassagne. Meine Beurteilung ihrer Domänen beruht auf der Verkostung jüngerer Jahrgänge.

Die Hospices de Beaune habe ich absichtlich ausgelassen, da ihr Wein auf der berühmten Auktion im November in alle Winde verweht wird und dadurch seine Identität einbüßt. Der talentierte André Porcheret ist jedoch hier wieder am Ruder, man munkelt von Domänenabfüllungen – vielleicht stehen Veränderungen bevor. Auch Domänen, deren Weine üblicherweise von anderen produziert werden, z. B. Baron Thenard und Duc de Magenta, habe ich nicht aufgenommen.

Von vornherein sollte die Côte d'Or in ihrer Gesamtheit repräsentiert sein, das aber geschah ohne Rücksicht darauf, wie die Verteilung auf die einzelnen Gemeinden ausfiel – es wurde also nichts zurechtgerückt, nur damit jede Gemeinde mit der gleichen Anzahl Domänen vertreten wäre.

Noch einige weitere Faktoren verdienen Erwähnung. So gilt es seit jeher als ausgemacht, daß aus bestimmten Gemeinden bessere Weine kommen als aus anderen; beispielsweise rangiert Volnay vor Monthélie, Puligny vor St-Aubin – es liegt einfach am *terroir*. Schon ein nur mäßig gutes Puligny Premier Cru stellt jedes St-Aubin Premier Cru in den Schatten. Ich habe bei der Beurteilung der Domänen derartige naturgegebene Stärken und Schwächen berücksichtigt.

Auch wurde keine Rangordnung der Domänen aufgestellt – ich glaube, eine solche wäre unzweckmäßig in diesem Land, wo jedes Weingut jedes Jahr eine ganze Anzahl verschiedener Weine produziert. Auch die Länge der Beschreibung soll nicht als Hinweis auf den Status verstanden werden – manche Vignerons sind entweder innovativer oder aber mitteilsamer als andere. Überdies soll nicht der Eindruck entstehen, daß alle Domänen, die in diesem Buch nicht vorgestellt werden, keinen guten Wein hervorzubringen imstande wären. Die hier getroffene Auswahl beschränkt sich ganz einfach auf das Feinste, was die Côte zu bieten hat; daneben gibt es noch viele weitere Domänen mit exzellenten Weinen, nur daß sie eben nicht mit zur obersten Spitze gehören.

Schließlich ist es auch eine Frage des persönlichen Urteils, ob man eine Domäne oder einen Wein als groß und nicht nur als gut einstuft. Bei allem Bemühen bleiben bei einer so individuellen Auswahl Ungereimtheiten nicht aus. Ich hoffe, es sind nur wenige, und bitte alle, die sich ungerecht behandelt fühlen, in Anbetracht der schwierigen Sachlage Nachsicht mit mir zu üben.

Neue (erfreuliche) Trends

An der Côte d'Or trifft man auf viele eigenwillige Persönlichkeiten mit ausgeprägten Ansichten darüber, was guter Wein ist und wie man ihn produziert. Sie lassen sich in ihren tief verwurzelten Überzeugungen nicht leicht beirren. Dennoch ist in den letzten Jahren im großen und ganzen in Burgund und mit dem Burgunder einiges vor sich gegangen – nicht gerade Umwälzungen, aber doch erfreuliche Entwicklungen zu allgemein besserer Qualität.

Die bedeutsamste Veränderung ist in der Mentalität der Winzer eingetreten – die Einsicht nämlich, daß mehr Offenheit nicht schadet, sondern nützt. Die alte Garde tritt allmählich die Führung an eine jüngere, beruflich besser ausgebildete Generation ab, die daran gewöhnt ist, mit Freunden über Weinbauprobleme zu diskutieren und deren Weine gemeinsam mit ihnen kritisch zu würdigen. Das war noch nach dem letzten Krieg völlig unüblich; damals machte jeder seinen Wein hinter verschlossenen Türen und blieb sich und seinen Fehlern, von denen möglichst niemand etwas merken sollte, allein überlassen.

Der neue Trend hat sich als Folge eines höheren technologischen Wissensstands und einer besseren Beherrschung der Weinbereitung eingestellt. Inzwischen verfügen selbst kleinere Weingüter über die Kenntnisse und die technischen Mittel, um ihre jeweils eigenen Ideen umzusetzen. Ältere Winzer sprechen noch gern von «Tradition», obwohl vieles, was dafür ausgegeben wird, nur sklavisches Festhalten an antiquierten Praktiken ist, die sich früher hinlänglich bewährt hatten oder für die es einfach keine Alternative gab. Nachdem inzwischen die Wissenschaft den Winzern, die es wissen wollen, sagt, was sie auf welche Weise erreichen können, wird Tradition durch Flexibilität – die Bereitschaft, den Weinbereitungsprozeß an den Charakter des Jahrgangs anzupassen – ersetzt und die über Generationen hinweg angesammelte dogmatische Last, wenn auch mit gewissem nostalgischem Bedauern, allmählich abgeworfen.

Auch verbreitet sich die Einsicht, daß Qualität sich auszahlt; auf dem verlockend großen internationalen Markt umwerben immer mehr exzellente Weine aus aller Welt mit attraktiven Preisen den Verbraucher, und klar denkende Winzer passen sich diesem Trend an. Sie sind bereit, durch Abstufung mäßig ausgefallener Weine kurzfristig Opfer zu bringen, die Lese spät vorzunehmen und die Erträge einzuschränken und schließlich die Weinbereitungstechnik auf Konzentration und Qualität abzustellen. Es ist ihnen klar, daß die langfristigen Vorteile solchen Verhaltens jeden unmittelbar erzielbaren pekuniären Gewinn weit übersteigen. Ein Erzeuger, der anerkanntermaßen keine Kompromisse in der Weinqualität eingeht, kann sich höhere Preisforderungen leisten, ohne Absatzschwierigkeiten befürchten zu müssen.

In dem Maß, wie immer mehr Erzeuger gute Qualität hervorbringen, erkennen sie auch die finanziellen Vorteile, die mit der Vermarktung der eigenen Weine gegenüber dem faßweisen Verkauf an den Handel verbunden sind. Die großen Handelshäuser in Beaune und Nuits, die bis in die 1970er Jahre hinein praktisch Burgund beherrschten, sehen infolgedessen ihre bisherigen Quellen versiegen und versuchen nun durch den Erwerb von Weinbergen verläßliche Weine in guter Qualität zu sichern. Weniger qualitätsbewußte Händler begnügen sich mit der Belieferung des Marktsektors, auf dem vor allem der Preis zählt. Daraus ergibt sich eine Polarisierung des Markts, wobei sich der seriöse Sektor auf die besseren Domänen konzentriert, für de-

ren Wein der Verbraucher höhere Preise zu zahlen bereit ist.

Diese Entwicklung hat großen Wohlstand mit sich gebracht, von dem für die jüngere Generation ein starker Anreiz ausgeht, entweder alten Familienbesitz zu übernehmen oder neue Betriebe zu gründen. In den alteingesessenen Domänen sind Eltern und Großeltern eher bereit, an ihre Nachfolger zu übergeben, und die ehemalige Einstellung, «Patron bis zum Lebensende» bleiben zu wollen, ist im Schwinden begriffen.

Neue (unerfreuliche) Trends

Doch nicht alle neuen Trends sind gut. Mancher Winzer, der seinen kleinen Betrieb mit Hilfe seiner Frau und einiger Hilfskräfte zu führen versucht, fühlt sich von einer wachsenden Verwaltungslast erdrückt. Der Faßverkauf von einst war eine einfache Sache – eine Rechnung, ein paar Appellationszertifikate, mehr war nicht nötig. Heute muß jede verkaufte Flasche belegt werden, und man muß sich um viele Kunden kümmern, viele Anfragen beantworten ...

Der allerschlimmste Schlag für die Côte ist in letzter Zeit jedoch der starke Anstieg der Grundstückspreise infolge der großen Nachfrage nach dem wenigen guten Weinbergland, das überhaupt zum Verkauf steht. Versicherungsgesellschaften und Banken bieten insbesondere für Premier- und Grand-Cru-Lagen Unsummen, die in keinem Verhältnis zu der heute mit 1–2 % des Kapitalwerts angesetzten Rendite stehen. Für das Einkommen des kleinen Winzers hat das, obwohl er auf dem Papier ein Vermögen von mehreren Millionen Francs besitzt, keinen praktischen Nutzen.

Auswirkungen haben diese überzogenen Wertverhältnisse lediglich auf die Erbschafts- und Vermögenssteuern. So mancher Todesfall bringt die Erben in größte Bedrängnis, weil sie nicht über genügend Bargeld für die Steuer auf den hohen Vermögenswert verfügen, so daß ihnen nichts anderes übrigbleibt, als einen Teil des Familienbesitzes zu verkaufen.

Bei der Vermögenssteuer fällt in Frankreich nicht nur der hohe Grundstückswert, sondern auch der Wert der Betriebsvorräte ins Gewicht. Das wirkt auf zwei Arten dem Qualitätsstreben entgegen: Je weniger Barmittel einem Winzer zur Verfügung stehen, desto mehr ist er bestrebt, auf kurzem Weg dazu zu gelangen, und da er auf die Weinbestände in seinem Keller Steuern zahlen muß, ist er auch eher bereit, früh trinkreifen, also früh verkäuflichen Wein zu produzieren.

Überdies bestimmt das im Code Napoléon festgelegte Erbrecht, daß aller Besitz, also auch Landbesitz, unter den direkten Nachkommen gleichmäßig aufgeteilt werden muß. Das führt zu einer Zersplitterung der Weingüter, sofern die Erben nicht bereit sind, ihre Anteile in einen gemeinsamen Betrieb einzubringen.

Viele Winzer stellen ihre Betriebe auf eine Gesellschaftsgrundlage und schaffen dadurch einen gewissen Puffer gegen übermäßige Besteuerung und Zersplitterung, weil hierbei nur die jeweiligen Anteile bewertet werden bzw. den Besitzer wechseln. Nichtsdestoweniger muß der Staat hier Wandel schaffen, wenn die Vignerons intakte Betriebe behalten sollen und dieses wertvolle Weinbauland nicht in die Hände ortsfremder Banken und Versicherungen fallen soll, deren oberstes Ziel wohl kaum immer die Erzeugung feiner Weine sein dürfte.

Auf den Verbraucher wirkt sich vor allem aus, daß die Bereitschaft zur Produktion überzogener, unmäßig mit Eichenholz traktierter, überkonzentrierter Rotweine wächst. Dieser vorwiegend durch stark auf betonte Frucht versessene Publizisten aus den USA ausgelöste Trend verführte leichtgläubige Vignerons durch die Aussicht auf lukrativen Auslandsabsatz dazu, ihr instinktives Gefühl für die Pinot-Noir-Traube hintanzustellen, wobei gelegentlich Monstrositäten entstanden, die mit wahrem Burgunder nichts zu tun hatten. Die Unbeständigkeit des amerikanischen Markts hat zum Glück so manchen wieder auf den Boden der Vernunft zurückgebracht, während viele andere sich zum Glück gar nicht erst auf solche Experimente eingelassen haben.

Kellertechnische Philosophien
Wie der Kellermeister an die Aufgabe, Wein zu bereiten, herangeht, hängt davon ab, wie er seine Aufgabe sieht. Bei den meisten großen Domänen handelt es sich vor allem darum, die typische Art der Weinberglage, in der die Trauben gewachsen sind, zu wahren. Diese typische Art ist unlöslich mit dem Begriff des *terroir* verknüpft – mit der Idee also, daß Boden und Kleinklima wesentlich zu den Eigenschaften und zur Gesamtqualität eines Weins beitragen. Dies ist das Fundament, auf dem das gesamte Appellationssystem steht.

Zwar ist diese Denkweise umstritten und in der Neuen Welt, wo Rebsorte und Fruchtreife eher im Vordergrund stehen, noch nicht weithin anerkannt, aber nur wenige Kenner dürften ihre Bedeutung für die Côte d'Or bestreiten, denn dort bestehen echte Unterschiede zwischen den Weinen einer Gemeinde oder Lage und denen ihrer Nachbarn.

Dieser Gegensatz zeigt zwei völlig verschiedene kellertechnische Perspektiven auf, die beide in Burgund anzutreffen sind. Die einen sehen sich selbst lediglich als Vermittler zwischen Terroir und Wein – sozusagen als Hebammen, die den in der jeweiligen Lage gewachsenen Trauben zum vollsten Ausdruck ihres Ursprungs verhelfen. Sie betrachten sich als passive Mitwirkende, die nur dann eingreifen, wenn es unumgänglich ist.

Andere sind der Ansicht, daß sie wie der Küchenchef dazu da sind, kreativ tätig zu sein – das vorhandene Material in die von ihnen gewünschte Gestalt zu bringen. Sie bestreiten die Bedeutung des Terroirs durchaus nicht, behaupten aber, daß feiner Wein sehr wohl ein und demselben Ursprung mehrfachen Ausdruck verleihen kann. Sie verstehen ihre Rolle als aktiv Mitwirkende. Beide Standpunkte sind, obwohl sie die Berechtigung des jeweils anderen heftig ablehnen, doch nicht offensichtlich falsch und können großartige Ergebnisse hervorbringen.

Mängel des Systems
Während nun viele Domänen unablässig Exzellentes produzieren, könnten die Aufsichtsbehörden doch noch viel tun, um in Burgund den kleinsten gemeinsamen Qualitätsnenner anzuheben und so manchen erschreckenden Mißbrauch des Systems, das sie kontrollieren sollen, abzustellen. In der Hoffnung, einiges ins Rollen zu bringen, sollen hier die dringendsten Reformen genannt werden.

Zunächst sollte ein AC-spezifisches Register der an der Côte d'Or zugelassenen Unterlagsreben und Klone erstellt werden – dadurch könnte die Anpflanzung von ungeeignetem oder minderwertigem Pflanzenmaterial verhindert werden, das nur charakterlosen Wein hervorbringt. Zweitens sollte besser darauf geachtet werden, daß die zulässigen Höchsterträge auf gesunde Weinberge Anwendung finden – solange der Höchstertrag auf die Fläche bezogen wird, auf der eventuell ein Teil der Reben abgestorben oder nicht mehr vorhanden ist, bleibt das Ganze absurd. Drittens sollte die schrittweise *chaptalisation* legalisiert werden – derzeit wird sie nur geduldet. Erzeuger und unabhängige Experten bezeichnen sie als notwendig für gute Qualität. Schließlich, und das ist das Wichtigste, müßten die bestehenden Kontrollen strikt angewandt und mittelmäßige Weine, die bei der Geschmacks- und Qualitätsprüfung für die Appellation die festgesetzten Anforderungen nicht erfüllen, abgestuft oder völlig abgelehnt werden. Die Geschmacksprüfungsgremien müßten so weit wie irgend möglich vom lokalen Markt und seinen Interessenzusammenhängen unabhängig sein. Diese Maßnahmen wären schon ein großer Schritt zur Verbesserung der Qualität, der sich alle Beteiligten immer und immer wieder verpflichtet bekennen.

Bei aller Zersplitterung und Eigenwilligkeit, oder vielleicht gerade deswegen, ist und bleibt die Côte d'Or eine Gegend voller Magie. In Bestform bringt sie sensationelle Weine hervor, bei deren Genuß man kaum glauben kann, daß der Inhalt des Glases nichts weiter als verwandelter Saft von Trauben ist.

Die Winzer sind höchst interessante, individualistische Persönlichkeiten voll Wärme, Freundlichkeit, Entgegenkommen und Fleiß, hinter deren Bonhomie und Joie de vivre sich tiefste Verbundenheit mit dem ihnen anvertrauten Grund und Boden verbirgt. Dieses Buch soll einige Vignerons und ihre Domänen einem größeren Publikum näherbringen. Ich hoffe, daß dies ihnen und der Côte d'Or zugute kommt.

Marsannay-la-Côte

Wer den Verkehrsstau im Zentrum von Dijon glücklich hinter sich gebracht und trotz der Exzentrizitäten französischer Straßenbeschilderung die richtige Ausfallstraße eingeschlagen hat, befindet sich bald auf der RN74 – der Voie Royale Napoleons III. – auf dem Weg entlang der Côte de Nuits in Richtung Nuits St-Georges und Beaune.

Obwohl die meisten Weinberge in der Umgebung von Dijon, an der Côte Dijonnaise, seit langem vom Wachstum der Stadt aufgezehrt worden sind, sind doch noch einige vorhanden, insbesondere die Lage «Montre-Cul», die so heißt, weil wegen ihrer Steilheit die darin arbeitenden Frauen zwangsläufig ihre mehr oder weniger füllige Hinterpartien sehen lassen mußten.

Der erste größere Weinort, den man erreicht, ist Marsannay, ein schlichtes Dorf mit 6000 Seelen, das vom Tourismus lebt. Schon 1783 legte es sich, vermutlich aus Furcht, von der großen Stadt verschluckt zu werden, und um den begehrlichen Ratsherren von Dijon zu zeigen, wo die Grenzen lagen, den Beinamen «La Côte» zu.

Wein wurde in Marsannay schon Mitte des 7. Jh. von Mönchen gebaut, und Karl der Große soll unter einem Baum an einem Brunnen in der Lage La Charme gerastet haben. Trotz solcher Altehrwürdigkeit konnten nach dem Bau der Eisenbahn in der Mitte des 19. Jh. die Gamay-Weine von Marsannay nicht mehr mit

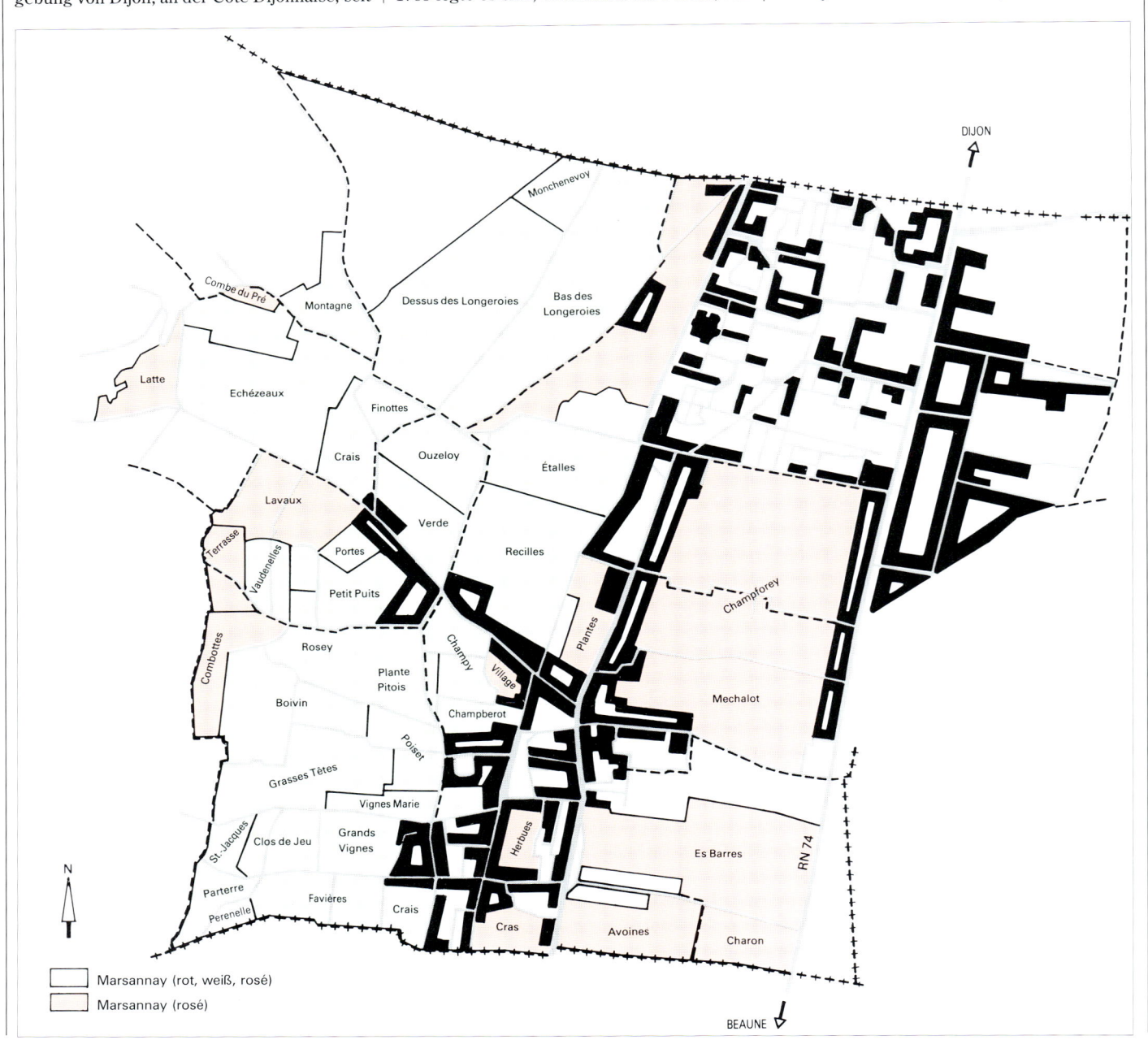

MARSANNAY-LA-CÔTE

Die Mairie.

den robusteren, alkoholstärkeren Getränken aus dem Midi konkurrieren.

Die Geschicke des Orts erlebten einen derartigen Niedergang, daß Marsannay zu Beginn des 20. Jh. nur um Haaresbreite dem finanziellen Ruin entging. Dann aber gelang dem Winzer Joseph Clair ein Geniestreich. Aus der Erkenntnis heraus, daß etwas geschehen müsse, erfand er am 22. September 1919 den Marsannay Rosé. Dieser durch leichtes Pressen und «vinification à gris» aus Pinot-Noir-Trauben gewonnene Wein kam in den Cafés von Dijon rasch in Mode. Er wurde so populär, daß die Winzer neuen Wohlstand erlangten und Marsannay sich erholte.

Doch diese Renaissance war kurzlebig, und der Wohlstand schwand nach der Einführung des AC-Systems in den 1930er Jahren, weil der Ort weder eine eigene Appellation Contrôlée noch das Recht auf die allgemeine Bezeichnung «Côte de Nuits-Villages» zugestanden erhielt. Marsannay schien in der Eile übersehen worden zu sein; es konnte nur die einfachen Benennungen «Bourgogne» oder «Côte Dijonnaise» in Anspruch nehmen, von denen kaum jemand etwas wissen wollte. Erneut trat Niedergang ein. 1962 belief sich die Rebfläche auf nur noch 29 ha und ging in den 20 Jahren danach auf 19 ha zurück.

Nun setzten die Vignerons alles daran, beim *INAO* eine eigene AC zu erlangen. Nach längerem Hin und Her wurde Marsannay und seinen Nachbarorten Chenove im Norden und Couchey im Süden 1987 die Appellation Marsannay für Rot-, Weiß- und Roséwein zugestanden.

Von da an ging es wieder aufwärts; die hart erkämpfte AC umfaßt inzwischen 512 ha, von denen 300 ha in Ertrag stehen. Große Teile mußten vor der Wiederbestockung von Gestrüpp befreit werden. Das tiefergelegene Land an der RN74 ist ausschließlich für die Roséerzeugung bestimmt, dagegen gelten die steileren Lagen hinter dem Ort als feiner, und sie sind für Rot-, Weiß- und Roséwein geeignet.

Seit der Zuerkennung des AC-Status wird in wachsendem Tempo Land wieder gerodet und neu bestockt, denn aller verfügbare Wein läßt sich problemlos und zu hohen Preisen absetzen.

Das Herzstück des AC-Bereichs bilden 65 *climats* zwischen Chenove und dem Südrand von Couchey. Es handelt sich um Süd- bis Ostlagen auf unterschiedlichen Böden mit Kalkstein als Hauptbestandteil. Weinberge auf fetterem Tonboden dürfen nur regionale Appellationen wie Bourgogne Grand Ordinaire in Anspruch nehmen. Andere Lagen auf höherem, durchlässigerem Grund sind dagegen in besonders heißen und trockenen Jahren wie 1990 und 1993 dürregefährdet.

Die Frage, ob einige besonders günstige Lagen auch Premier-Cru-Status verdienen, wird heiß diskutiert. Aus bestimmten Weinbergen kommt zwar beständig besserer Wein als aus anderen, aber die Vergleichszeit ist noch zu kurz, als daß eine baldige Aufstufung gerechtfertigt wäre.

In Marsannay erzeugen rund 40 Winzer jährlich 22 000 Kisten Weißwein, 120 000 Kisten Rotwein und 13 000 bis 33 000 Kisten Rosé. In sehr ertragreichen Jahren, wie z. B. 1982, erhöht sich der Roséanteil, weil die Winzer ihre Rotweine im *Saignée*-Verfahren produzieren.

Der oft gute, etwas rustikale, saftige Weißwein wird vorwiegend von Chardonnay gewonnen, obwohl auch noch Pinot Beurot und Aligoté in den Weinbergen stehen. Er hält sich zwar recht lang, trinkt sich aber jung am besten.

Der Rosé ist heute nicht mehr so groß in Mode, hat jedoch immer noch eine treue Anhängerschaft. Er zeigt feste, trockene Art und paßt gut zu allen möglichen Speisen, eignet sich aber noch besser als Aperitif. Bruno Clair, der Enkel des Erfinders, produziert bei weitem den besten Rosé.

Marsannay hat zweifellos Zukunft. Die Erwerbung der großartigsten Domäne am Ort, Clair Daü, durch Louis Jadot hat bereits das Profil geschärft, und die vereinten Bemühungen der Gemeinde, sich eine klare Identität zu verschaffen, scheinen inzwischen Früchte zu tragen.

Hinter der Kirche.

Domaine Bruno Clair

Bruno Clairs großartige Domäne ist gewissermaßen aus burgundischem Mißgeschick erwachsen. Sein Großvater Joseph Clair heiratete 1910 eine Mademoiselle Daü. Aus dieser Verbindung entsprossen drei Kinder sowie der Marsannay Rosé und die 1950 gegründete Domaine Clair-Daü, die als eine der feinsten der Côte d'Or gilt.

Das bewährte sich, bis es gegen Ende der 1970er Jahre zu Auseinandersetzungen in der Familie kam, weil eines der Geschwister Geld brauchte, während die anderen die Gewinne in die Domäne reinvestieren wollten. 1980 spitzte sich die Sache zu, als sich Bernard aus Verbitterung über den Familienstreit selbständig machte. Seine Schwester Noëlle verkaufte 1987 ihren Anteil an Louis Jadot in Beaune. Eine große Domäne war zerbrochen.

Bernards Sohn Bruno machte sich 1978 selbständig. Er pflanzte eigenes Land in Marsannay wieder an, pachtete einige Weinberge im benachbarten Fixin und kaufte mit Gestrüpp bewachsenes Land in Morey St-Denis. 1985/86 gründeten seine Eltern, vier Brüder und eine Schwester mit Bruno einen gemeinsamen Betrieb; der Wein kommt unter dem Etikett «Domaine Bruno Clair» auf den Markt. 1993 kamen einige Parzellen Corton-Charlemagne und Aloxe-Corton Village sowie Wiederanpflanzungen von Marsannay Blanc und 1,6 ha Chambolle-Musigny Village hinzu.

Kurz darauf stellte Bruno Clair den talentierten Kellermeister Philippe Brun ein, der anders als mancher Kollege den Vorzug genießt, Weine aus allen Gegenden Burgunds bereiten zu können. «Machen wir eine Tour de Côte», sagt er mit einer einladenden Handbewegung zu einer Reihe von Fässern hin.

Bruno Clair glaubt, daß es im Weinbau darauf ankommt, die Eigenheiten und Eigenschaften einer jeden Weinbergparzelle zu kennen und ihr Umfeld möglichst wenig zu stören. Er arbeitet so organisch wie möglich, verwendet nur Humus und organischen Dünger und behebt Mangelerscheinungen im Boden, «weil es für Pflanzen und Menschen wesentlich ist».

Ersatzbestockungen nimmt er aus *sélection massale*, bei größeren Parzellen aber auch mit jeweils mehreren Klonen vor. Ältere Reben, v. a. in der 90 Jahre alten Anpflanzung in Savigny Les Dominodes, erfordern viel Gefühl anstelle starrer Regeln.

Das Hauptprodukt von Bruno Clair und Philippe Brun ist der Marsannay Rosé. Er zeigt echten Pinot-Noir-Charakter mit tiefer Fülle und ist nicht nur als gefärbter Weißwein anzusehen. Er entsteht durch Mischen von ¼ bis ⅓ «vin gris» aus direkter Pressung mit einem Most, der zwei bis vier Tage einer kalten *macération pelliculaire* mit anschließender *écoulage* und Pressung unterzogen wird. Die direkte Pressung verleiht dem Wein einen besonders subtilen, würzigen Aspekt, während die Maischung den reinen Pinot-Geschmack beisteuert. Der Wein wird stets im Tank kühl und langsam vergoren und kommt nicht mit neuen Fässern in Berührung. Das Resultat ist köstlich – frisch und voll von ausgeprägtem Sortencharakter.

Außerdem enthält das Programm drei völlig verschiedene Weißweine: Der eine ist ein Marsannay (etwa 2500 Flaschen jährlich), zu gleichen Teilen gewonnen aus Chardonnay, der ihm Finesse verleiht, und Pinot Gris, der die Fülle liefert. Diese Kombination ergibt einen prächtigen, vollmundigen Wein, insbesondere in Jahrgängen mit einem Anflug von Edelfäule wie etwa 1994. Daneben steht ein rein von Chardonnay gekelterter Morey-St-Denis, den es außer bei Clair nur bei ein paar weiteren Erzeugern gibt. Die Reben in Morey stehen in 15 zerstreuten, von Bruno Ende der 1970er Jahre aus Brachland gewonnenen Parzellen im *climat* «En la Rue de Vergy» oberhalb vom Clos de Tart. Schließlich der Corton-Charlemagne, der wie die beiden andern in (meist zwei bis drei Jahre alten) Fässern einer langen und langsamen Gärung unterzogen wird, die nach Meinung von Bruno durch ihren ruhigen Verlauf bessere Glyzerinextraktion und mehr Finesse erbringt.

Beim Rotwein strebt Bruno ebenfalls langsame Gärung und ausgedehnte *cuvaison* an. Die Trauben werden zu 40–100 % entrappt (1994 vollständig) und in offenen hölzernen *cuves* vier bis fünf Tage bei 15 °C eingemaischt.

Die Gärung erfolgt mit Naturhefen, wobei 20 % ganze Trauben für allmählichen Verlauf sorgen, so daß der Wein mehr Finesse und Frucht aufweist. Häufige, regelmäßige *pigeage* – «fünf- bis sechsmal täglich, wenn's geht» – gewährleisten maximalen Austausch zwischen Feststoffen und Most.

Das Umpumpen wird nach Beginn der Gärung eingestellt, damit sich die Hefen nicht zu rasch vermehren und die Gärtemperatur höher als die erwünschten 30 bis 32 °C treiben. «Wir lassen den Wein nach der Gärung durchaus auf den Schalen stehen», sagt Bruno, auch wenn dabei Tannine extrahiert werden, die ihn in den ersten Monaten in der Flasche «etwas hart» machen. 1990 und 1993 dauerte die *cuvaison* insgesamt 17 bis 22 Tage.

Nach dem Beimischen des Preßweins wird ein Teil aus jeder *cuve* in große Eichenfässer (13–14 hl) abgezogen. Der Rest – etwa ein Drittel – kommt in neue kleinere Eichenfässer und wird öfters abgestochen, die wichtigeren

WEINBERGBESITZ

Gemeinde	Rang	Lage/Climat	Fläche	Rebenalter	Status
Marsannay	V	(Weiß – verschiedene)	2,09	15	F
Marsannay	V	(Rosé – verschiedene)	2,92	25	F
Marsannay	V	(Rot – verschiedene)	1,12	35	F
Marsannay	V	Les Vaudenelles (Rot)	1,99	25	F
Marsannay	V	Les Longeroies (Rot)	1,55	40	F
Marsannay	V	Les Grasses Têtes (Rot)	1,33	25	F
Savigny	PC	La Dominode	1,12	90	F
Savigny	PC	La Dominode	0,59	10	F
Morey	V	En la Rue de Vergy (Rot)	0,65	15	F
Morey	V	En la Rue de Vergy (Weiß)	0,51	15	F
Gevrey	PC	Bel Air	0,43	20	F
Gevrey	PC	Cazetiers	0,67	40	F
Gevrey	PC	Clos du Fonteney	0,68	20	F
Gevrey	PC	Clos St-Jacques	1,00	35	F
Gevrey	GC	Clos de Bèze	0,98	⅔ 80; ⅓ 25	F
Vosne	V	Les Champs Perdrix	0,92	⅔ 80; ⅓ 25	F
Chambolle	V	Les Veroilles	1,04	6	F
Aloxe	V	Les Valozières/Les Bruyères/Les Cras	0,34	4–33	F
Aloxe	GC	Le Charlemagne (Weiß)	0,34	20	F
Régionale	–	(Rot + Weiß)	1,78		F
Gesamtfläche			**21,06 ha**		

Appellationen abwechselnd in neue und alte Fässer. Der Marsannay Rouge kommt in zwei bis drei Jahre alte, vorher für die Grands Vins benutzte Fässer und bekommt lediglich «einen Schuß neues Holz».

Die Ausbauzeit im Faß richtet sich nach dem Jahrgang und der Struktur des Weins – 6 bis 12 Monate sind die Regel. Schönung mit frischem Eiweiß wird sowohl zur Beseitigung von aggressiven Tanninen als auch zur Klärung eingesetzt, aber auf das notwendige Maß beschränkt. Kieselgurfilterung sorgt für Brillanz, ohne die Inhaltsstoffe allzusehr zu beeinträchtigen; sie erfolgt vor der Abfüllung im späten Frühjahr des zweiten Jahrs, ehe die «große Hitze» des burgundischen Sommers eintritt.

Bruno verschreibt sich der Philosophie, Wein müsse «l'expression d'un terroir et d'un homme» sein. Beim Degustieren der Weine aus den verschiedenen Lagen von Marsannay kommt daran kein Zweifel auf. Gegenüber technischen Dingen behält Bruno eine gesunde Skepsis; er kennt seine Weinberge und den Charakter seiner Weine so gut, daß er nicht schon beim kleinsten Anzeichen einer Unausgewogenheit in hektische Tätigkeit verfällt.

Der Stil der Domäne ist bei den auf lange Lebensdauer angelegten Rotweinen durch kräftiges Tannin und ausgeprägte Säure gekennzeichnet. Die Weine aus Marsannay sind exzellent, es mangelt ihnen weder an Tiefe noch an Finesse. Brunos rotes Spitzengewächs ist sein prachtvoller Savigny La Dominode Premier Cru von 90jährigen Reben (der Ertrag jüngerer Reben geht in einen einfachen Savigny-lès-Beaune ein). 1993 erbrachten diese «Antiquitäten» bei einem Ertrag von 28 hl/ha einen festen, köstlich grobstrukturierten Wein von ausgeprägter Kargheit, der mindestens zehn Jahre Reifezeit braucht.

Die drei Premier-Cru-Weine aus Gevrey sind komplexer, weit voller und eleganter. So gut der Clos de Fonteny auch sein mag, das Interesse gebührt einem Vergleich zwischen dem Cazetiers und dem Clos St-Jacques, zwei ganz verschiedenen Weinen von einander benachbarten Reben fast gleichen Alters. Der Clos St-Jacques hat mehr Finesse als der Cazetiers, der sich durch deutlich robustere Struktur und attraktiv rustikale Art auszeichnet und meist längere Reifezeit braucht; auch ist er typischer für Gevrey.

Ein Grand-Cru-Rotwein kommt von etwa 1 ha Clos de Bèze. In manchen Jahrgängen, z. B. 1993, ist er ein Wein der Spitzenklasse mit echter Substanz und der Struktur und Komplexität, wie sie in feinen Lagen von reifen Reben zustande kommt.

Zum Unterschied zwischen Burgund und Bordeaux meint Bruno Clair: «Dort entscheidet man sich zugleich für den Wein und den Erzeuger.» In Burgund dagegen stimme diese Gleichung nicht. Aus der dahingegangenen Domaine Clair-Daü ist doch offenbar etwas von der schönen alten Tradition herübergerettet worden. Bruno und Philippe bilden ein gutes Team, dessen Weine kaum je enttäuschen dürften.

Domaine Philippe Naddef

Den Kern dieser seit 1983 von Philippe Naddef aufgebauten schönen Domäne bilden 2,5 ha alte Reben aus mütterlichem Besitz in Gevrey. Verdoppelt wurde diese Fläche durch hinzugepachtetes Land in Marsannay und Fixin.

Die Domäne liegt in Couchey, das zur Appellation Marsannay gehört. In einem sorgfältig restaurierten Gebäudekomplex hinter der Kirche arbeitet Philippe mit seiner attraktiven Frau Anne-Marie zusammen.

Die Reben in Gevrey sind sehr alt und erbringen bei sorgfältiger Pflege hochwertige Frucht; Ersatz wird von Fall zu Fall gepflanzt, und die Arbeit im Weinberg versucht möglichst ohne Beeinträchtigung des Bodens auszukommen. Die Lese wird absichtlich spät durchgeführt; bei der generell zwei Wochen nach den roten Trauben gelesenen weißen Frucht (Chardonnay) in Marsannay wird auf *surmaturité* Wert gelegt. Selbst in einem nassen Jahr wie 1994 erbrachte dieses Verfahren bei Ausscheidung unreifer Frucht einige gute Rotweine und einen zu 50 % durch Edelfäule bereicherten vollen Weißwein.

Die Weinbereitung erfolgt in Edelstahl in einem dafür ausgebauten ehemaligen Heuboden. Die Gärführung bei Rotwein ist durch einen kurzzeitigen Temperaturanstieg auf 40 bis 45 °C gegen Ende der Gärzeit gekennzeichnet, um die Umwandlung auch des letzten Gramms Zucker sowie maximale Extraktion zu erreichen. *Saignée* wird je nach der Art des Weins bis zu 40 % durchgeführt. Der Faßausbau dauert 12 bis 18 Monate – beim Mazis und bei den Weinen von alten Reben (Cazetiers, Champeaux und Gevrey-Villages) zu 50 bis 100 % in neuen Fässern.

Die Naddefs produzieren Weine aus 11 verschiedenen Appellationen, vom leichten Bourgogne Rouge und Marsannay in Rot, Weiß und Rosé bis zu Mazis-Chambertin und drei Weinen aus Gevrey, alles «Vieilles Vignes».

Die Gevrey-Villages-Cuvée ist tief und zeigt Klasse mit köstlicher, seidiger Eleganz, reifem Traubentannin (1993) und als Gegengewicht dem genau richtigen Maß an Eichenholzwürze. Zu diesen schätzenswerten Qualitäten kommen beim Champeaux und Cazetiers noch Saft und Kraft hinzu; der erstere – von besonders durchlässigem Boden in Hanglage – besitzt einen charakteristischen trockenen, herben, jedoch mit weicher, reifer Frucht überlagerten Aspekt, während der Cazetiers lebendiger und um eine Nuance feiner erscheint. Eine exzellente Domäne – keine starren Formeln, nur Sorgfalt und Fingerspitzengefühl.

WEINBERGBESITZ

Gemeinde	Rang	Lage/Climat	Fläche	Rebenalter	Status
Gevrey	GC	Mazis-Chambertin	0,42	60+	F
Gevrey	PC	Les Cazetiers	0,32	45	F
Gevrey	PC	Les Champeaux	0,44	45	F
Gevrey	V	–	0,60	40	F
Gevrey	V	–	0,60	15	F
Fixin	V	–	0,21	10+	F
Marsannay (Rot)	V	–	1,00	35	F
Marsannay (Weiß)	V	–	0,30	45	F
Couchey	V	Bourgogne Rouge	0,32	20	F
Couchey	V	Bourgogne Blanc	0,21	20	F
Marsannay/Fixin	V	–	0,20	1994/95	F
Gesamtfläche			**4,62 ha**		

FIXIN

Fixin, ein hübscher Ort mit rund 1000 Einwohnern, liegt auf einem sanften Hang südlich von Couchey. Es steht meist im Schatten des berühmteren Nachbarorts Gevrey, doch über die ihn umrahmenden Weinberge ragt der Turm der Kirche aus dem 14. Jh. empor, als wolle er ein wachsames Auge auf sie haben.

Fixin entstand durch die Verschmelzung von zwei alten Dörfern, Fixin und Fixey, die früher Seidenraupenzucht betrieben. Das ist freilich lange her; heute spielen der Wein und der durch ihn herbeigelockte Tourismus die Hauptrolle. Der Ort ist einen Abstecher durchaus wert.

Die Hauptattraktion ist der 15 ha große Parc Noisot mit einem Gebäude, das Claude Noisot, Kommandeur der kaiserlichen Garde Napoleons, nach dem Vorbild des Hauses errichtete, in dem der Korse auf St. Helena lebte und starb. Zudem ist da noch eine von François Rude geschaffene Bronzestatue des Kaisers und ein kleines Napoleon-Museum.

Interessant ist auch die Résidence de la Perrière, ursprünglich ein Sommersitz der Herzöge von Burgund und so benannt nach dem Steinbruch, aus dem das Baumaterial für die Kirche stammt. 1192 kam das Haus an die Abtei Cîteaux. Von hier aus hat man einen schönen Blick auf die Landschaft ringsumher, an klaren Tagen sieht man angeblich sogar den Jura und die Alpen. Die Kirche von Fixey stellt eine eigenartige Mischung aus Romanik und Renaissance dar; das Dach ist mit glasierten Ziegeln gedeckt.

Die Weinberge liegen vorwiegend auf 270 bis 360 m hohen sanften Hängen in Ostlage. Von den 326 ha Rebfläche entfallen lediglich 107 auf die Appellation Fixin und 22 auf Fixin Premier Cru, die restlichen 197 haben nur Anrecht auf die Bezeichnung Côte de Nuits-Villages.

Die Appellation Fixin Premier Cru erstreckt sich mit 1,62 ha in die Gemarkung des Nachbarorts Brochon hinein, der zwar ein schönes Château – es gehört heute zur Weinbaufachschule –, aber keine eigene Appellation besitzt und deshalb bei den Nachbarn Gevrey und Fixin Anleihen machen muß.

Herbstfarben spielen bis auf das Dach der Kirche von Fixin.

Die sechs Premier-Cru-Lagen befinden sich oberhalb von Fixin. Die größte, der Clos de la Perrière mit 5,36 ha, liegt am Westrand der Appellation auf einem Hang mit 12–14 % Neigung um La Résidence; der Clos du Chapitre mit 4,78 ha befindet sich unmittelbar darunter. Les Hervelets (3,83 ha) und Les Arvelets (3,36 ha) schließen sich nach Norden hin an; zwischen ihnen liegt die kleinste der sechs Premier-Cru-Lagen, Le Meix Bas (1,38 ha). Der Clos Napoléon (ursprünglich Aux Cheusots, bis Claude Noisot seine Eigentümerin heiratete und beider Namen änderte) gegenüber dem Clos de Chapitre ist fast flach.

Bis zum Ende des 17. Jh. hatte der Wein von Fixin einen besseren Ruf als der des Nachbarorts Gevrey, dem er im Charakter stark ähnelt. Er ist meist maskulin und weist viel robuste, muskulöse Frucht auf. Zwar erreicht er nie außergewöhnliche Klasse, ist aber doch nach zehn Jahren Reifezeit oft köstlich.

Die Einheimischen erinnern gern daran, daß laut Dr. Lavalle der Clos de la Perrière im Jahr 1855 denselben Preis erzielt habe wie der Chambertin. Sicherlich werden sie auch «les officiels» daran erinnern, wenn die Zeit für eine Neueinstufung kommen sollte.

Neben dem Clos de la Perrière von Pierre Gelin ist auch der von Philippe Joliet sehr zu empfehlen. Außerhalb produzieren Bruno Clair, Jadot, Charlopin und Faiveley ebenfalls gute Beispiele.

Wie Marsannay verdient auch Fixin mehr Beachtung. Die besten Weine aus diesem Ort sind exzellent, vor allem wenn man ihnen Zeit zur Entfaltung läßt. Außerdem sind sie besonders preiswert.

Domaine Pierre Gelin

Die sehr schöne kleine Domäne bringt Wein hervor, der mit der begrüßenswerten Renaissance von Fixin und Marsannay wohl größere Bekanntheit erlangen wird.

Die Geschichte des Weinguts ist rasch erzählt: Der in Fixin geborene Pierre Gelin kaufte zwischen 1925 und 1930 einige Weinberge in der Gemarkung. Sein Sohn Stephen arbeitete seit 1959, als er 21 war, mit ihm zusammen, übernahm nach dem Tod seines Vaters 1978 die Leitung der Domäne und gab ihr den heutigen Namen. Sein Teilhaber, André Molin, ein langjähriger Angestellter von Pierre, trat 1995 in den Ruhestand und überließ dem stillen, bescheidenen Stephen und seiner Frau Marie-Odile den Betrieb ganz.

Der Weinbergbesitz stellt eine erstklassige Auswahl aus den besten Lagen von Fixin dar; hinzu kommen Village-, Premier-Cru- und Grand-Cru-Lagen in Gevrey. Es bestehen zwei «monopoles»: Clos Napoléon (1,8 ha) und Clos de Meixvelles (1,8 ha – eine Gevrey-Villages-Lage) sowie zwei Grands Crus: 37 Ar Mazis-Chambertin und 60 Ar Chambertin Clos de Bèze. Stephen Gelin besaß auch das Alleinrecht zur Bewirtschaftung des 4,78 ha Clos du Chapitre in Fixin, bis dieser 1995 von seinen Eigentümern verkauft wurde. Dieser Verlust, dem dann weitere folgten, reißt eine bedauerliche Lücke in die Domäne; dessenungeachtet bleibt die Qualität gleichmäßig hoch.

Die meisten Reben sind 20 bis 40 Jahre alt, nur der Clos de Bèze blickt bereits auf 65 Jahrgänge zurück; auf Ertragsbeschränkung wird größter Wert gelegt. Stephen Gelin nimmt den Rebschnitt erst im Frühjahr vor, wenn der Saft bereits steigt, und schneidet so kurz, wie es geht, ohne die Fruchtrute zu brechen. Nach dem Erscheinen der Triebe entfernt er durch strenge *ébrossage* die überflüssigen Augen. Bei ihm zählt nicht der Durchschnittsertrag, sondern der Ertrag pro Stock. Hierbei spielt die Erkenntnis eine wesentliche Rolle, daß der Ertrag von 1000 Reben mit je 10 Trauben qualitativ etwas ganz anderes ist als der Ertrag von 500 Reben mit je 20 Trauben, obschon quantitativ kein Unterschied besteht.

Darüber hinaus liegt Fixin im «secteur tardif» der Côte, also am nördlichen Ende, wo überdies die meisten Lagen nach Osten und Norden gewandt sind, so daß hier die Reife erst spät eintritt und durch herbstlichen Wind und Regen gefährdet wird. Gelin versucht dem entgegenzuwirken, indem er frühreifende SO4-Unterlagsreben benutzt; das hilft zwar, führt andererseits aber zu erhöhter Gefahr der *coulure* – des Verrieselns. Behangausdünnung lehnt er ab: «Ich handle aus Prinzip niemals gegen die Natur», vielleicht aus Angst, daß diese sich eines schönen Tages rächen könnte.

Die Weinbereitung läßt sich wohl am besten als «modifiziert traditionell» kennzeichnen – vollständiges Abbeeren, lange, langsame Gärung in offenen *cuves* ohne Vormaischung, Gärtemperatur 36 °C, 7- bis 8malige *pigeage*, dazwischen gelegentliche *remontage*.

Seit dem Jahrgang 1988 wurde am Ende der 15- bis 20tägigen *cuvaison* eine Veränderung eingeführt: Nachdem der Zucker vollständig vergoren ist, werden die Cuves auf 35–45 °C erwärmt und über Nacht stehengelassen; nach Abkühlen auf 20 °C wird abgestochen. Die kurze Erwärmung verbessert die Extraktion von Farb- und Geschmacksstoffen.

Der Ausbau der Fixins erfolgt teils in *foudres*, teils in älteren kleineren Fässern – das richtet sich danach, was gerade frei ist, aber auch nach dem Charakter des Weins. Stephen Gelin meint, die Entwicklung vollziehe sich in großen Fässern sanfter und verleihe dem endgültigen Wein eine gewisse Zartheit. Der von Natur aus hohe Tanningehalt mache frisches Eichenholz jedenfalls überflüssig. Lediglich die Grands Crus kommen 16 bis 18 Monate lang zu 70 % in den Genuß neuer Fässer; nach dem Schönen geht der Wein an einen Vertragsabfüller.

Stephen Gelin ist keiner von denen, die ihren Stil den Launen ihrer Kunden anpassen. Das *terroir* in Fixin bringt vorwiegend von Natur aus tanninreiche, langlebige Weine hervor, wie er sie nun einmal mag. «Der Kunde muß sich nach uns richten und nicht wir uns nach ihm» – wem der Wein so nicht schmeckt, der kann ja anderswo kaufen.

Zwar sind die Gevreys allesamt gut und interessant, allen voran die 1993er Grands Crus, insbesondere der Mazis, und haben füllige und feine Art, ihre Identität aber verdankt die Domäne den Fixins. Unter den Premiers Crus zeigt Les Hervelets meist die größte Finesse und ausdrucksvolleres Fruchtaroma als der Clos Napoléon, der die animalischere, würzigere, kräftigere Seite des Pinot Noir zur Geltung bringt.

Der purpurrote 1993er Les Hervelets zeigte rauchigen, pflaumenwürzigen Duft bei recht kargem Geschmack, lebendiger Säure und fester Struktur mit reifer Frucht; er versprach eine schöne Zukunft. Der Boden der Lage Hervelets hat bedeutend mehr Eisen und Geröll in den oberen Schichten als der Clos Napoléon, der mehr rötlichen Lehm aufweist und dem Wein dadurch eine breitere, muskulösere Struktur verleiht, die sich in Duft und Geschmack neben Gewürz- und Pfeffernoten als besonders «sauvage» bemerkbar macht. Die vor allem in besonders feinen Jahrgängen wie 1989, 1990 und 1993 ungewöhnliche Fülle des Clos Napoléon erklärt sich aus der sehr späten Lese.

Seit eh und je gelten die Fixins zu Unrecht als «kleine Weine». Infolgedessen werden sie von den Händlern nicht gekauft und von den Sammlern nicht in den Keller aufgenommen. Das ist sehr schade – und obendrein ungerecht. Aus Fixin kommen feine Flaschen mit hohem Alterungspotential, man muß ihnen nur eine Chance geben. Ein 1961er Clos du Chapitre war Ende 1990 großartig: schöne, tiefe Farbe, viel Fülle und Komplexität in Duft und Geschmack und ein sehr langer, warmer Abgang; zwar kein Gevrey Grand Cru, aber weit besser als viele um ein Mehrfaches teurere Weine mit großem Anspruch.

Es ist höchste Zeit, daß der Wein aus diesem Teil der Côte besser gewürdigt wird – Stephen Gelin hat mehr als genug zu bieten, was bedächtiger Prüfung wert ist.

WEINBERGBESITZ

Gemeinde	Rang	Lage/Climat	Fläche	Rebenalter	Status
Fixin	PC	Clos Napoléon	1,80	40	P (M)
Fixin	PC	Les Hervelets	0,57	25	F
Fixin	V	–	2,50	20/30	P
Gevrey	V	Clos de Mévelle	1,80	30	P (M)
Gevrey	PC	Clos Prieur	0,23	28	P
Gevrey	GC	Mazis-Chambertin	0,37	40	P
Gevrey	GC	Clos de Bèze	0,60	65	P
Gesamtfläche			**12,65 ha**		

CÔTE D'OR

GEVREY-CHAMBERTIN

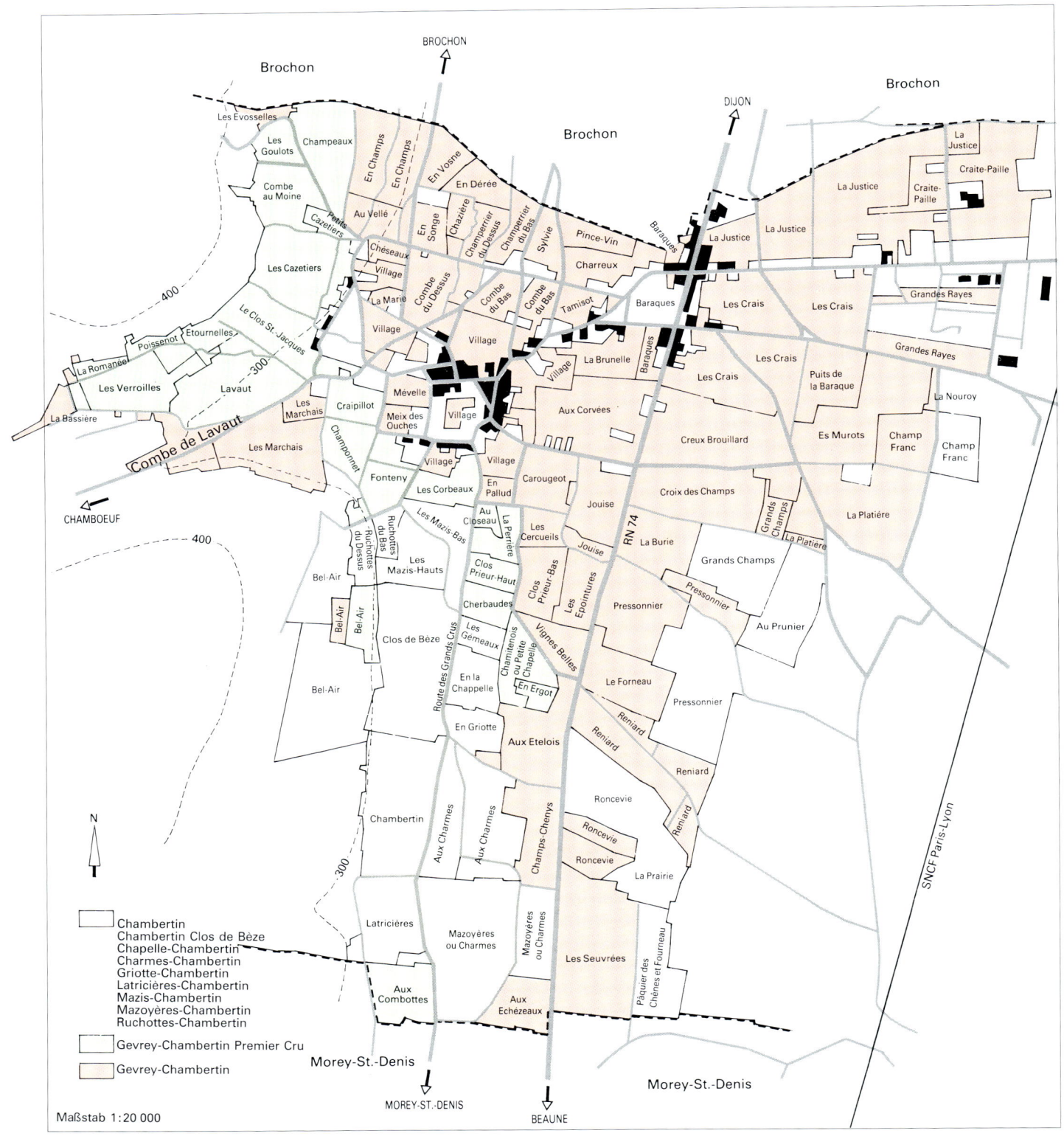

GEVREY-CHAMBERTIN

Viele betrachten Gevrey-Chambertin als das eigentliche nördliche Ende der Côte d'Or. Es ist bei weitem der größte Ort und mit seinen neun Grands Crus das Flaggschiff der Côte de Nuits.

Der Ort wird 640 als Gabriacus erstmals urkundlich erwähnt und gehörte zum Besitz der Abtei Bèze. Die Mönche dieses Klosters machten hier das Land urbar und legten die ersten Weingärten an. Die offenbar damals schon reiche Ansiedlung zog manchen räuberischen Angriff auf sich, so daß 1257 der Abt von Cluny befand, eine Befestigung sei wünschenswert. Er ließ ein Château bauen, dessen Ruine noch gegenüber Christian Serafins Kellern über dem Ort zu sehen ist.

Dann geschah nichts Erwähnenswertes mehr, bis 1553–1558 die Pest entsetzlich wütete. Um dieselbe Zeit berichtet der Bischof von Langres über einen massiven Insektenbefall, der die Weinberge über 100 Jahre lang lahmlegte. 1847 wurde Gevrey das Recht zugestanden, den Namen seiner berühmtesten Grand-Cru-Lage an den des Orts anzufügen. So entstand Gevrey-Chambertin.

Die Rebfläche beläuft sich auf 532 ha, davon neun Grands Crus mit zusammen 87 ha, 26 Premiers Crus mit 86 ha und schließlich 359 ha Village einschließlich elf *climats* in Brochon, die den Namen Gevrey-Chambertin führen dürfen.

Die Villages-Lagen erstrecken sich beiderseits der Straße Dijon-Beaune. Die Premiers Crus liegen in zwei Streifen, einer südlich und ein größerer westlich des Orts zur Combe de Lavaux hin, der die hoch geschätzten Lagen Les Cazetiers, La Combe aux Moines, Le Clos St-Jacques, Lavaux St-Jacques und Etournelles St-Jacques umfaßt.

Die Grands Crus befinden sich südlich des Orts auf einem sanften Hang in Ostlage in 260–320 m Höhe, vom darüberliegenden Wald gegen kalte Winde geschützt. Ungewöhnlich sind die in den Weinbergen aufgestellten Schilder mit Angaben über die einzelnen Grand-Cru-Lagen.

Hier spielt das Kleinklima eine besondere Rolle, denn die Combe de Lavaux mit ihren steilen Talwänden saugt wie ein Trichter Unwetter, vor allem Hagel, an. Zum Glück sind die höheren Lagen ziemlich frostsicher, weil die Kaltluft wie Wasser zur Talsohle an der Hauptstraße strömt. So erfroren 1985 über 80 ha Village-Reben, die Premiers und Grands Crus dagegen kamen fast völlig ungeschoren davon. Die relative Kühle an den oberen Hängen bildet für die dortigen Lagen in ungünstigen Jahren, oder wenn schlechtes Wetter zu früher Lese zwingt, einen gewissen Nachteil.

Was zeichnet nun die Grands Crus vor den anderen Lagen aus? Seit Jahrhunderten wird die Fülle und Finesse des Chambertin begeistert beschrieben. Gaston Roupnel schrieb zwischen den Weltkriegen, der Chambertin verbinde Anmut mit Lebhaftigkeit, Festigkeit mit Kraft, Finesse mit Delikatesse ... er sei der Gipfelpunkt Burgunds. Heute gilt er zusammen mit der Nachbarlage Clos de Bèze als «primus inter pares» der Grands Crus. Seltsamerweise ist es erlaubt, Wein aus dem Clos de Bèze als Chambertin zu bezeichnen, nicht aber umgekehrt.

Der Boden von Gevrey zeigt große Vielfalt. Die Grands Crus liegen auf verdichtetem Kalksteinuntergrund. Die Bodenauflage hat unterschiedlichen Gehalt an Tonpartikeln, weniger in Griotte-Chambertin und Chapelle-Chambertin, mehr in der fruchtbareren, mit einer 30 bis 35 cm starken Kiesschicht versehenen Lage Mazoyères. Hier ist wiederum als Kuriosität zu vermelden, daß Wein aus dem *climat* Mazoyères-Chambertin auch Charmes-Chambertin genannt werden darf, umgekehrt aber nicht.

Latricières- und Ruchottes-Chambertin liegen weiter oben auf weißem Mergel; der recht hohe Kalksteingehalt verleiht ihren Weinen mehr Härte und Tannin.

Griotte-Chambertin, die kleinste Grand-Cru-Lage, verdankt ihren Namen nicht etwa einem dort stehenden Kirschbaum oder einem Hauch Kirschenaroma im Wein, sondern vielmehr dem Gelände, einer Mulde, in der sich die Sommerwärme wie in einem kleinen Grill – «grillotte» – fängt.

An anderen Stellen ist der Boden unterschiedlich tiefgründig; die Erdschicht ist oft dünn und zeigt eine deutlich hervortretende Felsunterlage. Das Flachland zu beiden Seiten der Straße, wo sich die Villages-Lagen und die Appellation régionale befinden, enthält mehr Lehm, der dem Wein Breite und Körper, dafür aber weniger Finesse verleiht.

Ein so großer Bereich – rund 110 Erzeuger allein in Gevrey – weist natürlich große Unterschiedlichkeit in Qualität und Stilen auf. Ein Chambertin von Jean Trapet hat mit seiner betonten Delikatesse und Finesse wenig gemeinsam mit der dichteren, fester gefügten Version von Charles Rousseau. Allgemein zeichnen sich die Gevreys durch kraftvolle Art aus, sind anfangs kompakt und brauchen Zeit zur Entfaltung, es fehlt ihnen aber nicht an Finesse. Die Premiers und Grands Crus aus Spitzenjahren entwickeln sich 30 und mehr Jahre lang gut.

Winzerhaus in Gevrey-Chambertin; vornehme Häuser sind an der Côte d'Or die Ausnahme.

In letzter Zeit sind etliche exzellente «neue» Domänen aufgetaucht, von denen einige anschließend beschrieben werden. Bei vielen handelt es sich um alteingesessene Familienbetriebe, die jetzt meist unter der Ägide einer neuen Generation ihren Wein selbst abfüllen und nicht mehr faßweise verkaufen, während andere durch Teilung entstanden. Auch sind manche Domänen, die bisher nur wenig leisteten, durch eine neue leitende Hand in Form gebracht worden.

Neben den bekannten Stars gibt es einige Weingüter, die zwar über Spitzenklassepotential verfügen, es aber noch nicht ganz ausschöpfen. Auch über sie wird kurz gesprochen, denn sie verdienen durchaus Aufmerksamkeit.

Außerdem gibt es Domänen, die immer noch weit unter ihrem Niveau bleiben. Die üblichen Sünden sind zu hohe Erträge, nachlässige Weinbereitung, zu langer Faßausbau und übertrieben strenge Filtration – nur allzu oft reine Unfähigkeit unter der Maske der Tradition. Das ist um so unverzeihlicher, als es einerseits den Ruf der jeweiligen Appellation schädigt und andererseits fähigeren Erzeugern den Zugang zum knappen Grand- und Premier-Cru-Land verwehrt. Vielleicht veranlaßt die Landknappheit einmal einen Wohltäter zu einem Versuch!

DIE GRANDS CRUS VON GEVREY-CHAMBERTIN

Lage/Climat	Fläche	Eigentümer	Gesamtproduktion
Chambertin	12,9031	25	4000
Chambertin Clos de Bèze	15,3887	18	5200
Chapelle-Chambertin	5,4853	9	2000
Charmes-Chambertin + Mazoyères-Chambertin	30,8324	67	10 500
Griotte-Chambertin	2,6918	9	800
Latricières-Chambertin	7,3544	12	2500
Mazis-Chambertin	9,1034	28	3000
Ruchottes-Chambertin	3,3037	8	1000
Total	**87,0628 ha**		**29 000 Kisten**

Domaine Bachelet

Denis Bachelet, ein moderner 30jähriger, kommt mit der jahrhundertealten traditionellen Domäne bemerkenswert gut zurecht. Mit einem für sein Alter außergewöhnlichen Selbstvertrauen spricht er engagiert über seine Aufgabe.

Das Familienstammhaus war zur Zeit des Sonnenkönigs die Posthalterei für Gevrey. Der erste Bachelet namens Victor war Küfer in der Gegend, Denis weiß aber nicht genau wo. Nach längerem fruchtlosen Überlegen geht er zu bestimmteren Erinnerungen daran über, daß seine Großeltern «rechts und links Weinberge kauften», darunter auch eine Parzelle im Grand Cru Charmes-Chambertin, die nach wie vor den Stolz der Domäne bildet.

Großvater hinterließ 1984 5 ha Weinberge. Diese wurden zwischen Bernard, dem Vater von Denis, und seiner Tante Michelle aufgeteilt, die das Gut führte, bis Denis 1983 seine Ausbildung am Lycée in Beaune beendet hatte. Heute sind die Weinberge Eigentum seines Vaters, der in den 1960er Jahren nach Belgien ging, um dort zu arbeiten. Obwohl inzwischen auch die junge Frau von Denis auf dem Hof ist, besteht die «équipe technique» aus ihm selbst, seinem Vater und der Großmutter.

Der Domäne mangelt es zwar an Weinbergbesitz, aber weder an Qualität noch an Leistungswillen. Denis achtet darauf, die ererbten Traditionen aufrechtzuerhalten und wo nötig zu verbessern. Im Weinberg wird nur organisch gedüngt, was zusammen mit minimalem Einsatz von Herbiziden und Bodenbearbeitung von Hand die alten Pflanzen erhalten hilft – manche in Charmes-Chambertin blicken schon auf ein Jahrhundert zurück.

Dennoch müssen jährlich rund 200 Stöcke pro Hektar ersetzt werden, die entweder Krankheiten oder natürlicher Altersschwäche oder schließlich gar dem Traktor zum Opfer gefallen sind. Junge Reben, die zwischen zwei alten sitzen, liefern oft besonders gute Frucht. Die alten Stöcke breiten sich aus und nehmen viel Licht weg, so daß die Jungpflanze knappgehalten wird und sich ihre Nahrung erkämpfen muß. Nachdem sie ihre Wurzeln in die benachbarte Erde getrieben hat, wird sie überdies von den Nachbarstöcken her durch Nematoden befallen. Dadurch wird die jugendliche Wuchskraft eingeschränkt und der Frucht eine Tiefe und Konzentration aufgezwungen, die sich für den Grand Vin eignet.

Niedrige Erträge kommen dabei von selbst zustande. Die Zahlen für 1988 und 1990 lassen dies erkennen: Charmes-Chambertin 25 bis 30 hl/ha bzw. gut 37 hl/ha; in Gevrey-Chambertin insgesamt lagen die Erträge mit 35 bzw. 45 hl/ha um rund 17 % höher. 1993 erbrachte Charmes nur 28 hl/ha = 5 Faß.

Fäule wird mit größter Sorgfalt vermieden. Die Leser werden angewiesen, bei jeder Traube zwei getrennte Schnitte vorzunehmen – zuerst werden faule Beeren entfernt, dann die Trauben selbst abgeschnitten. In besonders schwierigen Jahren, wie z. B. 1983, erfolgt in der Cuverie eine dritte Auslese *(trie)*. Von den beiden Formen der Fäule ist die *pourriture sèche* die unwillkommenere – sie verleiht dem Wein einen nicht behebbaren Beigeschmack. Durch die *pourriture humide* geschieht das nicht in demselben Maß. Zu alledem meint Denis: «Kostspielig, aber für den Grand Vin muß man sich das leisten; wir dürfen nichts falsch machen, jeder Tropfen zählt. Wenn man ganz oben steht, kann man leicht abrutschen» – damit meint er eher die Unbeständigkeit des Beifalls aus dem Publikum als seine eigenen Fähigkeiten als Kellermeister.

Was im Keller geschieht, findet oft seine Grenzen beim Geld. «Ich kann den Most weder kühlen noch erwärmen – ich kann mir die Ausrüstung dafür nicht leisten.» Ihm bleibt nur übrig, aus einer zu heiß werdenden *cuve* 300 l abzuziehen, abkühlen zu lassen und dann wieder hineinzugeben in der Hoffnung, daß dadurch die Gärtemperatur absinkt. Schwefel kann man sich dagegen leisten, und er wird auch angewendet, weil er die schwächeren Hefen, die den wenigsten Alkohol produzieren, lahmlegt.

Sieben bis elf Tagen Gärzeit gehen drei bis vier Tage Maischzeit voraus. Aller Preßwein wird dem Vorlaufwein beigemischt – «wir können es uns nicht leisten, etwas wegzulassen» –, bevor der Wein in die Fässer kommt: der Grand Cru zu 100 % in neue, der Premier Cru nur zu 50 %. Sie liegen den ganzen Winter über in einem besonders kalten Teil der Cuverie, damit die malolaktische Säureumwandlung möglichst spät einsetzt.

Durch den späten Beginn des Umwandlungsvorgangs bleibt der Wein auf dem nahrhaften Hefesatz länger liegen als sonst üblich. «Danach ist die Hefe tot, also ist es besser, den Wein vorher möglichst lang darauf liegen zu lassen.» Im Frühsommer wird der Wein vom Geläger abgestochen und in einen tieferen, kühleren Keller gebracht, bevor die Sommerhitze kommt.

Nach dem Schönen mit frischem Eiweiß ruht er noch einen Monat im Faß und wird dann von Hand abgefüllt, aber ohne Filtrieren. Wenn Denis vier Faß am Tag schafft, glaubt er sein Souper wohl verdient zu haben.

Diese Weine sind ausgesprochene *vins de garde*, aber doch in der Jugend schon geschmeidig und *tendres*. Denis Bachelet erklärt, daß er nichts von hochkonzentriertem Tannin hält, das den Wein jahrzehntelang unzugänglich macht.

Wann abgefüllt werden soll sowie alle anderen den Geschmack beeinflussenden Dinge entscheidet nicht Denis allein, sondern die «équipe technique»: Bernard, Denis und Großmutter. Dieses «Triumvirat» bestimmt auch, wie lange die *cuvaison* für jeden Wein sein soll. 1990 beschlossen die drei aus Furcht, einen zweiten 1976er zu bekommen, eine Verkürzung der *cuvaison*, um die Tanninextraktion einzuschränken.

Denis glaubt, sein bisher bester Wein sei der 1988er Charmes-Chambertin gewesen. Aber auch der 1989er Charmes erwies sich als sehr fein mit seinem verlockenden, aristokratischen Duft, hinter dem eine sanfte, reife Struktur mit schön abgerundetem, harmonischem Tanningehalt stand. Inzwischen versprechen auch die 1993er viel Gutes – darunter ein Côte de Nuits-Villages aus dem Nachbarort Brochon –, und die 1994er mit ihrer Delikatesse dürften früh genußreif sein. Seit 1989 gibt es eine Kuriosität, einen Aligoté aus Gevrey, «à la Meursault» bereitet und 18 Monate lang im Faß ausgebaut.

Die Weine der schönen kleinen Domäne sind gewissenhaft ausgewählt und sachkundig zusammengestellt. Die Verschmelzung von Jugendlichkeit und Tradition darf als gelungen gelten.

WEINBERGBESITZ

Gemeinde	Rang	Lage/Climat	Fläche	Rebenalter	Status
Gevrey	GC	Charmes-Chambertin	0,44	80/100	P
Gevrey	PC	Les Corbeaux	0,42	75	P
Gevrey	V	(mehrere Parzellen)	0,91	60	P
Brochon	R	Côte de Nuits-Villages	0,38	35	P
Gevrey	R	Bourgogne Rouge	0,60	18	P
Gevrey	R	Bourgogne Aligoté	0,19	9	P
Gesamtfläche			**2,94 ha**		

Domaine Alain Burguet

Die kleine Domäne hat in den letzten Jahren in Gevrey große Wirkung getan. Der Gründer und Besitzer Alain Burguet ist ein entschlossener Mann mit klaren, vielleicht ein wenig unflexiblen Vorstellungen. Der Erfolg hat ihn und seine Ablehnung jeder Kritik inzwischen etwas gemildert.

Nachdem er von 1964 bis 1972 bei seinem Vater gearbeitet hatte, verbrachte er zwei Jahre in der Domaine Tortochot in Gevrey und machte sich dann selbständig. 1974 übernahm er von einem älteren Bauern 2,1 ha; er verpflichtete sich vertraglich, dem Besitzer ein Drittel der Trauben abzugeben und die Betriebskosten zu tragen. 1976 kaufte er das Haus 18 Rue de l'Eglise in Gevrey, produzierte den Jahrgang 1977 und baute nebenan eine Cuverie. Inzwischen hat er einen schönen alten Faß- und Flaschenkeller erworben.

Von Anfang an strebte Burguet nach Spitzenqualität. Von einem Aufenthalt in Oregon brachte er eine Faszination für Amerika und einen tiefen Respekt für das *terroir* mit. Seine ersten Jahrgänge warfen wenig Gewinn ab, während seine Nachbarn mit überhöhten Erträgen und nichtssagendem Wein viel Geld verdienten. Allerdings wurde er von Freunden, die von seinem 1978er beeindruckt waren, ermutigt, seinen Qualitätskurs zu halten.

Heute umfaßt die Domäne 5,53 ha, davon 1,5 ha Eigenbesitz, der Rest Pachtland in Gevrey-Villages-Lagen mit zum großen Teil über 50jährigen Reben. Auch eine sehr kleine Parzelle Gevrey-Chambertin Les Champeaux Premier Cru gehört dazu, die 1993 den ersten Wein brachte.

Alte Reben und strenger Schnitt sorgen für niedrige Erträge und hohe Konzentration. Burguet spritzt dreimal im Jahr gegen den Traubenwickler und zweimal gegen die Rote Spinne. Auch Bordeauxbrühe bringt er aus, sechsmal gegen den Falschen und fünfmal gegen den Echten Mehltau. Herbizide verwendet Burguet nicht, lieber hackt er die Weinberge mehrmals im Jahr. Im Winter werden die Reben durch Pflügen angehäufelt, teils als Winterschutz, teils zur Bodenbelüftung.

Alain Burguet liebt die Arbeit im Weinberg offensichtlich; von 1985 bis 1988 führte er alle Veredelungen mit Material aus eigener *sélection massale* von Hand aus. Ungewöhnlich ist, daß er die Lese früh ansetzt, um ein gutes Säure-Zucker-Verhältnis zu sichern. Er sieht es als seine Aufgabe an, «nicht etwa den besten Gevrey, wohl aber ‹echten› Wein zu machen», also keine technischen Kniffe anzuwenden, wenn dadurch die Typenechtheit von Jahrgang oder *terroir* gefährdet wird.

Die Trauben werden leicht gemahlen und entrappt – «fast zu 100%, je nach dem Jahrgang» –, in reiferen Jahren tragen ein paar Stiele zum Säuregehalt bei. Die Gärung beruht auf Naturhefen, Burguet wendet lediglich einen *pied de cuve* an, wenn sie ihm zu langsam in Gang kommt. Er gibt keinen Schwefel zur Verzögerung der Gärung in den Most, hat aber auch nichts dagegen, wenn Schalen und Most von Natur aus ein paar Tage länger vormaischen. Die Gärtemperatur läßt er bis zu 35 °C ansteigen. Das Risiko, daß die Gärung steckenbleibt und nur schwer wieder in Gang kommt oder daß sich durch hohe Temperatur ein dicklicher Geschmack einstellt, nimmt er auf sich.

Nach 15 bis 20 Tagen im Zementgärbottich bei nur gelegentlicher *pigeage* (Umpumpen gilt hier als überflüssig) wird der Wein abgezogen und entgegen der früheren Praxis einige Tage lang zur Tannin- und Farbextraktion nachgemaischt. Anschließend wird der neue Wein in Eichenfässern ausgebaut.

Nachdem er Limousin- («zu stark»), Vogesen- und Charente-Eiche erprobt hatte, befand Alain Allier-Eiche als am geeignetsten, weil sie die beste Struktur und das feinste Tannin für seinen Wein abgibt. Für den Bourgogne Rouge verwendet er 2 bis 3% neue Eichenfässer, für den traditionellen Gevrey 10%, den Vieilles Vignes 25% und den Champeaux 60%.

Er strebt eine rasche malolaktische Säureumwandlung mit anschließender langer Reifung auf feinem Geläger an; nur wenn dieses nicht einwandfrei ist, wird früher abgestochen. Normalerweise erfolgt der Abstich ein Jahr nach der *malo*, und nach Ausgleich zwischen den einzelnen Fässern wird eine leichte Kieselgurfiltration vorgenommen; eine zusätzliche Glanzfiltration wurde aufgegeben.

Burguet verzichtet auf Schönung, weil seine Weine CO_2 enthalten; wenn man schönen wolle, müsse man erst die Kohlensäure entfernen, dabei verliere man aber zwangsläufig Frische. Dazu meint Burguet: «Der Wein wird zwar geschmeidiger, wenn man die Kohlensäure entfernt, aber daran ist mir nicht gelegen. Ich will Wein machen, der sich 15 Jahre lang hält.» Dessenungeachtet kann sein Gevrey-Villages mit seiner tiefen Farbe, seinem Aroma von schwarzer Frucht, einem fast süßen Unterton und einer von alten Reben stammenden konzentrierten Dimension in der Jugend bemerkenswert ansprechend sein.

Vergleichsweise ist der Gevrey «Cuvée Vieilles Vignes» bei feiner Konzentration, harmonischem, reifem Tannin und ausgeprägt würzigem Aroma in Duft und Geschmack verschlossener. Mit schöner Bescheidenheit führt Burguet die Qualität dieses Weins auf «alte Reben ... und meine Wenigkeit» zurück, womit er wohl mehr meint als nur, daß er ihn produziert hat. In Spitzenjahrgängen wie 1990 und 1993 bringt es die Konzentration an Tannin und Säure mit sich, daß dieser Wein mindestens fünf Jahre in der Flasche braucht, bis er annähernd genußreif ist. Die Vorliebe Burguets für kräftiges Tannin wirkt sich bei Jahrgängen mit weniger Fülle nicht so gut aus. Der 1992er beispielsweise war zu fleischig und dick und hatte zu viel trockenes Tannin – nicht schlecht, aber karg an Charme.

Wie von einem Premier Cru erwartet werden darf, ist der Champeaux um eine Dimension komplexer. Der Ausbau in zu 60% neuen Eichenfässern drängt sich anfangs vor, doch die natürliche Kraft und Konzentration macht es diesem Wein möglich, dies mit der Zeit zu absorbieren. Der 1993er hatte sehr feinen, starken Duft und viel reife Frucht, alles eingehüllt in das für Burguet typische Tannin – ein Wein für ein Jahrzehnt Reifezeit.

Die Domäne kommt inzwischen auch mit ungünstigeren Jahrgängen zurecht. Ihre 1991er und 1994er sind exzellente Weine, die man ruhig kaufen kann. Alain Burguet streift allmählich das strenge Image ab und läßt in seinen Weinen mildere Art aufscheinen.

WEINBERGBESITZ

Gemeinde	Rang	Lage/Climat	Fläche	Rebenalter	Status
Gevrey	PC	Les Champeaux	0,18	9	P
Gevrey	V	Pince-Vin	1,20	50	P/F
Gevrey	V	Aux Corvées	0,50	40	P/F
Gevrey	V	Jouise	0,42	50	P/F
Gevrey	V	Creux Brouillard	0,90	50	P/F
Gevrey	V	La Justice	0,30	60	P/F
Gevrey	V	Reniard	1,26	35	P/F
Gevrey	R	Pince-Vin Genevrière (Bourgogne Rouge)	0,77	35	P/F
		Gesamtfläche	**5,53 ha**		

Domaine Philippe Leclerc

Ungewöhnlich an dieser Domäne ist, daß sie Tradition, aber keine Vergangenheit hat. Als Philippe Leclerc 1974 im Alter von 23 Jahren 4,3 ha Reben aus dem Familienbesitz zufielen, war er bereits mit Wein groß geworden. Mit 13 Jahren war er von der Schule abgegangen und hatte bei seinem Vater gearbeitet. In vielen Gesprächen mit älteren Vignerons in Gevrey erfuhr er mancherlei über traditionellen Weinbau und sicher auch über traditionellen Weingenuß.

Philippe bemüht sich um große, kompromißlos tanninherbe Weine, die jahrelange Reife brauchen. Dabei erzielt er oft Weine mit erstaunlicher Tiefe und deftiger Struktur, denen es jedoch nicht an der nötigen Finesse fehlt.

Ertragsschwache alte Reben liefern ihm den Rohstoff dafür, meist aus möglichst später Lese – gewöhnlich acht Tage nach allen anderen. 1994 wurde er mit der Ernte erst am 3. Oktober fertig und gewann nach starkem Regen acht Tage Sonnenschein, der die Trauben trocknete und weiter ausreifen ließ. Er mag es, wenn die Trauben möglichst kühl sind, und liest deshalb, wenn es irgend geht, nicht bei warmer Witterung.

Früher beließ er während der Gärung 50 % der Stiele an den Trauben, inzwischen hat er diesen Anteil aber auf 20 % verringert, nachdem er feststellte, daß das Tannin aus den Stielen niemals, jenes aus dem Eichenholz dagegen stets harmonisch wirkt. Die gemahlenen Trauben werden durch Kühlung und Schwefelgaben zu möglichst langer Maischung angeregt, bevor die natürlichen Hefen den Gärvorgang einsetzen lassen. So werden über acht Tage lang Farbe und Tannin extrahiert, und Philippe gewinnt Zeit für die Lese: «Man kann nicht gleichzeitig Erntearbeit machen und sich mit einer problematischen *cuve* befassen.»

Bei der Gärung wird darauf geachtet, daß sie möglichst langsam verläuft – lange, sanfte Extraktion über mindestens drei Wochen. Die Gärtemperatur übersteigt selten 30 °C, was zu einer bis zu einmonatigen *cuvaison* führt. Ist der Zucker ganz vergoren, wird der Wein abgezogen und die Restmaische sanft gepreßt. Für Philippe kann es gar nicht zuviel Tannin geben, denn er strebt echte traditionelle *vins de garde* an.

Allerdings geht es dann nicht ganz so traditionell weiter: Er kühlt und schwefelt die Weine und legt eine Schutzdecke aus flüssigem Paraffin darüber. Dadurch wird die *malo* aufgeschoben, bis der vorletzte Jahrgang abgefüllt und wieder Platz in den Fässern ist. Philippe ist nämlich überzeugt, daß die malolaktische Säureumwandlung, wenn sie im Faß stattfindet, merklich rundere und harmonischere Tannine hervorbringt.

Die beiden Premiers Crus gelangen zu 100 %, der Gevrey-Villages zu 50 % und der Bourgogne Rouge nur zu 15 % in neue Nevers-Eichenfässer. Hier kann sich die *malo* in Ruhe abspielen, denn der Abstich erfolgt erst im nächsten November. Die Lagerung unter Paraffin befreit den Wein von allen außer den feinen Trubstoffen, dadurch ist Abstechen nicht so oft nötig, und die Klärung wird begünstigt. Philippe meint auch, daß die *malo* auf gesundem Hefetrub dem Wein eine weitere Dimension der Fülle verleiht.

Die Weine bleiben bis zur Abfüllung mindestens zwei Jahre im Faß. Diese ausgedehnte *élevage* ermöglicht Abfüllen ohne Schönen und Filtration, d. h., die natürliche Fülle des Weins bleibt weitgehend erhalten. Dieses Verfahren ist höchst ungewöhnlich, aber völlig logisch. «Ich behaupte nicht, daß ich es immer richtig mache», erklärt Philippe bescheiden. «Ich versuche dies und jenes, prüfe das Ergebnis und gebe hier und dort zu. Man muß stets alles in Frage stellen, das ist der einzige Weg zum Gipfel der Qualität.»

Philippes Weine sind intensiv und fein, im Faß aber schwer zu beurteilen. Sein Bourgogne Rouge hat Saft und Kraft mit trockenem Tannin und viel fester Frucht – er ist nicht früh trinkreif, nach fünf Jahren in der Flasche aber sehr fein.

Daneben stehen die Gevrey-Villages-Weine: einer aus der Lage Les Platières, 150 m von der Bahnlinie auf der anderen Seite der RN74, wo 40jährige Reben auf recht fettem Boden eine breite, fleischige Struktur liefern, die v. a. im 1990er und 1993er hervortritt. Der En Champs von 50jährigen Reben ist voller, fester und kräftiger und setzt die frische Eichenholzwürze besser um. 1993 kam noch ein exzellenter Chambolle-Musigny-Villages – von typischer Eleganz und nicht so muskulös wie die Gevreys – hinzu.

Die Gevrey Premiers Crus Les Cazetiers und La Combe Aux Moines liegen nebeneinander in der Nordwestecke der Gemarkung, wo auch Lavaux St-Jacques und Clos St-Jacques zu finden sind. Die Güte dieser Lage und die Vorliebe für stark angeröstete Fässer machen lange Kellerreife unabdingbar, v. a. in Jahrgängen wie 1990 und 1993. Der Combe Aux Moines ist dichter und komplexer, beide aber sind muskulöse, hochwertige Weine – selbst in Jahrgängen wie 1994.

Oft sind es die schwächeren Jahrgänge, die den Kellermeister auf die härteste Probe stellen. Mit den 1987ern und 1986ern errang sich Philippe Lorbeeren. Die 1987er Premiers Crus zeichneten sich durch tiefe Farbe aus, der Cazetiers entwickelte schönes Aroma von *fruits noirs* und der Combe Aux Moines einen eher urwüchsigen, teerigen Stil. Beide weisen feste, reife Frucht, gutes Gleichgewicht und viel Tiefe auf. Sie sind nicht so komplex und profund wie die 1988er, aber dennoch feine Weine. Der 1986er Combe Aux Moines ist ein Triumph mit seinem prachtvollen, komplexen Erdbeerduft und dem fein dosierten Tannin als Grundlage für reife, stilvolle, fast süße Frucht – nicht mit der typischen Leclerc-Dichte versehen, dafür aber mit verführerischer Opulenz. Die allgemein nicht besonders gepriesenen 1991er sind hier ebenfalls gut gelungen und bieten nach angemessener Zeit tiefe Komplexität.

Philippe Leclerc ist ein unruhiger Einzelgänger, stets auf der Suche nach irgend etwas, das ihm vorschwebt. Manchmal verschwindet er auf ein paar Tage, um abzuschalten. Mit seinem Bruder René teilt er – stolzer Besitzer eines amerikanischen «Excalibur» – die Passion für noble Autos. Seine Weine bieten ihm Freude und Schmerz zugleich, nie sind sie ganz gelungen, immer hätte etwas anders gemacht werden können. Dennoch bringt er stets Exzellentes zuwege – viele Winzer würden sich bei so kleinen Unvollkommenheiten glücklich schätzen!

WEINBERGBESITZ

Gemeinde	Rang	Lage/Climat	Fläche	Rebenalter	Status
Gevrey	V	Les Platières	1,00	40	P
Gevrey	V	En Champs	0,75	50	P
Gevrey	PC	Champonnets	0,25	40	P
Gevrey	PC	Les Champeaux	0,50	40	P
Gevrey	PC	Les Cazetiers	0,50	55	P
Gevrey	PC	La Combe aux Moines	0,67	50	P
Chambolle	V	Les Babillaires	0,50	40	P
Chambolle	R	(Bourgogne Rouge)	4,00	40	P
Gesamtfläche			**7,97 ha**		

Domaine Charles Mortet

Denis Mortet ist ein talentierter junger Vigneron, der über 30 Parzellen Weinbergland verfügt; die Grundlage dafür bildete 1 ha, den sein Vater Charles in den 1950er Jahren vom Großvater erbte. Heute gehören 2,3 ha Weißweinreben auf einem ehemaligen Obstbaumgelände an der Côte Dijonnaise dazu. Thierry, der Bruder von Denis, machte sich 1991 selbständig, als Vater Charles in den Ruhestand trat.

Seit den ersten Versuchen mit Bourgogne Rouge steht fest, daß Denis die Technik der Weinbereitung beherrscht und die Kunst in den Fingerspitzen hat. Sein Leitmotiv ist möglichst große Naturnähe. Der Boden wird gehackt, «um das Wurzelwerk zu vertiefen»; die Unkrautbekämpfung erfolgt mit «vorzugsweise pflanzlichen Mitteln»; gegen Schädlinge werden die üblichen Spritzmittel eingesetzt, jedoch so lange vor der Ernte, daß keine Spur mehr im Wein zu finden ist. Denis spricht von Schwierigkeiten mit der sich stark ausbreitenden Roten Spinne, die nur in Schach gehalten werden kann, wenn alle sie gewissenhaft bekämpfen. Auch Bodenviren machen sich störend bemerkbar, weil beim Hacken leicht neue Infektionen entstehen.

Ertragsschwache Klone, schwachwüchsige Unterlagsreben und möglichst hohes Rebenalter liegen Denis besonders am Herzen. 1988 führten Experimente mit Behangausdünnung bei jungen Reben in Chambolle und Gevrey zu «besten Ergebnissen». Strengerer Schnitt sorgt für deutlich geringere Erträge als früher: 30–35 hl/ha in Premier-Cru-Lagen im Jahr 1993 – dem Wein merkt man es an.

Mortet erntet ungewöhnlich früh. Es habe keinen Sinn, noch zu zögern, wenn die Lese freigegeben ist; nur in schlechten Jahren wartet Denis gern noch auf ein paar sonnige Tage, um höheren Reifegrad und mehr Konzentration einzuheimsen. Die Leser sind angewiesen, nur gesunde Trauben zu nehmen und alles auszuscheiden, das den Anforderungen nicht gerecht wird. Damit nicht genug: Denis schaffte 1993 eine «table de *trie*» an – faule Trauben haben bei ihm keine Chance.

Die Weinbereitung ist ziemlich orthodox. Keine Stiele – «es gibt andere Möglichkeiten, dem Wein gute Struktur zu verleihen» –, eine lange Gärung bei 29–32 °C, anfangs etwas Umpumpen und 2- bis 3mal täglich kräftige *pigeage*. Auch Zuchthefen sind tabu: «Noch nie sind welche in meinen Keller gekommen.» Wenn die Gärung nicht einsetzen will, wird mit einem *pied de cuve* nachgeholfen. Die *cuvaison* dauert meist 13 bis 15 Tage, davon 4 bis 5 Tage Vormaischung.

Nach dem Beimischen des Preßweins werden die Gevrey-Villages und der Bourgogne Rouge zusammengestellt und dabei die für den Handel bestimmten Posten aussortiert – manche größere Domäne sollte diesem Vorbild folgen! Anschließend gelangen die Weine in Fässer im Keller unter der Cuverie.

Durch Experimente hat Denis herausgefunden, daß eine Mischung von Allier-, Nevers- und Vogesen-Eiche für die Gevreys am günstigsten ist, während den Premiers und Grands Crus sowie dem Wein von sehr alten Reben Vogesen-Eiche am besten bekommt. Ende April werden die Weine abgestochen. Die Villages bleiben zum Teil in älteren Fässern, während bei den Premiers Crus die neuen Fässer (50–60 %) gegen alte ausgetauscht werden. Die Grands Crus, die zu mindestens 75 % in neuen Fässern liegen, bleiben darin.

Nach 17 Monaten Ausbauzeit ohne Schönung, um weiteren Abstich zu vermeiden, werden die Cuvées zusammengestellt, einer leichten Kieselgur-Filtration unterzogen und von einer mobilen Abfüllstation in die Flasche gebracht. Nur die kleinen Posten Clos Vougeot und Chambertin füllt Denis selbst von Hand ab. Obwohl er schon seit 1976 mit seinem Vater arbeitet, kam es erst 1984 zu Exportverkäufen. Heute geht ein großer Teil der insgesamt 3000 bis 4000 Kisten ins Ausland.

Die Weine sind gekennzeichnet durch Geschmeidigkeit und saftige, komplexe Frucht. Der Bourgogne Rouge ist zart, recht fett und hat viel reife Frucht, ein festes Rückgrat und deutlichen «goût de terroir». Er wie auch der Bourgogne Blanc sind ausnehmend gute Vertreter der Appellation, ebenso der 1993 hinzugekommene rote Marsannay Longeroie.

Die Gevreys unterscheiden sich merklich voneinander: Der Villages-Wein zeigt gute Struktur, Nachhaltigkeit und Rundheit sowie feste Art mit einer Komplexität in Aroma und Geschmack, die sich in guten Jahrgängen erst nach mindestens fünf Jahren voll entfaltet. Der En Motrot, ein Villages-Wein aus einer Einzellage, ist kantiger, hat mehr Säure und am Ende größere Eleganz.

Der Velle ist durch seine feste Struktur und große Wucht gekennzeichnet – ein echter *vin de garde* und typischerer Gevrey als etwa der En Motrot. Der En Champs von über 70jährigen Reben ist ein zunächst streng verschlossener Wein, der in guten Jahrgängen zehn Jahre Kellerreife lohnt.

Der Les Champeaux Premier Cru aus einer Lage über Les Cazetiers zeigt weit kräftigeren Charakter, aber doch mehr Delikatesse und Finesse sowie beträchtlich mehr Säure.

Der zu 50 % in Vogesen-Eiche ausgebaute Chambolle Les Beaux-Bruns Premier Cru hat alle Qualitäten seiner feinen Herkunft: Der sehr gute 1993er zeigte reiche seidige Frucht, große Nachhaltigkeit – er besitzt nicht die Kraft eines Gevrey, ist aber ein zarter, vollendeter Wein mit vorbildlicher Ausgewogenheit. Demgegenüber ist der Clos Vougeot ein kraftvoller Cocktail aus Tannin, Säure, Frucht und Wucht. Der zu 80 % in neuen Fässern ausgebaute 1993er zeigte sich intensiv, dunkel, mit einem Aroma von *fruits noirs* über einer vollen, festgefügten Struktur.

Alle diese Weine werden jedoch vom Chambertin aus einer kleinen Parzelle mit 35jährigen Reben (nur 25 hl/ha) in den Schatten gestellt. Der 1993er hatte schöne, tiefe Farbe, beachtlich komplexen, fruchtigen Duft mit noch nicht absorbierten Resten von Eichenholz aus dem Ausbau in zu 100 % neuen Fässern, Unmengen an konzentrierten, vielschichtigen Geschmacksnuancen und einen außerordentlich langen, schillernden Abgang.

Charles Mortets Weine gehören zu den besten von Gevrey und verdienen einen Platz in jedem Keller mit feinem rotem Burgunder.

WEINBERGBESITZ

Gemeinde	Rang	Lage/Climat	Fläche	Rebenalter	Status
Gevrey	GC	Chambertin	0,15	39	F
Vougeot	GC	Clos Vougeot	0,32	18	F
Gevrey	PC	Les Champeaux	0,29	65	F
Chambolle	PC	Les Beaux-Bruns	0,23	11	F
Gevrey	V	En Champs	0,86	70	F
Gevrey	V	Au Velle	1,16	45	F
Gevrey	V	En Motrot	0,49	35	F
Gevrey	V	(30 verschiedene Parzellen)	2,69	40	P/F
Marsannay	V	Les Longeroies	0,48	36	F
Daix	R	(Bourgogne Rouge)	0,94	18	P
Daix	R	(Bourgogne Chardonnay)	0,60	10	P
Daix	R	(Bourgogne Aligoté)	0,30	12	P
Gesamtfläche			**8,51 ha**		

Domaine Maume

In den 1970er und 1980er Jahren hat sich an der Côte d'Or beträchtlicher Wohlstand breitgemacht, aber es gibt ein paar Domänen, bei denen die Zeit stillgestanden zu sein scheint. Eine solche Domäne ist die von Bernard Maume und seinem Sohn Bertrand. Hinter immergrünen Gehölzen verbirgt sich das um 1850 gebaute Haus, an dem nichts vermuten läßt, daß dies ein Weingut mit wohlgefüllten Kellern ist.

Bernard Maume strahlt stille Engagiertheit und nachdenklichen Sachverstand aus. Die Domäne wurde von seinem Großonkel Louis Mariller gegründet, dessen Vater im 19. Jh. Weinbergland in Gevrey besaß. Bernard wuchs zwar in Dijon auf, verbrachte aber alle Ferien bei Louis Mariller in Gevrey und half ihm zunächst spielerisch und dann ernsthaft bei der Arbeit. An der Universität in Dijon studierte er Biochemie, lernte dabei seine Frau kennen und erwarb schließlich ein Diplom in Önologie und Weinbau.

1956, als Bernard noch Student war, starb Großonkel Louis kinderlos und hinterließ seinem Neffen frühzeitig die Verantwortung für das Weingut. 1957 produzierte Bernard seinen ersten Wein und brachte es dann fertig, gleichzeitig die Arbeit in der Domäne und sein Studium fortzuführen. Später wurde ihm der Lehrstuhl für Önologie in Dijon angeboten. Er lehnte jedoch ab und widmete sich mit seiner Frau der Leitung der Domäne.

Seine akademische Arbeit führt er noch heute in gewissem Umfang weiter, und zwar mit Vorlesungen und der Anleitung von Studenten sowie mit eigenen Forschungen über Hefen und Sterine im Zusammenwirken mit Michel Feuillat, dem jetzigen Inhaber des von ihm ausgeschlagenen Lehrstuhls in Dijon. Von seinen vielen Beschäftigungen zeugen wissenschaftliche Unterlagen, die sich in seinem Arbeitszimmer mit Rechnungen und den Anzeichen verschiedenster in Gang befindlicher praktischer Arbeiten vermischen.

Die Domäne ist Schritt um Schritt auf ihren derzeitigen Umfang angewachsen. Zu dem ursprünglichen Besitz erwarb Louis den Teil von Mazis-Chambertin hinzu, der vorher zum Weingut von Thomas Collignon gehört hatte – von dem ein Drittel an die Hospices de Beaune für eine Cuvée ging, die den Namen seiner Frau trägt. Den Charmes-Chambertin erwarb Bernard zwar erst kurz nachdem er die Domäne übernahm, er erzählt jedoch, daß viele Besitzerwechsel an der Côte auf die finanziellen Schwierigkeiten einiger großer Handelshäuser nach dem Börsenkrach von 1929 zustande kamen.

Bernards wissenschaftliche Bildung liefert die wohldurchdachte Grundlage für alles, was er tut. Der Kern seiner Philosophie beruht in dem Glauben, daß «vieles, was heute als innovativ gilt, auf alte, traditionelle Praktiken zurückgeht. Intellektuell gesehen gibt es wenig Neues zu entdecken» (im Weinbereitungsverfahren). Es bedürfe einer überzeugenden Begründung, bevor man von einer bewährten Tradition abgehe.

Das Durchschnittsalter der Reben im Weinberg wird durch individuelle *répiqueage* mit Pflanzenmaterial, das Bernard aus eigenem Besitz selektiert, möglichst hoch gehalten. Bis 1988 nahm er die Veredelungen selbst vor, heute gibt er sie einer Rebschule in Auftrag.

Bei der Ernte gewährleisten drei *tries,* daß keine faule Frucht in die Gärbehälter gelangen kann. Dadurch und durch den hohen Anteil an alten Reben ergeben sich überaus kleine Erträge, mit die kleinsten in Gevrey. In Mazis beispielsweise beliefen sie sich 1984 auf 13,5 hl/ha, 1985 auf 23, 1986 auf 32, 1987 auf 23, 1988 auf 36, 1989 auf 33 und 1993 auf 13. In Charmes liegt der Durchschnitt kaum höher – zwischen 13 und 30 hl/ha. Im Vergleich mit dem zulässigen Höchstertrag von 37 hl/ha nimmt sich dies ausgesprochen kärglich aus. Wollten sich doch auch andere an dieses Vorbild halten!

Nach dem Ausleseprozeß werden die Trauben völlig entrappt und leicht gemahlen. Auf drei bis vier Tage Vormaischung bei Kellertemperatur folgt eine lange, langsame alkoholische Gärung in großen eichenen *foudres*.

Louis Mariller bediente sich bei der Vinifikation einer flüssigen Zuchthefe. Bernard arbeitet mit einer ähnlichen Kultur, da er sich bei seinen Forschungen davon überzeugt hat, daß sie bessere Ergebnisse bringt als die Naturhefen, die ein Gemisch mehr und minder erwünschter Varietäten darstellen. Die *cuvaison* dauert bis zu vier Wochen einschließlich einer kurzen Nachmaischung; danach wird der Wein in noch von Großonkel Louis gebaute gefliese unterirdische Tanks geleitet. Die restliche Maische gelangt in eine Horizontalscheibenpresse – ein Museumsstück aus dem Jahr 1929, das schonend arbeitet und guten Preßwein liefert. Sie funktioniert meist einwandfrei, manchmal aber gibt es eine Panne. Dann wird eine noch antiquiertere quadratische Spindelkelter aus dem 19. Jh. sozusagen in Dienst gepreßt. Da aber drei Mann gebraucht werden, um die dicken Holzblöcke zu heben, mit denen die Druckplatte beschwert ist, bemüht sich Bertrand lieber, die Presse von 1929 betriebsbereit zu halten.

Auf jeden Fall wird der Preßwein dem Vorlaufwein beigemischt, bei den Grands Crus nur der aus der ersten Pressung, bei den Premiers Crus und den Villages-Weinen auch der aus der zweiten Pressung. Der Wein bleibt einige Tage zum Absetzen in Onkel Louis' unterirdischen *cuves* und wird dann vom groben Geläger abgezogen.

Die Grands Crus kommen zu 40 % in neue Fässer, bei den anderen Weinen beträgt der Anteil etwa 20–25 %. Experimente mit Holz verschiedener Herkunft haben dazu geführt, daß der Mazis und der Gevrey-Villages «En Pallud» in Nevers-Eiche, die anderen Gevrey-Villages-Weine und der Charmes in Vogesen-Eiche gelegt werden. Für den Lavaux St-Jacques wird zur Hälfte Vogesen- und zur Hälfte Nevers-Eiche gewählt. Die Vogesen-Eiche gibt sanfteres Tannin mit einem Hauch Vanillin ab, die Nevers-Eiche verleiht dem Wein dagegen eine festere Tanningrundlage.

Die Fässer werden in einen kleinen, spinnwebenverhangenen Keller gebracht, der auf 17 °C erwärmt wird, um die malolaktische Säureumwandlung zu fördern. Diese beginnt stets zuerst im Gevrey-Villages, es folgen der Lavaux St-Jacques und der Charmes und zuletzt der Villages «En Pallud» und der Mazis.

Bernard Maume sticht so wenig wie möglich ab; oft bleiben die Fässer unberührt, bis es Zeit zur Abfüllung wird. Ist nach der *malo* ein Abstich nötig, dann wird der Wein nachher wieder in dasselbe Faß gefüllt; dadurch läßt sich die Entwicklung der einzelnen Weine besser verfolgen und die Wirkung der verschiedenen Hölzer besser beurteilen.

Nach etwa 20 Monaten im Faß werden die Weine im April oder Mai des zweiten Jahres

Bernard Maume.

Spätherbstliche Landschaft an der Côte d'Or.

mit frischem Eiweiß geschönt. Dann findet die endgültige Zusammenstellung statt, wobei stets der Wein von drei alten Fässern mit dem aus einem neuen Faß gemischt wird. Die so entstehenden Einzelposten werden dann getrennt abgefüllt. Kleinere Posten, z. B. der Charmes, werden faßweise in die Flasche gebracht. Alle Weine Bernard Maumes sind ungefiltert – «keine Filtration – die macht den Wein nur dünn».

Degustieren ist bei Maume ein unvergeßliches Erlebnis. Infolge der Expansion der Domaine sind manche Fässer in abgelegene Winkel geschafft worden, um Platz für andere zu machen; also geht es von einem Keller in den anderen, von einem Faß zum anderen, bis endlich das Richtige gefunden ist. 1995 wurde zur Arbeitserleichterung ein neuer Faß- und Vinifikationskeller gebaut und das Tunnelsystem zu den andern Kellern fertiggestellt.

Die in Onkel Louis' gefliesten Tanks ruhenden Jungweine werden zugänglich, wenn man eine Art Abflußgitter mit eingelegter Plastikfolie abhebt. Ein eleganter silberner Tastevin aus dem 19. Jh., den Onkel Louis einmal beim Kegeln gewann, wird sodann in die Flüssigkeit getaucht und vorsichtig wieder herausgezogen, wobei sich zugleich ein Schwarm Fliegen erhebt.

In den Kellern herrscht ein prachtvoll exzentrisches Durcheinander – wie in Bernards gemütlichem Arbeitszimmer hat man den Eindruck, daß hier alles «im Gang» ist, manchmal aber nicht recht ans Ziel gelangt. Trotz allem aber sind Bernards Weine stets superb gemacht und gehören zu den besten in ganz Gevrey. Der Stil ist beherrscht von einer Konzentration, die das Ergebnis einer absichtlich späten Lese, geringer Erträge und der Frucht alter Reben ist. Die große Sorgfalt bei Auswahl und Anwendung der Fässer führt zu einem vernünftigen Gleichgewicht zwischen den Holz- und Traubentanninen – gerade so viel, daß die natürliche Struktur ausgepolstert, nicht aber übertönt wird.

Der Keller beherbergt im wesentlichen drei Weintypen, in denen sich die Unterschiede der einzelnen Teile von Gevrey spiegeln: Die von den Coteaux im Süden – En Pallud, Mazis und der Premier Cru aus drei Lagen – sind relativ gehaltvoll und wuchtig und haben kräftige *charpente*. Der Lavaux St-Jacques und der Champeaux sind eher *tendre*; bei ihnen ist die Frucht stärker betont als die Struktur. Der Charmes-Chambertin hat eine blumige, leicht minzewürzige Dimension und liegt im Charakter der zweiten Gruppe näher als der ersteren.

Der Gevrey «En Pallud» von 40jährigen Reben aus einer Lage direkt unterhalb der Route des Grands Crus ist gekennzeichnet durch Saft und Kraft mit einem Anflug von Finesse und durch Aromen von roter Frucht und schwarzen Johannisbeeren; dagegen ist der Gevrey-Villages sanfter und runder und hat reifes, schön eingebundenes Tannin mit dem Duft von Vanille und Kakaobohnen.

Demgegenüber hat der Lavaux St-Jacques mehr Finesse mit verhaltener Wucht und reifem Tannin. Die Primäraromen – Griotte-Kirschen und reife Frucht beim 1993er im Faß – verwandeln sich, wie Bernard sagt, in die Sekundär- und Tertiäraromen von Waldboden und Pilzen, vereint mit einem blumigen Element. Die Weine aus dieser Lage behalten oft die Struktur ihrer Jugend, auch wenn sich die reifen Noten entfalten.

Der Gevrey-Chambertin Premier Cru – eine Mischung von 30jährigen Reben in Perrières und über 70jährigen in Cherbaudes – hat merklich mehr Säure als der Lavaux St-Jacques und etwas weniger Klasse und Finesse, ist dabei aber interessant und haltbar. Beim 1993er wurde dies durch feine Fruchtkonzentration etwas überdeckt – ein Wein mit exzellenter Nachhaltigkeit und Fülle.

Von den beiden Grands Crus hat der Charmes größere Finesse, oft mit Anflügen von Cassis und Süßholz im Duft, und dazu viel Wucht. Im einzigen Faß 1993er fand sich neben diesen Qualitäten noch zusätzliche Konzentration. Ein feiner, komplexer Wein – aber etwas unbeständig.

Der Mazis ist zweifellos der beste Wein von Maume. Eine Probe aus nur einem der drei Fässer 1993er zeigte die Konzentration der Frucht alter Reben und eine Komplexität, die den Grand-Cru-Status vollauf verdient – am Anfang sehr verschlossen mit etwas Veilchenduft und Würze im Geschmack. Er wird sicher sehr gut.

Die feinen 1993er und ein sehr vielversprechender 1994er sind das Werk Bertrands, der 1991 die Weinbereitung übernommen hat. Er führt die Tradition seines Vaters nach dem Motto «Was funktioniert, braucht nicht verändert zu werden» fort; das einzig Neue ist etwas mehr *pigeage*. Bernard arbeitet offensichtlich gern mit seinem Sohn und ist stolz auf dessen Leistungen.

Im Keller unter dem Haus ist eine Ecke älteren Jahrgängen vorbehalten. Dort liegt u. a. ein wenig alter Château-Chalon Vin Jaune aus dem Jura neben ein paar Flaschen Pinot Noir aus Kalifornien. Bernard las auf verschimmelten Karten an den Regalfächern nach, holte dann eine Flasche heraus und nahm sie mit hinauf.

Unter der erstaunlichen Treppe, die von der Halle ins Obergeschoß führt und nur aus freitragenden Steinplatten besteht, entkorkte er die Flasche und schenkte den Inhalt in große burgundische «Ballons» aus. Er wollte zeigen, was aus einem Maume-Wein nach angemessener Reifezeit wird: herrlich klare, tief kirschrote Farbe und ein außerordentlich komplexes Bukett von Waldboden und Waldfrüchten, im Mund eine die Zunge herrlich umhüllende reife, fast süße Frucht bei geradezu untadeligem Gleichgewicht, großer Finesse und Nachhaltigkeit. Es war ein Hochgenuß, diesen 1978er Gevrey-Chambertin Lavaux St-Jacques mit seinem freundlichen, bedächtigen Schöpfer teilen zu dürfen.

Die Domaine Bernard Maume ist zwar relativ klein, aber doch eine der besten Bezugsquellen in Gevrey-Chambertin. Wer ihren Wein wählt, dürfte kaum je eine Enttäuschung erleben.

WEINBERGBESITZ

Gemeinde	Rang	Lage/Climat	Fläche	Rebenalter	Status
Gevrey	GC	Mazis-Chambertin	0,67	65	P
Gevrey	GC	Charmes-Chambertin	0,17	41	P
Gevrey	PC	Lavaux St-Jacques	0,29	45	P
Gevrey	PC	Champeaux	0,28	12	P
Gevrey	PC	Cherbaudes/Perrières	0,18	70/30	P
Gevrey	V	En Pallud	0,66	40	F
Gevrey	V	La Justice + Etelois + Combes du Dessus + Les Fourneaux + Clos Prieur Bas	1,47	30	P
Gevrey	R	Vigne Blanche	0,52	15	P
		Gesamtfläche	**4,24 ha**		

Domaine Joseph Roty

Unter den Weinerzeugern Burgunds hat Joseph Roty eigenes Format. In ihm verbindet sich ein höchst eigenwilliger Charakter mit herzhafter Verachtung aller Großtuerei und schelmischem Humor. Wein ist für ihn gleichermaßen das Produkt von *terroir*, Klima und Winzerkunst. Letztere aber, so hat es ihm sein Großvater eingetrichtert, beruhe vor allem auf Beobachtung. So hatte ein Weinberg, der Roty angeboten wurde, einen hohen Grundwasserspiegel – er sah es am Brunnen und lehnte ab. Wenn die Trauben in die Cuverie kommen, muß man sie betrachten, sie kosten und dann beschließen, wie man sie am besten behandelt.

Der erste Roty kam 1710 nach Gevrey. Joseph bildet die zehnte Generation, und die Domäne verdankt seiner Sparsamkeit und seinem Können viel. Auf die Frage nach der Größe seines Besitzes meint Jo Roty: «Niemand außer mir braucht zu wissen, wie alt meine Frau ist und wieviel Land ich habe ... die Importeure halten mich sonst für einen Millionär und wollen wissen, warum ich nicht mehr Wein für sie habe.»

1968 begann er mit einem Vermächtnis seines Großvaters Joseph Antoine, das außer der bereits erwähnten Maxime auch Land in den Grand-Cru-Lagen Charmes-, Mazis- und Griotte-Chambertin sowie Premier-Cru- und Villages-Weinberge in Gevrey umfaßte. Sein Handwerk erlernte er durch Bewirtschaften von Weinbergen für andere, und da er zu vernünftigen Preisen sorgfältige Arbeit leistete, war er sehr gefragt.

Jos Arbeitsweise ist streng logisch und äußerst individuell. Er hat kein Verständnis für Leute, die nach Formeln arbeiten und ihr Tun nicht durchdenken. Wie zu erwarten, werden die Weinberge des Hauses Roty mit größter Sorgfalt gepflegt. Die Reben werden streng nach Dr. Guyot erzogen, d. h. maximal sechs Augen an der *baguette* und zwei am *courson*; überschüssige Vegetation wird entfernt. Düngung wird auf gelegentliche Guano-Gaben beschränkt und der Boden häufig bearbeitet, um Seitenwurzeln zu entfernen.

Seine Philosophie erweist sich anschaulich daran, wie er mit Ungeziefer umgeht. Insektizide lehnt er ab – selbst der räuberische, fäuleverursachende Sauerwurm darf nach Herzenslust fressen. Ein durchschnittliches Rebenalter von 60 Jahren und 60–80 % ungepfropfte Stöcke sowie bewußt späte Lese sorgen bei ihm für niedrige Erträge und konzentrierte Weine.

Jo begutachtet und kostet jeden einzelnen Posten Trauben. Dabei erfährt er alles über die Reife der Kerne, die Qualität der Tannine sowie den Säure- und Zuckergehalt. Je nach Jahrgang wird mehr oder weniger stark entrappt (1990 zu 100 %), und dann wird eine Woche lang bei 14–15 °C vorgemaischt. Schwefel wird dabei nur zugesetzt, wenn es Probleme gibt.

Die Gärung findet in großen hölzernen *cuves* statt – Holz braucht nicht wie Zement tagelang, um sich zu erwärmen oder wieder abzukühlen. Der Wein soll langsam und sanft ziehen «wie Tee», sagt Jo. Die *cuvaison* dauert bis zu drei Wochen. Roty zieht den Wein nicht erst vom groben Geläger ab, wenn noch knapp 1,5 g/l Zucker übrig sind. Der Preßwein wird dem Vorlaufwein sofort beigemischt, aber nur wenn er dafür geeignet ist. Andernfalls geht er in die Destillation.

Nun werden die verschiedenen Weinposten miteinander gemischt und 7 bis 15 Tage zum Absetzen stehengelassen (anderswo sind 12 bis 48 Stunden üblich). Im Anfangsstadium dieses Klärvorgangs vergärt dann auch der restliche Zucker, und dabei wird CO_2 frei, das sich in dem nunmehr verschlossenen Behälter über dem Wein ansammelt und diesen gegen Oxidation schützt.

Erwartungsgemäß waltet auch bei der Wahl des Faßbauers und der Holzarten die bei Roty übliche Gründlichkeit. Jo bezieht seine Fässer seit Jahren von einer Firma, bei der er sich darauf verlassen kann, daß das Holz drei Jahre lang an der Luft trocknet. Erhitzt werden die Faßdauben nur zum Biegen.

Bis 1968 baute Jo Roty seine Fässer selbst, jetzt aber hat er nicht mehr die Zeit dafür. Doch jedes Jahr prüft er die Neuanschaffungen persönlich, er macht sogar Stichproben mit einer Lampe, die er durch das Spundloch einführt. Gibt es nur den geringsten Zweifel an der Qualität, wird das betreffende Faß auseinandergebaut und genau untersucht. In welchem Umfang der Wein jeweils in neuen Fässern ausgebaut wird, richtet sich nach dem Jahrgang und der betreffenden *cuvée*; feste Regeln gibt es nicht.

Abstechen gehört nicht zu Rotys Techniken. Für ihn steht fest, daß der Zweck des Abstechens nicht darin liegt, den Wein vom Hefetrub zu befreien – das ist mit der *débourbage* schon geschehen –, sondern ihn zu belüften. Ist Abstechen nicht aus irgendeinem Grund unbedingt nötig, bleibt der Wein möglichst lange – manchmal bis zur Abfüllung – auf dem feinen Geläger liegen.

Während der Ausbauzeit wird er gelegentlich aufgerührt, um das Geläger gleichmäßig zu verteilen. Diese *bâtonnage* wird in Burgund an Weißweinen regelmäßig durchgeführt, weil die Ansicht herrscht, daß sie dadurch an Fülle gewinnen, bei Rotweinen jedoch nicht. Jo Roty dagegen meint, solange der Hefetrub sehr fein sei, bestehe keine Gefahr, daß er den unangenehmen *goût de lie* verursachen könne. Damit steht er nicht allein – auch André Porcheret, der Kellermeister der Hospices de Beaune, rührt die Rotweine auf.

Nach so viel Sorgfalt hat Jo keine Lust, seine Weine durch Schönen oder Filtern zu verderben. Vielmehr wird Wein derselben Art aus verschiedenen Fässern eine Viertelstunde vor dem Abfüllen in einem Tank zusammengeführt. Der bescheidenste Roty-Wein, der Passetoutgrain, bringt 12 bis 14 Monate im Faß zu, bei den feineren *cuvées* sind es bis zu 30 Monate.

Rotys Burgunder sind außergewöhnlich fein. Der hohe Anteil sehr alter Reben selbst bei den schlichten Appellationen erbringt niedrige Erträge, die zusammen mit langer Maischung zu Weinen führen, die – untypisch für Pinot Noir – in der Jugend fast schwarz wirken und deren beachtliche tiefe Frucht und Struktur sie jahrzehntelang lebendig erhält.

Am schlichten Ende stehen zwei Bourgognes Grands Ordinaires – ein dunkler, warmer Gamay aus Marsannay und ein Pinot Noir aus Brochon/Gevrey. Verarbeitung und *élevage* erfolgen bei diesen «einfachen» Weinen ebenso sorgfältig wie bei den Grands Crus. Die Tiefe des 1988er Gamay ist so ungeheuerlich, daß bei ihm die *malo* erst im Sommer 1990 – also fast zwei Jahre nach der Lese – beendet war. Der junge Pinot Noir ist sogar noch verschlossener, er hat viel Säure und Körper.

Der Bourgogne Pressoniers kommt aus einer großen Lage, die teils unter die AC Bourgogne, teils unter die AC Gevrey fällt – der Wein selbst läuft unter der regionalen Appellation. Er hat meist die Farbe schwarzer Kirschen und eine weit über dem offiziellen Rang liegende Struktur und Tiefe – ein Wein, dessen bessere Jahrgänge mindestens fünf Jahre Reifezeit lohnen.

Auf seinen Marsannay Rouge ist Jo Roty zu Recht stolz – er kommt von 60jährigen Reben in einer der besten Lagen. Auch er ist dunkel, harmonisch gebaut, hat viel Konzentration von der Frucht alter Reben und ansprechende Komplexität und verlangt bis zur Genußreife mindestens fünf Jahre Lagerzeit.

Die Reihe der Gevreys wird eingeleitet vom Champs-Chenys aus einer an Charmes- und Mazoyères-Chambertin angrenzenden Lage.

Der Boden ist ein kalkreiches Gemisch aus Geröll und flachen Steinen mit einem hohen Anteil an Eisenpyrit in den unteren Schichten; er trägt zusammen mit dem 25prozentigen Bestand an Reben aus der Zeit vor 1914 zur Dichte und zum Stil des Weins bei. Jo nennt ihn seinen «petit Charmes-Chambertin», aber er hat nichts von Kleinheit an sich – die Farbe schwarzer Kirschen, exzellente Konzentration der Frucht, aber merklich mehr Delikatesse und Komplexität als der Pressonniers. Im Alter nimmt er einen ansprechenden, etwas karamelisierten Vanille- und Süßholzton an – ein Villages-Wein in ungewöhnlicher Qualität.

Der Gevrey Brunelle entsteht von Lesegut aus den Lagen Brunelle und Clos de la Brunelle. Der Wein fällt nicht ganz so dunkel und dicht aus wie der Champs-Chenys, dafür aber oft entgegenkommender. Da alle Weine Rotys von Anfang an weit dichter sind als andere, ist auch dieser Brunelle vergleichsweise schwer.

Der dritte Villages-Wein ist der Clos Prieur – der bessere Teil der Lage fällt unter die Premiers Crus, der flachere unter die AC Gevrey. Der Boden ist hier gehaltvoller und enthält keine Steine. Der Wein zeigt sich in der Jugend verschlossen und konzentriert und ist daher schwer zu beurteilen, seine Struktur aber erlaubt in den meisten Jahren keinen Zweifel an einer langen, herrlichen Zukunft.

Rotys einziger Premier Cru ist Les Fontenys. Der Name geht auf ein altfranzösisches Wort zurück, das «kleine Quellen» bedeutet, die denn auch 30 m unterhalb der Lage zu finden sind. Der Boden ist sehr ungleichmäßig: Oben befinden sich Schichten aus Ton und sandigem Mergel, ähnlich wie in der Nachbarlage Ruchottes-Chambertin, weiter unten ähnelt er dagegen der dort anschließenden Lage Mazis-Chambertin. Diese Eigenarten erbringen zusammen mit Reben, von denen niemand mehr weiß, wann sie gepflanzt wurden, eine massiv dichte Konzentration mit fester Struktur, die sich erst nach Jahren zu großer Wucht und Finesse mit dem Duft von *fruits sauvages*, würzigem Charakter und großer Nachhaltigkeit entfaltet. In guten Jahren hat er fraglos Grand-Cru-Qualität.

Die Grands Crus des Hauses sind wahrhaft bemerkenswert; wie alle Roty-Weine stammen sie von sehr alten Reben und haben in der Jugend die undurchdringliche Farbe schwarzer Kirschen, dazu eine gewaltige Struktur aus Tannin und Säure, die eine ebenso massive Konzentration an Frucht trägt. In Jahrgängen wie 1988, 1989, 1990 und 1993 dauert es Jahrzehnte, bis das alles gemildert und entfaltet ist. Trotz der überwältigenden Struktur haben diese Weine jedoch keinen Mangel an Charme. Ganz im Gegenteil liegen unter der rauhen Schale süßes, reifes Fleisch, beträchtliche Finesse und herrliche Komplexität.

Der Mazis- und der Griottes-Chambertin sind vollmundige Weine mit großer Tiefe und Komplexität, die anscheinend ein Jahrhundert überdauern können. Mit dem Charmes-Chambertin – von im Jahr 1881 gepflanzten Reben – tritt einem ein fast schwarzer, in der Farbe eher an jungen Syrah als an Pinot Noir erinnernder Wein entgegen, der Zunge und Gaumen mit umwerfender Konzentration an reiner Frucht und massivem Extrakt umspült.

Jo Roty kümmert es wenig, daß seine Weine im Stil ganz anders sind als andere. Sie sind gewissermaßen Spiegel seiner Persönlichkeit – seines Eigensinns, seiner Beharrlichkeit und unbeugsamen Zähigkeit. Seine Winzerkollegen bezeichnen ihn mit nachdenklichem Respekt als «un type» und empfinden ihn als so etwas wie eine unbekannte Größe. Seine Besucher begutachtet er mit ähnlicher Gründlichkeit wie seine Fässer. Man darf sich nicht wundern, plötzlich hinausgeworfen zu werden, wenn man sich erlaubt, eine andere Meinung zu äußern, oder wenn man versucht, den schmerzhaft langsamen Fortgang einer Degustation zu beschleunigen. Solche Eigenwilligkeit mag zwar irritieren, hier aber findet man Winzerkunst in außergewöhnlicher Qualität auf jedem Niveau.

WEINBERGBESITZ

Gemeinde	Rang	Lage/Climat	Fläche	Rebenalter	Status
Gevrey	GC	Griottes-Chambertin	o. A.	o. A.	o. A.
Gevrey	GC	Mazis-Chambertin	o. A.	o. A.	o. A.
Gevrey	PC	Charmes-Chambertin	o. A.	o. A.	o. A.
Gevrey	PC	Les Fontenys	o. A.	o. A.	o. A.
Gevrey	V	Champs-Chenys	o. A.	o. A.	o. A.
Gevrey	V	La Brunelle	o. A.	o. A.	o. A.
Gevrey	V	Clos Prieur	o. A.	o. A.	o. A.
Gevrey	V	Les Crais/Charreux	o. A.	o. A.	o. A.
Chevrey	R	(Bourgogne Blanc)	o. A.	o. A.	o. A.
Chevrey	R	Les Pressoniers	o. A.	o. A.	o. A.
Gevrey	R	BGO – Les Marcelly	o. A.	o. A.	o. A.
Marsannay	R	(Rot/Weiß/Rosé)	o. A.	o. A.	o. A.

Start zur Frühjahrsdüngung.

Domaine Philippe Charlopin-Parizot

Der untersetzte Philippe Charlopin mit seinem dunklen Haarschopf und seinem freundlichen Gesicht ist ein aufsteigender Stern am Weinfirmament. Er begann 1976 mit 1,8 ha, die er von seinem Vater übernommen hatte, und vergrößerte seine Domäne inzwischen auf 13 ha. 1987 zog er mit Cuverie und Keller von Gevrey nach Marsannay um und 1993 wieder zurück nach Gevrey in das ehemalige Gut Quillardet an der RN74.

Philippes Weine sind sorgfältig ausgewählt, und zwar nach dem Prinzip, daß sich die Weinbereitung nach der Beschaffenheit der Trauben richtet. Alte Reben haben bei ihm besonderen Vorrang – bleiben stehen, bis sie nicht mehr tragen.

Die Bodenbearbeitung beschränkt sich auf die Bekämpfung wuchernder Gräser; Schwefel- und Kupferspritzmittel werden weitgehend eingesetzt. Eine Winterölspritzung wird vor dem Austrieb bei Temperaturen über 15 °C durchgeführt, um Schädlingsbefall zu verhindern und «die Reben zu säubern».

Besonderen Wert legt Philippe auf *évasivage*, das Entfernen überzähliger Triebe. Behangausdünnung hält er für Zeitverschwendung, weil er sich davon überzeugt hat, daß, wenn man die Hälfte der Trauben herausschneidet, die anderen nur um so größer werden, der Effekt also derselbe ist. Außerdem bekämen die Beeren der verbleibenden Trauben eine dünnere Haut, man könne aber mit dünnen Schalen keinen Grand Vin machen.

Seit 1990 wird der gesamte Ertrag stets entrappt. Auch unreife und faule Trauben scheidet Philippe weitgehend aus, und in Jahren wie 1994, in denen der Wein sehr dünn auszufallen droht, nimmt er eine *saignée de cuve* vor.

Ein «Rezept» gibt es bei Charlopin für die Weinbereitung nicht – alles richtet sich nach der Beschaffenheit der jeweils verarbeiteten Frucht. Philippe strebt eine möglichst lange Maischung vor der Gärung an, um Farbe, Fett und reifes Fruchtaroma zu extrahieren. Die Maischdauer liegt zwischen vier bis fünf Tagen und doppelt so lange. «Dafür braucht man sehr reife und wirklich gesunde Frucht», sagt Philippe. Daher die strenge Auslese *(trie)*, die auf einem speziell dafür gebauten weißen Förderband stattfindet, das die Erkennung der Beerenfarbe erleichtert – eine Innovation von Charlopin, die Bernard Noblet in Romanée-Conti offenbar übernommen hat.

Während der Gärung wird nicht umgepumpt, weil dabei wichtige Aromasubstanzen endgültig entweichen. Dagegen findet bis zu zehnmal täglich *pigeage* statt, um möglichst viel Farbe und «Stoff» zu extrahieren.

Die Länge der *cuvaison* hängt vom Zustand der Trauben bei der Lese ab. 1990 beispielsweise waren die Schalen sehr dick und der Saftanteil gering, darum wurde die *cuvaison* auf 10 bis 12 Tage verkürzt, um nicht zuviel Tannin zu extrahieren; 1989 dagegen setzte Philippe die Maischdauer auf 25 Tage an, weil Schalen und Saft dünn waren, meinte allerdings später, das sei etwas zu lang gewesen. Allfällige *chaptalisation* erfolgt schrittweise und so spät wie möglich, um den Gärverlauf zu verlängern.

Ein weiteres Qualitätsmerkmal ist, daß nur Preßwein aus der leichtesten Pressung – 200 g auf der neuen Bucher-Presse – zugesetzt wird; es handelt sich also um fast reinen Vorlaufwein. *Débourbage* ist überflüssig, weil nach so langer *cuvaison* nur wenig und feines Geläger verbleibt und die Chancen eines spontanen Einsetzens der *malo* durch weiteres Klären stark verringert würden.

30 % des Weins (beim roten Marsannay 25 %) werden anschließend in neue Fässer gegeben, die sehr stark angeröstet wurden, damit die Extraktion strenger Tannine vermieden und das Kaffee- und Vanillearoma gekräftigt wird; die übrigen 70 % lagern nicht in Holz, sondern in großen Edelstahltanks. 1990 bestanden die neuen Fässer teils aus Chatillon-, teils aus Jura-Eiche – die aus dem Bordelais hatten alle Tronçais- und Allier-Eiche weggeschnappt», sagt Philippe etwas verärgert.

Um jede Einbuße an Frucht zu verhüten, ruhen die Weine knapp ein Jahr auf dem Geläger und werden dann nach leichter Kieselgurfiltration abgefüllt.

Für Aroma und Frische ist es auch günstig, wenn etwas von dem bei der Gärung entstehenden Kohlendioxid im Wein gelöst bleibt. Philippe hat herausgefunden, daß bei der Abfüllung der CO_2-Gehalt 400–500 mg/l betragen soll; da im Tank doppelt soviel im Wein gelöst bleibt wie im Faß, muß entsprechend gemischt werden. Gegebenenfalls pumpt Philippe auch CO_2 ein oder arbeitet mit Stickstoffspülung, um den Gehalt zu verringern, der auf der Zunge sowieso nicht zu spüren ist.

So erreicht Philippe Charlopin den von ihm angestrebten Stil durch Beachtung der Beschaffenheit des jeweiligen Jahrgangs und durch entschiedene Auslese der bestmöglichen Frucht. Seine Weine sind eher fleischig, stets gut bereitet und brauchen vor allem in ungünstigeren Jahren einige Reifezeit. Er bietet einen ansprechenden Marsannay Blanc von Chardonnay aus Lagen mit Kalksteinboden sowie exzellenten Vosne-, Morey- und Chambolle-Villages – alle von beachtlich alten Reben.

Die Crème de la crème seines Kellers bilden der Gevrey-Chambertin, der Clos St-Denis und der Charmes-Chambertin (der Mazoyères darf so genannt werden). Der Ertrag der noch nicht 40 Jahre alten Reben aus Gevrey wird nach der Weinbereitung an den Handel verkauft, nur die Trauben der 40- bis 70jährigen Reben bleiben in der Domäne. Sie ergeben guten Wein mit der Frucht alter Reben in feiner Konzentration, vereint mit echter Tiefe, die sich 5 bis 10 Jahre, in guten Jahrgängen auch länger aufzubewahren lohnen.

Von den Grands Crus ist der von 40jährigen Reben stammende Charmes-Chambertin in der Regel recht fleischig, hat jedoch große Finesse und Fülle. Auch der Clos St-Denis aus einer 1983 erworbenen, mit SO4-Unterlagsreben bepflanzten Parzelle ist ein großer, jedoch etwas geschmeidigerer Wein. Beide verdienen ihren Grand-Cru-Status vollauf.

Philippe Charlopin hat in den letzten Jahren große Fortschritte in Qualität und Reputation gemacht. Sofern die ansprechenden, schön konzentrierten 1993er ein endgültiges Urteil zulassen, hat sich inzwischen gutes Gleichgewicht eingestellt – eine zuverlässige und interessante Quelle feiner Weine.

WEINBERGBESITZ

Gemeinde	Rang	Lage/Climat	Fläche	Rebenalter	Status
Gevrey	GC	Mazoyères-Chambertin	0,20	40	P
Gevrey	GC	Chambertin	0,21	40	F
Morey	GC	Clos St-Denis	0,20	40	P
Gevrey	V	Verschiedene	5,00	7/70	P/F
Morey	V	Clos Solon/Les Crais	1,00	50	P
Chambolle	V	Les Herbues	0,60	–	P
Vosne	V	Les Ormes	0,40	30	P
Fixin	V	Les Germets	0,30	7/40	M
Marsannay	V	(Rot/Weiß/Rosé)	4,00	20	P/F
Bourgogne	R	(Rouge)	1,00	15	P
Gesamtfläche			**12,91 ha**		

Domaine Serafin Père et Fils

Nach burgundischem Zeitmaß ist die Domaine Serafin noch jung; sie wurde 1947 von Serafin Père durch Erwerbung einer Parzelle in Gevrey-Chambertin gegründet. Bis zu seinem Tod im Jahr 1988 wuchs die Domäne auf 4,32 ha heran. Sein Sohn Christian hatte sie in den 1960er Jahren übernommen, und er kaufte 1993 im Grand Cru Charmes-Chambertin 18 Ar der Teillage Mazoyères. In den Weinbergsbesitz teilt er sich heute mit seiner Schwester, die bei allem hilft – von der Buchhaltung bis zum Etikettieren.

Die Oberaufsicht führt Madame Serafin Mère, eine stille alte Dame, die unterhalb der Lage Cazetiers neben der Schloßruine residiert. Das Anfang der 1960er Jahre von Christian und seinem Vater selbst gebaute Familienwohnhaus hat viele kleine neugotische Fenster und einen hübschen Turm, fast das Abbild dessen auf dem Château gegenüber.

Der stille, jedoch engagierte und qualitätsbewußte Christian strebt mit weitestgehend organischem Weinbau niedrige Erträge von alten Reben an. Insbesondere sorgt er mit eher strengem Rebschnitt, durchgreifender *évasivage* und nötigenfalls Behangausdünnung für Ertragsbeschränkung und entfernt vor allem *Verjus*-Trauben, die den Weinstock nur Kraft kosten.

Die Weinbereitungsmethode steckt noch in der Entwicklung. Nach 70prozentigem Abbeeren bleibt der Most drei bis fünf Tage stehen und wird alle zwei Tage umgepumpt. Nach Beginn der Gärung wird die *remontage* eingestellt und zweimal täglich durch *pigeage* von Hand ersetzt. Zuchthefen werden nicht benutzt; vielmehr wird ein *pied de cuve* eingesetzt, wenn die Gärung in dem sehr kalten Keller einmal nicht von sich aus beginnt.

Zweifel hat Christian an der traditionellen Methode, 30 % der Stiele im gärenden Most zu belassen. Der Vorteil ist angeblich, daß die Stiele Tannin und Säure einbringen, den Most besser verarbeitbar machen und die Farbextraktion fördern, aber «sie absorbieren ebensoviel, wie sie einbringen, was also soll das?» Die Trauben für den Bourgogne Rouge werden vollständig entrappt, damit er geschmeidig und früh trinkreif wird.

Der Gärung bei bis zu 35 °C folgt lange Maischung. 1990 experimentierte Christian mit einer dreiwöchigen *cuvaison*, er weist aber darauf hin, daß sie normal nur 15 bis 18 Tage dauert. Er meint, der Wein verliere bei langer *cuvaison* an Farbe, da er aber *vins de garde* anstrebt, bleibt ihm keine Alternative.

Die Maische wird dann leicht gepreßt – eine 2- bis 3tägige *débourbage* geht dem Abste-

Christian Serafin – begabte Hände.

chen in Fässer voraus. Auch hier gibt es Zweifel: «Ich war eigentlich gegen neue Fässer, doch mein amerikanischer Importeur drängte mich erstmals 1987, es mit frischem Eichenholz zu probieren. Ich glaube, das gibt dem Wein etwas. Vor allem in Jahren wie 1984 maskiert das Holzaroma ein wenig die Säure.»

Inzwischen kommt der Gevrey-Villages meistens zu 50 % in neue Eichenfässer, die Vieilles Vignes, die Premiers Crus und der Charmes-Chambertin zu 100 %. 1993 wurde sogar der Bourgogne Rouge zu 100 % in neue Fässer gegeben, 1992 jedoch nur zu 20 %. Christian sagt zwar, er habe sich überzeugen lassen, sein Gesicht aber verrät das Gegenteil.

1990 verschob Christian den ersten Abstich bis nach der nächsten Ernte – das hat er von der Domaine de la Romanée-Conti gelernt. Auf diese Weise bringen die Weine 15 Monate im Faß zu, bis sie im November abgestochen und geschönt, zwei bis drei Monate *sur col* gelagert und dann abgefüllt werden. Anders als sein Vater sieht Christian Filtration als einen unzulässigen Eingriff an, den es zu vermeiden gilt. Seine exzellenten 1993er wurden jedenfalls ungeschönt und ungefiltert abgefüllt.

Zwei Gevrey-Chambertins bilden den Hauptteil der Jahreserzeugung von 2500 Kisten; der eine stammt von 15jährigen Reben, der andere ist eine Cuvée Vieilles Vignes aus mehreren Parzellen mit im Schnitt 45jährigen Reben, viele noch aus dem Jahr 1920. Eine neu erworbene Parzelle Gevrey-Villages in Les Corbeaux, die als Parkgelände benutzt worden war, erhielt nun wieder ihren ursprünglichen Status als Premier Cru und kam zu den beiden anderen – Les Cazetiers und Fonteny – hinzu.

Christians Weine zeichnen sich durch viel Stil und Finesse sowie durch eine aus langer *cuvaison* stammende Wucht aus. Der einfache Gevrey kommt in Delikatesse und Finesse einem Chambolle-Musigny nahe, ohne daß es ihm an Frucht oder Kraft fehlt. Der schon früh aus den verschiedenen Parzellen zusammengestellte Vieilles Vignes weist konzentriertere, festere Struktur auf. In guten Jahren reicht er an das Premier-Cru-Niveau heran.

Der Les Cazetiers Premier Cru stammt aus einem Weinberg mit magerem Boden mit vielfach sichtbarem Kalksteinuntergrund; dadurch erhält der Wein andere Struktur als die übrigen Gevreys – mehr *charpente*, mehr hervortretende Säure und einen Anflug von bitterem Kirschengeschmack. Ihm liegt jedoch viel reife Frucht zugrunde, die sich mit der Zeit entfaltet und dem Wein Charakter und Rasse verleiht.

Der Le Fonteny Premier Cru ist wieder anders. Der Weinberg befindet sich am Südende der Gemarkung in Südostlage auf besserem Boden. Der Wein spricht mit seinem weichen Aroma von roter Frucht unmittelbarer an.

Christian bringt aus seinem Besitz von 0,3 ha sehr wohl etwas Besonderes zustande. Die Farbe reift von Purpurrot zu klarem Samtrot heran, und der Duft entfaltet sich zu einem komplexen Bukett von Griotte-Kirschen und Himbeeren mit Nuancen von Veilchen, wozu sich im weiteren Verlauf eine würzig vegetabile Note gesellt, während am Gaumen saftig elegante Töne erscheinen. Der Wein hat das deutliche Gepräge des Grand Cru – jene paradoxe Kombination aus Kraft und Finesse – ein schöner Höhepunkt eines durch und durch ansprechenden Programms.

WEINBERGBESITZ

Gemeinde	Rang	Lage/Climat	Fläche	Rebenalter	Status
Gevrey	GC	Charmes-Chambertin	0,31	55	P
Gevrey	PC	Les Cazetiers	0,23	39	P
Gevrey	PC	Le Fonteny	0,33	35	P
Gevrey	PC	Les Corbeaux	0,45	27	P
Gevrey	V	(Vieilles Vignes)	1,09	45	P
Gevrey	V	(Standard-Cuvée)	1,58	15	P
Gevrey	R	(Bourgogne Pinot/Chardonnay)	0,51	27	P
		Gesamtfläche	**4,50 ha**		

Domaine Armand Rousseau

Es gibt unter den großen Domänen an der Côte d'Or zwei deutlich voneinander abgehobene Typen. Die einen bieten ein Bild ständigen Experiments und dauernder Innovation, die anderen vermitteln eher das Gefühl einer zur Kunst ausgefeilten Tradition. Die Domaine Rousseau gehört eindeutig zum letzteren Typ.

Charles Rousseau, der den Betrieb seit dem frühen Tod seines Vaters leitet, ist der liebenswürdigste und aufrichtigste Mensch, den man sich vorstellen kann. Von der Qualität seiner eigenen Erzeugnisse, die zweifellos zu den besten der Côte gehören, ist er fest überzeugt.

Überzeugend wirkt auch der Weinbergbesitz Rousseaus: fast 8 ha Grands Crus, 4 ha Premiers Crus und 2 ¼ ha Gevrey-Villages-Lagen. Zu den von seinem Vater ererbten 7 ha hat Charles seit 1959 mehrere Weinberge hinzuerworben: Clos St-Jacques, Clos des Ruchottes, Clos de Bèze und Chambertin – alles in allem eine der eindrucksvollsten Besitzungen an der Côte de Nuits.

Charles Rousseau verfolgt eine klare Linie: gutes Land, alte Reben und niedrige Erträge. Er behält die Weinstöcke, solange sie nur einigermaßen tragen, pflanzt hier und dort eine kleine Parzelle nach und ist sich sicher, daß das hohe Durchschnittsalter seiner Reben wesentlich zur Tiefe und Qualität seines Weins beiträgt.

Bei dieser Domäne von Technik zu sprechen ist nicht angebracht. Viel besser paßt die Vorstellung, daß hier Wein mit Liebe und mit einem Gefühl für seine Seele bereitet wird. Das soll nicht heißen, daß es an durchdachter Technik mangelt, sondern vielmehr, daß Charles und sein Sohn Eric sich eher auf ihren Instinkt verlassen als auf Laboratorien und Önologen.

Mit peinlicher Sorgfalt wird darauf geachtet, daß nur beste Frucht in die Cuverie gelangt. Im Weinberg wird sowenig wie möglich gedüngt, nie mit Kunstdünger, stets organisch – mit Pferde- und Schafmist sowie Humus –, und auch das nur alle 20 bis 25 Jahre einmal. Nur die Reben auf den magereren Böden der Coteaux erhalten öfter – alle 15 bis 20 Jahre – eine Düngergabe mit Kompostauflage.

Rousseau ist aus gutem Grund so zurückhaltend in der Bodenpflege. Nach dem letzten Krieg wurde sein Vater wie so mancher andere Weinbauer überredet, daß der Boden massive Kaligaben brauche. Damals galt es nach der jahrelangen Vernachlässigung in der Kriegszeit als wünschenswert, den Boden anzureichern und die Triebkraft und damit den Zuckergehalt der Trauben zu erhöhen. Das Ganze stellte sich als Fehlgriff heraus: Das Kali setzte sich im Boden jährlich 1 cm tiefer fest, und die Rebenwurzeln wurden praktisch damit übersättigt. Durch seine basische Wirkung setzte es den natürlichen Säuregehalt der Trauben und infolgedessen auch des Weins herab.

Die ersten Anzeichen für ernsthafte Schwierigkeiten stellten sich durch Nachgären der Weine in der Flasche ein. Zunächst glaubte man, daß Bakterien in unzureichend gespülten Flaschen daran schuld seien, doch dies schien bei der von Rousseau beachteten strengen Hygiene nicht vorstellbar.

Rousseau gab sich alle Mühe – erhitzte die Flaschen, kühlte sie –, bis schließlich der wahre Grund gefunden wurde. Es stellte sich heraus, daß normalerweise im Wein vorhandene, aber inaktive Bakterien durch den aufgrund des hohen Kalianteils verringerten Säuregehalt aktiviert wurden. Weitere Untersuchungen zeigten dann, daß die reaktivierten Bakterien sich von der in Rot- und Weißweinen vorhandenen Weinsäure ernährten. Für Charles Rousseau ging es also darum, den pH-Wert seiner Weine zu senken. Das schon im Boden befindliche Kali konnte nicht wieder herausgeholt werden, also blieb nichts anderes übrig, als dem Wein Säure zuzusetzen.

Bei der Ernte herrscht ganz besondere Sorgfalt. Streng achtet er darauf, daß faule Frucht ausgeschieden wird; 1986 beispielsweise lag im Weinberg «ein Teppich von Trauben» – so viel war herausgeschnitten worden. Seit er sich erinnern kann, werden die Bütten immer ganz langsam in die Traubenmühle entleert, und dabei wird noch einmal auf eventuell im Lesegut verbliebene faule Frucht kontrolliert.

80–90 % der Stiele werden entfernt, und die gemahlenen Trauben gelangen dann in Edelstahltanks. Rousseau beläßt einen Teil der Stiele in der Maische, um eine bessere Wärmeverteilung im Gärbehälter zu erreichen. Die Gärung beruht auf Naturhefen. Ein paar Tage Verzögerung, bis die Gärung einsetzt, laufen schließlich auf nichts weiter als eine Vormaischung hinaus, aber für das von Guy Accad und seinen Anhängern propagierte absichtliche Hinausschieben des Gärungsbeginns mit Hilfe starker Schwefelgaben hat Rousseau nichts übrig.

Auch für das *Saignée*-Verfahren sieht Rousseau keine Notwendigkeit, denn «bei alten Reben und niedrigen Erträgen gibt es keine Probleme mit unzureichender Konzentration». Die alkoholische Gärung läuft bei 31–33 °C ab und dauert etwa 15 Tage. Der Vorlaufwein

Charles Rousseau in seinem Keller – ohne Enthusiasmus kann nichts Großes entstehen!

bleibt 24 Stunden zum Absetzen stehen und wird dann in Fässer abgezogen. Eine neue Vaslin-Presse dient zur Gewinnung des Preßweins, der vollständig dem Vorlaufwein beigemischt wird.

Der Chambertin und der Clos de Bèze werden zu 100 % in frische Allier-Eiche gelegt, der Clos St-Jacques kommt zu 70 %, der Ruchottes-Chambertin und der Clos des Ruchottes zu 20–30 % in neue Eichenfässer, und der Charmes-Chambertin, der Mazis-Chambertin, der Clos de la Roche, die Premiers Crus und die Gevrey-Villages-Weine werden vollständig in Fässern ausgebaut, in denen im Jahr zuvor die zuerst genannten Grands Crus gelagert waren. Rousseau glaubt, daß die essentielle Eleganz und feminine Art des Charmes-Chambertin, Mazis usw. durch frisches Holz nur zerstört würden. Mit dieser Auffassung steht er zwar ziemlich allein, doch die sublime Eleganz dieser Weine bringt alle Gegenargumente zum Schweigen. Im übrigen meint er zum Thema neue Fässer: «Man kann nicht einen ‹kleinen› Wein in neue Fässer stecken und dann einen Grand Vin herausholen wollen.»

Die Rousseau-Weine verbringen 18 bis 24 Monate im Faß und werden in dieser Zeit zweimal abgestochen, wobei dem zweiten Abstich Schönung mit Eiweiß vorausgeht. Das «Abgleichen» von Weinen derselben Art in verschiedenen Fässern geschieht nach einem eigenen Verfahren. «Ich erziele einheitlichen Wein, ohne ihn zu vereinheitlichen», lautet Charles Rousseaus kryptische Beschreibung dieser Methode: Die Fässer werden jeweils zu viert oder sechst auf zwei hölzernen Schienen nebeneinandergelegt, mit Zapfhähnen versehen und über ein Leitungssystem an eine gemeinsame Pumpe angeschlossen. Die Zapfhähne werden gleichzeitig aufgedreht, so daß der Wein aus allen Fässern zugleich in die Pumpe und über ein sehr schonendes Filter («wie Watte») in die Abfüllmaschine gelangt.

Ein Gang in den Keller unter der Cuverie und durch die dort gelagerten Flaschen verschiedenen Alters förderte einen Querschnitt durch die Jahrgänge der Domäne seit 1970 zutage. Abgesehen von exzellenten, aber allgemein unterbewerteten 1972ern war das Jahrzehnt nicht bemerkenswert. Der 1970er selbst hält sich noch, aber der 1971er «hatte zuviel Überreife». 1973 erbrachte einen reichlichen Ertrag an guten, aber nicht großen Weinen, und die 1974er fielen recht leicht aus. Der 1975er war für die meisten Betriebe an der Côte de Nuits infolge von Hagel eine reine Katastrophe. Rousseau brachte mit seinem strengen Leseverfahren immerhin einen kleinen, aber guten Ertrag zuwege und heimste mit seinem 1975er viel Lob ein. Die 1976er, v. a. die Grands Crus, galten als voller Erfolg. Der Jahrgang 1977 hat sich trotz der Bakterienprobleme als achtbar erwiesen. 1978 war für Rousseau ein guter, aber nicht großer Jahrgang; die Weine sind zwar nicht wirklich fehlerhaft, es mangelt ihnen aber an Konturenschärfe und Tiefe.

1979 war ein Jahr mit besonderen Problemen. Rousseau befolgte den Rat des Laboratoriums und zog einen Lohnabfüller hinzu, der die Hälfte des Ertrags einer Schnellpasteurisierung unterzog; der Wein wurde über einer Flamme erhitzt, um alle nur erdenklichen Mikroben abzutöten, aber danach abgekühlt. Die so behandelten Weine waren zweifellos gesund, aber stumpf, die unbehandelten dagegen blieben problematisch.

Der Jahrgang 1980 war exzellent – «einer der besten, die ich je gemacht habe». Nach einer Degustation der meisten Grands Crus versteht man leicht, warum. Obwohl der Jahrgang allgemein als mittelmäßig verschrien ist, haben diese Weine bei zwar heller Farbe doch eine superbe, seidige Eleganz, und es mangelt ihnen keineswegs am attraktiven, komplexen Pinot-Geschmack. Auch die Jahrgänge 1981 und 1982 sind gut und gesund, und der 1983er ist exzellent und ganz frei von der Fäule, die damals so manche ansonsten feine Cuvée befiel. Der 1984er ist leicht, aber elegant, der 1985er ein sehr feiner, reifer, saftiger Genuß und der 1986er gut, wenn auch nicht spektakulär. Die 1987er schätzt Rousseau sehr hoch ein, doch waren sie 1991 noch nicht in Bestform. Die 1988er haben ein langes Leben vor sich – karg, jedoch mit bemerkenswerter Tiefe und Ausgewogenheit, die noch Jahre zur Entfaltung braucht; die 1989er sind voll und fleischig und die 1990er (insbesondere der Chambertin und der Clos de Bèze) langlebige Klassiker.

1991 ergab ein durch zweimaligen Hagelschlag reduzierter Ertrag konzentrierte und ausgewogene Weine, die sich ab dem Ende der 1990er Jahre gut trinken lassen werden. Vom 1992er sagt Charles lediglich «beaucoup de fruits», und seinen 1993er mit viel Körper und fester Struktur stuft er zwischen dem 1988er und dem 1990er ein; mit 30–35 hl/ha war der Ertrag zum Glück normal.

Probiert man die Reihe durch, dann erhält man nicht nur einen starken Eindruck von der superben Qualität der Weine von Charles Rousseau, sondern auch Gelegenheit, die Eigenheiten der verschiedenen *climats* zu vergleichen. Rousseau behauptet sich, sich gezielt um einen bestimmten Stil zu bemühen; allerdings verfolgt er die Absicht, soviel wie nur irgend möglich von der zarten Pinot-Noir-Frucht und -Eleganz zu bewahren.

Sein Gevrey-Chambertin beweist, was gute Weinbereitung und alte Reben mit einem schlichten Villages-Wein leisten können: sanfte, füllige, saftige Frucht, ansprechend *framboisé*, getragen von fester Struktur, ausgewogener Säure, reifem Tannin und guter Nachhaltigkeit – alles in allem recht vollmundig.

Von den Premiers Crus ist der Cazetiers der verschlossenste und der Clos St-Jacques der muskulöseste und rustikalste, dabei aber doch sehr fein. Der Charmes- und der Mazis-Chambertin zeichnen sich durch die Nachhaltigkeit aus, die man von Grands Crus erwarten darf, aber auch durch beträchtliche Finesse und Eleganz. Schon im ersten Jahr im Faß ließen die 1993er keinen Zweifel an ihrer Qualität. Der Charmes hat mehr Delikatesse – auch größere Eleganz als z. B. der Cazetiers –, doch mit der Zeit werden sich beide als nachhaltige, vollmundige Rasseweine erweisen.

Der Clos de la Roche aus Morey St-Denis scheint in Rousseaus Keller etwas von der Art der benachbarten Gevreys anzunehmen und zeigt deutlich mineralischen Geschmack und jugendlich muskulöse Art – «kräftig!» sagt Charles. Im Alter entwickelt er jenes majestätische, komplexe Waldbodenbukett, das alten Pinot Noir auszeichnet, und gute Jahrgänge zeigen große Langlebigkeit. Der 1957er Clos de la Roche war 1990 noch schön in Form – ein sublimer Tropfen mit großartiger Konzentration und Komplexität und ohne jedes Anzeichen bevorstehenden Niedergangs.

Demgegenüber ist der Ruchottes-Chambertin Clos des Ruchottes, ein «monopole» der Domaine Rousseau, in der Jugend viel sanfter und zarter. Der 1993er zeigte in Farbe und Geschmack weniger Intensität als der Clos de la Roche, aber mehr eindeutige Finesse und offenes Aroma.

Unter den Händen von Charles und Eric Rousseau erreicht der Clos St-Jacques nahezu Grand-Cru-Qualität – v. a. in Jahrgängen von hoher Konzentration wie 1990 und 1993. Er vereint anscheinend mühelos Wucht und Finesse mit von Natur aus kräftiger Säure und ausgewogenem Tannin.

Der 1993er Chambertin Clos de Bèze zeigte erwartungsgemäß recht starken Eichenholzeinfluß aus dem 100prozentigen Ausbau in neuen Fässern. Obwohl er weniger Eiche verträgt als der Chambertin, wird diese Vorherrschaft von Holz in Duft und Geschmack doch durch die Flaschenreife verschwinden. Noch ein weiterer Unterschied besteht zwischen den beiden: Der Clos de Bèze hat weniger tiefgründigen Boden als der Chambertin, und dadurch erhält er mehr deutliche Wucht. 1993 (und 1990) besaßen diese beiden Weine gebieterische Form – enorme Tiefe, beachtliche Konzentration und ganz eigene Komplexität. Vor allem der 1993er Chambertin wird eine Sensation, wenn er sich entfaltet. Beide stammen von alten Reben mit wenig Laub, so daß die Trauben viel Licht abbekommen und daher konzentrierte Frucht und reife Schalen aufweisen.

Der bescheidene, liebenswürdige Charles Rousseau hat die seltene Fähigkeit, alles, was er anrührt, mit Qualität zu erfüllen. Die Freude und Zufriedenheit, die der jugendliche Endsiebziger im Leben findet, überträgt sich auch auf seine Weine. Sein Kampf mit den Bakterien zeugt von seiner Entschlossenheit. Zum Glück hat er dieses Problem hinter sich, zweifellos andere noch vor sich – nichts ist endgültig oder gewiß im Leben des Winzers. Er und sein Sohn verfügen aber über mehr als nur hinlängliche geistige Kraft, um allem entgegenzutreten, was die Zukunft bringen mag. Man darf hoffen, daß sie eine Fülle an Rousseau-Weinen bereit hält.

WEINBERGBESITZ

Gemeinde	Rang	Lage/Climat	Fläche	Rebenalter	Status
Gevrey	V	(verschiedene Climats)	2,20	35	P
Gevrey	PC	Estournelles St-Jacques	0,20	25	P
Gevrey	PC	Lavaux St-Jacques	0,50	55	P
Gevrey	PC	Les Cazetiers	0,60	50	P
Gevrey	PC	Clos St-Jacques	2,20	45	P
Gevrey	GC	Mazis-Chambertin	0,50	35	P
Gevrey	GC	Charmes/Mazoyères	1,50	35	P
Gevrey	GC	Clos de Bèze	1,40	40	P
Gevrey	GC	Chambertin	2,20	50	P
Gevrey	GC	Ruchottes Chambertin, Clos des Ruchottes	1,10	45	P
Morey	GC	Clos de la Roche	1,50	40	P
Gesamtfläche			**13,90 ha**		

Domaine Louis Trapet

Die Domaine Trapet ist einer jener interessanten Betriebe, bei denen man nicht recht weiß, ob man im letzten oder im nächsten Jahrhundert lebt. Es herrscht ein starker «esprit familial», der zusammen mit der über sechs Generationen gewachsenen Tradition den Hintergrund für alles, was geschieht oder nicht geschieht, bildet.

In den Kellern und Büros fühlt man sich an den Anfang des 20. Jahrhunderts zurückversetzt. Man kann sich lebhaft befrackte und zylinderbewehrte Trapets vorstellen, wie sie feierlich über einen Landkauf beraten oder ein jüngeres Familienmitglied in die Beschlüsse des Hauses einweihen.

Feierlich muß es dabei zugegangen sein, denn es ist so etwas wie eine Trapet-Tradition, daß jede Generation ihren «Baustein» in Form einer Rebenparzelle beiträgt. Alles begann mit dem ersten Louis Trapet aus dem «fernen» Chambolle-Musigny, der eine Waise aus Gevrey heiratete und hierher umsiedelte.

Um 1870 erkannte sein Sohn Arthur – der Urgroßvater des heutigen Familienoberhaupts Jean Trapet – die Möglichkeit, die reblausinfizierten Weinberge durch Pfropfen auf resistente Unterlagsreben wieder in Schuß zu bringen, und daher erwarb er Village-Grundstücke in Gevrey. Um 1904 kamen Anteile an den Grands Crus Chambertin und Latricières-Chambertin hinzu. Er gehörte zu den ersten, die sich zu der neuen Art des Weinbaus bekannten.

In den 1920er und 30er Jahren litt die Domäne wie andere unter der Wirtschaftskrise, und bis zum Ende der 1940er Jahre setzte Louis Trapet (II.) fast die ganze Produktion im Faß an den Handel ab. Zu Beginn der 1950er Jahre wurde die Domänenabfüllung eingeführt, die sich bis 1975 auf die gesamte Jahreserzeugung von 4000 Kisten – die Hälfte für den Export – ausweitete.

Tradition durchdringt den Geist der Domaine Trapet. Inzwischen übergibt Jean Trapet, ein liebenswürdiger Endfünfziger voll altmodischer Höflichkeit und Redlichkeit, allmählich die Zügel und damit das überkommene Familienerbe an seinen Sohn Jean-Louis, der 1987 in den Betrieb eintrat und seit 1990 für die Weinbereitung zuständig ist.

Bisher lag die allgemeine Qualität der Weine in der oberen Mittelklasse, wobei es manchmal bemerkenswert feine Flaschen, manchmal aber auch einen Mißerfolg gab. Die Kritik richtete sich gegen zu hohe Erträge und die Betonung von Finesse auf Kosten echter Tiefe.

Jean-Louis ist ein ernster, entschlossener Mann mit der vom Vater ererbten höflichen Art. Als Mitglied der «Groupe des Jeunes», einer dynamischen Vereinigung junger Winzer, konnte er seinen Wein mit dem anderer Betriebe vergleichen, und so wuchs in ihm das Streben, nicht nur einmal, sondern immer die besten Weine in Gevrey zu machen. Sein Vater ist stolz auf ihn und gibt auch zu, daß manche Neuerungen längst überfällig waren.

Als erstes wurden alle in der Domäne üblichen Praktiken überprüft. Im Weinberg geht es darum, Humus und Fauna im kalkhaltigen Tonboden von Gevrey möglichst unbeeinträchtigt zu erhalten. Minimale Düngergaben und reichliches Hacken sind an die Stelle der herkömmlichen Herbizide und sonstigen Chemikalien getreten, die im Boden nur langsam abgebaut werden und dessen empfindliches Gleichgewicht stören. Da bei der Bekämpfung von Schädlingen wie Traubenwickler und Rote Spinne vielfach auch Nützlinge zugrunde gehen, wurde auf umweltfreundlichere, in ihrer Wirkung gezieltere Insektizide umgestellt und der Einsatz von Herbiziden auf die punktuelle Vernichtung hartnäckiger Gräser beschränkt.

Die Domäne hatte wie viele andere an der Côte de Nuits unter den Folgen übertriebener Kalidüngung nach dem Krieg zu leiden. Inzwischen verlieren sich diese allmählich, und kleinere Mangelerscheinungen beispielsweise an Magnesium werden nur noch nach sachgerechter Bodenanalyse korrigiert.

Die Trapets gehörten zu den ersten, die in den 1950er Jahren Klone zu nutzen begannen, heute aber denkt Jean-Louis daran, für einen Teil seines Pflanzenmaterials die alte *sélection massale* wieder einzuführen. Er hält es für wichtig, mehrere verschiedene Klone im Weinberg zu haben, um vor klonspezifischen Krankheiten sicher zu sein und um mehr Komplexität für die Weine zu gewinnen. In Zusammenarbeit mit Rebschulen versucht er zu ergründen, welche Unterlagsreben sich für den Boden von Gevrey am besten eignen.

Mit dem Fäuleproblem muß man an der Côte de Nuits, wo der Herbst oft naß ist, Hagelschlag die Trauben schädigt und der zerstörerische Sauerwurm verbreitet ist, nun einmal leben. Jean-Louis fürchtet, daß die stickstoff- und natriumreichen Böden die Graufäule begünstigen. Um dem entgegenzuwirken, macht er Versuche mit Pinot-Noir-Klonen mit dickerer Beerenhaut und locker aufgebauten Trauben.

Der Ertrag pro Weinstock wird bewußt gering gehalten, um den Weinen mehr Konzentration zu verleihen. Auch sparsame Düngung, schwachwüchsige Unterlagsreben und strenge «ébourgonnage» – das frühzeitige Entfernen überzähliger Augen – helfen mit. Das Ausdünnen hat zudem den Vorteil, für breiter gefächerte Vegetation zu sorgen und damit die Photosynthese zu verbessern. Hohe Pflanzdichte – 12 000 gegenüber den üblichen 9000 bis 10 000/ha – trägt ebenfalls zur Zügelung des Wachstums bei. Die AC-Vorschrift sieht 80 000 Augen/ha vor, es bleibt aber jedem einzelnen überlassen, ob er dem durch langen Schnitt bei geringer oder durch kurzen Schnitt bei hoher Pflanzdichte entspricht.

1990 wurden versuchsweise 30 % der Trauben durch Behangausdünnung entfernt. Jean-Louis hält das für optimal, weil bei stärkerem Eingriff die Rebe einen Ausgleich zu schaffen versucht, so daß dieselbe Quantität, jedoch bei dünnerer Beerenhaut und dünnerem Saft zustande kommt.

Eine zwar im Rückgang begriffene, aber noch immer stark vertetene Plage ist die Reisigkrankheit *court-noué*, bei der durch Virusbefall das Laubwerk systematisch zerstört und die Photosynthese und damit die Zuckerproduktion behindert wird. Versuche mit resistenten Unterlagsreben sind zwar im Gang, vorerst aber besteht das einzige Gegenmittel im Aushauen der Reben, Desinfizieren des Bodens und Neubestocken.

Wie zu erwarten ist, erfolgt die Lese ganz von Hand. Jean und Jean-Louis wenden sich entsetzt gegen Erntemaschinen an der Côte.

Jean Trapet hat die Technik fest im Griff; sie soll dem Vigneron dienen, nicht ihn beherrschen.

Sie streben Lese bei höchster Reife an und sind mit neueren Experimenten mit einem das Pinot-Noir-Laubwerk in die Höhe streckenden Hochdrahterziehungssystem sehr zufrieden; dadurch verbessert sich sowohl der Zuckergehalt der Trauben als auch die Polyphenolkonzentration, die der Farbstabilisierung und der Struktur der Jungweine zugute kommt.

Die Trauben werden im Weinberg und dann nochmals in der Cuverie von Hand sortiert – ein kostspieliges, aber nach Ansicht qualitätsbewußter Vignerons unumgängliches Verfahren, wenn man nicht nur guten, sondern wirklich feinen Wein erzielen will. Nachdem alle nicht einwandfreien Trauben ausgeschieden sind, wird das Lesegut entrappt – je nach Jahrgang bis zu 95 % – und leicht gemahlen. Durch längere *cuvaison* soll vorzugsweise das sanftere Tannin aus den Traubenschalen extrahiert werden und nicht das strengere aus den Stielen. Seit 1990 wird eine Vormaischung durchgeführt – zu diesem Zweck werden die Trauben mit 1 l pro Tonne geschwefelt, auf 16–18 °C gekühlt und dann fünf Tage stehengelassen. Das bewirkt die Extraktion von Glyzerin, das dem Wein eine gewisse Fülle verleiht, sowie von Anthocyaninen, also wertvollen Farbstoffen.

Jean-Louis interessiert sich für die Arbeit von Guy Accad, den er 1990 kennenlernte, und hat bereits Experimente mit verschieden starker Schwefeldosierung durchgeführt, um festzustellen, wie die Weine darauf reagieren; zwar ist es noch zu früh für ein endgültiges Urteil, der Gedankengang soll aber offensichtlich weiter verfolgt werden.

Die Gärung wird durch Kulturhefen eingeleitet, setzt sich dann aber durch Naturhefen fort. Gärung und Maischung in offenen, temperaturgeregelten Zementbehältern nehmen 19 Tage in Anspruch. Umpumpen in geeigneten Zeitabständen zur Gewährleistung des Temperaturgleichgewichts wechselt mit dem Aufbrechen des «Huts» mit Hilfe einer Kolbenmechanik ab.

Die Feststellung, wann die Tanninextraktion ihren optimalen Wert erreicht hat, beruht auf einer Geschmacksprüfung und nicht auf einer Analyse; anschließend wird der neue Wein vom Geläger abgezogen, es folgt 12stündige *débourbage* und das Umfüllen in Fässer. Die Rückstände werden sanft gepreßt, der dabei gewonnene Preßwein wird nur beigemischt, wenn es nötig ist. Jean-Louis hält die Geschmacksprüfung bei allen Entscheidungen für wesentlich, Analysen liefern nur Hilfsinformationen.

Es finden ausschließlich Fässer aus luftgetrocknetem, keinesfalls aus ofengetrocknetem Holz Verwendung. Frisches Eichenholz gilt nicht als eine Quelle zusätzlicher Struktur, sondern vielmehr als Möglichkeit, dem Jungwein kontrollierte Oxidation zu verschaffen. Derzeit werden die Grands Crus zu 30–40 %, die Premiers Crus zu 20 % in neuen Fässern

Scharfer Rebschnitt bei hoher Pflanzdichte

aus Vogesen-, Allier- und Tronçais-Eiche gelagert.

Im Februar nach der malolaktischen Säureumwandlung werden die Einzelposten probiert, abgestochen, gemischt und wieder in die Fässer gegeben. Die Ausbauzeit beträgt 11 bis 18 Monate – am kürzesten beim Gevrey-Villages, am längsten bei den Grands Crus. Im Juni oder Juli des zweiten Jahres werden die Weine abgestochen und in Tanks zusammengestellt, sodann mit Eiweiß geschönt und vor der Abfüllung nötigenfalls leicht gefiltert.

Mit all dem werden Weine angestrebt, die den Charakteristiken von *terroir* und Jahrgang weitestgehend Rechnung tragen. Die Trapets sind der Meinung, daß man mit der Natur arbeiten und nicht Jahr für Jahr den gleichen Weinstil erzwingen soll.

Massive, schwergewichtige Weine darf man in dieser Domäne nicht suchen. Ihr Stil neigt eher zu Eleganz und Finesse mit einem charakteristischen Rückgrat von saftiger Frucht alter Reben und einer sanften, filigranen Delikatesse. Obwohl es ihnen an muskulöser Art fehlt, halten sich die Weine außerordentlich gut. Sie haben Kraft und Struktur ohne jede Schwerfälligkeit.

Der Gevrey Premier Cru zeigt v. a. in reiferen Jahren besonders ausgeprägten, ansprechenden Duft von Johannisbeeren und Himbeeren, doch eigentlich haben die Grands Crus Chapelle-Chambertin, Latricières-Chambertin und Chambertin die Reputation des Hauses Trapet für superben Wein begründet.

Ihre Einzigartigkeit beruht zum Teil auf dem Feuchtigkeits- und Nährstoffhaushalt im Boden: Für die Rebe ist eine kurze trockene Periode zur *véraison* günstig. Die Grand-Cru-Lagen befinden sich am Hang, haben also besseren Wasserabzug als die auf flacherem Grund gelegenen Villages-Lagen. Daher weisen die Grand-Cru-Weine allgemein tiefere Farbe, größere Konzentration und Komplexität auf. In der Jugend verschlossen, eine Zeitlang schwer zu ergründen, entfalten sie sich dann fast unmerklich bis zur Vollendung, ohne die manchmal in dieser Gemeinde anzutreffende schwerfällige Art.

1993 ließ Jean-Louis gegen den Rat seines Vaters alle Grands Crus in Fässern gären, und so erlangten die Weine einen sonst nicht gekannten Anflug von Beerenfrucht und Opulenz ohne Kompromisse bei der Tanninextraktion oder der allgemeinen Ausgewogenheit. Wie immer ist der Chapelle-Chambertin der elegantere von den dreien und steht hinter dem sehr feinen Latricières-Chambertin in nichts zurück, nur der gebieterische Chambertin hat von allem eine Spur mehr als die beiden anderen.

Früher gab es einen sehr gefragten Chambertin Vieilles Vignes, doch nach einem Tausch von Chambertin-Gelände mit der Domaine Jacques Prieur (s. dort) im Jahr 1990 wird er nicht mehr produziert. Jean-Louis ist der Ansicht, es solle es nur einen Chambertin und nicht mehrere geben; infolgedessen ist heute nur noch einer von 40- bis 80jährigen Reben im Programm. In guten Jahren ist er ein üppiger, die Sinne betörender und doch aristokratischer Wein mit tiefer Farbe und komplexen Geschmacksnuancen, herrlicher Nachhaltigkeit und der großen Klasse, die man von diesem König der Grands Crus erwarten darf.

Jean und Jean-Louis Trapet haben seit 1990 vor allem beim Lesegut große Fortschritte gemacht. Sowohl die Qualität als auch die Gleichmäßigkeit sind besser geworden, und die Ende der 1970er und Anfang der 1980er Jahre erhobene Kritik wegen mangelnder Konzentration trifft nicht mehr zu. Die Familie handelt nach der Maxime, daß «der Genuß der Lohn der Mühe ist».

WEINBERGBESITZ

Gemeinde	Rang	Lage/Climat	Fläche	Rebenalter	Status
Gevrey	GC	Chambertin	1,80	40/80	P
Gevrey	GC	Chapelle-Chambertin	0,60	45	P
Gevrey	GC	Latricières-Chambertin	0,80	45	P
Gevrey	PC	Petite-Chapelle + Clos Prieur	1,50	20/40	P
Gevrey	V	Dérée + Petite Jouise + Champerrier + Vigne Belle	5,00	15–60	P
Marsannay	V	Le Poirier + Grasses Têtes	1,50	25	P
	R	(Bourgogne Rouge + Blanc, Passetoutgrain)	1,00	15–20	P
		Gesamtfläche	**12,20 ha**		

Domaine Pierre Damoy

Wie so oft in Familienbetrieben bringt ein Wechsel in der Leitung auch einen Wandel der Geschicke. Mit 8 ha Grand-Cru-Land – davon beneidenswerte 5,36 ha Clos de Bèze, bestockt vorwiegend 1920 – hätte Pierre Damoy erstklassigen Wein produzieren müssen. Statt dessen herrschte trauriges Mittelmaß. Als 1992 innerhalb von zwei Monaten seine Frau und sein Sohn starben, zog er sich, ein gebrochener Mann, zurück und übergab den Betrieb seinem Neffen und Namensvetter Pierre Damoy. In wenigen Jahren verwandelte der energische, mitteilsame junge Mann das Gut in eine der aussichtsreichsten Domänen in Gevrey.

Seine Arbeit in der Entwicklung landwirtschaftstechnischer Produkte in Nordfrankreich sowie lange Gespräche mit Winzern in Gevrey legten den Grund für seine Ideen. Er glaubt, daß «man das richtige Gefühl für die Reben und den Wein haben muß», und er verwirft die unausgesprochene Meinung vieler alteingesessener Winzer in Gevrey, ihr Wein sei allein deshalb schon gut, weil sie bereits seit fünf Generation hier seien. Pierre sah, wo es fehlte, und änderte so gut wie alles – Personal, *cuves*, Fässer, sogar die Flaschen.

In den Weinbergen nahm er eine dramatische Modernisierung vor: Cordon-Erziehung, kein Kunstdünger, nur Humus für eine ausgewogene Versorgung mit organischen Stoffen bei höchstens geringfügigen Anpassungen der Spurenelemente im Boden, ein Mindestmaß an Spritzungen, keine Unkrautvernichtungsmittel, Bodenbearbeitung nur durch Pflügen und vor allem eine beträchtliche Ertragseinschränkung.

Kleine *cuves* ermöglichen es ihm, seinen Clos de Bèze in kleinen Posten getrennt nach Alter und Standort der Reben zu verarbeiten. Dann lagert er die 40–50 %, die an den Handel verkauft werden sollen, in Edelstahltanks, während die Domänenweine zu 60–100 % in neuen Fässern ausgebaut werden. Ein gewisser Anteil an Stielen (im Schnitt 20 %) hilft beim Ablaufen des Safts und erleichtert die dreimal täglich doppelt durchgeführte *pigeage*. «Hierin sind wir Meister», rühmt Pierre.

Den Weinen merkt man die Verbesserungen an. Neben einem etwas kantigen Pinot-Noir-Weißwein von Most, der durch das *Saignée*-Verfahren vom Clos de Bèze und vom Chapelle-Chambertin gewonnen wird, und einem frischen, unkomplizierten Rosé umfaßt das Programm einen Bourgogne Rouge, zwei Gevrey-Villages-Weine – der bessere von 62jährigen Reben im Clos Tamisot hinter dem gleichnamigen, großartigen Haus der Domäne – sowie drei Grands Crus: Chapelle-Chambertin, Chambertin und Chambertin Clos de Bèze.

Der Damoy-Stil betont Eleganz und hält sich meist auf der sanfteren Seite von Gevrey. Dennoch mangelt es ihm nicht an Struktur, vielmehr unterscheidet er sich durch eine attraktive Geschmeidigkeit von den monströs tanninreichen Cuvées, die man anderswo im Ort antrifft. Eine sorgfältig abgestimmte Würzung durch mäßig angekohlte neue Fässer (Allier für den Chapelle, Allier und Nevers für den Clos de Bèze) sowie 15 bis 20 Monate *élevage* verleihen den Weinen eine angenehme Röstnote – nicht Eichenholzaroma, sondern Holzkohle (was oft verwechselt wird) – und mittlere Lebensdauer.

Die 1994er sind schön ausgewogen und haben echte Tiefe und Finesse, v. a. der Chapelle-Chambertin und der festere, straffere Clos de Bèze. Die 1993er bildeten einen strengen Prüfstein für die Bereitschaft, den Ertrag der Qualität zu opfern. Pierre schied von falschem Mehltau und Fäule befallene Frucht rigoros aus, und das zeigt sich an der Qualität. Der Gevrey Clos Tamisot ist ebenfalls gut, war in der Struktur anfangs aber etwas «brut». Der Chapelle und der Clos de Bèze (in diesem Jahrgang nur 12 bzw. 17 hl/ha) sind sehr verschieden. Der eine – Pierres erklärter Lieblingswein, weil sich in ihm Kraft und Finesse besonders schön verbinden – hat opulenten, überaus konzentrierten Duft und einen ebenso füllend, komplexen Geschmack – ein Wein von echter Tiefe und Klasse, der ein Jahrzehnt zu harmonischer Entfaltung brauchen wird. Der andere zeigt dieselbe Opulenz und Komplexität, jedoch bei vielleicht etwas weniger Intensität und auf einem festeren, kargeren Hintergrund. Beide werden sich mit der Zeit sicherlich großartig entwickeln.

Unter den aufsteigenden Sternen der Côte d'Or düfte Pierre Damoy mit seinen prachtvollen Weinberglagen die besten Voraussetzungen für einen Superstar haben. Zwar gilt weiterhin, die Erträge strikt unter Kontrolle zu halten und für die Grands Crus nur Trauben allerbester Qualität zu verarbeiten. Aber die Zeichen stehen gut.

Domaine Vachet-Rousseau

Der gewissenhafte Gérard Vachet bewirtschaftet 6,22 ha aller vier Qualitätsrangstufen in Gevrey. Er übernahm 1978 in der vierten Generation der Familie Vachet – seine Mutter war eine Rousseau – 5 ha von seinem Vater, nachdem er seine Ausbildung in einer Ecole Familiale Viticole in Beaune abgeschlossen hatte.

Seine Weine sind insofern ungewöhnlich, als er große Teile seines Leseguts – auch aus den Lagen Lavaux St-Jacques und Mazis-Chambertin – in 1981 angeschafften Rototanks verarbeitet. Das spart Platz in seinem kleinen Keller, schont das Aroma und extrahiert viel «Stoff». Auf diese Weise entstehen Weine mit großer Tiefe und Fülle, jedoch ohne das in Gevrey so oft anzutreffende aggressive Tannin. In guten Jahrgängen wie 1993 ergibt sich reichlich konzentrierte Frucht auf einer Grundlage von sehr sanftem, feinem Tannin – Wein mit eher mittlerer Lebensdauer, deshalb aber nicht schlechter als andere.

Neue Fässer finden Verwendung, jedoch mit Umsicht, damit die Frucht nicht erstickt wird. Der Gevrey-Villages, der Lavaux St-Jacques Premier Cru und der Mazis-Chambertin Grand Cru werden zu etwa einem Drittel in neuen Eichenfässern ausgebaut, der Bourgogne Rouge dagegen weniger. Zum Programm gehören ferner ein Passetoutgrain und ein Rosé de *saignée*.

Gérard liebt die Natur und überläßt ihr die Hauptarbeit im Keller. Er sticht nur zweimal ab – einmal nach der *malo* mit kräftigem Belüften, das zweite Mal unter Sauerstoffabschluß durch Stickstoff zur Zusammenstellung der Cuvées. Nach Kieselgurfiltration, jedoch meist ohne Schönung, wird der Wein an Maurice Ninot zur Abfüllung gegeben. Das hat den Nachteil, daß sämtliche Weine auf einmal abgefüllt werden, was selten wünschenswert ist.

Neben den Bourgognes werden drei weitere Weine produziert: Ein Gevrey-Villages aus 17 verschiedenen Parzellen, ein feiner, fester, fleischiger Lavaux St-Jacques aus sechs verschiedenen Parzellen und ein intensiver, komplexer Mazis-Chambertin aus drei Parzellen mit 30jährigen Reben. Sie alle sind exzellent, erinnern aber mit ihrer sanften Eleganz eher an Chambolle-Musigny als an Gevrey. Eine hervorragende kleine Domäne.

Domaine Dugat-Py

Im Gegensatz zu seinem zurückhaltenden Bruder Claude ist Bernard ein sehr lebhafter, aufgeschlossener Mann. Seine Domäne nahm ihren Anfang mit einer Parzelle Gevrey-Chambertin-Villages, die er 1973 im Alter von 15 Jahren kaufte; zwei Jahre später produzierte er seinen ersten Wein. Seither ist die Domäne auf ihre derzeitige Größe von 5 ha angewachsen, v. a. weil ihm sein Vater 1987 alte Reben in Gevrey und ein Stück Charmes-Chambertin schenkte. 1993 erwarb er Petite Chapelle, 1994 Lavaux St-Jacques.

Der Sitz der Domäne ist ein restauriertes Haus an der Straße durch die Combe de Lavaut. Bernards Frau Jocelyne (geborene Py) hilft ihm in Weinberg und Keller und pflegt ihren Garten hinter dem Haus, der zur Lage Le Marchais überleitet. Als Keller wird u. a. ein prachtvolles Gewölbe aus dem 12. Jh. mit einem kleinen Fenster mit Butzenscheiben benutzt, in dem damals Aussätzige untergebracht waren.

Bis 1989 wurde alles außer ein paar Flaschen für den Eigenverbrauch an den Handel verkauft, u. a. an Leroy, der den Gevrey und den Charmes abnahm. Der Ertrag jüngerer und nicht so gut gelegener Weinberge (30 bis 35 % der Produktion) wird noch immer auf diesem Weg abgesetzt, doch der Hauptteil, darunter die Premiers und Grands Crus, wird in der Domäne ausgebaut und abgefüllt.

Die Weinberge werden ebenso sachkundig gepflegt wie der Garten – kurzer Guyot-Schnitt und Pflugbearbeitung zur Wurzelkürzung und als Winterschutz *(buttage)* – eine traditionelle Praxis, die aus der Mode gekommen war, jetzt aber immer häufiger wieder geübt wird. Bernard nimmt die Lese in der Morgenkühle vor, allerdings müssen die Gevrey- und Bourgogne-Lagen für den Handel bis zum Nachmittag warten. Minderwertige Trauben werden sorgfältig ausgelesen – 1991 zupfte Bernard sogar hagelgeschädigte Beeren aus dem Lesegut von Les Charmes heraus.

Die Weinbereitung ist relativ schlicht: «Ich lasse die Natur für mich arbeiten», sagt Bernard. Allerdings übernimmt sie nicht die *pigeage*, die von Hand ausgeführt werden muß, und auch das Zusetzen von Zucker muß man selbst ausführen.

Die *élevage* wird dadurch kompliziert, daß der Aussätzigenkeller nicht ganz unter der Erde liegt; in ihm wird es im Sommer 17 °C warm, was die Reifung beschleunigt, und im Winter sinkt die Temperatur auf 5 °C, was die malolaktische Säureumwandlung sehr verlangsamt – bei manchen 1993ern belief sich die Ausbauzeit auf 18 Monate. Bernard nimmt es philosophisch: «Wir benutzen keine Chemikalien und bearbeiten den Boden, darum ist die Säure stärker, und die *malo* dauert länger; aber wenn sie rascher verläuft, entsteht nur hartes Tannin.» Seit 1991 werden die Weine nicht mehr geschönt und gefiltert.

So entstehen zwei Gevrey-Chambertins – ein «Vieilles Vignes» von 40jährigen Reben in Les Epointures und ein Klassiker, «Cœur du Roy», von im Durchschnitt 65jährigen Reben in Le Marchais und Combe du Dessus – der 1993er mit viel Tiefe, reifem Tannin, schöner Säure und exzellentem Aromapotential aus Erträgen um 35 hl/ha. Diese Cuvées werden zu 30–50 % in neuen Eichenfässern ausgebaut. Ein weiterer Gevrey-Villages, «Les Evocelles», kam 1995 dazu.

Die Spitze des Programms besteht aus den Premiers Crus Lavaux St-Jacques (erster Jahrgang 1994) und Petite Chapelle (nur ein Faß – neue Eiche, aufgefüllt mit kostbarem Charmes) sowie den Grands Crus Charmes-Chambertin und (seit 1995) Mazoyères und Mazis-Chambertin. Sie werden zu 50–100 % in neuen Eichenfässern ausgebaut. Nach 14 bis 18 Monaten füllt Bernard diese und den Cœur du Roy selbst ab, der Rest wird der mobilen Abfüllstation von Maurice Ninot anvertraut.

Bernard gibt freimütig Mängel zu: «Meine 1990er hätten mehr Konzentration gebraucht; das klappt inzwischen besser.» Der Charmes war tatsächlich gut, nachhaltig und elegant, am Beginn seiner Entfaltung, in der Mitte zwar etwas schwach, aber die Reben waren ja auch erst neun Jahre alt. Der 1993er Charmes (29 hl/ha) wies sehr viel mehr Tiefe, gute Nachhaltigkeit, schön aufgenommenes Eichenholzaroma und große Finesse auf – echte Grand-Cru-Qualität. Sorgfalt und strenge Auslese sicherten bemerkenswert gute 1994er, was v. a. für den Charmes gilt.

Eine schöne, zuverlässige Domäne mit rasch wachsendem Selbstvertrauen.

Domaine Esmonin, M

Sylvie Esmonin hat in Montpellier den angesehenen Titel *ingénieur agronome* im Fach Weinbau erworben. Nachdem ihr Vater sie 1986 bat, in den Familienbetrieb einzutreten, schaffte es die schlanke, tatkräftige Dreißigjährige innerhalb von wenigen Jahren, das verschlafene Gut, das seine gesamte Produktion an den Handel (u. a. Pierre Bourrée) verkaufte, in eine exzellente moderne Domäne umzugestalten.

Als Weinbauberaterin im Mâconnais und Beaujolais hatte sie Erfahrungen mit den Problemen der Weinerzeuger gesammelt. Solange sie aber noch für andere arbeitete, konnte sie die ihrer Meinung nach bei feinem Wein unumgänglichen Risiken nicht eingehen – von Beratern wird Vorsicht verlangt.

Die erste Domänenabfüllung von Esmonin kam 1989 auf den Markt. Inzwischen umfaßt das Programm sechs Weine: einen Bourgogne Rouge, einen Côte de Nuits-Villages aus Brochon, zwei Gevrey-Villages – davon einer ein Vieilles Vignes von 60jährigen Reben –, einen Premier Cru und neuerdings einen Bourgogne Blanc sowie einen Volnay Santenots, beide aus dem Besitz von Freunden in Meursault. Das Spitzengewächs ist der Clos St-Jacques, ein tiefer, seidiger Wein von Reben hinter dem Haus nahe der Combe de Lavaut. Über diesen prächtigen Premier-Cru-Lagen befindet sich ein Ferienhaus, das man bei den Esmonins mieten kann.

Sylvies Weine strömen über von Klasse und in guten Jahren, z. B. 1993, von Extrakt und Reife. Selbst der Bourgogne Rouge – ein Prüfstein für jede Domäne – ist interessant und komplex, ohne jene rustikale Schärfe, die man bei den einfachen Appellationen oft antrifft. Der Côte de Nuits-Villages ist etwas voller und nach einigen Jahren köstlich.

Die Weinbereitung zielt auf die Vermeidung bitterer Tannins ab. Entrappen erfolgt immer, Gärung und Maischung dauern drei Wochen bei viel *pigeage*. Anschließend kommt der Wein ins Faß – burgundische Chatillon-Eiche, das ist Esmonin-Tradition. Dazu meint Sylvie: «Ich bin mit diesem Geschmack groß geworden, und auf jeden Fall gab es vor 40 Jahren in Burgund nichts anderes.» Ihr liefert diese Eichensorte den Hauch von Süßholz, den sie liebt. Man muß aber vorsichtig damit umgehen; der Clos St-Jacques wird nur zu 50 %, der Gevrey Vieilles Vignes zu 20 % darin ausgebaut. Beim ersten Abstich wird dieser Wein dann in Zweitjahresfässern untergebracht. Alles übrige lagert nur in älteren Fässern. Filtern und Schönen wird unterlassen.

Der Vieilles Vignes und der Clos St-Jacques bringen Gevrey schön zum Ausdruck: Der erstere hat konzentrierte Frucht alter Reben, viel mehr Saft und von Natur aus bessere Struktur als ein noch so guter «Standard-Gevrey». Aus dem Clos St-Jacques kommt ein Wein mit echter Klasse; der 1993er und der 1991er zeigten sanftes Fleisch. Der 1990er und der 1989er waren ebenfalls gut, jedoch nicht ganz so gelungen – der eine etwas rustikal, der andere unausgewogen alkoholstark.

Früher füllte Sylvies Vater jedes Jahr etwas Wein für die Familie ab, aber es ist nur noch wenig davon da. Als Sylvie ihm Vorwürfe machte, daß nur noch so wenig übrig sei, meinte er: «Man kann nicht gleichzeitig viele Freunde und alten Wein haben – ich habe viele Freunde.» Es besteht kaum ein Zweifel, daß es in Zukunft noch mehr werden.

Domaine Geantet-Pansiot

Die überaus freundliche Familie Geantet hat aus dem ursprünglichen 3-ha-Besitz von Madame Pansiot seit 1954 eine schöne Domäne mit 9 ha aufgebaut. Vincent Geantet, ein Mittdreißiger, hat die Leitung seit 1982 von seinem Vater Schritt um Schritt übernommen.

In dem großen Hof an der Hauptstraße bewohnt Vincent mit seiner Frau den einen Flügel, die Eltern haben ihre Wohnung über dem Probierraum. Madame G. ist sehr stolz auf ihren Sohn, dessen Philosophie es ist, «die Tradition fortzusetzen» – allerdings gibt es zwischen Vater und Sohn diesbezüglich lebhafte Diskussionen. Der Sohn ist für Klone, der Vater für die bewährte *sélection massale*. «Der alte Klon 115», sagt Vincent, «ist zu ertragreich», der Vater hält dagegen: «Nicht, wenn man ihn streng genug schneidet.» Auch über die *vendange verte* werden sie sich nicht einig, doch hinter solchen Disputen verbirgt sich eine schöne Zusammenarbeit.

Das Programm umfaßt fünf Bourgognes – zwei Rotweine, Passetoutgrain, Grand Ordinaire (Gamay) und ein Rosé –, ferner einen Marsannay Rouge (Champs Perdrix), zwei Chambolles (Vieilles Vignes und ein Premier Cru aus drei Lagen), Gevrey von jüngeren und älteren Reben sowie einen Gevrey Premier Cru und einen Charmes-Chambertin.

Seit 1987 gehen der Gärung sechs Tage Maischung voraus. Die Trauben werden entrappt, ungewöhnlicherweise aber nicht gemahlen, so daß der Großteil der Beeren intakt bleibt, was der Fruchtigkeit zugute kommt. Hefen und Enzyme (für bessere Klärung) werden zugesetzt, die Gärtemperatur beträgt bis zu 36 °C, die *cuvaison* dauert insgesamt 18 Tage. Der Bourgogne Rouge wird nur zu 4–5 %, der übrige Wein in der Regel zu 30 % in neuen Fässern ausgebaut – das gilt auch für den Grand Cru Charmes.

Vincent beschreibt feinen Wein als «dunkel, fruchtig und füllig, nicht zu aggressiv tanninherb, sondern schön ausgewogen». Seine Weine entsprechen dieser Konzeption, v. a. die Chambolles und die Gevreys. Der Gevrey «Les Jeunes Rois» von 40jährigen Reben ist gehaltvoll, mit rundem Tannin, reifer, seidiger Frucht und einem Hauch Gewürz. Der Gevrey Vieilles Vignes kommt aus 17 Parzellen mit 50- bis 90jährigen Reben, deren Ertrag gemeinsam verarbeitet wird und einen anfänglich verschlosseneren, strengeren, aber auch etwas konzentrierteren Wein erbringt.

Der Les Poissenots Premier Cru ist (für einen Gevrey) recht feminin und elegant und hat kräftigeres Aroma sowie mehr Klasse als die Villages-Weine.

Der Spitzenwein der Domaine Geantet-Pansiot ist ein Charmes-Chambertin von 45 Ar mit 30jährigen Reben. In Jahrgängen wie 1993 ist er ein kompromißloser Vollblüter mit überströmender Klasse, klarer Farbe, prachtvoll würzigem Süßholzduft und herrlicher, überaus konzentrierter und nachhaltiger Geschmackspalette, die sich eine Zeitlang verschließt, dann aber in unwiderstehlicher, komplexer Schönheit neu entfaltet.

Daß Vincent seine Kunst vollauf beherrscht, zeigt sich an der Harmonie und Tiefe seiner 1994er. In diesem schwierigen Jahrgang hat er vielversprechende Qualität und Gleichmäßigkeit erzielt. Eine gute Domäne.

Domaine Rossignol-Trapet

Diese Domäne – auch sie gehört zu den neueren in Gevrey – erwachte 1990 zum Leben, als Jacques Rossignol und seine Söhne Nicolas und David die Familienweinberge wieder in die Hand nahmen und sich damit selbständig machten. Der Besitz stammte von Jacques' Frau Mado, der Tochter des 1991 verstorbenen Louis Trapet, deren Bruder Jean von 1961 bis 1989 den Betrieb geführt und den Wein produziert hatte.

Im neuen Keller der Domäne in der Rue de la Petite Issue fehlt es nicht an Sachkunde. Jacques stammt aus einer Winzerdynastie in Volnay – seine Brüder Yves, Régis und Michel sind sämtlich Weinbauern –, und sowohl Nicolas als auch David besitzen die nötigen Fachkenntnisse. Mados Familie kam ursprünglich aus Chambolle und ist in Gevrey seit über einem Jahrhundert im Weinbau tätig.

Der Besitz umfaßt knapp 13 ha, fast alles in Gevrey außer einer Parzelle in Morey-St-Denis und ein paar in Beaune und Savigny, die Nicolas' Frau (geborene Perrot-Minot) in die Ehe brachte. Die Reben haben ein respektables Alter. die in den drei Grands Crus Chapelle und Latricières-Chambertin sowie Chambertin selbst, wo viele von ihnen schon vor dem 1. Weltkrieg standen.

Mit großer Sorgfalt wird darauf geachtet, die Mikrofauna und -flora im Boden nicht zu stören. Die Erträge sind mit 35–37 hl/ha niedrig. Die Weinbereitung folgt klassischen Mustern; in schwächeren Jahrgängen (z. B. 1992) werden etwas mehr Stiele (30 % gegenüber 20 % in 1990) in die Gärtanks aufgenommen, um mehr Struktur zu gewährleisten. Das Grundprinzip lautet, die Gärtemperatur in vernünftigen Grenzen zu halten, sie jedoch nicht schematisch zu führen.

Nach 12 bis 18 Tagen *cuvaison* werden die Weine in Fässer verbracht, in denen sie die *malo* durchmachen – darauf legen die Rossignols besonders bei neuen Fässern großen Wert, weil es die Einbindung der Tannine fördert. Nach zwei Abstichen – einen Monat nach der *malo* bzw. kurz vor der nächsten Ernte – werden die Weine geschönt, gegebenenfalls gefiltert und im November oder Dezember abgefüllt; die Ausbauzeit beträgt insgesamt 14 Monate.

Der bevorzugte Rossignol-Trapet-Stil richtet sich auf *rondeur* und Fülle, fein abgestimmte Ausgewogenheit und genügend Struktur für mittlere Haltbarkeit. Dabei wird ein Höchstmaß an Pinot-Noir-Charakter und möglichst reifes Tannin angestrebt. Die Weine sind nicht für lange Lebensdauer bestimmt, dafür aber entgegenkommend und geschmeidig. Das Streben nach Eleganz spiegelt sich auch im Gebrauch neuer Fässer – nur 20 % beim Villages-Wein, 30 % bei den Premiers Crus und 40–50 % bei den Grands Crus – aus Nevers-, Vogesen- und Jura-Eiche. Im Vordergrund steht Frucht – um jeden Preis.

Daraus ergibt sich eine nach allen Maßstäben feine Weinbereitung. Das Programm erstreckt sich von einem wohlausgewogenen, saftigen Bourgogne Rouge aus Weinbergen in Marsannay über einen Beaune – ein schöner, rauchiger, zugänglicher Teurons (1993) – bis zu Gevrey und den Grands Crus. 5 ha verstreute Gevrey-Villages-Lagen geben Gelegenheit zur Produktion verschiedener Cuvées, aus denen die für die Domänenabfüllung geeigneten ausgewählt werden. Der 1993er fiel offen, reif und stilvoll aus mit seidiger Art und schön eingebundenen Tanninen bei nur schwacher Beeinträchtigung durch Stiele.

Der Gevrey Clos Prieur von Rossignol stammt aus dem Premier-Cru-Teil dieser Lage. Der Wein ist tiefer, kräftiger und komplexer als der einfache Gevrey-Villages; der 1993er zeigte einen grünen Anflug – ein Wein für fünf bis zehn Jahre Reifezeit.

Zu den Grands Crus zählt ein eleganter, recht fester Chapelle-Chambertin mit mehr Verhaltenheit als der Villages und die Premiers Crus; man merkt die neuen Fässer, sie sind aber mit Sorgfalt so dosiert, daß die Frucht die Vorherrschaft behält. Dieser Wein von flachgründigem Boden hat eher Finesse als Muskulatur, entgegen dem Latricières und dem eigentlichen Chambertin, die beide mit mehr Wucht und Festigkeit aufwarten. Vor allem der Chambertin ist ein sehr feiner Wein mit konzentrierter Frucht alter Reben, getragen von reifen, milden Eichenholztanninen und langem Abgang. Alles in allem Beweis genug für die hohen Qualitätsmaßstäbe, die sich diese Domäne setzt.

Domaine Harmand-Geoffroy

Der hagere, sympathische ehemalige Jagdflieger Gérard Harmand heiratete 1980 Martine Geoffroy und übernahm zugleich auch die Domäne. Seither steht er fest auf der Erde, obwohl er mit seinen acht prachtvollen Weinen aus 6 ha guten Lagen doch als aufsteigender Stern am Winzerhimmel von Gevrey gilt. Gérard ist ein Muster an Fleiß – «nur damit erreicht man Qualität». Der Rebbestand der Domäne setzt sich zu 90 % aus Pinot Droit zusammen, einer aufrecht wachsenden Variante des Pinot Noir, die gern übermäßig hohe Erträge bringt, wenn sie nicht streng gezügelt wird. Richtig behandelt zeichnet sie sich jedoch durch besondere Fruchtigkeit aus und ist nicht so anfällig für Fäule und Krankheiten. Bei Neubestockungen, z. B. von 1 ha in Gevrey, der 1985 erfroren war, wird *sélection massale* eingesetzt, denn Gérard hat eine Abneigung gegen Klone. Durch Pflügen im Winter werden unerwünschte Oberflächenwurzeln beschnitten: «Das *terroir* ist tief unten, nicht an der Oberfläche.»

Seit 1982 erfolgt die Weinbereitung ganz im Rototank. Dadurch wird mehr Farbe und Frucht, feineres Tannin und größere aromatische Komplexität erzielt. Einige Tage Vormaischung tragen zur *cuvaison* von insgesamt 15 Tagen bei. Es folgen 14 Monate Ausbau in zu 25 % neuen Eichenfässern (Vogesen, Allier und Nevers, je nach dem Wein), anschließend wird mit einer minimalen, eher «symbolischen» Filtration abgefüllt. Gérard glaubt, daß frühe Abfüllung zu Frische, Frucht und Fülle beiträgt.

Die Weine sind stets gut, oft sehr gut; ihnen kommt hohes Rebenalter zugute, insbesondere im Clos Prieur – diese Lage ist teils als Villages, teils als Premier Cru eingestuft. Gérards Land fällt in beide Stufen, also benutzt er den geringeren Rang. Dieser Wein hat sowohl Finesse als auch Kraft, aber doch deutlich weniger als der aus dem Premier-Cru-Monopole La Bossière, obschon die Reben dort jünger sind.

La Perrière und Champeaux sind ganz anders. Der eine von stark steinigem Boden ist eher blumig bei lebendiger Säure und deutlicher Finesse. Der andere, auf magerem Kalksteingrund bei Brochon gewachsen, zeigt mehr Intensität im Aroma und Tiefe im Geschmack (v. a. der sehr feine 1993er) bei größerer Nachhaltigkeit.

Der einzige Grand Cru der Domäne, 17 Ar Mazis-Chambertin (Mazis-Bas), fügt dem noch mehr Komplexität und Wucht hinzu. Dem 1994er fehlte zwar die Kraft und Tiefe eines Grand Cru, doch der 1993er wies feine Ausgewogenheit, prachtvoll konzentrierte seidige Frucht und echte Klasse auf.

Gérard hat eindeutig eine meisterliche Hand. Seine Weine sind schon jung überaus attraktiv, halten sich aber gut, wenn man einen 1985er Gevrey Premier Cru und einen 1976er Clos Prieur als repräsentativ nehmen will. Eine vielversprechende Domäne.

Domaine Claude Dugat

Eine kleine Domäne mit stilvollen Weinen von 3 ha (2 ha Eigenbesitz, 1 ha gepachtet). Geleitet wird sie in der fünften Generation von dem zurückhaltenden Claude Dugat, und sie befindet sich in einer von ihm liebevoll restaurierten Kloster-Dependence aus dem 13. Jh. gegenüber der Kirche. Den tiefen Faßkeller hat Claude 1976 zusammen mit seinem Vater aus dem Fels gehauen.

Er ist gern im Freien, ob er nun mit seiner Familie wandert oder an seinen Reben arbeitet, wobei sein Motto diesen – hoffentlich aber nicht seiner Familie – gegenüber lautet: «Man muß sie streng herannehmen, aber nicht krank machen.» Bei hohem Rebenalter genügen kleine Eingriffe und ein langer Rebschnitt, «um die Vegetation flach zu halten» und knappe Erträge sowie gut ausgebildete Frucht zu erzielen. Claude meint, daß ein scharfer Rebschnitt nicht nur den Ertrag, sondern auch die Laubfläche und damit die Zuckererzeugung einschränkt. Durch Behangausdünnung entstehen kleine, dichte Trauben, die dann relativ früh gelesen werden, damit die Säure erhalten bleibt.

Das Ergebnis sind feine Gevreys – ein guter, fester Villages, der zu 50 % in neuen Eichenfässern reift, Premiers Crus aus den Lagen Crapillot und La Perrière, ein ausgezeichneter Lavaux St-Jacques und schließlich zwei Grands Crus: ein eleganter, sehr fester Charmes-Chambertin von 35jährigen Reben sowie klägliche zwei *pièces* Griotte-Chambertin von 15 Ar mit 40jährigen Reben.

Die Weinbereitung folgt klassischen Mustern – offene *cuves* aus Zement, reichlich *pigeage*, Gärtemperaturen um 30–32 °C; der Preßwein wird beigemischt, es folgen 12 bis 16 Monate Faßausbau und danach Abfüllung ohne Schönen oder Filtrieren. Die Premiers und Grands Crus reifen lange in zu 100 % neuer Allier-Eiche, die Villages und Bourgognes Rouges kürzer und nur zu 50 % in neuen Fässern. Schwefel wird nur in kleinsten Mengen benutzt: Abgesehen von 1,5 l pro Tonne beim Mahlen kommen weitere Gaben nur indirekt durch das Ausschwefeln der Fässer zustande.

Eine gute, ja fast exzellente Bezugsquelle. Man kann freilich bezweifeln, ob die 100prozentige Behandlung mit frischer Eiche gut ist, die z. B. bei den 1993er Premiers Crus die Frucht übertäubte – was möglicherweise unter dem Einfluß des US-Markts geschah. Selbst dieser konzentrierte Jahrgang wäre mit etwas weniger Holz besser bedient gewesen. Die Maßstäbe setzen in diesem Keller der herrliche Lavaux St-Jacques und der rare, nur schwer aufzutreibende köstliche Griotte.

Domaine Frédéric Esmonin

Frédéric, ein Cousin von Sylvie Esmonin, arbeitet seit 1988, als er seine Ausbildung in Beaune beendet hatte, bei seinem Vater André. Gemeinsam haben sie ihre Domäne auf die oberen Qualitätsstufen von Gevrey gehievt.

André gründete die Domäne in den 1970er Jahren durch Landerwerb, *métayage* und *fermage* und produzierte Wein, der bis 1988 ganz an den Handel verkauft wurde; heute werden die feineren Weine in der Domäne selbst abgefüllt.

Der Weinbergbesitz der Esmonins ist zwar nur 3,9 ha groß, aber von bester Qualität: drei Gevrey Grands Crus (Mazis-, Ruchottes- und Griotte-Chambertin), zwei Premiers Crus (Lavaux St-Jacques und Estournelles St-Jacques) sowie zwei Villages-Lagen, darunter der feine Clos Prieur.

Es gibt hier vielleicht wenig Ungewöhnliches oder Umstrittenes, vielleicht nur die Verwendung von Limousin-Eiche, die eher rauhe Tannine einbringt. Zum Glück wird dem mit Allier-Eiche vernünftig entgegengewirkt. Im Durchschnitt werden zu ⅕ neue Fässer benutzt, dem Ruchottes-Chambertin wird etwa ⅓ zuteil, den anderen Grands Crus und den Premiers Crus etwas mehr.

Bei gleichmäßig hohem Qualitätsstand ist insbesondere der Jahrgang 1994 sehr gut gelungen, er reicht aber doch nicht ganz an den feinen 1993er heran. Der Ruchottes und der Mazis wetteifern um den Spitzenrang (der Griotte kam erst 1995 dazu) – beide sind nachhaltig und komplex und zeigen die Wucht und Konzentration, die man von Grands Crus erwarten darf. Der erstere besitzt etwas mehr Substanz und «tendresse», der zweite vielleicht einen Hauch mehr Komplexität, ist aber verhaltener.

Eine Domäne, die man im Auge behalten sollte.

MOREY-ST.-DENIS

Der zwischen Gevrey-Chambertin und Chambolle-Musigny wahrhaft eingequetschte kleine Ort mit rund 800 Einwohnern steht seit langem im Schatten seiner illustren Nachbarn, und infolgedessen gehören seine Weine zu den unbekanntesten von der Côte de Nuits.

Dafür gibt es jedoch keinen echten Grund. Die Gemarkung ist zwar klein – 150 ha gegenüber 180 in Chambolle und 532 in Gevrey –, doch sie hat ausgezeichnete Weinerzeuger, dazu vier potentiell feine Grand-Cru-Lagen sowie ein Stück Bonnes Mares, das bei der Aufstellung der Appellationskarten im Jahr 1936 irgendwie aus Chambolle-Musigny herübergerutscht war.

Noch heute sind viele der 20 Premier-Cru-Lagen von Morey kaum bekannt; ihre Weine kommen häufig vermischt unter der Bezeichnung «Morey-St-Denis Premier Cru» ohne Nennung der einzelnen *climats* auf den Markt.

Immerhin gewinnt Morey dank der Bemühungen seiner 65 Winzer allmählich eine Identität. Feine Weine der Domänen Dujac, Clos de Tart, Groffier, des Lambrays, Hubert und Georges Lignier, Ponsot sowie Roumier, Pernin-Rossin, Rousseau usw. verschaffen Morey das längst verdiente schärfere Profil.

Der freundliche kleine Ort hat eine bewegte Geschichte. Er hieß ursprünglich Moriacum oder Muriacum und ist eindeutig gallo-römischen Ursprungs. Urkundlich erwähnt wurde er erstmals 1120; seither gehörte er abwechselnd zum Besitz der Klöster Cîteaux, La Bussière-sur-Ouche und St-Germain-des-Prés bei Paris. Im Jahr 1636, während des Dreißigjährigen Krieges, wurde er durch Brand vollständig zerstört.

Wie so viele andere Orte an der Côte wirkt auch Morey stets verschlafen. Die von der RN74 hierher führende Straße endet an der Kirche und einem kleinen «rond-point», wo ein Schild verkündet, daß man sich im «Centre des Grands Crus» befindet, und ein Wegweiser links nach Chambolle und rechts nach Gevrey weist.

Fährt man nach links, gelangt man bald aus dem Ort hinaus und unter Les Bonnes Mares entlang; biegt man nach rechts ab, kommt man ins Oberdorf und zu einem großen Platz mit einer Bank und einem Kramladen, in dem es alles, von Batterien bis zu roten Rüben, gibt und dessen Inhaberin den Eindruck vermittelt, daß Kundschaft für sie nichts weiter als eine Störung ihrer Beschaulichkeit bedeutet. Hier gabelt sich die Straße erneut, rechts geht es nach Gevrey und links in den neueren Teil von Morey.

Die Weinberge scharen sich eng um das Dorf. Die Grand-Cru-Lagen bilden eine Fortsetzung des harten Bathonien-Kalksteins von Gevrey, allerdings mit deutlich steilerem Gefälle. Eine Mergelschicht zieht sich durch Bonnes Mares und den Clos de Tart, darüber liegt eine dicke Geröllauflage, die in den oberen Teilen des Clos des Lambrays einem eher sandigen Oberboden weicht. Der Clos St-Denis und der Clos de la Roche im Norden, beide vorwiegend am Fuß des Hangs gelegen, haben mehr braune Kalkerde im Boden und kommen in den Genuß eines besonders geschützten Kleinklimas.

Am Nordrand der Gemarkung, direkt unterhalb des Waldes, befindet sich die Lage Monts Luisants. Sie ist gewissermaßen eine zweifache Kuriosität: Einerseits bildet sie die Hauptquelle der winzigen Produktion an Morey-St-Denis Blanc, und andererseits ist sie von allen drei Qualitätsrängen durchzogen – der obere Teil (2,19 ha) fällt unter die AC Morey-St-Denis, der Streifen darunter (5,39 ha) ist Premier Cru Monts Luisants, und der untere Teil trägt mit 3,74 ha zum Grand Cru Clos de la Roche bei.

Der Weißwein von Morey ist ungewöhnlich und rar – jedes Jahr entstehen nur ein paar hundert Kisten. Zwar gestatten die Appellationsregeln Weißwein in allen Villages- und Premier-Cru-Lagen von Morey, praktisch jedoch ist die Produktion auf Monts Luisants und En la Rue de Vergy beschränkt, weil dort der relativ magere, viel Kies und Eisen, jedoch praktisch keinen Ton enthaltende Boden als ideal für Chardonnay gilt. Eine Ausnahme bildet lediglich eine Parzelle Chardonnay, die Jacques Seysses zwischen seinem Haus und der Hauptstraße auf fruchtbarerem Boden stehen hat.

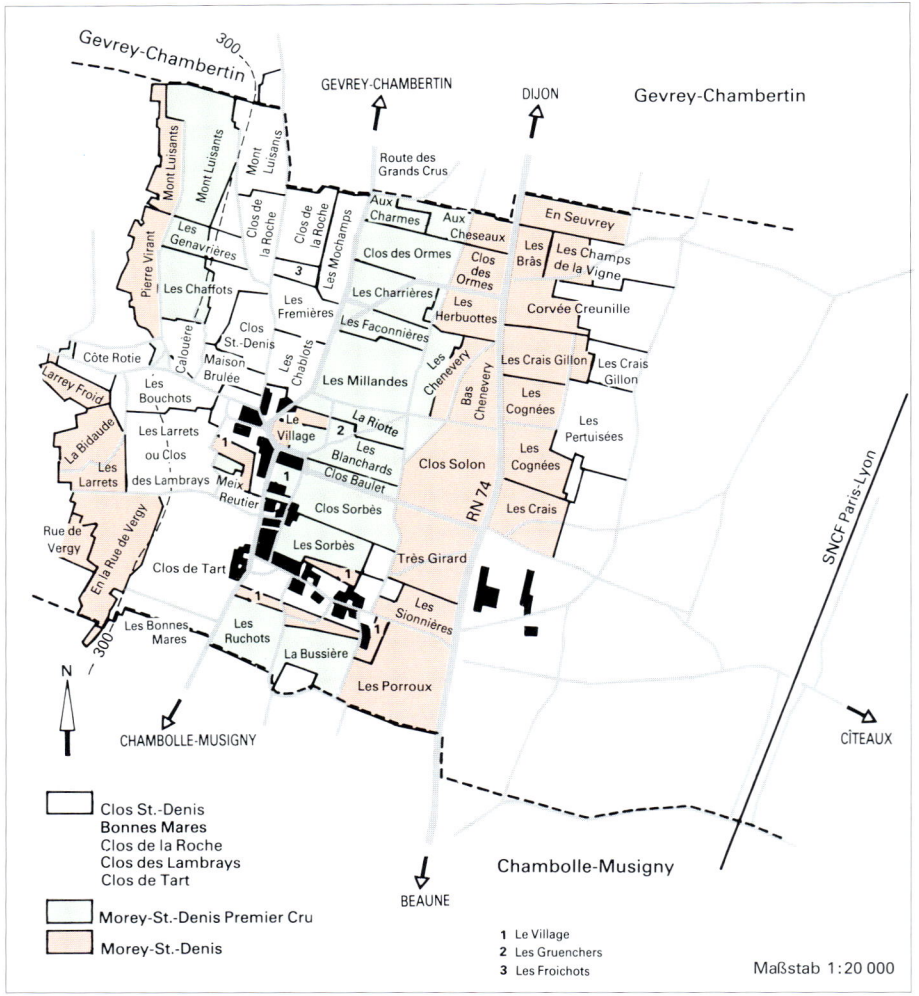

Morey-St-Denis – Blick aus der Lage La Bussière.

Außer Seysses gibt es noch zwei größere Erzeuger von Morey Blanc – Bruno Clair aus Marsannay, der viel Brachland wieder in Kultur genommen hat, und die Familie Ponsot aus Morey. Clair produziert seinen Wein rein von Chardonnay, die Domaine Ponsot dagegen, Besitzerin von 1,5 ha Monts Luisants, nutzt alte Aligoté-Reben gemeinsam mit Chardonnay und «vrai Pinot Blanc».

Der Morey-St-Denis Blanc ist selbst eine Kuriosität – mit breitem Geschmack, viel Saft und Kraft, aber nur selten einiger Delikatesse. Wie der Musigny Blanc hat auch er nichts mit dem üblichen weißen Burgunder zu tun.

Den Rotweinen von Morey sagt man nach, daß sie die Festigkeit und muskulöse Art von Gevrey mit der Finesse und Eleganz von Chambolle vereinen. Allerdings überdecken die weiten stilistischen Unterschiede zwischen den Erzeugern jede Gemeinsamkeit, und daher sind Verallgemeinerungen wertlos. Die reine Fruchteleganz der Weine von Jacques Seysses oder die samtige Seidigkeit des Clos de Tart in Bestform haben wenig mit der eher maskulinen Art zu tun, wie die Ligniers, die Ponsots oder Robert Groffier sie vertreten.

Es gibt hier nicht so viele wirklich enttäuschende Domänen wie in Gevrey. Manchen, z. B. Pierre Amiot, Clos de Tart und des Lambrays, fehlt es an Beständigkeit – einmal bringen sie exzellente Weine hervor, ein andermal verfallen sie ohne ersichtlichen Grund in Mittelmäßigkeit.

Dessenungeachtet sind es die Weine von Morey wert, daß man sich um sie bemüht, wie auch der Ort einen Besuch lohnt, sei es für eine Wanderung durch die Grands Crus oder für ein Diner am Kaminfeuer im Castel Très Girard, wo man früher – bei entsprechend wohlgefüllter Brieftasche natürlich – eine Flasche 1945er Clos des Lambrays und zugleich die Aussicht auf den Clos Solon genießen konnte.

DIE GRANDS CRUS VON MOREY-SAINT-DENIS

Lage/Climat	Fläche	Eigentümer	Gesamtproduktion
Clos St-Denis	6,6260	20	1 900
Clos de la Roche	16,9027	40	4 850
Clos des Lambrays	8,8394	4	2 300
Clos de Tart	7,5328	1	2 100
Bonnes Mares	1,5155	2 oder 3	500
Total	**41,4164 ha**		**11 650 Kisten**

Domaine Dujac

Jacques Seysses bildet eine rare Mischung aus kenntnisreicher, auf Qualität geradezu versessener Jugendlichkeit und der alten traditionsreichen Schule, deren Einfluß an der Côte noch heute stark ist. In 30 Jahren Tätigkeit in Burgund hat er nicht nur seine schöne Domäne aufgebaut, sondern sich auch eine Reputation geschaffen, die schon vielen, die auf ihrem eigenen Weg zum Erfolg durch seine Hände gegangen sind, geholfen hat.

Als er 1966, vorteilhaft ausgestattet mit geistiger Reife und finanziellen Mitteln, aber völlig unerfahren, an die Côte d'Or kam, brachte er zunächst zwei Jahre in der Domaine Pousse d'Or in Volnay zu, bevor er im Mai 1968 die 4,5 ha große Domaine Graillet in Morey-St-Denis erwarb. Er arbeitete noch fünf Jahre im Familienunternehmen in Paris mit, bis er schließlich zu der Überzeugung kam, daß er mit dem Verkauf seines Weins den Lebensunterhalt für sich und seine amerikanische Frau Rosalind, die er kennenlernte, als sie 1971 als Helferin bei der Lese zu ihm kam, verdienen konnte.

1969 wuchs der ursprüngliche Graillet-Besitz um 69 Ar in der Lage Echézeaux, und seither ist ein Stück Land um das andere dazugekommen. Als Jacques Mitte der 1970er Jahre endgültig nach Burgund umsiedelte, reichte der Wert seines Appartements in Paris noch für genug Weinbergland aus, daß eine kleine Familie davon leben konnte. Heute ist das längst nicht mehr so, denn sein Stück Echézeaux beispielsweise ist inzwischen mehr als das Sechzigfache wert.

Die Erkenntnis, daß vor dem Krieg, als erst wenige technische Hilfsmittel verfügbar waren, bereits herrliche Weine produziert wurden – und ein in Dijon erworbenes Diplom in Önologie –, gaben Jacques die Grundlagen für seine Philosophie, die er standhaft behauptet: «Zwar muß man Wissenschaft und Technik gegen ungünstige Verhältnisse einsetzen – z. B. wenn das Wetter nicht mitspielt –, wenn aber alles gut läuft, soll man so wenig eingreifen wie möglich.» Während Jacques Seysses die Weinbereitung übernimmt, ist die Weinbergpflege Christophe Morin anvertraut; er kommt von der Loire, hat bei Calera in Kalifornien, in der Domaine de la Folie in Chagny sowie in Bordeaux gearbeitet; auch ist er Berater von Jean-Pierre de Smet in der Domaine de l'Arlot, der bei Jacques Seysses seine Ausbildung absolviert hat.

Christophes Aufgabe ist es, möglicht reife und gesunde Frucht für Jacques heranzuziehen. Es wurde viel mit Klonen experimentiert, die bei kleinen Beeren und Trauben gleichmäßige Erträge erbringen sollen. Als ideal werden sechs Trauben pro Weinstock angestrebt – das entspricht 35 hl/ha bei einem Gewicht pro Traube von 80 g, das je nach Wetterverlauf aber auch auf 70 g absinken oder auf 100 g ansteigen kann; im letzteren Fall wird der Saft wäßrig, und man muß zu Gegenmaßnahmen wie *saignée* oder Konzentrationsverfahren greifen. Die 60jährigen Reben aus einer Zeit, als noch nicht von Klonen die Rede war, erbringen in der Lage Les Gruenchers sehr kleine, gesunde Beeren und Trauben und werden deshalb als Mutterpflanzen für die *sélection massale* herangezogen. Seit 1977 wurde auch der Klon 123 angepflanzt, der allerdings wegen seiner Anfälligkeit für den Blattrollvirus nicht empfohlen wird. Aus unerfindlichen Gründen hat er hier jedoch stets gesunde Frucht gebracht.

Auch die Veredelungsunterlagen spielen eine wichtige Rolle. Früher gepflanzte, an die Kalksteinböden auf den Steillagen der Côte nicht richtig angepaßte Unterlagsreben mußten ersetzt werden. Jacques prüft auch die These nach, daß der Wein um so besser ausfällt, je mehr Klone im Weinberg stehen – eine in Burgund noch immer verbreitete Theorie.

Jacques Seysses in seinem Keller.

Vergleiche von «Klonweinen» mit Weinen aus der altbewährten *sélection massale* bewiesen eindeutig, daß diese Theorie falsch ist. Weder innerhalb einer Lage noch im Umfeld benachbarter Lagen hängt die Komplexität von der Anzahl der beteiligten Klone ab. Da auch andere Variablen ausscheiden, liegt es wohl doch am *terroir*. Diese in Burgund seit vielen Generationen tief verwurzelte Einsicht muß jenen, die in der Neuen Welt wahllos Weinpflanzungen anlegen, erst noch dämmern.

Eingehend studiert wurde auch der Wert der Bodenbearbeitung und des Hackens im Vergleich mit dem Einsatz von Unkrautvernichtungsmitteln aller Art. Durch Hacken wird der Boden gelockert und seine Durchlüftung günstig beeinflußt, und es wird eine ausgewogene Mikroflora, auch die Hefepopulation, gefördert. Je lockerer der Boden aber ist, desto leichter fällt er, v. a. auf den Hängen Burgunds, der Erosion anheim; ihn wieder hinaufschaffen zu müssen ist kostspielig und zeitaufwendig.

Der Gebrauch von Herbiziden wirkt der Bodenerosion entgegen, weil dann die Steine, die im Sommer zudem als Wärmespeicher dienen, auf der Oberfläche liegenbleiben. Chemische Mittel haben aber wiederum den Nachteil, daß sie die Ökologie des Bodens verändern können und das in ihnen enthaltene Wasser zum Wachstum des seitlichen Oberflächenwurzelwerks beiträgt, was nicht erwünscht ist, weil dann die Pfahlwurzel nicht dazu angeregt wird, auf der Suche nach Wasser tiefer in den Boden einzudringen. Jacques Verfahren ist ein Kompromiß: Ein bis zwei Jahre werden Herbizide ausgebracht, anschließend wird ebenso lange Bodenbearbeitung betrieben.

Die Erzeugung erstklassiger Frucht macht in der Wachstumsperiode viel Arbeit. Um niedrige Erträge zu erzielen, wird strenger Rebschnitt angewandt – an jeder Fruchtrute verbleiben maximal sechs Augen –, im Frühjahr erfolgt *évasivage* und kurz vor Beginn der Fruchtreife, meist Mitte Juli, zusätzliche Behangausdünnung. Der Zeitpunkt ist wichtig: Wird die Behangausdünnung zu früh vorgenommen – bereits im Mai oder Juni –, dann schaffen die Pflanzen entsprechenden Ausgleich, indem sie unerwünscht große Beeren hervorbringen. Wartet man jedoch bis zum Fruchtreifebeginn, geschieht das nicht mehr, und die Erträge werden eingeschränkt. Zur Veranschaulichung verweist Jacques auf 1988, 1989 und 1990: Die meisten Winzer hatten 1989 größere Erträge als 1988 und 1990 nochmals größere. Dagegen sanken die Erträge von Dujac von 1988 auf 1989 um 10 %, und 1990 lagen sie auf gleicher Höhe wie 1988.

Auch eine kräftige Laubmasse wird angestrebt, und zwar am Fuß wie auch am Scheitel der Weinstöcke, um die für die Zuckerproduktion verfügbare Blattfläche möglichst groß zu halten. Experimente haben ergeben, daß so der potentielle Alkoholgehalt um 2 % gesteigert werden kann. Als nützliche Nebenprodukte ergeben sich ein günstiges Mikroklima innerhalb des Weinstocks sowie bessere Durchdringung mit Spritzmitteln, also weniger Spritzungen bei geringerer Mittelkonzentration.

Heute beschränkt die Domaine Dujac den Einsatz von Spritzmitteln ganz auf Notsituationen und setzt verstärkt auf natürliche Feinde der Schädlinge. Jacques sieht sich ausdrücklich nicht als organischer Anbauer und lehnt den Kult ab, der mit entsprechenden Vorstellungen zusammenhängt.

In neuerer Zeit konzentriert die Domäne ihre Investitionen auf den Bereich der Ernte: Sie wurden zwischen 1985 und 1990 verdoppelt und zwischen 1990 und 1995 um nochmals 35 % gesteigert. Heute sind mehr Leser längere Zeit an der Arbeit, um jede einzelne unreife Beere auszusortieren und nur die vollreifen zu behalten. Es ist die Beachtung solcher Details, die eine große Domäne von einer guten unterscheidet.

Auf die Frage, durch welche Alchimie er aus dieser erlesenen Frucht seine kostbaren Weine macht, erklärt Jacques Seysses mit echter Überraschung, es gebe keine Tricks. Seine in Volnay gesammelten ersten Erfahrungen scheinen jedoch grundlegenden Einfluß auf alles gehabt zu haben, was er seither unternommen hat. Die technischen Einrichtungen und die Sauberkeit in der Domaine Pousse d'Or haben ihn stark beeindruckt. «Potel verbrauchte dreimal soviel Wasser, wie er Wein erzeugte, und das habe ich von Anfang an auch so gemacht.»

Ein gewisses Maß an Tradition sitzt noch fest, insbesondere wird der Most (außer 1985) nicht gekühlt, und Entrappen stößt auf Ablehnung – nicht etwa, daß Jacques die Stiele unbedingt dabeihaben will, aber wenn sie entfernt werden, ist das immer mit einer Verletzung der Beeren verbunden, was den wilden Hefen vorzeitig Gelegenheit gibt, die Gärung in Gang zu setzen. Das Mitvergären der Stiele verursacht zwar Einbußen an Farbe – die Dujac-Weine sind stets eher hell –, aber eine bei der Ganztraubenverarbeitung erzwungene 3- bis 5tägige intrazelluläre Gärung verleiht dem Wein ein Element der Finesse, das durch Entrappen verlorengehen würde.

Die Stiele verlangsamen außerdem den Gärungsprozeß und sorgen für gleichmäßige Verteilung der Wärme im Gärbehälter. In den restlichen 16 bis 21 Tagen der *cuvaison* nimmt Jacques möglichst wenige Eingriffe vor. Beim natürlichen Gang der Dinge steigt die Gärtemperatur selten auf mehr als 31–32 °C an, Kühlung ist daher nur in Ausnahmefällen nötig. Reichliche *pigeage* unterstützt die Extraktion, und regelmäßig zugesetzte Enzyme verbessern die Klärung, so daß nur minimale Filtration erforderlich ist.

Jacques Seysses zufolge braucht ein großer Wein für gutes Gleichgewicht 11,5–12 % Alkohol. Da im Klima von Burgund Grand-Cru-Lesegut mit entsprechendem natürlichem Zuckergehalt nur selten zustande kommt, ist *chaptalisation* fast immer unumgänglich. Selbst wenn der potentielle Alkoholgehalt 12 % beträgt, geht doch bei der Verarbeitung ein gewisser Teil verloren. Jacques ist überzeugt, daß die stärkste Extraktion ziemlich spät erfolgt, und nimmt deshalb die Zuckerung in mehreren kleinen Gaben vor. Dadurch verlängert sich der Prozeß, der sonst nur 10 bis 12 Tage dauern würde. Den Preßwein baut Jacques Seysses getrennt aus und beurteilt seine Eignung für den endgültigen Wein erst später.

Beim Faßausbau bewährt sich das Fachwissen, das Jacques 1976 als Mitglied einer mit Forschungen über Fragen der *élevage* beauftragten Kommission erworben hat. Er fand, daß ihm in neuen Fässern ausgebaute Weine stets mehr zusagten; darum wartete er die Ergebnisse der Untersuchungen gar nicht erst ab, sondern ließ alle seine Grands und Premiers Crus aus allen Jahrgängen zu 100 % in neuen Fässern reifen. Diese Praxis hat er beibehalten: Die Crus werden in neuen, die Villages-Weine in zweijährigen und älteren Fässern ausgebaut. Fragen gab es lediglich hinsichtlich der Qualität der Hölzer; daher kaufen Jacques und einige gleichgesinnte Freunde gemeinsam Allier-Holz ein und lassen es vor der Verarbeitung drei Jahre lang an der Luft trocknen.

Besonders zu betonen ist, daß das neue Eichenholz nicht seines Geschmacks wegen verwendet wird, sondern weil es dem jungen Wein über lange Zeit hinweg eine Sauerstoffeinwirkung verschafft. Dadurch wird nicht nur die Notwendigkeit von Schwefelgaben verringert, sondern es gelangen auch Tannine in den Wein, die v. a. den Pigmenten Stabilität verleihen. Eine starke Anröstung der Faßdauben verbrennt jedoch die Tannine, die dann nicht mehr einwandfrei wirken können, und verursacht darüber hinaus einen aufdringlichen, strengen Holzkohlegeschmack; daher bevorzugt Seysses Fässer mit möglichst geringem Anröstungsgrad.

Die Weine bringen bis zu 16 Monate im Faß zu und werden nur einmal, im April oder Mai nach Ablauf der *malo* (die in neuen Fässern früher eintritt als in alten), abgestochen. Vor der Abfüllung wird jeweils der Inhalt von acht Fässern zu einem Posten vereinigt. Da es einfach nicht möglich ist, beispielsweise 40 bis 50 Fässer Morey St-Denis völlig aneinander anzugleichen, wird durch Geschmackskontrolle eine möglichst genaue Abstimmung angestrebt.

Die bei der Behandlung der Dujac-Rotweine stets geübte Sorgfalt ermöglicht es, die Abfüllung in den meisten Jahren ohne Schönung und immer ohne Filtration durchzuführen. Jacques ist der Überzeugung, daß der Wein bei Anwendung von Enzymen und sanftem Pressen sich von selbst so klärt, daß Filtern unnötig ist.

Der Liebe zum Detail ist es zu verdanken, daß bei den Weinen aus dem reichhaltigen Programm der Jahrgang nicht so viel ausmacht wie sonst üblich. Ein Dujac-Wein ist stets nicht nur einfach gut, sondern komplex und interessant. Manche ungünstigeren Jahrgänge sind unter Jacques Händen sogar besonders gut gelungen – z. B. 1980, 1982, 1987 und 1992. Nirgendwo wird die Absurdität eines unbedingten Glaubens an den Jahrgang deutlicher als bei Domänen wie dieser.

Allen Dujac-Weinen ist eine Individualität gemeinsam, die an einem recht hellen Erdbeerrot und einem feinen, fast saftigen reifen Pinot-Noir-Duft kenntlich ist; in großen Jahrgängen wie 1985, 1989, 1990 und 1993 kommen sie der Quintessenz des Pinot so nahe, wie es wohl überhaupt möglich ist. Der Geschmack ist manchmal leichter, manchmal voller, jedoch immer komplex, fein und wundervoll seidig, von großer Tiefe und Eleganz.

Ein Vergleich der Jahrgänge 1993 und 1994 in dem von Jacques selbst geübten konstruktiv kritischen Sinn ist aufschlußreich: Der erstere zeigt im ganzen Programm nahezu perfektes Gleichgewicht bei ebensolcher Konzentration und Nachhaltigkeit. Es hatte keinen Mehltau gegeben, weil Christophe Morin jeden Ansatz im Keim erstickte. 1994 dagegen entstanden attraktive, relativ früh trinkreife Weine mit viel Frucht. Trotz aller Anstrengungen war der Ertrag hoch; das erforderte «Behangausdünnung in noch nie dagewesenem Ausmaß» sowie 15 % *saignée*, ohne die bei Morey-Villages-Weinen ein Ertrag von 45 hl/ha zustande gekommen wäre.

Die 1989er, 1990er und 1993er sind klassische Dujac-Weine. 1989 erbrachten niedrige Erträge große Konzentration und Finesse, die sich relativ früh entfaltete. Jacques erinnert sich noch an das spöttische Gelächter seiner Nachbarn, als er im Juli Behangausdünnung vornahm und dann erklärte, er habe in diesem Jahr keinen Wein zur Destillation zu geben. Manche beschuldigten ihn sogar, er halte Wein versteckt und habe falsch deklariert, um den Übertrag zu verheimlichen. Die Weine sind köstlich und zeigen feine Ausgewogenheit und tiefen Extrakt; vor allem der Clos de la Roche ist exzellent und hat ungewöhnlich seidige Eleganz und vollmundige Frucht sowie eine Dimension reiner Pinot-Klasse, die sich jeder Beschreibung entzieht.

Die 1990er sind ebenso fein, aber in der Art ganz anders; in ihnen vereinigt sich die Struk-

Eine Ecke in Jacques' Privatkeller.

tur der 1988er mit der prachtvoll hochreifen Frucht der 1989er, vielleicht untypisch für die Côte d'Or, aber dennoch großartig. Die 1993er sind wiederum ebenso gut, zeigen aber typischere Art und womöglich die Aussicht auf noch längere Entfaltung.

Die Qualität der Weine verdankt der besonderen Lage der Weinberge viel: Beispielsweise stammt der Gevrey-Chambertin Aux Combottes aus einer feinen Premier-Cru-Lage, die ganz von Grands Crus umgeben ist, und könnte in guten Jahren als solcher gelten. In den meisten Jahrgängen besteht auch wenig Unterschied zwischen dem Clos de la Roche und dem Clos St-Denis, vielleicht ist der letztere lediglich ein wenig maskuliner und fester. Der Charmes-Chambertin zeigt meist große Delikatesse und Klasse – er ist erfüllt von voller, weicher Frucht, getragen von harmonischen Tanninen.

Der Echézeaux aus dem *climat* Champs Traversins hat anfänglich meist lebendige Säure, die auf lange Sicht der Ausgewogenheit zugute kommt. Die Qualität dieses Weins rechtfertigt die Bestockung mit ausgewählten Klonen; obwohl diese Reben noch ziemlich jung sind, verleihen sie diesem Wein beachtliche Tiefe und Konzentration.

Der Bonnes Mares stammt aus dem nach Morey hin gelegenen Teil der Lage und zeigt oft mehr Wucht als der Echézeaux und die für Seysses charakteristische Frucht «alter Reben» bei großer Nachhaltigkeit. Jacques meint, daß die Komplexität seiner Weine zumindest teilweise der kurzen Ganztraubenkohlensäuremaischung zu verdanken ist, die Extrakt ohne zusätzliches Tannin in den Most einbringt.

Auch ein wenig Weißwein produziert die Domäne: ein paar Fässer Meursault von Trauben der Schwiegereltern – dieser Wein kommt in Europa nicht auf den Markt – und ebenfalls nur 10 bis 15 Fässer eines köstlichen Morey-St-Denis Blanc.

Die Domaine Dujac nimmt für sich in Anspruch, als erste bei Weißwein mit *macération pelliculaire* – einer mehrstündigen Hülsenmaischung – gearbeitet zu haben; das Verfahren muß mit Vorsicht angewandt werden, damit nicht ein aufdringlicher Fruchtgeschmack anstelle der angestrebten Fülle und Struktur entsteht. Der Most wird in zu 75 % neuen Fässern unter ausgiebiger *bâtonnage* vergoren. Nach acht- bis neunmonatiger Hefesatzlagerung wird der Wein abgestochen, wobei ein Teil des feineren Hefetrubs zwecks weiterer Komplexitätssteigerung in ihm verbleibt. Die Abfüllung erfolgt absichtlich früh – schon nach zehn bis elf Monaten –, damit Frische und Frucht so weit wie möglich erhalten bleiben. Jacques macht Weißwein, wie er selbst ihn am liebsten mag. «Wenn er jung ist, muß man das Gefühl haben, auf die Trauben zu beißen.»

Das Ergebnis ist triumphal: ein Wein mit Mineralien- und Akazienduft, mittelschwer und konzentriert bei exzellenter Nachhaltigkeit und attraktiver Komplexität, im Stil eher ein Corton-Charlemagne als ein Puligny, in Wahrheit aber keiner von beiden, sondern ganz eigenständig.

Jacques Seysses kann nicht stillsitzen, er reist, sooft er nur kann, zu seinen drei Söhnen – einer lebt in Oxford – und macht mit Freunden zusammen ausgedehnte Radtouren, die gelegentlich mit Besuchen in Restaurants, mit deren Küchenchefs er oft ebenfalls befreundet ist, verbunden werden.

Zusammen mit Aubert de Villaine und einem weiteren Freund erwarb er die 46 ha große Domaine de Triennes im Var. Nach weitgehendem Umveredeln der vorhandenen Wurzelstöcke auf Syrah und Cabernet Sauvignon kam es 1990 zur ersten Ernte. Damals glaubte Jacques, eine große Dummheit gemacht zu haben, aber mit dem Heranreifen der Reben und Weine wächst ihm auch diese neue Aufgabe immer mehr ans Herz.

Die Domaine Dujac stellt eine bemerkenswerte Synthese aus Talent und günstigen Gegebenheiten dar. In Jacques privatem Weinkeller legt eine ganze Litanei der feinsten französischen Weingüter außerhalb Burgunds, jedes vertreten durch einen mehr oder minder großen Stapel verstaubter Flaschen, nicht nur beredtes Zeugnis für den Einfluß seines Vaters auf seinen Weingeschmack, sondern auch dafür ab, daß andere Weinerzeuger gern bereit sind, ein paar Flaschen ihrer kostbarsten Gewächse mit ihm auszutauschen.

Jacques Seysses ist zwar dankbar für das Gute, das die Vergangenheit überliefert, aber dennoch kein Nostalgiker. Er setzt grenzenloses Vertrauen in die junge Generation Burgunds. «Die Jungen haben Geduld», sagt er, «die ältere Generation dagegen mußte sich ihren Lebensunterhalt erarbeiten. Die Jungen dürfen heute studieren und haben die Chance, einander kennenzulernen und miteinander zu reden.» Wenn sein Glaube zu Recht besteht, dann ist die Zukunft Burgunds freilich in guten Händen.

WEINBERGBESITZ

Gemeinde	Rang	Lage/Climat	Fläche	Rebenalter	Status
Morey	GC	Clos de la Roche	1,95	alt + jung	P
Morey	GC	Clos-St-Denis	1,43	8–35–50	P
Morey	PC	(mehrere Climats)	0,54	½ neubestockt	P
Morey	V	(mehrere Climats)	2,50	5–20	P
Morey	V	(Chardonnay)	0,70	11	P
Chambolle	GC	Bonnes Mares	0,44	18	P
Chambolle	PC	Les Gruenchers	0,33	meist 60+	P
Chambolle	V	Les Drazeys	0,53	15–65	P
Gevrey	GC	Charmes-Chambertin	0,70	20	P
Gevrey	PC	Aux Combottes	1,15	18	P
Flagey	GC	Echézeaux	0,69	18	P
Vosne	PC	Les Beaumonts	0,25	10	F
Morey	R	(Bourgogne Blanc)	0,12	20	P
Gesamtfläche			**11,21 ha**		

Domaine Hubert Lignier

Hubert Lignier versteht es ebensowenig wie sein Cousin und Nachbar Georges, sein Licht unter dem Scheffel hervorzuholen, doch beide produzieren in aller Bescheidenheit exzellenten Wein. Der ist vielleicht nicht so beständig gut wie die Superstars, gehört aber eindeutig mit in die Spitzengruppe.

Hubert, ein jovialer, zurückhaltender Mann, leistet still und zufrieden sein Bestes und verdient sich damit seinen Lebensunterhalt. Bis noch vor kurzem genügte es ihm, über die Hälfte seiner Produktion an den Handel zu verkaufen, seit aber sein Sohn Roman mit ihm arbeitet, wird der größte Teil der Erzeugung in der Domäne abgefüllt.

Sorgfalt kennzeichnet die Weinbereitung ebenso wie die Weinbergpflege. Hubert und Roman streben vernünftige Erträge von alten Reben bei möglichst sparsamer *repiquage* und Chemikalienverwendung an. Ein besonderer Ausrüstungsgegenstand für den Weinberg ist eine Maschine zum Abschneiden der vom veredelten Teil des Weinstocks ausgehenden Nebenwurzeln, der sogenannten «racines à collet», die einen By-Pass für die Unterlagsrebe bilden, sobald sie den Boden erreichen, und sodann Bodeninfektionen im allgemeinen und der Reblaus im besonderen bequeme Angriffspunkte bieten.

Nach der Beaufsichtigung der Lese begibt sich Hubert in seine Cuverie, dort ausgiebig unter die Dusche und anschließend zusammen mit vier Freunden in die *cuves*, um für angemessene *pigeage* zu sorgen – «un travail amical» nennt er das! Die Weinbereitung selbst ist klassisch, ohne Rüschen und Spitzen: vollständiges Entrappen, Gärung in Zementtanks – «der besseren Wärmeisolierung wegen» – und mindestens 15 Tage *cuvaison* bei einer maximalen Gärtemperatur von 33 bis 34 °C.

Es werden nur Naturhefen genutzt – kommt die Gärung nach ein paar Tagen nicht in Gang, dann wird die Cuverie geheizt und der Most umgepumpt, um den Hefen auf die Sprünge zu helfen. Hubert ist überzeugt, daß die beste Extraktion im Anfangsstadium der Gärung stattfindet und nicht bei einer Vor- oder Nachmaischung.

Der Preßwein wird meist dem Vorlaufwein beigemischt und das Ganze dann für die *malo* eingelagert, und zwar in Fässern, wenn genügend leere da sind, andernfalls im Tank, entweder unter einer «schwimmenden Schutzdecke» oder unter flüssigem Paraffin.

Zweckmäßigkeitserwägungen stehen auch beim Ausbau im Vordergrund: Die Grands

Blick aus dem Clos de Tart auf Morey-St-Denis.

und Premiers Crus reifen meist zu 50 % in neuen Eichenfässern, bei den Villages-Weinen aus Morey, Gevrey und Chambolle hängt es davon ab, wie viele gute Fässer aus dem vorherigen Jahr noch da sind.

Auf die Frage, welches Holz er bevorzugte, legt Hubert Skepsis an den Tag: «Es gibt keine Appellation Contrôlée für Holz. Ein ‹Allier›-Faß besteht vielleicht zu 10 % aus Allier-Eiche, und der Rest kommt von wer-weiß-woher.» Er glaubt vielmehr, daß die Qualität des Holzes wichtiger ist als seine Herkunft.

Seit 1992 gehören Schönen und Filtrieren bei Lignier nicht mehr zum üblichen Verfahren. Nach 18 bis 24 Monaten im Faß werden 80 % der Weine, so wie sie sind, in der Domäne abgefüllt, der Rest wird faßweise verkauft.

Der von Hubert und Roman gepflegte Stil tendiert eher zur Finesse und Eleganz von Chambolle als zu den muskulöseren Versionen von Gevrey. Es herrscht *tendresse* vor, sogar in so schwierigen Jahrgängen wie 1987 und 1991. Eine schöne Auswahl steht bereit: Villages-Weine aus Gevrey, Morey und Chambolle, zwei Morey Premiers Crus – einer von alten Reben, der andere (Les Chaffots) ist jüngeren Datums –, hinzu kommen die Premiers Crus Chambolle-Musigny Les Baudes und Gevrey-Chambertin Les Combottes sowie die Grands Crus Clos de la Roche und Charmes-Chambertin.

Von den Premiers Crus ist der Chambolle Les Baudes von 36jährigen Reben, die neben Bonnes Mares stehen, wahrscheinlich der eleganteste. Die beiden Moreys sind exzellent, insbesondere der Vieilles Vignes aus einer zwei Premiers Crus übergreifenden Lage neben dem Clos de la Roche; er hat einen feinen Kern von der Frucht alter Reben auf einer subtilen, unaufdringlichen Eichenholzgrundlage von zu 50 % neuen Fässern und die Lignier-typische reife, füllige Frucht, breit, aber höchst ansprechend im Geschmack – in hochwertigen Jahrgängen wie 1993 ein Wein, der fünf bis zehn Jahre Aufbewahrung verdient. Der Gevrey Combottes ist ein wenig eleganter, aber genauso verlockend und haltbar.

Die beiden Grands Crus von Lignier geben sich nicht viel nach. Der Clos de la Roche ist meist verschlossener und fester, der Charmes zeigt schon in der Jugend mehr Finesse, hat dafür aber einen Hauch weniger Konzentration und Komplexität. Auf einen größeren Unterschied im Rebenalter läßt sich das nicht zurückführen, vielmehr nur auf die natürliche Neigung des Charmes zur Eleganz und des Clos de la Roche zu fleischiger Festigkeit. Beide Weine werden ihrer Rangstufe mehr als gerecht und stellen den würdigen Gipfel der Weinpyramide von Lignier dar. Eine feine, zuverlässige Domäne, der man selbst bei zweitrangigen Jahrgängen volles Vertrauen schenken darf.

WEINBERGBESITZ

Gemeinde	Rang	Lage/Climat	Fläche	Rebenalter	Status
Morey	GC	Clos de la Roche	0,79	30–40	M/P
Morey	PC	(mehrere Climats)	1,29	27–55	P
Morey	PC	Les Chaffots	–	–	P
Morey	V	(mehrere Climats)	2,06	10–45	M/P
Gevrey	GC	Charmes-Chambertin	0,09	36	P
Gevrey	PC	Les Combottes	0,14	34	M
Gevrey	V	–	1,03	30–40	P
Chambolle	PC	Les Baudes	0,17	36	P
Chambolle	V	–	0,50	40	P
–	R	(Bourgogne/BGO/Aligoté)	1,74	15–40	P
Gesamtfläche			**7,81 ha**		

Domaine Robert Groffier

Der freundliche, nachdenkliche Robert Groffier hat wie seine Weine Tiefe und Charme. Er lebt in einem geräumigen Haus aus der Nachkriegszeit an der Route des Grands Crus am Südrand von Morey-St-Denis. Wohnhaus, Cuverie und Kellergebäude umschließen einen großen Hof auf drei Seiten.

Im Familienbetrieb arbeitet auch Roberts 37jähriger Sohn Serge, und ein Enkel läuft überall herum, «hilft» fleißig mit und purzelt über alles, was ihm in den Weg kommt. Im Gegensatz zu ihrem ruhigen Mann scheint sich Madame Groffier, die die Büroarbeit und den Telefondienst übernimmt, stets in einem Zustand völliger Konfusion zu befinden. Sie steht als fast unüberwindliches Hindernis zwischen dem Besucher und dem Chef, der trotz vorheriger Terminabsprache «unmöglich» zu sprechen sei – aber zum Glück taucht Robert im entscheidenden Moment persönlich auf, und die Krise ist bewältigt.

Die Weine jedoch sind großartig. Robert Groffier ist einer der besten Weinerzeuger der Côte. Dabei unterstützen ihn 7 ha in feinen Lagen, u. a. knapp 1 ha Bonnes Mares, ein Stück Chambertin Clos de Bèze und 1,5 ha mit 15- bis 30jährigen Reben «gerade unterhalb vom Clos de Vougeot» – von dort kommt sein exzellenter Bourgogne Rouge.

Roberts Vater Jules baute die Domäne in den 1950er Jahren auf der Grundlage einiger Hektar Weinberge, die er von seinem Vater geerbt hatte, auf. 1960 teilte Jules den Grundbesitz zwischen Robert, seinem Bruder und seiner Schwester; der Bruder «machte einen Obst- und Gemüsehandel auf», so daß Robert ihn auszahlen konnte. Dadurch kamen Les Amoureuses sowie Weinberge in Gevrey und die Premier-Cru-Lage Chambolle Les Hauts Doix in seine Hand.

Robert hatte mit seinem Vater gearbeitet, seit er mit 14 Jahren die Schule verließ, und verstand sein Handwerk von Grund auf, aber er besaß keine formelle Ausbildung. Sein Sohn Serge trat unmittelbar nach der Schule in den Betrieb ein und lernte auf dieselbe Art wie sein Vater den Weinbau.

Der Rebbestand der Groffiers wird gewissenhaft gepflegt. Junge – «bis 18jährige» – Reben werden im Winter durch Pflügen angehäufelt und im Frühjahr wieder freigelegt. Im Februar oder März wird ein leichtes Herbizid ausgebracht und ab Mai der Boden gehackt. Die jungen Reben erhalten nach der Pflanzung vier Jahre lang kräftige Humusgaben, ansonsten wird nach Bedarf organischer Dünger in kleinen Mengen angewandt.

Nach den Frösten von 1985 wurde neues Pflanzenmaterial aus *sélection clonale* anstatt der bisher gebräuchlichen *sélection massale* mit Veredelung auf Unterlagsreben 161/49 eingeführt – «mehr Finesse, geringerer Ertrag, bessere Qualität». Gegen Pilzkrankheiten – Echten und Falschen Mehltau, Graufäule usw. – geht Robert Groffier mit Bordeauxbrühe, gegen Schadinsekten mit modernen Spritzmitteln vor.

Beim Rebschnitt schneidet Robert sieben Augen an, dafür entfernt er streng alles überschüssige Laub und Holz. Auslichten vor der Blüte und Behangausdünnung vor Reifebeginn dienen der Ertragsbeschränkung und infolgedessen erhöhter Konzentration. Robert hält diese Maßnahmen für wichtig: «Es kommt nicht auf den Rebschnitt an, sondern auf das Auslichten.» *Verjus*-Frucht wird beim Sommerschnitt entfernt.

Wie bei allen Domänen der Spitzenklasse geschieht die Vinifikation nicht nach starren Regeln. Ob und in welchem Umfang Stiele bei der Gärung beteiligt sein sollen, wird jährlich neu entschieden; 1990 z. B. wurden sie «wegen der reichlichen Frucht» völlig entfernt, 1984 blieben alle dabei, 1987 und 1988 wurde zu 50 % entrappt. Die Stiele geben, wenn ihr Holz nicht ausgereift ist, «grünes», scharfes Tannin ab, verleihen dem Wein aber eine gewisse Substanz; unerfreulicherweise absorbieren sie jedoch Farbe.

Robert muß wie andere Winzer auch in ungünstigen Jahren Zuckerung vornehmen. Geschieht das in mehreren Schritten, dann trägt es zu lang ausgedehnter Gärung bei – «deshalb sollte der Zucker nach und nach zugesetzt werden, aber das ist ja leider nicht erlaubt». Die Behörden in Beaune und Dijon, die vom Schreibtisch aus die Vorschriften überwachen, täten gut daran, auf Groffier und die anderen Winzer zu hören. Die Kontrolle auf Überzuckerung ist zwar einfacher, wenn nur eine einzige Dosis erlaubt wird; wer aber an bester Qualität interessiert ist, muß sich im klaren darüber sein, daß die *chaptalisation* in mehreren Schritten weit bessere Ergebnisse bringt. Immerhin wird darüber nachgedacht, die Vorschriften zu ändern oder – was eher zu Burgund passen würde – ein paar Augen zuzudrücken...

Zunächst wird der Most geschwefelt und fünf bis sechs Tage einer Kaltmaischung bei 20–25 °C unterzogen. Anschließend sorgt eine Gabe «guter Trockenhefe» dafür, daß der Gärprozeß in Gang kommt; Robert meint, daß dies dem Wein eine zusätzliche Aromadimension verleiht. Anfänglich wird auch umgepumpt, die Groffiers bevorzugen aber die *pigeage*, um zu gewährleisten, daß möglichst viel Tannin und Farbstoffe aus den Schalen extrahiert werden; sie wird drei- bis viermal täglich ausgeführt – wenn es nötig ist, wie z. B. 1988 und 1989, müssen Robert und Serge sogar um drei Uhr nachts dazu aufstehen.

Noch größere Wachsamkeit erfordert die aktive Phase der Gärung, weil eine riskante Gärtemperatur von 35 °C zugelassen wird. Robert betont, daß gute Wärme nötig sei, um Farbe und Tannin zu gewinnen, und meint: «Wer bei 30 °C vergärt, bekommt keine Farbe zustande.»

Nachdem die kritische Temperatur von 35 °C erreicht ist, werden die Behälter für den Rest des Gärvorgangs wieder auf 30 °C abgekühlt; es folgt sodann eine weitere etwa 5tägige Maischung. Robert erklärt, man müsse die festen Stoffe immer wieder untertauchen, damit die Maischung ordentlich ausfällt.

Ist die Temperatur auf 20–25 °C abgesunken, wird der Wein von den Schalen abgezogen. Die verbleibende Maische wird «mehr oder weniger stark» gepreßt und der so gewonnene Preßwein mit dem Vorlaufwein vermischt. Zwar ist der Preßwein strenger und tanninherber, aber Robert meint: «Das muß sein.»

Das verzwickte Problem mit dem frischen Eichenholz macht Robert Kopfzerbrechen. Er ist zwar dafür: «Es gibt uns mehr Tannin, Farbe und Rundheit. Wir machen feine Sachen mit den neuen Fässern – aber meine Frau hat nicht viel dafür übrig. 1978 haben wir es mit neuen Fässern probiert, aber die Kunden mochten es nicht, und meine Frau hört nun einmal auf das, was sie zu hören bekommt; man darf nichts übertreiben.» Derzeit gilt ein Kompromiß: Für den Clos de Bèze, den Bonnes Mares und den Amoureuses (der – wie Robert zu Recht meint – dieselbe Behandlung wie ein Grand Cru verdient) werden jährlich 70 % (1993) bis 100 % (1990) neue Fässer aus Vogesen-Eiche eingesetzt; die anderen Weine werden in einjährigen Fässern ausgebaut. Für die kleine hagelgeschädigte Ernte von 1991 gab es keine neuen Fässer – «das hätte den ‹goût de grêle› nur verstärkt». Einen Teil der neuen Fässer liefert die Firma Drouhin in Beaune, an die wiederum ein Fünftel des Ertrags der Domaine Groffier verkauft wird – «ein paar Fässer von jeder Cuvée».

Nach der malolaktischen Säureumwandlung werden die Weine in andere Fässer abgestochen, wobei jedoch der feine Hefetrub nicht ganz zurückbleibt. Zwischen Oktober und dem nächsten Frühjahr – der genaue Zeitpunkt wird durch Geschmacksprüfung bestimmt – folgt ein zweiter Abstich, diesmal mit Klärung. Dann werden die Weine wieder in Fässer gegeben und mit Eiweiß geschönt.

Ein oder zwei Monate später erfolgt dann die Zusammenstellung in *cuves* und schließlich die Abfüllung. Manchmal wird die Schönung durch Kieselgurfiltration ersetzt, wenn es sich herausstellt, daß sich der Wein sonst nicht einwandfrei klärt. Die üppigen 1993er wurden weder geschönt noch gefiltert. Die Abfüllung findet 12 bis 18 Monate nach der Ernte statt – dabei werden anders als sonst üblich die in neuen Fässern ausgebauten Weine zuerst in die Flasche gebracht, weil Robert und Serge der Ansicht sind, die poröseren neuen Fässer ließen mehr Sauerstoff durch, und infolgedessen reife der Wein schneller.

Die Groffiers besitzen eine eigene Abfüllanlage, die mit der «Hilfe» von Roberts Enkel, der hochzufrieden in einem Stapel neuer Flaschen sitzt und mit seinen kleinen Fingern vier Flaschen auf einmal an der Öffnung packt und sie dem Großvater zum Füllen reicht, auch prächtig funktioniert. Ab und zu gibt es eine Panne, und dann ergießt sich ein Strahl vom kostbaren Chambolle-Musigny Les Amoureuses auf den Betonfußboden. «On a quelquefois de petits problèmes», sagt Robert in aller Gemütsruhe. Zum Glück sieht Madame Groffier das nicht, weil sie vollauf damit beschäftigt ist, erwartungsfrohe Besucher an der Haustür abzuwimmeln.

Robert Groffier hat klare Vorstellungen von dem Weinstil, den er anstrebt: «Gute Struktur, kraftvolle Art, reichlich Farbe und Tannin, lange Haltbarkeit – also echten Burgunder.» Von diesen wünschenswerten Eigenschaften ist Robert die Farbe besonders wichtig; betrachtet man einen seiner Weine im Glas, dann zweifelt man nicht daran, daß ihm ein langes Leben vorbestimmt ist – die Farbe hat Kraft, ist in der Jugend tief und lebhaft und hält sich in der Flasche gut.

Der Les Amoureuses ist bereits wahrhaft köstlich, wenn er gerade aus der Abfüllanlage kommt – voll reifer, saftiger Frucht, mit eindrucksvoller Finesse und schön abgerundeten, harmonischen Tanninen. Dennoch wäre es reiner Kindermord, ihn jetzt schon trinken zu wollen. Die großartige Lage erbringt unter Roberts kundigen Händen Wein mit großer Kraft, beträchtlicher Nachhaltigkeit und fester Struktur, auf der er sich entfalten kann; gute Jahrgänge dürften sich ein Jahrzehnt und länger halten.

Der Bonnes Mares ist meist noch tiefer und voller. Der 1993er wies feinen Duft von hochreifer Frucht und einen echten Fond an Geschmack auf, der von kräftiger Säure und einem Hauch Eichenholzwürze getragen wurde – vorerst noch sehr maskulin und muskulös, jedoch mit ungewöhnlich tiefer Frucht und einer *charpente*, die ihm langes Leben sichern wird.

Robert Groffier schickt sich zur Attacke auf das Weingeheimfach seiner Frau an.

Der Clos de Bèze ist noch dunkler und fülliger und noch profunder in Duft und Geschmack. Der 1993er hat Fünf-Sterne-Qualität – nachhaltig, sehr fein und noch komplexer als der Bonnes Mares.

Ein Gewirr von Kellern unter dem Haus öffnet sich schließlich in einen großen, mit lederbezogenen Hockern und einigen kleinen Tischen ausgestatteten Raum. An den Wänden Regale mit älteren Jahrgängen – hier ein paar Flaschen 1972er Bonnes Mares, dort ein Stapel 1978er Charmes. «Meine Frau besteht darauf, daß ich jedes Jahr ein paar Flaschen aufhebe», sagt Robert mit einer Handbewegung zu den Regalen hin. Ich darf sie nicht öffnen – sie gehören ihr.»

Von anderswoher zaubert er eine Flasche her – einen 1986er Bonnes Mares. Er ist genau so, wie Robert seinen Burgunder haben will – tief dunkel, kaum Altersanzeichen, mit einem aus einem kräftigen Tanningrund aufströmenden verführerisch komplexen Bukett von Waldboden, Wild und Zimt. Am Gaumen erweist er sich als wundervoller Burgunder alten Stils, reif, nachhaltig, vollmundig, mit prachtvoller Ausgewogenheit. Ein wahrhaft exzellenter Wein, der wie auch so mancher andere aus dieser großartigen Domäne das Gerede über diesen Jahrgang Lügen straft.

Es ist Robert Groffiers großes Ziel im Leben, mit seinen Weinen Genuß zu bereiten. Dafür tut er sein Bestes.

WEINBERGBESITZ

Gemeinde	Rang	Lage/Climat	Fläche	Rebenalter	Status
Gevrey	GC	Chambertin Clos de Bèze	0,42	40	P
Gevrey	V	Les Seuvrées	0,95	10 + 55	P
Chambolle	GC	Bonnes Mares	0,98	35	P
Chambolle	PC	Les Amoureuses	1,15	35	P
Chambolle	PC	Les Hauts Doix	1,00	30	P
Chambolle	PC	Les Sentièrs	1,07	40	P
Chambolle	R	(Bourgogne Rouge)	1,50	20–35	P
Gesamtfläche			**7,07 ha**		

Domaine des Lambrays
(DOMAINE SAIER)

Die jüngere Geschichte des Weinguts ist bewegt, und die Entscheidung, es hier mit aufzunehmen, war nicht leicht. Das *terroir* hat zweifellos das Potential für erstklassige Qualität, ist aber seit Jahren anscheinend dazu verurteilt, Wein zu produzieren, der zwar fein sein kann, oft aber nicht der Klasse, Rasse und Tiefe entspricht, die man von einem Grand Cru von der Côte de Nuits erwarten darf.

Die Lage Clos des Lambrays ist seit 1365 als Eigentum des Klosters Cîteaux urkundlich belegt; ihre Geschichte ist damit um zwei Jahrhunderte jünger als die des benachbarten Clos de Tart. Das Mittelalter, die Renaissance und das «Grand Siècle» überstand das Gut ohne größere Zwischenfälle, doch dann erschütterte die Revolution von 1789 es in den Grundfesten. Die kostbaren 8,84 ha wurden auf 74 Eigentümer verteilt. Diese Verhältnisse dauerten bis 1836 an, dann aber wurden alle Teilstücke wieder zusammengekauft – eine gewaltige Leistung, wenn man bedenkt, wie starrsinnig französische Bauern sein können –, und der Clos kam in den Besitz der Familie Joly, Négociants in Nuits-St-Georges.

Auf die Jolys folgten einige bedeutende Familien. 1865 erwarb Albert Rodier, ein «Domänensubinspektor» aus Dijon, das Gut. 1938 ging es an den Bankier Cosson aus Paris über, dessen Frau als Bildhauerin den Prix de Rome errang und eine längere Affäre mit Albert Rodiers Enkel Camille hatte. Leider kümmerten sich die Cossons nicht um ihre schöne Domäne. Die Weinberge wurden vernachlässigt, die Weinbereitungstechnik verfiel – einmal lag der Wein sechs Jahre im Faß, bis er endlich abgefüllt wurde.

1979 wandte sich das Blatt wieder, als die Domäne von den wohlhabenden Brüdern Fabien und Lucien Saier aus Algerien zusammen mit Rolland Pelletier erworben wurde. Neben dem Clos des Lambrays besitzen sie ein großes Weingut in Algerien (die Domaine des Quatre Vents) sowie viel Land in Mercurey und 4 ha Weinberge in Aloxe-Corton, Puligny und Morey-St-Denis.

Sie investierten viel Geld und Mühe in den Wiederaufbau der Gebäude und Einrichtungen der Domäne und brachten die Weinberge wieder in Ordnung. Kritiker tadeln oft eine angeblich komplette Neubestockung. Die aber hat nicht stattgefunden. Zwar wurden die Weinberge aufgeräumt und abgestorbene oder überalterte Weinstöcke einzeln ersetzt, die Neubestockung erstreckte sich aber lediglich auf 2,44 ha, also nur knapp ein Drittel der Gesamtfläche. Die meisten alten Reben blieben stehen, nur der nördliche Teil der Lage – anschließend an den Clos St-Denis – wurde 1981 gerodet und neu bestockt.

Auch ist zu beachten, daß der Clos des Lambrays kein *monopole* ist – kleine Parzellen sind im Besitz von drei anderen Eigentümern; zwei von ihnen haben Hof und Garten auf dem Land, das also zwar zur Lage gehört, aber nicht bestockt ist, während der dritte, Jean Taupenot, über lediglich 430 m² Rebfläche neben seinem Haus am Fuß des Hangs verfügt.

Außerdem war der Clos, als die Saiers die Domäne kauften, nur als Premier Cru eingestuft und wurde erst 1981 in den Rang eines Grand Cru erhoben. Es mag überraschen, daß sich die Behörde nach so langer Zeit der Vernachlässigung des Weinbergs zu einer solchen Aufstufung entschloß. Freilich darf man nicht vergessen, daß es in Burgund weder der Wein noch der Rebbestand ist, dem ein bestimmter Rang zuerkannt wird, sondern lediglich die potentielle Qualität, die jedes Stück Land hervorzubringen imstande ist. Die feinen Weine aus der Zeit der Cossons und die in der Ära Rodier errungene große Reputation überzeugten offenbar die Inspektoren. Wäre das Land inzwischen auch mit Rosenkohl bepflanzt gewesen, es hätte vermutlich keine andere Behandlung erfahren – so werden an der Côte d'Or nun einmal Appellationen gehandhabt. Vielleicht wäre es umsichtiger gewesen, eine 20jährige Bewährungszeit anzuordnen – dann hätte dies eine Verpflichtung für die Saiers bedeutet.

Lucien und Fabien Saier waren fest entschlossen, den Clos und seine Reputation wieder auf das frühere Niveau zu bringen. Aus der Einsicht heraus, daß Weinberge ohne geschultes Personal wertlos sind, betrauten sie den tüchtigen jungen Önologen Thierry Brouin, der früher im Auftrag der «Répression des fraudes» ungute Praktiken einiger Winzer aufzuspüren hatte, mit der Leitung der Domäne und des Schwesterguts in Mercurey. Er arbeitet nunmehr seit 15 Jahren auf der Domäne und hatte in dieser Zeit mehr als nur eine faire Chance zu zeigen, was er und seine Weinberge leisten können. Was ist dabei herausgekommen?

Die von Brouin in Weinbergpflege und Kellertechnik eingeführten Methoden enthalten nichts anderes als das, was auch in den besten Domänen an der Côte zu finden ist. Er kennt

Blick aus dem Clos des Ormes auf die Domäne.

die Gefahren der Überdüngung und der allzu reichlichen Anwendung von Chemikalien im Weinberg; Spritzungen werden auf ein Mindestmaß beschränkt, wobei v. a. organische Produkte Einsatz finden, und Bodenbearbeitung wird Herbiziden vorgezogen. Die Erträge werden bewußt niedrig gehalten – sie liegen zwischen 27 hl/ha in 1991 und relativ reichlichen 39 hl/ha in 1992; diesem Zweck dienen schwachwüchsige Klone und Unterlagsreben, strikte *évasivage* und nötigenfalls Behangausdünnung, insbesondere bei jüngeren Reben. Ein Sortiertisch in der Cuverie ermöglicht das Ausscheiden von faulem und unreifem Lesegut.

Die Trauben werden zum Teil entrappt, leicht gemahlen, geschwefelt und in die Gärbehälter gefüllt. Zu den Stielen hat Thierry eigene Ansichten: «Sie haben viele Vorteile, durchlüften den Most, lassen die Gärtemperatur in der aktiven Phase sanft ansteigen und dann allmählich ausklingen, schaffen natürliche Durchlässe, so daß der Vorlaufwein ungehindert austreten kann, wenn es soweit ist, und sie ermöglichen gleichmäßiges Abpressen der Restmaische. Überdies sind Weine von nichtentrappten Trauben weniger anfällig für Oxidation.» Freilich gibt er zu, daß die Stiele auch Nachteile haben: Sie geben Tannine von meist minderer Qualität ab und absorbieren Farbe, die sonst dem Wein zugute käme. Alles in allem klingt dies nach einer vernünftigen Begründung für variables Entrappen – 20–100 %.

Auch die Weinbereitungstechnik zeigt keine auffallenden Züge: Gärung bei 30–32 °C in einer eindrucksvollen Batterie Edelstahltanks, etwa 21tägige *cuvaison*, davon fünf Tage Vormaischung, mindestens fünf Tage Gärung und der Rest Nachgärung in geschlossenem Behälter. In Jahren mit wäßrigem Most wird *saignée* zur Verbesserung des Verhältnisses von Saft zu Schalen vorgenommen, so wie es in allen guten Domänen gehandhabt werden sollte. Der Preßwein wird mit einer Bucher-Presse schonend gewonnen und je nach Jahrgang dem Vorlaufwein beigemischt, wenn dieser abgezogen wird. Der Gärprozeß beruht ganz auf Naturhefen, und Zuckerung wird in mehreren Schritten vorgenommen, um ihn möglichst lang in Gang zu halten und dadurch gute Extraktion zu gewährleisten.

Der Ausbau erfolgt völlig traditionell: Der Clos des Lambrays wird zu 50 % in neuen Nevers-Eichenfässern mit etwa 5 % Vogesen-Eiche gelagert. Bei Versuchen mit den Jahrgängen 1986 und 1987 stellte sich diese Holzart als am besten geeignet heraus. Thierry Brouin achtet auf rasche Beendigung der malolaktischen Säureumwandlung, «damit ich den Wein vom Jahr vorher abfüllen kann». Im Februar wird der junge Wein vom Geläger in ein anderes Faß abgezogen, in dem er ein weiteres Jahr bleibt. Geschönt oder gefiltert wird nicht, außer wenn der Trub zu dick ist; in diesem Fall findet ein Kieselgurfilter Anwendung. Zur Unterstützung der Klärung werden während des Gärvorgangs pektolytische Enzyme zugesetzt, um Proteine auszuscheiden, die sonst durch Schönen beseitigt werden müßten.

Alles in allem sorgfältige, aufwendige, traditionelle Weinbereitung – nichts Außergewöhnliches außer viel Edelstahl und reichlich Platz um die Fässer. Versuche mit einem Rotationsgärtank verliefen unbefriedigend – er wird auf keinen Fall für den Grand Vin benutzt. Thierry Brouin hätte vielleicht gern mehr Platz in der Cuverie für seine Maschinen und Tanks, aber da geht es ihm noch weit besser als manchem anderen Vigneron, der zwar viel Platz hat, von den Maschinen aber nur träumen kann.

Die Weine selbst sind stets korrekt – mit Ausnahme eines beklagenswerten 1983ers – und weisen gute Farbe sowie feste Struktur aus Säure und Tannin auf. Hat der Clos des Lambrays aber wirklich genug Tiefe und Komplexität, um den Grand-Cru-Rang zu rechtfertigen?

Bis zum Ende der 1980er Jahre mußte die Antwort in der Schwebe bleiben. Das Problem schien in der Tiefe der Frucht zu liegen; die nötige Konzentration war einfach nicht da, der Geschmack löste sich in nichts auf.

Der 1987er war ganz Finesse – ein sanfter Wein aus kleinem Ertrag –, allerdings liegt unter der reifen, saftigen Frucht etwas Wäßriges, das Zweifel an seiner Zukunft aufkommen läßt. Der 1988er ist weitaus besser: reif, mit recht süßer Frucht, guter Säure und festem Tannin bei schöner Nachhaltigkeit. Ob mit der Zeit das Tannin die recht zarte Frucht verdrängen wird, muß sich erweisen. 1989 brachten voll ausgereifte Trauben einen tiefdunklen Clos des Lambrays mit viel rundem Tannin und hinlänglicher Säure hervor, nur fehlt es ihm an Konzentration. Die Frucht sorgt für Ausgewogenheit, aber die Tiefe ist für einen Grand Cru nicht ausreichend.

Die Symptome der Probleme sind zwar leicht zu erkennen, eine Lösung aber ist nicht ebenso leicht zu finden. An Sorgfalt, Geld und Sachkönnen fehlt es nicht, auch nicht am Willen, erstklassigen Wein zu produzieren. Ferner kann kaum Zweifel am Vermögen des

Thierry Brouin.

Clos des Lambrays bestehen, Grand-Cru-Qualität hervorzubringen, obwohl es (freilich unbestätigte) Behauptungen gibt, die Lage enthalte zwei unterschiedliche Bodenarten – der an den Clos de Tart angrenzende Streifen sei superb, der nördliche Teil dagegen weniger günstig. Die Ertragsmengen sind für erstklassige Qualität geeignet. Vielleicht hat ja die ziemlich rasche Neubestockung, auch wenn sie sich auf nicht einmal ein Drittel der Lage erstreckte, zu dem Mangel an Konzentration beigetragen. Das ließe sich jedoch durch getrennte Verarbeitung der Erträge verschiedener Parzellen und eine strengere Auswahl der für den Grand Vin herangezogenen Fässer beheben. Zwar scheinen die 1990er Jahre Verbesserungen gebracht zu haben – insbesondere der 1993er weist die Fülle, die Tiefe und den Charakter auf, die man von einem Morey Grand Cru erwarten darf –, dennoch bleibt das Verdikt offen.

1994 kamen neue Umstände ins Spiel, als die Saiers wegen geschäftlicher Schwierigkeiten die Domäne zum Verkauf anbieten mußten. Bis Ende 1995 war jedoch noch kein ernsthafter Interessent zum Vorschein gekommen, und der Preis verfiel immer weiter. Inzwischen behauptet Thierry Brouin mannhaft das Feld. Hoffen wir, daß sich eine rettende Hand findet, ehe sich aller Enthusiasmus für diese potentiell so feine Domäne verflüchtigt.

WEINBERGBESITZ

Gemeinde	Rang	Lage/Climat	Fläche	Rebenalter	Status
Morey	GC	Clos des Lambrays	8,70	45	P
Morey	PC	Le Village/La Riotte	0,34	50	P
Morey	V	La Bidaude	0,90	12	P
Aloxe	GC	Corton, Clos des Maréchaudes	0,50	50	P
Aloxe	PC	Corton, Clos des Maréchaudes	1,50	³/₄ 55 ¹/₄ 1986	P
Aloxe	V	Les Citernes	0,50	40 +	P
Puligny	PC	Les Caillerets	0,34	1947–48	P
Puligny	PC	Les Folatières	0,30	20	P
Gesamtfläche			**13,08 ha**		

Domaine Ponsot

Diese Domäne hat bewiesen, daß sie mit die feinsten Weine in Burgund produzieren kann. Nach einer Zeit der Ungleichmäßigkeit Mitte der 1980er Jahre, für die sie zu Recht Kritik einstecken mußte, ist sie in den gewissenhaften Händen des liebenswürdigen, lebensfrohen Laurent Ponsot nun wieder in Form. Das Familienoberhaupt, von dem Laurent 1983 den Betrieb übernahm, ist sein Vater Jean-Marie, der langjährige Bürgermeister von Morey-St-Denis – ein schroffer Mann mit lehrhaftem Gehabe und starren Ansichten.

Gegründet wurde die Domäne 1772 von William Ponsot, aber erst gegen Ende des 19. Jh. nahm sie durch den Großonkel von Jean-Marie, der mit 3 ha Landbesitz, jedoch nicht mit Kindern gesegnet war, ihre gegenwärtige Form an. Als sein Neffe, also Jean-Maries Vater, sie 1922 übernahm, war das Erbe allerdings auf 1 ha geschrumpft. Er erwarb jedoch so viel Land, daß 1949, als Jean-Marie in den Betrieb eintrat, 6 ha beisammen waren. 1957 übernahm dieser die Leitung und fügte weitere 2,6 ha Pachtland in Morey, Gevrey und Chambolle, vorwiegend von der im Besitz des Bankiers Mercier befindlichen Domaine de Chezeaux, hinzu. Aufgrund der üblichen *Métayage*-Vereinbarung bei Grands Crus wird der Ertrag zwischen Pächter und Eigentümer geteilt. Die Ponsots handelten ein Drittel für die Merciers heraus, das in Flaschenwein abgegolten wird (abgesehen von dem im Faß gelieferten Griotte-Chambertin).

Die Weinberge der Domäne umfassen Grand-Cru-Lagen in Gevrey und Morey. Die bedeutendste Parzelle besteht aus 3,15 ha in der Lage Clos de la Roche in Morey mit 55jährigen Reben, die eine Cuvée Vieilles Vignes erbringen. Zwei Jahre – nur 1988 und 1989 – gab es eine spezielle Clos de la Roche «Cuvée William» von einer Parzelle mit sehr alten Reben. Leider machten die allzu kleinen Mengen dem ein Ende, und heute gehen die Trauben in den normalen Vieilles Vignes ein. Der Ertrag der jungen Reben (unter 18 Jahren) aus dieser Lage trägt zusammen mit Pinot Noir aus den angrenzenden Monts Luisants zu einem Morey-St-Denis Premier Cru «Cuvée des Alouettes» bei. Die Gevrey- und Morey-Villages-Weine werden als «Cuvée l'Abeille» bzw. «Cuvée des Grives» angeboten.

Die Ponsots gehörten zu den allerersten in Burgund, die den Wert von Klonen erkannten und sie nutzten. Überdies stellten die Ponsot-Weinberge die Mutterreben, von denen die meisten der feinsten heutigen Pinot-Noir-Klone abstammen. Eine solche Entwicklung erfordert jahrelange Vermehrung, Selektion und Virusindexierung für jeden Posten Pflanzengut. Die bei Ponsot früher betriebene *sélection massale* spielt auch heute noch eine wichtige Rolle, aber auf ihren Beitrag zur Heranbildung von Klonen kann die Familie Ponsot mit Recht stolz sein.

Jean-Marie Ponsot läßt noch nicht locker.

Herbizide werden möglichst wenig und auch nur in biologisch abbaubarer Form angewendet, um den Boden nicht zu belasten und die Entwicklung von Resistenzerscheinungen zu verhindern. Allerdings wurde eine bestimmte Parzelle seit 1965 systematisch mit Herbiziden behandelt, und sie ist «noch immer gut». Im allgemeinen halten die Ponsots an dem fest, was sich seit Jahrzehnten bewährt hat. Jean-Marie äußert sich spöttisch über die Leute, die so tun, als hätten sie die Ökologie erfunden: «Die echten Ökologen sind Menschen wie ich, die mit dem Boden verhaftet sind und das natürliche Gleichgewicht nie gestört haben, und nicht die, die ständig verlangen, daß in der Gemarkung Bäume gepflanzt werden sollen.»

Die handgelesene, von allen faulen Trauben befreite Frucht wird in eine Demoisy-Traubenmühle mit Abbeereinrichtung gegeben. Dieses Wunder der modernen Technik scheidet auch von Fäule befallene Beeren aus, allerdings nur die mit Trockenfäule. Jean-Marie Ponsot erzählt, er habe «alle möglichen Phantastereien» ausprobiert; er meint damit Experimente mit unterschiedlichen Anteilen an abgebeerten Trauben zwischen 0 und 100 %. Er kam zu dem Schluß, daß «die Stiele nichts für die Qualität bringen», daß aber «Ganztrauben die Gärtemperatur senken helfen und eine Reserve an Hefen bereitstellen, die gegen Ende des Gärprozesses frei werden und ihn dadurch verlängern». Heute werden bei Ponsot die Trauben größtenteils abgebeert.

Die Gärung spielt sich in einer Batterie alter *foudres* ab, die in einer neuen, 1989 neben dem Wohnhaus erbauten Cuverie stehen. Die *cuvaison* dauert 8 bis 20 Tage mit täglich dreimaliger *pigeage à pied*. «Bei mir mehr als bei Papa», sagt Laurent, «ich bin ein größerer Purist als er.» Die Gärung wird durch die natürlichen Hefen bewirkt, und es geschieht nichts, was den Beginn verzögern würde, also auch kein Vormaischen. Als Gärtemperatur werden 35–36 °C zugelassen, und *chaptalisation* erfolgt, wenn nötig – anscheinend war sie es 1988, 89, 90 und 91 nicht –, ungewöhnlicherweise um die Mitte des Gärprozesses und nicht erst am Ende.

Die für Rot- und Weißwein gleichermaßen benutzte Presse ist ein schönes Vertikalspindelmodell Baujahr 1945. Sie ruht majestätisch auf einem Fahrgestell und kann überall hingebracht werden, wo sie gebraucht wird. Ein kleiner Motor treibt die Spindel an und schaltet sich bei zu hohem Druck selbsttätig ab. Nach der Lese wird diese Antiquität zum allmählichen Abtrocknen stehengelassen, damit das Holz nicht reißt.

Anschließend an eine kurze *débourbage* zum Absetzen des groben Gelägers kommen die Weine in alte Fässer – «wir benutzen sie bis zu 30 Jahre lang, wenn sie in Ordnung sind». Laurent hat wie sein Vater eine starke Abneigung gegen neue Fässer. «Die sind gut für Leute, die ihren Wein jung trinken wollen; warum aber soll man sich mit der Suche nach guten neuen Eichenfässern verrückt machen, wenn sich dann am Ende die Unterschiede doch aufheben?» Frisches Holz beschleunige nur die Entwicklung des Weins durch zu starken Austausch von Luft; in einem alten Faß entfalte sich der Wein langsamer und feiner.

Neues Holz verzerre aber auch das Aroma und den Geschmack und verwische vor allem die Unterschiede des *terroir*, auf die ein echter Burgunder, bestimmt aber die Familie Ponsot, größten Wert lege. Laurent erzählt von Parzellen der Grands Crus Latricières und Chambertin, die nur durch einen Weg getrennt sind (die bis 1994 gepachtete Lage Latricières mußte inzwischen abgegeben werden): Jahrelang produzierte Jean-Marie die Weine aus diesen beiden Parzellen, und sie waren stets völlig verschieden. «Wir haben den originellsten Boden der Welt, und das müssen wir respektieren.»

Laurent Ponsot bringt allerhand auf den Weg.

Laurent lehnt Schönen, Filtern und Schwefeln mit gleicher Vehemenz ab. Seit 1985 haben seine Weine keine dieser Behandlungen mehr über sich ergehen lassen müssen, nur durch das Desinfizieren der Fässer gelangt beim Ausbau ein wenig Schwefel in den Wein.

Die Rotweine werden zweimal abgestochen: einmal mit Luftzutritt etwa 6 Monate nach der *malo* und dann noch einmal beim Zusammenstellen zur Abfüllung.

Neben mehreren exzellenten Rotweinen bringt die Domäne einen raren, köstlichen weißen Morey-St-Denis hervor aus der Lage Monts Luisants. Er gilt zwar allgemein als Chardonnay, enthält aber 60 % Aligoté – von 1911 unter dem kleinen Château oben am Weinberg gepflanzten Reben – sowie 25 % Chardonnay und 15 % «Pinot blanc vrai». Noch etwas Besonderes hat der Monts Luisants von Ponsot: Er ist (neben dem Clos de l'Arlot) der einzige weiße Premier Cru von der Côte de Nuits und der einzige Premier Cru überhaupt, in dem die Aligoté-Traube einen zulässigen Bestandteil bildet.

Der Wein macht keine *malo* durch, damit seine Säure erhalten bleibt; er wird im Frühjahr nach der Lese für 18 Monate in Fässer gelegt und dann ungeschönt und nur leicht gefiltert in Flaschen gefüllt. Er hat meist grüngoldene Farbe, ein charakteristisches Aroma von Quittengelee und Akazien sowie breiten, fast mineralischen Geschmack – opulent, kraftvoll und ausgesprochen ungewöhnlich. Zufällig fand Laurent vor kurzem die Urkunde über den Kauf des Weinbergs «Clos Monts Luisants» durch William aus dem Jahr 1872, und deshalb trägt der Wein seit dem herrlich gelungenen Jahrgang 1992 diesen Namen.

Die Rotweine aus dem Haus Ponsot gehören zu den feinsten der Côte. Der Stil betont Finesse und Eleganz mit einer von der Frucht alter Reben stammenden Struktur und einer Dimension von Opulenz und Konzentration, die bessere Jahrgänge mit großer Langlebigkeit ausstattet. Die Cuvée Vieilles Vignes aus dem Clos de la Roche ist meist das Spitzengewächs, nur 1993 wurde dieser Wein von einem außergewöhnlichen Clos St-Denis Vieilles Vignes in den Schatten gestellt – kaum mehr als ein Faß von 75jährigen Reben, die nur 8 hl/ha erbrachten.

Die 1993er zeigten abwechslungsreiche Profile, alle mit reifem, rundem Tannin, guter Säure und verlockender, samtiger Frucht. Die beiden Villages-Weine – der Gevrey ist etwas fester und muskulöser als der Morey – weisen schöne, klare Farbe, von niedrigen Erträgen stammende Konzentration und aus strenger Auslese entspringende Reinheit der Frucht auf. Der Morey Premier Cru «Cuvée des Alouettes» ist durchaus voller als sein Verwandter aus der Villages-Lage, nur der 1993er zeigte eine gewisse Leere, die sich aber mit der Zeit auffüllen dürfte. Der Chambolle Charmes stellt mit ausgeprägter Seidigkeit, viel reifer, saftiger Frucht und herrlicher Nachhaltigkeit ein schönes Beispiel für diese hochwertige Premier-Cru-Lage dar.

Der Chapelle-Chambertin – bis 1989 wurde die Frucht wegen Mangels an Kellerraum verkauft – verkörpert mit seinem Duft von sommerlichen Früchten und seiner konzentrierten Eleganz essentiellen Pinot. Ein feines Gleichgewicht von Frucht, Alkohol, Säure und Tannin verleiht ihm echte Klasse. Im Gegensatz dazu war der vorletzte Latricières-Jahrgang relativ verschlossen; Frucht und Finesse sind aber da und warten nur auf ihre Entfaltung.

Der Griotte-Chambertin ist eindeutig fester und kraftvoller und hat noch mehr Komplexität und Finesse als der Chapelle oder der Latricières. Die kleine Grand-Cru-Lage, deren *terroir* Geschmeidigkeit und Festigkeit vereint, hat einen 1993er hervorgebracht, der beinahe schon im Faß genußreif war, sich mit der Zeit aber zu etwas unendlich Feinerem entwickeln wird. Erwartungsgemäß hat der Chambertin mehr Kraft und muskulöse Art als die anderen Grands Crus aus Gevrey – nur der Griotte geht noch einen Schritt weiter.

Der Clos de la Roche Vieilles Vignes ist ebenso fein mit seiner dunklen, aber klaren Farbe und seinem noch strengen, aber vielversprechenden Duft. Der 1993er – das Ergebnis von 18 hl/ha (gegenüber zulässigen 35) – ist trügerisch süffig, zwar noch streng, aber so ausgewogen, daß Säure und Tannin fast unter der vollen, schokoladigen Seidigkeit verschwinden. Keinesfalls ein überwältigender Wein, aber seine Qualität ist ganz Finesse mit Kraft und Sehnigkeit, die ihm ein relativ langes Leben sichern.

Der Clos St-Denis Vieilles Vignes teilt viele Qualitäten des Clos de la Roche – v. a. Finesse, Konzentration, Struktur und vorbildliche Nachhaltigkeit. Laurent Ponsots 1993er zeichnen sich durch Klasse und Vornehmheit aus – Weine von herrlicher Tiefe und schönem Gleichgewicht, auf deren Zukunft nicht die Spur eines Schattens liegt.

Bei Ponsot ist alles wieder auf dem besten Weg – eine Fünf-Sterne-Domäne.

WEINBERGBESITZ

Gemeinde	Rang	Lage/Climat	Fläche	Rebenalter	Status
Gevrey	GC	Griotte-Chambertin	0,89	1947/82	M
Gevrey	GC	Chambertin	0,14	1961	M
Gevrey	GC	Chapelle-Chambertin	0,47	1955/72/87	P
Gevrey	V	(Einzelparzellen)	0,51	1960	P
Morey	GC	Clos de la Roche	3,15	55	P
Morey	GC	Clos St-Denis	0,38	75	P
Morey	PC	Monts Luisants	0,68	40	P
Morey	V	(mehrere Parzellen)	0,62	1966/69	P
Morey	PC	Clos des Monts-Luisants (Weiß)	1,33	1911–1980	P
Chambolle	PC	Les Charmes	0,58	35	M
Gesamtfläche			**8,75 ha**		

Le Clos de Tart

Diese Grand-Cru-Lage ist eine der wenigen an der Côte d'Or, die seit ihrer Entstehung unverändert geblieben sind. Um die Mitte des 12. Jh. kauften die Benediktinermönche von Tart-le-Haut den Weinberg, der damals Climat-des-Forges hieß, und 1184 gaben sie ihm den Namen Clos de Tart. Seitdem blieb er ungeteilt in einer Hand und wurde 1939 als Grand Cru eingestuft.

1932 verkauften Nachfahren der Familie Marey – aus der Marey-Monge-Linie – die Lage an die Mommessins in Charnay-lès-Mâcon, in deren Besitz sie sich noch befindet. Zu dem Weinberg gehören Gebäude aus dem 12. und 15. Jh. In einem steht eine alte, 3 t Trauben fassende Kelter von 1570, die anscheinend 1924 noch in Betrieb war. 1850 wurde auf der Ostseite der Domäne ein zweigeschossiger Keller gebaut. Das untere Gewölbe dient heute als Flaschenkeller und Abfüllraum.

Seit 1969 bis zu seiner Pensionierung 1996 leitete der charmante, mitteilsame Henri Perraud das Gut und die Bereitung seines einzigen Weins. Er hat viele Veränderungen miterlebt, u. a. ein kurzes Zusammenspiel mit Guy Accad für die Jahrgänge 1992 und 1993 (anscheinend vor allem aus Marketinggründen), doch glaubt er fest an «traditionelle Methoden», auch an die Einbeziehung aller Stiele in die Gärung, was eigentlich untraditionell ist.

Sein Clos ist eine herrliche 7,53-ha-Lage am Südrand von Morey, das Zwischenstück zwischen Bonnes-Mares und dem Clos des Lambrays. Eine Besonderheit des Clos de Tart ist, daß in ihm 27,8 Ar enthalten sind, die ursprünglich zu Bonnes-Mares gehörten, sowie weitere 7 Ar ehemalige Villages-Lagen von Morey-St-Denis; diese Teilstücke wurden 1956 in den Clos einbezogen.

Der älteste Teil der Lage wurde 1918 bestockt, und das Durchschnittsalter der Reben beträgt 40 Jahre. Alle drei Jahre wird ⅕ ha in einem Stück gerodet und neu bestockt; ansonsten werden einzelne nicht mehr tragende Reben ersetzt. Klone finden bei traditionellen Methoden wenig Anklang, dennoch führte Henri auf 60 Ar Versuche damit durch, doch es wird noch 12 Jahre dauern, bis eindeutige Resultate feststehen.

Interessanterweise sind die Rebzeilen im Clos und im benachbarten Clos des Lambrays quer zur Hangneigung angelegt; dadurch wird der Bodenerosion entgegengewirkt und die Sonneneinstrahlung besser genutzt – die Morgensonne fällt von der einen, die Abendsonne von der anderen Seite in die Reihen.

Der größte Teil der Weinbergarbeit erfolgt nach der «méthode ancienne» ohne Zugeständnisse an die Moderne. Spritzungen werden nur in sehr geringem, vorsichtigem Umfang gegen *court noué*, den *ver de la grappe*, den Echten und Falschen Mehltau usw., vorgenommen, wobei auch die Dosierung so knapp wie möglich gehalten wird.

Herbizide finden überhaupt keine Verwendung, der kalkhaltige Lehmboden wird lediglich regelmäßig gepflügt. Das läßt sich mit dem völlig untraditionellen Traktor der Domäne erledigen, nur zwischen den Rebstöcken muß das Unkraut von Hand entfernt werden.

Der Rebschnitt erfolgt im einfachen Guyot-System. Selbst die ältesten Weinstöcke werden dieser Erziehung unterworfen, obwohl es Können und Sorgfalt erfordert, die Fruchtrute eines 60jährigen Stocks zu biegen, ohne Schaden anzurichten. Bei der Ernte stellt strenge Auslese sicher, daß nur gesundes Traubengut in die Cuverie gelangt.

Die Gärung spielt sich in einer Reihe alter Zementtanks ab und dauert mit neun Tagen Maischung nach der aktiven Gärung insgesamt 15 Tage. Die Gärtemperatur darf höchstens 33 °C erreichen – «bei 35 °C stellen die Hefen ihre Tätigkeit ein, und dann bekommt man Schwierigkeiten mit flüchtiger Säure, und die Gärung will nicht wieder einsetzen». Henri brachte aus Gleichgewichtsgründen immer einen Teil Trauben von den 2 ha jüngeren Reben in jeden Gärbehälter – eine Art «pré-assemblage». Der Preßwein wird auf einer modernen Vaslin-Presse gewonnen – auch sie ein Bruch mit der Tradition – und dann vollständig dem Vorlaufwein zugemischt. Der Ausbau erfolgt ganz in neuen Fässern – 80 % Allier- und 20 % Tronçais-Eiche –, und zwar im oberen Kellergeschoß.

Alle weiteren Kellerarbeiten – der erste Abstich nach der malolaktischen Säureumwandlung im Dezember/Januar und der zweite im Juni/Juli nach der Ernte – werden ohne Hilfe von Pumpen durchgeführt. Nach dem Schönen mit Eiweiß wird der Wein in einem Tank mit Kunststoffinnenbeschichtung zusammengestellt, erneut in Fässer gegeben und sodann im unteren Kellergeschoß traditionell Faß für Faß abgefüllt.

Henris Wein wird nachgesagt, er sei gut und korrekt, habe aber nicht das, was Grands Crus auszeichnet. Der Clos de Tart ist wahrlich kein Schwergewicht, will es aber auch nicht sein. Weder das *terroir* von Morey noch Henri Perraud waren je imstande, derlei Wein hervorzubringen; ihr Stil liegt eindeutig in der Finesse.

Der Vorwurf, daß es diesem Wein etwas an Körper fehlt, ist berechtigt. Doch das ist ein geringer Fehler, wenn man die superbe Komplexität und feine Eleganz dagegen setzt, und auf jeden Fall ist Delikatesse und Finesse, der lediglich etwas mehr Kraft zu wünschen wäre, weit schöner als plumpe Rauheit.

Auch hat Henri nie das Letzte aus seinem Weinberg herausgeholt – der Schnitt liegt bei 30 hl/ha, in reichlichen Jahren vielleicht auch 5 hl/ha höher, aber Übererträge kann man ihm nicht ernstlich vorwerfen. Sollte eine gewisse Verwässerung vorliegen, dann ließe sie sich ohne weiteres durch eine kurze Vormaischung und vielleicht etwas traditionellere *égrappage* beheben.

Eine Degustation neuerer Jahrgänge scheint zu belegen, daß alle eventuell zu Recht kritisierten Mängel inzwischen beseitigt sind. Die Weine sind kräftig und doch wundervoll elegant, ohne jedes Ungleichgewicht durch die massive Anwendung neuer Fässer oder die Vergärung mit allen Stielen. Das Aroma von schwarzen Kirschen, manchmal von Pfeffer und oft von «petits fruits rouges» durchzieht diesen Wein mit seiner schönen Nachhaltigkeit und Ausgewogenheit.

Der 1978er – an einem warmen Oktobermorgen unter der Mauer am oberen Rand des Clos geschlürft – war so opulent und vollendet, wie man sich einen Wein nur wünschen kann: ein prachtvolles Spektrum von feinstem Pinot-Bukett, Waldboden, Pilzen, Zimt, Gewürzen und noch mehr, alles mit vollmundiger Komplexität und großer Vornehmheit.

Mögen die Kritiker auch behaupten, die Jahre 1985 bis 1993 seien nun einmal gut ausgefallen und es müsse erst wieder ein 1984er als neuer Prüfstein kommen – der 1978er, 1988er, 1989er, 1990er und 1993er Clos de Tart liefern genug Munition, um ihnen einen Schuß vor den Bug zu setzen. Inzwischen darf Henri Perraud den Ruhestand mit zufriedenem Blick auf seinen Weinberg genießen.

WEINBERGBESITZ

Gemeinde	Rang	Lage/Climat	Fläche	Rebenalter	Status
Morey	GC	Clos de Tart	7,53	40	P
		Gesamtfläche	**7,53 ha**		

Domaine Perrot-Minot

Im Jahr 1973 wurde Armande Mermes Domäne in Morey geteilt. Die eine Hälfte ging an Jean Taupenots Frau Denise (geborene Merme), die andere an ihre Schwester, die Frau von Henri Perrot-Minot, dessen Keller an der Route des Grands Crus liegen.

Henri war vorwiegend als Négociant und Makler tätig; bis 1990, als sein Sohn Christophe in den Betrieb eintrat, verkaufte er 50% seines Weins im Faß. Heute wird bis auf 15 Faß Passetoutgrain alles in der Domäne abgefüllt. Der junge, bewegliche Christophe hat zusammen mit seinem Vater und dem Önologieberater allgemeine Richtlinien ausgearbeitet. Seiner mit Überzeugung vertretenen Ansicht nach verlangt die natürliche Noblesse des Pinot Noir größte Anstrengungen zur Erzielung gesunder Frucht bei Erträgen von höchstens 33 hl/ha in Premier-Cru- und 40 bis 43 hl/ha in Villages-Lagen.

Wenn es um seinen Wein geht, ist Christophe wahrhaft «passionné et sérieux», und wenn man die ersten Ergebnisse als Anzeichen werten darf, setzt er sehr ansprechende Veränderungen ins Werk. In dem mit Urkunden über den Gewinn von Goldmedaillen geradezu tapezierten Probierraum bekommt man das Gefühl, daß alles zum besten läuft. Christophe charakterisiert seinen Weg so: «Bei der heutigen Konkurrenz muß man sich entweder im Preis oder in der Qualität von den anderen unterscheiden – wir streben nach Qualität.»

Ein hochgestecktes Ziel ist die eine Sache, es zu erreichen eine andere. Das größte Problem scheint die Beherrschung der Ausgewogenheit zwischen Struktur und Finesse zu bereiten. Die eine oder die andere zu realisieren ist nicht schwer, beide aber miteinander ins Gleichgewicht zu bringen stellt beim Pinot Noir eine jährlich neu zu bewältigende Aufgabe dar.

Im übrigen befindet sich alles noch im experimentellen Stadium; es werden verschiedene Gärtemperaturen, unterschiedliche Maischdauer und mehrere Sorten Fässer verschiedener Herkunft erprobt. Mit dem bekannten Önologen Lède stimmt er die Weinbereitungs- und Ausbaumethoden, aber auch die Pflegemaßnahmen im Weinberg ab. Neue Fässer werden zu 40% beim Charmes-Chambertin – dem einzigen Grand Cru der Domäne – und in entsprechend kleinerem Umfang bei den Premiers Crus und den Villages-Weinen eingesetzt.

Die élevage nimmt 13 bis 15 Monate in Anspruch. Christophe hat Versuche mit Abfüllung ohne Filtration gemacht und dabei größere «ampleur» erreicht, allerdings dafür eine rustikale Note in Kauf nehmen müssen. Daraufhin werden die Weine jetzt durch einen Lohnabfüller mit Kieselgur- und Paketfiltration abgefüllt, jedoch nicht geschönt. Die natürliche Klärung wird durch Öffnen der Kellertüren unterstützt, wenn die Außentemperatur 1–2 °C beträgt – durchaus keine High-Tech-Maßnahme, aber dennoch äußerst wirkungsvoll.

Das Programm umfaßt Weine aus Gevrey, Morey und Chambolle. Finesse und Frische werden manchmal auf Kosten der Struktur betont, dabei schleicht sich manchmal recht trockenes, rauhes Tannin ein. Ansonsten herrschen feines Aroma, exzellente Konzentration, gute Nachhaltigkeit und Christophes Gefühl für Ausgewogenheit.

Das Spitzengewächs ist der Charmes-Chambertin, in guten Jahrgängen ein vollmundiger, nachhaltiger Wein mit festem Rückgrat, das dem Charmes oft fehlt. Ganz nah kommt ihm ein sehr feiner Chambolle-Musigny Premier Cru Combe d'Orveaux, der in guten Jahrgängen wie 1993 von feiner Pinot-Noir-Frucht geradezu überströmt. In dem als Villages-Lage geltenden Teil dieses Weinbergs besitzt die Domäne Perrot-Minot 60jährige Reben, von deren Ertrag ein wundervoller, tiefer Chambolle-Musigny entsteht.

Das Lesegut aus Gevrey stellt Christophe stets vor die Aufgabe, Finesse aus einem von Natur aus massiven, stämmigen Wein hervorzuzaubern. Das Tannin ist oft etwas aggressiv und braucht länger als beim Chambolle, bis es mit der Frucht verschmilzt.

Von den beiden Weinen aus Morey hat der En la Rue de Vergy (bei der Teilung fiel diese Lage an Perrot-Minot, Belair dagegen an Taupenot) mehr Finesse als Größe – der 1993er zeigte ausgewogene Art, Himbeerduft und als Grundlage saftige Frucht. Demgegenüber weist der La Riotte Premier Cru vollere, körperreichere Art mit der größeren Tiefe und Komplexität auf, die man von seinem Rang erwartet.

Die Domaine Perrot-Minot ist wie viele andere verjüngte Familienbetriebe an der Côte de Nuits eine Quelle feiner Weine und läßt alle Anzeichen einer Wandlung von lediglich sehr guter zu wahrhaft großer Qualität erkennen.

Christophe Perrot-Minot.

WEINBERGBESITZ

Gemeinde	Rang	Lage/Climat	Fläche	Rebenalter	Status
Gevrey	GC	Charmes-Chambertin	1,20	25	–
Gevrey	GC	Mazoyères-Chambertin	0,40	40	–
Gevrey	V	–	1,50	20	–
Morey	PC	La Riotte	0,58	30	–
Morey	V	En la Rue de Vergy	1,50	22	–
Chambolle	PC	La Combe d'Orveaux	0,60	80	–
Chambolle	V	–	0,60	50	–
–	R	(Bourgogne Rouge)	0,35	25	–
–	R	(Bourgogne Passetoutgrain)	2,00	35	–
–	R	(Bourgogne Aligoté)	0,40	11	–
Gesamtfläche			**9,13 ha**		

CHAMBOLLE-MUSIGNY

Fährt man auf der RN74 in Richtung Süden, dann fällt dort, wo die Straße sich nach Osten wendet, um Vougeot zu umgehen, ein großes Schild mit der Aufschrift «Chambolle-Musigny ... Son site ... Ses vins» ins Auge. Der Ort, einer der schönsten und unverdorbensten an der Côte d'Or, dessen mittelalterlicher Kirchturm sich klar vor dem Kalksteinhang der Combe d'Ambin abzeichnet, wird erstmals 1110 als Cambolla urkundlich erwähnt, als sich Mönche aus Cîteaux hier niederließen.

1302 lautet der Name der Ansiedlung «Chambolle», möglicherweise eine verkürzte Form von «Champ bouillant», was «überkochendes Feld» bedeutet und wohl darauf anspielt, daß bei den hier häufigen Gewittern das Flüßchen Grone gern über die Ufer tritt und die Felder überschwemmt (1965 geschah das zum bisher letzten Mal).

Bis 1500, als er die Erlaubnis zum Bau einer Kirche erhielt, gehörte der Ort zum Kirchspiel Gilly-lès-Cîteaux. 1878 fügte er den Namen seiner berühmtesten Weinberglage an den eigenen an und heißt seitdem Chambolle-Musigny. 1960 wurde eine Partnerschaft mit Sonoma in Kalifornien eingegangen.

Oft heißt es, die Weine von Chambolle seien der Inbegriff der Finesse, die dem Burgunder eigen sein kann. Gaston Roupnel schrieb von «Seide und Spitzen» sowie von «feinster Delikatesse», und vielfach werden die Stilunterschiede zwischen Chambolle und den Nachbarorten Vougeot im Süden und Morey-St-Denis im Norden zitiert.

Zwar sind das nur Verallgemeinerungen, hinter denen sich eine Vielfalt von Stilen verbirgt, es gibt aber auch geologische Gründe dafür, daß im Wein von Chambolle eher Finesse als Wucht oder Muskelkraft zum Zug kommt. Durch Erosion der Abbruchkante der Combe d'Ambin hat sich eine Schicht feinen Gerölls bis in die Regionallagen jenseits der RN74 abgesetzt. Sie bildet zusammen mit den weitgehend vom Mutterboden entblößten steileren Hanglagen der Grands und Premiers Crus einen mageren Grund für den Weinbau. Außer im nördlichen Teil von Bonnes Mares bei Morey findet sich in diesen Böden nur wenig Ton.

Diese von Kalkstein beherrschte Geologie ist ganz anders als jene von Morey und Gevrey. Sie verleiht den Weinen von Chambolle von Anfang an kräftige Säure und eine Dimension der Eleganz, die ihren Ausdruck hauptsächlich in aromatischer, erdbeerduftiger Reinheit und Finesse hat.

Von den insgesamt rund 180 ha Rebfläche der Gemeinde entfällt gut die Hälfte auf Villages-Lagen, 60 ha entfallen auf Premiers Crus und knapp 26 ha auf die beiden Grands Crus Bonnes Mares (nach Morey hin) und Musigny (nach Vougeot hin).

Die Premiers Crus sind qualitativ recht unterschiedlich. Die dem Grand Cru Musigny im Boden sehr ähnliche Lage Les Amoureuses ist die feinste und angesehenste, und sie dürfte auch am ehesten zum Grand Cru aufgestuft werden, wenn ein so unwahrscheinlicher Schritt wie eine Klassifizierungsänderung je unternommen werden sollte. Ebenfalls exzellent und dem Stil von Musigny nahe ist Les Charmes, dicht gefolgt von Aux Beaux-Bruns sowie Les Cras und Les Fuées, die eine Verlängerung von Bonnes Mares bilden und dieser Lage in der Art nahekommen.

Viele der kleineren, weniger bekannten Premiers Crus kommen gemischt und ohne Angabe einzelner Lagennamen einfach als Chambolle-Musigny Premier Cru auf den Markt. Es sind zwar oft auch feine Weine, sie reichen aber kaum an Les Amoureuses oder Les Charmes heran.

Die beiden Grands Crus bilden die nördliche bzw. die südliche Gemarkungsgrenze. Bonnes Mares schließt an den Clos de Tart in Morey an; der Name kommt vermutlich von den Nonnen (Les Bonnes Mères) des

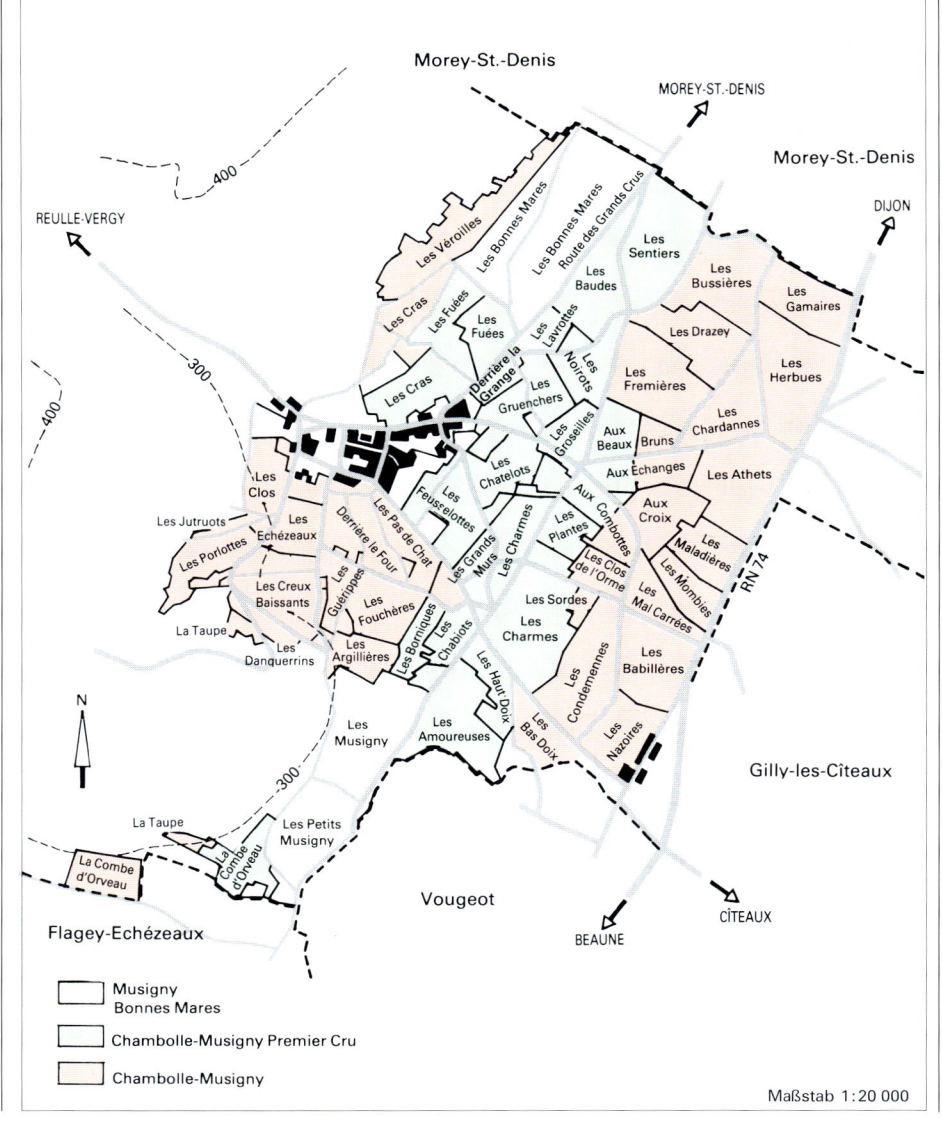

Klosters Tart-le-Haut. Der Boden dieser Lage bildet den Übergang vom relativ stark lehmhaltigen Kalkstein von Morey mit recht tiefgründiger Mergelauflage zu den rötlicheren, im Gefüge feineren, eisenhaltigen Lehmböden von Chambolle. Ein Bonnes Mares aus dem zu Clair-Daü (Jadot) nach Morey hin gelegenen Teil hat daher in der Regel mehr Tannin und Wucht, dafür aber weniger «rondeur» und Finesse als ein gleichnamiger Wein von der näher an Chambolle gelegenen Seite der Lage.

Musigny, am anderen Ende der Gemarkung und etwas tiefer gelegen, ist unterteilt in Les (Grands) Musigny und Les Petits Musigny. Im ersteren Teil, einer Südostlage mit 10–14 % Steigung, besteht der Boden vorwiegend aus Kalkstein mit hohem Anteil an Geröll und eisenhaltigem Lehm. Der andere Teil, eine fast reine Südlage, besitzt tiefgründigeren Boden mit höherem Lehmanteil und an der Oberfläche austretendem Felsuntergrund. Da rund 71 % der Lage Musigny im Besitz der Domaine Comte Georges de Vogüé sind, stellt der Wein meist eine Mischung aus dem Ertrag beider Lagenteile dar.

Im Teilstück Petits Musigny sind auch 0,5 ha Chardonnay-Reben, ebenfalls im Besitz von de Vogüé, enthalten, die 1000 bis 2000 Flaschen Musigny Blanc erbringen. Dieser in seiner Art einmalige Wein ist recht schwer, voll und langlebig.

Ein feiner roter Musigny ist etwas ganz Herrliches. In ihm verbinden sich wundervolle Kraft und stolzer Adel mit einer außergewöhnlichen Duftfülle – in der Jugend zerdrückte Erdbeeren, später dann Waldboden und Süßholz. Nach 10 bis 20 Jahren voll ausgereift, bildet er oft den Gipfel an Finesse – aus einem großen Jahrgang ein unvergeßliches Erlebnis.

Der Ort selbst ist stets ruhevoll und heiter. Abgesehen von einem einsamen Restaurant und nur 49 Winzerbetrieben gibt es hier so gut wie kein Gewerbe und keine Industrie und vor allem keine Touristenströme. Ob mit Schnee überzuckert im Winter, ob im Duft eines stillen Sommerabends oder im glühenden Gold eines warmen Herbstnachmittags, immer ist es eine Freude, durch die vergangenheitsträchtigen Gassen zu wandern und über die vielen großen Weine nachzusinnen, die von hier aus in die Welt gehen.

Neben den nachstehend näher beschriebenen fünf Domänen bringen auch auswärtige Weingüter beachtenswerte Chambolle Grands Crus hervor: Drouhin, Dujac, Robert Groffier und Georges Lignier produzieren Bonnes Mares; Drouhin, Faiveley, Leroy und Jadot haben Musigny zu bieten.

Weltbewegendes geschieht in Chambolle nie, nur in den 1950er Jahren entstand einmal ein heftiger Disput zwischen den Mugniers und den Grivelets darüber, wem das Recht zustünde, die Bezeichnung Château de Chambolle-Musigny zu benutzen. Beide Familien wohnen in Chambolle – die Mugniers im Château und die Grivelets in einem anderen stattlichen Gebäude aus dem 18. Jh. Wie es scheint, traten die Mugniers vor Jahren den «Markennamen» Château de Chambolle-Musigny an die Grivelets ab. Dann aber ärgerten sich die Grivelets darüber, daß die Mugniers ihn auch weiter benutzten. Der Fall beschäftigte die Gerichte, ein Urteil blieb aber aus, weil 1956 eine gütliche Regelung zugunsten der Mugniers zustande kam.

Blick auf die restaurierte Kirche von Chambolle; im Hintergrund Morey-St-Denis.

Das «echte» Château ist ein ansehnlicher, in einem schönen Park gelegener Bau aus dem 19. Jh., an dem man vorüberkommt, wenn man von der Kirche aus durch das Dorf zum Mittagessen im gemütlichen «Le Chambolle-Musigny» geht, wo es auf offenem Feuer bereitete Grillgerichte zu erstaunlich vernünftigen Preisen gibt.

DIE GRANDS CRUS VON CHAMBOLLE-MUSIGNY

Lage/Climat	Fläche	Eigentümer	Gesamtproduktion
Musigny	10,7023	17	3000 (Rot)
			160 (Weiß)
Bonnes Mares	13,5417 + 1,5155 (Morey)	35	4500
Total	**25,7595 ha**	**52**	**7660 Kisten**

Domaine Barthod-Noëllat

Die Beliebtheit der Domänen Burgunds wächst und schwindet mit der Qualität der von ihnen produzierten Weine. Manchmal stellt man mit Überraschung fest, daß ein Weingut, das allmählich in das Scheinwerferlicht des Interesses rückt, schon seit langem besteht.

Ghislaine Barthod und ihr liebenswürdiger Vater führen einen solchen Betrieb in einem stattlichen Haus aus der Zeit der Jahrhundertwende am Rand von Chambolle-Musigny. Ihr Weingut gibt es zwar schon seit dem Ende der 1920er Jahre, das Gebäude aber haben sie erst vor kurzem dem Handelshaus Henri de Villamont in Savigny abgekauft, das es seinerseits von der Mutter Bernard Grivelets erworben hatte. In den letzten Jahren haben nun die Weine der Domaine Barthod größere Beachtung gefunden. Die 5,86 ha umfassende Weinbergfläche wird von Ghislaine und einem Arbeiter gepflegt, manchmal hilft ihre Mutter im Weinberg und ihr Vater im Keller aus.

Experimente mit Klonen und Fässern oder tieferes Nachdenken über Anbaumethoden und Biodynamik darf man von diesem Betrieb zwar nicht erwarten, dafür aber anständige, sorgfältig bereitete Weine von den Trauben wohlgepflegter, relativ alter Reben.

Die Weinlese findet bei den Barthods früh statt. Ghislaines Vater hat in 30 Berufsjahren die Erfahrung gemacht, daß es so besser ist, als im launischen Herbstwetter Burgunds allzu lange zu warten. Behangausdünnung wird nicht gern durchgeführt, jeder Überschuß wird schon früher im Lauf der Wachstumsperiode beseitigt.

Die Stiele gelangen zu maximal einem Drittel in den Gärbottich; sie tragen dazu bei, daß die Gärtemperatur nicht über 32 °C ansteigt, und es werden nur Naturhefen eingesetzt. In jedem Gärbehälter werden bewußt ganze Trauben versenkt, um eine allmähliche Extraktion von Farbe, Aroma und Tannin zu erreichen. Dem Gärprozeß geht eine zwei- bis fünftägige Vormaischung voraus.

Mit Ausnahme der einfacheren Weine erfolgt der Ausbau etwa 20 Monate lang in zu 25 % neuen Fässern. Ghislaine berichtet mit sanftem Tadel in der Stimme, daß ihr Vater den Abstich früher vornimmt, als sie es gern hätte, ansonsten aber sind sie sich weitgehend einig über die Behandlung des Weins.

Bis 1985 führten sie die Abfüllung selbst durch, heute übernimmt ein Lohnabfüllbetrieb diese Aufgabe. Manche Weine werden, wenn der Kunde es will, lediglich geschönt, die anderen einer leichten Kieselgurfiltration unterzogen.

Der alte Dorfbrunnen von Chambolle.

Vielleicht hat die früher so geringe Bekanntheit etwas damit zu tun, daß die Domäne über einen großen Stamm an Direktkunden verfügt. Von der Produktion von 100 bis 110 Faß werden die einfacheren Weine fast ganz in Frankreich abgesetzt, obwohl der exzellente Bourgogne Rouge auch im Ausland eine wachsende Anhängerschaft hat. Viele seit über 30 Jahren treue Privatkunden sind inzwischen Freunde der Familie geworden und nehmen einen großen Teil der Jahreserzeugung ab. Dagegen gehen die Premiers Crus und der Chambolle-Villages zum größten Teil in fremde Hände über.

International befindet sich die Domäne eindeutig im Aufstieg. Die junge, charmante Ghislaine hat eine zweijährige Ausbildung am Lycée Viticole in Beaune absolviert und setzt sich nun sehr für die Verbesserung des bereits Erreichten ein. Ihr Partner, Louis Boillot aus Gevrey, hilft ihr bei der Weinbereitung, wenn er in der eigenen Cuverie Zeit erübrigen kann. Er wird zweifellos einigen Einfluß auf die Zukunft der Domäne nehmen, seit 1995 ihr gemeinsamer Sohn Clément geboren wurde.

Beträchtlichen Beifall finden schon jetzt alle Weine, von einem schön ausgewogenen, reifen, in Stil und Qualität weit über seiner Klasse stehenden Aligoté über einen köstlichen, nachhaltigen Chambolle-Villages bis zu einem Septett feiner Premiers Crus: Aux Beaux-Bruns – aus einer Lage halb Premier Cru, halb Villages – mit seiner reifen, konzentrierten Frucht und einer eher maskulinen Struktur; Les Cras – aus einer Verlängerung des Grand Cru Bonnes Mares in Richtung Chambolle-Musigny – mit noch festerer, tieferer Frucht; Les Véroilles – aus einer erst seit 1987 aus Brachland gewonnenen Premier-Cru-Lage – mit ausgeprägt urwüchsigem Charakter, attraktiv breitem Geschmack, tiefer Farbe und relativ kräftigem Tannin- und Säuregehalt in der Jugend; und der 1992 erstmals herausgebrachte Les Fuées aus einer Lage am Nordrand des Dorfs, direkt neben dem Grand Cru Les Bonnes Mares. Der Wein aus drei weiteren Parzellen der Premier-Cru-Lagen Les Baudes und Les Chatelots wird seit dem Jahr 1991 nicht mehr in die Villages-Cuvée einbezogen, sondern als Chambolle Premier Cru angeboten.

Das Spitzengewächs im Barthod-Keller ist fraglos der Les Charmes Premier Cru. Er zeichnet sich aus durch Konzentration und große Nachhaltigkeit, schon in der Jugend mit einer vielversprechenden Komplexität im Duft, die nach einigen Jahren Reifezeit verlangt.

In diesem von gewissenhafter Weinbereitung zeugenden Betrieb verbündet sich der Schwung der Jugend mit der Erfahrung des Alters zu schöner Wirkung. Es mag Höhen und Tiefen geben, offenbar aber verstehen es Ghislaine und ihre Eltern, ihren eigenen Charme auch auf ihre Weine zu übertragen.

WEINBERGBESITZ

Gemeinde	Rang	Lage/Climat	Fläche	Rebenalter	Status
Chambolle	PC	Les Charmes	0,25	36	P/M
Chambolle	PC	Les Cras	0,86	34	P/M
Chambolle	PC	Aux Beaux-Bruns	0,73	21	P/M
Chambolle	PC	Les Véroilles	0,37	28	P/M
Chambolle	PC	Les Baudes	0,19	24	P/M
Chambolle	PC	Les Chatelots	0,23	16	P/M
Chambolle	PC	Les Fuées	0,24	–	M
Chambolle	V	(mehrere Climats)	1,24	31	P/M
Chambolle/ Gilly les Cîteaux	R	(Bourgogne Rouge + Aligoté)	1,75	24	P/M
Gesamtfläche			**5,86 ha**		

CHAMBOLLE-MUSIGNY

Domaine Georges Roumier

Die Domaine Georges Roumier ist eine von vielen, denen die neue Ansicht zugute kommt, die Reputation eines Weinguts und insbesondere von kleineren Betrieben, wie sie an der Côte d'Or häufig sind, beruhe auf dem Ruf ihres Kellermeisters. Bis noch vor einiger Zeit war allein von den Domänen die Rede, ganz so, als produzierten sie auf mysteriöse Weise Wein ohne menschliches Zutun. Heute löst ein Wechsel des Kellermeisters sofort eine Neueinschätzung des Weinguts aus.

Diese Bereitschaft, jeden Jahrgang aus jedem Weingut ganz neu zu bewerten, kommt der Domäne ebenso zugute wie dem Verbraucher. Sie macht es schwerer, allein vom Ruhm der Vergangenheit zu zehren, gibt aber andererseits Betrieben, die schlechte Zeiten durchmachen mußten, die Chance zum Neubeginn.

Bis 1982 produzierte Jean-Marie Roumier zwar guten Wein, aber Schlagzeilen machte er nicht. Nachdem sein Sohn Christophe in den Betrieb eingetreten war, vollzog sich ein steiler Aufstieg unter die Kultdomänen, denn es sprach sich rasch herum, daß der bewegliche, intelligente junge Mann ein außergewöhnliches Talent für die Weinbereitung hat. In den Jahren danach geschah nichts, was diesen Eindruck abgeschwächt hätte.

Christophes Domäne umfaßt 12 ha, deren Kern seine Großmutter 1924 als Mitgift in die Ehe gebracht hatte: Les Amoureuses, Les Fuées und ein Stück Bonnes Mares. Eine weitere Parzelle Bonnes Mares – gleich neben dem Besitz von Clair-Daü – kam 1952 hinzu, außerdem ein Stück Clos de Vougeot, als Großvater Georges einen Teil der Domaine Belorger kaufte. 1953 erwarb er in Morey-St-Denis den gesamten Clos de la Bussière. Die letzten Zugänge kamen durch Christophes Eltern zustande: 1969 kaufte seine Mutter 0,2 ha Corton-Charlemagne und sein Vater 0,09 ha Musigny, die er bereits 1978 als Pachtland innehatte.

Als er 1961 in den Ruhestand trat, verteilte Georges seinen Besitz auf seine sieben Kinder und gründete zugleich eine Firma, damit die Domäne intakt blieb. Nach seinem Tod 1965 wurde diese Vereinbarung beibehalten, wobei Christophes Vater Jean-Marie die Domäne führte und den Wein produzierte.

Zu Beginn der 1980er Jahre schlossen Jean-Marie und zwei seiner Brüder – Alain (ehemals Verwalter der Domaine de Vogüé) und Paul – ihren Weinbergbesitz in einer GmbH zusammen, deren Land ebenso wie der Rest des Familienbesitzes an die Domäne verpachtet wurde. Die letzte größere Veränderung geschah 1990, als Christophe seine beiden Onkel ausbezahlte. Auf diese Weise sind er und sein Vater nunmehr die Eigentümer der Domäne, wenn auch ein Teil des bewirtschafteten Lands noch anderen Familienmitgliedern gehört. Jean-Marie und seine charmante Frau haben sich inzwischen in ihrem schönen Haus im Clos de la Bussière vom Alltagstreiben zurückgezogen. Im Garten zieht Mme. Roumier ihre Gemüsekostbarkeiten.

Christophe, inzwischen Ende der Dreißig, strahlt ruhiges Selbstvertrauen aus. Nach seinem Önologiestudium in Dijon trat er 1981 bei seinem Vater ein und übernahm ein Jahr später alle technischen Aufgaben. Er denkt über alles, was er tut, gründlich nach und hat nicht nur in der Domäne selbst, sondern auch bei anderen jungen Kellertechnikern an der Côte, bei denen er hohes Ansehen genießt, viel bewirkt.

Sein Handeln ist nicht systematisch in dem Sinne, daß alles vorher festgelegt wäre, denn er ist der Meinung, daß jede Wachstumsperiode und das aus ihr hervorgehende Traubengut wieder anders ist. Das mag trivial erscheinen, hat aber in einer Region, in der es nur allzu oft heißt, dies und jenes geschehe «tous les ans», größere Tragweite, als man meinen sollte.

Im Weinberg wird eine möglichst vielfältige und gesunde Population an Naturhefen gepflegt und deshalb gegen Pilzkrankheiten nur mit Bordeauxbrühe vorgegangen – starke Spritzmittel, die den Boden und die erwünschten Hefen genauso schädigen wie die unerwünschten Pilze, werden abgelehnt. «Hefen sind auch Pilze – es gibt viele Arten; darauf müssen wir achten.»

1992 war auf dem gesamten Gutsgelände die «culture biologique» eingeführt und bewährte sich. 1993 jedoch trat mit starkem Befall von Falschem Mehltau v. a. in Chambolle und Vosne eine ganz neue Situation ein, die Christophe zu neuen Überlegungen zwang. Sein Leitgedanke, daß die Rebe sich aus dem Boden heraus Ausdruck verschaffen können

Das stattliche Haus im Clos de la Bussière.

müsse, ist verbunden mit starkem Streben nach «Erhaltung des natürlichen Gleichgewichts» in der Pflanze sowie zwischen ihr und ihrer Umwelt. Hieraus folgt eine besondere Betonung organischer Methoden, bei denen das übergeordnete Prinzip eine Verschmelzung von geringstmöglicher Rückständebildung und anhaltender Wirkung ist.

Durch minimalen Einsatz von Herbiziden und weitgehendes Hacken wird der Boden durchlüftet, die Mikroflora gefördert und das seitliche Wurzelwerk beschnitten. Dadurch wird die Rebe gezwungen, ihre Wurzeln in die Tiefe zu treiben und die Elemente aus dem Boden heraufzuholen, die der typischen Art einer jeden Lage entsprechen, deren Unterschiede Christophe zu wahren bestrebt ist.

Nähert sich eine Parzelle Reben dem Alter von 50 Jahren, wird weitgehende Neubestockung vorgenommen. Hierbei nutzt Christophe die Vorteile der altbewährten *sélection massale* und legt Wert auf Klonenvielfalt in allen Lagen. Dazu unterteilt er jede Parzelle in sieben jeweils mit einem anderen Klon bepflanzte Teile. Die Erprobung bestimmter Klone war sehr erfolgreich. Die meisten – 113/114/115/167/777 und 778 – stammen von Mutterpflanzen aus der Domäne Ponsot in Morey und werden auf Unterlagsreben 161/49 veredelt, aber auch der Typ SO4 findet auf kalthaltigem Boden an Hängen mit kälterem Kleinklima Einsatz.

Ertragsbeschränkung wird durch das hohe Durchschnittsalter der Reben sowie durch sorgfältige *évasivage* und Behangausdünnung *(vendange verte)*, letztere allerdings nur in besonders ertragreichen Jahren wie beispielsweise 1994, unterstützt. Alle, die eine regelmäßige Behangausdünnung durchführen müssen, straft Christophe mit Verachtung, da dies nur zeige, daß deren Weinberge von vornherein zu ertragsstark seien.

Bei Roumier kommen die Erträge nie an das erlaubte Maximum heran, während die meisten Vignerons sich darüber beschweren, die Werte seien zu knapp angesetzt. Im 10jährigen Durchschnitt (1985–1994) belief sich der Ertrag der Domäne unter Berücksichtigung eventueller *saignée* auf 29 hl/ha.

Das Laub der Reben wird mit vorbildlicher Sorgfalt gepflegt. Durch Experimente hat Christophe sich überzeugt, daß die Fruchtqualität bei größerer Laubhöhe und bei durch Sommerschnitt verringerter Breite des Laubdachs besser ist. Zum Teil wirkt sich dabei die Verringerung des *Verjus*-Anteils, d. h. der unreifen Nachfrucht am Ende der Triebe, günstig auf die Qualität der tieferhängenden wichtigeren Trauben aus.

Christophe stimmt das Entrappen auf Jahrgang, Reben und Weinberglage ab. Die Stiele bringen zwar unerwünschte Adstringenz in den Wein, tragen aber andererseits dazu bei, den Gärvorgang zu verlangsamen, den auf der Oberfläche des Mosts schwimmenden «Hut» durchlässig zu machen und den Most während der Maischung vor Beginn der Gärung gegen Oxidation zu schützen.

Früher wurde zu mindestens 20 % entrappt, heute ist dies das Maximum, außer beim Musigny und Chambolle Charmes, bei denen nach dem Vorbild der Domäne Dujac alle Stiele mit verarbeitet werden. In letzter Zeit neigt Christophe zu stärkerem Entrappen, ohne sich jedoch vorher festzulegen; 1985 wurden keine Stiele entfernt, 1990 wurden nur 30 % beibehalten, weil bei der Blüte viel *millerandage* eingetreten war und die Stiele sich stärker entwickelt hatten. Ganze Trauben – meist von alten Reben – werden gelegentlich in der Mitte des Gärbehälters versenkt, um eine lange intrazelluläre Gärung zu fördern, die ein Element der Fruchtigkeit und sanftes Tannin einbringt.

Bei der zwei- bis achttägigen Maischung gelangt praktisch alle Farbe in den Most; allerdings bestehen diese Farbstoffe weitgehend aus unstabilen Anthocyanen, die erst noch «fixiert» werden müssen, was durch Tannine geschieht, die von dem während der Gärung entstehenden Alkohol nach und nach herausgelaugt werden. Der enzymatische Vorgang, der zu dieser bedeutsamen Farbextraktion führt, bringt auch einen großen Teil der künftigen Aromasubstanzen in den Most.

Indessen vermehrt sich die Population an Naturhefen allmählich und setzt die Gärung in Gang. Für Christophe steht es außer Frage, daß diese Vormaischung bedeutend zu Struktur, Harmonie, Fülle und Aroma beiträgt. Zwar sind die komplizierten chemischen Vorgänge bei der Gärung noch immer nicht voll erforscht, es steht aber fest, daß eine Vielfalt an Hefen nicht nur eine, sondern eine ganze Reihe von Reaktionen hervorruft und dem Wein anerkanntermaßen weit mehr Komplexität verleiht, als wenn die Gärung nur mit einem einzigen Kulturhefestamm durchgeführt wird. Deshalb arbeitet Christophe nicht mit Kulturhefen.

Sein Hauptanliegen ist es, möglichst viel aus den Trauben zu extrahieren, «deshalb soll die Gärung so lange dauern, wie es nur geht». Die *cuvaison* erstreckt sich über 17 bis 21 Tage, und zwar so nahe bei 30 °C wie praktikabel. Christophe möchte die Gärtemperatur gern um 1–2 °C senken, um die, wie er sagt, «diskreten Aromen» zu begünstigen – die indiskreten sind die vordergründigen Fruchtaromen z. B. von zerdrückten Erdbeeren. Er gibt auch zu, daß es sein Fehler ist, wenn einmal 32 °C erreicht werden: «Dann habe ich nicht rechtzeitig eingegriffen.»

Pigeage ist für ihn ebenfalls wichtig; sie erfolgt in der aktiven Gärphase zweimal, während der Vormaischung einmal am Tag. *Remontage* mit Belüftung während der Gärung extrahiert Glyzerin und bringt Fülle in den Wein, aber nach der aktiven Phase darf dabei keine Belüftung mehr stattfinden. *Chaptalisation* wird, wenn sie nötig ist, in vier Gaben vorgenommen, um die Gärung noch weiter zu verlängern.

Christophe und Jean-Marie Roumier.

Christophe schwört auf Extraktion vor und während der Gärung – für höchste «délicatesse et typicité» – und ist überzeugt, daß Extraktion nach der Gärung keine positive Wirkung mehr hat. Deshalb läßt er die *cuvaison* mit dem Ende der Gärung auslaufen, so daß die Betonung auf der Vormaischung liegt. 1990 wiesen die Diagramme über den Gärverlauf eine *cuve* aus, in der die Maischung acht Tage dauerte, bis die Gärung einsetzte; das deutet auf eine unüblich hohe SO_2-Dosierung hin – Guy Accad läßt grüßen!

Der Preßwein wird getrennt bereitet – in Burgund geschieht das seltener als in Bordeaux. Christophe benutzt ihn zum Auffüllen der Fässer, aber nur «je nach seinen geschmacklichen Qualitäten». Er mache aber lediglich 5 % aus und stelle deshalb keinen großen Verlust dar.

Ebenso klare Ansichten äußert Christophe zum Thema Fässer: «Woher das Holz kommt, ist weniger wichtig, als daß es richtig und natürlich getrocknet wurde.» Die jährlich neu angeschafften Fässer – meist aus Allier-Eiche – stammen deshalb nur von einem «tonnelier», der garantiert, daß das Holz an der Luft und nicht in einem Ofen getrocknet wurde. Hinzu kommt, daß zu viel Holz der typischen Art des Weins eher abträglich als förderlich ist, also verwendet Christophe höchstens 30 % neue Fässer, «je nach dem Jahr, keinesfalls mehr».

Wie stark ein Wein in neuen Fässern ausgebaut werden soll, richtet sich nach dem Prinzip, daß er um so mehr frisches Holz vertragen kann, je kräftiger die Struktur und Konzentration des vorhandenen Traubentannins ist. «Ich will aber Wein und nicht Holz schmecken.» Beim Chambolle-Musigny, dessen Kennzeichen ja höchste Delikatesse ist, kommt es darauf an, daß die Eichenholzwürze nur einen Hauch ausmacht. Den Vorwurf, er arbeite zu wenig mit Holz, weist Christophe außer beim 1991er, der vielleicht ein wenig mehr vertragen hätte, zurück.

Der Abstich erfolgt so spät wie möglich nach der *malo*, um maximale Extraktion aus dem Hefesatz zu gewährleisten. Der genaue Zeitpunkt wird durch Geschmacksprüfung ermittelt, und dann wird der Wein allein durch Schwerkraft und ohne Berührung mit Luft aus neuen in alte Fässer (bzw. umgekehrt) umgefüllt. Etwas feiner Hefetrub wird im Wein belassen und erst durch erneuten Abstich im nächsten September entfernt.

Vor der Abfüllung erfolgt Schönen mit Eiweiß. Dadurch wird die Farbe stabilisiert, Trub entfernt und der Aromagehalt verfeinert. Filtration findet nur statt, wenn sich ein Wein im Faß nicht ausreichend geklärt hat – von 1991 bis 1993 wurde lediglich ein 1992er Chambolle-Villages gefiltert. Den Zeitpunkt der Abfüllung «bestimmt der Wein selbst». Die 1989er beispielsweise wurden relativ früh, bereits im Januar 1991, abgefüllt, um ihre frische, saftige Frucht zu bewahren; dagegen gelangten die 1988er erst zwischen April und Juni 1990 in die Flasche.

Christophe Roumier sieht sich in Bescheidenheit nur als «Mittler zwischen dem *terroir*, der Natur, der Traube und dem Wein». Er leistet lediglich Hebammendienste, um dem Boden auf dem Weg über die Traube reinen Ausdruck zu ermöglichen. Seine Philosophie ist klar und überzeugend: «Wir machen keinen Pinot Noir, sondern Wein von einem *terroir*, das sich im Pinot Noir ausdrückt.»

Seine Weine sollen die typische Art des jeweiligen *terroir* und nicht die Frucht zum Vorschein bringen. Christophe sieht die Frucht als vorübergehende Erscheinung an, die nicht zum Wesen des Grand Vin paßt. Manche Jahrgänge, z. B. der 1987er, sind von Frucht beherrscht und nach Christophes Dafürhalten nicht Ausdruck des «terroir véritable», sondern nur der Traube.

Christophe hat als weitgereister Mann in der Neuen Welt manchen Wein gekostet, der zu seinem Entsetzen darauf schließen ließ, daß der Kellermeister der Rebe nur eine zweitrangige Rolle als Lieferantin des Rohmaterials zuweist, aus dem er den Wein gestaltet. *Terroir* bedeutet den Weinerzeugern in den USA und anderen Weltgegenden nicht so viel wie den Europäern – sie müssen es erst noch entdecken.

Christophes Weine entsprechen seiner Philosophie in bewundernswerter Weise. Zwar sind sie alle in Gleichgewicht und Harmonie fein abgestimmt, im Grundcharakter aber unterscheiden sie sich deutlich voneinander. Der Chambolle-Musigny-Villages (mit etwas Premier-Cru-Frucht) zeigt schöne Milde unter einer sanften, aber doch kräftigen Hülle, bei attraktivem jungem Fruchtaroma und guter Nachhaltigkeit. Der Clos de la Bussière bringt dagegen seinen Lehmboden durch strafferes, festeres Profil mit mehr *charpente* und weiniger Art zum Ausdruck.

Die beiden Premiers Crus aus Chambolle sind fein ausgearbeitet und elegant: Der Les Cras hat weniger Raffinesse, dafür Nachhaltigkeit, Geschmackstiefe und prachtvolle Eleganz, beim Les Amoureuses dagegen verbindet sich diese Eleganz mit komplexerer, kraftvollerer Art. In Jahrgängen wie 1990 und 1993 zeichnet er sich durch bemerkenswert blumigen Duft – eindeutig nach Veilchen –, üppige Konzentration sowie durch die Klasse und Wucht eines Grand Cru aus (was er auch sein könnte, wären die «officiels» nur bereit, die mit einer Aufstufung verbundene Mühe auf sich zu nehmen). Ein Amoureuses von Roumier ist ein vollendeter Wein mit tadelloser Ausgewogenheit und der für lange Entfaltung nötigen Struktur.

Der Bonnes Mares stammt aus zwei getrennten Parzellen – eine auf «terre rouge», die andere auf hellerem Boden. Die Frucht wird getrennt verarbeitet und erst später zu einem Wein verschnitten, der eine solide, feste, muskulösere Struktur aufweist – der Boden ist hier tiefgründiger – als der Musigny (nur zwei Fässer), der wiederum die große Kraft und die schöne Weinigkeit der Frucht alter Reben mit der außergewöhnlichen Eleganz vereint, die das Kennzeichen dieser Lage bildet. Bei aller Unterschiedlichkeit besitzen beide die für Roumier typische Sanftheit und Nachhaltigkeit – sehr feine Weine für mittlere bis lange Lebensdauer. Der Corton-Charlemagne ist zwar stets gut, aber nur selten groß; er stammt aus dem westlichen, nach Pernand hin gelegenen Teil der Lage, wo die Reife spät eintritt.

Alles in allem zeichnet sich die Domäne durch große Qualität aus und ist in ungünstigen Jahren ebenso zuverlässig wie in besseren. Da Christophe Roumier stets engagiert und fest in der Überzeugung handelt, daß «das Wesen eines guten Weins aus dem Weinberg stammt», und weil er ein guter Kellertechniker ist, wird ihm der Erfolg treu bleiben. «Die Weinbereitung ist keine Kunst, sondern ein Handwerk – die Natur ist wie ein Hund, den man an der Leine hält und von dem man sich führen läßt. Sie muß den Weg suchen, man muß sie nur manchmal in die gewünschte Richtung lenken.» So mancher High-Tech-Kellertechniker, der an totale Kontrolle glaubt, täte gut daran, auf diesen Rat zu hören.

WEINBERGBESITZ

Gemeinde	Rang	Lage/Climat	Fläche	Rebenalter	Status
Chambolle	GC	Bonnes Mares	1,46	32	F
Chambolle	GC	Musigny	0,10	65	F
Chambolle	PC	Les Amoureuses	0,40	33	F
Chambolle	PC	Les Cras	1,76	40	F
Chambolle	V	Les Veroilles + Les Pas de Chat + Les Combottes	3,98	25–30	F
Pernand	GC	Corton-Charlemagne	0,20	1971	F
Morey	PC	Clos de la Bussière	2,59	28	F
Chambolle	R	(Bourgogne Rouge/PTG)	1,27	17	F
Vougeot	GC	Clos Vougeot	0,32	42	F
		Gesamtfläche	**12,08 ha**		

Domaine Amiot-Servelle

Auch hier wieder ein Beispiel für eine lange Zeit glanzlose Domäne, in der ein tüchtiger Schwiegersohn Wandel geschaffen hat. Der untersetzte, bärtige Christian Amiot arbeitete seit 1980 in der Domäne von Monsieur Servelle und übernahm nach dessen Tod 1989 den Betrieb. Inzwischen hat er Land in den Premier-Cru-Lagen Les Charmes und Derrière la Grange hinzuerworben und einige Villages-Lagen in Chambolle-Musigny wiederbestockt.

Ein hoher Anteil an alten, durch zurückhaltende Pflege gesund erhaltenen Reben sorgt für niedrige Erträge. Christian ist der Ansicht, daß die altväterische Vorstellung vom «sehr leichten, eleganten» Wein aus Chambolle eine Fehleinschätzung ist, und deshalb hat er Verbesserungen eingeführt, die zu mehr Tiefe und Komplexität führen. Insbesondere hat er die *cuvaison* des völlig entrappten Traubenguts von 8 auf 15 Tage bei reichlicher *pigeage* verlängert. Außerdem hatte der alte Herr die Fässer nie erneuert, und auch das wurde geändert. Heute werden die drei Chambolle Premiers Crus und der Clos Vougeot zu 30 % und der Chambolle-Villages zu 10 % in neuen Fässern ausgebaut; zwischen April und Juni erfolgt der erste Abstich in zweijährige Fässer.

Als er den Betrieb übernahm, verfügte dieser über keine Vorräte – «die Schwiegermutter hatte alles» –, deshalb mußte Christian zunächst an den Handel verkaufen, damit es mit der Domäne weiterging. Bis 1992 wurde die Abfüllung von einem Vertragsabfüller durchgeführt, inzwischen geschieht sie mit einer eigenen, mit anderen Domänen gemeinsam genutzten Anlage. Das angestrebte Ziel ist vollständige Domänenabfüllung. Derzeit entfällt der Umsatz größtenteils auf den Export, v. a. in die USA. Der Inlandsabsatz ist auf Privatkunden und Restaurants beschränkt.

Christian denkt nicht hypermodern – auch wenn er seinen Töchtern die Namen Prune und Violet gegeben hat –, aber er tut entschlossen und mit Bedacht alles, was der Qualität zugute kommt. Als Vorsitzender des Winzerverbands in Chambolle braucht er diplomatisches Geschick, um die einander widerstrebenden Interessen in die gleiche Richtung zu lenken. 1993 lehnte er den 10prozentigen Ertragszuschlag (PLC) als ungerechtfertigt ab. Das ist nicht einfach, denn «es gibt immer Leute, denen ein paar Liter zur vollen Cuvée fehlen».

Ein attraktiver, etwas rustikaler Bourgogne Rouge und ein ansprechender, etwas fleischiger und muskulöser Clos Vougeot sind die einzigen Weine im Programm, die nicht aus Chambolle stammen. Die Spitzengewächse im Keller dürften wohl die aus den Lagen Derrière la Grange, Charmes und Amoureuses sein. Die erstere ist ein kleiner Premier-Cru-Weinberg – neben Les Fuées –, an dem außer der Domäne nur noch das Weingut Louis Rémy einen Anteil besitzt. Der flachgründige, lehmhaltige Kalksteinboden erbringt gegenüber den anderen beiden Lagen volleren und robusteren Wein, mit kräftiger Säure und großer Klasse, wenn auch nicht allzu ausgeprägter Eleganz (besonders guter 1990er und 1993er sowie achtbarer 1994er).

Der Charmes hat echte Form, ist nicht übermäßig substantiell, aber höchst elegant, nicht so kräftig in der Farbe wie der Derrière la Grange, zeigt schmeichlerischen Charakter (insbesondere 1990 und 1993), Noten von Griotte-Kirschen und roter Frucht, schöne Nachhaltigkeit und gute Lebenserwartung.

Der meist als bester der Chambolle Premier Crus und fast Grand-Cru-würdig angesehene Amoureuses vereint die Fülle und Konzentration des Derrière la Grange mit der aromatischen Komplexität und Eleganz des Charmes. Christians Version ist exzellent, hat viel Tiefe und saftige Kraft, feine Säure und ausreichende Struktur, um ihm eine schöne Entfaltung zu gewährleisten. Der 1993er wird sich sublim entwickeln, der 1994er erscheint dagegen weniger harmonisch.

Christian Amiot führt seinen Betrieb gut und weiß, was für feinen Wein nötig ist. Vielleicht ist er nicht ganz auf derselben Höhe wie Mugnier, de Vogüé und Roumier, aber er hat einen der besten Weine im Ort zu bieten.

Morey-St-Denis.

WEINBERGBESITZ

Gemeinde	Rang	Lage/Climat	Fläche	Rebenalter	Status
Chambolle	R	Bourgogne Rouge, Aligoté, Passetoutgrain			
Chambolle	V	(15 Parzellen)	1,22	20–40	P
			3,14	25	P
Chambolle	PC	Les Charmes	1,21	30	P
Chambolle	PC	Derrière la Grange	0,35	8–60	P
Chambolle	PC	Les Amoureuses	0,45	55	P
Vougeot	GC	Clos Vougeot	0,41	55	P
		Gesamtfläche	**6,78 ha**		

Domaine Jacques-Frédéric Mugnier

Frédéric (Fredy) Mugnier ist ein Neuling im Weinbau. Als sein Vater 1980 starb, war er als Ingenieur in der Erdölgewinnung aus dem Meer tätig. Er reiste durch die ganze Welt, von Afrika bis Aberdeen, und führte, wie er heute sagt, kein kulturell hochstehendes Leben. Sein Vater war Bankier in Paris gewesen und hatte Bernard Clair (dem Vater von Bruno Clair in Marsannay) die Bewirtschaftung der Domäne überlassen. Von 1978 bis 1985 war Clair für den Betrieb und seine Weine, die größtenteils an den Handel verkauft wurden, verantwortlich.

1985 beschloß Fredy, Urlaub vom Erdöl zu nehmen und in Chambolle-Musigny nach der Familiendomäne zu schauen; dort gefiel es ihm dann so gut, daß die Erdölindustrie seitdem auf ihn verzichten muß. Um sich Fachwissen zu verschaffen, belegte er im Lycée Viticole einen sechsmonatigen «Blitzkurs» in Weinbau. Daraufhin konnte er nicht nur die Leitung der Domäne übernehmen, er hatte an der Côte auch viele nützliche Bekanntschaften gemacht.

Allerdings genügte es ihm nicht, eines der schönsten Weingüter Burgunds zu betreuen, er wollte auch seiner zweiten großen Leidenschaft, der Fliegerei, frönen. Also begann er eine Ausbildung als Berufspilot und bestand 1988 die strenge Prüfung. Heute fliegt er an drei Tagen in der Woche Fokker-Maschinen für die französische Fluglinie TAT, den Rest seiner Zeit verbringt er in Chambolle.

Die Fliegerei macht ihn in gewissem Umfang finanziell unabhängig und ermöglicht es ihm, in der Weinerzeugung einen etwas gewagten Kurs zu halten. Beispielsweise bevorzugt er späte Lese und ziemlich hohe Gärtemperaturen – beides für Winzer, die allein vom Weinbau leben, mit großem Risiko behaftet. Außerdem gibt ihm das «Taschengeld» aus der Fliegerei die Möglichkeit, manche besonders gute Flasche zurückzulegen und im eigenen Keller ausreifen zu lassen.

Diese beneidenswerte Lage verdankt er einem sagenumwobenen Ururgroßvater ebenfalls namens Frédéric Mugnier, der sich im letzten Drittel des 19. Jh. als Hersteller von Likören und Négociant für Cognac und Wein in Dijon niederließ. Sein Geschäft erbrachte die Mittel für den Erwerb von rund 9 ha Weinbergen in Chambolle, im Clos Vougeot und in Nuits-St-Georges sowie des prächtigen Château de Chambolle-Musigny, das 1889 der Familie Marey-Monge abgekauft wurde. 1945 wurde dieser Besitz unter mehreren Familienmitgliedern aufgeteilt und an das Haus Faiveley in Nuits verpachtet.

1977 beschloß Fredys Vater, die Leitung der Familienweinberge selbst in die Hand zu nehmen. Da aber das französische Gesetz alle Bauern, ob klein oder groß, schützt und Guy Faiveley ein geschickter Advokat war, ging es nicht ohne Komplikationen und Kompromisse ab. Durch die schließlich erreichte Einigung ging das Land im Clos Vougeot ganz und die Premier-Cru-Lage Clos de la Maréchale in Nuits-St-Georges in langjähriger Pacht an Faiveley über. Irgendwann in der Zukunft fällt dieser Weinberg an die Familie Mugnier zurück. Ob solche Folgen den Prinzipien des französischen Rechts entsprechen, ist freilich nicht klar.

Fredys eigene Prinzipien dagegen sind klar und eindeutig: «Alles liegt in der Traube beschlossen; manches davon gelangt in den Wein, anderes nicht. Man muß sich entscheiden, was eingehen soll und was nicht.»

Seit er die Domäne übernahm, hat er wichtige Entscheidungen getroffen. Erstens muß Dünger so sparsam wie möglich angewendet werden. Außer in einem kleinen Stück Les Amoureuses, wo anders als sonst in Burgund üblich Kalimangel herrschte, sind seit 1987 keine Düngemittel ausgebracht worden. Zweitens sind Insektizide nur dann nützlich, wenn sie in gerade ausreichender Menge angewandt werden, um Schädlingsbefall in Schach zu halten. Fredy duldet beispielsweise lieber in gewissem Umfang die Gelbe Spinne, als maximal gegen Schädlinge zu spritzen. Wiederholte starke Spritzung kann zwar den Sauerwurm als Hauptverursacher der Traubenfäule weitgehend bekämpfen, gleichzeitig werden aber auch die Raubinsekten getötet, die der Roten Spinne zu Leibe rücken.

Der Rebschnitt erfolgt auf eine gewisse Länge, weil Fredy glaubt, daß die herkömmliche Art, Ertragsbeschränkung durch kurzen Schnitt erreichen zu wollen, auf einem Irrtum beruht: «Schneidet man zu streng, dann stärkt man die Triebkraft des verbliebenen Teils, und dadurch vergrößert man die Laubmasse auf kleinerem Raum.» Er beläßt lieber an jedem Stock eine längere *baguette* und beseitigt statt dessen übermäßiges Triebwachstum durch *évasivage* im Mai.

Auch für Behangausdünnung hat er nichts übrig. Wie die *saignée* stelle sie «nur ein Mittel zur Korrektur früherer Fehler» dar. Weit besser sei es, geeignete Klone und Unterlagsreben sowie Laubauslichtung und strenge *triage* anzuwenden, um niedrige Erträge an maximal konzentrierter Frucht zu erlangen. Unterlagsreben, Klone und Nichtdüngung sind die drei Mittel, auf die Fredy am stärksten setzt.

Die Erträge beweisen, daß er recht daran tut: Im Schnitt der letzten zehn Jahre lagen sie bei 34 hl/ha – 1 hl/ha unter dem *rendement de base* für Grands Crus und 6 hl/ha unter dem für Villages-Weine. Seiner Ansicht nach sollten für «echte» Grands Crus höchstens 30 hl/ha zugelassen sein. Es dürften nur wenige Domänen zu finden sein, die mit solchen Erträgen selbst für ihre Grands Crus zufrieden wären.

Die *triage* handhabt Fredy so streng, daß seine Mutter sich beklagte, er habe 1990 die ganze Familie bis Mitternacht in der Cuverie Trauben sortieren lassen. «Es hat drei Wochen gedauert, bis meine Finger wieder sauber waren», seufzt Madame Mugnier und zeigt ihre eleganten Hände vor.

Im Keller herrscht ebensoviel Aufmerksamkeit für die Details. Stiele – je nach Reifegrad gelten sie als gut oder schlecht – werden zu maximal 40 % bei der Frucht belassen. «Wer von Auslese redet, meint meist die Qualität der Trauben und nicht der Stiele. Was diese in den Wein einbringen, hängt jedoch von der Art der Auslese ab, denn aus manchen Rebenparzellen kommen reifere Stiele als aus anderen.»

Frédéric Mugnier – Vigneron und Berufspilot.

Die Vormaischung unter einer SO$_2$-Dosis von 1 l pro Tonne Traubengut dauert etwa vier Tage. Die Gärung setzt auf natürlichem Weg ohne Kulturhefen ein. Frédéric möchte den Gärprozeß möglichst in die Länge ziehen, das aber ist sehr schwierig ohne geschlossene Gärbehälter (er besitzt prachtvolle alte offene Bottiche) und ohne Schutzgasdecke. Die Gärtemperatur läßt er auf 36–37 °C ansteigen, bevor er mit einem Wärmetauschersystem in den Gärbottichen für Abkühlung sorgt.

Häufige *pigeage* – bis zu fünfmal am Tag – gewährleistet engste Berührung zwischen der Flüssigkeit und den Feststoffen. Insgesamt dauert die *cuvaison* 15 bis 17 Tage; dann wird der Wein in Fässer abgezogen, wo er die *malo* durchmacht.

Der Preßwein wird getrennt verarbeitet und erst kurz vor der Abfüllung dem Vorlaufwein beigemischt. So hat Fredy anders als bei der in Burgund üblichen Praxis, beide Weine vor dem Abstechen in Fässer miteinander zu vereinigen, die Chance, dem endgültigen Wein noch ein Geschmackselement hinzuzufügen.

Ein Viertel der jungen Weine kommt in neue Fässer, die Grands Crus zu etwa 5 % mehr als die übrigen. Der Faßbauer erhält Anweisung, die für Mugnier bestimmten Fässer nur leicht anzurösten; Fredy spült sogar jedes Faß mit Dampf oder heißem Wasser aus, um allzu aggressive Tannine herauszulaugen, bevor sie in seinen Wein gelangen können. Mit der Qualität mancher Fässer war er so unzufrieden, daß er 1992 Eichenholz kaufte, es 36 Monate im Château trocknete und dann zu Fässern verarbeiten ließ, die an mehreren *cuvées* des Jahrgangs 1995 erprobt wurden.

Fässer bringen in den Wein sowohl Extrakte des betreffenden Holzcharakters als auch eine mehr oder weniger kontrollierte Oxidation durch die in den Spalten und Ritzen der Faßdauben sitzende Luft ein. Neues Holz vertieft außerdem die Farbe und Fülle des Weins, muß aber mit Vorsicht angewendet werden, damit es nicht den Geschmack vereinheitlicht und beherrscht. Das aber ist kaum erwünscht, wenn die typische Art der einzelnen *terroirs* hervorgehoben werden soll. Dem Faßholz muß in Chambolle-Musigny höchste Beachtung geschenkt werden, weil hier die Weine ja vor allem von ausgeprägter Delikatesse leben.

Die *élevage* ist keinem vorgegebenen Zeitplan unterworfen. Ein erster Abstich von Faß zu Faß findet etwa im Mai statt, danach aber richtet sich alles nach Geschmackskontrollen. Wirkt ein Wein in Aroma und Geschmack zu stark «reduziert», erfolgt zwischen August und November ein zweiter Abstich. Meist verbringen die Weine 18 Monate im Faß und werden einen Monat vor der Abfüllung mit frischem Eiweiß geschönt. Für Filtration hat Frédéric zwar nichts übrig, er hat aber festgestellt, daß in den letzten Jahren nicht ohne sie auszukommen gewesen wäre, weil die Weine zu stark getrübt waren. Er führt dies darauf zurück, daß er keine pektolytischen Enzyme als Klärungshilfen eingesetzt hatte, und das bereut er nun. Die Weine aus den verschiedenen Fässern werden sodann in einer Reihe herrlicher 2700-l-Fässer vereinigt und schließlich von der Domäne selbst abgefüllt.

Die Weine Fredy Mugniers zeichnen sich durch Eleganz und Kraft aus – das gilt zwar eigentlich als Merkmal für Chambolle, fehlt aber doch ziemlich oft. Trotz ihrer ausgeprägten Finesse lassen sich diese Weine nicht mit Hast behandeln; sie brauchen Zeit, um sich zu entfalten und ihren verborgenen Reiz zur Geltung zu bringen. Der Villages-Wein und auch die Premiers Crus zeigen sich anfänglich oft unzugänglich und unharmonisch und geben in Geschmack und Duft nicht viel her. Läßt man sie jedoch ruhen, erblühen sie zu großer Delikatesse mit einer verhaltenen, aber kraftvollen Struktur.

Der Chambolle-Villages stammt übrigens zu gleichen Teilen aus der Premier-Cru-Lage Les Plantes und der Villages-Lage Combe d'Orveaux. Die jüngeren Reben in Les Plantes tragen mehr, daher liegt das Mischungsverhältnis eher bei 60:40. Auf diese Weise entsteht ein samtiger, vollmundiger Wein mit großer «puissance» und Nachhaltigkeit. Von den beiden Premiers Crus ist erwartungsgemäß der Les Amoureuses meist der bessere; hier verleiht der Boden mit seiner relativ nahe an der Oberfläche liegenden Kalksteinunterschicht dem Wein anfänglich ausgeprägte Säure und feste Struktur, jedoch zugleich ausgesprochene Tiefe und Komplexität – vielleicht recht verhalten, aber mit besonderer Nachhaltigkeit. Demgegenüber hat Les Fuées mehr Lehm im Boden, wodurch ein breiterer, fleischigerer Stil entsteht – aber beide sind sehr fein.

Fredy Mugnier bewundert die Technik und die Weine seines Nachbarn Christophe Roumier, und es besteht eine mehr als nur flüchtige Ähnlichkeit im Stil der beiden Domänen. Fredys Weine sind zwar am Anfang meist weniger zugänglich als die von Christophe, gemeinsam ist ihnen aber die grundlegende Ausgewogenheit, Tiefe der Frucht und Delikatesse. Fredy bewertet seine Weine eher nach der Struktur als nach dem Aroma, weil er meint, daß dies bei einem jungen Burgunder der einzige feste Ankerpunkt sei. Das Aroma verändere sich ständig, das feste Rahmenwerk dagegen bleibe alles in allem konstant.

Von den beiden Grands Crus ist der Bonnes Mares – aus einer Parzelle, die etwa in der Mitte zwischen Chambolle und Morey liegt – meist der strammere, muskulösere, maskulinere. Er hat Ähnlichkeiten mit dem Les Fuées, ist aber fester und straffer und breiter im Profil, allerdings eindeutig mehr Chambolle als Morey im Bonnes Mares-Spektrum.

Fredy mußte vor einiger Zeit die Hälfte seines Bestands in der Lage Bonnes Mares ersetzen, weil die 30jährigen Reben einem Klon angehörten, der sich in Ertrag und Qualität als unbeständig erwies. Der 1988er ist der erste Jahrgang, der seiner Meinung nach wieder typische Art zeigt. Der Wein ist robust und nachhaltig, doch das jüngere Rebenalter zeigt sich in einer offeneren Struktur und in einem Mangel an echter Grand-Cru-Konzentration.

Der Musigny dagegen hat keine derartigen Probleme. Bis 1989 gab es zwei Versionen: einen «normalen» Musigny und eine «Cuvée Vieilles Vignes». Heute sind beide vereinigt, weil Fredy die Mischung für besser hält als ihre beiden Bestandteile. Die neue Regel erlebte 1992 ihre Ausnahme: Damals wurde ein einziges Faß Vieilles Vignes zur Feier der Geburt des Töchterchens von Fredy und seiner Frau Joceline bereitet.

Der Musigny von Mugnier hat die Kraft und Konzentration, die man von einem Grand Cru, sowie die Finesse und Seidigkeit, die man von einem Musigny erwarten darf. Wegen seiner straffen, strengen Tannine und seiner hervortretenden Säure ist er jung nur schwer zu beurteilen, er hat jedoch eine Grundlage von großer Tiefe und zeigt Opulenz, Samtigkeit und reiche Facetten. Gute Jahrgänge sollten ein Jahrzehnt und länger reifen – sie lohnen mit ihrer Fülle geduldiges Warten.

Fredy Mugnier ist ein sehr guter Kellertechniker. Die Sorgfalt und Intelligenz, die er auf jeden Jahrgang verwendet, erweist sich in beständig feinen Weinen mit herrlicher Eleganz und typischer Art. In der kurzen Zeit hat er offenbar viel erreicht und gelernt – die dabei gewonnene Erfahrung wird ihm in der Zukunft gute Dienste leisten.

WEINBERGBESITZ

Gemeinde	Rang	Lage/Climat	Fläche	Rebenalter	Status
Chambolle	PC	Les Combottes + Les Plantes + La Combe d'Orveaux	1,30	35	P
Chambolle	PC	Les Fuées	0,71	35	P
Chambolle	PC	Les Amoureuses	0,53	40	P
Chambolle	GC	Bonnes Mares	0,36	$1/3$ 30 $1/4$ 15 $5/12$ 5	P
Chambolle	GC	Musigny	1,13	37	P
Gesamtfläche			**4,03 ha**		

Domaine Comte Georges de Vogüé

Die uralte, hochangesehene Domäne verdankt ihren Ursprung einer Familie Musigny, die im 14. Jh. im heutigen Chambolle lebte, dann aber im Dunkel der Geschichte verschwand. Ihr Name lebt in der berühmten Weinberglage weiter. Um 1450 baute Jean Moisson hier eine kleine Kapelle, die dann später unter der Ägide von Kardinal Rollin, dem Sohn des berühmten burgundischen Kanzlers Nicolas Rollin, zur Pfarrkirche des Orts wurde. 1528 heiratete die Enkelin von Jean Moisson den Négociant Michel Millières aus Dijon und brachte die ersten Weinberge der künftigen Domaine de Vogüé mit in die Ehe.

Erst 1766 erscheint der Name de Vogüé erstmals in den Urkunden, als Catherine Bouhier, der letzte weibliche Abkömmling der Familie Moisson, die Ehe mit Cerice François Melchior de Vogüé schloß. Seither haben fünf Generationen der Familie de Vogüé durch Zukauf oder Tausch den Weinbergbesitz der Domäne vergrößert. Die meisten wohnten wohl auch in dem eleganten Haus Jean Moissons aus dem 14. Jh. in der Rue de Barbe, das eine Seite des großen Hofs abschließt, der der schönen Pfarrkirche gegenüberliegt.

In neuerer Zeit kam Comte Georges de Vogüé, ein lebhafter, altmodischer, höchst charmanter und aristokratischer Herr, des öfteren aus Paris hierher, um die Arbeit des von Alain Roumier geführten Teams der Domäne zu begutachten. 1987 trat Roumier nach 30jähriger Tätigkeit in den Ruhestand, und im selben Jahr starb Comte Georges.

Seine Witwe war nun die Eigentümerin, überließ die tägliche Verwaltungsarbeit jedoch ihrer Tochter Elisabeth de Ladoucette. Im Frühjahr 1986 war ein neues Team, bestehend aus dem Önologen François Millet und dem Chef de Culture Gerald Gaudeau, gebildet worden. Hinzu kam 1988 der liebenswürdige, weltgewandte Jean-Luc Pepin als Leiter des Vertriebs.

Es gab viel zu tun. Seit dem Ende der 1970er Jahre herrschte in Fachkreisen Unbehagen über die Qualität des Weins der Domäne, der weithin als nicht mehr so konzentriert und beständig gut galt wie früher; selbst 1978 gab es keine Anzeichen für eine Wiederholung der legendären Jahrgänge 1945, 1947, 1959, 1969 und 1972. Das Potential war nach wie vor da, doch die Betriebsleitung konnte es nicht nutzen. Bei den geforderten hohen Preisen war es unvermeidlich, daß die Reputation der Domäne Schaden nahm.

Es ist schwer zu sagen, ob wirklich ein Problem bestand. Die Domäne selbst besitzt praktisch keine Vorräte älterer Jahrgänge, Vergleiche sind also nicht möglich. Oft wird der Musigny, der den Kern der Erzeugung dieser Domäne bildet, falsch beurteilt – er hat von Natur aus recht helle Farbe und ist vorwiegend durch Finesse und Eleganz geprägt. Wer die Farbe oder den Stil der Weine aus den Nachbarorten Morey-St-Denis oder Vougeot zugrunde legt, wird leicht zu dem Schluß verleitet, der Musigny habe ungewöhnlich leichte Frucht. Das wäre aber ein Irrtum. Beim Pinot Noir im allgemeinen und beim Chambolle-Musigny im besonderen ist die Farbe oft ein schwacher Indikator für den Geschmack. Ein Wein von hellrötlichem Farbton erweist sich häufig als mit Frucht nur so vollgepackt und zeigt beträchtliche Kraft und Tiefe.

Dennoch dürfte nicht alle Kritik so weit fehlgegangen sein. Unklar bleibt, was Ende der 1970er und Anfang der 1980er Jahre nicht stimmte. Es war die Rede von Übererträgen, aber auch von allzu scharfer Filtration, um dem US-Markt entgegenzukommen. Ersteres stellt sich bei Überprüfung als falsch heraus; der zweite Grund wäre möglich, ist aber angesichts der großen Erfahrung Alain Roumiers und des nie bezweifelten Engagements von Georges de Vogüé für beste Qualität nicht plausibel. Es darf auch nicht vergessen werden, daß von 1973, als die Fäuleprobleme begannen, bis 1986, als das neue Team eingesetzt wurde, nur ein einziges wirklich gutes Jahr, nämlich 1978, lag.

Inzwischen hat sich das neue Team etabliert, und es sind seine Leistungen, die nun dem Urteil über die Domäne zugrunde gelegt werden müssen. François Millet hat einen exzellenten Werdegang hinter sich: Nach eingehendem Studium an der Universität Dijon war er zwölf Jahre lang als Önologieberater mehrerer Häuser «von Mâcon bis Montélimar» tätig. Er mißtraut allen festen Formeln, betont vielmehr, wie wichtig es ist, jeden Jahrgang ganz aufgeschlossen anzugehen. Was für einen bestimmten Posten Traubengut richtig sein mag, muß nicht unbedingt auch auf den nächsten passen.

Aufgrund dieses «Jahr um Jahr und Cuvée um Cuvée» neu abgestimmten Verfahrens ist es sinnlos, von einem «System» der Weinbereitung zu sprechen. Auch weiß François, daß es länger als die zehn Jahre, die er bisher in der Domäne gearbeitet hat, braucht, um eine echte Beziehung zwischen ihm und seinen Weinen aufzubauen. Er hat dem de Vogüé noch keine vollgültige Gestalt geben können.

Er achtet jedoch auch sehr darauf, daß er sich in seinem schönen Keller aus dem 19. Jh.

François Millet und Jean-Luc Pepin – den Blick in die Zukunft gerichtet.

nicht zu sehr isoliert; das Verkosten anderer Weine, nicht nur von Burgundern, und regelmäßige Besuche in fremden Weinbergen betrachtet er als Teil seiner Berufsarbeit. Selbst wenn man davon ausgeht, daß keine feste Formel Anwendung findet, wird die Frage nach der Verarbeitung der tadellosen Frucht mit eigentümlich verklausulierter Zurückhaltung beantwortet. Auf jeden Fall besteht das Bestreben, die Verarbeitung möglichst genau auf das Jahr, die Lage oder einen bestimmten Posten Traubengut abzustimmen. Dazu gehört auch die eingehende Kenntnis aller Lagenteile und ihres *terroirs*.

Die Bereitschaft zur Flexibilität und Anpassung an die jeweiligen Erfordernisse bedeutet aber nicht, daß es keine Präferenzen gäbe. So wird das Traubengut zu 30–100 % entrappt; der Umfang richtet sich nach dem Jahr, der Appellation und der jeweiligen Lagenparzelle. Die Stiele sind nach François Millets Ansicht schwierig zu beurteilen – «die Qualität der Tannine ist unterschiedlich, und der Boden spielt eine große Rolle». Außerdem weisen die Trauben aus einem bestimmten Teil des Weinbergs oft mehr Tannin auf als andere, so daß weniger Notwendigkeit, Tannin aus den Stielen zuzuführen, besteht. Bedenkt man, daß Tannin aus verschiedenen Quellen zur Verfügung steht, dann ist es oft günstiger, die Extraktion aus einer langen *cuvaison* zu nutzen, als Stiele zuzusetzen.

Unabhängig hiervon geht außer in sehr stark durch Fäule geprägten Jahren meist eine kurze Maischung in großen offenen Bottichen dem Gärprozeß voraus. François Millet arbeitet gern mit der Natur und hat deshalb nur Mißbilligung für den Versuch übrig, die Trauben von Anfang an mit einer massiven Dosis Schwefel zu einer langen, kühlen Vormaischung zu veranlassen: «Das ist nicht naturgemäß und nicht die rechte Art, Gott für seinen Segen zu danken.»

Trockenhefe burgundischer Herkunft wird nur dann zugesetzt, wenn die Gärung in einem Behälter träge verläuft. Die Gärtemperatur wird auf maximal 32–33 °C geregelt, und die Dauer der *cuvaison* richtet sich nach dem jeweils verarbeiteten Traubengut. Allgemein gelte, je länger die *cuvasion*, desto günstiger, man habe aber festgestellt, daß das Lesegut aus manchen Weinbergen in 15 Tagen, aus anderen in einem Monat bessere Ergebnisse bringe.

François glaubt, daß die Dauer der Maischung nach der Gärung mehr Bedeutung hat als die Gärdauer selbst. Nach dem Abziehen des Vorlaufweins wird dann die Restmaische sanft abgepreßt und der dabei gewonnene Wein getrennt eingelagert, um im geeigneten Zeitpunkt und nach mehreren Geschmackskontrollen dem Vorlaufwein beigemischt zu werden. «Für die Weine von Chambolle ist feminine Art charakteristisch», sagt François, «und deshalb wird der *vin de presse* selbst in reiferen Jahren fast immer vollständig beigemischt, damit etwas mehr Rückgrat und Struktur entsteht.»

Wie die Domäne es mit dem Faßausbau hält, scheint noch nicht völlig festzustehen. Neue Fässer werden zu 40 bis 70 % eingesetzt, je nach Jahrgang, Rebenparzelle usw. Auch ist noch nicht endgültig ermittelt, welche Hölzer aus welchen Gegenden für die einzelnen Weine am günstigsten sind. Bislang wurde provisorisch entschieden, daß Nevers-Eiche gut zum Bonnes Mares – oder umgekehrt – paßt.

Eine weitere Komplikation ergibt sich auch dadurch, daß das Holz aus ein und demselben Wald von Jahr zu Jahr anders ausfallen kann. Die Domäne versucht deshalb, ihren Faßbauer auf dem Weg über Geschmacksproben mehr mit dem Wein und den Gedankengängen des Hauses bekannt zu machen.

François spricht zwar viel über das Abstechen, ein bestimmtes Verfahren scheint er dabei aber nicht zu befolgen. Ob und wie oft ein Wein außer zur Abfüllung überhaupt abgestochen wird, unterliegt individueller Entscheidung. Mit Bestimmtheit läßt sich jedoch sagen, daß dabei nur Schwerkraft und keine Pumpe eingesetzt wird. Allgemein wird Abstechen nach der malolaktischen Säureumwandlung angestrebt, wobei das wiederum teilweise davon abhängt, wieviel Geläger sich im Faß angesammelt hat: «Es muß genug Hefesatz im Faß bleiben.»

Auch der Zeitpunkt der *assemblage* ist im Fluß; sie kann vor oder nach dem Schönen oder erst kurz vor der Abfüllung erfolgen. Je später sie vorgenommen wird, desto «präziser» läßt sie sich durchführen – «es ist wie in der Malerei, man hat mehr Schattierungen verfügbar».

Auch die Schönung ist im Schema der Weinbereitung bei de Vogüé variabel. «Dabei wird dem Wein einiges entzogen», deshalb wird zu jedem Faß eine eigene Entscheidung getroffen. Fällt sie zugunsten der Schönung, dann muß erst noch das für den jeweiligen Fall am besten geeignete Mittel festgelegt werden. Meistens wird frisches Eiweiß bevorzugt, manchmal aber bringt Gelatine bessere Resultate. Auch Filtration ist kein fester Bestandteil des Verfahrens; nur wenn es nötig ist, werden Kieselgur- oder Schichtenfilter benutzt, in Ausnahmefällen auch beide.

Eine der wichtigsten Entscheidungen betrifft den Zeitpunkt der Abfüllung. Hier wenigstens scheint eine feste Richtmarke zu bestehen: «Wir achten darauf, daß der Wein sich zu entfalten beginnt, aber er soll nicht zu weit gediehen sein.» Zu diesem Thema bemerkt François Millet, der Faßausbau habe seine guten und seine schlechten Seiten. Zu lange Lagerung im Faß kann einen Wein austrocknen und die zarte Pinot-Noir-Frucht zunichte machen. Richtig gewählt, kann die Reifezeit andererseits die Qualität und die Lebenserwartung eines Weins stark verbessern.

Nach fast einem Jahrzehnt bringt nun das Team unbestreitbar Weine von Spitzenrang hervor. Sie sind zwar noch relativ jung (ein feiner Musigny verlangt 10 bis 20 Jahre Flaschenreife), deutlich erkennbar aber sind schon Qualität und Beständigkeit – kein Strohfeuer, sondern Vertrauenswürdigkeit von Jahr zu Jahr. Das undefinierbare, erregende Flair eines großen Bonnes Mares oder Les Amoureuses, vor allem aber des herrlichen, seidigen, opulenten Musigny wird stets getreulich eingefangen.

Die Erzeugung der Domäne besteht aus etwa 4000 Kisten von vier Weinen, darunter 100 Kisten des begehrten und ungewöhnlichen Musigny Blanc von Chardonnay-Trauben aus der Grand-Cru-Lage – ein kraftvoller Wein, jedoch ohne die Finesse eines großen Puligny, eher wie ein Corton-Charlemagne mit Haaren auf der Brust. Die einen sehen in ihm den Inbegriff eines Weißweins, andere dagegen nur eine interessante Kuriosität. Zu welchem der beiden Lager man auch tendiert, der Weg dorthin ist ein teures Vergnügen.

Es wird behauptet, Alain Roumier hätte gern einfaches Chambolle-Villages-Land hinzuerworben, um seinen treuen Kunden ein breiteres Programm bieten zu können, Comte Georges habe aber nichts von der Idee gehalten, weil für ihn nichts in Betracht gekommen sei, was nicht wenigstens Premier-Cru-Rang hatte. Inzwischen gehören knapp 2 ha Villages-Lagen zum Besitz, und die Domäne bietet einen einfachen Chambolle an. Im übrigen beginnt das Programm mit dem Chambolle-Musigny Les Amoureuses Premier Cru. Der Boden dieser Lage hat hohen Kalksteingehalt und erbringt Wein mit kräftiger Säure und schöner Delikatesse bei heller Farbe und sanftem, vollmundigem Geschmack. Die Weine aus Chambolle-Musigny haben meist eine gute Ausgewogenheit in Tannin und Säure; der Amoureuses gibt hierfür ein herrliches Beispiel ab.

Die zur Domäne gehörenden Teile der Grand-Cru-Lage Bonnes Mares liegen näher bei Chambolle als bei Morey. Der Wein, der dort wächst, ist stets dunkler und dichter als der Amoureuses und weist auch mehr Wucht und Struktur auf. Er reift zu einem feinen, zunächst fruchtbetonten, dann eher vegetabilen Bukett heran; alles in allem ein viel «wilderer» Wein als der Musigny, zwar mit weniger Kraft, aber mit großer Finesse und Konzentration – maskuliner in der Art, jedoch mit genausoviel Rasse und Nachhaltigkeit.

Die Domaine de Vogüé verfügt mit 80 % über den bei weitem größten Besitzanteil an der Lage Musigny. Sie erbringt einen einzigen Wein namens «Vieilles Vignes», der durch herrliche Feinheit, die klare, helle Farbe von rotseidenem Taft und große Reinheit und Tiefe der ihm zugrunde liegenden Frucht besticht. Der Duft entwickelt sich zu einem harmonischen Bukett diskreter, verlockender Noten voll Klasse und Finesse mit ständig neuen Facetten und Perspektiven. Am Gaumen zeigt sich superbe Konzentration reifer Frucht mit runden Tanninen sowie schöne Ausgewogenheit durch feine Säure. Das auffälligste Merkmal dieses Weins ist seine in minderen wie in besseren Jahrgängen vorhandene große Nachhaltigkeit. Gute Jahrgänge des de Vogüé Musigny weisen große Tiefe auf und gehören zu den rarsten Kostbarkeiten Burgunds.

Diese Domäne ist eine der großartigsten und vornehmsten an der Côte d'Or, und ihr Potential für feinsten und denkwürdigsten Burgunder steht außer Zweifel. Das jetzt neu etablierte Team ist zwar noch dabei, das richtige Gefühl für die ihm zur Verfügung stehenden großen Weinberglagen zu entwickeln, doch haben die bisher von ihm geschaffenen Weine aber schon viel zur Wiederaufrichtung der Reputation dieses Weinguts beigetragen – eine Leistung, die jeder Liebhaber Burgunds und des Burgunders nur aus tiefstem Herzen begrüßen kann.

WEINBERGBESITZ

Gemeinde	Rang	Lage/Climat	Fläche	Rebenalter	Status
Chambolle	GC	Musigny	6,70	–	P
Chambolle	GC	Bonnes Mares	2,60	–	P
Chambolle	GC	Musigny (Blanc)	0,50	–	P
Chambolle	PC	Les Amoureuses	0,60	–	P
Chambolle	V		1,80	–	P
		Gesamtfläche	**12,20 ha**		

Vougeot

Mit einer Rebfläche von nur 67,08 ha ist Vougeot die kleinste Weinbaugemeinde an der Côte d'Or. Dank der Tätigkeit der Confrérie des Chevaliers du Tastevin, die im Château du Clos de Vougeot ihren Sitz hat, ist der Ort jedoch in der ganzen Welt des Weins bekannt geworden.

Daneben beruht seine Reputation vor allem auf der größten Grand-Cru-Lage der Côte d'Or, dem Clos de Vougeot, einem herrlichen, von einer Mauer umgebenen Weinberg. Die Rot- und Weißweine aus den übrigen 16,5 ha, die nur auf die Appellationen Vougeot oder Vougeot Premier Cru Anspruch erheben dürfen, stellen für die meisten Weinliebhaber nichts weiter als Kuriositäten dar.

Vougeot hat nur 200 Einwohner und ist von der jetzt um das Dorf herumgeführten RN74 aus zu erreichen. Im Frühjahr, Sommer und Herbst ergießen sich Touristenströme über das Château; in den großen Kellern, die gewissermaßen als Fangnetze dienen, wird dann viel Wein verkauft. Ansonsten gibt es einen mittelgroßen Kramladen, einige erwartungsgemäß teure Restaurants und für heiße Tage ein schönes Schwimmbad. Wer eine Weile Aufenthalt nehmen möchte, dem sei das Hotel der Domaine Bertagna in den Weinbergen oder das schön restaurierte, 1 km entfernt jenseits der RN74 herrlich still gelegene Château de Gilly mit Tennisplatz und ausgezeichnetem Restaurant empfohlen.

Der Ort hat seinen Namen von dem Flüßchen Vouge, das bei Chambolle-Musigny entspringt. Im 12. Jh. hieß er Vooget, seine Existenz war aber dank einer Mautstation schon drei Jahrhunderte früher bekannt.

Bevor im 12. Jh. die Mönche von Cîteaux hierher kamen, war der heutige Clos mit Wald und Brachland bedeckt. Nachdem dieses Land dem Kloster Cîteaux vermacht worden war, begann die Rodung und die Anpflanzung von Weinreben. Allerdings konnten die Mönche nicht den ganzen Clos aus frommen Stiftungen zusammenbringen, vielmehr mußten sie zwischen 1227 und 1370 erhebliche Mittel für den ihnen noch fehlenden Teil aufbringen. Im 15. Jh. stand dann die große Mauer, die den Weinberg mit seinen rund 50 ha heute noch umschließt.

Aus Henri Cannards ausgezeichnetem Geschichtsüberblick erfährt man, daß der Clos und das Château de Gilly in den Religionskriegen geplündert wurden. Das Château wurde zwar wiederaufgebaut, dem Clos aber verblieben nur ein paar Wirtschaftsgebäude für die Weinbereitung und -lagerung. So standen die Dinge, bis 1551 das als Festung gedachte heutige Château erbaut wurde. Cannard vermerkt auch, daß außer einer kleinen Kapelle nichts vorhanden war, woran man erkennen konnte, daß es sich um eine Dependance des Klosters Cîteaux handelte.

Inzwischen stellten sich illustre Gäste ein: Ludwig XIV. kam in das Kloster zu einer Kur, die ihm sein Leibarzt Fagon verordnet hatte und die vorwiegend im Trinken von Wein aus Nuits bestand. Auch wird berichtet, daß im Ort zahlreiche «auberges réputées» aus dem Boden schossen, da nun viele Besucher hier und nicht in Nuits unterkommen wollten.

1860 wünschte eine Gruppe englischer Geschäftsleute das Château zu kaufen, doch die damaligen Eigentümer verkauften nicht an sie, sondern 1869 an die Familie Thenard. Anschließend blieb das Gut in einer Hand, bis es 1889 unter 15 neuen Besitzern aufgeteilt wurde. Von ihnen ist vor allem Léonce Bocquet bekannt geworden: Er steckte viel Geld und Mühe in die Gebäude und ließ sich – wie es heißt – aufrecht stehend unter dem Eingang begraben.

Dennoch verfiel der Bau nach und nach, kam dann schließlich in die Hand von Etienne Camuzet, und dessen Nachfahren verkauften ihn am 29. November 1944 an die Chevaliers du Tastevin. Heute gehört das Château einer Gesellschaft namens Les Amis du Château du Clos Vougeot und ist nach wie vor das Hauptquartier der Chevaliers du Tastevin.

Die Confrérie wurde 1934 in einer sehr schwierigen Zeit als Organisation zur Verkaufsförderung gegründet. Heute veranstaltet sie höchst langwierige, üppige Bankette, und bei dieser Gelegenheit werden Persönlichkeiten, die sich um Burgund verdient gemacht haben, «inthronisiert». Immerhin ist die Stellung eines Chevalier du Tastevin auch mit dem Ruf der Kennerschaft verbunden. Das entbehrt zwar jeder Begründung, ist als Werbegag aber meisterhaft.

Die Appellation Vougeot erstreckt sich auf 4,82 ha; daneben stehen drei kleinere, wenig bekannte Premiers Crus – Les Cras, La Vigne Blanche und Les Petits Vougeot (hierzu gehört der Clos de la Perrière von Bertagna) – mit zusammen 11,68 ha. Die Weine aus diesen Lagen neigen zu fester, tanninherber Art, entwickeln jedoch im Alter oft Finesse. Jährlich entstehen auch 500 bis 600 Kisten Weißwein, der je nach Winzer und Jahrgang ausgezeichnet oder nichtssagend ausfallen kann.

Die 50 ha Clos de Vougeot sind heute auf 65 Besitzer verteilt – Gesellschaften, Einzel-

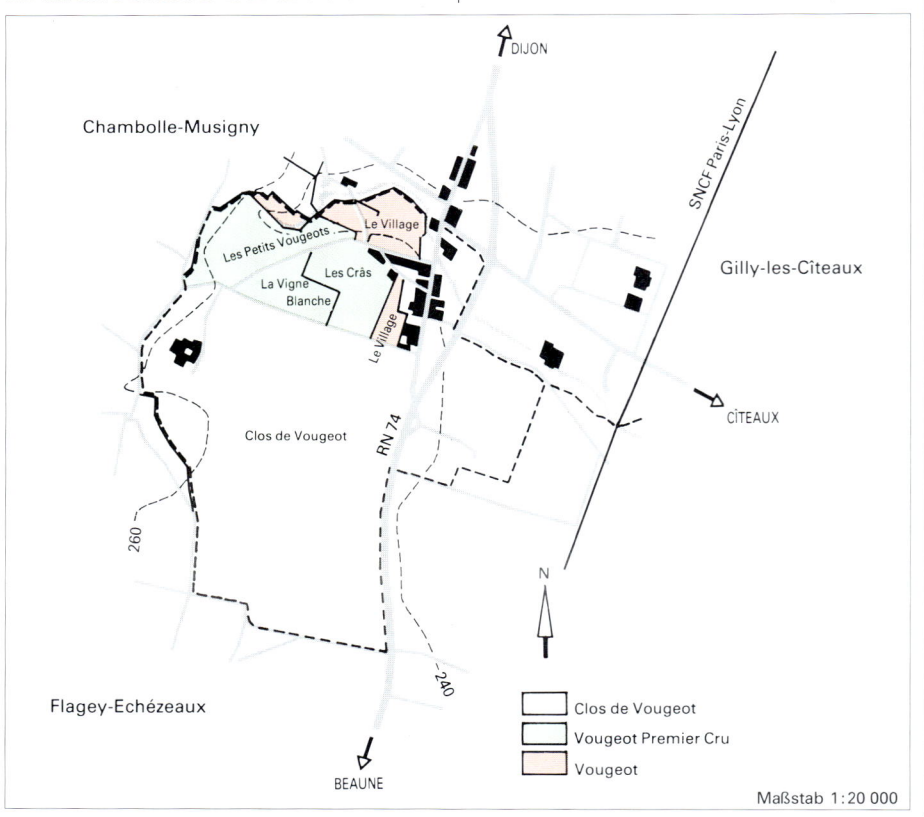

Château und Clos de Vougeot – 82 Besitzer teilen sich in die altehrwürdige Lage an der Côte d'Or.

personen, kleine und große Domänen, eine Ecke gehört sogar dem Amt für Straßen- und Brückenbau –; die Qualität ist dementsprechend höchst unterschiedlich.

Der Clos de Vougeot ist eine der wenigen Grand-Cru-Lagen, bei denen es sehr darauf ankommt, an welcher Stelle man seine Weinstöcke stehen hat. Die Mönche von Cîteaux nahmen dankbar alles, was ihnen geschenkt wurde, und bekamen infolgedessen Land verschiedenster Art. Madame Rolande Gadille beschrieb 1957 nicht weniger als sechs Bodenarten in diesem Weinberg. Ehrliche Winzer geben zu, daß die oberen Teile mit ihrem gut durchlässigen Boden in der Nähe des Châteaus besser sind als die Stücke an der RN74, wo mehr Feuchtigkeit und daher größere Mehltau- und Frostanfälligkeit herrscht. Überdies haben seit der Jahrhundertwende die örtlichen Behörden nach und nach das Niveau der Straße um 2 m erhöht, so daß die Feuchtigkeit im unteren Teil des Clos eher noch stärker gestaut wird.

Der Weinberg erscheint zwar von der Straße aus gesehen ziemlich flach, er besitzt aber eine sanfte Hangneigung von 3–4° mit steilerem Anstieg in den oberen 30 m bis zum Château. Der Boden besteht im oberen Teil vor allem aus Kalkstein fossilen Ursprungs, während der untere Teil an der Straße sehr viel tiefgründiger ist und größeren Lehmanteil sowie hohen Grundwasserstand aufweist. Im mittleren Teil findet sich ein beträchtlicher Lehmgehalt in dem etwa 40–50 cm tiefen, durchlässigen, steinigen Boden.

Jean Grivot, dessen Reben zum großen Teil unten an der Straße, gleich hinter einem schmucken schmiedeeisernen Tor, stehen, vertritt die Auffassung, daß die besten Weine einer Mischung von Trauben aus dem oberen und dem unteren Teil zu verdanken sind. In Wahrheit dürfte das Können des Winzers entscheidenderen Einfluß haben als der Standort der jeweiligen Reben, dem wohl nur in besonders nassen oder dürren Jahren größere Bedeutung zukommt. Doch der Primat der Lage ist allen hier so sehr in Fleisch und Blut übergegangen, daß man kaum einen Winzer findet, der ohne weiteres zugibt, seinen Besitz im unteren Teil des Clos zu haben; die meisten behaupten, ihr Anteil liege «oben, nahe beim Château».

Viele Weine aus dem Clos de Vougeot enttäuschen durch dünne, säuerliche Art. Nur wenige verdienen den Grand-Cru-Status, die meisten sind schwerfällig und tanninreich und bieten keine Aussicht auf Entfaltung zum Besseren. Da er trotzdem immer teuer ist, gibt der Clos de Vougeot nur selten Anlaß zur Zufriedenheit.

Zu den besten Erzeugern gehören: Alain Hudelot-Noëllat, Louis Jadot, Méo-Camuzet, Daniel Chopin-Groffier, Jean Gros, Gros (Frère et Sœur), Georges Mugneret, Jean Grivot, Christophe Roumier und Jacky Confuron-Cotéditot.

Es wäre durchaus gerechtfertigt, den Clos im Hinblick auf eine Umstufung des weniger guten Lands zu überprüfen. Zusammen mit einer strengeren Geschmacksprüfung würde das viel zur Wiederbelebung der etwas ramponierten Reputation dieses noblen Grand Cru beitragen.

DIE GRANDS CRUS VON VOUGEOT

Lage/Climat	Fläche	Eigentümer	Gesamtproduktion
Clos (de) Vougeot	50,5910 ha	65	16 500 Kisten

Domaine Bertagna

Die in den 1940er Jahren von dem algerischen Geschäftsmann Bertagna gegründete Domäne ist vor kurzem in jüngere Hände übergegangen. Eva Reh, eine 30jährige Geschäftsfrau und Marketingexpertin, und ihr Mann, ein Engländer namens Mark Siddle, der seine Berufserfahrung bei Robert Mondavi in Kalifornien gesammelt hat, arbeiten mit allen Kräften daran, die in den 1970er Jahren stark abgesunkene Reputation der Domäne wieder aufzurichten.

Der Betrieb gehört zu einem recht ungewöhnlichen Familienunternehmen, dessen Teilbereiche von den fünf Kindern Karl Rehs geleitet werden. Das System ist einfach: Das jeweils als Geschäftsführer fungierende Familienmitglied hält die Mehrheit an dem betreffenden Unternehmensbereich, der Rest verteilt sich auf die übrigen Familienmitglieder. Zur Gruppe zählen eine große Sektkellerei, das Weingut Reichsrat von Kesselstadt in Trier und bedeutende Hotelbeteiligungen.

Seit Eva und Mark im Jahr 1982 die Domäne übernahmen, haben sie mit ihrem Kellermeister Roland Masse hart an der Modernisierung der Keller und, soweit erforderlich, an der Neubestockung der Weinberge gearbeitet. Eine eindrucksvolle computergesteuerte Weinbereitungsanlage wurde installiert. Sie ermöglicht Temperaturregelung, automatische *pigeage* mit Hilfe von Rührwerken in den Tanks und – durch ein ingeniöses System – das Entfernen des Gelägers ohne Abziehen des Weins; 1994 kam eine hochmoderne Vakuumabfüllanlage hinzu.

Die Lese erfolgt in mehreren Durchgängen, wobei jeweils nur die reifste Frucht geerntet wird; Behangausdünnung erhält den Vorzug vor einer *saignée de cuve*, obschon es sich dabei wahrscheinlich nicht um echte Alternativen handelt. Die große Anzahl verschiedener Traubenposten verursacht Verarbeitungsprobleme, die eine zusätzliche Begründung für Ertragsbeschränkungen liefern.

Die Weinbereitung zielt, wie Mark sagt, auf «traditionellen Burgunder» ab, d. h. auf die Realisierung eines konzentrierten, klaren Pinot-Noir-Geschmacks und -Buketts. Die Tanks werden randvoll mit vollständig entrappten Trauben gefüllt, daher wird kaum Schwefel benötigt; die *cuvaison* dauert einschließlich einer fünf- bis achttägigen Vormaischung bei 20 °C meist drei Wochen; die Gärtemperatur wird unter 30 °C gehalten.

Unsicherheit im Hinblick auf das von Faßbauern benutzte Holz hat den Anstoß zum Kauf eigener Eichen in den Vogesen gegeben, so daß die Domäne seit 1991 vollständige Kontrolle über die Faßqualität hat. Im Durchschnitt werden zu 30 % neue Fässer eingesetzt, die Spanne kann aber von 40 bis 100 % reichen. Der Schwerpunkt liegt nach wie vor auf Vogesen-Eiche, aber auch Holz aus Allier und Nevers wird benutzt.

Die Abfüllung erfolgt etwa 18 Monate nach der Lese; ihr gehen drei Abstiche und eine Schönung mit Eiweiß voraus, die nach der *assemblage* in Tanks stattfindet. Roland Masse experimentiert derzeit mit verschiedenen Abfüllintervallen; 1985 wurden in einem Weinberg in Nuits-St-Georges auch Versuche mit Erntemaschinen unternommen.

Der ungewöhnliche Vougeot Blanc von 1 ha in der Lage Les Cras darf als Hinweis gewertet werden, daß es sich hier nicht ausschließlich um eine Rotweindomäne handelt (ein gutes Omen für den Corton-Charlemagne). Er weist ein ziemlich breites Profil auf und besitzt lebendige Säure und gute Nachhaltigkeit; in der Art liegt er zwischen einem Meursault Premier Cru und einem eher maskulinen Corton-Charlemagne. Mit zunehmendem Alter der Reben erlangt er mehr Tiefe in Gefüge und Fülle – eine köstliche Kuriosität, die sich über mehrere Jahre hinweg schön entfaltet.

In den letzten Jahren wurde der Weinbergbesitz sorgsam erweitert: Corton und Corton-Charlemagne kamen 1994 hinzu, außerdem gehören jetzt 0,9 ha der Premier-Cru-Lage Les Beaumonts in Vosne-Romanée zur Domäne. Als weiterer Zugang sind 2 ha Rotweinreben in den Hautes Côtes de Nuits (unterhalb Château Gris) zu nennen – ein kluger Schritt, wenn es gelingt, die Umstufung in die AC Nuits-St-Georges zu erreichen.

Mit der Zeit gewinnen die Weine der Domaine Bertagna an Bestimmtheit und typischer Art. Die recht robusten Vougeot-Rotweine liegen auf der maskulinen Seite der Appellation. Von den drei Premiers Crus sind der Les Cras und der Les Petits Vougeots etwas leichter und femininer als der aus dem *monopole* Clos de la Perrière, der meist zu 60 % in neuen Fässern ausgebaut wird, gegenüber 40 % bei den beiden anderen. 1993 wurde zu zwei Dritteln stark angeröstete Allier-Eiche benutzt, was sich in einem festen Holzkohleduft bemerkbar macht, der den Wein zu beherrschen droht – allerdings dürfte dessen Komplexität und Konzentration schließlich doch die Oberhand behalten. Bei den Eichenfässern bedarf es wohl noch einiger Bemühungen, bis alles zusammenstimmt.

Die Grands Crus sind gut, insbesondere der Clos St-Denis und der Chambertin. Sie liegen in der Qualität fast gleichauf, obschon der letztere ein wenig mehr Stil und Komplexität vorweisen kann. Mit Interesse wartet man darauf, wie der Corton ausfallen wird.

Bei Bertagna scheint alles auf dem rechten Weg zu sein, und die Anstrengungen tragen Frucht in Gestalt von Weinen mit typischer Art und guter Konzentration aus vernünftigen Erträgen. Alles in allem eine Reihe feiner Weine. Eva und Mark Siddle haben vor kurzem die Crémant-Herstellung von Moingeon erworben – das deutsche Sektunternehmen bringt hier sicher viel technisches Können ein. Dadurch wird das Geschäftsvolumen bedeutend erweitert. Es ist aber zu hoffen, daß sich daraus nicht allzuviel Ablenkung von dem in Vougeot bereits erzielten exzellenten Fortschritt ergibt.

WEINBERGBESITZ

Gemeinde	Rang	Lage/Climat	Fläche	Rebenalter	Status
Vougeot	GC	Clos de Vougeot	0,30	70% 50 +	P
Vougeot	PC	Clos de la Perrière	2,20	70% 35	P
Vougeot	PC	Les Petits Vougeots	2,40	40	P
Vougeot	PC	Les Cras (Chardonnay)	1,00	1985/95	P
Vougeot	PC	Les Cras (Pinot Noir)	0,40	30	P
Vougeot	V	–	0,80	18	P
Chambolle	V	–	0,40	1950	P
Chambolle	PC	Les Plantes	0,20	1988	P
Morey	GC	Clos St-Denis	0,50	1/3 1950; 2/3 1975	P
Gevrey	GC	Chambertin	0,20	1965	P
Nuits	PC	Aux Meurgeys	1,00	45	P
Vosne	PC	Les Beaumonts	0,90	35	P
Ladoix	GC	Corton-Charlemagne	0,26	30	P
Aloxe	GC	Corton	0,25	35	P
Nuits	R	Hautes Côtes de Nuits (Rot)	2,00	1974	P
Gesamtfläche			**12,81 ha**		

Domaine Georges Clerget

Von seinem schlichten Wohnhaus in der Grande Rue aus leitet der schon über 60jährige Georges Clerget seine Domäne, deren 5,38 ha über Morey-St-Denis, Vougeot, Vosne-Romanée und Chambolle-Musigny verteilt sind. Gegründet wurde sie von den Großeltern mütterlicherseits – die Großmutter kam aus Flagey, der Großvater aus Chambolle –, die beide Weinbergbesitz dazu beitrugen. Was nach der obligatorischen Teilung mit seinem Bruder übrigblieb, gab zusammen mit den von seiner Mutter hinzuerworbenen Weinbergen für Georges den Kern dessen ab, was er heute sein eigen nennt.

Er ist ein charmanter, freundlicher, tief im traditionellen Denken verwurzelter Mann, der zwar den Rat seines Önologen willig befolgt, die moderne Technik aber mit gesunder Skepsis betrachtet. Sein Vater starb, als er neun Jahre alt war; damals nahm die Mutter die Zügel in der 6-ha-Domäne in die Hand und zog ihre beiden Söhne Georges und Michel zur Arbeit heran, damit sie das Handwerk erlernten. Georges erinnert sich, daß sie ihm ein paar Rebstöcke schenkte, um sein Interesse wach zu halten – diese Taktik hat sich offenbar bewährt, denn er ist der Sache treu geblieben.

1978 wurde der Weinbergbesitz geteilt, wobei Georges und sein Bruder je 3 ha bekamen. Inzwischen hat Georges Sohn Christian, der heute mit ihm zusammenarbeitet, den Anteil von Michel übernommen, dazu 0,5 ha der Grand-Cru-Lage Echézeaux, die Georges ihm *en fermage* überlassen hat. Christian studiert am Lycée Viticole in Beaune und wird hoffentlich dereinst die beiden Domänen auf modernem Stand halten.

Die Weinbergpflege beruht heute auf Hand- und Traktorarbeit, Georges kann sich aber noch gut an die Zeit erinnern, als Pferde die Zugkraft lieferten. Er erzählt gern, daß damals die Reben tiefer gepflanzt wurden als heute und man beim Abhäufeln des als Winterschutz angepflügten Bodens sehr darauf achten mußte, daß die von der Edelrebe getriebenen Nebenwurzeln abgeschnitten wurden, um Infektionen zu vermeiden. Bei der modernen flacheren Pflanzweise ist das Risiko kleiner, dennoch wird die *évasivage* im Frühjahr mit gleicher Sorgfalt betrieben.

Das traditionelle Anhäufeln mit dem Pflug (*buttage*) wird beibehalten. Dadurch wird nicht nur das Erfrierungsrisiko gemindert, sondern beim Abhäufeln im Frühjahr gelangt auch Erde auf die eventuell ausgebrachten sparsamen Düngergaben, so daß diese in den Boden eingearbeitet werden.

Geachtet wird ferner auf wirtschaftlich vernünftige Erträge. Die Leser werden angehalten, unreife und faule Frucht herauszusuchen; alle wissen genau, wie bei Clerget eine gute Traube aussehen muß.

Die Weinbereitung erfolgt in Zementbottichen, emaillierten Stahltanks und alten Holz-*foudres* in einem Gewirr von Garagen und von kleinen Kellerräumen unter dem Haus nahe der RN74 am Nordende von Vougeot. Zwar sollen die Trauben eigentlich vollständig entrappt werden, die dafür eingesetzte Maschine ist aber so alt, daß sie meist 10–15 % der Stiele durchläßt.

Die knappen Mittel erlauben auch nicht die Anschaffung von Kühleinrichtungen. Infolgedessen entfällt die Vormaischung, wenn die Trauben zu warm in die Cuverie gelangen, weil dann die Hefen für sofortigen Beginn der Gärung sorgen.

Der Wein wird ein bis zwei Tage vor Beendigung der Gärung abgezogen und die Restmaische zweimal sanft abgepreßt. Der so gewonnene Preßwein wird dann dem Vorlaufwein beigemischt. Die *élevage* erstreckt sich über 19 bis 22 Monate, wobei der Chambolle Charmes und der Les Petits Vougeots Premier Cru zu etwa einem Drittel und der Echézeaux zu 50 % in neuen Fässern reifen. Dann werden die Weine aus den neuen in alte Fässer und umgekehrt abgestochen.

Alles in allem bringt die Domaine Clerget exzellente Weine in zwei unterschiedlichen Stilen hervor: Die Villages-Weine stellen sich eher elegant und leichter dar und weisen das für jungen Pinot Noir typische Aroma zerdrückter Erdbeeren und den Geschmack roter Frucht auf. Sie sind meist saftig und etwas pfefferig bei zartem Tannin und nicht zu massiver Struktur – Weine mit einer mittleren Haltbarkeit.

Im Gegensatz dazu zeigen die in neuen Fässern ausgebauten Weine weit mehr Fülle bei kräftigerem Rückgrat und von Natur aus größerer Wucht. Das neue Holz eignet sich gut für den Echézeaux und in Maßen auch für den Vougeot und den Chambolle-Musigny Les Charmes.

Obwohl offiziell im Ruhestand, hat sich Georges durchaus noch nicht auf das Altenteil zurückgezogen. Er schätzt es offenbar sehr, daß Christian ihm bei der Arbeit hilft, aber von Übergeben ist noch keine Rede. Vielleicht will er ernstlich darüber nachdenken, wenn er wie gewöhnlich wieder Strandurlaub in Spanien macht.

Georges Clerget mit einem Kunden.

WEINBERGBESITZ

Gemeinde	Rang	Lage/Climat	Fläche	Rebenalter	Status
Flagey	GC	Echézeaux (En Orveaux)	1,10	40/50	P
Chambolle	PC	Les Charmes	0,30	40/20	P
Chambolle	V	Les Babillières + Les Condemennes	1,50	40/25	P
Vougeot	PC	Les Petits Vougeots	0,50	25/10	P
Morey	V	Les Crays	0,40	10/30	P
Vosne	V	Les Violettes	0,38	1946/49	P
Vosne/Flagey					
Gilly	R	(Bourgogne Rouge)	0,50	10/25/40	P
Gesamtfläche			**4,68 ha**		

Domaine Alain Hudelot-Noëllat

Die charmanten, überaus lebendigen Weine von Alain Hudelot-Noëllat mit ihrer dennoch großen Tiefe gehören seit langer Zeit zu den besten an der Côte. Er selbst ist ein solider, tüchtiger Mann mit kurzgeschnittenem Haar und einem breiten, freundlichen Gesicht, in dem sich die Liebe zu seiner Arbeit, zum Wein und zu den Menschen, die damit zu tun haben, spiegelt. Bei der Unterhaltung an einem prasselnden Kaminfeuer von Rebenholz zeigt ein verschmitztes Lächeln zusammen mit einem kurzen Augenzwinkern deutlich an, daß er in Wahrheit etwas anderes meint, als was er gerade sagt.

Seine Besucher empfängt er in einem Raum, der aussieht wie eine umgebaute Garage. An der einen Wand stapeln sich Flaschen, eine andere ist mit alten Weinbauwerkzeugen vollgehängt – blankpolierte Kupferspritzgeräte, Entseuchungslanzen und dergleichen. Ein paar Schachteln mit Patronen auf dem Kaminsims geben Alains Jagdleidenschaft zu erkennen. Über dem Feuer hängt ein doppelter Kesselhaken, auf dem zwei Inschriften zu sehen sind – «Hudelot» auf der einen, «Noëllat» auf der anderen Seite.

Die Geschichte der Domäne ist nicht länger als die von Alain und seiner Frau. Er ging früh von der Schule ab und arbeitete zunächst in den Weinbergen der Handelshäuser Drouhin und Champy, beide in Beaune. 1960, als er 21 war, schenkte ihm sein Vater Noël zwei Weinbergparzellen in Chambolle-Musigny, die eine in Les Charmes, die andere in einer Villages-Lage.

Damals wurde noch viel Weinbergarbeit mit Pferden erledigt; Alain aber sparte sich einen Traktor mit Anbaugeräten zusammen und vermietete ihn und seine eigene Arbeitskraft. Mit dem Geld, das er so verdiente, kaufte er weiteres Weinbergland. 1977 kamen durch 42 Ar Clos Vougeot, die ihm sein Vater *en fermage* überließ, insgesamt 5 ha zusammen.

1960 hatte Alain Hudelot die Enkelin von Charles Noëllat aus Vosne-Romanée geheiratet, die ein Anrecht auf einige erlesene Weinbergparzellen in dieser Gemarkung mit in die Ehe brachte. Leider verweigerte ein Verwandter die Herausgabe des Lands an sie, so daß die beiden den Besitz vor Gericht erkämpfen mußten. Das dauerte 15 Jahre und kostete viel Geld; schließlich aber gewannen sie, und das Land wurde 1977 ihr Eigentum.

Heute umfaßt die Domäne knapp 10 ha – u. a. über 1 ha Clos Vougeot und knapp 0,5 ha Romanée St-Vivant, dazu eine Parzelle Richebourg und 3 ha Villages-Lagen in Chambolle-Musigny. Das Rebenalter wird durch einen systematischen Rodungs- und Neubestockungsplan hoch gehalten. Die Weinstöcke in der Lage Romanée St-Vivant sind aber so alt, daß Alain sie lieber einzeln ersetzt, anstatt größere Partien auf einmal auszuhauen und nachzupflanzen. Besondere Anhänglichkeit bewahrt er auch dem Stück Vosne-Romanée Les Suchots; eigentlich wollte er es roden und neu bestocken, doch die alten Reben trugen immer wieder so wundervolle Trauben, daß er es nicht übers Herz brachte. So bleiben sie stehen und werden von Jahr zu Jahr immer altehrwürdiger – und vermutlich unproduktiver.

Alains Arbeitsweise im Weinberg ist weitgehend traditionell. Ausgefallen ist, daß er sich für SO4-Unterlagsreben entschieden hat, die bekanntlich früh treiben und ein starkes Laubwerk entwickeln. Doch das macht Alain keine großen Sorgen: «Je mehr Laub, desto besser werden die Trauben ernährt!» Die Spritzmittel wechselt er häufig, um eine Resistenzbildung zu vermeiden; den Boden pflügt er regelmäßig.

Trotz der recht herkömmlichen Arbeitsweise hat Alain auch starke Präferenzen und Abneigungen. Beispielsweise verabscheut er Behangausdünnung und führt in besonders ertragreichen Jahren lieber *saignée* durch. «Man darf nicht wegwerfen, was einem der liebe Gott geschenkt hat. Außerdem verändert das Herausschneiden der Trauben das natürliche Gleichgewicht des Weinstocks, und ich handle nicht gern gegen die Natur.»

In dieser Einstellung fühlte er sich bestärkt, als er im Sommer 1990 in einem berühmten benachbarten Weinberg zusah, wie die Arbeiter bei der Behangausdünnung von allen Seiten fotografiert wurden. «C'était la folklore, c'était de la grande musique» – alles nur Theater und kein Nutzeffekt. Alain war darüber entsetzt, was da alles abgeschnitten und – noch schlimmer – welcher Schaden an den hängengebliebenen Trauben angerichtet wurde.

Im Jahr 1990, so meint er, seien viele, die sich für Behangausdünnung entschieden, nicht besonders gut dabei weggekommen, weil der langersehnte Regen, als er erst ziemlich spät, Anfang September, kam, die Trauben an den schwach behängten Reben anschwellen und platzen ließ, wodurch Fäule entstand – «so bekommt man keinen Grand Vin».

Beim Ertrag denkt Alain nicht so rigoros. Er ist der Meinung, daß auch mit «gesunden Erträgen» großartiger Grand-Cru-Wein zustande kommen kann. Das geht auf die Zeit zurück, als der mächtige Alexis Lichine dem damals noch unbekannten 26jährigen Alain Hudelot einen Silberpokal für seinen 1964er Clos de Vougeot verlieh. «Der beste Wein an

Alain Hudelot trägt seine Liebe zu Irland zur Schau.

der Côte», schmunzelt Alain, «er schlug alle die Richebourgs und Romanée St-Vivants – was waren die anderen wütend! Ich hatte ein Faß pro *ouvrée* (= 55 hl/ha) gemacht. Alle Experten kamen, liefen durch meinen Weinberg und wollten sehen, wie meine Reben geschnitten, gepflanzt, erzogen waren.» Und mit einem Augenzwinkern setzt er hinzu: «Das war wahrhaftig ein Theater!»

Der Gärprozeß beruht auf Naturhefen; die Gärtemperatur wird bis 32 °C geführt und dann auf 25 °C abgekühlt. Alain hat nichts für Stiele übrig, beläßt aber bis zu 25 % im Most, weil sein Vater und sein Großvater es genauso gemacht hatten – warum etwas daran ändern, «die Kunden wollen es so». Nur 1990 beschloß er aus Furcht, wieder so viel hartes Tannin zu bekommen wie 1976, alle Stiele zu entfernen. Insgesamt dauert die *cuvaison* meist 15 bis 18 Tage; Alain ist fest überzeugt, daß bei der Vormaischung mehr Finesse und Komplexität in den Wein gelangt als bei der Nachmaischung.

Bei der Frage nach den Fässern wird Alain besonders lebhaft. Offenbar hat er Eichenholz aus allen Wäldern Frankreichs ausprobiert und ist doch noch zu keinem endgültigen Beschluß gekommen. Sein «tonnelier» liefert ihm jedes Jahr neue Fässer aus Nevers-, Allier- und sogar Limousin-Eiche, und Alain baut seine Grands Crus zu 100 % darin aus. Seit kurzem arbeitet er aber mit einem kleinen Faßbaubetrieb zusammen, der ihm Holz aus der näheren Umgebung liefert – Cîteaux und Chatillon. Die Resultate mit dem Cîteaux-Holz gefallen Alain, und er will in Zukunft mehr solche Fässer anschaffen.

An die mehr oder minder großen Nuancen, die durch die verschiedenen Holzarten zustande kommen, glaubt er nicht: «C'est de la grande, grande musique...» Aber 1990 legte er auch seinen Vosne-Romanée Les Suchots zum Teil in neue Fässer – er weiß nicht mehr genau, woher das Holz kam.

Der Abstich erfolgt im März nach der Lese: «Mein Großvater machte es so, mein Vater machte es so, also mache ich es auch so.» Auf den zweiten Abstich, etwa im September, folgt Schönung mit Eiweiß und schließlich Filtration und Abfüllung im Mai des zweiten Jahres – «oder wenn ich Zeit habe».

Früher wurde der Wein von der Domäne selbst abgefüllt, dann probierte es Alain einmal mit einem Lohnabfüller. Der aber arbeitete im Akkord und füllte den Wein schneller ab, als es gut für ihn war, deshalb nahm Alain die Sache wieder selbst in die Hand. Seine drei Mitarbeiter haben aber im Frühsommer draußen viel zu tun, also muß das Abfüllen irgendwann eingeschoben werden.

Alain Hudelot hat keine Erklärung dafür, warum seine Weine so viel feiner und besser gebaut sind als die seiner Nachbarn. Man hat sogar den Eindruck, daß er an die besondere Qualität seiner Weine nicht glaubt: «Ich denke nicht, daß ich wirklich so gute Weine habe», und auf weiteres Drängen meint er: «Es ist doch gar nichts Besonderes an meinen Weinen.» Dieser Mangel an Selbstbewußtsein nimmt sich bei einem Mann mit so großem internationalem Ruhm seltsam aus, doch seine Zweifel sind echt.

Eine Gruppe französischer Privatkunden kommt an die Tür und fragt nach seinem Richebourg – sie hatten im angesehenen Guide Hachette des Vins davon gelesen. «Stehe ich da wirklich drin?» fragt Alain und schaut in das Buch. Leider ist aber kein Richebourg mehr da; es waren nur zwei Fässer, und die sind ausverkauft. Er schlägt den Romanée St-Vivant als Ersatz vor – «von dem habe ich doppelt soviel», sagt er den Interessenten – aber umsonst. Sie fragen nach dem nächsten Richebourg-Jahrgang, aber als sie hören, daß der noch im Faß liegt, gehen sie wieder.

Der Stil der Domäne ist auf geschmeidige, aromatische Weine mit großer Eleganz gerichtet. Sie sind nicht für frühe Genußreife gedacht, sondern wollen lange aufbewahrt sein, bis sie voll zur Geltung kommen. Es ist das erklärte Ziel Alains, Weine hervorzubringen, in denen sich Kraft und Finesse vereinen und die das Typische ihrer Herkunft zu erkennen geben. Diese Qualitäten im Verein mit großer Tiefe der Frucht bilden den Grund dafür, daß seine Weine so gefragt sind.

Meist hat er auch mit seinem Chambolle-Musigny und seinem Nuits Les Murgers guten Erfolg, am bekanntesten aber ist er durch seine Vosne-Romanées. Der Vosne-Villages ist stets wundervoll ausgewogen und zart; der 1993er hatte eine fast süße Note mit Anklängen an zerdrückte Erdbeeren und Gewürze – kein großer Wein, jedoch voll geschmeidiger Frucht bei mäßiger Nachhaltigkeit.

Der Vosne-Romanée Les Suchots von den kostbaren 70jährigen Reben hat charakteristische Fülle und Tiefe. Der 1993er zeigte feine Konzentration an seidiger, opulenter Frucht mit Untertönen von schwarzen Johannisbeeren auf einer ausgewogenen Grundlage von Eichenholzwürze sowie gute Nachhaltigkeit – ein wahrhaft wundervoller Wein, der sieben bis zehn Jahre Reifezeit verlangt.

Alains Clos Vougeot ist einer der besten Weine aus der so oft enttäuschenden Grand-Cru-Lage. Der 1993er hat eine Klasse, wie sie hier sowieso selten anzutreffen ist – füllige, stilvolle, reife Frucht und reiche Konzentration ohne die rauhe, rustikale Art, die in den Weinen anderer Erzeuger oft zum Vorschein kommt – dieser Clos Vougeot hat echte Tiefe und Nachhaltigkeit und sollte noch etwas länger reifen als der Suchots.

Der Richebourg und der Romanée St-Vivant bilden die Krönung der beachtlichen Leistungen dieser Domäne; sie liegen – allerdings auf komplexere und kraftvollere Art – ganz auf der Hudelot-Linie. Der Romanée St-Vivant bekommt durch die Frucht der 60jährigen Reben ein besonderes Maß an Tiefe; keine schwerfällige Frucht belastet die grundlegende Finesse dieser beiden Weine. Der Richebourg ist kraftvoller als der Romanée St-Vivant; er besitzt mehr Wucht und eher majestätische Tiefe – ein Baß neben einem Tenor. Der St-Vivant hat dagegen mehr Finesse und Eleganz bei verhaltener Kraft.

Auf der Suche nach einem Anhaltspunkt dafür, daß sein Wein feinere Art hat, als mancher Nachbar mit ebenso guten Lagen sie zuwege bringt, meint Alain, daß eine zu lange *cuvaison* oft Einbußen an Finesse bringe. Belasse man den Wein nach der Gärung zu lange auf den Feststoffen, dann könne das einen gewissen trockenen, «kühlen» Charakter hervorrufen, der das Aroma an seiner Entfaltung hindere. Ansonsten zuckt er nur die Schultern und legt Holz im Kamin nach – vielleicht auch das «de la musique».

WEINBERGBESITZ

Gemeinde	Rang	Lage/Climat	Fläche	Rebenalter	Status
Chambolle	V	(mehrere Climats)	3,00	5–25	P
Vougeot	PC	Les Petits Vougeots	0,50	35	F
Vougeot	GC	Clos de Vougeot	1,08	35	P/F
Vosne	V	–	0,68	17	P
Vosne	GC	Romanée St-Vivant	0,48	65	P
Vosne	PC	Les Suchots	0,45	75	P
Vosne	GC	Richebourg	0,28	45	P
Vosne	PC	Les Malconsorts	0,20	40	P
Vosne	PC	Les Beaumonts	0,32	40	P
Nuits	PC	Les Murgers	0.80	40	P
Chambolle + Gilly	R	(Bourgogne Rouge)	2,00	30	P
Gesamtfläche			**9,79 ha**		

Vosne-Romanée und Flagey-Echézeaux

Kein Zweifel, Vosne-Romanée ist am Firmament der Côte de Nuits der strahlende Stern. Biegt man von der RN74 ab und fährt in den Ort hinein, stellt sich unweigerlich eine Art Pilgergefühl ein. Man wird sich bewußt, daß dieses schlichte Dorf mit seiner Kulisse aus herrlichen Weinberglagen etwas Besonderes ist und daß diejenigen, denen dieses kostbare Land gehört, zu den Glücklichen dieser Erde gezählt werden dürfen.

Der Pilger aber ist schon glücklich, wenn er durch die Gassen und über die Hänge wandern, hier und dort im Keller eines Winzers einen Schluck probieren oder sich auch nur zum Picknick unter den Reben niederlassen und voll Bewunderung spüren darf, daß von diesem ganz gewöhnlich scheinenden Boden einige der üppigsten und ungewöhnlichsten Weine der Welt kommen.

Im Vergleich mit anderen Gemeinden an der Côte ist Vosne nicht besonders groß – nur 182 ha Reben, jedoch in anbetungswürdiger Qualität. Östlich und südöstlich des Postamts erstreckt sich der Löwenanteil der Villages-Lagen – 98,57 ha mit flachgründigem, aber gut durchlässigem kalkhaltigem Lehmboden, darüber eine Schicht Geröll und Kalkschutt. Hier wachsen Weine, in denen sich Tiefe und Fülle mit Eleganz und Rasse paaren. Oft werden sie seidig genannt und zeichnen sich durch Finesse und ein Bukett aus, das sich gemeinsam mit der natürlichen Kraft schön entfaltet.

Auf beiden Seiten und nach Westen hin verstreut befinden sich die 16 Premiers Crus – 57,19 ha – auf Hängen mit bis zu 15 % Gefälle, meist in Süd- oder Südostlage. Die Böden sind noch flacher und stärker kalksteinhaltig als in den Villages-Lagen; die obere Schicht besteht aus hervorragend durchlässigem Gesteinsschutt. Am größten und deshalb am bekanntesten sind Les Suchots (13,07 ha), Les Beaux Monts (11,39 ha), Aux Malconsorts (5,86 ha) und Les Chaumes (6,46 ha).

Flagey-Echézeaux, dessen Gemarkung zu Vosne hinzugerechnet wird, bildet eine Kuriosität. Das Dörfchen mit seinen 450 Einwohnern liegt nicht an der Flanke der Côte, sondern östlich der RN74 jenseits der Bahnlinie. Sein Name Flagey soll im 6. Jh. als Lautmalerei aus dem Sausen der Sensen bei der Kornernte entstanden sein. Der Namensbestandteil Echézeaux kam erst 1886 hinzu. Da der Ort über keine eigene Appellation für die Premier-Cru- und Villages-Lagen verfügt, fallen diese unter die entsprechenden Appellationen von Vosne-Romanée. Wären da nicht die beiden Grands Crus Echézeaux und Grands Echézeaux, würde Flagey kaum Aufmerksamkeit verdienen. Immerhin gibt es in diesem Ort heute ein exzellentes kleines Restaurant, das dem Ex-Küchenchef des Ozeandampfers «France», Robert Losset, gehört, aus unerfindlichen Gründen jedoch nur zur Mittagszeit geöffnet und mittwochs ganz geschlossen ist.

Die Grands Crus von Vosne können Wein hervorbringen, der die Quintessenz des Burgunders darstellt – Wein mit solcher Opulenz, Tiefe und Feinheit, daß man es kaum für möglich hält, daß er nur aus Trauben entstanden sein soll.

Von ihnen ist Les Echézeaux der größte und der in der Qualität unterschiedlichste. Viele sind der Meinung, daß die meisten der

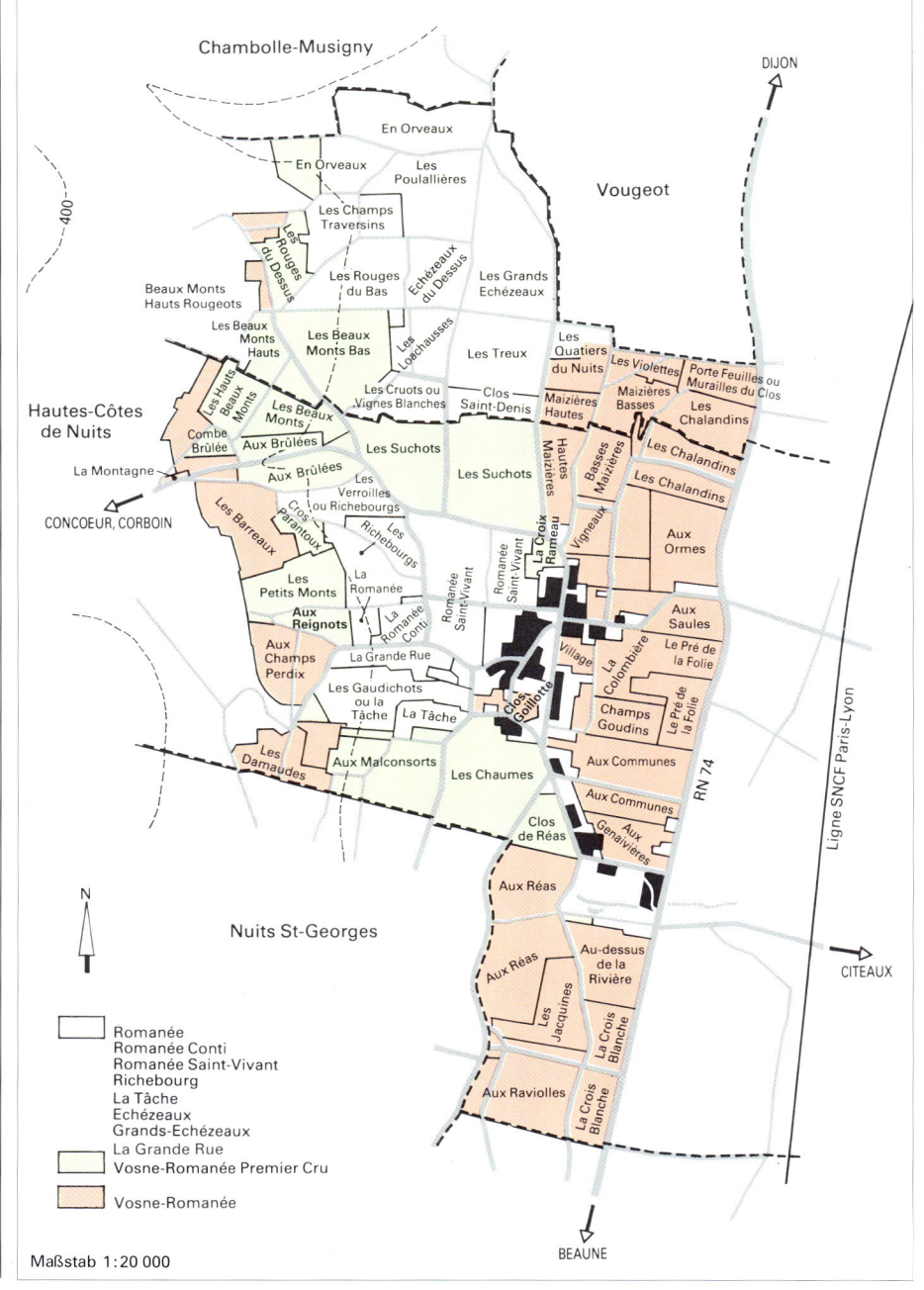

elf *climats*, aus denen die Lage besteht, höchstens Premier-Cru-Status verdienen und nicht hätten berücksichtigt werden dürfen, als die ursprünglich 1936 vorgenommene und auf 3,57 ha Les Echézeaux Dessus beschränkte Grand-Cru-Abgrenzung revidiert wurde.

Echézeaux erstreckt sich bis in eine Höhe von 360 m auf Hängen mit bis zu 15 % Steigung, mit unterschiedlichen, aber selbst in den oberen Teilen recht tiefgründigen Böden, die aus feinem Silt, Ton und Geröll über dem harten Kalksteingrund bestehen, auf dem Vosne-Romanée größtenteils liegt. Diese gehaltvolle Erde bildet das Potential für Qualität.

Unbestreitbaren Grand-Cru-Rang hat dagegen Les Grands Echézeaux, ein 9,14 ha großes, relativ flaches Gelände, das am Westrand des Clos de Vougeot beginnt und dessen Boden ähnliche Zusammensetzung und Struktur aufweist wie Les Echézeaux. Von den acht Grands Crus in Vosne ist diese (und vielleicht noch La Grande Rue von Lamarche) die einzige Lage, deren Wein noch annähernd ein vernünftiges Verhältnis von Qualität zu Preis aufweist. In guten Jahren ist ein Grands Echézeaux aus Domänen wie Clos Frantin, Drouhin, Jean Mongeard, Philippe Engel und La Romanée-Conti einfach sublim.

La Romanée auf einem Hang mit 16 % Neigung zwischen La Romanée-Conti im Osten und dem Premier Cru Aux Raignots im Westen sowie Richebourg im Norden und La Grande Rue im Süden ist mit nur 0,85 ha die kleinste Grand-Cru-Lage der Côte d'Or. Sie bildete ursprünglich ein Ganzes mit der heutigen Lage Romanée-Conti, wurde aber 1760 abgetrennt, als der Prince de Conti die untere Hälfte kaufte. Seit 1815 befindet sie sich im Besitz der Familie Liger-Belair, und die gesamte Produktion von 300 Kisten wird über das Handelshaus Bouchard Père et Fils abgesetzt. Der Wein reicht bei weitem nicht an den illustren Nachbarn Romanée-Conti heran.

Demgegenüber liegt Romanée St-Vivant auf praktisch flachem Grund nördlich und westlich des Orts. Der Boden ist sehr tiefgründig und besteht aus Kalkstein mit hohem Lehmgehalt. Über die Hälfte der Fläche von 9,43 ha gehört der Domaine de la Romanée-Conti, das das Stück 1988 der Familie Marey-Monge abkaufte. Der Wein ist zwar oft exzellent, steht aber häufig im Schatten der anderen Grands Crus. Hervorragende Beispiele kommen auch aus der Domaine de l'Arlot und von Alain Hudelot-Noëllat.

Der von Camille Rodier als «eines der üppigsten Gewächse Burgunds» bezeichnete Les Richebourgs stammt von 5,05 ha der eigentlichen Lage Richebourg und der später hinzugefügten 2,98 ha großen Premier-Cru-Lage Les Verroilles. Der Boden des nach Osten gerichteten Weinbergs besteht vorwiegend aus Kalksteinablagerungen mit einem gewissen Tongehalt, der den Weinen eine charakteristische, fleischige Robustheit und feste

Die künftige Winzergeneration von Vosne erklimmt spielend ruhmvolle Höhen.

charpente verleiht. Die feinsten Beispiele bieten die Domaine de la Romanée-Conti, Méo-Camuzet, Henri Jayer, Alain Hudelot-Noëllat, Jean Gros, Jean Grivot und Jean Mongeard.

Der 1,65 ha große Streifen La Grande Rue bildete bis 1991 eine der an der Côte d'Or gelegentlich anzutreffenden Anomalien der Klassifikation: eine zwischen zwei Grand-Cru-Lagen – La Tâche und Romanée-Conti – eingequetschte Premier-Cru-Lage. Sie gehörte seit 1933, als Henri Lamarche sie als Hochzeitsgeschenk erhielt, zur Domaine Lamarche. Den heutigen Besitzern, François und Marie-Blanche Lamarche, ist es nach langen, hartnäckigen Bemühungen gelungen, die Behörden zur Aufstufung zum Grand Cru zu bewegen, vor allem, weil La Grande Rue ja denselben Boden hat wie die Nachbarlagen. 20 Ar gehören sowieso zu Les Gaudichots.

Die beiden übrigen Grands Crus, La Tâche (6 ha) und Romanée-Conti (1,8 ha), beides *monopoles* der Domaine de la Romanée-Conti, stellen den Gipfel dessen dar, was Burgund und die Pinot-Noir-Traube zuwege bringen können. Der Wein aus diesen kostbaren Grundstücken strömt über von Eleganz und Rasse; er ist zugleich seidig, opulent und fein mit seinem reifen Bukett von Gewürzen und Veilchen und bietet facettenreiche Geschmacksnuancen von glorreicher Fülle und Nachhaltigkeit. Worte – auch wenn man unerwarteterweise die richtigen treffen könnte – sind unzulänglich zur Beschreibung solcher Superlative der Kellermeisterkunst. Vor diesen Weinen stehen die Vignerons an der Côte und weit darüber hinaus – ob sie es zugeben wollen oder nicht – in tiefster Ehrfurcht; solche Weine werden zuunterst im Keller gehortet und nur zur Krönung ganz besonderer Anlässe hervorgeholt. Sie bilden die Apotheose von Vosne-Romanée, und Vosne-Romanée bildet die Apotheose von Burgund.

DIE GRANDS CRUS VON VOSNE-ROMANÉE UND FLAGEY-ÉCHÉZEAUX

Lage/Climat	Fläche	Eigentümer	Gesamtproduktion
La Grande Rue	1,6525	1	600
Echézeaux	37,6922	84	10 500
Grands Echézeaux	9,1445	21	2 750
Romanée St-Vivant	9,4374	6	2 600
Richebourg	8,0345	10	2 500
La Tâche	6,0620	1	1 870
La Romanée	0,8452	1	300
Romanée-Conti	1,8050	1	500
Total	**74,6733 ha**		**21 620 Kisten**

Domaine Robert Arnoux

Der 1995 verstorbene Robert Arnoux war ein vor Lebhaftigkeit übersprudelndes Original. Leider ließ die Qualität seiner Weine in den 1980er Jahren nach, und es bedurfte großer Anstrengungen seitens seines Schwiegersohns Pascal Lachaux, um das Ruder herumzuwerfen. Auf Roberts Wunsch trat er 1985 mit 23 Jahren nach einer Apothekerausbildung in den Betrieb ein und absolvierte daraufhin in Dijon einen Blitzkurs in Önologie.

Sein Einfluß gestaltete sich radikal. Roberts Wahlspruch «Wir machen Wein von dem, was die Natur uns schenkt» gab er zugunsten beschränkter Erträge, notfalls unterstützt durch strenge *évasivage* und Behangausdünnung, auf. 1994 brach Pascal sogar Gescheine aus, um durch *millerandage* höchste Konzentration zu fördern, und er führt Versuche mit Klonen durch, die kleinere Trauben und Beeren tragen. Wenn er (oder die Weinbauversuchsstation, die mit sehr alten Reben in der Lage Romanée-St-Vivant denselben Kurs steuert) Erfolg damit hat, dann könnte das eine um mehrere Tage frühere Reife bedeuten, und das wäre in diesen Breiten mit ihrem berühmt unberechenbaren Herbstwetter ein unschätzbarer Vorteil.

Im Keller hat sich eine ebenso dramatische Entwicklung vollzogen. Vollständiges Entrappen, Kaltmaischung, Enzymgaben, niedrigere Gärtemperaturen, mehr neue Eichenfässer, notfalls *saignée* und schrittweise *chaptalisation* üben ihre Wirkung auf die Tiefe und Ausgewogenheit der Arnoux'schen Weine aus, die jetzt nach der *malo* im Faß liegenbleiben, «um Fett anzusetzen». Alte Reben in guten Lagen, v. a. in Nuits Les Poisets, Les Suchots, Romanée-St-Vivant und auch in den Nuits-Bourgogne-Rouge-Lagen, bringen regelmäßig auf unerklärliche Weise in allen Jahrgängen superkonzentrierte *millerands* hervor und stärken die Substanz aus den sowieso schon niedrigen Erträgen. Pascal führt die Qualität seiner Weine auf eine nicht zu hohe Gärtemperatur (max. 31–32 °C) und eingeschränkte *pigeage* und *remontage* zurück. Eine recht kurze, sanfte *cuvaison* von 12 bis 14 Tagen verleiht den Weinen noblere Tannine, weichere Frucht und schönere Eleganz. Zusammen mit einigen Tagen Vormaischung, die zu mehr Finesse, «großer Konzentration und Substanz» beitragen, beläuft sich die Maischzeit auf etwa 19 Tage. Es folgen 15 bis 16 Monate Ausbau und schließlich Abfüllung mit Filtration, aber ohne Schönung.

Probiert man Pascals 1993er, dann bleibt kein Zweifel an ihrer hohen Qualität. Selbst der Bourgogne Rouge beweist Klasse; nur durch einen Hauch rustikaler Art gibt sich die Herkunft zu erkennen. 50jährige Reben im Appellationsteil Prémeaux von Nuits steuern mit Erträgen von 30–35 hl/ha und Ausbau in zu 15 % neuen Eichenfässern zu einem der üppigsten, seidigsten Bourgognes bei.

Die Nuits sind insofern besonders interessant, als ihre Qualität sich nicht unbedingt nach der Klassifizierung richtet. Der Les Procès aus einer Premier-Cru-Lage unterhalb von Château Gris – nur Arnoux benutzt diesen Namen – ist durchaus fein, seidig, anfangs vielleicht etwas tanninherb, hat jedoch gutes Fett. Dennoch ist der Wein aus der Villages-Lage Les Poisets unbezweifelbar besser. Die über 60jährigen Reben verleihen ihm schöne Konzentration und natürliches Gleichgewicht mit einer Spur Nuits-Muskelstärke als Unterstützung für Vosne-Spannkraft und -Klasse – ein vollendetes Ballettpaar. Les Corvées Pagets, die Nachbarlage zu Clos des Corvées in Prémeaux, liegt auf derselben Linie, hat aber vielleicht ein wenig mehr Eleganz und Nachhaltigkeit.

Die Weine aus Vosne – zwei Villages-Cuvées und drei Premiers Crus – sind ebenso aufregend. Die interessantere Villages-Lage ist Les Hautes Maizières, früher Roberts Vosne Premier Cru Cuvée, bis der gesamte Weinberg, der sich über Premier-Cru- und Villages-Lagen erstreckte, im Jahr 1982 auf die Stufe Villages heruntergesetzt wurde. Von den Premiers Crus ist der Les Suchots besonders gut – der 1993 hat eindeutig Grand-Cru-Qualität. Knappe Erträge, reichliche *millerandage* und Ausbau in zu 70 % neuen Fässern verschmelzen zu einem opulenten, seidigen, fast üppigen Ganzen; dieser kräftige, aber schön ausgewogene Wein ist komplexer und vollkommener als der Echézeaux oder der Clos Vougeot.

Der feinste unter den Grands Crus aus dem Haus Arnoux, der Romanée-St-Vivant von 0,35 ha mit 70jährigen Reben, legt in Kraft und Komplexität noch eine Dimension zu. Der 1993er zeigte schöne, klare Farbe von schwarzen Kirschen, fruchtbetontes Aroma mit großer Klasse und Komplexität, volle, saftige, seidige Frucht und beträchtliche Nachhaltigkeit – ein echtes Meisterwerk mit schöner Zukunft.

Pascal ist ein offener, unkomplizierter Mensch, dem man die Freude am Leben für den Wein anmerkt. Seine Frau kümmert sich um die Kunden, die Büroarbeit und die beiden Kinder Charles und Antoine – ein Team, auf das Robert Arnoux sicher stolz wäre.

Domaine A et F Gros

Die knabenhaft schlanke Anne Gros übernahm 1988 die Domäne ihres Vaters François, der als eines von vier Kindern von Louis Gros u. a. 60 Ar Richebourg geerbt hatte. Bei ihrem Studium in Beaune und Dijon und sechs Monaten Praxis bei Rosemount in Upper Hunter in Australien bekam Anne großen Appetit auf Experimente. Es genügt ihr nicht, daß der früher übliche Verkauf an den Handel weitgehend durch Domänenabfüllung ersetzt ist, sie erprobt auch «culture biologique», bereitet selbst den Kompost für die Reben, macht im Ausbau der Weine Versuche mit verschiedenen Eichenholzsorten und Anröstungsgraden von mehreren Faßbauern sowie mit allen nur vorstellbaren Kombinationen von Schönungs- und Filtrationsmitteln. Ihre Art, die Dinge anzupacken, läßt sich am besten mit «nichts Systematisches – nichts Festgefahrenes» kennzeichnen. Sie erkennt wohl, daß nach erst nur wenigen Jahrgängen ihre Erfahrung noch begrenzt ist, und geht gern auf verschiedenen Wegen auf Entdeckungen aus, um ihr Fingerspitzengefühl für den Wein zu schulen.

Allerdings sind ihre fünf Weine, vom einfachen Bourgogne Rouge bis zum Grand Cru, allesamt exzellent. Insbesondere gilt das für den köstlichen, brillanten Chambolle-Musigny von Geröllboden im unteren Teil der Combe d'Orveau mit recht feuchtem Grund in frostgefährdeter Lage. Der Vosne-Romanée aus der guten Villages-Hanglage Les Barreaux oberhalb von Cros Parantoux, Aux Brûlées und Les Richebourgs ist alles in allem dichter und voller. Mit schöner Gewichtigkeit, feinem Aromapotential und großer Konzentration erreichte der 1993er fast Premier-Cru-Qualität.

Die beiden Grands Crus sind völlig verschieden. Der Clos Vougeot aus dem Teil Le Grand Maupertuis zwischen Vosne und dem Château, unmittelbar neben Les Grands Echézeaux, zeigt die ganze Fülle der alten (teils über 90jährigen) Reben, von denen er stammt; seine tanninherbe Struktur bezieht er aus 15 bis 18 Monaten Ausbau in zu 80–90 % neuen Eichenfässern. Die Erträge lagen für derart alte Reben mit 35 hl/ha in 1994 recht hoch – 1993 waren es wegen Mehltaubefall nur 22 hl/ha. Das drückt sich in beiden Jahrgängen in komplexer, hochbefriedigender Aroma- und Geschmacksfülle von dunklen Früchten aus, die beim 1993er besonders nachhaltig erscheint. Der Richebourg bietet nicht so viel Breite, dafür größere Finesse – der 1993er ist besonders nachhaltig, seidig, sinnlich und üppig – und dazu mehr Komplexität und *puissance* als der Clos Vougeot.

Ihr Aufenthalt in Australien verhalf Anne dazu, Jean-Paul Tollot (aus der Domaine Tollot-Beaut in Chorey) kennenzulernen. Sie sind zwar nicht verheiratet, leben aber miteinander und haben zwei Kinder, die zum Glück ihre Mutter von ihrer Aufgabe, die schöne Domäne voranzubringen, nicht allzusehr ablenken.

Domaine Cathiard

Sylvain Cathiard absolvierte eine Ausbildung an der Ecole Viticole in Beaune und arbeitete anschließend fünfzehn Jahre lang bei seinem nebenan wohnenden Vater André, bis er sich 1984 selbständig machte. Zehn Jahre später trat ihm der Vater seinen Weinbergbesitz *en métayage* ab; seitdem verfügt er über rund 4 ha gute Lagen in Vosne, Chambolle und Nuits.

Sylvain ist ein sorgfältiger Weinerzeuger mit sicherem Gefühl für Qualität. Seine Arbeitsmethoden sind durch und durch traditionell – 17 bis 20 Tage *cuvaison*, entrappte Frucht, keine Hefe- oder Enzymzugabe und *pigeage* je nach Erfordernissen des Jahrgangs und des Weins. Der Bourgogne Rouge wird in *cuves*, alles übrige zur Verbesserung der Struktur und *rondeur* in zu 40–100 % neuen Eichenfässern ausgebaut. Sylvain bevorzugt Allier – «es ist feiner als Vosges» –, aber er benutzt beide Eichenholzsorten, weil er das für gutes Gleichgewicht als erforderlich erachtet. Nach 18 bis 20 Monaten Ausbau und einem Abstich werden die Weine zusammengeführt, leicht filtert und abgefüllt.

Der Stil ist auf Finesse und Frucht, nicht auf massive Struktur ausgerichtet. Viele Reben sind über 40 Jahre alt und bringen Konzentration und Ausgewogenheit ein. Besonders gut sind die Vosne-Weine; der En Orveaux aus dem Echézeaux-Teil der Gemarkung ist unter den Premiers Crus wohl der robusteste, fast so fleischig wie ein Vougeot. Der Reignots aus einer besonders guten Lage oberhalb von La Romanée und Romanée-Conti zeichnet sich durch *puissance*, Tiefe und viel verhaltene Finesse aus.

Der Malconsorts von der Grenze zu Nuits zeigt anfänglich etwas kantige Art – mehr Säure und festeres Tannin – und braucht längere Entwicklungszeit. 1996 kamen die Premiers Crus Vosne Les Suchots und Nuits Les Murgers und der Grand Cru Romanée-St-Vivant hinzu.

Sylvain Cathiard und seine Frau teilen sich in die Arbeit – im Weinberg, im Keller, im Büro. Zu gegebener Zeit wird ihr Sohn, der heute noch lieber mit Pistolen als mit der Pipette spielt, ihnen tatkräftig unter die Arme greifen. Eine empfehlenswerte Domäne.

Domaine Clavelier-Brosson

Die Domäne gehört zu denen, die früher aus Sicherheitsgründen und nicht, weil es ihrem Wein an etwas gemangelt hätte, nur an den Handel verkauften, jetzt aber unter eigenem Namen in Erscheinung treten.

Bruno Clavelier, ein schlanker, gutaussehender Mann in den Dreißigern, verkörpert die siebte Generation in Vosne. Er kehrte 1988 nach längerem Aufenthalt in Bordeaux und Meursault in die Heimat zurück und übernahm 5,47 ha Weinbergbesitz seiner Großmutter. Heute füllt er alle Weine in der Domäne selbst ab, und der Qualitätsstand ist gleichmäßig hoch.

Aus Brunos Äußerungen spürt man den Sinn für Qualität heraus – keine leeren Floskeln, vielmehr sorgfältige, flexible, selbstkritische Überlegung und die Zuversicht, daß der eingeschlagene Weg der richtige ist.

Der relativ alte Rebbestand wirkt sich günstig auf die Konzentration und Ausgewogenheit der Weine aus. «Unsere Reben regulieren ihren Ertrag selbst» – Behangausdünnung braucht Bruno nur selten vorzunehmen. «Ich bin froh, daß Großvater nur Stalldung und kein Kali in die Weinberge gebracht hat; er hatte Kühe und Pferde im Stall.» Alles, was von über 45jährigen Reben stammt, wird mit «Vieilles Vignes» bezeichnet.

Der Schwerpunkt liegt auf den beiden Premiers Crus und den vier Villages-Lagen in Vosne-Romanée; des weiteren stehen Premiers Crus aus Nuits, Gevrey und Chambolle, rote und weiße Regionalweine und ein interessanter Vin de Pays de Côte d'Or von Chardonnay-Reben bei Boncourt auf der Liste.

Bruno strebt vor allem nach Qualität, die er als feines Gleichgewicht der Inhaltsstoffe definiert. Insbesondere müssen neue Fässer mit Bedacht eingesetzt werden, derzeit zu 25–30 %. Er kauft sie bei verschiedenen Faßbauern ein.

Der Stil des Hauses stellt *terroir* und Frucht obenan; etwa 10 % Ganztrauben werden für verbesserte Glyzerinextraktion mit in die Vormaischung gegeben. Die dreiwöchige *cuvaison*, bei der Temperaturspitzen sorgfältig vermieden werden, hilft «Fett ansetzen» und verdrängt grobes Tannin durch feines. Nach 18 bis 22 Monaten werden die Weine ohne Pumpen zusammengeführt und ohne Schönen (ausgenommen einige 1992er) und Filtern abgefüllt.

Die Weine aus Vosne beweisen unbezweifelbar, welche Bedeutung dem *terroir* zukommt. Der Hautes-Maizières aus einer Villages-Lage unterhalb von Les Suchots zeigt Eleganz bei rundem Tannin und Chambolle-ähnlicher Finesse. Die Villages-Lage Combe Brûlée und die Premier-Cru-Lage Aux Brûlées liegen zwar nur 50 m auseinander, unterscheiden sich aber deutlich im Charakter: Die erstere erbringt von steinigem Boden Wein mit fester Struktur, Kraft und Finesse, der sich langsam entfaltet; die zweite hat tieferen Boden, ihr Wein fleischigere, würzige Art, kräftige Säure und deutlicheres Tannin. Aus der Lage Vosne Les Beaux Monts, 200 m von Les Brûlées entfernt, kommen Struktur und Eleganz, vereint mit größerer Kraft.

In wenigen Jahren hat sich Bruno Clavelier eine solide Reputation geschaffen – auf diesen Namen gilt es künftig zu achten.

Die 6. und 7. Generation: Bruno Clavelier und sein Vater haben gut lachen.

Domaine Forey Père et Fils

Régis Forey wohnt gegenüber der Domaine de la Romanée-Conti, und das gehört sich auch so, denn er bearbeitet die Grand-Cru-Lage La Romanée (mit 0,85 ha die kleinste Appellation der Welt), die unmittelbar an die Lage Romanée-Conti angrenzt, aber auch ein Stück Les Gaudichots, das an La Tâche (ebenfalls eine DRC-Lage) anstößt.

Obwohl die Familie schon seit 1870, als François Forey, der Urgroßvater, Les Gaudichots und Chalandins kaufte, Weinbau treibt, wurde doch erst 1983 Domänenabfüllung eingeführt. Damals waren es 2000, heute sind es 20 000 bis 25 000 Flaschen, die zu 80 % direkt an Privatkunden verkauft werden.

Nachdem Régis einige Jahre für seinen Vater, in den USA und bei den Peyrauds auf der Domaine Tempier in Bandol gearbeitet hatte, übernahm er 1988 die Domäne. Er kaufte ein Stück Echézeaux und bewirtschaftet auf Wunsch des Hauses Bouchard Père et Fils in Halbpacht deren Lage La Romanée sowie die Premier-Cru-Lage Aux Reignots in Vosne für deren Besitzer, die Familie Liger-Belair – der Vertrag läuft demnächst aus. Obwohl Régis die Hälfte des Ertrags aus diesen beiden Lagen zusteht, wird der Wein doch von Bouchard ausgebaut und vertrieben, damit der *Monopole*-Charakter von La Romanée gewahrt bleibt. Den Liger-Belairs gehört auch das Château de Vosne-Romanée, ein schönes, aber wenig benutztes Bauwerk, in dessen Bilderbuchkellern Régis seine Fässer und Flaschen unterbringt. Inzwischen macht er Pläne für neue Keller zur Jahrtausendwende.

Der große, kräftige Mann legt seinen Wein auf Dauer an: Viel neue Eichenholzfässer – zu 100 % für Les Gaudichots und die Grands Crus, zu 50 % für den Nuits Les St-Georges, alles übrige entsprechend weniger –, 18 bis 25 Tage *cuvaison*, reichlich *pigeage* für maximale Extraktion, dann 15 bis 24 Monate Ausbau (für den 1993er bzw. 1990er). Die Keller im Château sind so kalt, daß Schönungsmittel sich nicht richtig absetzen wollen, deshalb gibt Régis seit 1992 statt dessen Enzyme bei der Gärung zu, um die Klärung zu verbessern und Filtration überflüssig zu machen.

Mit 50 Lesern kann er seine 8 ha in fünf Tagen abernten – das ist bei ungewissem Wetter ein Vorteil –, und er hat bei strenger Auslese die Fruchtqualität gut im Griff. Im Wein wird das spürbar. Die drei Nuits – alle aus dem Appellationsteil Prémeaux – haben viel Fülle mit Vosne-hafter Eleganz als Gegengewicht. Die Villages-Weine und der Les St-Georges Premier Cru zeigen festere Struktur und mehr Kraft als der Perrières, der im Jahrgang 1994 voluminöser, mit «süßerer» Frucht, festem Biß und schönem Stil aufwartete. Les St-Georges hat mehr Ton und Kalkstein als Les Perrières mit seinem magereren, steinigeren Boden.

Der Les Gaudichots Premier Cru aus Vosne ist eine echte Rarität. Er und der Echézeaux aus den günstig gelegenen Lagen Les Treux und Clos St-Denis konkurrieren um den ersten Platz in Régis' Keller. Der Gaudichots ist seidiger, der Echézeaux dagegen breiter, beide aber sind sehr fein (besonders der 1993er und der 1994er).

Die Familie Forey ist schon lange in Vosne tätig – François und sein Sohn Henri waren Mitbegründer der örtlichen Genossenschaft –, und sie scheint es auch bleiben zu wollen.

Domaine Emmanuel Rouget

Emmanuel Rouget, ein kräftig gebauter, etwas schroffer Dreißiger, hatte das große Privileg, zusammen mit Henri Jayer, einem der einflußreichsten Kellermeister Burgunds, arbeiten zu dürfen. Als Jayer, sein Onkel, Hilfe brauchte, bot er dem damaligen Traktormechaniker Emmanuel einen Job an.

1985 legte dieser sich eigene Weinberge zu – Echézeaux, Vosne und Nuits-Villages –, die er *en métayage* für Henris Bruder Lucien Jayer bewirtschaftete. Zwei Jahre danach bot ihm ein weiterer Onkel, Georges, noch mehr Echézeaux und Nuits auf derselben Basis an, und der Restaurantbesitzer Jean Crottet gab ihm seine Bourgogne-Rouge-Lagen in Pflege. 1989 kamen weitere dazu, diesmal von Henri Jayer selbst, und zwar in Nuits und in Vosne (Villages-Lagen und die Premiers Crus Les Beaux Monts und Cros Parantoux). Die neuesten Zugänge (1990/91) waren Savigny, Vosne und Nuits – aus dem Besitz von Jean Crottet und Freunden.

Emmanuel leistet die Arbeit in Weinberg und Keller, gibt aber die Hälfte des Weins an die Eigentümer der Weinberge ab, die ihn unter dem eigenen Namen verkaufen.

Das geht alles glatt, nur der Echézeaux gibt zu echt burgundischen Verwirrungen Anlaß, denn Henri hat Reben im *climat* Cruots, Lucien dagegen in Les Treux und Georges in beiden. Das Gesetz verlangt klare Trennung, also werden drei verschiedene *cuvées* produziert. Was ihm nach der Teilung bleibt, führt Emmanuel dann zu einem einzigen Wein zusammen.

Die Qualität seiner Weine ist gleichmäßig hoch. Das beginnt beim geschmeidigen Bourgogne Rouge und zieht sich durch das ganze Programm über einen seidigen Savigny und einen Vosne-ähnlichen Nuits-Villages bis zu den drei Spitzengewächsen: Das erste ist ein attraktiver, mittelschwerer Vosne Les Beaux Monts Premier Cru mit sauber ausgewogener Eleganz und Kraft vor magerem, steinigem Boden; danach kommt der «zusammengemixte», feste, tiefe, breitgebaute Echézeaux mit viel Biß und Kraft (der Lehmboden von Les Treux verleiht ihm Substanz, und aus Cruots kommen Geschmeidigkeit und Komplexität – das Ganze überragt dabei stets die Bestandteile und verdient den Grand-Cru-Status vollauf); schließlich ist da noch der Cros Parantoux, ein Vosne Premier Cru aus einer Lage oberhalb von Les Richebourgs. Hier ist der Boden so mager, daß die Rebwurzeln ihren Kampf mit ihm haben, dadurch aber einen Wein von majestätischer Subtilität hervorbringen, in dem Kraft, Eleganz, Komplexität und «ampleur» zu einem so mühelos harmonischen Ganzen verschmelzen, wie es das nur bei den größten Burgundern gibt. In guten Jahrgängen wie 1993 stellt er den Echézeaux, so fein der auch sein mag, ohne weiteres in den Schatten.

Emmanuel richtet sich eng an den Ideen von Henri Jayer aus, unter dessen wachsamen Augen sich die Arbeit in der *cuverie* abspielt. Nach erfolgter Teilung baut Emmanuel seine Weine in dem kleinen Keller unter seinem Haus in Flagey-Echézeaux aus. Er ist kein Rebell, vielmehr ein meisterhaft geschulter Traditionalist und würdiger Nachfolger seines Mentors.

Domaine René Engel

René Engel war eine der großen Persönlichkeiten der Nachkriegszeit in Burgund und insbesondere in Vosne-Romanée. Er war Mitbegründer der Confrérie des Chevaliers de Tastevin, 35 Jahre lang Professor für Önologie an der Universität Dijon und ein angesehener Autor von Büchern über Burgund und seinen Wein (die bekanntesten Titel: «Vade mecum pour viticulteurs» und «Vosne-Romanée, l'histoire du village»).

1986 starb er im Alter von 94 Jahren, fünf Jahre nach seinem Sohn Pierre. Als 1981 sein Enkel Philippe den Betrieb übernahm, mußte die inzwischen eingetretene Vernachlässigung der Weinberge bereinigt werden, in denen abgestorbene Reben nicht ersetzt worden waren und der Boden einen Überschuß an Stickstoff und Kali aufwies. In den Kellern waren die Fässer in schlechtem Zustand.

Nach und nach brachte Philippe alles in Ordnung und prägte der Domäne seinen eigenen Stempel auf. Zwar dauerte es eine Weile, bis unter dem illustren Erbe Philippes eigene Persönlichkeit zur Geltung kam; schließlich aber traten die Verbesserungen deutlich hervor, und die Weine gewannen an Gleichmäßigkeit. Er hat klare Vorstellungen davon, welchen Weinstil er anstrebt. Philippe Charlopin und Alain Burguet sind seine Freunde und Berater. Für delikate Finesse und feminine Eleganz hat er nichts übrig, ihm geht es um volle Struktur und fleischige Frucht.

Dessenungeachtet behält er manche Familientradition bei: bis zu 21tägige *cuvaison*, vollständiges Entrappen, kein Pumpen und zweimal täglich *pigeage* während der Gärung. Erstaunlicherweise wird manchmal Kulturhefe zum Einleiten der Gärung benutzt.

Vor Risiken hat Philippe keine Angst. Als beispielsweise 1985 ein Clos de Vougeot sich nicht kühlen ließ, sondern weitergärte und schließlich 36 °C erreichte, fragte er René, was er tun solle. Dessen Rat lautete: «Laß ihn gären.» Das tat Philipp, und dabei kam ein superber Wein heraus. Heute läßt er nun die Gärtemperatur bis 35 °C ansteigen, damit der Wein «bien gras» wird.

René Engel mischte stets nur den ersten, sanft gewonnenen Preßwein bei. Philippe arbeitet, nachdem er mit Premier Cru ohne Preßwein bzw. mit dem ersten Preßwein experimentiert hat, auf derselben Linie weiter. In Jahren mit schwachem Ertrag aber wird auch ein Wein aus zweiter Pressung getrennt ausgebaut und bei der *assemblage*, also unmittelbar vor der Abfüllung, nach Bedarf beigemischt oder aber «für ein Jahr mit weniger Struktur aufbewahrt».

Der Ausbau geschieht in zu 30 % neuen Fässern; Philippe wäre ein größerer Anteil lieber. Die hohen Kosten und das «schlechte Image» (kaum zu glauben) neuer Fässer halten ihn davon ab, er gibt aber zu, daß seine Kunden die Weine bevorzugen, die am stärksten mit neuem Eichenholz in Berührung gekommen sind. Auch spricht er davon, daß die zu 100 % in neuem Eichenholz ausgebauten Weine von Jean-Nicolas Méo zu seinen Favoriten zählen.

Der Abstich erfolgt meist «à l'air» unter leichtem Stickstoffgasdruck, um Pumpen zu vermeiden. Er findet gewöhnlich nach der *malo* im ersten Frühjahr statt; als Philippe aber einmal einen Wein 18 Monate lang auf dem Geläger liegenließ, konnte er sich davon überzeugen, daß «solide Weine» keinen Abstich brauchen und dabei ihre Frische besser bewahren.

René Engel hat die Frage nach dem Abfüllzeitpunkt genau untersucht und festgestellt, daß sich ein Wein nach einer gewissen Zeit im Faß nicht mehr weiterentwickelt – zumindest nicht zu seinen Gunsten. Während beispielsweise in Gevrey einige Winzer ihren Wein schon nach neun Monaten abfüllen, um die Frische und Delikatesse von Vosne-Romanée nachzuahmen, läßt Philippe Engel seinen Wein 18 Monate im Faß liegen, schönt meist mit Albumin und nimmt anschließend eine Kieselgur- oder Schichtenfiltration vor. Seiner Meinung nach rundet Schönen den Wein ab und verleiht ihm eine Brillanz, die er durch Filtern nicht erlangt. Da aber selbst vorsichtigstes Filtern dem Wein doch einiges an Substanz entziehe, solle es mehr und mehr vermieden werden.

Mit einem interessanten Experiment wurde der jeweilige Einfluß der Lage und der Weinbereitung auf den Charakter des Weins getestet. Engel tauschte 1 t Trauben aus Vosne gegen Trauben von Burguet und Charlopin aus Gevrey. Es überrascht nicht, daß er von den Trauben aus Gevrey recht Vosne-ähnlichen Wein produzierte, während Burguet und Charlopin Gevrey-ähnliche Vosne-Romanées mit schwerer Struktur hervorbrachten. Wären nicht vielleicht Experimente dieser Art mit Trauben von Leflaive bei Bonneau du Martray oder mit Trauben aus Monthélie, verarbeitet in Chambolle-Musigny, ganz aufschlußreich?

Philippe Engel findet trotz aller Arbeit im Keller doch noch Zeit zum Motorradfahren und Segeln. Im Château de Clos Vougeot nimmt er das Erbe des Vaters und Großvaters als Mitglied des «Grand Conseil» sehr ernst. Seine Kenntnis der Geschichte des Châteaus und der Confrérie macht ihn überdies zum idealen Fremdenführer.

Im Einklang mit seiner persönlichen Vorliebe sind Engels Weine in der Jugend dunkel und unergründlich und weisen eine feste Struktur aus Tannin und Säure auf, unter der sich beträchtliche Substanz verbirgt. Die Dichte wird nötigenfalls durch eine *saignée de cuve* betont; 1990 führte er diese Behandlung sogar gegen den Rat seines Önologen durch.

Der Clos Vougeot ist von allen der anfänglich verschlossenste und zeigt ähnliche Struktur wie der Gevrey-Chambertin Vieilles Vignes von Burguet. Der Vosne-Romanée Aux Brûlées Premier Cru ist eindeutig besser und hat mehr Rasse und Komplexität als sein Vetter mit Villages-Status. Der Echézeaux mit seiner tiefen Farbe von schwarzen Kirschen und seinem Duft von Griottes, Süßholz und *fruits noirs* ist zwar manchmal exzellent (1990), kann aber auch enttäuschend und schwerfällig wirken (1989). Der Grands Echézeaux ist eine ausgesprochen maskuline Interpretation dieser Lage. Wenn ein Fehler festgestellt werden kann, dann vielleicht nur, daß hinter der Frucht zu oft ein Übermaß an Tannin steckt – ein solches Urteil beruht freilich auf persönlichem Geschmack, doch den Weinen käme ein etwas leichteres Gerüst sicher enorm zugute, so daß man den darunter verborgenen Körperbau besser würdigen könnte.

WEINBERGBESITZ

Gemeinde	Rang	Lage/Climat	Fläche	Rebenalter	Status
Flagey	GC	Echézeaux	0,55	25 + 80	P
Flagey	GC	Grands Echézeaux	0,50	75	P
Vougeot	GC	Clos de Vougeot	1,37	55	P
Vosne	PC	Aux Brûlées	1,05	45	P
Vosne	V	–	2,54	50	P
		Gesamtfläche	**6,01 ha**		

Domaine Confuron-Cotétidot

Jacky Confuron ist ein Mann, den man nicht vergißt, breit, untersetzt, im Äußeren wie in seiner Persönlichkeit fest, klar und nicht leicht ins Wanken zu bringen – für ihn ist die Welt schwarz und weiß mit wenigen Schattierungen dazwischen.

Er lebt mit seiner Frau Bernadette in einem stattlichen Haus an einer der Zufahrtsstraßen zur RN74. Von hier aus betreiben sie gemeinsam ihre 6,89 ha große Domäne, unterstützt von ihren beiden Söhnen, dem Önologen Jean-Pierre und seit 1995 dessen jüngerem Bruder Yves, einem echten Rauhbein.

Die Confurons – in Prémeaux wohnt ein anderer Familienzweig – sind schon lange in Vosne ansässig: «Mein Ururgroßvater gründete die Domäne.» Als Jackys Vater 1964 beschloß, seine 18 ha große Domäne aufzuteilen, bekam Jacky 2,5 ha – «le père» behielt den größten Anteil für sich. Allmählich wurde weiteres Land hinzugekauft – in Chambolle-Musigny, Gevrey-Chambertin, Nuits-St-Georges und in einfachen Bourgogne-Lagen – bis der Betrieb groß genug war, um auch eine Frau und zwei Kinder zu ernähren.

Schon nach kurzem Gespräch merkt man, daß Jacky Confuron nicht impulsiv handelt, sondern seine Entschlüsse gründlich durchdenkt. Für ihn gibt es keinen Schleichweg zu der Qualität, die er anstrebt.

1977 fragte er Guy Accad um Rat, damit seine Böden wieder ins Gleichgewicht kamen, doch Accads Einfluß weitete sich bald auch auf den Keller aus. Freilich wäre es falsch zu glauben, Jacky habe seine Zuständigkeit für den Keller an Accad abgegeben – wenn ein Rat gut ist, befolgt er ihn, andernfalls ist er durchaus imstande, eigene Wege zu gehen. «Es dauert 25 Jahre, bis man einen Kunden sicher hat, und es geht so schnell, ihn wieder zu verlieren», meint Jacky in diesem Zusammenhang, doch da seine Weine stets rasch ausverkauft sind, scheint ihm die Clientèle doch die Treue zu halten. Auf die Dienste Accads verzichtet Confuron seit 1990, doch der Gedankenaustausch mit ihm hat in seinen eigenen Ideen unauslöschliche Spuren hinterlassen.

Zu seiner Philosophie gehört auch eine tiefe Abneigung gegen alles, wovon er nicht völlig überzeugt ist. Hierzu zählen Klone. Er hat Versuche damit gemacht, ist aber mit der Qualität nicht zufrieden: «Nach 15 Jahren war der Klon eingegangen; jetzt selektiere ich wieder selbst.» Bei der Qualität kennt er keinen Kompromiß – er veredelt selbst auf Riparia-Unterlagen, eine traditionelle Sorte, die an der Côte ihrer kleinen Erträge und guten Frucht wegen wieder zu Ansehen gelangt.

Der Rebschnitt erfolgt im üblichen einfachen *Guyot*-System, das von Jacky noch stärker auf fünf bis sechs Augen pro Rute eingeschränkt wird. Erweist sich ein einzelner Stock als schwach, wird er durch *Gobelet*-Schnitt angeregt – diese Expertenarbeit vertraut er seiner Frau an.

Aus alledem erkennt man bereits, daß Jacky Confuron kleine Erträge wünscht. Hierbei hat er die Unterstützung der Reben selbst, die zum großen Teil bereits das ehrwürdige Alter von 60 bis 70 Jahren erreicht haben; was Jacky als junge Rebe bezeichnet, wäre bei vielen anderen Winzern schon eine recht alte. Die Zahlen sprechen für sich selbst: 1988 und 1989 beliefen sich die Erträge bei Confuron im Schnitt auf 30 hl/ha gegenüber einem Grundertrag von 40 hl/ha bei Vosne-Romanée-Villages und Premier Cru und 35 hl/ha bei Grand Cru. 1990 gab es einen Anstieg auf 40 hl/ha bei den Villages-Weinen und 35 hl/ha bei den Premiers und Grands Crus, doch 1993 waren es wieder weniger.

Alles das wird erreicht durch gründliche Beachtung der Details – viel *repiquage*, sparsamste Düngung, strenge *évasivage*, so wenig Spritzen wie möglich, gegen Fäule überhaupt nicht. Hinzu kommt Sommerschnitt auf unüblich große Wuchshöhe zur Förderung der Photosynthese und damit der Zuckeranreicherung; die Nachfrucht wird im August entfernt.

Der Lesezeitpunkt ist eine der wichtigsten Entscheidungen des Winzers. Jacky hat damit keine Schwierigkeiten: «Wir lesen spät, damit

Jacky Confuron schneidet die Edelreiser selbst – die meisten Winzer kaufen sie ein.

der Reifegrad so hoch wie möglich ist – ein Risiko muß man dabei in Kauf nehmen.» Er erzählt von Tests, die ein französischer Weinpublizist durchgeführt hat, indem er in mehreren Weinbergen bei der Lese Stichproben nahm – in vielen Fällen waren die Trauben noch längst nicht ausgereift.

Im Keller unter dem Haus arbeitet Jacky «nach der alten Methode»; damit meint er sicher die betagten hölzernen *cuves* und die 150 Jahre alte Kelter, die noch von seinem Urgroßvater stammt.

Die Trauben werden nicht entrappt, sondern unzerkleinert in die *cuves* gegeben; dort erhalten sie eine Dosis von 1–1,5 l SO_2 pro Tonne, 0,5 l weniger als zur Zeit Accads. Die Auslese erfolgt bereits im Weinberg so streng, daß «keine faulen Trauben bis hierher gelangten», der Schwefel soll lediglich die Hefen betäuben und zusammen mit Kühlung auf 8–10 °C den Gärbeginn hinauszögern.

Nach der Kaltmaischung wird Hefe zugesetzt, damit die Gärung in Gang kommt. Die *cuvaison* dauert im Durchschnitt drei Wochen; die Gärtemperatur wird auf maximal 28 °C gehalten – «darüber gibt es nur Verdunstung und eventuell flüchtige Säuren».

Die «méthode ancienne» umfaßt auch dreimal täglich eine kräftige *pigeage*. Hierzu steigt Jacky mit seinen Söhnen splitterfasernackt bis zum Hals in die *cuves* und zerstampft mit den Füßen den Schalenhut. Seine Frau braucht sich dieser Tortur nicht zu unterziehen – «sie ist der Kopf, und ich bin der Arm» –, das ist für Jacky die eheliche Betriebsstruktur.

Die *chaptalisation* wird so gering wie möglich gehalten und auf einen Schwung eingebracht. Wenn der Zucker weitgehend vergoren ist, wird der Vorlaufwein abgezogen und die Restmaische in die 150jährige Presse geschaufelt, die sodann mit Hilfe einer Handpumpe in Gang gesetzt wird. Eine Pressung genügt – für die Maische und wohl auch für Jacky.

Anschließend wird der Preßwein einer Geschmackskontrolle unterzogen und gegebenenfalls dem Vorlaufwein beigemischt, der je nach Bedarf dann 2 bis 8 Tage zum Absetzen stehenbleibt und schließlich zur *élevage* in Fässer gegeben wird.

Jacky meint, daß sein Wein durch die Traubenstiele genug Tannin abbekommt, und sieht daher keinen Grund für neue Eichenfässer. Er benutzt seine Fässer 5 bis 10 Jahre lang und erneuert jährlich nur 10 %.

Die *élevage* erfolgt höchst individuell: Die Weine liegen 24 bis 30 Monate im Faß – eher

Das Haus der Confurons am Rand von Vosne.

nach der Art von Bordeaux. Im Februar/März und im August erfolgt jeweils ein Abstich, der letzte in Tanks zum Zusammenführen der einzelnen Posten. Dann gelangt der Wein zurück ins Faß und wird nach Schwefelung mit größter Sorgfalt von Hand abgefüllt.

Bei Jackys «méthode ancienne» gibt es weder Schönen noch Filtrieren – «Wein ist lebendig und muß menschlich behandelt werden; Filtration zieht ihm die Hosen aus». Seiner Meinung nach behält der Wein bei sorgfältigem Abstechen die Hosen an, und Körper und Gleichgewicht bleiben intakt.

Auf jeden Fall sind Jackys Weine bemerkenswert gut. Manche Kommentatoren überhäufen ihn mit Schimpf und Schande, weil er Weine nach der «méthode Accad» produzierte. Die Kritik war oft ätzend und ließ unzulängliches Verständis dessen erkennen, was Accad und seine Jünger zu erreichen suchten.

Es ist unbestreitbar, daß durch lange Kaltmaischung Weine entstehen, die von Anfang an tiefe Farbe haben – das ist freilich nicht allein bei diesem Vinifikationssystem der Fall –, und daß sie oft ein durch relativ niedrige Gärtemperaturen extrahiertes und fixiertes, leicht überzogenes Aroma verströmen.

Die Weine halten sich exzellent und bilden gute Beispiele für die jeweiligen Appellationen, auch nachdem Accad gegangen ist. Die Vosne-Villages-Cuvée ist meist ein dichter, fleischiger Wein, hochkonzentriert, mit viel Tiefe und Nachhaltigkeit. Der 1993er wies festes Tannin und kräftige Säure auf, ansonsten entsprach er der typischen Art. Der Nuits-St-Georges ist ganz anders – er hat mehr Breite und erdige, vollmundige Art bei festerer Struktur. Der 1993er wies das Aroma von *fruits noirs* bei guter Nachhaltigkeit und recht trockenem Tannin auf. Die Lage befindet sich auf der Vosne benachbarten Seite von Nuits, so daß Ähnlichkeiten dort eher zum Tragen kommen als Unterschiede.

Der Chambolle-Musigny ist meist am wenigsten typisch für seine Herkunft. Die ausgiebige Extraktion verleiht ihm fast zu viel Tiefe und Struktur für einen beispielhaften Chambolle – das bedeutet keine Kritik an der Qualität dieses Weins, lediglich an seiner Typenechtheit. Dem 1993er fehlte es etwas an *puissance*, und er wirkte alles in allem eher flach. Vielleicht rundet er sich bei ein paar Jahren Flaschenreife noch aus und kommt wieder in Form.

Die Confuron-Methoden eignen sich besonders gut für die Weine von Nuits und Gevrey. Der 1993er Gevrey-Chambertin von 80jährigen Reben hat unglaubliche Tiefe und untergründigen Duft, unterlegt mit kräftiger, reifer Frucht. Im Juni 1995 aus dem Faß degustiert, wirkte er ein wenig unscharf und diffus und zeigte im Abgang eine bittere Note – vielleicht etwas zuviel Extraktion. Der Nuits-St-Georges Premier Cru, eine *assemblage* aus der Frucht 70jähriger Reben in Les Murgers und Les Vignesrondes, weist ähnliche Tiefe, massive Struktur und reichlich reife Frucht auf; er ist noch etwas roh gebaut, und es wird eine Weile dauern, bis er sich freundlicher zeigt.

Der 1993er Vosne-Romanée Les Suchots ist nach nicht ganz so grandiosen Maßstäben gebaut – breiter Geschmack, ausreichend Eichenholzwürze und exzellente Nachhaltigkeit. Er wird sich gewiß sehr schön entfalten.

Der Echézeaux von 42jährigen Reben in Les Treux hat recht breiten Charakter, konzentrierte, nachhaltige, erfreuliche Art, aber nicht wirklich genug Kraft für einen Grand Cru. Vielleicht gibt sich das nach der Abfüllung noch, bisher aber erscheint er eindimensional und wird dem üblichen Echézeaux-Standard von Confuron nicht gerecht.

Der Clos Vougeot von 60jährigen Reben wirkt dichter und deutlich erdiger; er fußt auf schöner Konzentration an Frucht und beachtlicher Eleganz mit gerade der rechten Dosis Eichenholzwürze – er wird sehr gut.

Nachdem die Accad-Furore nun abgeklungen ist, werden die Kritiker hoffentlich wieder dazu übergehen, den Wein selbst und nicht die eine oder andere Vinifikationsmethode zu beurteilen. Derartige Debatten sollten diejenigen, die lediglich ihren Wein genießen möchten, nicht davon abhalten, so feine Gewächse wie die von Jacky Confuron vorurteilslos zu probieren – Weine, die mit größter Sorgfalt, wenn auch nach Jackys individueller Art, ausgearbeitet sind. Jacky und Bernadette Confuron verkaufen stets ihre gesamte Erzeugung, und das mag den Neid so manches anderen Winzers erregen. Dies sollten alle, die ihn anfeinden, bedenken, ehe sie ihre Worte drucken lassen.

WEINBERGBESITZ

Gemeinde	Rang	Lage/Climat	Fläche	Rebenalter	Status
Flagey	GC	Echézeaux	0,46	42	P
Vougeot	GC	Clos de Vougeot	0,26	65	P
Vosne	PC	Les Suchots	1,34	–	–
Vosne	V	Porte Feuilles du Clos + Jacquines	1,45	10–40	M/P
Nuits	PC	Murgers + Vignerondes	1,00	75	M
Nuits	V	Bas de Combes + Lavières	0,55	75	P
Gevrey	V	Les Champs Chenys	0,40	80	P
Chambolle	V	(mehrere Climats)	0,71	50	P
–	R	(Bourgogne Rouge/Aligoté)	0,98	40	P
Gesamtfläche			**7,15 ha**		

Domaine Jean Grivot

Die Domaine Jean Grivot gilt allgemein als eine der besten an der Côte d'Or. Ihre Ursprünge gehen zurück auf das Ende des 18. Jh., als nach der Französischen Revolution die Familie Grivot – Bauern, Küfer und Schmiede aus dem Jura – in Erscheinung trat. Die mütterliche Seite stammt aus dem Val d'Aosta in Italien. Allmählich überwog der Weinbau gegenüber der bäuerlichen und handwerklichen Betätigung, bis schließlich Gaston Grivot am Ende des 19. Jh. eine Domäne in beträchtlicher Qualität aufgebaut hatte.

Gaston bewies Weitsicht: Er verkaufte mehrere verstreut gelegene Weinbergparzellen, u. a. bei Chaux in den Hautes Côtes, und erwarb dafür 1,68 ha im Clos Vougeot – ein Streifen von der RN74 bis hinauf zum Château de la Tour am oberen Rand des Clos, noch heute einer der bedeutendsten Besitzteile der Domäne.

Dann heiratete Gaston die übrigens nicht mit ihm verwandte Madeleine Grivot, Besitzerin guter Weinberge in Nuits, und dadurch wuchs die Domäne nochmals. Außerdem erwarb er ein Diplôme d'œnologie an der Universität Dijon – er war einer der ersten Studenten der heute berühmten Fakultät. So verschaffte er sich tiefere Kenntnis der technischen Verhältnisse in Weinbau und Weinbereitung, was 1919/20 darin gipfelte, daß er seinen Wein selbst abfüllte und vermarktete. Neben Henri Gouges und dem Marquis d'Angerville gehörte Gaston zu den ersten an der Côte, die Domänenabfüllung als Echtheitsgarantie und als Schutzmaßnahme gegen Verfälschung einsetzten.

Jean Grivot übernahm die Domäne 1955 nach dem Tod seines Vaters mit – wie sein Sohn Etienne es ausdrückt – «allem önologischen Gepäck». Seit 1959 werden alle Weine in der Flasche verkauft, nur in einigen schlechteren Jahren erwies es sich als finanziell interessanter, alles im Tank abzusetzen.

In Jeans Händen blühte die Domäne und erlangte einen großen Ruf für Typenechtheit und Qualität ihrer Weine. Flaschen aus der Ära Gastons und der Anfangszeit Jean Grivots bilden eindrucksvolle Beweise für das Können und den Sachverstand dieser beiden großen Vignerons.

In den letzten Jahren jedoch sind Veränderungen eingetreten, die eine Neueinschätzung der großen Domäne verlangen. 1982 kam Etienne zu seinem Vater in den Betrieb – nach Absolvierung des Lycée Viticole in Beaune, versehen mit einem Diplom für Weinbau und Kellertechnik und solider Erfahrung aus praktischer Arbeit bei Bernard Clair von Clair-

Etienne und Jean Grivot.

Daü, Michel Rolland im Libournais und Fronsac sowie sechs Monaten bei Freemark Abbey und Rutherford Hill in Kalifornien.

Nach und nach übergab Jean die Zuständigkeit für alle technischen Dinge an Etienne, der heute die ganze Verantwortung für Weinbau und Weinbereitung hat. Sein Vater kümmert sich inzwischen um den Vertrieb und empfängt die vielen von Bewunderung erfüllten Kunden, und diese Aufgaben machen ihm offensichtlich Freude.

Der Machtwechsel brachte auch Kontroversen mit sich. Um alles im rechten Licht zu sehen, muß man zunächst unterstreichen, daß Etienne ein intelligenter Mann von größter Integrität ist. Die radikalen Veränderungen, die er seit 1987 eingeführt hat, sind nicht die Frucht jugendlicher Rebellion, sondern das Ergebnis fester Überzeugung und tiefen Nachdenkens. Wie immer man die Wirkungen dieser Veränderungen einschätzt, es steht außer Frage, daß dahinter nur gute Absichten stehen.

Beim jahrelangen Vergleich der eigenen mit anderen Weinen war Etienne unzufrieden mit dem, was die Domäne produzierte; seiner Meinung nach fehlte es den Weinen ganz allgemein an Farbe, Struktur und Langlebigkeit. Er wollte die in seinen Augen vorhandene Kluft zwischen der bestehenden und der möglichen Qualität schließen.

Die zentrale Frage lautete für ihn, warum die Weine der letzten Zeit zwar Eleganz, aber zu wenig Kraft besaßen, während die früheren gehaltvoll und langlebig waren. Zunächst kam er zu dem Schluß, daß die früher relativ sparsame Düngung höheren Reifegrad der Trauben brachte, und des weiteren, daß die Gärtemperatur, wenn das Traubengut nicht zerkleinert wurde, selten auf über 32 °C kam, die Gärung deshalb länger dauerte und bessere Extraktion von Farbstoffen und Tannin bewirkte.

Dieser Gedankengang führte noch weiter: Etienne begriff, daß der wichtigste Faktor bei der Erzeugung feiner Weine der Gesundheitszustand der Trauben ist und daß dieser nur auf einem Boden optimiert werden kann, der sich in einwandfreiem Gleichgewicht befindet. Da außerdem das maximale Potential der Weinqualität in den Trauben selbst liegt, kann man es zwar zerstören oder erhalten, nicht aber überschreiten. Aufgrund dieser Erkenntnisse und im Wissen, daß eine enge Beziehung zwischen Boden und Weintyp besteht, ging er daran, seine Weinberge genau zu beobachten.

Das alles spielte sich zu einer Zeit ab, als die Domaine Jean Grivot sowieso als eine der besten an der Côte galt. Es erforderte also Mut, die Grundlagen ihrer Qualität in Frage zu stellen. Darüber hinaus muß man erkennen, daß es auf seiten von Jean Grivot ebensoviel Mut erforderte und einen großen Vertrauensbeweis darstellte, daß er die großartigen Weinberglagen der Domäne an Etienne übergab, damit dieser seine Vorstellungen verwirklichen konnte.

Seit seiner Übernahme bemühte sich Etienne, ein echtes Gleichgewicht der Bodenzusammensetzung wiederherzustellen. Hierbei half ihm der Önologe Guy Accad, dessen Auffassungen er teilt. Sie gingen daran, die Überschüsse an Stickstoff, Kali und Phosphor zu verringern, die sie als ernsthafte Bedrohung ansahen. Besonders der Stickstoff bereitete Sorgen, weil er das Magnesium blockierte, das für die Photosynthese und damit für die Chlorophyllerzeugung wesentlich ist. Chlorophyll aber ist das eigentliche Produktionsmittel der Rebe, und jeder Mangel muß die Lebensvorgänge, also auch Zuckeranreicherung und Reifeverlauf, beeinträchtigen.

Das Erbe jahrelanger Überdüngung war ein schwerwiegendes Ungleichgewicht des Bodens, und nicht nur Etienne war bemüht, es zu berichtigen. Die von ihm und Accad befolgten Prinzipien waren erstens, daß jedes Element bis zu einer gewissen Konzentration seine Daseinsberechtigung hat, darüber hinaus aber toxisch wirkt; zweitens, daß der Bodenmechanismus als ein integriertes Ganzes zu behandeln ist – wird ein Glied in der Kette zerbrochen, dann ist die Integrität zerstört; und drittens, daß es nur allzu leicht ist, dem Boden ein Element zuzuführen, viel schwerer dagegen, den Überschuß wieder abzubauen.

Nachdem das Bodengleichgewicht wiederhergestellt war, richtete sich die Aufmerksamkeit auf das Pflanzenmaterial und insbesondere auf die Klonenselektion. Klone sind nach Etiennes Ansicht zwar im allgemeinen gut, bringen aber das Risiko von Übererträgen.

Deshalb müssen Düngung und Rebschnitt an jeden Klon und den Boden, auf dem er steht, genau angepaßt werden; man kann nicht einfach Klone pflanzen und alles andere der Natur überlassen. 1985 wurden Versuche mit einer möglichst großen Zahl von Qualitätsklonen unternommen; sie wurden in zwei- bis dreizeiligen Beständen auf verschiedenen Unterlagsreben gepflanzt. Die Auswertung wird noch einige Jahre dauern.

Nicht weniger wichtig aber sind Art und Länge der *taille* sowie die Pflanzdichte. Etienne ist zu dem Schluß gekommen, daß es für optimale Fruchtqualität bedeutsam ist, die Reben *en cordon* zu erziehen, also mit einem horizontalen Arm, von dem Fruchtholzzapfen ausgehen, sowie die Stockzahl pro Hektar von bisher 10 000–12 000 auf 15 000 zu steigern – entgegen dem derzeitigen Trend, die Pflanzdichte zu verringern.

Diese zur Verbesserung der Reben- und Bodengesundheit ergriffenen Maßnahmen haben zu höheren und gleichmäßigeren Erträgen geführt. Darüber hinaus bieten die gesünderen Voraussetzungen im Boden und der bessere Ernährungszustand der Reben höheren Schutz gegen Krankheits- und Schädlingsbefall, wodurch wiederum Etiennes Grundsatz, möglichst wenige Spritzungen in geringster Dosierung vorzunehmen, gestützt wird. Sein Leitgedanke ist, den Weinberg als komplexen, integrierten, biologischen Mechanismus zu betrachten und an Einzelaspekten keine Veränderungen vorzunehmen, ohne die Wirkungen auf das Ganze sorgfältig zu bedenken. Dieser «ganzheitliche Weinbau» zielt auf die Optimierung der «vegetabilen Maschinerie» ab, d. h. Erzeugung von Zucker und Ausreifen der Traubenschalen und des Holzes sowie Entstehung der Kerne (der nächsten Generation).

Nun könnte man annehmen, daß eine so sorgfältige Behandlung nur zu erhöhten Erträgen und einem entsprechenden Rückgang

Edle Gewächse ganz eigener Art im Keller der Grivots.

der Qualität führt, weil ja die Wechselbeziehung zwischen beiden in dieser Weise gesehen wird. Etienne antwortet mit dem Hinweis, daß späte Lese die einzige vernünftige Art der Ertragsbeschränkung darstellt, daß man sie aber nur wirksam betreiben kann, wenn die Reben durch und durch gesund sind.

Jenen, die behaupten, daß über einen bestimmten Reifegrad hinaus keine weitere günstige Entwicklung mehr stattfinde und es deshalb keinen Sinn habe, noch weiter zu warten, hält Etienne entgegen, man müsse nur einmal beobachtet haben, wie die Nachfrucht selbst nach dem Laubfall im Oktober noch nachreift, dann wisse man, daß diese Behauptung falsch sei. Überdies, so meint er, dürfe der Kunde, wenn er schon hohe Preise für feinen Burgunder bezahlen müsse, doch wohl vom Vigneron die Bereitschaft erwarten, mit später Lese ein Risiko einzugehen, um höchstmögliche Qualität zu erreichen. 1990 ließ er, um seine Theorie zu überprüfen, die Trauben einer Parzelle Vosne-Romanée bis zum 16. Oktober hängen. Bei der Ernte hatten sie einen potentiellen Alkoholgehalt von 13,7 %; die daraus bereiteten zwei Cuvées lagen nach Etiennes Meinung weit über Villages-Qualität.

So überzeugte er sich mehr und mehr von dem, was Guy Accad anstrebte, und überredete deshalb 1987 seinen Vater, dessen Beratertätigkeit auch auf die Weinbereitung auszudehnen. Das brachte Etienne und seinem Vater herbe Kritik ein. Es hieß, Accads Methoden hätten mit wahrem Burgunder nichts zu tun und liefen auf Betrug hinaus, weil Farbe, Säure und Tannin zusätzlich in den Wein gebracht würden.

Der Hauptpunkt von Accads Theorie ist jedoch, daß vieles, was an der Côte d'Or als Tradition ausgegeben werde, im Grund nur schlechte Gewohnheit sei, die schon mit minderwertigem Rohmaterial beginne – daher die Betonung von Maßnahmen zur Gewinnung bestmöglichen Traubenguts. Aber hieran allein liegt es nicht: Es gibt ja genug superbe junge wie alte Burgunder, die nicht nach Accads Methode entstanden sind. Man kann den weinbautechnischen Prinzipien ohne weiteres zustimmen, auch ohne die Vinifizierung zu verändern. Das eine ist nicht die notwendige Folge aus dem anderen.

Accads Beratertätigkeit ging dann im Februar 1993 einvernehmlich zu Ende, doch diese Jahre hinterließen in Etienne tiefe Narben. «Die ganze Kritik stürzte sich auf mich; ich wurde sogar gefragt, ob meine Weine gesetzlich wären wegen des Schwefels.» Inzwischen haben beide Seiten viel dazugelernt, und Etienne ist nun bemüht, sein Selbstvertrauen wiederzugewinnen.

Die Hauptpunkte der Weinbereitung bleiben bei Etienne jedoch unverändert: Das Traubengut muß die höchstmögliche potentielle Qualität aufweisen, und es muß auf eine Art und Weise verarbeitet werden, die dieses

Potential bestmöglich nutzt. Um dies zu erreichen, müssen bei der Vinifikation die Elemente, die den Wein bei seiner langsamen Entwicklung in Faß und Flasche konservieren – also hauptsächlich Säure und Tannin – gestärkt und die «ungünstigen» Elemente, die den Wein allmählich abbauen – also die Oxidasen, die im Übermaß zu Bräunung und verfrühter Alterung führen –, minimiert werden. In der jetzigen Phase will er Weine produzieren, die lange Lebensdauer besitzen, aber «auch schon jung leichter zu verstehen sind» – also jene Vereinigung von scheinbaren Gegensätzen, die so viele qualitätsbewußte Vignerons anstreben.

Etienne fragt sich beispielsweise, warum die 1964er noch immer köstlich sind, während die 1980er sich zumeist aufgelöst haben. Das Stehvermögen vieler alter Jahrgänge hat ihn zum Nachdenken über das Phänomen der Langlebigkeit veranlaßt; er kam zu dem Schluß, daß die in manchen Jahren zufällig extrem gesunde, reife Frucht den für gute Haltbarkeit günstigen Elementen gegenüber den ungünstigen den Vorrang gab. Wenn es also möglich wäre, den Unsicherheitsfaktor durch Erzeugung gesunder Frucht und kontrollierte, richtig geführte Vinifikation auszuschließen, dann müßte es möglich sein, die günstigen Verhältnisse regelmäßig zu reproduzieren.

Zu diesen grundlegenden Überzeugungen kommt noch eine hinzu, die in manchen Kreisen als ketzerisch gelten dürfte, nämlich daß der Pinot Noir durchaus nicht – wie immer behauptet wird – eine fragile Traube, sondern höchst robust sei; bei richtiger Verarbeitung liefere er ja sowohl Kraft als auch Subtilität und das Potential für lange Lebensdauer.

Der Schlüssel zu langlebigem Wein ist Etienne zufolge die zugrundeliegende Struktur, d. h. im wesentlichen der Gehalt an Tannin und Extrakt. Tannin, der wirksamste Schutz des Weins gegen Oxidation, werde aber zusammen mit Farb-, Aroma- und Geschmacksstoffen durch Maischung vor dem Gärprozeß extrahiert. Während viele Vignerons der Maischung während und nach der Gärung den Vorzug geben, meint Etienne Grivot (wie Accad), daß sich ohne Anwesenheit von Alkohol, d. h. also vor dem Gärprozeß, eine viel feinere Extraktion abspiele, daß Alkohol sogar ein starkes Lösungsmittel für die Extraktion subtiler Aroma- und Geschmackssubstanzen darstelle. Die meisten Winzer stampfen den Schalenhut in die Flüssigkeit, so daß weitere Extraktion stattfindet; Etienne unterläßt dies, außer gelegentlich am Ende der Gärung.

Nach dem Maischen der entrappten, aber nicht zerkleinerten Frucht werden Kulturhefen zugesetzt – die einheimischen Hefen bestehen aus guten und schlechten Stämmen, und Etienne mag Unsicherheiten nicht –, und die Gärung beginnt. Im Verlauf des Prozesses werden weitere Tannine in die Lösung gelaugt, während die natürliche Lebenskraft der Hefen gedämpft wird und der Prozeß langsam abklingt. Dadurch bleiben die Temperaturen in Grenzen, was eine lange *cuvaison* mit weiterer Extraktion von Tanninen, Aroma und Geschmackssubstanzen ermöglicht. Die Tannine «fixieren» oder stabilisieren die in der Vormaischung gewonnenen Farbstoffe.

Dies alles im Verein mit den zur Unterstützung der Klärung zugesetzten Enzymen erbringt denkbar reinen Wein, der nun zum Ausbau in Fässer gelangt. Etienne glaubt zwar, daß der beste Schutz gegen Oxidation in einer gesunden Tanninstruktur besteht, er ist aber gegen neue Fässer als Mittel zu deren Erzielung, weil er meint, daß dadurch nur die Alterung beschleunigt wird.

Vor allem aber meint er, daß Eichenholz die Individualität eines Weins verdeckt – und das widerspricht seinen Grundsätzen. Dennoch ist in der Zeit nach Accad ein Hauch mehr Eichenholzwürze in den Wein gekommen (25 bis 30 % bei allem über Villages-Rang), und Etienne gibt zu, daß man auch mit 100 % neuen Fässern feinen Wein machen kann.

Bevor sie aber ins Faß gelegt werden, verbringen Etiennes Weine den ersten Winter in Tanks unter einer Schutzschicht aus flüssigem Paraffin. Im Februar werden sie dann in Fässer abgestochen, selbst wenn die *malo* noch nicht beendet ist. Alle drei Abstiche (einer mehr als an der Côte üblich) erfolgen bewußt mit Luftzufuhr. Grivot glaubt nämlich, daß seine Bereitungsmethode reduktiv wirkt und deshalb zum Ausgleich Sauerstoff zugeführt werden muß.

Wieviel Zeit jeder Wein im Faß verbringt, richtet sich nach dem Jahrgang – «je besser der Wein, desto längere *élevage* braucht er». Etienne glaubt nicht daran, daß der Pinot Noir früh abgefüllt werden muß, damit er Frische und Frucht bewahrt. Seine Weine seien robust und bedürften solcher Vorsichtsmaßnahmen nicht. Formeln gebe es nicht dabei, entscheidend sei die Geschmackskontrolle; beispielsweise wurden die 1984er nach 16 Monaten abgefüllt, während andere Jahrgänge fast zwei Jahre im Faß liegen. Etiennes eher saloppe Begründung hierzu lautet: «Wenn ein Wein zwanzig Jahre in der Flasche halten soll, muß er wohl zwei Jahre im Faß durchstehen können.»

Darum geht es aber eigentlich nicht, vielmehr ist es wichtig, den Wein dann abzufüllen, wenn er den höchstmöglichen Vorteil aus dem Faßausbau gezogen hat; jedes längere Verweilen würde seinem Gleichgewicht und seiner Struktur schaden.

Bei Etiennes Methoden entsteht jedenfalls tiefdunkler Wein, der sich langsam entwickelt und seine jugendliche Note recht lange bewahrt. Anfänglich ist er in Aroma und Geschmack noch verschlossen; die Qualitäten, die seine typische Art ausmachen, verbergen sich hinter einer dichten Struktur – diese Weine sind jung schwerer zu beurteilen als andere.

Etienne ist sich bewußt, daß sein Wein dadurch in bestimmten Kreisen geringere Marktchancen hat, und richtet seine Weinbereitung deshalb inzwischen auf einen entgegenkommenderen Stil aus. Die 1990er (Accad) und 1993er (nach Accad) sind auf allen Rangstufen exzellent. Die letzteren – von Erträgen unter 30 hl/ha – verfügen über kräftigen Körperbau, der aber doch die dahinterliegende Eleganz nicht vollständig überdeckt. Der Nuits Boudots und der Clos Vougeot beispielsweise werden in zehn Jahren – eine normale Zeitspanne für einen so konzentrierten Jahrgang – sehr schön zugänglich sein.

Nur die Zeit wird Etienne Grivot über seine offenbar traumatischen Erfahrungen hinweghelfen. Wenn er Distanz zur Vergangenheit gewonnen hat, wird ihm klarwerden, daß er nach wie vor eine schöne Domäne mit erstklassiger Reputation hat, die er in der Tradition seiner Vorväter, aber auch um seiner eigenen beiden Kinder willen wahren muß.

WEINBERGBESITZ

Gemeinde	Rang	Lage/Climat	Fläche	Rebenalter	Status
Flagey	GC	Echézeaux	0,61	48	P
Vougeot	GC	Clos de Vougeot	1,86	43	P
Vosne	GC	Richebourg	0,31	60	P
Vosne	PC	Les Beaumonts	0,90	40	P
Vosne	PC	Aux Brûlées	0,25	38	P
Vosne	PC	Les Chaumes	0,15	42	P
Vosne	PC	Les Suchots	0,21	52	P
Vosne	PC	Les Reignots	0,08	60	P
Vosne	V	Bossières	0,66	50	P
Vosne	V	(verschiedene Climats)	2,37	38	P
Chambolle	V	La Combe d'Orveau	0,62	35	P
Nuits	PC	Les Boudots	0,85	75	P
Nuits	PC	Les Pruliers	0,76	30	P
Nuits	PC	Les Roncières	0,50	42	P
Nuits	V	Les Lavières	0,65	35	P
Nuits	V	Les Charmois	0,52	30	P
–	R	(Bourg./PTG/BGO/Chard.)	2,72	8–55	P
Gesamtfläche			**14,12 ha**		

Domaine Jean Tardy

Jean Tardy sieht man die Passion für seinen Beruf an; er spricht gern darüber und wiederholt seine Worte, wenn ein Punkt von besonderer Bedeutung angesprochen wird, mit gallischer Lebhaftigkeit ein um das andere Mal, um ihnen Nachdruck zu verleihen. Sein Vater, von dem er den Betrieb 1970 übernahm, nannte keine Rebe sein eigen, sondern arbeitete in Halbpacht, großenteils für Méo-Camuzet. 1972 begann Jean Land zu kaufen, zunächst 2,5 ha vor allem in Regionallagen und etwas Nuits-Villages. Er möchte seine Domäne gern vergrößern, denn er hat nicht mehr genug Wein für seine Kunden, aber bei den heutigen Preisen ist weder Kaufen noch Pachten wirtschaftlich möglich.

Derzeit umfaßt die Domäne 5 ha, verteilt über Vosne-Romanée, Nuits-St-Georges und Chambolle-Musigny, u. a. zwei gute Premier-Cru-Parzellen – Nuits-St-Georges Les Boudots (eine Steillage mit dünner Bodenauflage über Felsgrund) und Vosne-Romanée Les Chaumes, daneben einen Anteil am Clos Vougeot und einige Weinberge in Chambolle- und Nuits-Villages-Lagen. Der Rest entfällt auf Passetoutgrain, Bourgogne Grand Ordinaire und Aligoté.

Jean tut alles mit größter Sorgfalt und hat nichts als Verachtung für Leute übrig, die schönes Land besitzen und doch schlampigen, minderwertigen Wein produzieren. Er ist gern draußen in seinen Weinbergen, und harte Arbeit macht ihm offenbar Spaß. «Die Rebe ist wie der Wein, beide müssen gut gepflegt werden», lautet seine einfache und doch anspruchsvolle Philosophie. Freilich meint Jean, man könne die Reben auch zu eifrig pflegen, dann aber werden sie träge.

Individuelle *repiquage* wird mit einem Neubestockungsprogramm von jeweils zehn Zeilen im Jahr in Einklang gebracht, d. h., der Gesamtbestand der Domäne – in der derzeitigen Größe – wird alle 28 Jahre erneuert. Ansonsten ist die Weinbergpflege recht orthodox.

Die ältesten Weinstöcke werden zuerst abgeerntet, weil ihr geringerer Ertrag allgemein früher reift; in der Domaine Tardy handelt es sich dabei meist um 45jährige Stöcke in Nuits Boudots und im Clos Vougeot.

Bei der Weinbereitung strebt Tardy zunächst möglichst lange Gärung an; feste Rezepte gibt es dabei nicht, doch ist eine *cuvaison* von 15 bis 20 Tagen normal – nur 1982 waren es 23 Tage.

Ein Vorgang jedoch wiederholt sich jedes Jahr: Zur Verbesserung der Konzentration wird eine *saignée* durchgeführt; 1990 wurde selbst die Frucht der alten Reben von Les Boudots, die von Natur aus nur wenig tragen, diesem Verfahren unterworfen. Das macht sich an der Tiefe der Weine bemerkbar.

Eine weitere Besonderheit von Jean Tardys Methoden ist der Gebrauch, den er von neuen Eichenfässern macht. Bis 1985 betrug der Anteil 50 %, doch ab 1986 beschloß er in der Überzeugung, daß die Kosten und Mühen sich lohnen, alle Villages-, Premier- und Grand-Cru-Weine zu 100 % in neue Fässer zu legen. Er erregt, ja ärgert sich gar über Kollegen, die ihren Wein in «25 Jahre alten, schlecht gefüllten Fässern» lagern. Seine neuen Fässer werden in keiner Weise vorbehandelt, nicht einmal ausgespült. Die Weine bleiben 16 bis 18 Monate im Faß. Jean Tardy spricht sich vehement gegen jede Schönung aus – sie entziehe dem Wein viel zuviel –, und auch für die Kieselgurfiltration, wie viele Kollegen sie betreiben, hat er nichts übrig.

Schwer hat es Tardy mit seinen Kunden. Bei den niedrigen Erträgen produziert er etwa 2000 Kisten Wein im Jahr, das ist viel zuwenig für die große Nachfrage. Es bringt ihn fast zur Verzweiflung, daß er so viele Kaufwillige abweisen muß: «Die Japaner habe ich schon dreimal weggeschickt, und ein Deutscher, der 1200 Flaschen wollte, konnte nur 300 bekommen.» Allerdings zauberte er mitten im Jahr 1995 ganze 600 Flaschen 1987er hervor, also kann es so schlimm nicht stehen. Zur Erläuterung sagt er: «Wenn man alles verkauft, hat man einen leeren Keller und muß obendrein nur mehr Steuern zahlen.»

Ganz ohne Zweifel lohnt sich seine peinlich genaue Beachtung aller Details; zwar sind nicht alle seine Weine großartig, doch der allgemeine Standard ist hoch, und dazu kommen einige herausragende Gewächse.

Trotz des besonders hohen Rebenalters in dieser Lage ist der Nuits Les Boudots manchmal recht stumpf, nicht etwa schlecht bereitet oder uninteressant, aber etwas vierschrötig und nuancenarm. Dagegen läßt sich das vom Chambolle-Villages, Vosne Les Chaumes oder Clos Vougeot nicht sagen. Jean gibt zwar zu, daß die lange *cuvaison* die Delikatesse des Chambolle-Musigny etwas aus dem Gleichgewicht bringen kann, trotzdem bleibt er unbeirrt bei seiner Methode. Der Chambolle ist ein sehr feiner Wein – der 1993er zeichnete sich durch schönes Aroma von reifen Kirschen und «fruits noirs sauvages» sowie durch große Geschmackstiefe aus. Die ausgedehnte Maischung kommt in kräftiger Struktur zum Ausdruck – vielleicht eher Morey-St-Denis als Chambolle-Musigny?

Der Vosne-Romanée Les Chaumes aus demselben Jahr hat feste, fleischige Frucht und einen schönen Hauch Eichenholzwürze, großes aromatisches Potential sowie einen Untergrund an Finesse von magerem, kalksteinreichem Boden.

Der 1993er Clos Vougeot ist noch voller und komplexer und hat gute Weinigkeit. Die Frucht aus Jeans Anteil in «Aux Grands Maupertuis» direkt neben Grands Echézeaux bringt die von einem Grand Cru zu erwartende Tiefe und Wucht ohne die rustikale Erdigkeit, die für Weine aus dem Clos so oft kennzeichnend ist. Der 1992er hat nur geringfügig weniger Tiefe, sein Aroma befand sich im Übergangsstadium zwischen Frucht und einem reiferen Charakter – echte Tiefe, Kraft und Nachhaltigkeit, vielleicht etwas schwach in der Mitte, doch für den Jahrgang überaus erfreulich.

Kritik an seinen 1993ern weist Jean lebhaft zurück: «Es heißt, denen fehlt Farbe, aber sehen Sie . . .» Und tatsächlich sind diese Weine dunkel, vielleicht nur eine Spur weniger als andere. Wichtiger ist, daß Geschmack und Ausgewogenheit stimmen, und daran gibt es keinen Zweifel.

Jean Tardys Stil ist auf Weine mit fester Struktur und langer Haltbarkeit gerichtet. Der Versuch, eine oder zwei Kisten zu ergattern, lohnt sich. Es bleibt zu hoffen, daß er doch noch zu gutem Land kommt, bevor sein *Métayage*-Vertrag im Jahr 2007 abläuft.

WEINBERGBESITZ

Gemeinde	Rang	Lage/Climat	Fläche	Rebenalter	Status
Vosne	PC	Les Chaumes	1,55	20	M
Nuits	V	Les Bas de Combes	0,45	40	P
Nuits	PC	Les Boudots	1,04	45/65	M
Vougeot	GC	Clos de Vougeot	0,23	45	M
Chambolle	V	Les Athets	0,32	17	P
–	R	(BGO/PTG/Bourg.)	1,20	25–45	P
Gesamtfläche			**4,79 ha**		

Domaine Jean Gros

An der Côte gibt es etwa ein Dutzend Domänen, an deren Fähigkeit, in guten wie in schlechten Jahren Wein der allerfeinsten Qualität hervorzubringen, es von vornherein keinen Zweifel gibt. Schon beim ersten Schnuppern erkennt man an den im kühlen Faß liegenden jungen Weinen, daß man sich getrost auf den Genuß dieser Kunstwerke des Kellermeisters freuen darf. Da braucht man nicht unter einer rohen oder auch dünnen Schale zu suchen, ob darunter vielleicht etwas unglaublich Feines steckt, das man auf den ersten Blick übersehen hat.

Die charmante Madame Jean Gros verkörpert mit einer Aura von unverkennbarer Klasse die Eleganz ihrer Domäne. Sie war, ehe sie 1990 aus diesem Amt schied, 24 Jahre lang Bürgermeisterin von Vosne. Vom Heim der Familie in einer ruhigen Nebenstraße aus – einer elegant im Stil der Zeit ausgestatteten, zugleich repräsentativen und gemütlichen Residenz, in die sich die Domaine Gros mit der Domaine Mugneret-Gibourg teilt – verwaltet sie die über Nuits und Chambolle verstreuten rund 9 ha Weinbergbesitz.

Durch die Aufteilung der einstigen Domaine Louis Gros unter seinen vier Kindern entstanden mindestens drei getrennte Betriebe des Namens Gros. Die Domaine Jean Gros wird heute von Madame Gros geleitet, die Weinbereitung liegt in den Händen ihres Sohnes Michel, der sich aber auch eine eigene Domäne geschaffen hat. Der Weinbergbesitz zweier weiterer Nachkommen von Louis Gros – Gustave, inzwischen verstorben, und Colette, eine gebrechliche ältere Dame – ist in der Domaine Gros, Frère et Sœur zusammengefaßt, deren Wein Michels Bruder Bernard produziert. Noch ein Sohn von Louis, François, hat den ihm zugefallenen Teil in die Domaine Anne et François Gros eingebracht, die er zusammen mit seiner Tochter betreibt.

Kompliziert werden die Verhältnisse erst recht durch Jeans Tochter Anne-Françoise. Sie heiratete François Parent aus Pommard und besitzt eine eigene Domäne namens Anne-Françoise Gros.

Jean Gros selbst scheint kein großes Interesse an seiner Domäne zu haben – er geht lieber auf die Jagd. Sein Bruder François nimmt das Leben ebenfalls leicht; neben der Jagd ist seine Lieblingsbeschäftigung das «Ausruhen». Also treten die älteren Mitglieder der Familie Gros ihre Weinberge allmählich an die Kinder ab. Anne-Françoise beispielsweise hat ihre 20 Ar Richebourg aus der Domaine Jean Gros herausgenommen; die übrigen 40 Ar werden zu gegebener Zeit zwischen ihren Brüdern Michel und Bernard geteilt. Bei einer solchen Fülle von Vermächtnissen befindet sich die Domäne ständig im Fluß.

Der liebenswürdige Michel Gros ist ein überaus tüchtiger und gewissenhafter Kellertechniker, dem seine Arbeit offensichtlich Freude macht. Trotz seiner aus Überzeugung eingenommenen traditionalistischen Haltung experimentiert er gern in Weinberg und Keller, wenn er sich eine Verbesserung davon verspricht.

Vor allem im Weinberg zeigt er sich interessiert und mitteilsam. Über die Pflege der Rebe macht er sich viel Gedanken, um beste Qualität und wirtschaftlich vernünftige Erträge miteinander zu vereinen. So hat er die Feststellung gemacht, daß bis zu einem gewissen Grad angehobene Erträge keine abträgliche Wirkung auf die Qualität ausüben. Allerdings liegt der Punkt, bei dem die Qualität abzusinken beginnt, jedes Jahr an einer anderen Stelle der Kurve. Daher ist es möglich, in einem Jahr bei 50 hl/ha erstklassige Qualität zu erzielen, während sie im nächsten Jahr in derselben Lage bei zwei Dritteln dieser Ertragsmenge schon den Höhepunkt überschritten hat. Hieraus ergibt sich, daß man Jahr für Jahr seine Erwartungen neu einschätzen muß und nicht einen vorgegebenen festen Jahresertrag anstreben soll.

Für beste Ergebnisse ist es nach Michels Auffassung erforderlich, Weinstöcke möglichst nur einzeln zu ersetzen; sobald aber ein Stock nur noch die Hälfte des maximal zulässigen Ertrags bringt, sind seine Tage gezählt. Allerdings müssen manchmal auch größere Partien auf einmal ersetzt werden, wenn Virusinfektionen und Abbauerscheinungen es erzwingen. Zum Glück kommt das nicht oft vor, denn der größte Teil des Bestands wurde erst in den 1960er und 70er Jahren, vermutlich infolge zunehmender Degeneration der noch aus der Vorkriegszeit stammenden Reben und Unterlagen, weitgehend erneuert.

Wie viele andere Vignerons verbindet Michel Gros technischen Sachverstand mit Fingerspitzengefühl. Das ermöglicht individuelle Behandlung einer jeden Parzelle bei Pflanzung, Rebschnitt, Spritzung und Lese, anstatt alles in ein Schema zwängen zu wollen.

Experimente mit zweiarmiger Cordon-Erziehung und großen Pflanzabständen in Lagen der einfacheren Appellationen in den Hautes Côtes und in Vosne haben Michel weitere Erkenntnisse darüber vermittelt, wie die Reben sich verhalten, und das hat zu wertvollen Einsparungen an Arbeitszeit und Material geführt.

In dem Bestreben, die Erträge in den Griff zu bekommen, ist er zu der Überzeugung gelangt, daß überzählige Augen und Triebe möglichst früh in der Wachstumsperiode entfernt werden müssen. Auch hat er ein System entwickelt, das die frühe Erkennung des voraussichtlichen Ertrags aufgrund der Tatsache erlaubt, daß die Rebe die Anlagen für die Frucht des folgenden Jahres bereits im Juni ausbildet. Weicht man einen abgeschnittenen Trieb in heißem Wasser ein, kommen die angelegten Augen zum Vorschein, und man kann entsprechend hochrechnen. Bisher hat ihn dieses System vor der von ihm verabscheuten Notwendigkeit bewahrt, voll entwickelte Trauben im August herausschneiden zu müssen.

Auch bei der Planung der Lese hilft Michel die genaue Kenntnis seiner Reben. Meist wird zweimal gelesen: das erste Mal zum «normalen» an der Côte üblichen Zeitpunkt; das zweite Mal als späte Lese in den Hautes Côtes dann, wenn der Ertrag der Côte durchgegoren ist und die Gärbottiche wieder frei sind. Die Reihenfolge, in der in den einzelnen Bereichen abgeerntet wird, ist Jahr für Jahr so ziemlich gleich – denn manche Parzellen reifen nun einmal früher oder später, aber Michel weiß genau, welche.

Bei der Vinifikation gibt es kein systematisches Vorgehen. Das Traubengut wird meist zu zwei Dritteln bis drei Vierteln entrappt, in Jahren mit viel *millerandage* dagegen vollständig; nach Möglichkeit verarbeitet Michel jedoch einen Teil der Stiele mit, weil sie zur Durchlüftung der Maische beitragen und ein sanftes Einsetzen der Gärung gewährleisten, aber auch, weil ihr Tannin der Alterungsbeständigkeit des Weins zugute kommt.

Als Gärbehälter dienen *cuves* aus Zement, Holz und Glasfasermaterial. Michel meint dazu, die Isolierwirkung des Behälters sei wichtiger als das Material. Ihm ist Zement lieber als Holz, weil dieses in der Pflege so zeitaufwendig ist – ein Mann hat eine ganze Woche lang zu tun, um die vier hölzernen *cuves* der Domäne zu reinigen und wieder gebrauchsfertig zu machen, und dabei muß man noch aufpassen, daß die Behälter nicht durch zu schnelles Wässern oder Austrocknen Schaden leiden.

Da durch den Gärprozeß stets ein Anstieg von 15 °C über die Ausgangstemperatur der Maische entsteht, achtet Michel darauf, daß diese bei 16–18 °C liegt, so daß 35 °C nicht überschritten werden. In der Förderschnecke, die das Traubengut in die Gärbottiche transportiert, wird etwa die Hälfte angequetscht, allerdings nur leicht – gerade genug, damit die Hefen einen Angriffspunkt finden. Dadurch und durch die *pigeage* mit den Füßen wird eine lange, langsame Gärung bewirkt.

Bei so viel Tradition überrascht es, daß Michel den Gärvorgang nicht von Naturhefen einleiten läßt. Vielmehr impft er jeden Behälter mit einer «Startkultur» aus Trockenhefe. Dahinter steckt keine Laune: Kulturhefe, so sagt er, ist sauberer und bringt deshalb bessere Ergebnisse; vor allem kommt der Alkoholgehalt den theoretischen Erwartungen näher als bei Naturhefen. Darüber hinaus vermeidet man unerwünschte Nebenprodukte, weil die ungünstigen Elemente der Naturhefen beseitigt wurden. Im übrigen kann er durch Wahl des Impfzeitpunkts den Gärprozeß dann einleiten, wenn es ihm am besten in den Arbeitsablauf paßt.

Nach 24 Stunden Vormaischung werden die *cuves* geimpft, und die Gärung setzt innerhalb von zwölf Stunden ein. Vier bis fünf Tage später werden die Behälter mit Kunststoffdeckeln verschlossen, um Oxidation und Einbußen an Alkohol und Aroma auf ein Mindestmaß zu beschränken; es folgen weitere drei bis vier Tage Maischung – insgesamt dauert die *cuvaison* also zehn bis zwölf Tage.

Eine leichte Pressung der Maische ergibt den Preßwein; dieser wird dem Vorlaufwein beigemischt, und das Ganze bleibt 24 Stunden zum Absetzen stehen.

Die Grands Crus und der Vosne-Romanée Premier Cru Clos des Réas werden sodann zu 100 %, die Villages-Weine aus Vosne, Nuits und Chambolle je nach Jahrgang zu etwa einem Drittel in neuen Fässern untergebracht. Abstich erfolgt nur einmal, unmittelbar nach der *malo*, ansonsten bleiben die Weine bis zum nächsten Frühjahr im Faß; dann werden die verschiedenen Posten «bei mäßiger Belüftung» in Tanks zusammengeführt, in denen sie mit Albumin geschönt werden. Es folgen ein bis zwei Monate Ruhezeit, dann Filtration mit Kieselgur- und Zellulosefiltern und schließlich Abfüllung. Vor 1987 wurden Schichtenfilter verwendet, dann aber setzte sich die Ansicht durch, Kieselgur ergebe einen feineren Wein.

Michel arbeitet bewußt mit konservativen Methoden; er weicht möglichst wenig von der Tradition ab, vor allem weil die Kunden der Domäne an diesen Stil gewöhnt sind – er sieht keinen Grund, Bewährtes zu ändern.

Der Kern seiner Philosophie ist die Beobachtung, daß die Vosne-Romanées von Natur aus «trendres et parfumés» seien. Da aber der Geschmack des Weins auch von der Bereitungsmethode abhängt, kann Michel ihm zusätzliche Kraft und dadurch Struktur und Langlebigkeit verleihen, indem er lange *cuvaison*, hohe Gärtemperaturen und neue Fässer einsetzt, aber auch niedrige Erträge und neue Klone, die ebenfalls Tannin, Kraft und Struktur einbringen.

Madame Gros in ihrem Büro.

Unbezweifelbar erweist sich seine Theorie an den Ergebnissen als richtig. Das Verkosten des Gros-Programms ist stets ein erfreuliches Erlebnis. In diesen Weinen vereinen sich Kraft, Eleganz und Stil auf harmonische Weise. Sie besitzen nicht die überschäumende Seidigkeit der Weine von Jean-Nicolas Méo und nicht die kraftstrotzende Art der Erzeugnisse von Bernard Gros; sie liegen mit ihrem festen, vollen, stets verlockenden Charme eher dazwischen.

Die Vosnes bilden so etwas wie ein Résumé des Stils der Domäne und der Kellermeisterkunst von Michel. Der Clos de la Fontaine von jungen Reben unterhalb des Clos des Réas ist sanft und attraktiv, aber noch fehlt es ihm an der nötigen Konzentration für lange Haltbarkeit. Der Vosne-Villages zeigt mehr Tiefe und Komplexität – der 1993er hat im Duft Anklänge an *fruits rouges* –, gute Säure, rundes Tannin sowie Eleganz und Fülle. Der Premier Cru aus dem Clos des Réas, einem *monopole* mit 25jährigen Reben, zeichnet sich durch Tiefe und Nachhaltigkeit sowie durch Eichenholzwürze von zu 50 % neuen, stark angekohlten Fässern aus; dabei wartet der fleischige, aber keineswegs rauhe 1993er mit schöner tiefer Farbe, einem Duft von eher dunklen als roten Früchten und vor der Entfaltung stehender größerer Komplexität auf.

Der Richebourg von 45jährigen Reben ist noch komplexer und konzentrierter; er ist im Stil dem Clos des Réas sehr ähnlich, weist aber große Rasse und Vornehmheit auf, auch einen leicht gerösteten Unterton, auf dem eine Fülle von reifer, hochklassiger Frucht sowie die von einem Grand Cru zu erwartende Wucht und Ausgeglichenheit ruhen – kurz ein Inbegriff an Weinigkeit und Finesse.

Die Eleganz dieser superben Weine kommt erst im Alter richtig zum Vorschein, deshalb brauchen sie Zeit zur Reife. Leider werden allzu viele von ihnen schon getrunken, ehe sie zeigen können, welche Könnerschaft in ihnen steckt. Die 1990er beginnen gerade erst, die Hülle abzuwerfen, und doch ist schon zu erkennen, daß insbesondere der Richebourg ein Meisterwerk ist: ein feiner, noch jugendlicher Ton, ein reifer, äußerst vielversprechender, samtiger Duft mit Nuancen von Leder und Harz, schöne Säure und reifes, sanftes Tannin als Rahmen für eine immense Konzentration an komplexem, nachhaltigem Geschmack von großer Noblesse – wahrhaft ein Wein für die nächste Generation. Diese schöne Domäne liegt in sorgsamen, gewissenhaften Händen und bemüht sich, ihre bereits unbezweifelbar exzellente Qualität noch weiter zu erhöhen.

WEINBERGBESITZ

Gemeinde	Rang	Lage/Climat	Fläche	Rebenalter	Status
Vosne	GC	Richebourg (Michel Gros 0,18)	0,40	45	P
Vosne	PC	Clos des Réas (MG 0,31)	2,12	25	P
Vosne	V	Les Réas	2,19	20	P
Vosne	V	Clos de la Fontaine (MG 0,36)	–	7	P
Vougeot	GC	Clos de Vougeot	0,20	8	P
Nuits	PC	La Perrière Noblot	0,17	15	P
Nuits	V	Les Athées	0,20	25	P
Chambolle	V	(5 versch. Climats; MG 0,27)	0,48	15	P
Morey	V	(MG 0,23)	–	5	P
Vosne	R	(Bourgogne Rouge)	1,36	25	P
Arcenant/Marey-lès-Fussey	R	(Hautes Côtes de Nuits Rouge) (MG 7,25)	2,25	15	P
Arcenant/Marey-lès-Fussey	R	(Hautes Côtes de Nuits Blanc) (MG 1,50)	0,23	5	P
Gesamtfläche (MG 10,1 ha)			**9,6 ha**		

Domaine Lamarche

Zwischen den Domänen Mugneret-Gibourg und François Gros findet man in der langen, schlichten Rue des Communes die Domaine Lamarche. Die Leitung des Betriebs hat der schweigsame François Lamarche zusammen mit seiner liebenswürdigen, aber energischen Frau Marie-Blanche aus Metz. Als sie 1975 heirateten, arbeitete François bereits für seinen Vater, bis dieser 1985 starb.

Die Domäne und ihr Weinbergbesitz – gemeinsames Eigentum von François und seiner Schwester Geneviève – sind das Ergebnis umsichtigen Landerwerbs durch vorangegangene Winzergenerationen. Dieser Besitz beeindruckt mit 4,4 ha Grand-Cru-Lagen, 1,36 ha Premiers Crus in Vosne-Romanée – Suchots, Malconsorts und Chaumes – und 1 ha Vosne-Villages. Weitere 1,58 ha fallen in die Appellationen Bourgogne und Passetoutgrain.

Das Juwel in der Krone des Hauses Lamarche ist freilich der 1,65 ha große Streifen Land, der in West-Ost-Richtung hangabwärts zwischen La Tâche und Romanée-Conti verläuft. Diese Lage – La Grande Rue – erhielt Henri Lamarche 1933 als Hochzeitsgeschenk. Man fragt sich nun, warum dieser zwischen zwei so hochberühmten Grand-Cru-Lagen eingeschobene Streifen bis 1991 nur Premier-Cru-Rang hatte. Die Erklärung dafür lautet, daß in der Zeit, als in den 1930er Jahren die Klassifizierung erstellt wurde, Henri Lamarche der Meinung war, der Grand-Cru-Status bringe nichts weiter ein als höhere Steuern – damals waren Vignerons keine wohlhabenden Leute, und der Preisunterschied zwischen Grand-Cru- und Premier-Cru-Weinen war gering. Darum wurde La Grande Rue eine Premier-Cru-Lage. Interessanterweise wurden mit Zustimmung der Behörde 0,23 ha Les Gaudichots am östlichen Ende mit einbezogen. 1991 wurde der Antrag auf Höhereinstufung schließlich gebilligt; damit wurde François zu einem der wenigen Alleinbesitzer einer Grand-Cru-Lage an der Côte d'Or. Seine Grande Rue ist übrigens das zweitkleinste dieser legendären Grundstücke – das kleinste ist La Romanée (0,84 ha) oberhalb von Romanée-Conti.

François' Überzeugung nach muß in einem feinen Wein, vor allem einem aus Vosne-Romanée, Finesse und nicht «matières» im Vordergrund stehen, müssen Tannin und Körper hinter Charme und Eleganz zurücktreten. Alkohol spielt in seinen Weinen kaum eine große Rolle; der Gehalt geht nur selten über 13 % hinaus, und auch das nur in den wärmsten und reifsten Jahren.

Die Weinbereitungsmethode besteht in der Anpassung an das, was aus den sorgsam gepflegten Weinbergen hereinkommt. Wenn es den Trauben beispielsweise an Säure mangelt, wird eine entsprechende Menge an getrennt gelesener Nachfrucht beigemischt. Ist andererseits *chaptalisation* erforderlich, erfolgt sie nach und nach, damit die Gärtemperatur nicht zu hoch steigt und «der Zucker sich besser einfügt». François versieht die Maische mit einer mäßigen Dosis Schwefel und läßt die Gärtemperatur auf 33 °C ansteigen, dann aber wieder auf den Idealwert von 27–28 °C abfallen.

Cuvaison und Gärung spielen sich in offenen hölzernen *cuves* ab und dauern 12 bis 15 Tage. Zunächst täglich viermalige, später dreimalige *pigeage* gewährleistet, daß der Hut feucht bleibt und die Extraktion maximal verläuft. Anschließend finden drei Pressungen statt – das Ergebnis der beiden ersten wird dem Vorlaufwein beigemischt. Der Wein aus der dritten Pressung wandert ins Passetoutgrain-Faß – eine interessante Möglichkeit, Kraft, Tiefe und Finesse in den schlichten Wein zu bringen.

Neue Fässer aus Allier- und Tronçais-Eiche dienen dem gesamten Programm zur *élevage*: rund 50 % für den Villages- und 70 % für den Premier- und Grand-Cru-Wein, alle übrigen werden in gebrauchten Fässern ausgebaut. Die *malo* wird nicht durch Erwärmen eingeleitet, sondern tritt auf natürlichem Weg ein. Ist sie vollständig beendet, wird der Wein abgezogen und ruht dann ein weiteres Jahr im Faß. Ein zweiter Abstich mit Luftzutritt läßt das gelöste CO_2 entweichen und geht einer Schönung mit Eiweiß voraus. Von Filtration hält François nichts – sie entziehe dem Wein zu viel Substanz; gefiltert wird daher nur in Jahren, in denen der Wein sich nicht von selbst klärt (seit 1987 ist das nicht mehr vorgekommen). Nach 15 Tagen *sur col* und 16 bis 18 Monaten im Faß wird der Wein in der Domäne selbst abgefüllt.

Die Ertragsmenge wird etwa auf dem *rendement de base* für die einzelnen Appellationen gehalten. Die 8,52 ha der Domäne erbringen im Durchschnitt 340 hl, d. h. 40 hl/ha bzw. 4500 Kisten. Diese Ziffern sind keineswegs zu hoch, da sie auch die höheren zulässigen Erträge für die einfacheren Appellationen beinhalten. 1994 kamen bei Lamarche Gesamterträge von 29 hl/ha zustande – das Ergebnis strenger *triage* und Behangausdünnung im August in La Grande Rue.

Im Keller entnimmt François Lamarche mit einer Pipette Proben aus verschiedenen Fässern. Wo immer Platz ist, sind alte, schimmelüberzogene Flaschen aufgestapelt, an manchen Stellen sitzen sie wie eine Mauer aufeinander. Dem inzwischen eingekehrten Wohlstand ist freilich auch ein neuer Flaschenkeller zu verdanken, in dem Flaschen ohne Etiketten in höchst unromantischen Metallkästen liegen.

Lamarche steht dazu, daß er seinen Wein in dem eleganten Stil bereitet, wie er ihn haben will, ohne sich durch Launen seiner weltweiten Clientèle beeindrucken zu lassen. Sein Ziel erreicht er wahrhaftig, denn seine Weine zeichnen sich vor allem durch Finesse aus. Die Villages- und Premier-Cru-Weine aus Vosne-Romanée weisen recht tiefe Farbe auf, sind stets glanzklar und zeigen schöne samtige Art, wie sie für feinen Pinot Noir typisch ist. Der Vosne-Romanée-Villages entwickelt feinen, rauchigen Duft von zerdrückten Erdbeeren, gefolgt von einer eleganten Geschmackspalette mit genug Tannin und Säure für lange Jahre Haltbarkeit.

Von den drei Vosne Premiers Crus ist der Les Suchots der typischste; er stammt aus einer Lage am Nordrand des Dorfs, zwischen dem Grand Cru Romanée St-Vivant auf der Südseite und dem Grand Cru Echézeaux auf der Nordseite. Der quarzhaltige Boden verleiht ihm besondere Finesse. Die Farbe ist ein dunkles Kirschrot, der Duft erinnert an Griotte-Kirschen, rote Früchte und Veilchen. Auf der Zunge erweist sich der Wein als reif und stilvoll mit schöner Konzentration von der Frucht 43jähriger Reben und fein ausgewogenem Gleichgewicht – ein mustergültiger Vosne-Romanée.

Les Chaumes, eine Lage südlich von La Tâche, hat mehr Ton im Boden, wodurch der

Henri Lamarche und seine Frau Marie-France.

Wein vollere, festere Struktur erhält; er braucht meist auch länger, um seine Qualitäten zur Geltung zu bringen, und ist anfänglich nicht so entgegenkommend wie der Les Suchots oder auch der Malconsorts, der aus einer Lage mitten im Streifen der Grands Crus stammt, wo der Boden kräftiger ist als in Les Suchots. Dadurch bekommt der Wein einen rustikaleren Anstrich mit deutlichen Anklängen an das benachbarte Nuits-St-Georges. In der Farbe hat er mehr helleres Rot und im Duft einen Hauch Schokolade, vermischt mit einem Aroma von *fruits noirs*. Auf der Zunge ist er in der Jugend voller und fester als der Suchots oder der Chaumes; mit zunehmendem Alter entfaltet er dann ein feines, für alten Pinot Noir typisches Bukett von Waldboden und vegetabilen Noten.

Die Grands Crus entwickeln sich erwartungsgemäß langsamer; im Faß zeigen sie Rasse und Stil, geben aber in Duft, Geschmackstiefe, Nachhaltigkeit und Struktur noch nicht viel her. Der Clos Vougeot ist bei weitem der fleischigste von den vieren. François Lamarche meint, man müsse bei einem guten Jahrgang mindestens 15 Jahre warten, bis er wirklich genußreif sei – angesichts der Kraft und Konzentration des 1993ers dürfte das keine Übertreibung sein.

Die anderen Grands Crus – Echézeaux, Grands Echézeaux und La Grande Rue – sind noch feiner. Der Echézeaux zeichnet sich in guten Jahren durch ausgeprägte Säure aus, die dann mit dem heranreifenden Wein allmählich verschmilzt. Finesse, Rundheit und Wucht stehen bereit, um sich zu einem höchst attraktiven Ganzen zu entfalten. Der Grands Echézeaux ist sogar noch verschlossener, bis er sich endlich zu erkennen gibt; er sollte in einem guten Jahrgang erst im Alter von fünf bis sieben Jahren probiert werden.

Der La Grande Rue ist wahrscheinlich der feinste aller Weine von Lamarche. In der Jugend zeigt er bei voller Komplexität und Substanz sowie großer Nachhaltigkeit und Finesse ein vielversprechendes Aroma von «petits fruits rouges» – d. h. roten Johannis- und Himbeeren – mit Anklängen an schwarze Johannisbeeren. Dieser vollendete Wein weist keinerlei Schwere auf und hat vielleicht mehr mit La Tâche und Richebourg gemeinsam als mit Romanée-Conti.

Die Grands Crus von Lamarche brauchen mindestens acht Jahre, bis sie ihr Bestes herzugeben beginnen. Selbst Flaschen aus nicht übermäßig reifen Jahrgängen haben keine Eile. Ein 1995 in der Domäne verkosteter 1955er Grands Echézeaux war zwar voll ausgereift, aber noch immer kräftig und harmonisch – ein prachtvolles, sanftes und feines Bukett von Waldboden und süßer, reifer Frucht straftre die braunrote Färbung Lügen. François Lamarche wird manchmal wegen seiner Preise, die schmerzhaft weit über dem liegen, was sonst in diesem Ort verlangt wird, scharf getadelt. Hierin dürfte sich das nüchterne wirtschaftliche Denken von Marie-Blanche spiegeln, die offensichtlich die Finanzen der Familie fest in der Hand hat.

Ob die Weine solche Preise wert sind, muß jedermann selbst beurteilen. Das entschlossene Streben nach niedrigen Erträgen und die Bereitschaft zu *saignée* bei dünn ausgefallenen Weinen bedeuten, daß der Jahrgang hier eine geringere Rolle spielt, als man glaubt. Natürlich sind gute Jahrgänge von schön ausgereifter Frucht zu Recht gefragter, wer aber zweitklassige Jahrgänge wie 1987 und 1991 verschmäht, der verpaßt so manchen Genuß.

Winterfrost tut dem Weinlaub nicht mehr weh.

WEINBERGBESITZ

Gemeinde	Rang	Lage/Climat	Fläche	Rebenalter	Status
Flagey	GC	Grands Echézeaux	0,30	1961	P
Flagey	GC	Echézeaux (Cruots + Clos St-Denis)	1,10	1961	P
Vougeot	GC	Clos de Vougeot	1,36	1960/71/76	P
Vosne	GC	La Grande Rue	1,65	1955–88	P
Vosne	PC	Les Chaumes	0,56	1960	P
Vosne	PC	Les Malconsorts	0,50	1934	P
Vosne	PC	Les Suchots	0,37	1947	P
Vosne	PC	La Croix Rameau	0,22	25	P
Vosne	V	–	0,97	30	P
Vosne/Boncourt	R	(Bourgogne Rouge/Passetoutgrain/Aligoté)	1,50	15–35	P
Gesamtfläche			**8,53 ha**		

Domaine Méo-Camuzet

Bei der Würdigung des Burgunders spielt oft der Stil eine ebenso große Rolle wie die Qualität. Selbst auf höchster Ebene sind aber die Stile recht unterschiedlich, da die Erzeuger ihren Wein nach eigenen Maßstäben und nicht so sehr nach den Launen ihrer Kundschaft produzieren.

Dabei gibt es einige Domänen, die einen universellen Stil treffen und deren Weine doch kompromißlos hervorragend sind. Hierzu gehört die Domaine Méo-Camuzet in Vosne. Man braucht nur den Duft des Bourgogne Rouge dieser Domäne einzusaugen, und man weiß schon, daß man es hier mit einem Qualitätsniveau zu tun hat, das nur noch wenige andere an der Côte erreichen.

Die Domäne hat gegen Ende der 1980er Jahre beträchtliche Veränderungen durchgemacht. Henri Jayer, Berater und Freund so vieler Winzer der jüngeren Generation, der seit 1945 weitgehend die Weine der Domäne produziert hatte, trat 1988 in den Ruhestand. Gleichzeitig fielen die von ihm *en métayage* für die Familie Méo bewirtschafteten Weinberge wieder an diese zurück. Henri steht zwar als Berater nach wie vor zur Verfügung, doch die Domäne ist in die Hände einer jüngeren Generation übergegangen.

Henri Jayers Regentschaft war auf der Tatsache begründet, daß Jean Méo, von Beruf Ingenieur in der Erdölindustrie, der die Domäne 1959 von seinem kinderlos verstorbenen Onkel Etienne Camuzet geerbt hatte, weder Lust noch Zeit hatte, sein Erbe selbst in die Hand zu nehmen, sondern lieber seine Karriere weiterverfolgte – eine Zeitlang war er Mitglied von de Gaulles Kabinett und später Präsident des Institut de Pétrole in Paris.

Christian Faurois, der Sohn eines Pächters von Monsieur Camuzet, trat 1973 frisch vom Lycée Viticole in Beaune in den Betrieb ein. Zunächst arbeitete er in den Weinbergen, dann in den Kellern. 1989 kam Jean Méos Sohn, Jean-Nicolas, nach einem Betriebswirtschaftsstudium in Paris, mit einem Diplom der Universität Dijon und mit in der Domaine Chandon und anderswo in den USA gewonnener praktischer Erfahrung hinzu. Heute führen Christian und Jean-Nicolas gemeinsam die Domäne – Christian kümmert sich vorwiegend um die Weinberge, Jean-Nicolas um den Keller und den Vertrieb.

Etienne Camuzet hinterließ seinem Neffen ein großartiges Erbe: fast 7 ha erstklassiges Land in Nuits, Vosne, Vougeot und am Corton, darunter 2,3 ha Grand-Cru-Lagen. Der Rebbestand ist inzwischen großenteils über 60 Jahre alt, wodurch ein besonderes Maß an Konzentration und Tiefe in die Weine gelangt. Viel Land war an Henri Jayer, Jean Tardy, Jean Faurois und Jacques Faurois verpachtet, wenn die Pächter jedoch in den Ruhestand treten, fällt das Land wieder an die Domäne zurück.

Christian und Jean-Nicolas arbeiten im Weinbau so weit mit organischen Verfahren, wie es sich mit der Gesunderhaltung der Reben verträgt. Sie achten auf Schonung der natürlichen Feinde von Schädlingen, doch ist dies in stark parzellierten Weinbergen sehr schwierig, wenn die Nachbarn nicht auf Spritzungen mit Insektiziden verzichten wollen. Bessere Produktkenntnis und präzisere Anwendung haben jedoch in den letzten Jahren große Fortschritte ermöglicht.

Der Ersatz einzelner Reben wird der Neubestockung ganzer Partien vorgezogen, und die Wiedereinführung der zeitweilig aufgegebenen *sélection massale* beim Pflanzenmaterial wird angestrebt. Alle Neuanpflanzungen erfolgen mit der Unterlagsrebe 161/49, die allgemein als am besten an die Böden dieses Teils der Côte angepaßt gilt.

Fester Bestandteil der Weinbaumethode ist die Beseitigung von überschüssiger Frucht, bevor die Reben Kraft darauf verschwenden. Schon vor der Blüte wird festgelegt, welcher Teil des voraussichtlichen Ertrags entfernt werden soll, vor allem bei den jungen Reben. Seit 1991 erfolgt weitgehend Behangausdünnung (junge Pflanzen in alten Beständen bringen immer überhöhte Erträge). Der eigentliche Schwerpunkt liegt aber darauf, die Reben zu beständigen, vernünftigen Erträgen zu erziehen, damit spätere Regulierungsmaßnahmen überflüssig werden.

Bei der Lese gewährleistet strenge Kontrolle im Weinberg und in der Cuverie, daß nur einwandfreies Traubengut in die Gärbottiche gelangt. Beim sommerlichen Rückschnitt, welcher der besseren Entwicklung der Vegetation und damit der Zuckeranreicherung dient, wird die Nachfrucht bereits weitgehend entfernt.

In der Cuverie wird das Traubengut vollständig entrappt und sodann mit einer minimalen Dosis Schwefel versehen, um eventuell vorhandene Bakterien abzutöten. Ohne Mahlen wird es dann auf 15–18 °C abgekühlt und in Holz- oder Zementbehälter gefüllt, wo es fünf bis sechs Tage stehenbleibt. In dieser

Jean-Nicolas Méo und Christian Faurois – die neue Generation führt den Betrieb.

Zeit wird durch «intrazelluläre» Extraktion Farbe und Aroma aus den Traubenschalen herausgelaugt.

Am Gärprozeß wirken nur einheimische Hefen mit. In manchen Jahren, wenn zuviel Wasser im Saft ist, wird eine *saignée* durchgeführt; aus dem abgezogenen Teil entsteht Schaumwein für den Eigenverbrauch der Familie. Während der 15- bis 18tägigen *cuvaison* werden Gärtemperaturen bis zu 34–35 °C zugelassen. Der Umfang der *pigeage* hängt vom Jahrgang und von der Cuvée ab, konzentriert sich aber stets auf die späteren Stadien der Gärung.

Die Maische wird in einer Horizontalpresse schonend gepreßt und der Preßwein mit dem Vorlaufwein vereinigt. Nach 12stündigem Absetzen gelangt der junge Wein in Fässer, in denen er je nach Jahrgang bis zu 18 Monate reift. Premiers und Grands Crus werden zu 100 %, die Villages- und Bourgogne-Rouge-Weine zu 50 % in neuen Fässern ausgebaut; der Passetoutgrain lagert in zweijährigen Fässern. Hierin zeigt sich großes Qualitätsbewußtsein – die meisten Betriebe nehmen bei den einfacheren Appellationen die Kosten für den Ausbau in neuen Fässern nicht auf sich. Jean-Nicolas und Christian bevorzugen Nevers-, Tronçais- und Allier-Eiche mit leichterem Anröstungsgrad als in der Zeit Henri Jayers, so daß die Weine eine nicht mehr so starke Röstkomponente aufweisen.

Die *malo* verläuft auf natürlichem Weg, also ohne Erwärmung. Manchmal klingt sie früh, manchmal spät ab; im nächsten Sommer aber sind die Weine meist bereit zum Abstich in andere Fässer. 1992 verlief die *malo* so stürmisch, daß viele Erzeuger es mit der Angst bekamen und kräftig schwefelten, damit aber fixierten sie nur den bereits beträchtlichen Verlust an Farbe. Jean-Nicolas räumt ein, daß auch bei ihm die Hälfte der Fässer bereits so behandelt worden war, bevor er dem Einhalt gebot; nach kurzer Wartezeit hatten die übrigen Weine wieder die richtige Farbe angenommen. Nunmehr läßt er den Dingen ihren Lauf, wenn ihm auch eine lange, langsame *malo* lieber ist, weil sie ein besseres Gleichgewicht erbringe. Aus demselben Grund nimmt er den Abstich erst einige Monate später vor.

Im darauffolgenden Winter führt er die Weine in Partien zu jeweils fünf Faß in Tanks zusammen. Das lange üblich gewesene Schönen mit Eiweiß wurde nach einigen Schwierigkeiten und eingehender Überlegung schließlich aufgegeben. Jean-Nicolas meint dazu: «Es entzieht dem Wein nur Substanz.» Heute wird einfach abgewartet, bis der Wein sich von selbst klärt, nur wenn er dies nicht tut, muß gefiltert werden.

Der Méo-Stil hat sich nach Henri Jayer dennoch kaum verändert. Die hervorstechenden Merkmale sind profunde Konzentration und exquisite Delikatesse – breitgefächerte, gehaltvolle Weine mit festem Biß und immensem Charme. Die Jahrgänge 1989, 1990, 1991 und 1993 stellen klassische Beispiele für diese elegante, runde Art dar.

Schon der einfache Pinot Noir gibt nach sechs Monaten in neuen und einem weiteren Jahr in älteren Fässern seine Herkunft aus Vosne klar zu erkennen. Er hat bei attraktivem Duft auch schöne Konzentration der Frucht und eine feste Struktur aufzuweisen, die sich im Lauf einiger Jahre schön entwickelt und mildert – ein für seine Klasse sehr guter Wein.

Die Vosne-Romanée-Villages Cuvée, vorwiegend aus dem *climat* Barreaux oberhalb von Richebourg zur Combe de Concœur hingelegen, ist sehr ansprechend und duftig; die Behandlung mit neuem Eichenholz läßt sich nicht verleugnen. Auf der Zunge zeigt er Nachhaltigkeit und Kraft sowie in reifen Jahrgängen viel nahezu süße Frucht – ein Wein von großer Eigenständigkeit, der etliche Jahre braucht, um sein Bestes zu geben.

Die beiden Premier-Cru-Weine aus Nuits-St-Georges weisen mehr Vosne-Finesse auf, als man füglich von ihnen erwarten kann. Beim Les Boudots Premier Cru ist das nicht so überraschend, denn er wächst auf der nach Vosne hin gelegenen Seite der Appellation auf feinerem Boden. Der 1993er wies besondere Konzentration infolge starker *millerandage* auf, dazu sanftes Tannin und, wie viele andere 1993er auch, großes aromatisches Potential. Der Nuits Les Murgers ist meist voller bei lebendiger Säure und beträchtlicher Finesse, vielleicht ein typischerer Nuits als der Boudots, doch der Unterschied ist nur geringfügig.

In Vosne-Romanée entstehen drei getrennte Premiers Crus. Les Chaumes liefert von einem Boden, der dem des benachbarten Nuits-St-Georges ähnelt, tiefen, runden, recht komplexen und straff strukturierten Wein mit reichlichem, aber nicht übermäßigem Tannin. Aux Brûlées ist im Stil ähnlich wie Chaumes, eventuell mit ein wenig kräftigerer Säure und sanfterem Tannin; der 1993er besaß große Fülle und viel Finesse als Gegengewicht zur natürlichen *puissance*. Der Cros Parantoux aus einer Nordnordostlage hat kräftigere Säure als die anderen Vosnes, sie wird aber durch Wucht und vollmundige Frucht ausgeglichen – zweifellos der beste der Premiers Crus.

An der Spitze der Méo-Pyramide stehen drei superbe Grands Crus. Der Corton von 65jährigen Reben im Clos Rognet am nördlichen, nach Ladoix hin gelegenen Rand der Appellation, hat breiteren, kraftvolleren Geschmack und eine deutliche Kirschennote im Duft (beim 1993er) – ein stilvoller, aber von den anderen Grands Crus ganz verschiedener Wein. Der Clos Vougeot, ebenfalls von 65jährigen Reben am oberen Rand der Lage südlich vom Château, hat wuchtige, muskulöse Struktur. Die Frucht mildert den Effekt des Tannins und vermittelt eher ein Gefühl von Opulenz als von schierer Kraft – eindeutig eine von Vosne beeinflußte Interpretation des Clos Vougeot und durchaus nicht zu seinem Nachteil! Der Richebourg zeigt eine Konzentration und Tiefe, zu deren Beschreibung Worte nicht ausreichen. Die Frucht 40jähriger Reben erbringt einen Wein mit großer Komplexität, Nachhaltigkeit und Ausgewogenheit. Man hat das Gefühl, flüssige Seide mit Myriaden von Nuancen und immensem Charme zu schlürfen.

Die 1990er und 1993er Méo-Weine sind geradezu vorbildlich, die 1992er dagegen nicht ganz so gleichmäßig ausgefallen, sie liegen eher auf der «netten» Seite, und selbst der Nuits Aux Murgers hat seine Muskulosität abgelegt und zeigt köstlich femininen Charme – alles recht säurearme, relativ früh zu trinkende Weine. Die 1994er sind vollmundiger und besser ausgewogen – aus diesem unterbewerteten Jahrgang sind einige gute Cuvées hervorgegangen.

Alles in allem ist in den Méo-Weinen nur schwer ein Makel zu finden. Sie zeichnen sich insbesondere durch große Harmonie und Fülle aus, besitzen aber auch Tiefe, Nachhaltigkeit und unverkennbare Klasse. Es sind nur selten «große» Weine, sie verleihen aber mit Finesse und Delikatesse ihrer jeweiligen Herkunft schönen Ausdruck.

WEINBERGBESITZ

Gemeinde	Rang	Lage/Climat	Fläche	Rebenalter	Status
Vosne	GC	Richebourg	0,35	40	P
Vosne	PC	Aux Brûlées	0,70	65	P
Vosne	PC	Les Chaumes	2,00	15–40	P/F
Vosne	PC	Au Cros Parantoux	0,30	40	P
Vosne	V	Les Barreaux + 2 andere	1,30	25	P/F
Vougeot	GC	Clos de Vougeot	3,00	40 % 75 60 % 15–30	P/F
Ladoix	GC	Corton (Clos Rognet)	0,45	65	P
Nuits	PC	Aux Boudots	1,04	45	P/F
Nuits	PC	Aux Murgers	0,75	25–30	P
Nuits	V	Au Bas de Combe	0,57	40	P
Vosne	R	(BGO/PTG/Bourgogne Rouge)	1,15	11–25	P/F
Flagey	R	(Hautes Côtes de Nuits Blanc)	3,60	1990–92	P
Gesamtfläche			**15,21 ha**		

Domaine Mugneret-Gibourg

In unserer Zeit trifft man überall an der Côte immer mehr hervorragende Domänen an, die von Frauen geleitet werden. Das ist gut so, nicht nur der Gleichberechtigung wegen, sondern ganz einfach, weil es eine Freude ist, zur Abwechslung einmal von einer gepflegten, fein duftenden Frau anstatt von einem wettergegerbten Mann mit Erde an den Stiefeln empfangen zu werden.

In der Domäne Mugneret-Gibourg hat man diese Freude dreifach, denn seit dem Tod von Dr. Georges Mugneret im Jahr 1988 wird der Betrieb von seiner charmanten Witwe Jacqueline gemeinsam mit ihren beiden Töchtern Marie-Christine und Marie-Andrée weitergeführt, von denen die eine ihre Doktorarbeit in Pharmakologie über das Thema «Ist Wein Arznei?» geschrieben hat, während die andere ein an der Universität Dijon erworbenes Diplom in Önologie vorweisen kann.

Georges Mugneret war nicht nur einer der besten Augenärzte Frankreichs, sondern auch «passionné du vin». Im Jahr 1930, auf dem Höhepunkt der Depression, verlieh er seiner Passion mit dem Erwerb eines großen Hauses in Vosne und mehrerer Parzellen in den Appellationen Bourgogne, Vosne-Romanée und Echézeaux feste Gestalt. Sein Beruf sicherte ihm die Einkünfte, die er damals nötig hatte, um in einer Zeit, als ein Faß voll Wein wenig mehr einbrachte als ein leeres, das Weingut über Wasser zu halten.

Heute besteht die Domäne eigentlich aus zwei getrennten Betrieben: dem mit der Hilfe von Georges' Mutter in den 1930er Jahren erworbenen Besitz Mugneret-Gibourg, dessen Wein nach wie vor unter diesem Namen auf den Markt kommt, und dem später von ihm selbst aufgebauten Landbesitz, der unter dem Namen Domaine Georges Mugneret läuft. Diese Unterteilung wirft aber keine Gräben auf, denn die Weinberge werden gemeinsam gepflegt und ihre Frucht gemeinsam verarbeitet.

Seit 1982, als Georges Mugneret bereits schwer krank war, widmete sich Marie-Christine, die mit einem Apotheker verheiratet ist, der Unterstützung ihres Vaters. In dem Maß, wie er die Arbeit aus der Hand geben mußte, nahmen sie und ihre Mutter immer mehr auf sich; als er starb, «ging es einfach weiter».

Georges hatte seine kleine Domäne in umsichtiger Weise auf Land aller Qualitätsstufen in fünf Gemarkungen aufgebaut. Der Rebbestand ist heute durchgehend etwa 25 bis 45 Jahre alt, über größere Neubestockungen braucht man sich also noch auf geraume Zeit keine Sorgen zu machen.

Mme. Mugneret kümmert sich vor allem um die Verwaltung und die Kunden, während Marie-Christine und ihre Schwester, die beide nun voll in Vosne tätig sind, die Weinerzeugung in die Hand genommen haben. Ihre Ausbildung hat in ihnen so viel Forscherdrang geweckt, daß ihnen jede Unflexibilität fremd ist; zwar orientieren sie sich im allgemeinen am Geist ihres Vaters, doch ihre Methoden kennen keine Routine. Eigentlich sind es die schwierigen Jahrgänge, in denen ihnen die Arbeit am meisten Spaß macht.

Da ihr Vater gute Weine hervorbrachte, die den Kunden schmeckten, sehen sie keinen Grund, den Stil zu verändern. Daß heute noch die Kinder und Enkel, ja sogar die Urenkel seiner ursprünglichen Kunden kommen – Georges begann nach dem Krieg mit dem Direktverkauf von Flaschenwein –, ist Ausdruck einer erfreulichen Kontinuität.

Von den 8,51 ha Rebfläche wird alles außer Clos Vougeot, Ruchottes-Chambertin und Chambolle Les Feusselottes in Halbpacht bewirtschaftet, d. h., die Hälfte der Frucht geht an die Pächter, mit denen gemeinsam die geeignete Weinbergpflege vereinbart wird.

Es kommt selten vor, daß die Grands Crus keine *chaptalisation* brauchen. Das klingt erstaunlich, man muß aber daran denken, daß die einzigartigen Qualitäten der Grands Crus nicht auf großer Alkoholstärke, sondern auf der jeweiligen Lage mit ihrem Boden und Mikroklima beruhen. Oft machen magerer Boden und ungünstige Lage das Ausreifen der Trauben schwer. Hinzu kommt, daß Grand-Cru-Weine eben doch mehr Alkohol, also mehr Zucker, benötigen, um über ein Gleichgewicht für ihre natürliche Wucht und Struktur zu verfügen. Hat die Frucht nicht von Natur aus genug Zucker, dann muß welcher im Gärprozeß zugesetzt werden, wobei man, wenn etwa 12,8 % Alkohol erreicht werden sollen, von einem Potential (in Zucker) von 13,5 % ausgehen muß.

Um die Chaptalisation auf ein Mindestmaß einzuschränken, bemüht sich die Domäne um die Steigerung des natürlichen Zuckergehalts. Im Sommer wird überschüssige Laubmasse zurückgeschnitten, um möglichst viel Blattfläche dem Sonnenlicht zugänglich zu machen. Es hat sich herausgestellt, daß diese Methode mindestens 1 % an potentiellem Alkoholgehalt gewinnen läßt. Die Mugnerets sprechen mit ihren Pächtern die Lesetermine ab, wobei es darum geht, höchstmögliche Reife zu gewährleisten, Überreife jedoch zu vermeiden, die ja der Reinheit des Weingeschmacks abträglich sein kann.

Eine ebenfalls zweckdienliche Maßnahme zur Förderung der Zuckeranreicherung in den Trauben ist die Behangausdünnung im August. Theoretisch soll dies der Rebe erlauben, ihre Energie auf die ihr noch verbleibenden Früchte zu konzentrieren. Im Jahr 1990 von Marie-Christine durchgeführte Experimente zeigten, daß die Reben, die einer Behangausdünnung unterzogen wurden, 1,5–2 % mehr potentiellen Alkohol erbrachten – ein beträchtlicher Unterschied. Außerdem reiften die Früchte dieser Reben früher und lieferten trotz einer in diesem heißen Sommer aufgetretenen Überreife weit konzentrierteren Saft. Allerdings beschränkt die Domäne die Behangausdünnung auf die jüngeren Reben, die am stärksten zu Übererträgen neigen.

Auch durch *repiquage* zur Erhaltung eines hohen Durchschnittsalters der Reben sowie durch sparsame Düngung wird dafür gesorgt, daß die Erträge unter 35 hl/ha bleiben. Von 1988 bis 1990 brauchten nur 500 Einzelpflanzen ersetzt zu werden, dagegen hatten die strengen Fröste von 1985 größere Partien in Vosne-Romanée vernichtet, und diese mußten neu angesetzt werden. Die Neubestockung erfolgt in unüblicher und – wie sich wohl noch herausstellen wird – auch unglücklicher Weise mit der Unterlagsrebe SO4, die zwar frühe Reife fördert, jedoch relativ kurzlebig ist und sehr hohe Ansprüche stellt.

Die Weine der Domäne sind in erster Linie stilvoll, nicht schwergewichtig, sondern schön konzentriert und rassig. Die Vinifikationsmethoden bei Mugneret sind in keiner Weise radikal, abgesehen von der vielleicht überkommenen Überzeugung, daß Naturhefen nicht am günstigsten seien. Deshalb werden regelmäßig ausgewählte Kulturhefen eingesetzt, weil sie – wie Marie-Christine meint – höhere Alkoholkonzentrationen vertragen und daher eine längere Gärdauer ermöglichen, was sich im fertigen Wein in höherem Alkohol- und Glyzeringehalt ausdrückt.

Lange Gärung ist wichtig, weil sie bessere Extraktion und größere Komplexität bewirkt. Daher erfolgt die *chaptalisation*, soweit sie erforderlich ist, in mehreren Stadien gegen Ende des Gärprozesses. Wie stark entrappt wird, hängt vom Charakter des Jahrgangs ab. Allgemein gilt, daß um so mehr Stiele (bis zu 20 %) mit vergoren werden können, je reifer und deshalb reicher an erwünschtem Tannin das Holz ist. Unreifes Holz dagegen verleiht dem Wein nur einen «grünen», krautigen, oft unerfreulich bitteren Geschmack und bringt zudem unnötig viel Wasser ein. Die Trauben

Marie-Christine und Mme. Jacqueline Mugneret.

älterer Reben haben überdies weniger Holz als die Früchte der jüngeren, vegetationsstärkeren Pflanzen, also kann in reiferen Jahren bei der Frucht älterer Reben ein höherer Anteil an Stielen mit verarbeitet werden. Übrigens hat sich in den 1980er Jahren die Ansicht der Fachleute zu diesem Thema radikal gewandelt: Heute wird weitestgehend entrappt.

Ansonsten verläuft die Vinifikation relativ einfach: 24–36 Stunden Vormaischung bei 16–18 °C, Zusatz von Enzymen zur Unterstützung der Klärung, anschließend 18 Tage Gärung bei 34 °C in Zementbehältern bei größeren Partien oder in Holzbottichen bei kleineren. Die anfängliche Kaltmaischung bewirkt eine später einsetzende und langsamer verlaufende *malo*, was dem fertigen Wein bessere aromatische Eigenschaften verleiht.

Der Gärprozeß hat mehrere Stadien – anfangs wird in der noch wäßrigen Lösung unstabile Farbe extrahiert und später durch die Tannine «fixiert», deren Extraktion jedoch erst im Beisein von Alkohol erfolgt. In der wichtigen Phase dazwischen, der *cuvaison*, bilden sich die Aromasubstanzen heraus.

Sanfte Pressung – selbst in Jahren, in denen geringe Erträge eine Versuchung darstellen, ein bißchen fester zu pressen, um ein paar Francs mehr herauszuholen – liefert eine angemessene Menge milden Preßwein, der dem Vorlaufwein beigemengt wird, bevor das Ganze in Fässer gelangt.

Was die neuen Fässer betrifft, ist den Mugnerets der Faßbauer wichtiger als die Herkunft der Hölzer. Marie-Christine glaubt, das Eichenholz komme aus dem Tronçais, aber sicher ist sie nicht. Auf jeden Fall werden die Grands Crus zu 80 %, die Premiers Crus bis zu 70 % und die Villages-Weine zu 40–50 % in neuen Fässern ausgebaut. Selbst der einfache Bourgogne erhält ein wenig Würze aus neuen Eichenfässern.

Wie lange die Weine bis zum ersten Abstich im Faß bleiben, hängt von der *malo* ab. In manchen Jahren wie 1989 besteht infolge höherer Reaktionstemperaturen ein stärkeres Risiko der Bildung flüchtiger Säure (Essigsäure), die sich oberhalb einer bestimmten Konzentration in Geruch und Geschmack unangenehm bemerkbar macht; der Abstich von Faß zu Faß erfolgt bald nach Abschluß der *malo* unter Zugabe einer gewissen Dosis Schwefel zur Neutralisierung von Bakterien.

Nach einem weiteren Abstich, etwa sechs bis acht Monate später, ruhen die Weine im Faß bis in den nächsten Februar, dann werden sie in Tanks zusammengeführt, mit Albumin geschönt (Dr. Georges Mugneret fand keinen Unterschied zwischen diesem Präparat und frischem Eiweiß) und zwei Monate danach abgefüllt – damit beläuft sich die Ausbauzeit insgesamt auf 18 Monate. Von der Jahreserzeugung – 90 *pièces* zu je 300 Flaschen – geht die Hälfte in den Export, die andere Hälfte bleibt in Frankreich oder wird direkt an Besucher, vor allem aus der Schweiz, verkauft.

In den um etwa 1750 gebauten Kellern herrscht eine Atmosphäre der Zeitlosigkeit und Tradition sowie eines stillen Qualitätsbewußtseins. Nichts wird gedrängt oder erzwungen – die Weine entwickeln sich nach eigenem Zeitmaß. Der einfachste ist ein exzellenter, fruchtiger Bourgogne Rouge, der sich nach einigen Jahren Flaschenreife schön mildert. Der Vosne-Villages ist meist wunderbar ausgearbeitet und zeigt die Eleganz und Tiefe, die man von ihm erwartet – auch ein Wein, dem man vor allem in besseren Jahrgängen mehrere Jahre Kellerreife gönnen sollte.

Der Nuits Les Chaignots Premier Cru aus einer nicht so steilen Hanglage in Richtung Vosne mit dünner, steiniger Bodenauflage ist ein Wein mit kräftiger Säure. Er vereint die Eleganz von Vosne und die rustikale Art von Nuits; der 1993er zeigt das Aroma roter Früchte, viel Kraft und eine gute Konstitution für recht lange Lebensdauer.

Der Chambolle-Musigny Les Feusselottes Premier Cru, von dem es in der Domaine meist vier (davon drei neue) Fässer voll gibt, ist anders; der 1993er hat tiefe Farbe und einen Duft, in dem sich Nuancen von Gewürzen, Teer und Süßholz mischen. Der ziemlich tiefgründige, fette Lehmboden in diesem relativ flachen Weinberg am Rand des Orts erbringt einen breiten Wein mit Chambolle-Finesse und Anklängen an die Art von Vosne.

Der Clos de Vougeot der Domäne Mugneret von 0,34 ha im oberen Teil der Lage, neben den Anteilen von Lamarche, Méo und Engel, ist eindeutig «sauvage»; sowohl der 1990er als auch der 1993er sind große, würzige Weine mit mehr als nur einem Hauch Eleganz bei reicher Fülle und Tiefe.

Der Echézeaux aus zwei getrennten Parzellen (Rouges du Bas und Quartiers de Nuits) ist neben dem Clos de Vougeot der verschlossenste Wein der Domäne. Er braucht lange, bis er sich zum Ausdruck bringt, doch es lohnt sich, darauf zu warten. Der 1987er ist ein schönes Beispiel dafür, wie er in einem nicht gerade opulenten Jahrgang ausfallen kann – tiefrot mit herrlich attraktivem Bukett von Waldboden und *fruits noirs* und mit köstlich reifem, komplexem Geschmack.

Der feinste Wein der Domäne ist wohl der Ruchottes-Chambertin. Er ist stets nachhaltig und ansprechend und zeigt reiche Fülle und Komplexität; Spitzenjahrgänge sollte man in den ersten fünf bis zehn Jahren nicht anrühren. Der 1983er begann bei der letzten Verkostung in der Domäne gerade erst seine strenge Tanninhülle etwas zu lüften und seinen Charme durchblicken zu lassen. Eine gewisse trockene Art wird sich vermutlich nicht verlieren, ansonsten aber ist der Wein in bester Verfassung und dürfte ab der Mitte der 1990er Jahre auf dem Höhepunkt sein.

Madame Mugneret, Marie-Christine und Marie-Andrée bilden in ihrer qualitäts- und stilvollen Domäne ein großartiges, hochintelligentes Team – Dr. Georges Mugneret wäre sehr stolz auf sie.

WEINBERGBESITZ

Gemeinde	Rang	Lage/Climat	Fläche	Rebenalter	Status
Vougeot	GC	Clos de Vougeot	0,34	40	P
Gevrey	GC	Ruchottes-Chambertin	0,64	40	P
Vosne	GC	Echézeaux	1,05	40	P
Vosne	V	(verschiedene Climats)	3,64	45	P
Chambolle	PC	Les Feusselottes	0,46	35	P
Nuits	PC	Les Chaignots	1,27	40	P
Nuits	PC	Aux Vignerondes	0,26	25	F
–	R	(Bourgogne Rouge)	0,85	30	P
Gesamtfläche			**8,51 ha**		

Domaine de la Romanée-Conti

Niemand dürfte wohl ernstlich die Führungsrolle der Domaine de la Romanée-Conti beim roten Burgunder in Frage stellen – beim weißen Burgunder ist die Krone wohl umstrittener. Es mag Meinungsverschiedenheiten über diesen oder jenen Wein aus diesem oder jenem Jahrgang geben, doch Jahr für Jahr bringt die Domäne Wein von vollendeter Ausgewogenheit zwischen Wucht und Finesse hervor.

Das oft kurz DRC genannte Weingut befindet sich zu gleichen Teilen im Besitz der Familien de Villaine und Leroy, aus denen jeweils ein Geschäftsführer dem Betrieb vorsteht. Bis 1992 wurde die Familie Leroy von Madame Lalou Bize-Leroy vertreten, doch dann entzog ihr der Aufsichtsrat der Domäne wegen Unregelmäßigkeiten im Vertrieb das Mandat – eine schmähliche Entlassung, die sie offenbar noch immer schmerzt. Ihr Nachfolger, der ältere Sohn ihrer Schwester Pauline Roch, kam bei einem Autounfall ums Leben, und so trat 1993 sein Bruder, Henri Roch, an seine Stelle. Die Familie de Villaine wird seit Jahren von Aubert de Villaine vertreten.

Der Weinbergbesitz ist einzigartig. Der Wein von 1,6 ha aus fünf verschiedenen Premier-Cru-Lagen in Vosne sowie von 17,46 Ar Bâtard-Montrachet gelangt nie auf den Markt – dort erscheint lediglich in deprimierend kleinen Mengen (in einem guten Jahr insgesamt 7500 Kisten) der Ertrag von sechs Grand-Cru-Lagen in Vosne und einer (Le Montrachet) in Chassagne, zusammen 25 ha. Den Höhepunkt stellt der Romanée-Conti selbst dar – 500 Kisten hochgepriesener, ungeheuer teurer Wein aus der 1,8 ha großen hervorragendsten Weinberglage Burgunds.

Über die Geschichte der Domäne – vor allem zu Zeiten, als sie das Besitztum des Prince de Conti war – und den altehrwürdigen Ruhm der Lage Romanée ist schon viel geschrieben worden. Dagegen sind erstaunlicherweise noch nicht viele Einzelheiten darüber bekannt geworden, auf welche Weise die Domäne das Bestmögliche aus ihren prachtvollen Weinbergen herausholt, also über die Traditionen der Rebenpflege und Vinifikation, die zu der Qualität der in der ganzen Welt des Weins so hochangesehenen und vieldiskutierten Weine beiträgt.

Die heutigen Leiter, Aubert de Villaine und Henri Roch, sind sich mit ihren Vorgängern einig in der Überzeugung, daß Qualität im Weinberg beginnt. Feiner Wein ist nicht, wie so mancher zu glauben scheint, allein eine Sache der Kellermeisterkunst; die Sorgfalt, mit der die Reben und der Boden, auf dem sie wachsen, gepflegt werden, ist mindestens ebenso wichtig. Durch jährliche Analyse erlangt die Domäne und ihr «chef de culture», Gérard Marlot, Kenntnis vom Zustand des Bodens und vom Gleichgewicht seiner Bestandteile. Außer einer geringfügigen Justierung des Magnesiumgehalts im unteren Teil der Lage La Tâche und in Les Grands Echézeaux sowie der gelegentlichen Erneuerung des Mutterbodens in der Lage Romanée-Conti waren in den letzten Jahren nur kleinere Gaben an organischem Dünger erforderlich. 1990 wurde überhaupt nicht gedüngt.

Manche Teile der Domäne sind starker Bodenerosion unterworfen, v. a. der Südteil von La Tâche und das Land zwischen Richebourg und Romanée-Conti. Wenn hier der Boden abgespült wird, muß er wieder hinaufgeschafft werden. Inzwischen wurden Drainagekanäle betoniert, in der Hoffnung, dadurch in den kommenden Jahren die Erosion zu verringern.

Auch die Lage Romanée-Conti hat trotz ihrer Hangneigung von nur 3 % Erosionsprobleme, so daß der Boden ersetzt werden mußte. Bereits 1786/87 ließ Grimelin, der Verwalter des Prince de Conti, 800 Wagenladungen «terre de montage» aus den «Arrières-Côtes» heranschaffen, um einige Mulden im Weinberg Romanée-Conti aufzufüllen.

1980 wurden infolge eines Versehens Mulden in der Lage Romanée-St-Vivant mit «terre blanche» ausgeglichen, einer Erde, die mit der hier vorhandenen Bodenauflage ganz und gar nicht übereinstimmt. Auf Verlangen des INAO ließ die Domäne diese Erde wieder wegschaffen und durch geeigneteren Boden von Hängen bei Gevrey ersetzen.

Die Domäne bemüht sich, das Mikroklima des Bodens und der Reben zu erhalten, allerdings nicht unbedingt im Rahmen organischer, sondern eher traditioneller Methoden bei minimaler Verwendung synthetischer Mittel. Insbesondere in jüngeren Rebbeständen wird der Boden mit schlepperbetriebenen Hackmaschinen gelockert; dadurch wird das Gedeihen der Mikroflora günstig beeinflußt und die Bodendurchlässigkeit verbessert. Im Winter werden die Reben durch Pflügen angehäufelt, im Frühjahr wieder abgehäufelt. Die jüngeren Reben erhalten dadurch Frostschutz, was sich insbesondere 1985 ausgezahlt haben dürfte.

Gegen Schädlinge und Krankheiten wird nach Möglichkeit mit traditionellen Mitteln vorgegangen. Seit 1986 wurden darüber hinaus keine spezifischen Maßnahmen zur Fäuleverhütung ergriffen, vielmehr wird es für besser erachtet, faule Trauben nach der Lese auszuscheiden.

Strikte Beachtung niedriger Erträge bringt in die Weine eine bemerkenswerte Dimension an Extrakt und Konzentration ein, die als eines der Kennzeichen der Domäne gelten kann. Die Durchschnittserträge liegen meist weit unter dem zulässigen *rendement de base*, das für Grands Crus 35 hl/ha beträgt. Über die letzten zehn Jahre hinweg betrug der Durchschnitt 25 hl/ha bei einer Pflanzdichte von 10 000 Reben/ha. Anders ausgedrückt benötigt die Domäne für eine einzige Flasche Wein den Ertrag von drei Weinstöcken.

Diese niedrigen Erträge sind das Ergebnis einer Kombination von Faktoren, von denen scharfer Rebschnitt und hohes Rebenalter die wichtigsten sind. Der Rebschnitt erfolgt mit peinlicher Sorgfalt; jedem Weinbergarbeiter wird ein bestimmtes Stück zugeteilt, das er Jahr für Jahr bearbeitet und deshalb genau kennt. Allgemein erfolgt die Erziehung im einfachen *Guyot*-System, nur ältere Reben werden *en crochet* geschnitten.

Im Wachstumsverlauf wird der Rebe sorgsame Pflege zuteil, um ihr zu helfen, die beste, konzentrierteste Frucht hervorzubringen. Außer strikter *évasivage* und *dédoublage* erfolgt meist im Juni nach der Blüte eine Ausdünnung der Frucht, aber auch der überzähligen Triebe, die sonst nur wertvolle Energie auf sich ziehen würden. Wenn nötig wird der Behang später nochmals ausgedünnt. Außerdem erfolgt im Lauf des Sommers mehrfacher Laubrückschnitt. In neuerer Zeit wird das Laubdach häufig hochgezogen, weil sich die Erkenntnis durchgesetzt hat, daß dies für die Photosyntheseleistung und daher für das Ausreifen der Trauben günstig ist.

Eine der schwersten Entscheidungen für die Domäne war die Neubestockung der Lage Romanée-Conti im Jahr 1945, als die alten, noch ungepfropften Reben keinen wirtschaftlichen Ertrag mehr brachten. Vor der Rodung wurde jedoch Pflanzenmaterial entnommen und damit die Lage La Tâche neu aufgebaut, so daß dort drei Viertel des heutigen Bestands auf Edelreisern aus der Lage Romanée-Conti beruhen. Niemand weiß genau, welche Unterlagsreben 1946 gewählt wurden – Robert de Villaine vermutet, daß es sich um Riparia handelte. Nach der Lese 1993 wurden 15 Ar gerodet; das Land bleibt brach liegen, es wird nicht desinfiziert, weil sonst die so sorgsam gepflegten Bodenmikroben mit vernichtet würden. Dagegen wird es mit Begrünungspflanzen, deren Wirksamkeit gegen Bodenviren bekannt ist, zweimal eingesät. 1997 soll nach eingehender Bodenanalyse das Land mit Kompost, nicht mit Düngemitteln, versorgt und dann mit von der Domäne selbst auf der Grundlage von Mutterreben in La Tâche und Romanée-Conti herangezogenen und auf Unterlagsreben 161/49 gepfropften Klonen neu bestockt werden – alles in allem eine bis in die kleinsten Details durchgeplante, komplexe Aufgabe, die obendrein noch in sieben bis acht Jahrgängen Einbußen von einem Zehntel der sowieso schon geringen Erzeugung bedeutet.

Inzwischen werden an anderen Stellen unter 30 bis 40 Jahre alte Reben einzeln ersetzt, ansonsten erfolgen Neupflanzungen im Rahmen eines festen Programms – 1 «journal» (= ⅓ ha) pro Jahr. Das Pflanzenmaterial stammt von 50 aufgrund ihrer Beerengröße selektierten Weinstöcken in Romanée-Conti. Die Edelreiser werden wie Klone behandelt und an die Forschungsstation in Colmar zur Virusuntersuchung eingesandt, bevor sie auf Unterlagsreben 161/49 bzw. Riparia gepfropft werden. Insbesondere Riparia ist eine ausgezeichnete Veredelungsunterlage, allerdings ist sie gegen hohen Kalkgehalt im Boden sehr empfindlich.

Auch zur Lesezeit gilt höchste Aufmerksamkeit für alle Details: In jedem Weinberg werden drei Wochen vor dem voraussichtlichen Lesetermin wöchentlich einmal *prélèvements* – «très, très sérieux» – vorgenommen, und danach richtet sich die Reihenfolge bei der Lese. Ein Weinberg wird stets ganz abgeerntet, dann erst begibt sich das Team in den nächsten. Der Lesebeginn selbst wird für wichtiger angesehen als die Reihenfolge. Meist dauert die gesamte Ernte nicht länger als acht Tage, es besteht also kein Anlaß zu Hast.

Vorzugsweise wird der Lesetermin spät angesetzt, um möglichst volle Konzentration und Reife zu gewährleisten. Bei dem hohen Anteil an alten Reben ist das Risiko, daß der Säuregehalt zu gering ausfällt, nicht groß. Allerdings ist überkonzentriertes und überreifes Traubengut auch nicht erwünscht.

Die Leser sind gut geschult und achten genauestens darauf, daß nur reifstes, intaktes Traubengut in die Cuverie gelangt. 1983 wurde nach Hagelschlag im Juni ein Team frühzeitig in die Lagen Romanée-Conti, La Tâche und Richebourg entsandt, um mit Pinzetten alle hagelgeschädigten Beeren, die nicht von selbst abgefallen waren, herauszuzupfen. Dadurch blieb der Wein vor dem gefürchteten Hagelgeschmack bewahrt, der durch Ausbreitung des Enzyms Laccase von beschädigten auf gesunde Beeren und in der Folge erhöhte Oxidation entsteht.

Bei der Lese werden die abgeschnittenen Trauben in Strohkörbe gelegt und sodann auf einem Tisch ausgebreitet, wo sie erneut auf ihren Reifegrad überprüft werden. Beim Eintreffen in der Cuverie in Vosne nimmt Bernard Noblet sie in Empfang; er ist ein ruhiger, höflicher Mann – der Nachfolger seines Vaters André als Leiter des Kellerteams.

Für kurze Zeit hatte die Domäne, nachdem André Noblet in den Ruhestand getreten war, die Dienste eines Önologieberaters in Anspruch genommen. Das aber wurde bald wieder aufgegeben, weil Berater dieser Art meist nach dem Lehrbuch und nicht aus dem Gefühl für die jeweiligen Weinberge arbeiten. Anderseits ist es im Beisein einer so imposanten Persönlichkeit wie Aubert de Villaine (selbst ein geschulter Kellertechniker) und unter dem Eindruck einer jahrhundertealten Geschichte sicherlich nicht leicht, unbefangen zu arbeiten.

Die Philosophie, auf der die Weinbereitung in der Domäne beruht, lautet: Der Erzeuger ist nur Mittler zwischen Boden und Wein und sollte so wenig wie möglich eingreifen. Aubert de Villaine drückt es so aus: «Nichts ist schwieriger, als mit Einfachheit zu handeln; das Ideal wäre, überhaupt nichts zu tun – das aber ist nicht möglich.» Greifbarer ausgedrückt ist die Vinifikation «ultra-traditionell» – kein Entrappen, selbst nicht in den kargsten Jahren, eine kleine, an den Jahrgang angepaßte Dosis SO_2 und leichtes Austreten der Frucht.

Anschließend beginnt der Gärprozeß in einer Reihe offener alter *cuves*, die in Form und Größe alle verschieden sind. Der große Romanée-Conti wird stets in der *cuve* Nr. 17, einem prachtvollen Bottich aus dem Jahr

Blick über Romanée-Conti und Romanée-St-Vivant auf den Ort Vosne-Romanée.

1862, vergoren. 20 Jahre lang wurden Versuche mit Edelstahltanks unternommen, da sie aber keinen merklichen Unterschied in der erzielbaren Qualität ausmachen, besteht nicht die Absicht, die traditionellen hölzernen *cuves* abzuschaffen.

In seltenen Fällen, wenn die Maßnahmen im Weinberg nicht ausreichen, um übermäßig wäßriges Traubengut zu vermeiden, wird vor der Gärung eine *saignée* durchgeführt. Das bleibt jedoch auf Ausnahmen beschränkt – nicht einmal 1982 wurde davon Gebrauch gemacht.

Unter idealen Voraussetzungen gelangt die Maische mit 15 °C in die Gärbottiche – bei dieser Temperatur nehmen die Hefen ihre Tätigkeit auf. Herrscht bei der Lese große Hitze wie beispielsweise 1989, dann wird versucht, die Maische auf natürliche Weise zu kühlen, etwa durch Mischen des kühleren Leseguts vom Morgen mit dem wärmeren vom Nachmittag. Aubert die Villaine betont, daß Maische sich nicht so leicht kühlen läßt wie Saft, doch die *cuves* sind mit eingebauten Wärmetauschern versehen, die nötigenfalls zum Kühlen benutzt werden können.

Für die Gärung werden nur die Naturhefen herangezogen; eine *remontage* zu Gärbeginn unterstützt sie. Zwei- bis dreimal täglich wird der Schalenhut mit druckluftbetriebenen Kolben aufgebrochen – diese Technik ist wirksamer als das traditionelle Stampfen mit den Füßen. Der Mechanismus kann frühzeitig in Aktion gesetzt werden, maximiert dadurch die Extraktion und minimiert die Gefahr der Essigstichbildung durch Austrocknen des Huts.

Als Gärtemperatur werden maximal 33 bis 34 °C zugelassen, notfalls wird Kühlung vorgenommen. Da eine möglichst lange *cuvaison* von 18 bis 21 Tagen erwünscht ist, erfolgt eine eventuelle *chaptalisation* in mehreren kleinen Gaben gegen Ende des Gärvorgangs. Dabei wird darauf geachtet, daß der gesamte zugesetzte Zucker zu Alkohol vergärt.

Der *vin de goutte* wird abgezogen, sobald als Zeichen dafür, daß kein CO_2 mehr aufsteigt und die Gärung also beendet ist, der Schalenhut einzusinken beginnt. Die Restmaische wird in einer neuen pneumatischen Bucher-Presse gepreßt, einer Geschmackskontrolle unterzogen und sodann meist dem Vorlaufwein beigemischt. Die sehr sanfte Pressung ergibt etwa 5–10 % der Gesamtmenge.

Eine *débourbage* vor dem Einfüllen des neuen Weins in Fässer wird nicht für nötig erachtet, da bei der sorgfältigen Ausscheidung von unreifem und faulem Traubengut nur feine, einwandfreie Trubstoffe im Wein vorhanden sind. Diese bilden Nährstoffe, mit deren Hilfe die malolaktische Säureumwandlung glatt verläuft.

Die Fässer, in denen die kostbaren Weine den Rest ihrer Ausbauzeit verbinden, werden seit 1975 jedes Jahr erneuert. Die beträchtlichen Kosten hierfür werden durch den Vorteil aufgewogen, daß auf diese Weise jede Geschmacksbeeinflussung durch ältere Fässer ausgeschlossen wird. Da seit 1979 verbreitete Zweifel an der Echtheit der Herkunft und Qualität von Fässern infolge der plötzlich angestiegenen Nachfrage nach französischer Eiche laut wurden, beschafft sich die Domäne ihr Holz aus den Wäldern des Tronçais selbst und stellt es der Küferei zur Verfügung.

Ein starres Schema für den Abstich gibt es nicht, allerdings ist sich Aubert de Villaine im klaren darüber, daß Abfüllen ohne vorheriges Abstechen große Risiken birgt. Wenn aber das Geläger gesund ist, tritt wohl kaum ein «goût de lie», ein «goût de réduit» oder unangenehmer Schwefelwasserstoff im Wein in Erscheinung. Es werden derzeit umfangreiche Experimente durchgeführt, um den günstigsten Zeitpunkt für einen Abstich zu ermitteln. Traditionell erfolgt ein einmaliger Abstich nach Beendigung der *malo*, zwei bis drei Monate vor der Abfüllung. Der 1979er, 1980er und 1981er wurden nur bei der Zusammenführung und Abfüllung abgestochen.

Schönung erfolgt regelmäßig, Filtration ist aber «schon lange nicht mehr vorgekommen»; sie wird zwar nicht grundsätzlich ausgeschlossen, Aubert de Villaine ist aber sehr dagegen. Bernard Noblet besorgt für den Schönungsvorgang aus einer Hühnerfarm in der Nähe 900 bis 1200 frische Eier von freilaufenden Hühnern.

Bei der Abfüllung, die früher in ultra-traditioneller Weise Faß für Faß erfolgte, kam es immer wieder zu untragbar großen Schwankungen innerhalb des «gleichen» Weins aus verschiedenen Fässern sowie zwischen den ersten und letzten Flaschen aus ein und demselben Faß. Seit 1982 werden die Weine deshalb in Partien zu jeweils fünf Faß in Edelstahltanks zusammengeführt – natürlich durch Schwerkraft, jedoch mit Luftzutritt – und dann abgefüllt.

Der einzige Weißwein der Domäne, ganze 3000 Flaschen von alten Reben auf kostbaren 0,67 ha Le Montrachet, wird mit mustergültiger Sorgfalt bereitet. Aubert de Villaine erläutert, die Frucht aus diesem Weinberg sei von bester Qualität, zu der neben dem hohen Alter der Reben auch die späte Lese beiträgt. Der Montrachet wird immer erst nach allen anderen Lagen abgeerntet – oft führt die Domäne hier als letzte die Lese durch.

Die Chardonnay-Trauben werden sofort in die Cuverie nach Vosne gebracht und gekeltert; der Most erhält als Schutz gegen Oxidation eine Schwefelgabe. Nach leichter *débourbage* über Nacht gelangt er dann zur Gärung in neue Fässer aus Tronçais-Eiche (niemals, wie oft behauptet worden ist, in Edelstahltanks).

Maßnahmen zur Regelung der Gärtemperatur, die nur selten über 21–23 °C ansteigt, werden nicht ergriffen. Zwei- bis dreimal in

Aubert de Villaine.

der Woche wird der Wein aufgerührt, damit sich der Hefesatz gleichmäßig verteilt – das erhöht die Geschmacksfülle. Nach der *malo* bleibt der Wein etwa neun Monate auf dem feinen Hefetrub liegen, bis die Zeit für den Abstich gekommen ist. Anschließend erfolgt Schönung mit frischer, unpasteurisierter, entrahmter Milch – wiederum obliegt es Bernard Noblet, diese «praktisch direkt von der Kuh» aus einem Bauernhof in der Nähe zu besorgen. Nach drei bis vier Wochen Lagerung *sur col* – «bei Milch wäre länger nicht gut», sagt Aubert de Villaine – wird der Wein abgestochen, zusammengeführt und anschließend abgefüllt. Wenn nötig, erfolgt leichte Schichtenfiltration.

Die Domaine de la Romanée-Conti ist umgeben von vielen Mythen und noch mehr absurden Spekulationen. Der intensive Pinot-Extrakt in ihren Weinen hat gelegentlich zu der boshaften, aber völlig grundlosen Behauptung Anlaß gegeben, die Gärung werde abgestoppt – gerüchteweise hieß es sogar, mit Jahrgangs-Portwein. Da DRC-Weine selten und teuer sind, stellen sie Sammlerobjekte dar, vor allem der Romanée-Conti und der Montrachet. In letzter Zeit sind sogar Fälschungen aufgetaucht. Ein argloser japanischer Sammler hat offenbar für fünf Kisten Montrachet je 5000 $ bezahlt und mußte dann feststellen, daß er betrogen worden war. Er erhielt sein Geld vom Weinhändler zurück, der Domäne aber fiel die unangenehme Aufgabe zu, nach der Herkunft zu suchen. Der Betrug wäre gar nicht aufgefallen, wäre nicht ein geradezu unsinniger Fehler auf dem Etikett entdeckt worden. Anstatt «Appellation Montrachet Contrôlée» hatten die Fälscher den Aufdruck «Appellation Romanée-Conti Contrôlée» angebracht.

Kaum jemand wird der Behauptung widersprechen, daß die Weine der Domäne zu den feinsten zählen, die man überhaupt finden kann. Jedes Gewächs hat seine eigene Art. Der Montrachet ist einer der besten dieser Appellation und hat von der Frucht alter Reben hohe Konzentration und großartige Komplexität, deren Entfaltung lange Zeit benötigt. Der ausgereifte Wein erreicht schließlich eine ungeheure Fülle und schönste Vollendung im Geschmack. Wie bei vielen wirklich großen Weinen hinterläßt die Kombination gewaltiger Kraft mit höchster Klasse den stärksten Eindruck. Schon in «minderen» Jahrgängen braucht dieser Wein Zeit, um sich zu erschließen, und in besseren Jahren ebenso lange wie die Rotweine der Domäne. Der 1978er Montrachet steckte beispielsweise bei der Verkostung im Jahr 1989 noch in den Kinderschuhen; die Merkmale seiner Herkunft – Honigsüße und das Aroma von gebrannten Mandeln – begannen gerade erst in Erscheinung zu treten. Der 1993er zeigte bei der Verkostung 1995 geradezu explosive Opulenz – ein prachtvoll intensives, blumiges Aroma von großer Komplexität, ebenso vielschichtigen Geschmack sowie außergewöhnliche Kraft und Nachhaltigkeit –, unverkennbar ein Grand Cru, unverkennbar ein Montrachet.

1992 gab es leider keinen Montrachet von DRC, was in der Weinpresse viel Aufsehen erregte. Die weitgehend falsch dargestellten Fakten lauten recht einfach: Wie bei vielen 1992er Weißweinen verlief die Gärung sehr schleppend. Aubert de Villaine setzte Hefe zu, damit der Prozeß zu Ende kam. Der so entstandene Wein war fehlerlos, ja sogar so gut, daß manche andere Domäne ihn hocherfreut abgefüllt und angeboten hätte. Der Duft ist ausdrucksstark und erinnert an exotische Früchte, was sich durch die lange, kühle Gärung erklärt, und der Geschmack ist rund und komplex, bereichert durch einen Hauch Edelfäule. Leider aber ist der Wein etwas hohl, und es fehlt ihm die Wucht und Klasse, die man von einem DRC-Montrachet inzwischen erwartet. Aufgrund dieser relativ geringfügigen geschmacklichen Unvollkommenheit wurde jedoch beschlossen, diesen Wein nicht auf den Markt zu bringen. Er war entgegen allen Behauptungen durchaus keine Katastrophe, auch war er nicht fehlerhaft bereitet. Seltsam ist es aber doch, daß es fast zum Skandal aufgebauscht wird, wenn eine Domäne, die so oft von Kritikern gerügt wird, sie gebe Weine heraus, die ihrer nicht würdig seien, einmal aus eben diesem Grund beschließt, einen Wein nicht freizugeben – obwohl dies einen beträchtlichen finanziellen Verlust bedeutet.

Die in jedem normalen Jahr entstehenden 200 Kisten Montrachet der Domäne sind bei ständig steigenden Preisen hart umkämpft. Wie bei allen Raritäten steht der Preis in keinem direkten Verhältnis zur Qualität – ein Chevalier Montrachet von Leflaive oder ein Montrachet von Ramonet kosten bei weitem nicht so viel und würden sich dem DRC Montrachet bei verdeckten Weinproben doch durchaus als ebenbürtig erweisen.

Für die Rotweine der Domäne gibt es dagegen weit weniger Konkurrenz. Für den Echezeaux und den Grands Echezeaux ließe sich vielleicht noch Gleichrangiges finden, in großen Jahrgängen aber stehen Richebourg, La Tâche und Romanée-Conti ganz einsam an der Spitze. Ihre Individualität läßt sich nur schwer charakterisieren – insbesondere solange sie jung sind und oft Syrah-ähnliche Tiefe und Pfeffrigkeit mit trügerischer Kargheit und den Mund zusammenziehender Säure verbinden. Es ist dann nicht immer einfach zu beurteilen, was nach zehn Jahren daraus werden wird, eine Enttäuschung ist es aber selten.

Allgemein sind für die Weine der Domäne in Aroma und Geschmack oft Gewürze, v. a. Zimt, aber auch Veilchen, manchmal Süßholz und fast überreife Süße kennzeichnend. Nach vielen Jahren, manchmal erst nach zwei Jahrzehnten, streifen sie die jugendliche Ungeschliffenheit ab und verwandeln sich in verführerisch reife, seidige, vollmundige Köstlichkeiten von samtiger Zartheit. Ein 1953er La Tâche zeigte sich 1988 geradezu als Muster eines Burgunders – mit der tiefen, klaren Farbe schwarzroter Kirschen, einem massiven und doch verhaltenen Bukett von Waldboden und überreifen Wildfrüchten und mit vollendetem Geschmack, der lange auf Zunge und Gaumen haftet und sich schließlich zu einem Pfauenrad von Nuancen auffächert, wie es das nur bei Romanée-Conti gibt.

Auch mindere Jahrgängen halten oft angenehme Überraschungen bereit: Ein 1995 in der Domäne verkosteter 1956er Romanée-Conti erwies sich als höchst bemerkenswert, leicht bräunlich in der Farbe mit einem feinen Duft von alten Teerosen und Muskat und immer noch reichlich Frucht im sanften, eleganten Geschmack – wohl schon mit Anzeichen von Oxidation, aber noch immer eine Grande Dame von schönster Vornehmheit. Beim Versuch, diesen Wein zu beschreiben, gerät man zwar gefährlich ins Schlingern, vielleicht aber kann man in ihm einen Hauch mehr Eleganz als im La Tâche, stets aber höchste Aristokratie feststellen. Diese Weine haben nichts Aufdringliches oder Prunkendes – sie sind reine Essenz der Qualität. Diese Gewächse vergleichen zu wollen, ist eigentlich ein eitles Beginnen – sie alle sind fein, aber ausgeprochene Individuen, deren Persönlichkeit von ihrer Herkunft geprägt ist.

Die Weine der Domäne werden, da sie so berühmt und rar sind, eher in kleinen Schlucken als in vollen Zügen genossen. Aus denselben Gründen sind sie aber auch umstritten – amerikanische Kritiker tadelten die 1992er Rotweine, freilich ohne jeden triftigen Grund. Diese Weine sind alle einwandfrei, haben schöne Farbe und entsprechen in ihrer Verfassung der Individualität der jeweiligen Crus; sie sind zwar nicht so massiv und extrastark wie die sensationellen 1993er, eher «hübsche» Weine, die nach mindestens einem Jahrzehnt Entfaltung viel Genuß bereiten werden.

Die Sorgfalt, mit der diese Weine produziert werden, darf als Maßstab gelten, aber auch als eine klare Lektion für all jene an der Côte, die der Meinung sind, man brauche nichts weiter als Grand-Cru-Land, einige alte Reben und einen kompetenten Mann im Keller.

Für Aubert de Villaine bedeuten die Mönche, die einst die Côte zum Leben erweckten, die eigentliche Inspiration. Nachahmungen bedenkt er mit mildem Spott – als Kniffe von Weinmachern, die wie der unglückselige Frosch in der Fabel von La Fontaine glauben, daß sie sich zu Größerem aufblasen könnten. Wenn man einen Chardonnay aus der Neuen Welt mit «Montrachet-Hefe» vergärt, macht man ihn damit noch nicht zum Montrachet.

Dabei ist Aubert de Villaine der erste, der zugibt, daß die Weine der Domäne durchaus nicht den Grad der Perfektion erreichen, der ihm vorschwebt. Er und Henri Roch leisten «einen höchst aufmerksamen, aber unauffälligen, unsichtbaren» Beitrag dazu, daß ihre Weine frei von jedem Makel sind und daß sich das unvergleichliche *terroir* mit höchster Reinheit zum Ausdruck bringen kann. Qualität und Persönlichkeit ihrer Weine beruhen nicht auf ihrem Wirken, sondern auf der geheimnisvollen Verschmelzung von Boden und Mikroklima mit «jenem Geist des *terroirs*», dem sie lediglich «in Bescheidenheit und Demut dienen». Wenn jemand dazu berufen ist, den Primat des *terroirs* in der Entstehung großer Weine zu verteidigen, dann ist das die Domaine de la Romanée-Conti.

WEINBERGBESITZ

Gemeinde	Rang	Lage/Climat	Fläche	Status	Gesamtproduktion
Vosne	GC	Romanée-Conti	1,8050	P	450
Vosne	GC	La Tâche	6,0620	P	1500
Vosne	GC	Richebourg	3,5110	P	1000
Vosne	GC	Romanée St-Vivant	5,2858	P	1500
Vosne	GC	Grands Echézeaux	3,5263	P/F	1000
Vosne	GC	Echézeaux	4,6703	P/F	1340
Chassagne	GC	Montrachet	0,6759	P	250
Gesamtfläche			**25,5363 ha**		**7460 Kisten**

Nuits-St.-Georges und Prémeaux-Prissey

Prémeaux-Prissey.

Nuits-St-Georges ist zwar nicht der größte, wohl aber der längste Ort an der Côte d'Or. Er erstreckt sich über 5 km von Vosne-Romanée im Norden bis Prémeaux im Süden, wo er und mit ihm die Côte de Nuits am Clos de la Maréchale ausläuft. Insgesamt – denn für Prémeaux gibt es nur die Appellation Nuits-St-Georges oder Nuits-St-Georges Premier Cru – beläuft sich die Rebfläche auf 175,32 ha Villages-Lagen und 144,79 ha Premiers Crus. Nuits selbst hat 33 und Prémeaux acht Premier-Cru-Lagen, darunter vier Clos. 1987 erfolgte die Aufstufung der Lage Les Terres Blanches vom Regional- zum Premier-Cru-Status, obwohl nur Villages-Rang beantragt worden war!

Nuits ist eine alte Siedlung – bei Ausgrabungen wurde eine römische Villa entdeckt –, die sich bis zum Mittelalter zu einer größeren befestigten Stadt entwickelte. 1366 führte der burgundische Herzog Philipp der Kühne eine Weinsteuer zur Finanzierung des Befestigungsrings ein, der dann 1576 vom protestantischen Herzog Kasimir zerstört wurde.

Wie so viele Weinorte liegt auch Nuits an einem Fluß. Der Meuzin – sowieso kein tosender Gebirgsstrom – wurde endgültig gezähmt, nachdem er im August 1747 und nochmals im Januar 1757 über seine Ufer getreten war und die umliegenden Weinberge verwüstet hatte. 1788 rächte er sich dafür, indem er gemeinsam mit allen Brunnen der Stadt schlichtweg versiegte.

Heute ist Nuits das kommerzielle Zentrum der Côte. Dem Besucher bleibt hier keine Zeit, dem Müßiggang zu frönen: Es gibt viele große *négociants* zu besuchen, die oft recht gewöhnlichen Wein zu außergewöhnlichen Preisen anbieten; eine der größten französischen Fruchtsaftfabriken harrt der Besichtigung; hier befindet sich die Quelle des Cassis- und Sirup-Handels; Läden und Büros, Handel und Wandel und vieles andere mehr sorgen für Abwechslung. Auch eine große Auswahl an Restaurants, mehrere ausgezeichnete Pâtissiers und ein efeuumsponnener Uhrturm aus dem 16. Jh., der alle Viertelstunden ein Glockenspiel ertönen läßt, verdienen Erwähnung.

In der Altstadt verbergen sich höchst bemerkenswerte Keller oft hinter unscheinbaren Fassaden. Der Platz gegenüber dem Rathaus wurde in Place de la Cratère St-Georges umbenannt, nachdem die Apollo-XV-Astronauten einen Mondkrater «St-Georges» getauft hatten, weil in Jules Vernes Roman Kapitän Anders seine Mondlandung mit einer Flasche Nuits-St-Georges begießt. Die Rue Fagon trägt den Namen des Leibarzts von Napoleon III., der einmal Wein aus Nuits als Kur verschrieb.

In den 1970er Jahren wurde die Autoroute Mulhouse–Lyon mit einem Autobahnkreuz bei Nuits versehen; sie hält viel Verkehr von der Innenstadt fern und führte indirekt zur Entstehung eines Gewerbegebiets am Ostrand der Stadt.

Der boshafte Meuzin teilt die Rebfläche in zwei Hälften. Auf dem Nordufer befinden sich nach Vosne hin in 240 bis 340 m Höhe Villages-Lagen und elf Premiers Crus. Der Boden besteht hier ähnlich wie in Vosne vorwiegend aus Kalkstein mit Kies und unterschiedlicher Lehmbeimischung. Die Weine zeigen nicht ganz soviel *charpente* und Erdigkeit wie im Südteil von Nuits, sondern eher die Finesse und Eleganz von Vosne, haben aber dennoch kräftige Struktur und brauchen lange Flaschenreife, bis sie ihr Bestes geben.

Auf der Seite nach Prémeaux hin liegen weitere 16 Premiers Crus, darunter die Spitzenlagen Les Cailles, Les Vaucrains und Les St-Georges. Sie befinden sich auf Hängen mit tieferem, braunerem, gleichmäßiger aus Lehm und Kalkstein gemischtem Boden als auf der Seite nach Vosne hin. Les Poirets St-Georges, Les Cailles und Les St-Georges sind auf einem tiefen, braunen Streifen Kalkstein mit Kies angelegt, der die südliche Verlängerung der Marmorbrüche von Comblanchien bildet. Les Vaucrains oberhalb von Les St-Georges hat flachgründigeren, rotbraunen Boden mit einem gewissen Anteil feiner Sandpartikel und mit als «têtes de moutons» zutage tretendem Oolith-Kalkstein.

Die acht Premiers Crus von Prémeaux, darunter die für superben Wein bekannten Clos des Forêts St-Georges, Clos des Corvées, Clos Arlot und Clos de la Maréchale, befinden sich auf einem schmalen Hang zwischen der RN74 und dem Wald. Der Boden verändert sich in unterschiedlicher Höhe und ist zwischen dem Clos des Forêts und dem Clos Arlot besonders fein und dünn auf Kalksteinunterboden.

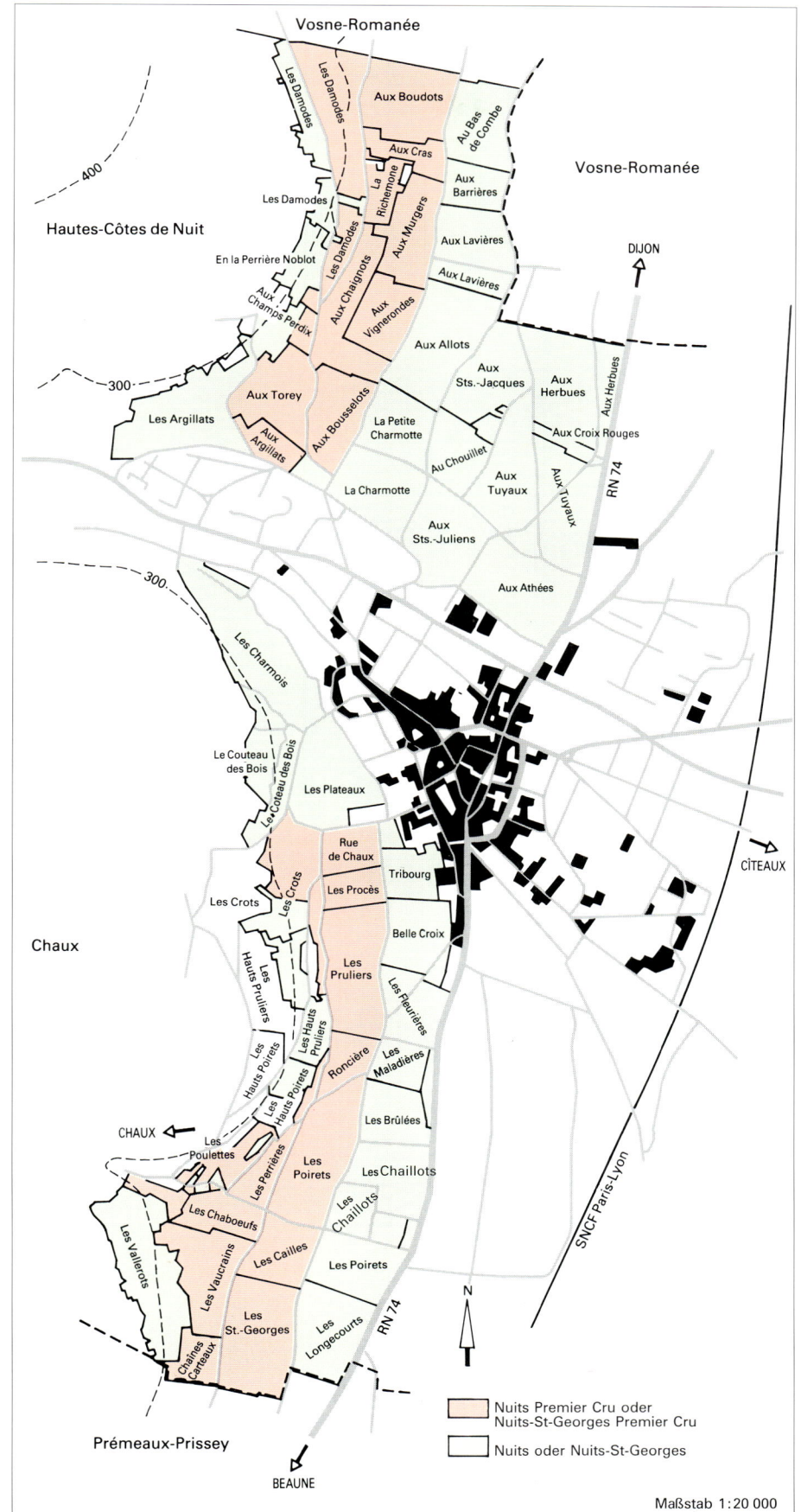

Der Nachbarort Comblanchien ist durch seinen oft von Dolomit-Adern rosa überhauchten Marmor berühmt.

Eine Handvoll Winzer produzieren ein wenig Nuits-St-Georges Blanc; Jean-Pierre de Smet (Domaine de l'Arlot) bringt von 1 ha im Clos de l'Arlot einen köstlichen Chardonnay mit einem Schuß Pinot Beurot hervor, und die Familie Gouges erzeugt ungewöhnlichen Pinot Noir Blanc aus Les Perrières. Die beiden Weine verkörpern unterschiedliche Stile, wobei der Clos de l'Arlot größere Finesse aufweist als der manchmal etwas flaue Perrières. Robert Chevillon produziert einen vollmundigen weißen Nuits von alten Pinot-Blanc-Reben.

Die Appellation war nach dem Krieg international besonders beliebt – vermutlich weil sie dank ihrer Größe den Durst Europas auf Wein zu stillen vermochte. Was damals als Nuits ausgegeben wurde, war zum großen Teil ein dunkler, kräftiger, herzhafter Wein, der freilich wenn man Glück hatte mit Grenache von der Rhône und wenn man Pech hatte mit sonnengerösteten algerischen Gewächsen verschnitten war. Besonders privilegierte Erzeugnisse wurden bei der Abfüllung mit einem Schuß Portwein angereichert und wärmten dem britischen Landadel in der Nachkriegszeit so recht das Herz.

Heutzutage gelangt zwar immer noch allzu viel «Nuits-St-Georges» einer ungüten, nichtssagenden Art auf den Markt, die den Glauben aufkommen ließ, wirklich guter Nuits-St-Georges sei eine Rarität, doch dank einer ganzen Reihe ausgezeichneter, gewissenhafter Erzeuger hat sich die wahre Qualität der Gemeinde inzwischen Anerkennung verschaffen können.

Allerdings bestehen große Unterschiede zwischen den Erzeugern in dieser ausgedehnten Gemarkung, so daß der Nuits manchmal abfällig als «erdig» oder «rustikal» apostrophiert wird. Feiner junger Nuits vermittelt oft über sein unreifes Tannin hinaus ein rauhes, kerniges Gefühl, aber zumindest in den Weinen der besten Domänen treten solche Eigenheiten nur selten ohne ein entsprechendes Maß an Komplexität und Finesse als Gegengewicht in Erscheinung. Der Nuits hat oft etwas Robustes, dessen Charme aber nicht weniger verlockend erscheint als die schmeichelnde Eleganz von Samt und Seide.

Domaine de l'Arlot

Der Betrieb wurde 1987 von der Versicherungsgesellschaft AXA geschaffen, und zwar durch Ankauf von Gebäuden und Land der Domaine Jules Belin, eines zerfallenden Besitzes, der 1891 vom Sohn eines ortsansässigen Notars zusammengebracht worden war.

Mit der Leitung dieser ihrer ersten Beteiligung in Burgund beauftragte die AXA den 1977 nach Burgund gekommenen Jean-Pierre de Smet. Nachdem er sieben Jahre lang eine Wirtschaftsprüferpraxis in New Caledonia betrieben hatte, arbeitete er in den Kellern von Jacques Seysses in Morey mit und lernte zufällig den AXA-Vorsitzenden Claude Bebéar kennen, der damals geeignetes Weinbergland in Burgund suchte. Jean-Pierre vermittelte daraufhin den Kauf der Domaine Belin.

Der Sitz der Domäne ist ein Gebäude aus dem späten 17./frühen 18. Jh. an der RN74 in Prémeaux, 3 km südlich von Nuits. Der Clos de l'Arlot geht auf den Winzer Jean-Charles Vienot aus Nuits zurück, der im 18. Jh. die 4 ha Weinbergfläche mit einer Mauer umgab. Im 19. Jh. erweiterte sein Sohn die Gebäude und legte hinter dem Haus einen herrlichen Park mit Irrgarten an.

Der Weinbergbesitz besteht im wesentlichen aus zwei *monopoles*: dem 7 ha großen Clos des Forêts St-Georges und dem 4 ha großen Clos de l'Arlot. Hinzu kommen 2 ha Côtes de Nuits-Villages (der Clos du Chapeau) sowie 0,25 ha Romanée St-Vivant (erster Jahrgang 1991) und 0,85 ha Vosne Les Suchots (1992 erworben).

Der Clos de l'Arlot war lange Zeit im Verhältnis 3:1 mit Pinot Noir und Chardonnay (dazwischen etliche alte Rebstöcke der weißen Sorte Pinot Beurot) bestockt, aber der weiße Arlot erwies sich als derart beliebt, daß 1995 1 ha mit stark virusgeschädigtem Pinot Noir gerodet und mit Chardonnay neu bepflanzt wurde.

Die Kombination de Smet und l'Arlot hat reiche Frucht getragen, allerdings erst nach vielen Mühen. Das Gut bedurfte umfangreicher Restaurierung, Ergänzung junger und alter Rebbestände und sorgfältiger Abstimmung der Bodennährstoffe. Jean-Pierres Grundsatz lautet, daß guter Wein im Weinberg entsteht. Dem trägt er Rechnung durch sehr geringe Gaben an organischen Düngern (die Belins düngten aus Sparsamkeit wenig, Jean-Pierre tut es aus Überzeugung) und durch Versuche mit der neuen «biodynamie» – einem ausschließlich mit natürlichen Mitteln in geringster Dosierung arbeitenden homöopathischen System.

Alte Reben im Clos de l'Arlot; im Hintergrund Prémeaux.

Viel Zeit wird für den auf niedrige Erträge ausgerichteten Rebschnitt verwendet, und im Juli erfolgt notfalls Behangausdünnung. So ergeben sich – außer wenn die Behandlung zum unrechten Zeitpunkt erfolgt, so daß die Reben den Fruchtverlust auszugleichen versuchen – stark verringerte Erträge (1990 lagen sie mit 32 hl/ha für dieses ertragreiche Jahr weit unter dem Durchschnitt).

Auch bei der Ernte herrscht größte Aufmerksamkeit. Jean-Pierre beaufsichtigt die Lese an den ersten beiden Tagen persönlich und achtet darauf, daß qualitativ unzulängliche Frucht richtig ausgeschieden wird. Fäule – «sèche» und «humide» – ist das Hauptproblem; die Leser machen sich nicht gern die Mühe, faule Teile aus den Trauben herauszuschneiden, also bleibt dies der Wachsamkeit des regulären Personals der Domäne überlassen. Inzwischen hat Jean-Pierres Frau Lilo ihre liebe Mühe, nicht nur für die zur Domäne gehörigen 20 Personen zu sorgen, sondern zusätzlich 30 bis 40 Leute fünfmal am Tag zu verköstigen – u. a. mit einem Frühstück mit Wein um neun Uhr morgens!

Ebenso große Sorgfalt wie bei der Auswahl des Rohstoffs herrscht auch bei seiner Verarbeitung. Das Fundament für die Philosophie Jean-Pierres bildet der Satz «je mehr man weiß, dest weniger greift man ein». Als Ideal strebt er an, daß alles «le plus naturel que possible» zugeht. Daher bleiben die Stiele praktisch ganz beim Traubengut; zur Anwendung kommen minimale SO_2-Gaben, nur natürliche Hefen, Gärtemperaturen von max. 32 °C und 15 bis 22 Tage *cuvaison*.

Die Gärung setzt zwar erst nach zwei bis fünf Tagen ein, aber eine Kaltmaischung wird nicht bewußt angestrebt, lediglich durch Kühlung des Leseguts der Basispunkt einreguliert, nach dem sich später bei der Gärung die Spitzentemperatur richtet. Bei einer stets gleichen Temperaturdifferenz von 15 °C ist es eben erforderlich, auf einem möglichst tiefen Punkt anzufangen. Eine eventuelle Vormaischung soll also lediglich der verbesserten Temperaturregelung, nicht aber der Farbextraktion dienen. In den ersten drei Jahren, selbst bei der übermäßigen Hitze 1989, brauchte Jean-Pierre nicht einen einzigen Gärbottich zu kühlen – also scheint seine Theorie zu funktionieren.

Der hohe Anteil an Ganztrauben fördert eine intrazelluläre Gärung, wobei CO_2 im Gärbottich die Traubenschalen angreift und auf diese Weise mehr Komplexität, Farbe und Aromasubstanzen extrahiert.

Nachdem der junge Wein abgezogen und das Produkt der ersten sanften Pressung beigemischt ist, bleibt das Ganze 24 Stunden stehen und wird dann in kleine Fässer gefüllt. Jean-Pierre kauft sein Faßholz drei Jahre im voraus ein und läßt es vom Faßbauer an der freien Luft trocknen. Zwar bevorzugt Jean-Pierre Allier-Eiche, er ist aber der Meinung, daß Art und der Umfang der Anröstung mehr Einfluß auf die Qualität haben als die Herkunft. Er setzt auf eine leichte Anröstung.

Die Premiers Crus und der Romanée St-Vivant werden zu 40–50 %, der Côtes de Nuits-Villages zu etwa 20 % in den neuen Fässern 15 bis 18 Monate lang ausgebaut und dann abgefüllt. Zwischendurch wird zweimal ohne Pumpen von Faß zu Faß abgestochen, wobei bis zum zweiten Abstich das feine Geläger – soweit es sauber ist – dabeibleibt. Der genaue Zeitpunkt der Abstiche richtet sich nach einer Geschmackskontrolle. Erweist sich der Geschmack in einem Faß als *réduit*, d. h. schal in Verbindung mit einem eigenartigen Geruch, dann wird der Wein unter Luftzutritt abgestochen, wodurch er den normalen Geruch und Geschmack wiedererlangt. Schönen erfolgt nur, wenn es sein muß, und zwar mit frischem Eiweiß; anschließend wird der Wein zusammengeführt und ohne Filtration (die dank der Zugabe klärungsfördernder pektolytischer Enzyme überflüssig ist) abgefüllt.

Jean-Pierres Methoden sind überlegt, aber flexibel, und die Resultate auffallend gut. Der weiße Clos de l'Arlot stellt eine bemerkenswerte Leistung dar – ein «vin blanc» von «terre à rouge» –, er hat Klasse und Fülle bei schöner Blumigkeit vom Pinot Beurot sowie einen spürbaren Hauch *terroir*. Er ensteht weitgehend durch klassische Weinbereitung: Sobald sich die Gärung zu rühren beginnt, wird der Most unter Zugabe einer gewissen Menge feinen Hefetrubs in Fässer abgezogen und darin bis etwa Weihnachten vergoren, wobei er zwei- bis dreimal in der Woche aufgerührt wird. Im nächsten Herbst erfolgt nach Schönung und leichter Schichtenfiltration die Abfüllung.

Neuere Jahrgänge des weißen Clos de l'Arlot zeigen so recht, wie fein dieser Wein ist. Nach fünf Jahren beginnt sich der 1990er gerade erst zu erschließen, er zeigt sich tief und erdig, während der 1991er etwas schmaler ausfällt. Der 1992er steckt voll fester, opulenter Frucht und dürfte sich langsam entwickeln. Der 1993er hat geradezu explosiven Duft mit einer kräftigen Note von kandierten Fruchtschalen, die oft in diesem Wein anzutreffen ist und stark an Viognier erinnert (Jean-Pierre schwört aber, daß keiner im Weinberg steht), dazu vollen, robusten Geschmack und viel «Fett». Obwohl jeder Jahrgang seine Eigenart hat, zieht sich doch spürbare Kontinuität über alle Jahre hinweg: das Aroma exotischer Früchte, insbesondere Ananas und Bananen, und ein ansprechender, tiefer und komplexer, mineralischer *goût de terroir*. Die feine Ausgewogenheit des Weins und das völlige Fehlen jeder müden, flauen Struktur, wie sie viele Weißweine von ungeeigneten Böden kennzeichnet, gibt Anlaß zu der Vermutung, daß dieser Teil des Clos mehr Kalkstein enthält. Die Herkunft von «terre à rouge» verleiht dem Clos de l'Arlot Blanc das Fundament für lange Haltbarkeit. Wer nicht genug Geduld hat, sollte diesen Wein gut zwei Stunden vor dem Ausschenken dekantieren.

Die mit Pinot Noir bestockte Abteilung des Clos de l'Arlot hat mit Kalkstein untermischten Lehmboden. Der Weinberg liegt ja unterhalb eines Steinbruchs im Park hinter dem Haus, und die entsprechend flache Erdauflage verleiht dem Wein eine brillante Geschmacksnote. Jean-Pierre räumt ein, daß der Clos ihn immer wieder vor schwierige Aufgaben stellt, wahrscheinlich weil die Wurzelstöcke der alten, oft noch aus *sélection massale* stammenden Reben nicht so gut auf den Boden abgestimmt sind. Der Wein zeigt allgemein interessante Art und Tiefe, manchmal eine grüne Note – eher mit *fruits rouges* als *fruits noirs* im Geschmack – und die Fähigkeit zur Entfaltung in der Flasche bei mittlerer Haltbarkeit.

Der Clos des Forêts St-Georges ist mit jüngeren und älteren Reben gemischt besetzt. 1992 wurden verschiedene *cuvées* herausgebracht, bei denen der Ertrag der jüngeren Reben zur AC Nuits St-Georges abgestuft wurde. 1993 waren es drei *cuvées*: von jungen Reben (einfach als Nuits St-Georges bezeichnet), von bis zu 15jährigen Reben (Nuits St-Georges Premier Cru) und schließlich von etwa 30jährigen Reben (Clos des Forêts St-Georges). In Konzentration und Potential sind diese Weine durchaus verschieden, aber in ihrer Klasse jeweils gut, wobei der Clos erwartungsgemäß das feinste, kraftvollste und ausgewogenste Gewächs ist.

Der Vosne Suchots (erstmals 1992 erschienen) aus einer Nachbarlage des Grand Cru

Jean-Pierre de Smet.

Richebourg stellt einen vollständigen Szenenwechsel gegenüber Nuits dar. Der 1993er wies tiefe, granatrote Farbe, wundervolles, aromatisches Potential und eine tiefe, saftige Grundlage aus fester, reifer Frucht, umhüllt von abgerundetem Tannin, mit einem Anflug von spritzigem Biß auf – kurz die echte Rasse und Klasse, wie man sie von einer mit 38jährigen Reben besetzten Premier-Cru-Lage in Vosne erwarten darf.

Der Romanée St-Vivant Grand Cru vereint schönste Wucht mit betonter Finesse – ein weiterer Schritt zum Elysium. Der 1991er zeigte bei der Verkostung 1995 alle Merkmale eines großen Burgunders. Dieser Wein aus einem schwierigen Jahrgang hatte die Tiefe und Klasse, über die so mancher andere in einem guten Jahr glücklich wäre: keine rauhen Kanten, genau das rechte Maß an reifer Frucht, genug fein integriertes Tannin und eine lang anhaltende, zarte, seidige Geschmacksfülle.

In einem Jahrzehnt hat Jean-Pierre de Smet eine Fünf-Sterne-Domäne aufgebaut, die von Erfolg zu Erfolg schreitet.

WEINBERGBESITZ

Gemeinde	Rang	Lage/Climat	Fläche	Rebenalter	Status
Vosne	GC	Romanée-St-Vivant	0,25	18	P
Vosne	PC	Les Suchots	0,85	38	P
Nuits	PC	Clos des Forêts Les St-Georges	7,00	25	P
Nuits	PC	Clos de l'Arlot	2,00	38	P
Nuits	PC	Clos de l'Arlot (Blanc)	2,00	1-30	P
–	V	Côte de Nuits-Villages	2,00	20	P
Gesamtfläche			**14,10 ha**		

Domaine Daniel Bocquenet

Daniel Bocquenets Großmutter, die Witwe Baudot, kaufte 1913 ihre ersten Weinberge. Nach der Heirat mit Albert Bocquenet stellten sich weitere Erwerbungen und ein Sohn, Marcel, ein, der inzwischen vor dem Ruhestand steht und offenbar mit seinem Leben hochzufrieden ist. Mit 13 Jahren ging er in Geisweiler als Korkmacher in die Lehre, wo er nicht nur Korken für die Domaine de la Romanée-Conti schnitt, sondern auch das Metier des *éleveur* erlernte. In drei Jahren in den Hospices de Nuits sammelte er Erfahrungen in der Weinbereitung, die er sodann auf eigene Faust betrieb, bis in den 1970er Jahren sein Sohn Daniel ihm an die Seite trat. Auch seine Tochter Monique arbeitet im Weinberg und Keller mit.

Der Hauptsitz der Domäne sieht aus wie ein großer Schuppen an einer Gasse in Nuits, dahinter Reben und davor der dahinplätschernde Meuzin. Das Programm umfaßt zwei *cuvées* aus Nuits sowie je nach Jahrgang eine weitere für den Handel. Das «Schlachtroß» ist ein guter Nuits-Villages mit fester Struktur und viel Frucht – eine fleischige, aber nicht

Das kommerzielle Zentrum der Côte de Nuits.

Daniel Bocquenet.

feminine Interpretation. Der bessere Nuits Aux St-Juliens stammt von alten Reben in einer Villages-Lage am Rand von Nuits in Richtung Vosne. Hier erbringt felsiger Grund einen straffen, festen Wein mit Konzentration und Wucht. «Wir sind für tanninreichen Wein», erklärt Marcel. Eigentlich aber enthalten Nuits- und Vosne-Villages-*cuvées* aus zwei- bis vierjährigen Fässern (dagegen kommt der Echézeaux zu 100 % in neue Fässer) kaum überzogenes Tannin – selbst der 1992er hat genug Fülle als Gegengewicht.

Die Bocquenets bringen beständig guten Wein hervor. Die 1993er sind exzellent, nicht überwältigend dicht, haben aber viel interessante Art und Klasse. Der Vosne aus einer an die Nuits-Premier-Cru-Lage Les Lavières angrenzenden Parzelle zeigte feste Struktur und doch schöne Geschmeidigkeit – im Charakter dem Cousin aus Nuits sehr ähnlich. Der Echézeaux – «Unser Drei-Sterne-Wein, nur 30 hl/ha!» – ist ein sehr feines Beispiel von seidiger Art, mit fein abgestimmter Eichenholznote, interessanter Geschmackspalette und der Wucht, Nachhaltigkeit und Komplexität, wie ein Grand Cru sie haben soll.

Die vielbeschrienen 1992er haben hier ebenfalls sehr ansprechende Art – offen und fleischig, direkt und komplex. Auch die Preise sind bemerkenswert vernünftig – 120 Francs für einen 1989er Echézeaux im Jahr 1995 und etwa 70 Francs für einen 1991er Aux St-Juliens. Sicher keine Domäne mit sehr hohem Profil, wohl aber mit beständiger Qualität.

WEINBERGBESITZ

Gemeinde	Rang	Lage/Climat	Fläche	Rebenalter	Status
Nuits	V	(32 verschiedene Climats)	3,50	10-50	P
Vosne	V	(angrenzend an Nuits Lavières)	0,40	1902/1970	P
Flagey	GC	Echézeaux	0,60	35-40	P
Gesamtfläche			**4,50 ha**		

Domaine Michel Chevillon

Die Familie Chevillon hat zwei in Nuits ansässige Zweige. Michel und seine Frau Pascale bilden den einen, sein Cousin Robert den anderen.

Michel, ein breiter, freundlich lächelnder, großmütiger Mann, lebt in einem modernen Haus in einer der vielen breiten Nebenstraßen. Ein Teil seiner Weinberge, vor allem die in Nuits und Vosne, hat ihm sein Vater Georges *en fermage* überlassen, die übrigen – alle in Nuits – bewirtschaftet er in Pacht oder Halbpacht. Weißwein ist durch einen Hautes Côtes de Nuits (Chardonnay) vertreten.

Michel war schon seit 1963 für seinen Vater tätig und übernahm 1987 den Betrieb ganz; inzwischen arbeitet bei ihm seine Tochter Claire mit. Man hat den Eindruck, daß es hier, abgesehen von ein wenig modernerer Technik für schwierige Jahre, über die Generationen hinweg kaum bedeutende Veränderungen gegeben hat. Die alten hölzernen *cuves* sind Zementtanks gewichen – nur ein großer Eichenbottich wird in einer Ecke in Reserve gehalten –, und das Entrappen geschieht maschinell. Ein Wärmetauscher wurde angeschafft, aber «wir benutzen ihn selten», sagt Michel freundlich lächelnd. Trotz dieser kleineren revolutionären Neuerungen sind Weinbereitungsmethode und Weinstil seit dem Krieg so gut wie unverändert geblieben.

Obwohl Michel seiner eigenen *sélection massale* den Vorzug vor den zu Beginn der 1980er Jahre von ihm erprobten und wegen zu hoher Erträge wieder abgeschafften Klonen gibt, hat er seit 1991 alle Nachpflanzungen mit einer Mischung von Klonen vorgenommen – das Selektieren und Veredeln erforderte einfach zuviel Zeit. Das durchschnittliche Rebenalter ist bescheiden, weil im Lauf der letzten 20 Jahre viele degenerierte Reben auf SO4-Unterlagen ersetzt werden mußten. Scharfer Rebschnitt und sorgfältige Pflege halten die Erträge niedrig, und die bis zu dreiwöchige *cuvaison* gewährleistet zusammen mit ausgiebiger *pigeage* Weine mit ausreichend fester Struktur.

Lange Zeit versuchten Vertreter vergeblich, ihn dazu zu überreden, seine Presse Baujahr 1957 abzuschaffen – «die erste Vaslin in Nuits», erklärt Michel voll Stolz. «Sie sagen, ich kann mit einer modernen Presse 4–5 % mehr Saft herausbekommen, aber – was für Saft!» meinte er stets kopfschüttelnd. Schließlich aber gab er doch nach, und inzwischen schmückt eine neue pneumatische Presse seine *cuverie*.

Michels Weine aus allen Qualitätsstufen und Jahrgängen ruhen stets 22 Monate im

Dorfbrunnen an der Côte d'Or.

Faß, aber er ist kein Befürworter neuer Eichenfässer – «ich mag Fässer, aber keine neuen», bekennt er. Also werden die Premiers Crus ganz in einjährigen, die übrigen in zu 10 % einjährigen und älteren Fässern ausgebaut.

In Jahren, in denen Schönung als nötig erachtet wird, werden die Weine abgestochen, durch Kieselgurfilter gegeben und dann vor der Abfüllung zwei Monate im Tank liegengelassen. Ansonsten werden sie einfach gefiltert und direkt abgefüllt – bis 1987 geschah das von Hand, heute beschleunigt eine kleine Abfüllanlage, die gemeinsam mit Gouges, Remoriquet und anderen genutzt wird, diese Arbeit ungemein.

Der Weinstil ist unverhohlen altmodisch – Michel nennt ihn traditionell, «zuerst ein bißchen hart, aber er reift schön». Eine allen gemeinsame feste Struktur macht frühe Beurteilung schwierig, doch ein verringerter Stieleanteil (nur noch 20–25 % gegenüber früher 50 %) trägt viel zu größerer Geschmeidigkeit und Zugänglichkeit bei. Ein paar Jahre Flaschenreife tun Wunder bei Weinen, die anfänglich übermäßig tanninherb und stielholzig erscheinen – man sollte sich also vor übereilten Urteilen hüten.

Die besten *cuvées* sind exzellent. Mängel ergeben sich höchstens bei Tiefe und Finesse, woran aber hohe Erträge durchaus mit schuld sein können – 1990 waren es im Durchschnitt 50–52 hl/ha. Michel sagt, er führe eine *saignée* durch, wenn das der Ausgewogenheit zugute käme, das aber hilft nicht wirklich gegen von vornherein zu hohe Erträge.

Die Spitzengewächse in diesem Keller sind die Nuits Premiers Crus Les Poirets und Les St-Georges sowie der exzellente Nuits-Villages St-Julien von alten Reben. Auch zweitrangige Jahrgänge sind oft beachtenswert und bei dem durchweg tanninreichen Stil erstaunlich gut. Die 1992er begannen 1995 guten Geschmack zu entfalten, während die 1991er noch verschlossener wirkten. Im übrigen machen die 1989er und 1990er gute Fortschritte und dürften zu gegebener Zeit höchst ansprechend sein. Die 1987er von Chevillon waren besonders gut gelungen – ein feiner Nuits-Villages und ein noch besserer Les Porets Premier Cru. Alle, die den Jahrgang 1987 so rasch abgeschrieben haben, begingen damit einen schweren Fehler.

Michel Chevillon hat nicht das große Flair wie sein Cousin Robert. Seinen Weinen kommt der Ausbau in nicht allzu altem Holz zugute, sie hätten aber bei kürzerer *élevage* noch mehr Gewinn an Frucht und Geschmeidigkeit. Nichtsdestoweniger ist dies, wenn man recht zu wählen versteht, eine gute Domäne.

WEINBERGBESITZ

Gemeinde	Rang	Lage/Climat	Fläche	Rebenalter	Status
Nuits	PC	Les St-Georges	0,45	1948	F
Nuits	PC	Les Poirets	0,59	1954/57	M
Nuits	PC	Champs Perdrix	0,34	1972	F
Nuits	PC	Crots + Bousselots	0,78	1936/73/82	P
Nuits	V	St-Julien	0,98	1957/63/69	P/M
Nuits	V	(6 verschiedene Climats)	2,37	1954–89	F
Vosne	V	Croix Blanches	0,30	1949–64	F
Nuits	R	(Bourgogne Pinot Noir/PTG)	2,03	1947–86	P
Chaux	R	(Hautes Côtes de Nuits Chard.)	0,65	1989	P
Gesamtfläche			**8,49 ha**		

Domaine Chopin-Groffier

Daniel Chopin in Comblanchien ist einer der besten Weinerzeuger an der Côte, doch seine Weine sind auf dem internationalen Markt selten zu finden. Seit fast 40 Jahren produziert er in seinen bescheidenen Kellern superbe Weine für eine Schar treuer Privatkunden. Lange hat es gedauert, bis die feine Qualität seiner Erzeugnisse auch außerhalb Frankreichs bekannt geworden ist.

Als er 1959 den Familienbesitz von seinem Vater übernahm, brachte der Betrieb sowohl Wein als auch Getreide hervor – eine echte burgundische Mischkultur der Nachkriegszeit, die genug abwarf, um eine Familie zu ernähren. 1957 heiratete Daniel eine Mlle. Groffier aus Vougeot, wodurch sich sein Besitz um einige Villages-Lagen in Chambolle-Musigny und Vougeot vergrößerte, und 1964 kaufte er Parzellen in Nuits-St-Georges und im Clos de Vougeot. Jetzt, da er langsam dem Ruhestand entgegengeht, überläßt er nach und nach die schwerere Arbeit im Weinberg seinem Schwiegersohn Hubert Chauvenet-Chopin, der eine eigene kleine Domäne in Nuits hat; den eigenen Anteil an der Frucht verarbeitet Daniel jedoch weiterhin selbst.

Seine Methoden haben nichts Umstürzlerisches, aber er tut immer sein Bestes. Wesentlich ist für ihn die Fruchtqualität; der Schlüssel zu ihr liegt in strenger *évasivage* und in kompromißloser Auslese des Traubenguts. Den *PLC* nutzt er nur selten, selbst im überreichlichen Jahr 1990 brachten seine Weinberge nur 45 hl/ha.

Es hat eine Weile gedauert, bis Daniel sich davon überzeugen ließ, daß Klone einen Nutzen bringen könnten. Er hat sich zwar zu Anfang der 1980er Jahre weitgehend darauf umgestellt, hält aber an seiner *sélection massale* fest und arbeitet mit *repiquage*, damit das Durchschnittsalter seiner Reben mindestens 40 Jahre erreicht.

Daniel lehnt *surmaturité* strikt ab und ist nie der letzte – allerdings auch nicht der erste – bei der Lese. «Für uns ist der Reifegrad maßgeblich.» Die Methoden im Keller sind einfach und entsprechen im wesentlichen der Norm. Das Traubengut wird zu 70–90 % entrappt, wobei sich der genaue Anteil nach dem Zustand der Frucht und dem Weinstil, den Daniel anstrebt, richtet. Der Gärprozeß dauert insgesamt 15 Tage, davon entfallen drei bis vier Tage auf die Vormaischung. Die Gärtemperatur übersteigt nur selten 31 °C, eine eventuelle *chaptalisation* erfolgt erst nach dem Höhepunkt, um einen langen und gleichmäßigen Gärverlauf zu gewährleisten. Die Jahrgänge 1989, 1990 und 1993 hatten allgemein genug natürliche Süße und bedurften nur minimaler Zuckerung.

Sobald die Gärung abgeschlossen ist, wird der Wein vom *marc* abgezogen. Der Preßwein wird bis auf den aus der letzten Pressung vollständig beigemischt, und anschließend bleibt der Wein einige Tage zum Absetzen stehen. Alle Qualitäten von der Stufe Villages aufwärts werden in Fässern ausgebaut, nur die Regionalweine bleiben bis zur *malo* im Tank und werden dann in alten Eichenfässern gelagert.

Daniel Chopin hat über Fässer seine eigenen Ansichten; er meint, ein Wein müsse von vornherein feste Struktur besitzen, wenn er von zusätzlicher *charpente* aus frischem Eichenholz Gewinn ziehen solle. Auch dann geht er bis höchstens 40–50 % bei deutlicher Vorliebe für Allier-Eiche. Allerdings hat er den Verdacht, «der Faßbauer macht beim Holz sowieso, was er will».

Seine eigenen Weine reifen 15 bis 18 Monate in Fässern und werden spätestens ein Jahr nach der *malo* abgefüllt. Der Zeitpunkt für Abstich bzw. Abfüllung richtet sich nach Geschmackskontrollen, wird aber ebenso von Intuition oder Gewohnheit bestimmt. Da die *malo* meist im Februar beendet ist, erfolgt gewöhnlich im November oder Dezember ein zweiter Abstich mit anschließender Schönung im Tank oder (bei kleineren Posten) im Faß, und zwei bis drei Monate danach wird abgefüllt. Seit der prachtvolle 1989er Clos Vougeot ohne Filtration in die Flasche kam, wird nur noch der Bourgogne Rouge gefiltert.

Daniel Chopins Weine gehören gleichmäßig zu den überzeugendsten, die man finden kann. Bewußt niedrig gehaltene Erträge und einzelne Bestände alter Reben erbringen im Verein mit seinem kellertechnischen Feingefühl üppige Fülle bereits im wundervoll konzentrierten Regionalwein und bis hin zum meisterhaften Clos de Vougeot. Der Côte de Nuits-Villages ist ein prachtvolles Beispiel dafür, wieviel Adel in einem schlichten Bauern steckt, wenn man ihn fürstlich behandelt. Der 1993er zeigte Tiefe und Finesse, feines Aroma und vollmundig elegante Geschmacksfülle bei genau richtiger Struktur – ein Wein für fünf bis zehn Jahre Lebensdauer. Der 1994er stand ihm nicht viel nach; er hatte nichts Rustikales, Rohes oder Gewöhnliches.

Daniels Vougeot (nicht zu verwechseln mit dem Clos de Vougeot) kommt aus der Lage Petits Vougeots unmittelbar neben Les Amoureuses in Chambolle. Hier erbringen 40jährige Reben auf magerem, v. a. aus Kalkstein und Kies bestehendem Boden feinen, konzentrierten Wein. Der 1993er hat tiefe Farbe, schön entwickeltes Aroma von *fruits noirs*, eine herrliche Geschmackspalette und sanfte, vollmundige Frucht.

Die Villages-Lagen in Chambolle und – bis auf 0,5 ha – in Nuits sind schon an Hubert übergegangen; nur der feine Nuits Chaignots zeugt noch davon, wie geschickt Daniel aus einem Nuits-St-Georges echte Finesse hervorholen kann. Sein 1993er Villages und Premier Cru waren gleichermaßen großartig.

Der Clos Vougeot von Chopin ist etwas ganz Besonderes, und der 1989er, 1990er, 1993er und 1994er sind jeder auf seine Art bemerkenswert. Die liebevoll gepflegten alten Reben nahe beim Château de la Tour erbringen besonders vollmundige, tiefdunkle, komplexe, fast vollendet ausgewogene Frucht. Was diesen Wein in allen genannten Jahrgängen so besonders macht, ist seine ungeheure Geschmacksdichte. Der 1990er und der 1993er brauchen mindestens fünf bis zehn Jahre Reifezeit und werden sich dann noch einmal so lange weiterentfalten.

Kann man die klassischen Jahrgänge nur superb nennen, so sind auch die anderen nicht weniger bemerkenswert: fein ausgearbeitete 1987er mit echter Finesse und weit überdurchschnittliche 1991er und 1992er.

Wenn Daniel auch allmählich die über lange Zeit so meisterlich geführten Zügel lockerer läßt, so bleibt doch sein Fingerspitzengefühl unvergleichlich.

WEINBERGBESITZ

Gemeinde	Rang	Lage/Climat	Fläche	Rebenalter	Status
Vougeot	GC	Clos de Vougeot	0,35	55	P
Vougeot	V	Les Petits Vougeots	0,40	40	P
Nuits	PC	Les Chaignots	0,40	40	P
Nuits	V	–	0,50	35	P
Prémeaux	R	Comblanchien + Corgoloin (Côtes de Nuits-Villages)	0,50	40	P
–	R	(Bourgogne Rouge)	1,50	35	P
Gesamtfläche			**3,65 ha**		

Domaine Jean-Jacques Confuron

Jean-Jacques Confuron (der Sohn von Mme. Bouchard-Pagani, die Ende des 19. Jh. in Prémeaux Weinbergbesitz hatte) und seine Frau (die Enkelin von Charles Noëllat aus Vosne-Romanée) bewirtschafteten bis in die 1980er Jahre Weinberge, die ihnen von beiden Seiten der Familie als Erbe zugefallen waren. Inzwischen haben ihre Tochter Sophie und deren Mann Alain Meunier die Domäne übernommen.

Alain lernte Sophie 1986 am Lycée Viticole in Beaune kennen. Zwei Jahre darauf heirateten sie und führen seitdem die Domäne gemeinsam. Seit 1991 arbeiten sie mit «culture biologique», um die Mikroflora in den Weinbergen wiederherzustellen; es werden also außer Bordeaux-Brühe und Schwefel keine chemischen Mittel benutzt.

Merkwürdig ist, daß die Hälfte des Rebbestands – die älteren Pflanzungen – im *Gobelet*- und nicht im herkömmlichen *Guyot*-System geschnitten werden. Obwohl bereits dadurch der Ertrag verringert wird, erfolgt doch jedes Jahr eine zusätzliche Prüfung, ob nicht darüber hinaus auch Behangausdünnung erforderlich sein könnte.

Die Spritzgeräte werden immer gewaltiger.

Die einzige Besonderheit bei den ansonsten modern-traditionellen Kellermethoden ist der Einsatz von zu 100 % neuen Eichenfässern bei allen für die USA bestimmten Weinen. Es ist schade, daß die Vignerons oft nicht den Mut aufbringen, dem Druck der amerikanischen Importeure zu widerstehen und bei dem Stil zu bleiben, den sie selbst für richtig halten.

Für Alain bedeutet *Grand Vin* vor allem Frucht – «die Frucht, die man erntet, muß im Wein erscheinen». Er mag tanninreiche Weine nicht und verabscheut alle modernen Techniken, die zur Extraktion bitterer Geschmacksstoffe und strenger Tannine beitragen. Das bedeutet, daß chez Confuron die absolute Qualität eines Weins Vorrang vor der Typenechtheit und dem *terroir* hat.

Alains Methoden verlangen erstklassige Frucht. Also spielen eventuell frühe *saignée* für ein ausgewogenes Verhältnis zwischen festen und flüssigen Stoffen und sechs bis acht Tage Maischung mit relativ deftiger Schwefelgabe zur Extraktion von Farbe und Fruchtaromen eine wesentliche Rolle. Das zeigt sich in den Weinen durch dunkle Farbe und weiche, fleischige Duft- und Geschmacksnoten – nichts Marmeladenhaftes, Gekochtes, sondern einfach überquellende Frucht mit einer Struktur (nach 15 bis 18 Monaten Ausbau im Faß), die weitere Entfaltung gewährleistet.

Jede Lage hat ihren eigenen Charakter. Die Weine aus Chambolle beispielsweise fallen ziemlich voll aus, insbesondere die Premier-Cru-*cuvée*, eine Zusammenstellung, die zu zwei Dritteln aus der Frucht alter Reben aus Les Chatelots und zu einem Drittel aus Les Feusselottes besteht. Aux Boudots ist der bessere der beiden Nuits Premiers Crus, daneben steht aber auch eine exzellente Villages-Cuvée aus Les Fleurières. Auf dem fruchtbaren Boden dieser Lage bereitet die Ertragsbeschränkung einige Schwierigkeiten – Alain ist der Meinung, dieser Wein müsse eigentlich teurer sein als die Premiers Crus, weil dafür so viel mehr Arbeitsaufwand im Weinberg anfalle.

An der Spitze des Confuron-Programms stehen ein feiner Vosne Beaux Monts, ein sauberer, aber – mindestens 1993 – nicht besonders aufregender Clos Vougeot und ein exzellenter Romanée-St-Vivant aus einem 1920 gepflanzten Bestand. Sie alle werden zu 100 % in neuen Eichenfässern ausgebaut und wie die übrigen Weine ohne Schönen und Filtern abgefüllt. Der Romanée-St-Vivant entspricht dem Stil des Hauses: Der 1993er hat eine dichte, fast undurchdringliche Farbe im Ton schwarzer Kirschen, verhaltenen, jedoch vielversprechenden Duft und üppige, seidige, straffe Geschmacksfülle, aber etwas zuwenig Nachhaltigkeit. Er dürfte sich im Lauf eines Jahrzehnts noch schön entfalten.

Eine Domäne im Aufstieg – auf jeden Fall beobachtenswert.

WEINBERGBESITZ

Gemeinde	Rang	Lage/Climat	Fläche	Rebenalter	Status
Prémeaux	R	(Bourgognes Aligoté, Pinot Noir, Côtes de Nuits-Villages)	2,28	20	P
Nuits	V	Les Fleurières	1,24	20	P
Nuits	PC	Les Chabœufs	0,48	45	P
Nuits	PC	Aux Boudots	0,30	45	P
Vosne	PC	Les Beaux Monts	0,29	50	P
Chambolle	V		1,14	32	P
Chambolle	PC	Les Chatelots + Les Feusselottes	0,35	50	P
Vougeot	GC	Clos de Vougeot	0,52	35	P
Vosne	GC	Romanée-St-Vivant	0,50	60	P
Gesamtfläche			**7,10 ha**		

Domaine Robert Chevillon

Robert Chevillon ist einer der gewissenhaftesten Weinerzeuger an der ganzen Côte d'Or. Die Nuits-St-Georges-Weine aus seinen Kellern gehören zu den feinsten; es sind nicht die dunklen, schwerfälligen, rustikalen Gewächse, wie sie so oft unter dieser Appellation in Erscheinung treten, sondern Weine von echter Tiefe und Komplexität, mit Klasse und Stil.

Robert, ein großer, grauhaariger, würdiger Mann, vermittelt den Eindruck, daß er seiner Sache sicher ist. Er lebt mit seiner Frau Christine und den seit einiger Zeit voll im Betrieb mitarbeitenden Söhnen Bertrand und Denis in einem schlichten Haus in Nuits. Er legt Wert auf gute Arbeit und gibt mit einiger Ungeduld zu verstehen, daß Besucher, sogar solche, die Wein bei ihm kaufen wollen, ihn nur dabei stören. Publizität sucht er nicht – doch sie scheint ihn zu suchen.

Daß dem so ist, geht aus einer Sammlung mehr oder weniger zerfledderter Zeitungsausschnitte hervor, die an einer Pinnwand im Packraum hängen. Überall, wo der Name der Domäne erscheint, ist er sorgfältig markiert; da die Kommentare jedoch überwiegend in Englisch, Deutsch, Holländisch oder Schwedisch abgefaßt sind, dürfte der Inhalt allen im Haus zum größten Teil entgehen, denn keiner spricht hier diese Sprachen.

Robert behauptet zwar, die Domäne habe keine Geschichte, trotzdem aber hat er einen schönen Prospekt darüber herausgebracht. Er zeigt auf der ersten Seite eine Karte der *climats* in Nuits, in denen die Familie Weinbergbesitz hat, und auf der Innenseite ist eine Liste der Medaillen abgedruckt, die das Haus seit 1976 auf der jährlichen Weinmesse in Paris gewonnen hat. Auf der mittleren Seite sind traditionelle Flächen- und Hohlmaße sowie einige burgundische Redensarten über den Wein aufgeführt: «Hat man guten Wein, gutes Brot und gutes Fleisch, dann kann man den Doktor auf Reisen schicken», «Verhagelte Reben, rauchiger Wein», «Gibt es mehr Äpfel als Birnen, dann trink keine Wein, gibt es mehr Birnen als Äpfel, bewahr ihn auf» . . . Auf der letzten Seite wird die Geschichte der Domaine Chevillon behandelt.

Die an der Côte herrschende Atmosphäre der Stabilität und Unwandelbarkeit erklärt sich mindestens zum Teil daraus, daß es kaum einen Winzer gibt, dessen Vorfahren nicht schon seit wenigstens ein paar Jahrhunderten hier gelebt haben. Stößt man zufällig doch auf einen, dem diese Ahnenreihe fehlt, dann ist doch stets eine «histoire» zur Hand, in der ein prominenter Schwiegervater oder sonst ein achtbarer Verwandter die Lücke füllt.

Soweit festzustellen, scheinen die heutigen Chevillons aus einem weitgehend undokumentierten Nebelschleier von Chevillons hervorgegangen zu sein, die alle im späten 19. Jh. irgendwo an der Côte als Vignerons tätig waren. Aus dieser genealogischen Urmasse schälte sich schließlich Symphorien Chevillon heraus, der auf eigene Rechnung Weinbau trieb, während er als «vigneron et caviste» für einen ortsansässigen «négociant» arbeitete. Sein Landbesitz bestand aus 30 Ar, auf denen er Reben und Cassis anbaute.

Er starb 1926 in Nuits. Sein einziger Sohn, Eugène-François, geboren 1887, arbeitete bis 1912 meist im Tagelohn auf Weingütern der Umgebung, leistete dann zwei Jahre Militärdienst, heiratete 1914 und war im Krieg fünf Jahre lang als Militärmusiker eingezogen. 1919 kehrte er zurück, übernahm die Familiendomäne, kaufte kleine Parzellen Premier-Cru-Lagen in Nuits und bewirtschaftete andere in Halbpacht.

Bis 1940 brachte der Weinbau so wenig ein, daß Eugène-François auf sein musikalisches Talent zurückgreifen und eine Kapelle gründen mußte, die bei Festlichkeiten aufspielte und das bescheidene Familieneinkommen aufbessern half.

Als er 1943 unerwartet starb, mußte seine Frau Marthe mit ihren fünf Kindern die Domäne allein weiterführen. 1946 wurde der Weinbergbesitz zwischen den beiden Söhnen Maurice und Georges (dem Vater von Roberts Cousin Michel Chevillon) aufgeteilt. Maurice heiratete 1937 und erweiterte seinen Weinbergbesitz, meist Premiers Crus; nebenbei erwarb er Brennereiausrüstungen, um sein Einkommen zu vergrößern.

Robert kam 1938 zur Welt und verheiratete sich 1961 mit Christine. Im Winter brennt er heute noch Marc de Bourgogne und Eau de Vie. Inzwischen umfaßt die Domäne neben einigen Regionallagen und 10 Ar Aligoté insbesondere 12,88 ha in Nuits, u. a. acht Premiers Crus, 3,25 ha Nuits «tout court» und 17,5 Ar Weißweinreben. Der größte Teil ist Familienbesitz, ein kleinerer wird in Halbpacht bewirtschaftet.

Der Rebbestand ist infolge starker Degenerationserscheinungen wegen minderwertiger Unterlagsreben und geringer Krankheitsresistenz der Nachkriegspflanzungen erst zwischen 25 und 40 Jahre alt, aber es stehen auch noch drei prachtvolle alte Parzellen in Ertrag: 1,18 ha Les Cailles mit im Durchschnitt 77jährigen und 1,55 ha Les Vaucrains mit 78jährigen Reben (darunter befinden sich 0,25 ha mit Weinstöcken, die über 100 Jahre alt sind); hinzu kommen 0,63 ha Les St-Georges mit 76jährigen Reben.

Robert läßt seine Reben solange wie möglich tragen und ersetzt nur einzelne eingegangene Pflanzen. Bei 10 000 Stöcken/ha und 13 ha Ertragsrebfläche sind jährlich etwa 600 Pflanzen zu ersetzen. Neuanpflanzungen geschehen mit gemischten Standardklonen; die jungen Reben werden etwa sieben Jahre lang *en gobelet* erzogen, um ihre Wuchskraft zu zügeln. Strenge *évasivage* und notfalls Behangausdünnung tragen zur Ertragsbeschränkung bei.

Robert kennt seine Reben genau und erläutert, daß die Lagen Roncière und Les Pruliers stets am frühesten reifen und die Vosne am nächsten gelegenen Weinberge, vor allem die an den unteren Hängen, stark fäuleanfällig sind und zuerst gelesen werden müssen.

Wenn ein Winzer bei vergleichbarem Land deutlich besseren Wein produziert als seine Nachbarn, dann drängt sich die Frage auf, woher das kommt. So interessant diese Frage auch sein mag, Robert Chevillon findet keine eindeutige Antwort – ihm sind keine größeren Unterschiede in Weinbergpflege oder Weinbereitung bewußt. Eines jedoch unterscheidet ihn von seinen Kollegen in Nuits: eine markant längere und langsamer verlaufende Gärung. Da er glaubt, daß die Extraktion in alkoholischer Lösung, also am Ende des Gärprozesses, besser ist als in wäßriger Lösung, d. h. am Beginn, läßt er seine Weine drei bis vier Wochen lang oder (wie 1990) sogar länger maischen. Die Vormaischung betrachtet er als vorübergehende Modeerscheinung – so etwas wie Nouvelle cuisine.

Auch die Gärtemperatur wird nicht stark gedämpft – sie darf bis 35 °C steigen, ehe Kühlschlangen in Betrieb gesetzt werden. Zweifellos trägt das 70prozentige Entrappen von vornherein zu höheren Temperaturen bei; Robert mag jedoch nicht alle Stiele entfernen – «die sind doch auch für etwas da».

Die Weine ruhen auf dem feinen Geläger bis zum zweiten Abstich, der kurz vor dem nächsten Herbst ohne Luftzutritt erfolgt. Dann werden sie im Faß geschönt, noch weitere vier bis fünf Wochen *sur colle* belassen und schließlich im Tank zusammengeführt, leicht gefiltert und abgefüllt – die Ausbauzeit beträgt insgesamt 18 Monate. Robert hat kein Vertrauen zu Lohnabfüllern – «wenn ich schon Schaum auf einem Chambertin sehe . . .».

Chevillon Père et Fils – warten auf das Startsignal?

Fragt man Robert Chevillon, wie er in seinem Nuits so große Finesse zuwege bringt, zuckt er nur vielsagend die Schultern. Vielleicht kommt das von der langen *cuvaison*, vielleicht von der langsamen *malo*, es kann aber auch an dem relativ geringen Anteil neuer Fässer liegen (in vollen Jahrgängen ein Drittel, in anderen weniger bzw. gar keine) oder daran, daß feines Geläger die ganze Ausbauzeit hindurch als Nährstoff im Wein verbleibt. Auch die Wirkung vereinzelter Weißweinreben in allen Lagen (etwa 0,8 %) läßt sich nicht von der Hand weisen. Wie immer sich die außerordentliche Qualität der Chevillon-Weine erklären mag – sie ist nun einmal Jahr für Jahr vorhanden.

Bis 1984 wurde der gesamte Ertrag der Weißweinreben in die roten *cuvées* mit aufgenommen. Heute produziert Robert etwa 1000 Flaschen exzellenten Nuits St-Georges Blanc von 20- bis 30jährigen Pinot-Blanc-Reben. Der Most wird in zu höchstens einem Drittel neuen Fässern vergoren und ohne Filtration nach 14 bis 15 Monaten abgefüllt. Auf diese Weise entsteht ein ansprechend goldener Wein mit Honig- und Mandelduft und fester, straffer Struktur; er ist nach ein paar Jahren Flaschenreife bereits köstlich, hält sich aber sehr lange. Sicherlich hat Robert noch ein paar Flaschen der ersten Jahrgänge auf Lager, damit er deren Entwicklung verfolgen kann.

Die Nuits-St-Georges-*cuvée* stammt aus Lagen beiderseits des Orts. Der Wein aus dem Appellationsteil Prémeaux zeigt etwas weniger Finesse, dafür einen Hauch mehr Fülle als der aus der Nähe von Vosne; die beiden ergänzen sich gut und ergeben eine harmonische Mischung mit schöner Ausgewogenheit in Frucht, Säure und Tannin.

Der Chaignots mit seiner etwas schwächeren Säure, dafür aber mit genug Tannin für gute Haltbarkeit, und der Bousselots – beide von der Grenze zwischen Nuits und Vosne – stehen in Konzentration und Persönlichkeit eine Sprosse höher.

Der Roncière entfaltet sich langsam aus reicher Frucht heraus mit mäßigem Gehalt an rundem, reifem Tannin. Der Boden dieser etwas abfallenden Lage ist recht leicht und stark kalksteinhaltig. Les Perrières, oberhalb von Roncière nach Prémeaux hin gelegen, erbringt Wein mit etwas mehr Struktur als die eher durch Finesse geprägte Nachbarlage. Les Cailles, angrenzend an Prémeaux, hat tiefen, kalksteinhaltigen Lehmboden, der langlebige, solide Weine hervorbringt. Bei Roberts 78jährigen Reben liegt die Betonung auf den Strukturelementen, so daß Weine mit beträchtlicher Tiefe und Fülle, untermauert von festen, aber nicht aggressiven Tanninen, entstehen.

Oberhalb von Les Cailles liegt Les Vaucrains mit ähnlich tiefgründigem Boden, jedoch hohem Eisensteingehalt, der dem Wein eine gewisse Härte in Gestalt ausgeprägten Tannins sowie eine starke, kantige Struktur verleiht. Ein guter Vaucrains ist in der Jugend relativ karg und zeigt nichts vom runden Charme eines Les Cailles oder der Finesse eines Les Perrières. Nach zehn Jahren in der Flasche verschmelzen diese Bestandteile jedoch zu einem geschliffeneren Ganzen; vor allem in guten Jahrgängen lohnt es sich, darauf zu warten. Die 100jährigen Reben, die ¼ ha einnehmen, verleihen dem Vaucrains eine herrliche, zerklüftete Tiefe.

Die feinste der Premier-Cru-Lagen in Nuits, Les St-Georges, grenzt im Norden an Les Cailles an. Der Bodentyp ist hier ähnlich wie in der Lage Vaucrains, der Wein von 75jährigen Reben aber fällt viel weicher und fleischiger aus und hat reichlich füllige Frucht. Einen besseren Nuits als Roberts Les St-Georges mit seiner großen Konzentration und souveränen Klasse findet man kaum.

Die Chevillons erzeugen mit Sorgfalt und Hingabe mustergültigen Nuits-St-Georges. Robert ist kein Mann, der zu Selbstüberschätzung neigt, sondern ein fleißiger Vigneron, der seine hohe Reputation ehrlich verdient hat. Vielleicht wird er sich eines Tages sogar einmal ein paar Tage Urlaub gönnen. Inzwischen hat er die von vier Chevillon-Generationen und zahllosen unerwünschten Besuchern ausgetretene Kellertreppe mit neuen Fliesen versehen.

WEINBERGBESITZ

Gemeinde	Rang	Lage/Climat	Fläche	Rebenalter	Status
Nuits	PC	Roncière	1,09	30-45	P/F
Nuits	PC	Les Perrières	0,53	25	P
Nuits	PC	Les Cailles	1,18	77	M
Nuits	PC	Les Vaucrains	1,55	75-100	M/F
Nuits	PC	Les St-Georges	0,63	75	F
Nuits	PC	Les Chaignots	1,53	30-35	P
Nuits	PC	Les Pruliers	0,61	30	P
Nuits	PC	Les Bousselots	0,64	35	P
Nuits	V	(verschiedene Climats)	3,27	25-45	P/M
Nuits	V	(Blanc)	0,18	25-35	P
–	R	(BGO/PTG/Bourgogne Rouge)	1,57	17-40	P
–	R	(Aligoté)	0,10	35	P
Gesamtfläche			**12,88 ha**		

Domaine Faiveley

Die Domaine Faiveley rühmt sich, mit 115 ha, aufgeteilt u. a. auf ein 75-ha-Gut in Mercurey und 4 ha an der Côte d'Or, der größte Weinbaubetrieb in Burgund zu sein. Bis noch vor kurzem waren ihre Weine außerhalb Frankreichs nicht weithin bekannt; durch allgemeinen Beifall der Fachpresse, v. a. für die 1985er und 1990er, sah sie sich dann in die vorderste Reihe der den Exportmarkt beherrschenden erstklassigen Handelshäuser mit Weinbergbesitz gerückt.

François Faiveley, der 1976 von seinem Vater Guy die Leitung des Hauses übernahm, stellt die sechste Generation in der Nachfolge von Joseph Faiveley dar, der 1825 den Grundstein für die Firma legte. François hat auch den Vorsitz im Vorstand des Familienunternehmens Faiveley Industrie inne, das u. a. die automatischen Türen für den Hochgeschwindigkeitszug TGV baut.

Als urbaner, vielseitig interessierter Mann bringt er in die glühende Passion für seinen Wein sorgfältige Überlegung ein. Seine Frau Anne behauptet mit gespieltem Kummer, bei François komme zuerst der Wein, dann das Segeln und dann erst «moi et les enfants». Zwar ist er viel unterwegs, um die Domäne zu repräsentieren und seiner Segelleidenschaft zu frönen, sein Herz aber ist stets daheim in Nuits, und seine Familie bildet auf allen seinen Wegen den Ankergrund.

Obwohl er mit der Leitung des Weinguts, dessen schiere Größe manchen anderen im bequemen Chefsessel festhalten würde, stark beschäftigt ist, nimmt er doch aktiven Anteil an allen Vorgängen in den Weinbergen wie in den Kellern. Einer seiner Grundsätze lautet, daß die Qualität des Pflanzenmaterials maßgeblich ist für die Qualität des Weins, den es später hervorbringt. «Wenn man einmal einen Jahrgang verpfuscht, ist das nicht so schlimm, vertut man sich aber bei der Wahl der Unterlagsreben, dann sitzt man 50 Jahre darauf fest.» Deshalb gründet alles auf genaue Bodenanalyse. Bodenproben aus verschiedenen Tiefen eines jeden Weinbergs werden an zwei oder drei verschiedene Laboratorien eingesandt. Deren Befunde entscheiden über eventuell erforderliche Korrekturen der Bodenminerale (seit 14 Jahren wird nur organischer Dünger verwendet) und über die Unterlagsreben, die sich am besten für die verschiedenen Lagen eignen.

Jedes Jahr wird 1/30 der Rebfläche neu bestockt. François ist ein Befürworter der Klonenselektion. Trotzdem arbeitet er zu zwei Dritteln mit *sélection massale* und verwendet für das letzte Drittel ein Klonengemisch.

François Faiveley – Oberhaupt der Domäne und des Handelshauses in Nuits-St-Georges.

Wenn die Rebe ihr Bestes geben soll, braucht sie richtige Ernährung. Wie die meisten Vignerons, die ihr Fach beherrschen, versucht auch François Faiveley, dabei das rechte Maß zu treffen – es habe keinen Sinn, die Rebe bis an jene Grenze unter Streß zu setzen, an der sie nicht mehr gedeihen kann, und genauso wenig Sinn habe es, ihr so reichlich Nahrung zuzuführen, daß sie übersättigt wird. Freilich ist der goldene Mittelweg vor allem an der Côte mit ihrem Randzonenklima und ihren vielfältigen individuellen *terroirs* nicht leicht zu finden.

Um die Mitte der 1980er Jahre suchte François Faiveley bei Guy Accad Rat hinsichtlich Weinbergpflege. Nach umfangreichen Bodenanalysen wurde in bestimmten *climats*, die als übermäßig nährstoffreich befunden wurden, die Düngung völlig eingestellt. Da François nun glaubt, daß Nährstoffe aus einem gedüngten Weinberg durch Wasser auch in einen ungedüngten transportiert werden können, setzt er die Bodenanalysen systematisch fort.

Ebenso konsequent werden niedrige Erträge angestrebt. Behangausdünnung erfolgt möglichst nahe am Zeitpunkt der *véraison*: Zunächst wird die Zahl der Trauben pro Stock und dann die durchschnittliche Zahl der Beeren in einer Traube festgestellt. Daraus ermittelt sich nicht nur, wie viele, sondern auch, welche Trauben herausgeschnitten werden sollen. Vorzugsweise werden die am ungünstigsten, also am weitesten vom Stamm entfernt hängenden Trauben entfernt, und jedem Stock werden sechs bis acht Trauben belassen. Diese Bemühungen führen zu Erträgen, die etwa dem *rendement de base* entsprechen.

Bei der Lese herrscht ebenso große Präzision. Früher wurde faule oder unreife Frucht im Weinberg ausgeschieden, doch die Erfahrung zeigte, daß dies nur begrenzten Wert hatte, weil die rund 200 Leser bei schlechtem Wetter nicht gründlich genug arbeiteten. Daher wird die Auslese heute in der *cuverie* vorgenommen – von François selbst und bis zu zwölf weiteren Personen. In einem eindrucksvollen Trockentunnel wird regenfeuchtes Traubengut vorbehandelt – bis zur Mostkonzentration ist es nur noch ein Schritt!

In der *cuverie* hat das Aroma Vorrang und bestimmt die Weinbereitung. François behauptet, Burgund bringe die größte aromatische Vielfalt in der Welt zustande, und es sei wesentlich, diese Einzigartigkeit zu erhalten. Dann aber zitiert er Peynaud mit den Worten: «Wenn es in der Cuverie gut riecht, dann ist das ein großes Unglück; Wein wird für die Nase dessen, der ihn genießt, und nicht dessen, der ihn vergärt, gemacht.»

Um das Aroma zu extrahieren und zu erhalten, werden die Trauben zunächst entrappt und dann mäßig geschwefelt. Ein langer, langsamer Gärverlauf wird mit Hilfe von Naturhefen und ohne Umpumpen gesichert. Regelmäßige *pigeage* verbessert die Extraktion, ansonsten aber wird der Most möglichst in Ruhe gelassen.

Das Leitprinzip der Gärführung bei Rotwein lautet, ihn lieber lange ziehen zu lassen als mikrowellenartig aufzuheizen. Steigen die Temperaturen auf über 26 °C an, dann wird über ein ausgeklügeltes Außenbesprühungssystem Kühlung vorgenommen. Die *cuverie* diente ursprünglich zur Herstellung von Cidre, und die alten Bottiche werden noch als Kühlwasserbehälter genutzt.

Die *cuvaison* ist ausgesprochen lang – es werden drei Wochen angestrebt –, die *débourbage* dagegen kurz. Für den anschließenden Ausbau hat die Domäne großen Bedarf an neuen Fässern: die Grands Crus werden zu 50–66 % und die Premiers Crus zu 33 % in solchen gelagert. François nimmt die Zweifel an der Herkunft des Eichenholzes mit Humor: «Wenn jeder, der behauptet, Tronçais-Eiche zu verwenden, die Wahrheit sagen würde, dann müßte dieser Wald von Lille bis Bordeaux reichen.» Um Unsicherheiten aus dem Weg zu gehen, kauft die Domäne Vogesen-Eiche ein, die zum richtigen Zeitpunkt gefällt wurde, und sorgt für ordnungsgemäße Trocknung an der Luft.

Die Weine werden nach der *malo* bei gleichzeitiger SO_2-Abstimmung erstmals abgestochen. In den Faiveley-Kellern wird der Wein noch immer bei Kerzenlicht von neuen in alte Fässer umgelagert. Nach etwa 16 Monaten erfolgt eine Geschmackskontrolle, und eventuelle Ungleichmäßigkeiten werden durch Zusammenführen in Tanks beseitigt – alles ohne Pumpen. Es folgen Schönung mit Eiweiß und ein bis zwei Monate Lagerung *sur colle* bis zur Abfüllung.

Die Grands und Premiers Crus der Domäne werden stets direkt aus dem Faß von Hand ohne Filtern abgefüllt, und zwar ganze 900 Flaschen pro Tag; in einem guten Jahrgang kommen bis zu 60 000 Flaschen zusammen. Einfachere Weine werden durch einen groben Patronenfilter gegeben – «nur damit keine Steinchen in die Flasche gelangen».

Alle, die vom «Jahrgangsgeschmack» reden, bedenkt François mit Spott: «Damit ist gar nichts gesagt, manchmal wäre das ja (wie 1983) der Geschmack von Fäule.» Worauf es ankommt, ist die Säure, das «Rückgrat» eines jeden Weins. François ist der Meinung, es sei besser, Trauben mit guter Säure zu lesen und dann Zucker zuzusetzen, als auf höchsten Traubenzuckergehalt zu warten und dann Säure beizumischen. Er erzählt, wie einmal ein Professor in Dijon den Wert der Säure veranschaulicht habe, indem er einen von François mitgebrachten 1929er Clos Vougeot mit Säure anreicherte – die leichte Braunfärbung verwandelte sich sofort in leuchtendes Rot. Schelmisch bemerkt er: «Wenn der Zuckergehalt bei der Lese wirklich das Kriterium für feine Weine wäre, müßten aus Spanien und Marokko lauter Spitzengewächse kommen.»

Bei den Weißweinen der Domäne legt François ebensoviel Wert auf Aroma wie bei den Rotweinen. Auf die Weinbereitung in neuen Eichenfässern (Vogesen und Allier) und in Edelstahltanks folgt Zusammenführung der beiden Arten vor der Abfüllung. Er hat Experimente mit der Vinifizierung von Bourgogne Blanc in neuen Akazienholzfässern gemacht, um herauszufinden, was für eine Art von Wein bei der Wiederbelebung dieser alten burgundischen Praxis entsteht.

François betrachtet die Weinerzeugung als Verschmelzungsprozeß von vielen hundert für die Qualität wesentlichen Details. Unverhohlen bewundert er Henri Jayer, der in der Nachkriegszeit wohl den wichtigsten Einfluß auf die Weinerzeugung ausgeübt hat. «Der Trick ist, daß es keine Tricks gibt – nur gut gepflegte Reben, niedrige Erträge, kühle Gärung und keine Beeinträchtigung durch Filtration. Auf den Wein im Glas kommt es an.»

Die Flaschenweine der Domäne lagern in einem ganzen Netz kühler, alter Kellergewölbe unter dem modernen Verwaltungsgebäude in der Rue de Tribourg. Überall warten kleinere und größere Flaschenstapel auf den Versand. Zu gegebener Zeit werden die Flaschen von einem Laufkatzsystem in den Packraum befördert.

Der Weinbergbesitz der Domäne verteilt sich auf 35 Appellationen. Der einzige Weißwein von Bedeutung, ein Corton-Charlemagne aus einer Parzelle ganz oben am Berg in Aloxe-Corton, wird in neuen Fässern aus Vogesen-Eiche vergoren und ausgebaut und vor der Abfüllung nur einmal abgestochen. Da François nichts von *bâtonnage* hält – «ein grundsätzlicher Fehler, der Wein oxidiert dabei» –, wird der Hefesatz statt dessen durch regelmäßiges Umrollen der Fässer aufgerührt. Der Wein erhält durch das frische Eichenholz kräftige Farbe und weist viel Extrakt und ausgeprägte Säure auf. Mit seiner kraftvollen und festen Struktur und karg maskulinen Art braucht er Jahre, bis sich seine Bestandteile schön miteinander verschmelzen. Die Jahrgänge 1989, 1990, 1992 und 1993 des Charlemagne wirken durchweg gebieterisch – mit 18,4–26,0 hl/ha sind die Erträge kaum anders als dürftig zu nennen, und es kommen pro Jahr nur 125 bis 200 Kisten zustande.

François' Vorliebe für volle Düfte drückt sich auch im gleichmäßig stilvollen Programm an Rotweinen stets durch elegantes, verführerisches, komplexes und charaktervolles Aroma aus. Alle Weine von Mercurey bis Gevrey sind wunderbar ausgearbeitet. Die Gevreys, insbesondere die Premiers Crus Cazetiers und Combe aux Moines, sind großartig, und die Nuits gehören sämtlich zur Spitzenklasse – besondere Höhepunkte bilden Aux Chaignots, Les St-Georges und Clos de la Maréchale. Von den sieben roten Grands Crus der Domäne stehen Mazis-Chambertin, Corton, Clos des Cortons und Chambertin Clos de Bèze an der Spitze – in den besten Jahrgängen zeigen sie meisterlichen Bau, außerordentliche Konzentration und immensen Stil. Die 1990er und 1993er sind spektakulär (Schimpf und Schande über jene, die den 1993ern Übles nachsagten); dazwischen stehen die besonders feinen 1991er.

Da der eigene Weinbergbesitz nur 70–80 % des Traubenbedarfs deckt, kauft die Domäne Lesegut zu. Die daraus entstehenden *cuvées* sind vielleicht nicht ganz so fein wie die eigenen Weine der Domäne, stellen aber jeweils gute Beispiele ihrer Appellationen dar.

François Faiveley ist unermüdlich tätig, seit sein Vater ihm 1976 ganz unvermittelt die Kellerschlüssel in die Hand drückte. Daß die Domäne kompromißlos auf erstklassige Qualität eingeschworen ist, zeugt für sein Sachkönnen und seine Führungsqualitäten. Der Name Faiveley steht für beständig feinen Burgunder und dürfte für Négociants und Winzer die Maßstäbe bis in das nächste Jahrhundert hinein setzen.

WEINBERGBESITZ

Gemeinde	Rang	Lage/Climat	Fläche	Rebenalter	Status
Gevrey	GC	Chambertin Clos de Bèze	1,29	35	P
Gevrey	GC	Mazis-Chambertin	1,20	40	P
Gevrey	GC	Latricières-Chambertin	1,21	25	P
Gevrey	PC	La Combe aux Moines	1,20	30	P
Gevrey	PC	Les Cazetiers	2,05	25	P
Gevrey	PC	–	0,55	17	P
Gevrey	V	Les Marchais	1,08	33	P
Chambolle	GC	Musigny	0,03	51	P
Chambolle	PC	La Combe d'Orveau	0,26	38	P
Chambolle	PC	Les Fuées	0,19	50	P
Vougeot	GC	Clos de Vougeot	1,29	25	P/F
Flagey	GC	Echézeaux	0,87	41	P
Nuits	PC	Clos de la Maréchale	9,55	30	F
Nuits	PC	Les St-Georges	0,30	35	P
Nuits	PC	Les Porets St-Georges	1,70	35	P
Nuits	PC	Aux Chaignots	0,73	35	P
Nuits	PC	Les Vignerondes	0,46	37	P
Nuits	PC	Aux Athées	0,50	27	P
Nuits	PC	Les Lavières	1,07	43	P
Nuits	PC	Les Damodes	0,82	17	F
Nuits	V	Les Argilats	0,53	20	F
Nuits	V	Les Damodes	0,70	22	F
Nuits	V	–	1,22	30	P/F
Ladoix	GC	Rognet et Corton (Clos des Cortons Faiveley)	2,97	35	P
Ladoix	R	Les Lievrières	3,06	37	P
Aloxe	GC	Corton-Charlemagne	0,62	27	P
–	R	(BGO/PTG)	14,13	–	P/F
–	R	(Bourgogne Aligoté)	0,77	40	P
Gesamtfläche			**50,35 ha**		

Domaine Henri Gouges

Henri Gouges ist einer der geschichtsträchtigsten Namen im Burgund des 20. Jh. Er war es nämlich, der mit einem kleinen Anhang unzufriedener Winzer beschloß, das Monopol der mächtigen Négociants in die Schranken zu fordern, indem er seinen Wein selbst in der Domäne abfüllte und an Direktkunden verkaufte. Die ersten Flaschen kamen 1933 auf den Markt, und durch das Aufsehen, das sie erregten, wurde die Domäne weithin bekannt, was ihr durchaus nicht geschadet hat.

Der Weinbergbesitz von 14,23 ha enthält auch die 9 ha, mit denen Henri 1925 den Betrieb gründete. Er zog Nutzen aus den finanziellen Nöten der 1920er Jahre, die einen Niedergang der Weinbergpreise brachten, weil viele kleine Winzer verkaufen mußten, um zu Geld zu kommen.

Henri kaufte mit Überlegung; er beschränkte sein Interesse ganz auf die Gemarkung Nuits-St-Georges und verteilte seine Erwerbungen auf sechs schön gelegene Premiers Crus sowie 1,3 ha Villages-Lagen. Den Kern der Domäne bilden heute die 1,08 ha Les St-Georges als «primus inter pares» der Premiers Crus, gefolgt von dem 3,5 ha großen *monopole* Clos des Porrets St-Georges.

Die herausragende Bedeutung von Les St-Georges fand schon am Ende des 19. Jh. offizielle Anerkennung, als Nuits, das ja über kein Grand Cru verfügt, den Namen seiner besten Lage an den eigenen anfügte, um ihm mehr Ansehen zu verleihen.

Die Familie Gouges produziert sehr feinen Wein. Zwar ist ihre Spitzenstellung unter den Winzern von Nuits nicht umstritten, dennoch gehört dieser Name nach wie vor zu den bekanntesten in Burgund. Ein unglücklicher Qualitätseinbruch gegen Ende der 1970er Jahre beeinträchtigte ihre Reputation, doch hat es sich dabei wohl nur um eine Verirrung gehandelt, denn die Domäne ist seit langem wieder voll in Form.

Als Henri starb, übernahmen Michel und Marcel Gouges den Betrieb. Seit diese beiden in den 1970er Jahren in den Ruhestand getreten sind, führen nun Michels Sohn Christian und Marcels Sohn Pierre gemeinsam das Ruder. Pierre ist für die Weinberge zuständig, und Christian kümmert sich um die Weinbereitung und die kommerzielle Seite des Unternehmens.

Pierres Liebe zu den Weinbergen und seine tiefe Kenntnis der geologischen Verhältnisse der Gemarkung finden beredten Ausdruck in einer von ihm verfaßten Broschüre über die Böden der 33 Premiers Crus der ausgedehnten und heterogenen Gemeinde. Er weist darauf hin, daß eines der größten Probleme für die Vignerons von Nuits die ständige Bodenerosion an den steilen Hängen ist. Oft schwemmen Regenfälle den Mutterboden ins Tal, so daß er wieder hinaufgeschafft werden muß. Da man dabei die Erde natürlich nicht einwandfrei sortieren kann, verändert sich die Struktur und Zusammensetzung dieser Weinberglagen allmählich.

Um dem entgegenzuwirken, unternahm Pierre ab 1977 Versuche mit Raigras, das – zwischen den Rebzeilen ausgesät – den Boden zusammenhält. Nicht nur konnte die Bodenerosion dadurch gebremst werden, Pierre stellte auch noch andere Vorzüge fest: Die Grasnarbe unterdrückt unerwünschte Gräser und Kräuter und macht Herbizide überflüssig, zudem hemmt sie die Wuchskraft vor allem der jüngeren Reben, indem sie mit deren Seitenwurzeln um Nährstoffe konkurriert und die wichtigeren Pfahlwurzeln stärker in die Tiefe treibt. Gras absorbiert auch überschüssige Luftfeuchtigkeit und verringert dadurch den Fäulebefall.

Der Nachteil liegt darin, daß dieses Dauergras im Frühjahr ein höheres Frostschadenrisiko mit sich bringt, weil in ihm die Kaltluft länger als auf der kahlen Erde liegenbleibt. Alles in allem aber glauben die Gouges, daß die Vorzüge überwiegen, und so ist in vielen ihrer steileren Premier-Cru-Lagen das Raigras zum festen Bestand geworden.

Es macht Pierre offensichtlich Spaß, neue Wege zur Bewältigung alter Probleme zu suchen. Bei der Untersuchung der normalerweise beim Spritzen der Reben angewandten Technik unter ökologischen Aspekten fand er heraus, daß die Zahl und Dosierung der Spritzungen gegen Schädlinge oder Krankheiten beträchtlich verringert werden kann, wenn man den richtigen Zeitpunkt abpaßt. 1990 kam er mit vier Spritzungen weniger aus – das ist vorteilhaft für die Umwelt wie auch für das Bankkonto der Domäne.

Da ein Teil der Weinberge nahe beim Wald und entfernt von den Spritzmittelwolken der Nachbarn liegt, konnte Pierre mit natürlichen Feinden der schädlichen Roten und Gelben Spinne experimentieren, indem er die Eier der Nützlinge auslegte und dann die Spinnenpopulation mit unbehandelten Weinbergen verglich. Die bisherigen Ergebnisse sehen ermutigend aus.

Bei Nachpflanzungen wird eine Mischung von Klonen und *sélection massale* etwa im Verhältnis 50:50 verwendet, weil Pierre nicht sicher ist, welche Entwicklung die heute gepflanzten Klone im Lauf der nächsten Generation nehmen. Obwohl niedrige Erträge schon durch scharfen Rebschnitt auf sechs Augen angestrebt werden, befürchtet Pierre Übererträge und eventuelle Degeneration. Darüber hinaus wird durch *évasivage* einige Wochen nach dem Austrieb unerwünschtes Wachstum begrenzt. Später erfolgt Grünschnitt um die reifenden Trauben herum, um den Zutritt frischer Luft und des Sonnenlichts zu verbessern; darüber hinaus wird die Wuchskraft auf die wichtigen Stellen konzentriert und zugleich das für das folgende Jahr stehenbleibende Holz gekräftigt. Ein Rückschnitt der auf den Boden herabhängenden Triebe verringert die Luftfeuchtigkeit und damit die Fäulegefahr und wirkt als Vorschnitt, der im nachfolgenden Winter viel Zeit spart.

Nach der Lese übernimmt Christian die Frucht. Von vornherein legt er großen Wert auf vollständiges Entrappen, weil er glaubt, daß die Stiele bei der Gärung mehr schlechte als gute Eigenschaften einbringen. Gleichzeitig werden unreife und faule Trauben ausgeschieden.

Die Gärung ist chez Gouges ein ganz und gar individueller Prozeß. Henri war der Meinung, daß mehr Subtilität, Finesse und Frucht zu gewinnen sind, wenn die Zementtanks zu Beginn der Gärung geschlossen sind und daher das natürliche Kohlendioxid besser festhalten. 1947 probierte er das Verfahren aus, und seitdem hat es sich gehalten. Dabei handelt es sich nicht etwa um eine echte Kohlensäuremaischung, da ja die Trauben vorher gemahlen werden, sondern eher um eine Art «macération semi-carbonique», die einige Ta-

Christian und Pierre Gouges – genehmigen sie sich nun eine Flasche oder ein Glas?

ge lang andauert und Farbe extrahieren soll. Anschließend geht nach Umpumpen mit Luftzutritt, um die Naturhefen in Tätigkeit zu versetzen, der Gärprozeß normal weiter, wobei die Temperatur auf 28–30 °C ansteigt und täglich eine *pigeage* mit Druckluft und eine *remontage* durchgeführt werden. Der vergorene Most maischt weitere 10 bis 12 Tage bei 20 bis 25 °C nach, um die Farbe zu fixieren und Tannin zu extrahieren.

Eine interessante Nebenwirkung der Begrünung mit Raigras ist verbesserter Säuregehalt. Möglicherweise haben die Graswurzeln einen Teil des Kalis aufgenommen, das in den 1960er Jahren im Übermaß ausgebracht wurde und einen starken Rückgang des Säuregehalts verursachte.

Wenn nötig wird beim Most jüngerer Reben, vor allem aus der Lage Les Chaignots und Teilen des Clos des Porrets, eine 10- bis 20prozentige *saignée* vorgenommen; die älteren Reben liefern weit konzentrierteren Saft, so daß diese Behandlung bei ihnen überflüssig ist.

Nach Abschluß der Gärung kontrolliert Christian Gouges den Geschmack des Vorlaufweins und bestimmt nach dem vorgefundenen Tanningehalt, wie stark die Restmaische gepreßt werden soll. Nach dem Beimischen des Preßweins und zwei- bis dreitägigem Absetzen wird der Wein in Fässer eingelagert, in denen er bis etwa drei Monate nach Beendigung der *malo* bleibt.

Neuen Fässern mißt die Domäne keine große Bedeutung bei. Jährlich werden nur 10 % erneuert – das ist mit der geringste Anteil an der Côte. Auch die Herkunft des Holzes interessiert Christian nicht besonders – «heutzutage tun die Leute so, als wäre das Holz wichtiger als die Rebsorte».

Der erste Abstich erfolgt von Faß zu Faß, wobei feine Geläger als Nährstoffspender im Wein verbleiben. Im folgenden Dezember wird mit einer halben Dosis Eiweiß geschönt, und die Weine bleiben zwei bis drei Monate *sur colle* liegen, damit das Tannin sich mildert. Dann erfolgt Abstich und schließlich Abfüllung.

Die Domäne produziert auch sehr kleine Mengen Weißwein aus der Premier-Cru-Lage Les Perrières – eine Rarität auch deshalb, weil dieser Wein nicht wie üblich von Chardonnay, Pinot Blanc oder Pinot Beurot, sondern von einer weißen Mutation von Pinot Noir gekeltert wird. Henri Gouges fand nämlich, als er an einem warmen Sommerabend gegen Ende der 1940er Jahre in seinem Weinberg Les Perrières die Trauben begutachtete, an einigen Reben rote und weiße Trauben zugleich vor. Er schnitt einen Trieb ab und benutzte ihn zur Vermehrung, und auf diese Weise entstand schließlich ein ungewöhnlicher, köstlicher Weißwein.

Christian vinifiziert den Les Perrières Blanc auf traditionelle Art. Der Gärprozeß beginnt in *cuves* und verläuft dann in zu 20 % neuen Fässern bei 18–20 °C auf dem feinen Geläger weiter. Im folgenden Sommer wird der Wein mit Kasein und Bentonit geschönt und nach einer Glanzfiltration abgefüllt.

Junger weißer Perrières hat tiefe gelbgrüne Farbe und ein Aroma, das an getrocknete Orangenschalen oder verhalten an exotische Früchte erinnert. Im Mund fühlt er sich für einen Weißwein kräftig strukturiert und tanninreich an; die Frucht alter Reben (im Schnitt 45 Jahre) verleiht ihm Komplexität und Nachhaltigkeit. In besonders reifen Jahrgängen fällt er dagegen oft flau und nicht nervig genug aus. Im Alter entwickeln sich in ihm manchmal Geschmacksnoten, wie sie eher für Rotwein typisch sind – das kann man sich nur schwer vorstellen, aber auch zum Nachprüfen gibt es kaum Gelegenheit, denn von diesem Wein entstehen jedes Jahr nur 120 Kisten.

Rotwein aus dem Hause Gouges ist zum Glück reichlicher verfügbar – rund 3000 Kisten im Jahr. Der Nuits-Villages ist meist ansprechend und gut bereitet – weit besser als das, was sonst unter dieser Appellation läuft. Die Premiers Crus zeigen zwar stets den Charakter von Nuits, aber auch die Unterschiede in Boden und Lage der einzelnen *climats*.

Der Chaignots von der nach Vosne-Romanée hin gelegenen Seite hat oft einen deutlichen Vosne-Anstrich, nämlich mehr «tendresse» und Finesse und weniger Tannin als typischer Nuits.

Der Clos des Porrets bringt Wein hervor, der im Charakter stärker «animal et sauvage» ist, sehr würzig und säure- und tanninreich in der Jugend; er entwickelt nach einem halben Jahrzehnt Flaschenreife ein Bukett von *sous-bois* und Waldfrüchten. Am Anfang scheint er ganz Frucht zu sein, aber am Ende stellt sich doch die typisch rustikale Art von Nuits ein.

Der Les Pruliers von 45jährigen Reben ist durch mineralische Geschmacksnoten gekennzeichnet, mit süßer Frucht und schöner, anhaltender, ausgewogener Geschmacksfülle – wie die meisten Weine von Gouges in guten Jahrgängen überaus haltbar.

Der Vaucrains aus dem Herzen der Premier-Cru-Lagen oberhalb von Les St-Georges ist der wohl typischste Nuits von allen Weinen aus dem Haus Gouges; kleine Erträge von 50jährigen Reben erbringen im allgemeinen einen Wein mit tiefer Farbe, dicht und doch klar im Glas – in Konzentration und Nuancierung eine Stufe höher als Les Pruliers.

Aus der Lage Les St-Georges kommt schließlich ein noch vollendeterer und komplexerer Wein, der anfänglich tanninreich, mit viel *charpente* und kräftigem Muskelspiel aufwartet, in der Flasche aber reife Vielfalt entwickelt. Wenn Nuits jemals eine Grand-Cru-Lage bekommen sollte, dann muß es Les St-Georges sein.

Pierre und Christian haben auf die berechtigte Kritik an ihren Ende der 1970er und Anfang der 80er Jahre sehr ausdrucksschwachen Weinen gut reagiert. Leider bleibt ein Kritiker aus den USA selbst angesichts der neuen Tatsachen steif und fest bei seiner Behauptung, die Domaine Gouges arbeite mit Übererträgen und exzessiver Filtration. Dabei ist bekannt, daß die Erträge der Domäne zu den niedrigsten in Nuits gehören (nur einmal in über 20 Jahren hat sie den *PLC* beantragt, nämlich für den 1992er Clos des Porrets). Die amtlich festgestellten Erträge für die letzten Jahrgänge belaufen sich im Durchschnitt des gesamten Weinguts auf 31,48 hl/ha (1992), 31,72 (1993), 22,43 (1994). Filtration wird nur anwendet, wenn es als unbedingt nötig erscheint, und auch dann lediglich mit der für Glanzfiltration weithin benutzten Porengröße 5 oder 6. 1988, 1992 und 1993 wurde überhaupt nicht gefiltert.

Angesichts der Weine in der Qualität der neueren Jahrgänge – insbesondere 1990 und 1993 – ist es nicht erstaunlich, daß Christian sich als Opfer einer unbegründeten Kritik empfindet. «Wir versuchen, unser Bestes zu tun und Wein zu machen, wie wir ihn mögen. Ja, wir verwenden nicht viele neue Fässer und richten die Vinifizierung nicht so ein, daß die Weine fruchtig, *framboisé* ausfallen, aber das bedeutet doch nicht, daß sie nicht gut wären.» Zum Glück setzen sich die Kunden des Hauses Gouges in den USA über Kritikergerede hinweg, und der Absatz dort hat sich vervielfacht. Daß dies eine erstklassige Domäne ist, die erstklassigen Wein hervorbringt, darüber sollte niemand einen Zweifel hegen.

WEINBERGBESITZ

Gemeinde	Rang	Lage/Climat	Fläche	Rebenalter	Status
Nuits	PC	Les St-Georges	1,08	40	P
Nuits	PC	Les Vaucrains	1,00	50	P
Nuits	PC	Les Perrières (Blanc)	0,39	45	P
Nuits	PC	Clos des Porrets St-Georges	3,50	30	P
Nuits	PC	Les Pruliers	1,63	50	P
Nuits	PC	Les Chaignots	0,43	18	P
Nuits	V	–	4,20	35	P
Nuits	R	(Bourgogne Blanc)	1,00	5	P
Nuits	R	(Bourgogne Rouge)	1,00	20	P
		Gesamtfläche	**14,23 ha**		

Domaine Machard de Gramont

Die größere von zwei fast gleichnamigen Domänen verdankt ihr Dasein recht turbulenten Vorgängen, bei denen sogar Dampfkochtöpfe eine entscheidende Rolle spielten. Die Brüder Arnaud, Xavier und Bertrand Machard de Gramont sind die Söhne eines Beamten, der nach seiner Rückkehr aus Marokko nach Paris 1959 beschloß, seinem Schwiegervater, M. Dufouleur, in seinem Négociant-Geschäft zu helfen. Seine Frau leitete das Haus Dufouleur bis 1964 und verkaufte es dann an ihre Neffen. Diese errichteten aber unter eigenem Namen eine bescheidene 5-ha-Domäne, die bis 1970, als Arnaud und Bertrand sie übernahmen, weiter gewachsen war. 1975 brachte die Ölkrise sie an den Rand des Ruins – ein Faß Nuits-St-Georges brachte kaum noch 800 Francs.

Nun aber kam das Glück in Gestalt der neuen Frau Xaviers, Mme. Lescure; sie verfügte über beträchtliches Kapital, das auf der «cocotte minute», einem Dampfkochtopf, beruhte, ohne den keine französische Hausfrau auskam. Mit diesem Kapital griff sie der Domäne unter die Arme und ermöglichte einige vorteilhafte Landkäufe, insbesondere kurz vor dem katastrophalen Jahrgang 1975. 1983 ließ sich Xavier jedoch wieder scheiden, woraufhin seine Frau ihren großen Anteil aus der Domäne zurückzog. Die Probleme waren hauptsächlich daraus entstanden, daß Arnaud und Bertrand Einkünfte aus der Domäne ziehen wollten, während Xavier und seine Frau auf Mehrung des Kapitals aus waren.

Nach der Auflösung der Domäne standen die Brüder zwar mit einigem Weinbergbesitz, aber ohne Gebäude da. Bertrand machte sich mit seinen 2,5 ha in Nuits selbständig, während Arnaud mit seinem älteren Bruder Xavier als Teilhaber den Wiederaufbau in Angriff nahm. Dem Négociant Charles Viénot wurde ein halbverfallener Bauernhof in Prémeaux als Kellerei abgekauft, und Louis Poignant ging als Kellermeister ans Werk. Der Weinbergbesitz von Arnaud, seiner Frau und Xavier erstreckt sich inzwischen auf rund 19 ha, und die Angelegenheiten scheinen endlich einigermaßen im Lot zu sein.

Trotz allem Hin und Her ist Arnaud nach wie vor ein fröhlicher, optimistischer und mitteilsamer Mann mit untrüglichem Gespür für Qualität; er weiß genau, worauf es bei feinem Wein ankommt, und gibt sich mit nichts Geringerem zufrieden. Er hat keinen Sinn für Kompromisse und schüttelt den Kopf über marktorientierte Kollegen, deren Nuits-St-Georges schon nach drei Jahren genußreif sein soll.

Mit Ausnahme der Weinberge in Nuits ist der Besitz an *tâcherons* zur Bewirtschaftung vergeben; allerdings gibt Arnaud zu, daß vor allem an der Côte de Nuits gute Weinbergarbeiter schwer zu finden sind. Er bezeichnet das System, bei dem man «bis April den Lohn eines halben Jahres für die Arbeit eines Vierteljahres bezahlen muß», als «mittelalterlich».

Seine eigenen Gewächse riechen nach Tradition – es sind Weine mit Muskeln für lange Reifezeit: «Wir wollen beim Traditionellen und Bewährten bleiben.» So sind die alten hölzernen *cuves* noch immer in Gebrauch, doch lachend gesteht Arnaud, daß ihm würde er das große Los gewinnen, sofort ein runder, doppelwandiger, also kühlbarer 5000-l-Edelstahltank in den Keller käme.

Seine Weine sind liebevoll gepflegt. Das Traubengut wird mehr oder weniger stark entrappt – ein neu eingeführtes (und das einzige) Zugeständnis an milderes Tannin – und dann mit etwa doppelt soviel SO_2 wie üblich geschwefelt. Der Most wird nicht gekühlt, doch das SO_2 hat ähnliche Wirkung, indem es die Hefen betäubt und den Beginn der Gärung ein paar Tage hinausschiebt. Dabei werden gleichzeitig Farbe und Aroma extrahiert.

Die starke Schwefelung wurde in der Domäne zwischen 1973 und 1975 von dem Önologen Michel Bouchard eingeführt, der übrigens etwa 90 % des in Burgund benutzten SO_2 herstellte und vertrieb. Er setzte damals – lange bevor Guy Accad an der Côte in Erscheinung trat – 3 l pro t Trauben zu, also das Dreifache der üblichen Dosis.

Die *cuvaison* dauert 17 bis 21 Tage, wobei die Gärtemperatur bis 34 °C ansteigt und gegen Ende nochmals Hefe zugesetzt wird, um die Gärung zu verlängern und sicherzustellen, daß auch die letzte Spur Zucker vergärt. Viel *pigeage à la main* soll die Extraktion maximieren und der Zusatz von Enzymen die Klärung fördern. 18 bis 24 Monate Faßausbau tragen dazu bei, spätere Behandlungen auf ein Mindestmaß zu beschränken. Schönung erfolgt nur selten, und wirklich nur im äußersten Fall kommt eine leichte Glanzfiltration in Frage.

Je nach Cru und Jahrgang werden bis zu 50 % neue Eichenfässer eingesetzt, die übrigen sind drei bis fünf Jahre alt. Die Faßbauer liebt Arnaud nicht besonders – «bei denen muß man immer mißtrauisch sein» –, und wirft ihnen vor, daß sie das Holz im Ofen trocknen. Zum Glück war Louis Poignant früher Küfer, deshalb kann der Faßbauer kaum etwas sagen, wenn ihm ein Faß zurückgegeben wird.

Dem ganzen Programm ist seidige Opulenz gemeinsam, im übrigen aber sind alle Weine individuell und stets von hoher Qualität. Arnaud ist ein beredter Verfechter später Lese; er behauptet, daß viele seiner Kollegen ihren Wein schon fertig haben, wenn er seinen Nuits-St-Georges erntet. Dadurch und durch den Anteil der im Traubengut verbleibenden

WEINBERGBESITZ

Gemeinde	Rang	Lage/Climat	Fläche	Rebenalter	Status
Vosne	PC	Les Gaudichots	0,25	20	F
Chambolle	V	Les Nazoires	0,30	1966	P
Nuits	PC	Vollerots	0,78	1969	P
Nuits	PC	Les Damodes	1,00	1955/60/66	P
Nuits	PC	Les Poulettes	0,15	12	P
Nuits	PC	Les Hauts Pruliers	0,50	45	P
Nuits	V	Les Damodes	1,10	1973	P
Nuits	V	En la Perrière Noblot	0,76	1974	P
Nuits	V	Les Hauts Poirets	0,64	1980	P
Nuits	V	Argillats + Fleurière	0,25	1981	P
Aloxe	V	Les Morais	0,76	1964	P
Chorey	V	Les Beaumonts	2,00	1945/58	P
Savigny	PC	Les Guettes	1,00	1945/74	F
Savigny	PC	Les Vergelesses (Blanc)	0,25	1983	P
Savigny	V	Les Roichottes	0,45	1974	F
Savigny	V	Vermots + Picotins + Planchots	0,75	1955/79/80	F/P
Beaune	PC	Les Chouacheux	1,00	1935/76	F
Beaune	PC	Les Coucherais	0,42	1957	F
Beaune	V	Les Epenottes	0,40	1950	P
Pommard	PC	Le Clos Blanc	1,80	1914/82	P
Pommard	V	Vaumuriens	0,35	1955	F
Puligny	V	Houillères (Blanc)	1,00	1964/68	P
–	R	(Bourgogne Rouge + Blanc)	3,00	1955–85	P
Gesamtfläche			**18,91 ha**		

Stiele wird der endgültige Charakter jedes einzelnen Weins bestimmt.

Die Domäne bringt drei Weißweine hervor: einen Savigny Les Vergelesses Premier Cru von Chardonnay mit 3 % Pinot Beurot, gewachsen auf Mergel, der viel Ähnlichkeit mit dem Boden von Corton-Charlemagne hat, sowie einen Puligny und einen Bourgogne. Sie machen zusammen 10 % der Produktion aus.

Die Rotweine enttäuschen zwar gelegentlich, sind aber ansonsten exzellent und empfehlenswert. Sie brauchen noch immer lange Reifezeit, sind dankenswerterweise aber nicht mehr so massiv wie vor 20 Jahren. Bei erneuter Degustation verschiedener 1990er Rotweine erwies sich die Qualität der Domäne, insbesondere durch den Nuits Perrière Noblot und den Beaune Epenottes.

Der interessanteste Wein des Hauses ist zweifellos der Vosne Gaudichots aus einer von den Grands Crus Romanée-St-Vivant, La Grande Rue und La Tâche, wozu sie ursprünglich gehörte, eingerahmten Lage. Es ist zu hoffen, daß die Domäne jetzt wieder ihre Form gefunden hat und fest auf ihren Fundamenten steht. In Arnaud de Gramonts Händen hat sie eine vielversprechende Zukunft.

Nuits-St-Georges – Zentrum des Geschäfts- und Nachtlebens für die Vignerons der näheren und weiteren Umgebung.

Domaine Alain Michelot

Nur wenige produzieren so guten Nuits-St-Georges wie Alain Michelot. Abgesehen von ein wenig Land in Morey-St-Denis und Prémeaux, liegt sein Weinbergbesitz ganz in Nuits – 2,5 ha Villages-Lagen und nicht weniger als sieben Premiers Crus.

Für burgundische Verhältnisse ist die Domäne noch relativ jung; sie wurde von Alains Vater zwischen 1920 und 1939 aufgebaut, vor allem kurz nach der Depression 1929, als gutes Land billig zu haben war.

Leider kam Michelot Senior 1966 durch einen Unfall ums Leben und ließ den jungen Alain, der gerade erst Militärdienst und Weinbaufachschule hinter sich hatte, mit dem Betrieb allein. Natürlich wurde die Domäne zwischen Alain und seinen Schwestern aufgeteilt, diese aber überließen ihm ihren Anteil *en métayage*, so daß der Besitz beisammen blieb. Seither hat er 0,5 ha Morey-Villages, 22,5 Ar Premier Cru Les Charrières und 28 Ar Nuits-Villages hinzuerworben.

Das Haus Michelot befindet sich im Herzen von Nuits-St-Georges. Durch einen eindrucksvollen Torbogen neben dem schönen Rathaus betritt man den geräumigen Hof, an dem mehrere Büro- und Kellereigebäude liegen. Namensschilder gibt es hier keine, und wenn man auf gut Glück irgendeine Klingel drückt, kommt entweder Alains fröhliche Mutter oder Alain selbst zum Vorschein. Sitzt man dann in seinem ordentlich aufgeräumten Büro, hat man durchaus den Eindruck, daß er jedes Detail im Griff hat und überzeugt ist, damit auf dem einzigen verläßlichen Weg zu hoher Qualität zu sein. Gern widmet dieser Bär von einem Mann nun seinem Gast Zeit und Aufmerksamkeit und spricht ausführlich über seine Philosophie im besonderen und über Sinn und Unsinn in der Region im allgemeinen. Ist er mit diesem Thema erst in Gang gekommen, schlägt Alains etwas lehrhafte Art leicht in Spott um. Doch seine Intelligenz und sein tiefes Wissen machen ihn zu einer der reichsten Informationsquellen über Burgund.

Seine Reben pflegt er erwartungsgemäß mit liebevoller Sorgfalt. In gewissem Umfang befürwortet er das Nachpflanzen einzelner Weinstöcke – je nach dem Zustand des Weinbergs –, doch er führt auch Jahr für Jahr ein systematisches Neubestockungsprogramm durch, wobei er die einzelnen Parzellen so aufteilt, daß das durchschnittliche Rebenalter nicht zu stark verwässert wird.

Beim Thema Erträge (es ist gemunkelt worden, er setze sie manchmal zu hoch an) wird Alain besonders gesprächig. Er bestätigt bereitwillig, daß sein Ertrag sich 1988, 1989 und

Die Pinot-Noir-Traube.

1990 auf 50–55 hl/ha und 1993 auf 48 hl/ha belief. Zur Erläuterung dieser offenkundigen Überschüsse legt er Farbfotos vor, auf denen man sieht, wieviel er bei der Behangausdünnung herausgeschnitten hatte, und er betont, daß die Zahlen allein irreführend seien. Als die Höchsterträge in den 1930er Jahren festgesetzt wurden, brachte nur ein Teil der Reben in einem Weinberg jedes Jahr einen Ertrag. Heute liefern die neuen Klone Jahr für Jahr fast berechenbare Mengen an Frucht, so daß die Hektarerträge notwendigerweise höher liegen.

Nach Alains Ansicht kommt es in Wahrheit auf den Ertrag pro Weinstock an. Wenn jede einzelne von 11 000 Reben auf einem Hektar acht Trauben erbringt, dann ergibt das einen Gesamtertrag von 54,72 hl/ha. Das ist zwar nicht übermäßig viel, liegt aber doch weit über dem zulässigen *rendement de base* von 40 hl/ha und dem zusätzlichen *PLC* von 20 %, durch den in besonders ertragreichen Jahren 48 hl/ha zustande kommen. Er meint deshalb, daß die Beurteilung der Erträge auch berücksichtigen muß, wie und womit die Weinberge bestockt sind. In einer Wachstumsperiode ohne Fäule, *coulure, millerandage* und andere ertragsmindernde Einflüsse kann guter Wein auch von auf den ersten Blick übermäßig hohen Erträgen entstehen.

Wieviel Trauben auch immer geerntet werden, bei ihrer Verarbeitung zu Wein herrscht peinlichste Sorgfalt. Die tadellos aufgeräumten Keller – allgemein ein gutes Zeichen, obwohl das Gegenteil nicht immer ein schlechtes bedeutet – verraten starken Sinn für Reinlichkeit.

Die Trauben werden zu 90–95 % entrappt – die verbleibenden Stiele machen den Schalenhut durchlässiger –, dann erhalten sie eine SO_2-Dosis, werden gegebenenfalls gekühlt und zwei bis drei Tage in Zementtanks vorgemaischt. Alain setzt immer Enzyme zu, um die Farbextraktion und die spätere Klärung zu verbessern; andererseits fördert er die natürliche Hefepopulation mit allen Mitteln. Will die Gärung nicht recht in Gang kommen, genügt es meist, den Most an drei bis vier Stellen im Gärbehälter zu erwärmen.

Alain strebt lang ausgedehnte, allmähliche Gärung ohne plötzlichen *coup de feu* an. Dabei soll die Temperatur langsam auf etwa 30 °C ansteigen; die eventuell nötige *chaptalisation* erfolgt deshalb in mehreren kleinen Schritten, um Temperaturspitzen zu vermeiden. «Beim Kochen gibt man ja auch die Zutaten nicht hinein, wenn die Hitze am größten ist», erläutert Alain.

Die 15 Gärbehälter werden wenn nötig einer *saignée* unterzogen, ansonsten bleibt die Maische während der 18- bis 21tägigen *cuvaison* unberührt, so daß ein Maximum an Stoffen aus den Schalen extrahiert wird. Ist der Zucker ganz vergoren, wird der Wein abgezogen, die Restmaische gepreßt und der Preßwein dem Vorlaufwein beigemischt. Es folgt eine «*débourbage* assez importante», und zwar gut einen Monat lang, wobei der Behälter entweder mit einem Deckel oder mit einer Schutzschicht aus flüssigem Paraffin verschlossen wird. Diese lange Absetzzeit dient nicht so sehr der Qualitätsverbesserung als vielmehr dem Zeitgewinn. Alain hat nur einen Arbeiter, der ihm hilft, und weder Zeit noch Platz genug, um sich mit allen 15 *cuves* auf einmal befassen zu können.

Früher oder später gelangen dann die neuen Weine in Fässer, vorzugsweise aus Holz verschiedener Herkunft. 1989 war es Allier-, Nevers- und Limousin-Eiche; 1990 wurde die Nevers-Eiche als «zu rustikal» weggelassen, dafür kam Tronçais-Eiche hinzu. Auch Vogesen-Eiche wurde erprobt, dann aber als zu dezent wieder aufgegeben; Alain will jedoch für den Chardonnay, den er 1991 in der Lage Perrière Noblot angesetzt hat, wieder Vogesen-Eiche verwenden.

Der Anteil an neuen Fässern ist jahrgangsabhängig. Allgemein liegt er bei 30–40 %, nur bei jenen Premiers Crus, die lediglich ein paar Fässer ausmachen, steigt der Anteil zwangsläufig auf 50 %.

Alain meint, nach der langen *débourbage* könnten die Weine 20 Monate ohne Abstich im Faß bleiben, damit sich das Tannin verfeinert. Die nach der *malo* im Wein gelöste Kohlensäure hält ihn frisch und verhindert verfrühtes Austrocknen. Da keine groben Geläger vorhanden sind, besteht auch kaum ein

Alain Michelot – Vigneron und Bonvivant.

Risiko, daß sich ein Beigeschmack entwickelt. Schönung lehnt Alain ab – «ich will meine Weine ja nicht aushöhlen» –; die Behandlung vor dem Abfüllen beschränkt sich auf eine einfache Glanzfiltration.

Wie Alains Statur schon verrät, hat er nicht nur für feinen Wein, sondern auch für gutes Essen durchaus etwas übrig, und demzufolge schmückt er seine Ausführungen mit Gleichnissen aus der Küche. Vor allem legt er Wert auf klar ausgeprägte Geschmacksnoten, auch bei seinem Wein – unverwechselbar Pinot, jedoch mit reicher, aromatischer Vielfalt und herzhafter Art.

Der Schlüssel zum Verständnis für Alains Weinbereitungsmethode liegt in seiner Ansicht darüber, was einen *Grand Vin* ausmacht: Erstens soll er jung süffig, nach 10 Jahren sehr gut und nach 30 immer noch am Leben sein. Zweitens darf ein *Grand Vin* nicht zu verkennen sein, auch wenn er noch zu jung zum Trinken ist. Und drittens besteht wenig Hoffnung, daß ein Wein, mit dem in der Jugend nicht viel los ist, jemals zum *Grand Vin* wird – Mozart war eben mit sieben Jahren schon ein Genie, und der 1977er Burgunder wird nie fein.

Eine Degustation chez Michelot ist eine veritable «tour de force» durch ganz Nuits-St-Georges. Die individuellen Charakteristiken der Premier-Cru-Lagen sind sehr ausgeprägt und für jeden, der die Bedeutung des *terroir* bezweifelt, überzeugende Lehrstücke.

Die Lagen auf der nördlichen Seite nach Vosne-Romanée hin – Aux Chaignots, La Richemone, Aux Champs Perdrix und der Premier-Cru-Teil von La Perrière Noblot – haben im Boden ziemlich viel Ton. Dem Richemone fehlt es durchaus nicht an Tiefe und Struktur, er hat aber mehr Finesse und schärfer konturierten Geschmack als der Wein aus der Nachbarlage Chaignots, deren stärker lehmhaltiger Boden einen dichteren, runderen Wein mit mehr *charpente*, stärkerer Weinigkeit und feinerem Tannin erbringt. Vielleicht erklärt sich der Unterschied auch aus dem stärkeren Kiesgehalt und der größeren Höhe von La Richemone. Beiden Weinen gemeinsam ist eine Vosne-hafte Eleganz, die sich mit einer tiefgründigen Nuits-Fülle zu einem schizophrenen, aber höchst attraktiven Gleichgewicht vereint. Der Champs de Perdrix ist noch Vosne-ähnlicher; er verdankt sein Fleisch und seine Dichte den 1937 gepflanzten Reben. Er ist in der Jugend trügerisch süffig, denn eigentlich sollte man ihn – wenigstens aus guten Jahrgängen – ein Jahrzehnt im Keller reifen lassen.

Südlich der Stadt nach Prémeaux hin liegen Les Vaucrains, Les Poirets, Les Cailles und Les St-Georges. Hier wächst auf stärker eisenhaltigem Boden typischerer Nuits, oft etwas rustikal mit viel tanninreicher Muskulatur und jugendlicher Kraft; er paßt wundervoll zu kräftig gewürztem Wild und dunklem Fleisch und entfaltet sich über 10 bis 20 Jahre schön.

Sicherlich ist der Les St-Georges der feinste aller Nuits Premiers Crus, aber auch der Poirets, Vaucrains und Cailles werden in Alain Michelots Händen zu Meisterwerken. Die Lage Poirets zwischen Cailles und Roncières oberhalb Perrières hat ein tiefes Bett aus Lehmboden, das dem Wein anfänglich tanninreiche, kraftvolle, weniger harmonische Art verleiht als seinen Gebrüdern von der Vosne-Seite. Er braucht viel Zeit, um sich zu erschließen.

Der Cailles von grauem, schwererem Boden mit steinigen Partien ist der zugänglichste unter Alains Premier-Cru-Weinen; er zeigt sich in der Jugend opulent, fast schmeichlerisch, und verkörpert die entgegenkommende Seite von Nuits – ein idealer Ausgangspunkt für jeden, der die Individualität von Nuits ergründen möchte. Trotz dieser frühen Genußreife altert der Cailles aber nicht schneller als die anderen, und auch seine Lebenserwartung ist nicht kürzer.

Der Vaucrains hat in einem guten Jahrgang viel Tiefe und wärmende Konzentration. Der Boden dieser Lage ist sehr steinig und enthält roten Ton, hat aber nur geringen Eisengehalt. Hagelschäden im Jahr 1989 machten Nachpflanzungen nötig und führten zu geringerem durchschnittlichem Rebenalter. Der 1993er war etwas hohl; es fehlte ihm an der Fülle und Dichte der anderen Jahrgänge.

Der Primus inter pares unter den Premiers Crus von Nuits ist auch bei Alain Michelot zweifellos der Les St-Georges. Hier liefern relativ junge Reben (1978 gepflanzt) herrlich konzentrierten Wein, echten, tief samtig granatroten Nuits mit bläulichem Schimmer, klar gegliederter Geschmackspalette und schönem Gleichgewicht von Tannin, Säure, Frucht und Alkohol, mit Wucht und Komplexität zu einem prachtvollen Ganzen verschmolzen.

Alain strahlt Lebensfreude aus. Er ißt und trinkt gern, hat eine Schwäche für Sauternes und Syrah und für die Jagd. Nur seine Nachfolge macht ihm Kummer: Er hat drei Töchter zwischen 19 und 25 (der Frauenüberschuß liegt anscheinend in der Familie – sein Cousin Bernard Michelot hat auch drei Töchter und er selbst mehrere Schwestern, aber keinen Bruder) – alle drei sind noch zu haben.

WEINBERGBESITZ

Gemeinde	Rang	Lage/Climat	Fläche	Rebenalter	Status
Nuits	PC	Les St-Georges	0,19	1978	M
Nuits	PC	Les Vaucrains	0,69	1971/83/90	P
Nuits	PC	Les Cailles	0,88	1938/68	M
Nuits	PC	Les Poirets	0,55	1935/83	M
Nuits	PC	Aux Chaignots	0,38	1960/80	P
Nuits	PC	La Richemone	0,56	1930/72/80	M
Nuits	PC + V	Aux Champs Perdrix	0,53	1937	P
Nuits	PC + V	En la Perrière Noblot	0,50	1991	P
Nuits	V	(mehrere; Côté Vosne)	1,85	1957–89	P/M
Nuits	V	Les Belles Croix	0,62	1944–78	P/M
Morey	PC	Les Charrières	0,22	1982	P
Morey	V	Les Cognées	0,28	1964	P
Nuits/Prémeaux	R	–	0,90	1968/71/83	P/M
Gesamtfläche			**8,15 ha**		

Domaine Fernand Lecheneaut et Fils

Fernand Lecheneaut war Chef de Culture bei Morin in Nuits und wurde arbeitslos, als die Domäne 1980 einging. Zum Glück besaß er 2,5 ha Weinberge, zum größten Teil neubestocktes Brachland, sowie von seinen Eltern ererbte Parzellen. Bei Fernands Tod im Jahr 1986 übernahmen seine Söhne Philippe und Vincent diesen Besitz. Zusammen mit von Philippe *en métayage* bewirtschaftetem Land und einigen Neuerwerbungen verfügt die Domäne heute über 9 ha und wirft genug für die beiden Familien und Fernands Witwe ab, die zwar offiziell im Ruhestand lebt, aber trotzdem noch bei der Weinproduktion mithilft.

Der bärtige, mitteilsame Vincent erzählt gern von der Familie und der Domäne. Philippe, der ältere Bruder, hat nur einen Schnurrbart und ist zurückhaltender. Sie sind ein gutes Team, denn Vincent ist mehr an der Kellerarbeit und Philippe mehr an den Weinbergen interessiert.

Fernand verkaufte seinen Wein noch an den Handel; heute wird alles in der Domäne abgefüllt, und die Hälfte geht ins Ausland. Die Brüder haben den Qualitätsstand verbessert und die Domäne auf den neuesten Stand gebracht: niedrigere Erträge, ein Sortiertisch, Entrappen, kühle Vormaischung, *saignée*, zum Teil neue Fässer und Abfüllung möglichst ohne Filtern und Schönen.

Die Weine sind alle gut, vom frischen, erdigen Bourgogne Rouge über den ansprechenden Hautes Côtes de Nuits, Villages-Weine aus Morey, Vosne, Chambolle und Nuits (die Villages-Cuvée Damodes enthält größtenteils Premier Cru) bis hin zu ein paar Premiers Crus aus Nuits (insbesondere exzellenter Les Cailles) und einem aus Chambolle. An der Spitze der Pyramide steht ein sehr feiner Morey Clos de la Roche Grand Cru von 8 Ar mit 35jährigen Reben. Von ihm gibt es nur sehr wenig – knapp über eine *pièce* –, aber er kann sich neben den Weinen von Ponsot, Dujac und Rousseau durchaus sehen lassen. Der 1993er zeigte kurz vor dem Ende seines 18monatigen Faßausbaus im Juni 1995 eine nahezu undurchsichtige Farbe im Ton schwarzer Kirschen, fast exotisch reifes Aroma von *fruits noirs* und überaus vollmundige, sinnenbetörende, extraktreiche Frucht, getragen von rundem Tannin und guter Säure – ein vollendeter Wein mit großer *puissance* und vorbildlicher Nachhaltigkeit, ein Grand Cru der Spitzenklasse. Die Lecheneauts verstehen ihr Handwerk!

Vincent Lecheneaut.

WEINBERGBESITZ

Gemeinde	Rang	Lage/Climat	Fläche	Rebenalter	Status
Gilly-lès-Cîteaux	R	(Bourgogne Aligoté)	0,40	6	P
Nuits	R	(Bourgogne Rouge)	1,30	20	P/M
Arcenant	R	(Hautes Côtes de Nuits Rouge)	1,00	30	P
Arcenant	R	(Hautes Côtes de Nuits Blanc)	0,30	7	P
Nuits	V	(12 Parzellen)	2,65	30	P/M
Nuits	V	Les Damodes	0,78	31	P
Nuits	PC	Les Damodes + Les Bousselots	0,38	20	P/M
Nuits	PC	Les Cailles	0,42	35	M
Vosne	V	Les Raviolles	0,41	35+	M
Chambolle	V	(5 Parzeller)	0,40	45	P
Chambolle	PC	Les Borniques	0,17	45	P
Morey	V	Pierre Vivant + Charrières	0,70	17	P/M
Morey	GC	Clos de la Roche	0,08	35	P
Gesamtfläche			**8,99 ha**		

Domaine Thomas-Moillard

Beim Weinbergbesitz dieser Familiendomäne in Nuits fällt die Größe und Breite der einzelnen Parzellen auf. Darunter sind nicht weniger als sieben Grands Crus, fast 3 ha Vosne Premier Cru Les Malconsorts, 4,12 ha Nuits Premier Cru Clos de Thorey und 2,2 ha der besonders feinen Premier-Cru-Lage Les Grèves in Beaune – alles der beneidenswerte Besitz der Familie Thomas, die im 19. Jh. in die Familie Moillard einheiratete. Gegründet wurde die Domäne von Symphorien Moillard im Jahr 1850 auf Weinbergen, die der Familie schon vor der Revolution gehört hatten. Als er 1870 in Algerien ums Leben kam, fiel die Domäne an seine Schwester Jeanne Thomas, und seither hat die Familie Thomas das Heft in der Hand.

Das heutige Familienoberhaupt ist Denis, der älteste Sohn von Yves Thomas, der noch in einem Alter, in dem sich die meisten Menschen in den Ruhestand zurückziehen, aktiv am Geschäft teilnimmt. Mit seinem entschlossenen, lebhaften Wesen verbindet er einen vom Vater ererbten erfinderischen Geist. Dessen Fruchtsaftunternehmen gleich nebenan hat auf die Weinbereitungstechniken der Domäne starken Einfluß ausgeübt und ihr zweifellos auch Kapital für Neuerwerbungen zugeschossen.

Die Weinproduktion von jährlich 7 bis 8 Millionen Flaschen eines auch als Handelshaus tätigen Schwesterbetriebs wird von dem gleichen Team vinifiziert wie die 17 000 Kisten der Domäne selbst, die ihrerseits neuerdings an der mit Pinot Noir, Chardonnay, Syrah und Viognier besetzten Domaine St-Paul bei Béziers im Languedoc beteiligt ist.

Ungewöhnlicherweise ist der größte Teil des Weinbergbesitzes in Halbpacht vergeben, was nach der Überzeugung von Yves Thomas bedeutet, daß die Reben besser gepflegt werden als von direkt angestellten Weinbergarbeitern, weil die *métayeurs* finanziellen Anteil am Ertrag haben. Die erstklassigen Lagen wecken natürlich das Interesse bester Vignerons an derartigen Halbpachtverträgen. Theoretisch haben die *métayeurs* jeweils Anspruch auf die Hälfte der Ernte, gewöhnlich aber kauft die Domäne deren Anteil zu Spitzenpreisen auf und bekommt dadurch die gesamte Produktion in die Hand.

Außer 6,5 ha Hautes Côtes Blanc umfaßt der Besitz auch 0,5 ha Savigny Blanc und etwas Land in der Lage Corton-Charlemagne, deren Ertrag in zu 30 % neuen Eichenfässern bei 18–21 °C vergoren und mit viel *bâtonnage* behandelt wird, damit er «gras» und oxidationsbeständig ausfällt. Der Faßausbau bis zur Abfüllung beläuft sich auf ein Jahr. Die einfacheren Weißweine werden sofort, die übrigen zu Anfang des zweiten Jahres abgefüllt, um ihre aromatische und jugendliche Frucht und Frische zu bewahren.

Vor einigen Jahren unternahm Yves Versuche, um die Wirkung der Stiele auf den Rotwein zu ermitteln, und fand heraus, daß sie nichts als grüne Art einbringen. Deshalb wird jetzt systematisch entrappt!

Yves beansprucht für sich die Erfindung des Gärtanks mit Rührwerk, der für alle Weine der Domäne ab 3500/4000 l Most eingesetzt wird – also nicht nur für die Regionalweine. Anders als der rotierende Tank steht der seinige still, und in ihm drehen sich Arme konstant mit zwei bis drei Umdrehungen in der Minute, unabhängig vom Maischevolumen. Bei nur zweimaligem Umrühren pro Tag ergibt sich maximale Extraktion bei geringsten Verdunstungsverlusten.

Die in klassischer Weise vinifizierten Weine machen eine zehn- bis elftägige *cuvaison* durch gegenüber drei bis vier Tagen für die «Roto-Weine». Yves Thomas schließt daraus, daß es auf die Zahl der *pigeages* und nicht die Dauer der *cuvaison* ankommt. Obwohl gelegentlich einem «Rotowein» mit der Begründung, er sei untypisch, die Appellation verweigert wird, ist Yves doch begeistert von seiner Erfindung. Er machte Versuche mit der Vinifizierung von Trauben aus einem einzigen Weinberg nach verschiedenen Methoden: klassisch, «Roto», durch Erhitzen usw.; die Rotweine wurden insbesondere in Farbe und Tannin als am besten befunden.

Der Ausbau der Rotweine geschieht in zu 30 % neuen Eichenfässern. Bei diesem Thema wird Yves lebhaft: «Eine Verschwendung, diese Fässer, man bedenke nur, wieviel kostbares Holz dafür aufgewendet wird – 1 Kubikmeter für 3 Fässer, die nach ein paar Jahren Gebrauch weggeworfen werden.»

Nach einigem Nachdenken ist ihm als Lösung das Viereckfaß eingefallen! Da die unzugänglichen Ecken Reinigungsprobleme aufwerfen, wird es nur einmal benutzt und dann auseinandergenommen und als Parketholz verkauft. So könnte der Weinliebhaber, wenn Yves' Pläne sich bewähren, seinen Chambertin oder Clos de Vougeot nicht nur im Glas, sondern auch unter den Füßen haben. Yves hat auch einen kubischen Edelstahltank mit inwendiger Pumpe entwickelt, die für praktisch konstante *pigeage* sorgt.

Unabhängig von der Bereitungsweise machen alle Rotweine der Domäne einen 18monatigen Faßausbau und anschließend zwei Schönungen durch – ungewöhnlicherweise mit Fischleim, der alle Trubteilchen entfernt, ohne das Tannin zu sehr zu schwächen.

Die guten, stilvollen Rotweine der Domäne liegen gewöhnlich auf der maskulinen Seite der jeweiligen Appellation. Der Tanningehalt ist manchmal aggressiv und könnte weitere Verfeinerung vertragen. Dessenungeachtet verdient diese zuverlässige Quelle für guten Burgunder größere Beachtung.

WEINBERGBESITZ

Gemeinde	Rang	Lage/Climat	Fläche	Rebenalter	Status
Vosne	GC	Romanée-St-Vivant	0,17	35	P
Vosne	PC	Les Beaux Monts	0,94	55	P
Vosne	PC	Les Malconsorts	2,94	45	P
Gevrey	GC	Chambertin	0,05	35	P
Gevrey	GC	Chambertin Clos de Bèze	0,24	25	P
Vougeot	GC	Clos de Vougeot	0,60	30	P
Aloxe	GC	Corton, Clos du Roi	0,84	25	P
Aloxe	GC	Corton-Charlemagne	0,23	52	P
Chambolle	GC	Bonnes Mares	0,15	35	P
Beaune	PC	Les Grèves	2,20	25	P
Nuits	PC	Clos de Thorey	4,12	45	P
Nuits	PC	Clos des Grandes Vignes	2,12	35	P
Nuits	PC	Les Porrets St-Georges	0,54	40	P
Nuits	PC	La Richemone	0,91	30	P
Nuits	PC	Les Murgers	0,17	20	P
Nuits	V	Aux Saints-Juliens	0,58	35	P
Nuits	V	Les Charmottes	0,75	35	P
Savigny	V	(Blanc – Chardonnay)	0,50	20	P
Concœur	R	(Hautes Côtes de Nuits Rouge)	10,45	10	P/F
Concœur	R	(Hautes Côtes de Nuits Blanc)	4,00	10	P/F
Villars	R	(Hautes Côtes de Nuits Blanc)	2,50	10	F
Gesamtfläche			**35,00 ha**		

Domaine Prieuré Roch

Als Neffe von Lalou Bize-Leroy und seit 1990 Co-Administrator von DRC hatte Henri Roch ungewöhnlich günstige Startchancen – er hat sie gut genutzt. Jetzt ist er in den Dreißigern und verfügt zugleich über das Selbstvertrauen aus seiner bisherigen Position und die Umsicht, die man braucht, wenn man sich auf eigenen Beinen noch bewähren muß. Er begann 1988; drei Jahre später stieß Philippe Pacelet zu ihm, und diese Zusammenarbeit trägt nun die ersten Früchte.

Sein finanzieller Rückhalt erlaubte es ihm, anstatt Halbpacht einzugehen Weinbergland zu kaufen – zuletzt die gesamten 5 ha Nuits Premier Cru Clos des Corvées. Am Anfang jedoch stand Vosne-Villages-Land, das 1993 und 1994 eleganten Wein unter dem Namen Les Clous erbrachte. Dann kam das *monopole* Clos Goilotte in Vosne mit einem Wein in typisch breiterer Art mit festerem Tannin und Gewürznoten hinzu.

Eine Stufe höher steht Hautes Maizières gleich neben Les Suchots, eine von Duval-Blochet in seiner Klassifizierung der Crus von Vosne im 19. Jh. hochbewertete Lage – ihr Wein ist bei tiefgründiger Eleganz voll und fleischig, entfaltet sich aber langsamer als der Clos Goillotte oder der Les Clous. 1994 kam dann Les Suchots selbst mit noch festerem, dichterem Wein hinzu, in dem sich Wucht und Eleganz in einer Weise verbinden, die den Weinen von Vosne ihre Faszination verleiht.

1994 erschien auch der Chambertin Clos de Bèze von 45jährigen Reben, mit dem Philippe Pacelet einen Wein mit Tiefe, Eleganz und Klasse zuwege brachte.

Am interessantesten aber ist wohl der Clos Vougeot aus dem obersten Teil der Lage, einer der wenigen, die regelmäßig Grand-Cru-Qualität erreichen. Der üblichen erdigen Breite dieser Lage fügt Pacelet eine attraktive, nur selten anzutreffende Eleganz und Komplexität hinzu. Die Jahrgänge 1994, 1993 und 1991 sind exzellent, nur der jetzt zur Reife gelangende 1992er ist etwas dünn, aber immer noch gut.

Die Kellertechnik hat nichts Außergewöhnliches; unüblich ist nur, daß die Stiele vollständig mitverarbeitet werden. Die 1993er, v. a. der Clos Goillotte, weisen zwar eine gewisse Adstringenz auf, die sich aber in die Struktur einfügt und nach Rochs Meinung den Wein wohl kaum aus dem Gleichgewicht bringen dürfte.

Der Sitz der Domäne ist ein wie ein seelenloses Lagerhaus wirkendes Kellereigebäude in Nuits-St-Georges – bis vor kurzem eine Autowerkstatt. In früheren Zeiten war es einmal ein Priorat, daher der Name «Prieuré». Die Straßenfront sieht aus wie ein Querschnitt durch ein riesiges Faß mit gewölbten Fensterscheiben; umtost vom ständigen Verkehr von und nach Beaune, macht sie einen staubigen, nicht gerade einladenden Eindruck. Im Inneren gelangt man durch einen höhlenartigen Raum in schöne, kühle Keller – in Burgund findet man solche auch unter Autowerkstätten und Prioraten –, darüber befinden sich ein kleines Büro und ein Probierraum.

Die 1995 erworbene Premier-Cru-Lage Clos des Corvées in Nuits, die früher zum Besitz von Charles Viénot gehörte, macht sich im Weinbergbesitz von Henri Roch zwar recht stattlich, jedoch wird die Vermarktung von jährlich über 2000 Kisten eines einzigen Weins doch beträchtliche Geschäftstüchtigkeit erfordern.

Das Unternehmen ist noch jung, aber es bietet schöne Aussichten. Die Weine sind gut, oft sehr gut, obschon einiges Murren über frühzeitige Oxydation zu hören gewesen ist. Es steht zu hoffen, dass Henri Roch es fertigbringt, seine Rolle als «Co-gérant» von DRC mit der Führung seiner eigenen Domäne zu vereinbaren. Die tüchtigsten Köche bleiben am besten in der eigenen Küche.

Domaine Remoriquet

Der große, freimütige Gilles Remoriquet hat eine Vorliebe für «vins bien structurés»; darunter versteht er reichliches, aber mildes Tannin. Da kann er mit seinen Weinen nur zufrieden sein; seine Kunden sind es offensichtlich auch, denn er hat nur noch wenig übrig, was er verkaufen könnte.

Gegründet wurde die Domäne in den 1890er Jahren von seinen Urgroßeltern, die beide Weinbergarbeiter waren, und sein Vater Henri erweiterte um 1950 den Besitz. Gilles trat 1976 frisch vom Lycée Viticole und von der Universität Dijon in den Betrieb ein. Heute bewirtschaftet er 8 ha, die sich auf vier Premiers Crus, etwas Nuits-Villages-Land und Regionallagen für Rot- und Weißwein verteilen. Der Stil des Hauses Remoriquet macht nur geringe Konzessionen an Abnehmer, die gleichzeitig sofortige Genußreife und große Entfaltungsfähigkeiten fordern – ein unerfüllbares Verlangen. Die Aura ungebrochener Tradition, die über dieser mit alten hölzernen *cuves* ausgestatteten Domäne in Nuits schwebt, wird von einem großen Rototank aus Edelstahl nur wenig beeinträchtigt. Die Keller sind inzwischen etwas eng geworden, deshalb soll die *cuverie* auf die andere Straßenseite verlegt werden, um mehr Platz zu schaffen.

Nichtsdestoweniger entstehen in ihnen wunderbar ausgewogene Weine mit großer aromatischer Komplexität und Finesse, die sich v. a. in Jahrgängen mit hohem Säure- und Tanningehalt wie 1993 jung nicht gut trinken lassen, sondern einige Jahre Kellerreife verlangen. In den USA wird mangelnde Finesse bemängelt – das aber beunruhigt Gilles nicht, er weiß, daß sie mit den Jahren kommt.

Der bis zu 20tägigen *cuvaison* mit viel *pigeage* folgen 18 bis 22 Monate Ausbau, so daß im Verein mit der bekannten Nuits-Festigkeit ein ziemlich tanninreicher Wein entsteht; Gilles achtet darauf, daß die Extraktion nicht überzogen wird – man kann hier sowohl zuviel wie zuwenig tun. Ein Teil der Nuits-Villages-*cuvée* wird im Rototank vinifiziert, was diesem Wein eine gewisse Geschmeidigkeit verleiht. Neue Fässer werden zu 15–20 % nur bei den Premiers Crus eingesetzt.

Gilles verlangt von einem *Grand Vin* vor allem Vollmundigkeit, Frucht und Treue zum *terroir*. In Nuits bedeutet das «Weine mit 15 bis 20 Jahren Lebensdauer». Zudem hat er es gern, wenn «der Wein den Mund austapeziert» – kräftige, robuste, vollmundige Gewächse sollen es sein.

Der Nuits-Villages Les Allots zeigt sich straff und muskulös mit ausgesprochen weichem Kern. Doch auch er ist ein Wein, der nicht allzu früh angezapft werden sollte; der 1993er braucht ein halbes Jahrzehnt, bis er sich zu erschließen beginnt, wird dann aber noch viele Jahre schönen Genuß gewähren.

Von den drei Premiers Crus ist der Rue de Chaux der zugänglichste; der 1993er war saftig, vollmundig und wuchtig, schon nach ein paar Jahren trinkreif und doch langlebig.

Der erdige, tanninreiche Damodes ist ein typischerer Nuits, er kommt von recht leichtem Sand- und Kiesboden, währenddem der Les St-Georges (wie der Rue de Chaux) von stärker lehmhaltigem Boden kräftige Säure und sehnige Muskulatur bezieht; der 1993er mit seiner robusten und doch feinen Konzentration ist für eine ganze Generation mit Lebenskraft ausgestattet.

Das schwarzweiße Kaninchen der Remoriquets, das frei im Haus umherläuft und hier und dort ein extra Salatblatt bekommt, damit es gut im Fleisch bleibt, ist doch tagtäglich sehr in Gefahr, in die Röhre zu wandern, um dem vielen guten Wein im Keller die passende Begleitung abzugeben. Aber auch wer etwa in den Weinen der Domäne einen Mangel an Finesse zu entdecken vermeint, tut wahrscheinlich gut daran, Gilles nicht in den Weg zu laufen. Seine Weine mögen vielleicht ein wenig sauvage sein, aber an Finesse fehlt es ihnen nicht.

Domaine Daniel Rion

Daniel Rion begann 1955 mit 2 ha Weinbergland, das er von seinem Vater geerbt hatte. Durch Heirat erhielt er 0,5 ha in Nuits dazu, später folgten Parzellen in Premier-Cru-Lagen in Nuits sowie Land in Chambolle. Sein erster Jahrgang war der 1959er, und 1995 trat er in den Ruhestand. Heute führen seine Söhne Patrice, Christophe und Olivier den Betrieb.

Das hohe internationale Profil verdankt die Domäne in Prémeaux vor allem Patrice, einem ruhigen Mann, der seit 1979 die Weinbereitung versieht. Seine Weine wecken Bewunderung, aber auch Kritik. Es kann ihnen bei individueller, würziger, aber allzu stämmig-rustikaler Art zuweilen an Charme und Finesse fehlen, obwohl sie zweifellos mit größter Sorgfalt behandelt werden.

Die traditionelle *sélection massale* aus dem großväterlichen Weinberg Les Chaumes liefert bestes Pflanzenmaterial für die *repiquage*. Eine größere Neubestockung hat seit 16 Jahren nicht mehr stattgefunden, ausgenommen 2,5 ha Hautes Côtes Chardonnay, die 1991 versuchshalber mit einer Mischung von fünf Klonen bepflanzt wurden.

In den Weinbergen an der Côte wird das Laub hochgezogen, damit das Sonnenlicht ungehindert einfallen kann. Bei der Blüte wird mit Kupferspritzung versucht, übermäßigen Fruchtansatz zu verringern; das bewährt sich v. a. bei trockenem, warmem Wetter wie 1988.

Patrice kennt seine Reben genau und kann die Lese entsprechend abstimmen. Dabei strebt er zwar hohe Reifegrade an, lehnt aber Überreife ebenso ab wie Unreife.

Die Kellertechnik zeichnet sich durch ein paar Eigenwilligkeiten aus: Beispielsweise wird die Vormaischung für bessere Farb- und Aromaextraktion nicht durch Kühlen des Traubenguts zu erreichen versucht, vielmehr bevorzugt es Patrice, den Gärbeginn durch klinische Reinheit der Gärbottiche zu verzögern. Außerdem erfolgt eine Hefegabe gegen Ende des Gärprozesses, weil Patrice meint, die Naturhefen seien zwar für die Anfangsphase des Gärvorgangs ausreichend, hätten aber nicht die Kraft, ihn bis zum Ende durchzuhalten.

Im Gegensatz zu früher wird das Traubengut heute trotz der oxidationshemmenden Wirkung der Stiele praktisch vollständig entrappt. Maßgeblich für die Entscheidung über die Dauer der *cuvaison* ist das Verhältnis zwischen festen und flüssigen Stoffen in den *cuves* – im Idealfall 25 zu 75 %; hierfür eignen sich 18 Tage, während bei ungünstigerem Verhältnis, z. B. 40 zu 60 % wie 1990, nur 11

Das Haus von Patrice Rion.

Tage in Frage kommen. Natürliche Unausgewogenheit wird durch *saignée* behoben – nach Meinung von Patrice «die letzte Chance, höhere Konzentration zu erzielen».

Im Ausbau wurde in letzter Zeit der Anteil neuer Fässer zwar etwas angehoben, er bleibt aber über die Jahrgänge hinweg weitgehend unverändert (Villages 20 %, Premiers Crus 30–40 %, Clos de Vougeot 50 %). Möglicherweise erklärt sich daraus aber eine gewisse Trockenheit in Rions Weinen aus weniger opulenten Jahrgängen.

Nach der *malo* ruhen die Weine weitere zwei bis drei Monate auf dem Geläger. Dadurch wird das Risiko der Bildung volatiler Säuren zwar erhöht, Patrice glaubt aber, daß vor allem die Komplexität dabei gewinnt; notfalls wird unmittelbar nach der *malo* eine Filtration eingelegt. Ein gefährdetes Faß 1983er wurde nach dieser Behandlung als eines der besten des Jahrgangs befunden. Die Abfüllung erfolgt 16 bis 18 Monate nach der Lese mit Schönung, aber ohne Filtration.

Bei der Degustation alter und junger Weine stellen sich große Unterschiede in der Qualität heraus. Das liegt nicht an gelegentlichen Schwächen oder an der Mittelmäßigkeit bestimmter Jahrgänge, sondern einfach an mangelnder Gleichmäßigkeit. Wenn überhaupt ein Thema vorherrscht, dann eine Neigung zu maskuliner, trockener Art. Die derzeitige Betonung größerer Geschmeidigkeit bedeutet eine willkommene Verschiebung hin zu deutlicherer Frucht und weniger Verhaltenheit.

Unter den 1990ern und 93ern sind gewiß sehr feine Weine. So hat der 1993er Nuits Vignes Rondes straffe, kraftvolle Art, aber auch mehr Säure und weniger Fleisch als der Hauts Pruliers oder der Clos des Argillières, der bei einem Ertrag von 22 hl/ha mildere Art und die für Rion typische Rauchigkeit aufweist – sehr saftig, jedoch etwas vierschrötig.

Der 1993er Vosne Beaux Monts bietet mehr Finesse als Größe – ein eleganter, verhaltener Wein, recht vielversprechend, aber es fehlt ihm etwas an der Konzentration. Unter den 1990ern ragt der Argillières heraus – ein konzentrierter, tanninreicher Wein.

1991 gründeten Patrice und seine Frau Michelle eine eigene Domäne mit 0,62 ha Bourgogne Rouge Bons Bâtons und 0,46 ha Chambolle-Villages Les Cras. Die Weine erhalten dieselbe Behandlung wie die anderen.

In letzter Zeit haben sich deutliche Verbesserungen eingestellt, auch ist ein exzellenter Weißwein, Nuits Terres Blanches Premier Cru von Pinot Blanc, hinzugekommen. Die Weine der Domaine Rion sind zwar gewöhnungsbedürftig, aber mit Sorgfalt bereitet und stets beobachtenswert.

WEINBERGBESITZ

Gemeinde	Rang	Lage/Climat	Fläche	Rebenalter	Status
Vougeot	GC	Clos de Vougeot	0,73	1945	F
Chambolle	V	Les Beaux Bruns	0,33	1975/78	P
Chambolle	PC	Les Charmes	0,41	1945	P
Vosne	PC	Les Chaumes	0,42	1930	P
Vosne	PC	Les Beaux Monts	1,08	1970	P
Vosne	V	Les Hauts Beaux Monts	1,16	1971/72	P
Vosne	V	Les Ravioles	0,70	1956	P
Nuits	PC	Les Vignes Rondes	0,46	1945/72	P
Nuits	PC	Clos des Argillières	0,72	1955	P
Nuits	PC	Les Hauts Pruliers	0,42	1962	P
Nuits	PC	Terres Blanches (Pinot)	0,66	1959	P
Nuits	PC	Terres Blanches (Chard.)	0,38	1990	P
Nuits	V	(verschiedene Climats)	2,50	1940/45/65	P
Nuits	R	(Côte de Nuits-Villages)	2,29	1950/66	P
–	R	(Bourgogne Hautes Côtes de Nuits, Chard.)	2,35	1989	P
Nuits	R	(Bourgogne Pinot/PTG)	2,73	1955–80	P
Nuits	R	(Bourgogne Chard./Aligoté)	0,88	1985/91	P
Gesamtfläche			**18,22 ha**		

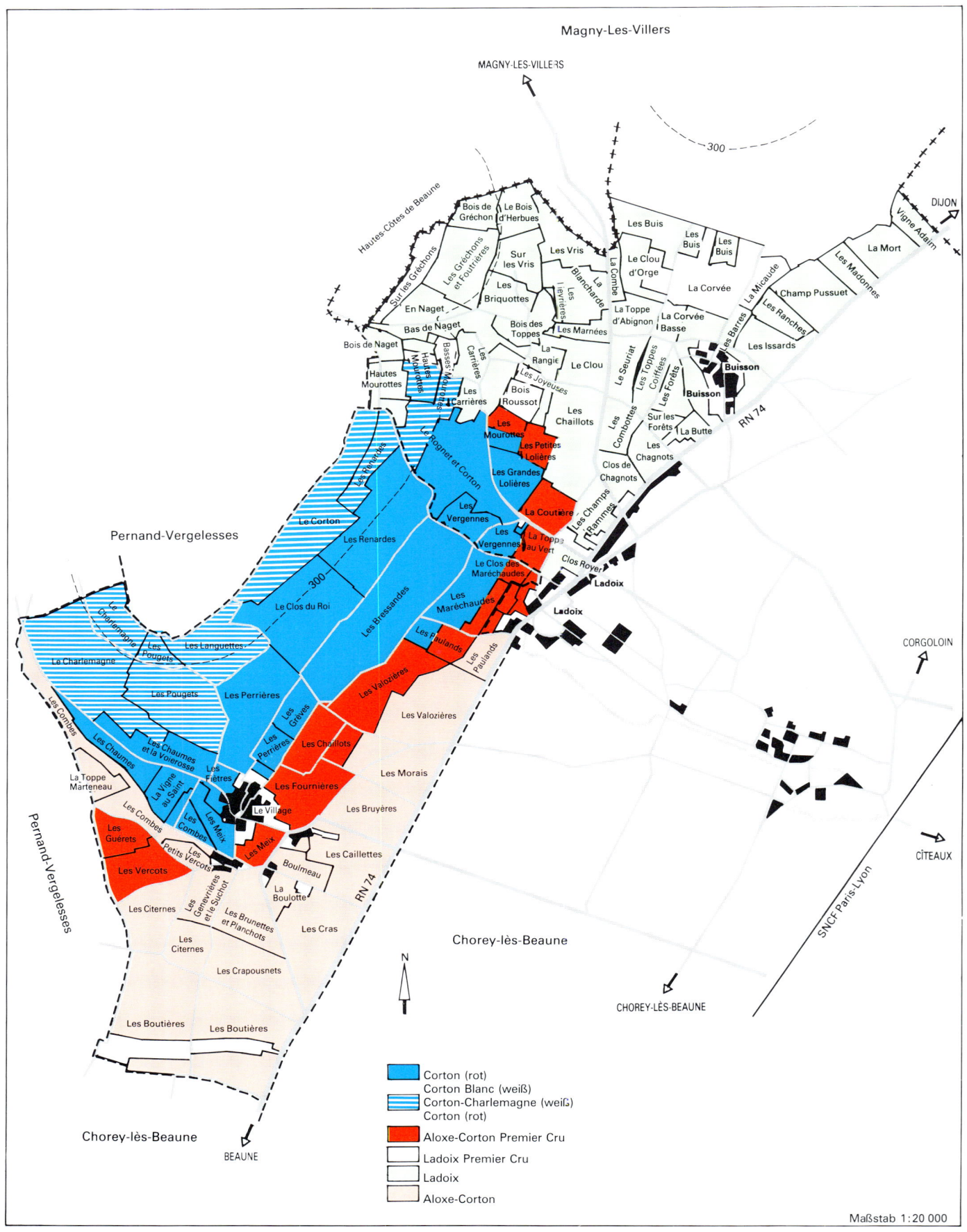

ALOXE-CORTON UND LADOIX-SERRIGNY

Der Ruhm des stillen Dorfes Aloxe-Corton (250 Einwohner) am Fuß des herrlichen Corton-Bergs ist weit größer als es selbst. In seiner Gemarkung bietet es der größten Partie Grand-Cru-Lagen an der Côte d'Or Platz. Auf 160 ha wächst hier der Corton, der einzige Grand-Cru-Rotwein der Côte de Beaune, daneben der weiße Corton-Charlemagne, ein wenig Corton Blanc und eine ganze Palette von Premiers Crus und Villages-Weinen.

Die Geschichte von Aloxe ist lang. 858 wird der Ort erstmals als Aulociacum erwähnt, daraus wurde später Alossia, dann Alussa. 1577 wandelte sich der Name zu Alouxe und schließlich zu Aloxe. Der Namensbestandteil Corton – eine Verkürzung aus Curtis d'Orthon nach einem mittelalterlichen Fronhof – wurde 1862 angefügt.

Römische Fundgegenstände beweisen, daß Aloxe schon im 3. Jh. ein wichtiger Vorposten an der Römerstraße von Marseille nach Autun war. Der schon früh bekannte und hoch angesehene Wein der Gegend nahm legendären Status an, als Karl der Große 775 dem Kloster Saulieu als Entschädigung für Zerstörungen durch die Sarazenen Land schenkte.

Ungewöhnlich für einen so kleinen Ort ist, daß sich in seinen Grenzen nicht weniger als drei Châteaux befinden: das prachtvolle Château Corton-Grancey aus dem 18. Jh. – es gehört der Domaine Louis Latour –, das Château de Corton-André aus dem 19. Jh. – Prunkstück der großen Firma La Reine Pédauque – und das Château d'Aloxe-Corton.

Die Weinberge sind dicht um den Ort herum gelagert. Die Unterteilung in *climats* und Appellationen blieb dem Zufall überlassen und hat zu beträchtlichen Komplikationen geführt. Unter anderem haben auch die Nachbargemeinden Pernand-Vergelesses und Ladoix-Serrigny teilweise Anspruch auf die Appellationen von Aloxe, auch auf Corton und Corton-Charlemagne.

Diese administrativen Irrungen und Wirrungen werden noch komplizierter durch die Regeln, die sowohl die Erzeugung von Rotwein als auch von Weißwein aus bestimmten Lagen erlauben, ihnen dann aber verschiedene Appellationen zuweisen. Es gibt in Aloxe 15 *climats* mit zusammen 71,94 ha und in Ladoix sechs *climats* mit 16,37 ha, die für Rot- und Weißwein die Bezeichnung Corton führen. Neben den Grands Crus gibt es 89,71 ha Villages-Land sowie 14 Premiers Crus, davon neun (29,13 ha) in Aloxe und 6 (8,46 ha) in Ladoix.

Beispielsweise heißt Rotwein aus der Lage Corton-Charlemagne nicht so, sondern vielmehr Corton «En Charlemagne» Rouge, während der Weißwein aus der Lage Corton nicht Corton-Charlemagne genannt werden darf, sondern nur Corton Blanc. Der Grund dafür ist, daß die Behörden die Weißweinerzeugung aus vorwiegend für Rotwein bestimmten Lagen verringern möchten. Noch verwirrender wird die Angelegenheit dadurch, daß sich über 200 Besitzer in die Grands Crus teilen. Allerdings arbeiten nur 26 Winzer und ein Négociant auch von Aloxe aus, alle übrigen sind über die ganze Côte d'Or verstreut. Daraus ergeben sich natürlich große Unterschiede in Stil und Qualität. Die besten Erzeuger von Charlemagne sind Bonneau du Martray, Louis Latour, Coche-Dury, Rapet und Remoissenet, Champy, Faiveley, Jadot und Tollot-Beaut. Die drei Letztgenannten sowie Chandon de Briailles, Philippe Senard und Prince Florent de Merode produzieren den feinsten Corton. Beachtenswerte Weine haben auch Maurice Chapuis, Michel Voarick und der enthusiastische Franc Follin-Arbelet zu bieten.

Einige Domänen bringen freilich auch dürftigen Wein aus exzellenten Lagen zuwege: Bouchard Père et Fils und La Reine Pédauque bilden krasse Beispiele hierfür. Ihre Weine sind sogar in guten Jahrgängen oft unausgewogen und nichtssagend. Zwischen diesen Höhen und Tiefen liegen viele gleichgültige, durch Übererträge und Überchaptalisierung geprägte Erzeugnisse, die dennoch zu Grand-Cru-Preisen reißenden Absatz finden.

Der Corton-Berg bietet über fast 270° herrlich freie Lagen, in Richtung Osten in Ladoix über Süden bis Westen in Pernand, wo Teile von En Charlemagne sogar nach Nordwesten gelegen sind. Die nach Westen gerichteten Lagen bringen spätere Reife und nicht ganz so volle Weine wie die günstiger gelegenen.

Hier übt der ständige Wechsel von warm und kalt, Sonne und Schatten bedeutende Wirkung auf Vegetation und Reife aus. Die nach Nordosten hin gelegenen Reben bekommen zwar schon frühmorgens Sonne, aber es ist hier auch kälter; nach Süden hin ist es warm und sonnig, nach Südwesten hin warm, aber viele Stunden lang schattig, während es im Westen sowohl kalt als auch schattig ist.

Wie in einem so ausgedehnten Terrain nicht anders zu erwarten, ist das Bodenprofil komplex und zeigt in jahrtausendelanger Erosion entstandene Unterschiede sowohl hangabwärts als auch um den Berg herum von Ladoix bis Pernand. Oben herrscht Kalkstein vor, weiter unten in den Villages-Lagen dagegen Geröll, eisenhaltiger Ton und fossiler Ammonitenschutt. Die Geologie der einzelnen *climats* spiegelt sich in den jeweiligen Weinen.

Es ist kein Zufall, daß Weißweintrauben – zunächst Aligoté, später Chardonnay – in den oberen Lagen unter dem Bois de Corton gepflanzt wurden, wo der Lehmboden der unteren Lagen oolithischem Kalkstein mit stärkerem Mergel- und Geröllgehalt weicht. Von diesem Boden kommen Weine mit maskuliner Eleganz, die mit der Zeit eine herrlich karge, aristokratische Note entwickeln.

Gegen die Mitte des Hangs kommt brauner Kalkstein ins Spiel, und der Lehmanteil steigt – das ist exzellenter Boden für Pinot Noir. Hier trifft man die besten Corton-Lagen an – Clos du Roi, Bressandes, Perrières, Poujets und Le Corton. Der Boden ist von einem *climat* zum anderen verschieden – Les Perrières hat nur 25 cm Bodenauflage über hartem Felsgestein, Bressandes liegt in einem alten Steinbruch.

Alle Versuche, einen «typischen» Corton mit feineren Pinselstrichen zu charakterisieren, sind zum Scheitern verurteilt. Der beste ist kraftvoll und tanninherb mit einem Hauch Finesse, ein wenig «sauvage», vielleicht mit weniger Verhaltenheit als der ebenso schwer nachzuzeichnende Clos Vougeot. Der Corton weist oft große Langlebigkeit auf: Eine halbe Flasche des 1928er Pougets von Jadot war nach über 60 Jahren noch immer wuchtig, fast würzig und vollmundig.

Hier wie auch sonst an der Côte hängt die Qualität mehr vom Winzer ab als vom Weinberg. Davon abgesehen wäre es angebracht, diese ausgedehnte Appellation neu zu klassifizieren und dabei die Weinberge in ungünstiger Lage aus dem Grand Cru herauszunehmen. Bis zu dieser (politisch unvorstellbaren) Neuordnung kommt alles auf die Erträge und die Integrität des Erzeugers an.

DIE GRANDS CRUS VON ALOXE-CORTON

Lage/Climat	Fläche	Eigentümer	Gesamtproduktion
Corton Rouge (alle Climats)	160,1926	200	61 000 (Rot)
			450 (Weiß)
Corton-Charlemagne	71,8834	75	27 500 (Weiß)
Total	**232,0760 ha**		**88 950 Kisten**

Domaine Daniel Senard

Durch Einführung der umstrittenen Methoden des libanesischen Önologen Guy Accad hat Philippe Senard in seiner Domäne das Ruder herumgerissen und sie in die Spitzenklasse Burgunds gesteuert.

Bevor er 1971 vom «chef de cave» seines Vaters den Betrieb übernahm, arbeitete Philippe fünf Jahre lang als kaufmännischer Leiter in der familieneigenen Fabrik in Beaune, die Chips für Spielcasinos herstellt. Da ihm klar war, wie wenig er über Weinbau wußte, schickte er sich selbst erst einmal auf das Lycée Viticole in Beaune.

Philippes Domäne entstand durch die Verschmelzung von zwei getrennten Weinbaubetrieben: der von seinem Urgroßvater Jules Senard im 19. Jh. gegründeten Domaine du Comte Senard mit fast 9 ha Weinbergen in Aloxe, Chorey und Beaune, die Mitgliedern der Familie Senard gehören, und der 1984 von einem anonymen «Burgunderliebhaber» gegründeten, 6,34 ha großen Domaine des Terregelesses. Daniel Senard, Philippes Vater, der viel für die Identität der Familiendomäne geleistet hat, befindet sich zwar inzwischen im Ruhestand, bringt ihren Angelegenheiten aber immer noch lebhaftes Interesse entgegen.

Nach 16 Jahren auf der Domäne fühlte sich Philippe müde und ideenlos. Auf Reisen vor allem durch Oregon, Kalifornien und Spanien gewann er den Eindruck, daß Burgund im Gegensatz zu anderen Weinbauregionen seine Möglichkeiten nicht ausschöpfte und an die großen Leistungen von einst nicht mehr anknüpfen konnte. Seine wachsende Überzeugung, daß ein Wandel nötig sei, wurde durch seine eigenen Jahrgänge 1982 und 1986 noch gestärkt – er spürte wohl, daß sein Traubengut das Potential für «Grand Vin» hatte, doch er fühlte sich außerstande, es herauszuholen. Als er 1986 die ersten mit Kaltmaischung bereiteten Weine gekostet hatte, war der Wendepunkt für ihn erreicht. Accads Engagement erstreckte sich auf die Zeit von 1987 bis nach der Bereitung des 1993ers.

Es ist in den letzten Jahren viel Unsinn über die sogenannte «méthode Accad» geredet und geschrieben worden. Er und alle, die sich seiner Dienste versicherten, haben den Vorwurf zu hören bekommen, sie zerstörten die Typenechtheit des Burgunders und produzierten Weine, die kaum haltbar sein könnten. Inzwischen reifen die Weine vom Ende der 1980er Jahre heran, und es wird eindeutig klar, daß beide Behauptungen nicht stimmen.

Guy Accads von seinen Kritikern nur selten gewürdigtes Hauptbestreben ist auf die Herstellung des bestmöglichen Gleichgewichts im Boden gerichtet. Düngemittel bringen keine Lösung, sie erhöhen nur die Produktivität. Erforderlich sind dagegen regelmäßige präzise Abstimmungen der Grundelemente des Bodens, um das natürliche Gleichgewicht zu stärken; dann verhilft er einer geringeren Anzahl Trauben zu früherer und besserer Reife.

Philippe Senards Bodenpflegemaßnahmen beruhen auf minimaler Anwendung starker synthetischer Mittel, die das Bodengleichgewicht stören und die wertvolle Mikroflora vernichten können. Deshalb finden nur die Bordeaux-Brühe sowie Schwefel und Insektizide Anwendung. Sein Denken richtet sich immer stärker auf «biodynamie» aus – ein Behandlungssystem, das mit in Zeitpunkt und Menge präziser bemessenen Dosierungen arbeitet. In Burgund jedoch, wo jeder Weinberg unter vielen Eigentümern aufgeteilt ist, wäre ein unvorstellbares Maß an Einmütigkeit erforderlich, wenn dieses System auf breiterer Grundlage mit einiger Aussicht auf Erfolg eingeführt werden sollte.

Den stärksten Einfluß haben Accads Ideen bei Philippe Senard wohl auf den Zeitpunkt der Lese. «Ich schiebe die Lese um drei Wochen hinaus – damit ist eindeutig ein Risiko verbunden, aber das Drama besteht in Burgund eben darin, daß niemand das Risiko auf sich nehmen und die richtige Reife abwarten will.» Darin werden sie von den Behörden, die den *ban de vendange*, d. h. den Lesebeginn, festsetzen, noch bestärkt. 1990 war das in Aloxe-Corton der 15. September. «Viel zu früh», erklärt Philippe, «der Termin hätte zehn Tage später liegen müssen.» Er begann erst am 25. mit der Lese und erntete den Corton nicht vor dem 1. Oktober.

Die zehn Tage machten einen auffallenden Unterschied aus: Beispielsweise brachte die maschinelle Ernte auf 3 ha in flacherem Land bei Chorey-lès-Beaune am 2. Oktober 11,2 % potentiellen Alkoholgehalt, die Nachlese aus derselben Lage am 12. Oktober jedoch 13,2 %!

Accad ist hier zwar nicht mehr als Berater tätig, Philippe Senard arbeitet aber weiter nach modifizierten Accad-Prinzipien, die vor allem eine möglichst kühle Gärung beinhalten, soweit sich das mit ausreichender Extraktion und vor allem der maximalen Bewahrung von Aroma und Farbe verträgt. Durch Anwendung einer einzigen kräftigen Dosis SO_2 zur Verzögerung des Gärbeginns und zur Kontrolle des Gärverlaufs entstanden Probleme, da hierbei ein besonders resistenter Hefestamm selektiert wurde, der auch lange nach der Beendigung des Gärvorgangs aktiv bleibt und unerfreuliche Mercaptane hervorbringen kann. Philippe hilft sich, indem er die Gärbottiche am Ende der Gärung auf 32° C erwärmt, wodurch die restlichen Hefen abgetötet, aber keine Aromen zerstört werden.

Zunächst werden die Trauben je nach dem Reifegrad der Stiele und dem allgemeinen Zustand des Leseguts entrappt – 1988 zu 50 %, 1989 und 1990 zu 75 %. Wenn dann die Trauben aus der Mühle kommen, wird in genau abgemessenen Mengen flüssiges SO_2 beigemischt. Das steht im Gegensatz zur herkömmlichen Praxis, die Schwefelgabe erst zuzusetzen, wenn der Bottich voll ist. Die Gesamtdosis liegt zwischen 3,5 und 4 l pro Tonne Lesegut (herkömmlich ist 1 l pro t), je nach dem Zustand der Trauben.

Dann wird die Maische auf 5–10 °C abgekühlt und in offenen *cuves* stehengelassen. Nach mehreren Tagen Maischdauer beginnen die Hefen ihre Tätigkeit, wobei die schwächeren durch die starke Schwefeldosis neutralisiert werden und nur die kräftigeren den Most in Gärung versetzen. Günstig daran ist, daß diese Hefen auch bei steigendem Alkoholgehalt aktiv bleiben und das vollständige Vergären des Zuckers gewährleisten.

Während der Gärung wird regelmäßig *pigeage* durchgeführt, und wenn der Gärprozeß in einem Behälter träge verläuft, wird durch Anwärmen nachgeholfen. Die Temperatur darf bis höchstens 25 °C ansteigen; Philippe gesteht, daß er schon bei 20 °C anfängt nervös zu werden, seit es ihm einmal passierte, daß ein Bottich, der abends gerade erst 19 °C hatte, am nächsten Morgen schon mit 30 °C brodelte.

Heute dauert die *cuvaison* insgesamt 15 bis 20 Tage, nicht mehr 25, wie von Accad empfohlen. Später wird der Preßwein dem Vorlaufwein beigemischt, und es folgen zwei bis drei Tage Ruhezeit zum Absetzen des groben Trubs. Dann werden die Weine in Fässer gelegt – die Cortons zum Teil (25–30 %) in neue, zu einem anderen Teil (20 %) in einjährige und der Rest in ältere. Die Premiers Crus und die Villages-Weine werden in etwas geringerem Ausmaß mit neuem Holz traktiert. Philippe mag den Geschmack von neuem Eichenholz nicht besonders – «er ist nicht von Natur aus im Wein», meint er.

Die Ausbauzeit im Faß erstreckt sich auf rund zwei Jahre – etwa sechs Monate länger als bei traditioneller *élevage*. Zwei Abstiche erfolgen zur Belüftung des Weins und zur Vereinheitlichung des Inhalts verschiedener Fässer vor der Abfüllung. Ist das Geläger in Ordnung, dann wird der erste Abstich bis in den

Philippe Senard bei der Weinprobe mit Kunden.

September des Jahres nach der Bereitung verschoben. Inzwischen wird bei der Abfüllung eine kleine Dosis Schwefel zugesetzt.

Durch Beimischen von pektolytischen Enzymen wird die Klärung gefördert, da aber bei der Bereitungsmethode kräftige Tannine entstehen, schönt Philippe seine Weine – eher um sie zu mildern, als sie zu klären. Filtration findet jedoch nicht statt. Über manche seiner Kollegen, «die sich mit Grand Vin abrackern und dann alles herausfiltern», schüttelt er den Kopf und hält es lieber mit Guy Accad, der es für wünschenswert erklärt, eventuelle Fehler in den Anfangsstadien der Vinifizierung zu beheben und nicht erst gegen Ende.

Das Ergebnis der ersten Zusammenarbeit Philippe Senards mit Accad – der Jahrgang 1988 – beginnt eindrucksvoll seine Hüllen abzuwerfen. Die um die Mitte der 1990er Jahre degustierten 1988er und 1989er zeigten alle Anzeichen für Haltbarkeit bis in die 2000er Jahre.

Der rote 1989er Corton En Charlemagne – nicht wie ein falsch unterrichteter amerikanischer Kommentator behauptet hat, ein «roter Corton-Charlemagne» – wies mitteldunkle Farbe von schwarzen Kirschen, einen attraktiven offenen, heranreifenden Griotte-Duft und füllligen, pflaumenwürzigen, recht femininen Geschmack auf – vielleicht ein Rotwein von «Weißweinboden», jedoch sehr fein.

Der Corton *tout court* aus der Lage Les Paulands unterhalb von Les Bressandes war vollkommen anders – ein viel fleischigerer, maskulinerer Wein, noch verschlossen, mit einem «sauvage»-Unterton sowie mit echter Corton-Wucht und -Tiefe.

Der Les Bressandes war wiederum anders: ein Aroma von reifen, ja fast überreifen *fruits noirs*, warmer, fleischiger Geschmack, nicht unbedingt massiv wuchtig, dabei strenger und weniger ausdrucksvoll als die anderen. Der Clos des Meix ist gewichtiger, straffer strukturiert und hat eher sanftes Tannin und etwas weniger Komplexität. Der Clos du Rois ist feiner, fülliger, maskuliner. Sie alle sind Cortons, die Maßstäbe setzen.

Die von Philippe Senard nachweislich zu Recht scharf zurückgewiesenen Vorwürfe, die Accad-Methode führe zur Standardisierung, gehen an der Sache vorbei. Schon im Faß zeigen seine Weine (zum Beispiel der herrliche 1993er) deutlich die Unterschiede zwischen den verschiedenen Corton-*climats*. Was ist denn – auch ohne Accad – eigentlich ein typischer Corton oder Clos de Vougeot? Eine allgemeine Beschreibung von Unterschieden zwischen *climats* oder Gemeinden ist nicht dasselbe wie die Antwort auf die Frage nach der Typenechtheit. Was die Alterung angeht, sprechen Senards Weine für sich.

Neben den exzellenten Rotweinen erzeugt Philippe auch rund 900 Flaschen weißen Aloxe-Corton – eine Rarität – aus einer Parzelle mit 65jährigem Pinot-Beurot (= Pinot Gris). Dieser Wein geht fast ausschließlich an Restaurants mit Michelin-Sternen. Die Nachfrage ist so groß, daß 1995 ein 43 Ar großes Stück Clos des Meix mit Weißweinreben für Corton Blanc Grand Cru neu bestockt wurde.

Philippe Senard hatte viel persönliche Kritik wegen seiner Anhängerschaft an Accad zu ertragen, doch der hochintelligente, bedächtige Mann ist kaum einer, der seine Domäne und seinen Ruf einer Laune wegen aufs Spiel setzen würde. Bisher haben seine «neuen» Weine bei seinen Abnehmern und – was vorher kaum der Fall war – auch bei den Medien großen Erfolg.

Mit dem Heranreifen der 1988er und 1989er dürfte nun die Debatte über Authentizität und Durchstehvermögen abebben. Es wäre vermutlich zuviel von den Kritikern verlangt, daß sie ihren Irrtum eingestehen oder sich gar für den geistigen und finanziellen Schaden entschuldigen sollten, den sie ihren Opfern zugefügt haben. Zum Glück produziert diese Domäne sehr feinen Wein mit außerordentlicher Sorgfalt, und das findet bei Philippes Winzerkollegen und seinen zufriedenen Kunden Anerkennung.

WEINBERGBESITZ

Gemeinde	Rang	Lage/Climat	Fläche	Rebenalter	Status
Aloxe	GC	Corton Clos du Roi	0,64	45	P
Aloxe	GC	Corton Les Bressandes	0,63	38	P
Aloxe	GC	Corton Les Paulands	0,83	50	P
Aloxe	GC	Corton Clos des Meix	1,52	40	P
Aloxe	PC	Les Valozières	0,70	18	P
Aloxe	V	–	3,32	27	P
Aloxe	V	Caillettes (Blanc)	0,21	65	P
Aloxe	GC	Clos des Meix (Corton Blanc)	0,43	1995	P
Pernand	GC	Corton En Charlemagne	0,40	22	M
Beaune	PC	Les Coucherias	0,29	25	M
Chorey	V	Les Champs Longs	0,51	18	P
		Gesamtfläche	**9,48 ha**		

Domaine Jayer-Gilles

Das Leben ist ausgesprochen gemütlich oben in der «Arrière-Côte», dem friedlichen Hügelland hinter der Côte d'Or. Es rührt sich kaum etwas in den stillen Dörfern, außer daß gelegentlich ein Traktor vorüberfährt oder ein schneidender Hupenton die Ankunft des Gemüsehändlers verkündet.

Aber Wein wird hier erzeugt, zum großen Teil einfache, saubere Gewächse für den Weinhandel; nur einige wenige Winzer wagen den Versuch, sich mit eigenem Flaschenwein einen Namen zu schaffen.

Zu den besten dieser Pioniere gehört Robert Jayer-Gilles in Magny-les-Villers – ein großer, breitschulteriger Mann mit militärischem Aussehen; wenn er die Faßreihen in seinem tadellos sauberen Keller mustert, strahlt er die Autorität eines frischgebackenen Feldwebels aus.

Robert ist aus Vosne gebürtig, ein Cousin des großen Henri Jayer. 1948 begann er seine Lehre bei André Noblet, dem damaligen Kellermeister der Domaine de la Romanée-Conti. 1955 heiratete er Mlle. Gilles aus einer Winzerfamilie, die schon seit Jahrhunderten Weinbergbesitz in Magny-les-Villers hatte. Die von ihr eingebrachten Reben und Roberts ererbter Besitz im Grand Cru Echézeaux sowie im Premier Cru Les Damodes in Nuits bilden den Kern der Domäne.

Weitere Rot- und Weißweinparzellen in den Hautes Côtes, in Nuits und Beaune sowie Lagen für Côte de Nuits-Villages, Aligoté und Passetoutgrain kamen später dazu, so daß die Jahresproduktion heute durchschnittlich 5000 bis 6000 Kisten beträgt.

Die Weine werden mit unendlicher Sorgfalt bereitet und sind sehr gefragt, manchmal sogar bei Winzerkollegen, die für ihre Kunden nicht genug eigenen Bourgogne haben. Robert freut sich natürlich über den Erfolg seiner Bemühungen; wie sein Nachbar Claude Cornu besitzt er als äußeres Zeichen seines dadurch erworbenen Wohlstands eine durch Tastendruck gesteuerte Kellerausrüstung mit einem beleuchteten Brunnen, in dem der Grundwasserstand zu sehen ist, dazu ein prächtiges Spuckbecken mit steinernem Wasserspeier.

Trotz der hochmodernen Kellereinrichtung geschieht die Weinbereitung nach traditionellen Methoden, die lediglich etwas auf neueren Stand gebracht sind. Robert ist zwar nicht ein Befürworter des Entrappens, er respektiert jedoch den Wunsch seiner Kunden nach milderem Wein und entfernt 80–90 % der Stiele. In jeden Gärbottich gibt er sieben bis acht Lesekörbe mit unzerkleinerten Trauben, um dadurch die Maischdauer zu verlängern. Die Bemerkung, es sei ein Fehler, daß die Kunden dem Wein nicht mehr 10 bis 15 Jahre Reifezeit gönnen wollen, kann er sich allerdings nicht verkneifen.

Robert setzt dem Traubengut eine mäßige Dosis SO_2 zu, um das Einsetzen der Gärung so lange hinauszuzögern, daß eine kräftige Farbextraktion stattfinden kann. Steigt die Gärtemperatur über 36 °C, wird der Most einfach aus seiner *cuve* in eine kühlere abgezogen. Früher stampfte Robert den Schalenhut selbst auseinander, inzwischen aber hat er einen Druckluftkolben installiert, mit dem er offenbar zufrieden ist.

Die Rotweine liegen meist 15 bis 17 Monate in neuen Fässern aus Allier-Eiche – der Echézeaux bekommt auch etwas Tronçais-Eiche ab. Robert verwendet seit 1977 für alle seine Weine außer dem Passetoutgrain neue Fässer. Bei Romanée-Conti hat er gelernt, unabhängig von Jahrgang und Appellation stets zu 100 % mit neuem Holz zu arbeiten. Damit kann allerdings ein etwas schwach strukturierter Regionalwein, ja sogar ein besseres Gewächs aus einem minderen Jahrgang auch überfordert werden. Die Abfüllung erfolgt ohne Schönen, aber mit leichter Kieselgurfiltration.

Sowohl der rote als auch der weiße Hautes Côtes sind ausgezeichnet. Die Weißweine werden zur Hälfte in neuen Fässern und zur Hälfte in Edelstahltanks vergoren, sodann zu einem frischen, festen Ganzen zusammengeführt und nach 18 Monaten, also im zweiten Winter, abgefüllt. Als besonders gut, köstlich und individuell erweisen sich der Aligoté von 50- bis 70jährigen Reben, der weiße Hautes Côtes, der Beaune von 70 % der berühmten von Henri Gouges entdeckten weißen Pinot-Noir-Mutante und 30 % Chardonnay sowie der Nuits in umgekehrter Zusammensetzung.

Die Rotweine verdanken ihre reichhaltige attraktive Geschmackspalette und ihre feste Struktur der fünftägigen Vormaischung, den bereits erwähnten hohen Gärtemperaturen, einer 15tägigen *cuvaison* und einer *malo*, die bis zu 14 Monate dauern kann. Es sind stramme, oft vierschrötige Weine, definitiv kein fruchtiges Picknick für harmlose Gemüter.

Der Côte de Nuits-Villages ist zwar ein guter Vertreter seiner Art, aber erst im Hauts Poirets und im Damodes aus Nuits-St-Georges beginnt man die Fundamente für Roberts Reputation zu erkennen. Der erstere mit seinem feinen, an Bitterschokolade erinnernden Duft (1993) ist relativ entgegenkommend, fleischig und hochklassig. Der letztere von 50jährigen Reben auf der nach Vosne hin gelegenen Seite von Nuits zeigt sich gleichermaßen dicht; im Duft dunkle Kirschen, blumiger als der Poirets, aber ebenfalls fein mit Schokoladenoten und reichlich saftiger, reifer Frucht, darunter festes Tannin, das Zeit zur Milderung braucht – ein ausgeprägt Vosne-hafter Nuits.

Der Echézeaux steht um einen weiteren Quantensprung höher – ein dunkler, klarer Wein, fast mit der Farbe schwarzer Kirschen, im Duft sehr verhalten, doch mit vollmundiger, vielschichtiger, reifer Frucht im Geschmack, hochkonzentriert mit superber Nachhaltigkeit – einer der besten sanften Riesen unter den Grands Crus.

Robert Jayer bringt es nicht fertig, längeren Urlaub von seinem Keller zu nehmen. Bei 65 % Export in alle Welt und zahlreichen Direktabnehmern, zu denen auch Restaurants «mit zusammengenommen über 100 Michelin-Sternen» gehören, kann er sich nicht vorstellen, daß ihm Zeit bliebe, sich irgendwo am Strand in die Sonne zu legen.

WEINBERGBESITZ

Gemeinde	Rang	Lage/Climat	Fläche	Rebenalter	Status
Flagey	GC	Echézeaux	0,54	45	P
Nuits	PC	Les Damodes	0,11	50	P
Nuits	V	Les Hauts Poirets	0,30	45	P
Corgoloin	R	Côte de Nuits-Villages	1,31	25	P
–	R	(Hautes Côtes de Beaune Rouge)	1,02	20	P
–	R	(Hautes Côtes de Nuits Rouge)	2,37	20	P
–	R	(Hautes Côtes de Beaune Blanc)	1,01	30	P
–	R	(Hautes Côtes de Nuits Blanc)	1,22	30	P
–	R	(Bourgogne Passetoutgrain)	0,44	20	P
–	R	(Bourgogne Aligoté)	2,62	50–70	P
Gesamtfläche			**10,94 ha**		

Domaine Prince Florent de Mérode

Florent, Prince de Mérode, ein stiller, zurückhaltender Mittsechziger, lebt in dem von seinen Vorfahren im 18. Jh. erworbenen Château de Serrigny mit Burggraben, einem 500 m langen Kanal und einem herrlichen «parc à l'anglaise» – sein Erbteil in achter Generation über die Familie mütterlicherseits. Der Aristokrat alter Schule zeigt tiefe Achtung vor dem Land, das ihm als Erbe zugefallen ist. In Serrigny lebt er seit 1954, dem Jahr seiner Heirat mit der Schwester des Comte Alexandre de Lur-Saluces, Besitzer von Château d'Yquem.

Die Domäne verfügt über knapp 12 ha gutes Land, u. a. fast 4 ha in der Grand-Cru-Lage Corton. Von 1953–1990 lag die Weinerzeugung in der Hand des Winzers Pierre Bitouzet in Savigny, und die Domäne schöpfte ihr Potential eindeutig nicht aus. Die Weine waren zwar gefällig, aber von vornherein für frühe Genußreife ausgelegt, und es fehlte ihnen selbst in guten Jahren an Substanz und Tiefe. Inzwischen hat sich unter der Ägide von Jean-Louis Burelle und mit Hilfe eines Önologen ein Wandel zum Besseren vollzogen. Niedrige Erträge, vollständiges Entrappen, längere *cuvaison* (beim 1993er waren es 17 Tage anstatt 10 bis 12 unter der früheren Leitung), erforderlichenfalls *saignée de cuve*, schrittweise *chaptalisation* und reichliche *pigeage* haben die schwächlichen Cortons von einst zu Weinen mit echter Tiefe und Ausdrucksstärke umgestaltet.

Nach dem Gärprozeß in den schönen, alten, offenen hölzernen *cuves* und nach dem Beimischen des Preßweins bleibt der neue Wein drei bis vier Tage zum Absetzen stehen und wird dann in Fässer gegeben. Die Cortons werden zu rund 25 % in neuen Fässern ausgebaut, bei allen übrigen ist der Anteil geringer. Zwei Abstiche, der erste nach der *malo*, der zweite nach dem Schönen, gehen der Abfüllung voraus, die 15 bis 18 Monate nach Ausbaubeginn stattfindet. Seit 1990 wird nicht mehr gefiltert.

Der einzige Weißwein der Domäne ist ein Ladoix Blanc, Les Hautes-Mourottes Premier Cru von Chardonnay. Er wird in (zu einem Drittel neuen) Fässern vergoren, unter *bâtonnage* ausgebaut und nach 10 bis 12 Monaten – also relativ früh, um seine Frische zu bewahren – abgefüllt. Er ist gefällig, interessant, voll, saftig und rustikal und zeigt ausgeprägten *goût de terroir*.

Die einfacheren Rotweine – die beiden ersteren aus dem größten Weinberg der Domäne – sind der Ladoix Les Chaillots, der Pommard Clos de la Platière und ein Aloxe-Corton

Die Kirche von Aloxe.

Premier Cru; sie sind alle gut, insbesondere der Pommard hat echte Tiefe und eine in Weinen dieser Gemeinde nicht oft anzutreffende Eleganz.

Die nächste Stufe besteht aus vier Cortons: zunächst einem recht vollen, breitschultrigen Maréchaudes von ziemlich alten Reben auf Lehmboden; dann folgt ein Renardes mit deutlich aromatischer Komplexität und kräftiger Säure bei urwüchsiger Art von felsigem Grund mit nur 35 cm Bodenauflage – er hat mehr Langlebigkeit; der Bressandes verschmilzt die Eleganz des Renardes mit der *puissance* des Maréchaudes zu einem höchst attraktiven Wein, der schon relativ früh genußreif ist, in Jahrgängen wie 1993 jedoch mit Leichtigkeit ein Jahrzehnt überdauern wird; der Clos du Roi schließlich ist der typischste der vier Cortons, fest und doch elegant, wuchtig und doch geschmeidig, mit vielschichtiger Frucht von eisen- und mergelhaltigem Boden und von Reben, die schon fast ein halbes Jahrhundert dort stehen – seine ausgewogene Art macht ihn bereits in der Jugend überaus erfreulich und sichert ihm zugleich lange Lebenserwartung.

Der Fürst hat die Zügel seiner Domäne wieder fest in die Hand genommen, und was dabei herauskommt, erweist sich als zunehmend eindrucksvoll. Eine so gründliche Wandlung kann man nur mit Freude beobachten. Die Weine sind zwar für die Spitzenklasse noch ein wenig zu unbeständig, aber doch eindeutig auf dem Weg dorthin. Er hat die seltene Chance, mit seinem Schwager Wein zu tauschen – «ein klein wenig Yquem für ziemlich viel Corton» –, zweifellos aber wird sich das Verhältnis allmählich zu seinen Gunsten verschieben.

WEINBERGBESITZ

Gemeinde	Rang	Lage/Climat	Fläche	Rebenalter	Status
Aloxe	GC	Corton Le Clos du Roi	0,57	47	P
Aloxe	GC	Corton Les Bressandes	1,19	35	P
Aloxe	GC	Corton Les Renardes	0,51	40	P
Aloxe	GC	Corton Les Maréchaudes	1,53	42	P
Aloxe	PC	Les Maréchaudes	0,69	44	P
Pommard	PC	Clos de la Platière	3,73	20	P
Ladoix	PC	Hautes-Mourottes (Weiß)	0,31	48	P
Ladoix	V	Les Chaillots (Rot)	2,84	25	P
Gesamtfläche			**11,37 ha**		

PERNAND-VERGELESSES

Das Dorf Pernand – der Beiname Vergelesses kam im Jahr 1922 dazu – liegt am Fuß des Corton-Bergs, 3 km von Aloxe-Corton entfernt. Für Touristen hat der freundliche, angenehme Ort, dessen Gassen sich von der Kirche aus strahlenförmig hangauf und hangab erstrecken und der kein Hotel und nur ein einziges Restaurant vorweisen kann, nur wenig Anziehungskraft.

Dennoch ist Pernand architektonisch interessant mit den sechs entlang der Peripherie wie Schildwachen verteilten Gutshäusern aus dem 19. Jh., von denen jedes einen Park mit schönen, alten Bäumen und einen eigenen ummauerten Weinberg hat. Im vorigen Jahrhundert lebten in diesen «maisons bourgeoises» die Großgrundbesitzer, die dem ganzen Ort Arbeit und Brot gaben – die de Grossets, Rameaus, Chansons, Copeaus, Ponnelles und Moreys. Im übrigen stehen die Häuser des Dorfs eng aneinandergedrängt, wie es sich für die Behausungen der Untergebenen solcher Feudalherren gebührte. Die modernen Zeitläufte haben inzwischen die Besitzverhältnisse auf den Kopf gestellt und den alten Familien die Flügel gestutzt. Ihre Nachkommen sind keine Großgrundbesitzer mehr, und

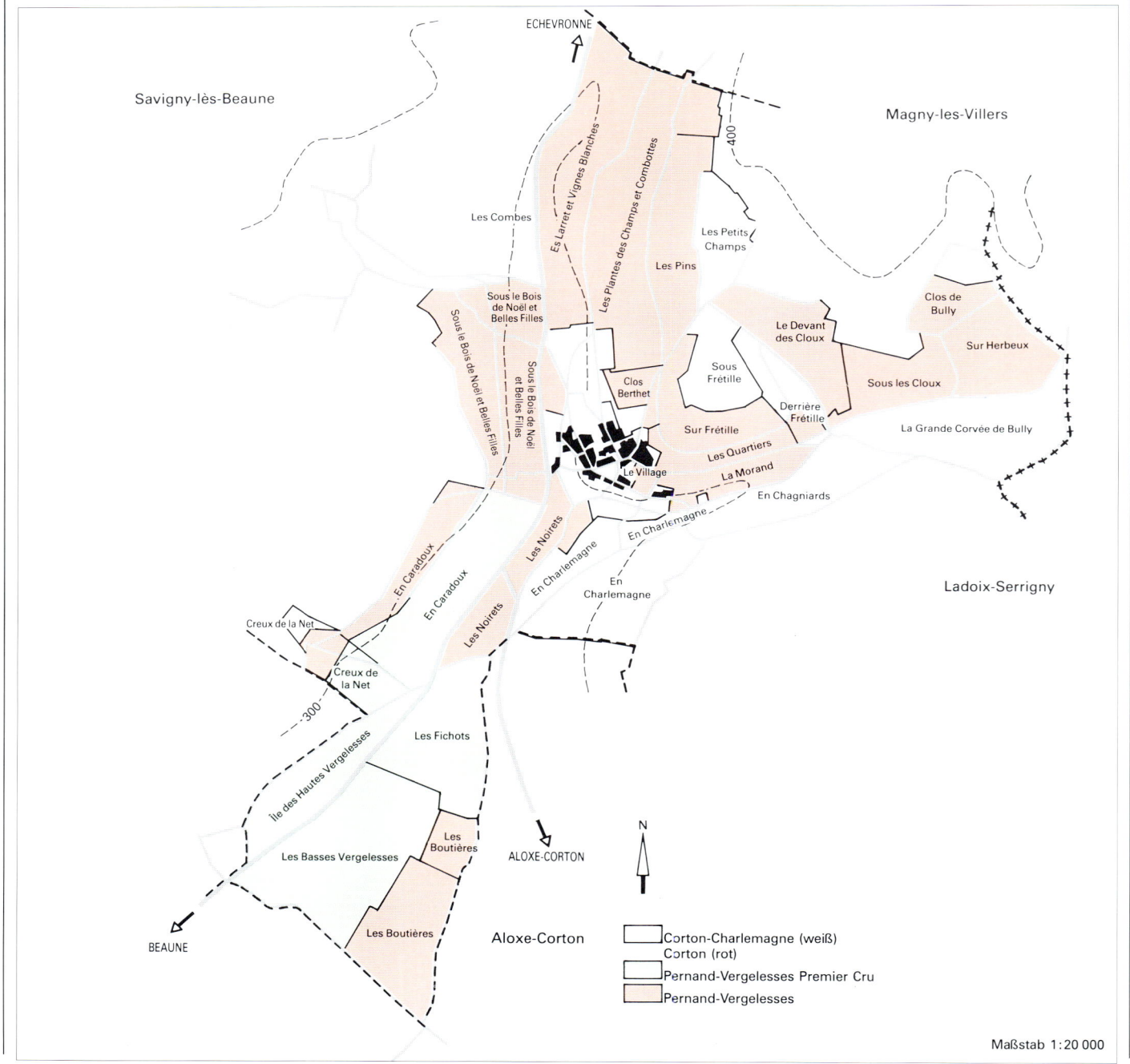

ihre Häuser gehören heute einstigen Dorfbewohnern.

Von den knapp 350 Einwohnern von Pernand sind 35 Winzer; sie produzieren Rot- und Weißwein aus 137,63 ha Villages-Lagen und aus fünf Premiers Crus mit zusammen 56,51 ha. Gut ein Fünftel der Appellation Corton-Charlemagne – nämlich 17,26 ha «En Charlemagne» – am Nordrand des Corton-Bergs fallen in die Gemarkung Pernand. Es wird vermutet, diese Lage sei ein Teil des Landes, das Karl der Große im Jahr 775 dem Kloster Saulieu schenkte.

1978 setzte der örtliche Winzerverband einige größere Veränderungen durch. Zunächst wurde die Grand-Cru-Fläche um einige kleinere Parzellen erweitert, die früher schon einmal dazugehört hatten, inzwischen aber herausgefallen waren; zweitens wurde die Grand-Cru-Bezeichnung so geändert, daß sowohl die Erzeugung von Corton (Rotwein) als auch von Corton-Charlemagne (Weißwein) möglich ist, und drittens wurde das Recht auf Gebrauch des Namens Aloxe-Corton für Rotwein aus bestimmten Teilen der Gemarkung für ungültig erklärt.

Die Weine von Pernand gehören zu den am wenigsten bekannten von der Côte. Der Hauptgrund dafür ist, daß die Winzer ihren Wein nicht als «Pernand-Vergelesses» auf den Markt bringen, sondern lieber die ihnen ebenfalls zustehende Appellation Côte de Beaune-Villages benutzen. Zum Teil liegt es wohl auch daran, daß der Name Pernand-Vergelesses bei Marketing-Experten nicht als griffig genug gilt.

Mag nun auch der Bekanntheitsgrad der Appellation gering sein, ihre Weine empfehlen sich vor allem in guten Jahrgängen durch etliche Jahre Haltbarkeit. Freilich muß man sorgfältig wählen, denn die Winzer sind zwar allesamt gewissenhaft, die Weine allerdings gelegentlich mager und ausdrucksschwach.

Von vornherein nachteilig für die Vignerons von Pernand ist die ungünstige Lage ihrer Weinberge. Ein Blick auf die Karte zeigt, daß sich der größte Teil der Rebfläche am Nordende des Tals in Richtung Echevronne befindet; das aber bedeutet, daß sie den Tag über weitgehend im Schatten des Corton-Bergs liegt. Es ist kein Zufall, daß die besseren Premiers Crus – Les Basses Vergelesses und Ile des Hautes Vergelesses – die flachere offene Talsohle einnehmen, wo sie mehr Sonnenlicht abbekommen. Einige Weinberge befinden sich in Südostlage, viele – darunter auch En Charlemagne – sind jedoch West- oder gar Nordwestlagen, in denen sich die Reife beträchtlich verzögert. Wer dies durch späte Lese auszugleichen versucht, riskiert Schäden durch Herbststürme.

Die Böden sind allerdings gut, vor allem für Weißweinreben – seltsamerweise sind aber fast 75 % der Rebfläche mit Pinot Noir besetzt. En Charlemagne besteht vorwiegend aus har-

Pernand – einer von vielen verträumten Orten von Burgund – schmiegt sich an den Fuß des Corton-Bergs.

tem Kalkstein, der an manchen Stellen in Form von «têtes de loup» zutage tritt. Diese Felsbrocken beschädigen oft Pflüge und Hakken, deshalb setzen manche Domänen neuerdings Spezialmaschinen ein, mit deren Hilfe die Steine zerkleinert und dann wieder in den Mutterboden eingearbeitet werden. Am unteren Ende des Corton-Bergs wurden in Pernand neue Mauern gebaut, um den vom Regen abgeschwemmten Mutterboden festzuhalten.

An anderen Stellen finden sich unterschiedliche Bodentypen, die meisten aber beruhen auf Kalkstein in verschiedenen Formen. Die Lagen Les Vergelesses, Les Fichots und Ile des Vergelesses weisen einen wesentlich stärkeren Gehalt an Lehm und vor allem Eisen auf, das nicht nur den Boden rot färbt, sondern auch eine ideale Grundlage für die Erzeugung von Rotwein mit Breite und Struktur abgibt.

Außerdem bringt die Gemeinde in bescheidenem Umfang weißen Pernand-Vergelesses von Chardonnay oder von Pinot Blanc hervor; derzeit scheint er so etwas wie eine Renaissance zu erleben. Bernard Dubreuil mit seinem exzellenten Clos Berthet aus der gleichnamigen Villages-*monopole*-Lage sowie Roland Rapet und die de Nicolays von Chandon de Briailles in Savigny erzeugen weißen Pernand rein von Chardonnay, andere dagegen mischen einen gewissen Anteil Pinot Blanc bei.

In guten Jahrgängen wie 1983, 1985, 1988, 1989, 1990 und 1992 zeigt der Blanc einen grüngoldenen Schimmer und das Aroma von Pfirsichkernen, dazu kräftigen *goût de terroir* mit Feuersteinnote. Er entfaltet sich über einige Jahre hinweg, dürfte mit seiner unkomplizierten, saftigen Frucht aber doch jung am besten zu trinken sein.

An den Rotweinen wird oft – und in vielen Fällen auch zu Recht – rustikale Art und Mangel an Finesse kritisiert. Die besseren Domänen haben erkannt, daß durch Entrappen das rohe Tannin, das vor allem in unreifen, von Natur aus etwas kantigen Jahrgängen zu diesem Problem beiträgt, gemildert werden kann. In guten Jahrgängen jedoch zeichnen sich die Rotweine aus Pernand, v. a. Les (Basses) Vergelesses und Ile des (Hautes) Vergelesses, durch Wucht und Struktur aus und besitzen eine Lebensdauer von 20 und mehr Jahren. Wie immer hängt auch hier die Qualität vom Winzer ab.

Abgesehen von der unbestreitbar erstklassigen Domaine Bonneau du Martray mit ihrem Corton-Charlemagne sind die Spitzenerzeuger die bereits genannten Domänen. Daneben bietet Louis Latour einen kompetenten Ile des Vergelesses und Louis Jadot einen Villages-Wein Clos de la Croix de Pierre an. Es lohnt sich immer, in Pernand-Vergelesses nach diesen Weinen Ausschau zu halten, nicht nur wegen ihrer Qualität, sondern auch weil sie zu mäßigen Preisen zu haben sind.

DIE GRANDS CRUS VON PERNAND-VERGELESSES

Lage/Climat	Fläche	Eigentümer	Gesamtproduktion
** En Charlemagne	17,2589	35	6600 Kisten

** Rotwein aus dieser Lage hat Anspruch auf die Appellation Corton, Weißwein auf die Appellation Corton-Charlemagne oder Charlemagne.

Domaine Bonneau du Martray

Die Weißweine von Corton haben im Mosaik von Burgund ihren eigenen Platz. Ob man nun die Legende glaubt oder nicht, derzufolge die Bepflanzung des Corton-Bergs mit Weißweinreben auf den Wunsch Liutgards, der Gemahlin Karls des Großen, zurückgeht, ihr kaiserlicher Gemahl möge seinen Durst mit Weißwein stillen, damit sein blonder Bart nicht durch rote Flekken verunziert werde – auf jeden Fall ist die Erzeugung von Weißwein aus dieser vorwiegend Rotwein gewidmeten Hanglange eine Kuriosität, die so manches Jahrhundert überdauert hat und dem Chardonnay erneut Gelegenheit gibt, den Gaumen zu erfreuen und zu beleben.

Die Domaine Bonneau du Martray zählt zwar auch 1,5 ha der Rotweinlage Corton zu ihrem Besitz, ist aber durch ihren großartigen Charlemagne von besonders günstig gelegenen 9,5 ha am bekanntesten geworden. 1969 erbte Gräfin Alice de la Morinière das Gut von ihrem Patenonkel René Bonneau du Martray und leitete es bis 1993 gemeinsam mit ihrem Mann. Als sie die Domäne in Besitz nahmen, stellten sie fest, daß 4,5 ha Weinberge an verschiedene Pächter vergeben waren; es dauerte fünf Jahre, bis der gesamte Besitz in ihrer Hand wieder vereinigt und in Ordnung gebracht war.

Zwar verwaltete Graf Jean le Bault de la Morinière die kommerziellen Angelegenheiten der Domäne von Paris aus, doch er verbrachte wenigstens die Wochenenden und die Zeit der Weinlese in dem kleinen, schlicht, aber geschmackvoll eingerichteten Winzerhaus in Pernand, in dem eine Wand im Wohnzimmer ganz mit einer wunderschönen Aubusson-Tapisserie bespannt ist. Er sparte keine Kosten, um den bestmöglichen Wein zu produzieren. Auch kennt er alle seine Reben genau und weiß, was sie brauchen.

Nach dem Tod seiner Frau im Jahr 1993 übergab der Graf seinem ältesten Sohn Jean-Charles, von Beruf Architekt mit gutgehendem Büro, die Leitung der Domäne; dieser verlegte den Wohnsitz seiner Familie und die Verwaltung des Guts nach Pernand-Vergelesses und will «auf mindestens 25 Jahre» die Domäne führen. Ebenfalls im Jahr 1993 legte Henri Bruchon (liebevoll «Monsieur Henri» genannt) die von ihm seit 1963 ausgefüllte Stellung als «régisseur» in die Hände seiner Söhne Bernard und Jean-Pierre.

Der Weinbergbesitz bildet ein einziges großes Stück – in Burgund eine Seltenheit. Die ein halbes Jahrhundert alten Reben für den roten Corton stehen in Aloxe-Corton an der Straße nach Pernand am Fuß des Bergs. Hier ist der mäßig tiefgründige Boden eisenhaltig mit hartem Kalksteinuntergrund. Die daran anschließenden 9,5 ha Charlemagne verteilen sich etwa gleichmäßig auf die Gemarkungen Aloxe und Pernand, befinden sich aber etwas höher am Hang auf stärker lehm- und kalksteinhaltigem Boden und eignen sich besser für Weißweinreben.

Bodenerosion ist hier ständig ein Problem. Bei Gewittern wurde der wertvolle feine Mutterboden regelmäßig abgeschwemmt und dann von Monsieur Henri und seinem Team immer wieder hinaufgeschafft. Jean le Bault löste das Problem in für ihn typischer Weise, indem er Ableitungskanäle für das Wasser anlegte, in denen sich die Erde sammelt und mit Maschinen wieder in den Weinberg zurückgebracht werden kann. Darüber hinaus versetzte er die Traditionalisten in Aufregung, weil er eine Traubenerntemaschine benutzte, und 1993 überraschte er den ganzen Ort damit, daß er die naß gewordenen Trauben von einem Hubschrauber trockenblasen ließ und dadurch den Reifegrad um 1 % potentiellen Alkohol verbesserte. «Das Ergebnis war hervorragend, aber alle lachten über uns und witzelten: Bonneau du Martray braucht wohl Publicity», erzählt Jean-Charles und setzt hinzu: «Aber 1994 waren wir nicht mehr die einzigen, die mit Helikoptern arbeiteten.»

Jean le Bault und Jean-Charles sind Perfektionisten, und dank einer Fabrik, die einen beträchtlichen Teil der von der französischen Parfümindustrie benötigten Flaschen herstellt, verfügen sie auch über die Mittel, um ihre Ideen zu verwirklichen.

Nachdem die Suche nach größeren Kellern erfolglos blieb, wurde 1990 am Rand von Pernand ein von Jean le Bault selbst entworfener prachtvoller Neubau mit klassischer Giebelfassade errichtet. Er kann mehrere Jahrgänge der Domäne zugleich aufnehmen oder gegebenenfalls auch als eigenständiges Gebäude für ein Handelshaus benutzt werden, wenn die künftige Entwicklung einmal darauf hinauslaufen sollte. Das Obergeschoß ist als Empfangs- und Probierraum gestaltet.

In ihrem Streben nach Perfektion sind sich Vater und Sohn sehr wohl der Tatsache bewußt, daß zwar ihr weißer Corton-Charlemagne allgemein Beifall findet, der rote Corton aber weit hinter dem zurückbleibt, was andere leisten. Beim Degustieren einer Reihe von Jahrgängen wird klar, daß es diesen Weinen selbst in guten Jahren wie 1985 und 1990 an der Tiefe in Extrakt und Konzentration mangelt, die man von einem Grand Cru verlangen darf. Es ist nicht leicht festzustellen, woran das liegt. In Rebenalter und Weinbergpflege bestehen bei den Rot- und Weißweinen keine wesentlichen Unterschiede. Vielleicht sind die Erträge daran schuld, daß der Corton relativ dünn ausfällt. Die Erfahrung lehrt, daß der Pinot Noir oberhalb 35 hl/ha in der Geschmackskonzentration nachläßt, während der Chardonnay 45–50 hl/ha ohne weiteres verträgt. Die Pinot-Erträge wurden inzwischen mindestens auf das *rendement de base* von 35 hl/ha gesenkt, und das macht sich bereits im besser strukturierten und ausgewogeneren, volleren 1993er bemerkbar.

Ein übervorsichtiger Önologieberater, der lange Jahre hindurch die Praktiken der Domäne bestimmte, war nicht bereit, die *cuvaison* länger als sechs bis acht Tage auszudehnen; das aber ist zu kurz für die Extraktion insbesondere von Aroma und Tanninen. Inzwischen wird eine über acht Tage hinaus verlängerte *cuvaison* und eine drei- bis viertägige Vormaischung durchgeführt. Bleibt noch der Ausbau zu verbessern. Bislang bestand die *élevage* aus knapp einem Jahr im Faß und weiteren fünf bis sechs Monaten im Tank, «um in den Fässern Platz für die nächste Ernte zu schaffen» – ein eigentümlich sparsames Verfahren für eine Domäne, der es an Mitteln nicht fehlt. Ein großer Corton verdient 16 bis 18 Monate (manche sagen sogar 20) im Faß

Die Comtesse le Bault vor Aubosson-Tapisserien in ihrem Haus in Pernand

und dann höchstens eine ganz leichte Filtration, nicht aber die hier derzeit übliche Behandlung mit Kieselgur- und Schichtenfiltern. Jean-Charles ist jedenfalls entschlossen, daß sein Corton es mit den feinsten seiner Art aufnehmen können soll. Der 1993er mit schönem Eichenholzaroma, fülliger, konzentrierter Frucht, guter Nachhaltigkeit und tiefgründiger Kraft ist ein attraktiver, recht aufgeschlossener Wein – ein bedeutender Schritt in die richtige Richtung.

Beim Corton-Charlemagne gibt es keine derartigen Probleme; er ist in großen und kleinen Jahrgängen ein Wein mit Präsenz und Distinktion. Er ist nicht dazu gedacht, jung getrunken zu werden – obwohl ihm das fast immer widerfährt –, sondern zehn Jahre oder länger im Keller zu reifen, bis er die jugendliche Kargheit abstreift und seine Rasse und Finesse zur Geltung bringt.

Vinifiziert wird dieser Aristokrat nach einem «modifiziert klassischen» Verfahren – die hauptsächliche Modifikation besteht darin, daß der Gärprozeß im Edelstahltank beginnt, damit die Temperatur auf maximal 18 °C gehalten werden kann; nach fünf bis sechs Tagen, wenn kein größeres Überhitzungsrisiko mehr besteht, wird der Most in zu ⅓ neue Fässer abgezogen – die übrigen sind zwei- und dreijährige zu gleichen Anteilen. Früher wurde Limousin-Eiche bevorzugt, nach einigen Experimenten hat sich Jean-Charles jedoch für Allier und Nevers entschieden. Er arbeitet eng mit mehreren Faßbauern zusammen und versucht stets möglichst feinporiges Holz mit leichter bis mittlerer Anröstung zu bekommen.

Der Charlemagne von Bonneau du Martray absorbiert das ihm zugemessene Eichenholz meist ohne weiteres. Sobald die malolaktische Säureumwandlung beendet ist, werden die Weine vom Geläger abgezogen und in Tanks zusammengeführt. Es schließt sich weitere Faßreife bis kurz vor der neuen Ernte an, dann erfolgt erneuter Abstich und Tanklagerung bis zur Abfüllung nach insgesamt 15 bis 18 Monaten, also so früh wie möglich, um ein Maximum an Frische und jugendlicher Frucht zu bewahren.

Leider wird der große weiße Burgunder meist schon getrunken, lange bevor er seine Reife erreicht – und zwar entweder, weil vor allem im Restaurant die Lagerhaltungskosten eine wichtige Rolle spielen oder aber aus Neugier, «um zu sehen, wie er sich macht». Zum Glück – oder soll man sagen, zu seinem Unglück – trinkt sich junger Charlemagne keineswegs unangenehm, aber wie die Grands Crus aus Puligny gibt auch er sein Bestes erst nach etwa einem Jahrzehnt in der Flasche.

Die Charlemagnes von Bonneau du Martray sind hierfür mustergültige Beispiele. Zunächst zeigen sie die für diese Appellation kennzeichnende jugendlich maskuline Zurückhaltung. Manchmal erinnert das anfängliche Aroma an Zitrusfrüchte (1994), in anderen Jahrgängen (1989) stellt sich ein an Condrieu erinnernder Charakter von getrockneten Aprikosenschalen ein. Oft findet sich im Duft eine stark blumige Komponente (1990, 1992), die sich mit zunehmender Flaschenreife in ein Bukett von Akazien, Nüssen und Orangenblüten verwandelt.

Solche Weine brauchen Zeit, um sich zu sammeln und zu erschließen; ihre jugendlichen Qualitäten sind nur eine leise Vorahnung der Pracht, die den Geduldigen erwartet. Nicht nur in erstklassigen, sondern auch in einfacheren Jahrgängen tragen sie in sich den Samen einer bereichernden Entfaltung, die nicht im Eilverfahren zu erzielen ist.

Der 1987er steckt noch in der Entwicklung – er zeigt sich steinig, stahlig, pfirsichhaft mit der feinen Säure dieses Jahrgangs, jedoch läßt er auch viel Tiefe und Gewichtigkeit erkennen, dazu ein Aufscheinen jenes speziellen Dufts von Lindenblüten und Haselnüssen, der so oft feinen weißen Burgunder kennzeichnet

Jean-Charles de la Morinière neben Bernard und Jean-Pierre Bruchon: die neue Generation bei Bonneau du Martray.

– ein noch kaum fertiger Wein, und doch dürften die 4000 Kisten, die von ihm erzeugt wurden, zum größten Teil schon ausgetrunken sein.

Will man einen Eindruck vom wahren Potential eines Corton-Charlemagne der Domaine Bonneau du Martray gewinnen, muß man auf den jetzt auf der Höhe seiner Kraft befindlichen 1979er zurückgreifen – ein brillanter, grüngoldener Farbton, ein feiner, stahliger Duft nach fast rauchigen Nüssen und Lindenblüten und ein zwar noch straffer, aber doch den Mund mit seiner Reichhaltigkeit und Komplexität ausfüllender Geschmack.

Die einfacheren Jahrgänge passen wohl gut zu Fisch und Geflügel, die größeren Flaschen dagegen nehmen es schon mit kräftigeren Dingen auf – nur übermäßig stark Gewürztes oder von schweren Saucen Begleitetes dürfte alles, was Graf Jean, Jean-Charles, Monsieur Henri und seine Söhne sich je zu schaffen bemüht haben, zunichte machen.

WEINBERGSBESITZ

Gemeinde	Rang	Lage/Climat	Fläche	Rebenalter	Status
Pernand	GC	En Charlemagne (Weiß)	4,50	48	P
Aloxe	GC	Le Charlemagne (Weiß)	5,00	48	P
Aloxe	GC	Le Charlemagne (Rot)	1,50	46	P
Gesamtfläche			**11,00 ha**		

Domaine Dubreuil-Fontaine

Bernard Dubreuil führt eine der größeren Domänen in Pernand. Sie wurde von Bernards Urgroßvater, M. Arbinet, in den 1860er Jahren geschaffen und sodann von dessen Schwiegersohn Julien Dubreuil übernommen. Bernards Vater Pierre heiratete eine Mlle. Fontaine und vergrößerte die Domäne weiter. Bernard selbst arbeitete ab 1957 für seinen Vater, heiratete eine Mlle. Bidot aus Pommard und trug anschließend seinerseits zum Wachstum des Guts bei: je 0,75 ha Corton-Bressandes und Clos du Roi in 1966, 0,16 ha Les Petits Epenots in 1969, das *monopole* Clos Berthet in Pernand in 1971 (1 ha für Weißwein und 0,5 ha für Rotwein am Ortsrand) und schließlich 0,25 ha Aloxe-Corton-Villages sowie weitere 0,25 ha Corton Clos du Roi in 1985.

Bernard, ein höflicher, zurückhaltender Mann, hat echtes Fingerspitzengefühl für feinen Wein. Die Familie lebt in einem der alten Herrenhäuser von Pernand, die Keller sind über den Ort verteilt.

Aus Vorsichtsgründen beginnt Bernard die Lese stets mit den Grands Crus; zwar liegen diese meist in Austrieb, Blüte und Reife sowieso am frühesten, aber ihm geht es in erster Linie um die Sicherheit – wenn schlechtes Wetter kommt, sind wenigstens die wertvollen Grands Crus eingebracht.

Bis noch vor kurzem durfte von der Frucht der Reben, die noch zu jung für die Appellation waren, nur Tafelwein erzeugt werden. 1987 aber wurde die Vorschrift geändert, und nun dürfen junge Reben ein Jahr früher – bereits nach der dritten Blüte – in die Appellation hereingenommen, aber nicht mehr für die Erzeugung von Vin de Table genutzt werden, d. h., die vorher anfallende Frucht wird entweder ausgeschieden oder destilliert.

Bernard entrappt bis zu 90 % – ihm ist das Tannin aus neuem Faßholz lieber als jenes aus den Stielen. Der Familientradition entsprechend nimmt er bei Rot- und Weißweinen bis zum ersten Abstich keine Schwefelung vor – ein unübliches und recht riskantes Verfahren, v. a. bei Weißweintrauben, die ja äußerste Hygiene verlangen, damit keine Oxidation eintritt. Heute möchte seine als Önologin ausgebildete Tochter Christine vor dem Gärprozeß SO_2 zugeben – der Vater hält das für übertriebene Vorsicht, aber «man muß der Jugend ihren Willen lassen».

Die Rotweine werden bei 28–32 °C in 12tägiger *cuvaison* vergoren, daran schließt sich zur maximalen Fruchtextraktion eine 5tägige Maischung in geschlossenen Behältern an. Diese bewußte Ausdehnung der Gesamtzeit bringt eine Dimension der Frische und Vollmundigkeit ein, ohne jedoch die Finesse zu beeinträchtigen, auf die es Bernard und seiner Tochter ankommt.

Der Ile des Vergelesses bezieht aus dem stark kalk- und eisenhaltigen Lehmboden dieser Lage kräftigere Struktur und daher größere Langlebigkeit, ist allerdings weniger elegant als die übrigen Pernand-Weine der Domäne. Der in zu 50 % neuen Fässern ausgebaute Corton Bressandes zeigt zunächst stets tiefe Farbe und festere Struktur als die meisten Rotweine von Dubreuil, und es dauert etliche Jahre, bis seine Qualitäten zum Vorschein kommen. Der Corton Perrières hat noch mehr Farbe und Komplexität aufzuweisen, ist anfänglich straff, hat aber viel Eleganz.

Der 1978er Bressandes und der 1969er Clos du Roi beweisen, wie gut Bernard Dubreuils Weine sich im Alter halten. Der 1978er zeigte ein ausgeprägt viszerales Aroma, vermischt mit dem markanten *Sous-bois*-Charakter, wie reifer Pinot Noir ihn oft besitzt. Im Geschmack findet sich eine Spur von rohem Fleisch, die im Verein mit der exzellenten, reifen Grundstruktur herrliche Vollmundigkeit ergibt. Der 1969er wirkte erstaunlicherweise sogar noch jugendlicher, in der Art ganz anders als der 1978er, mit einem Anflug von *surmaturité* und mit festen, an Teer erinnernden Untertönen – ein noch immer nicht voll ausgereifter Wein.

Unter den Weißweinen sind zweifellos der Clos Berthet (100 % Chardonnay) und der Corton-Charlemagne am besten. Der Clos liegt günstiger als die anderen Pernand-Villages-Lagen und erlangt durch die Frucht alter Reben deutlich kräftigere Konzentration. In guten Jahren entwickeln Weißweine aus Pernand einen typischen *goût de silex*, der sich als erdig-pfirsichhafte Note bemerkbar macht. Der Corton-Charlemagne aus Pernand ist meist ein mustergültiger Vertreter dieses stets maskulinen Weins – straff und karg in der Jugend; nach fünf bis zehn Jahren Flaschenreife entfaltet sich ein komplexes Bukett von gerösteten Mandeln und Lindenblüten. Bernard beklagt nur, daß dieser Wein meist schon getrunken wird, bevor er sich voll erschließen kann.

Weder die Weißweine noch die Rotweine sind von frischem Faßholz geprägt – die Grands Crus werden zu höchstens 50 %, die Premiers Crus und die Villages-Weine in noch geringerem Verhältnis darin ausgebaut. Bei den Weißweinen beginnt der Gärprozeß im Tank bei 20–22 °C, anschließend werden sie in Fässer abgezogen und zu Ende vergoren.

Bei den Rotweinen wird bis zum ersten Abstich, bei dem die Weine aus den verschiedenen Fässern zusammengeführt werden, kein SO_2 zugesetzt, der Schwefelgehalt aber beim zweiten Abstich sowie bei der Abfüllung neu abgestimmt. Alle Dubreuil-Weine werden geschönt (Rotweine mit Eiweiß, Weißweine mit Kasein) und gefiltert.

Manche Weine der Domäne, insbesondere die roten, könnten etwas mehr Konzentration vertragen. Es wäre gut, wenn die übervorsichtige Art Bernard Dubreuils (frühe Lese, Filtration) von seiner Tochter Christine korrigiert würde. Alles in allem handelt es sich um eine seriöse Domäne mit hoher Qualität, bei deren Weinen jedoch sorgfältige Auswahl angebracht ist.

WEINBERGBESITZ

Gemeinde	Rang	Lage/Climat	Fläche	Rebenalter	Status
Aloxe	GC	Corton Bressandes	0,75	50	F
Aloxe	GC	Corton Perrières	0,60	45	F
Aloxe	GC	Corton Clos du Roy	1,00	35	F
Aloxe	PC	Les Verccts	0,50	30	F
Aloxe	V	Les Combes/Les Cras	0,50	40	F
Pernand	GC	Corton-Charlemagne	0,76	38	F
Pernand	PC	Ile des Vergelesses	0,73	41	F
Pernand	V	(mehrere Climats; W)	1,90	40	F
Pernand	V	Clos Berthet (R + W)	1,50	25	F
Pernand	V	Les Fichots (R)	3,00	45	F
Savigny	PC	Les Vergelesses	3,72	45	F
Beaune	PC	Les Montrevenots	0,30	15	F
Volnay	V	(mehrere Climats)	0,50	35	F
Pommard	PC	Les Epenots	0,40	55	F
Pommard	V	(mehrere Climats)	0,59	30	F
–	R	(PTG/R/W/Aligoté)	5,44	10–40	P
Gesamtfläche			**22,19 ha**		

Savigny-lès-Beaune

Wer den sommerlichen Touristenströmen, die lautstark und ununterbrochen die Hotels und Restaurants von Beaune durchfluten, aus dem Weg gehen möchte, ist nicht schlecht beraten, wenn er ein paar Kilometer nach Norden bis zu dem freundlichen grünen Dorf Savigny-lès-Beaune fährt.

Der in ein stilles Waldtal, die Combe de la Fontaine Froide, geschmiegte Ort bietet dem Besucher Wanderwege, ein paar kleine Geschäfte, ein schlichtes Café, zwei bescheidene Restaurants und ein kleines Hotel, daneben ein schönes Château aus dem 17. Jh., eine Kirche mit einem bemerkenswerten Turm und eine ganze Reihe freundlicher Winzer.

Die Ansiedlung «Villa Saviniaca» ist gallorömischen Ursprungs. Im 12. Jh. hieß sie Savigniaci; später wurde daraus Savigny-près-Beaune und Savigny-sous-Beaune und ab 1863 schließlich Savigny-lès-Beaune.

Zwei teilweise noch sichtbare Römerstraßen verliefen durch den Ort, und von der Autoroute A6 hat man von einem besonders malerischen Rastplatz aus einen einmaligen Blick über die Weinberge bis zum fernen Bois de Corton.

Die AC Savigny-Villages gilt gleichermaßen für Rot- und Weißwein, wobei der erstere auch Anspruch auf die AC Côte de Beaune-Villages hat, doch da Savigny inzwischen recht bekannt geworden ist, wird diese Alternative nur noch selten benutzt. Die Rebfläche der AC Savigny umfaßt 238,58 ha, weitere 144,02 ha verteilen sich auf 18 Premiers Crus. Savigny hat 1500 Einwohner, davon 90 Winzer und fünf Négociants, von denen Henri de Villamont und Doudet-Naudin die größten und bekanntesten sind.

Das Flüßchen Rhoin teilt die Weinberge in zwei Hälften. Auf seinem Nordufer liegt unter dem Bois Noël der größte Teil des Villages-Lands und ein Streifen mit 13 Premier-Cru-Lagen, darunter Les Guettes mit einem zinnenbewehrten Turm, erbaut als Jagdhochsitz von Léonce Bocquet, dessen Vermögen durch die Restaurierung des Château de Clos Vougeot aufgezehrt wurde; Les Lavières, so genannt wegen des starken Anteils an Vulkangestein im Boden; Les Serpentières, vermutlich wegen der sich durch den Weinberg schlängelnden Wasserläufe; und schließlich Les Vergelesses in der Nähe von Vergy.

Der Boden zeigt von einem *climat* zum anderen große Unterschiede: Auf den flacheren unteren Hängen ist er tiefgründiger und fetter, in den steileren Hanglagen dagegen magerer, aber feiner. Die Südlagen unter dem Bois Noël lassen die Trauben mindestens eine Woche früher reifen als auf der anderen Seite des Tals, wo sich am Mont Battois ein weiterer Streifen von neun Premiers Crus erstreckt, u. a. Les Marconnets, Les Peuillets, Les Jarrons und Les Narbantons. Ihre von vornherein nachteilige Nordostlage wird durch schweren, nassen Boden, v. a. im flacheren Les Peuillets, noch unvorteilhafter.

In Savigny gibt es zwei kleine *monopoles*, die jeweils Teil einer größeren Premier-Cru-Lage sind: La Bataillère, ein 1,82 ha großer Besitz von Albert Morot – ein Clos, bis eine der Mauern einstürzte – mit 30- bis 45jährigen Reben in Les Vergelesses, sowie Champ Chevrey, Eigentum der Domaine Tollot-Beaut in Chorey – 1,47 ha mit 40jährigen Reben in der westlichen Ecke von Les Fournaux.

In der Geschichte Burgunds nimmt Savigny einen wichtigen Platz ein, insbesondere aufgrund der innovativen Tätigkeit des Comte de la Loyère, der von 1854 bis 1879 den Weinbauverband der Côte d'Or leitete. Ihm ist es zu verdanken, daß die Reben in geraden Zeilen anstatt wie vordem *en foule* gepflanzt wurden und der Pflug im Weinberg zum Einsatz kam. Er erfand auch die Traubenentrappmaschine – eine frühe Version ist im Erdgeschoß des Châteaus zu besichtigen. Unter seiner Anleitung entstand außerdem der erste Prototyp eines Überzeilentraktors und 1862 die erste Karte der Rebfläche Burgunds. Dr. Guyot, der Schöpfer des berühmten Rebschnittsystems, war in Savigny sein Gast.

Die Weißweine von Savigny – im Durchschnitt 3,3 % der Produktion an Villages- und Premier-Cru-Wein – stammen hauptsächlich von Chardonnay-Reben auf Kalkstein- und Mergelboden an den oberen Hängen, die nach Meinung der einheimischen Winzer denen von Corton-Charlemagne ähneln. Auch Pinot Blanc ist zugelassen, er geht aber meist in den Bourgogne Blanc ein, weil Chardonnay mehr Finesse und Stehvermögen bietet. Nur die Domaine Ecard bringt einen Savigny Blanc rein von Pinot Blanc hervor. Allgemein sind auf *terre à rouge* gewachsene Weißweine nicht so fein, eher rustikal.

Der Savigny Blanc steht nicht hoch im Kurs, dabei kann er von einem guten Erzeuger ein echter Genuß sein – mit einem Hauch *goût de silex* und viel reifer, voller Frucht. Bessere Jahrgänge lohnen ein paar Jahre Flaschenlagerung durch nußwürzige, erdige Noten.

Bei den Rotweinen ist sorgfältige Auswahl zu empfehlen. Magere Jahrgänge können streng, kantig und ohne Charme sein, gute dagegen, vor allem aus den richtigen Domänen, füllig, feinduftig und verlockend. Die Stile reichen von Tollot-Beauts reinem, an zerdrückte Erdbeeren erinnernden Champ-Chevrey und dem muskulöseren Lavières bis zum schweren, langsam reifenden Wein von Doudet-Naudin nach der «méthode ancienne».

Dazwischen liegen die fein abgestimmten mittelschweren, in reiferen Jahrgängen besonders attraktiven Erzeugnisse von Chandon de Briailles, der exzellente, vorwiegend von der Frucht 80jähriger Reben gekelterte La Dominode von Bruno Clair (aus Marsannay) und ein individueller, etwas überstrukturierter Narbantons von Leroy. Wie alles andere von Henri de Villamont werden auch seine Savignys überbewertet, dabei könnten aus den superben Lagen so feine Weine kommen! Der beste Savigny aber ist der Clos la Bataillère von Françoise Choppin, ein stilvoller Wein mit großer Klasse und Haltbarkeit.

Wer durch den Ort wandert, sollte einen Blick durch das Tor von Chandon de Briailles in der Rue Sœur-Goby auf das schöne Gutshaus aus dem 18. Jh. in seinem von Le Nôtre entworfenen Park werfen. In der Nähe befindet sich das teils aus dem 13., teils aus dem 17. Jh. stammende Château mit Park, wo man eine Sammlung alter Kriegsflugzeuge bewundern kann. Es ist inzwischen in japanischen Besitz übergegangen und wird nun vollständig renoviert.

Empfehlenswert ist auch ein Ausflug in die Combe de la Fontaine Froide, vielleicht zu einem Picknick an den Quellwiesen des Rhoin. Gutes Essen und eine feine Flasche Wein bekommt man jederzeit im «Vieux Moulin» in Bouilland, und anschließend kann man als Verdauungsspaziergang die Kalksteinfelsen gegenüber dem Restaurant erklettern.

SAVIGNY-LÈS-BEAUNE

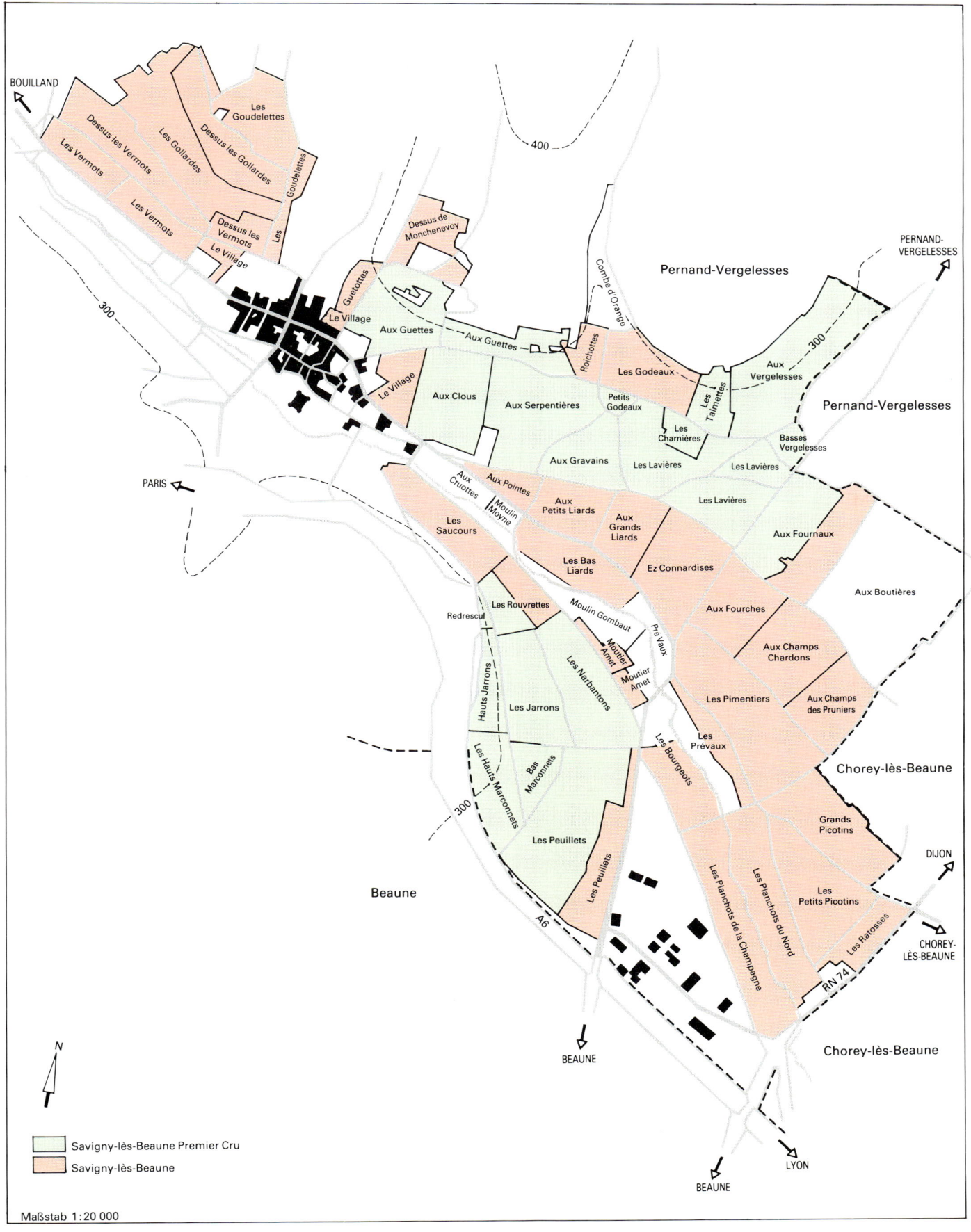

Domaine Simon Bize et Fils

Noch vor einem Vierteljahrhundert hing der Status einer Domäne in Burgund vermutlich mehr von der Grandeur ihres Weinbergbesitzes als von dem Wein ab, den sie produzierte. Heute dagegen finden meist diejenigen Domänen die größte Beachtung, die besonders feinen Wein auf einer bescheidenen Rebfläche hervorbringen. Zu ihnen gehört auch die Domaine Bize.

Patrick Bize mit seinem neuen Van.

Patrick Bize, ein recht seriöser Dreißiger mit trockenem Humor und ruhigen, festen Ansichten, zählt zu den talentierten jungen Weinerzeugern, die das Qualitätsimage von Burgund aufpolieren.

Die Familie Bize lebt zwar schon lange in Savigny, die Domäne aber nahm ihren Anfang erst mit Patricks Großvater, der nicht nur Weinberge, sondern auch die Metzgerei im Ort besaß. Er lehrte seinen Sohn das Winzerhandwerk, und dieser wiederum brachte es seinem Sohn bei.

Patrick erzählt, er sei nicht gern Vigneron geworden; er mochte weder Wein noch die Arbeit im Weinberg. Wie sein Vater hat er keine formelle Berufsausbildung absolviert; zwei Onkel, die eine Zeitlang auf das Lycée Viticole in Beaune gegangen waren, hatten den Weinbau nach dem Krieg als schlechten Beruf aufgegeben.

Heute erklärt Patrick mit Stolz, daß er die Eigenheiten seiner fünf Savigny Premiers Crus und seiner verschiedenen Villages-Lagen bis ins kleinste kennt und seine Arbeitsweise entsprechend anpaßt. Er sieht einen scharfen Gegensatz zwischen seiner eigenen Einstellung und der Haltung der «Weinmacher» in den USA, wo der Kellermeister als derjenige gilt, der für die Qualität des Weins den Ausschlag gibt: «Das ist alles Unsinn und bloß Publicity; nicht die Technik macht den Wein, sondern die Appellation und die Traube.» Dieser «esprit» durchdringt alles, was er unternimmt.

Patrick strebt bestmögliche Gesundheit der Reben und einen Ertrag von höchstens 30 bis 40 hl/ha an. Er weiß, wieviel jede einzelne Parzelle Reben erbringt, und richtet die Weinbergpflege danach ein. Es geht nicht allein darum, die Erträge zu beschränken, sondern die Zusammensetzung der Inhaltsstoffe in den Trauben zu optimieren. Im Frühjahr wird strenge *évasivage* durchgeführt, Behangausdünnung aber kommt nicht in Frage.

Auch die Reihenfolge, in der die einzelnen Parzellen abgeerntet werden, ist wichtig. Patrick beginnt meist mit den ältesten Reben, weil diese auf frühreifenden Unterlagsreben stehen (Aux Vergelesses) – nur 1990 mußte er umgekehrt verfahren, weil die jungen Reben in der Lage Les Marconnets früher zur Reife gelangten.

Im Keller wird darauf geachtet, daß die typische Art jeder Lage und jedes Jahrgangs gewahrt bleibt. In die offenen hölzernen oder emaillierten *cuves* gelangen ganze Trauben mit Stielen von den älteren Reben bzw. teilentrappte Trauben von den jüngeren Reben. Es wird eine möglichst lange *cuvaison* mit einer Vormaischung von drei bis fünf Tagen bei minimaler Schwefelgabe (30 cl fünfprozentige Lösung pro Faß) und einer Gärtemperatur von höchstens 32–33 °C angestrebt; eine Gesamtdauer von 18 Tagen ist bei Bize im Gegensatz zu den übrigen Winzern im Ort nicht ungewöhnlich. Das macht sich im Weinstil bemerkbar. Patrick verläßt sich bei der Gärung ganz auf die Naturhefenpopulation, weil sie seinem Wein Tiefe und Komplexität verleiht. Durch Geschmackskontrollen stellt Patrick fest, wann es Zeit ist, den Vorlaufwein abzuziehen. Er vertraut nicht auf Analysen, sondern trifft seine Entscheidungen lieber selbst: «Zahlen sind ja interessant, mit ihnen allein aber bekommt man zwar klassischen, aber stereotypen Wein aus dem Labor; wer dagegen Klasse will, muß den Geschmack kontrollieren.» Übrigens zieht er den Vorlaufwein ab, wenn noch 5–6 g/l Restsüße in ihm sind, und verlängert dadurch die Gärung.

Débourbage wird «nur in sehr gehaltvollen Jahren, beispielsweise 1983» vorgenommen. Auf die Anwendung pektolytischer Enzyme zum Absetzen des groben Trubs angesprochen, meint Patrick, er habe fünf Jahre lang welche unbenutzt im Schrank stehen gehabt, sie aber rechtzeitig für den Jahrgang 1990 gefunden. Der war aber ein Ausnahmefall – normalerweise nehme er sie nur, wenn Fäule den Klärvorgang und damit die Beschaffenheit der Geläger gefährde.

Die Domäne kauft Nevers-Eiche «bei der besten Quelle» ein und übernimmt die Trocknung in Savigny. Dann wird das Holz an «den besten Tonnelier» geschickt, und der baut Fässer daraus, und zwar mit mittlerem Ankohlungsgrad, damit kein starker Röstgeschmack in den Wein gelangt. Patrick wendet neue Fässer zwischen dem Abziehen aus den Gärbottichen und dem ersten Abstich an, etwa nach einem Jahr Reifezeit auf dem Hefesatz, je nachdem, wann die *malo* zu Ende ist. Die Premiers Crus beginnen die *élevage* zu 50–100 % in neuen Fässern (100 % in 1988) – das genaue Maß wird beim ersten Abstich festgelegt.

Die Vorbereitungen für die Abfüllung gehen nicht nach einem festen Schema vor sich, auch hier entscheidet eine Geschmackskontrolle darüber, was jeweils am besten paßt. Meist werden die Weine vor dem Schönen oder Filtrieren zusammengeführt, und die Abfüllung erfolgt 14–18 Monate nach der Lese.

Patricks exzellente Weißweine werden in (zu 15 % neuen) Fässern vergoren, geschönt und nach spätestens 12 bis 14 Monaten abgefüllt, um Frische und Aroma zu bewahren. Sein Bourgogne Blanc aus der Lage Champlains ist insofern etwas Besonderes, als er sich fast zu gleichen Teilen aus getrennt verarbeitetem Pinot Blanc, Chardonnay und Pinot Beurot zusammensetzt. Etwa 20 % neue Eichenfässer verleihen ihm einen Hauch von Butterigkeit und Struktur, während Pinot Beurot und Pinot Blanc deutlich blumige Noten in den Duft einbringen. Ein zweiter Bourgogne Blanc, Les Perrières, von älteren Chardonnay-Reben auf steinigem Boden ist ein Wein mit größerer Tiefe und Substanz als der Champlains bei allerdings weniger deutlicher Eleganz.

Der Savigny Blanc aus der Lage Les Pimentiers besteht zu 100 % aus Chardonnay. Charakteristisch für ihn ist ein erdiger «goût de silex» (Feuersteingeschmack), wie er im weißen Savigny oft anzutreffen ist. An seine frische und saftige Art gewöhnt man sich leicht.

Daneben produziert die Domäne eine Reihe von Rotweinen, sechs Premier Crus, einen Savigny-Villages aus der Einzellage Les Grands Liards sowie eine Villages-Cuvée. Allgemein werden vollmundige, fest strukturierte Weine angestrebt, die sich in guten Jahrgängen über ein Jahrzehnt hinweg schön entfalten.

Am frühesten genußreif ist wohl der weiche, fruchtige, attraktive Talmettes. Der Vergelesses (aus Savigny, nicht Pernand) kommt aus sieben verschiedenen, über 2,2 ha verteilten Parzellen. Die Lage hat mageren Boden auf Felsgrund und erbringt meist Wein mit größerer Leichtigkeit und Finesse als die anderen Premiers Crus. Die Frucht aus einer Parzelle mit über 40jährigen Reben verleiht dem Ganzen jedoch Wucht und *charpente*. Der 1993er zeigte bei der Verkostung im Jahr 1995 die für den Jahrgang so charakteristische schöne, tiefe Farbe, einen zwar noch verschlossenen, aber vielversprechenden Duft und eine herrlich volle Seidigkeit im Geschmack, alles auf einer Grundlage aus schon recht reifem, ausgewogenem Tannin – keine massive Struktur, aber schöne Aussichten auf einen Wein, der freilich noch mindestens fünf Jahre brauchte, um seine ganze Fülle zur Geltung zu bringen.

Der Villages Grands Liards ist oft herrlich sanft und verlockend mit reichlich saftiger, vollmundiger Frucht und in guten Jahrgängen einer fast sahnigen, attraktiven Fülle – aus den Jahrgängen 1985, 1990 und 1993 ein Wein in Premier-Cru-Qualität, der in Magnumflaschen fünf bis zehn Jahre Reifezeit verträgt.

Die Lage Savigny Marconnets befindet sich direkt am Autobahnrastplatz (für Weinliebhaber unter den Autofahrern ein herrlicher Platz für ein Picknick). Sie ist von der Lage Beaune Marconnets nur durch ein paar Meter Asphalt getrennt und teilt mit ihr dieselbe Geologie. Hier wächst ein Wein, der in Art und Struktur eher an Beaune als an Savigny erinnert – Aroma von *fruits rouges*, recht gehaltvoll und rund auf der Zunge, mit viel Biß und Nachhaltigkeit.

Der Les Guettes – vom anderen Ende der Appellation – ist anders im Charakter; er hat mehr Finesse, filigrane Beschaffenheit, und es fehlt ihm keineswegs an Frucht und Tiefe. Durch teilweisen Ausbau in neuen Fässern erhält er ein Gerüst aus feiner Eichenwürze. Aux Fournaux, nach Pernand hin angrenzend an Les Lavières gelegen, bringt den am frühesten genußreifen Premier-Cru-Wein hervor und hat einiges vom Stil und von der *rondeur* des Les Guettes aufzuweisen.

Ein sechster Premier Cru, Les Serpentières, bereichert die Bize-Palette seit 1993. Die unmittelbar unterhalb Les Guettes befindliche Lage bringt Wein hervor, in dem sich die breitschultrig Corton-ähnliche Art des Marconnets mit der Finesse des Guettes vereint, wobei die rund 36jährigen Reben zur Konzentration beitragen.

Daneben kam 1995 eine schöne Parzelle Latricières-Chambertin Grand Cru hinzu.

In letzter Zeit sind ungerechtfertigte Gerüchte aufgetaucht, die Qualität sei nicht mehr gleichmäßig und die Domäne zu groß geworden. Man muß jedoch bedenken, daß Savigny am Fuß einer Combe und nach Westen hin liegt, was sich in nicht besonders günstigen Jahren in einem Mangel an Tiefe bemerkbar macht. Gegen solche geographischen Verhältnissen ist selbst der talentierteste Weinerzeuger machtlos. Auch ist der Stil des Hauses auf Finesse und nicht auf Wucht gerichtet (wenn man nach dieser sucht, ist Maurice Ecard die richtige Adresse) – das scheint manchen Kritikern entgangen zu sein.

Patrick und sein Vater haben vor kurzem das Nachbarhaus erworben und wollen demnächst mit ihrer Cuverie dorthin umziehen. Obwohl das nun bezahlt werden muß, sind die Preise bei Bize meist sehr vernünftig. Wer auf echte, gesunde Qualität und nicht so sehr auf große Namen Wert legt, der ist in dieser schönen Domäne gut aufgehoben.

WEINBERGBESITZ

Gemeinde	Rang	Lage/Climat	Fläche	Rebenalter	Status
Savigny	PC	Aux Vergelesses	2,20	40	P
Savigny	PC	Aux Fournaux	1,00	35	P
Savigny	PC	Les Guettes	0,48	30	P
Savigny	PC	Les Talmettes	0,80	23	P
Savigny	PC	Les Marconnets	0,60	23	P
Savigny	PC	Les Serpentières	0,35	36	F
Savigny	V	Les Grands Liards	1,57	1939–82	P
Savigny	V	(mehrere Climats)	5,20	25	P
Savigny	V	(Blanc, mehrere Parzellen)	1,00	10	P
Aloxe	V	Le Suchot	1,00	10	F
Savigny	R	Les Perrières (Bourgogne Rouge)	2,00	25	P
Savigny	R	Les Perrières (Bourgogne Blanc)	1,00	30	P
Savigny	R	Les Champlains (Bourgogne Blanc)	2,30	12	F
Gevrey	GC	Latricières-Chambertin	0,32	35	F
Gesamtfläche			**19,82 ha**		

Domaine Capron-Manieux

Die hochinteressante kleine Domäne in erstklassiger Qualität wurde 1974 von Jean-Marie Capron und seiner Frau Nicole Charcousset gegründet. Die beiden pachteten zunächst Land in Savigny und kauften 1977 das erste eigene Grundstück – Kiefernwald, den sie rodeten und mit Reben bepflanzten. Heute besitzen sie neben einer Parzelle Aligoté in Bouze-lès-Beaune ein Stück Pommard und weiteres Land in Savigny, das sie von Nicoles Eltern erbten, so daß die Domäne insgesamt über 6,88 ha Rebfläche verfügt.

Jean-Marie verließ das Lycée Viticole in Beaune 1965 mit einem Diplom und dem festen Wunsch, sich selbständig zu machen. Bevor er sich aber daran wagte, arbeitete er ein Jahr bei Michel Pont in Volnay (dem heute das Château de Savigny gehört) und drei weitere Jahre bei Michel Voarick in Aloxe-Corton, um praktische Erfahrung zu sammeln.

Die Weine Jean-Maries sind mustergültige Savignys – große Delikatesse in Farbe und Duft, vereint mit viel fester, reifer Frucht. Seine Vorliebe gehört Frucht und Finesse in Weinen, die vor allem typisch für den Jahrgang und das *terroir* sind. Beispielsweise ist ihm der Corton Bressandes seines akzentuierten Parfums wegen lieber als der technisch großartigere Corton Clos du Roi.

Im Keller verläuft die Arbeit weitgehend auf traditionellen Wegen: Entrappt wird nicht, die Trauben erhalten eine Schwefeldosis – bei größeren Mengen in mehreren Schritten – und werden dann leicht mit den Füßen ausgetreten. Die Stiele lockern die Maische auf und tragen dazu bei, daß die Gärtemperatur sich in Grenzen hält; die Domäne verfügt über keine Kühleinrichtungen für den Fall, daß der Most heißer als die erwünschten maximalen 35 °C wird.

Das Geheimnis der großen Eleganz von Jean-Maries Weinen liegt zum Teil in der kurzen *cuvaison* – nur acht bis zehn Tage einschließlich Vormaischung. Ist die Gärtemperatur auf etwa 28 °C abgefallen – weniger darf es nicht sein, weil sonst nicht der ganze Zucker vergärt –, erfolgt eine zwei- bis dreitägige *débourbage*. Anschließend gelangen die Weine in zu 20 % neue Fässer.

15 bis 18 Monate nach der Lese erfolgt erneuter Abstich und vor der Abfüllung eine leichte Filtration. Besonders betont sei, daß die Weine nur bis zum ersten Abstich in neuen Fässern liegen; dadurch wird ihre Frische bewahrt und allzu viel Holzeinfluß auf die zarte Frucht vermieden – und obendrein werden die Fässer für die neue Ernte frei.

Jean-Marie und Nicole Capron in ihrem Weinberg oberhalb von Savigny.

Die Weißweine werden zu 20 % in neuen Eichenfässern ausgebaut und nach 18 Monaten zum zweiten Mal abgestochen und abgefüllt. Um einen raschen Umsatz zu sichern und die stets im Keller liegenden zwei Jahrgänge zu finanzieren, verkauft Jean-Marie den meisten Aligoté, aber auch etwas Savigny und Pernand Blanc «sur pressoir» an den Handel. Die beiden letzteren sind köstliche sortenreine Chardonnay-Weine, die sich jung schon wunderbar trinken, aber auch fünf bis acht Jahre Flaschenreife vertragen. Das Lesegut von den für Savigny Rouge vorbehaltenen 1,63 ha der Domäne wird getrennt nach Herkunft aus Hanglagen und Flachlagen vergoren und anschließend zusammengeführt; die Trauben aus der 1989 erworbenen Einzellage Les Pimentiers werden ganz für sich verarbeitet. Man darf sich durch die helle Farbe (der Pimentiers ist nur etwas dunkler als der einfache Savigny) nicht zu der Annahme verleiten lassen, diesen Weinen mangele es an Frucht – ganz im Gegenteil, sie ist in Hülle und Fülle vorhanden, dazu aber auch große Finesse, und der Pimentiers hat obendrein eine Spur weißen Pfeffer («Piment»).

Der Les Peuillets Premier Cru aus einem Weinberg, der halb Villages- und halb Premier-Cru-Lage ist, bringt den kieshaltigen, sandigen Unterboden durch festere Struktur (bei Ausbau in zu 20 % neuen Fässern) mit kräftigem Aroma von *fruits rouges* und Waldbeeren zum Ausdruck – ein recht wuchtiger, attraktiver Wein. Der Les Lavières gehört mit zu den besten Savigny Premiers Crus – ein Wein von steinigem Boden, anfänglich recht hart, aber mit längerer Lebensdauer begabt als der Peuillets, der von Beginn an mehr gefällige Frucht bietet.

Jean-Marie und Nicole Caprons Weine sind nicht für frühe Genußreife gedacht. Selbst in guten Jahren (z. B. 1993) schmecken sie zunächst karg und wenig entgegenkommend – die mitverarbeiteten Stiele sorgen auch nicht gerade für jugendlichen Charme. Nach einem halben Jahrzehnt Flaschenreife aber verwandeln sich sowohl die Rot- als auch die Weißweine in echte Schönheiten.

Die 1985er begannen ihren wahren Charakter mit köstlich vielschichtiger, reifer und milder Frucht und würzigen, vegetabilen und schokoladigen Nuancen sogar erst nach zehn Jahren zu offenbaren. Alte Reben bringen eine besondere Dimension der Konzentration in das Ganze ein.

Nicole und ihr Mann bewältigen die Arbeit auf der kleinen Domäne außer bei der Lese so gut wie allein. Die Erzeugung von 12 000 Kisten wird von einer aus Händlern und Privatkunden bestehenden treuen Anhängerschaft gern abgenommen – eine schöne, erstklassige Domäne.

WEINBERGBESITZ

Gemeinde	Rang	Lage/Climat	Fläche	Rebenalter	Status
Savigny	PC	Les Lavières	0,18	15	M
Savigny	PC	Les Peuillets	0,28	7/40	F
Savigny	V	Les Pimentiers	0,31	35	P
Savigny	V	(verschiedene Climats)	1,55	15–50	P/M/F
Savigny	V	(Weiß)	0,66	5–50	P/M/F
Pernand	V	Les Belles Filles (Weiß)	0,39	9/10	F
Pommard	V	En Bœuf	0,11	5	P
Savigny/Bouze	R	(Aligoté)	2,58	35–45	P
Bouze	R	(Hautes Côtes de Beaune Chard.)	0,26	5	P
Savigny	R	(Hautes Côtes de Beaune Rouge)	0,18	14	P
Savigny	R	(Hautes Côtes de Beaune Chard.)	0,38	5	P
Gesamtfläche			**6,88 ha**		

Domaine Girard-Vollot

Wie in den anderen Orten der Côte d'Or gibt es auch in Savigny viele Vignerons mit Weinen in vielen Stilen. So fällt die Domaine Girard-Vollot zwischen die Eleganz von Capron-Charcousset und die festere, dichtere Art von Jean-Marc Pavelot und Simon Bize.

Von der mit rund 18 ha recht großen Rebfläche der Domäne sind 8,5 ha dem Savigny Rouge (Villages) vorbehalten, und der Rest verteilt sich auf die Savigny Premiers Crus Les Peuillets, les Rouvrettes und Les Narbantons, ein wenig Savigny Blanc, etwas Pernand-Vergelesses Premier Cru und Aloxe-Corton sowie zur Abrundung Aligoté und Bourgogne Rouge und Blanc.

Die Girards gehören zu den ältesten Winzerfamilien in Savigny – gegründet wurde die Domäne 1529 von einem Jean Girard. Heute wird sie von Georges Girard und seinen Söhnen Philippe und Jean-Jacques betrieben, die mit ihrem Vater zusammenarbeiten, seit sie mit 16 die Schule verlassen haben.

Die Klone, die erst 1985 in den Weinbergen der Girards Einzug gehalten haben, betrachtet Georges mit unverhohlenem Mißbehagen. *Evasivage* zieht er der späteren *saignée* vor. Behangausdünnung kommt nicht in Betracht, dafür aber sorgfältige Pflege. Heute achten die Girards eindeutig mehr auf die Qualität ihrer Trauben als noch vor ein paar Jahren.

Die Weinbereitung verläuft so ziemlich nach klassischen Mustern – an der Gärung in Zementtanks bei bis zu 32–33 °C sind Stiele zu etwa einem Drittel beteiligt. Die *cuvaison* dauert nur 10 bis 12 Tage, und Hefe wird sofort zugesetzt, so daß keine Vormaischung erfolgt. Georges ist nämlich der Meinung, daß bei langer *cuvaison* nur zuviel Tannin in den Wein gelangt, das dem Geschmack schadet und die Frucht verdeckt. Der Girard-Stil zielt auf *vins de garde* ab, die mit guter, fester Struktur ausgestattet sind und sich 10 bis 15 Jahre lang schön halten.

Der Ausbau erstreckt sich auf 18 Monate in Fässern – ¼ bis ⅓ neue aus Allier- oder Nevers-Eiche für roten Premier Cru, Vogesen-Eiche für den weißen Savigny. Die Anschaffung neuer Fässer «richtet sich danach, was wir haben». Die Wirtschaftlichkeit neuer Fässer unterliegt bei Weinen der mittleren Preisklasse anderen Voraussetzungen als bei Grands Crus. «Die Fässer für Chambertin kosten dasselbe wie für Savigny», bemerkt Georges ganz richtig.

Bei den kühlen Kellertemperaturen kann die *malo* nahezu ein Jahr dauern. Die kühlen Keller bringen es aber auch mit sich, daß das traditionelle Schönen nicht recht funktioniert – eine leichte Kieselgurfiltration vor der Abfüllung sorgt für reinen Wein.

Aufgrund der großen Nachfrage werden heute vier achtbare Weißweine produziert: Etwas mehr Savigny und ein feiner mineralischer Pernand Blanc sind zu den bisherigen Bourgognes von Chardonnay und Aligoté neu hinzugekommen. Sie werden im Tank kühl (22 °C) vergoren, etwa ein Jahr im Faß ausgebaut und dann abgefüllt. Die Fässer werden jährlich zu ⅕ erneuert.

Um den ersten Platz im Keller wetteifern die Savigny Premiers Crus Les Rouvrettes, Les Peuillets, Les Narbantons und neuerdings Les Serpentières und Les Lavières. Der Sandboden verleiht dem Les Peuillets mehr Körper und Finesse, als der einfache Savigny-Villages aufzuweisen hat, dafür ist die Struktur nicht ganz so fest wie beim Rouvrettes oder Narbantons; das an Kaffee erinnernde Aroma entfaltet sich nach fünf bis zehn Jahren zu schöner Reife und Aufgeschlossenheit. Dieser Wein wird meist am spätesten abgefüllt, um dem Tannin Zeit zur Milderung zu lassen.

Der Rouvrettes von einem steilen Hang mit magerem Boden beim Autobahnrastplatz hat in der Jugend mehr Säure und eindeutig mehr Finesse und ist wohl ein typischerer Savigny als der Peuillets. Der Narbantons aus einer Lage unterhalb der exzellenten Les Dominodes ist vollmundiger als Les Peuillets, mit tieferer Farbe und strafferer Struktur, jedoch mit etwas weniger Finesse als der Rouvrettes.

Der Serpentières kommt von Reben, die schon ein halbes Jahrhundert in einem Weinberg voller Quellen stehen. Er ist meist einer der eleganteren und feiner strukturierten unter den Savigny Premiers Crus. Der Lavières von 45jährigen Reben auf felsigem Grund ver-

Rathaus und Brunnen in Savigny.

eint Delikatesse mit guter Säure und recht solider Struktur; er verlangt mindestens fünf Jahre Reifezeit, die Jahrgänge 1990 und 1993 sogar zehn und mehr.

Alle diese Weine sind festgefügt und interessant. Die Girards lehnen hohe Erträge ab; sie begnügen sich im Schnitt mit 40–45 hl/ha. Dennoch bringen die 10 ha Villages-Lagen viel mehr, als sie selbst abfüllen können, daher wird die Hälfte an den Handel verkauft. Die Premiers Crus werden von der Domäne selbst abgefüllt und vermarktet.

Entgegen der allgemeinen Ansicht hat es keine allzu große Eile mit dem Trinken des Savigny Rouge oder auch des Savigny Blanc. Wenn diese Weine wie bei Girard-Vollot «à l'ancienne» bereitet werden, halten sie sich ein Jahrzehnt und länger. Seit Jean-Jacques und Philippe Girard mit dabei sind, hat sich die Qualität ganz allgemein gebessert – jedenfalls lohnen es diese sorgfältig bereiteten Weine, daß man sie sich in den Keller legt.

WEINBERGBESITZ

Gemeinde	Rang	Lage/Climat	Fläche	Rebenalter	Status
Savigny	PC	Les Peuillets	1,98	25	P
Savigny	PC	Les Rouvrettes	0,47	45	P
Savigny	PC	Les Narbantons	0,40	20	P
Savigny	PC	Les Lavières	0,33	45	P
Savigny	PC	Les Serpentières	0,50	50	P
Savigny	V	(mehrere Climats)	8,40	5–40	M/P
Savigny	V	(Blanc)	0,81	15	F
Savigny	R	(Bourgogne Rouge/Perrières)	0,87	20	P
Savigny	R	(Bourgogne Blanc)	0,61	10	P
Pernand	PC	(Rouge)	0,45	65	P
Pernand	V	(Blanc)	0,80	8	P
Aloxe	V	—	0,39	35	P
Pernand	R	(Bourgogne Aligoté)	1,00	15	P
—	R	(Bourgogne Rouge)	0,80	17	P
Gesamtfläche			**17,81 ha**		

Domaine Chandon de Briailles

Nur selten kann man in Burgund von einer Domäne sagen, daß die Schönheit ihrer Architektur zur Schönheit ihrer Weine passe. Chandon de Briailles ist eine erfreuliche Ausnahme von dieser Regel.

An sich ist die Rue Sœur-Goby in Savigny durchaus nicht malerisch zu nennen. Doch irgendwo läßt sie zwischen zwei Gebäuden eine Lücke, durch die man in einen herrlichen Hof tritt und vor einem imposanten Gutshaus steht. In reinem Louis-XIV-Stil erbaut, beeindruckt es durch klassische Proportionen und klare, einfache Linien. Gestört wird das wohlproportionierte Gesamtbild nur von den beiden an die Enden des Gebäudes geklebten hohen, asymmetrischen Backsteinkaminen. Hinter dem Haus befindet sich ein kleiner, von Le Nôtre entworfener Park.

Alle diese Kostbarkeiten gehören der Familie de Nicolay, deren Eigentum die Domäne seit 1834 ist. Graf Aymar-Claude de Nicolay, Immobilienmakler in Paris, hat es von seiner Großmutter, der Gräfin Chandon de Briailles, geerbt. Er ist zwar stolz auf seine Domäne, hat aber kein besonderes Interesse an Wein. Die Triebfeder hinter dem derzeitigen Aufschwung der Domäne ist vielmehr seine attraktive Frau Nadine, die 1984 von Paris nach Savigny kam, als es sich zeigte, daß die Domäne dringend einer leitenden Hand bedurfte. Nadine verstand damals so gut wie nichts vom Weinbau, widmete sich aber mit größtem Eifer ihrem neuen Metier. Ihre schlanke, dunkelhaarige Tochter Claude, die sie in ihrem Tun engagiert unterstützt, meint, ihre Mutter habe damals, nachdem ihr die Kinder entwachsen gewesen seien, eine neue Aufgabe gebraucht. Da bot sich die Sorge um das Weingut geradezu an.

Claude und ihre Mutter haben gemeinsam das bis dahin mittelmäßige Weingut in eine erstklassige Domäne verwandelt, die den ihrem Rang entsprechenden Wein produziert. Claude erwarb in Dijon ein Diplom in Weinbau und Kellertechnik, und verbrachte danach «une année sublime» in Neuseeland und in Oregon. Seit sie nach Savigny zurückgekehrt ist, hat sie viel Gedankenarbeit in die Weine der Domäne investiert und entwickelt sich immer mehr zu einer guten, eigenständigen Kellermeisterin. Die tagtägliche Pflegetätigkeit in Weinberg und Keller liegt in den «unentbehrlichen Händen» des völlig kahlköpfigen Jean-Claude Bouveret, der mit Stolz den Spitznamen Kojak trägt.

Die Rebfläche der Domäne beläuft sich auf insgesamt 12,59 ha. In Savigny besteht der Weinbergbesitz aus Villages-Lagen und zwei Premiers Crus: Aux Fournaux und Les Lavières. In Pernand umfaßt er einen Teil der Premier-Cru-Lage Les Basses Vergelesses und fast die Hälfte von Ile des Vergelesses, wo Rot- und Weißweine wachsen. In Aloxe handelt es sich vorwiegend um Grands Crus einschließlich des raren Corton Blanc – alles in allem ein schöner Besitz mittlerer Größe.

Die Weinbergpflege wird mit größter Sorgfalt betrieben. Nadine und Claude sind oft mit draußen; es ist durchaus keine Seltenheit, sie an einem Wintermorgen, dick eingepackt in warme Kleider, beim Rebenschneiden anzutreffen.

Für den Rebschnitt wird feuchte Witterung bevorzugt, weil sich das Holz dann leichter biegen läßt und deshalb weniger Gefahr besteht, daß eine Rute abbricht und die Frucht des Jahres verlorengeht.

Seit Nadine de Nicolay die Dinge in die Hand genommen hat, werden eher einzelne Weinstöcke ersetzt als größere Neubestockungen vorgenommen, damit das Durchschnittsalter der Reben hoch bleibt; dabei genießt *sélection massale* den Vorzug vor Klonen. In einer erst 1984 neu angepflanzten Parzelle Bressandes mit einer 10 cm starken Mutterbodenschicht wurde ein beunruhigend starker Befall durch die vor allem in Bordeaux und Cognac verbreitet aufgetretene Viruskrankheit Eutypiose festgestellt. Die Erkrankung bleibt etwa sechs Jahre lang so gut wie unsichtbar, doch einmal infizierte Reben überleben sie nur selten.

Im Frühjahr und Frühsommer werden überzählige Triebe und Augen entfernt. Nach der *véraison*, meist im August, findet Behangausdünnung statt, um den Ertrag einzuschränken. Zwei- bis dreimal wird auch ein Sommerschnitt durchgeführt. Wird das Laub in die Höhe gezogen, dann dient dies einer verbesserten Zuckeranreicherung, so daß weniger *chaptalisation* erforderlich ist. Beim Sommerschnitt wird gleichzeitig die Nachfrucht *(verjus)* entfernt. 1990 war fast soviel *verjus* entstanden wie Frucht aus dem ersten Austrieb; daher mußte die Nachfrucht dringend entfernt werden.

Aus einer von den de Nicolays herausgegebenen Broschüre erfährt man, daß das «Herz der Domäne in den Gärräumen, Weinbereitungsanlagen und Kellern» schlägt. Diese modernen Wirtschaftsgebäude wurden vollendet an den Stil des Haupthauses angepaßt. Die Faßkeller aus dem 12. Jh. sind besonders schöne, von niedrigen Pfeilern getragene Gewölbe, wie man sie nicht oft zu sehen bekommt. Hier findet die *élevage* der Weine in vollkommener Stille statt.

Die voraufgehende Weinbereitung verläuft nach einem relativ einfachen Schema, dessen einzige Besonderheit eine fünf- bis sechstägige Vormaischung der Rotweintrauben bei 18 °C für verbesserte Glyzerinextraktion darstellt. Nur die Frucht der jungen Reben wird entrappt, und das Traubengut wird nicht gemahlen, um möglichst viele ganze Trauben zu bewahren. In ertragreichen Jahren findet *saignée* statt. Anschließend vollzieht sich die Gärung bei Temperaturen bis zu rund 30 °C bei täglich zweimaligem Umpumpen und zweimaliger *pigeage* von Hand. Gegen Ende des Gärvorgangs werden die Behälter mit einer Schutzschicht aus Stickstoffgas abgedeckt und bei 25 °C zwei bis drei Tage lang zur Maischung und zum Ausgären eines eventuell noch verbliebenen Zuckerrests stehengelassen. Insgesamt dauert die *cuvaison* 15 bis 20 Tage.

1990 beschloß Claude, eine Cuvée Ile de Vergelesses bei nur 25 °C zu vergären. Es entstand ein Wein von großer Finesse – leicht und stilvoll, aber es fehlte ihm an Tiefe und Substanz.

Nadine erstrebt mit Vormaischung und mäßigen Gärtemperaturen Weine, bei denen die Betonung auf Eleganz anstatt Robustheit liegt. Sie geht davon aus, daß bei hohen Gärtemperaturen strenge, krautige Tannine extrahiert werden, insbesondere wenn die Stiele in der Maische verbleiben.

Die Restmaische wird viermal abgepreßt, die beiden ersten Male nur leicht, «wie mit der Hand»; dieser Preßwein wird dem Vorlaufwein beigemischt. Inwieweit auch die beiden späteren Pressungen noch zugegeben

Das eindrucksvolle Gutshaus der Domaine Chandon de Briailles.

werden, hängt von einer vorgängigen Geschmackskontrolle ab.

Die Rotweine werden 18 bis 24 Monate lang in Fässern ausgebaut, die von Méo-Camuzet stammen und bereits einmal mit Rotwein gefüllt gewesen waren. Früher wurden bis zu 50 % neue Fässer eingesetzt, aber es entstand der Eindruck, daß dadurch die Reinheit und typische Art der Weine beeinträchtigt wurde. «Wir sind schließlich an der Côtes de Beaune», bringt Claude in Erinnerung.

Die *malo* spielt sich in den kühlen Kellern schleppend ab – 10 bis 12 Monate dauert sie normal –, und so findet der Abstich meist kurz vor der neuen Ernte statt. Claude sieht das als günstig an, weil sich Aroma und Struktur dabei verfeinern. Dann werden die einzelnen Posten nach Crus zusammengeführt, wobei sie je nach Entwicklungsstand mit oder ohne Beimischung von Luft in andere umgepumpt werden, in denen sie weitere 8 bis 12 Monate verbleiben. Die Premiers Crus reifen meist 18, die Grands Crus 22 bis 24 Monate.

Seit 1980 wird die gesamte Erzeugung der Domäne als Flaschenwein abgesetzt, so daß sie inzwischen einen eigenen Stil und eine Identität zu etablieren beginnt. Überdies ist in den letzten Jahren eine beträchtliche Verbesserung in Qualität und Beständigkeit eingetreten. Die Rotweine sind nie schwerfällig in der Struktur, höchstens verleitet ihre helle Farbe, manchmal fast nur ein Rosé, allzu leicht zu dem Eindruck, es fehle ihnen an Frucht – ein großer Irrtum.

Die Savignys und Pernands zeichnen sich durch beträchtliche Finesse aus. Erwartungsgemäß weisen die Premiers Crus mehr Tiefe auf als die Villages-Weine, was aber nicht unbedingt auch für die Farbe zutrifft. Der Savigny Aux Fournaux von schwererem, kalkhaltigem Boden ist meist mehr *corsé* als der Lavières, der von nicht so tiefgründigem, eher steinigem Boden stammt. Auf der Zunge zeigt der Lavières ausgesprochen mineralischen Geschmack bei guter Konzentration der Frucht von 40jährigen Reben. Der 1993er ist bei einem Ertrag von nur 15 hl/ha so außergewöhnlich gut geraten, daß Claude die freilich geringe Menge ganz in Magnumflaschen abfüllen will.

Die beiden roten Pernands bilden hierzu einen auffallenden Kontrast: Der Lehmboden macht den Basses Vergelesses ausgesprochen tanninherb – die de Nicolays bezeichnen ihn gern als ihren «petit Corton»; bessere Jahrgänge verlangen etliche Jahre Reifezeit. Demgegenüber kommt der Ile des Vergelesses von weißem Boden – 60 % Kalkstein und 40 % Lehm – und hat größere Finesse und Intensität im kräftig fruchtigen, manchmal fast blumigen Aroma. Das *terroir* und der hohe Anteil an 60jährigen Reben verleihen ihm eine Fülle seidiger Frucht mit der für Pernand typischen Würzigkeit, so daß dieser angeblich besonders von der weiblichen Kundschaft geschätzte Wein zwar zugänglicher, dafür aber weniger haltbar ausfällt als der Basses Vergelesses. Alles in allem entwickeln sich die Pernands der Domäne erfreulich, jedoch langsamer als die Savignys. Ein 1959er Ile des Vergelesses war noch 1991 herrlich reif und vollmundig.

Die Corton-Weinberge der Domäne sind noch relativ jung, d. h. rund 30 Jahre alt, dennoch fehlt es den Weinen kaum an Geschmackstiefe und Konzentration. Der Maréchaudes von 15- bis 20jährigen Reben entwickelt sich meist rascher als die anderen Grands Crus. Der 1993er zeigte 1995 deutliches Aroma von frischen Eichenfässern (obwohl keine neuen benutzt worden waren) und eine höchst ausdrucksvolle Mischung von Vanille und Waldboden – ein breiter, vollmundiger Wein mit fester Tanningrundlage und etwas knapper Säure, ein echter Corton.

Der Clos du Roi stammt von feinerem, stärker kalkhaltigem Boden, was sich im Wein widerspiegelt; er zeigt weit mehr Finesse und Delikatesse, als man bei einem Corton normalerweise erwartet, und ist eigentlich eher ein Pernand als ein Corton. In guten Jahrgängen setzt sich die Note von *fruits rouges* mit guter Nachhaltigkeit gegen das Fundament von Wucht und Kraft schön durch – ein Wein, der zehn Jahre Flaschenreife verlangt, damit er sein Bestes zur Geltung bringen kann.

Der Bressandes ist der kraftvollste unter den Cortons, ein Wein von beträchtlicher Tiefe und Präsenz, für einen Chandon de Briailles ziemlich dunkel, mit einem Duft von *fruits sauvages* in der Jugend, der sich zu einem herrlichen Bukett von Trüffeln und Waldboden entfaltet. Am Gaumen zeigt sich zunächst ein karges Rückgrat aus Tannin und Säure, das für beträchtliche Langlebigkeit steht.

Claude räumt ein, daß die Neigung der Cortons, Sauerstoff zu absorbieren und volatile Säure zu entwickeln, Schwierigkeiten bereitet. Beide Anfälligkeiten sind die Folge der knappen Säure, die wiederum die Folge des hohen säuremindernden im Boden Kaligehalts ist.

Derzeit gibt es zwei Weißweine bei Chandon de Briailles: einen Pernand Blanc von 11- und 12jährigen Reben in Les Vergelesses sowie einen seltenen Corton Blanc aus drei Parzellen mit 15- und 30jährigen Reben in den *climats* Chaumes und Bressandes. Eine Parzelle Corton-Charlemagne – 11 Ar mit jungen Reben im *climat* Renardes in Ladoix – wurde 1995 hinzuerworben. Bis die Reben ein angemessenes Alter haben, geht ihre Frucht in die Pernand-Cuvée ein.

Gekeltert wird auf einer neuen Bucher-Pneumatikpresse ohne vorherige *macération pelliculaire*. Der Most gärt während 10 bis 15 Tagen bei 20 °C in zu 50 % neuen Fässern, aus denen mit heißem Wasser und grobem Salz die aggressivsten Tannine herausgewaschen werden, und zu 50 % in zwei Jahre alten Pernand-Weißweinfässern. Die *élevage* wurde von 15 auf 20 Monate verlängert, Schönung und Filtration unterbleiben wenn immer möglich.

Der Pernand Blanc ist reif, voll, erinnert an Pfirsiche und Reineclauden, er hat vielleicht etwas rustikale Art, jedoch mit attraktivem, ausgeprägtem *goût de terroir* und viel Kraft und Stil. Er trinkt sich jung sehr schön, kann aber auch fünf Jahre Flaschenreife vertragen. Auch der Corton Blanc ist höchst individuell; er zeigt mehr aromatische Komplexität als der Pernand und entwickelt oft eine Note von exotischer Frucht. Am Gaumen vermittelt er das Gefühl und die Struktur eines Corton-Charlemagne, und er weist bessere Säure und Kraft auf als der Pernand; seine Fülle und reife Frucht gipfeln in großer Nachhaltigkeit. Von beiden gibt es nicht viel – jeweils nur etwa 2000 Flaschen.

Um den in der Domäne eingetretenen Wandel zu betonen, hat Claude das Etikett in Farbe, Größe und Stil verändert – nichts Spektakuläres, für eine so traditionelle Domäne wie aber eine kleine Revolution. Sie und ihre Mutter haben bedeutende Fortschritte in der Verbesserung der Qualität und Beständigkeit ihrer Weine erreicht. Heute bietet Chandon de Briailles wahrhaft erstklassigen Burgunder.

WEINBERGBESITZ

Gemeinde	Rang	Lage/Climat	Fläche	Rebenalter	Status
Aloxe	GC	Corton Chaumes (Weiß)	0,12	1980	P
Aloxe	GC	Corton Clos du Roi	0,46	1961/86	P
Aloxe	GC	Corton Bressandes (Pinot)	1,76	1962/75/84	P
Aloxe	GC	Corton Bressandes (Chardonnay)	0,14	1980	P
Aloxe	GC	Corton Les Maréchaudes	0,40	1975/80	P
Aloxe	PC	Les Valozières	0,29	1988/89	P
Pernand	PC	Ile des Vergelesses	3,33	1938–1986	P
Pernand	PC	Les Basses Vergelesses	1,27	1954	P
Savigny	PC	Aux Fournaux	1,60	1956/61	P
Savigny	PC	Les Lavières	2,61	1955	P
Savigny	V	–	0,50	1955	P
Ladoix	GC	Corton Charlemagne (Renardes)	0,11	1990	P
Gesamtfläche			**12,59 ha**		

Domaine Maurice Ecard

Maurice Ecard ist ein großer, fröhlicher Mann, dessen Domäne mit sechs Premiers Crus – fünf Rotweine, ein Weißwein – einen idealen Ausgangspunkt zum Kennenlernen der *terroirs* von Savigny bildet. Überdies gehören seine Weine zu den besten in der Gemeinde – traditionell produziert, anfänglich sehr fest, aber mit viel Körper und Struktur und herrlichem Entwicklungspotential.

Der Sitz der Domäne besteht aus umfangreichen, offenbar aus dem 19. Jh. stammenden Gebäuden in der Rue Chanson-Maldant. Sie bilden auch das Heim für Maurice und seine Familie, seinen Vater (95), seine Mutter (92) und eine Tante (97), alle offensichtlich bei bester Gesundheit und lebendige Werbeträger für die stärkenden Kräfte des roten und weißen Savigny.

Die Familie Ecard wohnt seit der Revolution (1789) in Savigny und beabsichtigt wohl auch zu bleiben, denn Maurice hat drei erwachsene Söhne, die jetzt im Betrieb mitarbeiten, und das ist auch gut so, weil es von früh bis spät viel Arbeit gibt.

Hinzu kommt der Umstand, daß die Ecards die anfallenden Veredelungen selbst vornehmen, und zwar durch *sélection massale* von Mutterreben, die in einer Savigny-Villages-Lage stehen und selbst wiederum aus Tollot-Beaut-Weinbergen in Chorey stammen, wo der Vater von Maurice sie selektierte. Bei recht hohem Durchschnittsalter der Reben sind die Erträge angemessen (42 hl/ha in 1993, 35 hl/ha in 1994). 1993 brachte Maurice in Erwartung eines großen Ertrags kurz vor der Blüte Bordeauxbrühe aus, um *coulure* und *millerandage* zu fördern.

Maurice strebt nicht nur kleine Beeren mit hoher Konzentration an, er arbeitet auch gern mit recht hohen Gärtemperaturen (35 °C), mit einem gewissen Anteil an Stielen und ganzen Trauben im Gärbehälter und mit viel *pigeage*.

Im Stil drückt sich eine Vorliebe für robuste Weine aus – an erster Stelle steht das *terroir*, auch Rebenalter und Erträge spielen eine Rolle. «Dazu kommt die Sonne und – nicht zu vergessen – auch der Winzer.»

Trotz der untypischen Farbe ist der tiefschwarze Serpentières der typischste Savigny unter den Premiers Crus. Bei straffer Struktur und kräftigem Tannin ist er im Grunde geschmeidiger und hat mehr potentielle Komplexität im Aroma als die anderen. Er stammt aus einem Streifen Weinberge am nach Pernand-Vergelesses hin gelegenen Ende von Savigny, von wo allgemein eher durch Eleganz

Maurice Ecard (rechts) genießt den wohlverdienten Feierabend.

gekennzeichnete Weine kommen, während die von der nach Beaune gelegenen Seite vor allem Breite und Muskulatur aufweisen.

Maurice Ecards Peuillets, Jarrons und Narbentons (anders als üblich schreibt er den Namen mit e) tendieren nach Beaune. Der erstere ist von den dreien am breitesten im Geschmack, der zweite hat etwas festere, tanninherbere Struktur, und der dritte (der Name stammt anscheinend von den ersten Winzern, die von Narbonne aus die Rhône hinauf kamen) weist eine merklich konzentriertere solidere Basis auf. Jeder ist auf seine ganz und gar individuelle Weise fein.

Abgesehen von einer Sonderabfüllung für Holland wird der Savigny-Villages im Faß an den Handel verkauft, damit Maurice mehr Zeit hat, sich auf seine «vier Stars» und seinen begehrten Savigny Haut Jarrons Blanc zu konzentrieren. Dieser ungewöhnliche Weißwein stammt ganz von alten Pinot-Blanc-Reben, die ursprünglich in Henri Gouges Weinberg Nuits La Perrière selektiert wurden. 1994 erbrachten sie über 13 % potentiellen Alkohol und einen schwergewichtigen, allerdings säurearmen und untypisch überzogenen Wein – vielleicht nicht gerade einer für die älteste Ecard-Generation!

WEINBERGBESITZ

Gemeinde	Rang	Lage/Climat	Fläche	Rebenalter	Status
Savigny	V	(Pinot; mehrere Parzellen und Climats)	2,00	–	P
Savigny	PC	Les Serpentières	3,00	40	P
Savigny	PC	Les Narbentons	2,00	40	P
Savigny	PC	Les Jarrons	2,00	50	P
Savigny	PC	Les Peuillets	2,00	35	P
Savigny	PC	Les Cloux	1,00	30	P
Savigny	PC	Les Hauts Jarrons (Blanc)	0,50	50	P
Savigny	R	(Bourgogne Rouge)	0,50	18	P
Gesamtfläche			**13,00 ha**		

Domaine Jean-Marc Pavelot

Jean-Marc Pavelots Weine haben in den letzten Jahren starke Verbesserung erfahren und zählen jetzt zur Spitzenklasse von Savigny. So werden heute weniger Stiele mitverarbeitet (bei den Premiers Crus bis zu 25 %) und ein paar Tage kühle Vormaischung eingelegt. Anscheinend hat man auch die *pigeage* verringert, und es wird weniger, dafür besserer Preßwein beigemischt. Alles zusammen ergibt feinere, ausgewogenere, entgegenkommendere Weine.

Der einzige Weißwein von Pavelot ist ein pfirsichduftiger, mineralischer Savigny Blanc von Reben teils auf Schwemmland (sie bringen Struktur ein), teils von Kalksteinboden (bei Bouilland – hier entstehen Nervigkeit und Säure). Der Most gärt größtenteils im Faß und bleibt bis zur Abfüllung nach etwa elf Monaten auf dem Hefesatz liegen – in guten Jahrgängen ein Wein mit reifer Frucht und frischem Biß.

Ferner umfaßt das Programm einen einfachen Savigny Rouge, einen Pernand und fünf Savigny Premiers Crus. Hohes Durchschnittsalter der Reben und bescheidene, jedoch nicht übertrieben niedrige Erträge (35–40 hl/ha bei Premiers Crus) erbringen gut strukturierte, konzentrierte Weine. Durch kurze Kaltmaischung, dann 12 bis 15 Tage Gärung und Maischung bei ziemlich hohen Temperaturen und anschließend 12 bis 15 Monate Ausbau in Fässern (für die Crus 10–25 % neue) entstehen attraktive, zunächst harte und feste Weine, die sich nach einiger Reifezeit schön entfalten.

Den Kern der Savigny-Villages-Cuvée bildet die Frucht 50- bis 70jähriger Reben aus drei verschiedenen Parzellen. Nur 10 % der Stiele gelangen in die Gärung, so daß ein aufgeschlossener, geschmeidiger Wein mit schöner Tiefe und fester, ausgewogener Struktur entsteht.

Die Savigny Premiers Crus beginnen mit dem Peuillets aus einem recht flachen, steinigen Streifen Land unterhalb der Autoroute du Soleil. Er läßt im Charakter die Nähe zu Beaune erkennen – reichlich *fruits rouges*, gute Säure sowie breite und muskulöse Art. Er ist wohl der untypischste Savigny im Programm; Wein aus Dürrejahren sollte man meiden, weil die Reben durch den trockenen Standort oft überfordert werden. Jean-Marc füllt ihn meist vor der nächsten Ernte ab, um seine sanfte, aufgeschlossene Frucht zu bewahren.

Der Narbantons, ebenfalls von der nach Beaune gerichteten Seite, ist genauso breit und fleischig, hat aber mehr *fruits noirs* sowie größere Eleganz, Vollmundigkeit und festere, tanninherbe Struktur (bis zu 20 % der Stiele werden mit vergoren). Gute Jahrgänge zeigen ansprechende Tiefe und einen Hauch Würze.

Zwei Premiers Crus – Guettes und Gravains – kommen von dem «klassischen» Streifen Weinberge oberhalb von Jean-Marcs Haus in Richtung Pernand. Die Weine aus diesem Gebiet gelten meist als am typischsten für die Appellation. Es handelt sich um Steillagen mit dünnem, steinigem, kalkhaltigem Boden über Felsgrund. Dieses *terroir* erbringt lebendigere, aromatischere Weine mit merklich leichterer Struktur als Narbantons oder Peuillets. Die 1990er und 1993er Guettes zeigten Nachhaltigkeit und Klasse bei guter Säure und recht festem Tannin als Grundlage für schöne, reife Frucht. Der 1990er begann sich gerade zu entfalten – ein recht sanfter, fülliger Wein mit Nachhaltigkeit und Komplexität und nur noch einem Rest von Tannin aus den Stielen.

Der Gravains Premier Cru ist insofern ungewöhnlich, als er von einem vorwiegend aus Erosionsschutt aus der darüberliegenden Combe d'Orange bestehenden Boden kommt. In Stil und Qualität steht er dem Guettes nahe, wobei der Schwerpunkt auf Finesse in Aroma und Geschmack bei sanftem Tannin und kräftiger Säure liegt.

La Dominode, obschon eine Lage in Richtung Beaune, bringt doch einen der feinsten Savignys hervor. Sie ist eigentlich ein Teil der größeren Lage Jarrons und hat ihren Namen nach einem ehemaligen Besitzer namens Domino. Neben Jean-Marc Pavelot teilen sich noch weitere vier Besitzer in sie: Bruno Clair, Louis Jadot, Chanson und Maurice Ecard. Der Boden besteht vorwiegend aus sandigem Lehm und bringt vollere Trauben mit exzellentem Potential an Farbe, Aroma und Geschmack hervor. Hieraus entsteht ein vollendeter Wein mit guter Konzentration und kräftig ausgebildeter *charpente*, der länger als die anderen zum Ausreifen braucht.

Die Savignys von Jean-Marc Pavelot sind echte «vins de terroir», nicht nur einfache «vins de fruit». Zwar ist auch die Pinot-Noir-Frucht da, wirklich interessant werden die Weine jedoch durch die Individualität der jeweiligen *climats* – ganz andere Weine als von Bize, Ecard oder Capron, aber in keiner Weise weniger fein.

In die Kirche von Savigny wachsen die Trauben fast hinein.

WEINBERGBESITZ

Gemeinde	Rang	Lage/Climat	Fläche	Rebenalter	Status
Savigny	V	(mehrere Climats)	5,07	10–50	P
Savigny	PC	Aux Guettes	1,48	30	P
Savigny	PC	La Dominode	2,21	40	P
Savigny	PC	Les Narbantons	0,36	60	P
Savigny	PC	Les Peuillets	0,45	50	P
Savigny	PC	Aux Gravains	0,60	50	P
Savigny	V	(Blanc)	0,83	30	P
Savigny	PC	Les Vergelesses	0,61	20	P
		Gesamtfläche	**11,61 ha**		

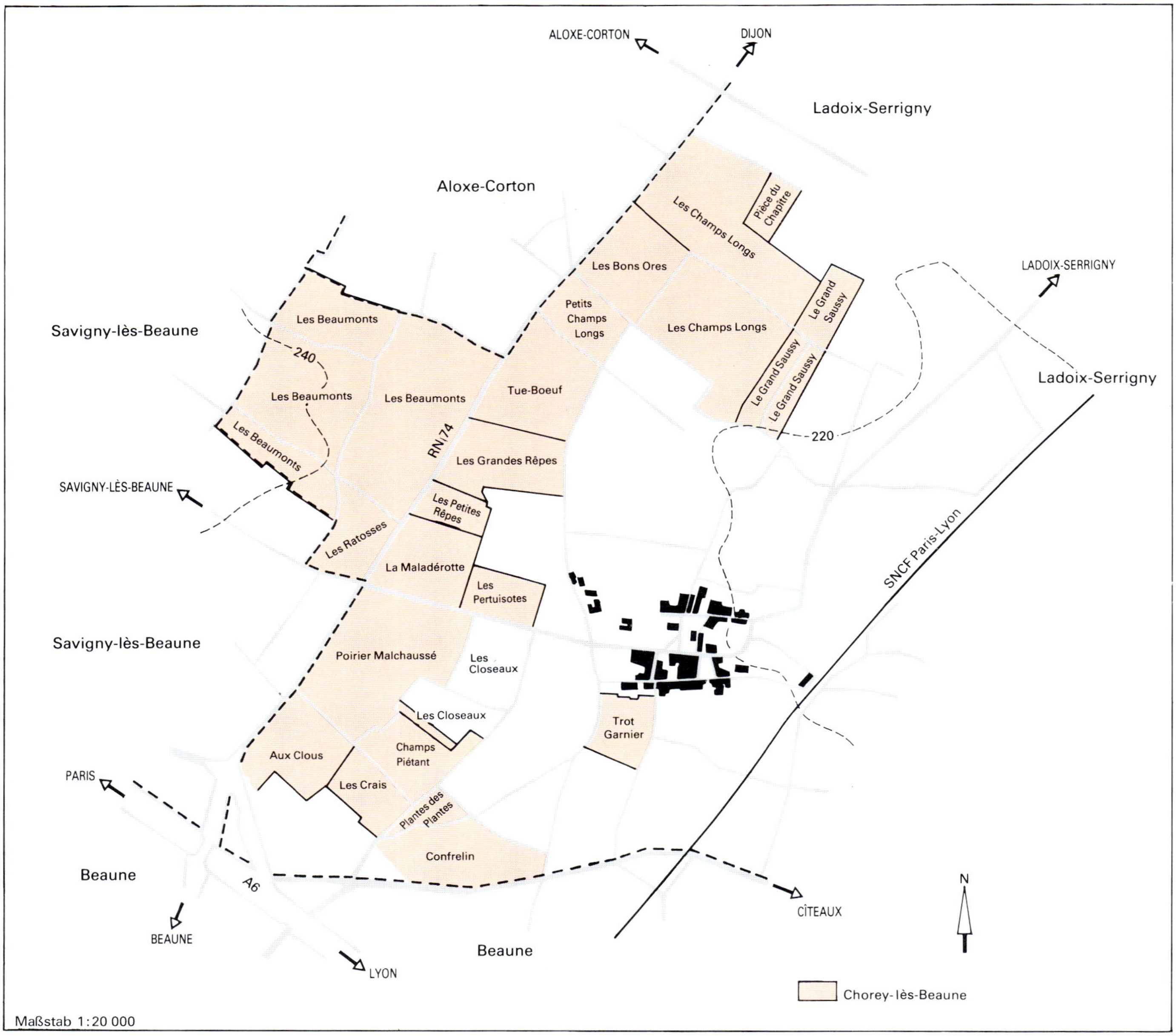

CÔTE D'OR

Die Weinberge im Frühjahr.

Chorey-lès-Beaune

Chorey ist das Pech widerfahren, in praktisch jeder Hinsicht auf die falsche Seite geraten zu sein. Es liegt eingeklemmt zwischen der Eisenbahnstrecke Paris–Lyon und der RN74, aber auf der falschen Seite der Straße – ein Dorf ohne inneren Schwung, zwar sauber und ordentlich, aber sich stets bewußt, daß es anders als seine Nachbarn auf der richtigen Straßenseite bei der Vergabe der Appellationen glatt vergessen wurde, so daß es bis 1974 auf seine eigene Appellation warten mußte – und selbst da fiel ihm nicht eine einzige Premier-Cru-Lage zu.

Nur eine Handvoll gute Domänen lenkt Scheinwerferlicht auf den Ort, der ansonsten von seinen Weinbergen und privater Zimmervermietung bescheiden existiert.

Das Problem, dessen Lösung nicht in der Macht von Chorey-lès-Beaune liegt, ist das Land – fast nur flacher, tiefgelegener Grund. Ein Teil der Gemarkung besteht aus Sandboden, ein großer Teil aber aus schlecht durchlässigem Lehm. Zudem sind manche Weinberge östlich der RN74 gefürchtete Frostlöcher. Auf der westlichen Straßenseite gibt es ein paar bessere Lagen, v. a. 45,61 ha Les Beaumonts und Les Ratosses zwischen den Nachbargemarkungen Aloxe-Corton und Savigny-lès-Beaune. Hier wachsen vor allem in dem von der Hauptstraße am weitesten abgelegenen Teil gute Weine.

Zum Glück haben die rund 40 Winzer von Chorey für ihren Rotwein die Wahl zwischen mehreren Appellationen, sie sind also nicht nur auf eine einzige angewiesen, die vielleicht unter der Gleichgültigkeit der Presse zu leiden hätte. Mögliche Bezeichnungen sind Chorey-lès-Beaune, Chorey-Côte-de-Beaune und Côtes-de-Beaune-Villages. Als letzter Schritt bleibt auch noch die Abstufung zum Bourgogne, Bourgogne Grand Ordinaire oder Bourgogne Ordinaire. Theoretisch könnte also ein Vigneron seinen Wein, um Abwechslungsreichtum vorzuspiegeln, unter sechs verschiedenen Appellationen anbieten.

Die Geschichte des Dorfs ist im übrigen keineswegs interessanter als die seiner Weine. Wie in so vielen anderen Gemeinden an der Côte dauerte es Jahrhunderte, bis der Name feste Gestalt annahm: Hauriaco im Jahr 667 wurde 1004 zu Cariacum, daraus wurde 1150 Cherriacum und 1207 Charrère. 30 Jahre darauf lautete der Name Charrey, 1304 wandelte er sich zu Cherriey. Schließlich kam 1437 Chorey zustande, und dabei blieb es die nächsten fünfeinhalb Jahrhunderte hindurch.

Ein kurzer Glorienschein fiel 1658 auf Chorey, als die Bürger von Beaune den Ort als Schauplatz für den Empfang des durchreisenden Ludwig XIV. wählten. Von da an ging es wieder abwärts. Im Mai 1681 und erneut im Jahr 1783 wurde Chorey durch Erdbeben erschüttert, und 1688 verwüsteten Wildschweine die Felder des Orts.

Danach erlebte Chorey eine Zeit der Ruhe und des relativen Wohlstands. Ein Sechstel der Weinberge befand sich im Besitz kirchlicher Institutionen, und der Ort galt als besonders gesund. Die Einwohner von Beaune flüchteten hierher vor der Pest und öffneten als Dank dem Wein von Chorey bevorrechtigten Zugang zu den frequentierten Märkten ihrer Stadt.

Das interessanteste Bauwerk ist das Château. Es wurde ursprünglich im 13. Jh. als «maison fortifiée» errichtet, mehrfach zerstört und letztmals nach 1660 wiederaufgebaut – ein eindrucksvolles Gebäude mit zwei mächtigen Toren. Heute ist es im Besitz der Familie François Germain, und man kann dort Unterkunft finden.

Chorey produziert fast nur Rotwein, daneben etwas Chardonnay-Weißwein. Alle Weine sind sauber, jedoch nicht besonders ausdrucksvoll; in guten Jahren geben sie gefällige, ausgewogene und preiswerte Getränke ab. Die besten kommen aus den Domänen Tollot-Beaut und Jacques Germain in Chorey selbst sowie aus der Domaine Daniel Senard in Aloxe-Corton – dank erschwinglicher Preise in guten Jahren durchaus empfehlenswert.

Das Château de Chorey – Sitz der Domaine Jacques Germain.

Domaine Tollot-Beaut et Fils

Die Familie Tollot ist ungewöhnlich – drei Brüder, jeder mit einem Sprößling, arbeiten zusammen und produzieren Wein. Die Söhne von Jacques und Alain Tollot wirken im Betrieb mit, und François Tollots Tochter Nathalie macht die Büroarbeit und empfängt Besucher. Erstaunlicherweise scheint sich alles bemerkenswert harmonisch abzuspielen; die Weine sind exzellent, die Geschäfte gehen zweifellos gut.

Die drei Brüder stellen die fünfte in Chorey Weinbau treibende Generation der Familie Tollot dar. Ihr Ururgroßvater verband offensichtlich mit Erfolg die recht unterschiedlichen Berufe des Musikers und des Winzers miteinander. Sein Sohn führte den Betrieb weiter und kaufte, während er als Vigneron für den Prince de Mérode arbeitete, auf eigene Rechnung Weinbergland. Der zusätzliche Name Beaut kam durch die Großmutter der heutigen älteren Generation in die Familie. Bereits in den 1920er Jahren begann sie Flaschenwein unter dem eigenen Namen zu verkaufen, was ihr bestimmt den Zorn so mancher Négociants eingetragen haben dürfte, denn damals übte der Handel noch das fast unumstrittene Monopol auf dem Markt aus.

Durch Erwerbungen wurde die Domäne allmählich auf heute 22 ha vergrößert – gute Villages- und Premier-Cru-Lagen in Beaune, Savigny und Aloxe, Villages- und Regionallagen in Chorey und als Gipfelpunkt drei Grand-Cru-Lagen in Aloxe. François meint, sie würden gern, gemeinsam natürlich, einige Ar Grand-Cru-Weinberge dazukaufen, aber – mit einem Achselzucken – «Sie wissen ja, die Preise!»

Irgendwie ist es den Tollots gelungen, die Zersplitterung des Besitzes, wie er in den meisten anderen Familiendomänen eingetreten ist, zu vermeiden, indem sie dafür sorgten, daß trotz Besitzerwechsel durch Tod und Erbteilung alles in einem «Betrieb» zusammenblieb. Dazu gehört ein außergewöhnliches Maß an Familienzusammenhalt! Die Tollots sind allesamt freundliche, warmherzige Muster an Höflichkeit, Charme und Hilfsbereitschaft; sie wetteifern miteinander in großzügiger Unterstützung Hilfsbedürftiger.

Die Weine haben viel Ähnlichkeit mit ihren Erzeugern – sie zeichnen sich aus durch sanften, gefälligen Geschmack bei viel Finesse und Charme. Die Rotweine sind auf mittlere Lebensdauer ausgelegt; eine eher kurze *cuvaison* von sieben bis zehn Tagen soll die flüchtigeren aromatischen Elemente schonen. François ist der Meinung, Konzentration und Extrakt sollten durch die Frucht alter Reben in den Wein gelangen und nicht durch lang ausgedehnte Maischung. Vormaischung wird überhaupt nicht durchgeführt. Gemeinsam achten die Brüder darauf, daß das Einsetzen der Gärung nicht unnötig hinausgezögert wird, daß eine gewisse Menge Trauben vor der eigentlichen Lese geerntet und mit einer ausgewählten Hefe zu einem *pied de cuve* verarbeitet wird. Wenn dann das Traubengut der Haupternte eintrifft, wird jede *cuve* mit 20–30 l dieser bereits gärenden Flüssigkeit geimpft, und der Gärprozeß setzt sofort ein.

Auf einwandfreie Gesundheit des Traubenguts wird ebenso großer Wert gelegt wie auf Sauberkeit im Keller. Spritzungen werden in möglichst geringer Dosierung unter zurückhaltender Befolgung der Ratschläge des Service des Végétaux durchgeführt. Präzise Bodenanalysen ermöglichen in den einzelnen Weinbergen Gegenmaßnahmen bei Mangel an Grundnährstoffen, v. a. Stickstoff, Phosphor, Kali oder Magnesium.

Muß ein Weinberg neu bestockt werden – beispielsweise wurde 1982 eine 1926 angepflanzte Parzelle Beaune Blanche Fleurs gerodet –, dann ruht der Boden mindestens zwei Jahre, bevor die neuen Reben angesetzt werden. Herbizide finden bisher keine Verwendung; durch ständiges Hacken wird der Boden gelockert und das Unkraut beseitigt.

Die Cuverie der Domäne ist ein Musterbetrieb, blitzsauber mit einer Reihe hell getünchter offener Zementbehälter, auf denen jeweils der Name des Weins in großen weinroten Buchstaben angeschrieben steht. Die bereits 1949 installierten Gärbehälter sehen aus wie neu – das Ergebnis fast besessener Reinlichkeit. Zu Beginn und Ende der Kellersaison werden alle Leitungen zusammengeschlossen und unter Druck durchgespült.

Allerdings ist durch die geschäftliche Expansion in den letzten 40 Jahren der Platz um die Gärbehälter knapp geworden – hier lagern Verpackungsmaterial, Filter, Geräte; deshalb wurde mit dem Bau eines neuen Flaschenkellers und Versandraums begonnen.

Herrscht im Keller Reinlichkeit, so herrscht im Weinberg die Ertragsbeschränkung. Die bis zu 35 Jahre alten Reben werden einzeln auf relativ schwachwüchsigen Unterlagen ersetzt, damit das Durchschnittsalter möglichst hoch bleibt. In Beaune und Corton haben in den 1970er Jahren umfangreiche Neuanpflanzungen stattgefunden, in den anderen Lagen aber sind die Reben weit älter.

Evasivage wird sehr sorgfältig vorgenommen; 1990 beispielsweise wurden überzählige Augen und Triebe in drei Durchgängen ausgebrochen. Für die vielpropagierte Behangausdünnung hat François Tollot nur milden Spott übrig: «Die taugt nur für die Journalisten zum Fotografieren, hat aber keinen wirklichen Wert.» Vielmehr ist er überzeugt, daß Maßnahmen zur Ertragsbeschränkung am besten vor Mitte Juni durchgeführt und nicht bis in den August aufgeschoben werden sollen.

Der für die Traubenqualität so wichtige Zeitpunkt der Lese wird durch *prélèvements* bestimmt, wobei riskantes Abwarten wie beispielsweise 1988 durchaus in Frage kommt; im allgemeinen aber gilt es als besser, leicht unreifes Lesegut einzubringen und in der Cuverie Anpassungen vorzunehmen, als durch Verspätung den Verlust der Ernte zu riskieren. Auf jeden Fall wird das Lesegut dreimal streng kontrolliert – beim Abschneiden der Trauben, dann auf den Transportkarren und schließlich in der Cuverie an einem mit acht Personen besetzten Sortiertisch.

Die Lese beginnt meist mit den Lagen in Beaune – hier tritt die Reife am frühesten ein – und endet stets mit den Weißweintrauben für Bourgogne Blanc, Aligoté und Corton-Charlemagne Grand Cru.

Die Weißweine machen zwar nur einen Bruchteil der Produktion aus, sind aber so etwas wie eine Tollot-Spezialität. Der Bourgogne Blanc ist meist exzellent – viel reife Frucht, gute Säure, runde, komplexe, vollmundige Art. Billig ist er nicht, aber ein Wein, der sich dank Tollot-Gründlichkeit und -Qualitätsbewußtsein immer wieder selbst übertrifft.

Am anderen Ende der Rangstufenleiter steht der Corton-Charlemagne aus einer Parzelle mit 30jährigen Reben in Ostlage in Le Corton. Sein Gärprozeß beginnt im Edelstahltank und endet im Faß – SO_2 und sonstige Manipulationen bleiben auf ein Minimum beschränkt. Dieser attraktive Wein ist meist eher

Die Familie Tollot wendet keinen Blick von der Arbeit im Weinberg.

fein als ausgesprochen muskulös; er sollte lieber getrunken werden, solange seine jugendliche Frucht anhält, und nicht erst in einem ungewissen hohen Alter – ein Beispiel des Corton-Charlemagne, das nicht unbedingt, aber in guten Jahrgängen wie 1993 doch fast zur obersten Spitze zählt.

Alle Weißweine erhalten einen Hauch Eichenholzwürze durch neue Fässer – 25 % beim Charlemagne –, vorrangig von Tronçais-Eiche. Im übrigen ist François Tollot skeptisch: «Für Eichenholz gibt es keine Appellation Contrôlée; am besten kauft man es deshalb bei einem Freund, läßt es drei Jahre trocknen und schaut dann dem Tonnelier auf die Finger, wenn er die Fässer baut.»

Die Fässer bei Tollot sind «assez brûlés», das verleiht den Weißweinen deutlichen Röstgeschmack. Hefesatzaufrührung praktizieren die Tollots bei ihren Weißweinen nicht – sie meinen, das sei nur bei langem Ausgären angebracht, was nicht ihrem Stil entspricht.

Die Weißweine werden zweimal abgestochen, einmal nach der *malo* im Juli – durch Hefesatzlagerung wird frühes Vergilben vermieden –, das zweite Mal zwischen Schönen und Abfüllen. «Wir müssen noch viel lernen, weil wir nur wenig Weißwein machen, da sind wir noch Amateure», sagt François – immerhin hochbegabte!

Die Rotweinbereitung ist «très classique». Das Traubengut wird zu 66–75 % entrappt und gemahlen und sodann in die Zementbehälter – das für die *régionales* in Edelstahl – geleitet. Die Gärung wird schnellstmöglich in Gang gesetzt, die *cuvaison* bewußt kurz gehalten. Die Temperatur darf bis höchstens 30–35 °C ansteigen, bei Bedarf wird *saignée* durchgeführt. Abgezogen wird der Wein, wenn ein im Behälter angezündetes Streichholz nicht mehr erlischt – wenn also kein CO_2 mehr vorhanden und demnach die Gärung beendet ist.

Nach dem Zusammenführen des Preß- und des Vorlaufweins erfolgt eine dreiwöchige *débourbage*, wobei die Behälter geschlossen bleiben, um Aromaverlust und Oxidation zu vermeiden. Die Absetzzeit scheint übermäßig lang, da ja keine Aussicht auf Qualitätsgewinn besteht. Sodann wird der Wein in Fässer gegeben – «ein Drittel neue für die Grands und Petits Crus gleichermaßen, da denken wir sozialistisch». Es erfolgen insgesamt drei Abstiche: der erste im Februar/März über ein schirmartiges Gestell zur Förderung der Lufteinwirkung; feiner Hefetrub bleibt im Wein bis zum nächsten Abstich, der meist vier Monate später zum Zusammenführen der einzelnen Posten bei gleichzeitiger Vorfiltration mit Kieselgur und Rückführung in Fässer geschieht; der dritte Abstich wird in Verbindung mit leichter Schichtenfiltration am Tag vor der Abfüllung durchgeführt. Bis 1974 wurden die Weine geschönt, dann aber setzte sich die Ansicht durch, daß dabei die Weine mehr leiden als durch eine sanfte zweite Filtration.

Einige Mitglieder der Familie Tollot.

Für die Tollots bedeutet die Erzeugung feiner Weine eine Folge eng miteinander verknüpfter Details. Die Rotweine wirken höchst individuell, die Betonung liegt auf der reifen, saftigen, fast süßen Frucht, die der Pinot Noir so köstlich hervorbringen kann. Die Jahrgänge 1985 und 1989 bilden für diesen Stil besonders aufgeschlossene Beispiele, der 1993er mit seinem kräftigen Tannin und festerer Struktur erscheint dagegen etwas untypisch.

Der 1993er Chorey-Village ist sehr muskulös und etwas tiefer als der exzellente Bourgogne Rouge, ebenfalls von Reben aus Chorey – beides Weine, die in einem solchen Jahrgang ein paar Jahre Flaschenreife lohnen. Von den beiden Savignys hat der Les Lavières von alten Reben aus *sélection massale*, die Tollot Père vor 50 Jahren pflanzte, mehr Wucht und Kraft – der 1993er zudem ein Aroma von *fruits rouges* –, ziemlich kräftige Säure und trockenes Tannin. Der Champ Chevrey von der anderen Straßenseite, wo der Boden feuchter, aber auch steiniger ist, zeigt dichtere, festere Struktur bei größerer Geschmackstiefe. Im Alter entwickelt der Lavières allerdings mehr Komplexität als sein Verwandter.

Die beiden Beaune Premiers Crus stammen zwar von relativ jungen Reben, zeigen aber schöne Tiefe und Finesse. Der Clos du Roi ist kein bequemer Weinberg; er enthält große Kalksteinbrocken, die viel Feuchtigkeit an sich ziehen. Deshalb kann es in trockenen Jahren wie 1990 Reifeprobleme geben. Der 1993er dagegen hat tief granatrote Farbe, gutes Aromapotential und grundlegende Finesse – ähnlich wie der Beaune Blanches Fleurs aus der angrenzenden Villages-Lage; vielleicht mangelt es ihm ein wenig an Konzentration und Komplexität, aber das wird sich mit dem Heranwachsen der Reben bessern. Der Grèves von älteren Reben zeigt mehr Tiefe und Konzentration. Er ist vielleicht der beste aller Beaune Premiers Crus und bringt seine Klasse stets schön zur Geltung – alles an ihm ist ein wenig stärker ausgebildet, auch die Langlebigkeit.

Die beiden Aloxe Premiers Crus, Les Vercots und Les Fournières, die 1993 aus der Villages-Cuvée herausgenommen wurden, unterscheiden sich im Charakter. Der Vercots von 1929 im westlichen Teil von Aloxe gepflanzten Reben ist fleischiger und nicht so entgegenkommend, der Fournières aus einer Lage im Südosten der Gemarkung ist der elegantere. Der für Aloxe-Corton charakteristische hohe Eisengehalt im Boden bringt eine erdige Tiefe ein, die Zeit zur Abrundung braucht.

Die beiden roten Grands Crus – Corton und Corton Bressandes – sind gehaltvoll und wuchtig. Der stets gute Corton wird jedoch vom Bressandes, der mehr Subtilität und Finesse besitzt, in den Schatten gestellt: Im Alter kommt die eindeutige Klasse des Bressandes voll zum Durchbruch – seine größere Rasse und Weinigkeit wirkt stärker auf die Sinne als die eher intellektuelle, direktere Art des Corton.

Die Tollots bilden ein großartiges Team, das zuverlässig köstliche, individuelle Weine zu bieten hat.

WEINBERGBESITZ

Gemeinde	Rang	Lage/Climat	Fläche	Rebenalter	Status
Aloxe	GC	Le Corton (Charlemagne)	0,24	29	P
Aloxe	GC	Corton Bressandes	0,91	41	P
Corton	GC	Les Combes	0,60	1/2 65	
				1/2 11	P/F
Aloxe	PC	Les Vercots	0,79	67	P
Aloxe	PC	Les Fournières	0,88	20	P/F
Aloxe	V	(mehrere Climats)	1,89	15	P
Beaune	PC	Grèves	0,59	23	P
Beaune	PC	Clos du Roi	1,10	14	P
Beaune	V	Les Blanches Fleurs	0,28	8	P
Savigny	PC	Les Lavières	1,98	50	P
Savigny	PC	Champ Chevrey (Monopole)	1,46	40	P
Savigny	V	Les Ratosses	0,26	37	P/F
Savigny	V	Aux Champs Chardons	0,40	1992	P/F
Chorey	V	(mehrere Climats)	7,82	28	P/F
Chorey	R	(Bourgogne Rouge)	1,20	30	P/F
Chorey/Savigny	R	(Bourgogne Blanc)	0,68	28	P
–	R	(Bourgogne Aligoté)	1,20	24	P
Gesamtfläche			**22,28 ha**		

Domaine Jacques Germain

Hier und dort trifft man Domänen mittlerer Größe an, in denen Winzer, die sich ihr Handwerk selbst beigebracht haben, Weine produzieren, die zwar nicht zur allerersten Klasse zählen, doch manchmal hochinteressante Qualität darstellen.

Die Szenerie mutet geradezu perfekt an: ein in romantischem Verfall befindliches Château aus dem 17. Jh., umgeben von einem tiefen Burggraben, in dem sich noch etwas Wasser und sogar Fische vorfinden, alles umrahmt von einer alten Mauer und abgeschirmt durch einen Park mit schönem Baumbestand. Das von Migieu, dem Erbauer des Château de Savigny, ursprünglich im 13. Jh. geschaffene Bauwerk wurde mehrfach zerstört und wiederaufgebaut. Die Kosten für den Unterhalt werden teilweise durch Vermietung von sechs eleganten Gästezimmern bestritten.

Hier wohnt François Germain mit seiner Familie. Die Domäne übernahm er 1968 nach dem Tod seines Vaters. Erlernt hat er sowohl die kommerzielle Seite des väterlichen Négociant-Geschäfts als auch das Winzerhandwerk in den Weinbergen und Kellern der Domäne. Außerdem arbeitete er eine Zeitlang in einem größeren Weingut, wo der Rotwein zunächst mit Kieselgur, dann mit Schichtenfiltern und schließlich mit Membranfiltern behandelt wurde, so daß dem Kunden wohl nur wenig vom ursprünglichen Gehalt zugute gekommen sein dürfte.

François zeichnet seine Verfahrensweise mit klaren, kompromißlosen Zügen: «Man muß das Beste herausholen für den Grand Vin – das ist nicht immer leicht.» Er mißbilligt es, wenn seine Winzerkollegen, je nach dem, was ihre Kunden sich zu leisten vermögen, Wein für einen bestimmten Preis und nicht nach einem Qualitätsmaßstab machen. Er macht kein Geheimnis daraus, daß er nach Perfektion strebt.

Seine 16-ha-Domäne umfaßt abgesehen von 2,5 ha Regionallagen 3 ha Pernand Blanc, 5 ha Chorey-Villages und sechs Beaune Premiers Crus. François meint, das sei für ihn zusammen mit seinem Sohn Benoît und einigen Hilfskräften gerade so zu bewältigen.

Im Weinberg werden gesunde, vollreife Trauben bei niedrigen Erträgen angestrebt. «Beim Pinot Noir darf man bestimmte Ertragsgrenzen nicht überschreiten – 30 hl/ha bei den Premiers Crus und 40 hl/ha bei den Villages-Weinen.» Hierfür stehen alte Reben, gute Klone, strenger Rebschnitt und ebensolche *évasivage*. Behangausdünnung wird prinzipiell abgelehnt, doch 1990 mußten, obwohl schon ein ganzer Monat auf das Ausbrechen überzähliger Augen und Triebe verwendet worden war, im August ausnahmsweise nochmals Trauben herausgeschnitten werden.

François bemüht sich auch, die Erziehung seiner Reben zu optimieren. Anstatt im üblichen einfachen *Guyot*-System zieht François seit 1988 seine Reben *en Cordon de Royat*, wobei er einen etwa 1 m langen Trieb mit nur drei Augen und einen Zapfen mit nur einem Auge anschneidet. Dadurch erzielt er einerseits niedrigere Erträge und andererseits ein zusätzliches Prozent Alkohol in Form von Traubenzucker.

Die Weinbereitung erfolgt nach leicht modifiziertem klassischem Schema. «Ich gehe davon aus, daß das Tannin aus den Stielen hart, jenes aus den Schalen dagegen fein, aber schwerer zu extrahieren ist.» 1983 wurde ein Verfahren eingeführt, bei dem völlig entrappt und sodann eine gut einwöchige Nachmaischung vorgesehen wird, um diese feinen Tannine herauszulaugen und die vor der Gärung extrahierte Farbe zu fixieren. Im Gärbottich wird zunächst eine unüblich starke Dosis SO_2 verabfolgt. Dadurch soll die Bildung flüchtiger Säuren während der *malo* unterbunden und am Anfang eine zwei- bis dreitägige Vormaischung ermöglicht werden, um kräftigste Extraktion an Glyzerin und Aromasubstanzen zu gewährleisten. Verläuft die Gärung schleppend, borgt sich François bei einem Freund einen Eimer mit gärendem Wein zum Impfen.

Nach der Gärung bei bis zu 32 °C in gut gepflegten, mittelgroßen, offenen *cuves* aus Holz, die in einem neu erworbenen Keller im Ort stehen, bleibt der Wein bei geschlossenen *cuves* zum Maischen stehen. Der ziemlich leichte und daher relativ rasch ausreifende Chorey macht nur eine 10- bis 12tägige *cuvaison* durch, während sie bei den Premiers Crus 18 bis 22 Tage dauert.

Danach kommt *élevage* in Eichenfässern – 50 % neue für die Premiers Crus und 25–30 % für den Chorey –, gefolgt von zwei Abstichen und einer Kieselgurfiltration. Über das Kieselgursystem ist François höchst erfreut – es nimmt dem Wein weit weniger als das Schönen, das in seinem kalten Keller sowieso nicht gut klappt. Zum Schluß folgt eine leichte Schichtenfiltration, um alle Kieselgurreste aus dem Wein zu entfernen, und nach 18 Monaten werden die Premiers Crus, nach 12 Monaten die Chorey-Weine abgefüllt.

Auf diese Weise entstehen gute Weine mit mäßiger Tiefe und fester Struktur. Die Beaune Premiers Crus sind besonders interessant, weil an ihnen die Unterschiede in den Böden der Appellation erkennbar werden. Der Boucherottes und der Cent Vignes von mäßig sandigen Böden sind am leichtesten, meist recht sanft und geschmeidig. Der Vignes Franches von 40jährigen Reben auf höhergelegenem Lehmboden zeigt sich fester, breiter, mit mehr Struktur und Tiefe. Der Les Cras und der Les Teurons weisen die kräftigste *charpente* auf – sie ähneln im Stil eher Pommard als Savigny. Der Cras galt früher als «Tête de Cuvée» unter den Premiers Crus – der wärmespeichernde steinige Boden läßt die Trauben gewöhnlich voll ausreifen, so daß ein Wein mit sehr typischem Pinot-Charakter entsteht.

Die Weißweine von François Germain sind besonders interessant. Im Gegensatz zu den Rotweinen erhalten sie nur eine minimale SO_2-Dosis und werden im Faß (zu 15 % neue Vogesen-Eiche) mit einer ausgewählten Montrachet-Hefe vergoren. Der Pernand Blanc aus 3 ha Südlagen bei Echevronne hat recht maskulinen Charakter und ausgeprägten *goût de terroir* sowie frische Säure. François meint, in diesem Weinberg sei der Boden ziemlich derselbe wie in Corton-Charlemagne nach Per-

WEINBERGBESITZ

Gemeinde	Rang	Lage/Climat	Fläche	Rebenalter	Status
Beaune	PC	Les Boucherottes	1,00	25	P
Beaune	PC	Les Vignes Franches	1,00	45	P
Beaune	PC	Les Cras	1,30	45	P
Beaune	PC	Les Teurons	2,00	45	P
Beaune	PC	Sur les Grèves	0,12	45	P
Beaune	PC	Les Cent Vignes	0,60	8	P
Chorey	V	(mehrere Climats)	5,00	25	P
Pernand	V	Plante des Champs + Combottes	3,00	25	P
–	R	(Bourgogne Rouge)	2,00	45	P
–	R	(Bourgogne Blanc)	0,50	9	P
Gesamtfläche			**16,52 ha**		

nand hin und erbringe auch dieselbe Weinqualität, trotzdem ist er nun einmal kein Grand Cru. Der Beaune Sur Les Grèves Blanc hat mehr Fülle und manchmal fast exotische Frucht aufzuweisen – ein guter, solider Wein, der zwei bis fünf Jahre braucht, um auf den Höhepunkt zu gelangen.

1989 kam unerwarteterweise ein dritter Weißwein zustande. François hatte ein paar Zeilen Chardonnay aus dem ummauerten Weinberg gegenüber dem Tor des Châteaus als unbrauchbar hängenlassen. Als er im November aus dem Urlaub zurückkam, fand er die schönste *Edelfäule* vor; er erntete die Trauben und produzierte ein paar Faß «sélection des grains nobles» mit 50 g/l Restzucker. Nach einem Telefongespräch mit einem befreundeten Winzer im Elsaß gelang ihm ein bemerkenswert feiner Wein mit durch Vermeidung der *malo* schön erhalten gebliebener Säure, mit voller, aber nicht klebriger Süße und einer durch attraktive Edelfäule ausgewogenen festen Struktur. Als François 1990 eine Wiederholung anstrebte, wusch Regen im Oktober alle schönen Hoffnungen weg.

Eine interessante Domäne, die aufmerksame Beobachtung lohnt.

CÔTE D'OR

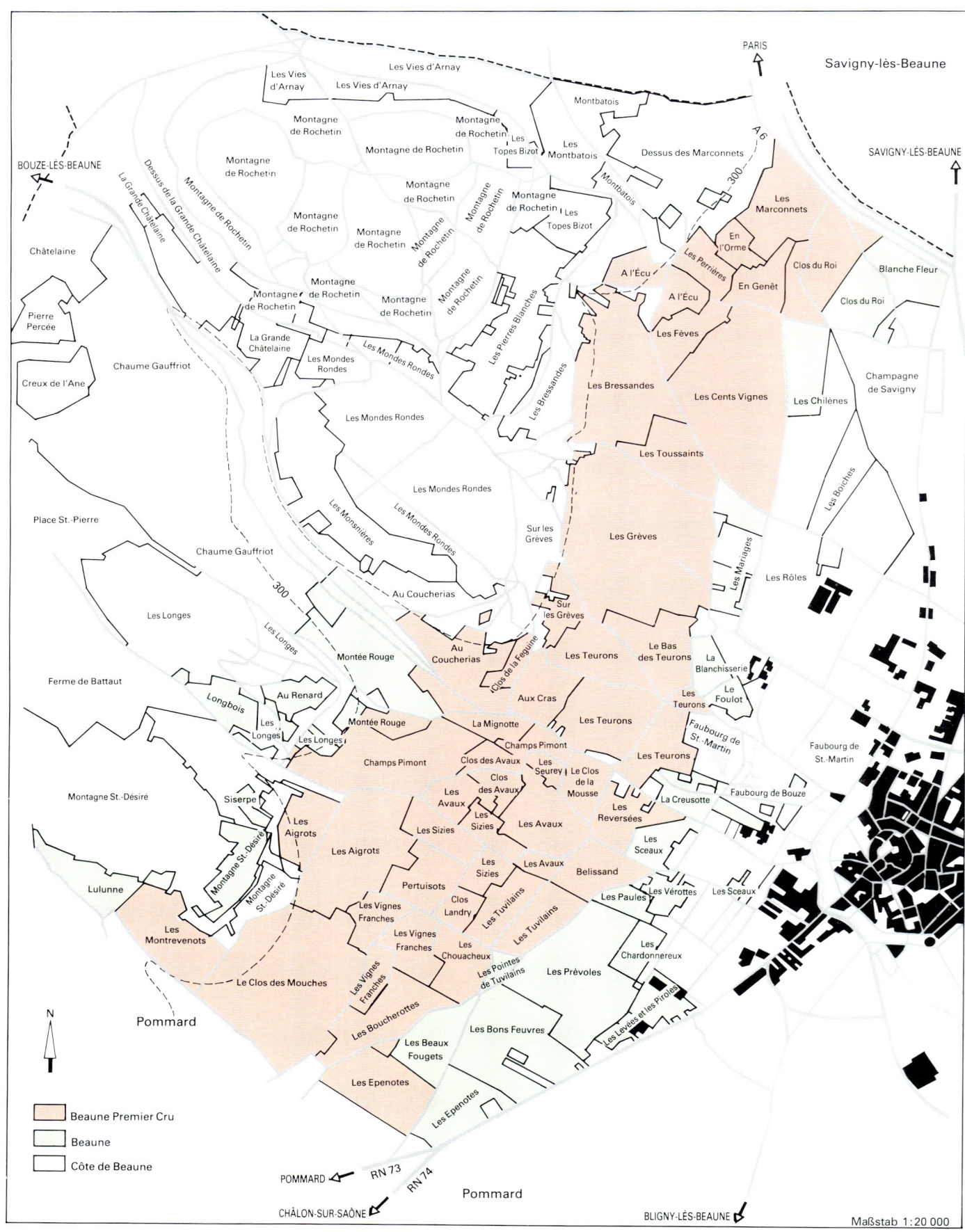

BEAUNE

Während Dijon die Verwaltungshauptstadt des weinbautreibenden Burgund ist, darf Beaune als seine geographische, kommerzielle und historische Hauptstadt und als sein geistiger Mittelpunkt gelten. Eingeschlossen in den mittelalterlichen Mauern der Stadt findet man gewissermaßen die Geschichte Burgunds seit den Anfängen Beaunes als eines der Heerlager Julius Cäsars im Jahr 52 v. Chr. – dagegen gehört die Peripherie ganz der durch die Eröffnung der Autoroute du Soleil im Jahr 1970 in Gang gesetzten industriellen Expansion am Ende des 20. Jh. Mit rund 22 000 Einwohnern ist die Stadt das Fremdenverkehrs- und Weinbauzentrum der Côte d'Or.

Das Herz Beaunes wird gebildet von einer Ansammlung schicker Läden, Restaurants und Weinhäuser, eingepackt in ein Geflecht von engen Gassen und hübschen Plätzen. Hier ist das Territorium der großen Weinhandelshäuser – Jadot, Drouhin, Bouchard Père et Fils, Bichot, Patriarche und anderer mehr. Die vornehmeren verbergen sich hinter hohen Mauern in eleganten alten Häusern, die anderen locken durch Schilder mit der Aufschrift «Dégustation» ganze Busladungen von Besuchern an. Tief unter den ausgetretenen Touristenwegen aber dehnt sich ein Netz von stillen, kühlen Kellergewölben voller Flaschen, Fässer und Spinnweben.

Jedes Jahr im November wird Beaune zum Brennpunkt der Côte, dann nämlich, wenn die Hospices ihre rund 1000 Fässer neuen Wein versteigern. Seit der Gründung durch den Kanzler Nicolas Rollin und seine Gemahlin Guigone de Salins im Jahr 1441 wird dieses Hospital aus Stiftungen, Spenden und Vermächtnissen in Form von Geld und Weinbergen finanziert. Das heute auf dem Gelände des wundervoll erhaltenen mittelalterlichen Hôtel Dieu befindliche Krankenhauszentrum mit seinen hochmodernen Einrichtungen beruht noch immer weitgehend auf Einkünften aus dem Weinverkauf. Das Angebot umfaßt 34 *cuvées* aus einem Dutzend Gemeinden. Die Weine sind in der Qualität zwar unterschiedlich, aber stets teuer. Sie zu ersteigern ist eher eine Sache der Wohltätigkeit – aber auch der Publizität – als gewinnbringender Geschäfte.

Durch ihre kommerzielle Entwicklung hat die Stadt Beaune an den Rändern reihenweise Häuser und Lagerhallen ins Kraut schießen lassen, die viel gutes Weinbergland unter sich begraben haben. Das heutige Lycée Viticole steht zum Teil auf dem nach dem Krieg enteigneten Clos Maire; der alte Flugplatz dagegen ist heute wieder Weinbergland. Zwar bemühen sich die Stadtplaner eifrig um die Erhaltung eines traditionellen Bilds, wer jedoch auf der Autoroute vorüberfährt, gewinnt eher den Eindruck, daß die Industrie hier den Sieg davongetragen hat.

Die über die sanften Hänge nordwestlich der Stadt weit verteilte, von der N470 durchschnittene Rebfläche umfaßt 51,97 ha Côte de Beaune, 128,13 ha AC Beaune und 321,66 ha Premiers Crus, alle vorwiegend in guter Südostlage mit unterschiedlichen Böden, die Premiers Crus meist auf kalkhaltigem Lehmboden, der mit zunehmender Steilheit der Hänge dünner und stärker eisenhaltig wird. Die Lagen im westlichen Teil – Aigrots, Pertuisots und Vignes-Franches – weisen leichteren Boden auf, die Weinberge an der alten Straße nach Pommard – Boucherottes, Chouacheux, Tuvillans und das tiefergelegene Villages-Land – sind feuchter, haben mehr Lehm und sind stärker durch Spätfröste gefährdet.

Die Crème der Premiers Crus befindet sich unterhalb Les Mondes Rondes, einem Berg nordwestlich der Stadt. Feiner Beaune ist zwar auch im westlichen Teil zu finden, die tiefsten, vollsten und komplexesten Weine aber kommen aus diesem runden Dutzend Lagen. Wegen ihrer besonderen Güte wurden im 19. Jh. sieben Lagen als «Têtes de Cuvée» anerkannt: Champs Pimont, Clos des Fèves, Perrières, Bressandes, Grèves, Marconnets und Clos des Mouches (als einzige aus dem Westteil).

Chardonnay-Weißwein wird in kleinen Mengen erzeugt, insbesondere der exzellente Premier Cru Clos des Mouches von Drouhin und ein attraktiver, charaktervoller Beaune du Château von Bouchard Père et Fils. Auf den weißen Beaune entfallen nur 6000 Kisten im Jahr, das sind 5 % der Rotweinerzeugung.

Die jährlich rund 132 000 Kisten Rotwein sind je nach Lage und Erzeuger im Stil sehr unterschiedlich. Außerhalb von Beaune findet man hervorragende Beispiele bei Tollot-Beaut und Jacques Germain in Chorey, bei Faiveley und Machard de Gramont in Nuits, bei Michel Ampeau in Meursault, den Lafarges in Volnay und André Mussy in Pommard.

Wenn es einem Beaune an Tiefe und Komplexität fehlt, dann liegt das in den meisten Fällen an Übererträgen und nicht an mangelndem Qualitätspotential der Weinberge. Seit langem spielt der Wein aus Beaune mit seiner offenbar nicht abzuschüttelnden Reputation der Unscheinbarkeit die Rolle des Aschenputtels von Burgund. Weine aus Domänen mit alten Reben in guten Lagen und mit niedrigen Erträgen strafen dieses Image jedoch Lügen.

Leider aber sorgen selbst die Produkte einiger Häuser mit großem Prestige dafür, daß die alte Kritik nicht ausstirbt. Bouchard Père et Fils, der größte Besitzer von Beaune-Premier-Cru-Lagen, bringt alles in allem ein glanzloses Programm hervor, nur der Beaune Vigne de l'Enfant Jésus aus Les Grèves kann ganz erstklassig sein, und Weine des Hauses aus anderen Orten, z. B. der Corton-Charlemagne und der Chevalier-Montrachet, sind oft sehr fein; hinzu kommt noch ein köstlicher Aligoté aus der Ancienne Domaine Carnot in Bouzeron.

Ebenfalls mittelmäßigen Wein aus guten Lagen produzieren die Domänen Chanson, Jaboulet-Vercherre, Patriarche sowie Albert Bichot – allerdings mit Ausnahme der Zweigdomäne Clos Frantin in Vosne-Romanée.

Vielleicht trägt die Tatsache, daß sich ein relativ großer Teil der Rebfläche von Beaune in der Hand einiger weniger Erzeuger befindet, zum schlechten Image der Gemeinde beim Verbraucher bei. Zum Glück bringen einige erstklassige Domänen genug feinen Wein hervor, um die Bilanz auszugleichen.

Beaune im Blumenschmuck.

Domaine Joseph Drouhin

Bis noch vor kurzem beherrschten die großen Handelshäuer von Beaune und Nuits den Burgundermarkt. Aufgrund ihrer Umsatzstärke und der geringen Bekanntheit der einzelnen Winzer entstand der Eindruck, daß ihre Erzeugnisse das Beste darstellten, was es gab. Für viele Liebhaber bildeten die Burgunder aus Handelshäusern den Einstieg in die Weine der Region.

Das Aufkommen eines vielschichtigeren Markts mit Domänenabfüllungen und schärferen Kontrollen hat das Bild allmählich verändert. Der Würgegriff der Négociants ist gesprengt; ihre einstigen Lieferquellen, die kleinen Winzer, übernehmen die Abfüllung und den Vertrieb des eigenen Weins zunehmend selbst, und was für die Einkäufer der Handelshäuser übrigbleibt, ist oft nur von mäßiger Qualität. Einige Spitzenerzeuger verkaufen aus finanziellen Gründen auch weiterhin an die Négociants, doch der wirklich feine Wein ist bei hohen Preisen hart umkämpft.

Auf dem unteren Niveau des Weinhandels trifft man nach wie vor viel nichtssagenden Wein an, der mit echtem Burgunder wenig zu tun hat; daß dieser trotzdem die Anerkennung als AC-Produkt erlangen kann, spricht nicht gerade für das Kontrollsystem insgesamt.

Dagegen stehen auf der obersten Sprosse einige Handelshäuser, die sich um erstklassige Qualität bemühen und den einzigen realistischen Weg zu diesem Ziel eingeschlagen haben, nämlich eigenen Weinbergbesitz zu erwerben. Inzwischen konkurrieren diese Häuser auf gleicher Grundlage mit ihren einstigen Lieferanten, den Winzern, die auf dem internationalen Markt als diejenigen gelten, die die Maßstäbe setzen.

Das Haus Drouhin gehört zu diesen erstklassigen Négociants. Darüber hinaus ist es mit 25,9 ha Weinbergbesitz von Puligny bis Gevrey eine der besten Domänen Burgunds. Gegründet wurde es von Joseph Drouhin erst im Jahr 1880 und ist damit für burgundische Verhältnisse keine alte Firma. Nach dem Krieg 1914–1918 beschloß Josephs Sohn Maurice Drouhin, sich auf Burgunder zu spezialisieren, und begann Weinbergland zu kaufen. Damals wurde noch mit Pferden gearbeitet, daher beschränkte er seine Erwerbungen auf die Gemarkung Beaune, wo der Clos des Mouches mit 13,7 ha noch heute den Kern der Domäne bildet. Maurice kaufte vor allem Brachland mit Anrecht auf Appellationsrang. 1938 fügte er «pour le plaisir» 0,9 ha des relativ weit entfernten Clos de Vougeot hinzu.

Heute führt Josephs Enkel Robert, ein großer, zurückhaltender Mann Anfang Sechzig, den Betrieb. Eigentlich wollte er eine fünfjährige Önologieausbildung absolvieren, er wurde aber 1957 im Alter von 24 Jahren ins kalte Wasser geworfen, als sein Vater einen Schlaganfall erlitt. Seine in Deutschland, England und Frankreich erworbene Bildung und 30 Monate Militärdienst in Nordafrika bereiteten ihn gründlich auf seine internationale Rolle als Botschafter für seinen eigenen Wein und den Burgunder im allgemeinen vor.

Den Mangel an Berufsausbildung macht Robert durch große Erfahrung in der Degustation wett, die sich nicht nur auf Burgunder der Nachkriegszeit, sondern auf Weine aus allen Weltgegenden bezieht. So trifft man ihn ebensooft im Elsaß, an den Ufern des Douro oder in Kalifornien an wie in Beaune selbst. Als beredter, kenntnisreicher und höflicher Mann ist er ein Medienfavorit.

Unter Roberts Herrschaft sind große Veränderungen eingetreten. Von 1959 bis 1962 erweiterte er den Besitz der Domäne, insbesondere in Chambolle-Musigny, und 1968 kaufte er 37,7 ha unbestocktes Land in Chablis. Die größte Erwerbung waren jedoch 40 ha im Willamette Valley in Oregon – «auf gleicher Breite und in gleicher Höhe wie Burgund und mit weitgehend ähnlichem Klima», nur sind die Böden saurer, als es ideal wäre. Seine Tochter Véronique leitet das Projekt, mit dessen Ergebnissen er offenbar zufrieden ist. Leider strapazierten die Kosten dieser Unternehmung zum Zeitpunkt einer wirtschaftlichen Rezession die Finanzen des Hauses Drouhin allzu stark, und so wurde es 1994 von seinem japanischen Importeur Snow-Brand übernommen, dessen Hauptinteresse im Molkereigeschäft liegt. Wie im Fall von Jadot und Kobrand gewährt die Muttergesellschaft auch hier der Domäne weitgehende Autonomie.

Die Pflege der Weinberge – auch in Chablis und Oregon – liegt in den Händen von Roberts Sohn Philippe. Als er 1988 den Dienst antrat, berichtete er seinem Vater als erstes, daß keine Würmer und Eidechsen in den Weinbergen zu entdecken seien – die Folge übermäßigen Gebrauchs von Chemikalien. Robert konnte es nicht glauben und ging selbst mit einem Spaten hinaus – er fand nichts. Inzwischen wird ökologiebewußter mit viel Hacken und wenig chemischen Mitteln gearbeitet, und Robert führt die seither eingetretenen Qualitätsverbesserungen weitgehend darauf zurück. Seiner Ansicht nach muß ein Weinstock etwa 35 Jahre lang gut tragen, daher ist die Qualität des Pflanzenmaterials von vornherein wichtig. Er hat die Erfahrung gemacht, daß Klone nicht so gut sind wie seine eigene *sélection massale*, die 66–75 % der Nachpflanzungen von einer 1935 gepflanzten *vigne mère* im Clos des Mouches liefert; der Rest besteht aus ausgewählten Klonen.

Die Weinbergpflege fußt auf dem Prinzip, daß der Weinstock als ein Ganzes zu betrachten ist, so daß Laubpflege, Rebschnitt, Düngung und Spritzungen nicht isoliert, sondern in ihren Auswirkungen auf die Pflanze selbst gesehen werden müssen.

Zur Abstimmung der Frucht- und Weinqualität gehört auch die Pflanzdichte – an der Côte d'Or beträgt sie meist 10 000 Reben pro Hektar bei Schnitt auf acht Augen pro Rebe. Wie andere Winzer experimentiert auch Drouhin mit höherer Pflanzdichte in der Annahme, daß sie alles in allem zu besserer Fruchtqualität führt. Derzeit pflanzt die Domäne 12 500 Reben pro Hektar – eine der höchsten Pflanzdichten in Burgund –, wodurch das Wurzelwerk gezwungen werden soll, auf der Suche nach Nährstoffen in größere Tiefe vorzudringen.

Nachdem 1976 die neue Abfüllanlage durch einen Brand zerstört wurde, nahm Robert Drouhin dies zum Anlaß, seine Einstellung zur Weinbereitung zu überdenken, wobei er bemerkte, daß viele seiner Weine weit unter erstklassiger Qualität lagen. Aus dieser Erkenntnis heraus wurde die *cuvaison* für die Rotweine von 10 auf 18 Tage verlängert und die Gärtemperatur für Weißwein auf nunmehr 18–22 °C gesenkt.

Philippe Drouhin begutachtet die Frostschutzanhäufelung der Reben.

Während die allgemeine Leitung bei Robert und zunehmend bei Philippe, Frédéric und Véronique liegt, befindet sich die Weinbereitung in den bewährten und allseits geachteten Händen von Laurence Jobard. In der neuen *cuverie* und Kellerei am Rand von Beaune herrscht sie über das große Rot- und Weißweinprogramm der Firma und beaufsichtigt die Vinifizierung und *élevage*.

In ihre Zuständigkeit fällt auch der kostbare Wein von 2,05 ha Le Montrachet – der größte Einzelbesitz in dieser Lage – sowie von 2,5 ha der Weißwein-Premier-Cru-Lage Chassagne-Montrachet Morgeot, beide Eigentum des Marquis de Laguiche. Einer alten Tradition zufolge wird der Morgeot lediglich als Chassagne-Montrachet etikettiert. Dem Haus Drouhin ist die Bereitung dieser Weine anvertraut, seit Maurice und der Marquis in den 1940er Jahren Freundschaft schlossen.

Besonderer Wert wird darauf gelegt, daß diese Weine ihre Herkunft möglichst genau zum Ausdruck bringen. Robert kennt alle *climats* der Côte und weiß deshalb, was von jedem zu erwarten ist. Bei der Vinifizierung entscheiden Geschmackskontrollen darüber, wann ein Abstich erfolgen oder in welchem Ausmaß eine bestimmte *cuvée* in neuen Eichenfässern ausgebaut werden soll. Das gut ausgestattete Labor liefert zwar Analysen, die Zunge aber entscheidet.

Die Weißweine werden nach leichtem Abpressen und 8- bis 12tägiger *débourbage* im Faß vergoren. Es finden nur Naturhefen Verwendung, und der Inhalt der Fässer wird vor allem gegen Ende des Gärprozesses regelmäßig aufgerührt, um zu gewährleisten, daß aller Zucker vergärt. Der Abstich wird bis in den Frühsommer aufgeschoben, damit die Weine möglichst viel Finesse und Fülle erlangen.

Je nach Jahrgang und Cru werden die Weißweine zu 10–20 % in neuen Eichenfässern ausgebaut – das ist weit weniger als früher. Die Grands Crus kommen sogar nur in einjährige Fässer, die ein sanfteres, subtileres Tannin abgeben. Drouhin kauft das Faßholz selbst und läßt es im Freien trocknen; er ist überzeugt, daß dies mehr Wirkung auf die Weinqualität hat als die Herkunft des Holzes.

Die *élevage* richtet sich nach häufigen Geschmackskontrollen, aber im allgemeinen erfolgt beim Weißwein die Abfüllung nach 7 bis 15 Monaten. Montrachet, Corton-Charlemagne und Bâtard-Montrachet werden aufgrund ihrer größeren natürlichen Kraft und Fülle meist zuletzt abgefüllt, und zwar ohne Kaltstabilisierung bei nur minimaler Bentonitschönung und Kieselgurfiltration.

Die Rotweintrauben werden zum Teil entrappt – Robert Drouhin ist der etwas unorthodoxen Meinung, ohne Stiele müsse es dem Wein an Komplexität fehlen, während 33 % Stiele anfänglich zwar einen etwas rohen Eindruck hervorrufen, dann aber eine bessere Entwicklung gewährleisten würden. Die nicht entrappten Trauben werden unzerkleinert eingemaischt und sollen gleichmäßigere Gärung und Farbstabilität erbringen. Die *cuves* werden zu einer 48stündigen Vormaischung auf 14–15 °C abgekühlt, danach steigt die Gärtemperatur auf riskante 35° an.

Neben traditionellen Holzbottichen und doppelwandigen Edelstahltanks steht auch eine eindrucksvolle Batterie von *cuves autopigeantes*. Versuche mit Rototanks zu Beginn der 1980er Jahre weckten eine Vorliebe für diese Methode, die sowohl automatische Vinifikation als auch eine längere Maischung ermöglicht. Laurence Jobard weist nachdrücklich darauf hin, daß das Verfahren nicht als Abkürzung des Gärprozesses oder als Ersatz für die traditionelle *cuvaison*, sondern lediglich als ein modernes Mittel zum althergebrachten Zweck betrachtet werden dürfe. Den Drouhin-Rotweinen wurde oft ein Mangel an Extrakt nachgesagt – dieser Vorwurf ließe sich aber heute nur schwer aufrechterhalten.

Die Premiers und Grands Crus ruhen 12 bis 18 Monate im Faß. Der Anteil neuer Fässer – maximal ein Drittel – richtet sich nach der natürlichen Fülle und dem Rang der Weine, Schönungsversuche entscheiden über das anzuwendende Mittel und die Dosis.

Die Domäne produziert rund 20 Weine aus eigenem Weinbergbesitz sowie eine ganze Reihe weiterer von zugekauftem Lesegut, Most oder Jungwein. Wie die anderen erstklassigen Handelshäuser behandelt auch Drouhin die Négociant-Produkte mit derselben Sorgfalt wie die Weine aus den eigenen Weinbergen. Robert Drouhin bedeutet der bescheidenste Aligoté ebensoviel wie der feinste Musigny oder Montrachet.

Wenn überhaupt ein Wein seinem Herzen ein wenig nähersteht, dann der Clos des Mouches. Aus dieser Lage kommen von Reben aus mehreren kleinen Plateaus sowohl Rot- als auch Weißweine. Seltsamerweise versucht man nicht herauszufinden, welche Parzellen sich nun für Pinot oder Chardonnay besser eignen – beide stehen jeweils nebeneinander. Bei beiden Rebsorten wird die Frucht junger und alter Reben stets getrennt vinifiziert, und jedes Faß, das den strengen Maßstäben nicht genügt, kommt lediglich als Beaune Premier Cru auf den Markt.

In guten Jahren bringt der Clos feine Weine hervor, die sich auf mittlere Sicht schön entfalten. Es sind nie Schwergewichtler – sie besitzen vor allem Rasse und Finesse auf der Grundlage solider Frucht von teilweise sehr alten Reben. Das entspricht dem allgemeinen Stil der Domäne, der eher auf Eleganz als auf schiere Wucht gerichtet ist.

Drouhin-Weine sind alles in allem exzellent. Insbesondere die Rotweine sind in den letzten Jahren bedeutend besser geworden und weisen als Folge höherer Gärtemperaturen, häufigerer *pigeage* und längerer Maischung bessere Struktur und größere Konzentration auf, ohne an Finesse eingebüßt zu haben. Der Nachdruck liegt auf der für Robert wichtigen «femininen» Eleganz, die dem Pinot Noir so großartig entspricht. Für Robert ist der Geschmack des Weins, nicht die Vinifikationsmethode das Hauptkriterium: «Natürlich ist auch der Interpret von Bedeutung, doch im Grund ist es nicht die Kunst des Geigers, sondern die Sonate von Bach, die man hört.»

Robert Drouhin baut auf seine Erfahrung, die er als «die Summe früher begangener Fehler» bezeichnet. Sie ist ihm ein guter Leitstern gewesen, und er hat allen Grund, auf seine Leistungen stolz zu sein. Sein unbeirrbares Streben nach Qualität hat auf seine Kinder, auf andere Winzer und auf all jene in der weiten Welt abgefärbt, die das Glück hatten zu entdecken, was es mit wirklich feinem Burgunder auf sich hat. Jeder, der die Côte und ihre Weine liebt, hat ihm viel zu verdanken.

WEINBERGBESITZ

Gemeinde	Rang	Lage/Climat	Fläche	Rebenalter	Status
Beaune	PC	Clos des Mouches (Weiß)	6,90	32	P
Beaune	PC	Clos des Mouches (Rot)	6,80	29	P
Beaune	PC	Les Grèves	0,80	12	P
Beaune	PC	(verschiedene Climats)	1,60	21	P
Volnay	PC	Clos des Chênes	0,30	27	P
Chorey	V	–	2,70	41	P
Aloxe	GC	Corton Charlemagne	0,40	16	P
Aloxe	GC	Corton Bressandes	0,30	25	P
Chambolle	GC	Bonnes Mares	0,30	29	P
Chambolle	GC	Musigny	0,70	21	P
Chambolle	PC	Les Amoureuses	0,60	35	P
Chambolle	PC	–	1,50	22	P
Flagey	GC	Echézeaux	0,50	30	P
Flagey	GC	Grands Echézeaux	0,50	23	P
Vougeot	GC	Clos de Vougeot	0,90	15	P
Vosne	PC	Les Petits Monts	0,39	35	P
Gevrey	GC	Chambertin Clos de Bèze	0,10	23	P
Gevrey	GC	Griotte-Chambertin	0,50	15	P
Puligny	GC	Bâtard-Montrachet	0,10	50	P
Gesamtfläche			**25,89 ha**		

Maison Louis Jadot

Die Verschmelzung von Domäne und Négociant tritt nirgendwo eindeutiger zutage als bei der Maison Louis Jadot. Seit der Gründung im Jahr 1859 durch den Mann, dessen Namen es trägt, ist das Haus zu einem der größten Grundbesitzer von Premier- und Grand-Cru-Lagen an der Côte und zu einer der zuverlässigsten Weinbezugsquellen zwischen Chablis und dem Beaujolais herangewachsen.

An der Côte hat das Haus im Lauf der Zeit mit Umsicht Land erworben und produziert darauf Weine, die bei gleichmäßig hohem Niveau die Typenechtheit und den Charakter ihres Ursprungs widerspiegeln.

Den Anfang machte Louis Jadot mit einer Weinbergparzelle im Clos des Ursules, die über einen Onkel und den Vater 1826 in die Familie gekommen war. Auf dieser Grundlage baute Louis ein gutgehendes Négociant-Geschäft auf und erwarb weiteres Weinbergland in Beaune Theurons und im Clos des Couchereaux. Nach seinem Tod übernahm sein Sohn Louis Baptiste «mit Enthusiasmus» das Geschäft; auch er investierte seine Gewinne in Premier- und Grand-Cru-Lagen, u. a. Chevalier Montrachet Les Demoiselles.

Als er 1939 starb, ging die Firma an seinen ältesten Sohn Louis Auguste über, der seinem Vater schon seit 1931 im Geschäft geholfen und bedeutende Exportmärkte in den USA, England, Holland, Südamerika und Neuseeland erschlossen hatte. 1954 nahm er den jungen André Gagey als Assistenten zu sich. Gagey hatte in Dijon Volks- und Betriebswirtschaft studiert und heiratete 1947 Marie-Hélène Tourlière aus Beaune. Sein Schwiegervater gab ihm Gelegenheit, wertvolle Erfahrung in Weinbau und Kellertechnik zu sammeln, die ihm dann in seiner Stellung bei Jadot sehr zustatten kam.

Als Louis Auguste 1962 starb, wurde André Gagey mit der Leitung der Firma betraut, bis der Sohn des Hauses, Louis-Alain Jadot, alt genug sein würde. Doch dieser kam im Alter von 23 Jahren bei einem Autounfall ums Leben. Daraufhin wurde André Gagey zum Geschäftsführer und schließlich zum Generaldirektor bestellt. 1985 verkaufte die Familie Jadot die Firma an die Familie Kopf, der das amerikanische Importunternehmen Kobrand gehört. Heute führt André Gageys Sohn Pierre-Henri die Firma und hat freie Hand, die 1962 begonnene Linie fortzusetzen.

Ein wichtiger Teil der Planungen Andrés bestand im Erwerb von Weinbergland, damit der Bedarf an Traubengut möglichst weitgehend aus eigenem Besitz gedeckt werden könne. Neben dem Négociant-Geschäft sowie langfristigen Vinifikations- und Marketingverträgen mit drei Weingütern verfügt Jadot heute über vier eigene Weinbaubetriebe:

Domaine des Héritiers Louis Jadot mit 15,65 ha Premier- und Grand-Cru-Land am Corton, in Beaune, Pernand-Vergelesses und Puligny – darunter Corton-Charlemagne und Chevalier-Montrachet Les Demoiselles.

Maison Louis Jadot mit 26,89 ha; dazu gehören die 1986 nach Streitigkeiten in der Familie Clair erworbene Domaine Clair-Daü und die kleinere, 1989 mit ihren Weinberglagen und einer großartigen, bis auf die 1820er Jahre zurückgehenden Sammlung alter Burgunder erworbene Domaine Champy (die dazugehörigen herrlichen Kellergewölbe, die neben jenen der Firma Jadot unter dem Couvent des Jacobins in Beaune liegen, wurden mit dem Namen Champy an die Meurgeys verkauft). Diese Erwerbungen brachten erstklassige Lagen in den Weinbergbesitz des Hauses Jadot ein, darunter bedeutende Teile von Musigny, Bonnes Mares, Chambertin Clos de Bèze, Chapelle-Chambertin, Gevrey-Chambertin Clos St-Jacques, Chambolle-Musigny Les Amoureuses, Clos Vougeot.

Domaine André Gagey mit 3,67 ha Premier- und Grand-Cru-Land von Puligny bis Morey.

Domaine Robert Tourlière mit 2,87 ha in vier guten Premier-Cru-Lagen in Beaune und einem Anteil am Clos de Vougeot.

Infolgedessen verfügt die Firma heute über 49 ha an der Côte d'Or, davon 8 ha in Grand-Cru-Lagen. Darüber hinaus produziert und vertreibt sie 80 % der Weine des Duc de Magenta, u. a. aus guten Parzellen in Puligny, Chassagne und Auxey-Duresses, 90 % des in Halbpacht von Michel Thomas unter Vertrag mit Jadot bewirtschafteten Clos des Corvées in Nuits-St-Georges sowie die Erzeugung von 7 ha Clos de Malte in Santenay.

Pierre-Henri und André Gagey begutachten ihren Burgunder.

André Gagey, ein charmanter, überaus höflicher und weltkluger Mann, hat nunmehr die Leitung an seinen Sohn Pierre-Henri abgegeben, der keine Ausbildung im Weinbau, sondern eine als Ingenieur und Betriebswirtschaftler absolviert hat, den André aber erst in die Firma aufnahm, nachdem er andernorts genügend Erfahrung erworben und sich – wie André mit Stolz sagt – zu einem «passionné du vin» und «très bon dégustateur» ausgebildet hatte.

Die technische Leitung liegt in den fähigen Händen von Jacques Lardière, der ab 1970 André Gagey in dieser Rolle unterstützte. Ihm stehen eine junge Önologin und ein Team von Chefs de Culture für die vier Domänen zur Seite. Es ist die Überzeugung von Lardière, daß in die natürlichen Abläufe möglichst wenig eingegriffen werden soll; infolgedessen bleiben Pumpen, Filter und ähnliche Hilfsmittel weitgehend unbenutzt. Vor allem geht es ihm darum, die Typenechtheit der einzelnen Appellationen und *lieux-dits* zu wahren.

Die Weine der Domäne verleihen dem jeweiligen *terroir* denn auch ausgesprochen kraftvollen Ausdruck. Die Négociant-Weine dagegen sind, wenn sie aus nicht so spezifischer Herkunft, also etwa einer Gemeinde oder Region, stammen, durch eine andere, breitere Typenechtheit gekennzeichnet. Ein Jadot Meursault beispielsweise, eine *assemblage* aus Weinen von zwei verschiedenen Winzern, ordnet den jeweils individuellen Stil dem allgemeinen unter; das ist bei 300 Faß Meursault oder 90 Faß Chassagne-Villages nicht anders möglich.

Im Lauf der Jahre haben die Gageys zu den Winzern, die ihnen Traubengut, Most oder Wein liefern, ein enges, auf gegenseitigem Vertrauen beruhendes Verhältnis aufgebaut und gepflegt. Alles in allem wird einem Winzer, der seine Qualität und Eignung bewiesen hat, bei seiner Arbeit freie Hand gelassen. Die Firma ist nicht verpflichtet, etwas zu kaufen, was dem eigenen Standard nicht entspricht, und andererseits sind die Winzer nicht verpflichtet, an das Haus zu verkaufen, wenn sie der Meinung sind, anderswo einen besseren Preis erzielen zu können. Pierre-Henri erläutert jedoch, daß das bei Jadot übliche Verfahren, Trauben und Most zum Fertigweinpreis einzukaufen, zusammen mit der Zahlungssicherheit und dem daraus resultierenden Spielraum für den Winzer finanzielle Vorteile bringt und zugleich dem Haus Jadot Kontinuität in der Belieferung gewährleistet. Ein verläßliches Zulieferungsnetz dieser Art gehört zum Fundament eines jeden erfolgreichen

Négociant-Geschäfts – selbst wenn es 49 ha herrliche Lagen sein eigen nennt.

Die großen Preisanstiege in den Jahren 1983 und 1985, insbesondere für Weißweine von der Côte d'Or, brachten vorübergehend Störungen in die Zulieferwege. Inzwischen ist Pierre-Henri zufolge ein fragiles Gleichgewicht wiederhergestellt, und der Schwerpunkt hat sich auf die Grands Crus verlagert. Aber auch in «Bereichen, in denen die Weine nicht so gut sind, wie sie sein sollten», rechnet er mit Fortschritten. Ob er damit auf notwendige Verbesserungen der Weinbereitungsqualität in schwachen Domänen mit an sich gutem Land anspielt oder auf den Wunsch, die Eigenqualität der weniger bekannten Orte an der Côte besser hervorzuheben, bleibt unklar. So oder so zwingt die steigende Nachfrage das Haus Jadot wie die anderen Négociants dazu, entweder den Zustrom durch die vorhandenen Kanäle zu vergrößern oder aber neue Quellen zu erschließen.

Im Augenblick scheinen sich Angebot und Nachfrage die Waage zu halten – ausgenommen vielleicht bei den Grands Crus, deren Seltenheit unvermeidlicherweise Rationierung erforderlich macht. Es bleibt aber daneben noch genug Spielraum – so kann Jadot beispielsweise fünf verschiedene Premiers Crus aus Beaune und sieben aus Gevrey anbieten.

In den Kellern überwacht Jacques Lardière mit unendlicher Sorgfalt und Geduld seine 65 *cuves* und ein veritables Bataillon von Fässern. Er kennt jeden Ort und jedes *climat* an der Côte genau – den Boden, die Lage, das Rebenalter und die Reifecharakteristik. Er weiß, wie sich das Lesegut in den Gärbottichen verhält – ob es an Säure einbüßt oder sich bei dieser oder jener Temperatur besser entwickelt – und legt Wert darauf, daß jeder Wein den Charakter seiner Herkunft möglichst klar zum Ausdruck bringt.

Seine Betrachtungsweise ist mutig schlicht: Je weniger man eingreift, desto klarer kommt die typische Art zum Vorschein. «Oft traut sich der Mensch nur nicht, der Natur zu folgen», tadelt Jacques das Verhalten vieler Kollegen, die einfach zuviel manipulieren. Für ihn ist die leichteste Schwefelung, Verzicht auf Erwärmen oder Kühlen und eine vier- bis siebentägige Vormaischung – bis die Natur soweit ist, daß die Hefen arbeiten – das Ideal.

Die Rotweine von Jadot brauchen stets Zeit, um sich zu entfalten. Jacques Lardière hält nichts von kurzer *cuvaison*; bei ihm ist die erstaunlich lange Zeit von 25 bis 33 Tagen zur Extraktion von möglichst viel Farbe und Aroma der Durchschnitt, während andere sich mit der halben Zeit begnügen, vermutlich aus Furcht vor flüchtiger Säure und einem Übermaß an Tannin. Demgegenüber betrachtet er fast vollständiges Entrappen (außer bei kleinen Parzellen wie Chambolle Les Amoureuses und Musigny, bei denen ein kleiner Anteil an Stielen beibehalten wird) als ein wesentliches

Jacques Lardière hat offenbar Freude an seiner Arbeit im Probierraum.

Element für die Entstehung feiner, langlebiger Weine. «Das Aroma stammt aus der Dynamik der Hefen und Bakterien; die *cuvaison* ist wie das Laden einer Batterie – je länger sie dauert, desto mehr Kraft erlangen schließlich Aroma und Geschmack.»

Darüber hinaus verweist er auch mit Stolz darauf, daß die Gärtemperatur bei ihm generell 35–40 °C erreicht – schon bei dem Gedanken bricht den meisten Vignerons der kalte Schweiß aus, und sie warnen, daß oberhalb von 32 °C die Katastrophe lauert: Die Gärung kann steckenbleiben, die flüchtigen Säuren nehmen zu, und weiß der Himmel, was sonst noch passieren mag! Jacques behält bei alledem die Ruhe; er hat in 25 Jahren Berufspraxis rund 1500 *cuves* verarbeitet, und nicht ein einziges Mal ist die Gärung steckengeblieben. Sollte es doch einmal vorkommen, macht das auch nichts – man braucht den Wein nur von den Feststoffen abzuziehen, die Restmaische zu pressen, das Ganze erneut in den Gärbottich zu geben, und es geht wieder von vorn los. «Die Gefahr liegt nicht in den *cuves*, sondern in der Köpfen», bemerkt Jacques. Es gibt jedoch viele achtbare Vignerons, die ihm in dieser Betrachtungsweise wohl nicht folgen würden.

Erwartungsgemäß finden Kulturhefen bei diesem Traditionalisten keine Gnade – sie würden einen ungerechtfertigten Eingriff bedeuten. «Selektierte Hefen – wofür und weshalb?» Seiner Meinung nach sind die über 500 verschiedenen im Wein feststellbaren Aromen, auf deren Extraktion alles ankommt, nur mit Naturhefen bestmöglich herauszuholen.

Degustieren ist bei Jacques Lardière ein echter Lehrgang. Wein spielt in seinen Augen eine ganz bestimmte Rolle im Leben des Menschen – er soll etwas Phantasie, etwas Zauber einbringen. Wer eine Flasche feinen Wein kaufe, wolle ja nicht nur sein Geld loswerden, sondern vielmehr ein weit entferntes verhängtes Fenster öffnen, um einen Blick auf das Nichtalltägliche zu werfen. «Wir arbeiten mit der Phantasie, der Emotion, dem Unbewußten» – ein gezielter Hieb gegen alle, die ihre Zeit mit kleinlichen, sterilen Beschreibungen verschwenden, anstatt zu genießen, was sie im Glas haben.

Pigeage führt Jacques in den offenen hölzernen *cuves* zweimal täglich durch, damit der Schalenhut feucht bleibt und die Extraktion verbessert wird. Auf *remontage* verzichtet er jedoch – sie beeinträchtige die Sauerstoffzufuhr für die Hefen und zögere die Gärung nur hinaus.

Schließlich gelangt der Wein in Fässer – zu 15 % neue für Premiers und Grands Crus, gute alte Fässer für Villages- und Regionalweine. Früher wurden die Jadot-Weine vor der Abfüllung zwei- bis dreimal abgestochen; Jacques nimmt nur noch einen einzigen Abstich vor, und zwar 11 bis 14 Monate nach der Ernte. Ob dabei von alten Fässern in neue oder von neuen in neue umgefüllt wird, richtet sich allein nach einer Geschmackskontrolle – feste Regeln gibt es nicht.

Nach 18 bis 22 Monaten Faßreifezeit werden die Weine vom Geläger abgezogen und zusammengeführt. Zwei bis drei Wochen später erfolgt dann die Abfüllung ohne Schönung oder Filtration. Nur die Regionalweine werden gefiltert, aber ganz schonend.

Die Weißweine der Domäne werden direkt aus der Presse im Faß vergoren. Eine Absetzzeit wird nicht eingehalten, da Jacques meint, daß beim Klären des Mosts etwas von seiner aromatischen Zusammensetzung verlorengehe, was der Typenechtheit abträglich sei – in diesem Fall würde der Wein «gemacht» und nicht «hervorgebracht». Es folgt eine 12- bis 20monatige Faßreifezeit mit nur einem Abstich. In von Natur aus mageren Jahren (z. B. 1987/88/91) kommen 15–20 % neue Eichenfässer zum Einsatz, und die Faßreifezeit wird verlängert, damit der Wein Fett ansetzen kann.

In besseren Jahren (z. B. 1985 und 1992) werden die Weißweine überhaupt nicht in neuen Fässern gereift, da sie dann genug natürliche Struktur besitzen. Eine Schönung mit entrahmter Milch und eine Schichtenfiltration gehen der Abfüllung voraus.

Die Resultate sind erstaunlich – eine ganze Reihe von Weinen mit Individualität, Tiefe und beständig hoher Qualität. Vom attraktiven, saftigen Bourgogne über den reifen, erdigen Auxey-Duresses bis zu den Höhepunkten Chevalier-Montrachet Les Demoiselles und Montrachet vereinen die Weißweine von Jadot stets Finesse mit tiefer Frucht. Zwar sind auch die Négociant-Weine gut bereitet und korrekt, doch die Domänenweine entsprechen ganz dem, was man in den Kellern guter Winzer erwartet. Die Chassagnes des Duc de Magenta sind makellos mit ihrer vollen Weinigkeit und Tiefe, und die weißen Grands Crus weisen eine wuchtige Komplexität auf, die jahrelange Kellerreife zur Entfaltung verlangt, auf die zu warten sich aber lohnt. Ein 1978er Chevalier Les Demoiselles offenbarte bei der Degustation aus einer Magnumflasche nach zehn Jahren alles, was man von einem Wein solchen Adels erwarten darf – ein sich vertiefendes Gold, ein voll entwickeltes, höchst komplexes Bukett von Honig und gerösteten Mandeln und ein superbes Spektrum an Geschmacksnuancen –, so daß man fasziniert und voll Behagen schnuppert und schlürft.

Das Rotweinprogramm ist nicht minder eindrucksvoll. Die lange *cuvaison* erbringt stets dunkle Farbe – in der Jugend ein mehr oder weniger kräftiges Viktoriapflaumenrot, das sich mit fortschreitendem Alter zu hellerem Granat- bis Ziegelrot wandelt. Schon jeder Villages-Wein bringt auf bewunderswerte Weise die typische Art seiner Herkunft zum Vorschein – vom etwas rustikalen Marsannay und Fixin bis zum mit einiger Tiefe und Finesse versehenen Clos de Malte aus Santenay.

Aus der langen Reihe der Premiers und Grands Crus der Domäne heben sich die Weine aus Beaune besonders hervor, nicht nur durch ihre Qualität insgesamt, sondern vor allem durch die Unterschiede zwischen den einzelnen über die Gemarkung verteilten *climats*.

Das Flaggschiff des Hauses Jadot ist der Wein aus dem *monopole* Clos des Ursules, einem Teil der Lage Vignes-Franches, die im 17. Jh. dem Ursulinenkloster in Beaune gehörte; dieser meist recht duftige, sich relativ früh entfaltende Wein ist niemals ein Kraftprotz von einem Premier Cru, hält sich aber trotzdem lange gut. Von den anderen sind der Grèves und der bemerkenswert tiefe Les Avaux aus der früheren Domaine Champy hervorzuheben. In guten Jahren zeigt der Les Avaux einen fast undurchdringlichen Farbton von schwarzen Kirschen, und die sehr alten Reben machen sich in der ungeheuer konzentrierten Frucht bemerkbar, wie man sie in jungem Beaune kaum je antrifft – ein Wein für ein Vierteljahrhundert Lebensdauer.

Die Vielfalt und Qualität der Grands Crus aus dem eigenen Weinbergbesitz der Domäne ist eindrucksvoll. Von den 1993ern und 1994ern (mit einigen exzellenten *cuvées*) sind die einen eher konzentriert, die anderen eher elegant – es sind aber keine darunter, die an ihrem Rang als Grands Crus auch nur den geringsten Zweifel aufkommen lassen. 1993 zeichneten sich der Bonnes Mares, der Clos de Bèze (ganz in *cuves auto-pigeantes* produziert) und der überaus seidige, aristokratische Musigny durch Ausgewogenheit und faszinierende Art aus. Sie sind neben den 1990ern zweifellos die Stars unter den neueren Jahrgängen.

Das Haus Louis Jadot ist auf kompromißlose Qualität und den damit verbundenen guten Ruf eingeschworen. Wie bei anderen Domänen ist auch bei ihm nicht immer alles nur wundervoll, doch durch Kompetenz und Integrität empfiehlt es sich als verläßliche Quelle für mustergültigen Burgunder.

WEINBERGBESITZ
DOMAINE GAGEY

Gemeinde	Rang	Lage/Climat	Fläche	Rebenalter	Status
Beaune	PC	Les Chouacheux	0,67	23	P
Beaune	PC	Les Cents Vignes	0,42	15	P
Beaune	PC	Les Grèves (Blanc)	0,84	7	P
Nuits	PC	Les Boudots	0,50	18	P
Chambolle	PC	Les Baudes	0,27	40	P
Chambolle	V	–	0,40	25	P
Morey	GC	Clos St-Denis	0,17	37	P
Puligny	PC	Champ Gain	0,40	30	P
Gesamtfläche			**3,67 ha**		

DOMAINE ROBERT TOURLIÈRE

Beaune	PC	Les Grèves (Rouge)	0,65	18	P
Beaune	PC	Les Grèves (Blanc)	0,13	43	P
Beaune	PC	Les Toussaints	0,89	28	P
Beaune	PC	Les Tuvilains	0,56	38	P
Vougeot	GC	Clos de Vougeot	0,64	30	P
Gesamtfläche			**2,87 ha**		

DOMAINE DES HÉRITIERS LOUIS JADOT

Aloxe	GC	Corton	0,19	o. A.	P
Aloxe	GC	Corton Charlemagne	1,88	23	P
Aloxe	GC	Corton Pougets	1,54	28	P
Pernand	PC	Clos de la Croix de Pierre	1,59	18	P
Beaune	PC	Les Bressandes	1,03	17	P
Beaune	PC	Les Theurons	1,03	15	P
Beaune	PC	Clos des Couchereaux	1,93	25	P
Beaune	PC	Les Boucherottes	2,74	33	P
Beaune	PC	Les Chouacheux	0,39	20	P
Beaune	PC	Clos des Ursules	2,74	33	P
Puligny	PC	Les Folatières	0,24	18	P
Puligny	GC	Chevalier-Montrachet Les Demoiselles	0,52	40	P
Gesamtfläche			**15,82 ha**		

DOMAINE LOUIS JADOT

Gevrey	GC	Clos de Bèze	0,42	42	P
Gevrey	GC	Chapelle Chambertin	0,39	33	P
Gevrey	PC	Clos St-Jacques	1,00	33	P
Gevrey	PC	Les Cazetiers	0,12	23	P
Gevrey	PC	La Combe aux Moines	0,17	25	P
Gevrey	PC	Lavaux St-Jacques	0,22	31	P
Gevrey	PC	Estournelles St-Jacques	0,38	38	P
Gevrey	PC	Les Poissenots	0,19	26	P
Beaune	PC	Les Avaux	1,43	28	P
Beaune	PC	Les Theurons	0,38	13	P
Savigny	PC	La Dominode (Rouge et Blanc)	2,01	28	P
Morey	GC	Bonnes Mares	0,27	8	P
Chambolle	GC	Musigny	0,17	33	P
Chambolle	PC	Les Amoureuses	0,12	8	P
Chambolle	V	–	0,04	33	P
Vougeot	GC	Clos de Vougeot	2,20	13	P
Santenay	V	Clos de Malte (Rouge)	4,88	30	P
Santenay	V	Clos de Malte (Blanc)	1,65	30	P
Pernand	PC	Clos de la Croix de Pierre	1,88	1	P
Savigny	PC	Les Narbantons	0,40	27	P
Savigny	PC	Les Vergelesses	0,53	25	P
Savigny	PC	Les Lavières	0,85	28	P
Puligny	PC	Les Referts	0,45	15	P
Marsannay	V	(Blanc)	0,56	51	P
Marsannay	V	(Rouge)	1,91	30	P
Marsannay	V	(Rosé)	2,78	30	P
–	R	(Bourgogne Aligoté)	0,91	31	P
–	R	(Bourgogne Passetoutgrain)	0,42	33	P
–	R	(Bourgogne Rouge)	0,16	30	P
Gesamtfläche			**26,89 ha**		
Total			**49,25 ha**		

Champy et Cie

Henri und Pierre Meurgey (Vater und Sohn) arbeiten schon seit langem als Courtiers (Makler), d. h., sie vertreiben den Wein mehrerer Domänen, verfügen jedoch im Gegensatz zu den Négociants nicht über eigene Vorratsbestände. 1990 kauften sie den Namen und die Keller der kurz zuvor vom Handelshaus Louis Jadot übernommenen Domaine Champy Père et Cie., deren Weinbergbesitz bei Jadot verblieb. Nunmehr sind sie bestrebt, selbst ein Handelshaus der Spitzenklasse zu schaffen, indem sie Weinberge unter Vertrag nehmen, wenn sich rentable Möglichkeiten ergeben.

Die Meurgeys bilden ein starkes Team. Henri ist nicht nur ein erfahrener Kellertechniker, er hat auch in 35 Jahren Maklertätigkeit eine unvergleichliche Kenntnis der Côte d'Or und ihrer Vignerons erworben und sich damit den Zugang zu den besten Lieferquellen erschlossen. Das Maklergeschäft DIVA besteht neben Champy in der stillen Rue Grenier-à-sel in Beaune weiter.

In einer Zeit, in der viele Négociants, die nicht über eigenen Weinbergbesitz verfügen, in Schwierigkeiten geraten, weil ihre einstigen Lieferanten, v. a. die besseren Domänen, mehr und mehr Wein selbst abfüllen und den Weinhandel nur noch als Absatzweg für ihre minderen *cuvées* benutzen, darf man mit Fug und Recht fragen, ob es wohl sinnvoll ist, auf diesem Markt neu zu beginnen. Pierre Meurgey rechtfertigt die Investition mit der Überzeugung, daß selbst Spitzendomänen auch weiterhin ein paar Faß an den Handel verkaufen werden, um rasch zu Geld zu kommen. Auch dürften die guten Beziehungen zu Winzern es dem Haus ermöglichen, eine vorteilhafte Aufteilung zwischen besseren und weniger guten *cuvées* zu erzielen.

Pierre und sein Vater betonen, daß ihr Geschäft auf Qualität und nicht auf Masse abgestellt sei. Ihr Ziel ist es, mittelgroße Posten anständiger Weine in die Flasche zu bringen – und zwar sogar in Form mehrerer *cuvées* gleichartiger Weine, wenn durch Verschneiden eine Qualitätseinbuße eintreten würde. «Beispielsweise», erläutert Pierre, «ist der Meursault Clos du Cromin voller, der Les Chevaliers dagegen eher elegant, also sollen sie getrennt abgefüllt werden, damit ihre jeweilige Identität gewahrt bleibt.»

Die Produktion beläuft sich derzeit auf etwa 30 000 Kisten – einschließlich Chablis, Mâconnais und Côte Chalonnaise –, und die Weine rechtfertigen vollauf den Glauben der Meurgeys an die Kraft ihrer Beziehungen. Neue Fässer bleiben auf etwa 15 % beschränkt; die Grands und Premiers Crus werden meist in von den Hospices bezogenen Zweitjahresfässern ausgebaut. *Elevage*, Schönung und Filtration richten sich nach den Erfordernissen der einzelnen Weine, und die Abfüllung erfolgt, wo dies gerechtfertigt ist, nach Fässern getrennt.

Die Weißweine (Jahrgang 1992) – vom frischen, blumigen Chardonnay über einen höchst ansprechenden, gehaltvollen Auxey-Duresses bis zu einer umfassenden Reihe von Meursaults, Chassagnes und Pulignys – sind sauber und gut zusammengestellt. Die Abfüllung erfolgt absichtlich spät (nach 20 Monaten); hierin spiegelt sich die Ansicht der Meurgeys, daß «sich die typische Art durch Faßreife einstellt».

Die Rotweine liegen auf der eher maskulinen Seite mit festem, jedoch nicht aggressivem Tannin. In manchen Fällen tritt es als ein rustikales Element in Erscheinung und vermittelt den Eindruck, es fehle an der von Winzerabfüllungen gewohnten Reinheit. Das gilt insbesondere für Appellationen, deren frühes Kennzeichen Finesse ist, z. B. Vosne-Romanée und Volnay, während in anderen, von der Natur mit kräftigerer Struktur begabten, z. B. Clos Vougeot, Clos de Bèze oder Corton, die Resultate gelungener wirken.

Lieber als Trauben kaufen die Meurgeys Wein, der nach der *malo* aus dem Faß des Erzeugers zum weiteren Ausbau in eines der ihrigen umgefüllt und in die prachtvollen Kellergewölbe aus dem 15. Jh. verbracht wird. Hier liegen auch alte Bestände des Hauses Champy, die bis auf den Jahrgang 1858 zurückreichen.

Die Investition war eindeutig enorm. Burgund braucht aber als Brücke zwischen den kleinen, oft kaum erhältlichen Einzelposten der Domänen und den Fluten nichtssagender Weine, wie die «Hektomanen» sie anbieten, Négociants der Qualität, wie die Meurgeys sie besitzen – sie verdienen guten Erfolg.

Essenszeit bei Champy.

Domaine Louis Latour

Louis Latour, eine der angesehensten Domänen Burgunds, ist eigentlich eine Verschmelzung zweier Unternehmen. Der ältere Zweig des Geschäfts, Maison Latour, stellt die Weiterentwicklung des 1797 gegründeten Weinhandelshauses Lamarosse dar, das 1867 vom geschäftstüchtigen Louis Latour III. (1835–1902) erworben wurde. Das Haus kauft Lesegut und Most bei Winzern in ganz Burgund auf, erzeugt davon ein umfassendes, von ihm selbst vertriebenes Weinprogramm und darf für sich in Anspruch nehmen, die Welt mit der Qualität bescheidener Chardonnays, z. B. des Mâcon-Lugny und des Ardèche, bekannt gemacht zu haben.

Der jüngere Zweig des Geschäfts ist die Domaine Louis Latour, die ursprünglich darauf zurückgeht, daß sich die seit dem frühen 17. Jh. im Weinbau tätige Familie Latour 1768 in Aloxe-Corton niederließ. Zunächst wirkten die Latours dort als Schullehrer, Vignerons und Küfer mit ein paar Hektar Weinbergen, bis in den 1860er Jahren Louis III. den Besitz von 4 auf 10 ha vergrößerte.

Das alte Handelshaus Lamarosse ging so gut, daß Louis Latour im Jahr 1891 genug Kapital angesammelt hatte, um von den Familienstreitigkeit der Comtes de Grancey profitieren und deren großartige 35-ha-Domäne in Aloxe-Corton kaufen zu können. Seither waren Louis Latours in ununterbrochener Folge Bürgermeister von Aloxe, wo auch die Domäne ihren Sitz hat.

Bis zum vierten Louis Latour (1874–1941) waren stets nur einige Söhne geboren worden, und infolgedessen gab es bei der Erbfolge keine Probleme. Louis IV. aber vergrößerte nicht nur durch Heirat den Weinbergbesitz der Domäne, er brach auch mit der guten alten Regel und setzte sechs Kinder in die Welt. Als in den 1960er Jahren fünf seiner Nachkommen beschlossen, ihren Anteil aus der Domäne zu nehmen, war diese nicht imstande, sie auszubezahlen, und sah sich schließlich 1970 um 15 ha ärmer.

Nichtsdestoweniger kann von Verarmung nicht die Rede sein, denn die Domäne verfügt noch über rund 46 ha, zum größten Teil in Premier- und Grand-Cru-Lagen. Außer den 1898 erworbenen je 0,8 ha Chambertin und Romanée-St-Vivant befindet sich alles Land an der Côte de Beaune.

Die Nachfolge blieb gesichert – die Domäne steht heute unter der Leitung des Sohns von Louis V., nämlich Louis-Paul Latour VI. (geb. 1931), dem inzwischen sein Sohn Louis-Fabrice VII. (geb. 1962) als Finanzdirektor beisteht. Der Bruder von Louis V., der heute

Das Château de Grancey in Aloxe-Corton gibt dem feinsten Corton der Domäne den Namen.

85jährige Jean Latour, der die Domäne fast ein halbes Jahrhundert lang leitete (1925–1974), bildet das lebende Bindeglied zur Vergangenheit.

Die Alltagsarbeit in der Domäne liegt in den Händen des Agronomen und Önologen Denis Fetzmann, der an der Spitze eines kleinen technischen Teams die Weinbergpflege und die Kellertechnik beaufsichtigt. Seine ungeheure Erfahrung gewährleistet höchste Sorgfalt in allen Phasen der Produktion.

In der Weinbergtechnik ist die Domäne seit jeher als innovativ bekannt. Während der Reblausepidemie am Ende des 19. Jh. war es Louis III., der erkannte, daß der Plage durch Pfropfen auf reblausfeste Amerikaner Reben entgegengewirkt werden konnte. Um 1890 bestockte er 17 ha der Domaine Grancey mit Reben auf neuen Unterlagen und ermutigte andere Vignerons, dieselbe Technik zu nutzen. Er hatte auch wesentlichen Anteil daran, daß Chardonnay anstelle von Aligoté und Pinot Noir auf den von Kalkstein beherrschten Südhängen des Corton-Bergs angepflanzt wurde, und bereitete damit den Weg für die Appellation Corton-Charlemagne.

Denis Fetzmann und der Chef de Culture Michel Magnien pflegen die Weinberge nach alter Tradition; das bedeutet, daß der Boden vor der Neubestockung zwei bis drei Jahre ruht. Da die Domäne alle 47 Jahre neu bestockt wird, stellt dies einen mehrjährigen Produktionsverlust auf jeweils 1 ha dar.

Während sich die Pinot-Noir-Bestände der Domäne aus einem Gemisch von *sélection massale* aus eigenen Weinbergen und einem Drittel Klonen zusammensetzen, um die Originalität der einzelnen *climats* zu wahren, werden die Neuanpflanzungen von Chardonnay ausschließlich mit Klonen durchgeführt, weil es schwierig ist, geeignetes einheimisches Chardonnay-Pflanzgut mit ausreichender Krankheitsresistenz zu finden.

Die Bodenerosion bildet vor allem in den steilen Lagen hinter der *cuverie* in Aloxe-Corton ein ständiges Problem. Dem wird durch den Bau besonderer Wasserableitungssysteme, in denen sich der abgeschwemmte Boden fängt, sowie durch die Instandhaltung der kilometerlangen Mauern abgeholfen. Abgeschwemmter Boden darf – insbesondere in einer Grand-Cru-Lage – nicht durch Erde beliebiger Herkunft ersetzt werden, daher ist es wichtig, den vorhandenen festzuhalten.

Denis Fetzmann ist stolz darauf, daß sich die Erträge in den Corton-Lagen der Domäne – bei einem zulässigen Höchstertrag von 35 bis 42 hl/ha – im Durchschnitt von 20 Jahren auf nur 30 hl/ha belaufen. Die Schlüssel sind bekannt: alte Reben, sorgfältige *sélection massale* von ertragsschwachen Mutterpflanzen, strenger Rebschnitt und minimale Düngung. Diesem Rezept fügt Denis Fetzmann nötigenfalls Behangausdünnung hinzu. In letzter Zeit wurden erfolgreiche Versuche mit einem Mittel durchgeführt, das Blüten, die nur unvollständig angesetzt haben, ausmerzt.

Die Weinbereitung liegt in der Hand von Jean-Pierre Jobard; die Rotweine entstehen in einer schönen *cuverie* mit Gewölben aus dem Jahr 1830 in der Lage Les Perrières in Aloxe. Das Traubengut wird entrappt und gemahlen und sodann in großen, glänzenden, auf Schienen laufenden Kupfergefäßen (einst eine

Neuerung von Louis III.) in die Gärbottiche transportiert, die jeweils für bestimmte Rebenparzellen reserviert sind – die Trennung erfolgt nach Alter, Appellation oder Herkunft des Pflanzenmaterials.

Eine Vormaischung erfolgt nicht, doch die *cuvaison* wurde inzwischen «vorsichtig» auf rund zehn Tage verlängert. Damit werden die Prinzipien von Dr. Guyot aus den 1850er Jahren befolgt, der eine rasche Gärung bei nicht über 30 °C empfahl. Die Temperaturregelung geschieht mit Wärmetauschern, und häufige *pigeage* sorgt dafür, daß der Schalenhut locker und feucht bleibt.

Der Preßwein wird dem Vorlaufwein beigemischt; es folgt 24stündige *débourbage*, danach wird der junge Wein in Fässer umgefüllt, die in den darunterliegenden prachtvollen Kellern stehen.

Diese ungewöhnlich kurze Vinifikation hat einige Kritik auf sich gezogen. Es wird behauptet, daß sich in so wenigen Tagen nicht genug Substanz extrahieren läßt, um ausreichende Struktur und typische Art hervorzubringen. Dem wird entgegengehalten, daß dies einerseits der alten burgundischen Praxis entspricht und daß andererseits Finesse und nicht schiere Wucht angestrebt wird. Denis Fetzmann ist der Meinung, daß in einer über 10 Tage hinausgehenden *cuvaison* am Ende nur noch Tannin auf Kosten der Finesse extrahiert wird. Wie dem auch sei, Jean Latour hat die Weine der Hospices de Beaune von 1925 bis 1975 auf ebendiese Weise vinifiziert, und niemand hat sich je darüber beschwert.

Die Rotweine reifen etwa 18 Monate lang in zu nur 20 % neuen Eichenfässern. Abstich erfolgt nach der *malo* – von Faß zu Faß – und dann nochmals bei der Zusammenstellung der einzelnen *cuvées* vor der nächsten Lese. Die Schönung richtet sich nach dem Jahrgang, jedoch wird zweimal gefiltert – einmal nach dem zweiten Abstich und das zweite Mal zwei Monate danach, kurz vor der Abfüllung.

Dazwischen werden die Rotweine der Domäne einer Behandlung unterzogen, die beträchtliche Kontroversen hervorgerufen hat: einer drei Sekunden dauernden Schnellpasteurisierung bei 72 °C. Diese von Louis IV. am Ende des 19. Jh. eingeführte Praxis soll die Farbe und das Aroma bewahren, die Stabilität verbessern und gegen bakteriellen Verderb schützen. Der Domäne zufolge behindert sie weder die Entfaltung des Weins, noch dient sie der Aufbesserung minderer Weine, und sie verleiht auch nicht allen Weinen denselben Geschmack. Vielmehr gilt sie als die sanfte Option, schonender als strenge Filtration oder Schönung.

Zwar behindert die Pasteurisierung nicht die Entwicklung eines Rotweins, vielleicht verändert sie jedoch deren Verlauf. Wein enthält von Natur aus eine Menge flüchtiger Stoffe – es ist also nicht unvorstellbar, daß schon drei Sekunden Erhitzung auf 72 °C deren Gleichgewicht empfindlich stören kann. Soweit feststellbar, hat das Haus Louis Latour es noch nicht unternommen, die Entwicklung eines mit und ohne Pasteurisierung abgefüllten Weins genau zu verfolgen. Zu oft schon haben Kommentatoren von reicher, opulenter Frucht im Faß und dann von weit weniger aufregendem Inhalt der Flaschen berichtet, als daß sich die Kontroverse mit einem Farbprospekt erledigen ließe.

Die Weine selbst schüren die Kontroverse noch weiter. Vielen erscheinen der Corton-Grancey, der Chambertin und der Romanée-St-Vivant des Hauses als Gipfel des feinen Burgunders, andere vermissen Saft und Kraft. Darüber zu streiten ist müßig – am Ende bleibt doch alles Geschmackssache.

Während die Villages-Weine und einige Premiers Crus oft zwar gefällig, aber nicht klar genug konturiert erscheinen, sind die Grands Crus in guten Jahren feine Weine. Sie sind allerdings nicht unbedingt auf lange Lebensdauer ausgelegt und können im Alter stumpf, flach und nichtssagend werden.

Es bleibt noch abzuwarten, ob die verstärkte *pigeage* und die verlängerte *cuvaison* etwas bewirken. Bei der Degustation Mitte 1995 zeigten die neu abgefüllten 1993er das übliche mitteldunkle Latour-Rubinrot, sie schienen aber voller und besser strukturiert zu sein als sonst – allerdings war 1993 ein Ausnahmejahr. Eventuelle Veränderungen werden erst nach längerer Flaschenreife hervortreten.

Welche Zweifel auch immer sich an die Rotweine der Domäne knüpfen mögen, bei den Weißweinen gibt es keine – sie gehören zu den feinsten Burgundern überhaupt. Das Lesegut von Montrachet und Corton-Charlemagne wird in Aloxe-Corton gepreßt und der Most nach Beaune transportiert, wo in der neuen *cuverie* die Weine bereitet werden.

Der Most wird im Tank auf 29 °C gehalten, bis die Gärung in Gang gekommen ist, und danach in Fässer umgefüllt. Bei Latour werden alle Fässer aus eigener, sehr feinporiger und in Aloxe naturgetrockneter Allier-Eiche angefertigt. Die Weißweine machen ihre Gärung in zu 80 % neuen Fässern durch und werden nach mindestens viermonatigem Ausbau auf dem feinen Geläger in andere Fässer abgezogen. Neun Monate später erfolgt vor der Abfüllung eine Schönung und leichte Filtration – also insgesamt 12 bis 15 Monate Faßreife.

Die Weißweinproduktion der Domäne besteht lediglich aus 3000 Kisten Corton-Charlemagne und ganzen 180 Kisten Chevalier-Montrachet Les Demoiselles. Die Lese erfolgt bewußt spät; der Nachdruck liegt auf dem Reifegrad und nicht auf dem Säuregehalt. Die Weine zeigen sich anfänglich sehr verschlossen, entwickeln im Alter aber vornehmsten Adel.

Hinter dem gemeinsamen Nenner aus Wucht und Komplexität verbergen sich völlig unterschiedliche Charaktere. Der Corton-Charlemagne neigt eher zu maskuliner Eleganz und vornehmer Zurückhaltung auf der Grundlage fester, reifer Frucht, während der Chevalier den für Puligny kennzeichnenden fülligeren, eher femininen Charme aufweist. Der ebenso feine Montrachet stammt nicht aus eigenem Weinbergbesitz der Domäne.

Die Reputation von Louis Latour als Domäne und Handelshaus befindet sich auf hohem Stand. Die Kontroverse über den Rotwein des Hauses sollte nicht davon ablenken, wieviel es für die Verbreitung feiner Burgunder bei einem weiten Publikum geleistet hat.

WEINBERGBESITZ

Gemeinde	Rang	Lage/Climat	Fläche	Rebenalter	Status
Aloxe	V	–	3,00	11	P
Aloxe	PC	Les Chaillots	5,30	19	P
Aloxe	GC	Corton Bressandes, Perrières, Pougets, Grèves, Clos du Roi, Clos de la Vigne au Saint, Chaumes	17,00	24	P
Beaune	PC	Vignes Franches	2,70	25	P
Beaune	PC	Les Perrières	1,30	31	P
Beaune	PC	Clos du Roi	0,42	8	P
Beaune	PC	Les Cras	0,54	27	P
Pernand	PC	Les Caradeux	0,76	43	P
Pernand	PC	Les Caradeux (Blanc)	0,81	4	P
Pernand	PC	Ile des Vergelesses	0,75	41	P
Pernand	V	(Rouge)	0,44	6	P
Volnay	V	–	0,47	41	P
Volnay	PC	Mitans	0,27	10	P
Pommard	PC	Les Epenots	0,41	21	P
Aloxe	GC	Le Charlemagne (Blanc)	6,70	20	P
Aloxe	GC	Les Languettes (Blanc)	1,95	25	P
Aloxe	GC	Le Corton (Blanc)	0,88	32	P
Puligny	GC	Chevalier-Montrachet	0,51	35	P
Gevrey	GC	Chambertin	0,81	26	P
Vosne	GC	Romanée-St-Vivant	0,76	36	P
Gesamtfläche			**45,78 ha**		

Domaine Albert Morot

Eine vor 30 Jahren mit einem Freund zusammen in Chablis getrunkene Flasche Wein gab den Anstoß zum Kennenlernen der Domaine Albert Morot. Nach diesem exzellenten Tropfen wirkte der erste Besuch freilich wie ein Schock. Der Sitz der Domäne, das höchst eigenwillig neugotische Château de la Creusotte am Rand von Beaune, gehört sicherlich in die erste Reihe der architektonischen Kuriositäten Burgunds.

Vielleicht war es 1890, als es gebaut wurde, der allerletzte Schrei, inzwischen aber wurde es eindeutig der härtesten Prüfung unterzogen, die ein Bauwerk durchmachen kann – Vernachlässigung. Seit einem runden Jahrhundert nagte an ihm der Verfall: Kaminhauben waren abgefallen, Jalousien hingen schief, Dachziegel fehlten, Unkraut wuchs aus lange nicht mehr gesäuberten Dachrinnen, die das Regenwasser in alle Windrichtungen von sich gaben – kurz gesagt, ein veritables Museum der Verwahrlosung. Die Dachrinnen sind inzwischen in Ordnung gebracht, nur mit den Jalousien steht es immer noch nicht zum besten.

Freilich darf man diese Domäne nicht nach Äußerlichkeiten beurteilen. In Büchern wird sie zwar nur selten erwähnt, und auf Prämierungsveranstaltungen trifft man sie auch nie, aber die Qualität ihrer Weine ist aber gleichmäßig hoch – die aus Beaune zählen zu den feinsten dieser Appellation. Zu verdanken ist dies weitgehend der Strebsamkeit und dem Fleiß der Familie Choppin, der die Domäne seit über 70 Jahren gehört.

Die heutige Generation wird repräsentiert von Guy und Françoise Choppin, Enkelkindern von Albert Morot, der gegen Ende des 19. Jh. in Beaune als Négociant wirkte. Guy führte seit 1952 das Gut mit großer Kompetenz, er leidet seit 1984 jedoch an einer heimtückischen Krankheit, die ihn im Haus festhält. Zum Glück nahm sich seine jüngere Schwester Françoise, eine charmante, tüchtige Sechzigerin, sowohl der Domäne als auch ihres Bruders an.

Sie ist eine bemerkenswerte Frau – klein, drahtig, tatkräftig, beseelt von einer Passion für ihren Wein und einem sicheren Gefühl für Qualität. Unterstützt von einem Vigneron im Weinberg, einem «Ouvrier» für die schwere körperliche Arbeit und einigen Frauen als Halbtagskräften führt sie nun den gesamten Betrieb – Weinberg, Keller und Geschäft. Françoise fährt nicht Auto, ja sie verläßt das Gut praktisch nie – «es könnte ja ein Kunde kommen, das passiert sogar sonntags». In manchen Jahren führt ihre weiteste Reise

Françoise Choppin hat ein wachsames Auge auf das Auffüllen der Fässer.

zum Faßbauer nach Meursault – Santenay ist für sie vermutlich schon die weite Welt.

Ein Besuch in der Domäne ist stets ein besonderes Vergnügen. Ein an einem Baum am Rand des ummauerten Parks befestigtes, etwas verwittertes Schild lädt zu «visite et dégustation» ein. Im Hof herrscht mit viel Gebell ein großer, aber harmloser Hund, der offenbar bemüht ist, gleichzeitig überall zu sein.

Die von der überirdischen *cuverie* aus zugänglichen Keller sind alt und überaus kalt. Bei einer Degustation von jungem Wein an einem Nachmittag im Januar ist es hier leichter, einen kühlen Kopf als warme Füße zu behalten, doch die Unbequemlichkeit lohnt sich, denn in den rund hundert ordentlich aufeinandergestapelten alten Eichen-*pièces* liegen die Resultate einer Tradition, die nicht gewillt ist, in der Qualität Kompromisse einzugehen.

Für Françoise beginnt alles mit dem Weinstock. Sie ist froh darüber, daß 80 % des Weins der Domäne aus eigenem Weinbergbesitz stammen, der 1893 und 1894 vor allem den damaligen Eigentümern der Domaine de la Romanée-Conti und der Domaine de la Pousse d'Or abgekauft wurde. Es handelt sich um insgesamt rund 7 ha, vorwiegend verstreute Parzellen in sechs der feinsten, im Südteil der Gemarkung günstig gelegenen *climats* von Beaune sowie das 1,81 ha große *monopole* Clos la Bataillère, eine Premier-Cru-Lage in Savigny. Der Ertrag hieraus beläuft sich auf knapp 3000 Kisten im Jahr, alles Premiers Crus.

Die Pinot-Noir-Reben der Domaine Morot dürfen ein ehrwürdiges Alter erreichen. Françoise Choppin ist überzeugt, daß auch bei entsprechend eingeschränktem Ertrag die Qualität der Frucht mit zunehmendem Rebenalter erheblich besser wird. Aber selbst mit strengem Rebschnitt zu weiterer Ertragsbeschränkung und Konzentrationssteigerung ist oft noch nicht genug getan. 1990 war eine Frau den ganzen Ferienmonat August hindurch damit beschäftigt, in weiten Teilen der Domäne Behangausdünnung durchzuführen.

Man kann mit Fug und Recht behaupten, daß das Qualitätsbewußtsein eines Winzers aus seiner Einstellung zum Rebenalter erkennbar wird. Wer schnell bei der Hand ist, Reben auszuhauen, ehe sie 50 Jahre alt sind, oder meint, seine Reben brächten die beste Frucht mit etwa 30 Jahren zustande, sagt mehr über die Qualität seines Weins aus, als er selber ahnt. Der unverkennbare Beitrag sehr alter Reben zum Geschmack ist ein prägendes Merkmal der Weine von Françoise Choppin.

Die Weinbereitung ist durch und durch traditionell: Seit 1926 werden die Trauben stets völlig entrappt. «Die Stiele sind nur bitter und nehmen in den *cuves* Platz weg, dem Wein bringen sie nichts Gutes», lautet die entschiedene Meinung zu diesem Thema. Die *cuvaison* dauert bis zu drei Wochen, mit viel *pigeage* zur Verlängerung der Gärung und zur Maximierung der Extraktion von Farb- und Geschmacksstoffen. Kulturhefen kommen nicht in Betracht – «alles soll so natürlich wie möglich zugehen».

Der Preßwein wird gewöhnlich dem Vorlaufwein beigemischt. Die neue, 1982 angeschaffte Vaslin-Presse arbeitet schonend und gibt eine gehaltvolle Restmaische her, die zum exzellenten Marc de la Domaine (einem der besten in Burgund) gebrannt wird. Der Wein wird nun in Fässer gefüllt und zum Reifen in die tiefsten Tiefen der Keller gebracht.

Françoise hat durchaus keine besondere Vorliebe für neue Fässer, doch 1990 hatte die Abfüllanlage bei der Verarbeitung des 1989ers eine Panne, so daß Mangel an Fässern entstand, deshalb mußte sie neue anschaffen. Dadurch kam der 1990er zu 50 % und nicht wie sonst zu nur einem Drittel in den Genuß von frischem Holz – «schließlich mußte ich ja Platz für den neuen Wein haben», schmunzelt sie mit einem eindeutig vergnügten Blick auf die Reihe der neuen Fässer. Auch die nachfolgenden Jahrgänge hatten Nutzen davon, denn 50 % sind inzwischen die Regel.

Die Abfüllung erfolgte lange Zeit recht früh, «um den Duft und die Frische zu bewahren». Inzwischen wurde ohne ersichtlichen Grund die *élevage* von 12 auf 18 Monate verlängert. Das mag die Tannine verfeinern, man fragt sich aber, wie es sich auf die für diese Weine stets kennzeichnende Fülle und Eleganz auswirkt. Hier liegt ein offenbarer Stilwandel vor – legt man aber die 1993er als Maßstab an, dann kann es auch eine Verbesserung sein.

Bei aller Erfahrung ist Françoise Choppin doch keine geschulte Önologin und muß dem Rat von Fachleuten und Journalisten vertrauen, denen sie aber vielleicht allzu aufmerksam zuhört. Alle Weine werden mit Albumin geschönt. «Manche sagen, man soll nicht schönen – das sind wohl die Leute von der Côte de Nuits, die tanninreiche Weine mögen –, andere sagen, nur 10 oder 20 % oder die Hälfte schönen...», sie lacht und zuckt die Schultern. Seit 1991 wird nicht mehr gefiltert – eine begrüßenswerte Veränderung mit großartigen Resultaten.

Früher wurde von Hand abgefüllt, als aber Françoise 1986 sah, wieviel Mühe der Arbeiter mit dem großen Jahrgang 1985 hatte, packte sie das Mitleid, und sie kaufte eine kleine Abfüllanlage. Dazu bemerkt sie jedoch: «Wir sind keine Fabrik, wir nehmen uns Zeit für alles.» Was dabei herauskommt, ist eindrucksvoll: Weine mit viel Tiefe und Geschmacksfülle; jeder bringt die Individualität der Lage zum Ausdruck, und vor allem entfalten sie sich superb.

Der Savigny Bataillère ist nicht nur der zarteste im Programm, sondern auch so etwas wie eine Kuriosität. Es handelt sich nämlich nicht unbedingt um eine eigene Lage, sondern nur um eine Enklave am Fuß der Lage Hautes-Vergelesses (in Savigny, nicht in Pernand). Seit Menschengedenken ist sie als Savigny-Vergelesses «dit Bataillère» bekannt. Bis vor kurzem hieß sie auch «Clos», weil sie auf zwei Seiten von einer Mauer begrenzt ist, die dritte bildet der Weg zwischen Hautes und Basses Vergelesses. Nun meldeten die Behörden aber Bedenken an, vermutlich weil die Mauer zum Teil umgefallen war, und so heißt die Lage einstweilen «Savigny-Vergelesses, la Bataillère». 1987 sollte sogar der Namensbestandteil Bataillère abgeschafft werden, da aber griff Françoise zum Telefon: «Ecoutez!...» Sie obsiegte.

Der Clos la Bataillère wird meist spät abgeerntet; die Reben sind noch relativ jung (1958, 1972 und 1992 gepflanzt, der Bestand von 1945 mußte gerodet werden). Der Wein zeichnet sich durch viel Duft, Finesse und Extrakt aus – fast wie ein junger Beaune Cent Vignes. «Ein Damenwein», lächelt Françoise. Vielleicht – aber auch der beste Savigny.

Der Cent Vignes hat meist tiefere Farbe als der Bataillère, bringt viel Substanz auf die Zunge und entwickelt frühzeitig ein attraktives Bukett. Der Weinberg wurde 1958/59 neu bestockt, der Bestand kommt also allmählich in ein qualitativ interessantes Alter.

Der Wein aus der 1996 neu bestockten Lage Toussaints ist anfänglich meist straff, zeigt kräftige Säure und viel feste Frucht. Mit seiner recht fleischigen Art braucht er in Jahrgängen wie 1985, 1988, 1990 oder 1993 mindestens ein Jahrzehnt, bis er Farbe bekennt.

Der Marconnets aus einem zur Hälfte 1950 und zur Hälfte 1958 neu bepflanzten Weinberg ähnelt in Tiefe und Breite eher einem Pommard und in der Finesse einem Corton als dem Stil von Beaune. Manchmal fällt er recht mild aus (z. B. 1989), hat im Duft mehr animalischen Charakter und ist ausgesprochen langlebig.

Während der Marconnets dem Corton entspricht, kommt der Teurons entschieden einem Gevrey nahe – ein maskuliner Wein mit fester Struktur und Untertönen von Fleischextrakt sowie einer Spur *fruits sauvages* im Duft; aus großen Jahrgängen hält er sich besonders gut.

Die beiden letzten in der Reihe bemerkenswerter Premiers Crus aus der Hand von Françoise – Grèves und Bressandes – zählen in guten Jahren zu den feinsten Weinen an der Côte de Beaune. Der Bressandes ist anfänglich verschlossen wie eine Muschel und gibt fünf Jahre lang kaum etwas her, dann aber tritt er mit der seidigen Opulenz hochfeiner Aroma- und Geschmacksnuancen hervor. Der größere Teil des Weinbergs wurde zuletzt 1946 neu bestockt, es herrscht also kein Mangel an köstlicher, konzentrierter Frucht alter Reben. Eine 1995 degustierte 1971er «Tête de Cuvée» war noch immer verführerisch jugendlich und hatte doch eine Fülle und Tiefe, die an einen reifen Vosne-Romanée oder einen Echézeaux denken ließ.

Der Grèves von 1948 angepflanzten 12,53 Ar ist eine Sensation. Leider wurde dieser Weinberg nach der Lese 1990 gerodet, daher lieferte er bis 1993 keinen Wein mehr. Der Grèves ist meist der dunkelste Wein im Programm mit einem Bukett von *fruits sauvages*, Süßholz und fast süßer Frucht. Am Gaumen vereint er die Tiefe des Bressandes mit der Finesse des Cent Vignes.

Man kann hier nur von feiner und beständig guter Weinbereitung sprechen, denn auch die minderen Jahrgänge sind auf ihre Art exzellent. 1992, 1987, 1982, 1979 und 1967 entstanden zartere Weine, die aber doch voller nachhaltiger Geschmacksnuancen stecken und stets eine Spur Tannin und genug Säure aufweisen, um ihre Lebendigkeit zu bewahren. Man darf sie genießen, während man auf das Ausreifen der größeren Jahrgänge wartet.

Allerdings sind es die Fünf-Sterne-Jahrgänge, in denen die Domäne wahrhaft brilliert.

Das Château de la Creusotte nach der Renovierung.

Für Françoise ist der 1971er der Jahrhundertwein – bei Morot hat er eine Dimension reifer Komplexität und Rasse, die ihn mit den Spitzenweinen von der Côte de Nuits auf eine Stufe stellt. In diesem Jahrgang gab es «Têtes de Cuvée» aus den Lagen Marconnets, Bressandes und Grèves. Guy Choppin beherrschte die Kunst hervorragend, die gebieterischen 1990er und 1993er von Françoise folgen seinem Vorbild.

Es ist schwer zu verstehen, warum der Wein von Beaune bei den Kennern eine Aschenputtelrolle spielt. Wer die Wahl zwischen den Premiers Crus aus Volnay und Beaune hat, dürfte sich wohl meist für Volnay entscheiden. Dieses vorschnelle Urteil ist insbesondere dann ungerechtfertigt, wenn Weine wie die aus der Domaine Albert Morot für Beaune Zeugnis ablegen. Darüber hinaus sind die bescheidenen Preise, die Françoise verlangt, geeignet, dieses Gut zu einer idealen Quelle für alle zu machen, die ihren Weinkeller gut bestücken möchten, ohne ihre Brieftasche der Schwindsucht anheimfallen zu lassen.

Um die Nachfolge rankt sich einige Spekulation, denn Guy und Françoise sind kinderlos. Zu gegebener Zeit wird der Besitz an «nos petits cousins» in Le Havre übergehen; was das für die Weine der Domäne bedeuten wird, läßt sich nur vermuten. Eines aber ist sicher: Solange Françoise die Zügel in der Hand hat, gibt es in der Qualität keine Abstriche.

WEINBERGBESITZ

Gemeinde	Rang	Lage/Climat	Fläche	Rebenalter	Status
Beaune	PC	Les Teurons	0,99	1963	P
Beaune	PC	Les Grèves	0,13	1991	P
Beaune	PC	Les Toussaints	0,77	1969	P
Beaune	PC	Les Bressandes	1,27	1946/60/82	P
Beaune	PC	Les Cent Vignes	1,28	1958/59	P
Beaune	PC	Les Marconnets	0,68	1950/58	P
Savigny	PC	La Bataillère	1,81	1958/72/92	P
Gesamtfläche			**6,93 ha**		

Pommard

Die Rebfläche von Pommard beginnt an einer Straßengabelung 2 km südlich von Beaune. Die rechte Abzweigung verläuft einen halben Kilometer weit an Les Epenots entlang, vorüber am einsamen, nicht mehr benutzten Bahnhof und der imposanten Mauer des Château de Pommard linker Hand und schließlich in den Ort hinein.

Hier repräsentieren an einem kleinen Platz zwei freundliche «cafés routiers» zu beiden Seiten der Brücke und eine modernere Gaststätte die gesamte Gastronomie des Orts. Unter der Brücke hindurch schlängelt sich l'Avant-Dheune, ein aus der Combe über den Weinbergen kommender harmlos wirkender Wasserlauf, der sich jedoch regelmäßig dadurch unliebsam bemerkbar macht, daß er über die Ufer tritt, Häuser und Keller unter Wasser setzt und allgemeines Unbehagen verbreitet. Des weiteren wird Pommard durch ein Modegeschäft, eine Pâtisserie und einen neu eröffneten Weinladen, in dem das örtliche Winzerkonsortium seine Erzeugnisse feilbietet, belebt.

Lange Zeit hatte Pommard den Ruf, schwere, herzerwärmende Weine – die reinsten Stärkungselixiere, mit viel Saft und Kraft, aber wenig Finesse – hervorzubringen. Harry Yoxall charakterisierte sie als «gefällige Getränke ohne große Autorität». Weinerzeuger im Ort und außerhalb machten sich diese gängige, gewinnbringende Reklame zunutze, indem sie unerfreulich dünne oder mit höchst unburgundischen Erzeugnissen verschnittene Weine auf den Markt brachten, um die scheinbar unersättliche Nachfrage nach Pommard zu befriedigen.

Das war in den 1930er Jahren sehr wohl bekannt und ging auch nach der Einführung der AC-Vorschriften im Jahr 1936 munter so weiter bis in die 1960er Jahre. Inzwischen aber hat die sich überschlagende Popularität ebenso wie die Preistreiberei ein Ende gefunden, und Pommard ist zur Ruhe gekommen. Heute produzieren einige erstklassige Domänen erschwinglichen Wein in exzellenter Qualität.

Die seit Beginn des 19. Jh. stark zurückgegangene Rebfläche umfaßt derzeit rund 337 ha, davon entfallen 211,62 ha auf die AC Pommard und 125,19 ha auf Pommard Premier Cru.

Die Villages-Weine, teils aus höher gelegenen Weinbergen oberhalb des Orts, teils aus flacheren Lagen zwischen der RN73 und der RN74, umfassen ein breites Spektrum an Stilen und Qualitäten. Die felsigeren, dünneren Böden weiter oben an den Hängen erbringen Wein mit mehr Finesse, jedoch mit weniger Tiefe als die schwereren Lehmböden weiter unten. Die Weinberge am östlichen Ende der Gemarkung in Fortsetzung von Les Epenots haben steinigere, durchlässigere Böden, die entsprechend feineren Wein hervorbringen.

Freilich gewinnen die Weine von Pommard echte Seriosität erst in den 24 Premier-Cru-Lagen, die sich auf einem am Fuß flachen und obenher steilen Hangstreifen zu beiden Seiten des Orts befinden.

Nach Beaune hin sind die besten Les Pézerolles, En Largillière und Les Epenots, aufgeteilt in Les Grands Epenots und Les Petits Epenots. Über beide hinweg erstreckt sich der Clos des Epeneaux des Comte Armand, und der dem Ort zunächst gelegene Teil von Grands Epenots enthält die 2,92 ha Clos des Cîteaux, die zum Besitz von Jean Monnier in Meursault gehören.

In diesem Teil der Gemarkung erbringt die Süd/Südost-Lage im Verein mit steinigem, kalkhaltigem rotem Lehmboden Weine mit Wucht und Kraft. Sie weisen merklich mehr Tannin und weniger Delikatesse als die Premiers Crus aus dem benachbarten Beaune auf, und die besten entfalten ihr Potential nach etwa einem Jahrzehnt Flaschenreife.

Nach Volnay hin liegen Les Rugiens, Les Jarolières und Les Fremiers (im Nachbarort Volnay: Les Frémiets). Die Lage Les Rugiens, die oft den vollsten Wein von Pommard hervorbringt, ist in den exzellenten Teil Rugiens-Bas und den nicht so guten Teil Rugiens-Hauts aufgespalten, doch wird diese Unterscheidung auf Etiketten nie gemacht. Die Weinberge hier sind steiler, haben felsigeren Boden und befinden sich in Südostlage. Ihre Weine haben mehr Finesse und nicht so viel rustikale Kraft – manchmal findet sich in ihnen die seidige Delikatesse feinster Volnays. Wenn es zu einer neuen Klassifizierung käme, dann wären Les Rugiens-Bas und Teile von

Ein Drittel der Gastronomie von Pommard – das Brücken-Café.

Les Epenots aussichtsreiche Kandidaten für den Grand-Cu-Status.

Zu den interessanteren Domänen zählt u. a. die von François Parent, dessen Frau Anne-Françoise Wein aus Weinbergen im Besitz ihrer Eltern – Jean und Jeanine Gros in Vosne-Romanée – produziert.

Der inzwischen weit über 80jährige liebenswürdige André Mussy erzeugt gute bis exzellente Pommard Premiers Crus Epinots, Pézerolles und Saveilles und zwei Beaunes (Epenottes und Montrevenots) von seinem 6-ha-Besitz. Er hat seit 1928 einen Jahrgang nach dem anderen hervorgebracht, heute teilt er sich die Arbeit mit seinem Schwiegersohn.

Außerhalb des Orts produziert Hubert de Montille hochfeinen Pézerolles und Rugiens, und der Pommard Chanlins von Madame Armande Douhairet ist oft exzellent, insbesondere in reifen Jahrgängen wie 1990 und 1993. Das Château de Pommard bringt aus seinem 20-ha-Clos – dem größten in einer Hand befindlichen an der Côte – einen achtbaren Wein hervor, der 100prozentig in neuen Fässern ausgebaut wird. Drouhin und Jadot produzieren gute *cuvées* aus Les Epenots, und Arnaud Machard de Gramont erzeugt einen feinen Pommard Le Clos Blanc. Auch viele Vignerons in Volnay haben guten Pommard zu bieten, wenn auch nur in begrenzten Mengen, v. a. Joseph Voillot, Régis Rossignol, Jean-Marc Bouley und Yvon Clerget.

Pommard kann im übrigen mit nicht weniger als drei Châteaux und einer schönen Kirche aus dem 18. Jh. mit einem 32 m hohen Turm aufwarten. Sie bildet den Mittelpunkt des stillen, von Bäumen umstandenen Dorfplatzes und ist umgeben von guten Domänen – Parent, de Courcel, Gaunoux, Clos des Epeneaux – und der Dorfschule.

Zwei der Châteaux – das Château Micault aus dem 18. Jh. und das Château de Pommard von 1802 – befinden sich im Besitz der Familie von Jean-Louis Laplanche, Professor für Psychologie an der Sorbonne. Das dritte, das im Nordosten des Dorfs gelegene Château de la Commaraine mit seinem 3,75-ha-Clos, ist Eigentum von Jaboulet-Vercherre; der Wein ist gut, aber selten begeisternd.

Pommard hat eine ruhige, klösterliche Geschichte hinter sich; seine besten *climats* befanden sich ab dem 13. Jh. im Besitz verschiedener Mönchsorden.

In Pommard bezeichnete ein Kreuz die Stelle einer schlammigen Furt, bis 1670 eine Brücke gebaut wurde. Hier machten damals die Postkutschen halt, und die Reisenden mußten die Furt zu Fuß durchschreiten. Eine Höhlung am Fuß des Kreuzes – in der Nachbildung noch heute erhalten – diente der Hinterlegung von Opfergaben für eine glückliche Überquerung. Für die meisten Touristen stellen jedoch inzwischen die Weinberge und Winzer die größere Attraktion dar, und deren gibt es denn auch etliche zu besuchen. Der Ort strahlt wachsendes Selbstbewußtsein aus und verfügt über viele exzellente Weinbaubetriebe, die ihm gute Aussichten für die Zukunft eröffnen.

Domaine du Clos des Epeneaux

Die Domäne gehörte ursprünglich der Familie Marey-Monge, einer der größten Grundbesitzerfamilien im Burgund des 19. Jh. Als eine der Marey-Monge-Töchter 1855 den Comte Armand heiratete, ging die Domäne als Teil ihrer Mitgift in das «patrimoine» der Armands über, die jedoch keine Tradition im Weinbau hatten und deshalb *régisseurs* mit der Führung des Guts beauftragten. Dieses unter den Großgrundbesitzern Burgunds übliche System lud allerdings zu Mißbrauch ein, vor allem wenn der *régisseur* eigene Weinberge besaß und der Grundherr öfters abwesend war.

Im Januar 1985 betraute der jetzige Comte Armand, ein in Paris ansässiger Rechtsanwalt, den jungen Frankokanadier Pascal Marchand, der 1983 als Weinenthusiast von Montreal nach Burgund gekommen war, mit der Leitung des Weinguts. «Ich hatte noch nie einen Weinberg oder eine *cuverie* gesehen», erzählt er, «und kam eigentlich hierher, weil ich Burgund kennenlernen wollte.» Nachdem er bei der Weinlese 1983 und anschließend ein paar Monate im Weinkeller mitgeholfen hatte, fuhr Pascal nach Hause, kam aber im November des folgenden Jahres wieder nach Frankreich zurück und belegte einen Kurs für Weinbau und Kellertechnik in Beaune.

Im Juni 1984 nahm er bei Bruno Clair in Marsannay eine Stellung an, und dort lernte er durch Zufall seinen künftigen Arbeitgeber kennen. Was den Comte dazu bewegte, den unerfahrenen jungen Mann mit der alleinigen Leitung seiner kostbaren Domäne zu betrauen, ist nicht klar, aber genau das tat er, und zwar mit eminentem Erfolg.

Das Ungewöhnliche an der Domäne war, daß sie aus einem einzigen, 5,2 ha großen Weinberg, dem Clos des Epeneaux, bestand. In dieser Region, in der ein breitgestreutes Spektrum kleiner Besitzungen die Norm ist, gilt ein zusammenhängender Weinbergbesitz als mit einem von vielen Vignerons gefürchteten Wetterrisiko behaftet. Auch hatte die Domäne ihre «Schönheitsfehler»: Der Weinberg war zwar annehmbar, doch die Keller mußten in Ordnung gebracht und viele Fässer erneuert werden. So war nicht nur die Lese für 1985 einzubringen, in den Fässern lagen auch noch die Jahrgänge 1983 und 1984.

Nach der Ernte des Jahres 1985 begab sich Pascal an die Ausarbeitung von Richtlinien für die Weinbergpflege. Da er keine Lagen in anderen Gegenden als Versicherung gegen Frost, Gewitter und Krankheiten zur Verfügung hatte, mußte bei Neuerungen mit Umsicht vorgegangen werden.

Um das Durchschnittsalter der Reben hoch und die Produktion auf angemessenem Stand zu halten, wird vorzugsweise *repiquage* angewendet, allerdings bleibt sie auf unter 40 Jahre alte Reben beschränkt, da es schwierig ist, einzelne Pflanzlöcher in massiven Fels zu treiben. Auch die Neubestockung größerer Parzellen des Clos wird weitgehend eingeschränkt – seit 1985 wurde nur 1 ha gerodet. Pascal pflanzte darauf ein Gemisch ausgewählter Klone an, beschloß aber anhand der Ergebnisse, die nächste größere Bestockung mit *sélection massale* von eigenen Reben der Domäne vorzunehmen.

Die augenblicklichen Bestände liegen im Alter zwischen fünf und 56 Jahren. Die älteren Reben wachsen auf SO4-Unterlagen und strafen die Behauptung, diese seien kurzlebig, offenkundig Lügen – dagegen erfolgten neuere Anpflanzungen auf der modischen, an den mäßigen Kalkgehalt des Bodens gut angepaßten 161/49.

Das von Pascal mit Sorgfalt untersuchte Bodenprofil des Weinbergs zeigt eine recht magere, stark gesteinshaltige Auflage, die in eine massive Grundlage aus Kalkmergel übergeht. Anders als sonst in Pommard enthält der Boden nicht sehr viel Eisen, ist aber gut durchlässig, was auf dem recht flachen Grund einen Vorteil bedeutet.

Der Rebschnitt erfolgt streng. Junge Reben werden bis zum Alter von sechs Jahren *en crochet* erzogen, und der Übergang auf das anschließend benutzte *Guyot*-System erfolgt jeweils mit einem Auge mehr pro Jahr.

Bei der Strategie für Spritzungen ist Pascal mit seinen Überlegungen noch nicht im reinen. Als Hauptschädling sieht er den bösartigen Sauerwurm, der die Trauben anfrißt, so daß sie faulen. Spritzt man gegen ihn mit wirksamen, daher starken Insektiziden, schafft man sich später Probleme mit Spritzmittelresistenz, Veränderungen der Mikrofauna im Boden und dergleichen; verzichtet man auf Spritzungen, riskiert man Fäule, unzulängliche Erträge und eventuell Qualitätseinbußen.

Die Lösung könnte in neu entwickelten Spritzmitteln liegen, die durch Vernichtung der Lockduftstoffe die Vermehrung des Insekts unterbinden. Diese Mittel sind für Boden und Pflanze weit weniger schädlich, gewährleisten offenbar aber keine nachhaltige Bekämpfung des Sauerwurms.

Ansonsten verzichtet Pascal vollständig auf systemische Spritzmittel, und auch die sogenannten *pénétrants* will er abschaffen. So bleiben nur noch Kontaktmittel, die jedoch vom nächsten Regen von den Blättern wieder abgewaschen werden. Herbizide kommen ebenfalls nicht mehr zur Anwendung, daher muß mit der Hacke gegen Gräser und Unkräuter vorgegangen werden. Solange nicht genauer bekannt ist, in welcher Weise synthetische Mittel die Rebe beeinflussen und im Boden abgebaut werden, ist es Pascal lieber, ohne sie auszukommen.

Bei gesunden Reben sind auch niedrige Erträge wichtig. Hierbei spielen Düngemittel die Schlüsselrolle. Pascal beschränkt sich auf «sehr vorsichtige» Gaben organischer Dünger, um erforderlichenfalls den Gehalt an Spurenelementen abzustimmen. Die Reben müssen knapp gehalten werden – «der Boden und die Bedürfnisse der Rebe müssen aufeinander abgestimmt sein. Wenn das Laub bis im November grün bleibt, ist zu viel Stickstoff im Boden».

In Burgund ist das besonders wichtig, denn jede Lage ist ja von ihrem einzigartigen Boden abhängig. Soll der Wein, der dort wächst, diese Einzigartigkeit zum Ausdruck bringen, dann muß sich die Rebe nicht etwa aus der künstlich angereicherten Krume, sondern aus tieferen Schichten ernähren, wo die Spurenelemente in das Grundwasser gelangen. Deshalb muß das Wachstum der reichlich sprießenden seitlichen Wurzeln eingeschränkt werden, so daß die Hauptwurzeln dazu gezwungen sind, Nährstoffe in den tieferen Schichten zu suchen. Dazu braucht die Rebe aber auch ausreichende Wuchskraft und entsprechende Oberflächennahrung, die durch ausgewogene Gaben wichtiger Elemente wie Phosphor, Magnesium, Kali, Stickstoff usw. zugeführt wird. Für manchen Vigneron ist jedoch die Versuchung, kräftig zu düngen und damit üppiges Laub und saftstrotzende Früchte hervorzubringen, allzu groß. Der dünne Wein, der dabei selbst dann herauskommt, wenn im Keller eine *saignée* vorgenommen wird, mag zwar ganz gefällig sein, aber jene typische Art und den in Burgund auf *réunions* und von allen *confréries* ständig beschworenen Charakter seiner Herkunft bringt er nicht zum Ausdruck.

Gegen ein anderes häufiges Mißgeschick scheint Pascals Weinberg allerdings auf wunderbare Weise immun zu sein – Hagel. In Pommard ist von Mai bis August das Hagelrisiko groß, doch der am nördlichen Ende der Gemarkung gelegene Clos des Epeneaux bleibt meist verschont. Die Gewitter ziehen anscheinend von Südosten her über den Ort hinweg und drehen dann, angezogen von der dahinter befindlichen Combe, scharf nach Nordwesten ab. Das ist natürlich ein Glücks-

Pascal legt gern selbst Hand an.

fall für die bis vor kurzem auf diese einzige Weinberglage beschränkte Domäne.

Auch bei der Lese kommt ein glücklicher Umstand ins Spiel – in der Lage Les Epenots (von der der Clos des Epeneaux ein Teil ist) reift die Frucht stets früh. Andere Viticulteurs mit Weinbergen in Pommard und Umgebung ernten ihren Anteil an Les Epenots meist früh ab. Pascal Marchand wartet ab, bis die Trauben in dieser Lage vollreif – allerdings nicht überreif – sind.

Die Vinifikation verläuft weitgehend in traditionellen Bahnen. Die Trauben werden völlig entrappt und erhalten dann eine mäßige Dosis SO$_2$. Umpumpen erfolgt ohne Luftzufuhr, und der Gärvorgang wird durch Naturhefen bewirkt. Pascal ist bestrebt, kühleres, am Morgen gelesenes Traubengut mit dem wärmeren vom Nachmittag zu mischen, um künstliche Kühlung vermeiden zu können. Der Gärprozeß kommt meist nach drei bis vier Tagen in Gang; eine weitere *remontage*, diesmal mit Luftzufuhr, hilft den Hefen bei der Vermehrung und bringt den Prozeß richtig in Schwung. Die Gärtemperatur steigt bis 33 °C an, und die *cuvaison* dauert je nach Gärverlauf und Jahrgang insgesamt 10 bis 17 Tage. Aus dem Clos werden vier verschiedene, nach dem Rebenalter getrennte Posten Wein produziert.

Nach zwei- bis dreitägiger *débourbage* im Tank – «Klärungsprobleme kommen vom Spritzen», behauptet Pascal – wird der Wein in zu 30 % neue Fässer gegeben. Pascal legt sich nicht auf eine Eichensorte fest, sondern zieht eine Mischung von Allier, Nevers und Vosges vor, denn er glaubt, «die Herkunft besagt nichts, auf den Faßbauer kommt es an». Er bevorzugt mittlere Anröstung – nachdem er die Erfahrung gemacht hat, daß starke Anröstung einen eventuellen *goût de reduit* festhält.

Auf keinen Fall möchte er den Wein zu stark mit Holztönen belasten, daher wird beim ersten Anstich nach einem Jahr der Wein aus neuen Fässern mit dem Wein aus alten zusammengeführt – aus den anfänglich vier *cuvées* werden nun zwei – und dann in drei- bis fünfjährige Fässer gefüllt. Diese zwei Posten werden beim zweiten Abstich zusammengeführt, drei Wochen im Tank belassen und danach mit Schwerkraft abgefüllt – seit 1989 ohne Schönung und Filtration, obwohl diese Behandlungen nicht grundsätzlich ausgeschlossen werden.

Besonders betont werden soll, daß der Clos des Epeneaux eine *assemblage* verschiedener Weine von Reben verschiedenen Alters, jedoch aus einer einzigen Lage ist. Die Trauben werden – wie schon erwähnt – nach Rebenalter getrennt verarbeitet, wobei der Sinn der Sache der ist, daß schließlich bei der Assemblage eine breitere Geschmackspalette zur Verfügung steht, die ein Mischen mit mehr oder minder großen Anteilen der verschiedenen Posten zur Steigerung der Komplexität des Grand Vin erlaubt. Bis 1994 wurde nicht für den Grand Vin benutzter Wein im Faß verkauft, heute bietet ihn Pascal in Domänenabfüllung als Pommard «tout court» an.

In besonders guten Jahren wird manchmal auch eine Cuvée Vieilles Vignes von der Frucht der ältesten Reben bereitet. So fein diese aber ist, sie entzieht dem Grand Vin natürlich den besten Teil und ist daher dessen Konzentration abträglich.

Beim Degustieren von Faßproben der verschiedenen Posten entdeckt man auffallende Unterschiede. Die jüngeren Reben (9 bis 13 Jahre) liefern Wein mit größerer Delikatesse, dem Aroma von *fruits sauvages* und recht guter Konzentration, ziemlich fester Struktur und fast teerartigen Geschmacksnoten. Der Wein der 20- bis 25jährigen Reben ist intensiver in der Farbe und hat aggressives Tannin, das die darunter verborgene reife Frucht überlagert. Die älteren Reben (35–45 und 55–65) bringen den ausgewogensten und opulentesten Wein hervor – er ist nicht mehr so voll Delikatesse, dafür überwältigend sanft.

Der Stil des fertigen Weins ist selbst für einen Pommard, der ja sowieso oft als der Nuits der Côte de Beaune gilt, sehr kräftig strukturiert. Das natürliche Gleichgewicht der Frucht alter Reben trägt wesentlich zur Tiefe des Weins bei – insbesondere in Jahrgängen wie 1993, 1990, 1988 und 1985 – und verleiht ihm weniger aggressives Tannin sowie merklich bessere Säure. Obwohl auch die früheren Jahrgänge, v. a. der 1988er, gut sind, mangelt es ihnen doch an Komplexität. Pascal ist um Verbesserung bemüht und arbeitet insbesondere an der Verfeinerung und Milderung der Tannine, damit die Weine entgegenkommender wirken. Der Erfolg zeigt sich deutlich an dem exzellenten, aufgeschlossenen 1992er und an den Komponenten des gebieterischen 1993ers.

Zwischen Pascal Marchand und Comte Armand besteht offenbar ein Band gegenseitigen Vertrauens. 1994 und 1995 kaufte bzw. pachtete die Domäne Weinberge in Volnay, Meursault und Auxey-Duresses, wodurch ihre Fläche praktisch verdoppelt wurde und Pascal erstmals auch Weißwein zu vinifizieren bekam. Sicher wird es interessant sein zu sehen, was der bisher auf Rotwein spezialisierte talentierte Kellertechniker daraus macht.

WEINBERGBESITZ

Gemeinde	Rang	Lage/Climat	Fläche	Rebenalter	Status
Pommard	PC	Clos des Epeneaux	5,20	9–65	P
Volnay	PC	Les Frémiets	0,40	10/35	P
Volnay	V	Les Famines	0,30	10	P
Meursault	V	Les Meix Chavaux	0,75	$^2/_3$ 80, $^1/_3$ 10	M
Auxey	PC	Les Duresses (Rot)	1,00	10–70	M
Auxey	PC	Les Bréterins (Weiß)	1,50	(versch.)	M
Gesamtfläche			**9,15 ha**		

Domaine Jean-Marc Boillot

Jean-Marc Boillots beträchtliches Talent für die Weinerzeugung erhielt seinen Feinschliff durch die Arbeit bei seinem Großvater von 1967 bis 1984 und dann als Kellermeister bei Olivier Leflaive von 1985 bis 1989. Ohne spezielle Berufsausbildung hat er sich großes Sachkönnen erworben, und das ist gut so, denn er besitzt Grund und Boden in elf Appellationen für Rotwein und in zehn für Weißwein.

Das Nervenzentrum der Domäne ist das schöne alte Haus La Pommardière neben dem Château de Pommard. Hier werden die Trauben verarbeitet, und zwar die roten mit Entrappen, vier- bis fünftägiger Kaltmaischung und Anwärmung zu Beginn der Gärung, die mit ausgewählten Hefen geschieht. Der Prozeß verläuft in geschlossenen Behältern, die nur für *chaptalisation* und *pigeage* geöffnet werden, damit das Aroma beisammenbleibt. Mit einer abschließenden Maischzeit beläuft sich die *cuvaison* auf ingesamt 18 bis 20 Tage. Die Weine ruhen auf dem feinen Geläger bis in den folgenden Juni, damit Austrocknung vermieden wird; nach 14 bis 18 Monaten *élevage* erfolgt die Abfüllung ohne Filtration und nur gelegentlich mit Schönung.

Jean-Marc teilt dem reifenden Wein neues Faßholz auf völlig demokratische Weise zu: «Keine Privilegien, alle bekommen 20–25 %», sagt er und setzt dann hinzu: «Ausgenommen der Pommard Rugiens und der Bâtard-Montrachet, die kriegen 50 %».

Die weißen Trauben werden gekeltert, der Most wird auf 14 °C abgekühlt, mit Zucker und Hefe versetzt und in Fässer gegeben. Es kommen verschiedene Hefen zur Verwendung, z. B. kann von drei Fässern Puligny jedes eine andere enthalten. Anstelle einer *macération pelliculaire* bevorzugt Jean-Marc die traditionelle *bâtonnage*: «Macération erbringt schwere Weine mit dickem Aroma und nimmt die Finesse weg. Wir lassen unsere Weine ein Jahr lang ohne Abstich auf dem Hefesatz liegen und nehmen nur *bâtonnage* vor, weil dadurch Fett und feines, nicht exotisches Fruchtaroma entstehen.»

Der an sich sehr ernsthafte Jean-Marc läßt doch im Gespräch manchmal so etwas wie Ironie durchblicken, beispielsweise wenn er sich über die derzeitige Modevorliebe für ungefilterten Wein lustig macht und dabei alle jene (darunter sehr bekannte Domänen) verspottet, die «sonntags heimlich filtern und montags nichts mehr davon wissen wollen». Jedenfalls glaubt Jean-Marc, daß die diffizile Filtration, wenn sie richtig gehandhabt wird, die aromatische Reinheit durchaus verbessern kann, vor allem bei Rotwein.

Jean-Marcs Rot- und Weißweine legen Zeugnis für sein Streben nach «explosiver Aromafülle, großer Reinheit und maximaler

Jean-Marc Boillot.

Frucht» ab. Die Rotweine zeigen «volles, rundes, nobles Tannin und ausreichend Struktur; die Vinifizierung ist bei allen dieselbe, damit das *terroir* zum Vorschein kommt». Demokratie bedeutet hier, daß die Pommards zur Betonung ihrer charakteristischen Muskelkraft nicht etwa länger und die Volnays zur Hervorhebung ihrer Finesse und Eleganz nicht kürzer maischen. «Ein Pommard kann auch fein und rund und ein Volnay robust sein.»

Bei den Weißweinen steht die Blumigkeit und Fruchtigkeit des Chardonnay obenan. Die Weine sollen «opulent, rund und fett sein; ich kann zu mageren Weißwein nicht leiden» – an diesem Fehler seien zu häufiges Abstechen und zu lange Faßreife schuld.

1993 erbte Jean-Marc Anteile an vier Premiers Crus in Puligny sowie einige Weißwein-Villages-Lagen in Puligny und Chassagne aus dem Weingut Etienne Sauzet; seine Schwester Jeanine ist mit Gérard Boudot von Sauzet verheiratet, und sein Bruder Henri Boillot ist Kellermeister beim Vater in Volnay.

Bei der großen Auswahl ist es unvermeidlich, daß die eine *cuvée* besser als die andere gelingt. Nichtsdestoweniger ist der Qualitätsstand gleichmäßig hoch, und alle Weine, insbesondere der exzellente 1993er, sind wahrhaft verdienstvoll.

WEINBERGBESITZ

Gemeinde	Rang	Lage/Climat	Fläche	Rebenalter	Status
Volnay	R	(Bourgogne Rouge)	0,54	20	P
Volnay	V	(verschiedene Climats)	1,23	30	P
Volnay	PC	Ronceret	0,33	15	P
Volnay	PC	Carelle sous la Chapelle	0,27	36	P
Volnay	PC	Pitures	0,44	45	P
Pommard	V	–	0,40	25	P
Pommard	PC	Saussilles	0,41	45	P
Pommard	PC	Jarolières	1,31	60	P
Pommard	PC	Rugiens	0,16	80	P
Meursault	V	(Blanc)	0,23	30	P
Chassagne*	V	(Blanc)	0,30	55	P
Puligny*	V	–	1,44	30	P
Puligny*	PC	Combettes	0,48	35	P
Puligny*	PC	Champ Canet	0,59	40	P
Puligny*	PC	Referts	0,61	46	P
Puligny*	PC	Truffière	0,25	38	P
–	R	(Bourgogne Blanc)	0,20	5	P
Beaune	V	(Blanc)	0,10	30	P
Beaune	PC	Montrevenots	0,41	50	F
Beaune	PC	Montrevenots (Blanc)	0,25	3	F
Puligny	GC	Bâtard-Montrachet	0,20	25	F
Gesamtfläche			**10,15 ha**		

* Reben aus dem Sauzet-Erbe; erster Jahrgang: 1993.

Domaine A-F Gros/Domaine Parent

Die beiden Domänen, einerseits 11 ha Côte-de-Beaune-Lagen in Beaune aus dem Besitz des Hauses Parent und andererseits 4 ha Côte-de-Nuits-Lagen aus dem Besitz des Hauses Gros, kamen zusammen, als Anne-Françoise Gros, die Tochter von Jean und Jeanine Gros in Vosne (siehe dort), im Jahr 1976 François Parent heiratete. Er hatte 1974 von seinem Vater Jacques die Weinerzeugung in der zwölften Parent-Generation übernommen – die ersten fünf waren ab 1650 in Volnay und ihre Nachkommen dann in Pommard ansässig, wo die Domäne heute noch ihren Sitz hat. Der 1990 zur Welt gekommene Sohn Mathias stellt die 13. Generation in direkter Folge nach dem 1615 geborenen Stammvater François Parent dar.

Die Rebfläche der Gros-Seite, alles *en fermage* bewirtschaftet, umfaßt Vosne-Villages Aux Réas, Vosne Maizières, 20 Ar Grand Cru Richebourg, 55 Ar Grand Cru Echézeaux, dazu 2 ha Hautes Côtes de Nuits – «die Lieblingsidee meines Vaters», sagt Anne-Françoise und erzählt, daß die Gebrüder Gros über Jahre hinweg Land in Arcenant eintauschten, um 6 ha in einem Stück zu bekommen, für die sie dann mit viel Mühe die Erlaubnis zur Bestockung erlangten und den felsigen Grund urbar machten. Für die Familie Gros stellen die Hautes Côtes ein Sinnbild der Befreiung von den Vorschriften und Auflagen der Côte selbst dar. Der Richebourg wird von Michel, dem Bruder von Anne-Françoise, zusammen mit dem eigenen und dem mütterlichen Anteil erzeugt. Auf diese Weise gibt es drei gleiche Richebourgs unter drei verschiedenen Etiketten.

Der Weinbergbesitz der Parent-Seite konzentriert sich vorwiegend auf Beaune und Pommard mit Vorposten in Aloxe und Ladoix. Dabei handelt es sich um eine Mischung von Erwerbungen und Erbteilen, die sich über Jahre hinweg angesammelt haben, sowie einiges Land *en métayage*.

Seit März 1995 ist Bernard Mounier, ein Freund der Familie, mit dem Vertrieb der Weine aus allen fünf Gros-Domänen – Jean Gros, Gros Frère et Sœur, Anne et François Gros, Michel Gros und Anne-Françoise Gros – betraut. Dadurch können sich alle Gros – und François Parent – allein auf die Weinbergpflege und die Kellertechnik konzentrieren.

Die Qualität der Domäne bessert sich ständig. Parent-Weine vom Ende der 1970er und Anfang der 1980er Jahre waren oft übermäßig tanninreich, und es fehlte ihnen an Eleganz; inzwischen wird viel mehr Mühe auf die Feinabstimmung zwischen Tannin, Frucht, Alkohol und Säure verwendet, und das kommt den Weinen merklich zugute.

François Parent, ein großer, zurückhaltender Mann, macht sich tiefe Gedanken über das, was er zu erreichen sucht. Für ihn geht es bei der Vinifizierung um die Aromaextraktion und die typische Art sowie um angemessene Rundheit der Weine bei der Abfüllung. Besonders wichtig sind ihm aromatische Intensität und Komplexität: «Es geht darum, das für maximales Aroma erforderliche Verhältnis zwischen Mostdichte und Gärtemperatur zu finden». Maßgeblich ist, wie rasch die Gärung einsetzt und wie lange die *cuvaison* dauert. Dreimal täglich *pigeage* von Hand bis zur Mitte des Gärprozesses, *remontage* über die ganze Zeit hinweg sowie schrittweise *chaptalisation* tragen zu einem anhaltenden, langsamen und gleichmäßigen Gärverlauf bei.

Die *élevage* erstreckt sich über 20 bis 24 Monate in 30–50 % neuen Fässern. Schönung wird allgemein vermieden – außer bei den kleineren Mengen Echézeaux und Corton –, und Filtration hängt völlig vom Pektingehalt jeder einzelnen *cuvée* ab.

Der einzige bedeutendere Weißwein (Parent), ein Corton Blanc (kein Charlemagne) von jungen Reben, ist ziemlich voll und markant – eher eine Kuriosität als ein echter Grand Cru.

Die Rotweine dagegen verdienen ihren Status vollauf. Die Gros-Seite steuert eine exzellente Reihe gehaltvoller, fein aromatischer Vosne-Romanées mit echter Vosne-Eleganz sowie einen wuchtigen, vollmundigen Echézeaux aus dem exzellenten *climat* Champs Traversins neben Grands Echézeaux, oberhalb vom Clos Vougeot, bei. Der Beitrag der Parent-Seite besteht in einem feinen Beaune Epenottes von 30jährigen Reben sowie aus hervorragenden Pommards, darunter acht Premiers Crus, an der Spitze Pézerolles, Epenots und Rugiens – letzterer aus den Teilen Haut und Bas, wobei die sehr alten Reben im Teil Haut einen gewissen Ausgleich für die an sich bessere Qualität des «Secteur Bas» bilden. Die von François angestrebte aromatische Intensität setzt sich allgemein durch.

Anne-Françoise und François Parent erzählen gern, daß Etienne, der achte Parent, mit dem amerikanischen Botschafter und späteren Präsidenten Thomas Jefferson bei dessen Besuch in Burgund Freundschaft schloß, die dazu führte, daß das Weingut der erste akkreditierte Burgunderlieferant für das Weiße Haus wurde. Heute gehen rund 80 % der Parent/Gros-Produktion in den Export. Zweifellos folgt so manche Flasche dem Weg ihrer Vorfahren im 18. Jh. und landet im Keller an der Pennsylvania Avenue.

WEINBERGBESITZ

Gemeinde	Rang	Lage/Climat	Fläche	Rebenalter	Status
Vosne*	V	Aux Réas	0,70	25	F
Vosne*	V	Maizières	0,28	15	F
Vosne*	V	Chalandins	0,34	40	F
Vosne*	GC	Richebourg	0,20	5/8/50	F
Flagey*	GC	Echézeaux (Champs Traversins)	0,26	55	F
Arcenant*	R	Bourgogne Hautes Côtes de Nuits (Rot)	2,02	20	F
Arcenant*	R	Bourgogne Hautes Côtes de Nuits (Weiß)	0,23	5	F
Pommard	V	Croix Blanche	0,45	20	F
Pommard	PC	(mehrere Climats)	0,22	35	F
Pommard	PC	Pézerolles	0,34	25	F
Pommard	PC	Les Arvelets	0,31	15	F
Pommard	PC	Les Chanlins	0,35	35	F
Pommard	PC	Les Chaponnières	0,60	28	F
Pommard	PC	Les Epenots	0,58	15	F
Pommard	PC	En Largillière	0,30	3	F
Pommard	PC	Les Rugiens	–	–	–
Beaune	PC	Les Epenottes	2,00	35	F
Beaune	PC	Boucherottes	0,30	30	F
Aloxe	GC	Corton (Blanc)	0,28	5	M
Aloxe	GC	Corton Renardes	0,30	25	M
Ladoix	PC	Corvée	0,39	25	M
Ladoix	V	(Ladoix, Côte de Beaune)	0,37	25	M
Gros-Reben	R	(Bourgogne Rouge)	4,57	30	F/M

* Gros-Weinberge **Gesamtfläche 15,39 ha**

Domaine de Courcel

In Pommard gibt es zwei Domänen, die nicht wie sonst in Burgund üblich von ihren Eigentümern selbst betrieben werden: Clos des Epeneaux und Domaine de Courcel.

Die letztere befindet sich seit vier Jahrhunderten im Eigentum der Familie de Courcel. Ihr gegenwärtiger Besitzer, Gilles de Courcel, Bankier in Paris und «passionné du vin», übernahm die Domäne 1976. Seit 1966 befindet sie sich in den fähigen Händen von Yves Tavant, der stolz darauf ist, in der dritten Generation seiner Familie für die Weine der Domäne zuständig zu sein. Allerdings entwickelt sein Sohn eher literarische als önologische Neigungen, und so wird Yves vielleicht der letzte Tavant im Keller dieser Domäne sein.

Das Herzstück des Weinbergbesitzes bilden 5 ha im Grand Clos des Epenots mit 5- bis 60jährigen Reben, deren Durchschnittsalter 45 Jahre beträgt. Des weiteren: Pommard Premiers Crus Rugiens, Fremiers und Croix Noires (selten zu finden), Pommard-Villages und Bourgogne Rouge.

Gilles de Courcel ist auf Qualität eingeschworen und besitzt genug Flexibilität, um sinnvolle Neuerungen einzuführen. Wie andere glaubt auch er, daß die *Cordon*-Erziehung die Erträge senkt und kleinere Beeren entstehen läßt. Versuchsweise in diesem System gezogene Rebzeilen brachten bessere Frucht als die konventionell gehaltenen. Die getrennte Behandlung jüngerer Reben v. a. im Grand Clos des Epenots fügt sich in das Qualitätsstreben der Domäne ein. Sie werden später abgeerntet und ihre Trauben getrennt verarbeitet; ihr Wein wird mit anderen nur dann vereinigt, wenn die Qualität für geeignet befunden wird; andernfalls geht er an den Weinhandel.

Die Lese beginnt meist bei den alten Reben im Clos des Epenots, es folgen der steilere Teil der Lage Rugiens, dann die 35jährigen Reben in Epenots und so fort.

Auch im Keller geht die Weiterentwicklung voran. Früher ließ Yves 30 bis 50 % der Stiele bei den Trauben, als aber im reichlichen Jahrgang 1990 aus Platzgründen vollständig entrappt werden mußte, wurde diese Praxis beibehalten.

1990 war für Yves Tavant und Gilles de Courcel ein Jahr der Experimente. Yves wollte eine kurze Kaltvormaischung erproben, um die *cuvaison* über die üblichen 14 bis 15 Tage hinaus auszudehnen. Trotz einer um 50 % erhöhten SO_2-Dosis begannen die überaus lebenskräftigen Hefen schon bei 14 °C ihre Tätigkeit. Bei dieser kühleren, langsameren Gärung wurde mehr Fett und Glyzerin extrahiert, und bei gesundem Traubengut folgt Yves nun weiterhin diesem Verfahren.

Noch 1975 wurden alle Weine der Domäne an den Handel verkauft. Inzwischen wird mindestens die Hälfte in der Domäne abgefüllt, und der Anteil steigt weiter.

Yves glaubt, seine Methoden gingen mit einigen Abänderungen wieder auf das zurück, was sein Vater und Großvater seinerzeit taten, doch manches hat sich zum Besseren gewandelt. Früher wurde der Keller geheizt, um die *malo* in Gang zu setzen; heute werden die Fässer einfach nur in den Keller gelegt und die Bakterien sich selbst überlassen. Die *élevage* dauerte früher zwei Jahre und länger; heutzutage wird in der Erkenntnis, daß vor allem schwächere Jahrgänge zu rasch austrocknen, wenn sie zu lange im Faß liegen, die Reifezeit auf ersprießlichere 15 bis 18 Monate beschränkt. Früher war übermäßige, stark angreifende Filtration üblich; heute findet nur noch eine leichte Schichtenfiltration statt (auf Wunsch des US-Importeurs), und Gilles de Courcel ist bestrebt, sie ganz abzuschaffen.

Die De-Courcel-Weine sind mit Sorgfalt ausgearbeitet, überaus füllig und für lange Lebensdauer gedacht. Bei Yves hat sich die Ansicht festgesetzt, daß der Pinot Noir von Natur aus nicht farbkräftig sei, deshalb versucht er auch nicht, durch übermäßig hohe Gärtemperaturen oder übertrieben lange *cuvaison* unnatürlich tiefe Farbe zu extrahieren, obwohl die *cuvaison* mit 14 bis 15 Tagen länger ist als in Pommard oder Volnay sonst üblich.

Das Weinprogramm beginnt mit einem Bourgogne Pinot Noir von 33jährigen Reben, der nur in alten Fässern reift. Er ist mit seinem sauberen, reifen Erdbeerduft und viel massiver Frucht dem Stil nach eher ein Volnay als ein Pommard. In manchen Jahrgängen gibt er sich anfänglich recht roh und vierschrötig, rundet sich aber nach ein bis zwei Jahren Flaschenreife schön ab.

Der leichteste unter den Pommard Premiers Crus ist der Fremiers von 1970 und 1974 gepflanzten Reben. Der Wein ist elegant und zeigt Anklänge an Kirschen im Duft sowie oft einen trockenen Anflug im Tannin, darunter aber verbirgt sich ein saftiger und kräftiger Kern.

Der Epenots und der Rugiens gehören in eine andere Klasse. Der erste – von 30 hl/ha in 1993 – ist intensiv in Farbe, Duft und Geschmack, nicht übermäßig konzentriert, stets aber schön parfümiert – Veilchen, rote Früchte, Süßholz – und hat beachtliche Nachhaltigkeit. Der Rugiens ist tiefer in der Farbe und hat festere Struktur. Der Boden ist in dieser Lage zwar nicht tiefgründig, aber stärker lehmhaltig als in Epenots und verleiht dem Wein ein breiteres, für Pommard typischeres Profil, das zur Entfaltung länger braucht. Ausbau in zu 25 % neuen Eichenfässern verbessert die Struktur, ohne dominant zu wirken – ein Wein für 10 bis 20 Jahre Lebenszeit.

Wie viele andere Burgunder der besten Art sind auch die De-Courcel-Weine für längere Aufbewahrungszeit gedacht und sollten keinesfalls endgültig beurteilt werden, bevor sie nicht etliche Jahre Flaschenreife hinter sich haben. 1990 fing der 1985er Rugiens gerade erst an, sich zu erschließen; er zeigte zwar keine tiefe Farbe, war aber superb opulent und komplex – ein Wein, der sich langsam aus dem Schlummer löste und von fruchtigen Primäraromen in ein ausgeprägtes Pinot-Bukett von *sous-bois* mit Veilchen und Gewürzen überging. Der Geschmack war für einen noch jungen Pommard zart, hatte aber Frucht und Tannin genug für viele Jahre, dazu außerordentliche Finesse.

Die großen Jahrgänge aus dieser Domäne sind fein und elegant. 1995 besaß der 1978er Epenots ein opulentes, prachtvolles, urwüchsiges Bukett mit einem Anflug von kräuterduftigem Waldboden und ebenso komplexe Geschmacksnuancen, ein Wein mit reifer, fetter Frucht und einer leichten, aber kräftigenden Tanninnote – ein wahres Wunder, jedoch bei nur 20 hl/ha und aus den geschickten Händen von Yves Tavant gar nicht erstaunlich.

WEINBERGBESITZ

Gemeinde	Rang	Lage/Climat	Fläche	Rebenalter	Status
Pommard	PC	Grand Clos des Epenots	5,00	45	P
Pommard	PC	Rugiens	1,00	45	P
Pommard	PC	Fremiers	0,65	18	P
Pommard	PC	Croix Noires	0,60	13	P
Pommard	V	Vaumuriens	0,35	7–19	P
Pommard	R	(Bourgogne Rouge)	0,70	12–30	P
Gesamtfläche			**8,30 ha**		

Domaine Michel Gaunoux

Madame Gaunoux, eine lebhafte, redegewandte Dame, führt den Betrieb seit dem Tod ihres Mannes Michel im Jahr 1984. Als Erbe fielen ihr 7 ha vorwiegend in Pommard, zum Teil aber auch in Beaune und am Corton zu. Gegründet wurde die Domäne im Jahr 1895 von Michels Großvater, der die Tochter eines hiesigen Weinhändlers auf einer Hochzeit im Château de Volnay kennenlernte und später heiratete. Michel übernahm den Betrieb 1960 von seinem Vater. Zum Glück stehen seiner tüchtigen Frau noch ein Sohn und eine Tochter zur Seite, die später den Betrieb weiterführen können.

Mme. Gaunoux beschäftigte sich früher ausschließlich mit dem Verkauf des Weins und hatte nur eine ganz allgemeine Ahnung davon, wie Michel ihn produzierte. Sie gab aber nicht auf, sondern beauftragte den langjährigen «caviste» des Hauses mit der Weinbereitung. Wenn er ihr sagte: «Michel hätte das so und so gemacht», war sie es zufrieden.

Die resolute Dame hat offenbar Erfolg. Ihre Weine zeigen eine Qualität und Gleichmäßigkeit, von der sich andere eine Scheibe abschneiden könnten. Zum Teil liegt die Erklärung in den überwiegend 40- bis 60jährigen Reben: «Sie haben sich 50 Jahre lang bewährt, warum also sollten wir daran etwas ändern?» Als die Erträge jedoch auf ein unrentables Maß schrumpften, wurde Neubestockung in einem gewissen Umfang unvermeidlich.

Heute kommt viel Rat und Hilfe von einem Zusammenschluß erstklassiger Weingüter an der Côte d'Or, der sich «Domaines Familiaux de Tradition» nennt und Seminare, Fachvorträge und Studienbesuche veranstaltet, um seine Mitglieder über technische Weiterentwicklungen auf dem laufenden zu halten. Bei den Spritzbehandlungen werden die Empfehlungen der unter der Leitung eines früheren Obersten stehenden örtlichen Winzergenossenschaft befolgt.

In den Kellern herrscht die Tradition: 14 große offene Holzbottiche stehen in Reih und Glied, ein paar Edelstahltanks verstecken sich schamhaft in dunklen Winkeln und tun so, als seien sie auch Tradition. Bottich Nr. 4 stellt sich bei näherer Prüfung als ein mit Holzbeplankung getarnter Edelstahltank heraus.

Die Vinifizierung wird «jedes Jahr neu durchdacht». Madame sprach bereitwillig über die *cuvaison*, die mit 15 bis 17 Tagen im traditionellen Rahmen liegt, war aber bei den Gärtemperaturen etwas zurückhaltend. «Jeder hat seine eigene Methode; man muß auch risikobereit sein», dann, auf beharrliches Nachfragen: «Etwa 32–34 °C». Möglicherweise liegt der Wert in Wahrheit höher... Während der Gärung wird jeder Bottich nachts sorgfältig mit einem Kunststoffdeckel zugedeckt, damit weder Aroma noch Alkohol verlorengehen.

Die Weine ruhen 18 bis 24 Monate in zu 30 bis 50 % neuen Fässern aus Allier-Eiche – «es ist auch ein bißchen Tronçais dabei»; in Jahrgängen mit schwächerer Struktur ist der Anteil höher, im umgekehrten Fall etwas geringer. «Wir sind gar nicht so für neue Fässer, das ist nur Mode, Snobismus.» Nach dem Zusammenführen und Schönen erfolgt Filtration «à plaques suisses».

Schwefel wird nur in minimalen Mengen benutzt; Mme. Gaunoux zeigt sich entsetzt darüber, wie das an der Côte de Nuits gehandhabt wird: «Ich will ja keine Namen nennen, aber manche Leute setzen sechs Liter pro Tonne zu.» Das hat ihrer Überzeugung nach mit wahrem Burgunder nichts zu tun.

Madame lehnt es auch strikt ab, einen Jahrgang abzufüllen, den sie für nichtssagend hält: «Kein Verbraucher soll je durch eine Flasche von unserem Wein enttäuscht werden.» Daher wurden 1970, 1975, 1980, 1986 und 1991 keine und 1977 nur sehr wenige Domänenabfüllungen herausgebracht. In einer Region, die sich so unentwegt zum Streben nach Qualität bekennt, wäre es ein ermutigendes Zeichen, wenn mehr Winzer zu solchen Opfern bereit wären.

Die Marketingmethoden der Domäne sind recht eigenwillig. Proben aus dem Faß werden nicht zugelassen, und es wird auch kein Wein mit weniger als zwei Jahren Flaschenreife herausgegeben. Madame hat nie weniger als fünf Jahrgänge auf der Liste und hält Vorratsbestände für Stammkunden zurück.

Auch ihre Verkaufspolitik zeigt charmant exzentrische Züge: Von 1983 bis 1993 ging nicht eine einzige Flasche nach den USA; Madame hat erstaunlicherweise auch keinen Importeur in England – «wir haben genug Kunden in Frankreich». Daß sie auf den beiden wichtigsten Exportmärkten Burgunds nicht vertreten ist, nimmt sie mit Gleichmut hin: «Wir gehen nicht auf die Suche nach Kunden, sie kommen zu uns», lautet der Kern ihrer Strategie.

Mme. Gaunoux ist stolz und selbstbewußt. Journalisten mag sie nicht, und sie begegnet jedem mit Mißtrauen, der ihre Bestrebungen nicht zu würdigen scheint. Sie braucht keine Angst zu haben – ihre Weine zeichnen sich durch sehr feine Qualität aus; es ist nichts Übertriebenes daran, nur eigenständige Klasse und Komplexität.

Am eindrucksvollsten sind die Pommards. Ihr Stil ist bewußt am *vin de garde* ausgerichtet, sie betonen den Ausdruck des jeweiligen *climat* und nicht so sehr jugendliche Pinot-Noten. Der Grands Epenots neigt in Jahrgängen wie 1983 zu einem sehr vollen, überreifen Aroma, fast *figué*, hat aber in anderen, z. B. 1985 und 1990, typischere Pommard-Würze. Die Grundlage bildet die reife, robuste Frucht alter Reben, dazu kommt eine Rasse und Nachhaltigkeit, wie sie in dieser Gemeinde nur selten anzutreffen ist.

Nach Madames Ansicht braucht ihr Wein aus einfacheren Jahrgängen zehn, aus besseren mindestens 15 Jahre, bis er voll ausgereift ist. Der 1987er Grands Epenots beispielsweise hat exzellentes Potential und entfaltet ein verführerisches, fast provenzalisches Aroma von Pinien und «garrigue» und hat feine Konzentration. Der 1990er (45 hl/ha) erweist sich als vollmundig mit opulenten, wuchtigen *Fruits-noirs*-Noten und zeigt doch einen zarten Kern – ein Wein für mindestens zehn Jahre Reifezeit.

Mme. Gaunoux verdient größere Anerkennung. Ihre offenkundige Abneigung gegen Publicity ist vielleicht schuld am geringen Bekanntheitsgrad. Wer aber feinen Pommard sucht, sollte an der hohen Mauer an der Nordostecke der Place de l'Eglise nicht achtlos vorübergehen.

WEINBERGBESITZ

Gemeinde	Rang	Lage/Climat	Fläche	Rebenalter	Status
Pommard	PC	Les Rugiens (Bas)	0,69	45	P
Pommard	PC	Les Grands Epenots	1,76	50	P
Pommard	PC	Les Arvelets	0,26	1990	P
Pommard	PC	Les Charmots	0,26	40	P
Pommard	PC	Les Combes	0,25	55	P
Beaune	PC/V	(4 Climats)	2,04	40–45	P
Aloxe	GC	Corton Renardes	0,65	35–40	P
Pommard	R	(Bourgogne Rouge)	1,00	35	P
Gesamtfläche			**6,91 ha**		

Domaine Le Royer-Girardin

Unterhalb der vornehmsten Ränge der Côte bemüht sich eine Reihe nicht so prestigeträchtiger, aber nicht minder tüchtiger Weingüter, diejenigen Liebhaber und Händler, die nicht bloß nur gebannt auf das Etikett starren, mit exzellenten Weinen zu erschwinglichen Preisen zu versorgen.

Die Domaine Le Royer-Girardin ist eine von dieser Art – ein Betrieb mit 6,47 ha Weinbergen in geschickter Verteilung auf Pommard, Beaune und Meursault sowie etwas Rebfläche für Aligoté und ein wenig mehr für Bourgogne Pinot Noir. Den Kern des Besitzes bilden nicht weniger als sieben Premiers Crus für Rotwein – zwei in Beaune, fünf in Pommard.

Diese Domäne ist ein echter Familienbetrieb. Henri und Hélène Girardin, inzwischen nicht mehr weit vom Ruhestand, und ihre talentierte, kenntnisreiche Tochter Aleth arbeiten mit Fleiß und Zähigkeit in der Weinbergpflege, achten auf möglichst hohes Durchschnittsalter der Reben und bauen ihre Weine in den Kellern unter den beiden Häusern aus, die an der verkehrsreichen Straße von Pommard nach Volnay einander gegenüberstehen.

Durch ihre Heirat mit dem Schauspieler Michel Le Royer im Jahr 1988 und die Geburt der Kinder wurde Aleth zeitweilig außer Gefecht gesetzt. Jetzt aber hat sie das Heft wieder in der Hand und weiht ihren zwar interessierten, aber noch nicht vollständig unterrichteten Ehemann geduldig in die vielschichtigen Geheimnisse des Weins im allgemeinen und des Pommard im besonderen ein.

Anders als bei den größeren Gütern lassen es finanzielle Umstände nur selten zu, daß die Wirklichkeit dem Ideal nahekommt. Bis vor kurzem noch, als endlich eine neue Entrappmaschine angeschafft werden konnte, mußte man sich mit einer alten Traubenmühle behelfen, die, wie Aleth sagt, «alles schluckte». Die notwendige *pigeage* geschieht mit den Füßen; so charmant dieser alte Brauch sich auch ausnehmen mag, der dicke Hut aus Schalen und Stielen ist zäh «wie Beton». Das Keltern mit einer Spindelpresse aus dem Jahr 1906, die zwar unermüdlich arbeitet, aber die ganze Nacht dafür braucht, erscheint ebenso «artisanal». Nichtsdestoweniger geht der Betrieb unentwegt weiter.

Nur die Premiers Crus werden in neuen Fässern ausgebaut, jedoch lediglich zu 10 %, denn Fässer sind teuer. Nach 18 bis 20 Monaten Faßreifezeit wird ein Lohnabfüller (der allgegenwärtige Ninot aus Beaune) gerufen, der auch eine Kieselgurfiltration vornimmt. Für den amerikanischen Markt wird etwas anders verfahren: Der Importeur verlangt, daß alles,

Die Hänge senken sich sanft nach Pommard hin.

was er kauft, zu 100 % in Allier-Eiche ausgebaut wird – das würden die Girardins mit ihren eigenen Weinen nie machen, selbst wenn sie es sich leisten könnten. Leider sind sie derzeit aber auch nicht in der Lage, einen guten Auftrag abzulehnen. Erwartungsgemäß sind die in neuen Fässern ausgebauten *cuvées* stark von Eichenholz dominiert, das denn auch viel von der reichhaltigen Frucht unter sich begräbt – kaum ein ermutigendes Zeichen für die künftige Entfaltung.

Abgesehen von diesen *cuvées* sind die Weine im allgemeinen exzellent, manchmal sogar superb, insbesondere nachdem die vor der Anschaffung des *égrappoir* gelegentlich aufgetretene Stielholzigkeit jetzt überwunden ist. Ein hohes Rebendurchschnittsalter und eine 10- bis 12tägige *cuvaison* bei Gärtemperaturen bis zu 35 °C bringen klare Farbtöne von Viktoriapflaumen oder schwarzen Kirschen und reichlich festgefügte, dichtgepackte Frucht hervor – Weine mit eindrucksvoller Tiefe und Konzentration.

Zwar ist auch der Pommard-Villages aus mehreren *lieux-dits* stets gut und typenecht, doch die Spitzengewächse aus diesem Keller sind die Premiers Crus aus Beaune und Pommard, von denen wiederum die Rugiens und Grands Epenots die «crème de tête» bilden.

Der Rugiens stammt von 35 Ar mit 1910 gepflanzten Reben im spätreifenden unteren Teil der Lage, wo der Boden tiefgründig ist und starken Gehalt an roten Eisenoxiden aufweist – daher auch der Name «R(o)ugiens». Dieser Wein ist anfänglich intensiv und praktisch undurchsichtig mit recht festem (1990, 1993) bis runderem (1989, 1992) Tannin, stets aber mit einer kräftigen Grundschicht süßer, konzentrierter Frucht von alten Reben. Den gemeinsamen Nenner bilden große Nachhaltigkeit und Finesse, die eine lange Kellerreife reichlich lohnen.

Der Grands Epenots kommt von 53 Ar mit Reben, die ein Jahrzehnt früher gepflanzt wurden als in Les Rugiens, und zwar in einem Teil der Lage zwischen dem Clos des Epeneaux des Comte Armand und dem Clos de Citeaux von Monnier. Als Unterlagen wurden Rupestris und Riparia verwendet – beide waren am Ende des 19. Jh. stark verbreitet –, und in manchen Jahren tragen diese alten Reben überhaupt nicht, so daß in der Tat sehr niedrige Erträge dabei herauskommen. Der Wein ist noch dichter als der Rugiens und hat noch mehr Saft und Kraft sowie ein ansprechendes Bukett von *fruits noirs*, v. a. Brombeeren. In Jahrgängen des Kalibers von 1993, 1990 und 1989 zeigt der Epenots von Girardin außergewöhnliche Qualität und ist eine der besten *cuvées*, die man in Pommard überhaupt finden kann – ein Wein mit beeindruckender, bemerkenswert vielversprechender Konzentration und Extraktfülle.

Eine sehr feine kleine Domäne ohne überzogenen Anspruch, ohne Überheblichkeit – nichts als unbeirrbarer Fleiß und größte Liebe zum Detail.

WEINBERGBESITZ

Gemeinde	Rang	Lage/Climat	Fläche	Rebenalter	Status
Pommard	PC	Les Rugiens	0,35	86	P
Pommard	PC	La Refène	0,40	15	P
Pommard	PC	Les Charmots	0,47	75	P/F
Pommard	PC	En Largillière	0,08	45	F
Pommard	PC	Les Epenots	0,53	96	P/F
Pommard	V	(mehrere Climats)	1,40	60	P/F
Beaune	PC	Clos des Mouches	0,35	40	P
Beaune	PC	Les Montrevenots	0,41	70	P
Beaune	V	Les Bons Feuvres	0,09	30	F
Meursault	PC	Les Poruzots	0,26	1990	F
–	R	(Bourgogne Pinot Noir)	1,91	50	F
–	R	(Bourgogne Aligoté)	0,30	60	P
Gesamtfläche			**6,55 ha**		

VOLNAY

Die Weine von Volnay sind die Chambolle-Musignys der Côte de Beaune – elegant, voll Finesse und filigraner Delikatesse, doch mit einer Tiefe und Struktur, die sie jahrzehntelang am Leben erhält.

Erscheinen die Weine von Pommard manchmal wie die Fernfahrerversionen des Pinot, so sind die Weine aus Volnay eher Interpretationen einer Ballerina.

Wie gewöhnlich hat das mehr mit dem Boden als mit einem Kellermeisterkniff zu tun. Die Rebfläche Volnays liegt zum großen Teil auf Hängen, unter denen ein Streifen Bathonien-Kalkstein, überlagert einerseits von Mergel verschiedenster Herkunft und andererseits von durchlässigem Steinschutt, verläuft. Selbst die tieferen Lagen, das Villages-Land, enthalten weniger Lehm als in Pommard, also überwiegt auch auf ihnen die Finesse.

Volnay selbst ist ein von seinen Reben dicht umschlossener kleiner Ort, in dem Modearchitekten kein Raum bleibt, das Bild zu verderben. Von vielen Häusern aus überschaut man die Weinberge bis weit in die Ebene hinaus und zu den Hügeln dahinter.

Seinen Namen hat Volnay von dem keltischen Wassergott Volen. 1195, kurz bevor die Herzöge von Burgund das Château Hugos IV. als Sommerresidenz bezogen, lautete er «Vollenay» – in dieser Form steht er noch auf dem eleganten Etikett des Marquis d'Angerville.

Hochherrschaftliches Wohlwollen blieb diesem Ort bis in das 16. Jh. erhalten, als Ludwig XI. eine besondere Vorliebe für Volnay faßte und dort einige der besten Weinberge, u. a. Champans, Frémiet, Bousse d'Or, Caillerets und Taillepieds, erwarb; er entsandte sogar einen Hofbeamten, der ein Verzeichnis dieser Lagen erstellen mußte. Auch der Sonnenkönig Ludwig XIV. war ein Liebhaber des damals in der Heilkunst hochgepriesenen Volnay.

Durch all diese hohe Anerkennung wurde der Volnay zu einer Art Kultgetränk, und die Preise gingen entsprechend in die Höhe. Als 1860 die Lagen der Côte klassifiziert wurden, erwiesen sich die dafür Zuständigen Volnay gegenüber als «sehr generös... vermutlich aus kommerziellen Gründen» (Henri Cannard). So wurden 54 % der Gemarkung von Volnay, also weit mehr als in anderen Gemeinden außer Beaune – wo das damit befaßte Komitee seinen Sitz hatte –, als Premier-Cru-Terrain anerkannt.

Die Rebfläche von Volnay beläuft sich auf 213,27 ha, davon 98,37 ha AC Volnay, die übrigen 114,9 ha Premier-Cru-Lagen mit insgesamt 33 *lieux-dits*.

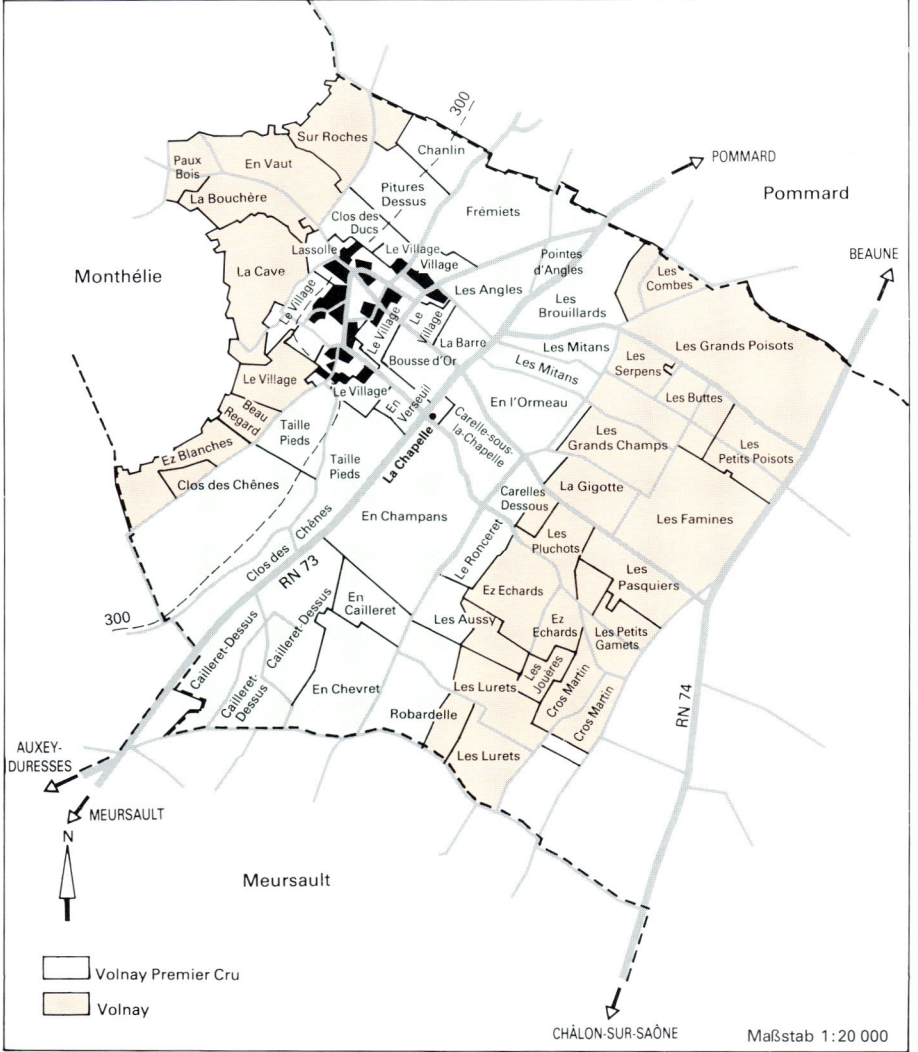

Wie in Pommard befinden sich die Villages-Lagen auf den höheren, freier gelegenen Hängen sowie im tieferen, flacheren Teil des Lands zwischen der RN73 und der RN74. Diese Villages-Lagen begrenzen den schmalen Streifen mit Premiers Crus, die sich unterhalb und zu beiden Seiten des Orts hinziehen und sich grob in fünf geologisch unterschiedliche Abschnitte einteilen lassen.

Zunächst befinden sich unmittelbar um den Ort die Lagen Clos des Ducs, Bousse d'Or, Le Village, Carelle-sous-la-Chapelle und Taillepieds auf hartem Mergel mit starker Kreidebeimischung. Hier wachsen Weine mit Kraft und Finesse, die zu den besten der Gemeinde gehören.

Der zweite Abschnitt – Champans, Caillerets, Ronceret und En Chevret – liegt südlich von Volnay auf mäßig steilen Hängen in guter Süd- und Südostlage, wo steinige Böden mit rostroter Auflage in eine Ader mit stark verwittertem Bathonien-Kalkstein übergehen. Weiter unten in größerer Entfernung von der RN73 tritt das Felsgestein zurück, und der Boden wird tiefgründiger.

Der dritte Abschnitt, der Clos des Chênes direkt oberhalb der RN73, besteht aus reinem Kalksteinboden mit sehr dünner, steiniger Auflage, und das Terrain wird mit zunehmender Entfernung von der Straße immer steiler. Hier ist die Bodenerosion ein fortwährendes Problem.

Der vierte Abschnitt umfaßt die Premier-Cru-Lagen nordöstlich des Orts, an Pommard angrenzend – Frémiets, Chanlins, Pitures Dessus und Les Angles. Hier steht der Kalkstein nicht so sehr im Vordergrund, der Boden ist steinig und mit schiefrigem Schutt bedeckt, der bei Regen oft weggeschwemmt wird. Die Weine, insbesondere der Frémiets, zeichnen sich mehr durch Finesse als durch Struktur aus.

Der fünfte Abschnitt, die 29,07 ha große Premier-Cru-Lage Volnay-Santenots, bildet insofern eine Merkwürdigkeit, als sie vollständig in der Gemarkung Meursault liegt. Sie hat unterschiedliche Böden, von Kalkstein bis «terre rouge», mit und ohne Steine, Hang- und Flachlagen, und erbringt Wein, der am wenigsten typisch für Volnay ist. Es handelt sich hier um eine der administrativen Irrungen und Wirrungen, die nichts als überflüssige Konfusion schaffen. Die Lage unterteilt sich in fünf *climats,* denen alle die Appellation Volnay-Santenots (Premier Cru) zusteht – vorausgesetzt, der Wein ist rot. Für Weißwein dagegen gilt die Appellation Meursault bzw. Meursault Premier Cru, je nachdem, aus welchem *climat* er kommt.

85 Winzer und 11 größere Domänen haben ihren Sitz in Volnay; der Qualitätsstand der Weinerzeugung ist allgemein hoch. Die auf den nächsten Seiten beschriebenen Domänen ragen zwar besonders hervor, wer hier aber guten Wein sucht, wird noch viele andere beständig zuverlässige Quellen entdecken.

Yvon Clerget, in dessen 5-ha-Besitz sich fünf verschiedene Premier-Cru-Lagen in Volnay befinden, erzeugt Wein, der sich schon jung gut trinkt, jedoch genug Struktur für lange Lebensdauer hat. Besonders erwähnenswert sind der Volnay Santenots von 57jährigen Reben, der Caillerets von 58jährigen Reben und der feine Carelle-sous-la-Chapelle.

Jean-Marc Bouley erzeugt von 12 ha vorwiegend zwischen Pommard und Volnay eher muskulösen, substanzreichen Wein. Späte Lese, langsamer Gärverlauf und sanfte Filtration ohne Schönen erbringen tiefe, stilvolle Weine. Ausbau in zu 60% neuen Eichenfässern sichert ihm besonders in den USA großen Beifall. Die Spitzengewächse in seinem Keller sind Clos des Chênes und Caillerets aus Volnay sowie Pézerolles, Les Fremiers und Rugiens aus Pommard. Die Qualität ist exzellent, aber etwas ungleichmäßig.

Régis Rossignol, ein entfernter Verwandter der Rossignols von Gevrey, baut nicht nur seine Keller selbst, sondern erzeugt auch ausgezeichneten Wein. Zwar entrappt er das Traubengut nicht, so daß der Wein tanninreich ausfällt und lange Flaschenreife braucht, doch durch peinliche Sorgfalt und Einbehaltung übermäßig harter Weine mildert er diesen Effekt. Seine besten Gewächse sind ein Pommard-Villages und ein Volnay Premier Cru.

Schließlich ist noch der höchst traditionsbewußte Joseph Voillot mit einer Reihe nahezu vorbildlicher Volnays und Pommards von rund 10 ha mit 25- bis 35jährigen Reben besonders zu nennen. Zu 30–100% entrapptes Traubengut, 8 bis 12 Tage *cuvaison* und 15 bis 18 Monate Ausbau in bis zu einem Drittel neuen Fässern lassen komplexe, charaktervolle Weine entstehen. In guten Jahren können sein Volnay Frémiets und Champans und sein Pommard Pézerolles und Rugiens (besonders vollmundig) neben den meisten Weinen aus großartigeren Domänen sehr wohl bestehen.

Große Volnays, etwa von Michel und Fred Lafarge, Jacques d'Angerville, Pousse d'Or oder Hubert de Montille, sind hinreißende Weine – echte Essenzen des Pinot Noir, die ihre noble Herkunft und das große Können sowie die Qualitäten widerspiegeln, an denen dieser Teil der Côte de Beaune so ungeheuer reich ist.

Ein Blick südwärts über Volnay und seine Weinberge, im Hintergrund Meursault.

Domaine Marquis d'Angerville

Der Name d'Angerville gehört zu den größten in Burgund, seit in den 1920er Jahren der Vater des heutigen Marquis seiner Unzufriedenheit mit den Négociants, die damals praktisch den gesamten Burgunderhandel beherrschten, mit offener Kritik an deren korrupten Verschnittpraktiken Luft machte. Da er keinen Wandel schaffen konnte, beschloß er gemeinsam mit einigen mutigen Winzern wie Henri Gouges, sich von den Handelshäusern zu distanzieren und den Wein selbst abzufüllen und zu vertreiben. Andere schlossen sich an, und so wurde die Domänenabfüllung ins Leben gerufen.

Der heutige Marquis, Jacques d'Angerville, hat solch revolutionäres Tun nicht mehr nötig. Ihm ist es genug, die Stille und den Frieden seines Hauses aus dem 18. Jh. zu genießen und herrlichen Volnay hervorzubringen, an dessen Genuß er und die Welt teilhaben läßt.

Das schöne Gutshaus auf einer kleinen Anhöhe nördlich des Orts kam 1804 in die Familie, als der Baron du Mesnil, damals Vizegouverneur von Autun, in «Vollenay» Land kaufte. Wer immer es erbaute, wählte den Standort mit Geschmack: Von einer breiten Terrasse aus, die wie der Swimmingpool den ganzen Tag in der Sonne liegt, geht der Blick süd- und ostwärts über die Weinberge.

Die 13,5 ha große Rebfläche des Guts ist seit den Tagen des Barons du Mesnil ungeteilt geblieben. Sie umfaßt nicht weniger als acht Premiers Crus in Volnay, ein Stück Meursault Santenots und Pommard Les Combes. Doch die Perle in der Auster ist das 2,40 ha große *monopole* Clos des Ducs, das bis an die Nordwand des Hauses heranreicht und gewissermaßen zum Garten gehört. Dort wächst reifer, rauchiger Wein, der in guten Jahren große Lebensdauer erreicht.

In seinem Streben nach Qualität geht der Marquis keine Kompromisse ein. Für ihn liegt der Schlüssel in niedrigen Erträgen – meist 27–33 hl/ha – und in einem hohen Anteil alter Reben. Seit er 1950 die Arbeit für seinen Vater aufnahm, hat er nie einen *PLC* beantragt. Im katastrophalen Jahr 1975 waren es lediglich 18 hl/ha, während 1990 und 1993 die Spitze bei 43 bzw. 40 hl/ha lag. Er läßt auch nur selten Reben roden; das letzte Mal geschah das 1984, als eine kleine, sehr alte Parzelle nicht mehr trug. Nur in einem solchen Fall oder bei starker Bodenerosion schreitet er zu größeren Neuanpflanzungen, ansonsten werden bloß einzelne abgestorbene oder altersschwache Weinstöcke ersetzt.

In den steileren Lagen wird nicht mit Herbiziden gearbeitet. Der Marquis glaubt, daß durch Hacken der Boden durchlüftet und die Wasseraufnahme verbessert wird, so daß die Erosion gering bleibt. Das steht im Gegensatz zur üblichen Ansicht, daß der durch Hacken gelockerte Boden anfälliger für Erosion sei.

Im übrigen herrscht bei der Weinbergpflege das Prinzip möglichst geringer Störung – die Erträge werden vor allem durch Pflanzgut aus *sélection massale* im von seinem Vater eingeführten kurzgeschnittenen Guyot-System und durch strenge *évasivage* zu Beginn der Wachstumsperiode beschränkt. Erstmals wurde 1990 bei der *véraison* im August Behangausdünnung vorgenommen. Allerdings hat der Marquis seine Zweifel, ob diese Maßnahme wirklich die gewünschten Resultate erbringt – es kommt so sehr auf den richtigen Zeitpunkt an: «Zu früh, und die Rebe gleicht aus, zu spät und ... naja, dann ist es eben zu spät, und alles war umsonst.»

Ansonsten richtet sich die Weinbergpflege nach klassischem Muster, wird aber an die Umstände angepaßt. Zur Vorbeugung und Schädlingsbekämpfung, vor allem gegen den Sauerwurm, durchgeführte Spritzungen werden kombiniert. Gegen *court noué*, die in Burgund verbreitete Reisigkrankheit, wird mit spezialgeimpften Klonen aus der Elsässer Forschungsstation in Colmar vorgegangen. Auch *Eutypiose* entwickelt sich zur Bedrohung – bei einer Zählung in den Weinbergen der Domaine d'Angerville wurde festgestellt, daß die Befallshäufigkeit bereits 1,34 % erreicht. Angesichts ihres Zerstörungspotentials und der 7jährigen Inkubationszeit bedarf diese Krankheit schärfster Beobachtung.

Bei der Lese wird keine bestimmte Reihenfolge eingehalten, sie richtet sich ganz nach dem Reifezustand der einzelnen Crus. 1976 war beispielsweise der Meursault Santenots bereits im August lesereif. Von allen Lagen in Volnay wird meist der Clos des Ducs zuletzt abgeerntet, weil auf dem härteren Kalksteinboden der Reifezyklus längere Zeit in Anspruch nimmt.

Die Vinifizierung ist ebenso traditionsgebunden wie der Marquis selbst: «Je weniger man dies oder jenes in den Wein tut, desto besser. Ich tue nichts hinein – der Gärbeginn wird einfach abgewartet.» Auch hier also geringstmögliche Störung der natürlichen Abläufe – lediglich vollständiges Entrappen und leichtes Schwefeln.

Meist wird keine regelmäßige *pigeage*, aber zweimal täglich *remontage* durchgeführt, wobei der Schalenhut mit starkem Strahl aufgebrochen wird. 1990 erprobte der Marquis einige *cuves auto-pigeantes* für den Volnay Champans – ein wahrer Bruch mit der Tradition! Die Resultate erschienen ihm jedoch eher mindere Qualität zu verraten, daher wurde das Experiment nicht wiederholt. Der Marquis räumt zwar ein, daß die neumodischen *cuves* bessere Extraktion und kräftigeres Tannin liefern, man müsse jedoch damit umzugehen verstehen: «Man darf sie nicht laufen lassen wie eine Kaffeemühle – nur zweimal täglich ein paar Minuten in jeder Richtung.»

Jacques d'Angerville ist nicht für *saignée*, obwohl er diese Technik 1984 und 1990 anwendete. Maximal 10 % läßt er notfalls zu, meint aber, es sei damit kein echter Nutzen verbunden, weil mit dem Wasser zusammen auch Zucker und Aroma abgezogen würden. Dagegen beobachtet er aufmerksam die Versuche im Nachbargut Pousse d'Or mit einem Apparat, der dem Most Wasser durch Evaporation entzieht. Zwar könnte bei Vervollkommnung dieser Technik die weitverbreitete *chaptalisation* überflüssig werden, Jacques d'Angerville hat aber noch seine Zweifel: «Konzentration ist zwar genial, aber in Jahren, in denen man sie braucht, konzentriert man nur Unerwünschtes.»

Das Prinzip der Nichteinmischung bedeutet auch Verzicht auf Enzyme, da aber im Rand-

Der Marquis Jacques d'Angerville, einer der angesehensten Vignerons von Volnay und ganz Burgund.

klima Burgunds auf *chaptalisation* nicht ganz verzichtet werden kann, wird der erforderliche Zucker während der aktiven Phase der Gärung schrittweise in kleinen Mengen zugesetzt und nicht erst gegen Ende, wie es allgemein für optimal gehalten wird.

Die Gärtemperatur darf während der 8- bis 10tägigen *cuvaison* bis auf 35 °C ansteigen. Nach dem Mischen von Preß- und Vorlaufwein werden die *cuves* zugedeckt und zwei bis drei Tage stehengelassen, bis sich der grobe Trub abgesetzt hat; anschließend wird der Wein in Fässer umgefüllt.

Für den Volnay, dessen Finesse unter frischem Holz leicht untergehen könnte, hat sich Jacques d'Angerville entschlossen, keinesfalls mehr als 35 % neue Eichenfässer zu verwenden. Überdies verbleibt der Wein nur drei bis zehn Monate bis zum Abstich nach der *malo* in den neuen Fässern und wird dann zusammengeführt. Die restliche Ausbauzeit – insgesamt 15 bis 24 Monate – verbringt er in älteren Fässern. Als Vorbereitung auf die Abfüllung werden die Fässer einzeln geschönt, jedoch nicht nochmals zusammengeführt, und dann leicht gefiltert.

Mit dem Weinhandel macht der Marquis ebensowenig Geschäfte wie sein Vater. Die gesamte Produktion der Domäne – 100 bis 200 Faß – wird als Flaschenwein verkauft; die Exportmärkte nehmen 65 % ab, der Rest bleibt in Frankreich und geht insbesondere an beste Restaurants.

Jacques d'Angerville arbeitete eng mit seinem Vater zusammen, bis dieser 1952 starb. Die damals und in den darauffolgenden Jahren gewonnene Erfahrung hat ihm ein sicheres Gefühl für die Weinbereitung vermittelt. Zwischen den ordentlich aufgereihten Fässern bekommt man einen tiefen Eindruck von seiner nach einem halben Jahrhundert noch immer ungebrochenen Passion für seine Domäne und ihren Wein. Deutlich gibt er seine Vorliebe für «vornehme und nachhaltige, vollmundige und reife» Weine zu erkennen, die entgegen den üblichen Vorstellungen von der Côte de Beaune nach zehn Jahren mehr zu geben haben als nach fünf.

Unter den Premiers Crus steht der Clos des Ducs an der Spitze, gefolgt von Frémiets, Taillepieds, Champans und Caillerets. Der Frémiets wächst auf magerer, dünner «lave calcaire», einem Marne-Kalk, und da er von der Pommard-Seite der Gemarkung stammt, fällt er oft eher breit und muskulös aus.

Demgegenüber liegt Taillepieds (der Name kommt daher, daß die scharfen Steine in die nackten Füße der Weinbergarbeiter schnitten) auf demselben Streifen mit weißem Kalk wie Frémiets und Clos des Ducs, aber stärker nach Süden gerichtet und auf der anderen Seite des Dorfs in Richtung Meursault. Hier entwickelt der Wein mehr Nachhaltigkeit und Eigenart und auch mehr Konzentration sowie ein hochklassiges «Räucherspeck»-Bukett auf-

weist; die Frucht alter Reben verleiht ihm Festigkeit und Intensität.

Der 3,98 ha große Anteil der Domäne an Champans ist in zwei getrennte, von Nordosten nach Südwesten verlaufende Streifen an beiden Enden dieser Lage aufgeteilt. Der Wein hat kräftigere *charpente* und Sehnigkeit sowie trockneres Tannin als die anderen Premiers Crus. 1993 war der Champans in echter Form – merklich tiefer und fleischiger als der Frémiets oder der Taillepieds – bei großer Nachhaltigkeit und Klasse.

Der Marquis bezeichnet den Champans zusammen mit dem Frémiets und Caillerets als «têtes de cuvée». Der Caillerets aus dem oberen (Dessus) Teil der Lage an der Straße nach Meursault ist unbestreitbar der beste von den dreien; er vereint die Wucht und Kraft des Champans mit der lebhaften Finesse des Frémiets. Ein 1964er Frémiets war bei der Degustation 1989 noch immer in großer Form – viel reife Frucht alter Reben mit herrlichem, verführerischem, reifem Pinot-Bukett; er verband Delikatesse mit Wucht und beträchtlicher Nachhaltigkeit – ein vollendeter Genuß.

Über diese prachtvolle Reihe ragt der Clos des Ducs mit seiner unbändigen Eigenart und seiner überragenden Klasse und Konzentration noch hinaus. Im Charakter vereint er die Tiefe des Taillepieds mit der Tanninherbe des Champans. Der 1993er zeigte schöne, tiefe Farbe, verhaltenen, aber komplexen Duft, feste, maskuline Fülle und wundervolle Nachhaltigkeit – eindeutig eine Stufe höher als die anderen, so fein sie auch sind.

Der Clos des Ducs aus dem zu Unrecht viel kritisierten Jahrgang 1987 war im Dezember 1990 noch verschlossen. Mit seiner Tiefe und Weinigkeit wird er ab der Mitte der 1990er Jahre ein feiner Tropfen sein. Der 1983er Clos des Ducs dagegen begann bereits sein Bukett mit einer Spur *sous-bois* und dem an Feigen erinnernden Hauch von *surmaturation* aufzuschließen; die Reife machte sich auch am Gaumen bemerkbar – ein tiefer Wein mit unerschöpflicher Komplexität und einem etwas trockenen Ton, der aber weder an Fäule noch an die überzogene trockene Art erinnerte, die manche Weine dieses unterschiedlichen Jahrgangs prägt.

Die Einfahrt zur Domäne aus dem 18. Jh.

Vielleicht wird im kommenden Jahrzehnt der freundliche Aristokrat mehr seiner Reiseleidenschaft frönen und die Zügel, die er ein halbes Jahrhundert lang so gekonnt geführt hat, aus der Hand geben. Leider ist eines seiner drei Kinder, eine Tochter, die für seine Nachfolge geradezu prädestiniert war, vor kurzem verstorben; ihr Mann jedoch arbeitet in der Domäne mit. Von den beiden anderen Kindern zeigt keines besonderes Interesse an der Führung des Weinguts.

Viele Liebhaber feiner Burgunder beschränken sich auf Weine von der Côte de Nuits in der irrigen Meinung, an der Côte de Beaune gäbe es keine mit ausreichender Langlebigkeit. Zwar mag es stimmen, daß die Böden an der Côte de Nuits von vornherein langlebigeren Wein hervorbringen, es gibt aber an der Côte de Beaune viele Domänen, deren Weine lange haltbar sind.

Der Marquis d'Angerville zählt zu den besten Weinerzeugern Burgunds. Seine Weine zeichnen sich durch vorbildliche Typenechtheit und außergewöhnliche Eleganz aus – es sind Volnays, die vielleicht ihresgleichen haben, aber kaum zu übertreffen sind.

WEINBERGBESITZ

Gemeinde	Rang	Lage/Climat	Fläche	Rebenalter	Status
Volnay	PC	Clos des Ducs	2,40	30	P
Volnay	PC	Champans	3,98	30	P
Volnay	PC	Frémiets	1,57	30	P
Volnay	PC	Caillerets	0,45	30	P
Volnay	PC	Taillepieds	1,70	30	P
Volnay	PC	L'Ormeau	0,65	30	P
Volnay	PC	Les Angles	0,53	30	P
Volnay	PC	Pitures	0,31	30	P
Meursault	PC	Santenots	1,50	30	P
Pommard	V	Les Combes	0,38	30	P
Gesamtfläche			**13,47 ha**		

Domaine Michel Lafarge

Michel und Frédéric Lafarge produzieren einige der konturenschärfsten und durchsetzungskräftigsten Weine Burgunds. Von ihrem bescheidenen Haus in Volnay aus, unter dem sich prachtvolle Kellergewölbe aus dem 13. Jh. verbergen, bewirtschaften sie knapp 10 ha Rebfläche, davon über die Hälfte in Volnay. Die Domäne geht zwar zurück bis auf den Anfang des 19. Jh., ihre heutige Größe aber erreichte sie erst durch Michel und seinen Vater, die bei jeder Gelegenheit Land hinzuerwarben. Michel selbst trug kleine Parzellen in den Premier-Cru-Lagen Teurons in Beaune und Pézerolles in Pommard bei.

Der große, bedächtige Mann führt das Familiengut seit 1960, seit 15 Jahren mit der Hilfe seines ebenso großen Sohns Frédéric. Bis 1995 versah er daneben auch das Amt des Bürgermeisters von Volnay – eine Aufgabe, die Takt und diplomatisches Geschick verlangt.

Von ihrem an einer der höchsten Stellen des Orts gelegenen Haus überblicken die Lafarges die Weinberge, in denen – wie sie überzeugt sind – der Ursprung aller Weinqualität liegt. Hört man Michel zu, wie er über die Reben und ihre Pflege spricht, dann erkennt man, daß er es sich trotz seiner Jahre durchaus nicht in jenen Traditionen und Dogmen bequem gemacht hat, die so vielen als Ausrede für Nachlässigkeit und Unfähigkeit dienen. Zwar mißt er althergebrachter Erfahrung großen Wert bei, er denkt aber gern die Dinge aufgeschlossen neu durch.

Michel und Fred sind überzeugt, daß die Wahl des Pflanzguts eine der wichtigsten Entscheidungen ist. Sie selbst arbeiten weiterhin mit *sélection massale*, nur manchmal versuchshalber gemischt mit einigen verschiedenen Klonen. Diese Zurückhaltung gegenüber Klonen beruht auf dem Gefühl, daß über deren Eigenschaften noch zuwenig bekannt ist. Hinzu kommt, daß selbst bei scharfem Rebschnitt, starkem Ausbrechen und allen sonst üblichen Maßnahmen zur Ertragssenkung die Klone zu stark produzieren.

Das beruht auf zwei Faktoren: Zunächst tragen die gesunden, modernen Pflanzen alle und nicht wie früher nur etwa sieben von zehn Weinstöcken jedes Jahr Frucht. Zweitens sind heutige Reben ertragsstärker als ihre Vorgänger, und dagegen helfen nur ertragsschwächere Klone. Solange es diese aber noch nicht gibt, verlassen sich die Lafarges lieber auf das eigene Pflanzgut, das stets angemessen, aber nur selten übermäßig stark trägt. Im übrigen weist Michel darauf hin, daß ein Klon auf derselben Unterlagsrebe in verschiedenen Lagen sowohl unterschiedliche Qualität als auch Quantität erbringt. Daraus zieht er den Schluß, daß eine viel breitere Auswahl an Unterlagsreben und Klonen zur Verfügung stehen müßte, um die Erfordernisse der vielfältigen *terroirs* von Burgund abzudecken.

Das Familienwappen.

Ihre Weinberge pflegen die Lafarges mit großer Sorgfalt. Nach Michels Ansicht haben die Vignerons in letzter Zeit «Gewissensbisse» wegen der Bodenfauna in ihren Weinbergen bekommen. Eine ökologiebewußtere Einstellung hat zum Einsatz weniger schädigender Mittel in kleineren Gaben und in individueller statt wie bisher pauschaler Ausbringung geführt. Die Lafarges verfolgen das Prinzip, «zunächst abzuwarten, was geschieht, und dann Parzelle um Parzelle zu bearbeiten».

Michel und Fred haben überhaupt so ihre eigenen Ideen; beispielsweise befürworten sie den *Cordon*-Schnitt mit einem einzigen Zapfen, aus dem mehrere Triebe hervorgehen. Das System hat eindeutige Vorteile: Es gewährleistet Ertragsbeschränkung, indem es zwar mehr, aber kleinere, konzentriertere Trauben hervorbringt; durch bessere Verteilung von Laub und Früchten, wie sie beim traditionellen *Guyot*-System nicht möglich ist, hilft es Fäule vermeiden und erleichtert Gegenmaßnahmen, falls es doch dazu kommt. Schließlich vereinfacht es den winterlichen Vorschnitt, macht allerdings die unbedingt nötige *ébourgeonnage* im Frühjahr schwieriger.

Bei ihrer ökologischen Einstellung ist es nicht verwunderlich, daß die Lafarges nur organischen Dünger verwenden, und zwar so wenig wie möglich. Das Mißtrauen, das Michel insbesondere dem Rat von Vertretern entgegenbringt, hat ihn als einen der wenigen Vignerons davor bewahrt, in den 1960er Jahren seine Reben zu überdüngen. «Man darf sich nicht immer auf alles stürzen, was man erzählt bekommt», lautet seine Weisheit zu diesem Thema.

Beim Spritzen ist das Verfahren ebenso zurückhaltend: «Immer so wenig wie möglich.» Die Lafarges arbeiten, soweit Michel zurückdenken kann, mit traditionellen Kupfer- und Schwefelmitteln und haben nicht die Absicht, ohne triftigen Grund daran etwas zu ändern. Mit der üblichen Bordeauxbrühe sind sie unzufrieden und machen sich deshalb eine eigene zurecht – ein mühsames Verfahren, aber «es wirkt besser».

Eines der größten Probleme in Burgund ist *verjus* – die Nachfrucht mit unreifen Trauben, die manchmal, vor allem in warmen Jahren, erscheint und unbedingt aus den Gärbottichen ferngehalten werden muß, weil sie nur grüne Säure und Verwässerung einbringt. Die Leser können sie nicht von der normalen Frucht unterscheiden, deshalb sortieren die Lafarges sie in der *cuverie* aus.

Behangausdünnung wird erforderlichenfalls durchgeführt, obwohl nicht sicher ist, daß sie viel Wert hat; derzeit sind zwar nur junge Reben und Klone betroffen, aber der Zeitpunkt muß richtig gewählt werden, sonst schwellen die Beeren der verbliebenen Trauben nur auf.

Auch bei der Vinifizierung herrscht das Prinzip «erst abwarten, dann eingreifen». Allgemein wird zu 80–100 % entrappt – «Stiele verlängern die Gärung». In guten Jahren wird eine kurze Vormaischung durchgeführt, in schlechten die Gärung sofort mit einem *pied de cuve* in Gang gesetzt. Handelshefen kommen nicht zur Anwendung – «sie erbringen nur eine schwächliche Gärung».

Beim Gärprozeß selbst stellen sich Michel und Fred jedes Jahr neu die Frage: Wie lange bei welcher Temperatur? Die Antwort wird in den Aufzeichnungen über frühere Jahrgänge gesucht. «Die einzige Art und Weise, es besser zu machen, ist nachzuschauen, wie man es früher gemacht hat.» Meist wird längere, kühlere Gärung gegenüber kürzerer, heißerer bevorzugt – letztere wird nur bei Fäule oder Unreife angewandt. Diese gemeinsamen Beratungen mit seinem Sohn machen Michel Freude.

Auch die Vermeidung von Pumpen und Enzymen gehört zum Prinzip. «Jede Pumpe ist schlecht», erklärt Michel rundweg und setzt hinzu, wenn Enzyme gebraucht würden, sei das ein Zeichen für Probleme beim Klären des Weins, und diese seien ein Zeichen für minderwertigen Rohstoff oder aber für schlecht gepflegte Kellerausrüstungen, zu starkes Pressen oder Spritzrückstände im Most – vor dreißig Jahren habe man schließlich auch noch keine Enzyme gehabt.

Jede Form der Automation stößt auf strikte Ablehnung – nicht nur, weil sie nicht traditionell ist, sondern weil sie allzu leicht den kostbaren Rohstoff verderben kann. Beispielsweise wird die Maische meist mit einer Pumpe aus den *cuves* in die Presse gefördert. Bei Lafarge geschieht das von Hand. «Man muß immer daran denken, wie empfindlich der Most ist.»

Die *cuvaison* dauert bis zu 14 Tage bei einer Gärtemperatur von 28–33 °C. Michel und Frédéric halten nicht viel von *saignée*, sind aber nötigenfalls, z. B. 1990, dazu bereit, 10 bis 15 % Saft abzuziehen, obwohl das den Wein aus dem Gleichgewicht bringen könne. «Ein Allheilmittel ist es nicht, aber manchmal kann es hilfreich sein.»

Im Hinblick darauf, daß Kollegen oft von unerwartet großen Erntemengen berichten, meint Michel, man müsse eben die Erntemethoden auf die eigenen Vinifizierungsgewohnheiten und auf das Aufnahmevermögen der *cuverie* rechtzeitig abstimmen. Ihm erscheint es besser, mit weniger Leuten zu lesen und lieber ein paar Tage länger für die Ernte anzusetzen, als sich bei der Vinifizierung beeilen zu müssen, nur weil immer wieder eine neue Ladung Trauben ankommt.

Nach dem mühsamen Umfüllen der Maische von Hand vertrauen die Lafarges den weiteren Gang der Dinge keineswegs einer automatischen Presse an. Sie glauben, daß das Keltern von Hand am besten sei, weil die modernen Maschinen zu viel oder zu lange Druck ausüben. «Läßt man eine manuelle Presse ein paar Minuten allein, dann hat sich nichts verändert, wenn man wiederkommt», erläutert Michel, «eine automatische Presse kann inzwischen wild geworden sein und die Maische zu Tode gequetscht haben.»

Nach dem Beimischen des ersten, sanft gewonnenen Preßweins gelangt der Jungwein in die Fässer, allgemein in zu 25 % neue, nur bei den Premiers Crus etwas mehr. Michel wundert sich über Leute, die daraus ein System machen. «Wenn man die Fässer bestellt, kennt man weder Quantität noch Qualität der kommenden Ernte – wie kann man da die neuen Fässer auf den Jahrgang abstimmen?»

Wie es mit den Weinen weitergeht, hängt davon ab, wie sie sich entwickeln und wie sie schmecken. «Labors sind ja schön und gut, sie geben Hinweise, man kann aber Wein nicht berechnen.»

Ist der Hefesatz in Ordnung, dann kann der erste Abstich einen Monat hinausgeschoben werden. Der zweite richtet sich nach dem Ablauf der *malo* und der Art des Weins. Abgefüllt wird der Volnay bei Lafarge vor dem zweiten Sommer, in strukturschwächeren Jahrgängen sogar noch früher; infolgedessen dauert die *élevage* meist 15 bis 20 Monate. Filter werden möglichst wenig benutzt – statt dessen wird Schönen bevorzugt.

Die Resultate sind erstaunlich – Weine von solcher Konzentration und Reinheit, daß sie als mustergülig für den Geist und Stil von Volnay gelten dürfen. Schon der einfache Bourgogne Pinot Noir von der Frucht alter Reben in Volnay, der übrigens auf genau dieselbe Weise wie alle anderen bereitet und ausgebaut wird, ist einer der besten seiner Art an der ganzen Côte. Sein an Himbeeren erinnernder, Volnay-typischer Duft lädt zum Probieren ein, und der anfänglich etwas rustikale Geschmack mildert sich nach ein paar Jahren in der Flasche zu köstlicher, komplexer Vollmundigkeit.

Die Lafarge-Weine zeichnen sich durch feine Abstimmung von Finesse und Struktur aus. Gleich welcher Jahrgang – Ausgewogenheit kann stets vorausgesetzt werden. Die besseren Jahrgänge, 1985, 1988, 1989, 1990 und 1993 (sogar der vielgeschmähte 1994er), zeigen bei aller Unterschiedlichkeit in den Nuancen eine eindeutige thematische Kontinuität, fast so etwas wie einen Stil des Hauses, der entweder die typische Delikatesse von Volnay oder die fleischigere Art von Pommard oder Beaune betont.

Der Pézerolles ist lebhafter als der Beaune Grèves oder die Volnays – geschmeidig mit recht fester Struktur und großer Finesse, ein Volnay-hafter Pommard.

Der Beaune Grèves von 50jährigen Reben ist ganz anders, niemals aggressiv in der Struktur, sondern opulent, würzig und wuchtig, auf einer Grundlage von reifer Frucht und rundem Tannin mit feinem Gleichgewicht und langem Abgang – ein Wein für mittelfristige Aufbewahrung.

Der Volnay Village ist eine Assemblage aus acht bis neun verschiedenen Parzellen. In guten Jahren zeigt er mittlere Farbe mit dem Ton zerdrückter Erdbeeren, ein Aroma von Veilchen und Süßholz und lebendigen, aber milden Geschmack, gute Fruchttiefe und ausreichende Säure für etliche Jahre Lebensdauer – kein großer, wohl aber ein feiner und interessanter Wein.

Aus Volnay kommt eine Auswahl von drei Premier-Cru-Weinen. Der «Premier Cru» ist eine Zusammenstellung aus Chanlins und Mitans von der Frucht 20- und 40jähriger Reben. Der Clos du Château des Ducs – ein *monopole* von Lafarge – stammt von 57 Ar mit 16- bis 55jährigen Reben, die in 40 cm tiefem rotem Boden über einer Kiesschicht stehen. Dadurch entsteht ein Wein von großer Finesse, mit Veilchen und *fruits rouges* im Duft, harmonischem Tannin und komplexem, zartem Geschmack. Der Clos des Chênes von 12- bis 50jährigen Reben auf viel magererem Boden über Felsgestein ist meist vollkommener und bietet würzigere Untertöne, vorbildliche Konzentration und beträchtliche Nachhaltigkeit – in Jahrgängen wie 1990 und 1993 ein Wein für zehn Jahre Reifezeit.

Michel und Frédéric Lafarge produzieren nicht nur sehr feinen Wein, sie bilden auch ein starkes Team, das wie die drei voraufgegangenen Generationen an der Verfeinerung und Weiterführung einer großen Tradition arbeitet. «Wenn wir verschiedene Ideen haben, können wir sie zusammentun und das Beste davon verwenden, während viele andere in Burgund allein arbeiten müssen», lobt Michel die Zusammenarbeit, und Frédéric nickt beifällig. Man kann sich darauf verlassen, daß die beiden in so gut wie jedem Jahr interessanten Wein hervorbringen, der schon in der jugendlichen Fülle immensen Genuß bereitet, nach einem halben Jahrzehnt oder mehr jedoch ein noch subtileres Vergnügen sein kann – eine Fünf-Sterne-Domäne.

WEINBERGBESITZ

Gemeinde	Rang	Lage/Climat	Fläche	Rebenalter	Status
Volnay	PC	Clos des Chênes	0,90	12/30/50	P
Volnay	PC	Clos du Château des Ducs	0,57	16/55	P
Volnay	PC	Mitans + Chanlins	0,36	20/40	P
Volnay	V	(mehrere Climats)	2,48	(verschiedene)	P
Pommard	PC	Les Pézerolles	0,14	30	P
Beaune	PC	Les Grèves	0,38	50+	P
Beaune	V	Les Teurons	0,20	35	P
Meursault	R	(Côte de Beaune-Villages)	0,28	12	P
Meursault	V	(Blanc)	1,00	36	P
Volnay	R	(Bourgogne Pinot Noir)	1,21	20/35	P
Volnay	R	(Bourgogne Passetoutgrain)	1,20	20/45	P
–	R	(Bourgogne Aligoté)	1,05	40	P
Gesamtfläche			**9,77 ha**		

Domaine de Montille

Hubert de Montille vereint seinen Anwaltsberuf offenbar bequem mit dem des Winzers. Aus seinen Kellern kommen mit die feinsten Pommards und Volnays, die Zeugnis für großes Qualitätsstreben und hohes Sachkönnen ablegen.

Die Familie de Montille lebt seit vor der Revolution in Volnay, und trotz aller Expansionen und Kontraktionen aufgrund der Erbgesetze hat sie viele Generationen hindurch einen gewinnbringenden Weinbau betrieben.

Hubert kam 1930 zur Welt, kurz nachdem sein Großvater den Besitz zwischen seinen Kindern aufgeteilt hatte. 1947 starb sein Vater, und ihm fiel die Führung der Domäne zusammen mit der Mutter und einem Onkel zu. Die Jahre, die er neben seinem Vater in Weinberg und Keller zugebracht hatte, kamen ihm 1954 zugute, als nach der Wiederverheiratung des Onkels die Tante mitten in der Lese einem Sohn das Leben schenkte und Hubert allein den Wein bereiten mußte.

Damals warf der Weinbau allerdings noch nicht soviel Gewinn ab wie heute, deshalb mußte ein Vigneron sich nach einem zusätzlichen Einkommen umsehen. Nach Beendigung seines Studiums wurde Hubert der Familientradition gemäß Advokat und führte in Dijon eine gutgehende Praxis. Auch seine Kinder arbeiten nur nebenberuflich in der Domäne mit: Alix (verheiratet mit Jean-Marc Roulot) ist im Hauptberuf Rechtsanwältin, und Etienne arbeitet für die Wirtschaftsprüferfirma Coopers & Lybrand.

Im geräumigen Haus in Volnay sitzt die Familie oft am Küchentisch zusammen. Im Frühsommer werden die Möbel abgestaubt, und Hubert zieht mit seiner Frau für die Saison ein. Nach der Auktion der Hospices-Weine im November wird dann alles wieder dichtgemacht und in der Obhut eines Ehepaars, das auch für die laufenden Weinberg- und Kellerarbeiten zuständig ist, zurückgelassen.

Hubert de Montilles Erbe bestand aus knapp 3 ha. Durch umsichtige Erwerbungen hat er den inzwischen auf Volnay und Pommard gut verteilten Besitz mehr als verdoppelt. 1993 kaufte er Jean Chartron einen schönen halben Hektar der Lage Puligny Les Caillerets – nur 20 m von Montrachet entfernt – «für die Kinder» ab.

In den 1950er Jahren, als es noch keine Klone gab, selektierten die Winzer ihre eigenen Edelreiser von den besten Mutterpflanzen im Weinberg – *sélection massale* – und pfropften sie auf reblausfeste Unterlagen. Hubert de Montille erinnert sich, in den eigenen Weinbergen etwa 2000 Pflanzen für diesen Zweck ausgewählt zu haben. Schließlich ließ er sich davon überzeugen, daß Klone eine Verbesserung darstellen, und begann 1978 mit der Anpflanzung – eine der ersten Versuchspflanzungen an der Côte. Heute führt er alle Neubestockungen mit Klonen, vorzugsweise auf Unterlagsreben 161/49, durch.

Hubert de Montille kennt die praktischen Seiten der Theorien, die er verficht, genau. Beispielsweise ist er überzeugt von der Nützlichkeit der Behangausdünnung, weiß aber auch, daß sie hohes Können verlangt und ausgerechnet im August durchgeführt werden muß, wenn alles Urlaub macht. Deshalb kommt für ihn diese Arbeit schon aus praktischen Erwägungen nicht in Betracht.

Überhaupt geht er die Pflege der Weinberge mit Freude und nüchternem Verstand an. So möchte er gern die Krankheits- und Schädlingsbekämpfung ganz auf organische Methoden umstellen, sieht aber ein, daß an der Côte der Zersplitterung des Weinbergeigentums wegen die eigenen Vorlieben an die Realität angepaßt werden müssen. Es läßt sich mit «biodynamie» nun einmal nichts ausrichten, wenn die Nachbarn ihre Reben mit systemischen Spritzmitteln und synthetischen Insektiziden überschütten.

So beschränkt sich das Bestreben Jahr für Jahr auf möglichst reifes, gesundes Traubengut. Diesem Ziel dient es auch, wenn die de Montilles das beträchtliche Risiko einer vergleichsweise späten Lese eingehen. Zwar bedeutet jeder zusätzliche Tag Sonnenschein ein größeres Qualitätspotential der Trauben, genausogut aber können ein paar Stunden Herbstregen den Most verwässern oder gar verheerende Fäule hervorrufen.

Die Verarbeitung selbst der allerschönsten Pinot-Noir-Trauben stellt Jahr für Jahr eine neue Aufgabe dar. Die Grundeinstellung der Domäne hierzu lautet, daß es besser sei, von vornherein auf edles, mildes Tannin hinzuwirken, als zunächst maximale Extraktion anzustreben und die Verfeinerung später vornehmen zu wollen.

Momentan ist eine längere Kaltmaischung vor dem Gärprozeß große Mode, wobei sowohl Farbe als auch Aroma aus den Schalen herausgelaugt werden soll. Hubert de Montille ist skeptisch; er gibt zwar zu, daß Maischung mehr Kraft und Aroma einbringt, glaubt aber, daß dies nur ungenügend geschieht. Er bevorzugt zwei bis drei Tage Vormaischung, anschließend Gärung bei relativ hohen Temperaturen (bis 34 °C) und sechs- bis achtmalige *pigeage* pro Tag. Zusammen mit einer 15- bis 17tägigen *cuvaison* ergibt sich hieraus maximale Extraktion an dauerhaften Farb- und Aromastoffen.

Je nach Jahrgang wird zu 70–75 % entrappt – der Anteil der beibehaltenen Stiele ist dann höher, wenn das Holz besser ausgereift ist.

Seit 1964 ist für Hubert de Montille zuviel Alkohol ein rotes Tuch – für ihn soll Wein vor allem Delikatesse aufweisen, und er ist nun einmal der Meinung, daß bei mehr als 12 % die Subtilität des Weins vom Alkohol verdeckt wird. Deshalb beschränkt er die in Burgund fast immer unumgängliche *chaptalisation* auf das mit den Appellationsvorschriften und der Ausgewogenheit verträgliche Maß. Ihm leuchtet ein, was ihm ein alter Winzer einmal sagte: «Man kann fehlenden Sonnenschein nicht durch Zuckerrüben ersetzen.» Dann meinte er weiter, *chaptalisation* lasse zwei getrennte Geschmackstöne entstehen – «zuerst schmeckt man Armagnac und dann hinterher den Wein».

Mit Interesse verfolgt er Versuche, die bei Pousse d'Or und Château Léoville Las Cases (deren Weine er bewundert) mit einem Apparat durchgeführt werden, der dem Most durch Evaporation Wasser entzieht. Zwar bleibt abzuwarten, ob die Konzentration des Zuckers durch Wasserentzug denselben Effekt ergibt wie Zuckerzusatz, es besteht aber Hoffnung, daß dadurch die *chaptalisation* verringert oder ganz überflüssig gemacht werden könnte.

Die *élevage* erfolgt der Tradition gemäß, ist aber auf die Abneigung gegen «massive» Weine und dementsprechend auf den Wunsch abgestellt, die höchstmögliche natürliche Delikatesse und Reinheit zu bewahren. Hubert verabscheut den Trend zu Überkonzentration und Eichenholzbetonung, die den Wein nur banal machen, und er schimpft über amerikanische Kritiker, «die uns veranlassen, eichenholz- und tanningeschwängerte Wettbewerbsweine zu machen – man braucht sich nur die von den Gurus angetriebenen Bordeaux-Weine der 1980er Jahre anzusehen, die haben sich nicht gut gehalten». Ihm sind 20–30 % neue Fässer jedes Jahr und im übrigen ein Cocktail aus ein- bis dreijährigen Fässern bei weitem genug. Den Vorzug gibt er den Sorten Nevers, Châtillonnais und insbesondere Vosges, letztere bringe ein Element der Finesse und Vornehmheit ein. «Chambertin oder Richebourg gehören ganz in neue Fässer, doch beim Volnay würde das Holz den Wein dominieren.» Die Domäne kauft ihr Holz selbst und läßt es in Volnay 18 Monate lang trocknen. Der Faßbauer hilft mit Dampf nach, bevor er die Fässer baut.

Maître Hubert de Montille vor einer riesigen Eiche in seinem Park.

Alles in allem wird der Wein dem Wirken der Natur überlassen. Die Rotweine werden bis Weihnachten aufgerührt, dann ruhen sie bis zum Abstich im folgenden August auf der Hefe. Die *malo* verläuft langsam und auf natürlichem Weg und endet etwa zur Blütezeit im folgenden Juni. Nach einem Jahr folgt auf den zweiten Abstich Schönung im Faß. Dann liegen die Weine drei bis vier Monate lang *sur colle* und werden meist ohne Filtration abgefüllt – die Ausbauzeit beläuft sich auf insgesamt 20 bis 24 Monate.

Hubert und (seit 1990) Etienne de Montille erzeugen mustergültige Volnays und Pommards. Diese Weine sind zwar schon in der Jugend herrlich konzentriert und verführerisch duftig, jedoch nicht für frühen Verbrauch bestimmt. Von den Volnays zeigt die Village-Cuvée erwartungsgemäß die geringste Komplexität. Dennoch ist sie ein seriöser Wein und lohnt in den meisten Jahrgängen längere Aufbewahrung. Der Volnay Premier Cru ist eine Zusammenstellung aus der Frucht verschiedener kleiner Parzellen, die für getrennte Abfüllung nicht genug hergeben. Dieser Wein ist meist voll und fest und hat kräftige Substanz bei schön entwickeltem Duft.

Daneben gibt es drei Premiers Crus aus Einzellagen. Aus der Lage Taillepieds am Südrand des Orts kommt ein Wein von großer Finesse, der meist geschmeidiger und noch weniger tanninherb ausfällt als die anderen. Der Champans ist dagegen stets viel voller und kräftiger und hat fast Pommard-ähnliche Muskeln, aber auch verborgene Finesse. Der Mitans liegt – mit seiner vor allem bei voller Reife attraktiven, fülligen Frucht und beträchtlichen Delikatesse – in der Art dazwischen.

Die Premiers Crus aus Pommard bilden ein superbes Trio: Der Pézerolles zeigt die für die *terre rouge* typische Tiefe und Komplexität, wogegen der ebenfalls von der *terre rouge* stammende Rugiens diese Struktur und Tiefe mit deutlicher Finesse aus dem magereren Boden dieser steilen Lage verbindet. Der Epenots ist fetter und fester als der Pézerolles, kommt dem Rugiens in Nachhaltigkeit und Harmonie aber nicht ganz gleich.

Allerdings zeigen die Weine der Domäne de Montille erst im Alter, was wirklich in ihnen steckt. Nach etlichen Jahren in der Flasche beginnen sich die 1985er gerade erst zu erschließen; sie sind noch jung, zeigen aber bereits den Übergang vom jugendlichen, auf Frucht beruhenden Aroma zum reifen Bukett mit Süßholz, *sous-bois* und vegetabilem Charakter.

Der 1972er Taillepieds und der 1971er Pézerolles erwiesen sich bei der Degustation im Januar 1991 in der Domäne als sehr feine Weine. Der 1972er – gelesen am 10. Oktober, dem spätesten Termin, an den Hubert de Montille sich erinnern kann – ist aus seiner (aufgrund der überwältigenden Säure) praktisch unnahbaren ersten Jugend zu einem herrlich vornehmen, reifen Pinot erblüht und zeigt neben einem Hauch von welken Blumen, den Hubert besonders liebt, eine milde, stilvolle, höchst attraktive Komplexität. Übrigens wäre der 1972er von modernen Kritikern unweigerlich abgeschrieben worden – eine Lehre über den Wert und Unwert eines vorschnellen Urteils, die so mancher erst noch begreifen muß.

Sogar noch verlockender ist der 1971er Pézerolles mit seiner fast cremigen Reife, die einen attraktiven Hauch *surmaturité* aufweist und von einem feinen, zarten Bukett unterstrichen wird. Die Tiefe und Komplexität der Frucht setzt sich gegen die 13 % Alkohol gut durch – ein ausgesprochen feiner Wein.

Der Taillepieds aus dem Jahrgang, der für Hubert de Montille den Beweis für den Unsinn der *chaptalisation* auf über 12 % Alkohol darstellt (1964), war 1995 noch überragend – dem Aussehen nach kaum ausgereift, mit einem wundervollen Bukett alter Teerosen und mit hinreißender Tiefe in der süßen, reifen Frucht, die den Gaumen bis zum lange anhaltenden Abgang umschmeichelt – ein verführerischer, bezaubernder Wein.

Manchmal werden die Volnays von Hubert und Etienne de Montille als untypisch füllig kritisiert. Das mag stimmen, aber ist es bei einer Domäne, die beständig feinen Wein hervorbringt, wirklich von Bedeutung?

WEINBERGBESITZ

Gemeinde	Rang	Lage/Climat	Fläche	Rebenalter	Status
Volnay	PC	Les Champans	0,66	1/15/30	P
Volnay	PC	Carelles sous la Chapelle	0,20	5	P
Volnay	PC	Les Brouillards	0,38	3/4	P
Volnay	PC	Les Angles	0,15	2	P
Volnay	PC	Le Village	0,15	30	P
Volnay	PC	Les Taillepieds	0,79	11	P
Volnay	PC	Les Mitans	0,73	13	P
Volnay	V	–	0,15	13–25	P
Pommard	PC	Les Rugiens	1,01	8/15/30	P/M
Pommard	PC	Les Pézerolles	1,09	10/25/50	P/M
Pommard	PC	Les Grands Epenots	0,23	5	P
Pommard	R	(Bourgogne Rouge)	0,75	20	P
Pommard	R	(BGO-Les Sorbins)	0,60	50	P
Puligny	PC	Les Caillerets	0,52	45	P
Gesamtfläche			**7,21 ha**		

Domaine Bitouzet-Prieur

Vincent Bitouzet.

Vincent Bitouzet, heute ein Mann in den Vierzigern, übernahm die Domäne 1981 in der fünften Generation, seit Simon Bitouzet sich 1860 in Volnay niederließ. Er heiratete Hubert Prieurs Tochter, die seine 7-ha-Domäne durch ihre Mitgift um 3 ha Meursault und 1 ha Beaune vergrößerte. In seiner bedächtigen Art geht er mit größter Aufgeschlossenheit an die Weinerzeugung heran, die sich durch getreuen Ausdruck der *terroirs* und der verschiedenen Jahrgänge in seinen Weißweinen niederschlägt. In Burgund bildet das *terroir* selbst das Rezept; ein Vigneron, der für knappe Erträge und gute Weinbergpflege sorgt, braucht keine Kunstgriffe.

Für Vincent muß ein Grand Vin vor allem Finesse aufweisen. Bei seinen exzellenten Rotweinen erreicht er dies durch Gärtemperaturen unter 35 °C und täglich zweimalige *pigeage* zur Extraktion von Aroma, Farbe und Tannin. Die Volnays und Beaunes werden nach 15 bis 18 Monaten Faßausbau abgefüllt und gewinnen durch ausgedehnte Hefesatzlagerung an Fülle. Auf Vormaischung verzichtet Vincent, weil er über keine Kühleinrichtungen verfügt.

Seine Volnays – ein Villages und fünf Premiers Crus – sind herrlich stilvoll. Der Clos des Chênes und der Pitures wirken wuchtig und nicht so elegant – der schwerere Boden verleiht ihnen Breite und kräftiges Tannin. Aus der Lage Pitures oberhalb von Frémiets kommt eine sich mit der Zeit entfaltende Finesse, die es mit dem Taillepieds und dem selteneren Aussy durchaus aufnehmen kann.

1993 brach beim Aussy die Gärung ab, und ein Teil des Zuckers blieb unvergoren. Vincent preßte die Maische ab und wartete geduldig auf den Wiederbeginn der Gärung. Auf diese Weise entstand ein fast schwarzer Wein voll üppiger süßer Frucht, der einem jungen Shiraz aus Australien ähnelte. Für einen Volnay oder überhaupt nur einen Pinot Noir würde man ihn nie halten – ein bedeutender amerikanischer Kritiker fand ihn «fabelhaft», worüber Vincent sich nur wundern konnte.

Am besten ist der Caillerets; in ihm vereinen sich Wucht und Finesse. Der 1993er besaß vollmundige, reine Frucht, exzellentes Tannin und einen feinen Hauch Eichenholzaroma (Vincent kauft neue Fässer nur, um seinen Bestand aufzufrischen, nicht aber, um den Wein zu beeinflussen). Er hat nicht ganz die Klasse wie der von de Montille, d'Angerville oder Lafarge, ist aber dennoch ein feiner Wein.

Seine Weißweine bereitet Vincent in den Kellern seines Schwiegervaters in Meursault, seine Rotweine dagegen im Familienbetrieb in der Rue de la Combe in Volnay. Seit eh und je unterzieht er seine Weine einer Kieselgurfiltration; alle Versuche, von ihm etwas anderes zu verlangen, weist er zurück: «Hier bin ich der Chef.» 1987 gab der dem Drängen seines amerikanischen Importeurs auf ungefilterten Wein zwar nach, teilte aber eine *cuvée* Rotwein in zwei Hälften – die eine wurde nur geschönt, die andere nur gefiltert. Anfangs schmeckte der nur geschönte Wein besser, später aber war es umgekehrt. Der Importeur hat seither keinen ungefilterten Wein mehr verlangt.

Vincent Bitouzet ist ein sorgfältiger Weinerzeuger der Spitzenklasse und hat für Rotwein ebensoviel Talent wie für Weißwein – eine seltene Erscheinung; er kann deshalb exzellente Volnays und Meursaults bieten. Derzeit verkauft er noch die Hälfte seiner Produktion im Faß, wenn aber die Zahl der Direktkunden weiter so wächst wie bisher, wird das bald der Vergangenheit angehören.

WEINBERGBESITZ

Gemeinde	Rang	Lage/Climat	Fläche	Rebenalter	Status
Volnay	PC	Clos des Chênes	0,55	14	F/M
Volnay	PC	Caillerets	0,15	14	P
Volnay	PC	Taillepieds	0,71	19	M
Volnay	PC	Pitures	1,01	34	F/M
Volnay	PC	Aussey	0,51	37	F
Volnay	V	–	2,34	17	F/M
Volnay	R	(Bourgogne Rouge)	0,90	25	P
Volnay	R	(Bourgogne Passetoutgrain)	0,63	34	F
Beaune	PC	Cent Vignes	1,25	8	F
Meursault	PC	Perrières	0,28	12	F
Meursault	PC	Charmes	0,52	25	F
Meursault	PC	Santenots	0,20	24	F
Meursault	V	Clos du Cromin	0,84	17	F
Meursault	V	Les Cabrins	0,66	20	F
Meursault	V	–	0,38	34	F
Meursault	R	(Bourgogne Aligoté)	0,30	42	F
Gesamtfläche			**11,23 ha**		

Domaine de la Pousse d'Or

Diese Domäne umfaßt den südlichen Teil des früheren 100 ha großen Guts Duvault-Blochet, zu dessen nördlichem Zweig Romanée-Conti und der Clos de Tart zählten. 1964 ging sie in den Besitz eines kleinen Konsortiums über, dem auch der Vater von Jacques Seysses und der Weinliebhaber Jean Ferte angehörten. Fertes Neffe Gérard Potel, damals Diplomlandwirt in der Champagne, ein Freund von Seysses, wurde mit der Leitung beauftragt. Er ist heute noch Geschäftsführer und technischer Leiter der Domäne mit 50 % Anteil; die andere Hälfte gehört einer australischen Gruppe.

Der seines Könnens und seiner Innovationsfreudigkeit wegen hoch angesehene Potel kann zwar charmant sein, ist aber eigensinnig. Das Gespräch in seinem schön getäfelten Studierzimmer artet rasch in einen Vortrag aus, in dem seine Ansichten wie Kanonen auf die sofortige Niederwerfung jeder ihm zuwiderlaufenden Meinung ausgerichtet sind.

Ungeachtet dieser Eigenart bringt Potel Weine zuwege, die stets ein Hochgenuß sind – Pommards, auch Santenays, vor allem aber Volnays von vorbildlicher Reinheit und Konturenschärfe. Es sind *vins de terroir* von ertragsschwachen alten Reben, ausgelegt auf Eleganz und Finesse.

Um die ursprüngliche Art der einzelnen *cuvées* zu bewahren, arbeitet Potel mit 14- bis 20tägiger *cuvaison*: «Wer Grand Vin erzeugen will, darf sich nicht vor langer Cuvaison fürchten.» Nur so lassen sich seiner Meinung nach die richtigen Tannine aus den beiden Hauptarten extrahieren: kurzkettige mit kleinen Molekülen – das sind die harten, astringierenden – und solche mit größeren Molekülen, die aber nur in reiferen Jahren in größerem Umfang auftreten und auch nicht so leicht zu extrahieren sind. Ein ausgewogener Wein verlangt sorgfältige Abstimmung der drei Phasen der *cuvaison*: Vormaischung, Gärung und Nachmaischung.

Gérard Potel hat verschiedene Vinifizierungsverfahren erprobt: mit einem Anteil von Ganztrauben für langsamere Gärung, mit Rototanks und mit einer «Pseudo-Accad-Methode». Er wolle ja nicht dumm sterben, meint er dazu, sagt aber dann, man könne einen Wein durch Überextraktion auch verderben. Für ihn ist die Struktur nicht das wichtigste Attribut eines Weins, vielmehr stehen Finesse und Nachhaltigkeit obenan.

Anschließend geht Gérard Potel in seinem Vortrag zu Faßholz, Filtration und Konzentration über – allen diesen Dingen hat er viel Arbeit und Nachdenken gewidmet. Seine Santenays baut er nur in einjährigen Volnay-Fässern aus, die Volnays und Pommards dagegen stets in zu 20 % neuen Fässern aus Allier- oder Nevers-Eiche. Wichtig ist seiner Meinung nach, daß der Wein vor der *malo* und nicht danach in neue Fässer kommt; im übrigen sei es ein Fehler, wenn der Wein nach Eichenholz rieche oder schmecke.

Filtration sieht er als eine Waffe in der Rüstkammer des Winzers und nicht als ein Verfahren, das von vornherein bejaht oder abgelehnt werden müsse. Er hält Filtration für völlig akzeptabel, vorausgesetzt, sie geschieht mit Sorgfalt. «Es ist, wie wenn man jemanden durch eine Tür schiebt – wenn man es vorsichtig macht, geschieht ihm nichts dabei.» Auf den Druck kommt es an. Er hat nichts für die moderne Tendenz übrig, aus dem Geschmack die Produktionsmethode herauslesen zu wollen, anstatt auf das zu achten, was wirklich zählt – die Qualität im Glas nämlich. «Wenn ich ins Restaurant gehe, frage ich ja auch nicht, wie das Essen gekocht wurde – die Hauptsache ist, daß es schmeckt.»

Gérard Potel ist in Burgund bahnbrechend für Techniken tätig, mit denen dem Most Wasser entzogen wird, um das Verhältnis von Flüssigkeit zu Feststoffen näher an den unter Fachleuten als ideal angesehenen Wert von 60:40 heranzubringen. Mit behördlicher Genehmigung macht er Experimente mit einer Apparatur, die durch Evaporation den bei der *saignée* gewonnenen Most konzentriert. Er betont, dabei handle es sich nicht um ein System zur Verarbeitung von Überträgen, sondern um ein mit Umsicht einzusetzendes Korrektiv, wobei der evaporierte Anteil in die Ertragsberechnung einbezogen werden müsse.

Die Degustation in den Kellern unter dem zum Teil aus dem 13. Jh. und zum Teil aus der Ära Napoleons I. stammenden Gutshaus der Domaine de la Pousse d'Or ist eine Lektion in Gleichmäßigkeit. Hier zeigen die ansonsten vielgeschmähten 1994er eine Fülle, Ausgewogenheit und Finesse, über die so mancher bei seinem 1993er froh wäre. Die 1993er sind selbstverständlich mustergültig; das gilt für den köstlichen, komplexen Bourgogne Rouge von 50jährigen Reben in einer Lage über dem Château de Pommard ebenso wie für den Pommard-Villages sowie zwei exzellente Santenay Premiers Crus – Gravières und Clos Tavannes (ein Teil von Gravières an der Grenze zu Chassagne-Montrachet) – bis hin zu einer wahrhaft bemerkenswerten Reihe von Volnay Premiers Crus.

Der Clos d'Audignac in der Mitte der Gemarkung unterhalb der Domäne – der zum Teil in den 1960er Jahren aus Gartenland wieder in Weinbergland umgewandelt wurde – liefert Wein mit tiefer Farbe und eleganter, sanfter Eichenholznote im Duft sowie mit voller, hochklassiger, opulenter Frucht und ausreichend Struktur und Säure für ein Jahrzehnt Reifezeit. Es handelt sich um eine Nordlage, daher reifen die Trauben hier ziemlich spät und erbringen weniger Struktur als in Caillerets oder im Clos des Chênes.

Der Les Caillerets (Secteur Bas) hat mehr Struktur, nur mittlere Dichte und merklich mehr «Fond», bleibt aber im wesentlichen *tendre* – ein feiner Wein für längere Reifezeit. Der Clos des 60 Ouvrées (1 Ouvrée, heute ¹⁄₂₄ ha, galt als «Tagwerk» für einen Mann) ist ein Teil der Lage Les Caillerets (Secteur Dessus). Hier verleiht eine dünne Bodenauflage über Kalkstein dem Wein Säure und Tiefe, leichtere Struktur, deutlichere Finesse und schönes Gleichgewicht.

Der an sich nachhaltige und komplexe Bousse d'Or erinnert im Stil eher an Pommard, ist dabei vielleicht vollmundiger, aber etwas diffus und nicht so konturenscharf wie der Caillerets und der 60 Ouvrées – gut, aber nicht der beste von allen.

Die Qualität seiner Weine entschuldigt wohl Gérard Potels aggressives Selbstbewußtsein. Immerhin war es sein Sachkönnen, das die Domaine de la Pousse d'Or in die Spitzengruppe brachte.

WEINBERGBESITZ

Gemeinde	Rang	Lage/Climat	Fläche	Rebenalter	Status
Volnay	PC	Clos de la Bousse d'Or	2,14	35	P
Volnay	PC	Clos des 60 Ouvrées (Caillerets)	2,40	30	P
Volnay	PC	Les Caillerets	2,26	40	P
Volnay	PC	Clos d'Audignac	0,80	30	P
Pommard	PC	Les Jarolières	1,45	35	P
Santenay	PC	Clos Tavannes	2,10	46	P
Santenay	PC	Les Gravières	1,83	40	P
Pommard	R	(Bourgogne Rouge)	1,20	50	P
Gesamtfläche			**14,18 ha**		

MONTHÉLIE

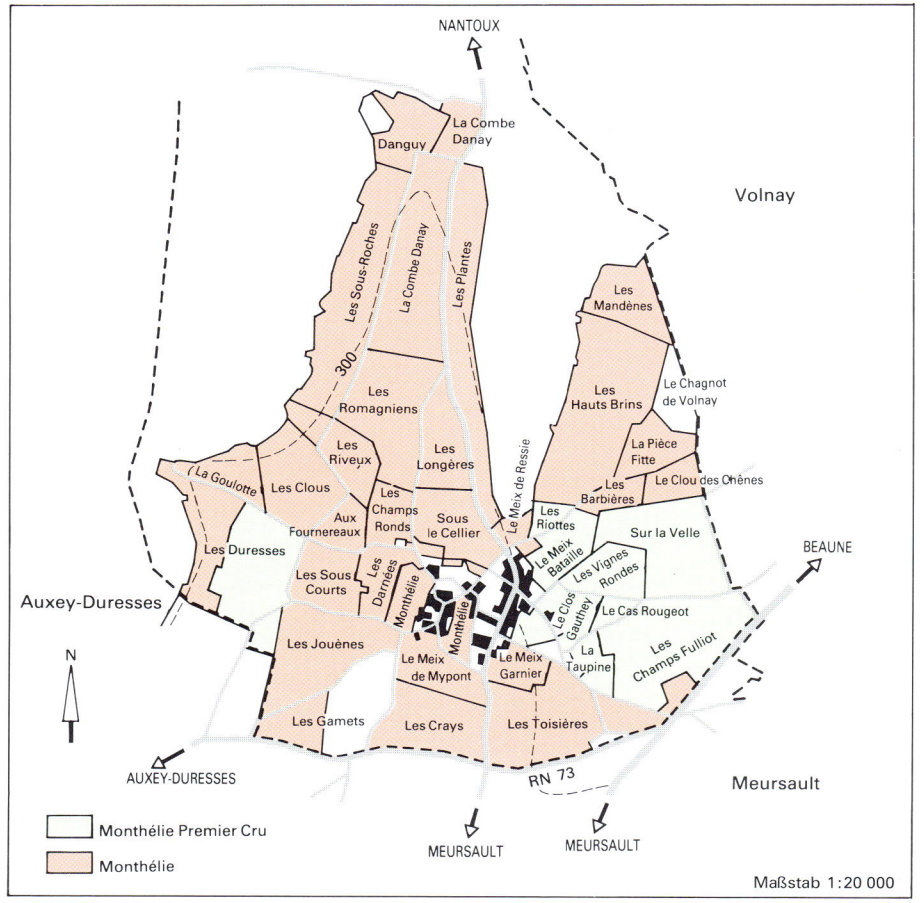

Hinter Meursault thront auf einem Berg über seinen Reben ein malerischer kleiner Ort, der aus unerfindlichen Gründen eine der am stärksten unterbewerteten Gemeinden der Côte d'Or ist. Vielleicht liegt diese Vernachlässigung mit daran, daß bis noch vor kurzem viel exzellenter Rotwein aus dieser Gemeinde nicht unter dem Namen Monthélie, sondern als Côte de Beaune auf den Markt kam. Nun aber ist die Zeit für eine neue Bewertung gekommen.

Monthélie steht im Schatten der berühmten Nachbargemeinden Meursault im Süden und Volnay im Osten. Es hat auch keine Chance, sich zu vergrößern und die Bedeutung wiederzuerlangen, die es im 11. und 16. Jh. hatte, als es dem Kloster Cluny gehörte, denn im Norden bilden Berge seine Grenze und im Westen die Nachbargemeinde Auxey-Duresses. So sind die nicht einmal 200 Einwohner von Monthélie und ihre Weinberge fest eingeschlossen.

Zum Glück aber ist das, was sie haben, gut: Der Ort mit seinem Geflecht von Straßen und Gassen, die zum Teil irgendwohin, zum Teil nirgendwohin führen, hat sich seit dem 18. und 19. Jh. kaum mehr verändert. Durchstreift man ihn, dann wäre man kaum überrascht, einer Sänfte auf dem Weg zum Château de Suremain oder einem Ausrufer in Frack und Zylinder zu begegnen, der die Niederlage Napoleons bei Waterloo verkündet.

Die beurkundete Geschichte von Monthélie geht zurück bis in das 9. Jh. und die Zeit der Gallier, die nicht beurkundete sogar bis in die Römerzeit. Auf der Westseite des Orts befinden sich die Reste eines Römerkastells, und im Lauf der Jahre sind viele römische Funde zutage gefördert worden.

Die späteren Zeiten waren dann relativ ruhig. Abgesehen von den Verwüstungen durch die Reblaus, die Monthélie wie die übrige Côte gegen Ende des 19. Jh. heimsuchte, geschah nicht viel, bis 1913 ein Nachbarschaftsstreit mit Auxey-Duresses um das Wasser ausbrach, das in Monthélie, wo es nur drei Brunnen gab, besonders knapp war. Irgendwie wurde der Streit beigelegt und die Wasserversorgung ab 1919 gesichert.

Im September 1944 blieb eine französische Militäreinheit, die Monthélie befreit hatte, aus Benzinmangel hier liegen und zog erst einige Tage später – nach Anknüpfung dauerhafter Freundschaftsbande und mit viel Wein versehen – weiter. Heute noch kommen alle zwei Jahre die Veteranen von damals nach Monthélie, um die alten Bande zu erneuern – und ihre Weinkeller aufzufüllen.

Monthélie ist eine der kleinsten Gemeinden an der Côte, nur Vougeot ist noch kleiner. 42 registrierte Winzer teilen sich mit zwei Domänen in die 172,21 ha Rebfläche. Davon entfallen 108,72 ha auf die AC Monthélie und 31,18 ha auf Monthélie Premier Cru, die restlichen 42,31 ha sind Regionallagen.

Monthélie hat den Vorteil, daß seine Rebfläche an mehr oder weniger steilen Hängen nördlich, südlich und westlich des Orts liegt. Diese Hanglagen sind zwar in der Ausrichtung ebenso unterschiedlich wie anderswo, haben aber stets durchlässigen und nicht so schweren Boden.

Von den elf Premier-Cru-Lagen machen drei allein zwei Drittel der Gesamtfläche aus: Sur la Velle (6,03 ha), Les Champs-Fuillot (8,11 ha) und Les Duresses (6,71 ha). Die feinsten – Sur la Velle und Les Champs-Fuillot – schließen östlich des Orts an Les Caillerets und den Clos des Chênes in Volnay an. Der Boden besteht wie in diesem Teil von Volnay größtenteils aus Bathonien-Kalkstein mit einer Beimischung von Mergel und eisenhaltigem Gestein, das vor allem den oberen Teil den Boden rötlich färbt.

Die einzige Premier-Cru-Lage außerhalb dieses Gebiets ist Les Duresses; sie verläuft im Auxey-Tal von Norden nach Süden. Die allgemeine Ausrichtung nach Osten und Westen ist weit ungünstiger als in dem nach Volnay hin gelegenen Gemarkungsteil. Der Boden enthält weniger Kalkstein, wodurch Weine mit mehr Struktur, aber entsprechend weniger Finesse entstehen.

Es gibt zwar auch Monthélie Blanc rein von Chardonnay – meist nur etwa 660 Kisten jährlich –, aber die Reputation von Monthélie beruht auf Rotwein. Aus den besten Domänen zeigt er Tiefe und Struktur und angemessene Langlebigkeit. Gute Jahrgänge sind anfänglich recht karg mit kräftiger Säure und viel Tannin auf einer Grundlage von reifer, voller Frucht. Im Charakter der besten Gewächse vereint sich die Finesse von Volnay mit dem Körper und der Struktur von Auxey.

Die feinsten Monthélies stammen von den de Suremains, Didier Darviot und der liebenswürdigen Madame Armande Douhairet; exzellente *cuvées* bieten aber auch Jadot in Beaune und Jean-François Coche in Meursault.

Monthélie verdient breitere Anerkennung, sowohl der Wein als auch der hübsche Ort selbst. Das Château mit seinen prachtvollen schmiedeeisernen Toren und der großzügigen Auffahrtrampe lohnt eine Besichtigung. Es strahlt in seinem malerischen Verfall alten Adelsstolz aus und scheint sagen zu wollen: «Ich habe genug erlebt, nun setze ich mich zur Ruhe.»

La Ferme du Majorlet zwischen Monthélie und Volnay gehört ebenfalls den de Suremains. Sie hat einen eigenen Platz in der Geschichte des Orts. Henri Cannard erzählt, im Jahr 1765 habe die Frau des Bauern ihr Kind im Haus eines Nachbarn zur Welt gebracht, weil es im eigenen durchs Dach regnete. Das Nachbarhaus lag aber in der Gemarkung von Volnay, und deshalb entbrannte zwischen dem Geistlichen von Volnay und dem von Monthélie um die Seele und die Kirchenabgaben des neuen Pfarrkinds ein Streit, der erst nach 25 Jahren – zugunsten von Monthélie – entschieden wurde.

Die Weine von Monthélie werden unter ihrem Wert gehandelt. Wer sauberen, oft exzellenten roten Burgunder zu vernünftigen Preisen sucht, ist nicht schlecht beraten, wenn er in dieser freundlichen, entgegenkommenden Gemeinde nachfragt.

Monthélie – ein friedlicher, malerischer Ort inmitten von Reben.

Château de Monthélie

Das in der Hauptsache aus dem 18. Jh. stammende Château de Monthélie, eines der stattlichsten Gebäude an der Côte d'Or, ist durch jahrzehntelange Vernachlässigung in einen Zustand adeligen Verfalls geraten. Das von der Familie de Monthélie geschaffene Gut kam vor dem letzten Krieg in den Besitz von Robert de Suremain. Seit 1983 leitet es sein Enkel Eric de Suremain. Mit einem Önologendiplom aus Beaune und einem 1976 bei Chalone in Kalifornien verbrachten kurzen Praktikum besitzt er durchaus die Qualifikation, seinem künftigen Erbe und seinem 3-ha-Gut in Rully, wo er mit seiner Frau lebt, vorzustehen.

Nach weitreichender Neubestockung in den 1970er Jahren wird nun alles unternommen, um den Rebbestand so lang wie möglich unbeeinträchtigt zu erhalten. Von den 3 ha Premier Cru Sur la Velle beispielsweise wurden 0,75 ha im Jahr 1927 angepflanzt. Die Erträge werden durch verbreitete Anwendung der wuchsschwachen Unterlagsrebe Riparia Gloire sowie durch eine Grasnarbe zwischen den Rebzeilen niedrig gehalten; Herbizide werden nur gezielt unmittelbar unter den einzelnen Weinstöcken ausgebracht.

Im Keller richtet sich Eric ganz an der Tradition aus. Für Automation hat er nichts übrig, ihm ist der persönliche Kontakt mit jeder einzelnen *cuve* lieber; deshalb zieht er sich zweimal am Tag aus, springt hinein und stampft. Bevor jedoch Eric sein Bad nehmen kann, werden die Trauben vollständig entrappt und sanft zerkleinert. Dem Vorbild seines Großvaters folgend, gibt er dann aber 2–5 % ganze Trauben in jeden Gärbottich, obschon ihm nicht ganz klar ist, wozu das gut sein soll.

Die Maische wird gekühlt, um das Tempo und die Temperatur der Gärung, die 35–37 °C erreichen darf, unter Kontrolle zu halten. 1990 kam eine *cuve* sogar bis auf 41°; zum Glück blieb die Gärung nicht stecken. Ein 1993 mit Kaltmaischung gemachter Versuch brachte nur «Apothekengeruch» hervor – damit hat sich das fürs erste.

Die *cuvaison* – fünf Tage in 1988, ein paar Tage mehr in 1990 und 1993 – ist erstaunlich kurz für die dabei zustande gebrachte Tiefe des Extrakts. Allerdings wird die *décuvage* vorgenommen, ehe der gesamte Zucker vergoren ist – das ergibt mehr Finesse. Im Verlauf der anschließenden viertägigen *débourbage* kommt die Gärung dann zum Abschluß.

Eric ist sowenig wie seine Vorfahren für neue Eichenfässer zu haben; früher wurden überhaupt keine verwendet. Als aber die Neupflanzungen in Ertrag kamen, mußte der Anteil schließlich bis auf 20 % angehoben werden; inzwischen geht er jedoch wieder zurück. 5 % gelten als ideal, aber Eric hat sich noch nicht endgültig entschieden.

Glasierte Ziegel auf dem Dach des Château de Monthélie.

In den kalten, tropfnassen Kellern unter der Terrasse (es regnet durch) verläuft die *malo* langsam und dauert bis in den Hochsommer hinein; dann werden die Weine abgestochen, zusammengeführt und wieder in Fässer gefüllt. Wieviel Zeit sie darin noch verbringen, richtet sich nach dem Jahrgang; den kürzesten Ausbau erfuhren der 1984er, 86er und 87er – sie wurden schon nach 16 Monaten abgefüllt. Die bisher längste Ausbauzeit belief sich auf zwei Jahre, und zwar bei den Premiers Crus von 1985, 88, 90 und 93. Geschönt werden die Weine «niemals», jedoch findet seit 1984 Kieselgur- und Schichtenfiltration statt. Erich möchte diese Techniken abschaffen und hat beim 1989er mit Filterpatronen experimentiert. Ein Versuch mit Kieselgurfiltration kurz vor der *malo* erbrachte «spektakuläre Resultate bei der Farbe» und regte zu weiteren Experimenten an.

Die Weine der Domäne sind individuell und fein. In der Jugend zeigen sie sich meist undurchdringlich dunkel mit dem an schwarze Kirschen gemahnenden Aussehen eines jungen Syrah, das sich aber bald aufhellt. Niedrige Erträge (27–40 hl/ha bei Villages-Lagen und 30–37 hl/ha bei den Premiers Crus) und alte Reben vermitteln selbst dem Monthélie-Villages feste, reife, fast süße Konzentration, überlagert von einem samtigen Gefüge.

Ungewöhnlicherweise verzeichnete das Château 1990 niedrigere Erträge als 1989; die 1990er sind inzwischen schön herangereift. Der noch immer tiefdunkle Villages-Wein ist köstlich *tendre*, dabei recht kräftig gebaut, mit voller, würziger, fast konfitürehafter Frucht. Der Premier Cru Sur la Velle hat vor allem eine Dimension mehr – prachtvoll konzentriert, wuchtig und nachhaltig. Keiner von beiden weist die sonst in Monthélie gelegentlich anzutreffende rustikale Art auf. Die 1993er entfalten sich anscheinend auf der gleichen Ebene, sind aber etwas leichter.

Die wahren Qualitäten dieser Weine kommen erst mit dem Alter zum Vorschein. Zwar gilt Champs Fuillot allgemein als die feinste Premier-Cru-Lage des Orts, Sur la Velle steht aber nicht weit zurück, und Erics Version hält sich gut. Der 1987er näherte sich 1995 der vollen Reife, und der 1985er war schon fast völlig ausgereift – ein feines Bukett von *sous-bois* und Wild leitete über zu einem nicht ganz so aufgeschlossenen, aber dennoch vollen, eleganten, straffen und kraftvollen Geschmack mit großer, vollendeter Nachhaltigkeit. An Biß hatte er noch nicht eingebüßt, und es wird auch auf etliche Jahre hinaus nicht geschehen.

Diese Weine gehören zu den feinsten aus Monthélie. Wenn Eric dem Grundsatz seines Großvaters Robert de Suremain – «es gibt keine petites années, nur das Gleichgewicht zählt» – auch weiterhin treu bleibt, dann kann die Domäne nur von Höhepunkt zu Höhepunkt fortschreiten.

WEINBERGBESITZ

Gemeinde	Rang	Lage/Climat	Fläche	Rebenalter	Status
Monthélie	PC	Sur la Velle	3,00	1928/60/80/84/90	P
Monthélie	PC	Le Cas Rougeot	0,16	1972	P
Monthélie	V	Les Romagniens	0,88	1972/85	P
Monthélie	V	Les Hauts Brins	0,51	1976	P
Monthélie	V	Les Clous	0,72	1987/91	P
Monthélie	V	Les Barbières	0,37	1984	P
Monthélie	V	Les Sous Courts	0,36	1985	P
Gesamtfläche			**6,00 ha**		

Domaine de Monthélie-Douhairet

Die Geschicke und der Stil der 300 Jahre alten Domäne liegen ganz in den Händen der fröhlichen, über neunzigjährigen Mme. Armande Douhairet. Die liebenswürdige Dame, die letzte ihrer Familie, empfängt Besucher in ihrer gemütlichen Wohnung im Obergeschoß gegenüber der Kellerei. Dort begutachtet sie auch den Wein, wobei sie inzwischen reifere Jahrgänge bevorzugt, und zeigt an jedem, der durch den Torbogen in ihren Hof tritt, lebhaftes Interesse.

Die Domäne übernahm sie nach dem Tod ihres Onkels 1945 mit 12 ha Weinbergen, die dann auf die heutigen 7 ha zurückgingen, als ihre Schwester ihren Anteil verkaufte. Am bekanntesten sind der rote und der weiße Monthélie des Hauses, auf diese beiden entfällt aber nur die Hälfte der Produktion.

Die Tagesarbeit in Weinberg und Keller versieht Francis Lechauve, der seine Kunst bei André Mussy und Bernard Fèvre gelernt hat. Seit 1990 liegt die Zuständigkeit für die Weinbereitung bei André Porcheret, heute Kellermeister der Hospices de Beaune, der auf die Qualität der Weine von Madame Armande großen Einfluß nahm, nachdem am Ende der 1970er und Anfang der 1980er Jahre eine Zeit der Ungleichmäßigkeit geherrscht hatte.

Die Weinberge der Domäne befinden sich größtenteils in Hanglagen, vor allem die in Monthélie. Sorgfältige Auswahl des Pflanzguts gewährleistet niedrige Erträge und ein günstiges Verhältnis von Feststoffen zu Flüssigkeit in den Trauben. Die Erträge sind seit 1990 stark gesunken; damals wurde trotz strenger *évasivage* Behangausdünnung vor der *véraison* unumgänglich. Die Villages-Lagen erbringen inzwischen 40–45 hl/ha, die Premiers Crus 30–35 hl/ha, oft sogar weniger.

Die Weinbereitung ist beim Rotwein «revidiert klassisch» – die deutlichste Revision besteht wohl darin, daß 17 % Ganztrauben in das ansonsten vollständig entrappte Traubengut gegeben werden. Dadurch wird der Gärprozeß verlängert, und die Stiele bewirken, daß der *chapeau* nicht so zäh und daher leichter durchzuarbeiten ist.

Durch Abkühlen der Maische auf 14 °C wird der Gärbeginn um drei bis vier Tage verzögert, damit Farbe extrahiert werden kann. Als noch keine Temperaturregelung verfügbar war, wurde dasselbe durch allmähliches Füllen der Gärbottiche mit frischen, kühlen Trauben erreicht – ein frühes Beispiel der Vormaischtechnik. Die Gärung wird mit Naturhefen durchgeführt und erreicht Spitzenwerte von 33 °C – oberhalb dieses Werts entstehen nur Einbußen an Aroma. Auf der Su-

Als lebendes Zeugnis dafür, wie gesund guter Wein ist, genießt Mme. Armande einen Schluck aus dem eigenen Keller.

che nach mehr Gleichgewicht und Extrakt hat André Porcheret die *cuvaison* von acht Tagen (1989) auf 15 bis 20 Tage verlängert.

Der Ausbau der Rotweine dauert rund 18 Monate in zu 40 % neuen Fässern für die Premiers Crus und wenig oder gar keinen für den Villages-Wein. Auf zwei Abstiche folgen minimale Schönung und Filtration – 1993 überhaupt keine – und schließlich Abfüllung.

Die Domäne produziert seit eh und je *vins de garde*. Die Monthélies zeigen sich anfänglich generell tief und saftig mit genug Tannin für langes Leben, aber auch mit einem schönen Maß an Finesse – ganz im Gegensatz zum weicheren, eleganteren Stil des Château de Monthélie. Von den beiden Premiers Crus der Domäne hat der Le Meix Bataille mehr Finesse aufzuweisen als der Duresses; der kalkhaltige Lehmboden und die Lage an der Grenze zu Volnay verleihen ihm Rundheit und Delikatesse. Der Duresses von der Grenze zwischen Monthélie und Auxey-Duresses hat entgegengesetzten Charakter – eher rustikal, verschlossen und tanninherb – ein Wein, der aus guten Jahrgängen mindestens fünf Jahre Reifezeit braucht.

Die Pommards und Volnays von Madame Armande sind genauso exzellent. Der Pommard Fremiers, der an Frémiets in Volnay angrenzt, ist eigentlich typischer für Volnay als für Pommard: mehr Lebendigkeit und Finesse bei weniger Struktur. Der Pommard Chanlins, anschließend an Rugiens ebenfalls an der Grenze zu Volnay, hat mehr spürbare Tiefe und Struktur; besonders bemerkenswert ist der 1990er mit seiner profunden Art auf einer Grundschicht aus fein integriertem Tannin. Dieser Wein von nährstoffarmem Boden verträgt ein bis zwei Jahrzehnte Reifezeit.

Die Pommards werden absichtlich mit mehr Eichenholzeinfluß behandelt als die Volnays. Schon der Volnay-Villages ist gut, der Champans aber noch bedeutend besser; in ihm vereinen sich die Delikatesse und Finesse von Volnay mit Elementen der Struktur eines Pommard. Von dieser *cuvée* behält die Domäne das meiste zurück, weil sie sich am besten entfaltet, wozu zweifellos die 45jährigen Reben beitragen.

Vielleicht war die Qualität der Weine von Mme. Armande früher einmal ungleichmäßig, doch die unverwüstliche, charmante alte Dame hat ihre Domäne schließlich doch wieder auf den rechten Kurs in eine strahlende Zukunft gebracht. Sie freut sich bereits auf manchen herrlichen Tropfen zu ihrem hundertsten Geburtstag.

WEINBERGBESITZ

Gemeinde	Rang	Lage/Climat	Fläche	Rebenalter	Status
Monthélie	PC	Les Duresses (Rot)	0,21	24	P
Monthélie	PC	Les Duresses (Weiß)	0,26	8	P
Monthélie	PC	Le Meix Bataille (Rot)	0,43	22	P
Monthélie	PC	Clos de Meix Garnier	1,00	¾ 50, ¼ 15	P
Monthélie	V	(Rot)	2,05	25/40	P
Monthélie	V	La Combe Danay (Weiß)	0,17	8	P
Meursault	PC	Les Santenots (Weiß)	0,30	38	P
Meursault	V	(Weiß)	0,17	30	P
Volnay	PC	En Champans	0,94	30/45	P
Volnay	V	–	0,13	30	P
Pommard	PC	Les Fremiers	0,17	30	P
Pommard	PC	Les Chanlins	0,30	35	P
–	R	(Bourgogne Grand Ordinaire)	0,22	45	P
–	R	(Bourgogne Aligoté)	0,51	45 +	P
Gesamtfläche			**6,86 ha**		

Domaine Darviot-Perrin

Didier Darviot wollte eigentlich Tischler werden. Aber dann sattelte er doch um und wurde Winzer. Es blieb ihm auch gar keine andere Wahl, denn der Wein liegt ihm im Blut: Seine aus Beaune stammende Familie besitzt seit Generationen Weinberge, und sein Vater hatte Jadot, Drouhin und Latour mit Wein beliefert. Auch die Familie seiner Frau, die Perrins, verfügte über Weinbergbesitz – da gab es also kein Entrinnen!

Didier und seine Frau Geneviève – aus unerfindlichen Gründen wird sie überall nur Julie genannt – leben seit 1986 im geräumigen Haus seines Onkels am Rand von Monthélie. Es liegt sozusagen strategisch günstig, gleich weit von Beaune und Chassagne – den Außenposten ihres Reichs – entfernt. Seit 1989 verkaufen sie immer weniger Wein faßweise und füllen «von Jahr zu Jahr mehr» selbst ab. Inzwischen sind es 30 000 Flaschen – exzellente Bourgognes, je drei weiße Meursaults und Chassagnes, je ein Rotwein aus Monthélie, Chassagne, Pommard und Beaune und zur Abrundung zwei *cuvées* Volnay aus sieben *climats*.

Didier hat kaum eine Berufsausbildung im Weinbau genossen, sondern seit 1978 alles vom Vater gelernt; dafür leistet er freilich Großartiges. Seine Weine sind mit großem Geschick, einem Minimum an vorgefaßten Einstellungen und einem sicheren Gefühl für Qualität zusammengestellt. Er besitzt die Feinfühligkeit und den Wissensdrang eines Künstlers und sieht mit seiner allmählich ergrauenden Haarmähne auch so aus. Seine Art ist bedächtig, selbstsicher und ernsthaft, umrahmt von natürlichem Charme.

In der Lehre beim Vater hat er manche Winzerweisheit in sich aufgenommen, beispielsweise, daß die Weinbergpflege auch ihre Tükken hat, denn wenn man den Boden bearbeitet, verbreitet man unter Umständen Nematoden und Krankheitskeime, insbesondere die üble Seuche *court noué*, die seit 1945 an der Côte de Beaune große Schäden anrichtete, solange es noch keine Klone gab und viel genetisch infiziertes Pflanzgut verwendet wurde.

Die Weinbereitung in der Domäne ist relativ geradlinig, bei Rotwein mit 90–95 % Entrappen und «gründlicher *pigeage*» und bei Weißwein mit 90 % Faßgärung. Didier sieht beim Rotwein gern eine kurze Gärtemperaturspitze, weil dabei kräftiges Aroma entsteht, und richtet die *cuvaison* je nach der Weinberglage ein: acht Tage für Chassagne, für Volnay dagegen 15 bis 17 Tage, «weil der Extrakt so lange braucht». Die Weine beider Farben werden nach etwa 18 Monaten von einem Lohnabfüller in die Flasche gebracht. «Zum Selbstabfüllen braucht man eine erstklassige Ausrüstung», meint Didier und tut die von vielen Winzern benutzten kleinen Apparaturen als «reine Folklore» ab. Bei manchen roten *cuvées* erfolgt die Abfüllung Faß für Faß. Bei welchen? «Ça dépend», lautet die Antwort, gefolgt von spöttischen Warnungen vor den Praktiken gewisser Winzer, die ein Faß ohne Filtration abfüllen, die übrigen Fässer aber filtern und dann das Ganze als «vin non-filtré» ausgeben. Bei Darviot werden die Rotweine nach Bedarf geschönt (1993 weniger, 1990, 91, 92 mehr), und zwar eher um ihre Brillanz zu erhöhen als um das Tannin zu mildern, und auch nur dann gefiltert, wenn sie sich nicht auf natürliche Weise klären.

Bei den Weißweinen ist der wichtigste Arbeitsgang die *bâtonnage*, vor allem gegen Ende der Gärung. 1993 gelang es Didier wie vielen anderen Erzeugern auch, den von Natur aus mageren, säuerlichen Weinen durch vermehrtes Hefesatzaufrühren zusätzliche Fülle zu geben. Die *élevage* beschränkt sich beim Weißwein auf einen Abstich nach zehn bis elf Monaten in größere *foudres*, in denen eine weitere sieben- bis achtmonatige Reifezeit folgt.

Sowohl die Rotweine als auch die Weißweine sind exzellent, besonders fein die Meursaults: ein straffer, fleischiger La Velle, ein erstklassiger Tessons von jungen Reben und die Premiers Crus Charmes und Perrières. Es folgen zwei würdige Weißweine aus Chassagne – eine Villages-Cuvée von über 80jährigen Reben und ein Premier Cru Blanchots Dessus aus 80 Rebzeilen direkt an der Mauer von Le Montrachet, vinifiziert mit Les Rebichets. Die roten Spitzengewächse sind zweifellos die drei Volnays – Les Blanches, Les Santenots und ein aus kleineren Parzellen zusammengestellter Wein. Der erstere stammt aus einer Villages-Hanglage neben dem Clos des Chênes, in der weiße Steine die Wärme reflektieren. Sie wird spät abgeerntet und erbringt bei niedrigen Erträgen recht vollen Wein mit viel konzentrierter Frucht. Der Santenots von älteren Reben, meist mit viel *millerandage*, ist durchaus breiter, tiefer im Geschmack und muskulöser, mit Eichenholz in der Struktur.

Didier und Julie Darviot sind ein gutes Team. Wenn sie sich nicht daheim um ihre zwei Kinder kümmern, trifft man sie oft beim Radfahren über Land, beim Essen in einem neuen Restaurant oder aber in Avignon im Theater oder im Konzert.

WEINBERGBESITZ

Gemeinde	Rang	Lage/Climat	Fläche	Rebenalter	Status
Chassagne	PC	Les Rebichets (Weiß)	0,09	30	P
Chassagne	PC	Les Blanchots Dessus (Weiß)	0,29	25/35	P
Chassagne	V	La Bergerie (Weiß)	0,46	80+	P
Meursault	PC	Les Charmes	0,31	25/35	P
Meursault	PC	Les Perrières	0,29	35	P
Meursault	V	Les Tessons, Clos la Velle, Les Clous, Vireuils	2,17	10–30	P
Monthélie	V	Les Craies (Rot)	0,19	10	P
Chassagne	PC	Les Bondues (Rot)	0,32	25	P
Beaune	PC	Belissand	0,45	40	P
Pommard	V	Les Vaumuriens	0,19	20	P
Volnay	PC	La Gigotte	0,27	20	P
Meursault	PC	Volnay Santenots	0,58	35/45	P
Volnay	V	Ez Blanches	0,52	40	P
Volnay	V	Les Petits Gamets	0,05	30	P
Volnay	V	Les Petits Poisots	0,18	20	P
Volnay	V	Les Pasquiers	0,16	40	P
Volnay	V	Les Pluchots	0,17	20	P
Meursault	R	Les Maguys (Bourgogne Blanc)	0,21	30	P
Meursault	R	Les Maguys (Bourgogne Rouge)	0,14	30	P
Meursault	R	(Bourgogne Aligoté/Passetoutgrain)	0,80	15/30/50	P
Gesamtfläche			**7,84 ha**		

AUXEY-DURESSES

Blick von der Montagne du Bourdon auf Auxey – im Vordergrund die bekannte Premier-Cru-Lage Les Duresses.

Auxey ist eine freundliches, langgezogenes Dorf in einem friedlichen Tal zwischen sanften, grünen Hügeln. Hier treffen die Straßen aus Beaune, Meursault, Saint-Romain und Autun aufeinander, wodurch der Ort eine Atmosphäre reger Betriebsamkeit erhält, die mit den Realitäten freilich nicht zusammenstimmt.

Diese Lage ließ hier schon früh Ansiedlungen entstehen. Davon zeugen Reste prähistorischer Wallanlagen auf dem Mont Melian und eines Druidentempels im nahegelegenen Petit-Auxey – Hauxiacum –, das als die ältere Siedlung gilt, weil es nicht nur den Verkehr durch das Tal, sondern auch die Wasserquellen beherrschte.

Weinbau wird an diesen Hängen schon seit Jahrhunderten getrieben. Die Mönche von Cluny hatten hier zwischen dem 10. und 14. Jh. Besitzungen, bis diese an das Kloster Maizières fielen. Eine zeitgenössische Bestandsaufnahme weist 1692 den größten Teil der *climats*, die heute noch als die besten gelten, als Klosterbesitz aus.

Die Rebfläche von Auxey ist nicht sehr groß. 169,63 ha Villages- und Premier-Cru-Lagen erstrecken sich über mehrere Gemarkungsteile: Mont Melian im Südosten, Montagne du Bourdon und Montagne du Tillet im

Auxey-Duresses ist eine der kleinen Gemeinden an der Côte de Beaune, deren Image verdientermaßen einen Wandel erfährt. Bis noch vor kurzem bildeten die hiesigen Vignerons eine exzellente Quelle für den Côte de Beaune-Villages und Bourgogne Rouge und Blanc der großen Handelshäuser. Wegen der steigenden Preise der bekannteren Appellationen suchen Käufer nun auch in Auxey und anderen Gemeinden nach sauberen roten und weißen Burgundern zu vernünftigen Preisen. Heute wird viel mehr Auxey unter dem Villages-Etikett von den Winzern selbst abgefüllt und vermarktet, und auch die Handelshäuser nehmen die längst überfällige Neubewertung vor; so breitet sich allgemeiner Wohlstand aus.

Auxey hatte früher eine Reputation für soliden, schlichten Wein ohne viel Schnörkel, aber auch ohne großen Charakter. Nach der Reblauszeit und bis zur Entstehung der Appellations Contrôlées in den 1930er Jahren trugen die Rotweine aus Auxey dazu bei, den schier unersättlichen Durst auf Volnay und Pommard zu stillen, und die Weißweine mußten zweifellos in Meursault aushelfen. Sicherlich läßt das nicht den Schluß zu, daß der Auxey genauso gut war wie der Pommard usw., sondern vielmehr nur, daß die Unwissenheit des Verbrauchers solche Tricks ermöglichte.

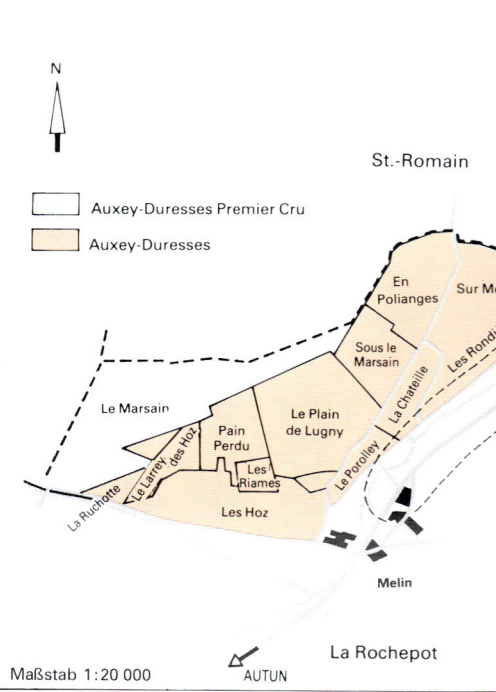

Norden und Westen sowie Hameau de Melin, etwa 1 km in Richtung Autun an der RN73.

Zwar wächst in allen Lagen Rot- und Weißwein, in der Hauptsache aber beruht die Weißweinerzeugung von Auxey – etwa 25 % – auf Trauben vom Mont Melian. Bevor der Chardonnay sich durchsetzte, waren dort die zehn Weinberge vorwiegend mit Pinot Blanc und Aligoté besetzt. Was es heute noch an Aligoté gibt, kommt vor allem aus Regionallagen am Fuß des Bergs.

Die Weinberge am Mont Melian befinden sich in Nord- und Nordostlage und bereiten deshalb bei der Reife Schwierigkeiten. Da es sich aber um eine Fortsetzung von Meursault handelt, bringt der Boden in Jahren, in denen die Trauben voll zur Reife gelangen, ein Element besonderer Klasse ein. Unter einer dünnen steinigen Krume liegt eine Schicht aus lockerem Gesteinsschutt. In dieser Gegend wächst so gut wie kein Pinot Noir.

Nördlich des Orts, angrenzend an Les Duresses von Monthélie, befinden sich auf 31,76 ha in mäßigen bis steilen Hanglagen an der Montagne du Bourdon die sieben Premiers Crus von Auxey. Der Berg gewährt den nach Süden ausgerichteten Weinbergen Schutz und damit dem Pinot Noir eine ausgezeichnete Chance zum Ausreifen.

Eine Besonderheit sind hier die «clochetons» – kleine Weinberghütten aus eisernem Gitterwerk mit weißgestrichenen Dächern –, die Schutz gegen die größte Sonnenhitze gewähren und von denen aus die Weinbergbesitzer nicht nur ihre Reben bewundern, sondern auch die Arbeiter beaufsichtigen können.

Die Geröllauflage auf den meist tiefgründigen und unterschiedlich kalksteinhaltigen Böden macht Erosion, vor allem in den steileren Teilen von Duresses und Reugne, zu einem ständigen Problem. Hier wird mit dem Einsäen spezieller Gräser experimentiert, die den Boden festhalten sollen.

Aus den 13 Weinbergen vorwiegend in Ostlagen bei Melin an der Straße nach Autun kommen Rot- und Weißweine in etwa gleicher Menge.

1961 übernahm Auxey im Weinbau eine Spitzenstellung insofern, als unter der Schirmherrschaft des *INAO* einige Vignerons eine Versuchsanpflanzung mit dem in Österreich entwickelten Lenz-Moser-Hocherziehungssystem anlegten. Es wurde 1965 auf ein Lyra-System abgewandelt, und inzwischen sind rund 20 ha auf diese Weise ausgerüstet. Durch Ausbreitung der Vegetation wird verbesserte Photosynthese und damit höherer Zuckergehalt erreicht, was in diesem Randklima besonders wertvoll ist.

Mit zunehmender Bekanntheit der Weine von Auxey können die Vignerons mehr Flaschenwein zu besseren Preisen absetzen und deshalb auch wieder mehr in Weinbergpflege und Arbeitsausrüstungen investieren. Zwar fehlt es den Weinen aus minderen Jahrgängen an Rundheit und Charme, doch erbringen reifere Jahre exzellente Ergebnisse. Die Weißweine mit ihrem Aroma von Haselnüssen und Lindenblüten und ihrem oft gefälligen, fetten Geschmack mit deutlichem *goût de terroir* können als einfache Meursaults gelten. Die Rotweine neigen zu muskulöser Robustheit mit einem Aroma von «petits *fruits rouges*» und mit viel Saft und Kraft. Einige Jahre Kellerreife kommen ihnen sehr zustatten – in erstklassigen Jahrgängen schaden zehn Jahre und mehr durchaus nicht.

Abgesehen von den hier beschriebenen Domaines Jean-Pierre Diconne und Leroy liefert das Weingut des Duc de Magenta die besten Weine, die von Louis Jadot in Beaune produziert und vermarktet werden. Insbesondere der Weißwein zeigt in bewundernswerter Weise, welche Klasse in Auxey entstehen kann, und setzt für die übrigen Vignerons der Gemeinde die Maßstäbe.

Darüber hinaus sind die Domänen Michel Prunier und Roy Frères sehr zu empfehlen, und feine weiße Auxeys sind auch bei Michel Ampeau sowie rote Auxeys bei Jean-François Coche, François Jobard und André Pernin-Rossin zu haben.

Auch der Humor kommt in Auxey nicht zu kurz: 1971 gründete der «chef-patron» des Restaurants La Crémaillère, Jean Camilleri, gemeinsam mit einigen deutschen Gästen die Confrérie du Pot au Feu in Nachahmung der weit illustreren und älteren Gesellschaft der Chevaliers du Tastevin. Inzwischen schwören über 400 Mitglieder aus mehreren Ländern in feierlichen Sitzungen unter dem Präsidium eines Grand Sénéchal dem Pot au Feu ewige Treue. Da dieses verehrungswürdige Gericht zu seiner Vollendung vermutlich reichlicher Mengen von Auxey-Duresses bedarf, hilft diese als Ulk begonnene Veranstaltung der Gemeinde zweifellos bei der Vermarktung ihrer immer besser werdenden Weine.

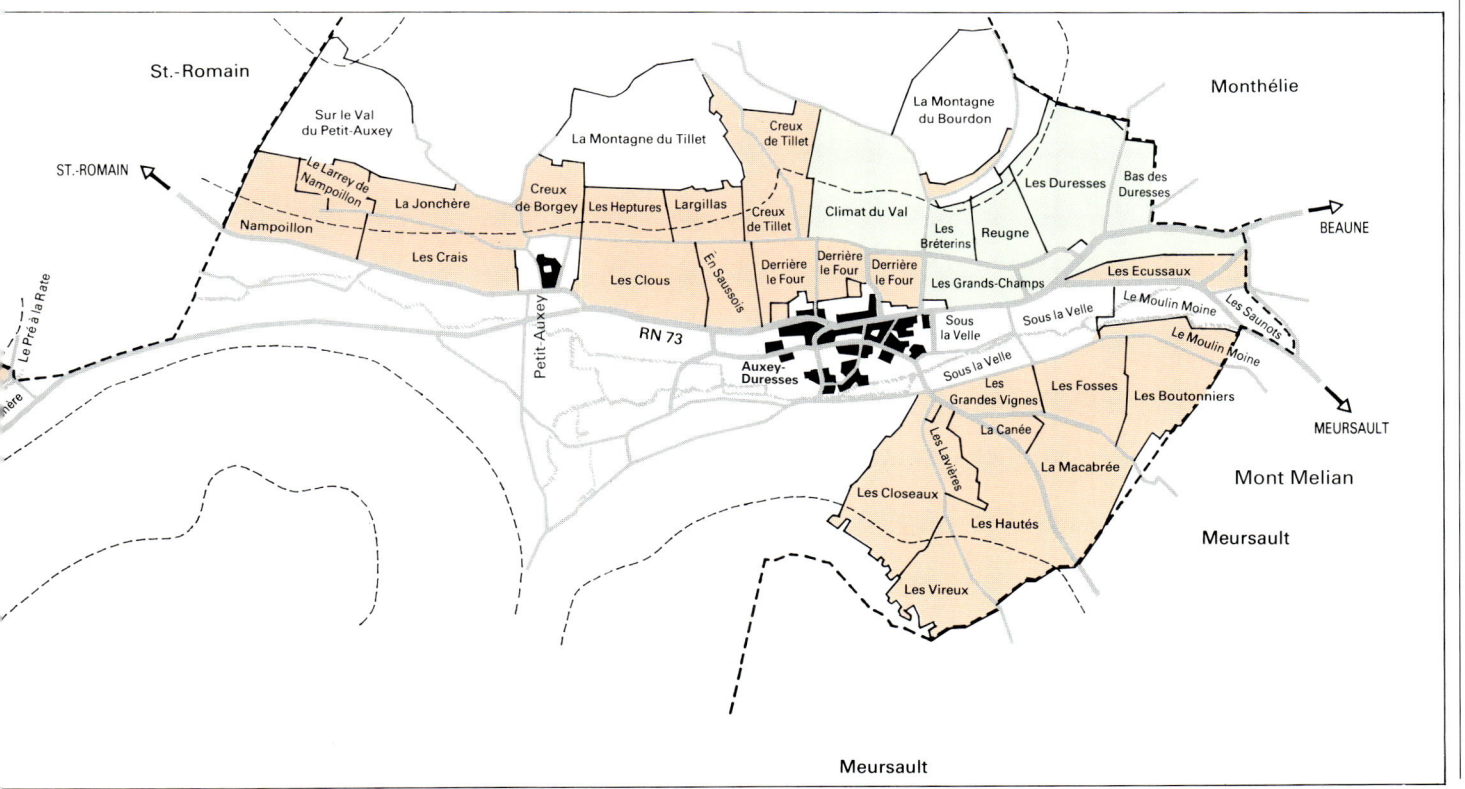

Domaine Jean-Pierre Diconne

Von den wenigen besonders erwähnenswerten Weinerzeugern in Auxey-Duresses ist Jean-Pierre Diconne der individualistischste, ein lebhafter Mann, der seit 1960, als er 15 Jahre alt war, für seinen Vater in der Domäne gearbeitet und diese dann 1972 übernommen hat. Sein Vater war in Meursault angestellt und zog nach Auxey, wo er für einen Winzer arbeitete, der ihm 1927 seinen Besitz vermachte.

Jean-Pierre ist nicht der Mann, der sich durch äußere Vorgänge beeinflussen läßt. Sein Grundsatz lautet, daß die genaue Kenntnis der eigenen Reben den Weg zur Qualität erschließt, und er belächelt so manches, was heute als Fortschritt gilt. Er hat gern alte Reben – seine ältesten bestehen aus einer 1927 gepflanzten Parzelle Chardonnay in Les Duresses. Wenn es aber nötig wird, ein Stück Weinberg zu roden, dann kommt sofortige Neubestockung nicht in Frage; vielmehr läßt er wie sein Vater das Land erst eine Zeitlang ruhen. Jean-Pierre erinnert sich an eine Parzelle Auxey-Duresses, die 1955 nach 25 Jahren Brache wiederbepflanzt wurde, und er selbst hat vor kurzem Land neu bestockt, das 14 Jahre brachgelegen hatte. Offensichtlich werden hier Entschlüsse nicht mit unziemlicher Hast getroffen.

Weinstöcke erhält man offenbar am Leben, indem man sie knapp hält – auf jeden Fall sind die im Jahr 1893 gepflanzten Chardonnay-Reben in der Lage Les Luchets in Meursault noch immer gut im Schuß.

Niedrige Hektarerträge strebt Jean-Pierre natürlich an, bemerkt dazu aber trocken, sie seien am leichtesten zu erreichen, wenn ein Teil der Rebfläche nicht bepflanzt ist. Wenn alle anderen Mittel zur Ertragsbeschränkung versagen, schickt Jean-Pierre seine Frau in den Weinberg zur Behangausdünnung. Dennoch lagen 1990, obwohl «die Frau sechs Trauben an jedem Weinstock herausgeschnitten hatte», die Erträge immer noch zu hoch. Anscheinend war Mme. Diconne zu früh an die Arbeit geschickt worden – hätte sie den Behang erst im August anstatt im Juli ausgedünnt, hätten die Reben vermutlich den Verlust nicht mehr ausgleichen können. Jean-Pierre murrt, die großen Beeren, die so entstanden, hätten durchaus nicht dieselbe Struktur gehabt wie die kleineren, die er sonst erntet. «Die Bücher und die Medien behaupten, daß es funktioniert, aber in Wahrheit ist es doch komplizierter.»

Da die Trauben in Meursault ein paar Tage früher reifen als in Auxey, beginnt er gewöhnlich dort mit der Lese. «Man kann aber auch Fehler machen», gibt er kleinlaut zu, «1990 fingen alle zu früh mit der Lese an». In seinen Augen liegt das Problem darin, daß bei der Festlegung des Reifezeitpunkts einfach 100 Tage nach dem Beginn der Blüte gerechnet werden, anstatt den Tag zugrunde zu legen, an dem wenigstens die Hälfte aller Blüten voll entwickelt ist.

Die Produktion der Domäne verteilt sich ungefähr gleichmäßig auf Rot- und Weißwein. Jean-Pierre arbeitet in beschränktem Umfang für Négociants, insbesondere für Ropiteau und Olivier Leflaive – die für sie bestimmten *cuvées* werden abgesondert, bevor der Wein ins Faß kommt.

Bei den Weißweinen beginnt die Gärung im Tank, und sobald sich die Temperatur stabilisiert hat, werden sie in zu etwa 25 % neue Fässer aus Allier- und Tronçais-Eiche gefüllt. Auf die Sauberkeit der Fässer legt Jean-Pierre großen Wert, vor allem da ja die Weißweine darin mindestens 15 Monate ohne Abstich auf dem Hefesatz zubringen. Wenn die Fässer nicht gründlich sauber seien, stelle sich ein Beigeschmack ein, oder der Wein werde mager und verliere seine Frucht. Nach dem ungewöhnlich langen Aufenthalt im Faß wird der Wein im Tank zusammengeführt, mit Bentonit geschönt und sechs Wochen später nach einer Kieselgurfiltration von einem Lohnunternehmen abgefüllt.

Beim Durchprobieren in den in der ganzen Domäne verstreuten Kellern lernt man wieder einmal, nicht nach Äußerlichkeiten zu urteilen. Zwar scheint Ordnung bei Jean-Pierre nicht den höchsten Stellenwert zu haben, seine Weine aber sind alles in allem exzellent.

Der Auxey Blanc ist hierfür ein großartiges Beispiel: reif und würzig, mit schöner Säure, einem Hauch Eichenholz im Geschmack, köstlich nachhaltig und stilvoll; er braucht drei bis fünf Jahre in der Flasche, um sein Bestes zu geben.

Der Meursault Les Narvaux, entnommen aus dem Faß und zum Degustieren freigegeben, nachdem Jean-Pierre sich eine Probe aus der Pipette in den Mund gespritzt hat, ist kräftiger und stämmiger als sein Cousin aus Auxey. Der nach Puligny hin gelegene Weinberg hat eine dünne Kalksteinauflage über fast undurchdringlichem Fels, der dem Wein Finesse und Säure vermittelt. Der Meursault Clos des Luchets ist ganz anders: viel feiner, schlanker, mit mehr Rasse und Stil und sehr mineralisch im Charakter. Dieser Weinberg liegt knapp 500 m von der Grenze zu Auxey und besteht meist aus Gesteinsschutt, recht tiefgründiger roter Erde mit hohem Anteil an Steinen und «lave», einem porösen Fels.

Die Vinifizierung der Rotweine ist ebenso individualistisch: Eine kräftige Dosis SO_2 (1,5 bis 2 l/t) verzögert zunächst den Gärbeginn um drei Tage. Entrappt wird nicht, und die *cuvaison* dauert 12 bis 15 Tage bei hohen Gärtemperaturen – manchmal bis zu 35 °C. «Die Temperaturen gehen herunter», sagt Jean-Pierre bedauernd, «weil die berühmten Önologen das so anraten.» *Pigeage* wendet er nicht an, sondern arbeitet mit *chapeau immergé* – «ich rühre höchstens einmal bis zu den Ellbogen darin herum».

Der Preßwein wird erst nach einer Geschmackskontrolle dem Vorlaufwein beigemischt, und das Ganze bringt dann mindestens ein Jahr auf dem Hefesatz im Faß zu. Nachdem er Eiche aus Nevers, Buxy und Morvan erprobt hatte, entschied sich Jean-Pierre für Allier als «beaucoup plus fin».

Die *malo* verläuft im eiskalten Keller sehr langsam – «1988 brauchten in paar Fässer

WEINBERGBESITZ

Gemeinde	Rang	Lage/Climat	Fläche	Rebenalter	Status
Auxey	PC	Les Grands Champs (Rot)	0,42	1962/67	P
Auxey	PC	Les Duresses (Rot)	0,42	1927	P
Auxey	V	Les Grandes Vignes/Les Vireux/Les Heptures (Rot)	1,23	1945/67/71/75	P
Auxey	R	Les Grandes Vignes/Les Clous/Les Closeaux/Les Fosses (Weiß)	1,70	1927/55/59/71/91	P
Auxey	R	Les Closeaux (Bourgogne Rouge)	0,20	1972/73	P
Meursault	V	Les Narvaux Dessous	0,77	1970/81/86	P
Meursault	V	Les Luchets	0,71	1893/1930/50	P
Meursault	R	(Bourgogne Aligoté)	0,92	1930/52/88	P
Meursault	R	(BGO-Gamay)	0,62	1932/36	P
Meursault	R	(Bourgogne Blanc)	0,34	1954	P
Meursault	R	(Bourgogne Passetoutgrain)	0,62	1932/38/73	P
Gesamtfläche			**7,95 ha**		

zwei Jahre dafür», erzählt Jean-Pierre. Wenn er dann aber keine Zeit für den Abstich hat, gibt Jean-Pierre eine halbe Dosis SO_2 in den Wein und läßt ihn liegen, bis er soweit ist. Prinzipiell erfolgt nur ein Abstich in einen Tank, in selteneren Fällen, wenn der Wein geschönt werden muß (letztmals 1985), auch noch ein zweiter; in Fässer wird der Wein nicht mehr zurückgegeben.

Anders als die Weißweine füllt Diconne die Rotweine selbst ab. Dabei geht eine leichte Vorfilterung einer kräftigeren Schichtenfiltration voraus. Der Werdegang vom Gärbottich bis zur Flasche dauert meist über zwei Jahre.

Nach der Kaltmaischung und der 15tägigen *cuvaison* mit untergetauchtem Hut und allen Stielen sind die Diconne-Rotweine wie zu erwarten weder zarte Veilchen noch ideal für baldigen Genuß. Die Auxeys zeigen sich in den ersten Jahren ziemlich roh und unzugänglich und entfalten ihre wahren Qualitäten erst im Lauf eines Jahrzehnts. Der exzellente Auxey Premier Cru ist eine *cuvée* aus Les Duresses und Les Grands Champs.

Leider gilt der Wein aus Auxey-Duresses meist nicht als *vin de garde* und wird deshalb zu früh getrunken. Jean-Pierre hat dazu nichts zu sagen als «wir ändern nichts, was sich bewährt hat». Die hartnäckig altmodische Art der Weinbereitung, die nur insoweit verändert wird, als es zu Jean-Pierres eigenen Ansichten über den Auxey paßt, bringt vor allem in reiferen Jahren markante und interessante Weine hervor. Für alle, die einen solchen Stil mögen, ist die Domäne für Rotwein wie für Weißwein eine gute Quelle.

Goldene Hänge – herbstliche Reben bei Monthélie.

Domaine Leroy

Nicht zuletzt aufgrund der Persönlichkeit ihrer Besitzerin ist die Domaine Leroy das am heftigsten umstrittene Weingut Burgunds. Madame Lalou Bize-Leroy scheint Kontroversen anzuziehen (manchmal wohl auch zu provozieren). 1992 wurde sie – nach einem reichlich publizierten Streit um die Absatzpolitik – mit der Stimme ihrer eigenen Schwester Pauline Roch von ihrer Position als Mitverwalterin und Hauptvertriebsbeauftragte der Domaine de la Romanée-Conti (an der die Familie Leroy nach wie vor zur Hälfte beteiligt ist) abgewählt. Durch ihre unverhohlene Mißachtung für diese Domaine und ihre Weine zeigt Madame, daß die Schmach von damals sie tief getroffen hat.

Zusammen mit ihrem Mann Marcel besitzt sie nicht nur die Domaine Leroy, sondern auch die Domaine d'Auvernay, die vorbildliche Bourgognes Rouges und Blancs sowie eine Reihe von Villages-Weinen, Premiers und Grands Crus hervorbringt. Die Domaine Leroy betätigt sich sowohl als Handelshaus wie auch als Erzeugerbetrieb mit 19 ha in besten, größtenteils seit 1988 erworbenen Lagen, von Regionalweinen bis zu (insgesamt neun) Grands Crus.

Von ihrem eleganten Haus in Auxey aus verkauft Mme. Bize-Leroy Burgunder von der Côte d'Or, die bei vielen als die feinsten überhaupt gelten, an einen aufnahmefreudigen Kundenkreis in aller Welt zu Preisen, die ihr bei der Konkurrenz Verwunderung, Bewunderung und oft nur schwach verhüllten Neid eintragen. Wenn man den Gerüchten trauen darf, liegen in ihren Kellern über eine Million Flaschen Burgunder aus Jahrgängen zurück bis in die 1920er Jahre – eine einmalige Sammlung, deren Tiefe und Vollständigkeit zu Vergleichen mit der Bibliothèque Nationale und dem Louvre Anlaß gegeben hat.

Ungeachtet eines mißlungenen Versuchs, die Domaine Leroy gegen Ende der 1980er Jahre (an Japaner) zu verkaufen, strotzt das Gut vor Reichtum. Für Weinberge und ganze Weingüter, deren Land entsprechende Qualität darstellt, werden Spitzenpreise gezahlt (z. B. Remy in Gevrey-Chambertin und Charles Noëllat in Vosne-Romanée). Das Bestreben, den Weinbergbesitz zu vergrößern, ist eine notwendige Reaktion auf die Schwierigkeit, Wein in geeigneter Qualität für das Leroy-Négociant-Etikett zu finden – vor diesem Problem stehen alle großen Handelshäuser. Freilich dürften auch bei Preisen, die Vergleichbares um ein Fünffaches und mehr überschreiten, Wirtschaftlichkeitserwägungen eine nicht geringe Rolle spielen.

Erstklassiges Rohmaterial bei Auxey-Duresses.

Die Kontroversen, die sich an der Persönlichkeit von Mme. Bize-Leroy entzünden, übertragen sich auch auf ihre Weine. Teuer sind sie ja, sind sie aber auch wirklich große Burgunder? Liegen die Hektarerträge so niedrig, wie behauptet wird, und bilden 100 % neue Fässer für alles einen glaubhaften Weg, das *terroir* zum Ausdruck zu bringen, oder wird dadurch die Reinheit des Pinot Noir, vor allem in minderen Appellationen, nicht etwa erstickt? Diese Fragen stellt sich nicht nur die internationale Kennerschaft, sondern sie werden mit ebenso großer Vehemenz auch unter den Winzern und im Handel an der Côte diskutiert.

Alle Weine der Domaine Leroy werden in Les Genevrières, einem eleganten Bauwerk gegenüber dem Clos des Réas in Vosne, vinifiziert. Für die Kellerarbeit war André Porcheret zuständig, bis er 1993 wieder seine alte Tätigkeit als Kellermeister der Hospices de Beaune aufnahm. Heute liegt die Weinbereitung in der Hand von Mme. Bize-Leroy persönlich.

Sie achtet mit großer Sorgfalt auf die Qualität der Trauben, die in die *cuves* gelangen. Es ist seit jeher ihre Überzeugung, daß Spritzmittel und Kunstdünger sich auf lange Sicht katastrophal auf die Gesundheit der Weinberge auswirken. Ab 1989 wurde rasch auf biodynamischen Weinbau umgestellt, und heute wird das gesamte Gut nach diesen Grundsätzen bewirtschaftet. Im Gegensatz zur «culture biologique», die eine besondere Pflege der Pflanzen nur dann vorsieht, wenn ihre Gesundheit bedroht ist, will die «biodynamie» das Gleichgewicht zwischen der Pflanze und ihrer Umwelt wiederherstellen und der Rebe eigene Kraft verleihen, um Krankheiten besser Widerstand leisten sowie mehr Anthocyanine, bessere Aromasubstanzen und von Natur aus niedrigere Erträge hervorbringen zu können.

Das *terroir* hat für Lalou Bize-Leroy obersten Rang: «Die Frucht besitzt Identität, nicht nur als Pinot Noir oder Chardonnay, sondern als Bâtard, Criots oder Corton-Charlemagne.» Und zwar in solchem Maß, daß sie behauptet, die Herkunft von Trauben allein am Geschmack feststellen zu können: «Seit zwei Jahren habe ich mich nicht mehr geirrt.» Im Streben nach erstklassigem Rohmaterial verbringt sie viel Zeit draußen: «Ich bin immer im Weinberg – meine Freunde sagen, ich hätte nichts als Mehltau im Kopf.»

Das durchschnittliche Rebenalter wird hoch, der Ertrag überaus niedrig gehalten. 1991 meldete Mme. Bize-Leroy nur 6 hl/ha in Romanée St-Vivant und Nuits und 9–10 hl/ha in den übrigen Lagen. Ihre Weigerung, der Biodynamie die Treue aufzusagen und gegen um sich greifenden Mehltau anzugehen, wurde von manchen als unverantwortlicher Starrsinn betrachtet und beschleunigte auch das Ausscheiden André Porcherets. «Man hat nicht das Recht, eine Ernte zu verschenken; ich hätte gespritzt», lautete sein knapper Kommentar.

Solche geringen Ertragsziffern sind zwar eindrucksvoll, müssen aber in den richtigen Zusammenhang gestellt werden, denn in manchen Weinbergen sind viele Weinstöcke ausgefallen. Ein Erzeuger, dessen Grand-Cru-Weinberg neben dem der Domaine Leroy liegt, berichtet von 30 % «manquants»; wenn das stimmt, erhöht sich die wahre Hektarertragsziffer entsprechend. Aber auch wenn man voraussetzt, daß diese Erträge in voll produzierenden Weinbergen zustande gekommen wären, kann man darüber streiten, ob die Verringerung des Ertrags über ein gewisses Maß hinaus einen echten Qualitätsgewinn bringt. Manche meinen, man könne auch überkonzentrieren und überextrahieren, und das sei genauso wenig wünschenswert wie das Gegenteil.

Die sorgfältige Beobachtung der Erträge wird ergänzt durch gründliche Auslese. 1993 wollten die Leute bei den sowieso schon winzigen Erträgen nichts mehr heraussortieren, und Madame mußte sie erst davon überzeugen, daß der *verjus*, die Nachfrucht, die zwar reif aussieht, es aber nicht wirklich ist, unbedingt ausgeschieden werden müsse.

Das vorrangige Ziel der Vinifizierung besteht darin, die Individualität des *terroir* herauszuarbeiten. Das bedeutet, daß möglichst viel von dem, was das *terroir* bringt, auch in die *cuves* gelangen soll. Also bleiben die Stiele dabei, nicht nur, weil sie durch Lockern der Maische die Gärführung günstig beeinflussen, sondern auch wegen der («phänomenalen») Naturhefen und wegen der – wie Mme. Bize-Leroy sagt – «ambiance des cuves».

Niedrige Erträge bringen eine natürliche Konzentration mit sich, die jede *saignée* überflüssig macht, bei der man ohnehin stets Gefahr läuft, eine zu hohe Tanninkonzentration und entsprechendes Ungleichgewicht zu bewirken. Die Maischung der unzerkleinerten Ganztrauben verläuft auf natürlichem Weg, ohne Kühlen oder Erwärmen, wodurch nur der Charakter des Jahrgangs verändert würde. «Ich möchte spüren, wie jede *cuve* lebt.» Die *cuvaison* dauert 18 bis 20 Tage bei möglichst wenig *chaptalisation* – «höchstens ein halbes Grad» –, aber zweimal täglich *pigeage* mit den Füßen. Nach Abschluß der Gärung und Beimischung des Preßweins wird der Jungwein in Fässer gefüllt, und zwar ohne *débourbage*, damit das Geläger, das «sein eigenes Leben hat», dabeibleibt.

Zur Gewährleistung äußerster Hygiene werden sowohl die Rotweine als auch die Weißweine über die gesamte Dauer der *élevage* ausschließlich in neuen Eichenfässern gereift. «Ich weiß nicht, ob das Holz dem Wein etwas bringt – ich glaube es nicht», urteilt Mme. Bize-Leroy derzeit, sie gibt aber zu, daß sich ihre Ansicht hierzu vielleicht ändert. Nach Meinung von André Porcheret ist beispielsweise ein 1992er Savigny-Villages durchaus imstande, zu 100 % neue Eichenfässer zu verkraften, «wenn der Savigny richtig gemacht ist» und die Fässer gründlich vorbereitet wurden. Damit meint er das Herauslaugen unerwünschter Tannine vor dem Gebrauch – so wurde es bei den Leroy-Weinen bis einschließlich dem 1993er gehandhabt – «der Wein muß das Holz verdauen, nicht umgekehrt».

Nach der *malo* werden die Weine bei Kerzenlicht von Faß zu Faß vom Geläger («das jetzt nichts mehr bringt») abgestochen. Unmittelbar vor der Abfüllung werden die Rotweine zusammengeführt, immer vier Faß auf einmal, und geschönt (wenn unbedingt nötig), jedoch nie gefiltert: «Beim Rotwein wäre das Barbarei».

Junge Leroy-Rotweine sind untypisch für Burgunder im allgemeinen. Sie zeigen praktisch undurchsichtige, intensiv dunkle Farbe und sind unabhängig von Wein oder Jahrgang massiv tanninreich. In Aussehen und Struktur wirken sie eher wie Syrah als Pinot Noir. Mme. Bize-Leroy hält dem entgegen, daß dies bei alten Reben und niedrigen Erträgen nicht anders zu erwarten sei und daß der Pinot Noir sowieso nicht selbst in Erscheinung treten dürfe, da er nur das Vehikel für das *terroir* darstelle. Freilich räumt sie ein, daß eine derartige Konzentration von Frucht und Tannin anfänglich das *terroir* und das Aroma überdeckt – eine aufschlußreiche Aussage angesichts der häufigen Hinweise geachteter Kommentatoren auf den intensiven Pinot-Charakter und die Typenechtheit junger Leroy-Weine.

Degustiert man das Programm durch, dann ist selbst in einem minderen Jahrgang wie dem 1992er, den man aufgeschlossener zu finden erwartet, ein Cru kaum von einem anderen zu unterscheiden, so schwer ist die Struktur der Weine und so vollkommen zurückhaltend ihr Aroma. Wenn man überhaupt Unterschiede entdeckt, dann sind es eher Nuancen als Charakterzüge. Wenn doch die *terroirs* so auffallend voneinander verschieden sein sollen, so läßt sich das in einer Reihe junger Leroy-Weine durchaus nicht erkennen.

Vielleicht brauchen die typischen Merkmale einfach Zeit zur Entfaltung. Allerdings bedeuten die Struktur und schiere Wucht der Leroy-Rotweine, daß es Jahrzehnte dauern wird, bis sich echte Unterscheidungsmerkmale herausstellen, und dann werden die Weine verkauft und die Kontroversen längst vergessen sein.

Bei den Bewunderern dieser Weine hört man nichts als Superlative – «Brillant! Horrend! Hinreißend!» und so fort. Nichts kann die Getreuen dazu bringen, auch nur den geringsten Zweifel an der Qualität und dem Potential der Kostbarkeiten in ihren Kellern zu hegen. Allerdings gibt es auch Zweifler – nicht Leute, die an Mme. Bize-Leroy auf dem Umweg über ihre Weine Kritik üben wollen, sondern erfahrene Liebhaber des Burgunders, die, so gern sie auch möchten, doch nicht den Samen großer Burgunder oder schließlich überhaupt gar großen Weins darin zu entdecken vermögen.

Zwar könnte kein kompetenter Degustator diesen Weinen die Tiefe an Extrakt oder Tannin absprechen, er kann aber sehr wohl über das, was darunter verborgen liegt, seine eigene Meinung verfechten. Die klare, reine Frucht beispielsweise eines Clos de la Roche von Dujac oder Rousseau scheint in der Leroy-Version jedenfalls nicht da zu sein. Wer gewöhnt ist, Wein allein nach seiner schieren Wucht zu beurteilen, dem bringen die Leroys viel auf die Waage; wer jedoch mehr auf den Bau selbst als auf das Gerüst achtet, wer Subtilität und ausgewogenes Tannin sucht, der ist nicht so begeistert. Es herrscht zwar durchaus keine Uneinigkeit in dem Punkt, daß dies Weine sind, die eine sehr lange Reifezeit brauchen, dagegen gibt es erhebliche Zweifel darüber, was zum Vorschein kommt, wenn die Korken einmal gezogen werden.

Lalou Bize-Leroy reagiert auf solche Kritik kaum – sie weist sie lediglich als ungerechtfertigt zurück. Feste Entschlossenheit, das zu produzieren, was sie für Spitzenqualität hält, und unerschütterliche Treue zu ihren Prinzipien werden sie auch in Zukunft leiten; beides verdient Beifall. Es scheint nur schade, daß ein starker Cocktail aus übersteigerten Ideen, hohen Preisen und einer vorübergehenden Mode für extrem extraktreiche Weine zu einem Überschwang an unkritischer Verehrung geführt hat, für die man sich vorerst schwer eine einleuchtende Rechtfertigung vorstellen kann.

WEINBERGBESITZ

Gemeinde	Rang	Lage/Climat	Fläche	Rebenalter	Status
–	R	(Bourgogne Grand Ordinaire)	0,92	–	P
–	R	(Bourgogne Rouge)	0,76	–	P
Pommard	V	Les Trois Follots	0,07	–	P
Pommard	V	Les Vignots	1,26	–	P
Nuits	V	Au Bas de Combe	0,15	–	P
Nuits	V	Aux Allots	0,51	–	P
Nuits	V	Les Lavières	0,68	–	P
Vosne	V	Les Genevrières	1,23	–	P
Chambolle	V	Les Fremières	0,35	–	P
Gevrey	V	–	0,11	–	P
Volnay	PC	Les Santenots	0,35	–	P
Savigny	PC	Les Narbantons	0,81	–	P
Nuits	PC	Les Vignes Rondes	0,38	–	P
Nuits	PC	Les Boudots	1,19	–	P
Vosne	PC	Aux Brûlées	0,27	–	P
Vosne	PC	Les Beaux Monts	2,61	–	P
Chambolle	PC	Les Charmes	0,23	–	P
Gevrey	PC	Les Combottes	0,46	–	P
Aloxe	GC	Corton-Charlemagne	0,43	–	P
Aloxe	GC	Corton Renardes	0,50	–	P
Vosne	GC	Romanée St-Vivant	0,99	–	P
Vosne	GC	Richebourg	0,78	–	P
Vougeot	GC	Clos de Vougeot	1,91	–	P
Chambolle	GC	Musigny	0,27	–	P
Morey	GC	Clos de la Roche	0,67	–	P
Gevrey	GC	Latricières-Chambertin	0,57	–	P
Gevrey	GC	Chambertin	0,50	–	P
Gesamtfläche			**18,96 ha**		

CÔTE D'OR

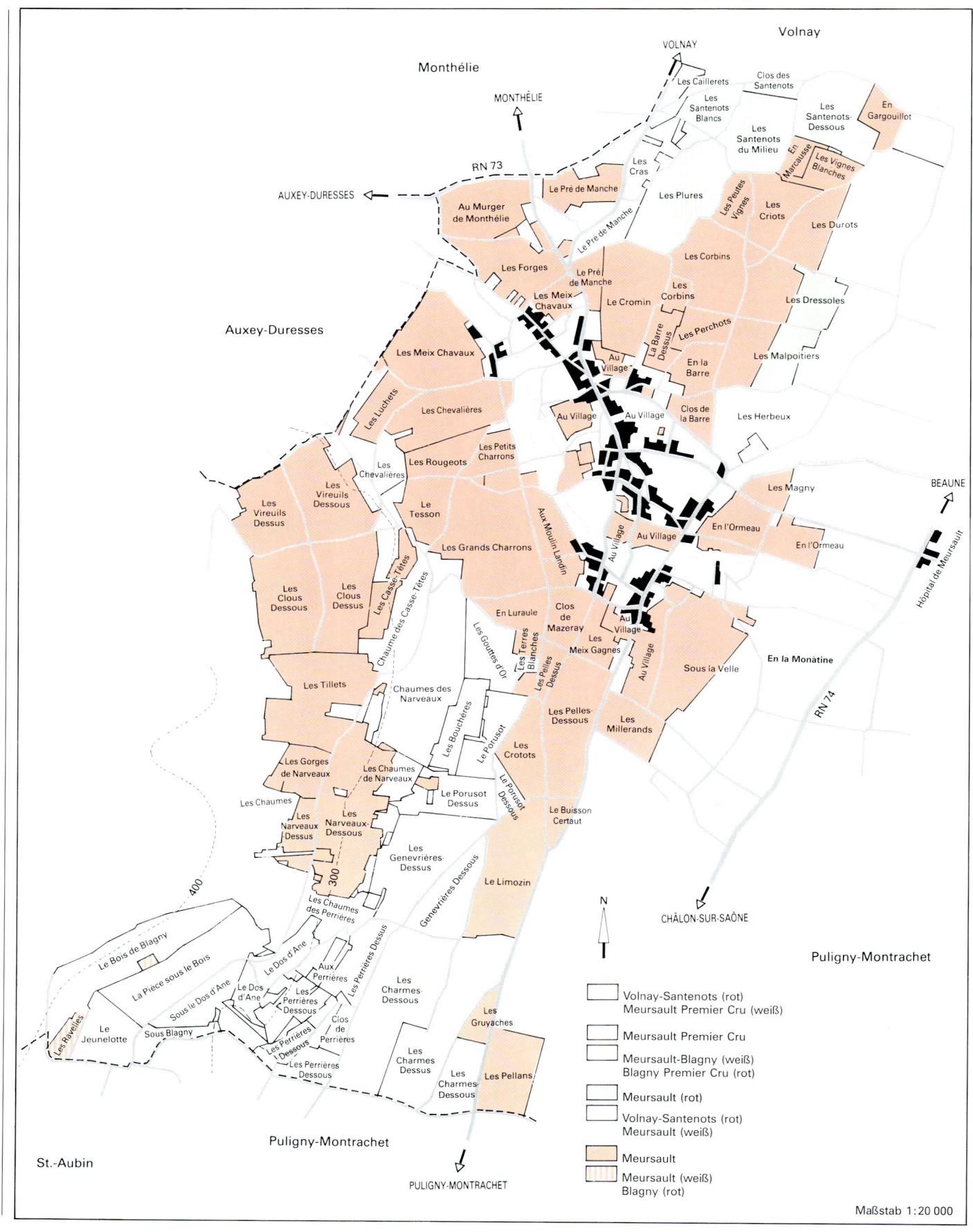

MEURSAULT

Etwa auf halbem Weg zwischen Beaune und Santenay liegt Meursault. Vom Hauptplatz oben auf dem Berg gehen Straßen in alle Richtungen, nach Monthélie und Volnay, nach Auxey und Saint-Romain, durch die Weinberge nach Puligny oder als breite, belebte Verkehrsschlagadern nach Autun und Chalon.

Der Ort mit 1700 Einwohnern glänzt von Wohlstand, der größtenteils dem Wein, daneben aber auch einem regen Geschäftsleben mit Läden, Hotels, Restaurants und allem, was dazugehört, zu verdanken ist. Schmale Gassen enden entweder in engen Höfen oder führen hinaus in die Weinberge, über die das Château de Meursault aufragt. Es ist einen Besuch durchaus wert, vor allem weil der Eintrittspreis das Recht beinhaltet, die prachtvollen Kellergewölbe zu durchstreifen und dort nach Belieben Wein zu kosten.

Da Jahr für Jahr rund 170 000 Kisten Wein zu vermarkten sind, ist es nicht verwunderlich, daß viele der 170 Winzer im Ort auf «vente directe» setzen und dies durch entsprechende Hinweisschilder kundtun.

Der Ort mit seinen 304,94 ha Villages-Lagen und 131,88 ha Premiers Crus ist der größte Erzeuger von feinem Weißwein an der Côte. Der allgemeine Qualitätsstand ist hoch, und eine Handvoll Spitzenbetriebe bringen herausragende Weine hervor.

Auf Pinot Noir entfallen jährlich rund 6000 Kisten aus drei Appellationen: Meursault Rouge (und Premier Cru), Blagny (und Premier Cru) und Volnay-Santenots; jede hat ihre Einzellagen. Die Weinberge von Blagny umrahmen das malerische Dörfchen, das halb zu Meursault und halb zu Puligny gehört, und die Volnays kommen als administrative Kuriosität aus sechs Weinbergen an der Nordgrenze von Meursault. In reifen Jahren sind die Weine fleischig, mild und angenehm duftig, wobei die Winzer, die ihr Traubengut entrappen, meist besseren Wein zu bieten haben als diejenigen, die das nicht tun.

Die administrativen Konfusionen erstrecken sich auch auf die Weißweine von Meursault. Chardonnay aus der Lage Volnay-Santenots schlägt als Meursault-Santenots (Premier Cru) oder einfach als Meursault zu Buch, während der aus Blagny je nach seiner exakten Herkunft als Meursault-Blagny (Premier Cru) bzw. einfacher Meursault geführt wird.

Mehrere zu den Villages-Lagen gehörende *climats* schaffen sich nach und nach einen so guten Namen, daß sie auf Etiketten in Erscheinung treten. Zu den besten gehören: Clos de la Barre, Le Limozin, En Luraule, Charrons, Narveaux, Tillets, Rougeots, Luchets, Chevalières, Casse-Têtes, Vireuils und Meix Chavaux. Während sich die Villages-Lagen über den ganzen Kalksteinhang erstrecken, der unten von der RN74 und oben von Wald begrenzt wird, konzentrieren sich die Premiers Crus vor allem südlich des Orts in Südostlage, nur Les Cras und Les Caillerets schauen oberhalb von Les Santenots Blancs nordwärts über die Grenze nach Volnay. Von den sechs südlichen Premier Crus sind vier – Charmes, Poruzots, Genevrières und Perrières – jeweils in mehrere *climats* unterteilt, deren Qualitäten sich so sehr voneinander abheben, daß eine Unterscheidung gerechtfertigt ist. Starke Verschiedenheiten der Böden in diesem schmalen Streifen und alte Erfahrung haben hier eine inoffizielle Hierarchie herausgebildet. Stets vorausgesetzt, daß der Vigneron der jeweiligen Lage gerecht wird, läßt sich der dominante Charakter der verschiedenen Premiers Crus grob umreißen:

Bouchères (4,41 ha) und Gouttes d'Or (5,33 ha) bringen Weine mit weniger Finesse, dafür aber mehr Struktur hervor als die anderen Premier-Cru-Lagen. Sie halten sich gut, entfalten aber nicht die Komplexität eines großen Genevrières oder Charmes.

Die im Rang eine Stufe höher stehende Premier-Cru-Lage Les Charmes ist mit 31,12 ha die größte und erstreckt sich über den Hauptteil des Steilhangs. Sie zerfällt in drei Teile, von denen die beiden unteren – Charmes-Dessous – fetteren Boden aufweisen und vollleren Wein hervorbringen, während die oberen 14,27 ha – Charmes-Dessus – Wein mit Komplexität und *rondeur*, oft mit einer eigentümlich sanften, mineralischen Note, entstehen lassen, der dem Namen der Lage gerecht wird.

Auch Poruzots (11,43 ha) ist dreifach unterteilt: Poruzots, Poruzots-Dessus und Poruzots-Dessous – sie alle liegen auf steinigen Hängen und erbringen Wein mit einer starken Feuersteinnote im Bukett und mit kräftiger Säure.

Genevrières (16,05 ha), unterteilt in Dessus und Dessous, liefert mustergültigen Meursault – Lindenblüten, Honig und Nüsse im Duft, nachhaltig und subtil im Geschmack.

Perrières schließlich (12,91 ha), unterteilt in Perrières-Dessous, Clos des Perrières, Aux Perrières und Perrières-Dessus, grenzt wie Charmes an Puligny und liegt auf Kalksteinboden mit einer wärmereflektierenden Gesteinsauflage. Aus dieser Lage kommen die feinsten Meursaults – stahlig und doch voll und elegant, mit kräftigem Körper und Rückgrat, in der Jugend nicht so entgegenkommend, mit der Zeit aber majestätischen Adel entfaltend. Ein reifer Perrières ist immer ein großes Erlebnis, eher so etwas wie ein verhaltener Puligny und weniger ein warm entgegenkommender Meursault.

Die Vignerons von Meursault sind in Stil und Kompetenz stark voneinander verschieden. Die nicht zu befriedigende Nachfrage in den 1970er und 1980er Jahren hat leider oft zu großzügiger Handhabung des Rebschnitts und dadurch zu übermäßigen Erträgen geführt. Noch immer kommen leider allzu viele dünne, grasige Weine als Meursault, ja sogar auch als Premier Cru auf den Markt; diese flachen, flauen, überstark geschwefelten, nach Karton schmeckenden Weine diskreditieren die noble Appellation. Ein feiner Meursault soll sich durch Konzentration, Biß und Rückgrat auszeichnen und daneben die ihm von Natur verliehenen Untertöne von «Pfirsichen und Haferflocken» aufweisen, die Harry Yoxall als «einschmeichelnd sanft» beschreibt.

An der Côte hat sich Meursault einen besonderen Ruf durch die Paulée geschaffen, ein Fest, das jedes Jahr im November aus Anlaß der Trois Glorieuses am Montag nach der Weinauktion der Hospices de Beaune stattfindet. Dabei handelt es sich um ein ausgedehntes Mittagsmahl, zu dem die Vignerons von Meursault Freunde und Kunden einladen. Traditionsgemäß bringt dazu jeder seine Flasche Wein selbst mit. Die Paulée ist die bei weitem gemütlichste Veranstaltung des ganzen Jahres in Burgund und stellt eine herrliche Huldigung an den Geist und Sinn des Weins dar.

Aus dem Weinberg Les Grands Charrons erkennt man deutlich das Rathaus von Meursault mit seinem buntglasierten Ziegeldach.

Domaine Robert Ampeau et Fils

Die meisten Weinerzeuger in Meursault und Puligny räumen ein, daß sie mit ihren Rotweinen mehr Mühe haben als mit den Weißweinen. Selbst die besten Winzer kommen nicht ohne weiteres mit den Raffinessen des Entrappens, der *cuvaison* und anderer Eigenheiten der Rotweinbereitung zurecht. Dank ihrem Talent ziehen sie sich aber in der Regel achtbar aus der Affäre, und wenn auch ihre Pinots meist nicht so charaktervoll und interessant sind wie die Chardonnays, so kann doch der rote Puligny oder Meursault nicht in Bausch und Bogen abgeschrieben werden.

Bei der Domaine Ampeau ist das ganz anders; hier hat die Qualität der Rotweine aus Volnay, Blagny, Pommard, Beaune, Savigny und Auxey einen Stand erreicht, auf dem nahezu die gesamte Reputation der Domäne ruhen könnte. Dennoch hat sich Ampeau mit weißem Meursault seinen Namen gemacht und leistet nach wie vor Großes auf diesem Gebiet.

Für burgundische Verhältnisse ist die Domäne nicht alt; gegründet wurde sie vom Großvater des heutigen Leiters Michel Ampeau um die Jahrhundertwende durch Erwerbung einiger guter Lagen in der Gemarkung: Meursault-Villages, Premiers Crus Charmes und Perrières und eine Parzelle Volnay Santenots. Michels Vater Robert übernahm zu Anfang der 1940er Jahre den Betrieb und erweiterte den Besitz der Domäne beträchtlich – zunächst durch Heirat mit Mlle. Bobey, die Weinberge in Beaune und Savigny in die Ehe mitbrachte, und dann durch gut gewählte Käufe, wenn geeignetes Land zu haben war.

Zu Beginn der 1950er Jahre wurden Parzellen in Puligny Combettes, Pommard, Auxey-Duresses (Rouge) und weitere in Volnay Santenots sowie 1973 die 1,6 ha La Pièce sous le Bois hinzugekauft. Robert führte das Ruder, bis 1985 Michel den Betrieb übernahm. Er wohnt auch mit seiner Frau noch in der Domäne und wacht darüber, daß sein Sohn die Traditionen der zwei voraufgegangenen Generationen weiterführt. 1980 wurde eine Société Civile gebildet, die sich mit der Bewirtschaftung der Weinberge befaßt, die allerdings weiterhin in Roberts Eigentum verbleiben.

Die Weinbereitung findet in einer getrennten *cuverie* und nicht am Wohnsitz in der Rue du Cromin statt, wo sich hinter einem weißgestrichenen Zaun neben einer Reihe von Schuppen und Garagen das Büro und unter dem Haus die kühlen Kellergewölbe befinden. Hier ist das Reich des für seine über 50 Jahre noch jung aussehenden Michel, eines schlan-

Michel Ampeau an seinem Lieblingsplatz – zwischen seinen Reben.

ken, energischen Junggesellen, hinter dessen ansteckend guter Laune sich Entschlossenheit und passionierter Einsatz für seinen Beruf verbergen. Selbst an den unwirtlichsten Wintertagen, wenn auch der gewissenhafteste Winzer sich lieber hinter die Bücher oder den Ofen zurückzieht und Büroarbeit oder dringend erforderliche Geschmackskontrollen vorschützt, findet man Michel warm angezogen beim Rebschnitt oder hinter dem Pflug im Weinberg.

Er ist nicht nur ein fanatischer Viticulteur, sondern auch ein ausgesprochener Könner, der keine bequemen Abkürzungswege geht. Die Pflege seiner Weinberge führt er sorgfältig und aufwendig durch. Wenn er Weinstöcke ersetzen muß, dann gibt er sich alle Mühe mit der Anpassung der Klone und Unterlagen an das Kleinklima. Er verwendet, um Komplexität und Gleichgewicht zu gewährleisten, stets mehrere Klone in einem Weinberg, und zwar nur die feinsten, denn er ist der Meinung, daß sie besser ausgefeilt sind, als es bei der *sélection massale* möglich ist. «Das ist wie beim Sport: Gut trainierte Sportler schaffen einen Langstreckenlauf in – na sagen wir zwei Stun-

den und sind immer noch fit, schickt man aber die Winzer von Meursault los, dann brauchen die vielleicht den ganzen Tag...» Ein seltsamer Vergleich, aber Michel hat seinen Spaß daran.

Bei der Weinbergpflege ist ein besonderer Aspekt erwähnenswert: Im Juli sät Michel zwischen den Rebzeilen Raigras. Wie eine Handvoll anderer Winzer machen die Ampeaus das schon seit 25 Jahren. Dahinter steckt die Idee, daß das Gras, das bis zur Lesezeit 10–12 cm hoch ist, den doppelten Zweck erfüllt, den durch Befahren mit Maschinen oder durch geologische Adhäsion verdichteten Boden zu lockern und ihn in regen- und windreichen Jahren gegen Erosion zu schützen. Das Gras bleibt bis Dezember im Weinberg und wird dann mit Herbiziden vernichtet, sonst setzt es sich hartnäckig fest, und man wird es nicht mehr los.

Auch im Keller achtet Michel auf alle Details. Er ist auf Weine aus, die sich lange halten. Dazu bedarf es nicht nur kräftiger Säure bei Weißweinen und festen Tannins bei Rotweinen, sondern vor allem eines schwierig zu erreichenden Gleichgewichts, das nicht daran zerbricht, daß sich ein Bestandteil in den Vordergrund schiebt.

Langlebigkeit ist für Michel und Robert Ampeau ein wesentlicher Grundgedanke, ist doch ihre Domäne eine der wenigen an der Côte, die ihre Weine erst dann herausgeben, wenn sie als genußreif gelten dürfen. Keine Flasche Wein, ob rot oder weiß, wird verkauft, ehe sie fünf Jahre alt ist – viele bleiben auch noch länger im Keller. 1995 wurden der Stammkundschaft beispielsweise noch kleine Mengen 1979er Meursault angeboten, während der 1990er noch in Reserve blieb.

Die Vinifizierung ist traditionsgebunden und geschieht mit Naturhefen und viel *bâtonnage*, um den Weinen möglichst große Fülle und Komplexität zu verleihen. Es werden zwar nur zu 10–25 % neue Fässer verwendet, damit kein Übermaß an Eichenholzaroma entsteht, aber Michel glaubt, daß das Vergären der Weißweine in neuen anstatt alten Eichenfässern eine harmonischere Aufnahme der aus dem Holz stammenden Geschmackstöne in den Wein gewährleistet, als wenn neue Eichenfässer erst nach der Gärung zum Einsatz kommen. Außerdem erbringt Gärung in Fässern, alten oder neuen, Weine, die langsamer altern als solche, die im Tank vergoren wurden.

Er hält es auch im Gegensatz zu anderen Vignerons, die den Zucker meist zu Beginn der Gärung oder aber kurz nach Erreichen der Temperaturspitze zusetzen, für wesentlich, die eventuell erforderliche *chaptalisation* so lange wie möglich hinauszuzögern, um den Gärprozeß zu verlängern und dadurch größere Finesse und Komplexität zu gewinnen. Allerdings gehört hierzu beträchtliches Fingerspitzengefühl, weil die Gefahr besteht, daß unvergorener Restzucker im Wein verbleibt. Michel ist sich dieser Gefahr bewußt, meint aber, die Vorteile wögen die Risiken bei weitem auf.

Nach der malolaktischen Säureumwandlung im Mai nach der Lese erfolgt Abstich in Fässer, die dann in einen 13 °C kühlen Keller gebracht werden. Einen Monat danach wird mit Bentonit geschönt und eine leichte Schichtenfiltration durchgeführt (schade, denn sie ist überflüssig, und jede auch noch so leichte Filtration nimmt dem Wein etwas von seiner Kraft oder von seiner Säure). Anschließend erfolgt sofort Abfüllung auf einer kleinen Abfüllanlage. Die *élevage* von neun bis zehn Monaten ist ungewöhnlich kurz, doch Michel Ampeau meint, daß frühe Abfüllung das frische, jugendliche Aroma bewahren hilft, vor allem aber auch die Säure, die für die lange Kellerreife dringend benötigt wird.

Die Weine der Domäne haben höchst individuellen Charakter. Eine Degustation über acht Jahrgänge hinweg zeigt einen auffallenden Stil des Hauses – karge, straffe Chardonnays und Pinots, die der Zunge nicht unmittelbar schmeicheln, sondern eine intellektuelle Zurückhaltung an den Tag legen, an die man sich erst ein wenig gewöhnen muß. Ampeau-Weine geben einem das Gefühl, sie behielten sich selbst vor, wieviel sie wann zu geben bereit seien. Wer so unhöflich ist, sie im falschen Augenblick anzusprechen, braucht sich nicht zu wundern, wenn er keine Antwort bekommt. Zapft man jedoch einen Ampeau an, wenn er sich dazu entschlossen hat, sein Wesen mitzuteilen, dann darf man viel erhoffen.

Besonders interessant sind die sogenannten «minderen Jahrgänge». Nicht nur halten sich die 1974er, 1977er, 1980er, 1984er, 1987er usw. von Ampeau noch immer, obwohl andere längst zu Essig geworden sind, sie lassen sich auch oft noch köstlich trinken. Deshalb kann der Versuch, den Jahrgang eines Meursault von Ampeau zu erraten, selbst den erfahrensten Weinkoster zur Verzweiflung treiben; sie sind einfach so gut bereitet, daß die Jahrgangsmerkmale nicht zu finden sind. Das ist das Ergebnis der peinlichsten Sorgfalt, nur die gesündeste, reifste Frucht in die Gärbottiche zu bringen.

So fein die minderen Jahrgänge aber auch sein mögen, sie stehen natürlich im Schatten der bekannten besseren. Die kräftige anfängliche Säure der Ampeau-Weine bedeutet, daß sie noch länger brauchen, um sich zu mildern und harmonisch zu werden; das gilt insbesondere für eine Vinifizierung, die nicht Fett und Fleisch betont, sondern das Knappe, Intellektuelle, bei dem die Säure lang im Vordergrund steht.

Da die Ampeaus nichts im Jungzustand herausgeben, vermeiden sie die Gefahr, daß durch vorzeitigen Genuß ihr Wein mißverstanden oder in unvollkommenem Zustand getrunken wird. Dieses Verfahren wirkt sich aber nicht nur katastrophal auf den Cashflow aus, es bringt auch das Risiko mit sich, daß der eine oder andere Wein sich nicht wie erhofft entwickelt, insbesondere in minderen Jahrgängen, in denen das Gleichgewicht der Bestandteile oft recht fragil ist. Michel macht sich da keine Sorgen – er kennt seine Weine und ihre Art, sich in der Flasche zu entwickeln. Auch kann sich sein Selbstvertrauen auf eine lange Reihe guter Leistungen stützen.

Zwar hat die Tradition in seinem Denken hohen Stellenwert, doch ist Michel auch der Modernisierung nicht abgeneigt, wenn sie ihm sinnvoll erscheint. Beispielsweise arbeitete die Domäne früher mit einer Mabille-Presse, die ziemlich trüben Most lieferte, der lange Zeit zum Absetzen brauchte, ehe der Gärprozeß beginnen konnte; jetzt wurde eine pneumatische Willmes-Presse mit einem neuartigen Ablaufsystem installiert, die einen viel klareren Most erbringt. Für diesen Vorteil muß allerdings eine längere Preßzeit (2¼ Stunden) für jede Ladung Trauben in Kauf genommen werden, womit ein entsprechendes Oxidationsrisiko verbunden ist.

Inzwischen entfallen etwa 60 % der Erzeugung der Domäne auf Rotweine. Im Lauf der letzten zehn Jahre wurde deren Qualität dank Michels makelloser Kellermeisterkunst stark verbessert; sie sind zwar vielleicht nicht ganz so gleichmäßig oder interessant wie die Weißweine, sie weisen jedoch vor allem in guten Jahren große Typenechtheit und Substanz auf. Offenbar kommt die Mitgift der einstigen Mlle. Bobey endlich zu ihrem Recht.

Michel Ampeaus Meursaults zeichnen sich durch glorreich verhaltene, köstliche Art aus und zeigen das charakteristische Aroma von Linden- und Akazienblüten und Haselnüssen. Bei der Degustation einer Reihe aus der Premier-Cru-Lage Perrières kam zum Vorschein, wie sehr der Jahrgang die Variationen über das Thema komponiert. Der 1983er – reichhaltig, fast überreif, mit vollmundiger Frucht und doch guter, belebender Säure – kontrastierte mit dem knapperen, strafferen 1980er. Zwischen den beiden Extremen lagen mit mehr oder minder kräftiger Substanz der 1981er, 1982er und 1984er, der viel feinere, schöner ausgewogene und komplexere 1979er und ein tiefer, goldener, überraschend blumiger 1976er mit feiner Honigsüße. Alle diese Weine würden vollendete Partner für Seebarsch oder Seezunge mit oder ohne Sauce, aber auch für edle Krustentiere abgeben.

WEINBERGBESITZ

Gemeinde	Rang	Lage/Climat	Fläche	Rebenalter	Status
Puligny	PC	Les Combettes	0,75	40	P
Meursault	PC	Les Perrières	0,60	40	P
Meursault	PC	Les Charmes	0,30	45	P
Meursault	PC	Volnay Santenots	1,51	30	P
Meursault	PC	La Pièce sous le Bois	0,80	40	P
Meursault	V	Les Crotots	0,45	17	P
Meursault	V	Sous la Velle	0,42	30	P
–	R	(Bourgogne Blanc)	0,40	35	P
Pommard	V	Les Vaumuriens	1,10	30	P
Beaune	PC	Clos du Roi	0,32	25	P
Blagny	PC	La Pièce sous le Bois	0,80	40	P
Savigny	PC	Les Lavières	0,55	40	P
Savigny	PC	Les Fournaux	0,80	30	P
Auxey	PC	Les Ecusseaux	0,90	25	P
Gesamtfläche			**9,70 ha**		

Domaine Coche-Debord

Alain Coche wohnt mit seiner Familie in der Nähe seines Cousins Jean-François Coche-Dury im Viertel La Velle von Meursault. Der untersetzte, etwas nervös und überarbeitet wirkende Mann betreibt seine Domäne zusammen mit seinem Sohn Fabien. Beide spielen Saxophon, ebenso wie Jean-François, dessen Sohn Rafael am Schlagzeug das Quartett vervollständigt – in Meursault gibt es eben auch noch anderes als nur Wein.

Das Haus der Coches, ein Nachkriegsbau, strahlt nicht soviel Wohlstand aus wie die Wohnungen anderer Winzer. Man hat fast das Gefühl, das Leben sei zu Alain und seiner Frau unfair gewesen – seine Eltern starben kurz nacheinander, und so mußte er viel Erbschaftssteuer bezahlen, die er nur über ein Bankdarlehen aufbringen konnte, damit er keine Weinberge verkaufen mußte. Dessenungeachtet scheint Alain heute fröhlicher und gelassener als früher.

Alains Vater Julien war ursprünglich kein Winzer. Kurz nach dem letzten Krieg kaufte er aber einen Hektar Reben, und der bildete den Anfang zu dem inzwischen auf 8 ha angewachsenen Weinbergbesitz; die bisher letzte Erwerbung war eine kleine Parzelle Bourgogne Chardonnay in Meursault. Rund 60 % des Rebbestands haben den 60. Geburtstag schon hinter sich, der Durchschnitt liegt bei 30 bis 40 Jahren.

Die Lese wird so spät wie möglich durchgeführt – «meist eine Woche nach den anderen». Nach dem Keltern in einer Vaslin-Presse wird der Most geschwefelt und bleibt 24 Stunden zum Absetzen stehen – «wenn der Wein dann zwei Jahre im Faß liegt, wird nur der feine Hefesatz gebraucht». Es folgt eine lange, allmähliche Faßgärung – sie dauert manchmal bis zu drei Wochen. Temperaturregelung wird nicht vorgenommen, aber die eventuell erforderliche *chaptalisation* so lange wie möglich hinausgezögert, um die Gärung zu verlängern und die Temperatur insgesamt niedrig zu halten.

Anschließend kommen die Meursaults in kleine, die einfacheren Appellationen in größere Fässer. Zweimal die Woche erfolgt *bâtonnage*, und zwar so lange wie nötig. Beim Jahrgang 1988 wurde diese Behandlung 1½ Jahr lang, bis in das Frühjahr 1990, ausgedehnt! «Bei der *bâtonnage* bin ich König», sagt Alain und erläutert, daß er dafür aber nicht die «dodine», ein durchlöchertes, sichelförmiges Instrument, benutzt, weil das dem Wein Kohlensäure und dadurch Aroma und Frische entzieht.

Meist sticht er auch den Weißwein nach der *malo* nicht ab, sondern beläßt ihn auf dem feinen Geläger bis zur Schönung mit Bentonit im zweiten Jahr. Kurz darauf wird der Wein abgezogen, einen Monat lang stehengelassen und schließlich mit leichter Schichtenfiltration abgefüllt. Damit dauert die *élevage* insgesamt zwei Jahre – das ist das Äußerste, was andere sich trauen würden, vor allem in so vollreifen Jahren.

Die Rotweine – etwa 50 % der Produktion – waren lange Zeit übermäßig tanninreich und stielholzig. Inzwischen hat sich Alain dem allgemeinen Druck gebeugt und entrappt das Traubengut, kann sich dabei aber doch nur 25–40 % abringen, so daß 75–60 % der Stiele in den Gärbottich wandern. Die kräftige Dosis Schwefel und die Kaltmaischung lassen an Guy Accad denken. Jedenfalls macht Alain immer noch Experimente, um herauszufinden, was am besten funktioniert.

Beim Degustieren in einem der vielen in Meursault verstreuten Keller von Alain – er hat sich ein Fahrrad gekauft, damit er schneller herumkommt – inmitten von Stapeln nichtetikettierter Flaschen mit alten Jahrgängen war es aufschlußreich zu sehen, wie die Stiele und die lange Reifezeit sich auf die Struktur und das Gleichgewicht einer Reihe von 1989er Rotweinen ausgewirkt haben. Die nicht in neuen Fässern ausgebauten, z. B. ein Auxey-Duresses, waren geschmeidig bei guter Nachhaltigkeit und milder, reifer Frucht. Die in neuen Eichenfässern ausgebauten dagegen schienen mit Tannin überladen. Das ungewöhnlich reife Stielholz von 1989 trägt vielleicht dazu bei, daß diese Weine ein gewisses Gleichgewicht wiedererlangen, doch bei der Kombination aus neuen Fässern, Stielen und zweijährigem Ausbau werden z. B. bei den Jahrgängen 1987 und 1988 die glücklichen Besitzer solcher Rotweine aus Alains Hand wenigstens 20 Jahre darauf warten müssen, daß diese sich – wenn überhaupt jemals – mildern. Vielleicht behält Alain aus diesem Grund die Rotweine ein paar Jahre zurück, bis er sie herausgibt.

Seine besten Rotweine sind jedenfalls ein sanfter, fleischiger Meursault, ein festerer, gehaltvoller Monthélie Les Duresses und der Pommard-Villages La Platière, in dem die Frucht einer Premier-Cru-Parzelle enthalten ist, die allein keine volle *cuvée* ergäbe. Sie bringt zusammen mit der Frucht der 45jährigen Reben aus La Platière einen Hauch von besonderer Finesse und Konzentration in diesen Wein mit seiner festen Struktur.

Die Weißweine lagern in einem anderen Gebäude, ganz oben im Ort in der Nähe der Lage Les Chevalières. Sie zeichnen sich in der Jugend durch maskuline Art bei fester Säure und saftiger Sehnigkeit aus. Alain legt seine Weine auf mindestens zehn Jahre Reifezeit aus, weil er der Meinung ist, ein Meursault trinke sich erst dann wirklich gut, und er fügt mit einem Seufzer hinzu, die meisten seiner Kollegen im Ort machten «vins primeurs». Am Besten sind der Gouttes d'Or, Limozin und Charmes, dicht gefolgt von Les Chevalières und l'Ormeaux.

Alain Coche steckt viel Denkarbeit in seine Weine, und der Stil, der dabei herauskommt, ist wahrhaft individuell. Wer Geduld hat, die Reife abzuwarten, der wird exzellente Beispiele des Herkunftsorts entdecken, und das ist es schließlich, was bei großen Burgundern zählt.

WEINBERGBESITZ

Gemeinde	Rang	Lage/Climat	Fläche	Rebenalter	Status
Meursault	PC	Les Charmes	0,29	55	P
Meursault	PC	Les Gouttes d'Or	0,19	55	P
Meursault	V	Les Chevalières	0,31	35	P
Meursault	V	Le Limozin	0,25	55	P
Meursault	V	L'Ormeaux	0,37	35	P
Meursault	V	–	1,00	35	P
Meursault	V	–	0,40	40	P
Auxey	V	(Weiß)	0,21	15	P
Auxey	R	(Auxey Côte de Beaune)	0,40	40	P
–	R	(Bourgogne Blanc)	0,80	30	P
–	R	(Bourgogne Aligoté)	0,79	35	P
Pommard	V	La Platière	0,26	45	P
Monthélie	PC	Les Duresses	0,30	20	M
Monthélie	V	–	0,23	20	M
–	R	(Bourgogne Rouge)	1,50	20	P
–	R	(Passetoutgrain)	0,64	20	P
Gesamtfläche			**7,94 ha**		

Domaine Michel Bouzereau

Der inzwischen über 50jährige Michel Bouzereau hat seine Lehre bei seinem Vater Robert durchgemacht und führt heute die gutgehende Domäne in Meursault – wie er selbst sagt – auf gut handwerkliche Art. Sein Sohn Jean-Baptiste, der seit 1991 bei ihm arbeitet und Besitzer eines Teils der Weinberge ist, hat dagegen ein Diplom in Önologie. Michel ist stolz auf seinen gelehrten Sohn, der mit anderen jungen Vignerons weit herumkommt, um Weine zu degustieren.

Außer einigen Parzellen in Volnay, Pommard, Beaune und Puligny liegt der gesamte Weinbergbesitz von 12 ha in Meursault. In der Weinbereitung werden keine Konzessionen an moderne Ideen gemacht; keine *macération pelliculaire,* einfach Faßgärung nach einem Tag in der *cuve* als Einleitung, reichlich *bâtonnage* und neun Monate Hefesatzlagerung bis zur Schönung, Filtration und Abfüllung. Aus Abneigung gegen den Geschmack neuer Fässer wird der Ausbau darin auf rund 5 % für den Bourgogne Blanc und 20 % für den Villages und Premier Cru beschränkt. Die Bouzereaus halten das bei feinem Weißwein zwar für unumgänglich, befürchten aber, daß bei einem höheren Anteil an neuen Fässern das Aroma übertäubt, die Herkunft verdunkelt und dem Geschmack eine gewisse ungefällige Härte aufgeprägt wird.

In den Weinen kommt sein Streben nach Geschmeidigkeit zum Ausdruck. Im allgemeinen sind sie sanft, einschmeichelnd, zeigen schönes Aroma und vor allem Eleganz, und das ganze Programm ist von großer Klasse getragen. Trotz knapper Erträge – bei weißen Trauben im Durchschnitt 35–40 hl/ha – hat man manchmal den Eindruck, daß die Eleganz auf Kosten der Fülle geht. Vielleicht könnte da doch ein wenig *macération pelliculaire* helfen.

Dessenungeachtet sind die Weine gut: zwei feine Pulignys – der Champ Gain von hochgelegenem Land mit magerem rotem Boden zeigt mehr Finesse, der Champ Canet dagegen kommt von älterem, felsigem Kalksteinboden an einem flachen Hang und zeigt mehr «puissance» und Nachhaltigkeit; dann einige Meursault-Villages-Weine – Tessons, Blagny, Grands Charrons, einfacher Meursault aus mehreren Parzellen und seit 1995 auch Limouzin –, alle von respekteinflößend alten Reben. Der Grands Charrons ist sanft und fleischig, manchmal hat er einen gewissen Viognier-Charakter (z. B. 1994) und dazu 13 % Alkohol als Gegengewicht, jedoch keinesfalls den brandigen Geschmack, den manche ansonsten gut bereitete Meursaults aufweisen.

Michel Bouzereau genießt die Früchte seiner Arbeit.

Der Tessons ist durchweg feiner und stilvoller, hat bessere Säure und größere Komplexität – er reicht an Premier-Cru-Qualität heran.

Die drei Premiers Crus von Bouzereau sind sehr empfehlenswert: der gehaltvolle und elegante Genevrières von lehmigem Boden, der Charmes (Dessous) unterhalb von Perrières und ein einsames Faß Perrières mit straffer Struktur und nobler «puissance».

Bei den Rotweinen herrscht eine Atmosphäre des Experimentierens – abgesehen von Versuchen mit dem Eichenholztyp wurden auch solche mit Kulturhefen unternommen, die 1992 gut gelangen, 1990 und 1991 jedoch weniger. So sind die Rotweine angenehm sanft und durchaus annehmbar, mehr aber nicht. Auf jeden Fall ist der Weißwein der Domäne mehr zu empfehlen.

WEINBERGBESITZ

Gemeinde	Rang	Lage/Climat	Fläche	Rebenalter	Status
Meursault	PC	Les Genevrières	0,50	12	P
Meursault	PC	Les Charmes	0,22	20	P
Meursault	PC	Les Perrières	0,05	40	P
Meursault	V	Les Tessons	0,50	40	P
Meursault	V	Les Grands Charrons	2,00	28	P
Meursault	V	(mehrere Climats)	2,00	28	P
Puligny	PC	Champ Gain	0,30	40	P
Puligny	PC	Champ Canet	0,13	40	P
Meursault	V	Blagny (Weiß)	0,50	7	P
Meursault	R	(Bourgogne Aligoté)	2,00	30	P
Meursault	R	(Bourgogne Blanc)	1,50	20	P
Volnay	R	(Bourgogne Rouge)	0,70	–	P
Volnay	V	–	0,30	20	P
Pommard	V	–	0,40	15	P
Beaune	PC	Les Vignes Franches	0,50	25	P
Beaune	V	Les Epenottes	0,50	40	P
Gesamtfläche			**12,10 ha**		

Domaine Coche-Dury

Es wäre unvorstellbar, in einer Besprechung der bedeutenden Domänen von Meursault den Namen Coche-Dury unerwähnt zu lassen. Seit zwei Jahrzehnten gilt dieses Weingut als Gipfel dessen, was die Appellation zu bieten hat.

Dieser gewaltige Erfolg ist die persönliche Leistung von Jean-François Coche, der den Betrieb 1972 von seinem Vater übernahm. Auf den ersten Blick macht er den Eindruck eines bedächtigen Gelehrten, der sich aus seiner Bibliothek in eine Cuverie verirrt hat. Bei näherem Hinsehen entdeckt man unter dem äußeren Anschein der Gelehrsamkeit echte Gelehrtheit im Verein mit stiller Hingabe an Qualität.

Jean-François führt die Domäne in der 3. Generation seines Familienzweigs. In der 1. Generation erwarb sein Großvater Coche nach dem 1. Weltkrieg sechs Weinbergparzellen: Bourgogne Chardonnay Les Belles Côtes, Meursault Blanc in den *lieux-dits* Les Vireuils und Les Petits Vignes, Auxey-Duresses Blanc Les Boutonnières, Monthélie Les Crays und eine sehr kleine Parzelle Bourgogne Pinot Noir. Ursprünglich beschäftigte Großvater Coche einige Vignerons, später aber nahm er die Weinbereitung selbst in die Hand und verkaufte Wein in Flaschen und im Faß.

Jean-François' Vater übernahm 1964 den Betrieb und führte ihn bis 1972; in den Ruhestand trat er dann endgültig im November 1989. Unter seiner Obhut wuchs die Domäne um weitere 16 Weinbergparzellen auf insgesamt fast 9 ha. Diese Erweiterungen, insbesondere die Premiers Crus Clos des Chênes und Taillepieds in Volnay und das Premier Cru Les Perrières (Dessus) in Meursault, verbesserten den wirtschaftlichen Stand der Domäne wesentlich.

Als Jean-François den Betrieb übernahm, kaufte er zunächst alle bisher *en métayage* bewirtschafteten Parzellen. Dieses in Burgund, wo die Weinbergbesitzungen oft klein und für sich allein unrentabel sind, stark verbreitete System beruht darauf, daß der Grundbesitzer und der bewirtschaftende Winzer den Ertrag zu vertraglich festgelegten Anteilen, meist 50:50, teilen. Manchmal wird die Pacht in Wein und manchmal – so bei den Coches – in Frucht abgegolten.

Die letzten Neuerwerbungen bestehen in einer Parzelle Meursault Chevalières, die 1986 zur Vervollständigung eines Nachbargrundstücks angekauft wurde, sowie in 0,5 ha Puligny Les Enseignères. Bei den horrenden Preisen für Land ist eine größere Expansion zwar ausgeschlossen, Jean-François ist aber

Jean-François Coche mit seiner Frau und Töchterchen Marie-Hermine – Sohn Rafael war wie üblich mit dem Fahrrad unterwegs.

stets sehr an allen Parzellen interessiert, die an seinen Besitz angrenzen.

Man ist nicht überrascht, auch hier die Meinung zu hören, daß Qualität im Weinberg ihren Anfang nimmt. Jean-François betont, daß die Reben, wenn sie ihr Bestes geben sollen, scharf zurückgeschnitten werden müssen. Der traditionelle *Guyot*-Schnitt erbringt selbst bei kurzer Fruchtrute größere, weniger konzentrierte Beeren als das *Cordon*-System. Deshalb erzieht Jean-François 30 % der Reben *en Cordon de Royat*, wobei drei Fruchtruten am Hauptarm auf je zwei Augen angeschnitten werden. Dabei entstehen regelmäßig kleinere Beeren, und die Erträge werden auf die Hälfte des beim Guyot-System Üblichen reduziert. Welche Reben nach welchem System behandelt werden, richtet sich nach der Wuchskraft des Stocks.

Wie andere gewissenhafte Winzer sieht auch Jean-François das Alter der Reben als wichtigen Faktor an. Er pflanzt nur einzelne abgestorbene Weinstöcke nach, anstatt jedes Jahr eine bestimmte Fläche zu roden. Über die Auswirkungen des Rebenalters auf den Wein hat er neuartige Ideen: «Man kann auch von jungen Reben guten Wein machen, dann aber muß man die Zahl der Trauben an jedem Stock streng beschränken.» Wein von jungen Reben sei zwar rascher in der Entwicklung und daher nicht so langlebig, er könne aber schon von Anfang an dem Gaumen sehr schön schmeicheln.

Scharfer Rebschnitt fördere auch ein gesundes, tiefgreifendes Wurzelwerk, das für Dürrefestigkeit und Weinkomplexität wichtig sei. Aus diesem Grund werden bei Coche junge Bestände das ganze Jahr über gehackt und Gras und Unkraut untergepflügt, während die älteren Bestände zweimal im Frühjahr mit der Hacke bearbeitet und dann mit Herbiziden unkrautfrei gehalten werden – «dann brauchen wir uns den Sommer über nicht mehr darum zu kümmern».

Zu Jean-François' Qualitätsbegriffen gehört auch die Ablehnung kommerzieller Klone – «zu einheitlich, zu wenig Finesse»; statt dessen selektiert er Veredelungsmaterial aus den eigenen Weinbergen und übergibt es der Rebschule. Diese *sélection massale* gewährleistet ihm größere Vielfalt im Weinberg und dadurch auch im Wein.

Während die bekannten Schädlinge und Krankheiten sicher unter Kontrolle zu bringen sind, macht eine neue Krankheit, die sich überall in Frankreich und vor allem in Burgund ausbreitet, große Sorgen. Es ist die *Eutypiose*, eine heimtückische Infektionskrankheit, deren anfängliche äußere Symptome oft bis zu sieben Jahre lang wieder verschwinden; dann aber ist der befallene Weinstock nicht mehr zu retten, und die Krankheit hat oft auch schon andere Teile des Weinbergs erfaßt. An zwei Parzellen in den Weinbergen von Coche, die 1990 von der örtlichen Weinbauforschungsstation untersucht wurden, zeigte die eine an 4,48 %, die andere an 0,45 % des Chardonnay-Bestands Symptome von Eutypiose. Über diesen Unterschied kann Jean-François nur spekulieren: Die stärker befallene Parzelle, Meursault Les Luchets, liegt an einem Hang mit trockenem, steinigem Boden über Felsgestein, während die wenig befallenen Reben auf flachem, fruchtbarerem, feuchterem Grund wachsen. Sie waren dem schlimmen Frost von 1985 stärker ausgesetzt, der nach Jean-François' Ansicht die Krankheit abtötete, während die Reben am Hang zwar keine Frostschäden erlitten, aber dafür blieb auch der Pilz verschont, der die Eutypiose verursacht. Wachsamkeit und sofortiges Entfernen und Verbrennen befallener Reben ist die einzige Hoffnung.

Im bescheidenen, modernen Keller von Jean-François Coche verläuft die Vinifizierung von Rot- und Weißweinen im allgemeinen nach traditionellen Grundsätzen. Er behandelt die Trauben möglichst sofort nach der Lese mit Schwefel, um jeder Oxidation zuvorzukommen. Amerikanische Experimente, wonach dieses Verfahren den schließlich entstehenden Wein weniger vor Oxidation schützt, als wenn es unterlassen wird, quittiert er mit einem ungläubigen Achselzucken.

Der mit Naturhefen durchgeführte Gärprozeß läuft bei Weißwein in bis zu 50 % neuen Fässern aus Allier-Eiche ab. Der exakte Anteil richtet sich nach dem Wein und dem Jahrgang – eine starre Formel gibt es da nicht. Jean-François ist überzeugt, daß der Wein um so feiner und voller ausfällt, je langsamer der Gärprozeß verläuft, deshalb freut es ihn durchaus, wenn die Gärung in manchen Fässern länger als die üblichen 10 bis 14 Tage, oft bis zu vier Wochen, dauert. Die malolaktische Säureumwandlung vollzieht sich relativ unproblematisch. In den wenigen Fällen, in denen die *malo* in einem Faß nicht in Gang kommt, wird ein Schuß frisches Geläger aus einem Faß, das gerade fertig geworden ist, hineingegeben – dieser Trick bringt meist den gewünschten Erfolg.

Eine weitere Tradition, die nach Coches Meinung den Wein bereichert, ist das Aufrühren der Geläger mit einem Stock. In Weinen mit kräftigerer Säure, z. B. 1993, ist es ratsam, die *bâtonnage* stärker anzuwenden als in fetteren Jahren wie 1992 und 1994. Der Hefesatz soll dem Wein Nahrung geben, Übertreibung aber kann unerwünschten Beigeschmack hervorrufen.

Bei Coche bringen die Weißweine etwa zehn Monate auf dem Geläger zu und werden im Juli nach der Lese erstmals abgestochen. Auf den zweiten Abstich vier Monate danach und die Schönung mit Bentonit folgen weitere sechs Monate Ruhezeit. Nach rund 20 Monaten Faßausbau wird dann der Wein von Hand direkt vom Schönungssatz ohne Filtration abgefüllt.

Neben seinen großartigen, vielbegehrten Weißweinen produziert Jean-François Coche einige der feinsten Beispiele von Meursault und Auxey-Duresses Rouge. Hierbei gilt die Hauptsorge der Finesse, denn entgegen der allgemeinen Auffassung meint Jean-François, daß der Pinot Noir für Aromaverlust empfindlicher ist als der Chardonnay.

Er entrappt das Traubengut vollständig und vergärt es 10 bis 12 Tage; dann gelangt der junge Wein in zu 20 % neue Fässer. Nur der Preßwein aus der ersten Pressung wird mit verwendet, und der erste Abstich erfolgt im Frühjahr (zwei bis drei Monate vor dem Weißwein). Anschließend reift der Wein den folgenden Winter hindurch auf dem Geläger und wird nach rund 18 Monaten *élevage* ohne Filtration direkt aus dem Faß abgefüllt. Sorgfältiges Auffüllen der Fässer hilft Oxidation zu begrenzen und dem Wein seine Frische und Finesse zu bewahren.

Die Rotweine – vom kräftig gebauten, konzentrierten Bourgogne Pinot Noir über einen reifen, saftigen Meursault Rouge, einen Monthélie und einen Auxey-Duresses bis zu den beiden feinen Volnay Premiers Crus – sind wunderbar ausgearbeitete, höchst empfehlenswerte Gewächse.

Bemerkenswerte Komplexität und Fülle sind die Kennzeichen der Weißweine von Jean-François Coche. Vom hochfeinen (in zwei- bis dreijährigen Eichenfässern vinifizierten) Aligoté bis zum noblen Meursault Perrières (50 % neue Eichenfässer) zeigen sie alle eine sonst leider nur zu seltene Tiefe und Struktur. Auf die Frage, worauf es bei der Qualität ankommt, weist Jean-François auf einen hohen Anteil an alten Reben und scharfen Rebschnitt zur Ertragsbeschränkung hin: «45 hl/ha sind für *Grand Vin* ideal», meint er, aber der Durchschnitt liegt eher bei 40 hl/ha – nur 1990 stieg er auf 60 hl/ha an. Sodann kommt es darauf an, den Most kühl in den Gärbottich zu bringen und eine möglichst lange Gärdauer anzustreben. Wenn man ansonsten den Ablauf möglichst wenig stört, ist eine gute Chance für feinen Wein gegeben.»

An der Qualität der Coche-Weine gibt es nichts zu deuten. Die weißen Meursaults zeichnen sich durch große Fülle und festes Rückgrat aus harmonischer Säure aus, die ihnen ein langes Leben sichert. Ihr Fleisch ist straff, nicht flau, und verleiht ihnen eher athletischen Charme als fragile Eleganz.

Selbst den schlichten Aligoté veredelt ein ungewöhnliches, höchst ansprechendes Furnier aus nobler Finesse. Coches einziger weißer Premier Cru, Les Perrières, ist ein Hochgenuß von der Farbe bis zum Nachgeschmack – Honig und Blumen in der Jugend, im Alter übergehend zu Haselnüssen und Toast. Im Stil erinnert er mehr an Puligny, an dessen Nordgrenze sich die Lage befindet, als an Meursault mit seinem stärker lehmhaltigen Boden. So mancher behauptet, im Duft die Steine zu entdecken, die der Lage den Namen geben, doch das klingt prätentiös. Neben seinen Meursaults produziert Jean-François auch 385 bis 400 Kisten eines gebieterischen, kräftig gebauten Corton-Charlemagne – einer der besten aus der Appellation.

Die Weine und ihre Erzeuger gleichen sich – verhaltene, stille Komplexität und verläßliche Festigkeit mit viel Substanz unter der Oberfläche, nicht von der fülligen, freigebigen Opulenz wie bei Lafon, vielmehr zurückhaltender, intellektueller Ausdruck der Herkunft, und alle sind auf lange Lebensdauer angelegt. Deshalb macht sich Jean-François Gedanken darum, was aus seinen Weinen wird; mit Mißbilligung bemerkt er, daß viele Restaurants einen Wein nicht einmal ein, zwei Jahre ruhen lassen können, ob er genußreif ist oder nicht. «Manche geben sich ja auch Mühe», sagt er und verweist auf rundum aufgestellte Speisekarten von Girardet, L'Auberge de l'Ill, Troisgros, Lameloise und so fort, um klarzumachen, welche Qualitätsebene er meint.

Die Stammkunden der Domäne sind treu und haben zum Glück meist auch das rechte Verständnis. Ein Drittel eines jeden Jahrgangs – immer dieselben *cuvées* – wird an die Handelshäuser Latour und Jadot verkauft, die beide zu Recht auf ihre Weißweine stolz sind. Der Rest geht an Stammkunden, bewährte Restaurants und zunehmend ins Ausland. Einkäufer in aller Welt drängen sich bei ihm und sind froh, wenn sie ein Kontingent ergattern können, denn sie wissen, daß diese Weine Maßstäbe setzen. Bis in ferner Zukunft einmal Jean-François' Sohn Rafael die Nachfolge seines Vaters antreten wird, dürfte sich hier auch kaum etwas verändern.

WEINBERGBESITZ

Gemeinde	Rang	Lage/Climat	Fläche	Rebenalter	Status
Aloxe	GC	Corton-Charlemagne	0,34	1960	F
Meursault	PC	Les Perrières	0,23	1947	P
Meursault	PC	Les Perrières-Dessus	0,29	1960–74	F
Meursault	V	Moulin-Landin	0,43	1972	P
Meursault	V	Les Chevalières	0,12	1956	P
Meursault	V	Les Rougeots	0,65	1943/62/74	P
Meursault	V	Les Dressoles	0,44	1930	F
Meursault	V	Les Narvaux	0,38	1965/85	F
Meursault	V	Clos des Ecoles	0,51	1973	F
Meursault	V	Les Vireuils	0,61	1947–1984	F
Meursault	V	Les Luchets	0,32	1930/73	F
Meursault	V	Les Peutes-Vignes	0,19	1938	F
Meursault	V	Les Durots	0,12	1961	F
Meursault	V	Les Malpoiriers (Rot)	0,14	1981	F
Meursault	V	Les Caillerets	0,18	1937/71	F
Puligny	V	Les Enseignères	0,50	40	P
Volnay	PC	Le Clos des Chênes	0,16	1960	F
Volnay	PC	Les Taillepieds	0,21	1989	F
Auxey	V	Les Fosses (Rot)	0,27	1982	F
Auxey	V	Les Boutonniers (Weiß)	0,23	1928	F
Monthelie	V	Les Crays	0,28	1987	F
Meursault	R	(Bourgogne Pinot Noir – 5 Parzellen)	1,21	1954–72	F
Meursault	R	Les Pacriots (Aligoté)	0,39	1951	F
Meursault	R	(Bourgogne Chardonnay – 4 Parzellen)	1,23	1972–75	F
Gesamtfläche			**8,93 ha**		

Die mit F bezeichneten Lagen bewirtschaftet Jean-François *en fermage* für seinen Vater.

Domaine des Comtes Lafon

Die Domaine des Comtes Lafon ist zweifellos das feinste Weingut in Meursault. Gegenüber der Konkurrenz hat es den Vorteil, über eine Litanei von Weinbergbesitzungen zu verfügen, die das Herz erwärmt, wenn man sie hört: 12,7 ha herrliche Lagen, davon nicht weniger als vier Premiers Crus in Meursault, über 3 ha Meursault-Villages, besonders günstig gelegene Weinberge in Volnay und Volnay Santenots, 1 ha Monthélie Premier Cru und 0,33 ha Le Montrachet. Hinzu kommt, daß Dominic Lafon Jahr um Jahr Außergewöhnliches aus diesen Lagen zu machen versteht.

Er führt heute das Weingut der hochinteressanten Familie. Sein Urgroßvater, Comte Jules Lafon – der übrigens auch die Paulée in Meursault, das jeweils am Montag nach der Weinauktion der Hospices de Beaune stattfindende Abschlußfest, stiftete – war ein ungewöhnlicher Mann. Als Advokat sammelte er ein großes Vermögen an und heiratete eine Mlle. Boch aus Meursault, die zwar Weinberge, sicherlich aber kein Geld besaß. Als Mann von Esprit, Bonvivant und Mitglied des Club des Cent in Paris aß und trank er gern gut und sammelte alles, von Gemälden bis Porzellan. Zweimal reiste er um die Welt und starb schließlich 1940.

Da er nur an den besten Teilen der besten Weinberglagen interessiert war, hatte er inzwischen die weniger guten Teile des Lands, das seine Frau mit in die Ehe gebracht hatte, verkauft und besseres dafür gekauft. Deshalb gehören heute zum Besitz der Domäne die erlesensten Teile von Meursault Perrières – die Lage gilt allgemein als die feinste unter den Premiers Crus –, Meursault Charmes sowie Santenots du Milieu, das von Lavalle 1855 als «tête de cuvée» bezeichnete Kernstück der Lage Volnay Santenots. 1935 kaufte Jules ein Stück Montrachet im zu Chassagne gehörenden Teil zwischen den Besitzungen von Baron Thenard und Romanée-Conti. Das schöne Haus, in dem Dominics Eltern noch wohnen und dessen Garten vom 2,10 ha großen Clos de la Barre gebildet wird, stammt höchstwahrscheinlich auch aus dem Boch-Erbe.

Jules hatte zwei Söhne – Pierre und Henri. Pierre starb 1944; er hatte die Leitung des Guts nie inne, das Anfang der 1940er Jahre von Dominics Großonkel Henri übernommen wurde. Leider hatte Henri eine Abneigung gegen Arbeit und verkaufte bald einen großen Teil seines Erbes – wertvolle Gemälde, Möbel, Porzellan, aber auch Landgüter und Hausbesitz fielen seinem extravaganten Lebensstil zum Opfer. Zum Glück blieb die Domäne intakt; allerdings verkaufte Henri stets das Lesegut, weil er sich die Mühe, es zu Wein zu verarbeiten, nicht machen wollte.

1954 spitzten sich die Dinge zu, als Onkel Henri und Jules' Frau – eine unverwüstliche alte Dame – den Verkauf des Guts beschlossen. Dominics Vater René schaltete sich ein und verhinderte den Verkauf, indem er es übernahm, die Domäne zu führen, obwohl er sich verpflichten mußte, weder Kapital zu investieren noch Kredite auf das Grundvermögen aufzunehmen. Eingeengt durch diese außergewöhnliche finanzielle Zwangsjacke, machte er sich daran, die Domäne wieder in Ordnung zu bringen. Um diese Zeit war viel Land an zwei Familien verpachtet – die Bouleys in Volnay und die Moreys in Meursault –, so war es einfach, die Pflege der Weinberge zu überwachen, ohne die Alltagsarbeit selbst verrichten zu müssen. Außerdem lebte René als Ingenieur in Paris und konnte nicht viel Zeit in Meursault verbringen. Dennoch brachte er es fertig, einen Teil seiner Weine mit Hilfe eines Angestellten selbst zu bereiten. Allmählich kehrten die Weinberge wieder in den ursprünglichen Besitz zurück.

1967 zog René mit seiner Frau und vier Kindern – Dominic, damals neun Jahre alt, Bruno, Jean-François und Anne – von Paris in das Haus der Familie in Meursault und übernahm es nun ganz, den Wein aus dem ihm im Rahmen der Halbpacht zukommenden Lesegut zu bereiten.

1978 begann Dominic in Beaune ein Studium in Weinbau und Önologie, und schon ein Jahr später half er auf dem Gut bei der Lese aus. Nach dem Abschluß seines Studiums arbeitete er bei dem Courtier Becky Wasserman im nahegelegenen Bouilland und gab seinen Urlaub auf, damit er zur Lesezeit in der Domäne sein konnte. Zu Beginn der 1980er Jahre wurde er immer stärker an den fälligen Entscheidungen beteiligt und zeichnete für die Jahrgänge 1981 und 1982 mitverantwortlich; schließlich übernahm er für den 1984er die volle Verantwortung. Von diesem Jahr an bearbeitete sein Bruder Bruno die finanzielle und geschäftliche Seite des Unternehmens und blieb bis 1989 dabei.

Inzwischen war die Domäne in eine Société Civile umgewandelt worden, deren Gesellschafter René Lafon, Jacques Lafon und Marie-Thérèse d'Armaille, also Dominics Vater, Onkel und Tante, waren. Dominic heiratete im April 1988 Anne Roumier, die Schwester von Christophe Roumier in Chambolle, und hat inzwischen eine Tochter Lea und einen Sohn Guillaume. Seine Eltern wohnen noch in der Rue de la Barre, er und Anne «zwei Minuten weiter» im Ort.

Dominic hat in unermüdlicher Arbeit das weltweit hohe Ansehen geschaffen, das die Domäne heute genießt. Vieles, was er auf der Weinbaufachschule gelernt hat, war ihm nützlich, allerdings stellte er bald fest, daß Theorie und Praxis oft auseinanderklaffen. Nichtsdestoweniger verstand er es, das Wertvolle zu behalten und das Wertlose auszuscheiden, und diese Fähigkeit ist ihm treu geblieben.

In technischen Dingen ist Dominic außerordentlich beschlagen. Er bespricht sich mit Freunden seines Alters an der ganzen Côte d'Or über Kellertechniken und Neuerungen. Erhebt sich ein Problem, dann versucht er in einem Dutzend Telefongesprächen guten Rat einzuholen – eine erfrischende Bereitschaft, Schwierigkeiten einzugestehen, wie sie unter der älteren Generation nur selten anzutreffen ist. Ebenso ist aber auch er stets bereit, Freunden bei ihren Problemen beizustehen – eine steckengebliebene Gärung, Fragen wegen der Schönung oder der Filtration, alles wichtige Entscheidungen, die sorgfältiger Überlegung bedürfen.

Seine eigenen Weinberge sind fachgerecht gepflegt. Herkömmliche Produkte wie chemische Spritzmittel, Herbizide usw. werden nicht mehr benutzt, Dominic hat möglichst weitgehend auf organische Mittel umgestellt. Auch hat er einen Traktor angeschafft, dessen neuartige Technik es ermöglicht, Spritzmittel an den Stellen der Reben auszubringen, wo sie am meisten gebraucht werden.

Die Fäule macht Dominic große Sorgen; er versucht stets, sie früh zu erkennen und zu bekämpfen und nicht erst bei der Lese die befallenen Trauben auszuscheiden. Zum größten Teil macht er den Sauerwurm dafür verantwortlich, der die Beeren anfrißt und dadurch der Graufäule den Weg ebnet. Zu den interessanten Experimenten, die Dominic laufen hat, gehört auch die Ansiedlung besonders gezüchteter Fliegen, die sich vom Sauerwurm ernähren. Sie selbst sind keine Schädlinge, aber sie müssen jedes Jahr in Form von Eiern neu eingebracht werden.

Im Weinberg liegt der Nachdruck eindeutig auf der Gesunderhaltung der Reben bis in ein hohes Alter und auf der Ertragsbeschränkung, die vor allem durch scharfen Rebschnitt, wenig Düngung und Anpflanzung sorgfältig ausgewählter Klone auf schwachwüchsigen Unterlagen (vorwiegend 161/49) gewährleistet wird. Erzogen werden die Reben im einfachen *Guyot*-System, die älteren im *Cordon de Royat*.

Vorzugsweise werden in Weinbergen, die grundsätzlich gut in Form sind, nur einzelne Reben nachgepflanzt; muß dagegen eine ganze Parzelle gerodet werden – z. B. in Gouttes d'Or, wo durch *court noué* stark degenerierte Reben standen, als die Lage aus Halbpacht in den vollen Besitz der Domäne zurückkehrte –, dann erfolgt die Neubestockung mit vier bis fünf verschiedenen Klonen. Chardonnay-Klone zeigen im Weingeschmack weniger Unterschiede als Pinot-Noir-Klone, daher ist größere Vielfalt weniger nötig.

Die Wahl von Pinot-Noir-Pflanzgut ist recht schwierig, weil es zahllose Arten gibt. Die beiden wichtigsten sind Pinot Fin (seiner gekrümmten Wuchsart wegen auch Pinot Tordu genannt) – er wird von allen guten Winzern kultiviert – und der aufrecht und höher wachsende, in den «Arrières-Côtes» verbreitete Pinot Droit. Dieser «gerade» Pinot ist bequemer im Anbau, läßt sich hoch erziehen und mit Maschinen abernten, aber seine Qualität ist weit geringer als die seines «krummen» Bruders. Die Domäne arbeitet mit Pinot-Noir-Material aus zwei Quellen: einerseits feinste neueste, ertragsschwache Klone (113/115/667 und 777) und andererseits *sélection massale* von 65jährigen Reben aus der Lage Champans in Volnay. Dominic macht auch Versuche mit Reben von Freunden – den Lafarges in Volnay, Patrick Bize in Savigny, Christophe Roumier in Chambolle und Etienne Grivot in Vosne.

Die Lese findet in der Domäne meist später statt als bei den Nachbarn. Die Reihenfolge der Ernte richtet sich nach dem Reifezustand und verändert sich von Jahr zu Jahr. Anders als andere Winzer am Ort legt Dominic wenig Wert auf den Säuregehalt – «ein grüner Apfel ist nicht so gut wie ein reifer» –, ihm geht es mehr um den Süßegrad. Er hat kaum Probleme mit der Säure, weil er bei der Weinbergpflege für schwachen Wuchs und knappe Erträge sorgt – nur hohe Erträge verursachen Säuremangel, vor allem in reifen Jahren. Der pH-Wert, den er als das nützlichste Maß für die Säure ansieht, liegt in seinen Rotweinen bei 3,5 und in seinen Weißweinen bei 3,35. Bei den Erträgen gelten ihm 45–50 hl/ha für den Meursault-Villages, 40 hl/ha für die Premiers Crus und 35 hl/ha für die Rotweine als akzeptabel.

In der Cuverie werden die von Hand gelesenen Trauben schonend in einer pneumatischen Bucher-Presse 2 bis 2,5 Stunden lang gepreßt. Der Maximaldruck beträgt 2 Bar, aber Dominic programmiert die Presse so, daß dieser Wert nur kurzzeitig erreicht wird, um die Extraktion strenger Tannine aus Stielen und Kernen zu vermeiden.

Dann erhält der Most eine nur schwache Dosis SO_2, d. h. höchstens 5 g/hl bei den Weißweinen und 7 g/hl bei den Rotweinen; da faule Frucht schon im Weinberg ausgeschieden wird, ist stärkere Schwefelung nicht nötig. Anschließend erfolgt zum Absetzen der groben Trubteile eine *débourbage*, deren Dauer sich nach dem Jahrgang richtet und meist 12 Stunden beträgt. Dominic hat das Verfahren verbessert, um möglichst viel Wein zu gewinnen, da der Trub etwa 5 % des Gesamtvolumens ausmacht.

Nach Abkühlen auf 12–14 °C wird der Most zur Gärung in Fässer geleitet – die Premiers und Grands Crus auf sechs Monate in zu 100 % in neue, z. T. aus Vogesen-, z. T. aus Allier-Eiche; die Meursault-Villages-Weine werden in Fässer aus dem Vorjahr gelegt.

Einmal in der Woche wird jedes Faß einer *bâtonnage* unterzogen, um mehr Extrakt und Fülle zu gewinnen; diese Behandlung unterstützt auch die *malo* und die endgültige Klärung des Weins. Sie wird meist im Februar oder im März eingestellt, sobald die Geschmackskontrolle zur Zufriedenheit ausfällt.

Sechs bis sieben Monate nach der Lese erfolgt der erste Abstich. Dabei werden die Weine zusammengeführt und in Tanks zu *cuvées* vereinigt. Das feine Geläger bleibt im Wein, der nun durch Gefälle in Fässer in einem noch kühleren Keller abläuft. Dort ruht er bis in das kommende Frühjahr und wird sodann vom Geläger abgezogen.

Mit der Schönung befaßt sich Dominic Lafon eingehend. In der Erkenntnis, daß die Schönungsmittel unterschiedliche Auswirkungen auf Aroma und Geschmack haben können, wählt er das jeweils geeignetste mit Sorgfalt aus. Da er zudem findet, daß ungefilterter Wein besser schmeckt als gefilterter, wird auf die Schönung noch mehr Sorgfalt verwendet, um jede Filtration überflüssig zu machen. Das System ist einfach: Von allen Weinen werden Proben genommen, an ein Speziallabor geschickt und dort auf ihren Gehalt an Protein und anderen Schwebeteilchen untersucht sowie einer Versuchsschönung unterzogen. Drei bis vier Tage später beurteilen Dominic und sein Önologe die Klarheit und den Geschmack der Proben. Ist der Wein klar genug, dann haben die Geschmackseigenschaften Vorrang. Auf diese Weise wird festgelegt, welche Weine mit welchen Mitteln geschönt werden sollen. Zur Auswahl stehen: Kasein mit Bentonit – Kasein bewirkt die Korrektur einer übermäßigen Gelbfärbung und rundet den Wein ab, vor allem wenn dieser zu viel strenges Holztannin enthält, während Bentonit das Ausfällen von Schwebeteilchen unterstützt; Hausenblase mit Bentonit – Hausenblase ist ein geschmacksneutraler Fischleim, der nur den Wein klärt; Bentonit allein – gegen Proteine; Hausenblase allein – als Glanzschönung. Nach 20 bis 24 Monaten Ausbauzeit gelangen die Meursaults und der Montrachet der Domäne schließlich in die Flasche.

1990 wurde in einer Parzelle Meursault-Villages in der Lage «En la Barre» – unterhalb vom Clos de la Barre – die Frucht für besonders späte Lese hängen gelassen. Etwa drei

Der Sitz der Domäne, von der Gartenseite, dem Clos de la Barre, aus gesehen.

Wochen nach der allgemeinen Lese lud Dominic ein paar Freunde zu einem guten Essen und einigen interessanten Flaschen Wein ein, wenn sie ihm bei der Lese helfen würden. Die Arbeit ging den Vormittag über glatt vonstatten, nur nach dem Mittagessen gab es Schwierigkeiten, weil die Leser nicht mehr ganz sicher auf den Beinen waren – so aber wurde die erste Meursault-Spätlese geboren.

Auch Dominics Rotweine sind mustergültig in ihrer Art und deshalb einer näheren Begutachtung wert. Es wird möglichst reifes Traubengut angestrebt, damit kein zusätzliches Tannin aus den Stielen nötig ist. Nach 90 bis 100 % Entrappen und leichtem Mahlen in einer Maschine, die zugleich trockenfaule Beeren ausscheidet, wird die Maische in Tanks auf 16 °C abgekühlt und dann den Naturhefen zum Vergären überlassen. Dominic streitet ab, daß dies auf eine bewußte Vormaischung hinausläuft, sondern betrachtet sein Verfahren als Weiterentwicklung der traditionellen Meinung, daß kühlere Trauben besseren Wein ergeben. Durch das Abkühlen der Maische wird die Gärung um drei bis vier Tage hinausgeschoben, da sich die Tätigkeit der Hefen bei niedrigen Temperaturen verlangsamt, so daß mehr Zeit für die bessere Extraktion der Fruchtkomponenten bleibt. Auf diese Weise wird für die Rotweine eine Gärtemperatur zwischen 16 und 30–32 °C angestrebt; für den Fall, daß die Höchstwerte überschritten werden, steht ein Wärmetauscher zum Kühlen bereit.

Die Vorgänge bei der Gärung sind kompliziert; fest steht jedoch, daß ein wichtiger Teil der Pigmente, die Anthocyanine, wasserlöslich sind und deshalb bei der Maischung der Schalen im Most vor der Gärung am wirksamsten extrahiert werden (der Traubenmost enthält 95 % Wasser und in diesem Stadium noch keinen Alkohol). Allerdings sind sie chemisch instabil; zum Glück aber haben die Tannine stabilisierende Wirkung auf sie, diese wiederum werden jedoch erst bei ausreichender Alkoholkonzentration extrahiert. Dominic Lafon vertritt auch die Meinung, daß die höheren Gärtemperaturen der Extraktion von Tanninen und Farbstoffen förderlich sind. Das als Hilfsmittel zur Stabilisierung der Farbstoffe angesehene Erhitzen der Maische vor der Gärung hat sich dagegen nicht bewährt.

Endlich kam Dominic zu dem Schluß, daß sein Verfahren, die Rotweinmaische zunächst zu kühlen und dann allmählich auf die Gärtemperatur zu bringen, sowohl die Extraktion von wasserlöslichen Farbstoffen als auch – durch die Verzögerung des Gärbeginns – von Fruchtsubstanzen und feineren, nicht so strengen Tanninen begünstigt, die dann die Stabilisierung der von sich aus instabilen Anthocyanine verbessern.

Nach dem Abziehen des Vorlaufweins wird die Restmaische eine dreiviertel Stunde lang bei 1,5 Bar schonend gepreßt, der dabei gewonnene, relativ geschmeidige Preßwein wird beigemischt und das Ganze sodann 48 bis 72 Stunden zum Absetzen des groben Gelägers im Tank belassen. Anschließend reift der Wein 20 bis 24 Monate lang in zu 33 % neuen Fässern. Der erste Abstich erfolgt im Frühjahr nach der *malo* – dabei bleibt im Rotwein groberes Geläger als im Weißwein – und ein zweiter nach dem Schönen mit Eiweiß ein bis zwei Monate vor der Abfüllung.

Die Erträge liegen als Auswirkung des strengen Rebschnitts und des hohen Anteils an alten Reben niedrig – im Durchschnitt 35 hl/ha für die Weißweine. Mit der Wiedereingliederung der bisher in Halbpacht vergebenen Rebfläche steigt die Jahresproduktion stetig auf voraussichtlich 60 000 Flaschen an.

Keller hat die Domäne anscheinend überall: zwei unter dem Haus, einen unter der Cuverie und dazwischen einen neuen, erst vor kurzem gebauten, für Palettenlagerung. Bei den Bauarbeiten wurde übrigens ein 6 m tiefes Bodenprofil des Clos de la Barre freigelegt, der im Südosten an das Haus anstößt: Unter einer etwa 1 m mächtigen gesteinsführenden Bodenschicht liegt ein massives Kalksteinbett. Dieses scheinbar undurchdringliche Felsfundament durchzogen deutlich sichtbar dicke, gesunde Rebenwurzeln. Hier zeigt sich die Fähigkeit dieser robusten Pflanze, derartiges Terrain zu durchdringen, das ihrer Frucht die unnachahmliche Besonderheit verleiht.

Einen bestimmten Stil strebt Dominic Lafon nicht an. Seiner Ansicht nach erlangt man die Wucht und den Extrakt eines Weins durch gewissenhafte Arbeit im Weinberg und seine Eleganz durch ebenso große Sorgfalt in der Cuverie. Wenn seine Weine etwas gemeinsam haben, dann eine bemerkenswerte Konzentration und eine füllige Saftigkeit, die ihnen schon in der Jugend attraktive Art verleihen, sowie eine vorbildliche Nachhaltigkeit und nahezu makellose Ausgewogenheit, die ihnen Langlebigkeit gewährleisten. Lange Gärung und Hefesatzlagerung bringen selbst schon in den Meursault-Villages und den Clos de la Barre eine Sanftheit und Komplexität ein, durch die sie schon früh sehr verführerisch und zugänglich werden. Der Clos ist zu zwei Dritteln mit 40jährigen Reben besetzt, die zur Konzentration beitragen, und der lehmhaltige, steinige Boden verleiht den Weinen einen mineralischen Charakter und einen oft an Zitrusfrüchte erinnernden Duft. Der Meursault Désirée (kein Premier Cru) ist vom Aroma exotischer Früchte – Mango und Ananas – und von getrockneten Aprikosen gekennzeichnet. Dominic nennt ihn gern seinen Viognier.

Der Charmes steht mit seiner strafferen, energischeren Struktur und seiner allgemein größeren Wucht eine Sprosse höher auf der Qualitätsleiter als der Désirée. Er ist fetter und voller als der Clos de la Barre und hat *fruits exotiques* im Duft. Der Genevrières, ebenfalls ein Premier Cru, kommt von leichtem, feinkrümeligem ockergelbem Boden an einem steilen Hang und ist mit seiner nicht so deutlichen Wucht und dafür größeren Eleganz etwas völlig anderes in der Finesse, nicht aber in der Kraft. In den ersten Jahren wirkt er meist recht verschlossen und gibt sich anfangs nicht so attraktiv wie der Charmes.

Les Perrières, die anerkannt feinste der Premier-Cru-Lagen, könnte zum Grand Cru avancieren, wenn sich die Behörden dazu durchringen würden. Der Name besagt schon, daß ihr Boden sehr steinig ist, allerdings mit einem beträchtlichen Gehalt an Mergelkalk und Ton. In der Interpretation von Lafon vereint ihr Wein die Struktur und Wucht des Charmes mit der Eleganz und Finesse des Genevrières; er hat aber mehr Stil und Komplexität als diese beiden und ist auch nachhaltiger und konzentrierter.

Das sind natürlich Verallgemeinerungen; der Stil der einzelnen Weine verändert sich von Jahrgang zu Jahrgang und mit dem Alter. Die Weine der Domaine Lafon sind für lange Kellerreife gedacht und lohnen sie auch. Der feinste ist zweifellos der Montrachet. Dominic zufolge ist er weder schwer noch wuchtig, sondern zeichnet sich durch Finesse und Eleganz, vor allem aber durch erstaunliche Nachhaltigkeit aus. Wer Wucht verlangt, sollte einen Bâtard-Montrachet, nicht aber Le Montrachet wählen – der von Lafon ist jedenfalls stilvoll, kräftig und vollendet mit seiner festen, harmonischen Säure. Was ihn in fast allen Jahrgängen über die Meursaults erhebt, ist eine außerordentliche Konzentration und Nachhaltigkeit mit einem vielschichtigen Abgang.

Der Montrachet aus der Domaine Lafon reift langsam. Der 1981er und der 1989er waren 1996 zwar fein, aber noch jung. Während der 1981er aromatische Entfaltung aufwies und der vollen Reife entgegenging, zeigte der 1989er sich noch fest verschlossen, ließ aber die zu erwartende größere Kraft und Qualität schon erkennen.

Die Domäne ist nun, nachdem auch der letzte Weinberg von den *métayers* zurückgegeben wurde, voll im Schwung. Es ist eine Freude zu sehen, wie Dominics Zuversicht und Entschlossenheit sich gegen alle Hindernisse, die ihm anfänglich als unüberwindlich erschienen sein müssen, endlich durchgesetzt hat. Auch freut man sich, in ihm einen überaus talentierten Weinerzeuger zu finden, der vielen seiner Kollegen vormacht, was mit Sorgfalt und Hingabe erreicht werden kann.

WEINBERGBESITZ

Gemeinde	Rang	Lage/Climat	Fläche	Rebenalter	Status
Chassagne	GC	Montrachet	0,33	30/50	P
Meursault	PC	Les Charmes	1,75	40/70	P
Meursault	PC	Les Perrières	0,75	40	P
Meursault	V	Les Genevrières	0,55	45	P
Meursault	PC	Gouttes d'Or	0,33	1990	P
Meursault	V	Clos de la Barre	2,10	35	P
Meursault	V	En la Barre	0,60	40	P
Meursault	V	Désirée	0,50	25	P
Meursault	PC	Volnay Santenots du Milieu	3,75	33/40	P
Volnay	PC	Clos des Chênes	0,33	25	P
Volnay	PC	Champans	0,50	$^{2}/_{3}$ 70, $^{1}/_{3}$ 8	P
Monthélie	PC	Les Duresses	1,00	9/20	P
Puligny	PC	Champ Gain	0,25	35	F
Gesamtfläche			**12,74 ha**		

Domaine Jacques Prieur

Die Domäne mit Sitz in Les Herbeux unterhalb vom Clos de la Barre besitzt fast 13 ha großartige Weinberglagen von Gevrey bis Puligny, darunter acht Grands Crus. Bis noch vor kurzem waren die Weine recht mittelmäßig, weil die Eigentümer, Jean Prieur und seine Schwester, möglichst viel Gewinn entnehmen und wenig in Qualität investieren wollen. 1988 begab sich Jean schließlich auf eine Weltreise, um seiner Segelpassion zu frönen.

Zum Glück schloß er vorher noch mit der Firma Antonin Rodet in Mercurey einen Partnerschaftsvertrag; so kamen technischer und kommerzieller Sachverstand ins Spiel. Heute sind Rodet und vier Partner zu 50 % Eigentümer der Domäne, die andere Hälfte ist im Besitz der vier Zweige der Familie Prieur (Labruyère, Neyrat, Clayeux und Poch).

Während Jean die Weltmeere durchstreift, wird die Domäne von seinem Sohn Martin, der die Prieurs vertritt, und von Bernard Devillard, der die Rodet-Interessen wahrnimmt, geleitet. Zum Glück sind sich Martin und Bernard über die langfristigen Ziele völlig einig: Sie wollen mit vernünftigen Investitionen den bestmöglichen Wein erzeugen. Bei zunehmend besseren Weinen und wachsenden Gewinnen der Domäne sind denn auch alle Teilhaber zufrieden.

Die bedeutenderen Beschlüsse werden zwar gemeinsam gefaßt, ansonsten aber führt

Das Wahrzeichen von Meursault ist die Kirche.

Martin die Aufsicht über die Tagesarbeit und die Weinbergpflege. Die treibende Kraft hinter der Vinifizierung ist Nadine Gublin aus dem Haus Rodet; sie teilt sich mit Martin in die Verantwortung.

Viel dringend erforderliche Arbeit ist inzwischen geschehen, um die Weinberge wieder in Schuß zu bringen. Im Keller wurden ein Sortiertisch und eine pneumatische Willmes-Presse aufgestellt, alte Fässer ausgeschieden und neue angeschafft, so daß die Villages- und Premier-Cru-Weine nun zu 30–60 %, die Grands Crus zu 60–100 % in neuen Fässern reifen.

Zwar ist die Suche nach dem rechten Weg noch im Gang, doch diese Veränderungen haben dramatische Auswirkungen auf die Weine der Domäne gebracht. Nachdem es ihnen lange an Konzentration fehlte und sie ihrer Herkunft wenig Ehre machten – flacher, dünner Montrachet, schwächlicher Chambertin und klobiger Clos de Vougeot –, sind sie jetzt straff und gut ausgearbeitet.

Die Weißweine zeigen echten Biß und schöne Präsenz – dank Faßgärung (teilweise anfangs im Tank), ausreichender *bâtonnage* und, besonders wichtig, Ausbauzeiten (jetzt etwa 16 Monate), die auf die jeweilige *cuvée* und nicht auf wirtschaftliche Rücksichten oder gar den Platzbedarf in den Fässern abgestellt sind. 1994 wurde die *malo* gelegentlich unterbunden, um die Säure zu bewahren. Die Rotweine zeigen größere Typenechtheit und Tiefe – mit einigen Tagen Vor- und Nachmaischung beläuft sich die *cuvaison* auf insgesamt 15 Tage. Die 14- bis 20monatige *élevage* zielt vorwiegend darauf ab, die durch die längere Cuvaison eingebrachten Tannine zu mildern.

Die Domäne arbeitet mit sechs verschiedenen «tonneliers» zusammen, um über Hölzer verschiedener Herkunft zu mehr Komplexität zu gelangen; Schönung und Filtration sind im Rückzug. Bernard Devillard faßt den neuen Ansatz so zusammen: «Unserer Überzeugung nach ist Qualität etwas, was sich aus vielen kleinen Details zusammensetzt, von denen keines allein den Ausschlag gibt.» Die ersten Ergebnisse sind wahrhaft ermutigend – warten wir das Weitere ab.

WEINBERGBESITZ

Gemeinde	Rang	Lage/Climat	Fläche	Rebenalter	Status
Chassagne	GC	Montrachet	0,59	20	P
Puligny	GC	Chevalier-Montrachet	0,14	15	P
Puligny	PC	Les Combettes	1,50	15	P
Meursault	PC	Les Perrières	0,28	12	P
Meursault	V	Clos de Mazeray, Monopole (Weiß)	1,80	15	P
Meursault	V	Clos de Mazeray, Monopole (Rot)	1,32	6	P
Volnay	PC	Clos des Santenots, Monopole	1,19	20	P
Volnay	PC	Champans	0,35	20	P
Beaune	PC	Clos de la Féguine, Monopole (Weiß)	0,27	4	P
Beaune	PC	Clos de la Féguine, Monopole (Rot)	1,48	20	P
Beaune	PC	Grèves	0,51	50+	F
Aloxe	GC	Corton Bressandes	0,73	10	F
Ladoix	GC	Corton Charlemagne	0,22	50+	F
Vougeot	GC	Clos de Vougeot	1,28	35	P
Chambolle	GC	Le Musigny	0,77	25	P
Chambolle	PC	La Combe d'Orveaux	0,05	25	P
Gevrey	GC	Chambertin	0,84	8	P
Gevrey	GC	Chambertin Clos de Bèze	0,15	10	P
–	R	(Bourgogne Rouge)	0,46	12	P
–	R	(Bourgogne Blanc)	0,50	8	P
Gesamtfläche			**14,43 ha**		

Domaine François Jobard

François Jobard ist nicht leicht zu finden. Er bearbeitet seine 5 ha praktisch allein, nur ab und zu mit der Hilfe eines Arbeiters, seiner Frau und seines hochmodernen Überzeilentraktors; deshalb ist er nie daheim. Diese Maschine schaffte er im Sommer 1990 an, weil er die Chemikalien, die er im Weinberg verspritzen muß, nicht mehr in Gesicht und Augen vertrug, und schließlich wollte er verständlicherweise nicht die eigene Gesundheit für die der Reben gefährden. Jetzt hat er in der Kabine sogar eine Klimaanlage und ist wieder ein fröhlicher Winzer.

Seine kleine Domäne ist ein wahres Mustergut. Der Besitz liegt fast ganz in Meursault und bildet eine schöne, abwechslungsreiche Mischung aus etwa einem Dutzend verschiedener *climats*, darunter fünf Premiers Crus sowie Lagen für Meursault-Villages, Aligoté und Bourgogne Blanc und Rouge.

François ist ein bedächtiger, sehr zurückhaltender Mann. Das Gespräch mit ihm war zunächst recht einseitig. Erst als er bemerkte, daß der Weinkaufmann aus London mit seinen Weinen durchaus vertraut war, taute er auf, und als ihm schließlich klar wurde, daß es nicht wieder nur um einen Zeitschriftenartikel ging, kam die Unterhaltung richtig in Gang.

Hinter seiner scheuen Art verbirgt sich tiefe Kenntnis vom Wein und seiner verwickelten Entstehung. François wuchs inmitten von Wein auf und hegt eine hingebungsvolle Liebe zu dem, was er daran hat. Seine Neigung gehört traditionellen Praktiken, und er betrachtet jene Kollegen – junge und alte –, die «alle fünf Minuten zum Önologen laufen», mit Mißbilligung. Seine traditionelle Einstellung hierzu ist, daß die Wissenschaft auf ihrem angestammten Platz zu Diensten des Weinbaus zu bleiben habe. Zwar verdankt er der Technik seinen neuen Traktor, fahren will er ihn aber selbst.

Das Land, das er bearbeitet, ist mit Ausnahme von zwei kleinen Parzellen sein Eigentum. Sein Ur- oder Ururgroßvater – er weiß es nicht so genau – gründete den Betrieb in den 1860er Jahren und baute auch das inzwischen modernisierte Haus. François' Frau betreut es, ihn selbst und ihre zwei Töchter (21 und 25 Jahre alt) sowie den 18jährigen Sohn. Die ältere studiert Pharmazie und scheint derzeit am Weinbau nicht besonders interessiert zu sein.

François' Weinstil ist ganz individuell. Er strebt einen möglichst natürlichen, ungestörten Ablauf aller Vorgänge an. «Die Natur wirken lassen, mit ihr zusammenwirken, nicht gegen sie ankämpfen wollen» – das ist sein Leitprinzip. In der Praxis läuft das auf fast vollständig organische Methoden hinaus. Zwar bringt er noch Spritzungen mit den üblichen Chemikalien aus, er hört jedoch sechs Wochen vor der Lese damit auf, damit keine Rückstände in den Wein gelangen.

Seit 1975 nutzt er virusindexierte Klone anstelle von *sélection massale* – weniger Risiko, vielleicht auch weniger Arbeitsaufwand. Nachpflanzungen erfolgen Parzelle um Parzelle, zwischendurch legt er jeweils drei bis vier Jahre Brache ein. Soweit möglich erfolgen Bodenabstimmungen organisch unter Beimischung einer gewissen Menge gemahlenen Naturdungs.

Junge Reben werden bei Jobard bis zur 4. Blüte scharf zurückgeschnitten – auf eine halbe Baguette. «Wenn eine junge Rebe im Verhältnis zu ihrer Kraft zu viel tragen muß, kommt nichts Interessantes dabei heraus.» Dieser Rückschnitt bringt Frucht in exzellenter Qualität zuwege. Von den älteren Reben wird die Hälfte im klassischen *Guyot-simple*-System, die andere Hälfte im *Cordon de Royat* geschnitten, das sich für ertragsschwächere Reben besser eignet und kleinere Beeren her-

François auf seinem prächtigen neuen Traktor.

vorbringt. Welche Reben wie behandelt werden, bleibt instinktiver Beurteilung überlassen, das Ziel ist jedenfalls Ertragsbeschränkung und beste Fruchtqualität.

Auch der Lesezeitpunkt ist eine Sache des Fingerspitzengefühls. Laboranalysen tut François als wertlos ab: Dabei gewinne man nur einen ganz allgemeinen Eindruck von der Reife und dazu meist noch einen falschen; übrigens könne sich der Reifezustand innerhalb von 48 Stunden ganz wesentlich verändern. Er selbst geht eben durch die Weinberge, und da sieht er, wann die Trauben reif sind – es macht ihm sichtlich Vergnügen, hierbei den Instinkt über die Technik zu setzen.

Obwohl die Vinifizierung traditionsgemäß verläuft, gibt es bei François einige interessante technische Nuancen, die Licht auf seinen Weinstil werfen: langsames Keltern, rund drei Stunden in einer Willmes-Presse; keine *débourbage* – François ist dagegen –, vielmehr kräftiges Aufrühren vor dem Einfüllen des Weins zur Gärung in kleinere und größere Fässer, damit sich die Trubstoffe gleichmäßig verteilen. Alles übrige verläuft ausgesprochen traditionell: keine Kulturhefen, keine Regelung der Gärtemperatur – da die Trauben sofort beim Eintreffen in der Cuverie gekeltert werden, sei spätere Temperaturregelung überflüssig – und schließlich möglichst späte *chaptalisation*, um den Gärprozeß zu verlängern und die Gärtemperaturen niedrig zu halten.

Ein Jobard-Wein verbringt lange Zeit im Keller, bevor er ihn in der Flasche verlassen darf. François läßt seine Weine 12 bis 18 Monate lang auf dem ursprünglichen Geläger reifen, dann erst werden sie abgestochen und zusammengeführt. Nach seiner Erfahrung verflüchtigt sich eventueller *goût de lie* beim Abstich, und «Weine, die nicht auf dem Hefesatz gelegen haben, halten sich nicht gut».

Zunächst aber geht es für eine weitere Reifezeit von drei Monaten wieder zurück ins Faß, erst dann erfolgt eventuell Schönung mit Kasein (um Farbmängel zu beseitigen) und Bentonit (um Proteine auszufällen). Nun wird nochmals eine Absetzzeit von ein bis zwei Monaten eingehalten, und schließlich wird der Wein nach einer Glanzfiltration auf der schon betagten eigenen Abfüllanlage in die Flasche gebracht. Die Schönung möchte François am liebsten unterlassen, weil sie dem Wein einiges entzieht, daher unterblieb sie auch von 1990 bis 1994.

Das Ergebnis dieses aus Tradition und Instinkt gemischten Verfahrens ist eine eindrucksvolle Reihe von Weinen. Der Stil des Hauses neigt zu einer verfeinerten rustikalen und auch – vermutlich aufgrund der langen Faßausbauzeit – etwas trockenen Art. Neuen Fässern wird nur eine geringe Rolle zugestanden, höchstens 15–20 %, und zwar solchen aus Vogesen-Eiche, deren Wirkung François als sehr diskret empfindet.

Offensichtlich ruhen diese Flaschen schon lange ungestört in François Jobards kühlem Keller.

Vor dem Hintergrund der etwas kargen Komponente zeigen Jobards Weine auf der Zunge große Breite und entfalten mit zunehmendem Alter superbes Aroma – insbesondere der Genevrières und der Charmes –, wozu die lange Gärung und Hefesatzlagerung sicherlich beitragen. Dieser mit beträchtlicher Finesse ausgestattete Meursault ist ausgesprochen altmodisch – aber das tut ihm keinen Abbruch. Die 1993er und 1994er versprechen viel Gutes; die ersteren zeigen die für den Jahrgang typische Kargheit, die letzteren weisen im verhaltenen Jobard-Stil mehr Fleisch auf. Von den Premiers Crus ist der Poruzots (von stark eisenhaltigem, mit Kies durchsetztem Boden) meist fülliger als der Genevrières, der dafür feiner und nachhaltiger wirkt, seinerseits aber in trockenen Jahren unter dem sehr durchlässigen, mageren, steinigen Boden stärker leidet. Der Charmes zeigt sich im allgemeinen eher einschmeichelnd, nachhaltig und vollmundig, er hat aber weniger lebendige Säure.

Nachdem er einen bemerkenswerten, fast schon dekadent überreifen 1983er Genevrières eingeschenkt hat, holt François aus einem völlig mit Schimmel überzogenen Kellerregal eine dick verpelzte Flasche hervor. Aus ihr kommt ein Wein mit hellem, grünlich schimmerndem Goldton zum Vorschein, der sofort einen berückenden, vollen, honigwürzigen, mehr an Lindenblüten und Gewürze als an Früchte und Blumen erinnernden Duft verströmt. Der Jahrgang war nicht leicht zu erraten; im Alter verlieren die Weine ihre üblichen Jahrgangsmerkmale und entfalten ein tertiäres Aroma von Pilzen, Waldboden und Gewürzen. Es handelte sich um einen 1979er Charmes, der sich aber nur allzu leicht mit einem 1978er verwechseln ließ. Jedermann weiß, wie wundervoll die 1978er und wie schwach dagegen die 1979er waren – eine reichliche, verwässerte Ernte. Die Zeit hat erwiesen, daß solche Urteile verfrüht waren – Jobard durfte mit gutem Grund stolz auf seinen 1979er Charmes sein.

Die rund 2000 Kisten Wein der Domäne werden von Restaurants und einer privaten Stammkundschaft begierig abgenommen. Mit Leichtigkeit könnte François die Erträge anheben, damit er mehr zu verkaufen hätte, das aber ist nicht seine Art. So befindet sich eine der besten Domänen in Meursault in der Hand eines Mannes, der Vertrauen einflößt.

WEINBERGBESITZ

Gemeinde	Rang	Lage/Climat	Fläche	Rebenalter	Status
Meursault	PC	Les Charmes (Dessus)	0,16	32	P
Meursault	PC	Les Genevrières	0,54	21	P
Meursault	PC	Les Poruzots (Dessus)	0,77	20	P
Meursault	PC	La Pièce sous le Bois	0,21	8	P
Meursault	V	En la Barre/Corbin	1,28	33	P
Meursault	V	En la Barre	0,13	30	F
Meursault	V	Les Tillets	0,74	40	M
Blagny	PC	La Pièce sous le Bois	0,29	38	P
Meursault	R	(Bourgogne Blanc)	0,32	20	P
Meursault	R	(Bourgogne Aligoté)	0,19	9	P
Meursault	R	(Bourgogne Rouge)	0,38	25	P
Puligny	V	Le Trézin	0,17	38	P
Gesamtfläche			**5,18 ha**		

Domaine Joseph et Pierre Matrot

Thierry Matrot wollte von Anfang an Vigneron werden. Nachdem er bei seinem Vater die Lehre absolviert hatte, ging er nach Beaune auf die Weinbaufachschule und dann nach Mâcon, um die kommerzielle Leitung eines Weinguts zu erlernen. 1976 kehrte er im Alter von 21 Jahren in die Familiendomäne in Meursault zurück, die er inzwischen übernommen hat.

Seine Philosophie ist einfach: «Wein entsteht vor allem im Weinberg und weit weniger als allgemein angenommen im Keller.» Soviel Talent der Kellermeister auch haben mag, wenn sein Rohmaterial schlecht ist, hat er schon verloren, bevor er anfängt. Mit 21 ha besten Weinberglagen hat Thierry genügend Spielraum, um seine Theorie in die Praxis umzusetzen.

Gegründet wurde die Domäne um 1909 vom Großvater Joseph Matrot, ihre Reputation aber schuf sein Sohn Pierre. Er gehörte zu den ersten, die den Wert von Klonen für die stark mit *court noué* infizierten Weinberge erkannten, und hatte mit Anpflanzungen schon 1955 Erfolg.

Über Erträge spricht Thierry mit Entschiedenheit. Manche Kollegen glauben, 50–60 hl/ha seien mit Spitzenqualität vereinbar – nicht er. Seiner Meinung nach liegt der ideale Ertrag bei 35 hl/ha für Pinot Noir und 45 hl/ha für Chardonnay, und er selbst hat im Durchschnitt der letzten zehn Jahre 30 hl/ha bei Pinot, 40,5 hl/ha bei Meursault-Villages und 38,5 hl/ha bei Premiers Crus.

Allerdings meint Thierry, daß zwischen Ertrag und Qualität nicht das umgekehrte Verhältnis herrscht, vielmehr stellt er die Theorie auf, daß bis zu einer gewissen Grenze die Ertragsmenge keinen abträglichen Einfluß auf die Qualität hat. Der genaue Punkt richtet sich vor allem nach dem Jahrgang und der Lage und liegt bei Chardonnay höher als bei Pinot; beispielsweise entstand 1973, 1979, 1988 und 1990 bei von Natur aus hohen Erträgen trotzdem vorbildliche Qualität.

Die Lese führt Thierry bei optimaler Reife durch, die er bei einem potentiellen Alkoholgehalt von 13,2 % gegeben sieht. Er verabscheut Überreife, v. a. bei Chardonnay, und strebt Reife ohne jene durch *Botrytis* bewirkte füllige Art an, die sich bei zu später Lese einstellt. Der Jahrgang 1983, der bei vielen in Meursault und Puligny als großartig gilt, ist für Thierry der schlechteste der 1980er Jahre, weil er übertriebene alkoholreiche Schwerfälligkeit mit exzessiver Überreife verband.

Das Traubengut wird in der pneumatischen Kelter 40 Minuten mit schwachem und 40 Minuten mit höherem Druck gepreßt; dann setzt sich der grobe Trub ab, der Most wird auf 15–16 °C gekühlt und schließlich zur Gärung in Fässer geleitet.

Der Aligoté wird mit Bentonit behandelt, um ihm den groben Trub zu entziehen und einen der beiden Abstiche einzusparen. Dadurch gelangt er nicht nur früher in die Flasche und zum Verkauf, das Verfahren schont auch den empfindlichen Most.

Die Kühlung sorgt dafür, daß die Gärtemperatur nicht weit über 20 °C steigt. Thierry strebt an, die Gärung möglichst schnell in Gang zu bringen, um das Oxidationsrisiko zu verringern, und sie dann möglichst lange auszudehnen, um Extrakt und Geschmack zu maximieren. Dafür verwendet er Kulturhefen, weil es einerseits auf Schnelligkeit ankommt, und weil andererseits die gegen Fäule eingesetzten Spritzmittel mit der Mikroflora auch die für die Gärung und, wie manche glauben, für die Komplexität des Weins so wichtigen Naturhefen vernichten – ein weiteres Argument gegen den Einsatz chemischer Spritzmittel.

Entgegen der Mode lehnt Thierry neue Fässer völlig ab; er verwendet sowohl für die Vinifizierung als auch für den Ausbau nur gebrauchte. Neue nimmt er erst einmal für Bourgogne Chardonnay, der dann faßweise verkauft wird. Auf diese Weise vermeidet er den Eichenholzgeschmack, den er nicht mag.

Auch die *bâtonnage* mag er nicht, weil damit «gutes und schlechtes Geläger gleichermaßen aufgerührt wird», was die Weine zu wuchtig und schwerfällig mache und ihnen die Finesse nehme. Längere Hefesatzlagerung ist ihm dagegen recht; deshalb nimmt er nur einen einzigen Abstich vor, und zwar zur Abfüllung vor der nächsten Lese.

Die im großen und ganzen zwar traditionelle Weinbereitung zeigt bei Matrot auch einige Neuerungen. Die Degustation im stillen, kühlen Keller gibt Thierry Gelegenheit, deutlich zu machen, was er in einem feinen Meursault anstrebt: größtmögliche Frucht, vollen Ausdruck des *terroir* und höchste Eleganz.

Die Weine sind schön ausgewogen; manchmal scheint es nur, als ob es an Säure fehle – sie ist aber da, verdeckt von reichlich reifer (nie aber überreifer!) Frucht. Die Meursaults sind fein, allerdings bewußt verhalten. Thierry vinifiziert die einzelnen *lieux-dits* der Meursault-Villages-Lagen getrennt und vereint sie dann erst zu *cuvées*. Einen eindeutigen Stil des Hauses gibt es nicht; die Gemeinsamkeiten liegen in verhaltener Klasse und großer Haltbarkeit. Zwar ist Thierry kein Freund von sehr alten Weißweinen, er berichtet aber doch mit Stolz, daß ein 1947er Matrot Meursault sich bei einer Probe vor kurzem als attraktiv und durchaus lebendig erwies. Seine eigenen Weine legt er nicht für baldige Genußreife aus. So wäre es beispielsweise Kindermord, die 1992er Meursault Premiers Crus vor ihrem fünften Geburtstag anzurühren, ausgenommen vielleicht den reifen und saftigen roten Blagny Premier Cru La Pièce sous le Bois.

Zum Glück herrscht Thierrys Vorliebe für Rock und Blues – «das ist meine Generation» – nicht im Keller. Seine Frau hat denselben Geschmack wie er; seine drei Töchter dagegen sitzen lieber vor dem Fernseher – und das mag er wieder nicht.

WEINBERGBESITZ

Gemeinde	Rang	Lage/Climat	Fläche	Rebenalter	Status
Meursault	PC	Les Charmes	0,92	30	P
Meursault	PC	Les Perrières	0,53	35	P
Meursault	PC	Blagny, La Pièce sous le Bois (Blanc)	1,78	30	P
Meursault	V	(mehrere Climats)	5,83	30	P
Meursault	PC	Volnay-Santenots	1,39	30	P
Blagny	PC	La Pièce sous le Bois (Rouge)	2,35	35	P
Puligny	PC	Les Chalumeaux	1,31	30	P
Puligny	PC	Les Combettes	0,31	30	P
Meursault	V	(Rouge)	0,41	25	P
Auxey	V	(Rouge)	0,57	25	P
Monthélie	V	(Rouge)	0,45	20	P
–	R	(Bourgogne Chardonnay)	1,98	30	P
–	R	(Bourgogne Aligoté)	2,04	30	P
–	R	(Bourgogne Grand Ordinaire – Gamay)	0,62	30	P
Gesamtfläche			**20,49 ha**		

Domaine Michelot-Buisson

Der inzwischen über 60jährige Bernard Michelot herrscht mit freundlicher Zuvorkommenheit über 22 ha und damit über eines der größten Weingüter in Meursault. Die Domäne nahm ihren Anfang am Ende des 19. Jh., als Reblaus und Mehltau so manchen Vigneron von seinem kranken Land vertrieben, weil er sich nach einem einträglicheren Gewerbe umsehen mußte.

Ihren Sitz hat sie in einem bescheidenen Haus in La Velle; das Büro ist aus einem engen Hinterzimmer des Hauses vor dem familieneigenen Clos St-Félix in einen Neubau im Hof umgezogen. Dort sitzt Bernard etwas unbehaglich an seinem Schreibtisch hinter einer transparenten Zwischenwand in dem hochmodernen Raum, der seit 1995 mit einem Computer ausgestattet ist, von dem Bernard allerdings nichts als Ärger erwartet. Bei der Bewältigung des Papierbergs helfen ihm seine drei Töchter – Chantale, noch unverheiratet, Geneviève, geschieden, und Odile, verheiratet mit Jean-François Mestre, der seine Familienzugehörigkeit dadurch dokumentiert, daß er Michelot an seinen Namen anfügt.

Bernard sieht es als seine Hauptaufgabe an, allen, die um ihn herum sind, Wohlbehagen zu vermitteln, und benutzt vorzugsweise Meursault als Medium. Da er immerhin 100 000 bis 180 000 Flaschen abzusetzen hat, kreisen seine Gedanken eng um den Verbraucher. Er möchte am liebsten Weine hervorbringen, die zugleich «sec» und «moelleux» sind, der Traube und dem terroir Ausdruck verleihen und vor allem schönsten Genuß gewähren. Allerdings braucht großer Meursault seine Zeit, deshalb verfährt Bernard streng mit jedem, der den Korken zu früh zieht.

Die bei Michelot üblichen Erträge von 50–55 hl/ha geben gelegentlich Anlaß zu Murren, das sei zuviel. Er setzt dem entgegen, er gehe nicht durch großzügigen Rebschnitt darauf aus, die Erträge zu maximieren, im Gegenteil übe er scharfen Rebschnitt; schließlich sei das Wetter am Ende maßgeblich. Es komme auch viel mehr auf den Ertrag pro Weinstock an als auf den Hektarertrag. Seine Meinung stützt er auf einen Vergleich mit dem Bordelais: Er hat 11 000 Reben auf einem Hektar stehen, dort sind es 5000, demzufolge trage in Burgund jeder Rebstock weit weniger Trauben, wenn derselbe Bruttoertrag herauskomme wie in Bordeaux. Zum Abschluß erklärt er, seine Hektarerträge seien durchaus mit Grand Vin vereinbar, und in acht von zehn Jahrgängen seien es sowieso die mit reichlichen Erträgen, aus denen die beste Qualität komme. «Beispielsweise 1973 – herrliche Wei-

Bernard Michelot bei der Weinprobe in seinem Keller – die Deckenlampe besteht aus Flaschen (die aber hoffentlich keinen Meursault enthalten).

ne, bei der Lese 12,5 % potentieller Alkohol, und das bei 80 hl/ha.»

Es sei auch ein Unterschied gegenüber früher, daß die Mechanisierung Neuanpflanzungen erleichtere – mit einem Traktor kann man 150 Pflanzlöcher in derselben Zeit ausheben, in der man von Hand zehn fertigbringt. Deshalb wurden schlecht tragende Reben früher nicht so oft ersetzt wie heute, so daß inzwischen 98 % aller Reben regelmäßig tragen, während es früher nur 80 % waren. Das klingt zwar alles überzeugend, erklärt aber nicht, wieso Bernard regelmäßig 5–10 hl/ha mehr produziert als seine Kollegen.

Die Vinifizierung ist traditionell: Zwei bis drei Pressungen gehen der Gärung in zu etwa 25 % neuen Eichenfässern voraus, wobei kein Unterschied nach Lage und Jahrgang gemacht wird. Die übrigen Fässer sind unter fünf Jahre alt. Temperaturregelung wird nicht vorgenommen. Die pneumatischen Pressen treten rasch in Funktion – die weißen Trauben brauchen nie länger als zwei Stunden zu warten –, und die Fässer werden aufgefüllt, sobald die stürmische Gärung vorüber ist; beides hilft Oxidation vermeiden. Abgefüllt werden die Weine kurz vor der neuen Lese.

In den geräumigen Kellern unter dem Haus, z. T. stammen sie aus dem 15. Jh., wird der Gast zu einer Weinprobe inmitten spinnwebenverhangener Stapel von Flaschen mit alten Jahrgängen eingeladen.

Bernards Meursaults sind interessant, gut bereitet, individuell, meist jedoch wuchtig und fleischig. Für lange Haltbarkeit sind sie nicht gedacht, sondern trinken sich meist in den ersten zehn Jahren am schönsten. Die besten Gewächse in seinem Keller sind die Premiers Crus, aber auch die Villages-Weine sind gut, vor allem der Grands Charron.

Mit dem Eintritt von Jean-François Mestre in den Betrieb hat sich ein Trend zu frischerem Geschmack und weg von der altmodischen rustikalen Art durchgesetzt. Die Weine der Domäne verdienen höchstes Vertrauen; vor allem zu empfehlen sind die aus sogenannt zweitrangigen Jahrgängen, für die das Team eine besonders geschickte Hand zu haben scheint.

WEINBERGBESITZ

Gemeinde	Rang	Lage/Climat	Fläche	Rebenalter	Status
Meursault	PC	Les Perrières	0,20	14	P
Meursault	PC	Les Charmes	1,60	24	P
Meursault	PC	Les Genevrières	1,65	29	P
Meursault	V	Les Narvaux	1,30	31	P
Meursault	V	Les Tillets	0,83	45	P
Meursault	V	Les Grands Charrons	0,85	38	P
Meursault	V	Clos du Cromin	0,98	24	F
Meursault	V	Clos St-Félix	0,82	35	P
Meursault	V	Le Limozin	0,68	36	P
Meursault	V	Sous la Velle	1,98	45	P
Meursault	V	(verschiedene Climats)	2,40	40	P
Puligny	PC	Les Folatières	0,16	25	P
Puligny	PC	La Garenne	0,12	23	P
Puligny	V	Les Grands Champs	0,28	39	M
Santenay	PC	Les Gravières	0,41	o. A.	P
Santenay	PC	La Comme	o. A.	o. A.	P
Pommard	V	–	0,13	o. A.	–
–	R	(Bourgogne Chardonnay)	5,56	25	P
–	R	(Bourgogne Aligoté)	0,75	45	P
–	R	(Bourgogne Pinot Noir)	0,58	37	P
Gesamtfläche			**21,28 ha**		

Domaine Pierre Morey

Pierre Morey hat in Meursault ein kleines Weingut. 1989 wurde ihm der ehrenvolle Auftrag zuteil, als Nachfolger von Jean Virot die Stellung des Kellermeisters in der Domaine Leflaive in Puligny einzunehmen. Er erzählt gern, daß die Sterne ihm anfänglich nicht günstig waren: Er wurde nämlich in dem relativ schlechten Weinjahr 1948 geboren, doch tröstet er sich damit, daß der Grundstein für ihn wohl doch gegen Ende der Lese für den außergewöhnlich guten 1947er gelegt worden sein muß.

Mit den Moreys in Chassagne sind die Moreys in Meursault nur weitläufig verwandt. Die Familie nahm ihren Ursprung 1793 unter recht ungewöhnlichen Umständen. Während der Revolution hatte die Klerusfeindlichkeit der ortsansässigen Republikaner Meursault seines Geistlichen beraubt; bei der Bevölkerung herrschte aber ein ebenso starkes Verlangen, gute Katholiken zu bleiben. Die Lösung fand Alexis Morey – aus Chassagne –, indem er einen Geistlichen überredete, nächtens nach Meursault zu kommen und dort in Weinkellern die Messe zu zelebrieren. Auf einer dieser nächtlichen Pilgerfahrten lernte Alexis eine gewisse Mlle. Millot kennen und verliebte sich in sie; schließlich heirateten sie, hatten Kinder und bauten sich ein kleines Weingut auf.

Leider war nach häufigen Teilungen nach dem napoleonischen Erbgesetz so gut wie nichts von den ursprünglichen 5 ha der Familie übriggeblieben, als Pierres Vater, Auguste Morey-Genelot, 1930 an die Reihe kam. Er gab 1934 den Winzerberuf auf und wurde Vertreter für pharmazeutische Produkte. Während dieser Zeit betreute sein Vater, also Pierres Großvater, das kleine Gut. Er war aber als Soldat im 1. Weltkrieg verwundet worden und sah sich bald körperlich und geistig außerstande, die schwere Arbeit zu leisten. Deshalb stellte er seinen Sohn Auguste vor die Wahl, entweder zurückzukommen oder den Besitz verwahrlosen zu lassen.

1936 kehrte Auguste heim. Da ihm die Preise zu hoch waren, konnte er kein Land kaufen und suchte deshalb geeignete Weinberge zu pachten. 1937 hatte er 4 ha superbe Lagen zusammengebracht, u. a. Meursault Premiers Crus Perrières, Charmes und Genevrières und 35 Ar im Grand Cru Le Montrachet, alles aus dem Besitz der Comtes Lafon. Inzwischen sind die Pachtverträge abgelaufen und die Weinberge wieder an Lafon zurückgegangen. Um die Einbußen wettzumachen – «ich konnte ohne Genevrières, Charmes und Montrachet im Keller nicht weitermachen» –, zog Pierre einen kleinen Weinhandel unter dem Namen Morey-Blanc auf (Blanc ist der Mädchenname seiner Frau). Er kauft Most ein – nur weißen –, «da bin ich praktisch der Vigneron», und es ist ihm gelungen, brauchbare Quellen für Meursault Narvaux, Montrachet und St-Aubin Premier Cru zu finden.

Inzwischen ist er mit seiner Frau umgezogen, in ein großartiges Haus am Westrand von Meursault mit einem schönen Garten für die zwei Kinder. Die Familie hatte vorher im sogenannten Quartier Neuf gewohnt, das um die Jahrhundertwende kurz nach den Schicksalsschlägen mit der Reblaus und dem Mehltau gebaut worden war. Damals war Geld knapp, und entsprechend fielen die Bauten aus. Dann kam der 1. Weltkrieg, danach die große Depression und dann der 2. Weltkrieg. Das waren arme Zeiten, kein Wunder also, daß sich das Quartier Neuf zwischen 1890 und 1945 kaum zu seinem Vorteil verändert hat. Heute ist Meursault beträchtlich gewachsen, und wahrscheinlich hätten jetzt die schönen Landhäuser auf dem Hügel hinter dem Campingplatz eher Anspruch auf die Bezeichnung «Quartier Neuf».

Pierre ist ein großer, dunkler Mann, in dem sich die Art eines Professors mit der eines übermütigen Schuljungen mischt. Einerseits hat er großes Vertrauen auf seine Fähigkeit, feinen Wein zu bereiten und zu beurteilen, andererseits aber auch die Bescheidenheit einzusehen, daß der gewissenhafte Vigneron stets einen Hochseilakt bestehen muß. Da er mit Weinbergen und Wein aufgewachsen ist, wurde ihm seine Kunst zur zweiten Natur. Sowohl er als auch sein Bruder mußten bei der Lese stets mithelfen, er erinnert sich aber, daß sein Bruder es ungern tat, während er selbst es jeweils kaum erwarten konnte.

Für Pierre wie für die meisten großen Weinerzeuger gibt es keine Dogmen; alles hat seinen guten Grund und ist wohl durchdacht. Wenn er die Tradition wahrt, dann deshalb, weil sie auch die besten Ergebnisse bringt, und nicht weil sie die Tradition ist. Er räumt ein, daß seine Methoden sich gegenüber denen des Vaters nur wenig verändert haben. Allerdings besteht heute mehr Einsicht in die Funktion der Dinge, und es gibt mehr Hilfsmittel, wenn etwas fehlgeht – sie können aber den Instinkt und die Erfahrung nur unterstützen.

Da das bewirtschaftete Land meist jemand anders gehörte und nur für ihn bearbeitet wurde, nimmt Pierre nicht viel Fachwissen in der Weinbergpflege für sich in Anspruch. Spritzungen, Nachpflanzungen, Klonenselektion oder *sélection massale*, alles das waren Dinge, die der Grundbesitzer zu entscheiden hatte, nicht der Pächter. Nun muß er diese Entscheidungen bald selbst treffen, denn viele von Auguste gepflanzte Reben müssen ersetzt werden.

Im allgemeinen arbeitet Pierre lieber mit Hacken als mit Herbiziden, weil diese nur das Wachstum der Seitenwurzeln fördern, so daß die Hauptwurzeln nicht in der Tiefe nach Nährstoffen und Wasser zu suchen brauchen; außerdem begünstigen Herbizide in feuchten Jahren die Entstehung von Fäule, verändern die natürliche Entwicklung der Rebe und schädigen die Bodenstruktur. Überdies lassen Herbizide andere, resistentere Gräser und Unkräuter um so stärker aufkommen. Bei solchen Überzeugungen hat man den Eindruck, daß die Vertreter von Herbiziden in der Domaine Pierre Morey keine Chancen haben.

Ertragsbeschränkung hat für Pierre vorrangige Bedeutung – er meint, die Winzer sollten das Wirtschaftlichkeitsdenken zu Hause lassen, wenn sie entscheiden müssen, wie streng sie den Rebschnitt oder das Ausbrechen überschüssiger Augen und Triebe handhaben sollen. Auch das Entfernen überzähliger Trauben nach der Blüte, die Vermeidung der wuchskräftigen Unterlagsrebe SO4 zugunsten von 161-49 in Hanglagen sowie von Riparia Gloire auf flacherem Grund gehören zu den ertragsbeschränkenden Maßnahmen. Seit 1992 werden Moreys Weinberge biologisch gepflegt, ohne synthetische Mittel – bei ihm «riecht es nicht mehr nach Chemie».

Da er bei Leflaives biodynamischen Experimenten mitwirkt, ist er auch bemüht, das System in den eigenen Weinbergen zu erproben. Es beruht darauf, Behandlungen der Reben und des Bodens zu bestimmten Tageszeiten vorzunehmen. Die Dosen sind dabei relativ stark –, im homöopathischen Sinne, demzufolge größere Stärke zu größerer Verdünnung des ursprünglichen Reagens führt. In der Wachstumsperiode 1990/91 wurde ein Versuch mit 1 ha gemacht. Die ersten Ergebnisse mit roten Trauben interessieren Pierre deshalb besonders, weil sie eine geschmeidigere, feinere Tanninqualität als Wein von traditionell behandelten Reben aufzuweisen scheinen.

Pierres Ansichten zu den Hektarerträgen sind ungewöhnlich: Er hält bei Chardonnay und Pinot Noir Mengen von 60 bzw. 45 hl/ha für «ohne weiteres vereinbar mit Grand Vin», vorausgesetzt, daß bei Rotwein in von Natur aus verwässerten Jahren (z. B. 1982, 1992, 1994) *saignée* durchgeführt wird. Inzwischen

Pierre Morey wartet vor seinem Sommerhaus anscheinend auf göttliche Eingebungen.

sieht er 45 hl/ha als ausreichenden Ertrag für Chardonnay an; bei ihm selbst liegt er bei 40 hl/ha. Vielleicht macht es ihm Unbehagen, die etwas höheren Erträge von Leflaive verteidigen zu müssen, wo doch seine eigenen niedriger liegen.

Bei der Vinifikation wird nichts dem Zufall überlassen. Nach Pierres Meinung ist es am wichtigsten, den richtigen Tag für die Lese zu wählen. In der Praxis ist es natürlich oft nötig, den Lesetermin im voraus festzulegen, erstens, damit man genug Leser verfügbar hat, und zweitens, damit man rasch handeln kann, falls sich das Wetter plötzlich verschlechtert. Morey geht kurz vor der Lese mehrmals täglich durch die Weinberge, um den exakten Reifezustand zu begutachten. Er legt nicht Wert auf maximale Reife, sondern auf jenen flüchtigen Zustand, wenn Zucker und Säure im Gleichgewicht sind, so daß der Wein Ausgewogenheit und Finesse bekommt.

Neben dem Lesetermin selbst obliegt Pierre auch die Entscheidung darüber, in welcher Reihenfolge die einzelnen Parzellen abgeerntet werden sollen. Diese Entscheidung wird immer unter Berücksichtigung der Wettervorhersage gefällt, denn das Wetter ist und bleibt nun einmal das Element, das niemand beherrschen kann. Zwar ist Pierre nicht grundsätzlich für späte Lese, er meint aber: «Wir sind nie bei den ersten.»

Da die Arbeit bei Leflaive immer mehr von seiner Zeit in Anspruch nimmt, hat Pierre sein Team daheim ganz neu organisiert, damit alles weiterläuft, wenn er in Puligny ist. Das Ehepaar Lète wohnt im alten Haus in Morey – die Frau empfängt die Kundschaft und erledigt Lieferungen, der Mann kümmert sich um die Arbeit in Weinberg und Keller. 1992 stellte Pierre zu seiner Unterstützung den jungen Christophe Chauvel aus Anjou, einen ernsthaften Mann mit einem Diplom in Weinbau,

ein. Da aber ist die Domaine Leflaive nur fünf Autominuten entfernt ist und es schließlich auch in Puligny Telefon gibt, besteht keine Gefahr, daß die Dinge in Meursault aus dem Ruder laufen.

Die Vinifizierung läuft bei Morey robust klassisch ab. Gekeltert wird in einer neuen pneumatischen Presse, die sich offenbar nicht allzusehr die Mißbilligung von Pierres Vater zugezogen hat, der früher die gute alte Vaslin-Presse bediente und auch heute noch als wertvolles Mitglied der Belegschaft mitarbeitet. Pierres Bruder, Ingenieur bei der französischen Luftfahrtfirma Aerospatiale, hat seine Einstellung zum Wein und zur Weinerzeugung inzwischen ganz und gar gewandelt und erscheint jetzt pünktlich zur Lese.

Sowie der Most aus der Presse kommt, erhält er eine Dosis SO_2. Bei Anzeichen von Edelfäule oder stärkerer Trübung bleibt er zunächst zum Absetzen stehen und wird erst dann zur Gärung in Fässer geleitet. Der Keller hat drei Stockwerke, daher kann der Most aus der Presse in die Gärfässer und von dort in die Ausbaufässer laufen, ohne durch Pumpen belüftet zu werden. Für die Regionalweine werden nur Fässer im zweiten Jahr oder noch ältere verwendet; die Villages-Weine kommen in zu 25 %, die Premiers und Grands Crus in zu 33 % neue Eichenfässer. Experimente haben ergeben, daß Vogesen-Eiche für Meursault besser geeignet ist, während die Pulignys mit Allier-Eiche schöner harmonieren. Hat eine *cuvée* genug Volumen, dann bevorzugt Pierre einen Beitrag beider Holzarten in der endgültigen *assemblage*.

Bâtonnage wird dreimal wöchentlich bis zur Wintersonnenwende durchgeführt, denn Hefesatzlagerung ist für die Entfaltung eines jungen weißen Burgunders wichtig. Deshalb wird der Wein beim ersten Abstich nach der malolaktischen Säureumwandlung nur vom groben Geläger abgezogen, während der feine Hefetrub den Sommer über als Nahrung im Wein verbleibt. Beim zweiten Abstich im September wird der Wein dann ganz vom Geläger abgezogen.

Nach einer Geschmackskontrolle und Analyse der einzelnen Weine wird entschieden, ob Fischleim oder Bentonit als Schönungsmittel verwendet werden soll. In manchen Jahrgängen leistet das eine entschieden Besseres als das andere. Bei übermäßig angegilbten Weinen kann zusätzlich zum Bentonit auch Kasein eingesetzt werden.

Nach leichter Patronenfilterung werden die Weine im zweiten Jahr – rund 18 Monate nach der Lese – abgefüllt. Diese *élevage* ist relativ lang, doch Pierre glaubt, daß die zusätzliche Faßausbauzeit den Weinen eine bessere Entfaltung sichert und eine Struktur und Fülle in sie einbringt, die der Langlebigkeit zugute kommt. Er hat es auch schon mit Abfüllung nach elf Monaten probiert, doch die Ergebnisse waren eindeutig schlechter.

Beim Degustieren im tiefsten der drei Kellergeschosse mit schimmelüberzogenen Flaschenstapeln in dunklen Ecken wird der Wert aller Mühen und Gedanken, die in die Bereitung eines Morey-Weißweins eingehen, so recht deutlich. Das allen – vom einfachen Aligoté aus einer inzwischen zum Teil neubestockten Parzelle mit 35jährigen Reben bis zum Bâtard-Montrachet – gemeinsame Kennzeichen ist Aristokratie. Die Weine zeigen unbeschreibliche Rasse, gestützt auf feste, fleischige Frucht. Nichts von Kargheit oder Askese – nur glorreiche Opulenz, vor allem in den jungen Weinen, die noch im Faß liegen, wenn ihre Artgenossen in anderen Domänen schon ihre Flaschenreifezeit antreten. Pierre setzt auf Geduld: «Man braucht sie bei der *élevage* eines feinen Weins», und darüber hinaus «braucht man oft den Mut, nichts zu tun».

Jedes Stadium in der Erzeugung dieser wundervollen Weine wird mit Sachkönnen, Sorgfalt und vor allem Fleiß in Angriff genommen. Wie so oft bei der Qualität ist es das Detail, das den Unterschied zwischen Magie und Mittelmaß ausmacht. Von der einfachen Maßnahme, jedes Faß nach Beendigung der stürmischen Phase der Gärung aufzufüllen, über die Aufrechterhaltung einer langsamen, möglichst lang anhaltenden Gärung bis zum Aufschieben der Abfüllung auf den wirklich günstigsten Moment bleibt nichts dem Zufall überlassen und wird nichts ohne Bedacht getan.

Pierre Morey ist ein vollendeter Künstler, und seine Weine stellen eine wahrhafte Huldigung an das Zusammenwirken zwischen Mensch und Land dar.

WEINBERGBESITZ

Gemeinde	Rang	Lage/Climat	Fläche	Rebenalter	Status
Puligny	GC	Bâtard-Montrachet	0,48	30	M
Meursault	PC	Les Perrières	0,52	27	P
Meursault	V	Les Forges/Les Tessons	1,00	29	P/M
Meursault	V	Les Durots	0,26	21	P
Monthélie	V	(mehrere Climats)	0,82	30	M
Pommard	PC	Les Grands Epenots	0,43	30	M
Meursault	R	(Bourgogne Aligoté)	1,94	2–35	P/M
Meursault	R	(Bourgogne Blanc)	1,30	23	P/M
Meursault	R	(Bourgogne Rouge/PTG)	1,21	34	P/M
Gesamtfläche			**7,96 ha**		

Domaine Rougeot

Marc Rougeot wurde im frostigen Weinjahr 1956 geboren, das in Burgund, ja in ganz Frankreich, am liebsten vergessen würde. Durch große Entschlossenheit hat er diesen angeborenen Makel überwunden und ist heute als Kellermeister der Domäne und als 5. Generation der Rougeots in Meursault fest etabliert.

Ihren Weinbergbesitz verdankt die Domäne Marcs Großvater, der Flaschenwein unter dem Etikett Rougeot-Latour verkaufte. Marcs Vater, der den Betrieb 1955 übernahm, mußte bald feststellen, daß der Besitz für einen angemessenen Lebensunterhalt nicht ausreichte, weil der größte Teil der 20 ha aus weit verstreuten Parzellen in nicht sehr hoch angesehenen Appellationen bestand. Deshalb beschloß er, seine Winzertätigkeit durch ein einträglicheres Gewerbe zu unterstützen, und brachte seine Erfahrung als Geschäftsmann in die Neugründung einer Baufirma ein.

Die Firma fand in den 1960er und 1970er Jahren ein gedeihliches Auskommen beim Bau von Autobahnen und anderen öffentlichen Projekten. So war es Rougeot Père möglich, in den 1960er Jahren 3 ha Ladoix und 1975 einen weiteren Hektar Pommard hinzuzukaufen. Darüber hinaus bewirtschafteten die Rougeots bis gegen Ende der 1980er Jahre Weinberge für das Château de Meursault, und zwar 6 ha Premier-Cru-Lagen, die, man glaubt es gern, im Familienbesitz hochwillkommen gewesen wären.

Als Marc 1975 den Betrieb übernahm, wurde noch viel Wein faßweise verkauft. In den folgenden Jahren hat er die Domäne von dieser Praxis allmählich entwöhnt und den Verkauf an Privatkunden und im Export so weit aufgebaut, daß die gesamte Erzeugung jetzt als Flaschenwein unter dem eigenen Etikett hinausgeht. Marc befindet sich in der beneidenswerten Lage, in normalen Jahren genug Käufer für seine Weine zu haben, während in ertragsschwächeren Jahren die Nachfrage das Angebot bei weitem übersteigt. In solchen Fällen tritt ein Rationierungssystem in Kraft, wonach ein Kunde in einem knappen Jahrgang eine Zuteilung in bestimmtem Verhältnis zu seinen Käufen in reicheren Jahren erhält. Auf diese Weise werden Neuanpflanzungen und Ausrüstungsanschaffungen ausreichend gesichert, und Marc kann sich auf die Erzeugung erstklassiger Weine konzentrieren.

Wie so viele andere junge Kellermeister der neuen Welle in Burgund wohnt auch Marc über seinem Arbeitsplatz – in diesem Fall in einem eleganten Haus aus dem 17. Jh., das die Familie 1981 erwarb. Es liegt in einem stillen Garten voller Apfel- und Birnbäume, an den ein kleiner umfriedeter Weinberg, der Clos des 6 Ouvrées, anstößt – aus dieser Lage kommt ein sanfter, ansprechender Bourgogne Chardonnay.

Unter dem Haus erstreckt sich ein Geflecht von Kellern, an dessen Ende man auf einen hinter Stahltüren gesicherten Bestand alter Flaschen trifft. Beim Stöbern in dieser kleinen, aber ständig wachsenden Schatzkammer

Marc Rougeot beim Schneiden von Veredelungsreisern in seinem Weinberg.

entdeckt man roten Bordeaux, ein paar Kisten Romanée-Conti für künftige Feste und eine Flasche 1937er Yquem, auf der ein Stapel älterer Sauternes ruht. Dagegen findet man hier nur noch wenig eigene Weine der Domäne, denn die Anschaffung von zwei neuen Willmes-Pressen 1985 und ausgedehnte Arbeiten in der Cuverie haben die Aufbietung aller Ressourcen nötig gemacht. Inzwischen hat sich die Finanzlage gebessert, und Marc baut allmählich einen Bestand älterer Jahrgänge auf.

In den Weinbergen wird das Unterhacken von Gras und Unkraut dem Einsatz von Herbiziden vorgezogen. Im Winter erfolgt als Frostschutz Anhäufeln der Wurzelstöcke durch Pflügen. Stirbt eine Rebe trotz sorgsamer Pflege ab, dann wird sie im Herbst ausgehauen und im folgenden Frühjahr ersetzt. Früher kamen dafür Klone von einer alten Mutterpflanze in Ladoix zur Verwendung, das aber wurde zugunsten virusindexierter Pflanzen aus der Rebschule aufgegeben.

Gegen Krankheiten und Schädlinge setzt Mark die traditionelle Bordeauxbrühe, ein ungiftiges Kupfersulfatmittel, bei Bedarf aber auch spezifische Insektizide ein. Er weiß allerdings, daß Kupfer die Trauben hart macht und dadurch den Reifevorgang verzögert; daher wird sorgfältig darauf geachtet, nicht mehr als unbedingt nötig zu spritzen.

In der Cuverie werden die Trauben zunächst mit 0,5–1,0 l SO_2 pro t geschwefelt und dann in den neuen Willmes-Pressen gepreßt, für die sich Marc nach langen Experimenten entschieden hat. Dabei vinifizierte er zwei *cuvées* Meursault in drei verschiedenen Pressen – einer Vaslin, bei der die Trauben zwischen Edelstahlscheiben gepreßt werden, sowie je einer Bucher- und Willmes-Presse, bei denen ein aufblasbarer Ballon die Trauben schonend auspreßt. Anschließend lud er alle Weinbauern von Meursault zu einer verdeckten Weinprobe ein. Die Willmes-Presse trug den Sieg davon. Es stellte sich dabei aber auch heraus, daß die Vaslin doppelt soviel Trub produzierte wie die Willmes, und zwar gröberen, der sich nicht so leicht absetzte. Diese Trubstoffe sind in den ersten Lebensmonaten eines Weins wichtig, da sie ihm Nährstoffe liefern, so daß er an Komplexität und Struktur gewinnt. Bekanntlich aber erlangt der Wein um so mehr Finesse, je feiner der Trub ist. Außer diesen Vorzügen bietet die Willmes-Presse auch eine Reihe von Programmen, die eine fein abgestimmte Regelung der Preßdauer, des maximalen Drucks, der für das Erreichen und Halten des maximalen Drucks gewünschten Zeit und der Umlaufzeit der Pressentrommel ermöglichen. Auf diese Weise kann man eine so sanfte Pressung erreichen, als wenn man die Trauben mit der Hand zerdrückt. In neueren Jahrgängen hat Marc seine einfacheren Weißweine, vor allem die Regionalweine, einer 8- bis 12stündigen *macération pelliculaire* unterzogen, um ihnen mehr Extrakt zu verleihen.

Nach dem Pressen werden die *cuvées* zusammengeführt und bleiben 12 bis 15 Stunden bei 6–7 °C zum Absetzen stehen. Sehr trüber Most wird mit Bentonit geklärt – das kommt aber nur selten vor. Die Gärung findet bei 19 °C in großen *foudres* aus Eichenholz statt; die kühlen Kellertemperaturen machen täglich zweimalige *bâtonnage* erforderlich, um gleichmäßige Trubverteilung zu garantieren.

Danach kommen alle Weine außer dem Aligoté in kleine Eichenfässer. Nach langen Experimenten fiel die Wahl auf 35–40 % Vogesen-Eiche, nur der Meursault Charmes Premier Cru gilt als von Natur aus kräftig genug für 100 % neue Fässer.

Der Ausbau ist auf langsame Reifung bei geringsten Eingriffen ausgelegt, d. h., es werden nur zwei Abstiche durchgeführt, der eine nach der *malo*, der andere nach der Schönung (mit Bentonit). Filtration erfolgt nur, wenn es unbedingt nötig ist, und zwar mit Kieselgur und nicht mit Schichtenfiltern, weil diese dem Wein Säure und Substanz entziehen. Die Abfüllung wird dann nach insgesamt 15 Monaten Faßausbauzeit vorgenommen.

Zwar haben andere Domänen in Meursault einen eindrucksvolleren Katalog an Weinberglagen aufzuweisen, doch die Domaine Rougeot (mit nur einem Premier Cru) beeindruckt durch ihre Leistungen. Marc verabscheut fette, schwerfällige, überzogene Meursaults und setzt bei seinen Weinen auf «Subtilität, Finesse, Eleganz und Weinigkeit». Fässer setzt er mit Bedacht ein, um die Ausgewogenheit und Finesse seines Weins nicht mit Eichenholzgeschmack zuzudecken.

Das Elternhaus von Marc Rougeot steht in der Lage En la Monatine, aus der einer seiner feinsten Meursaults kommt. Bei der Degustation kam die Rede auf einen prachtvollen Meursault Charmes von Rougeot aus dem ausgesprochen unprächtigen Jahrgang 1975. Er bildete Marcs Debüt, und der erinnert sich noch daran, wie sein Vater schimpfte, als dieser Wein im ersten Jahr so gut wie nicht zu trinken war und als unverkäuflich in eine Ecke gelegt wurde. Mit der Zeit aber stellte sich dieser Wein nicht nur als einer der besten Meursaults aus diesem, sondern aus jedem nur vorstellbaren Jahrgang heraus – tief goldgelbe Farbe, ein Aroma von exotischen Früchten und eine fast überreife Fülle, höchst verführerisch und köstlich. Der Vater dürfte inzwischen einiges zurückgenommen haben.

Die jüngeren Weine versprechen viel Gutes. Von einem recht blumigen Aligoté – Marc sagt, er produzierte lieber Aligoté als einen Meursault Charmes, vermutlich ist die Aufgabe interessanter – über einen nach neun Monaten abgefüllten Bourgogne Chardonnay mit attraktiver, fest strukturierter Fülle und feiner Zitronensäure bis hin zu den durch Breite und Länge gekennzeichneten Meursaults.

Marcs Rotweine sind dagegen nicht so aufregend, er meint aber, auf diesem Gebiet sei er noch am Lernen. Er verwendet für seinen Pommard und Volnay Santenots stets zu 100 % neue Fässer und den gesamten *vin de presse*, was für die zarte Pinot-Frucht oft zuviel ist.

1990 gründeten Marc und seine Frau das Négociant-Geschäft Rougeot-Dupin, das sich vorwiegend mit Grands Crus befaßt. Ihr Hauptlieferant ist ein bekannter Erzeuger in Vougeot; er verkauft ihnen die Hälfte seiner Produktion, die dann *sur place* ohne Schönen und Filtern abgefüllt wird. Das Programm umfaßt Romanée St-Vivant, Clos de Vougeot und Richebourg sowie Vosne Les Suchots und etwa 2000 Flaschen Le Montrachet.

Marc Rougeot bewältigt Vertrieb und Verwaltung dieses Geschäfts neben der Arbeit für seine Domäne. Er leistet alles das mit Selbstvertrauen und Tüchtigkeit. Seine Familie, bestehend aus zwölf Pferden, seiner charmanten Frau – sie stammt aus einer Druckerei in Beaune, wo sie manchmal noch aushilft – und zwei Kindern, hat allen Grund, auf ihn stolz zu sein.

WEINBERGBESITZ

Gemeinde	Rang	Lage/Climat	Fläche	Rebenalter	Status
Meursault	PC	Les Charmes (Dessous)	0,46	50	P
Meursault	PC	Volnay Santenots (Rot)	0,85	1976/82	P
Meursault	V	Sous la Velle	2,09	1969–86	P
Meursault	V	Les Pellans	0,39	1978	P
Meursault	V	En la Monatine	0,39	1974/75	P
Meursault	V	Les Grandes Gouttes	1,37	1974/79	P
Meursault	V	Au Village	0,33	1971	P
Meursault	R	(Bourgogne Rouge)	1,98	1967–85	P
Meursault	R	(Bourgogne Aligoté)	1,49	1980–81	P
Meursault	R	(Bourgogne Passetoutgrain)	1,42	1973	P
Meursault	R	Clos des 6 Ouvrées	0,25	1973	P
St-Aubin	V	Le Banc (Weiß)	0,26	1989	P
Pommard	V	(mehrere Climats)	0,99	1950–80	P
Ladoix	V	(mehrere Climats – Rot)	3,07	1956	P
Monthélie	V	Les Toisières (Weiß)	0,35	1989	P
Auxey	V	Sous le Marsain	0,27	1989	F
St-Romain	V	La Perrière (Rot)	1,96	40	P
St-Romain	V	La Combe Bazin (Weiß)	1,09	60	F
Gesamtfläche			**19,01 ha**		

Domaine Guy Roulot

Trotz einer etwas turbulenten neueren Geschichte gehört diese 10-ha-Domäne zu den besten in Meursault. Seit der Gründer des Weinguts, Guy Roulot, 1982 starb, waren hier nicht weniger als drei Kellermeister am Werk: Ted Lemon aus Kalifornien von Januar 1983 bis Januar 1985, danach Franc Grux mit den Jahrgängen 1985, 1986 und 1987 – er wechselte mitten in der Ernte 1988 zu Olivier Leflaive in Puligny – und schließlich der heutige Mitgeschäftsführer, Guys Sohn Jean-Marc Roulot, der seit 1989 die Verantwortung trägt.

Es handelt sich um einen echten Familienbetrieb – Jean-Marc und seine Schwester Michèle Javouhey-Roulot führen ihn gemeinsam mit ihrer Mutter. Das moderne Haus mit Kellern liegt am Rand von Meursault. Der eigentlich recht ernsthafte Jean-Marc begegnet Besuchern, vor allem Weinbuchautoren, mit einiger Zurückhaltung, die schon an Mißtrauen grenzt. Wenn man sich aber eingeführt hat und mit ihm vertrauter geworden ist, erweist er sich als ein warmherziger Mann.

Sein eigentlicher Beruf als Schauspieler muß zwar hinter der Domäne zurückstehen, manchmal aber betritt er doch noch die berühmten Bretter. Seine Mutter, die elegante Mme. Geneviève Roulot, beherrscht im Büro ihren Computer, und seine für die Finanzen zuständige Schwester behandelt säumige Kunden und widerspenstige Bankdirektoren mit der gleichen Virtuosität; die Arbeit in Weinberg und Keller überlassen sie Jean-Marc.

Dessen Verantwortungsbereich hat sich aber neuerdings durch die Heirat mit Hubert de Montilles Tochter Alix beträchtlich erweitert. Inzwischen trifft man ihn ebensooft bei der Geschmackskontrolle in Volnay wie an den Pumpen in Meursault an. Alix hat mit der Wahl ihres Gatten auch insofern eine glückliche Hand gehabt, als sie gerade ihre erste Parzelle Chardonnay in der herrlichen Premier-Cru-Lage Les Caillerets in Puligny erworben hat. Außerdem nimmt auch sein Freund Pascal Marchand Jean-Marcs Zeit und Sachkönnen in Anspruch; er hat ihn – wenn auch ohne Gage – für die bedeutende Rolle eines freundschaftlichen Beraters bei der Bereitung seiner ersten Weißweinjahrgänge im Clos des Epeneaux verpflichtet.

Die Domäne wurde von Guy Roulot Ende der 1950er und Anfang der 60er Jahre durch Weinbergkäufe in Meursault, Auxey-Duresses und Monthélie aufgebaut. Jean-Marc erlernte sein Handwerk beim Vater und führt es mehr oder weniger so fort wie damals.

Die Weinbergpflege ist bei Roulot mustergültig: strenger Rebschnitt, zweimal *évasivage* im Frühjahr – die erste zum Entfernen von Geiztrieben am Stamm, die zweite zum Einkürzen der überschüssigen Triebe, die der Rebe nur Kraft entziehen; damit wird der Ertrag beschränkt und die Photosyntheseleistung dort konzentriert, wo sie am meisten gebraucht wird: in den heranwachsenden Trauben.

Seit 1992 erfolgt die Unkrautbekämpfung durch Hacken und nicht mehr mit Herbiziden. Die Achtung vor dem Boden hat Jean-Marc veranlaßt, einem Zusammenschluß von 50 Winzern beizutreten, die organischen Kompost von Cyril Bongiraud, einem ehemaligen Angestellten von Romanée-Conti, beziehen. Spritzungen werden gezielter eingesetzt, wobei sowohl die Menge als auch die Konzentration der Spritzmittel eingeschränkt wird. Mit den verschwenderischen und weithin sichtbaren Spritzwolken, die neben den Pilzen und Schädlingen auch die nützliche Mikroflora vernichteten, ist es vorbei.

Nachpflanzungen erfolgen individuell; in jeder neubestockten Parzelle werden drei Klone gepflanzt, um dem Wein größere Komplexität zu verleihen. Im Winter werden in den durch Hacken vorbereiteten Parzellen die Wurzelstöcke durch Pflügen angehäufelt *(buttage)*.

Die Lese geschieht mit besonderer Sorgfalt und stets unter strenger Beaufsichtigung der Leser. Ein erfahrener Mitarbeiter aus dem Roulot-Team achtet darauf, daß nur vollreife Trauben gelesen und insbesondere solche mit *pourriture sèche* ausgeschieden werden. Dagegen ist *pourriture humide* in gewissem Umfang akzeptabel, weil sie 1–2 % Alkohol mehr in den Wein einbringt und ihm vor allem in mageren Jahren etwas mehr Fülle und Breite verleiht.

Gekeltert werden die Trauben in einer pneumatischen Bucher-Presse mit einer Preßdauer von 1 ½ Stunden – etwa 20 bis 30 Minuten kürzer als sonst in Meursault üblich; das ergibt zwar weniger, aber besseren Most. Jean-Marc glaubt auch, daß zu langes Pressen bei maximalem Druck Tannin aus den Schalen und Kernen extrahiert, die der Weinqualität abträglich sind. Die Presse ermöglicht das Programmieren der Preßdauer, der Zeit bis zum Erreichen des Höchstdrucks und der Verweilzeit an beiden Enden eines Preßzyklus. Ein Nebeneffekt besteht darin, daß die Trester aus der Presse sich viel besser für die Erzeugung eines hochwertigen *marc* eignen, auf den die Domäne ebenfalls stolz ist: «Wir wollen ja kein Stroh brennen.»

Der Gärung geht eine gewisse *macération pelliculaire* voraus. Bei diesem außerhalb Frankreichs entwickelten Verfahren bleibt der Most einige Stunden oder Tage auf den Schalen liegen, wobei Geschmacks- und Aromasubstanzen extrahiert werden, die zum großen Teil unter den Traubenschalen sitzen und bei der normalen Pressung nicht ohne weiteres freigesetzt werden. Da noch kein Alkohol mit im Spiel ist, bleibt die Extraktion unerwünschter Tannine gering. Außerdem wird der Beginn der Gärung etwas hinausgezögert, was Jean-Marc für vorteilhaft hält.

Auch über die *bâtonnage* – das Aufrühren des Gelägers im Faß – hat er dedizierte Ansichten; sie bringt Fett und Komplexität in den Wein ein und wird traditionsgemäß mit einem Stock oder Besenstiel, modern und technisch korrekt dagegen mit einem gebogenen Spezialwerkzeug aus Edelstahl ausgeführt. In Meursault ist diese Art der Behandlung weit häufiger als im illustren Nachbarort. Auf jeden Fall liegt die günstigste Zeit dafür zwischen dem Ende der Gärung und dem Abschluß der malo. Dagegen ist die Häufigkeit der *bâtonnage* Ansichtssache. Sie bringt zwar merkliche Gewinne an Fülle, aber manche Winzer, auch Jean-Marc, beobachten einen nachteiligen Verlust an Finesse und geben zu bedenken, daß dabei das schlechte Geläger mit dem guten zusammen aufgerührt wird. In einigen Fällen kommt in den Wochen nach der Gärung bis zu 50malige *bâtonnage* vor, ansonsten findet sie zweimal in der Woche oder auch nur einmal im Monat statt. Jean-Marc bevorzugt das letztere und meint, dabei seien die geringsten Verluste und die höchsten Gewinne zu erzielen.

Die Weißweine werden in zu 20–30 % neuen Eichenfässern vinifiziert, wobei der genaue Anteil vom Charakter des Weins und vom Jahrgang abhängt. Zwar läuft der Gärprozeß in neuen Fässern rascher ab, andererseits besteht jedoch die Ansicht, daß die von frischem Holz abgegebenen Qualitäten besser mit dem Wein harmonieren, wenn bereits die Gärphase und nicht nur die nachfolgende Ausbauphase in neuer Eiche stattfindet. Hier muß das richtige Gleichgewicht getroffen werden.

Im Februar nach der *malo* werden die einzelnen Posten zusammengeführt, geschwefelt und bis in den folgenden Juni erneut im Faß gelagert. Die Geläger werden zur Herstellung von Fine – einem Weinbrand –, ebenfalls eine Spezialität des Hauses, verwendet. Nach der Schönung und einem zweiten Abstich werden die Weine unter Schichtenfiltration abgefüllt. Jean-Marc möchte einen schonenderen Kartonfilter verwenden, um die schädlichen Auswirkungen der Filtration auf Geschmack und Säuregehalt zu verringern. Die Ausbauzeit beträgt insgesamt zehn bis elf Monate; das scheint vor allem bei den besseren Weinen zwar kurz, doch Jean-Marc meint, seine Keller seien nicht kalt genug, um eine längere Reifezeit im Faß zu rechtfertigen.

Er hat viele Experimente mit Schönungsmitteln gemacht, seit er bemerkte, daß die übliche Bentonit-Behandlung einen breiteren und nicht so brillanten Wein erbrachte; dagegen greife Fischleim nicht so stark an und sei aromagerechter. Er stellte sogar fest, daß manche Lagen sich mit Fischleimschönung besser vertragen als mit Bentonit. Beim Degustieren zeigten die «Fischweine» ein viel strafferes, schlankeres Geschmacksspektrum – das traf insbesondere auf den Vireuils und den Tessons zu –, während die «Bentonitweine» ein viel diffuseres Profil aufwiesen – vor allem beim Charmes, Meix Chavaux und Perrières. Die vorläufige Schlußfolgerung lautet, daß Bentonit zwar umsichtiger verwendet werden muß als Fischleim, aber für auf lange Haltbarkeit ausgelegte Weine besser ist. Interessanterweise ist Bentonit/Kasein-Schönung in Meursault viel gebräuchlicher, während Fischleim in Puligny häufiger benutzt wird. Es wäre interessant zu erfahren, ob irgend jemand in Puligny ähnliche Vergleiche durchgeführt hat.

Der Roulot-Stil liegt etwa in der Mitte zwischen den eindeutig reiferen Weinen von Dominic Lafon und dem kargeren, intellektuelleren Stil von Michel Ampeau. Die Weine zeigen freizügiges, weder von Eichenholz noch vom Geläger überdecktes Aroma und selbst in nicht so opulenten Jahren eine ausgeprägte Fülle, die mit der Zeit den in Meursault häufig anzutreffenden klassischen Charakter von Nüssen und Honig entfaltet. Zugleich liegt in ihnen eine strenge, durchdachte Qualität, die ihnen Tiefe und Bedeutsamkeit verleiht.

Der einfache Bourgogne Chardonnay von 1 ha in Meursault ist meist exzellent; er hat viel Fülle und Konzentration, gestützt auf zum Teil aus neuen Eichenfässern stammende feste Struktur, sowie einen ansprechenden *goût de terroir*. Die *cuvées* aus den verschiedenen *lieux-dits* aus Meursault sind gut und interessant und geben die Individualität des *terroir* deutlich wieder. Der Meix Chavaux zeigt sich meist voll, straff und markant würzig, der Vireuils von der Grenze zu Auxey-Duresses meist fetter und lebendiger. Der Tillets von mageren Böden oberhalb der Premier-Cru-Lage Gouttes d'Or hat mehr Säure und Klasse, lebhaft mineralischen Geschmack mit weichem Kern, gute, fleischige Fülle und viel belebende «puissance»; er ist in reifen Jahrgängen, z. B. 1992 und 1993, am besten.

Der Tessons ist vielleicht ein typischer Meursault – nachhaltig, warm und voll, mit dem Aroma von gerösteten Nüssen und mit

Jean-Marc Roulot und seine Schwester Michèle.

Akazien- und Lindenblüten im Geschmack; in guten Jahrgängen reicht er an Premier-Cru-Qualität heran. Er wetteifert unter den Villages-Weinen mit dem Luchets aus einer flachen Hanglage, die einen fester strukturierten, fülligen Wein mit durchaus größerer Rasse als die anderen erbringt.

Die beiden Premiers Crus von Roulot sind stets exzellent. Der offene, reife Les Charmes mit seiner ausgewogenen Struktur entfaltet sich zehn und mehr Jahre schön. Der Perrières ist noch feiner: ein wuchtiger, vollendeter Wein mit aller Fülle, Nachhaltigkeit und Klasse, die man von dieser noblen Lage erwarten darf; hinzu kommt in Jahrgängen wie 1983 und 1990 große Langlebigkeit.

Die Domaine Roulot befindet sich wieder in sachkundigen, gewissenhaften Händen und wird, solange Jean-Marc nicht mit «Hamlet» oder «Macbeth» auf eine ausgedehnte Tournee geht, eine der besten Quellen für feinen Meursault bleiben.

WEINBERGBESITZ

Gemeinde	Rang	Lage/Climat	Fläche	Rebenalter	Status
Meursault	PC	Les Charmes	0,25	53	P
Meursault	PC	Les Perrières	0,25	31	P
Meursault	V	Les Tessons «Clos de Mon Plaisir»	0,80	34	P
Meursault	V	Les Luchets	1,02	2/35	P
Meursault	V	Les Tillets	0,48	21	P
Meursault	V	Les Meix Chavaux	0,96	2/20/40/66	P
Meursault	V	Les Vireuils	0,66	9	P
Meursault	R	(Bourgogne Chardonnay)	1,00	25–35	P
Meursault	R	(Bourgogne Aligoté)	1,00	25–35	P
Auxey	V	–	1,50	25–35	P
Monthélie	V	Les Jouènes	0,30	8	P
Monthélie	PC	Les Champs Fulliot	0,19	7	P
–	R	(Bourgogne Pinot Noir)	2,00	25–35	P
Gesamtfläche			**10,41 ha**		

Puligny-Montrachet

Der attraktive, jedoch unprätentiöse Ort Puligny-Montrachet liegt am Fuß eines 2 km breiten und 1,5 km tiefen Weinbergstreifens, aus dem einige der hochklassigsten, komplexesten und meistgefragten trockenen Weißweine der Welt kommen. Hier findet man Villages-, Premier-Cru- und Grand-Cru-Lagen, die Puligny zum Wallfahrtsort nicht nur für dankbare Weinliebhaber, sondern auch für frustrierte Chardonnay-Erzeuger aus anderen Weltgegenden machen, die alles unternehmen, um dem großen Vorbild Puligny auf weniger günstigem *terroir* nachzueifern.

Der Ort strahlt diskreten Wohlstand aus, dennoch weist nichts Prunkendes, Protziges auf den hohen Wert des Weinberglands und die astronomischen Weinpreise hin, und Nobelkarossen stehen nur auf dem Parkplatz beim Le Montrachet, dem einzigen Hotel. Der Wohlstand hat aber keine Bequemlichkeit gezüchtet. Die Winzer von Puligny arbeiten hart und fleißig und sind über alles, was ihre Tagesroutine stört, durchaus nicht erfreut. Die einzige Extravaganz, zu der sie sich gelegentlich von ihren Frauen überreden lassen, besteht in einer ein- oder zweiwöchigen Urlaubsreise.

Das Lehen, das die 75 Viticulteurs und drei Domänen von Puligny zu verwalten haben, besteht aus 114,22 ha AC Puligny-Montrachet, 100,12 ha Premiers Crus und 21,09 ha Grands Crus. Diese Rebfläche bringt jährlich 88 000 Kisten Weißwein und 3200 Kisten Rotwein hervor. Das sieht nach sehr viel aus, bis man erfährt, daß 50 % der Gesamterzeugung Négo-

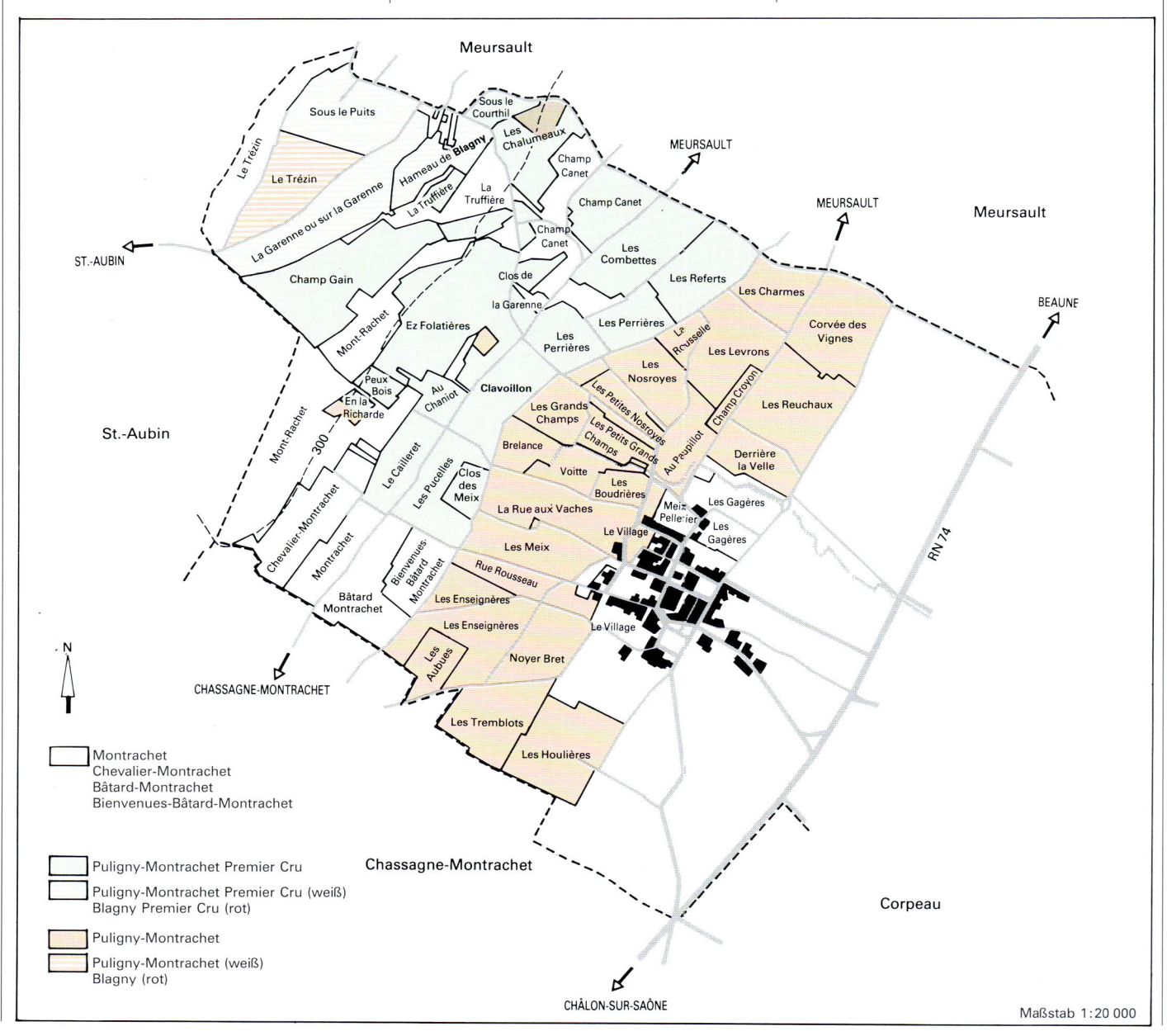

ciants gehören und die Hälfte der anderen 50 % faßweise verkauft wird, so daß eigentlich nur 25 % des Weins von Puligny von den hiesigen Winzern selbst abgefüllt und vermarktet werden.

Zunächst ist es nicht leicht einzusehen, wieso die Weine von Puligny, insbesondere die Premiers und Grands Crus, von denen des Nachbarorts Meursault oder auch untereinander verschieden sein sollen – schließlich verfügen beide Orte über ähnliche Böden, die gleiche Rebsorte, gleich gut gelegene Weinberghänge und ebenso tüchtige Vignerons. Dennoch, sie sind verschieden, und das ist auf Veränderungen in der Zusammensetzung von Böden und Unterböden oft innerhalb von wenigen Metern zurückzuführen. Steht man beispielsweise am Kreuzweg im Grand Cru Bienvenues-Bâtard-Montrachet und blickt nach dem Ort, dann hat man ein paar Meter vor sich AC Puligny-Montrachet (80–100 Francs die Flasche), links von sich das Premier Cru Les Pucelles (150–250 Francs), während die Lage Bienvenues, auf der man steht, 250–350 Francs die Flasche einbringt. In diesen Preisunterschieden spiegelt sich nicht Habgier, sondern der Boden, und sie bilden den handfestesten Ausdruck für die Bedeutung des *terroir*, den man sich denken kann.

Es gibt zwölf Premiers Crus in Puligny und weitere drei in Blagny, einem weiter oben gelegenen Dorf, dessen 54 ha Rebfläche sich in echt gallischem Wirrwarr, den niemand aufzulösen gewillt scheint, auf Puligny und Meursault verteilen.

Diese Premiers Crus sind nach Stil und Status unterschiedlich. Die bei Meursault gelegenen – Champ Canet, Chalumeaux, Combettes und Referts – haben dünnen, von Gesteinsschutt, an manchen Stellen von Schiefer durchsetzten Boden und bringen leichtere, blumigere Weine mit weniger Wucht und Fülle hervor als die bei Chassagne gelegenen.

In der Mitte des Premier-Cru-Streifens liegen Clavoillon, Folatières, Clos de la Garenne und Perrières sowie darüber Champ Gain und Truffière. Auch hier gibt es verschiedene Böden, vom tiefen Grund in Clavoillon über die steinige Lage Perrières bis zum erosionsgefährdeten Kalksteingeröll des Steilhangs Folatières. Man könnte sagen, daß aus diesen Lagen die maskulinsten Weine Pulignys kommen, die anfänglich karg wirken, sich aber im Lauf von fünf bis zehn und mehr Jahren schön entwickeln.

Die feinsten Premiers Crus wachsen fraglos in der Nähe der Grands Crus. Aus Les Pucelles und Le Cailleret kommen Weine voll Wucht und Konzentration, die in guten Jahren Grand-Cru-Qualität erreichen. Ein Teil von Le Cailleret wurde deshalb jetzt in die Grand-Cru-Lage Chevalier-Montrachet einbezogen und tritt als Les Demoiselles auf – der Name stammt von den beiden Demoiselles Voillot, denen der Weinberg in den 1880er Jahren gehörte. Der Domaine Leflaive gehört mit 3,06 ha ein großer Teil von Pucelles, und sie bringt daraus 1500 Kisten superb konzentrierten, komplexen, opulenten Wein zuwege, der die Grands Crus mancher anderen in den Schatten stellt.

Puligny hat vier Grands Crus, alle in Südostlage, in zwei davon teilt es sich mit Chassagne. Leider sind diese Lagen stark zersplittert, die Anteile mancher Winzer betragen nur ein paar Rebzeilen. Das bringt in der Praxis Schwierigkeiten – womit soll man z. B. auffüllen, wenn man sowieso nur zwei Faß voll hat? –, und bei kleinen Mengen entsteht selten Wein in Spitzenqualität.

Die kleinste dieser vier Lagen ist Bienvenues-Bâtard-Montrachet, so benannt nach fremden Arbeitern, die sie im 19. Jh. *en métayage* bewirtschafteten und deshalb hochwillkommen gewesen sein sollen. Obwohl es sich nur um eine administrative Enklave in Bâtard-Montrachet handelt, behaupten manche, Unterschiede in den Weinen entdecken zu können – angeblich ist der Bienvenues komplexer, femininer und nicht so haltbar. In Wahrheit dürften sich eventuelle Unterschiede eher aus dem Rebenalter oder der Vinifikation als aus Boden und Kleinklima erklären.

Von den 11,86 ha Bâtard-Montrachet entfallen nur 6,02 auf Puligny. Der Wein ist männlicher als der aus den Lagen Le Montrachet oder Chevalier-Montrachet, nimmt unter den meisterlichen Händen von Leflaive oder Sauzet große Kraft und Gewichtigkeit an und braucht Jahre, um sich zu erschließen. Die Domaine de la Romanée-Conti hat hier nur 0,2 ha Anteil und verkauft den davon gewonnenen Wein an den Handel.

Chevalier-Montrachet nimmt 7,36 ha der Hanglage unter dem Mont-Rachet ein. Der Boden ist hier dünn, Mergel und Steinschutt bedecken den scheinbar undurchdringlichen Kalksteinfels. Irgendwie senkt der Chardonnay seine Wurzeln in diesen Felsen und erbringt hier Wein von immenser Präsenz und Konzentration. Eventuelle Unterschiede zwischen einem Chevalier und einem Le Montrachet gehen wohl weniger auf Verschiedenheiten des Bodens zurück, vielleicht erklärt nur die etwas höhere und steilere Lage die leicht geringere Fülle, die manche zu entdecken glauben. Die besten Chevaliers haben Leflaive, Latour, Jadot, Chartron und Niellon zu

Kostbare Reben in Puligny – ein Blick über Les Grands Champs und Clavoillon in Richtung Blagny. Eine andere Perspektive gewinnt man aus dem Heißluftballon, einer beliebten Touristenattraktion.

bieten. Das Haus Bouchard Père besitzt fürstliche 2,028 ha, bringt davon aber Wein hervor, dem es stets an der Konzentration und Tiefe fehlt, die man von einem Grand Cru erwarten darf.

Le Montrachet, der teuerste und kostbarste trockene Weißwein der Welt, kommt aus einem rund 8 ha großen, nur 100 m breiten Weinberg, dessen eines Ende unter Chevalier-Montrachet und das andere neben einer Villages-Lage in der Gemarkung Chassagne liegt. Die auf Puligny entfallenden 4,01 ha sind unter fünf Besitzer aufgeteilt, deren größter der Marquis de Laguiche mit 2,06 ha ist. Größere Anteile an Le Montrachet haben auch Ramonet (0,26 ha) und Bouchard (0,89 ha).

Die Montrachets von Ramonet, Romanée-Conti (deren 0,67-ha-Besitz in der Gemarkung Chassagne liegt), Lafon, Leflaive und Marquis de Laguiche (produziert von Drouhin) bilden stets die Spitze, aber auch andere Domänen, insbesondere Marc Colin und Jacques Prieur, bringen Exzellentes aus dieser Lage hervor. Die besten Chevaliers sind oft ebenso fein. Interessant ist, daß mit Ausnahme der 0,08 ha von Leflaive nicht eine einzige Rebe in dieser berühmten Montrachet-Lage einem Winzer in Puligny gehört.

DIE GRANDS CRUS VON PULIGNY-MONTRACHET

Lage/Climat	Fläche	Eigentümer	Gesamtproduktion
*Le Montrachet	7,9980	17	2600
**Bâtard-Montrachet	11,8663	49	4400
Bienvenues-Bâtard-Montrachet	3,6860	15	1300
Chevalier-Montrachet	7,3614	16	1950
Total	**30,9117 ha**		**10 250 Kisten**

* Gesamtfläche; auf Puligny entfallen 4,01 ha.
** Gesamtfläche; auf Puligny entfallen 6,02 ha.

Domaine Louis Carillon et Fils

Die Carillons sind eine prachtvolle Familie – freundlich, entgegenkommend, enthusiastisch –, und überdies produzieren sie einige der feinsten Weine von Puligny.

Die Familiengeschichte wurde kürzlich bei der Durchsicht von Archiven über den bisher bekannten Viticulteur Carillon in Puligny von 1632 hinaus um einen Jehan Carillon bereichert, der schon 1520 dort demselben Beruf nachging. Da nun die Ahnenreihe weiter zurückverfolgt ist als bei den Leflaives, bei denen sie nur bis 1580 reicht, werden künftig vielleicht die genealogischen Ausgrabungen eingestellt – aber wer weiß.

Zum Glück gibt es auch heute noch Carillons in großer Zahl: Louis, das derzeitige Familienoberhaupt, übernahm den Betrieb nach dem Krieg von seinem Vater Robert und hat inzwischen zwei Söhne, die ihm helfen – Jacques seit 1980 und François seit 1988. Auch Grandpère, jetzt schon hoch in den 70, hat sich, wie ein schön gepflegter Gemüsegarten hinter dem Haus bezeugt, noch nicht völlig zur Ruhe gesetzt.

Da am Sitz der Domäne in der Rue de l'Eglise der hohe Grundwasserstand von Puligny unterirdische Keller unmöglich macht, mußte seitwärts ausgewichen werden. Deshalb wird der Besucher um das Haus herum, durch ein Tor hier und eine Tür da, eine Treppe hinauf und eine andere wieder hinunter geführt, um Proben aus Tanks und Fässern in den unwahrscheinlichsten Winkeln und Ecken zu nehmen. Hinter einer Tür in einem Innenhof aus dem 15. Jh. steht man unvermittelt vor einer Batterie hochmoderner Edelstahltanks oder einer computergesteuerten Presse. In einem anderen Gebäude sieht man in einer Wand ein Gitter, in dem in der Revolutionszeit, als jede Religionsausübung verboten war, ein Geistlicher die Beichte abnahm; im Fall der Entdeckung konnte er über eine Treppe und durch Großvaters Gemüsegarten entweichen. In einem anderen Raum wurden um diese Zeit religiöse Gegenstände aus der gegenüberliegenden Kirche aufbewahrt; die Tür war mit einem Schrank zugestellt.

Trotz dieses Erscheinungsbilds ist die Domäne durch und durch modern. Die Carillons sind Meister ihres Fachs und setzen die Technik mit Bedacht zur Unterstützung der Tradition ein, um Weine von großer Tiefe und Reinheit zu produzieren. Das Herz der 12-ha-Domäne befindet sich in Puligny – mit einem Anteil an Bienvenues-Bâtard-Montrachet sowie mit fünf Premier Crus und 5 ha Villages-Lagen in elf *climats*. 1981 wurde eine Société Civile gebildet, die unter Zeit- und Kosteneinsparungen den Weinbergbesitz des Großvaters sowie den von Louis und seinen zwei Söhnen verwaltet.

Wer in Puligny Weinberge besitzt, muß sich stets nach dem vor allem in den flachen Lagen sehr hohen Grundwasserstand richten. Das hat Auswirkungen auf die Wahl der Klone und Unterlagsreben und erfordert ständige Wachsamkeit wegen Mehltau und Fäule. An den Hängen ist die Gefahr nicht so groß.

Der Boden wird zweimal im Jahr gepflügt, einmal im Herbst zum Einebnen und Unterziehen von Dünger und dann wieder im Frühjahr, um Gräser bis in die Wurzeln zu vernichten. Die Nährstoffversorgung wird auf die Gesunderhaltung der Reben abgestimmt, die im Alter zwischen 15 und 50 Jahren den besten Ertrag bringen.

Die häufigsten Krankheiten sind der Echte und der Falsche Mehltau, insbesondere beim Chardonnay, der stark anfällig für *oidium* ist. Für Spritzungen werden die traditionellen Kupferpräparate eingesetzt, aber erst zum Ende der Wachstumsperiode, weil Kupfer das Wachstum junger Reben hemmt und Schwefel nur bei anhaltend warmem, trockenem Wetter nützt. In letzter Zeit werden auch immer mehr moderne Mittel zur Vorbeugung und Bekämpfung von Schädlingen und Krankheiten eingesetzt.

Regelmäßig werden Parzellen gerodet und neu angepflanzt, um eine günstige Mischung im Rebenalter zu gewährleisten. Zwar sind ältere Bestände erwünscht, wer aber nur alte Reben besitzt und früher oder später neu bestocken muß, läuft Gefahr, einige Jahre ohne Weinerzeugung auskommen zu müssen. Bei Carillon fanden größere Neubestockungen 1980, 82 und 89 statt. Leider mußte auch der gesamte 0,47-ha-Anteil an Combettes, der von Grandpère zwischen 1935 und 1940 bestockt worden war, 1986 ganz gerodet werden. Der Boden blieb sechs Jahre brach liegen und wurde erst 1992 wieder bepflanzt. Da die Frucht junger Reben drei Jahre lang nicht unter der Appellation geführt werden darf, bedeutet dies insgesamt einen Produktionsverlust von neun Jahren, also rund 2000 Kisten Premier Cru Puligny – ein klares Zeugnis für Qualitätsbewußtsein.

Der Lesetermin wird sorgfältig gewählt. Zwar rechnet man für den *ban de vendange* 100 Tage nach Blütebeginn, eine durch schlechtes Wetter lang ausgedehnte Blütezeit kann aber sehr große Unterschiede im Reifezustand verursachen. Daher ziehen die Carillons nicht nur die aufgrund von *prélèvements* für den ganzen Ort gegebenen Empfehlungen in Betracht, sondern nehmen auch eigene Begutachtungen vor und bevorzugen eine nicht zu späte Lese: «Unsere Trauben eignen sich nicht für vendange tardive.»

Die Vinifizierung findet der Domäne zufolge in «halbtraditioneller» Weise statt. Dabei bezieht sich der Ausdruck «halb» darauf, daß die Weine nur 9 bis 12 Monate Faßausbau durchmachen und dann in Tanks abgestochen werden, in denen sie weitere drei bis sechs Monate bis zur Abfüllung ruhen. Dieses Verfahren hat vorwiegend praktische Gründe: Dadurch werden Fässer für die neue Ernte frei.

Nach leichter *débourbage*, die möglichst viel feinen Trub und Naturhefe im Most beläßt, werden der Bienvenues und die Premiers Crus in maximal zu 20 % neuen Fässern vergoren. Dagegen findet bei den Weinen aus den 5 ha Puligny-Villages-Lagen die Gärung nur zu 66–75 % in kleinen Eichenfässern statt, je nachdem, wie viele gerade verfügbar sind. Louis Carillon mag die exotische Frucht kühl vergorener Weine nicht, daher liegen die Gärtemperaturen bei ihm um 25 °C; ebensowenig ist er für zu starken Eichenholzeinfluß zu haben, denn er glaubt, daß zuviel frisches Eichenholz den Wein mager macht und seine Typenechtheit beeinträchtigt.

Die große Puligny-Villages-*cuvée*, insgesamt 100–120 Faß, wird im September vor der nächsten Ernte im Tank zusammengeführt und dann abgefüllt. Schönung erfolgt mit einer Mischung von Bentonit und Kasein im Verhältnis 2:1, anschließend wird zweimal gefiltert, einmal mit Kieselgur und mit einer Membran, die je nach Jahrgang auch Sterilfiltration erlaubt. Das Ziel dieser wohl als streng zu bezeichnenden Filtration ist einerseits die Entfernung des Depots, das im Weißwein stärker sichtbar ist als im Rotwein, andererseits aber auch die Stabilisierung des Weins für den Export in Gegenden mit jedem nur denkbaren Klima.

Die Premiers Crus und der Bienvenues bleiben weitere drei bis sechs Monate im Tank und werden dann bei der Abfüllung einer ähnlichen Behandlung unterzogen.

Ein Drittel der Produktion entfällt auf Rotwein – von je 1 ha Mercurey, Bourgogne Rouge, Chassagne-Montrachet und Côte de Beaune-Villages. Die Carillons arbeiten mit 80–100 % Entrappen und mit einer 15- bis 20tägigen *cuvaison*, die ihrer Ansicht nach erforderlich ist, um die Farbe zu erschließen und die «diffizileren», feineren Tannine zu extrahieren. Die Gärtemperatur darf bis 35 °C an-

Drei Carillon-Generationen: Robert, Louis und François.

steigen, einige Tage Vormaischung werden nur eingelegt, «wenn die Trauben nicht zu warm sind».

Interessant und vernünftig ist die Praxis, den Preßwein bis in den folgenden September für sich zu halten und dann erst nach einer Geschmackskontrolle zu entscheiden, ob und in welchem Verhältnis er dem Vorlaufwein beigemischt werden soll, der bis September auf dem Geläger reift, während der Preßwein, der ja mehr grobes Geläger hat, sofort nach der *malo* abgestochen wird. Vor der neuen Ernte werden die Weine im Tank zusammengeführt, mit Albumin geschönt, dann einer leichten Membranfilterung unterzogen und zwischen Januar und März des folgenden Jahres abgefüllt.

Etwa 10 % der Erzeugung, insbesondere ein Teil des Puligny-Villages, Mercurey und Côte de Beaune, gehen an den Weinhandel. Alles übrige wird in der Domäne selbst abgefüllt und an Exportkunden oder den wachsenden Privat- und Restaurantkundenstamm verkauft.

Die Rotweine sind schöne Beispiele ihrer Herkunft; die lange Maischung verleiht ihnen tiefe Struktur und viel Konzentration. Der Chassagne von einer näher bei Puligny befindlichen Lage ist mit seinem ansprechenden Erdbeerduft, viel reifer Frucht und sanftem, stilvollem, offenem, tanningestütztem Gefüge fraglos der beste Rotwein im Programm. Aber auch den Mercurey kann man empfehlen; er wirkt eher «sauvage» und maskulin, entwickelt sich aber exzellent, wenn ihm fünf oder mehr Jahre Zeit gelassen werden.

Die Weißweine der Domäne vereinen Reinheit und Extraktreichtum mit diskreter Klasse und Komplexität. Der Stil beruht Jacques zufolge auf niedrigen Erträgen (50 hl/ha bei Premiers Crus) und minimalem Abstechen, vorzugsweise ohne Luftzutritt. Die aromatische Typenechtheit der Weine erklärt sich durch die sorgfältige Beachtung der richtigen Gärtemperatur.

Der Puligny-Villages ist ein hervorragendes Beispiel für den Carillon-Stil: unumwundene, reine Frucht, die sich auf der Zunge mit schöner, verhaltener Fülle und (1994) einem Hauch *surmaturité* aufschließt – ein Wein, dem einige Jahre Lagerzeit guttun.

Alle Puligny Premiers Crus der Domäne kommen von der nach Meursault hin gelegenen Seite. Von ihnen ist der Champ Canet der zarteste, femininste, mit höchster Finesse in Aroma und Geschmack und einer sanften Fülle, die dem fragilen Äußeren einige Substanz verleiht. Dieser Wein ist stets der erste der Carillon-Premiers-Crus, der sich nach der Abfüllung entfaltet.

Der Perrières bildet dazu den vollständigen Kontrast: ein alles in allem vollerer, breiterer Wein von nicht so steinigem Boden weiter unten am Hang als die Lage Champ Canet. Das schwerere Gerüst verhilft ihm zu größerer Haltbarkeit.

Der Referts ist wieder anders: steinigerer, flacherer Boden verleiht ihm einen eher mineralischen Ton mit ausgeprägter Säure. Er ist weniger rund und geschmeidig, erinnert im Duft oft an getrocknete Orangen und Aprikosen und verbindet Kraft mit Komplexität, die sich im Alter zu großer Fülle entfaltet – eher vielleicht ein Meursault mit Anklängen an Puligny als umgkehrt.

Die 0,12 ha Grand Cru Bienvenues-Bâtard-Montrachet bringen einen charakteristisch festen, straffen Wein hervor, der aber die ihm innewohnende Kraft und Fülle sehr wohl durchschimmern läßt. Beim jungen Wein muß man das Aroma zusammensuchen und sich vorstellen, wie die so sehr auseinanderstrebenden Komponenten einmal zusammenpassen sollen, doch die Klasse liegt nie tief unter der Oberfläche verborgen.

Zwar sind die Weißweine der Domaine Carillon nicht so verführerisch wie die von Etienne Sauzet und auch nicht so herrlich aristokratisch wie die von Leflaive, ihren Platz in der Spitzenliga kann man ihnen aber nicht streitig machen. Sie besitzen ausgeprägte Individualität und profunde Reinheit, die auf ihre Weise gepriesen und genossen werden dürfen – Wahrzeichen für Kunst und Geschick der Familie Carillon.

WEINBERGBESITZ

Gemeinde	Rang	Lage/Climat	Fläche	Rebenalter	Status
Puligny	GC	Bienvenues-Bâtard-Montrachet	0,12	1959	P
Puligny	PC	Les Combettes	0,47	1992	P
Puligny	PC	Champ Canet	0,55	1959/72	P
Puligny	PC	Les Perrières	0,94	30/20/9	P
Puligny	PC	Champ Gain	0,23	1964/65	P
Puligny	PC	Les Referts	0,24	1961	P
Puligny	V	(mehrere Climats)	5,00	1952–90	P
Puligny	R	(Bourgogne Aligoté)	0,25	1961	P
Puligny	R	(Bourgogne Rouge)	1,00	1955/68/70	P
Chassagne	V	(Weiß)	0,25	1955/63/64	P
Chassagne	V	(Rot)	1,00	1955/63/64	P
St-Aubin	PC	Pitangeret	1,00	1977/78	P
Mercurey	V	(Rot)	1,00	1970/76	P
Gesamtfläche			**12,05 ha**		

Domaine Jean Chartron

Jean Chartron ist ein gemütlicher Mann, der offensichtlich die guten Dinge des Lebens zu schätzen weiß und glücklich ist, zu diesen auch beitragen zu dürfen.

Bis 1989, als er nach zwölf Jahren das Amt des Bürgermeisters niederlegte, war sein Leben als Winzer eng verflochten mit dem der Gemeinde, in der er lebt und arbeitet.

Jetzt konzentriert Jean seine beträchtliche Energie ganz auf sein schönes Weingut, das er 1983 nach dem Tod seines Vaters übernahm. Gegründet hatte es der Großvater im Jahr 1860; es bestand aus 10 ha Rebfläche ganz in der Gemarkung Puligny.

Das Kronjuwel ist aber nicht der 0,55-ha-Anteil an Chevalier-Montrachet, sondern der 2,06 ha große Clos du Cailleret, die nördliche Verlängerung von Le Cailleret mit ähnlicher Geologie wie Le Montrachet. Leider erzwangen die beim Tod des Vaters angefallenen Kosten den Verkauf von 0,41 ha Chevalier, 1,62 ha Cailleret und 0,82 ha Folatières, doch ist noch immer ein schönes Stück Rebfläche übriggeblieben, und der Clos du Cailleret sowie der Clos de la Pucelle sind *monopoles* der Domäne.

Auch ist Jean Chartron neben Louis Trébuchet Teilhaber an dem 1984 gegründeten Négociant-Geschäft Chartron et Trébuchet, dessen reichhaltiges Angebot vor allem in den Export geht. Von dem 1000 Faß betragenden Absatz entfallen 200 auf die Domaine Jean Chartron.

Die Weine der Domäne werden von Jeans Sohn Jean-Michel und dem Kellermeister Michel Roucher sorgfältig ausgearbeitet. Als Grundprinzip gilt minimales Eingreifen – möglichst wenig Zusätze, Manipulationen und Filtrationen.

Die Vinifikation besteht aus einer Mischung von Tradition und Innovation. Jean Chartron sagt zwar, er sei kein Revolutionär, aber er ist ein geborener Experimentierer. 1991 versuchte er es mit 15 bis 18 Stunden *macération pelliculaire* vor dem Gärprozeß – einem in der Neuen Welt populären Verfahren zur Extraktion größerer Aromafülle und Geschmackstiefe. Die Typenechtheit, deren Verlust weitgehend befürchtet wurde, ist in dem 1995 degustierten Programm klar vorhanden; das Verfahren wird wahrscheinlich beibehalten.

Der Gärvorgang wird in ungewöhnlicher Weise mit Kulturhefen durchgeführt. Jean Chartron ist davon überzeugt, daß sie sowohl beim Gärbeginn als auch bei der Gärführung beste Kontrolle gewährleisten. «In Naturhefen mischt sich Gutes und Schlechtes; Kulturhefen sind ausgewählte gute Hefen.»

Wandgemälde an der Cuverie anläßlich der St-Vincent-Tournante 1991. Die Weinorte veranstalten abwechselnd ein Fest zu Ehren von St-Vincent, dem Schutzpatron des Weins.

Bei den Weißweinen werden für die Grands Crus zu 40 % und für die Premiers Crus zu 30 % neue Fässer aus Allier- und Vogesen-Eiche eingesetzt. Es wird darauf geachtet, daß kein Faß älter ist als drei Jahre.

Im allgemeinen erfolgt die Abfüllung der Premiers Crus kurz vor dem Sommer und die der kräftiger strukturierten Grands Crus höchstens zwölf Monate nach der Lese. Die Vorbereitung besteht derzeit aus einer leichten Schönung sowie einer Filtration.

Die Weine der Domäne sind darauf angelegt, ihrer Herkunft möglichst genauen Ausdruck zu verleihen. Besonders in reifen Jahren wie 1983, 1989, 1990 und 1992 weisen sie beträchtliche Kraft auf, der Stil insgesamt betont aber eher Finesse als Wucht.

Die Premier-Cru-Lage Les Folatières am Nordende der Gemarkung hat dünnen, kalksteinreichen Boden, der dem Wein stahlige Finesse, kräftige Säure und einen markanten mineralischen Geschmack verleiht; er ist anfänglich nicht so einschmeichelnd wie beispielsweise der Pucelles, aber nach einigen Jahren in der Flasche ganz köstlich.

Der Clos de la Pucelle ist viel gehaltvoller als der Folatières, im Duft nicht so blumig, dafür aber hat er mehr Fett und Wucht. In guten Jahren verwechselt man ihn leicht mit einem Bâtard-Montrachet.

Le Cailleret bestand ursprünglich aus zwei Teilen, bis Les Petits Caillerets, ein 0,71-ha-Weinberg am Nordende der Lage Chevalier-Montrachet, 1974 in diese einbezogen wurde.

Der Clos du Cailleret bringt einen markanten Weißwein hervor, der zwar anfänglich oft rauhe Kanten aufweist, dessen Klasse sich aber nicht verleugnen kann. Erstaunlicherweise haben die Chartrons in dieser ausgesprochenen Weißweinlage noch immer 0,39 ha Pinot Noir stehen – «die müssen verrückt sein», meint ein Kollege.

Der Clos des Chevaliers (1. Jahrgang 1991) ist alles, was der Domäne von ihrem früheren Chevalier-Besitz übrigblieb – «das Beste haben wir behalten». Ehrfurchtgebietend alte Reben, manche aus dem Jahr 1948, bringen hier eine feine Mischung aus Kraft und verhaltener Eleganz zuwege – einen Wein von echter Grand-Cru-Rasse. Wie alle großen weißen Burgunder gibt auch er sich anfänglich als ein fest verschnürtes Bündel – man erkennt die ihm innewohnende Finesse und schmeckt die Wucht und Frucht, aber es bedarf einer langen Entfaltungszeit in der Flasche, bis sich der ganze Charme entschlüsselt.

Die Domäne wird im Lauf der Zeit immer besser. In großen Jahrgängen haben ihre Weine eine Ausgewogenheit und Tiefe, die ihnen einen Platz an der Spitze sichern; in nicht ganz so reifen Jahren dagegen scheint ihnen doch jenes undefinierbare bißchen Klasse zu fehlen, das man beispielsweise bei Leflaive oder Ramonet findet. Das aber ist nur ein ganz geringfügiger Makel an einer durch und durch feinen Domäne.

WEINBERGBESITZ

Gemeinde	Rang	Lage/Climat	Fläche	Rebenalter	Status
Puligny	GC	Chevalier-Montrachet	0,55	1948/74/86	P
Puligny	PC	Clos du Cailleret (Weiß)	2,06	1944–90	P
Puligny	PC	Clos du Cailleret (Rot)	0,39	1946/57/72	P
Puligny	PC	Les Folatières	0,42	1938–89	P
Puligny	PC	Clos de la Pucelle	1,16	1950/54/68/80	P
St-Aubin	PC	Les Murgers des Dents de Chien (Weiß)	0,55	1954/94	P
Chassagne	V	Les Benoites (Weiß)	0,62	1947/95	P
Chassagne	V	Les Benoites (Rot)	0,62	1954	P
Puligny	R	(Bourgogne Blanc)	1,80	1944–91	P
Puligny	R	(Bourgogne Aligoté)	0,59	1962/95	P
Puligny	R	(Bourgogne Rouge)	0,27	1979/80/82	P
Gesamtfläche			**9,03 ha**		

Domaine Gérard Chavy et Fils

Jean-Louis und Alain führen stolz ihre neuen Maschinen vor.

Es gibt in Puligny schon seit 1820 die Winzerfamilie Chavy, aber erst eineinhalb Jahrhunderte später kamen Weine dieses Namens auch in eigener Abfüllung auf den Markt. Gérard begann damit im Jahr 1976, und seitdem er 1994 in Ruhestand getreten ist, haben seine Söhne Jean-Louis und Alain die Domänenabfüllung auf 90 % der Produktion ausgedehnt.

Die beiden Brüder arbeiten gut zusammen und schaffen sich allmählich im In- und Ausland einen Namen. Von 11 ha Weinbergbesitz bringen sie saubere, stilvolle Bourgognes, Meursault-Villages Les Pellans und zwei Puligny-Villages-Weine hervor – einen aus dem *climat* Charmes, den anderen von insgesamt 4,4 ha in neun verschiedenen Lagen; die Spitze des Programms bilden vier Premiers Crus aus Puligny, u. a. aus einem beträchtlichen Stück (2,66 ha) der Lage Les Folatières.

Die Weinbergpflege erfolgt weitestgehend organisch, und Spritzungen werden nach Bedarf ausgebracht. Scharfer Rebschnitt wird ergänzt durch das Ausbrechen überschüssiger Blütenansätze im Mai und gegebenenfalls eine *vendange verte*. Alles das dient der Ertragsbeschränkung auf 45–50 hl/ha in Villages-Lagen und noch weniger in Premier-Cru-Lagen.

Die Vinifikation folgt dem allgemeinen Brauch. Eine Besonderheit ist lediglich, daß die Weine teilweise in *cuves* und nicht im Faß vergoren und gelagert werden; das trifft manchmal für die Bourgognes ganz und für die Premiers Crus bis zu einem Fünftel zu. Bei den in Fässern vergorenen Weinen liegt der Anteil neuer Eiche zwischen 5 % (Bourgogne) und 35 % (Premiers Crus). Der in *cuves* verbleibende Teil wird bei 22–24 °C vergoren, so daß haltbare Weine mit nicht so direktem Aroma entstehen, die eine lange Entwicklungszeit benötigten.

Etwa im folgenden April werden die bisher im Faß gelagerten Teile abgestochen und zusammengeführt und sodann mit dem feinen Geläger wieder in Fässer gegeben; im November wird schließlich die «partie cuves» beigemischt. Anschließend wird geschönt (mit Kasein und Bentonit), gefiltert und abgefüllt (seit 1993 machen das die Chavys selbst). Offenbar nur aus Sicherheitsgründen werden die Weine einer Kieselgur- und Schichtenfiltration unterzogen – eigentlich schade.

Die erste Ebene des Programms bilden feine Bourgognes Aligoté und Chardonnay, beide aus Puligny und beide hochfein; v. a. der Aligoté zeigt sich rund und erstaunlich fett (1994) mit schönem, erdigem Unterton. Zwischen ihnen und den Premiers Crus als den Höhepunkten dieses guten Kellers stehen die Villages-Weine: Der Charmes hat recht vollmundigen, kräftigen Meursault-Charakter mit merklicher Breite und schöner Eleganz – das ist nicht verwunderlich, denn der Weinberg liegt unterhalb von Puligny Les Referts an der Grenze zur Lage Meursault Charmes.

Der Perrières von jungen Reben gibt deutlich zu erkennen, daß er aus einer steinigen Premier-Cru-Lage stammt. Er besitzt mehr latente Komplexität als der Charmes, kräftigen Duft und feste Frucht mit geschickt bemessener Eichenholzwürze. Der 1992er und der 1994er waren etwas säurearm und mußten angereichert werden.

40jährige Reben vermitteln dem Clavoillon Premier Cru Tiefe und Finesse; der 1992er und der 1994er verfügen über exzellente Ausgewogenheit – dem ersteren hätte vielleicht etwas mehr Biß gutgetan – und genug Substanz für ein Jahrzehnt Entfaltung.

Der Anteil an Folatières befindet sich im steilsten Stück der Lage. Der Wein ist vor allem elegant, in guten Jahren wie 1992 und 1994 auch fett; in nicht so reifen Jahren fehlt es ihm jedoch oft in der Mitte. Die 15 Ar Les Pucelles wurden 1992 neu bestockt und kommen also frühestens 1996 wieder in Ertrag. Diese feinste aller Premier-Cru-Lagen in Puligny grenzt an die Grands Crus Bâtard und Bienvenues-Bâtard und hat so ziemlich denselben Boden.

Jean-Louis und Alain Chavy sind gute Winzer und Kellermeister, und ihre Domäne ist durch und durch zuverlässig.

WEINBERGBESITZ

Gemeinde	Rang	Lage/Climat	Fläche	Rebenalter	Status
Puligny	PC	Clavoillon	0,79	40	P
Puligny	PC	Les Perrières	0,36	1986	P
Puligny	PC	Les Folatières	2,66	25	P
Puligny	PC	Les Pucelles	0,15	1992	P
Puligny	V	Les Charmes	0,90	30	P
Puligny	V	Levrons, Corvée des Vignes, Reuchaux, Petits Grands Champs, Meix, Noyer Bret, Tremblots, Houlières, Nosroyes	4,47	30	P
Meursault	V	Les Pellans (Weiß)	0,17	1992	P
Puligny	R	Petits Poiriers (Bourgogne Blanc)	0,86	30	P
Puligny	R	Ormeau (Bourgogne Aligoté)	0,63	45	P
Puligny	R	Les Bergeries (Bourgogne Rouge)	0,77	15	P
Beaune	PC	Les Cent Vignes	0,33	23	P
Gesamtfläche			**12,09 ha**		

Domaine Leflaive

Das Dörfchen Blagny am Nordostrand der Rebfläche von Puligny an der Grenze zu Meursault.

Sosehr die Fachleute auch gelegentlich über die Vorzüge des einen oder anderen weißen Burgunders streiten mögen, Einmütigkeit herrscht zwischen ihnen stets darüber, daß diese Domäne beständig die feinsten Weißweine Burgunds hervorbringt. Seit Jahren geben die Leflaives ihren Nachbarn und der Welt das Vorbild dafür, was mit Chardonnay-Trauben aus hochwertigen Weinberglagen geleistet werden kann. Das Ergebnis ihrer Arbeit ist überwältigend: Premiers und Grands Crus von ungeheurer Tiefe und Konzentration – gewaltige Wucht, vereint mit großer Komplexität – und mit jener Dimension aristokratischer Rasse, die sich jeder Beschreibung entzieht.

Wie der Ort Puligny-Montrachet selbst liebt auch sein größtes Weingut keine Auffälligkeit. An der Westecke der Place des Marronniers stößt der Besucher auf ein schmiedeeisernes Tor, das in einen Hof führt. Kein Namensschild ist hier angebracht und auch keine Türglocke, die sein Kommen melden könnte. Wenn unser Besucher sich jedoch ein Herz faßt und durch das weißgestrichene Hinterpförtchen tritt, dann findet er sich in einem zweiten, größeren Hof vor einem stattlichen Herrenhaus wieder, das viele Türen hat, durch die aber niemand hineingeht oder herauskommt. Nachdem er nun so weit vorgedrungen ist, bleibt ihm nur noch der Weg über eine der beiden steinernen Treppenfluchten zum Obergeschoß. Die rechte führt nirgendwohin, die andere aber bringt ihn vor ein kleines, sauberes Büro ohne Akten, wo ein einsamer Computer still vor sich hinarbeitet.

Man darf mit Fug und Recht behaupten, daß die Domäne dem Besucher kaum entgegenkommt. Sosehr er auch die Leflaive-Weine lieben mag, es ist besser, er kann eine Anmeldung oder wenigstens die Empfehlung eines Importeurs vorweisen, anstatt das Klagelied anzustimmen: «Ich bin Tausende von Kilometern gefahren, nur um . . .»

Hinter dieser Domäne steht viel faszinierende Geschichte. In einer von Liliane, der Frau des verstorbenen Gutsherrn Vincent Leflaive, mit viel Schwung verfaßten Broschüre heißt es, daß es Leflaives seit 1580 in dieser Gegend gibt; damals lebte im nahegelegenen Cissey ein gewisser Marc Le Flayve. Nach Puligny kamen die Leflaives aber erst, als sein Urururenkel Claude Leflaive bei seiner Heirat mit der Witwe Nicole Vallée am 3. Februar 1771 in den heutigen Sitz der Domäne einzog.

1835 teilte sein Sohn, ebenfalls mit Namen Claude, seine 5 ha (darunter ein Stück Bâtard-Montrachet) unter seinen fünf Kindern auf. Nur einer dieser Erben, wiederum ein Claude, behielt seinen Besitz, und es war sein Enkel, Joseph Leflaive, der schließlich die Domäne, wie wir sie heute kennen, im Jahr 1905 mit ganzen 2 ha Weinbergland gründete. Zwischen 1905 und 1925 baute Joseph den Besitz durch umsichtige Erwerbungen aus, was ihm sicherlich dadurch erleichtert wurde, daß viele Viticulteurs damals unter den Nachwirkungen der Reblaus- und Mehltauepidemie ihr Land loswerden wollten. So kaufte er etwa 25 ha beste Weinberglagen und weitere 25 ha in und um Puligny sowie viele Gebäude, darunter die Chais und die Cuverie in der Rue de l'Eglise.

Mit seinem Freund und Régisseur François Virot stellte er einen Plan für die systematische Neubestockung unter Verwendung ausgewählter Unterlagsreben auf und ersetzte bei dieser Gelegenheit die damaligen Aligoté-Bestände durch Chardonnay. Nachdem er 1930 den Weinbergbesitz unter seinen fünf Kindern geteilt hatte, wobei er bestimmte, daß nichts davon verkauft oder weiter unterteilt werden dürfe, starb Joseph 1953 in Puligny. 1955 beschlossen vier seiner Kinder eine Zusammenarbeit, um die Domäne intakt zu halten. Von ihnen besitzen heute Anne und Jeanne zusammen mit ihren Nachkommen den Hauptanteil.

Vincent und sein Bruder Jo übernahmen die Domäne 1953 und führten sie gemeinsam bis zu Jos Tod im Jahr 1982. Aufgrund der Familientradition, zwei Geschäftsführer in der Domäne zu haben, wurde Jos Sohn Olivier 1986 neben seinem Onkel eingesetzt. Vincent, ein zielbewußter, tatkräftiger Mann, starb 1993, nachdem er 1990 seinen Platz an seine Tochter Anne-Claude abgetreten hatte.

In der Hand der eminent tüchtigen jungen Generation ist nun die Domaine Leflaive auf dem rechten Kurs in eine Zukunft, die nicht weniger glänzend erscheint als die Vergangenheit. Anne-Claude, eine intelligente, mitteilsame Dame, widmet dem Betrieb heute ihre volle Arbeitskraft. Ihr zur Seite steht ihr Cousin Olivier, der ein eigenes Weingut in Puligny hat und seine Zeit zwischen diesem und der Domäne teilt. Monatlich findet eine Versammlung der 25 Teilhaber der Domäne statt, auf der wichtige Entscheidungen erörtert und die nötigen Informationen erteilt werden. Nachrichten über (durchaus verständliche) Verwirrung auf seiten der Kunden wegen der beiden voneinander getrennten Weingüter namens Leflaive in Puligny sowie über den Wunsch Oliviers, aktiver an den Tagesgeschäften der Domäne beteiligt zu werden, haben zu Gerüchten über einen Niedergang der Domäne Anlaß gegeben. Es wäre schade, wenn das, was Anne-Claude erreicht hat, durch Familienstreitigkeiten gefährdet würde.

Hinter Anne-Claude steht ein tüchtiges technisches Team: Pierre Morey aus Meursault, Kellermeister seit der Pensionierung von Jean Virot (dem Sohn von François), und Jean Jafflin, der Michel Moulon als Chef de Culture gefolgt ist, traten 1987 ihren Dienst an.

Der Weinbergbesitz der Domäne ist ehrfurchtgebietend – Grands Crus: 2 ha Chevalier-Montrachet (von insgesamt 7 ha), 2 ha Bâtard-Montrachet (von 12) und 1 ha Bienvenues-Bâtard-Montrachet (von 2,3); Premiers Crus: 3 ha Pucelles, 0,7 ha Combettes, 1 ha Folatières und knapp 5 ha Clavoillon; ferner Puligny-Villages und etwas Blagny Premier Cru. Mit insgesamt 21 ha verfügt die Domaine Leflaive über den größten Besitz an Premiers und Grands Crus in Puligny.

Bis 1994 gehörte kein Stückchen Le Montrachet zum Besitz. In diesem Jahr aber kaufte die Domäne eine kleine Parzelle im Secteur Chassagne, und sie ist seitdem die erste und bisher einzige in Puligny, die einen Anteil an dieser großartigsten aller Lagen für weißen Burgunder hat. Freilich sind 0,08 ha als Präsenz kaum nennenswert; sie erbringen nur ein Faß – ganze 30 Kisten. Zum Glück übertrifft der Chevalier der Domäne, von dem es immerhin 7000 bis 8000 Kisten gibt, bei weitem die meisten Montrachets.

Mit der jüngeren Generation ist Neuerungs- und Forschergeist eingezogen. Nirgendwo wird das deutlicher als in den Weinbergen. Der häufige Befall durch die Reisigkrankheit *court noué* in den Lagen Bienvenues-Bâtard-Montrachet und anderen Chardonnay-Pflanzungen ist seit dem Krieg ein ungelöstes Problem. Der in vielen Formen auftretende Virus führt zur Degeneration des Laubs und hemmt dadurch eine wirksame Photosynthese und die Zuckeransammlung in den Trauben. Mit der Zeit wirken die herkömmlichen chemischen Mittel nicht mehr, der Virus entwickelt immer mehr Resistenz, so daß immer stärkere Präparate angewendet werden müssen.

Anne-Claude ist überzeugt, daß es sowohl ökologisch als auch im Hinblick auf die langfristige Gesundheit der kostbaren Weinberglagen unerwünscht ist, in diesem Teufelskreis fortzufahren. Im Oktober 1990 wurde auf einem Hektar Weinbergland aller Qualitätsstufen ein Versuch mit dem biologisch-dynamischen System gestartet. Es beruht im wesentlichen auf dem Werk von Rudolf Steiner um die Jahrhundertwende und neuerdings von Claude Bourgignon und behandelt Reben und Böden mit verdünnten Dosen von Präparaten auf pflanzlicher Grundlage. Das Ziel ist, die Reben zur Entwicklung eigener Resistenzmechanismen gegen Parasiten und Viren anzuregen und im Boden nicht so sehr die Mangelerscheinungen an bestimmten Stoffen zu beheben, sondern vielmehr die Tätigkeit der günstigen Mikroflora zu fördern.

Diese gewissermaßen homöopathische Behandlung ist im Weinbau relativ neu. An der Rhône und in Vouvray experimentieren manche Winzer erfolgreich damit, doch die langfristige Wirksamkeit und die Konsequenzen sind noch unbekannt.

Die «Biodynamie» schreibt die Anwendung der Präparate an ganz bestimmten Tagen und zu bestimmten Tageszeiten vor, die teilweise nach den Mondphasen berechnet werden. In einem Fall mußte bei Leflaive eine Behandlung vor Sonnenaufgang durchgeführt werden, die Arbeiter mußten also um fünf Uhr früh an Ort und Stelle sein. Überdies muß ihnen auch die Vorschrift, einen Teelöffelvoll eines Pulvers mit 500 l Wasser zu mischen, anstatt 5 kg Chemikalien einzurühren, recht seltsam vorgekommen sein. Vielleicht aber stellt der Wegfall der unerfreulichen Wirkungen von Spritzmitteln in Gesicht und Augen denn doch einen Ausgleich für das frühe Aufstehen dar.

Die ersten Ergebnisse sind ermutigend – regere Tätigkeit der Bodenmikroben, bessere Fäuleresistenz (seit 1993 waren keine herkömmlichen Spritzungen gegen Fäule mehr nötig), glänzenderes und gesünderes Laub und frühere Reife bei höherem Zuckergehalt ohne Beeinträchtigung der Säure und des pH-Werts im Wein. Interessanterweise scheint sich der Befall mit *court-noué* in der Lage Bâtard stabilisiert zu haben – er ist nicht besser geworden, aber auch nicht schlimmer. Degustationen von «Bio»- und «Nicht-Bio-Weinen» aus dem gleichen Jahrgang und derselben Lage brachten keinen Aufschluß. Die Bio-Weine vermittelten ein stärker oxidatives, reiferes Gefühl, während ihre Nicht-Bio-Artgenossen nicht so fortgeschrittene Entwicklung und eher klassische Züge aufwiesen. Es wird wohl 10 bis 20 Jahre dauern, bis das Experiment richtig beurteilt werden kann. Inzwischen werden bei Leflaive 6 von insgesamt 22 ha nach biodynamischen Grundsätzen bewirtschaftet.

Im übrigen richten sich die Bemühungen auf die Ertragsbegrenzung. Der Rebschnitt erfolgt im *Guyot-simple*-System, d. h., ein Trieb wird auf sechs Augen und einen Zapfen mit zwei Augen für das nächstjährige Holz geschnitten – Anne-Claude versucht auf fünf Augen zurückzugehen. 1988 wurde *ébourgeonnage* eingeführt; möglichst früh nach dem Austrieb werden überschüssige Augen am Haupttrieb und am Zapfen ausgebrochen. Dadurch wird die Zahl der Trauben und infolgedessen auch der Ertrag verringert.

In unerwartet ertragsstarken Jahren wird im Sommer der Behang noch weiter ausgedünnt – eine schmerzhafte Maßnahme, aber sie ist unerläßlich, um die für den Reifezustand maßgebliche Konzentration von Zucker und Geschmacksstoffen in den Trauben zu maximieren.

Aus der Erkenntnis heraus, daß Fehler bei der Wahl des Pflanzguts sich ein halbes Jahrhundert und länger auswirken können, erfolgt diese mit größter Sorgfalt. Als Unterlagsreben verwendet Leflaive dieselben wuchsschwachen Sorten wie andere gewissenhafte Weinerzeuger: 161/49 für die Premiers und Grands Crus (außer Bâtard-Montrachet, dort wird 5BB gepflanzt) und die etwas weniger gebräuchliche Riparia sowie in geringem Umfang die starkwüchsige SO4 für Puligny-Villages-Lagen. Als Chardonnay-Klone werden B77 oder B95 – die besten derzeit verfügbaren – bevorzugt.

Fast fanatisch wird darauf geachtet, daß nur das gesündeste Traubengut in die Pressen gelangt. Die Lese wird auf ein paar Tage nach dem *ban de vendange* festgesetzt. Noch länger zu warten wäre gewagt, denn da dieser offizielle Lesebeginn oft mit der herbstlichen Tagundnachtgleiche zusammenfällt, ist zu befürchten, das Wetter könnte sich ändern und Regen mit nachfolgender Fäule bringen.

Die Vorbereitungen für die Ernte beginnen aber schon einige Wochen vorher durch Probenahme mit 200 bis 300 Trauben aus verschiedenen Teilen der Weinberge. Anhand des Mosts wird das Verhältnis von Zucker und Säure berechnet, was Pierre Morey und Jean Jafflin die Möglichkeit gibt, die Entwicklung des Reifevorgangs in den verschiedenen Parzellen zu verfolgen und den günstigsten Lesezeitpunkt zu ermitteln. Wenn es dann soweit ist, erhalten die Leser spezifische Anweisungen, weder faule Frucht noch Trauben von der Spitze der Reben mitzuernten, da diese nicht so reif sind wie die weiter unten hängenden.

Sobald das Lesegut in der Rue de l'Eglise ankommt, wird es in einer der beiden neuen pneumatischen Bucher-Pressen mit je 3600 l Fassungsvermögen gepreßt, die einen täglichen Durchsatz von 40 bis 45 Faß zu je 228 l bewältigen. Anschließend erhält der Most eine Dosis Schwefel, um Oxidation während der anschließenden 24stündigen *débourbage* zu hemmen.

Nötigenfalls wird der Most sodann vor der Gärung mit Zucker angereichert. Anne-Claude strebt aus Gründen der Ausgewogenheit einen endgültigen Alkoholgehalt von 13 bis 13,5 % bei Premiers und Grands Crus und 12,5 % bei Villages-Weinen an.

Bei Bourgogne Blanc und Puligny-Villages läuft der Gärvorgang in großen *foudres* ab, bei den Premiers und Grands Crus in kleinen Fässern, davon ein Drittel neue aus Allier-, zum Teil auch Vogesen-Eiche. Soweit wie möglich werden Naturhefen benutzt, um die Typenechtheit und Komplexität zu maximieren; in manchen Jahren, z. B. 1987, waren jedoch Kulturhefen nötig, um die Gärung in Gang zu bringen.

Ein langer, gleichmäßiger Gärverlauf wird zwar gern gesehen, aber nicht durch künstliche Mittel über seine natürlichen Grenzen hinaus verlängert. Neuerdings hat Pierre Morey Versuche mit Hefekapseln unternommen, von denen erwartet wird, daß sie einen längeren und gleichmäßigeren Verlauf hervorrufen. Täglich zweimalige *bâtonnage* gewährleistet eine gleichmäßige Verteilung des Hefetrubs.

Auf Anregung von Patrick Bize in Savigny (siehe dort) kauft die Domäne inzwischen auch ihr eigenes Faßholz. Die weltweite Nachfrage nach französischen Eichenfässern hat u. a. auch bei Anne-Claude einiges Mißbehagen über die Qualität des beim Faßbau verwendeten Holzes und vor allem über die beschleunigten Trocknungsverfahren geweckt, die oft zu grünem Beigeschmack führen. Nunmehr bezieht sie Eichenholz aus dem Wald von Bertranges in der Region Nièvre und läßt es in Puligny mindestens zwei Jahre lang an der Luft trocknen.

Bis 1988 wurden die Trauben einer Lage stets gemeinsam zu Wein verarbeitet. Heute wird jeder Posten bis zur *malo* und zum ersten Abstich getrennt gehalten. Dadurch können Anne-Claude und Pierre die Entwicklung der Weine aus den einzelnen Parzellen besser verfolgen. Das Verfahren bringt inzwischen schon Dividende in Gestalt systematischer, erkennbarer Unterschiede je nach Rebenalter, Unterlagsrebe, Boden und Standort innerhalb einer Weinberglage. Zwar ist der damit verbundene praktische Aufwand ungeheuer – es müssen viele kleine Weinmengen getrennt gelagert und sorgfältig registriert werden –, dennoch wurde das Verfahren inzwischen bis zur Abfüllung ausgedehnt. Es besteht die Hoffnung, daß sich diese Mühe schließlich durch bessere Feinabstimmung der einzelnen *cuvées* lohnen wird.

Spätestens im April werden die Weine aus der Rue de l'Eglise in die Keller unter dem Bürogebäude an der Place des Marronniers gebracht. Dort werden die einzelnen Posten, jeweils zehn Faß, in einer der hier aufgereihten dickbauchigen Edelstahltanks zusammengeführt und den folgenden Winter hindurch gereift. Angestrebt wird auf diese Weise die Bewahrung der Frische und Struktur im jungen Wein und das Räumen der Fässer für die kommende Ernte. Eine Schönung mit Kasein und Bentonit (Fischleim wurde erprobt, aber nicht für zweckdienlich befunden) und eine einzige Zelluloseschichtenfiltrierung vor der Abfüllung zwischen Februar und April des zweiten Jahres vervollständigen den Ausbau eines Puligny von Leflaive.

An der Vinifikation dieser Chardonnays, die zu den großartigsten der Welt gehören, ist nichts weiter Revolutionäres oder Bemerkenswertes, außer vielleicht die ungewöhnlich lange Ruhezeit in Edelstahltanks vor der Abfüllung. Was auffällt, ist die unendliche Sorgfalt, mit der auf gesunde Frucht geachtet wird, und die Hygienebesessenheit bei der Wahrung der Delikatesse dieser Frucht. Klinische Sauberkeit, wohin man schaut – Tanks, Lesekörbe, Fußböden, Hände, Rohre, Luft –, das ergibt sauberen Wein. Sauberer Wein erfordert aber auch weniger Eingreifen und vor allem weniger Schwefel, und das wiederum bedeutet, daß die zarten natürlichen Aroma- und Geschmackssubstanzen der Trauben weniger stark beeinträchtigt werden. Dieses Prinzip hört sich verblüffend einfach an, in der Praxis aber bedarf es schärfster Wachsamkeit in allen Stadien.

Das Degustieren einer Reihe von Leflaive-Weinen in der gemütlichen Probierstube am Haupthof läuft auf eine philosophische Interpretation dessen hinaus, was einen feinen Wein auszeichnet, gibt aber auch einen Überblick über die Charakteristiken des jeweils begutachteten Jahrgangs. Das Verständnis für den Esprit der Domäne ist eine notwendige Voraussetzung für das Verständnis ihres Weins; je besser man beide versteht, desto größer ist der Genuß. Eine Bach-Fuge wirkt zwar allein schon durch ihre Kraft oder ihre Klangfülle, wer aber die Regeln des Kontrapunkts kennt und deshalb klarer erfassen kann, woraus das sublime Zusammenspiel aus äußerer Einfachheit und innerer Vielschichtigkeit besteht, dem sagt sie weit mehr.

Das Leflaive-Konzept für feinen Weißwein betont Komplexität und Harmonie im Zusammenspiel mit Finesse. Ein Wein kann eine Vielfalt von Aroma- und Geschmackstönen aufweisen, wenn sie sich aber nicht harmonisch miteinander verbinden, dann ist er unausgewogen und daher mit einem Makel behaftet. Eine scheinbar so einfache Synergie, wie sie alle Leflaive-Weine kennzeichnet, wird aber deren wahren Natur allein nicht gerecht. Schon der schlichte Puligny-Villages hat eine Struktur und Klasse, die andere liebend gern in ihren Premiers und Grands Crus nachahmen würden.

Worin liegt das Geheimnis? Vincent Leflaive hätte gesagt, daß es durchaus keiner magischen Alchemie bedürfe, um reife Chardonnay-Trauben in exquisiten Wein zu verwandeln, aber auch er wußte, daß Sorgfalt und Genauigkeit in allen Stadien der Produktion – von der Klonenselektion über den Rebschnitt bis zur Wahl des richtigen Zeitpunkts für die Abfüllung – von höchster Bedeutung sind.

Nichtsdestoweniger sind Sorgfalt und Genauigkeit für sich noch nicht ausreichend. Ein Vigneron mag die Gärtemperatur noch so genau unter Kontrolle halten und sie noch so sorgfältig regeln, es kommt dadurch allein noch nicht die Qualität eines Leflaive oder Ramonet zustande. Die Kunst des Winzers besteht nicht nur im Wissen darüber, was zu tun ist, sondern auch, wie es geschehen muß. Außer dem wohldurchdachten Gebrauch der Technik muß auch das Fingerspitzengefühl dafür da sein, was einen feinen Puligny ausmacht. Das ist die wahre Kunst des Winzers – ein Talent, das sich nicht lehren läßt.

Und was ist das Resultat? Eine Reihe von Weinen, bei denen einem das Wasser im Mund zusammenläuft, wenn man nur an sie denkt. Der rote Blagny aus der Lage mit dem hübschen Namen Sous le Dos d'Ane, unter dem Eselsrücken, ist ein Wein voll verführerischer, reifer Frucht, erwartungsgemäß ausgewogen durch Säure und Tannin – kein Wein für große Feste oder für analytische Betrachtung, aber ein köstlicher, auch erschwinglicher Begleiter zu einfachen Gerichten.

Die Pulignys beginnen mit dem Villages-Wein aus vier Lagen, deren Ertrag getrennt vinifiziert wird; er hat meist reiche Frucht, superbes Gleichgewicht und für seinen Rang bemerkenswerte Komplexität. Von den vier Premiers Crus ist der Clavoillon aus einer Lage auf halbem Weg zwischen Puligny und Meursault der maskulinste; er verbindet die Nußwürze von Meursault mit der Eleganz von Puligny und ist meist reif, stilvoll und um einiges komplexer als der einfache Puligny. Aus der Lage Folatières oberhalb von Clavoillon und Perrières kommt ein feinerer, eleganterer und kraftvollerer Wein als aus der Nähe von

Olivier, Vincent und Anne-Claude Leflaive im Hof der Domäne in Puligny.

Meursault. Die Lage Combettes am oberen Hang an der Grenze zu Meursault bringt Wein mit anderem Charakter hervor; er zeichnet sich durch einen Hauch Erdigkeit und Nuancen von Honig, Pfirsichen und gerösteten Mandeln aus.

So fein diese drei auch sind, der Pucelles aus einer Lage unterhalb von Les Caillerets und angrenzend an die Grand-Cru-Lage Bâtard-Montrachet überragt sie stets. In guten Jahren zeigt dieser Wein sensationelle Geschmackstiefe und Konzentration sowie eine Dimension der Klasse und Weinigkeit, die ihn auf Grand-Cru-Qualität hebt.

Die Grands Crus selbst, jeweils mit eigener Individualität und besonderem Geschmacksspektrum, sind prachtvoll. Bei Leflaive zeichnen sie sich durch Fülle und Intensität, Wucht und Komplexität und so viele Nuancen aus, daß jedes Schnuppern nach einem Schluck verlangt und jeder Schluck schieren Genuß bringt – feine Zeugnisse für die Kunst des Kellermeisters.

Vincent Leflaive pflegte bei jeder Gelegenheit zu sagen, daß seine Weine zu jung getrunken würden. Sie brauchen Zeit zur Entfaltung, um ihre Qualitäten aufzuschließen und zur Geltung zu bringen. Nach fünf Jahren beginnen die Premiers Crus gerade erst, sich gut trinken zu lassen, aber man sollte acht bis zehn Jahre warten, ehe man die Grands Crus probiert. Ein 1979er Bienvenues war 1990 gerade erst so weit, daß seine wahre Klasse zum Vorschein kam, und ein 1983er Chevalier steckte um dieselbe Zeit noch in den Kinderschuhen. Weniger opulente Jahrgänge – 1991, 1987, 1982 und 1981 – weisen stets dieselben Qualitäten auf wie die volleren, lediglich in geringerem Ausmaß. Leflaive-Weine braucht man nicht nach Jahrgangstabellen zu kaufen – es gibt da keine Enttäuschungen.

Großer weißer Burgunder hat bei richtiger Lagerung das Potential für lange Haltbarkeit. Anne-Claude sagt von einer Flasche 1949er Chevalier: «Ich bin immer wieder verblüfft über die Qualität alter Weine aus unserer Domäne; aber glauben Sie mir, dieser war – oooh! außerordentlich mit seinem Aroma von Kernen und Walnüssen, ganz außerordentlich!»

Pierre Morey und die Domäne hat ein gütiges Geschick zusammengeführt – ein talentierter Kellermeister in einer idealen Umgebung. Anne-Claude hat in ihrem großartigen Erbe tiefe Wurzeln geschlagen, und solange keine Familienstreitigkeiten dazwischenkommen, darf man dieser herrlichsten aller Domänen Burgunds mit Fug und Recht eine strahlende Zukunft weissagen.

WEINBERGBESITZ

Gemeinde	Rang	Lage/Climat	Fläche	Rebenalter	Status
Chassagne	GC	Montrachet	0,08	1950	P
Puligny	GC	Chevalier-Montrachet	1,91	1970	P
Puligny/Chassagne	GC	Bâtard-Montrachet	1,91	1972	P
Puligny	GC	Bienvenues-Bâtard-Montrachet	1,16	1958	P
Puligny	PC	Les Pucelles (Clos du Meix)	3,06	1971	P
Puligny	PC	Les Combettes	0,73	1964	P
Puligny	PC	Les Folatières	1,27	1972	P
Puligny	PC	Clavoillon	4,80	1974	P
Puligny	V	Brelance/Tremblots/Houlières/Les Nosroyes	4,08	1963	P
Puligny	R	Les Houlières (Bourgogne Blanc)	1,74	1980	P
Blagny	PC	Sous le Dos d'Ane (Rot)	1,08	1957	P
Blagny	PC	Meursault Blagny (Weiß)	0,55	1995	P
Gesamtfläche			**22,37 ha**		

Domaine Étienne Sauzet

Es ist nicht leicht, vielleicht aber auch nicht unbedingt nötig, bei einer Domäne, die Jahr für Jahr erstklassige weiße Burgunder hervorbringt, ganz objektiv zu sein. Eine Flasche Puligny von Sauzet enttäuscht selten, sondern übertrifft meist alle Erwartungen. Wenn die Weine dieser Domäne in großen, reifen Jahrgängen die hervorragende Verbindung von Kraft und Eleganz beispielhaft verkörpern, für die Puligny zu Recht berühmt ist, so erreichen sie in schwächeren Jahrgängen bei von Natur aus geringerer Opulenz einen Grad an Finesse und Rasse, der ihnen stets Interesse sichert.

Die Domaine Sauzet hat nicht nur einen Keller voll hochfeiner Weine, sondern auch eine Aussicht zu bieten, die so mancher Burgunderliebhaber stundenlang genießen könnte: Aus den Fenstern des Hauses am Westrand von Puligny blickt man direkt auf den prächtigen Bergrücken mit den Grand-Cru-Lagen. Wenn die Arbeit an den regelmäßig abzugebenden «déclarations» sie langweilt, kann Etienne Sauzets Enkelin Jeanine Boudot einfach die Augen von ihrem Schreibtisch aus von Les Pucelles über Bâtard, Bienvenues, Les Chevaliers bis Le Montrachet schweifen lassen. Bei so einem Ausblick und mit einem Glas Puligny in der Hand kann einem die Lust am endlosen Papierkrieg leicht abhanden kommen.

Immerhin könnte Jeanine Boudot auch die eigenen Weinberge mit ihren Blicken größtenteils umfassen. Mit 7,5 ha Rebfläche, fast ganz in Puligny, ist das Gut nicht sehr groß und im wesentlichen noch immer das gleiche, wie Etienne Sauzet es in den 1920er Jahren aufbaute. Er begann um die Jahrhundertwende mit 3 ha und heiratete 1924 noch einige Weinberge dazu. Durch weitere Zugänge in den 1950er Jahren, vor allem Premier- und Grand-Cru-Lagen, wuchs die Domäne dann zu ihrer derzeitigen Größe heran.

1989 beschloß Jeanines Mutter – die Tochter Etiennes –, der die Weinberge gehörten, diese vorwiegend aus steuerlichen Gründen unter ihren drei Kindern aufzuteilen. Allerdings unterließ sie es zu bestimmen, daß die Domäne intakt bleiben müsse. Daher erhob sich, als Jeanines Bruder Jean-Marc Boillot die Absicht bekundete, seinen Anteil herauszuziehen, das Problem einer gerechten Teilung und mit ihm Familienstreit. Die Lösung war nicht einfach, doch wurde sie schließlich erzielt, und ihre Auswirkungen wurden durch die Bereitschaft des anderen Bruders, der Domäne seinen Anteil auf 20 Jahre vertraglich zuzusichern, abgefedert.

Als Folge büßte die Domäne 1991 ihren gesamten Besitz am Premier Cru Les Truffières, etwas Puligny-Villages-Land und einen Teil von Referts, Champ Canet und Combettes ein. Das bedeutete zwar einen schweren Schlag, doch die Qualität der Weine von Gérard und Jeanine Boudot hat nicht darunter gelitten – es gibt halt nur um ein Drittel weniger. Zum Glück ist der Grand-Cru-Besitz intakt geblieben. 1990 gründeten sie zum Ausgleich ein kleines Négociant-Geschäft und kauften Most von Vignerons ein, deren Qualität sie kannten; damit konnten sie die Einbußen wieder hereinholen und nebenbei Grand Cru Chevalier-Montrachet, die Puligny Premiers Crus Folatières und Garenne sowie noch mehr Bâtard und Bienvenues in ihr Programm aufnehmen. Aus der Lage Bâtard wird Lesegut zugekauft und mit der eigenen Frucht zusammen vinifiziert. Etwas Montrachet wird beim Baron Thenard in Form von Wein angekauft und im Faß nach der *malo* übernommen – früher gibt er ihn nicht frei. Die Ankäufe belaufen sich inzwischen insgesamt auf ein Drittel der Produktion.

Obwohl Gérard Boudot heute mit der Sache ganz vertraut ist, war doch die Weinerzeugung nicht sein ursprünglicher Beruf. Er arbeitete für die Forst- und Gewässerverwaltung und fühlte sich keineswegs zum Weinbau hingezogen. Als er aber einerseits bei den Prüfungen wenig Glück hatte und andererseits Jeanine bei einem Rugbyspiel in Beaune kennenlernte – ihr Vater war Präsident des örtlichen Rugbyclubs –, entschied er sich für den Winzerberuf und ging auf das Lycée Viticole in Beaune. Nachdem er die Fachschule absolviert und Jeanine geheiratet hatte, übernahm er 1974, ein Jahr vor dem Tod Etienne Sauzets, die Domäne.

Unter seiner Hand ist sie zu einer der besten an der Côte geworden. Zunächst waren große Anstrengungen nötig, um die Weinberge wieder in Schuß zu bringen, denn sie waren, wie Gérard es ausdrückt, «die reinsten Kalibergwerke», weil in den 1960er Jahren viel zuviel Kalidünger auf sie verschwendet worden war. Es bedurfte vieler Bodenanalysen und zehn Jahre geduldiger Korrekturmaßnahmen mit kleinen, dem Kali entgegenwirkenden Magnesiumgaben, um ein gewisses Gleichgewicht wiederherzustellen.

Bodenanalysen bestimmen nicht nur das Düngungsprogramm der Domäne, sie helfen auch bei der Wahl der Unterlagsreben für Neupflanzungen, die oftmals nötig werden, weil *Eutypiose*, Blattrollkrankheit und andere Viruserkrankungen die Bestände lichten. Die richtige Unterlagsrebe hat für die Gesundheit der Weinberge große Bedeutung, und ihre Anpassungsfähigkeit an Boden und Rebsorte spielt bei der Wahl eine große Rolle.

Wie bei allen qualitätsbewußten Weingütern wird auch hier viel Aufwand getrieben, um während der Wachstumszeit die Wuchskraft unter Kontrolle zu halten; u. a. werden durch strenge *évasivage* vor allem bei den jungen Reben überschüssige Triebe und Augen entfernt. Gérard hält diesen Arbeitsgang vor allem bei Chardonnay für «wichtiger als den

Gérard und Jeanine Boudot mit ihren Kindern.

Rebschnitt». Bei dieser Sorte gilt ihm Behangausdünnung nicht als brauchbare Option, weil zwar die Zahl der Trauben vermindert, dafür aber alle Kraft der Pflanze auf die restlichen Früchte konzentriert werde, so daß diese stark aufschwellen, während beim Pinot Noir nur die Schale dicker wird.

Die Zahlenspiele mit den Erträgen sind kompliziert; Gérard Boudot ist es aber lieber, 50 hl/ha von 15 Trauben pro Stock als denselben Hektarertrag von acht Trauben pro Stock zu bekommen, denn je mehr Trauben ein Stock trage, desto stärker sei auch die Konzentration des Safts und um so geringer die Einbuße an Aroma im Wein. *Vendange verte* kommt also nicht in Betracht.

Für die Lese wird höchste Reife angestrebt, das bedeutet, daß die auf Unterlagsreben 3309 stehenden Bestände bis zuletzt warten müssen. Bei allzu langem Aufschub besteht jedoch das Risiko der Überreife, die zwar eine gewisse Fülle in den Wein bringt, seiner Reintönigkeit und damit seiner Typenechtheit aber oft abträglich ist. Die *surmaturité* kann leicht die Gestalt der für die süßen Weine von Sauternes, Deutschland usw. wichtigen Edelfäule annehmen, die allerdings die grundlegenden Eigenschaften eines Weins verändert und mit ihrem eigenen markanten Aroma und Geschmack überlagert. Gérard spricht von der Wahl des richtigen Lesezeitpunkts als von einem Lotteriespiel.

Neben den verwickelten Verhältnissen im Weinbau nimmt sich die Vinifikation geradezu einfach aus. Nach einer ausreichenden Schwefelgabe zum Abtöten der Naturhefen werden die unzerkleinerten Trauben in einer pneumatischen Presse gekeltert, und der dabei entstehende Most bleibt 12 bis 18 Stunden lang stehen, damit sich der grobe Trub absetzt. 1993 wurde die Frucht aus Weinbergen, die durch einen 200 m breiten Hagelschlag in den Premiers Crus von Puligny am 21. Juni in Mitleidenschaft gezogen worden waren, vor dem Pressen entrappt, um zerschmettertes Stielholz und faule Beeren zu entfernen, die sonst nur einen Bitterton oder Beigeschmack verursacht hätten. Das Resultat: niedriger Ertrag (nur 15 hl/ha in Referts), der Wein jedoch mehr als nur annehmbar.

Die Gärung vollzieht sich im Faß, wenn genug Raum vorhanden ist, andernfalls im Tank. Neuere Experimente zeigen, daß die Gärung mit Kulturhefen gleichmäßiger und vollständiger verläuft als mit der Naturhefepopulation. Insbesondere besteht bei Naturhefen die Gefahr, daß unvergorener Restzucker übrigbleibt. Das aber ist der Alptraum eines jeden Kellermeisters, denn wenn sich bei der *malo* Bakterien über diesen Zucker hermachen, entsteht eine irreparable «piqure», ein Essigstich, der selbst in mäßiger Konzentration unangenehm riecht und schmeckt.

Nach der Gärung beläßt Gérard die Weine so lange wie möglich auf dem Geläger, sofern dieses gesund und möglichst fein ist, damit der unerfreuliche *goût de lie* vermieden wird.

Um dem feinen Geläger die beste Seite abzugewinnen, muß es auch durch öftere *bâtonnage* möglichst gleichmäßig im Wein verteilt werden. In der Domaine Sauzet beginnt dies bereits während der Gärung mit Aufrühren alle zwei Tage. Bis zur *malo* wird dieser Arbeitsgang allmählich weniger, schließlich nur alle 14 Tage und danach einmal im Monat bis zum ersten Abstich ausgeführt. Beim 1993er wurde häufigere *bâtonnage* angewandt, um ihm größere Fülle zu verleihen.

Bei gesundem Geläger erfolgt nur ein Abstich – etwa nach zwölf Monaten, also zwei Monate vor der Abfüllung. Die Puligny- und Chassagne-Villages sowie der Puligny Referts und Perrières werden meist vor der nächsten Ernte abgefüllt; Combettes, Champ Canet und die Grands Crus bleiben bis November liegen.

Als Vorbereitung auf die Abfüllung erfolgt Abstich in *cuves* und Schönung, gefolgt von 15 bis 21 Tagen Ruhezeit. Gérard findet, daß Fischleim als Schönungsmittel mehr Reinheit und Finesse gewährleistet als das häufig benutzte Kasein. Auch «schmecken die Weine oft nach dem Schönen besser als vorher – viel feiner»; es geht ihm also dabei nicht nur um die Klärung. Danach folgt Kieselgurfiltration mit «terre rose», der leichtesten Erde; Gérard meint, sie ermüde den Wein weniger als die übliche Schichtenfiltration.

Sauzet-Weine strahlen Vornehmheit und Eleganz aus. Zu Gérards Rezept gehört umsichtiges Würzen mit frischem Eichenholz, das nur das natürliche Aroma unterstützen soll. Er bevorzugt Vogesen-, Allier- und Tronçais-Eiche mit höchstens mittlerer Anröstung und benutzt maximal 50 % neue Fässer für die Grands Crus, 40 % für die Premiers Crus und 25 % für den Puligny-Villages.

Das Programm beginnt mit einem köstlichen Bourgogne Blanc von Lesegut aus Puligny bei Erträgen von etwa 30 hl/ha. Er ist meist seinem offiziellen Rang weit überlegen, voll und reif, mit sanfter, fleischiger Frucht und guter Nachhaltigkeit.

Der Puligny-Villages ist stets frisch und schön ausgewogen mit höchst attraktiver blumiger Eleganz und Kraft. Selbst in kargeren Jahrgängen wie 1981 oder in verwässerten wie 1982 bringt Gérard in dieser *cuvée* genug Biß und Gleichgewicht für stilvolle und interessante Art zuwege. Zweifellos tragen die niedrigen Erträge von rund 45 hl/ha zur jugendlichen Konzentration bei.

In letzter Zeit war Puligny mit vielen exzellenten Jahrgängen gesegnet. 1989 brachte vollkommene Frucht, die Qualität der Weine war bemerkenswert. Auch 1990 bis 1994 waren hervorragende Jahrgänge, vorab der 1990er und 1992er, die übrigen vielleicht nicht ganz so opulent.

Der Referts ist der maskulinste unter den Premiers Crus von Sauzet, oft anfänglich recht fett und offener als die anderen, oft auch mit markantem *goût de terroir* und mit an Meursault erinnerndem Muskelspiel (die Lage grenzt an Meursault Charmes).

Der Combettes bildet dazu einen deutlichen Kontrast – seine honigwürzige, vollmundige, vielschichtige Frucht im Verein mit Nuancenreichtum, Kraft und Nachhaltigkeit läßt ihn nur um Haaresbreite unter Grand-Cru-Qualität bleiben – der 1989er, 1990er und 1993er erreichen sie sogar.

Die Kennzeichen der Weine von Gérard Boudot sind Fülle und Klasse. Sie vereinen die Rasse von Puligny mit fast exotischer Konzentration der Frucht, ohne auch nur im entferntesten schwerfällig oder überzogen zu wirken.

Die Grands Crus zeigen diese Qualitäten in feinem Maß, jedoch in unterschiedlichen Stilen. Der Bienvenues aus einer Parzelle neben Les Pucelles betont oft eher die Finesse von Pucelles als die Wucht und Struktur von Bâtard – zarter, runder und zugänglicher. Der Bâtard dagegen ersetzt die intellektuelle Art durch schiere Kraft bei deutlich größerer Fülle und Breite – ein wuchtiger Wein, der dennoch Finesse und Stil durchschimmern läßt. Beide Weine verlangen mindestens fünf Jahre Reifezeit, der Bâtard meist länger.

Die Verkleinerung von Gérard Boudots Weinbergbesitz war für die Weinliebhaber der Welt eine Tragödie. Zum Glück hat der talentierte Weinerzeuger hierfür einen Ausgleich schaffen können, und so dürfen seine Anhänger auch weiterhin einen der feinsten Chardonnays der Welt genießen.

WEINBERGBESITZ

Gemeinde	Rang	Lage/Climat	Fläche	Rebenalter	Status
Puligny	GC	Bâtard-Montrachet	0,14	22	P
Puligny	GC	Bienvenues-Bâtard-Montrachet	0,12	30	P
Puligny	PC	Les Combettes	0,97	43	P
Puligny	PC	Champ Canet	1,00	35	P
Puligny	PC	Les Perrières	0,48	10	P
Puligny	PC	Les Referts	0,70	30	P
Puligny	V	–	3,10	27	P
Puligny	R	(Bourgogne Blanc)	0,52	9	P
Chassagne	V	Les Enseignères (Weiß)	0,49	30	P
Gesamtfläche			**7,52 ha**		

CHASSAGNE-MONTRACHET

Chassagne-Montrachet, ein langgezogener Ort an der RN6, der alten Straße Paris–Lyon, ist keineswegs ansehnlich oder interessant zu nennen und hat weder den Charme von Puligny noch die Geschäftigkeit von Meursault aufzuweisen. Allerdings entschädigt die Qualität der Weine bei weitem für den alltäglichen Eindruck, den der Ort macht.

Seinen Ursprung verdankt Chassagne den Römern. Funde in der Lage Les Caillerets lassen darauf schließen, daß die frühere Ansiedlung weiter oben am Hang lag – jenseits des heutigen alten Ortskerns. Demzufolge muß sich Chassagne allmählich hangabwärts in die heutige Lage ausgedehnt haben. Neueste Zeichen dieser Entwicklung sind eine großartige «Salle de Réunion», ein «Caveau des Vignerons» und eine Buswartehalle aus Backstein. Das insgesamt eher eintönige Bild wird ab und zu durch einen schönen kleinen Innenhof und ein behagliches altes Haus bereichert. Hinter schlichten Fassaden wohnt manche hier tiefverwurzelte, durch Heirat aber inzwischen weitverzweigte Familie; die Namen Colin, Delagrange, Gagnard und Morey sind seit Jahrhunderten eng mit der Gemeinde ver-

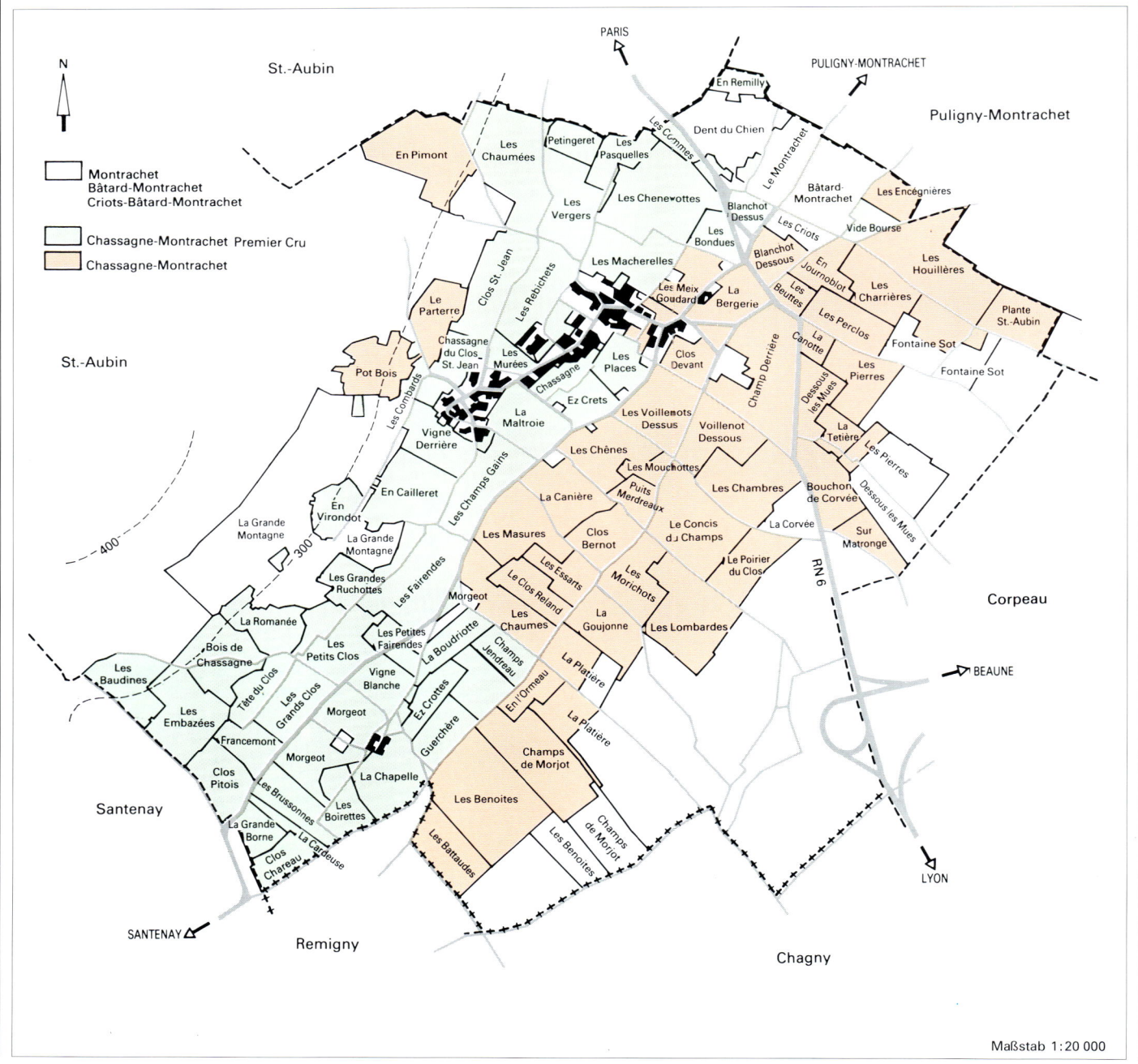

knüpft. Will der Weinliebhaber wissen, mit welcher Domäne er es zu tun hat, muß er erst Ahnentafeln zu Rate ziehen, um die Verhältnisse zu entwirren. Die beliebte Sitte, den Namen der Ehehälfte dem eigenen anzufügen, stiftet oft eher Konfusion als Klarheit.

Es ist ein verbreiteter, aber irriger Glaube, daß in Chassagne vor allem Weißwein entsteht. Vielmehr entfallen in einem normalen Jahr nur 42 % der Erzeugung von 120 000 Kisten auf diesen, der Rest ist Rotwein; in der ersten Nachkriegszeit lag der Rotweinanteil sogar fast bei 80 %. Der falsche Eindruck ist vermutlich auf die starke internationale Nachfrage zurückzuführen, die den hiesigen Winzern für Weißwein mehr einbringt als für Rotwein.

Der Modetrend zugunsten von Weißwein hat umfangreiche Neubestockungen veranlaßt, obwohl aufgrund der geologischen Voraussetzungen bestimmte *climats* für die eine oder die andere in den Appellationsvorschriften vorgesehene Art von Wein günstiger sind. Leider sind in jüngerer Zeit auch Anpflanzungen auf flacherem Grund geschehen, dessen triebkräftige, fruchtbare Böden für Chardonnay ungeeignet sind; so entstehen dort oft verwässerte, mittelmäßige Weine.

Noch vor wenigen Jahren versuchten Bernard Morey und andere, eine Chardonnay-Karte der Gemarkung Chassagne anzufertigen, um die Pflanzungen auf die geeigneten Böden zu beschränken. Doch diese Initiative schlug aus Mangel an Unterstützung fehl. Im Interesse des guten Namens der Appellation sollte das INAO dieses wertvolle Projekt neu beleben und überwachen.

Die Rebfläche beginnt gerade an der RN6 und erstreckt sich meist in Südostlage 2,8 km weit bis Santenay und Remigny. Die Hanglage ist unterschiedlich, vom flacheren Land unterhalb der Straße nach Santenay bis hin zu den steilen Lagen etwa 1,5 km weiter oben in einer Höhe von 300–400 m unter dem Kamm der «Grande Montagne».

Die AC Chassagne-Villages erstreckt sich auf 179,51 ha meist unterhalb der Straße von Puligny nach Santenay. Aus ihr kommt der größte Teil des Chassagne Rouge, hier wachsen aber auch einige exzellente rote Premiers Crus, v. a. der Clos St-Jean, Clos de la Boudriotte und Morgeot. Die für Pinot Noir bestgeeigneten Böden sind meist tiefgründiger und weisen höheren Gehalt an Eisenoxid auf. Sie sind unterhalb des Orts vorwiegend auf Villages-Land konzentriert.

Die nicht weniger als 18 größeren Premiers Crus umfassen 158,79 ha. Viele sind in zwei, drei oder vier einzelne *climats* unterteilt; ihr Wein kann entweder den Namen des umfassenderen *lieu-dit* oder aber den des *climat* tragen, was wiederum für reichliche Verwirrung sorgt. Am häufigsten anzutreffen sind Boudriotte, Vergers, En Remilly, Morgeot (58,11 ha mit 22 Unterabteilungen), Maltroie, Grande Montagne, Clos St-Jean (14,16 ha), Chenevottes, Chaumées, Champs Gain, Caillerets, Embazées und Grandes Ruchottes.

Zum Glück kommt es in Chassagne mehr auf den Wein als auf die Architektur an – hier die neue Buswartehalle ...

Zwei der drei Grands Crus von Chassagne, Le Montrachet und Bâtard-Montrachet, sind unter Puligny-Montrachet näher besprochen, weil sie sich über beide Gemarkungen erstrecken. Das dritte, Criots-Bâtard-Montrachet, ist zugleich die kleinste der sechs weißen Grand-Cru-Lagen der Côte de Beaune.

Das etwas verlorene Stückchen Grund in der Gemarkung Chassagne umfaßt ganze 1,5721 ha und bringt jährlich rund 550 Kisten hervor. Der größte Anteil entfällt mit 0,62 ha auf die Domaine Saint-Joseph in Santenay, die Adriens Bellands Bruder Joseph gehört.

Mme. Bize-Leroy soll kürzlich ein 600 m² großes, in schlechtem Zustand befindliches Stück Criots-Bâtard-Montrachet für – wie der Dorfklatsch wissen will – 1,6 Millionen Francs gekauft haben; bei einem derartigen Preis wäre 1 ha dieser von allen Grand-Cru-Lagen am geringsten angesehenen nicht weniger als 27 Millionen Francs wert. Da fragt man sich, wo die Rentabilität bleibt.

Die Crème der Weißweine stammt aus einem breiten Band von Hanglagen oberhalb und beiderseits des Orts. Das Gestein besteht hier vorwiegend aus Oolith-Kalk mit fossilen Beimischungen, der den Gewächsen Nervigkeit und Weinigkeit verleiht. In diesem Streifen findet sich aber auch *terre rouge* mit etwas Ton in Les Vergers und Les Chenevottes sowie weißer Mergel in Morgeot, Boudriotte und Champs Gain, rote eisenhaltige Erde beiderseits der Straße nach Santenay und schließlich sehr harter Grund mit Lehm und Gestein im Clos Pitois und in Les Embazées an der Südgrenze der Gemarkung.

Wie in Puligny und Meursault gibt es auch in Chassagne viel verwässerten und enttäuschenden Wein, zugleich aber auch exzellente Gewächse aus allen Teilen der Rebfläche; wie üblich sind das Alter der Reben, die Erträge und das Können des Winzers ebenso wichtig wie die Appellation selbst.

Neben den hier näher beschriebenen Domänen produzieren auch Laurence Jobard für Drouhin aus dem Weingut des Marquis de Laguiche und Jacques Lardières bei Louis Jadot aus den Weinbergen des Duc de Magenta feine, mustergültige Chassagnes – sie sind teuer, aber ihr Geld wert.

Weißer Chassagne eines guten Erzeugers und aus einem guten Jahrgang hält sich lange. Viele Weine aus den 1970er und 1980er Jahren sind noch immer köstlich und weit davon entfernt zu verblassen. Die Rotweine weisen allgemein nicht die Langlebigkeit ihrer weißen Artgenossen auf – sie sind nach fünf bis zehn Jahren recht sanft und pflaumenwürzig, gleiten dann aber in einen dünnen, ausdrucksschwachen Charakter ab.

DIE GRANDS CRUS VON CHASSAGNE-MONTRACHET

Lage/Climat	Fläche	Eigentümer	Gesamtproduktion
Criots-Bâtard-Montrachet	1,5721	7	550
Bâtard-Montrachet	5,8442	Siehe Puligny	
Le Montrachet	3,9873	Siehe Puligny	
Total	**11,4036 ha**		**550 Kisten**

Domaine Blain-Gagnard

Anders als sein Schwager Richard Fontaine von der Domaine Fontaine-Gagnard stammt Jean-Marc Blain von einer Winzerfamilie ab; als er 1980 Jacques Gagnards jüngere Tochter Claudine heiratete, die er auf der Weinbaufachschule in Dijon kennengelernt hatte, und nach Chassagne zog, war der Winzerberuf ihm schon auf den Leib geschrieben. Heute verfügt die Domäne über 7,26 ha, darunter Teile der Grand-Cru-Lagen Bâtard- und Criots-Bâtard-Montrachet sowie fünf weiße und zwei rote Premier-Cru-Lagen in Chassagne.

Der tüchtige, aber sehr zurückhaltende Jean-Marc bemüht sich um beste Weinbergpflege und hohes Durchschnittsalter der Reben. Dabei hält er auf ein günstiges Altersgemisch in jedem Weinberg, nicht nur um komplexeren Wein zu erzielen, sondern auch, weil ein Bestand, der sich nur aus alten Reben zusammensetzt, eines schönen Tages ganz erneuert werden muß, wobei mehrere Jahre Ertrag verlorengehen. Bei getrennter Vinifizierung der Frucht alter und junger Reben aus seinen beiden Grand-Cru-Lagen zeigte es sich deutlich, daß die jungen Finesse und Fruchtigkeit, die alten dagegen deutlich mehr Fett und Fülle erbrachten. Am besten war eine Mischung beider Arten.

Die Erträge werden möglichst auf 40 bis 45 hl/ha für Chardonnay und noch weniger für Pinot Noir gehalten. Neben gründlicher *ébourgeonnage* im Frühling trägt auch das Rebschnittsystem dazu bei, v. a. bei Rotweinreben, bei denen die *Cordon*-Erziehung für gute Laubverteilung sorgt. Kurioserweise fallen in Chassagne und Santenay die Beeren groß, in Volnay aber klein aus.

Die Lese geschieht in den drei Domänen der Familie Gagnard als Gemeinschaftsarbeit. Richard Fontaine ist glücklicher Besitzer eines Refraktometers, das in der Zeit vor der Lese reihum geht, damit der Süßegrad in allen Weinbergen festgestellt werden kann. Jean-Marc beginnt die Lese meist mit seinen feinsten Rotweinen, den Premiers Crus Morgeot und Clos St-Jean, und wartet bei den Weißweintrauben der Premiers und Grands Crus völlige Reife ab.

Sein Sinn ist auf *vins de garde* gerichtet. Die SO_2-Gaben hält er möglichst klein, dafür arbeitet er mit Hefesatzlagerung und regelmäßiger *bâtonnage*. Außerdem versetzt er jedem Faß von Zeit zu Zeit einen kräftigen Schlag mit einem Gummihammer; die Erschütterung soll Trubverteilung bewirken und die *malo* fördern – bei seinen Kollegen ruft das Heiterkeit hervor.

Die Weißweine werden in zu 25–33 % neuen Eichenfässern vergoren. Neue Fässer behandelt er zunächst mit heißem Wasser, um überschüssiges Tannin herauszulaugen.

Die Weine werden zweimal abgestochen, vor allem vor der Schönung im Herbst. Als Schönungsmittel findet Milch oder Kasein Anwendung – Bentonit entzieht dem Wein zuviel. Die Abfüllung erfolgt vor der nächsten Lese – sechs Monate früher als beim Schwiegervater, in dessen viel kälterem Keller die Faßreife langsamer verläuft.

Jean-Marcs Weißweine sind stets mustergültige Chassagnes – klar konturierte Weine meist der volleren Art, jedoch mit sorgfältig ausgewogenen Bestandteilen; das ist für den Alterungsprozeß wichtig. Am besten sind der Caillerets, der Morgeot und der Boudriotte. Von ihnen ist der Caillerets am elegantesten und femininsten – auch wenn er anfänglich oft verschlossen und unzugänglich wirkt. Der Morgeot von *terre rouge* zeigt sich deutlich schwerer mit breiterem Körperbau und kräftigerer Muskulatur. Wenn überhaupt eine Hierarchie besteht, dann trägt vermutlich der Boudriotte die Krone; er vereint die frühe Genußreife des Caillerets mit der Struktur des Morgeot – ein in der Jugend gefälliger Wein, der sich dann aber bald verschließt.

Von den beiden Grands Crus ist der Bâtard der ausdrucksstärkere; er hat mehr als nur einen Hauch der Breite und Kraft des Morgeot, dagegen vermittelt der steinige Boden der Lage Criot dem Wein etwas vom Stil und von der Finesse des Caillerets.

Wenn der Schlüssel zu einem feinen weißen Chassagne in viel *bâtonnage*, guten Fässern, minimaler Oxidation und peinlichster Sauberkeit im Keller im Verein mit ausgewogenem Boden und geringen Erträgen liegt, so stellen feine Rotweine nicht geringere Ansprüche. Bei Jean-Marc wird systematisch entrappt. Eine 12- bis 14tägige *cuvaison* bei 35 °C ist die Norm. Die Erträge sind so niedrig, daß niemals eine *saignée de cuve* zur Mengenreduzierung eingesetzt werden muß. Die *chaptalisation* in kleinen Gaben verlängert die Gärdauer um bis zu vier Tage.

Eine Besonderheit der *élevage* besteht darin, daß ausschließlich zehnjährige Weißweinfässer benutzt werden. «Die Chassagnes sind von sich aus so *sauvage*», meint Jean-Marc, daß man besser daran tut, auf Finesse zu achten, als mit neuen Fässern noch mehr Härte einzubringen.» Dennoch verlangen seine Rotweine meist fünf bis zehn Jahre Flaschenreife.

Von den beiden roten Premiers Crus aus Chassagne hat der Clos St-Jean von durchlässigem Boden mit geringem Lehmgehalt und steiniger Auflage unbezweifelbar größere Finesse. Der Morgeot von kräftig rotem Lehmboden ist dagegen härter und braucht Zeit, um sich zu integrieren und zur Geltung zu bringen. Der 1978er Morgeot war noch 1991 jung; sein Duft ließ darauf schließen, daß er gerade erst aus dem Winterschlaf erwachte. Trotz der Verschlossenheit des Geschmacks zeigte er aber alle Anzeichen bevorstehender Nachhaltigkeit und Köstlichkeit.

Jean-Marc Blain ist ein guter, gewissenhafter, qualitätsbewußter Weinerzeuger. In der Jugend sind seine Weine ihm in der Zurückhaltung ähnlich, am Ende aber zeigen sie wie er ein Lächeln.

WEINBERGBESITZ

Gemeinde	Rang	Lage/Climat	Fläche	Rebenalter	Status
Chassagne	GC	Bâtard-Montrachet	0,37	9/20/40	P
Chassagne	GC	Criots-Bâtard-Montrachet	0,21	20/45	P
Chassagne	PC	Les Caillerets (Weiß)	0,37	30	P
Chassagne	PC	Morgeot (Weiß)	0,86	30	M/P
Chassagne	PC	La Boudriotte (Weiß)	0,81	30/4	P/M
Chassagne	PC	Clos St-Jean (Weiß)	0,22	1987	P
Chassagne	PC	Morgeot (Rot)	0,49	28	M/P
Chassagne	PC	Clos St-Jean (Rot)	0,22	35	P
Chassagne	PC	Les Champs Gain (Weiß)	0,12	15	P
Chassagne	PC	La Grande Montagne (Weiß)	0,23	1988	P
Chassagne	V	Les Masures + Les Chaumées (Weiß)	0,47	30/45	P
Chassagne	V	La Goujonne + Les Houillères + Les Chaumes	1,05	35	P
Volnay	PC	Chanlin	0,37	20/65	P
Volnay	PC	En Champans	0,36	13	M
Pommard	V	Combes + La Croix Planet	0,52	10/14	P
Volnay	R	(Bourgogne Passetoutgrain)	0,59	30/55	P
Gesamtfläche			**7,26 ha**		

Domaine Colin-Deleger

Chassagne hat zwar kein so großartiges internationales Image wie Puligny, es fehlt ihm aber nicht an gewissenhaften Winzern, die Jahr für Jahr Weine mit hohem Qualitätsstand hervorbringen. Zu ihnen gehört auch Michel Colin mit klug zusammengestelltem Weinbergbesitz von rund 20 ha, darunter eine taschentuchgroße Parzelle mit 46jährigen Reben in Puligny Les Demoiselles. Hinzu kommen weitere 0,11 ha eines nicht ortsansässigen Eigentümers, für den er zwei Chassagnes unter dem Etikett St-Abdon produziert. Parzellen in den Lagen Morgeot, Chenevottes und Maltroie brachte seine Frau mit in die Ehe – Heirat ist in Burgund nicht allein Herzenssache! 1994 übernahm er ein kleines Gut in Puligny und erweiterte dadurch seinen Besitz um ein Stück Truffière.

Michel, ein ernsthafter, ruhiger Mann in den Fünfzigern, vertritt die dritte Colin-Generation in Chassagne; das Handwerk lernte er bei seinem Vater, mit dem er von 1964 bis 1975 zusammenarbeitete.

Die Vinifizierung der Weißweine, die etwa die Hälfte der Produktion ausmachen, erfolgt relativ einfach: Nach dem Keltern in einer pneumatischen Presse, die nur feinen Trub liefert und eine *débourbage* überflüssig macht, werden die kleineren Posten direkt zur Gärung in Fässer gegeben; Posten, die mehr als acht *pièces* ausmachen, werden zunächst in temperaturgeregelten Edelstahltanks vergoren und erst in Fässer überführt, wenn die Mostdichte etwa 1020 erreicht.

Zu 20–25 % werden neue Fässer aus Vogesen- und Allier-Eiche benutzt; in ihnen verbleiben die Weine auf dem feinen Geläger bis in den nächsten Juli, auch wenn die *malo* schon abgeschlossen ist. Bis Weihnachten wird die *bâtonnage* wöchentlich und dann bis nach der *malo* doppelt so oft durchgeführt. Anschließend erfolgt Abstich in Tanks und ein bis zwei Monate Lagerung auf dem Kasein-Schönungssatz, und vor der neuen Ernte wird nach Schichtenfiltration abgefüllt.

Die lange Hefesatzlagerung soll im Verein mit der frühen Abfüllung die Frische des Weins in Aroma und Geschmack bewahren und zugleich das Potential für mittlere Lebensdauer sichern.

Degustieren mit Michel bedeutet eine erfreuliche Tour durch die Crus von Chassagne. Abgesehen von Maltroie und Morgeot liegen seine Weinberge alle nach Puligny hin und ermöglichen entsprechende Finesse. Qualität und Gleichmäßigkeit werden stetig besser, so daß die Domäne eine durch und durch zuverlässige Quelle darstellt.

Es wäre reine Willkür, einen der Chassagne-Premier-Cru-Weine über die anderen stellen zu wollen. Der En Remilly ist intellektuell am interessantesten, kommt er doch aus einer Lage oben am Mont-Rachet an der Grenze zum Grand Cru Chevalier, wo Chassagne nach St-Aubin übergeht. Der Boden ist mager, und der Felsgrund liegt nicht tief; doch hier, unterhalb vom Gipfel, ist die Lage vor dem Wind geschützt, der sich in St-Aubin unangenehm bemerkbar macht. Dem Stil nach könnte Michels En Remilly der kleine Bruder des Chevalier sein – seine Fülle und Struktur verbindet sich mit Kraft und Finesse und einer Dimension von Klasse, die beispielsweise dem Morgeot manchmal fehlt.

Die Kuriosität Puligny Les Demoiselles ist die feinste Parzelle in der Premier-Cru-Lage Les Caillerets, auf zwei Seiten von Grands Crus – Montrachet und Chevaliers – begrenzt. Der stark lehmhaltige Kalksteinboden ist ähnlich wie in der Lage Montrachet. Der Wein hat Kraft und Finesse, jedoch eindeutig leichtere Struktur als jener aus der illustren Nachbarlage. Michel Colins Demoiselles ist dessenungeachtet ein feiner, vollmundiger Wein, der fünf bis zehn Jahre Aufbewahrung verlangt.

Die 1993er und 1994er Weißweine von Colin sind außerordentlich vielversprechend – die ersteren gehören zu den besten, die in diesem schwierigen Jahrgang in Chassagne entstanden sind. Die Chassagne Premiers Crus Vergers und Chaumées zeigen wie gewöhnlich mehr Finesse als der Morgeot, der wie der Maltroie breiter und insgesamt würziger ist. Ein feines Beispiel seiner Art stellt der St-Aubin Les Charmois dar: recht voll und erdig mit mineralischem, ansprechend rustikalem Unterton. 60 und mehr Jahre alte Reben und der steinige Boden im *climat* Chenevottes an der Straße nach St-Aubin tragen zu einem konzentrierten, eleganten Wein bei, der zu den besten weißen Chassagnes von Michel Colin gehört. Sein erster Truffière (1994) strömte geradezu über von Puligny-Eleganz und -Rasse mit kräftigem Biß und schöner Eichenholzwürze.

Die Rotweine sind nicht so gleichmäßig. Wie viele seiner Kollegen hat auch Michel beim Pinot Noir keine so sichere Hand, obwohl er alles richtig macht. Der beste ist – in den Jahren, wo er ihn produziert (1985/87/88/90/93) – der Chassagne Vieilles Vignes von 30jährigen Reben.

Michel Colins Weine sind gut, manchmal nahezu groß. Ein treuer Kundenkreis in Frankreich und im Ausland weiß seine Sorgfalt und sein Sachkönnen zu schätzen. Auch auf den Weinkarten einiger feiner Restaurants begegnet man seinen Weinen.

WEINBERGBESITZ

Gemeinde	Rang	Lage/Climat	Fläche	Rebenalter	Status
Chassagne	PC	Les Vergers (Weiß)	1,00	25	P
Chassagne	PC	Les Chaumées (Weiß)	1,50	20	P/F
Chassagne	PC	En Remilly (Weiß)	0,70	15	P
Chassagne	PC	Les Chenevottes (Weiß)	0,75	40	P/F
Chassagne	PC	Morgeot (Weiß)	0,65	35	P
Chassagne	PC	La Maltroie (Weiß)	0,40	10	P
Chassagne	PC	Clos St-Jean (Weiß)	0,05	10	M
Chassagne	PC	Chaumées, Clos St-Abdon (Weiß)	0,44	20	M
Chassagne	V	(Weiß)	1,50	25	P/F
Puligny	PC	La Truffière	0,50	20	F
Puligny	PC	Les Demoiselles	0,26	25/50	P/M
Puligny	GC	Chevalier Montrachet «Les Demoiselles»	0,27	25	P/M
St-Aubin	PC	Les Combes	0,20	30	F
St-Aubin	PC	Charmois	0,34	35	P
Chassagne	PC	Morgeot (Rot)	0,24	25	P
Chassagne	PC	La Maltroie (Rot)	0,15	25	P
Chassagne	PC	(Rot)	5,05	35	P/F
Santenay	PC	Gravière (Rot)	0,90	30	F
Santenay	V	(Rot)	1,40	35	F
Maranges	PC	(Côte de Beaune Rouge)	0,90	25	P
–	R	(Côte de Beaune Rouge)	0,40	25	F
–	R	(Bourgogne Aligoté/ Bourgogne Blanc)	0,88	15	P/F
–	R	(Bourgogne Rouge)	0,53	15	P
–	R	(Crémant de Bourgogne)	0,50	12	P
Gesamtfläche			**19,41 ha**		

Domaine Jean-Noël Gagnard

Jean-Noël setzt sich sowohl physisch als auch in allen anderen Dingen von den übrigen Gagnards in Chassagne ab. Sein Haus, ein imposanter Bau gegenüber den Kellern der Domaine Ramonet am Südrand des Orts, liegt weitab von seinem Bruder Jacques und seinen Schwiegersöhnen, und er arbeitet auch unabhängig von der Verwandtschaft.

Er und seine attraktive Tochter Caroline bilden die 11. und 12. Generation der Gagnards in Chassagne, die ihre Ahnenreihe bis 1632 zurückverfolgen können. Von 1943 bis 1969 arbeitete Jean-Noël bei seinem Vater und übernahm dann das Gut ganz. Inzwischen ist Caroline nach Abschluß ihres Studiums am Lycée Viticole in Beaune fast ganztägig «als Mädchen für alles» bei ihm beschäftigt.

Der Besitz der Domäne umfaßt derzeit 8,43 ha, nachdem er zwischen 1948 und 1950 durch Käufe von Morgeot und Caillerets und neuerdings von weiteren 0,5 ha Caillerets verstärkt worden war.

Obwohl Jean-Noël den Eindruck erweckt, er habe einigen Abstand zu den Details, führt er als ein bedächtiger, überlegter Mann doch sein Gut mit größter Sorgfalt. Er ist alles andere als ein Anbeter der modernen Technik; sein System könnte eher als irgendwo zwischen altmodisch und traditionell steckengeblieben gekennzeichnet werden.

In den Weinbergen werden ausgefallene Reben nicht einzeln ersetzt, sondern nach etwa 35 Jahren parzellenweise gerodet. Alle Lagen, ausgenommen die steilsten, werden nach jährlich einmaligem Hacken mit Herbiziden behandelt. Jean-Noël erwägt *enherbement* in der Steillage Les Caillerets, um die Bodenerosion zu bekämpfen.

Regelmäßige Bodenanalysen liefern die Grundlagen für einen Fünfjahresplan der Spuren- und Grundelementabstimmung, und vom Service des Végétaux werden die Empfehlungen für Spritzungen gegen Schädlinge und Krankheiten übernommen. Gewisse Schädlinge der Rebe sind anscheinend eher lokal verbreitet. Der Sauerwurm beispielsweise kommt in Volnay und Meursault viel häufiger vor als in Chassagne und Santenay. Immerhin ist eine von Jean-Noëls Frau beaufsichtigte gründliche Auslese im Weinberg unerläßlich, um sicherzustellen, daß nur einwandfreie Frucht in die Cuverie gelangt.

Der Lesetermin wird ebenfalls nach Empfehlungen des Service des Végétaux und nicht nach individuellen *prélèvements* festgelegt; das ist ein recht ungenaues Verfahren, denn der Reifezustand kann zwischen verschiedenen Teilen einer Gemarkung, vor allem einer so ausgedehnten wie der von Chassagne, stark schwanken. Den Lesezeitpunkt über die vorsichtigen Schätzungen des Service hinauszuzögern würde den Weinen vermutlich guttun, vor allem den Rotweinen.

Der weiße Most wird geschwefelt, einer leichten *débourbage* unterzogen und dann in Fässer gegeben, von denen 20–25 % jährlich erneuert werden. Der Most braucht nicht gekühlt zu werden, weil im klimatisierten Keller die Temperatur sowieso nur selten über 22 °C ansteigt. Abstich wird zweimal vorgenommen – der genaue Zeitpunkt hängt davon ab, welche Arbeiten sonst noch anliegen. Generell

Caroline und Jean-Noël beim Rebschnitt in der Lage Les Caillerets.

soll der Wein möglichst bald nach der *malo* abgestochen, im Tank zusammengeführt und in dieselben Fässer zurückgegeben werden. Dieser Vorgang wiederholt sich im November vor der Schönung und (zwei bis drei Monate später) der Schichtenfiltration und Abfüllung – eine *élevage* von rund 18 Monaten.

Jean-Noël befaßt sich vorwiegend mit den Weißweinen, die Rotweinbereitung liegt dagegen in Carolines tüchtigen Händen. Sie arbeitet mit vollständigem Entrappen und mit ziemlich langer, nämlich 12tägiger *cuvaison* bei einer Höchsttemperatur von etwa 32 °C. Ist das Lesegut beim Eintreffen zu warm, werden die Kellertüren geöffnet, damit es sich abkühlt; im übrigen wird die Gärung ihrem natürlichen Gang überlassen. 1988 war das Lesegut 29 °C warm – da half keine noch so weit offene Kellertür mehr –, also wurde rasch ein Wärmetauscher angeschafft. Im heißen Jahr 1947 richteten sogar Eisbeutel in den *cuves* nichts mehr aus, und der Wein mußte blitzpasteurisiert werden, damit er stabil blieb.

Bislang war bei niedrigen Erträgen und unter Einsatz von Schönung und Filtration weder *saignée* noch Zusatz von Enzymen je nötig gewesen. Eine Ausnahme ist, daß bei Rotwein keine *pigeage* erfolgt. Das beruht nicht auf einer Grundsatzentscheidung, sondern darauf, daß zwischen dem oberen Rand der *cuves* und der Decke der Cuverie nur 60 cm Platz sind, so daß weder ein Mensch noch eine Apparatur hineingelangen kann, um den Schalenhut zu zerteilen.

Nach einer freundschaftlichen Auseinandersetzung zwischen Vater und Tochter über neue Fässer – der Familientradition nach gab es nie welche – werden den Rotweinen nun 25 % zugestanden, und das bekommt ihrer Struktur und Abrundung gut. Die *élevage* ist ähnlich wie bei den Weißweinen – zwei Abstiche, der zweite im November, Schönen im Faß mit Eiweiß und eine Glanzfiltration vor der Abfüllung im zweiten Jahr. 1993 wurde versucht, einen Teil des Morgeot und des Chassagne-Villages ungefiltert abzufüllen. Jean-Noël hätte den Unterschied gern geleugnet – der aber ist zu auffällig: Der ungefilterte Wein zeigt deutlich mehr Substanz. Für diesmal hat Caroline recht behalten – das räumt Jean-Noël großmütig ein.

Die kleinen Eigenwilligkeiten tun der Qualität der Gagnard-Weine insgesamt jedoch keinen Abbruch. Die Rotweine sind recht sanft und füllig – nicht besonders langlebig, aber nach etwa fünf Jahren sehr ansprechend. Von den beiden Premiers Crus hat der Clos St-Jean ein wenig mehr Finesse und Eleganz als der Morgeot, der dafür mehr Kraft und Breite aufweist. Das erklärt sich zum Teil daraus, daß der Boden der Lage Morgeot im Gegensatz zur leichteren *terre rouge* im Clos St-Jean, besonders im unteren Teil, relativ fett ist.

Die Weißweine sind köstlich: Der Chassagne-Villages vom dünnen Boden der Lage Les Masures unterhalb vom Premier Cru Champs Gain ist recht füllig und stilvoll, allerdings weicher, fruchtiger und deutlich weniger kräftig strukturiert als die Premier-Cru-Cuvée, eine Mischung von Maltroie und Les Blanchots, die mit einer erdigen, würzigen Komponente und breitem Geschmack als typisch für weißen Chassagne gelten kann.

Daneben gibt es sechs weiße Einzellagen-Premiers-Crus; der Clos de la Maltroye war 1989 neu bestockt worden und ist erst seit 1992 wieder in Ertrag. Der Chenevottes und der Champs Gain, beide erstmals 1993 getrennt herausgebracht, stehen eine Sprosse höher als die Premier-Cru-Cuvée. Der erstere, von tiefgründigem, steinigem, eisenhaltigem Boden mit fossiler Beimischung, hat mehr Kraft und Fülle, der andere einen lebendigen, würzigen, an Orangenschalen erinnernden Charakter und merklich mehr Finesse.

Der Caillerets und der Morgeot bilden die Spitze des Sextetts: Der letztere von 17jährigen Reben in zwei verschiedenen Teilen der großen Lage zeigt sich meist kraftvoll und füllig mit etwas mehr von der charakteristischen Tiefe des Morgeot und mit breiter Finesse. Der schwerere, für Rotwein besser geeignete Grund der Lage La Chaume («dit» Boudriottes) vermittelt Tiefe und Struktur, während die Finesse von den «terres fines» im Petit Clos neben der Abtei Morgeot stammt. Der Caillerets hat weniger Substanz als der Morgeot, jedoch größere Finesse bei anfänglich sehr kräftiger Säure; er ist alles in allem vollendeter und eine Klasse besser.

Der Bâtard-Montrachet bildet den Höhepunkt im Programm von Caroline und Jean-Noël. Er kommt von 1959 und 1975 gepflanzten Reben im «secteur» Chassagne und hat, wie man von einem Grand Cru erwarten darf, reichlich Kraft und Komplexität. Gute Säure verleiht ihm mehr Finesse als beim Bâtard üblich, daneben aber die Männlichkeit und das feste Fleisch dieser Lage. Dieser Wein hält sich herrlich – der 1969er und der 1991er, degustiert 1991 bzw. 1995 in der Domäne selbst, waren beide mustergültig. Der erstere zeigte eine Farbe von mittlerem Altgold, ein attraktives, reifes Bukett von Lanolin und Haselnüssen und frischen, kraftvollen, komplexen Geschmack. Der letztere begann gerade sein Aroma zu erschließen und zeigte sich jugendlich, fest, mit guter Frucht und hervorragender Konzentration.

Die niedrigen Keller des Hauses Gagnard sind unbezweifelbar eine sehr gute Quelle für feinen Burgunder in Chassagne. Carolines Tätigkeit hat über die unwandelbare Traditionstreue Jean-Noëls hinaus eine neue Perspektive eröffnet. Die etwas unpräzise Einstellung zum Abstich und die Neigung, manche Weißweine etwas zu lange im Faß zu belassen, sollte zugunsten größerer Gleichmäßigkeit überdacht werden. Doch das Beharrungsvermögen der Domäne hat etwas Entwaffnendes – aber das, worauf sie beharrt, ist immerhin große Klasse.

Fruchtansatz – die zukünftigen Trauben werden sichtbar.

WEINBERGBESITZ

Gemeinde	Rang	Lage/Climat	Fläche	Rebenalter	Status
Chassagne	GC	Bâtard-Montrachet	0,36	30	P
Chassagne	PC	Les Caillerets (Weiß)	1,01	25	P
Chassagne	PC	Morgeot (Les Petits Clos, Les Chaumes – Weiß)	0,80	17	P
Chassagne	PC	Clos de la Maltroye (Weiß)	0,33	1989	P
Chassagne	PC	Chenevottes (Weiß)	0,50	35	P
Chassagne	PC	Champs Gain (Weiß)	0,22	35	M
Chassagne	PC	Places (Weiß)	0,45	–	P/M
Chassagne	V	Les Masures (Weiß)	0,75	25	P
Chassagne	PC	Clos St-Jean (Rot)	0,33	35	M
Chassagne	PC	Morgeot Clos Charreau (Rot)	0,14	45	P
Chassagne	PC	Morgeot – Grand Clos + Clos Charreau + Les Boirettes (Rot)	0,63	45	M
Chassagne	V	(mehrere Climats – Rot)	1,46	40	P/M
Chassagne	R	Champ Derrière (Aligoté)	0,44	–	M
Chassagne	R	(Bourgogne Rouge)	0,72	–	P
Santenay	PC	Clos de Tavannes	0,29	35	P
Gesamtfläche			**8,43 ha**		

Domaine Gagnard-Delagrange

Der kleine, etwas untersetzte Jacques Gagnard vermittelt den deutlichen Eindruck, daß er nicht stillsitzen kann – er ist viel lieber draußen bei seinen Reben als in seinem ordentlichen kleinen Büro. Nach außen hin gibt er sich etwas rauh, wenn man ihn aber besser kennenlernt, entdeckt man tief drinnen freundlichen Charme, ganz abgesehen von profundem Wissen über das Wesen der Rebe und die Dinge, die an der Côte im allgemeinen und in Chassagne im besonderen vorgehen.

Zusammen mit seinem Bruder Jean-Noël ist er das Oberhaupt einer weitverzweigten Familie in Chassagne. Seine beiden Töchter sind inzwischen mit Winzern verheiratet – Laurence mit Richard Fontaine und Claudine mit Jean-Marc Blain (siehe dort). Jacques' Frau Marie-Josèphe – geborene Delagrange – hat eine Schwester Andrée, die mit dem Viticulteur Edmont Bachelet verheiratet ist, und da beide Herren den Namen ihrer Frauen an den eigenen anfügten, gelang es ihnen, die Namenskonfusion um eine weitere Nuance zu bereichern. Die verschiedenen Gagnard-Weingüter teilen sich zwar in den Besitz bestimmter teurer Maschinen, ansonsten aber sind sie völlig voneinander unabhängige Unternehmen, und das gilt besonders für Jacques' Domäne.

Freilich erstreckt sich seine Unabhängigkeit nicht auch auf die Weinberge, denn «dort arbeiten wir mit den neuesten Anbautechniken». Jacques' moderne Ansichten werden durch den gesunden Menschenverstand von Mme. Gagnard ergänzt, den sie von ihrem Großvater, ebenfalls einem M. Bachelet, geerbt hat. Zusammen mit traditionellen Vorstellungen bestärkt diese Kombination Jacques darin, nicht wahllos gegen Fäule zu spritzen, mit strengem Rebschnitt zu arbeiten, wuchsschwache Klone und Unterlagsreben zu pflanzen und durch Laubauslichtung für gute Luftzirkulation um die Trauben herum zu sorgen. «Der Schlüsselbegriff ist der Rebschnitt», während die Höhe und Breite des sommerlichen Rückschnitts und die Festlegung des Lesetermins von der Wuchskraft der Reben, der verfügbaren Feuchtigkeit und den allgemeinen Charakteristiken des Bodens abhängen.

Oft sterben Reben durch «infektiöse Degeneration» ab, eine Viruskrankheit, bei der nur Neuanpflanzung übrigbleibt. Leider aber hält sich der Virus im Boden, und das heranwachsende Wurzelwerk der neuen Rebe wird, sobald es in die Tiefe vordringt, wiederum infiziert. Früher wurden zur Entseuchung Gase in den Boden eingeleitet; diese blieben dort jedoch eingeschlossen und schädigten, wenn sie später frei wurden, die Neuanpflanzungen. Virusfreie Klone könnten das Problem lösen, aber der Erfolg ist noch nicht sicher.

Jacques produziert exzellente Weine beider Farben. Die Rotweine, die von vollständig entrapptem Lesegut in acht- bis zehntägiger *cuvaison* entstehen, sind sanft, fruchtig und konzentriert. An der Spitze stehen der nicht in neuen Fässern ausgebaute Chassagne Morgeot von 65jährigen Reben des Schwiegervaters und ein köstlich seidiger Volnay Champans von jungen Reben, der zu etwa 30 % in neuen Fässern reift.

Die Weißweine sind noch besser. Die Lebensdauer eines großen weißen Burgunders hängt, wie Jacques erläutert, von den ersten 24 Stunden in der Cuverie ab – rasches Keltern und gründliche Reinigung aller Rohrleitungen und Arbeitsgeräte mit viel Wasser. Von *débourbage* hält er nichts – «da bleibt ja kein Trub mehr übrig». Jacques möchte, daß sein Wein Konzentration aus der Hefesatzlagerung gewinnt, nicht aber von ausgewählten Hefestämmen, die seiner Meinung nach die Konzentration beeinträchtigen. Deshalb kommen in seinem Keller nur Naturhefen und *bâtonnage* in Betracht.

Auch gegen neue Fässer hat Jacques eine Abneigung. Frisches Eichenholz dominiert nicht nur im Wein und überdeckt die Typenechtheit, sondern auch das ausgelaugte Vanillin, das ja ein Zucker ist, vergärt seinerseits und bringt zusätzlichen Alkohol ein. Jacques verwendet zwar bis zu 20 % neue Fässer, setzt aber hinzu: «Selbst ein Grand Cru verdient das kaum» – bereits einmal gebrauchte Fässer haben sanftere und seiner Ansicht nach bessere Wirkung. Er meint, neue Fässer seien nur eine der negativen Auswirkungen des neuen Wohlstands: Die Vignerons könnten es sich einfach leisten, neue Fässer zum Würzen des Weins zu nehmen statt nur unbrauchbar gewordene zu ersetzen. Jacques' Weißweine werden im Faß geschönt, leicht gefiltert und 15 bis 16 Monate nach der Lese abgefüllt.

Der Morgeot von steinigem Lehmboden hat kräftige Säure sowie Finesse und Tiefe. Bei anfänglich schmalem Duft zeigt er sich meist recht fett und reif. Die Lage Boudriotte hat eine dünnere Krume als Morgeot und bringt trockenere und im Duft elegantere, recht festgefügte, aber mit deutlich größerer Nachhaltigkeit und Finesse versehene Weine hervor. Ferner produziert Jacques kleine Mengen an exzellentem Bâtard-Montrachet und noch kleinere Mengen an Le Montrachet.

Inzwischen hat er große Teile seines Besitzes in den Lagen Morgeot, Clos St-Jean und Boudriotte an seine Töchter abgegeben, die Frucht verarbeitet er jedoch ganz oder teilweise noch selbst. Der burgundische Brauch, am Weinbergbesitz bis zum bitteren Ende festzuhalten, ist nicht nach seinem Geschmack. «Wir alle müssen sterben, und dann steckt nur das Finanzamt seine Nase in unsere Angelegenheiten.»

Wohl denkt er an den Ruhestand, aber die wirtschaftlichen Verhältnisse scheinen dem nicht günstig. Die Vorschriften belassen ihm nur die Einkünfte von 0,32 ha Villages-Lagen. Erbittert knurrt er: «Die reichen Doktoren in Beaune können in Pension gehen und soviel Weinbergbesitz behalten, wie sie wollen, ich aber kann es mir nicht leisten, aufzuhören.» Eine gute Nachricht für alle, die seinen Wein zu würdigen wissen!

WEINBERGBESITZ

Gemeinde	Rang	Lage/Climat	Fläche	Rebenalter	Status
Chassagne	GC	Le Montrachet	0,08	31	P
Chassagne	GC	Bâtard-Montrachet	0,27	17	P
Chassagne	PC	La Boudriotte (Weiß)	1,15	28	P
Chassagne	PC	Morgeot (Weiß)	0,47	36	P
Chassagne	V	Voillenots Dessus + Les Crais (Weiß)	0,37	26	P
Chassagne	PC	Morgeot (Rct)	0,43	65	P
Chassagne	R	(Côte de Beaune Rouge)	0,33	20	P
Chassagne	PC	Clos St-Jean (Rot)	0,30	41	P
Chassagne	R	(Côte de Beaune Rouge)	0,25	46	P
Chassagne	PC	Morgeot (Weiß)	0,26	31	P
Chassagne	PC	Morgeot (Weiß)	0,25	28	P
Volnay	PC	Les Champans	0,37	16	P
–	R	(Bourgogne Aligoté)	0,15	41	P
–	R	(Passetoutgrain)	0,19	21	P
Gesamtfläche			**4,87 ha**		

Domaine Jean-Marc Morey

Obwohl es viel methodische Ähnlichkeit zwischen Jean-Marc und seinem Bruder Bernard gibt – das ist nicht erstaunlich, nachdem sie 16 Jahre gemeinsam mit ihrem Vater gearbeitet hatten –, wäre es doch irreführend, ihre beiden Domänen als Zweige einer einzigen bezeichnen zu wollen.

Jean-Marc ist ein freundlicher, nüchterner Mann, der in einem entsprechend gefälligen, nüchternen Haus am Ortsrand wohnt. Hinter seinem liebenswürdigen Charme verbirgt sich allerdings viel Leid. 1990 starb seine Frau, die sich um die Verwaltung der Domäne gekümmert hatte, und kurz darauf kam einer seiner Arbeiter bei einem Traktorunfall ums Leben, ein zweiter erlitt einen derartigen Schock, daß er nicht mehr arbeiten konnte. So bekam Jean-Marc innerhalb von wenigen Monaten viel auf seine breiten Schultern geladen. Zum Glück hat er sich inzwischen wieder erholt, seitdem er in Katherine eine Lebensgefährtin gefunden hat und überdies Aussicht besteht, daß seine Tochter Caroline in absehbarer Zeit das Gut übernehmen wird.

Trotz allen Kummers hat Jean-Marc nie aufgehört, von seinen 9 ha superben Wein zu produzieren. Vater Albert hatte seinen Söhnen beigebracht, vor allem in den Weinbergen mit peinlichster Sorgfalt zu arbeiten. Der relativ fruchtbare Boden von Chassagne bringt es mit sich, daß die Erträge vor allem bei Pinot Noir ohne scharfen Rebschnitt viel zu hoch wären. Deshalb wird der Pinot hier auch meist *en cordon de Royat* erzogen. Auch Jean-Marc behandelt den größten Teil seiner Pinot-Reben nach diesem System, nur 1 ha mit älteren Stöcken mitten in seinen Weinbergen wird *en Guyot* geschnitten. Wortreich wendet er sich gegen Behangausdünnung. «Das widerspricht der Mentalität des Winzers, und es geschieht mehr um der Publicity willen als für die Qualität; eine richtige *évasivage* ist besser.»

Die Erträge liegen im Durchschnitt bei 48 hl/ha für Chardonnay, nur 1990 stiegen sie auf fast 57 hl/ha. Wie Bernard glaubt auch Jean-Marc, daß der Chardonnay feine Qualität noch bei Erträgen bringt, die beim Pinot Noir katastrophal wären.

Die Vinifikation der Weißweine unterscheidet sich bei ihm wenig von Bernards Methode. Beide sind sich einig darin, daß nur Naturhefe genutzt und die Hefesatzlagerung bis zum ersten Abstich möglichst intensiviert werden soll, um Fülle und Tiefe zu stärken. Für die modische *macération pelliculaire* hat Jean-Marc nichts übrig.

Die neue pneumatische Presse liefert feineren Trub, deshalb gelangt der Most ohne *débourbage* direkt in die (zu 15–20 % neuen) Gärfässer. Für die *malo* hat Jean-Marc 30 verschiedene Arten von Milchsäurebakterien erprobt, ohne merkliche Verbesserungen zu erzielen; am besten bewährt sich die natürliche Population. Die Abfüllung der Weißweine erfolgt bereits im September, um ihre Frische zu wahren und Platz für die neue Ernte zu schaffen.

Die Chassagne-Villages-*cuvée* von 40jährigen Reben auf flacherem Grund ist meist gut und typenecht. Der 1993er wies milden, breiten, an Lindenblüten erinnernden Duft mit einer Note von gerösteten Nüssen auf; der Geschmack war recht fleischig und komplex mit guter Säure und einem deutlichen *goût de terroir* – ein sauberer, ansprechender Wein.

Der anfänglich verschlossene und eher karge Caillerets erweist sich meist als voll und «puissant» mit guter Säure. Die Lage ist sehr steil und hat schweren weißen Lehmboden, nachdem die leichtere rote Erde den Berg hinabgerutscht ist. Die unter der Struktur verborgene Frucht ist recht *tendre*, und gute Jahrgänge erschließen sich meist erst nach etwa fünf Jahren.

Die anderen weißen Chassagne Premiers Crus, Chaumées und Champs Gain, heben sich auffallend von Caillerets ab. Chaumées ist im Stil eher «primeur», also offener, er hat dabei viel Saft und Kraft, reife Frucht und lebendige Säure – ein zugleich fester und vollmundiger Wein. Der Weinberg, eine steile Hanglage mit viel Kalkstein im Boden, der eher Finesse als Struktur begünstigt, liegt nach Puligny hin. Der Champs Gain aus einer Lage mit ungefähr demselben Boden, jedoch weiter unten am Hang, hat blumigeren Charakter bei ebenso guter Säure, aber etwas weniger Konzentration.

Jean-Marc läßt keinen Zweifel an dem Stil, den er sowohl bei Rot- als auch bei Weißweinen anstrebt: «Ich will maximale Frucht, aber auch maximale Haltbarkeit; das ist vielleicht paradox, mein Wein ist aber jung schon gut zu trinken und hält sich doch ohne weiteres 10, 20, 30 Jahre.»

Die Rotweine, so ziemlich in derselben Weise bereitet wie die von Bernard, sind würdige Vertreter ihrer Appellation. Sein Beaune Grèves ist vielleicht um eine Nuance eleganter als der seines Bruders und hat viel «fond» und Charakter. Jean-Marc produziert nur eine *cuvée* Chassagne-Villages, keine Vieilles Vignes, alles kommt in einen Topf. Dieser Wein ist meist mittelschwer und für ein langes Leben gut mit Tannin versehen.

Der feinste von Jean-Marcs Rotweinen ist unbestreitbar der Chassagne Premier Cru Champs Gain aus einer Hanglage unterhalb der Keller von Ramonet. Höherer Gehalt an Lehm oben und an Kalkstein unten verleiht dem Wein Präsenz und Wucht. Der 1990er und der 1993er zeichnen sich durch tiefe Farbe und ein Aroma von schwarzen Kirschen und *fruits sauvages* aus. Der Geschmack ist kräftiger und dichter als bei der Villages-*cuvée* und hat Nachhaltigkeit und echte Tiefe – köstlich und sehr stilvoll.

Jean-Marc ist ein exzellenter, sorgfältiger Weinerzeuger und hat großartige Weine zu bieten. Die wiedergefundene Stabilität in seinem Leben beginnt Dividenden abzuwerfen, und die Zukunft sieht hell aus.

WEINBERGBESITZ

Gemeinde	Rang	Lage/Climat	Fläche	Rebenalter	Status
Chassagne	PC	Les Caillerets	0,70	35	P
Chassagne	PC	Les Champs Gain (Weiß)	0,40	1966	P
Chassagne	PC	Les Chaumées	0,38	1951	P
Chassagne	PC	Les Chenevottes	0,22	1980	P
Chassagne	V	(Chardonnay)	0,94	35	P
Chassagne	PC	Clos St-Jean (Rot)	0,19	1982	P
Chassagne	PC	Les Champs Gain (Rot)	0,63	1966/70	P
Chassagne	PC	(Pinot Noir)	2,08	1957/68/74	P
St-Aubin	PC	Les Charmois (Weiß)	0,33	1979	P
Santenay	V	Les Cornières (Weiß)	0,21	–	P
Santenay	PC	Grand Clos Rousseau	0,41	1972	P
Santenay	PC	La Comme Dessus	0,48	1978	P
Santenay	V	Chainey (Rot)	0,32	1978	P
Santenay	V	Les Cornières (Rot)	0,23	–	P
Beaune	PC	Grèves	0,65	60 +	P/M
–	R	(Bourgogne Aligoté)	0,27	1985	P
–	R	(Bourgogne Rouge)	0,53	20	P
–	R	(Bourgogne Grand Ordinaire)	0,28	1975	P
Gesamtfläche			**9,25 ha**		

Domaine Bernard Morey

Die Moreys sind neben den Gagnards wohl die größte Winzerdynastie von Chassagne. Die Familiengeschichte ist einfach: Albert Morey, heute hoch in den Siebzigern, hat zwei Söhne, Jean-Marc und Bernard. Als er 1981 in den Ruhestand ging, teilte er die Domäne zwischen den beiden auf und behielt für sich nur die Lage Bâtard-Montrachet «partie» Chassagne.

Die Brüder waren sich einig, daß es besser sei, nach Appellationen und nicht die einzelnen Weinberge zu teilen; daher besitzt Jean-Marc jetzt beispielsweise Chaumées und Bernard Embazées. Beide haben jedoch Anteile außer an Villages-Lagen auch noch an Santenay Grand Clos Rousseau, St-Aubin Les Charmois, Beaune Grèves und Chassagne Les Caillerets. Bis 1987 führten sie Spritzungen und Lese gemeinsam durch, inzwischen aber arbeiten beide völlig unabhängig voneinander – die Trennung ist aber wohl eher auf erbrechtliche Gründe als auf unerfreuliche Auseinandersetzungen zurückzuführen.

Bernard Morey, ein großer, freundlicher Mann, hat ein ruhiges, modernes Haus mitten in Chassagne und arbeitet mit viel Hingabe und Sorgfalt an seiner Aufgabe. Er ist einer der wenigen Vignerons, die noch ihre Veredelungen selbst ausführen – etwa 10 000 im Jahr 1991 –, so daß er von der Rebe bis in die Flasche alles in der eigenen Hand hat. In die Qualität gekauften Pflanzguts setzt er kein Vertrauen, sondern nutzt Mutterreben in Les Baudines, einer 1972 mit Klonen neubestockten Lage. «Nur so weiß man, was man pflanzt. Jedenfalls sind die Reiser frisch geschnitten und liegen nicht schon monatelang herum.»

Die Gesundheitsaspekte findet Bernard bei Klonen interessant, aber er ist nicht überzeugt davon, daß sie auch für die Qualität am besten seien – «zwei oder drei Klone in einem Weinberg bedeuten immer noch zu viel Einförmigkeit». Deshalb bevorzugt er *sélection massale* und versucht, die besten Eigenschaften von Gruppen von Klonen zu nutzen, um größere Vielfalt zu erreichen.

Um sich Klarheit zu verschaffen, verarbeitete er Lesegut von Klonen und traditioneller Pflanzung aus derselben Lage getrennt und stellte fest, daß der Wein selbst bei einer Mischung von Klonen deutlich geringere Qualität hatte. Er ist auch steif und fest davon überzeugt, daß die Trauben der Klone in Les Baudine nicht so gut schmecken wie die aus seinen anderen Premier-Cru-Lagen.

Auch stört ihn der in den letzten zehn Jahren zunehmende Befall der Chardonnay-Reben durch die Viruskrankheit *Eutypiose*. Dagegen gibt es kein Heilmittel; es ist unumgänglich, die befallenen Reben auszuhauen, den Boden zu desinfizieren und dann neu zu bestocken. Seine *en Guyot* erzogenen Chardonnay-Reben muß er im Herbst, wenn der Saft zurückgeht, vorschneiden, dadurch aber können die für die Eutypiose verantwortlichen Mikroorganismen leichter eindringen. Die *en cordon* erzogenen Pinot-Noir-Reben brauchen dagegen erst im Frühjahr geschnitten zu werden, wenn der Saft steigt, so daß sie weniger gefährdet sind.

Zum Lesezeitpunkt hat Bernard klare Ansichten: «Ich setze die Lese ziemlich spät an; die Malaise ist in unserer Gegend, daß der Lesetermin immer weiter vorgezogen wird.» Er ist überzeugt, daß sich mindestens in den letzten zehn Jahren alles zugunsten längeren Abwartens verändert hat. 1988 habe ein Kollege den Chardonnay zehn Tage früher geerntet als er: Der potentielle Alkoholgehalt lag 2 % niedriger, und der Wein wirkte dünn und grasig, was selbst durch verlängerte Hefesatzlagerung nicht mehr zu beheben war. Bernards entschiedene Ausführungen über den Lesezeitpunkt lassen keinen Raum für übermäßige Vorsicht: «Man geht nur in eine Falle, wenn man sich nach dem pH-Wert richtet – die Trauben sind dann einfach noch nicht reif, und man bekommt nur Säureüberschuß. Der Süßegrad ist wichtiger als die Säure; da muß man risikobereit sein. Die letzten acht Tage Reifezeit sind es, die dem Wein mehr Akohol und mehr Kraft geben.»

Die Weißweine vinifiziert Bernard klassisch mit etwa elf Monaten *élevage* vom Beginn der Gärung bis zur Filtration und Abfüllung. Er macht dabei dem 20. Jahrhundert ein paar Zugeständnisse: Die pneumatische Presse, die er benutzt, arbeitet so schonend und liefert einen so feinen Trub, daß die *débourbage* entfallen kann. Auch wird der Most auf rund 15 °C abgekühlt, damit sich die Gärung nicht auf über 20–21° erhitzt. Im übrigen geht alles kompromißlos traditionell zu – viel *bâtonnage*, keine Kulturhefen, und der neue Wein bleibt so lange wie möglich im Faß, bis er vom Schönungssatz abgezogen wird.

Zum Thema Fässer und Holz verfällt Bernard in offenen Spott: «Sogar wenn man sein Holz selbst einkauft, muß man sich beim Faßbauer einquartieren, um aufzupassen, daß er kein anderes Holz mit einbaut.» Auf die Frage nach der Herkunft seines Faßholzes meint er nur fröhlich: «Wir bestellen jedenfalls Allier-Eiche...» Normalerweise werden die Fässer bei Bernard jährlich zu 25 % erneuert. Auch 1989 war die übliche Menge im voraus bestellt worden, dann aber fiel die Ernte so klein aus, daß im Endeffekt nicht 25, sondern 30 % in neue Fässer kamen.

Bernards Weißweine sind fein und zuverlässig. Absichtsvoll lange Hefesatzlagerung und von Natur aus hoher Alkoholgehalt (durch die späte Lese) verleihen ihnen ansprechende, fette, volle Art. Über den Schlüssel zu einem guten Gleichgewicht zwischen Alkohol, Säure und Aroma ist er sich im klaren: «Ausbau im Faß auf dem Geläger.» Amüsiert spricht er von der kalifornischen Methode, zunächst den Most mit einer Zentrifuge von Hefe und Trub zu befreien und dann Kulturhefe hineinzutun, damit die Gärung in Gang kommt.

Die Weine der Domäne werden meist im Juli nach der Lese geschönt und bei der Abfüllung kurz vor der neuen Ernte einer mäßigen Schichtenfiltration unterzogen. Das Thema Filtration bringt Bernard in Wallung: «Das sind doch alles nur Dummheiten; die wollen ungefilterten Wein, aber klar soll er doch sein.» Er kommt zu dem Schluß, daß alles das nur vorübergehende Modeerscheinungen seien, über die man sich nicht zu sehr den Kopf zu zerbrechen brauche.

Beim Degustieren in den 250 Jahre alten Kellern unter der Cuverie bekommt man das Gefühl, daß Bernard und seine Ansichten einen Teil der Tradition bilden, die sich wie der Schimmel an den Wänden nicht so leicht wegwischen läßt. Es gibt zwar auch regionalen Rot- und Weißwein zu probieren, wirklich ernst wird es aber beim Weißwein erst mit dem St-Aubin Premier Cru Les Charmois. Er ist meist gut strukturiert, hat schöne Tiefe und einen markanten *goût de terroir*. Der magere, steinige Boden trägt wie die 1956 gepflanzten Reben zur Konzentration dieses Weins bei. Der Chassagne-Villages ist stets sehr gut, weil er einerseits auch ein wenig Wein aus der Premier-Cru-Lage Vide Bourse neben Bâtard-Montrachet enthält und andererseits von 35- und 50jährigen Reben stammt. In guten Jahren zeigt er anfänglich maskulinen Charme bei schöner Festigkeit und «puissance», und er braucht einige Zeit zur Abrundung und Entfaltung.

Die Premier-Cru-Lage Les Baudines befindet sich am Südrand der Gemarkung an der Grenze zu Santenay, unterhalb Adrien Bellands Clos Pitois. Sie ist teils mit Klonen, teils mit *sélection massale* besetzt, und ihr Wein zeigt sich wenigstens in den neueren Jahrgängen eher blumig, aber vierschrötig, es fehlt ihm an der Tiefe des Villages-Weins. Aber schließlich sind die Reben ja auch erst 18 Jahre alt, also kaum erwachsen!

Der Embazées – hier hat Bernard 1,25 ha – kommt meist am besten zur Geltung, wenn er noch recht jung ist; er hat Charme, nicht aber den «fond» des Morgeot oder Caillerets. Der leichte, steinige rote Boden verleiht ihm zwar Finesse, aber zu wenig Tiefe und Struktur für lange Lebensdauer.

Die Höhepunkte bilden der Morgeot und der Caillerets. Beide Lagen haben fetten Boden mit hohem Kalksteingehalt und erbringen kräftige, wuchtige Weine, die eine lange Aufbewahrung lohnen. Der Caillerets zeigt generell schöne «rondeur» und Finesse, während der Morgeot massiver wirkt und große Fülle und Kraft aufweist. In guten Jahren, z. B. 1989 und 1990, sind beide die reinsten Schwergewichtler, aber keinesfalls klobig oder unausgewogen – einfach nur kraftvolle Weine. Der Caillerets hat in der Jugend eine zugänglichere, blumige Art, während der Morgeot etwas tiefere Farbe aufweist und fleischiger wirkt. Beides sind stets sehr feine Weine.

Auf die Rotweine entfallen bei Bernard Morey 55–60 % der Erzeugung. Ihre Vinifizierung erfolgt ziemlich traditionell: Die Trauben werden vollständig entrappt, so lange wie möglich vorgemaischt und dann auf 20 °C angewärmt, damit die Gärung in Gang kommt. Die Zementgärbottiche halten die Temperatur gleichmäßiger und sind leichter zu pflegen: «Holzbottiche sehen schön dekorativ aus, was aber das Jahr über mit ihnen passiert – sie trocknen aus, werden gewässert, trocknen wieder aus und so fort!»

Die Gärtemperatur steigt kaum je über 32 bis 33 °C, nur 1990 ging sie bis auf 36 °C und machte Kühlung nötig. Insgesamt dauert die *cuvaison* 12 bis 15 Tage – das ist länger als in diesem Teil der Côte üblich –, und *saignée* wird systematisch durchgeführt. Vor dem Einfüllen in Fässer werden noch klärungsfördernde Enzyme zugesetzt, und die Restmaische wird traditionsgemäß in die Pressen geschaufelt und nicht gepumpt.

Der Anteil an neuen Fässern hängt vom Jahrgang und vom Wein ab – der Santenay, der Beaune und der Chassagne Vieilles Vignes werden meist in zu 25 % neuen Fässern aus Allier-Eiche ausgebaut, der Chassagne «jeunes vignes» bekommt etwas weniger ab. Nach zwei Abstichen wird der Wein geschönt und abgefüllt – seit 1993 ohne Filtration –, und zwar entweder vor der neuen Ernte oder im zweiten Winter.

Das Rotweinprogramm ist klein, aber fein. Der Beaune Grèves aus einer der besten dortigen Premier-Cru-Lagen neigt zur sanften, würzigen Art: eine Chassagne-Interpretation eines Beaune. Der Santenay Grand Clos Rousseau zeigt immer schöne Farbe, ist im Duft etwas «sauvage» und im Geschmack nachhaltig und mild – ein Wein mit großer Delikatesse und angemessener Struktur.

1980 machte der Schweizer Importeur den Vorschlag, Bernard solle eine Cuvée Vieilles Vignes herausbringen. Seither gibt es den Chassagne-Montrachet öfters in zwei *cuvées*: die Standardausführung und den Vieilles Vignes von 40- bis 50jährigen Reben aus 2 ha flacheren Weinbergen, teilweise in Richtung Puligny, wo sich 1 ha in geschlossener Lage befindet, während sich der zweite aus drei getrennten Parzellen zusammensetzt. «Da fehlt keine Rebe», sagt Bernard stolz und taucht die Pipette ins Faß, um eine Probe zu ziehen.

In Jahren, in denen er diesen Wein für eigenständig genug befindet, kommt ein schönes Beispiel dafür zustande, wie ein roter Chassagne sein soll – mäßig dunkel, sanfte, füllige Erdbeerfrucht mit einer Note von Delikatesse und Saftigkeit, die dazu verführt, einen Schluck um den anderen zu nehmen. Er hat zwar kein großes Stehvermögen, braucht aber doch Zeit, um sich zu integrieren und das Holz- und Traubentannin zu absorbieren.

Bernard Morey – ganz Konzentration.

Keine Domäne ist vollkommen – vielleicht sind hier der Beaune und der Santenay nicht so aufregend wie anderswo. Nichtsdestoweniger ist Bernards Qualitätsstand in der Weinbereitung hoch, und sein Etikett stellt eine Qualitätsgarantie dar. Seit 1970 wird die gesamte Produktion mit Ausnahme einiger Posten, die dem anspruchsvollen Standard nicht genügen, in der Domäne selbst abgefüllt. Bernard hat auch Anteil an Alberts feinem Bâtard, den aber reserviert er für seine besten Kunden.

Sein Interesse gehört auch dem Skilaufen und Angeln; überdies sieht er sich gern außerhalb der eigenen Ortsgrenzen um und besucht oft andere Winzer, vor allem im Elsaß und in Bordeaux; in einer Ecke seines Kellers hütet er einen Stapel Sauternes. Für künftigen Nachschub hat er gesorgt, indem er einen seiner Söhne zum Praktikum nach Bordeaux und den anderen – natürlich – ins Elsaß geschickt hat.

WEINBERGBESITZ

Gemeinde	Rang	Lage/Climat	Fläche	Rebenalter	Status
Chassagne	PC	Les Embazées (Weiß)	1,25	35	P
Chassagne	PC	Les Caillerets (Weiß)	0,31	20	P
Chassagne	PC	Morgeot (Weiß)	0,64	25	P
Chassagne	PC	Les Baudines (Weiß)	0,37	18	P
Chassagne	PC	Vide Bourse (Weiß)	0,20	55 +	P/F
Chassagne	V	(Weiß)	0,68	50	F
Chassagne	V	(Weiß)	3,10	35	P/M
Puligny	PC	La Truffière (Weiß)	0,50	25	F
St-Aubin	PC	Le Charmois (Weiß)	0,33	40	P
Santenay	PC	Grand Clos Rousseau (Rot)	0,41	23	P
Santenay	PC	Passetemps (Weiß)	0,25	30	F
Santenay	PC	Passetemps (Rot)	0,50	35	F
Maranges	PC	La Fussière (Rot)	1,00	20	F
Maranges	V	(Pinot Noir)	0,50	15	F
Beaune	PC	Les Grèves (Rot)	0,64	25	M
–	R	(Bourgogne Rouge/Blanc)	1,10	25	P/M
Gesamtfläche			**11,78 ha**		

Domaine Fernand Pillot

Diese schöne Domäne verfügt über gut 13 ha Weinbergbesitz in bevorzugten Lagen, darunter sechs weiße und drei rote Premiers Crus in Chassagne. Fernand Pillot und sein Sohn Laurent, frisch vom Lycée Viticole und vom Praktikum bei Saintsbury, dem Pinot-Spezialisten in den USA, zurück, sparen keine Mühe, um das Beste aus ihrem schönen Gut zu machen.

Fernand ist sich sicher, worauf es bei der Qualität ankommt: niedrige Erträge, sparsame Düngung und peinlichste Sauberkeit. In jahrelanger Arbeit hat er bei seinem Vater solide Grundlagen des Winzerhandwerks erlernt. Die früher bevorzugte *sélection massale* hat er inzwischen für «clones fins» aufgegeben, deren Wuchskraft ihm allerdings strengen Rebschnitt und sorgfältige *évasivage* abverlangt.

Wie bei vielen anderen Winzern in Chassagne und St-Aubin zeigen auch bei Pillot die Weißweine höhere Qualität als die Rotweine – allerdings wird die Kluft immer schmaler. Offenbar haben die Winzer hier mit dem Vergären, Maischen, Entrappen und Ausbauen einfach mehr Schwierigkeiten, und das Hauptproblem liegt in der Bewältigung des Tannins, das es im Weißwein praktisch nicht gibt. Der von Natur aus nicht so festgefügte Stil der Rotweine von Meursault, Puligny und Chassagne erfordert für die Erzielung des Gleichgewichts zwischen Frucht, Alkohol, Säure und Tannin höchste Präzision, weil die Zartheit der Frucht leicht gestört wird, wenn einer der drei anderen Bestandteile zu stark hervortritt. Eine Verbesserung ist schon, daß bei Pillot das Traubengut für die Rotweine vollständig entrappt wird – früher waren es nur 70 % –, in sehr reifen Jahrgängen werden allerdings ein paar Körbe voll Ganztrauben in die Gärung gegeben.

Die Manipulationen im Keller bleiben auf ein Mindestmaß beschränkt, zum Umfüllen wird nach Möglichkeit natürliches Gefälle genutzt, weil Pumpen nur Luft und damit Oxidation in den Wein bringen; gerade die Rotweine aus Chassagne, Meursault und Puligny scheinen aber besonders anfällig für Oxidation und den dadurch entstehenden flauen Kohlgeruch zu sein.

Die roten Chassagnes reifen etwa ein Jahr, die Pommards drei bis vier Monate länger in zu 25 % neuen Fässern aus Allier-Eiche – «vor allem feinporig». Die Gesamtausbauzeit beträgt 13 bis 17 Monate.

Fernand glaubt, daß Schönung Finesse einbringt und deshalb unerläßlich ist. Wenn man freilich dann nicht filtern will, muß der Wein vom Schönungssatz abgezogen und einen weiteren Monat stehengelassen werden – damit ist aber ein unerwünschter zusätzlicher Abstich verbunden. Also wird geschönt und gefiltert. In neuerer Zeit haben Experimente mit Enzymen stattgefunden, vielleicht steht eine Änderung bevor.

Eine Optimierung der Rotweinvinifikation ist noch dringender geworden, seit durch den Tod von Laurents Schwiegervater 1993 die Hälfte der Domaine Pothier-Rieusset in Pommard als Erbe hinzugekommen ist. Der 1993er zeigte schon deutliche Verbesserung, wenn auch noch etwas Feinabstimmung im Gleichgewicht der Gesamtstruktur nötig ist.

Bei den Weißweinen sieht es freilich anders aus. Hier sind die Pillots eindeutig Meister. Der Most kommt zu Beginn des Gärprozesses erst in emaillierte oder Edelstahltanks (20 bis 30 % von Anfang an in neue Fässer aus Allier-Eiche mit starker Anröstung). Sobald keine Gefahr der Überhitzung mehr besteht, wird er mit dem feinen Trub in Fässer umgefüllt. Regelmäßige *bâtonnage* in größeren Abständen sorgt dafür, daß der Trub gut verteilt bleibt. Beim zweiten Abstich werden größere Posten im Tank, kleinere («die wichtigeren») dagegen im Faß geschönt.

Den Höhepunkt bilden zweifellos die großartigen Chassagnes. In einer so weiträumigen, unterschiedlichen Lage wie Morgeot hat der exakte Standort große Bedeutung für die Qualität. Die Pillots haben Parzellen in Farandes und Petits Clos, wo der Boden im Gegensatz zum schwereren, fetteren Grund in den weiter unten gelegenen Teilen relativ fein ist. Bei den Reben handelt es sich um ein Gemisch von Klonen, denen Fruchtigkeit zu verdanken ist, und sehr alter *sélection massale*, die Körper und Komplexität beisteuert.

Vide-Bourse, eine winzig kleine Premier-Cru-Lage neben Bâtard-Montrachet, bringt große Eleganz und offene Frucht in einem attraktiven Wein hervor, der etwas heller ist als der Morgeot.

Der nobelste dieser feinen Weißweine ist der Grandes Ruchottes, der unter allen Chassagne Premiers Crus dem Bâtard-Montrachet am nächsten kommt. Die Pillot-Version zeichnet sich durch ausgeprägte grüngoldene Farbe und reifen, an Reineclauden erinnernden Duft aus. In der Jugend läßt er an Lindenblüten denken und bringt die blumigen Aspekte des Chardonnay zur Geltung; nach einigen Jahren Flaschenreife wandelt sich das Aroma mehr zu Nüssen und Honig. Der Wein ist meist reif und kräftig, hat vollmundige Substanz sowie beträchtliche Nachhaltigkeit, dazu größere Finesse als der Morgeot. Alles in allem legt dieser kleine Bruder des Bâtard schönes Zeugnis für das Können Fernands und Laurents ab.

WEINBERGBESITZ

Gemeinde	Rang	Lage/Climat	Fläche	Rebenalter	Status
Chassagne	PC	Grandes Ruchottes (Weiß)	0,37	24	F
Chassagne	PC	Les Vergers (Weiß)	0,87	27	P
Chassagne	PC	Morgeot (Weiß)	0,52	25	P/F
Chassagne	PC	Vide-Bourse (Weiß)	0,45	26	P
Chassagne	PC	Champs Gain + Macherelles (Weiß)	0,05	31	P
Chassagne	PC	Champs Gain (Rot)	0,33	41	P
Chassagne	PC	Morgeot (Rot)	0,38	31	P
Chassagne	PC	Clos St-Jean (Rot)	0,10	41	P
Chassagne	V	(verschiedene Climats – Weiß)	0,98	7	P
Chassagne	V	(verschiedene Climats – Rot)	1,67	30	P/F
Santenay	V	–	0,32	31	P
St-Aubin	PC	–	0,41	24	P
Puligny	V	(Weiß)	0,50	7	P
Pommard	PC	Clos de Verger	0,42	21	F/P
Pommard	PC	Les Charmots	0,30	25	F/P
Pommard	PC	La Refène	0,22	44	F/P
Pommard	PC	Les Rugiens	0,28	26	F/P
Pommard	V	Les Tavannes	0,96	30	F/P
Volnay	PC/V	(4 Climats)	0,73	29	F/P
Beaune	PC	Boucherottes	0,23	1966	F/P
Pommard	R	(Bourgogne Blanc)	0,43	8	F/P
Chass./Pomm.	R	(Bourgogne Aligoté)	1,69	30	F/P
Pommard	R	(Bourgogne Rouge)	0,77	35	F/P
Chassagne	R	(Bourgogne Grand Ordinaire)	0,43	29	F/P
Gesamtfläche			**13,41 ha**		

Domaine Morey-Coffinet

Diese Domäne entstand durch Vereinigung von zwei älteren Weingütern, nämlich dem von Michel Moreys Vater Marc und dem seines Schwiegervaters Fernand Coffinet. Nachdem er seit 1979 die Weinberge nach und nach übernommen hatte, begann der inzwischen über 40jährige Michel erst 1990 mit der Domänenabfüllung. Heute verkauft er nur noch 10 % seiner Produktion an Négociants.

Beide Seiten der Familie haben auch Anteile an der Grand-Cru-Lage Bâtard-Montrachet, doch Marc behält seinen zunächst noch für sich, und Fernands Teil soll um die Jahrhundertwende an Michel übergehen (gegenwärtig wird der Ertrag an Drouhin verkauft).

Der exzellente Qualitätsstand der Domäne erstreckt sich auf das gesamte Programm, das zu ungefähr gleichen Teilen aus roten und weißen Chassagne-Villages und Premiers Crus besteht, wobei von den Premier-Cru-Lagen drei auf Weißwein und zwei auf Rotwein entfallen.

Das Herzstück des Betriebs ist ein schönes, vor dem Clos St-Jean über dem Dorf gelegenes Gutshaus vom Anfang des 19. Jh., das seit der Erwerbung 1978 liebevoll restauriert wurde. Unter ihm befinden sich herrliche, aus dem 16. Jh. stammende Kellergewölbe aus honigfarbenem Stein. Lange, militärisch ausgerichtete Faßreihen legen für die Sorgfalt und Aufmerksamkeit Zeugnis ab, die für Michels Arbeitsweise charakteristisch sind.

Zwar lehnt Michel seit 1987 Spritzungen gegen Fäule als nutzlos ab, ansonsten aber pflegt er die Weinberge mit traditionellen Mitteln: Bearbeitung mit dem Scheibenpflug, Ausbringen von Herbiziden, dann Behandlung vorwiegend mit Bordeauxbrühe und Schwefel gegen Virus- und Pilzkrankheiten, z. B. den 1994 in Chassagne stark aufgetretenen Echten Mehltau. Für Kunstdünger hat Michel ebensowenig übrig wie für Behangausdünnung (außer bei wuchskräftigen jungen Reben), die Erträge werden auf 45 hl/ha bei Pinot Noir und 50 hl/ha bei Chardonnay beschränkt.

Die Vinifikationsmethoden sind unumstritten – bei Weißwein beginnt die Gärung im Tank und endet im Faß; das erspart Sorgen wegen zu hoch ansteigender Temperatur. Die Abfüllung erfolgt schon ziemlich früh – nach elf Monaten –, weil Michel glaubt, dadurch bei Weißwein das von ihm bevorzugte frische Aroma besser bewahren und das auf längeren Aufenthalt im Faß zurückzuführende Austrocknen verhindern zu können. Schönung nimmt er vor, jedoch keine Filtration.

Michel Morey in seinem prachtvollen Keller.

Zum Thema Faßholz äußert sich Michel skeptisch. Zwar bevorzugt er beim Weißwein Allier- und beim Rotwein Vogesen-Eiche, aber er meint doch, es komme eher auf die Qualität des Fasses selbst an, und ob man es richtig gemacht habe, merke man sowieso erst später. Derzeit verwendet er bei den Chassagne-Weißweinen zu 33 % neue Fässer (beim Caillerets 40 %) und bei den roten Premiers Crus 40–50 %, je nach Jahrgang.

Zwar werden die Rotweine aus Chassagne in der Fachpresse meist gleichgültig behandelt, die von Michel Morey aber gehören zu den besten aus diesem Ort und sind durchaus zu empfehlen. Der Stil ist sanft und geschmeidig, voll reifer Frucht und Pinot-Reinheit, mit genügend Struktur für rund fünf Jahre Lebensdauer. Das Traubengut wird weitgehend entrappt – 80 % in 1994, 100 % in 1993; das verleiht dem Wein sanfte Fülle und vermeidet die harte, grüne Stielholzigkeit, die im südlichen Teil der Côte de Beaune sonst oft anzutreffen ist. Von den beiden Premiers Crus ist der Morgeot (von der Frucht 40jähriger Reben) der festere mit der besseren Struktur, doch sind beide fein bereitet.

Die weißen Chassagnes zählen zur Spitzenklasse, vom sanften, fleischigen Villages-Wein bis zum mittelschweren, eleganten Caillerets mit ausgeprägt mineralischen Noten und zum feinen, breiten und kraftvollen La Romanée. Der letztere, ein relativ seltener Wein, kommt aus einer Lage in etwa 300 m Höhe unterhalb von La Grande Montagne. Der vor allem im oberen, steileren Teil stark kalkhaltige Boden erbringt eine nachhaltige, ausgewogene Geschmackspalette und ein charakteristisches, ungewöhnliches Quittenaroma.

Michels Anteil an der Lage Caillerets erstreckt sich über die ganze Höhe des Weinberges, und seine Rebzeilen stehen in einem langen Streifen neben denen von Jean-Marc Morey. Der Wein der jüngeren Reben wird faßweise verkauft.

Mancher könnte meinen, elf Monate Ausbauzeit seien unzureichend für Weißweine, die sich jahrelang in der Flasche halten sollen. Das stimmt zwar in der Theorie, doch Michel Moreys Weine sind fest und kräftig gebaut und haben genug Substanz für zehn und mehr Jahre Lebensdauer. Hierin spiegelt sich die Vorliebe dieses gewissenhaften Winzers und Kellermeisters für das Aroma und den Geschmack der Jugend – man kann sich auf seine roten wie auf seine weißen Weine verlassen.

WEINBERGBESITZ

Gemeinde	Rang	Lage/Climat	Fläche	Rebenalter	Status
Chassagne	PC	Les Caillerets (Weiß)	0,65	15	P
Chassagne	PC	La Romanée (Weiß)	0,70	40	P
Chassagne	V	(Weiß)	1,50	30	P
Chassagne	R	(Bourgogne Blanc)	0,50	10	P
Chassagne	PC	Clos St-Jean (Rot)	0,20	20	P
Chassagne	PC	Morgeot (Rot)	0,50	40	P
Chassagne	V	(Rot)	1,50	35	P
Chassagne	R	(Bourgogne Rouge)	1,50	30	P
Gesamtfläche			**7,05 ha**		

Domaine Ramonet

Wenn es ein Weingut gibt, das mit Leflaive und Sauzet in der Qualität und Beständigkeit der Weine in Wettbewerb treten kann, dann die Domaine Ramonet in Chassagne. Auch wenn es einmal Unstimmigkeiten wegen ungleichmäßiger Abfüllungen – keinesfalls jedoch wegen schlechter Weinbereitung – gegeben hat, produziert das Haus doch stets bemerkenswert gute Gewächse aller Rangstufen, von superben Chassagne-Villages-Weinen bis zu meisterlichen Grands Crus.

Nach burgundischen Maßstäben handelt es sich nicht um einen altetablierten Betrieb, denn er besteht gerade erst in der dritten Generation. Gegründet wurde er von Pierre Ramonet in den 1920er Jahren, ging dann kurze Zeit an seinen Sohn André über und befindet sich heute in der Obhut von Andrés Söhnen Jean-Claude und Noël. Pierre Ramonet hatte eine Mlle. Prudhon geheiratet, deshalb wurden die Weine eine Zeitlang unter diesen vereinigten Namen verkauft, aber auch unter der Bezeichnung Domaine André Ramonet – der einzige Unterschied bestand im Etikett. Als dann die beiden Brüder eine Société Civile schufen, wurde der Name in Domaine Ramonet geändert. Nunmehr erscheint nach dem Tod Andrés auf den Weinen entweder der Name Noël Ramonet oder kurz Ramonet.

Seit dem ersten Weinbergkauf im Jahr 1934 – eine Parzelle Chassagne Premier Cru Ruchottes – wurden nach und nach weitere hinzuerworben. Die jüngste Erwerbung war ein Stück Le Montrachet im Jahr 1978. Interessanterweise liegt der gesamte Grand-Cru-Besitz der Domäne Ramonet in Puligny, während sie ihren Sitz in Chassagne hat.

Der Besucher findet an der Ecke eines stillen, kleinen Platzes am Rand von Chassagne nicht einmal ein Namensschild, nur ein nichtssagendes modernes Cuverie-Gebäude mit funktionalen Kellern darunter. Das Büro, wenn man es so nennen darf, besteht aus einem durch eine Wand abgetrennten kleinen Raum in einem Obergeschoß neben einer lärmenden Etikettiermaschine. Die eigentliche Verwaltung befindet sich irgendwo im Ort.

Pierre Ramonet vinifizierte seinen letzten Jahrgang 1983 gemeinsam mit André; schon im Jahr darauf übernahmen Noël und sein Bruder den Betrieb. Die beiden tragen zwar die Verantwortung gemeinsam, die Arbeitsteilung sieht aber vor, daß sich Noël um die Kellertechnik kümmert, während Jean-Claude die Weinbergpflege unter sich hat und als Computerfan die Büroarbeit beaufsichtigt. Manche Arbeiten, z. B. Rebschnitt und Ge-

Noël, André und Jean-Claude Ramonet vor ihrer Cuverie.

schmackskontrollen, werden gemeinsam ausgeführt. «Vom Veredeln bis zum Abfüllen machen wir alles selbst», erklärt Noël, «der Patron ist im Weinberg, im Keller – überall.»

Noël ist der mitteilsamere der beiden Brüder. Zwar gibt der sich etwas exzentrisch gebärdende Mittdreißiger vor, es liege ihm nicht viel an Publicity, aber er genießt doch offensichtlich die Gelegenheit, seine Ansichten auszubreiten, und zwar tut er das in kurzen, abgehackten Sätzen wie «keine Edelstahltanks hier; politique personnelle!»

In den Weinbergen gelten die Bemühungen einem hohen Durchschnittsalter der Reben und niedrigen Erträgen. Bis etwa im Alter von 30 Jahren werden Reben, die durch Frost oder Krankheit ausfallen, einzeln ersetzt; danach wird die Parzelle belassen, wie sie ist, bis die Zeit zur kompletten Neubestockung kommt. Die Ramonets betrachten die untere Altersgrenze, ab der eine Rebe Wein mit einer Qualität, die allen Ansprüchen genügt, hervorbringen kann, als ebenso wichtig. Die Frucht junger, d. h. unter 18jähriger Reben wird in den *cuvées* der Domäne nicht mitverarbeitet.

Über eine allgemeine Darlegung unprätentiöser Prinzipien hinaus macht Noël Ramonet keine präzisen Angaben zur Weinbergpflege. Man hat den Eindruck, daß er sie für einfache Bauernarbeit hält – ein notwendiges Übel zur Beschaffung von Rohmaterial, so wie der Küchenchef vielleicht einmal einen Blick in den Gemüsegarten wirft, sich für dessen Früchte aber erst wirklich interessiert, wenn er sie im Kochtopf hat.

Aus den Töpfen der Ramonets sprudelt Nektar. Bei aller gespielten Gleichgültigkeit weiß Noël sehr wohl, worauf es bei feinem Wein ankommt, und wenn man nach dem schließen darf, was man im «Büro» sieht, ist sein Geschmack vom Feinsten. Der spartanische Raum ist mit Fotos geschmückt, auf denen reihenweise Flaschen großartiger Weine aus aller Welt zu sehen sind, hinter denen Noël steht. Überall in den Regalen stehen leere Flaschen als Souvenirs an vergangene Degustationsfreuden und legen Zeugnis für einen wählerischen Geschmack ab: Grange Hermitage, alte Elsässer Vendanges Tardives, 1947er Cheval Blanc, mehrere Pétrus-Jahrgänge, Chardonnays aus der Neuen Welt und so fort. Bei den Ramonets beginnt die Lese in der Regel mit den älteren Pinot-Reben, die etwa zwei Tage in Anspruch nehmen. Während ihre Frucht gärt – acht bis zehn Tage –, wird der Chardonnay geerntet, und die Lese endet meist mit den jüngeren Rotweinreben.

Die Rotweine sind geschmeidig und sanft und für relativ baldigen Genuß bestimmt. Die Regionalweine – Bourgogne Grand Ordinaire und Passetoutgrain – werden in automatischen Tanks vergoren. Die darin erzielten Ergebnisse überzeugen Noël jedoch nicht; er findet, es mangle ihnen an Finesse. Die Chassage-Villages-Rotweine werden auf andere Art vinifiziert, und zwar mit 50 % Entrappen und einer Art *macération carbonique* in halbgeschlossenen Zementbehältern mit täglich zwei *pigeages* und zwei *remontages à la pompe* bei etwa acht Tagen Dauer. Dann reifen sie ein Jahr in zu 35 % neuen Fässern aus Vogesen- und Tronçais-Eiche. Mit oder ohne *malo* werden die Weine dann abgestochen, in Tanks zusammengeführt und mit Albumin geschönt. Drei Wochen später werden sie durch großporige Schichtenfilter gegeben – Noël sieht das nicht als Filtration an – und abgefüllt.

Sowohl der Clos de la Boudriotte von alten Reben auf kalkhaltigem Lehmboden als auch der Morgeot von jüngeren Reben auf stärker lehmhaltigem Grund erweisen sich als schön reif und stilvoll. Das nie aggressive Tannin bildet lediglich ein Gegengewicht zu Frucht und Säure. Der Boudriotte ist der konzentriertere von beiden; er duftet nach *fruits rouges* und Griotte-Kirschen. Die 50 % Ganztrauben tragen zweifellos zur charakteristischen Sanftheit dieser Rotweine bei, die vielleicht in Extrakt und Struktur von einer um ein bis zwei Tage längeren *cuvaison* und in reiferen Jahren von etwas mehr Stielholz profitieren würden.

Die Vinifikation der Weißweine beginnt in emaillierten oder Edelstahltanks; dort wird auch die eventuell erforderliche *chaptalisation* vorgenommen. Wenn die Gärung voll in Gang ist, werden die Weine in Fässer – wiederum zu 35 % neue, aber aus Châtillonnais- und Tronçais-Eiche mit leichter Anröstung – umgefüllt und gären darin aus. Meist herrscht drei bis vier Tage lange kräftige Gärung bei 22–25 °C.

Ungewöhnlich für die Weißweinbereitung an der Côte de Beaune ist, daß Noël Ramonet keine *bâtonnage* vornimmt, weil durch das Aufrühren nur das gute und das schlechte Geläger zusammengemischt wird – «so bekommt der Wein keine guten Nährstoffe ... politique personnelle!»

Die Weine liegen ziemlich lange auf dem Hefesatz, anschließend erfolgt der erste Abstich und die Zusammenführung in *foudres*. Nach einer Gesamtausbauzeit von 12 bis 15 Monaten im Faß wird erneut abgestochen und sodann Schönung mit einem Gemisch aus Kasein und Bentonit vorgenommen; es folgt eine weitere Ruhezeit von 21 Tagen und schließlich Abfüllung vom Schönungssatz mit leichter Schichtenfiltration.

In den Kellern der Domaine Ramonet entstehen Jahr um Jahr mit die stilvollsten und konzentriertesten Weißweine. Die jungen Chassagnes zeigen einen prächtigen Grünschimmer und eine gedämpft exotische, auf Frucht beruhende Aromapalette. Der Morgeot von kalkhaltigem Lehmboden ist meist der zarteste der drei Premiers Crus, der Caillerets aus einer Hanglage mit höherem Kalkgehalt im Boden wirkt dagegen voller, hat mehr Tiefe und festere Struktur. Der Ruchottes, ebenfalls aus einer Hanglage, jedoch mit mehr Lehm im Boden als Caillerets, ist kräftiger und geschmeidiger; ein 1 ha großer Bestand an 60jährigen Reben trägt hier zur Konzentration bei.

Noël rügt Kollegen, deren Weine wegen zu hoher Erträge Säuremangel aufweisen, was besonders in sehr reifen Jahren wie 1983, 1985, 1988, 1989, 1990 und 1992 Gleichgewichtsprobleme verursacht – «das einzig Richtige sind knappe Erträge und alte Reben».

So gut die weißen Chassagne Premiers Crus sind, die Grands Crus stehen auf der Leiter zur Vollendung noch etliche Sprossen höher. Es gibt sie nur in bedauerlich kleinen Mengen – sieben *pièces* zu je 300 Flaschen Bâtard-Montrachet, neun mit Bienvenues-Bâtard-Montrachet und in einer Kellerecke schließlich noch zwei einsame Fässer mit Montrachet, der Krone aller Kostbarkeiten.

Noël findet keinen großen oder systematischen Unterschied zwischen seinem Bâtard und seinem Bienvenues. Die Ähnlichkeit wird verständlich, wenn man weiß, daß die Vinifizierung des Traubenguts beider Lagen parallel verläuft und sich die Wege erst beim Übergang ins Faß scheiden. Der Bâtard kommt in Fässer aus Châtillonnais-Eiche – «kräftiger, männlicher, härter», kommentiert Noël –, der Bienvenues dagegen in Tronçais-Eiche – «viel feiner!».

Beide Weine sind so reichhaltig und wuchtig, wie man es von Grands Crus und einer großen Domaine erwarten darf. Sie haben tiefere Konzentration, vielschichtigere Komplexität und größere Kraft als die Chassagnes und vereinen in sich die doch scheinbar unvereinbaren Charakterzüge von Finesse und Wucht. Vielleicht ist der Bâtard eine Nuance maskuliner als der Bienvenues.

Da sich bei zwei Faß Wein 35 % neues Holz schlecht herausrechnen lassen, wird der Montrachet zu 100 % in neuer Châtillonnais-Eiche ausgebaut. In der Jugend ist dieser Wein schwer zu beurteilen, er scheint nicht konzentrierter zu sein als die anderen Grands Crus (das ist der Montrachet auch selten), hat aber eine zusätzliche Dimension der Komplexität und Vollendung, die ihn von den anderen abhebt. Die Domäne produziert Montrachet erst seit 1979; wer also das Glück hat, etwas davon zu besitzen, kann die Entwicklung der Jahrgänge beobachten – die Resultate dürften spektakulär sein.

Die Weine der Domaine Ramonet kommen der Apotheose des Chardonnay so nahe, wie es überhaupt geht (abgesehen von einer Reihe gleichmäßig enttäuschender, flacher 1993er). Sie sind nicht für baldige Genußreife, sondern für mindestens zehn Jahre Aufbewahrungszeit gedacht. Der 1970er Ruchottes und der 1971er Morgeot erwiesen sich nach 20 Jahren als prachtvolle, komplexe, elegante Weine; der 1978er Ruchottes dagegen war um dieselbe Zeit noch nicht voll entfaltet.

Noël meint, seine Weine seien am besten als Aperitif oder zu ganz einfachen Speisen zu genießen. Überhaupt ist er dagegen, feinen Wein und feine Gerichte zusammenzubringen – da hat keines etwas vom anderen, vielmehr büßen beide dabei ein.

Gegenüber der Weinfachpresse nehmen Jean-Claude und Noël Ramonet eine etwas exzentrische Haltung ein. Korrespondenz bleibt unbeantwortet und Gesprächstermine werden häufig nicht eingehalten. Werden sie es doch, ist der Empfang, gelinde gesagt, oft schroff. Überhaupt muß man mit Eigenheiten rechnen. Eine Besucherin, die zu einem vereinbarten Termin erschien, traf Noël, den sie aber noch nicht kannte, vor der Kellertür, und er sagte ihr, er sei nicht da und werde voraussichtlich auch erst in ein paar Stunden zurückkommen. Für den, der sich der anspruchsvollen Aufgabe verschrieben hat, großen Wein hervorzubringen, stellen Schreibereien und Besuche nur unliebsame Störungen dar. Unter diesem Aspekt sieht man über die Unhöflichkeit hinweg, auch wenn man dabei das ungute Gefühl hat, daß sie nicht immer als Abwehr solcher Störungen zu verstehen sind, sondern eher als ... «politique personnelle».

WEINBERGBESITZ

Gemeinde	Rang	Lage/Climat	Fläche	Rebenalter	Status
Puligny	GC	Le Montrachet	0,25	75	P
Puligny	GC	Bâtard-Montrachet	0,40	45	P
Puligny	GC	Bienvenues-Bâtard-Montrachet	0,50	45	P
Puligny	PC	Champ Canet	0,40	1993	P
Chassagne	PC	Les Ruchottes (Weiß)	1,03	45	P
Chassagne	PC	Morgeot (Rot)	0,50	30	P
Chassagne	PC	Morgeot (Weiß)	4,00	35	P/M
Chassagne	PC	Clos de la Boudriotte (Rot)	1,00	55	P
Chassagne	PC	Les Caillerets (Weiß)	0,40	30	P
Chassagne	PC	Les Chaumées (Weiß)	0,25	5	P
Chassagne	PC	Les Vergers (Weiß)	0,50	35	P
Chassagne	PC	Clos St-Jean (Rot)	0,70	65	P
Chassagne	V	(Rot)	2,50	35	P
Chassagne	V	(Weiß)	0,90	40	P
Chassagne	R	(Bourgogne Aligoté)	0,40	55	P
Chassagne	R	(Bourgogne Grand Ordinaire)	0,23	25	P
Gesamtfläche			**13,96 ha**		

ST.-AUBIN

Der angenehm stille, übersichtliche Ort schmiegt sich in einer Kurve der RN6 Chalon-Avallon unter einen sanft ansteigenden Kalksteinhang. Obwohl St-Aubin nur wenige Kilometer von Puligny und Chassagne entfernt ist, hat der Besucher, wenn er durch die Gassen wandert, das Gefühl, er sei auf Entdeckungsreise weitab von den ausgetretenen Pfaden. Von den knapp 300 Einwohnern widmen sich die meisten der Arbeit am Wein.

Die Ursprünge des Orts gehen mindestens auf die letzte Jahrtausendwende zurück; neuere archäologische Funde lassen sogar darauf schließen, daß hier auch in der Bronze- und Eisenzeit schon Siedlungen bestanden. Henri Cannard berichtet, daß 1890 im Champ de la Vigne zahlreiche Teile alter menschlicher Skelette gefunden wurden; weitere Ausgrabungen förderten 1973 nicht nur Werkzeuge aus der Vorzeit, sondern auch Mammut- und Hyänenknochen zutage.

Als Ortsteil gehört zur Gemeinde auch das nahegelegene Dörfchen Gamay, das bis zum Beginn des 20. Jh. große strategische Bedeutung hatte. Die alte Römerstraße führte von St-Aubin her zu einer «Maison-Forte», die den wichtigen Knotenpunkt beherrschte. Um die Wende zum 20. Jh. zählte ein Ortsgeistlicher nicht weniger als 43 «activités commerciales» im Dorf, darunter «einen Böttcher, zwei Cafés, ein Hotel, eine Autowerkstatt, eine Eisenwarenhandlung, einen Schuster, einen Krämerladen und einen Barbier».

Die einstige Bedeutung ist dahin; wirklich bekannt geworden aber ist der Name des freundlichen Dorfs durch die Rebsorte Gamay, die im Mittelalter vom Seigneur du May nach Burgund gebracht und bis in das 20. Jh. hinein auch an der Côte d'Or angebaut worden war – erst dann wurde sie dort endgültig vom Pinot Noir verdrängt.

Die Rebfläche von St-Aubin ist umfangreich – 80,1581 ha Villages-Land und 156,4609 ha Premier-Cru-Lagen für Rot- und Weißwein. Die Rotweine dürfen unter den Appellationen St-Aubin, Côte de Beaune oder Côte de Beaune-Villages auf den Markt gebracht werden. Ein großer Teil der Produktion läuft aber auch als Bourgogne Rouge bzw. Blanc. Das wird sich aber sicher ändern, wenn die Quali-

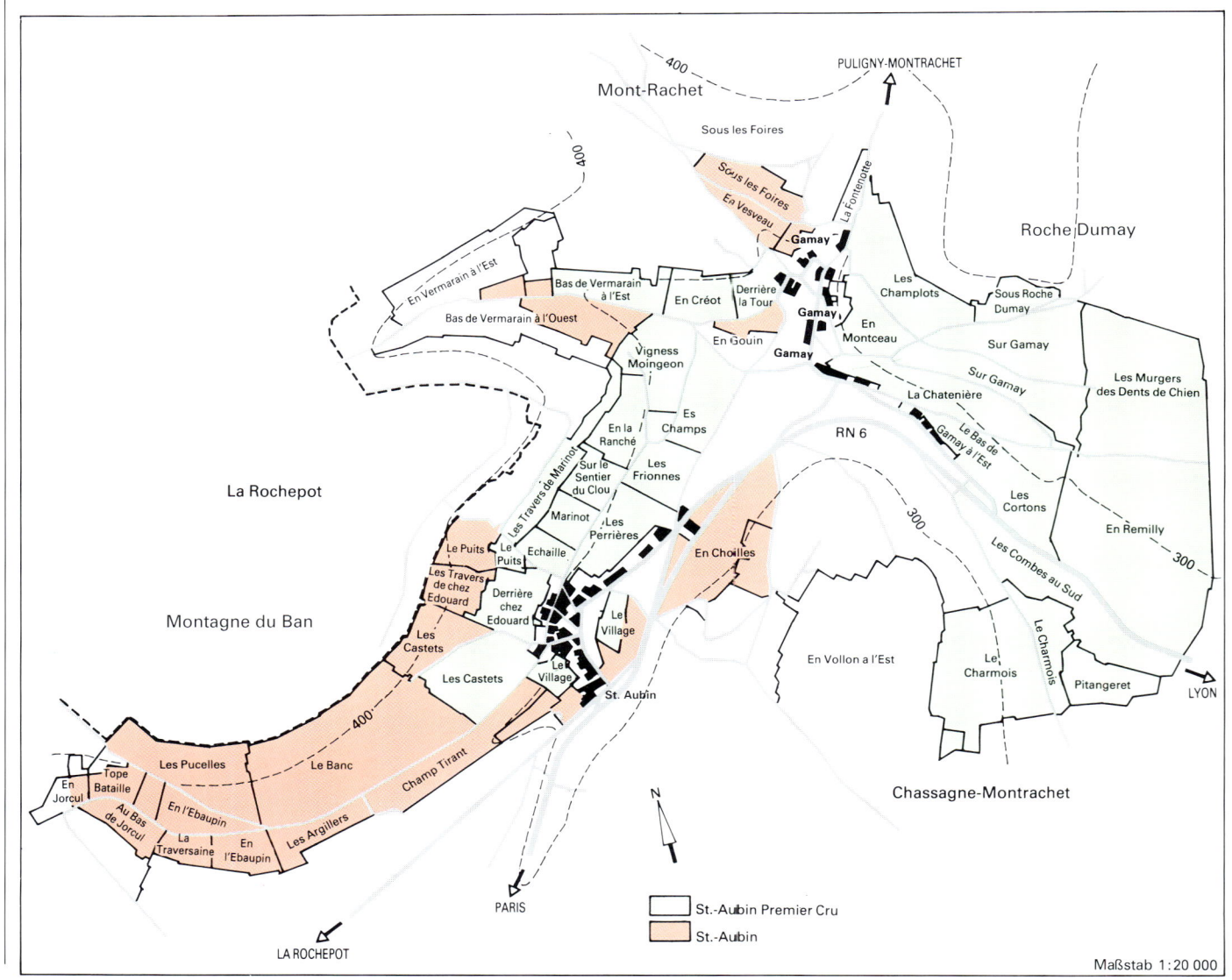

Dicht drängen sich die Häuser von St-Aubin unter dem kahlen Rochepot.

tät der Weine von St-Aubin verbreiteter bekannt wird und die einzelnen Premiers Crus mehr Anerkennung finden.

Die Gemarkung umfaßt zwei getrennte Weinbergflächen; die eine – mit Süd-, Südost- und Südwestlagen – an der Montagne du Ban erstreckt sich in Ost-West-Richtung unmittelbar hinter dem Ort. Hier befinden sich einige der besseren Premier-Cru-Lagen: Les Castets, Les Frionnes und Sur le Sentier du Clou, meist mit kalkhaltigem Mergelboden.

Die zweite Weinbergfläche besteht ganz aus Premier-Cru-Lagen in 240–300 m Höhe am Roche du May oberhalb von Gamay und erstreckt sich über die RN6 hinweg bis an die Grenze zu Chassagne. Hier überwiegen zwar die Südwestlagen, es kommen aber alle Himmelsrichtungen vor. Der Boden ist abwechslungsreicher: an den unteren Hängen kalkhaltige Braunerde mit Lehmbeimischung, in den oberen Bereichen tritt Kalkstein stärker hervor, insbesondere dort, wo es zum Mont-Rachet geht. Hier befinden sich die feinsten Premier-Cru-Weißweinlagen, nämlich Les Murgers des Dents de Chien und La Chatenière nach Puligny hin sowie Le Charmois nach Chassagne hin.

Eine Wanderung hinauf auf den Mont-Rachet lohnt sich, wenn man den richtigen Weg findet. Auf einem wenige hundert Meter durch schlangenverseuchtes Gestrüpp führenden Pfad (im Winter ist es hier gefahrlos) erreicht man einen Punkt oberhalb der Grand-Cru-Lage Puligny Chevalier-Montrachet, wo die drei Gemarkungen St-Aubin, Chassagne und Puligny zusammentreffen; von hier aus hat man einen weiten Blick über ganz Puligny und seine Weinberge.

Der Kalksteinstreifen läuft auf zwei Seiten um den Berg herum, so daß sich Les Murgers des Dents de Chien – in St-Aubin eine Premier-Cru-Lage – unter Verlust des Namensbestandteils Les Murgers als eine Chassagne-Villages-Lage fortsetzt. Die zwei Rebflächen von St-Aubin oben am Berg sind austrocknenden Winden ausgesetzt und meist kühler als die geschützten tieferen Lagen. Deshalb stellt sich hier die Reife später ein, und in minderen Jahren gelingt der Wein weniger gut.

Die Weine sind einer näheren Prüfung durchaus wert. Die Rotweine, v. a. die aus den besseren Premier-Cru-Lagen, zeigen sich meist robust und erdig und entfalten sich in fünf bis zehn Jahren sehr schön. Nur wenn das Lesegut nicht entrappt wird, entstehen oft unausgewogen tanninherbe Weine.

Die Weißweine schwingen sich zu größeren Höhen auf als die Rotweine. Sie zeichnen sich durch Haltbarkeit und deutlichen *goût de terroir* aus, an den man sich gewöhnen muß und der auch nach längerer Reifezeit erhalten bleibt. Ein 15jähriger weißer St-Aubin dürfte dann nach Lindenblüten und Nüssen duften und mit seinem erdigen Nußgeschmack gut zu Fisch und hellem Fleisch passen. Am besten hält man sich an gute Jahrgänge, denn die allgemeine Lage bringt spätere Reife als in Chassagne oder Puligny mit sich, so daß Weine aus unreifen Jahrgängen grün ausfallen und es ihnen an Finesse bzw. Fett gebricht.

St-Aubin verfügt über eine ganze Reihe fleißiger, tüchtiger Winzer, deren Arbeit bis noch vor relativ kurzer Zeit beklagenswert wenig Lohn für sie einbrachte. Seit nun die Preise der berühmteren weißen Burgunder für die meisten Menschen unerschwinglich geworden sind, findet der Handel auch den Weg hierher und weiß die Weine, die zwar nicht groß, aber stets sauber, charaktervoll und preiswert sind, besser zu würdigen.

Die besten Quellen in St-Aubin selbst sind Gérard Thomas, Hubert Lamy und Henri Prudhon. Andernorts gibt es gute St-Aubins bei Jadot, Chartron et Trébuchet, Olivier Leflaive, Jean-Marc Morey, Bernard Morey und Marc Colin.

Seitdem sich die längst verdiente größere Anerkennung einstellt, erscheinen immer mehr Weine auch unter dem Villages-Etikett, und einzelne *climats* in Premier-Cru-Lagen beginnen sich eine Identität zu schaffen. Solange die Preise im Rahmen bleiben, dürfte sich dieser Trend auch fortsetzen.

Domaine Hubert Lamy

Hubert Lamy, ein offener, bedächtiger Mann, will mit einer Handvoll weiterer qualitätsbewußter Erzeuger der Reputation von St-Aubin als Quelle sauberer, preisgünstiger Burgunder zum Durchbruch verhelfen.

Die Familie Lamy müht und mehrt sich hier seit 1640, in der letzten Generation sogar mit solchem Erfolg, daß das Familiengut 1973, als Hubert den Betrieb von seinem übrigens noch im Dorf lebenden Vater übernahm, unter sieben Kindern zu verteilen war. Bruder René zog nach Chassagne, und mehrere Schwestern wurden ausgezahlt; heute umfaßt Huberts Besitz 7,86 ha Rotweinreben und 8,54 ha Weißweinreben, verteilt über St-Aubin, Chassagne, Puligny, Santenay und Cheilly-lès-Maranges.

Zusammen mit seinem Sohn Olivier produziert Hubert den Wein, während seine Frau sich um die kommerzielle Seite des Betriebs kümmert – «mon trésorier» nennt Hubert sie vergnügt. Sie besorgt aber nicht nur den Verkauf, sondern gibt auch acht, daß ihr Mann nicht zuviel Geld für schimmernde neue Maschinen und Apparate ausgibt, die ihm in die Augen stechen. Immerhin hat die Schatzkämmerin vor kurzem die Mittel für einen eindrucksvollen neuen Keller freigegeben, doch nun wird wieder eisern gespart.

Es ist offenkundig, daß Huberts Winzerkunst und das Finanzgenie seiner lebhaften Frau gemeinsam einen soliden geschäftlichen Erfolg zustande gebracht haben. Ihre Weine sind erschwinglich und gehören zu den besten im Ort. Hubert ist sichtlich gern draußen in seinen weitverstreuten Weinbergen. Dort beginnt für ihn die Qualität. Minimale Düngung, viel *repiquage*, sorgfältige Wahl der Unterlagsreben und strenger *Cordon*-Schnitt beim Pinot Fin werden unterstützt durch «exakte Bodenanalysen – schließlich kann der Lehmgehalt im Weinberg innerhalb von ein paar Metern stark variieren».

Seit Olivier mitarbeitet, hat sich in der Vinifizierung der Rotweine bei Lamy einiges geändert. Insbesondere wird jetzt vollständig und nicht mehr nur teilweise entrappt. Zwar wurde das anfänglich nur vorübergehend eingeführt, doch die Qualität der so gewonnenen Weine veranlaßte Hubert, ernsthaft darüber nachzudenken, ob er wirklich noch Stiele mitverarbeiten solle. Auch wurden die Vormaischung und die bisher acht- bis zehntägige *cuvaison* verlängert, denn Hubert erkannte sehr wohl, daß in Verbindung mit völligem Entrappen weitere vier Tage für bessere Extraktion günstig seien. Die Naturhefen sind zwar durchaus in Ordnung, aber aus nicht näher erläuterten Gründen werden Kulturhefen eingesetzt.

Die Weine erhalten eine je nach Qualität mehr oder minder starke Beimischung von Preßwein und werden dann etwa 15 Monate lang im Faß ausgebaut. Sodann erfolgt Schönung entweder mit Albumin oder bei Vorhandensein aggressiver Tannine auch mit Gelatine, anschließend Schichtenfiltration und Abfüllung. Bis noch vor kurzem wurde nur der Santenay und der St-Aubin Les Castets in neuen Fässern gereift – «mit diesen teuren Fässern müssen wir langsam treten», sagt Hubert mit einem liebevollen Lächeln zu seiner Frau hin, «zuerst muß ich ‹mon trésorier› dazu bringen, mir das Geld zu geben». Sie aber entgegnet: «Wer gerade erst eine neue Abbeermaschine bekommen hat, kann nicht auch gleich noch neue Fässer haben wollen!» Inzwischen stehen für das ganze Programm aber doch zu 30 % neue Fässer zur Verfügung, vor allem aus Nevers-, Allier- und Vogesen-Eiche von drei verschiedenen Faßbauern.

Das bekommt den Weinen ausgezeichnet. Frühere Jahrgänge waren oft durch extreme Adstringenz und eine ausgeprägte Lederigkeit gekennzeichnet. Eine 24stündige *macération à chaud* (40 °C) brachte dann beim Chassagne-Villages mehr Milde und Wärme bei harmonischerem Tannin; er bildet zusammen mit dem St-Aubin Premier Cru Les Castets die Spitze bei den Rotweinen.

Die Weißweine beginnen den Gärprozeß im Tank, so daß die Gärtemperatur auf 20 °C geregelt werden kann. Hat die Mostdichte 1020 erreicht, werden der St-Aubin und der Frionnes zu zwei Dritteln in Fässer umgefüllt, in denen die Gärung weitergeht; diese kann unter regelmäßiger *bâtonnage* bis zu zwei Monate dauern. Die Regionalweine bleiben im Tank.

Die St-Aubins und die Pulignys werden zu 25–30 % in kräftig angerösteten neuen Fässern ausgebaut, der Rest reift in älteren Fässern. «Fässer sind teuer, und der Kunde muß sie mit bezahlen. Wenn ich sehe, daß in Chablis exzellenter Weißwein ganz ohne Fässer gemacht wird, frage ich mich sowieso, was richtig ist.»

Während bei den Rotweinen die Qualität noch entwicklungsfähig ist, haben die Weißweine bereits einen hohen Stand erreicht. Vier Premiers Crus aus St-Aubin bilden den Kern der Produktion; sie zeigen anfänglich eine gewisse Kargheit, besitzen aber alle Merkmale großer Haltbarkeit. Besonders gut sind der Frionnes und der En Remilly – füllige, saftige Weine mit großer Tiefe und Vielfalt. Der En Remilly stammt von jungen Chardonnay-Reben, die auf dem Mont-Rachet auf verwittertem Felsgrund stehen.

Aus Lagen außerhalb der Gemeinde produzieren Hubert und Olivier einen Puligny-Villages Les Tremblots und ein einsames Faß Grand Cru Criots-Bâtard-Montrachet – beides exzellente Gewächse. Der Criots ist fest, kräftig gebaut und hat viel Tiefe und Konzentration – und das trotz der geringen Menge (womit wird das Faß nur aufgefüllt?).

Die fröhliche Familie Lamy wird verdientermaßen immer bekannter als Quelle von Weinen in ansprechender Qualität zu mehr als vernünftigen Preisen.

WEINBERGBESITZ

Gemeinde	Rang	Lage/Climat	Fläche	Rebenalter	Status
Chassagne	GC	Criots-Bâtard-Montrachet	0,05	21	F
Chassagne	PC	Les Macherelles (Weiß)	0,16	9	F
Chassagne	V	La Goujonne (Rot)	1,90	45	F/P
Puligny	V	Les Tremblots	0,89	21/60	P
St-Aubin	PC	Les Frionnes (Weiß)	2,41	1/20/60	P
St-Aubin	PC	En Remilly (Weiß)	0,87	8	F
St-Aubin	PC	Les Cortons (Weiß)	0,57	7	P/F
St-Aubin	PC	Clos de la Chatenière (Weiß)	1,25	36	P
St-Aubin	PC	Les Murgers des Dents de Chiens	0,20	11	F
St-Aubin	PC	Les Castets (Rot)	2,75	25/35/50	F/P
St-Aubin	V	La Princée (Weiß)	0,99	10/17	P
St-Aubin	V	Le Paradis (Rot)	0,93	25	P
Santenay	V	Les Hâtes (Rot)	0,60	51	P
St-Aubin	R	(Bourgogne Aligoté)	1,15	4/15	P
Cheilly	R	(Côte de Beaune-Villages)	0,12	36	P
Cheilly	R	(Bourgogne Hautes Côtes de Beaune)	0,76	20/40	P
St-Aubin	R	(Bourgogne Fouge/PTG)	0,90	20/50	P
Gesamtfläche			**16,50 ha**		

Domaine Gérard Thomas

Die Domäne von Gérard Thomas ist eine der besten Quellen für St-Aubin. Von knapp 10 ha Weinbergbesitz, der bis auf 2 ha in der Gemarkung liegt, produziert der rauhe, wettergegerbte Gérard ein Programm von zehn sorgfältig bereiteten Weinen in stets guter bis sehr guter Qualität zu durchaus günstigen Preisen.

Gegründet wurde die Domäne nach dem letzten Krieg von seinem Vater durch Pachtung und Ankauf von Weinbergen. Als der Vater 1982 in den Ruhestand trat, übernahm Gérard das stark zersplitterte Gut und begann es zu rationalisieren. 1986 erwarb er die Premier-Cru-Lage Les Murgers des Dents de Chien hinzu, und im darauffolgenden Jahr kaufte er ein Stück der Weißwein-Premier-Cru-Lage La Chatenière.

Die Bereitung der Weiß- und Rotweine erfolgt nach mehr oder minder traditioneller Art. Die Weißweine reifen etwa ein Jahr im Faß und werden nach Schönung und zweifacher Filtration abgefüllt. Da aber nichts unwandelbar ist, wurde eine *cuvée* 1988er St-Aubin Premier Cru, die mit der *malo* nicht fertig werden wollte, einfach ein Jahr länger im Faß behalten, bis sie zur Abfüllung bereit war.

Die St-Aubins von Gérard Thomas sind meist reife, füllige Weine mit gutem, stilvollem Geschmack. Seine Methode, bei der Lese von Weinberg zu Weinberg überzugehen, je nachdem, wo der Reifezustand gerade optimal ist, scheint sich bei den meisten Weinen durch gute Konzentration der Frucht zu lohnen.

Wieviel neue Fässer zum Einsatz kommen, ist weitgehend auch Geldsache. 1989 waren es 10–15 %, während 1988 lediglich ein paar Faßdauben ersetzt werden konnten, was freilich auch einen gewissen Anteil frischer Eiche ergab. Seit sich das Renommee der Domäne ausweitet, geht es in dieser Hinsicht schon viel besser.

Die feinsten seiner weißen St-Aubins sind die Premiers Crus Les Murgers des Dents de Chien und La Chatenière aus Lagen beim Ortsteil Gamay. Les Murgers liegt hinter dem Mont-Rachet auf magerem Boden über hartem Felsgrund. Der Wein ist gekennzeichnet durch ein Aroma von Trockenfrüchten und Lindenblüten und hat viel Fett und Finesse. Beide Weine sind vollmundig, brauchen aber Jahre, bis sie auf den Höhepunkt gelangen.

Gérard verkauft einen großen Teil seiner Erzeugung an Privatkunden und Restaurants, deshalb strebt er Weine mit Frucht und Charme für baldige Genußreife an, die genug Struktur für schöne Entfaltung auf mittlere Sicht besitzen. Das ist nicht ganz einfach zu erreichen, aber er schafft es mit beträchtlichem Geschick.

Auch sein Meursault Blagny und sein Puligny Premier Cru La Garenne sind fein ausgearbeitet, wobei der Meursault unter dem wuchtigen Äußeren etwas rustikale St-Aubin-Art verbirgt, was ihm aber nicht schlecht bekommt. Der 1992er und der 1993er Blagny stellen schöne Leistungen dar – der erstere mit mehr Geschmeidigkeit, der andere eher straff und maskulin im Charakter.

Der La Garenne zeigt die Eleganz, die man von einem Puligny Premier Cru erwartet, bezieht aber auch Kraft aus dem relativ hohen Lehmgehalt im Boden der Lage. Der 1992er gibt sich diskret und relativ verhalten mit kraftvoller Grundlage und Puligny-Finesse.

Gérard ist dabei, seine kleine Rotweinproduktion zu erweitern; derzeit besteht sie aus einem Bourgogne Rouge, einem St-Aubin Côte de Beaune sowie einem Les Frionnes St-Aubin Premier Cru (von 1 ha).

Die Vinifikation erfolgt in Zementtanks ohne Vormaischung bei etwa 10tägiger *cuvaison*. Klugerweise verzichtet Gérard auf mehr als nur einen Hauch frischen Holzaromas – das ist auch finanziell sinnvoll – und nimmt lieber *saignée* vor, um den Wein zu konzentrieren. Ein großer Teil der Magerkeit in Rotweinen aus Auxey-Duresses und St-Aubin ist auf übermäßig viel Stiel- oder Faßholztannin zurückzuführen. Der Faßausbau wurde deshalb drastisch von 1½ bis 2 Jahren auf 10 Monate verkürzt – eine begrüßenswerte Veränderung.

Gérards Rotweine zeichnen sich meist durch beträchtliche Gewichtigkeit aus – es sind keine zarten, fruchtigen Gewächse für schwächliche Gemüter. Der Frionnes ist neben dem Les Castets zweifellos der beste der St-Aubin Premiers Crus. Beide zeigen anfänglich kräftigen Tannin- und Säuregehalt, halten sich aber aus den besten Jahrgängen jahrzehntelang in der Flasche. Der 1993er Frionnes hatte nach zwei Jahren Faßausbau ohne frisches Eichenholz straffen Körperbau, jedoch keine Schärfe. Der tiefe rote, recht schwere kalkhaltige Lehmboden verleiht ihm große Dichte und Kraft und demzufolge langsame Entwicklung. Wer Gérards feinen 1993er kauft, sollte ihn mindestens fünf Jahre ruhen lassen, damit er seine wahren Qualitäten entfalten kann.

Der liebenswürdige Gérard Thomas ist stets zu empfehlen, wenn es um Burgunder zu bescheidenen Preisen geht. St-Aubin wird zwar die aristokratischen Höhen der Orte auf der anderen Seite des Mont-Rachet nie erklimmen, interessante Weine findet man dort aber allemal, wenn man nur ein wenig zurückzustecken bereit ist.

Reben in voller Blüte.

WEINBERGBESITZ

Gemeinde	Rang	Lage/Climat	Fläche	Rebenalter	Status
Blagny	PC	Meursault-Blagny	1,00	25	M
Puligny	PC	La Garenne	0,50	30	P/M
Puligny	V	(Weiß)	0,50	30	M
St-Aubin	PC	Murgers des Dents de Chien (Weiß)	1,30	20	P/M
St-Aubin	PC	La Chatenière (Weiß)	0,40	15	P
St-Abuin	PC	Les Frionnes (Weiß)	0,30	30	P
St-Aubin	PC	Les Frionnes (Rot)	0,70	1991	P
St-Aubin	PC	(verschiedene Climats – Weiß)	1,80	25	P/M
St-Aubin	V	(Rot)	0,30	9	P
St-Aubin	R	(Côte de Beaune Rouge)	1,25	35	P
–	R	(Bourgogne Rouge)	1,25	30	P
Gesamtfläche			**9,30 ha**		

SANTENAY AND REMIGNY

Das imposante Schloß Philipps des Kühnen in Santenay.

Zwar ist Santenay nicht wirklich der letzte Weinbauort an der Côte d'Or – diese Ehre gebührt Cheilly-lès-Maranges –, aber es gilt allgemein als der südlichste Vorposten. Seit Jahren suchen die Käufer hier erschwinglichen roten Burgunder in sauberer Qualität, der die Lücke zwischen den großartigeren Weinen aus den nördlicheren Appellationen und den Rullys, Givrys und Mercureys von der Côte Chalonnaise füllt.

Davon abgesehen ist das durchaus sehenswerte alte Santenay mehr für sich selbst da als für den Tourismus, der weite Teile der Côte überschwemmt. Eigentlich besteht Santenay aus zwei Orten, dem neueren größeren Teil, Santenay-le-Bas, der seit dem Bau der Eisenbahnstrecke Chagny-Nevers 1861 entstanden ist und heute viele der bedeutenderen Domänen sowie das örtliche Gewerbe beherbergt, und dem einige Kilometer weiter hangaufwärts gelegenen Santenay-le-Haut, einem viel älteren Dorf mit steilen, krummen Gassen und einer Atmosphäre der immerwährenden Isolation.

Ganz in der Nähe liegen zwei der touristischen Hauptattraktionen Santenays, das Casino und die Thermalquellen. Das erstere, der größte Arbeitgeber von Santenay, beschäftigt den Sommer über 40 Angestellte und wird von einer heterogenen Clientèle – von der «jeunesse dorée» der Côte bis zu Besuchern aus der nahen Schweiz – frequentiert. Es befindet sich in einem schönen Bau aus dem Jahr 1914 mit hohen, schmalen Fenstern und sieht aus, als sei es direkt aus Deauville oder einem anderen modischen Badeort der zwanziger Jahre hierher entsprungen.

Die Thermalquellen spielen in der Geschichte Santenays seit langem eine Rolle. Mit großer Wahrscheinlichkeit wurden sie schon von den Römern genutzt, deren Ansiedlung auf dem 500 m hohen Mont de Senne lag, und seit dem 17. Jh. ist ihre Heilkraft auch urkundlich belegt. Gegen Ende des 19. Jh. wuchs ihre Popularität derart, daß die bis dahin einzige Quelle nicht mehr ausreichte und der örtliche Apotheker eine zweite suchte und auch fand. Das Wasser ist lithiumhaltig und bewährt sich besonders bei Streßbeschwerden.

Seine große Zeit als Kurort erlebte Santenay Henri Cannard zufolge ab 1891, als Zehntausende hier zur Kur kamen. Das heilkräftige Wasser wurde auch in Flaschen verkauft, und es entstand ein 100-Betten-Hotel, das aber nur ein Jahr in Betrieb war und dann später im Jahr 1946 von der französischen Staatsbahn als Heim für Pensionäre gekauft wurde. Erst 1979 wurde ein neues Hotel eröffnet, und der Kurbetrieb hat für die Wirtschaft des Orts noch immer große Bedeutung.

Die Weine von Santenay haben dagegen nie einen prominenten Platz auf der Karte Burgunds eingenommen. Ihre Reputation beruht eher auf zuverlässiger Robustheit als auf Eleganz oder Komplexität. Von der Jahreserzeugung von rund 113 000 Kisten entfallen 111 000 auf Rotwein von 378,18 ha Rebfläche zwischen Chassagne und Cheilly-lès-Maranges. Etwa ein Drittel dieser Fläche besteht aus Premier-Cru-Lagen, von denen sich die meisten und besten an einem Hang über der Hauptstraße befinden.

Offiziell gibt es elf Premiers Crus, aber nur fünf treten mit einiger Regelmäßigkeit in Erscheinung: La Comme (22,07 ha), Clos des Tavannes (5,32 ha), Les Gravières (23,4 ha), Maladière (13,58 ha) sowie Clos Rousseau (23,84 ha). Die drei ersteren in dem Chassa-

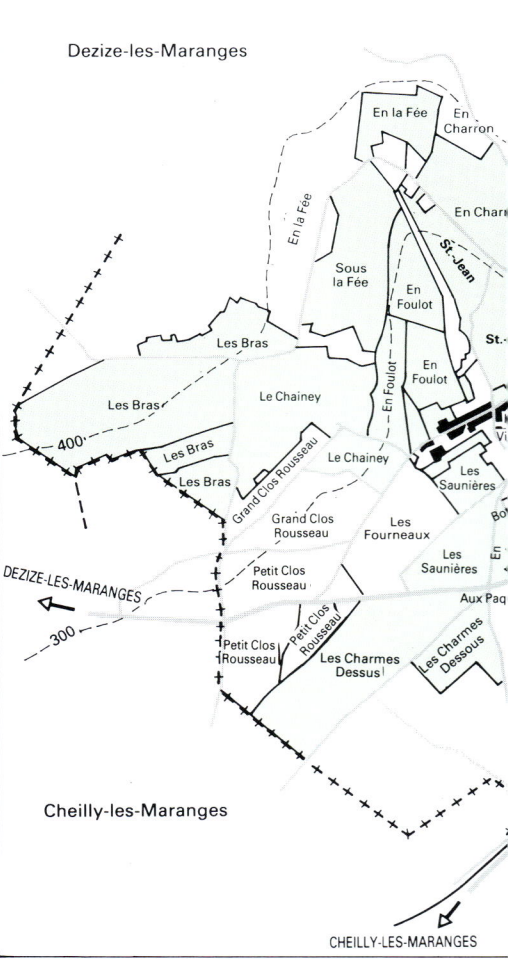

gne am nächsten gelegenen Sektor bilden das Herzstück der Appellation.

Hier erbringen steinige, durchlässige kalkhaltige Mergelböden Weine mit erdiger Robustheit, die oft zehn und mehr Jahre für ihre Entfaltung benötigen. Zwar entwickeln die Santenays selten großen Charme, mit der Zeit aber doch eine gewisse Eleganz, die als Raffinesse gelten mag.

La Maladière, ein weiter westlich gelegener Südosthang, hat mehr Kalkstein im Boden, der im Verein mit der größeren Höhe duftigeren, aber auch leichteren Wein hervorbringt. Das Négociant-Haus Prosper Maufoux besitzt hier den größten Anteil und bietet einen meist recht hellen Wein mit rasch sich verflüchtigendem Geschmack an.

Der in zwei Teile, Grand und Petit, aufgespaltene Clos Rousseau liegt auf tiefgründigerer, kalkhaltiger Braunerde mit stärkerem Lehm- und Eisenoxidgehalt, der sich zwar für feinen Wein nicht gerade hervorragend eignet, dafür aber schöne Fülle und echte Tiefe vermittelt.

Santenay hat im Weinbau in zweifacher Hinsicht Bedeutung erlangt: Erstens gibt es hier eine Abart des Pinot Noir, den sogenannten Pinot Fin de Santenay, der angeblich besonders gut an den hiesigen Boden angepaßt ist und auch in Chassagne verbreitet angebaut wird – das mag allerdings früher so gewesen sein, heute dagegen werden vor allem konventionelle Klone gepflanzt, und es sind nur noch einzelne Bestände aus *sélection massale* von älteren Pinot-Varianten vorhanden.

Zweitens werden die Pinot-Noir-Reben in Santenay *en cordon de Royat* erzogen, um ihre Wüchsigkeit auf den triebkräftigen Böden zu bändigen. Das hat sowohl Vorteile als auch Nachteile – das Laubwerk ist breiter verteilt, so daß bessere Voraussetzungen für Photosynthese und Reife gegeben sind, und der Rebschnitt kann bis ins Frühjahr aufgeschoben werden, da keine *baguette* angeschnitten wird. Dagegen ist es schwer, einen frostgeschädigten *cordon* wieder zum Leben zu erwecken, und das Befallsrisiko durch Kräuselmilbe und Rote Spinne ist erhöht.

Ob der Santenay interessant und langlebig ausfällt, hängt ebensosehr vom Erzeuger wie von der Weinberglage ab. Der größte Teil ist leichter, oft stielholziger und tanninherber Wein, der sich zwar zu kräftig gewürzten Speisen gut trinkt, längere Aufbewahrung aber nicht lohnt.

Allerdings verbinden sich an manchen Stellen alte Reben, niedrige Erträge und sorgfältige Weinbereitung und bringen sehr lobenswerte Weine hervor. Neben den hier besprochenen Domänen produzieren auch Pousse d'Or (Clos des Tavannes), Louis und René Lequin (beide jetzt mit eigener Domäne) sowie Drouhin guten Santenay.

Der Santenay Blanc ist selten zu finden. Von guten Erzeugern (z. B. den Lequins, deren Weißweine von Pinot Blanc und nicht von Chardonnay stammen) erweist er sich in den ersten Jahren oft als köstlich.

Santenay erlebt zu Recht eine sanfte Renaissance. Viele Gewächse sind empfehlenswert, und manche Erzeuger haben wirklich feine Weine zu bieten.

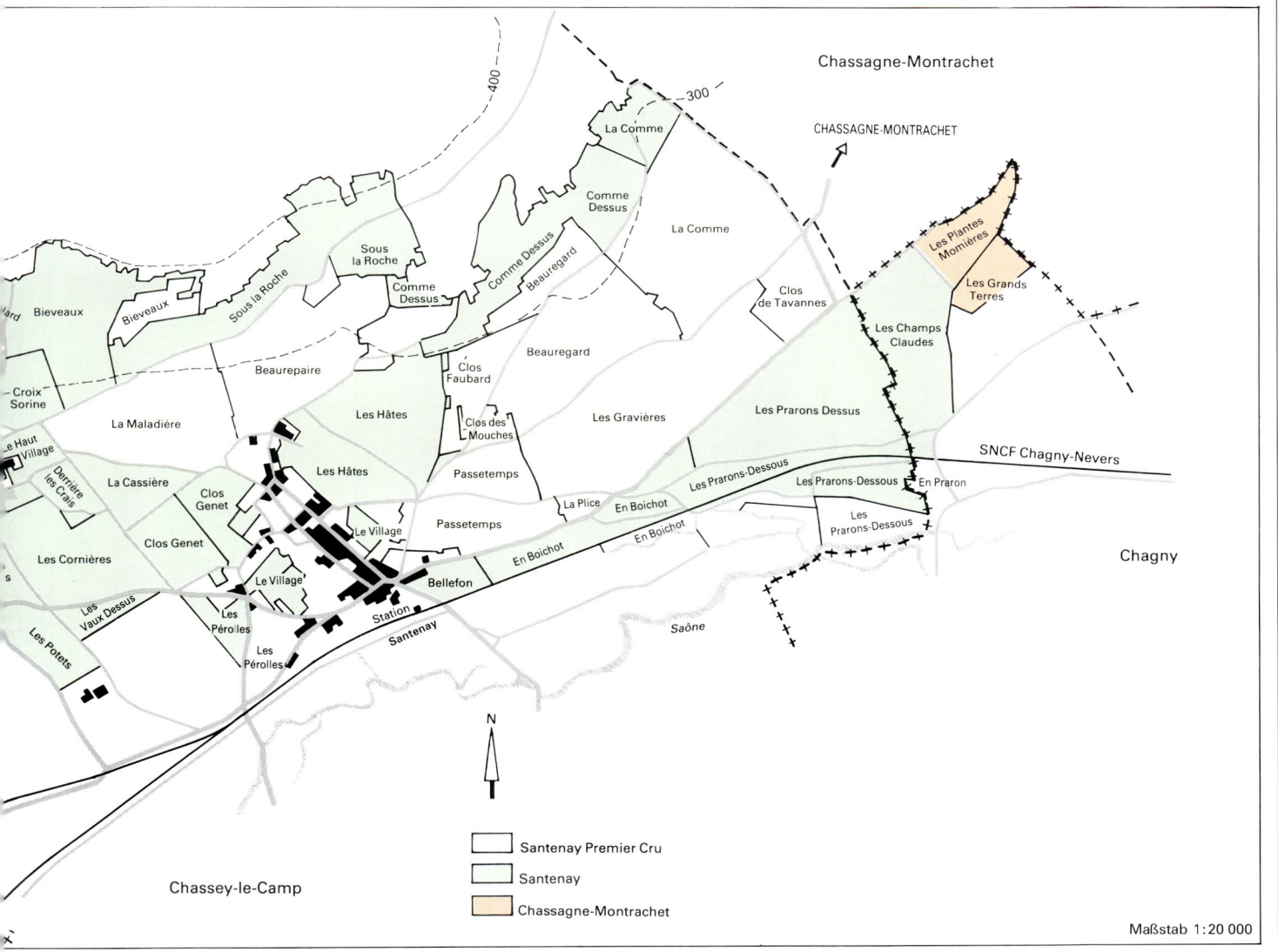

Domaine Adrien Belland

Die Côte d'Or ist ein aus so vielen Steinchen zusammengesetztes Mosaik, daß man selbst heute noch kaum überrascht ist, eine altetablierte Domäne zu finden, die Wein in feinster Qualität produziert und doch bisher noch nicht entdeckt worden ist, obwohl die besseren Weingüter immer und immer wieder von allen Seiten beleuchtet werden.

Adrien Belland sieht sich allerdings nicht als Neuentdeckung – schließlich ist seine Familie schon seit mehreren Generationen in Santenay im Weinbau tätig, und er selbst erzeugt seit über 40 Jahren Wein – 15 Jahren davon zusammen mit seinem Sohn Jean-Claude. Wenn nur sein Wein sich gut verkauft – was soll ihm da der Beifall der Kritiker und das Scheinwerferlicht der internationalen Publicity? Das alles wäre ihm eher lästig als sonst etwas.

Dennoch zeigt sich Adrien Belland – seine vierschrötige Gestalt in einen engen Bürosessel zwängend – nicht unempfänglich für das, was andere von seinem Wein halten. In einem dicken Buch sind die vielen Medaillen in Gold, Silber und Bronze, die seine Santenays, Cortons und Chambertins auf Ausstellungen in Mâcon und Paris gewonnen haben, abgebildet.

Die Medaillen hat dieser eigenwillige Weinerzeuger sehr wohl verdient. Seine Eltern – sie leben beide noch – hatten seinerzeit das Gut unter vier Kindern zu teilen. Auf Adrien entfielen 3 ha, denen er vor allem durch Heirat mit einer Latour-Tochter aus Autun einiges hinzufügte: hochwertige Parzellen in den Grand-Cru-Lagen Corton-Perrières, Clos de la Vigne au Saint und Chambertin sowie Villages-Lagen in Aloxe-Corton. 1975 erwarb er zudem 55 Ar Corton-Grèves.

Oft wird der Wein von Santenay als leicht, nicht weiter bemerkenswert und vor allem kurzlebig abgetan. Eine Degustation bei Adrien Belland belehrt eines Besseren. Er zimmert seine Weine aus massiven Balken und käme nie auf die Idee, dürftige Spanplatten wären auch gut genug.

Ein Besuch in der Domäne an der Ecke des kleinen Hauptplatzes von Santenay gleicht einer Reise in eine vergangene Welt. Hinter der sauberen Fassade verbirgt sich ein kleiner Innenhof, dahinter die Keller. Aus dem Wirrwarr von Dingen, die dort verstreut liegen, könnte man den Eindruck gewinnen, Weinbau werde hier nur als Nebenbeschäftigung neben der Gärtnerei und der Reparatur alter Heizgeräte und Fahrräder betrieben. Das wäre falsch gesehen.

Als erster Wein kommt ein Santenay-Villages aus einem großen emaillierten Tank mit der Nummer 12 zum Vorschein. Der Wein ist außergewöhnlich: undurchdringlich, nahezu schwarz, vollgepackt mit Frucht und reifem Tannin. «Das steckt alles in den Reben, auch die Wucht», äußert Adrien auf den überraschten Blick des Besuchers hin als einzigen Kommentar und spuckt seinen Mundvoll Wein in einen Schubkarren mit alten Pfropfreisern. Er zieht nämlich im Garten hinter dem Haus Jungreben an, und die Steckhölzer, die keine Wurzeln schlagen, werden in der Cuverie vermutlich zum Verheizen abgestellt.

Mit einem Stock setzt er die abenteuerlich verlegte elektrische Beleuchtung in einem der kleinen Kellerstollen in Gang und beginnt aus den verschiedenen Fässern Proben zu ziehen. Wenn schon der Santenay schwarz ist, wie wird dann, so fragt sich der Besucher im stillen, der Chambertin wohl aussehen? Zunächst aber kommt der Corton-Grèves – ebenso undurchdringlich schwarz-purpur. Man könnte ihn ohne weiteres für einen jungen Syrah halten, würde einem nicht die reife Wärme zu denken geben. Unter der Maske aus Tannin findet sich dann noch mehr Komplexität und außerordentliche Tiefe und Klasse.

Die Keller sind über zwei Jahrhunderte alt und würden mit ihrer Temperatur einem eisigen Januartag Ehre machen. «Ich hantiere an meinen Weinen nicht herum», erklärt Adrien: keine Vormaischung; die Gärung wird mit einem *pied de cuve* in Gang gesetzt; die *cuvaison* dauert 12 Tage bei maximal 34 °C.

Remontage führt er zwar nicht durch – «die Hefen arbeiten tadellos auch ohne Luftzufuhr» –, aber auf *pigeage* legt Adrien großen Wert. Er hat es mit dem untergetauchten Schalenhut als Alternative versucht, findet aber, daß seine Weine dadurch weniger Charakter und Farbe erlangen.

Nach einigem Suchen fördert er hinter einem Gärbottich das Werkzeug hervor, das er für die *pigeage* benutzt und auf das er besonders stolz ist. Es besteht aus einem großen Gummistampfer mit kleinen Löchern im trichterförmigen Teil. Diese sind mit Klappen versehen, die sich beim Niederstampfen öffnen und bei der Aufwärtsbewegung wieder schließen, so daß zugleich der Schalenhut zerteilt und eine Umpumpwirkung erzielt wird.

In einem besonderen kleinen Gewölbe liegt der Chambertin aus einem nach Morey-St-Denis hin gelegenen Teil des Weinbergs. Er wird in zu 50 % neuen Fässern aus Allier-

Das Tor zur Domaine Adrien Belland, nicht etwa zum Casino.

Eiche ausgebaut, jedoch erst ab dem Ende der *malo* im März – bis dahin liegt er wie alle anderen Weine im Tank. Überraschenderweise ist er um eine Nuance heller als der Corton, ohne jedoch eine Abschwächung der Struktur an den Tag zu legen. Er verströmt opulenten Griottekirschenduft, besitzt ungeheuer viel reife, dichtgepackte Frucht und außerordentliche Komplexität. Das frische Eichenholz ist so schön integriert, daß es kaum spürbar wird.

Die Weine liegen dann meist ein Jahr im Faß, bis sie zwischen März und September des folgenden Jahres wieder in *cuves* abgestochen, geschönt, gefiltert und schließlich abgefüllt werden – die Ausbauzeit beläuft sich auf insgesamt 18 bis 24 Monate.

Für dieses kompromißlos traditionelle Verfahren sollten Adriens Kunden ihm überaus dankbar sein. Zwar verkauft er einen Teil des Santenay faßweise an den Handel und beliefert Louis Jadot mit ein paar *pièces* Corton und Chambertin, alles übrige aber wird in der Domäne abgefüllt und zu 60 % im Ausland, der Rest in Frankreich verkauft.

Als nächstes kommen der 1989er Corton-Grèves und der 1989er Chambertin an die Reihe; bei der Kellertemperatur von 7 °C schmecken sie erstaunlich fein. Der Corton zeigt die charakteristisch tiefe Farbe und ein attraktives Aroma von *fruits sauvages* und Süßholz. Auf der Zunge wirkt er ungebändigt – kraftvoll, ein wenig rustikal im besten Sinn, dabei nachhaltig und komplex. Der Chambertin erscheint dicht, wenn auch nicht ganz so sehr wie der 1990er; sein Duft ist durch die Temperatur gedämpft, doch am Gaumen erweist er sich als kräftiger, würziger Wein mit starkem Süßholzaroma, sehr geschmeidig und einschmeichelnd – ein schön ausgewogener Wein, der ein *Grand Vin* sein könnte, wäre er nicht ein wenig hohl... vielleicht ist das bei 15 °C anders.

Zwei Jahrgänge Santenay Clos des Gravières belegen den Entwicklungsvorgang in der Flasche. Der 1985er zeigt recht tiefe Viktoriapflaumenfarbe und reichhaltigen, fast an verbrannten Teer erinnernden Duft – Süßholz und Innereien. Der Geschmack ist etwas rustikal, tief und mit Teernote – ein kräftiger, hochkonzentrierter, noch immer jugendlicher Wein. Der Gravières ist meist nicht so fest strukturiert und tanninreich wie der La Comme – wohl der beste unter den Premiers Crus von Santenay.

Der 1971er Gravières zeigt sich noch immer auf dem Höhepunkt, mit mäßig tiefer Farbe, ohne übertrieben starke Altersmerkmale, mit prachtvollem, offenem, würzigem Bukett und köstlich zartem, aber ausgeprägtem Pinot-Geschmack, mit Spuren von Gewürzen, Kaffee und Süßholz – ein sehr feiner Wein, der sich noch Jahre halten wird.

Über die Geheimnisse seiner Weinbereitung weiß Adrien nichts Besonderes vorzu-

Adrien Belland beim Auffüllen der Fässer.

bringen. «Wir machen vins de garde», meint er – als ob das nicht offenkundig wäre. Ein Santenay-Villages wird in Vinifikation und *élevage* nicht anders behandelt als ein Grand Cru Chambertin – mit der Ausnahme, daß der letztere in gewissem Umfang in neuer Eiche, der erstere dagegen in älteren Fässern ausgebaut wird. Adrien glaubt, daß entrappte Trauben alter Reben bei seiner langen Vinifikation genug Struktur und Charakter vermitteln und es deshalb überflüssig ist, mit Hilfe neuer Fässer künstlich noch mehr einzubringen.

In letzter Zeit hat sich etwas geändert: Das Büro wirkt jetzt aufgeräumter; Adrien will nämlich demnächst ganz an Jean-Claude übergeben. Inzwischen verfügt die Domäne über einen «neuen» 200 Jahre alten Faßkeller oben im Ort über dem ebenso «neuen» Haus Jean-Claudes. Da dieser schon über eine so lange Zeit mit Adrien zusammenarbeitet, ist es unwahrscheinlich, daß große Umwälzungen bevorstehen, wenn er die Zügel ganz in die Hand nehmen wird.

WEINBERGBESITZ

Gemeinde	Rang	Lage/Climat	Fläche	Rebenalter	Status
Gevrey	GC	Chambertin	0,41	30	P
Aloxe	GC	Corton Clos de la Vigne au Saint	0,49	20	P
Aloxe	GC	Corton-Perrières	0,69	40	P
Aloxe	GC	Corton-Grèves	0,55	25	P
Aloxe	V	Les Boutières	0,58	35	P
Aloxe	GC	En Charlemagne	0,36	30	P
Santenay	PC	Clos des Gravières	1,21	35	P
Santenay	PC	La Comme	0,85	22	P
Santenay	V	Clos Genet	1,56	28	P
Santenay	V	Les Hâtes + Les Charmes-Dessus	2,12	30	P
Chassagne	PC	Morgeot (Rot)	0,48	30	P
Puligny	V	La Rue aux Vaches (Weiß)	0,45	35	P
–	R	(Côte de Beaune-Villages)	0,99	35	P
–	R	(Bourgogne Rouge)	0,58	30	P
Gesamtfläche			**11,32 ha**		

Domaine Vincent Girardin

Vincent Girardin übernahm 1982 das auf ihn entfallende Viertel der Weinberge seiner Eltern – 3 ha. Heute produziert er in seinem stattlichen Haus und den stark vergrößerten Kellern am Hauptplatz von Santenay den Wein von 13 ha. Er hat die Mischung von eigenem und gepachtetem Land zwischen Beaune und Maranges mit viel Umsicht zusammengestellt, und sie erbringt ihm ein schönes Programm an Santenays (darunter vier weiße Premiers Crus), mehreren Beaunes, einem Pommard-Villages-Wein von 60jährigen Reben sowie Meursaults und Savignys.

Seit dem ersten von ihm produzierten Jahrgang hat sich Vincent als gleichmäßig guter Weinerzeuger bewährt und einen soliden Ruf für gute Qualität gewonnen. Zu Beginn der 1990er Jahre verliebte sich eine schlanke, rothaarige Schweizer Lehrerin aus Fribourg bei einer Weinprobe nicht nur in den Wein. 1994 heirateten Véronique und Vincent, und seitdem hat außer dem Computer auch ein Hauch Weiblichkeit in die Domäne Einzug gehalten.

Weder von der Weinbergpflege noch von der Weinbereitung gibt es Außergewöhnliches zu berichten, höchstens daß Vincent beim Ausbau der Rotweine möglichst viel Geläger beibehält, solange es sauber und fäulefrei ist. Seiner Ansicht nach soll *Grand Vin* von der Côte de Beaune vor allem reine Pinot-Frucht erkennen lassen, und daher versucht er zu trockenes und hartes Tannin zu vermeiden. Zu diesem Zweck werden die Rotweintrauben völlig entrappt, in Edelstahltanks vergoren und 14 bis 16 Monate lang in höchstens einem Drittel neuen Fässern ausgebaut, von denen Vincent jährlich 160 Stück einkauft. Im übrigen benutzt er zwei- und dreijährige Fässer, und seit 1990 führt er weder Schönung noch Filtration durch.

Die weißen Trauben werden nach der Lese in geschlossenen Kästen schnellstens in den Keller transportiert, wo sie sofort zu Most verarbeitet werden, der dann 48 Stunden lang zum Absetzen stehenbleibt. Vincent lehnt *tables de triage* ab, mangelhafte Frucht scheidet er schon im Weinberg aus – «ich bin während der neuntägigen Lese draußen und sortiere». Die Weißweine machen die malolaktische Säureumwandlung in zu 40 % neuen Fässern durch. Auf viel *bâtonnage* und einen einzigen Abstich im August folgen *assemblage*, Schönung mit Fischleim und schließlich Kieselgur- und Membranfiltrierung vor der Abfüllung – eine absichtlich schonende Behandlung, die verhindern soll, daß die fragile Reintönigkeit leidet.

Véronique und Vincent Girardin.

Sowohl die Rot- als auch die Weißweine sind erstklassig und geben schöne Beispiele für Vincents Bemühen um Frucht, Aroma und Ausgewogenheit. Der Chassagne Premier Cru Morgeot vorwiegend von 50jährigen Reben bildet den Höhepunkt bei den Weißweinen, unter denen sich auch ein bemerkenswert voller, feiner Bourgogne Blanc aus Santenay befindet. Die weißen Premiers Crus aus Santenay sind fest, dabei jedoch voll und honigwürzig – rare, eigenständige Weine, nach denen zu suchen sich lohnt. Das Programm enthält ferner einen ebenso verlockenden Bourgogne Rouge aus dem Nachbarort Maranges, mehrere feine Santenays sowie Pommards, Maranges und einen Beaune Vignes Franches.

Gegenüber: Dampfreinigen der Fässer bei Romanée-Conti.

Die Rotweine aller Rangstufen haben reichlich sanfte, seidige Frucht gemeinsam, vor allem in reifen Jahren, in denen Vincents Santenays zu den besten zählen. Das gilt insbesondere für den Maladière und den Clos de la Confrérie aus dem 1,38 ha großen *monopole* der Domäne. Alle stammen von Reben verehrungswürdigen Alters und wollen nicht jung oder gar gekühlt getrunken sein; sie sind seriöse Burgunder höchst ansprechender Art mit guter mittlerer Lebensdauer.

Vincents Erfolg spiegelt sich darin, daß seine Weine in vielen feinen Restaurants in Frankreich vertreten sind, und darauf ist er zu Recht stolz. Die Rotweine sind nicht mit Tannin überladen und daher schon relativ früh genußreif – ein Vorteil für Lokale, die keine Möglichkeit haben, größere Vorräte zu halten.

Ein Viertel der Jahresproduktion von 100 000 Flaschen entfällt auf Weißwein, drei Viertel sind Rotwein; eine etwa 50 000 Flaschen entsprechende Menge wird im Faß an den Handel verkauft; über 80 % gehen ins Ausland, 15 % an Privatkunden und die restlichen 5 % an Restaurants.

Solange nicht allzu viele Kinder kommen und ihn in Anspruch nehmen, wird Vincent Girardin zweifellos sein Hauptaugenmerk darauf richten, seine bereits gute Reputation weiter zu festigen.

WEINBERGBESITZ

Gemeinde	Rang	Lage/Climat	Fläche	Rebenalter	Status
Beaune	PC	Clos des Vignes Franches	0,48	10	F
Beaune	V	Les Bons Feuvres	0,50	50	F
Pommard	PC	Les Chanlins	0,20	45	P
Pommard	V	Clos des Lambots	0,90	60+	P/F
Pommard	V	Les Vignots	0,55	18	F
Savigny	V	Les Gollardes (Rot)	0,20	25	P
Savigny	V	Dessus les Vermots (Weiß)	1,50	20	P/F
Meursault	V	Les Narvaux (Weiß)	0,60	25	P/M
Chassagne	PC	Morgeot (Weiß)	0,40	2/50	P
Santenay	R	(Bourgogne Blanc)	0,50	15	P
Santenay	PC	Clos du Beauregard (Weiß)	0,90	2/9	P
Santenay	PC	Beaurepaire (Weiß)	0,70	20	P/F
Santenay	V	St-Jean (Weiß)	0,45	15	P
Santenay	V	Clos de la Confrérie (Weiß)	0,18	10	P
Santenay	V	Clos de la Confrérie (Rot)	1,20	25	P
Santenay	PC	Les Gravières	0,50	20	P
Santenay	PC	La Maladière (Rot)	1,00	30	P
Maranges	PC	Clos des Loyères	1,30	70+	F
Maranges	PC	Clos Roussot	0,50	12	F
Maranges	V	(verschiedene Climats)	1,00	35	F/P
Gesamtfläche			**12,38 ha**		

Appellationen, Qualitätskontrolle

Die 8000 ha Rebfläche der Côte d'Or unterteilen sich in nicht weniger als 116 Appellationen. Bei einer so großen Zahl auf so relativ kleinem Raum bedarf es der Erläuterung, was mit Appellation gemeint ist und was sie für den Weintrinker bedeutet.

Zunächst ist klarzustellen, daß im Sprachgebrauch zwar sowohl eine bestimmte Rebfläche als auch der darauf wachsende Wein als Appellation bezeichnet wird, diese sich aber in erster Linie auf den Grund und Boden bezieht. Erst in zweiter Linie steht sie auch für den Wein, der bestimmte Geschmacks- und sonstige Kontrollen durchlaufen muß, bis er den betreffenden Namen tragen darf.

Das französische System der Appellations (d'Origine) Contrôlées (AC) ist nicht fix und fertig dem Geist des Gesetzgebers entsprungen, sondern hat sich über vier Jahrzehnte hinweg entwickelt, bis es ab den 1920er Jahren nach und nach in Gesetze gefaßt wurde. Es zielte darauf ab, den Rahmen für die Festlegung und Kontrolle bestimmter Weinbauregionen zu schaffen und ein Geflecht lokaler, regionaler und überregionaler Komitees zu bilden, die jeweils die Appellationen gestalten und verwalten sollten.

An der Côte d'Or sind die Appellationen exakt umrissene Flächen, die wie etwa bei Bourgogne Blanc sehr weiträumig, andererseits wie beim 0,85 ha großen La Romanée eng begrenzt sein können. In der Vielzahl der Appellationen spiegelt sich die Beobachtung, daß bestimmte Weinberge an der Côte schon seit Jahrhunderten besseren Wein hervorbringen als andere. Als das AC-System eingerichtet wurde, stufte man deshalb jeden Weinberg seinem Qualitätspotential nach in eine von vier Kategorien ein:

1. Regional (z. B. Bourgogne Rouge, Passetoutgrain, Côte de Beaune).

2. Villages (z. B. Pommard, Nuits-St-Georges, Beaune). Natürlich darf Pommard usw. nur für Wein stehen, der dort gewachsen ist.

3. Premier Cru Titel für Weinberglagen, die beständig Wein in besserer Qualität als die Villages-Lagen hervorbringen können; auf dem Etikett erscheint der Ortsname und anschließend «Premier Cru»; wahlweise darf eine bestimmte Lage hinzugefügt werden, wenn der Wein ausschließlich aus dieser stammt, z. B. Volnay Premier Cru Clos des Ducs.

4. Grand Cru Die Krone bilden 32 Weinberglagen von ganz besonderer Qualität, die jeweils ihre eigene AC besitzen. Für sie gelten schärfere Anforderungen an Ertragsbeschränkung und natürlichen Alkoholgehalt, und sie nehmen auf dem Etikett nicht den Ortsnamen zum Lagennamen hinzu. So heißt Wein aus der Grand-Cru-Lage Chambertin in der Gemarkung Gevrey-Chambertin einfach nur Grand Cru Chambertin, während Wein aus der in der gleichen Gemarkung gelegenen Premier-Cru-Lage Les Cazetiers die Bezeichnung Gevrey-Chambertin Les Cazetiers Premier Cru trägt.

Die AC-Einstufungen sind nicht unwandelbar, Änderungen kommen durchaus vor. Die Bearbeitung von Anträgen auf Neu- oder Höhereinstufung obliegt dem INAO (Institut National des Appellations d'Origine), in dessen Büro in Dijon vier Mitarbeiter die Angelegenheiten der Côte d'Or betreuen. In Zusammenarbeit mit den Ortskomitees legen sie auch den Lesebeginn für jede Gemeinde fest.

Zwar ist die Hauptaufgabe des INAO nicht Kontrolle, sondern Grenzfestlegung, dennoch sind ihre Inspektoren mit großen Befugnissen ausgestattet. Außerdem haben noch zwei weitere Behörden ein wachsames Auge auf die Winzer an der Côte: Die Direction Générale des Impôts entsendet drei Inspektoren, deren Aufgabe darin besteht, auf die korrekte Entrichtung der Weinsteuer und auf die Abgabe von Deklarationen über Erntemengen und Umsätze zu achten.

Die Hauptzuständigkeit für die Durchsetzung der Appellationsvorschriften entfällt jedoch auf die drei Inspektoren der Direction Générale de la Concurrence, Consommation et Répression des Fraudes. Dabei handelt es sich um Bestimmungen über Weinbau- und Lesepraktiken, zulässige Rebsorten, Pflanzdichte, Rebschnitt usw. sowie über die Kellertechnik: *chaptalisation*, Säureanreicherung, Verschneiden, Schwefeln usw.

Neben der Überwachung des *ban de vendange* und der zulässigen Ertragsmengen werden die wichtigsten Kontrollen in den Kellern vorgenommen. Stichproben und Inspektionen stellen sicher, daß die Vinifikationsvorschriften eingehalten werden und daß die Vorratsbestände mit den Deklarationen über Erntemengen und Zukäufe übereinstimmen.

Das eigentliche Ziel aller Einstufungen und Kontrollen besteht darin, die Echtheit, typische Art und Qualität der AC-Weine zu gewährleisten. Die AC ist nur unter Einhaltung bestimmter Voraussetzungen zu erlangen; hierzu gehören ein bestimmter Mindestalkoholgehalt und ein maximaler Hektarertrag. Außerdem muß der Vigneron, der um das *agrément* für einen AC-Wein nachsucht, diesen zur Analyse und Geschmacksprüfung einreichen. Besteht der Wein die Prüfung nicht, dann darf er noch zweimal eingereicht werden. Die Inspektoren sind auch befugt, ohne Voranmeldung eine Domäne zu besuchen und Stichproben vorzunehmen.

Für den Käufer liegt die Bedeutung des AC-Systems darin, daß bei gleichen Voraussetzungen – Jahrgang, Erzeuger usw. – der Wein der jeweils höheren Rangstufe mindestens theoretisch der bessere ist. So dürfte ein Pommard Premier Cru Les Epenots aus der entsprechenden Einzellage in Pommard feiner, komplexer und ganz allgemein besser sein als ein Pommard aus Villages-Lagen, der seinerseits wiederum besser sein dürfte als ein Bourgogne Rouge, auch wenn dieser von Trauben aus der Gemarkung Pommard stammt.

Leider liegen die Dinge nicht ganz so einfach, denn die sauber gegliederte Hierarchie wird durch das unterschiedliche Können der Erzeuger, die das System unter einen Hut bringen möchte, in Frage gestellt. So übertrifft der Villages-Wein eines erstklassigen Erzeugers oft genug den Premier-Cru-Wein eines weniger talentierten Winzers. Auch wird das System durch das Versagen der Behörden bei der Durchsetzung der Vorschriften entwertet. Eine hoffnungslose Unterbesetzung sorgt dafür, daß Theorie und Realität weit auseinanderklaffen. Die «Fahnder» stehen vor einer unlösbaren Aufgabe, bedenkt man, daß an der Côte jährlich 4400 Erntedeklarationen – jeweils für mehrere Weine – abgegeben werden und nur drei Teilzeitinspektoren zur Verfügung stehen.

In jüngerer Zeit sind die Appellationsvorschriften sowohl innerhalb als auch außerhalb der Region scharfer Kritik von Kunden ausgesetzt, die mit dem Qualitätsstand vieler laufend auf dem Exportmarkt anzutreffender AC-Burgunder unzufrieden sind. Unter Beschuß geraten ist vor allem die Praxis der übermäßigen *chaptalisation* als Mittel zur Volumenvergrößerung oder zur Fehlermaskierung, aber auch die offensichtliche Tolerierung exzessiver Hektarerträge, vor allem in Premier- und Grand-Cru-Lagen.

Bei der Ertragskontrolle steht es nicht besser. Das System der Basiserträge, das einen Höchstwert für jede AC festsetzt, verfügt mit dem *plafond limite de classement (PLC)* über einen eingebauten Mechanismus zur Genehmigung von um 20 % höheren Erträgen, wann immer dies für zweckmäßig gehalten wird. Ursprünglich sollte er nur in Jahren mit ausnehmend reichlicher Ernte zur Anwendung kommen. In letzter Zeit aber beantragen die Winzer den PLC auch in Jahren, in denen die Voraussetzungen dafür nur sehr knapp zutreffen, und erhalten ihn genehmigt.

Vieles spricht darüber hinaus für schärfere Überwachung der Ertragsmengen in einzelnen Lagen. Ein Ertrag von 50 hl/ha ist in einem gut gepflegten Weinberg, in dem jeder Weinstock trägt, vielleicht akzeptabel, nicht aber in einem, wo ein Drittel der Reben fehlt und die übrigen zwei Drittel stark heruntergekommen sind. Wer die Augen offen hält, begegnet diesem Problem überall an der Côte.

In einer Auseinandersetzung mit den AC-Vorschriften schreibt Anthony Hanson (1982) im Abschnitt «Der getäuschte Käufer», daß die Gesetze in letzter Zeit zwar gestrafft worden seien, aber immer noch Schlupflöcher aufwiesen, durch die jeder Erzeuger mit nur einem Quentchen Phantasie ungestraft vierspännig hindurchfahren könne. Er kam zu dem Schluß, daß «die schlimme gute alte Zeit, da jeder seinen Wein Clos de Vougeot, Chambertin oder Corton nennen konnte, solange er nur vom richtigen Boden und den richtigen Reben kam und ein paar Bedingungen erfüllte, noch immer nicht vorüber ist».

Der Vigneron hat noch genügend Spielraum für Mogeleien. Er kann höhere Erträge herausschinden, kleinere deklarieren und den Überschuß in klingende Münze verwandeln. Der «zweite Keller», aus dem Wein nur gegen Barzahlung herausgegeben wird, ist an der Côte eine verbreitete Erscheinung. Als Alternative kann jeder Übererterag auch für eine einfachere AC-Rangstufe deklariert werden. Da die Erntedeklaration erst zum 25. November abgegeben werden muß, bleibt einem gewitzten Vigneron genug Zeit, seine Fässer zu arrangieren, weil er ja aus der Erfahrung weiß, daß die Inspektoren nicht überall Geschmackskontrollen vornehmen können. Wenn er auf diese Weise ein Faß Grand Cru mehr in seinen Keller zaubern kann, ist das schon der Mühe wert.

Den Vorschriften zufolge muß Wein, der den zulässigen Höchstertrag überschreitet, zu Industriealkohol destilliert werden – es ist nicht erlaubt, ihn als Wein abzufüllen oder zu verkaufen. So kann es geschehen, daß ein Teil des Weins in einem Tank oder Faß die AC erhält, während sie dem Rest verweigert wird. Das ist absurd. Wenn der Wein AC-Qualität hat, sollte er auch als solcher verkauft werden dürfen – wenn nicht, dann sollte der ganze Posten abgestuft oder destilliert werden. Jedenfalls gibt es wohl kein Mittel, einen pragmatisch denkenden Vigneron daran zu hindern, anstatt einer Übermenge bei seinem Grand Cru lieber einen einfachen Villages- oder Regionalwein zur Destillation abzuführen und den besseren Wein zu behalten.

Zum Glück gibt es Anzeichen für einen Wandel. Druck von mehreren Seiten hat zu einer Regelung geführt, derzufolge ein Vigneron, der einen Wein in Grenzqualität zum *agrément* anmeldet, ein Jahr Bewährungsfrist erhält, wenn er seine Kellerpraktiken durch einen unabhängigen Önologen überprüfen läßt. Da der Vigneron den Önologen aber selbst berufen darf, meinen Spötter ausreichend Spielraum für Mauscheleien zu sehen. Nichtsdestoweniger ist das eine begrüßenswerte Entwicklung.

Was bedeutet alles dies für den Verbraucher, der fern der Côte d'Or vor einem Ladenregal voller Burgunder steht? Wer nicht vorher probieren kann, sucht in der Appellation eine Garantie für Echtheit und Qualität. Im ersteren Punkt erwartet er, daß der Inhalt der Flasche dem entspricht, was auf dem Etikett steht, und das ist im allgemeinen auch der Fall. In der zweiten Hinsicht ist mancher, der sich darauf verläßt, daß eine Appellation einen gewissen Grad an Qualität gewährleistet, oft enttäuscht – ein schlecht bereiteter, dünner Chambertin ist leider eben doch auch ein Chambertin.

Eine verbreitete Praxis, die in der Nachkriegszeit der Qualität vieler Burgunder abträglich war, ist zum Glück weitgehend verschwunden: In den 50er und 60er Jahren blühte die *coupage*, das Verschneiden eines oft nur kleinen Teils an echtem Burgunder mit billigerem Wein. André Simon äußerte einmal, mit dem Verschneiden sei es wie mit dem Küssen – es könne zwar in aller Unschuld geschehen, könne aber auch vom schmalen Pfad der Pflicht und Tugend hinweglocken. Damals wurden in Burgund viele hinweggelockt!

Die Hauptschwierigkeit für die Behörden liegt darin, daß die Erzeuger, die an der Höchstertragsgrenze produzieren, eine mächtige, an der Erhaltung des Status quo interessierte Lobby bilden. Derzeit werden beispielsweise die Geschmacksprüfungen für das *agrément* zwischen dem 15. November und dem 15. April nach der Lese vorgenommen, d. h., wenn der Wein erst ein paar Monate alt ist. Wie jedermann weiß, der auch nur oberflächlich mit der Weinerzeugung vertraut ist, kann in der Frist zwischen diesem und dem Zeitpunkt der Abfüllung viel passieren, selbst wenn der Winzer ehrlich und sorgfältig ist.

Darüber hinaus werden nur ausgewählte Proben eines Weins geprüft. Das eröffnet einem Erzeuger, der mehrere Fässer desselben Weins besitzt, viele Möglichkeiten für Manipulationen. In dem für Fäule beim Pinot Noir berüchtigten Jahr 1983 entdeckten viele Käufer, daß der Wein, den sie in der Flasche geliefert bekamen, wenig Ähnlichkeit mit den Proben aufwies, die sie aus dem Faß genommen hatten. Gewitzte Winzer hatten, da der Käufer ja nicht alle Fässer durchprobieren kann, die Proben aus dem besten Faß genommen und die anderen erst kurz vor der Abfüllung dazugemischt. Der unselige Kunde konnte wenig dagegen unternehmen, außer vielleicht die Bezahlung zu verweigern, und die AC-Behörden griffen nur zögernd ein.

Überdies sind die offiziellen Geschmacksprüfungsgremien kaum unabhängig von den Erzeugern und ihren Interessen. Die Exportmärkte, die doch – wie Hanson betont – für viele der großartigsten Appellationen das bedeutendste Abnehmerpotential darstellen, sind bisher darin noch nicht vertreten. Es kommt so gut wie nicht vor, daß ein Wein aus Qualitätsgründen durch die Geschmacksprüfung fällt – der Standard ist offenbar so niedrig angesetzt, daß alles, was nicht gerade Essig ist, ihn erfüllt. Solche Dinge lassen nur die längst unabweislich gewordene Forderung nach schärferer Abstufung minderwertiger Weine in eine niedrigere Kategorie noch dringlicher erscheinen. Wenn die Winzer mit Gewißheit damit rechnen müßten, daß schlechter Wein abgestuft wird, dann wäre das ein starker Anstoß zur Verbesserung der allgemeinen Qualität.

Man muß leider zu dem Schluß gelangen, daß es am echten Willen zur Ertrags- und Qualitätskontrolle fehlt. Die erforderlichen Gesetze und Befugnisse sind vorhanden, werden aber nicht wirksam angewandt, was die unvermeidliche Folge hat, daß nach wie vor große Mengen an nichtssagendem Wein – oft mit dem Gütesiegel hochtrabender Appellationen – auf den arglosen Exportmarkt strömen. Das aber befleckt den guten Ruf der Region und ihrer Appellationen und wirkt sich zum Schaden der vielen gewissenhaften Winzer aus, die sich unermüdlich um Qualität bemühen. Ein Appellationssystem ist nur so gut wie seine Durchsetzung.

Am Ende besteht der einzige Schutz des Verbrauchers in solidem Wissen darüber, was guten und was schlechten Burgunder ausmacht. Wenn ihm mißfällt, was ihm angeboten wird, dann sollte er mit den Füßen abstimmen und anderswo kaufen.

HÖCHSTERTRÄGE UND MINDESTALKOHOLGEHALTE

Appellation	Rotwein		Weißwein	
	R de B	Alk.	R de B	Alk.
Communale/Villages	40	10,5	45	11,0
Premier Cru	40	11,0	45	11,5
Grand Cru	35	11,5	40	12,0

1. R de B = *rendement de base* (Grundertrag) in hl/ha.
2. Alk. = Mindestalkoholgehalt in %.
3. Die obigen Ziffern gelten für die meisten Appellationen an der Côte d'Or.

Klima und Kleinklima an der Côte d'Or

Ein alter Winzerspruch lautet: «Mieux vaut saison que laboraison», was frei übersetzt bedeutet, daß bei der Weinqualität das Wetter meist das letzte Wort hat. Die moderne Technik hat zwar vielleicht das Ausmaß gemildert, der Kern Wahrheit aber ist geblieben, daß nämlich zwischen dem Austrieb im Frühjahr und der Lese im Herbst das Wetter weitgehend zum Charakter des Weins beiträgt.

Die Côte d'Or liegt auf dem 47. Breitengrad und damit nahe der nördlichen Grenze für regulären Weinbau in einer Zone gemäßigten kontinentalen Klimas. Weit entfernt von maritimen Einflüssen erlebt die Weinrebe hier kurze, warme Sommer und lange, kühle Winter. In den meisten Jahren fördert dieser Witterungsverlauf einen gleichmäßigen Vegetationszyklus, doch verleihen Unregelmäßigkeiten an den beiden Enden der Wachstumsperiode dem Wetter großen, oft maßgeblichen Einfluß.

Paradoxerweise bringt die Rebe ihre besten Weine in den Randklimabereichen und nicht in ihrem natürlichen Habitat, dem mediterranen Raum oder den Tropen, hervor. In nördlichen Breiten – Burgund, Bordeaux, Champagne und Deutschland – trägt ein langer, langsam verlaufender Reifeprozeß zwar niedrigeren Alkoholgehalt, dafür aber größere aromatische Finesse ein. Weiter im Süden ergibt das wärmere Wetter mehr Alkoholstärke und größere Gleichmäßigkeit, so daß Jahrgangsunterschiede weniger Bedeutung besitzen.

Die Rebe stellt ganz bestimmte Ansprüche, um ihre Frucht zur Reife bringen zu können; allgemein gesagt sind das 1400 Stunden Sonnenschein während der Wachstumsperiode, 685 mm Niederschlag, eine Temperatur von 15 °C in der Blütezeit, eine durchschnittliche Sommertemperatur von 22 °C, eine durchschnittliche Wintertemperatur von 3 °C und eine Durchschnittstemperatur im Jahresverlauf von 10 °C (die Idealtemperatur liegt allerdings eher bei 15 °C). Diese Mindestanforderungen werden an der Côte d'Or meist erfüllt; die Niederschlagsmenge liegt im Mittel über 700 mm und die Sonnenscheindauer bei 2000 Stunden, wodurch ein gewisser Ausgleich für die mit 19–20 °C nicht ganz optimale Sommertemperatur gegeben ist. Im Mai wird es oft rasch warm, so daß die Knospen der Rebe kräftig schwellen; ein Temperaturmittel von 16–18 °C im Juni gewährleistet meist störungsfreie Blüte, vorausgesetzt, daß kein starker Regen die zarten Gescheine schädigt und die Bestäubung unterbindet.

Aber nicht nur der jeweilige Mittelwert der drei wichtigen Parameter – Sonnenlicht, Niederschlag und Temperatur –, sondern auch ihre Verteilung über die Wachstumsperiode hat große Bedeutung. Insbesondere der Niederschlag ist in vielen kleinen Dosen weit wohltätiger als in wenigen gewaltigen Güssen. Ebenso ist ein gleichmäßig warmer Sommer günstiger als sengende Hitze im Wechsel mit kühlen Abschnitten. Zwei in der Analyse gleich reife Trauben können ganz unterschiedliche Entwicklungsverläufe beinhalten.

Die verschiedenen Ansprüche der Rebe lassen sich auch getrennt betrachten:

Licht Die Rebe benötigt Tageslicht für ihren wichtigsten Lebensvorgang, die Photosynthese, d. h. die Umwandlung von Kohlendioxid und Wasser in Zucker und Sauerstoff. Zwar liefert in der Hauptsache das Sonnenlicht die infraroten und ultravioletten Strahlen für diesen Prozeß, er kann aber auch bei bedecktem Himmel ablaufen, sofern genügend Wärme verfügbar ist.

Wieviel Sonnenlicht eine Rebe empfängt, hängt vom Einfallswinkel und von der Himmelsrichtung ab. An der Côte sind Hänge in Süd- und Südostlage am günstigsten und werden meist in Gefällerichtung bepflanzt. Dennoch ist die Sonnenscheindauer von einer Lage zur anderen sehr verschieden. Die Pinot-Noir-Reben am Corton-Berg im nach Westen gerichteten Pernand-Vergelesses reifen stets viel später als ihre Artgenossen im nach Süden gerichteten Aloxe-Corton.

Auch der Rebschnitt und der Laubschnitt haben Einfluß darauf, wieviel direktes Sonnenlicht die Früchte später im Jahr erreichen kann. Der heutige Trend geht zu aufrechter Erziehung, so daß ein höheres Laubdach entsteht, das den Zuckergehalt der Trauben nachweislich um bis zu 2 % Alkoholpotential steigert. Das führt manchmal aber zur Beschattung der heranreifenden Trauben und beeinträchtigt die Reifung der Beerenhaut. Wichtig ist auch regelmäßiger Sonnenschein – die gleichmäßige Verteilung der Sonnenscheindauer hat ebenso große Bedeutung wie die Gesamtzeit.

Wärme Sonnenschein hat natürlich auch mit der Temperatur zu tun, denn er spendet ja außer Licht auch Wärme. Allerdings ist die direkte Sonneneinstrahlung nur eine von mehreren Wärmequellen; Wärme wird auch vom Boden abgestrahlt oder kommt als Konvektionswärme mit aufsteigenden Luftströmungen einher.

Während nun die Bedeutung von Wärme und Licht im Weinbau selbstverständlich sind, besteht über das optimale Gleichgewicht zwischen beiden weniger Gewißheit: Kann mehr Licht einen Ausgleich für weniger Wärme bedeuten, bzw. bildet mehr Tageslicht einen Ersatz für weniger Sonnenlicht? Bei den langen Tagen im nördlichen Europa hat diese Frage eher akademisches Interesse; bekannt ist jedenfalls, daß die Gesamttemperatur in einem bestimmten Verhältnis zum Zuckergehalt der Trauben und in umgekehrtem Verhältnis zu ihrem Säuregehalt steht.

Extreme Hitze, die die Früchte zum Kochen bringt, kommt an der Côte seltener vor als extreme Kälte. Hier gibt es im Durchschnitt jährlich 60 bis 70 Tage Frost, in manchen Jahren, z. B. 1956 und 1985, bis −27 °C. Zwar ist die Weinrebe ziemlich frosthart und verträgt kurzfristig Temperaturen um −25 °C, bei längerer Einwirkung aber erfriert sie.

Frühjahrsfröste bilden in diesen nördlichen Breiten eine besondere Gefahr. Vorsichtige Winzer kalkulieren beim Rebschnitt Frostschäden ein; das nützt jedoch nichts, wenn die gerade aufbrechenden Knospen strengem Spätfrost ausgesetzt sind. In der zweiten Aprilhälfte 1991 erfror in tiefergelegenen Weinbergen in einigen kalten Nächten fast der ganze junge Austrieb. Die Pflanze selbst überlebt das zwar, doch der Ertrag des betreffenden Jahres fällt viel geringer aus. Im noch weiter nördlich gelegenen Chablis suchen die Winzer schon seit langem ihr Heil in Frostschutzmaßnahmen, vom Rauch- und Wärmeofen bis zur Berieselung, die den jungen Knospen eine Hülle aus Eis umlegt – das gewährt Schutz, weil die beim Gefrieren entstehende Verdunstungswärme als Isolierung wirkt. An der Côte ist derlei bisher nicht üblich.

Wasser Die Pflanze benötigt Wasser sowohl für ihr Wachstum als auch für die Photosynthese. Aufgenommen wird es über das Laub – allerdings nur in sehr geringen Mengen – und durch Osmose über die Wurzeln. Bei Trockenheit holt sich die Rebe mit ihrem tiefreichenden Wurzelwerk die nötige Feuchtigkeit aus dem Untergrund, wo sie auch wichtige Nährstoffe in Form der dorthin ausgewaschenen Minerale und Spurenelemente findet.

Die meisten besseren Domänen wissen über die Bedeutung geeigneter Veredelungsunterlagen, die rasch ein in die Tiefe reichendes Wurzelwerk ausbilden, ebensosehr Bescheid wie darüber, daß diese Entwicklung durch Beschneiden des seitlichen Oberflächenwurzelwerks gefördert wird. In Jahren wie 1976, 1988 und 1990, als infolge längerer Hitzeperioden die Photosynthese durch Dürre beeinträchtigt wurde, litten alte, tief eingewurzelte Weinstöcke weit weniger als junge Reben. Obwohl an der Côte der Untergrund vorwiegend aus massivem, scheinbar undurchdringlichem Fels besteht, bringt es die Weinrebe fertig, mit ihren Wurzeln 10 m und mehr in die Tiefe vorzudringen.

Wie bei Licht und Wärme ist auch beim Niederschlag die zeitliche Verteilung, vor allem kurz vor der Lese, ebenso wichtig wie die Gesamtmenge. In trockenen Jahren macht oft ausreichend Niederschlag zur Sicherung des Gleichgewichts zwischen Saft und Schalen und einer günstigen Konzentration den Unterschied zwischen einem guten und einem großartigen Jahrgang aus. Andererseits führt Regen während der Blüte zu *coulure*, d. h., die Blüten setzen keine Frucht an, weil es nicht zur Bestäubung kommt. Reichliche Niederschläge zur Lesezeit lassen dagegen die Trauben schwellen, so daß der Saft verwässert wird oder die Beeren gar aufplatzen und faulen. Regen wäscht auch Pflanzenschutzmittel ab.

In einer so vielfältigen Region wie der Côte ist es schwierig, optimalen Niederschlag zu definieren; es kommt sehr auf die Durchlässigkeit des Bodens an – ein kieshaltiger Boden nimmt mühelos Wassermengen auf, die auf Lehmboden zu Nässestau führen würden. Deshalb begrüßen nicht alle Vignerons aufziehende Regenwolken als Segen.

Licht, Wärme und Wasser sind die Hauptvariablen des Klimas – ihre Verteilung über das Jahr bestimmt das Wetter der betreffenden Wachstumsperiode. Für die Weinqualität ist nicht das absolute Maß der einzelnen Variablen, sondern ihr Zusammenwirken maßgeblich.

Insbesondere scheint das Verhältnis von Feuchtigkeit zu Wärme für Gleichgewicht und Harmonie eines Weins kritisch zu sein. In feuchten, kühlen Jahren entstehen dünne, unreife Weine, die sich auf keine Weise verbessern lassen. In feuchten und warmen Jahren dagegen sind die Trauben zwar verwässert, aber reif, und die Weine weisen oft schönes Bukett und Finesse auf. Eine entschlossene *saignée* kann das Gleichgewicht retten (z. B. 1982). Andererseits entstehen in heißen, trockenen Jahren wie z. B. 1976 oft strenge, tanninreiche, manchmal dickliche Weine, die eine lange Flaschenreife benötigen; der Winzer kann hiergegen nichts unternehmen. Am günstigsten ist normale Feuchtigkeit bei viel Wärme – dabei entsteht meist ein großartiger Jahrgang.

Im Randklima Burgunds verursacht unbeständiges Wetter oft genug hier oder dort Schaden. Meist ist Hagel, der zwischen April und August jederzeit unvermittelt hereinbrechen kann, schuld daran. Hagelschlag tritt nur lokal auf – gewöhnlich in einem nur wenige hundert Meter breiten Streifen –, walzt dort aber alles nieder, was ihm in den Weg kommt; es gibt jedoch auch geschützte Lagen. Hagel kann nicht nur die Blüten oder das Laub abschlagen, er verletzt oft auch die Beeren, so daß Fäule eindringen kann. Es gibt die kostspielige Möglichkeit, Hagelwolken durch Beschuß mit Raketen, die eine Kaliumiodidladung tragen, zu zerstreuen; die Wirkung ist jedoch begrenzt.

Wind birgt dagegen weniger Gefahren. Er kommt in Burgund aus unterschiedlichen Richtungen – der kälteste ist der als «bise» bekannte Nordwind. Eventueller Schaden beschränkt sich meist auf das Austrocknen der Vegetation und starkes Abkühlen offener Lagen, so daß sich der Reifevorgang verzögert.

Den potentiell zerstörerischen Einflüssen des Wetters ist der Vigneron so gut wie hilflos ausgeliefert. Die über Jahrhunderte hinweg entstandene Zersplitterung der Weinbergbesitzungen, die dazu geführt hat, daß die meisten Domänen kleine, verstreute Anteile an der Rebfläche mehrerer Gemarkungen haben, erweist sich als ihr bester Schutz.

Auch der große Abwechslungsreichtum im Kleinklima einzelner Stellen an der Côte spielt für die Qualität des Weins eine bedeutende Rolle. Wesentlich für das Verständnis der Côte d'Or ist die Erkenntnis, daß sie nicht nur ein komplexes geologisches, sondern auch ein ebenso vielschichtiges klein- und mikroklimatisches Mosaik darstellt. Die Winzer sprechen oft von den Eigenheiten und Empfindlichkeiten einzelner Lagen und Parzellen, als handle es sich um menschliche Wesen: die einen sind Spätentwickler, manche haben Launen, sind frühreif oder frostanfällig, manche leiden an Fußnässe und andere durch Wind.

Das Mikroklima herrscht unter, über und auf dem Boden. Um die Früchte herum kann ein anderes Mikroklima vorhanden sein als am

Die Combes haben großen Einfluß auf das Wetter an der Côte. Die Kalkfelsen der Combe d'Orveau bilden einen starken Kontrast zu den Weinbergen von Chambolle-Musigny.

Boden oder im Wurzelwerk – Erziehungssystem und Laubschnitt wirken sich auf das eine, der Bodentyp auf das andere aus. Auf beide hat die Bodenbearbeitung bzw. die Behandlung mit Herbiziden oder die Verdichtung durch schwere Maschinen Einfluß.

Die für das Klein- und Mikroklima bestimmenden Faktoren sind Himmelsrichtung, Höhenlage, Windschutz, Wasserabzug und Hangneigung. Sie alle verändern das Umfeld der Rebe, wobei Bodenerhebungen allein deshalb schon viel ausmachen, weil auf 100 m Höhenunterschied eine Temperaturdifferenz von 0,6 °C eintritt.

An der Côte sind die meisten Weinberge nach Süden oder Südwesten ausgerichtet, allerdings kommen unendlich viele Variationen vor. Viele der besten Lagen weisen unterschiedliche Hangneigung auf, manche liegen offen, andere sind durch Wälder oder Berge geschützt. Eine unendliche Vielfalt der Bodentypen, vom lockeren Kies bis zu dichtem Lehm, gewährleistet unterschiedlichen Wasserabzug.

Eine geographische Besonderheit der Côte sind die zahlreichen «combes», die sie seitwärts, allgemein in Ost-West-Richtung, durchschneiden. Sie bilden nicht nur Ablaufrinnen für Regenwasser und Bäche, sondern auch Windkanäle, die den Luftstrom über ungeschützten Lagen verstärken. Alle diese mehr oder minder breiten Seitentäler spielen für das Kleinklima der einzelnen Gemarkungen eine wichtige Rolle.

Ebenso große Bedeutung kommt dem Mikroklima zu, dem die Früchte ausgesetzt sind. Hoch oder am Rand der Belaubung hängende Früchte zeigen einen anderen Reifeverlauf als solche, die im Inneren hängen und stärker beschattet sind, während die näher am Boden befindlichen eine andere Wärmezufuhr erhalten als weiter entfernte.

Jeder Winzer weiß auch, daß keine Traube als ein homogenes, gleichmäßig reifes Ganzes angesehen werden darf. Insbesondere der Pinot Noir trägt oft sehr kompakte Trauben, durch die hindurch keine freie Luftzirkulation stattfindet; das verringert die Kühlung bei Hitze und begünstigt bei Feuchtigkeit die Entstehung von Fäule. Auch kommt es häufig vor, daß die äußeren Beeren einer Traube völlig reif, die inneren dagegen noch unentwickelt und sauer sind. Sorgfalt bei der Lese und beim Sortieren ist daher wichtig.

Die Traube stellt gewissermaßen die Summe der Vorgänge in der Wachstumsperiode dar. Vom einen zum anderen Jahr kommen aus einem bestimmten Weinberg vielleicht Trauben in gleichem Reifezustand, und doch sind die Weine am Ende sehr verschieden. Analytische Reife gibt daher nur sehr grobe Hinweise auf das Ergebnis der Weinbereitung. Gegen die Unbilden der Witterung kann der Winzer wenig ausrichten, durch Pflege des Bodens und vor allem des Laubwerks kann er die Qualität der geernteten Frucht jedoch stark beeinflussen.

Geheimnis Boden

Neben Klima und Rebsorte ist der Boden ein bestimmender Faktor für die Weinqualität. In Burgund anders als sonstwo in Europa, außer vielleicht im Elsaß und in Deutschland, beruht die Rangeinstufung des Weinberglands vor allem auf dem Boden, und nirgendwo trifft das in höherem Maß zu als an der Côte d'Or. Betrachtet man die Karte der Weinberge, stellt man ungläubig staunend fest, daß oft nur ein paar Meter eine Grand-Cru-Lage von einer bescheidenen Villages-Lage trennen. In solchen scheinbar willkürlichen Trennlinien spiegelt sich die über Jahrhunderte gewachsene Erkenntnis, daß systematische Unterschiede in der Qualität des Weins der Trauben aus einem Stück Weinberg und einem anderen bestehen. Auf dieser Beobachtung beruht das AC-System.

Unterschiede festzustellen heißt noch nicht unbedingt, sie auch erklären zu können. Ein Weinberg besteht schließlich nicht nur aus seinem Boden, sondern vor allem aus seinem *terroir*, jenem vieldiskutierten Konzept, das Oberboden, Unterboden, Hangneigung, Lage und Mikroklima in sich schließt, die ja alle zu einem Wein beitragen und deshalb möglicherweise für erkennbare Qualitätsunterschiede mitverantwortlich sind. Außerdem bedeutet wohl das Zusammenspiel all dieser Faktoren, daß das Ganze mehr ist als nur die Summe seiner Bestandteile, daß es also sinnlos wäre, einen bestimmten Aspekt des Terroirs zu betrachten, ohne alle anderen mit zu berücksichtigen.

Der Boden ist ein diffuser Gegenstand. Im normalen Sprachgebrauch meint man damit lediglich den Grund, in den man den Spaten oder die Hacke senkt, doch der Geologe versteht darunter nur die oberste Schicht beispielsweise eines Weinbergs, unter der sich dann das die Unterschicht bildende Sediment und schließlich der Felsgrund befindet. So wie die Erde sich entwickelt hat, kann man kaum behaupten, daß alle Schichten gleich zusammengesetzt seien; ganz im Gegenteil hat jede ihre besonderen Eigenschaften. Fest steht lediglich, daß der Boden für die Weinrebe zwei getrennte Funktionen erfüllt: Seine physikalischen Eigenschaften bestimmen seine Fähigkeit, Wasser und Wärme zu speichern, und seine chemischen Eigenschaften beeinflussen den Nährstoffgehalt und damit das Pflanzenwachstum.

Für die Entstehung feinen Weins sind vor allem die physikalischen Bodeneigenschaften bestimmend, die den Wasserabzug regulieren. Das Gleichgewicht ist diffizil: Die Weinrebe stirbt rasch ab, wo ihre Wurzeln in stauender Nässe stehen, andererseits aber braucht sie einen Wasservorrat, den sie mit ihren Wurzeln bei Trockenheit anzapfen kann. An der Oberfläche feuchte Böden, die auch hohe Luftfeuchtigkeit in Bodennähe mit sich bringen wie beispielsweise in der Ebene bei der RN74, wo der Lehmgehalt hoch ist, sind nicht begehrt, weil sie auch Frostlöcher darstellen, was zu entsprechenden Schäden führen kann. An der Côte erfroren bei den strengen Frösten 1985 die meisten Reben auf diesem flacheren Grund, der vor allem den Regional- und Villages-Appellationen vorbehalten ist.

In der Regel sind an der Côte d'Or die günstigsten Lagen die an Hängen mit durchlässigem Boden, wo überdies Oberflächenwasser und Kaltluft ablaufen können und Licht und Wärme sich am stärksten auswirken. Allerdings ist der Boden im oberen Teil dieser Hänge stets zu dünn – das verleiht den Weinen zwar Subtilität und Finesse, jedoch kaum Struktur. Dagegen sind die Böden am Fuß der Hänge tiefgründig und fett – das ist zwar gut für die Struktur, bringt aber nicht viel Finesse zuwege. Deshalb befinden sich die feinsten Lagen meist am mittleren Hang, wo der Boden eine optimale Ausgewogenheit zwischen Struktur und Eleganz hervorbringt.

Neben dem Wasserabzug spielt auch das Wärmespeichervermögen eine gewisse Rolle. Ein steiniger Boden kann durch Abstrahlen der gespeicherten Wärme in die Umgebungsluft in einer Spätfrostnacht Schäden verhindern oder in einem kühlen Jahr den Zuckergehalt der Trauben steigern.

Die Größe und Adhäsion der Bodenpartikel in der oberen Schicht ist ebenfalls eine wichtige physikalische Eigenschaft. Viele Premier- und Grand-Cru-Lagen an der Côte befinden sich auf Hängen mit einem Gefälle von bis zu 20°, so daß Regengüsse ohne weiteres große Mengen lockerer Erde abschwemmen können, die der Winzer dann mühsam wieder den Hang hinaufschaffen muß. Diese Form der Bodenerosion wirkt sich besonders destruktiv aus, weil ja die feineren Partikel, die naturgemäß am leichtesten davonschwimmen, gerade als besonders wichtig für die Qualität gelten. Zum Glück verfügen viele Weinberge über einen hohen Anteil an Steinen und Geröll an der Oberfläche, die den Boden festhalten helfen. Erosion ist aber nicht auf die Steilhänge beschränkt: selbst in Lagen mit nur 5° wie Le Montrachet oder 3° 40' wie im unteren Teil von Romanée-Conti kommt es vor, daß die oberste Bodenschicht so stark ausgespült wird, daß sie ersetzt werden muß.

Alle Bodenarten erodieren, wenn die oberste Schicht nicht wenigstens einige Zentimeter tief ständig gleichmäßig durchfeuchtet ist. Um dem entgegenzuwirken, säen viele Winzer zwischen den Rebzeilen Gras, das den Boden festhalten soll. Die Methode ist zwar wirksam, doch konkurriert das Gras mit der Rebe um Wasser – das ist insbesondere in heißen, trockenen Jahren wie 1976 und 1988 unerwünscht. Ferner verändert das Gras die Reflexionseigenschaften des Bodens und nimmt vor allem Kali aus diesem auf, so daß sich das Nährstoffgleichgewicht verschieben kann.

Der Boden ist aber mehr als nur ein inertes, mehr oder weniger lockeres Substrat, in dem die Rebe wächst, er ist auch das Medium, aus dem die Pflanze einen großen Teil ihrer Nahrung bezieht. Sie braucht vor allem Wasser – es gibt keine chemische Reaktion in der Pflanze, die ohne Wasser auskäme; abgesehen von den minimalen Mengen, die sie über das Laub aufnimmt, muß die Rebe es vor allem über die Wurzeln aus Feuchtigkeitsvorräten im Boden beziehen.

Die Fähigkeit der Wurzeln, tief in den Unterboden vorzudringen, wirkt sich noch insofern vorteilhaft aus, als viele für das Pflanzenwachstum nötige Substanzen wasserlöslich sind, mit dem durch den Boden sickernden Wasser in die Tiefe gelangen und dort nun durch Osmose aufgenommen werden können. Zwar ist noch nicht genau erforscht, wie die Pflanzen Nährstoffe aus dem Boden entnehmen, es ist aber wahrscheinlich, daß dies mehr durch direkten Kontakt der Wurzeln mit dem Boden als auf dem Umweg über die Wasseraufnahme geschieht.

In einer Region wie der Côte d'Or ist es für die Entstehung großer Weine nicht allein damit getan, Reben an Stellen zu pflanzen, die weder für Staunässe noch für Frost empfindlich sind. In ganz unterschiedlichen Bodentypen wachsen die verschiedensten Rebsorten; daher geht es darum, herauszufinden, welche am besten aneinander angepaßt sind. Pinot Noir und Chardonnay gedeihen ausgezeichnet auf den Kalksteinböden der Côte d'Or und der Champagne, wären dagegen für den Kiesboden im Médoc die falsche Wahl.

Neben dem grundsätzlich geeigneten Bodentyp sind auch bestimmte Grundelemente – v. a. Stickstoff, Kalium und Phosphor – für gutes Pflanzenwachstum wesentlich. Nützliche Spurenelemente, meist Minerale, können ebenfalls in mehr oder minder großen Mengen vorhanden sein. Wie man weiß, kann die Rebe die Elemente beider Arten für ihre Zwecke verwenden. Nicht so genau bekannt ist dagegen, wie eine bestimmte Substanz sich auf die Weinqualität auswirkt. Das Beste, was der Winzer tun kann, ist, regelmäßig tiefreichende Bodenanalysen vorzunehmen und dann durch vernünftigen Gebrauch von Düngemitteln seinen Boden fein abzustimmen. Ist ein gutes Gleichgewicht erreicht, dann sind weitere Düngergaben überflüssig.

Das richtige Gleichgewicht im Boden zu erhalten erfordert große Sachkenntnis; schwere Fehler haben oft lang nachwirkende und kostspielige Folgen. An der Côte wird stets in Erinnerung bleiben, daß in den 1960er und 70er Jahren redegewandte Düngemittelvertreter manchen wohlhabenden Winzer dazu überredeten, seine Weinberge mit Kali zu verwöhnen. Die noch rund 30 Jahre danach spürbaren Folgen zeigten sich in katastrophaler Säurearmut der Weine, die sich daraufhin früh auflösten. Leider wird Kali nie völlig abgebaut; Forschungen in England (Warren & Johnston, 1962) haben ergeben, daß eine Kalidüngung noch nach 56 Jahren ausgeprägte Wirkung zeigte. Es scheint, daß das von der Rebe aufgenommene Kali in ihr verbleibt, bis es über die Trauben und den Rebschnitt allmählich schwindet.

Obwohl nun der Boden sich im Geschmack des Weins auswirkt, ist doch wenig erforscht, auf welche Weise dies geschieht. Fest steht lediglich, daß es keine einfache Beziehung zwischen Bodentyp und Weingeschmack gibt; beispielsweise bewirkt hoher Eisengehalt durchaus keinen Eisengeschmack und Kreideboden keinen Kreidegeschmack. Die Einflüsse sind offenbar unendlich viel subtilerer Art.

Welche Eigenschaft des Bodens erbringt also am wahrscheinlichsten feinen Wein? Allgemein herrscht der Glaube, daß «Reben wie Poeten ihr Bestes hervorbringen, wenn sie hungern... in dem blutarmen Boden, wie er typisch für die besten Gewächse ist» (Lichine, 1982). Auch die Winzer glauben das; oft hört man, die Rebe müsse zu kämpfen haben, und im Weinbau der Neuen Welt ist der Begriff «Streß» gang und gäbe. Dabei ist der Zusammenhang zwischen Weinbau und kargem Boden durchaus nicht universell gültig. Zwar stimmt es, daß auf den mageren, stickstoffarmen Böden des Médoc sonst nicht viel gedeihen würde, höchstens noch Wald, aber weite Teile der Côte d'Or wären ohne weiteres auch für andere Nutzpflanzen geeignet.

Historisch trifft es natürlich zu, daß die Weinrebe als lang ausdauernde, wenig Pflege verlangende Pflanze an Stellen angebaut wurde, die für etwas anderes nur wenig brauchbar oder aber zu schwierig zu bearbeiten waren. Da die Rebe eine lange, warme Reifezeit braucht, sind zudem, je weiter man nach Norden kommt, die Weinberge häufiger an Hängen angelegt, wo sie möglichst viel Sonnenlicht erhalten. In Verbindung mit der in solchen Lagen von Natur aus stärkeren Bodenerosion bedeutet dies aber, daß dort die Böden magerer sind als in den Ebenen, in denen sich Schwemmland und Flußschlick abgesetzt haben. Hieraus erklärt sich wohl das alte Märchen vom kargen Boden.

Die eigentliche Bedeutung einer nährstoffarmen oberen Bodenschicht liegt aber darin, daß die Rebe gezwungen wird, ein in die Tiefe reichendes Wurzelsystem zu entwickeln, durch das sie sich im Untergrund mit Nährstoffen und Wasser versorgen kann.

Der große britische Geologe Professor Hancock weist darauf hin, daß moderne Weinstöcke auf amerikanischen Unterlagsreben den größten Teil ihrer Nahrung mit einem relativ flachen, oft nur in 40 cm Tiefe reichenden Wurzelwerk aufnehmen. Nun ist aber in vielen Gegenden, in denen feine Weine wachsen, die natürliche Krume sehr dünn, oft nur 20 cm stark; demgegenüber ist in vielen Regionen, die größere Mengen an mittelmäßigen Weinen hervorbringen, der Boden tiefgründiger. Hieraus schließt er, daß der allgemeine Glaube an die Bedeutung karger Böden «ein Element der Wahrheit enthält, jedoch eine irreführende Vereinfachung darstellt. Es ist eine Frage des für die Rebe geeigneten Gleichgewichts».

Die Geologen wissen seit langem, daß die ganze Côte auf einem vor 170–150 Mio. Jahren in der Kreidezeit entstandenen Kalksteinfelsgrund ruht. Damals umspülte ein flaches, warmes Meer das nicht weit entfernt im Westen befindliche Grundgebirge des Massif Central. In diesem Meer sammelte sich allmählich Kalk, manchmal abwechselnd mit Tonschichten, an. Seit der Kreidezeit haben sich die Gebirgshöhen mehrfach verändert, und heute liegen die Kalksteinfelsen und der Ton aus der Kreidezeit offen zutage. Inzwischen sind die Schichten ins Tal abgesunken und haben an der Hangkante entlang einen Abbruch entstehen lassen.

Während der letzten Eiszeit wurde die Côte jeden Winter tiefgefroren. Beim Auftauen im Sommer rutschten dann die Oberflächensedimente auf den darunterliegenden gefrorenen Felsen selbst an Hängen mit wenigen Grad Neigung abwärts. Viele große Weinberglagen von heute befinden sich auf solchen abgeglittenen Ablagerungen; unter anderen, z. B. Chevalier-Montrachet, befindet sich massiver Kalksteinfels. Überdies ist im Lauf der Jahrtausende Wasser durch das Gestein gesickert und hat den Kalk herausgelöst, so daß die unlöslichen Sand- und Tonpartikel zurückblieben und ihr Anteil in den oberen Bodenschichten allmählich wuchs.

Vor diesem geologischen Hintergrund sind die Böden der Côte d'Or eingehend untersucht worden, teils um festzustellen, welche Rebsorten sich für welche Bodenarten am besten eignen, teils um zu ergründen, ob ein erkennbarer Zusammenhang zwischen Weinqualität und Bodenart besteht. Kalk ist besonders günstig für die Entstehung von *vin de garde*, dagegen bringen Granitböden eher frühreifende Weine hervor. Die Unterschiede zwischen Rieslinglagen im Elsaß liefern hier auffällige Beweise.

In einer 1957 veröffentlichten Studie analysierte Mme. Rolande Gadille zahlreiche Bodenproben aus allen Teilen der Côte, doch obwohl dabei viele interessante Beziehungen zutage kamen, konnte sie doch keinen klaren Zusammenhang zwischen Bodentyp und Weinqualität feststellen.

In einer späteren Untersuchung versuchten französische Geologen (Meriaux et al., 1981), die physikalischen Merkmale – Hangneigung, Gesteinsgehalt, Ton- und Kalkgehalt – mehrerer Orte an der Côte mit der jeweiligen Weinqualität in Beziehung zu setzen. Sie fanden heraus, daß die besseren Lagen – d. h. die Premiers und Grands Crus – sich meist auf Hängen mit einem Gefälle von über 3 %, einem mittleren Gesteinsgehalt von 5–40 % und einem Tongehalt befanden, der feiner war als in den Regionallagen; auch wurde in den besseren Lagen höherer Kalkgehalt festgestellt.

Bislang aber haben alle vorliegenden Studien nur wenig für jene erbracht, die eine Liste der Bodenbestandteile einer Grand-Cru-Lage an der Côte d'Or aufstellen möchten. Dennoch bleibt es höchst wahrscheinlich, daß der Boden eine wichtige Einflußgröße für die Typenechtheit der Gemarkungen und *climats* überall an der Côte darstellt, denn wenn man alle Variablen, die das Bild verwischen – d. h. Winzer, Mikroklima usw. –, ausscheidet, dann bleiben wesentliche und systematische Unterschiede zwischen den Weinen von aneinandergrenzenden Lagen und aus verschiedenen Gemarkungen übrig.

Der Boden ist nur ein Glied der komplexen Gleichung. Während die Geologen und andere Fachleute in ihren Schlußfolgerungen Zurückhaltung üben, verallgemeinern und übertreiben andere in dem Versuch, die faszinierenden Geheimnisse der Region zu enträtseln, die Bedeutung der Eigenschaften und Einstufungen. Es scheint jedoch, daß die physikalischen Eigenschaften der Weinbergböden und des Felsgesteins größeren Einfluß auf die Weinqualität ausüben als die chemische Zusammensetzung.

Wer versucht sein sollte, die Schwierigkeiten geringzuschätzen, die einer isolierten Betrachtung der Rolle des Bodens entgegenstehen, den dürfte vielleicht ein Experiment von Professor Ravasse aus Montpellier eines anderen belehren: Er betonierte einen halben Weinberg zu und verglich die in ihm gewachsenen Weine mit denen der anderen Hälfte. Im Lauf von 27 Jahren stellte er keine nennenswerten Unterschiede in Ertrag oder Zuckergehalt fest. Nur welkten die zubetonierten Reben bei großer Hitze stärker!

Der große französische Geologe Professor Noël Leneuf hat einmal geagt: «Es muß stets etwas Geheimnisvolles bleiben» – es dient als Antrieb für die Wißbegier. Allerdings muß man auch Professor Hancock zustimmen, wenn er meint: «Die Geologie hat zwar für den Weintrinker nur theoretisches Interesse, für den Weinerzeuger aber wesentliche Bedeutung.»

Pinot Noir

Pinot Noir ist die launischste aller Rebsorten und verlangt vom Winzer, Kellermeister und Weintrinker stets ein Höchstmaß an Geduld und Respekt. Sie reagiert überaus empfindlich auf Klima, Boden, Rebschnitt und Erziehungssystem und insbesondere auch darauf, wie ihre Frucht behandelt und vinifiziert wird. In Bestform bringt sie sinnliche, herrlich duftige und verführerisch fleischige Weine hervor, und im schlimmsten Fall produziert sie magere, ungefüge Gewächse mit reizlosem, rohem, holzigem Geschmack und so viel Säure, daß man eine Autobatterie damit füllen könnte.

Man könnte sich nun fragen, warum sich Menschen überhaupt mit einer so tückischen, unberechenbaren Traube abplagen, schließlich gibt es doch genug Alternativen. Viele Winzer an der Côte d'Or äußern sich oft frustriert über sie und können sich doch von ihr ebensowenig trennen wie ein Spieler von der Hoffnung auf den in nebelhafter Ferne winkenden großen Gewinn.

Dabei haben sie doch reichlich Erfahrung mit dem Pinot Noir, dessen lange Geschichte an der Côte damit beginnt, daß er erstmals um 1375 unter eigenem Namen – Pinot Noirien – auftrat (übrigens sind Anpflanzungen einer ähnlichen Vinifera-Sorte schon im 1. Jh. n. Chr. belegt). Herzog Philipp der Kühne von Burgund befand es als notwendig, bessere Rebsorten anzupflanzen, damit die Böden der Weinberge seines Landes ihr Bestes geben könnten, und erließ, vom Wert des Pinot Noir überzeugt, 1395 ein Edikt zugunsten dieser Traube, worin er den ertragreicheren, aber weniger edlen Gamay in Acht und Bann tat.

Brauchtum und Gesetz haben seither den Vorrang des Pinot Noir als der edlen Traube der Côte gefestigt. Dabei wäre es unrichtig, ihn als eine einzige Rebsorte betrachten zu wollen. Nicht nur ist von ihm seit den 1950er Jahren eine Reihe von Klonen herangebildet worden, er hat auch zahlreiche Mutationen hervorgebracht. Henri Gouges beispielsweise legte den Grundstein für seinen Nuits-St-Georges Blanc in den 1930er Jahren, als er in seinem Weinberg Les Perrières einen Weinstock entdeckte, der sowohl weiße als auch rote Trauben trug.

Die meisten an der Côte gepflanzten Pinot-Reben, ob Klone oder *sélection massale*, stammen vom Pinot Fin ab, der wegen seines gekrümmten Stamms auch Pinot Tordu heißt; er gilt als die einzige Pinot-Variante, die wirklich feine Burgunder hervorbringen kann. Eine nicht ganz so feine Abart ist der Pinot Droit, der seinen Namen seinem geraden, aufrechten Wuchs verdankt. Er trägt reicher als der Pinot Fin und ist auch im Anbau bequemer. Viele Winzer sahen, verlockt durch die Hoffnung auf weniger Arbeit und mehr Wein, im Pinot Droit ein Mittel, ihr Einkommen aufzubessern. In den 1960er und 70er Jahren schossen Anpflanzungen wie Pilze aus dem Boden, bis die Diskrepanz in der Qualität offenkundig wurde. Was heute noch von dieser Variante vorhanden ist, wird vor allem in den besseren Lagen wieder durch Pinot Fin ersetzt.

Kennzeichnend für den Pinot Noir sind seine kleinen, dichtbesetzten Trauben und sein kleines, mittelgrünes Blatt. Die kompakte, an Pinien- oder Kiefernzapfen erinnernde Form der Traube soll angeblich dem Namen Pinot zugrunde liegen. Im Vergleich mit Cabernet Sauvignon beispielsweise sind die Pinot-Trauben um etwa 40–50 % kleiner, und auch das Blatt hat um 4 % geringere Abmessungen. In feuchtwarmer Umgebung gibt die Traube das ideale Mikroklima für Fäule ab, deshalb sind die Bemühungen der Züchter auf Klone mit kleineren Beeren und lockerer aufgebauten Früchten gerichtet.

Die Haut der Beeren ist fragil, die Trauben reifen nur schwer voll aus – das ist zum Teil auch der Grund dafür, daß der Pinot einen relativ hellen Wein liefert. Für den Winzer unerfreulicher ist, daß die dünne Beerenhaut dem Sauerwurm, der Raupe des Traubenwicklers, der an der Côte d'Or eine stetige Plage bildet, keinen großen Widerstand entgegensetzt. Er frißt die Trauben an und hinterläßt eine Verletzung, in der sich rasch Fäule festsetzt, die – wenn sie sich ausbreitet – die Qualität der Weine stark beeinträchtigt.

Die Anfälligkeit des Pinot für Echten Mehltau und Graufäule ist mit daran schuld, daß er so unbequem zu kultivieren ist. Aber auch für die von einem Virus verursachte Reisigkrankheit *(court-noué)* ist er empfindlich, die sich in den Jahren der Vernachlässigung im und nach dem letzten Krieg in vielen der besten Weinberglagen stark ausgebreitet hat. Sie wird von einem an den Wurzeln saugenden Älchen sowie beim Veredeln übertragen und von ermüdeten Böden und geschwächten Reben begünstigt. Der Befall ist daran erkennbar, daß das Laub vergilbt und abfällt und die Blattadern reisigbesenartig herausstehen. Dies führt unausweichlich zu Degeneration und schließlich zum Absterben der befallenen Rebe, ohne daß es Aussicht auf Heilung gäbe. Das einzige realistische Mittel besteht darin, infizierte Reben auszuhauen, den Boden zu entseuchen und danach mit virusfreien Pflanzen neu zu bestocken.

Der Pinot Noir treibt früh aus und ist daher spätfrostanfällig. Deshalb schneiden die meisten Winzer ihre Pinot-Noir-Reben nicht zu streng, damit wenigstens einige Augen durchkommen. Außerdem braucht er eine lange, einigermaßen gleichmäßige Wachstumsperiode, um seine Früchte zur Reife zu bringen, und er mag extreme Hitze überhaupt nicht. Keine noch so kühle Gärung kann aus einmal überreif gewordener Trauben Finesse und Delikatesse herausholen.

Die Frage, wie der Pinot Noir an der Côte am besten zu schneiden und zu erziehen sei, ist der Gegenstand vieler Untersuchungen. Insbesondere in Santenay und Chassagne wird das System *cordon de Royat* bevorzugt, weil die Erfahrung lehrt, daß auf den dortigen fruchtbaren Böden mit ausgebreiteter Vegetation und nicht so produktiver Augenverteilung bessere Ergebnisse zu erzielen sind. Die dort angebaute Variante «le plant fin de Santenay» ist anders als die sonst an der Côte übliche; sie ist jedoch offenbar an ihr Umfeld gut angepaßt, und die Winzer verstehen sich darauf, mit ihr umzugehen.

Die launische Art des Pinot erstreckt sich auch auf seinen Geschmack. Er paßt sich an unterschiedliche Vinifikationsmethoden an und zeigt eine breitere stilistische Vielfalt als Cabernet Sauvignon und Syrah. Während diese beiden Sorten ihre Identität bewahren, wo immer sie angebaut werden, nimmt der Pinot wie ein Chamäleon je nach seiner Herkunft ein anderes Gepräge an.

In Burgund spricht der Pinot Noir gut auf das Randzonenklima und einen mageren, gut durchlässigen Boden mit starkem Kalkgehalt an und leistet sein Bestes, wenn die Reben alt und die Erträge niedrig sind. Allerdings ist er auch hier wiederum launisch insofern, als er nicht überall sein Bestes gibt. Seiner relativen Fragilität wegen (die Beerenhaut ist doch robuster, als allgemein angenommen wird) muß er voll ausgereift sein, wenn er einen ausgewogenen Wein erbringen soll. Weine aus niedrigen Erträgen und reifer Frucht vertragen dann aber eine kräftige Dosis frisches Eichenholz und altern großartig.

Schon ein leiser Hauch der Majestät, die der Pinot Noir zu erreichen imstande ist, genügt, um die Weinerzeuger überall, nicht nur an der Côte, zu neuen Bemühungen anzufeuern. Die ganz großen Burgunder bilden nach wie vor eine Inspiration für alle, denen seine hinreißende seidige Opulenz und außerordentliche Komplexität als immerwährendes Ziel vorschwebt. Das Streben nach einem Pinot-Noir-Wein, der einem Grand Cru von der Côte d'Or wenigstens nahekommt, ist insbesondere für viele Weinerzeuger der Neuen Welt zum Heiligen Gral geworden – bisher hat sich dort aber noch kein Parsifal gefunden.

CHARDONNAY

Im Gegensatz zum Pinot Noir ist der Chardonnay ein Muster an Fügsamkeit und entgegenkommender Art. Wo immer er gepflanzt wird, gibt er sich selbst unter ungünstigen Verhältnissen freimütig und attraktiv. Chardonnay stellt in Bestform mit seiner reichhaltigen, konzentrierten Art und großen Langlebigkeit für viele den Inbegriff eines trockenen Weißweins dar.

Die Geschichte des Chardonnay ist nicht so eindeutig belegt wie die des Pinot Noir; es gibt im Mâconnais ein obskures Dorf namens Chardonnay, das vielleicht mit den Ursprüngen der Sorte im Zusammenhang steht – ob dem aber wirklich so ist, bleibt in Dunkel gehüllt. Auch ist nicht gewiß, wann die Traube erstmals an der Côte auftrat. Obschon der besondere Adel der großen Grand-Cru-Lagen wie Montrachet und Corton bereits seit dem 8. Jh. anerkannt ist, waren sie doch damals mit einer Mischung von Rebsorten und nicht mit nur einer einzigen besetzt. Bis zum Ende des 19. Jh. war der Aligoté stark verbreitet.

Ebenso verwischt wie die Ursprünge des Namens Chardonnay ist auch die Abstammung der Sorte. Die häufig gebrauchte Bezeichnung «Pinot Chardonnay» geht darauf zurück, daß er lange für eine weiße Abart des Pinot Noir gehalten wurde. Dem ist zwar nachweislich nicht so, die Winzer aber bleiben bei dem Glauben, daß eine Verbindung besteht.

Im Weinberg macht die Rebsorte kaum Schwierigkeiten. Sie treibt zwar früh aus und ist deshalb spätfrostanfällig, sie verträgt aber lange Winterkälte ohne weiteres. Wie ihre Kollegen in Chablis denken auch die Winzer an der Côte mit Schrecken an den Winter 1956 zurück, als das Thermometer auf −27 °C fiel und dort so lange verharrte, bis ein großer Teil der Reben – sowohl Pinot Noir als auch Chardonnay – erfroren war.

Sofern er eine lange, gleichmäßige Wachstumsperiode und angemessene Wärme genießt, reift der Chardonnay gut. Selbst unter Voraussetzungen, die anderen Rebsorten nicht zusagen, erreicht er hohe Süßegrade und verlangt deshalb weniger *chaptalisation*; wenn er aber zu spät oder bei knapper Säure geerntet wird, kann er flau ausfallen.

Sich selbst überlassen treibt der Chardonnay in alle Richtungen reichlich Laub. Das sieht zwar nach strotzender Gesundheit aus, zehrt aber viel Energie der Pflanze auf, die den Früchten dann fehlt. Dieser natürlichen Wuchskraft wegen muß der Vigneron streng schneiden und überschüssige Augen und Triebe früh ausmerzen, wenn er ausgewogene, konzentrierte Frucht ernten will. Auch für Echten Mehltau und *court-noué* ist der Chardonnay anfällig.

Die Reife hängt stark vom Standort ab – in den kühleren Westlagen von Pernand und Savigny beispielsweise und auf den höheren, ungeschützteren Hängen von St-Aubin oder Chassagne kommt sie um eine Woche später zustande als in den Süd- und Südostlagen von Puligny oder Meursault.

An den Boden stellt der Chardonnay keine besonderen Ansprüche – er gedeiht recht gut auch in den sauren bis neutralen Böden des Mâconnais und leistet Großartiges, wenn auch ganz anderes, im Kimmeridge-Lehm von Chablis. Die besondere Eignung der dortigen Böden für Pinot Noir bringt es mit sich, daß an der Côte de Nuits kaum Chardonnay angebaut wird. Die wenigen Bestände, die es gibt, beweisen nur, daß er auch dort achtbar abschneiden würde.

An der Côte de Beaune haben die günstigsten Lagen, auch die Grands Crus, gut durchlässigen, stark kalkhaltigen Boden; doch Versuche, einen Zusammenhang zwischen bestimmten Bodentypen und der Weinqualität herzustellen, haben bisher außer einer Unmenge statistischer Daten nichts erbracht. Der Montrachet hat offenbar nicht die Absicht, sein Geheimnis preiszugeben.

Eine reife Chardonnay-Traube. Die gefleckte Beerenhaut verfärbt den Wein, wenn sie zu lange im Most bleibt.

Eine der großen Tugenden des Chardonnay ist, daß er feinen Wein auch noch bei Erträgen hervorbringt, bei denen der Pinot Noir eindeutig wässerig schmecken würde. Erstklassige Erzeuger, die für den Pinot Noir die absolute Obergrenze bei 35 hl/ha sehen, zeigen sich keineswegs beunruhigt, wenn der Chardonnay noch einmal um die Hälfte mehr bringt. Das hat vielleicht eher damit zu tun, daß beim Weißwein kein bestimmtes Verhältnis von Feststoffen zu Flüssigkeit eingehalten werden muß, als mit einer besonderen Charakteristik des Chardonnay.

Auch im Keller ist der Chardonnay form- und gestaltbar. Er erbringt feine Qualität, ob er nun kühl oder warm vergoren, ob er in neuen oder alten Eichenfässern oder in Edelstahltanks bereitet und ob er nach einjährigem oder längerem Faßausbau abgefüllt wird. Auch jede beliebige Eichenholzsorte verträgt er gut und fällt nur selten übertrieben tanninherb oder «boisé» aus.

Allerdings geht seine Neigung, vor allem gegen Ende des Reifevorgangs hohe Süßegrade anzunehmen, meist auf Kosten der Säure. In sehr heißen Jahren, z. B. 1983, kann er deshalb schwerfällig und alkoholreich ausfallen, wenn nichts unternommen wird, um die natürliche Säure zu erhalten. Winzer, die es mit einer späten Lese versuchen, riskieren sehr gehaltvolle, überreife, weiche Weine, die einen überzogenen Eindruck machen und keinen Biß – also zuviel Fett und keinen Unterbau – haben.

Für den Weinliebhaber ist das schönste Attribut des Chardonnay seine große Entfaltungsfähigkeit. Ein junger Grand-Cru-Wein trinkt sich zwar vielleicht schon angenehm, aber erst nach Jahren in der Flasche beginnt er seiner Herkunft echten Ausdruck zu verleihen und seine Rasse zur Geltung zu bringen. Die Grenze zwischen Jugend und Alter ist aber bei Weißwein schmaler als bei Rotwein; da kein größerer Gehalt an Tannin vorhanden ist, tritt schon das leiseste Anzeichen von Oxidation scharf in den Vordergrund.

Überall in der Weinbauwelt gelingt es Winzern, mit Chardonnay größere Höhen zu erklimmen als mit Pinot Noir, dennoch bleibt ihrem unermüdlichen Streben, der verhaltenen Tiefe und Wucht der weißen Grands Crus von der Côte nahezukommen, doch immer wieder nur begrenzter Erfolg beschieden. In einem feinen Corton, Meursault oder Puligny findet sich stets eine Dimension zurückhaltender Eleganz und Klasse, die sich jeder Nachahmung zu entziehen scheint.

Wahl des Pflanzguts

So raffiniert die Vinifikationsmethoden auch sein mögen, die Qualität des Weins hängt am Ende doch vom Rohmaterial – der Traube – ab. Dieses wiederum wird bestimmt durch die Lage des Weinbergs, das Klima und vor allem die Art und Qualität der Pflanzen.

Eine europäische Weinrebe besteht aus zwei aufeinandergepfropften Teilen: dem oberen, der Edelrebe, nach der sich die Rebsorte richtet, und einem unteren, der Unterlagsrebe, die das Wurzelwerk ausbildet und die allgemeine Wuchscharakteristik sowie die Anpassungsfähigkeit an den Boden bestimmt.

Bis noch vor einem halben Jahrhundert hatten die Winzer lediglich die Wahl zwischen einer fertig veredelten Jungrebe oder einer reblausfesten Unterlagsrebe, auf die sie ein Edelreis aus den eigenen Weinbergen (sélection massale) aufpfropfen konnten. Die meisten arbeiteten auf die letztere Weise, doch die Ergebnisse waren dem Zufall überlassen. Wenn die Veredelungen das erste Jahr überhaupt überlebten, waren sie doch nicht zuverlässig krankheitsfrei oder ertragsicher.

Erst seitdem sich die Wissenschaft intensiver mit Selektion und Züchtung befaßte, konnte sie schließlich 1969 eine größere Auswahl an besonders ausgewählten und gezüchteten Pinot-Noir- und Chardonnay-Klonen zusammen mit einer Reihe von Unterlagsreben zur Verfügung stellen, die auf bestimmte Bodentypen abgestimmt waren. Mit zunehmenden Erkenntnissen über diese Klone und verbesserten Anzuchtmethoden konnten die Winzer davon überzeugt werden, die Eigenveredelung aufzugeben. Doch manche Vignerons in Burgund setzen noch immer kein Vertrauen in die Qualität der Standardklone und ziehen weiter ihr Pflanzgut selbst heran.

Klone Ein Klon ist Becker zufolge eine Gruppe von durch vegetative Vermehrung eines einzigen Organismus gewonnenen Individuen (1982). Eigentlich sind sowohl die Chardonnay- als auch die Pinot-Noir-Reben, die man in den Weinbergen antrifft, nicht Genotypen, sondern eine Population – Tausende von Klonen und Mutationen, von denen bisher nur einige hundert genauer untersucht und für die Auswahl der Handvoll derzeit vermarkteter Klone herangezogen worden sind.

Um eine individuelle Varietät heranzuziehen, muß man von einem einzigen Kern oder einem Auge einer Rebe ausgehen. Inzwischen werden Anstrengungen gemacht, unmittelbar genetisches Material als Grundlage zu benutzen, um die Auswahl weiter zu verfeinern. Die Entwicklung eines Klons nimmt 12 bis 15 Jahre in Anspruch, denn die selektierten Pflanzen müssen in jedem Stadium zunächst beobachtet und genau geprüft werden, ehe sie in marktgängigen Mengen vermehrt werden können.

Den ursprünglichen Anstoß für die Klonierung bildete die weitverbreitete, auf Viren zurückzuführende Degeneration, die sich in den 1950er Jahren an der Côte vor allem beim Chardonnay verheerend bemerkbar machte. Als dann virusfreie Varianten entwickelt waren, wurde besonders die Selektion nach Sortenreinheit und Qualität betrieben.

Das Ziel der Klonierung ist nicht, das Spektrum einer Rebsorte zu verändern, sondern die Variante so zu verfeinern, daß nur geringe Schwankungen auftreten. Es geht also darum, sowohl die Gesundheit als auch die Sortenreinheit der betreffenden Variante zu maximieren. Bei der Entwicklung eines Klons richtet sich die Selektion sowohl auf positive Attribute – höherer Zuckergehalt, besseres Gleichgewicht zwischen Zucker und Säure, gleichmäßige Leistung, Frosthärte, Pigmentqualität, Austriebs- und Reifezeitpunkt, Beerengröße, Laub- und Holzentwicklung usw. – als auch auf das Nichtvorhandensein negativer Attribute – Krankheiten und Virusinfektionen.

In Europa liegt der Nachdruck auf der Gewinnung krankheitsresistenten Materials, während in den USA der Trend zur Entwicklung krankheitsfreien Materials geht – das ist nicht dasselbe. Gesundes Pflanzgut erbringt am Ende bessere Erträge und höheren Zuckergehalt, was schließlich bessere Weine bedeutet.

In jedem Stadium der Klonenselektion – es sind meist ingsesamt drei Stadien von jeweils drei bis fünf Jahren Dauer – werden auch Fragen wie Ansprüche an Boden und Lage sowie die Art des Rebschnitts und der Erziehung berücksichtigt. Zudem werden Trauben einer jeden Klonenpopulation vinifiziert, um festzustellen, welche Qualitäten sie in den Wein einbringt, und durch Geschmacksprüfungen über fünf Jahre hinweg werden die Gleichmäßigkeit der Qualität und die Haltbarkeit des Weins in der Flasche ermittelt.

Das letzte Stadium der Entwicklung eines Klons dient der Gewährleistung der Virusfreiheit. Ursprünglich wurde die gesamte Pflanze zu diesem Zweck einer Wärmebehandlung unterzogen, modernere Techniken arbeiten dagegen mit Bestrahlung nur der Triebe. Freilich ist Virusfreiheit keine Garantie dafür, daß die Rebe später im Weinberg auch virusfrei bleibt. Deshalb werden die Klone nach der Auspflanzung «im praktischen Betrieb» ständig kontrolliert und von Zeit zu Zeit neu selektiert. Der Winzer selbst hat damit nichts weiter zu tun; dennoch interessieren sich viele an der Côte sehr für Klone und ihre Verhaltensweise, und die Frage sélection clonale contra sélection massale wird am Stammtisch heiß diskutiert.

Bei der Wahl des richtigen Pflanzguts muß der umsichtige Winzer verschiedenes berücksichtigen. Manche Pinot-Noir-Varianten tragen deutlich mehr Frucht als andere – beispielsweise ist der Pinot Droit mit seinen berüchtigten Klonen größtenteils für die Überproduktion in Burgund verantwortlich; er wird zwar von Erzeugern der Spitzenklasse gemieden, aber doch noch recht verbreitet angebaut.

Überdies gilt es allgemein als günstiger, in einem Weinberg mehrere verschiedene Klone einer Varietät anstatt nur einen zu pflanzen. Dahinter stehen zwei wichtige Erwägungen: Zunächst dürfte ein einziger Klon einen recht einförmigen Wein erbringen, während drei oder vier gemischte Klone größere Komplexität liefern, und zweitens verliert man, wenn man nur einen Klon pflanzt und dieser krank wird oder sich ungünstig entwickelt, den Ertrag des Weinbergs bis zur Neubestockung – ein untragbares Risiko.

Die zweite Erwägung ist durchaus vernünftig, die erstere aber laut Professor Raymond Bernard, einem der in der Klonenentwicklung in Burgund seit dem Ende der 1950er Jahre führenden Fachmann, einfach falsch. Seine Experimente zeigen vielmehr, daß ein einziger Klon oft den besten Wein hervorbringt. Seiner Ansicht nach wird die Schuld an minderer Qualität lediglich auf die Klone geschoben, während in Wahrheit zu hohe Erträge dafür verantwortlich sind. Vielleicht hängen die Winzer aber auch nur dem falschen Glauben an, das beste Quartett müsse dasjenige sein, das aus den vier besten Solisten besteht. Wie immer ein Winzer bei der Pflanzung verfährt, er muß nach der Erkenntnis handeln, daß jeder Klon seine eigenen Charakteristiken hat: Der eine erbringt höheren Zucker- bzw. Alkoholgehalt, der andere reift früher oder gleichmäßiger und so fort.

Die Vignerons in Burgund sind ein ausgesprochen vorsichtiger Menschenschlag. Viele sind zwar gläubige Anhänger der Klone, andere dagegen – nur widerwillig bekehrt – sehen sie als zweifelhaften Segen an. Manche, vielleicht von Nachbarn überzeugt, probieren es zunächst mit ein paar Klonen, um zu sehen, was dabei herauskommt, dagegen weigern sich einige Domänen standhaft, Klone überhaupt erst in Erwägung zu ziehen. Nach 25 Jahren Erfahrung hat sich jedoch vieles herausgestellt, wofür die Winzer an der Côte Raymond Bernard nur dankbar sein können.

Frisch veredelte, pflanzfertige Jungreben.

Degenerative Viruserkrankungen wie *court-noué*, die nach dem 2. Weltkrieg den Chardonnay-Reben in Puligny und Chassagne schwer zu schaffen machten, sind unter Kontrolle, und infolgedessen kann der Vigneron inzwischen sicher sein, daß 90–95 % seiner Reben jedes Jahr Frucht tragen, während es früher nicht mehr als 60–75 % waren – ein Faktor, auf den die heute höheren Erträge teilweise zurückgehen.

Inzwischen geschieht auch einiges zur Verringerung der Virusanfälligkeit. Experimente, die in Colmar mit Reben angestellt wurden, die eine schwache Dosis Viren verabfolgt erhielten und dann in einen von demselben Virus infizierten Weinberg ausgepflanzt wurden, scheinen darauf hinzuweisen, daß es möglich ist, Pflanzen gegen bestimmte Infektionen zu «impfen». Da aber immer neue Stämme von Viren auftauchen, läuft das auf ein recht komplizierteres Verfahren hinaus.

In der Praxis arbeiten inzwischen etwa 80 % der Winzer mit Chardonnay-Klonen, während Pinot-Noir-Klone bisher erst von 50 % akzeptiert werden. Bei den Fachleuten herrscht die Besorgnis, daß die Vielfalt der auf dem Markt befindlichen Klone beider Rebsorten schon zu groß geworden ist. Immer mehr wird darauf gedrängt, in die Kontrollen des INAO auch eine Liste der für die Anpflanzung auf AC-Land zugelassenen Klone aufzunehmen, insbesondere für die Premier- und Grand-Cru-*climats*, in denen die Versuchung, höhere Erträge herauszuholen, am stärksten gebremst werden muß.

Unterlagsreben Vor der Reblausepidemie, die von 1863 bis 1900 nach und nach rund 75 % des französischen und später große Teile des übrigen europäischen Weinbaus vernichtete, wuchs die Weinrebe auf ihrem eigenen Wurzelwerk. Nach viel Elend und fruchtlosen Bemühungen wurde schließlich entdeckt, daß der einzig wirksame Schutz gegen die Laus darin bestand, Reben auf die gegen sie resistenten Wurzelstöcke amerikanischer Arten zu pfropfen.

Heute werden mit Ausnahme einiger Gegenden in der Neuen Welt, der Champagne, im Douro-Tal und an anderen Stellen üblicherweise alle Weinreben auf reblausfesten Veredelungsunterlagen gepflanzt. Allerdings ist die Wahl der geeigneten Unterlagsrebe fast ebenso schwierig wie die Wahl der darauf zu pfropfenden Edelrebe. Kunkee und Goswell bemerkten 1976: «Bei der Auswahl der Unterlagsrebe für die Abwehr von Nematoden und Reblaus kommt es auf mehr an als nur auf die Einschätzung der Resistenz und auf das Veredeln selbst.»

Die gebräuchlichsten Unterlagsreben wurden weitgehend mit denselben Techniken entwickelt wie die Klone, und zwar aus Kreuzungen von jeweils zwei der drei amerikanischen Elternspezies Vitis rupestris, Vitis riparia und Vitis berlandieri, und haben ihre eigenen Stärken und Charakteristiken. Auf ihrer Grundlage werden weitere Kreuzungen europäischer Reben mit amerikanischen Unterlagsreben gezüchtet, um das bestgeeignete Wurzelsystem für bestimmte Kombinationen von Boden, Klima, Veredelung usw. zu erzielen. Auf diese Weise ist eine große Vielfalt von resistenten Veredelungsunterlagen entstanden. Allerdings hat sich die Auswahl durch jahrelange Erfahrung und Beobachtung auf eine Handvoll praktikabler Lösungen verringert. Es wäre töricht, die über Jahrzehnte hinweg gewonnenen Erkenntnisse zu ignorieren und für die eigenen Weinberge eine völlig davon abweichende Möglichkeit zu wählen.

Die wichtigsten Erwägungen bei der Auswahl der Unterlagsreben sind an der Côte d'Or wie anderswo auch die Wuchskraft des Wurzelstocks, der Boden, in dem er wachsen soll, sowie die Anpassungsfähigkeit an die Edelrebe und das Kleinklima. Es gilt zu beachten, daß der Wurzelstock nicht etwas für sich ist, sondern mit der Edelrebe zusammenwirkt; wie in jeder Ehe hängt der Erfolg weitgehend von der Verträglichkeit der Partner ab.

Die Wuchskraft des Wurzelstocks muß mit der der Edelrebe im Einklang stehen: zuviel, und die Blüten können abgestoßen werden, oder das Laub wird zu üppig; zuwenig, und die Frucht reift nicht richtig aus. Die an der Côte d'Or noch stark verbreitete Unterlagsrebe SO4 zeigt anfänglich starke Wuchskraft, läßt später aber nach, vermutlich weil sie gegen aktiven Kalkgehalt im Boden nicht widerstandsfähig ist; dennoch verfügen manche Winzer über ältere Bestände auf SO4, die nach wie vor ausgezeichnet tragen.

Auch die Verträglichkeit mit dem Boden ist wichtig – manche Unterlagen vertragen viel Kalzium, hohen Salzgehalt, sauren Boden usw., manche bewähren sich auf fetteren Böden mit hohem Lehmanteil gut. Das ist an der Côte d'Or, wo die Böden innerhalb weniger Meter ganz unterschiedlich sein können, von größter Bedeutung. Beispielsweise ist die neueste Variante 161/49, die inzwischen die SO4 in Hanglagen verdrängt, besonders gut an Böden mit hohem aktivem Kalkgehalt angepaßt, während andere, nicht so gut geeignete Unterlagen zu *Chlorose* neigen.

Nicht alle Unterlagen eignen sich auch für alle Edelreben. Dabei handelt es sich nicht um grobe Unverträglichkeit, sondern eher um Feinabstimmung. Beispielsweise kann eine ungeeignete Unterlagsrebe ungleichmäßige Saftentwicklung, zu frühe Blüte oder zu späte Reife verursachen – alles Dinge, die im kontinentalen Randzonenklima Burgunds viel ausmachen.

Der gewissenhafte Winzer wird auch das Kleinklima der zu bestockenden Lage in Erwägung ziehen, etwa ob sie sehr feucht, frostanfällig oder starkem Wind ausgesetzt ist. Tiefgelegene Stellen, also weite Teile der Côte, befinden sich oft nahe am Grundwasser – so in Puligny-Montrachet und in den unteren Teilen des Clos de Vougeot; dort ist eine eher flachwurzelnde Unterlagsrebe vorzuziehen.

An der Côte d'Or ist derzeit eine Handvoll Klone und Unterlagsreben verbreitet in Gebrauch. Bei Pinot Noir sind die sämtlich von einer Mutterrebe in Morey-St-Denis entwickelten und seit 1971 auf dem Markt befindlichen Klone 113, 114 und 115 besonders beliebt, aber auch die seit 1980 zur Verfügung stehenden Typen 667 und 777. Bei Chardonnay sind B75, B76, B77, B95 und B96 am verbreitetsten, daneben aber ist auch der von einer Mutterrebe in La Vineuse im Dépt. Saône-et-Loire stammende und seit 1978 erhältliche Klon B548 anzutreffen.

Die an der Côte verbreitetsten Unterlagsreben sind die für Hanglagen mit durchlässigem Boden bestgeeignete 161/49 sowie die 3309, ein chloroseanfälliger Typ, der Böden mit weniger hohem aktivem Kalkgehalt verlangt und in flachen Hanglagen mit fetterem Boden benutzt wird; ferner wird auch die SO4 von manchen Winzern, die mit ihr umzugehen verstehen, noch gern verwendet. Eine Renaissance erlebt inzwischen die Riparia, die sich besonders auf tiefgründigeren Böden bewährt und die Wuchskraft wirksam einschränkt.

Die Quintessenz alles dessen ist, daß es eine Vielzahl von Faktoren zu bedenken gilt, bevor ein Weinberg bestockt wird. Zum Glück steht dem Vigneron reichlich kostenloser Rat der Fachleute zur Verfügung, so daß er sich nicht den Kopf zu zerbrechen braucht. Solange er nicht vergißt, daß es nicht möglich ist, einer ungeeigneten Rebsorte zum Erfolg zu verhelfen, indem man sie auf eine «geeignete» Unterlagsrebe pfropft, kann er kaum welterschütternde Fehler begehen.

Pflege der Reben

Hat der Vigneron seine Reben mit Sorgfalt gewählt und gepflanzt, muß er sie dazu bringen, die bestmögliche Frucht zu produzieren. Dabei muß er über kurzfristige Erwägungen hinausdenken und die Wirkung jeder Behandlung nicht nur für eine Wachstumsperiode, sondern für die gesamte Lebenserwartung der Reben berechnen. Es gibt zwei unumstrittene Schlüssel zur Erzeugung hochwertiger Weine: gesunde Reben und niedrige Erträge. Diese beiden Punkte sind nicht etwa Alternativen: Es ergibt keinen Sinn, bei gesunden Reben auf Überproduktion, bei kranken dagegen auf winzige Erträge zu setzen.

Was eine Pflanze leistet, hängt unter anderem von dem Boden ab, in dem sie wächst. Weder in der chemischen Zusammensetzung noch in der physikalischen Struktur ist der Boden dem Einfluß des Winzers entzogen. Der wiederholte Gebrauch stark toxischer Spritzmittel zerstört das zarte Gleichgewicht der die Mikroflora des Bodens bildenden Hefen und Bakterien und kann den pH-Wert des Bodens verändern. Moderne Maschinen zermalmen und verdichten die oberen Bodenschichten und verändern ihre Wasserdurchlässigkeit.

Viele der feinsten Weinberglagen an der Côte, z. B. der Corton-Berg und die oberen Teile von Vosne-Romanée, befinden sich an Steilhängen. Das erschwert nicht nur die Bearbeitung mit Maschinen, es fördert auch die Bodenerosion. Um dem entgegenzuwirken, kann er Gras wachsen lassen oder auch Spezialbegrünung einsäen, um den Boden festzuhalten. Doch dieses *enherbement* genannte Verfahren steckt noch im Versuchsstadium. Das Gras erfüllt zwar den erwähnten Zweck, aber es hält einerseits Feuchtigkeit fest, wodurch sich das Frostrisiko erhöht, und entzieht andererseits in trockenen Jahren den Reben Wasser.

Normalerweise muß der Winzer sich entscheiden, ob er seinen Weinberg durch Hacken oder durch den Einsatz von Herbiziden frei von Gras und Unkräutern halten will. Hacken belüftet den Boden, macht ihn aber nach Regenfällen klebrig und unpassierbar. Außerdem können die Hackmaschinen Verletzungen an den Stämmen verursachen und eventuell die Reben zum Absterben bringen. Als Alternative stehen Unkrautvertilgungsmittel zur Verfügung, die aber wieder den Boden vergiften können. Gehackte Böden erodieren weniger stark, weil das Wasser leichter einsickern und die Krume binden kann. Vor 25 Jahren wurden nur 10 % der Weinberge an der Côte mit Herbiziden behandelt – daher war die Erosion geringer –, heute sind es schätzungsweise 85 %.

Das Wachstum und die Gesundheit der Rebe und die Struktur des Bodens werden auch durch die Düngung beeinflußt. In den 1960er und 70er Jahren führten Düngemittelvertreter und reiche Winzer mit vereinten Kräften dem Boden der Côte übermäßig viel Kali zu; jetzt nach 30 Jahren streift er endlich das Übermaß wieder ab, das zuvor Weine mit zu hohem pH-Wert, also zuwenig Säure, hervorbrachte. Inzwischen wissen die Vignerons besser Bescheid und arbeiten mit organischem Humus, Stalldung oder ganz ohne Düngung, denn schon wenig kann ein Fehler sein, weil rund 80 % der handelsüblichen organischen Düngemittel dem Boden nur unerwünscht viel Stickstoff zuführen. Immerhin kann gut zersetzter Humus der Bodenerosion entgegenwirken und einen Wasserspeicher bilden, was vor allem in Hanglagen wertvoll ist. Weitgehend aus demselben Grund mulchen manche Winzer mit Rebschnittholz, doch damit wird nur das darin enthaltene Kali wieder in den Boden gebracht.

Inzwischen setzt sich die Erkenntnis durch, daß die Bodenpflege viel Umsicht erfordert, denn weder zu starke Wuchskraft noch eine destabilisierte Mikroflora sind der Weinqualität zuträglich.

Sich selbst überlassen wuchert die Rebe gern und trägt höchst unregelmäßig Frucht – in einem Jahr nur ein paar Trauben, im nächsten dagegen eine wahre Flut. Um ihren üppigen Wuchs zu bremsen und zu gewährleisten, daß Laub und Früchte maximale Sonnenbelichtung erhalten, muß sie erzogen und geschnitten werden. Auch sind Reben Individuen – die einen wachsen kräftiger als die anderen, manche bringen ihre Frucht besser zur Reife usw. –, also muß der Vigneron im Rahmen der Vorschriften seine Arbeit nach den Reben richten.

Es ist nicht zu bezweifeln, daß die Strenge des Winterschnitts, d. h. die Zahl der Augen, die der Rebe belassen bleiben, fundamentale Bedeutung für die Weinqualität hat. An der Côte d'Or gilt von Gesetzes wegen eine Höchstgrenze von 80 000 Augen pro ha; das entspricht bei der üblichen Pflanzdichte von 10 000 Reben/ha acht Augen für jede Rebe und einem Ertrag von 40–45 hl/ha – für Pinot Noir in Grand-Cru-Lagen jedenfalls zuviel. Wer wirklich auf Qualität Wert legt, muß strenger zurückschneiden, riskiert dabei aber Einbußen durch Frost oder Hagel.

Hat das Wachstum der Rebe eingesetzt, muß der Winzer überschüssige Triebe und Augen entfernen. Diese *évasivage/dédoublage* erfolgt im Frühjahr und ist eine wesentliche Voraussetzung für die Ertragsbeschränkung; es läßt Rückschlüsse auf die Qualität zu, wie oft ein Winzer seinen Weinberg durcharbeitet. In Dijon durchgeführte Forschungen zeigen, daß bei mehr als sechs Augen pro Rebe die Qualität abnimmt, während unter sechs Augen eine Mengenminderung eintritt.

Den ganzen Sommer über wird überschüssiges Laub weggeschnitten, damit um die Frucht herum nicht zu viel Luftfeuchtigkeit herrscht und sie möglichst viel Sonnenlicht bekommt. Heutzutage wird das Laub höher gezogen, weil dadurch die Reifung und die Süßegrade verbessert werden. Es wird viel über die Form und Höhe der *palissage* geforscht, die im Klima Burgunds die besten Voraussetzungen schafft. Zu hohe Spaliersysteme haben den Nachteil, Schatten zu werfen und dem Sonnenlicht den Zutritt zu den in der Mitte hängenden Früchten zu verwehren.

In manchen Jahren bleibt trotz aller Bemühungen bei Rebschnitt und Ausbrechen doch noch zuviel Frucht, so daß ein Teil entfernt werden muß. Die Theorie lautet ganz einfach; je mehr Trauben am Stock hängen, desto weniger kann er sie zur Reife bringen; dünnt man den Behang aus, dann stellt sich wieder Gleichgewicht ein.

Manche Winzer halten die Behangausdüngung für Augenwischerei, weil um die betreffende Zeit das Potential bereits größtenteils aus der Rebe in die Früchte, die dann herausgeschnitten werden, übergegangen sei; jedenfalls, so heißt es weiter, gleiche die Rebe den Verlust aus, und man stehe wieder am Ausgangspunkt. Andere behaupten, das Verfahren funktioniere gut, wenn man es zum rechten Zeitpunkt ausführe – zur *véraison* nämlich, wenn die Trauben Farbe anzunehmen beginnen.

Derzeit ist Behangausdünnung groß in Mode: Die Lokalzeitungen sind voll von Bildern, auf denen fleißige Arbeiter in berühmten Weinbergen Trauben herausschneiden. Die Gegner der Methode setzen dem entgegen, wer Trauben herausschneiden müsse, habe von Anfang an zu viele Augen am Stock belassen. Die Kontroverse spaltet selbst erstklassige Domänen und scheint nicht enden zu wollen.

Größere Sorge macht dem Winzer freilich die Frage, wie er seine Reben vor den vielen Gefahren schützen kann, die sie vom Austrieb bis zur Ernte bedrohen. Das ist nicht einfach – Viren bleiben oft unentdeckt, bis es zu spät ist; Schädlinge geben selten Vorwarnung; über Nacht kann nach einem Gewitter Fäule ausbrechen; die Beeren schwellen vielleicht und platzen; vieles kann passieren.

Bodenerosion kann durch Einsäen von Gras zwischen den Rebzeilen gemindert werden – hier in der Lage Les Vaucrains der Domaine Gouges in Nuits.

Der Winzer muß seinen Behandlungs- und Bekämpfungsplan weit im voraus aufstellen. Er muß sich entscheiden, ob er nur Kontaktmittel verwenden will – diese sind zwar am harmlosesten, werden aber vom nächsten Regen abgewaschen – oder ob er das Pflanzengewebe durchdringende Präparate oder schließlich systemische Mittel mit Langzeitwirkung wählen soll. Er kann sich für vorbeugende Spritzungen entscheiden, die dann vielleicht überflüssig waren, oder abwarten, bis Befallserscheinungen auftreten, und dann auf Bekämpfung mit einem der ausgezeichneten neuen Präparate setzen, die wenigstens beim Echten und Falschen Mehltau bei erneutem Auftreten wieder wirken.

Bei seinen Überlegungen muß sich der Winzer freilich darüber klar sein, wie sich sein Tun auf lange Sicht auswirkt. Resistenz- und Toxizitätsprobleme veranlassen zu tiefgreifendem Nachdenken, das viele Winzer dann dazu bringt, von den immer stärker werdenden synthetischen Produkten Abstand zu nehmen und sich organischen Mitteln zuzuwenden. Produkte, die zwar zunächst die Gesundheit der Pflanze fördern, können schließlich doch Rückstände in den Most gelangen lassen, die sich auf den Gärungsverlauf stark auswirken.

Die Vorsicht der Winzer, aus der heraus sie lieber ein- oder zweimal mehr spritzen, als Krankheitsbefall zu riskieren, ist verständlich, und sie können es sich inzwischen auch finanziell leisten. Manche aber tun doch des Guten zuviel, wodurch sie nur Fäule fördern und dem Wein, auf lange Sicht aber auch ihren Reben, schaden. Andere wieder spritzen immer weniger – insbesondere gegen Fäule. Probleme mit einem wirksamen, aber procymidonhaltigen Fäulespritzmittel haben zu verbreitetem Umdenken geführt, eine Alternative gibt es jedoch noch nicht.

Die Jahr für Jahr wiederkehrende Invasion der Schadinsekten kann bislang nur mit Insektiziden abgewehrt werden. Diese bringen ebenfalls Resistenzprobleme mit sich; andererseits wird nach spezifischer wirkenden Mitteln geforscht, die nur die unerwünschten Spinnen und Raupen vernichten, aber nicht nebenbei auch noch die ökologisch nützliche Fauna. Erfreulicherweise hat günstige Witterung in den letzten Jahren es ermöglicht, den Schwerpunkt auf die unmittelbare Bekämpfung zu legen und dabei Insektenspritzmittel, Zeit und Geld zu sparen.

Die meisten Winzer nehmen den Service de Protection des Végétaux in Anspruch, der durch regelmäßig erscheinende Bulletins Rat zu Risiken und Möglichkeiten der Schädlingsbekämpfung an der Côte gibt. Diese Organisation wirkt auf die Winzer ein, mit Spritzungen sparsamer umzugehen und sich zunehmend umweltfreundlicher Produkte zu bedienen.

Viele Winzer kehren bei der Bekämpfung des Echten und Falschen Mehltaus wieder zu den althergebrachten Mitteln auf Kupfer- und Schwefelbasis zurück. Kupfer ist zwar zweckdienlich, muß aber ebenfalls mit Vorsicht angewandt werden: Es verursacht *coulure*, bremst die Vegetation und führt zu toxischen Rückständen im Boden, die nur langsam abgebaut werden. Gegen Ende der Wachstumsperiode ausgebracht, wirkt es indirekt gegen Fäule, weil es die etwas fragile Beerenhaut des Pinot Noir verfestigt und so den gefürchteten Sauerwurm abwehrt, der sonst Fraßstellen an den Beeren verursacht, in denen sich rasch Fäule festsetzt. Kupfer und Schwefel sind allerdings Kontaktmittel, die rasch abgewaschen werden.

Berechtigte Besorgnis ruft an der Côte die *Eutypiose* hervor. Diese Krankheit ist beonders tückisch, weil sie nach kurzem Auftreten deutlicher Symptome bis zu sieben Jahre unbemerkt weiterwirkt und dann plötzlich die infizierte Rebe absterben läßt. Ausgebreitet wird die Eutypiose durch vom Wind getragene Sporen, vor allem bei feuchter Witterung, und sie dringt an Schnittstellen und anderen Wunden in die Pflanze ein. Sie ist praktisch unheilbar, lediglich das Verschließen der Wunden unmittelbar nach dem Schnitt verspricht Schutz.

Viele ältere Winzer nehmen die Eutypiose aber nicht ernst und schreiben sie nur der Wirkung zu großer Sonnenhitze oder dem Übereifer der auf Geschäftsausweitung bedachten chemischen Industrie zu. Leider aber ist die Bedrohung nur zu real. 1990 durchgeführte Untersuchungen ergaben, daß 83 % der Pinot-Noir- und 90 % der Chardonnay-Bestände an der Côte Befallserscheinungen zeigten. Der höchste Befallsgrad belief sich bei Pinot auf 23,3 % und bei Chardonnay auf 25,9 %, und die Befallshäufigkeit nimmt zu. Die einzige Abwehr besteht darin, befallene Reben auszuhauen und sofort zu verbrennen; es ist erfreulich, daß die Gemeinden darauf scharf achten.

Angesichts all dieser Probleme der Weinbergpflege tut es wohl, auch von einigen vielversprechenden Neuentwicklungen zu erfahren. Es wird viel auf dem Gebiet der Bekämpfung von Schadinsekten, insbesondere des Sauerwurms, geforscht. Mimetische Wuchsregulatoren unterbinden die Bildung der für die Paarung wichtigen Lockduftstoffe und verhindern dadurch die Fortpflanzung der Insekten – solche Präparate, die weit weniger toxisch wirken als herkömmliche Insektizide, werden derzeit mit Erfolg erprobt. Auch Insektenfänger, an denen der Traubenwickler kleben bleibt, bewähren sich insofern, als sie einen Hinweis auf den Zeitpunkt und die Stärke des Auftretens geben und dadurch ermöglichen, die Bekämpfungsmaßnahmen auf das unerläßliche Maß zu beschränken. Auch besteht Hoffnung, die Population an nützlichen Raubinsekten zu stärken, die sich von Rebenschädlingen wie der Roten und Gelben Spinne ernähren; dadurch würden ohne anderweitige Gefährdung des ökologischen Gleichgewichts viele Spritzungen überflüssig. Manche Winzer arbeiten auch mit chemischen Mitteln zur Ertragsbeschränkung – eine riskante Methode.

Allgemein besteht überdies großes Interesse an der sogenannten «biodynamie». Dieses System der Rebenpflege beruht auf Ideen, die im 19. Jh. von Rudolf Steiner entwickelt und in neuerer Zeit von Claude Bourgignon weiter ausgearbeitet wurden, und es arbeitet mit der Ausbringung bestimmter Mittel in sehr geringer Dosierung zu ganz spezifischen Zeiten – eine Art Homöopathie im Weinberg. Einige Domänen, darunter Leflaive und Leroy, prüfen diese recht neuartige Strömung gerade vorsichtig mit den Zehen, und auch andere scheinen durchaus bereit, ihre Ruder darin einzutauchen.

An der «Hardwarefront» treten in Meursault und Gevrey und an anderen Stellen der Côte die ersten Traubenerntemaschinen in Erscheinung. Ihre Vorzüge sind recht zweifelhaft – Forschungen haben ergeben, daß bis zum Alter von drei Jahren die Weine aus maschineller und aus manueller Lese keine Unterschiede aufweisen, danach aber altern die Weine aus maschineller Lese schneller. Überdies gibt es ernste Befürchtungen, ob nicht das Wurzelwerk und die allgemeine Gesundheit der Reben darunter leiden, wenn diese so stark geschüttelt werden, daß die Trauben abfallen.

Unumstrittener Konsens besteht dahingehend, daß die bedeutendsten Qualitätsverbesserungen durch bessere Weinbergpflege und nicht so sehr durch Veränderungen der Kellertechnik zu erzielen sein werden. Zwar beweisen die meisten der über 4000 Winzer an der Côte im Weinberg eine tüchtigere Hand als im Keller, dennoch gilt es nach wie vor, viel zu tun, um sie insbesondere von der Notwendigkeit weiterer Ertragsbeschränkung und größerer Zurückhaltung in der Menge der Spritzmittel und Spritzungen zu überzeugen.

Fassholz und sein Gebrauch

Über 2000 Jahre lang war das Holzfaß das einzige gängige Behältnis für die Lagerung von Flüssigkeiten in größeren Mengen. Herodot berichtet, daß Palmholzfässer für den Transport von Wein nach Babylon benutzt wurden, und viele weitere Funde und Belege beweisen, daß Fässer im Weinbau verbreitet in Gebrauch waren. Auch in Europa ist das Faß untrennbar mit der Weintradition verknüpft.

Die 228-l-Fässer, die man in jedem burgundischen Keller, der etwas auf sich hält, vorfindet, entsprechen allerdings nicht allein dem historischen Erbe, sondern auch den neuesten Erkenntnissen über die Entwicklungsvorgänge im Wein. Erst seit dem Ende der 1970er Jahre werden die Wirkungen, die Holz auf Wein ausübt, ernsthaft erforscht, aber schon in dieser kurzen Zeit hat sich herausgestellt, daß die Zusammenhänge viel komplexer sind, als allgemein vermutet wird.

Das Prinzip der Lagerung jungen Weins in Holzfässern beruht auf einer allmählich verlaufenden Einwirkung von Luft – langsame Sauerstoffanreicherung anstelle rascher Oxidation –, die in einem inerten Lagergefäß z. B. aus Edelstahl nicht stattfindet. In dieser Hinsicht hat Holz zwei wichtige Eigenschaften, die einerseits mit ihm selbst und andererseits mit den auf Sauerstoff beruhenden Vorgängen im Wein zusammenhängen. Inzwischen steht fest, daß die Bauart eines Fasses – seine Größe und Form, das Verhältnis von Holzoberfläche zu Weinvolumen und die Art der Verarbeitung – zur Entwicklung eines Weins beiträgt. Ebenfalls wichtig ist die Holzart, das Alter des Baums, der die Dauben liefert, und die Behandlung vor dem Faßbau.

Früher wurde entweder Eichen- oder Kastanienholz verwendet, heute richten sich umfangreiche Forschungen auf die Ermittlung von Unterschieden, die mit der Herkunft des Holzes und seiner Behandlung im Zusammenhang stehen. Allgemein macht sich das Gefühl breit, daß die Bedeutung der Herkunft des Materials überbetont wird; Geschmacksprüfungen geben zu erkennen, daß die Unterschiede im Einfluß der Hölzer aus verschiedenen Wäldern mit zunehmendem Alter des Weins geringer werden.

Geschmacksprüfungen zeigen aber auch, daß der Wein um so besser ausfällt, je dichter die Holzmaserung ist. Fein gemasertes Eichenholz aus Nevers verleiht einem Chardonnay feineren, subtileren Geschmack als die grober gemaserte Limousin-Eiche. Kernholz ergibt einen anderen Geschmack als das Holz von der Außenseite des Stamms, das mehr Saft enthält. Allgemein gilt, daß bei groberen Poren mehr Komponenten aus dem Eichenholz in den Wein gelangen und deshalb stärker zur Entwicklung von Aroma und Geschmack beitragen. Auch hat Holz eines jüngeren Baums nicht dieselben physikalischen und chemischen Charakteristiken wie das eines älteren.

Noch mehr Komplikationen bringt die Tatsache ein, daß wie die Rebsorten auch die Baumarten eine Vielzahl von Klonen aufweisen, von denen die einen besseres Holz produzieren als die anderen. Das hat zu dem Vorschlag Anlaß gegeben, ein System der Appellations Contrôlées für die Herkunft und Qualität von Holz für den Faßbau einzuführen; zugleich laufen Forschungen zur Identitätsbestimmung von Eichenholz aus verschiedenen Wäldern. Die Fachleute unterscheiden auch Sommer- und Frühjahrsholz mit dem Hinweis, daß die jeweiligen Anteile ebensoviel ausmachen wie die Herkunft. Tannin befindet sich im Sommerholz, und da Tronçais-Eiche mehr Sommerholz enthält als Limousin-Eiche, muß auch dies bei der Auswahl berücksichtigt werden.

Wieviel (unerwünschter) Saft im Holz enthalten ist, hängt davon ab, wann ein Baum gefällt wird. Geschieht dies, wenn der Saft steigt, dann ist das Holz saftreicher – also ist die günstigste Zeit zum Fällen der Herbst und der Winter, wenn der Saft zurückgeht.

Auch die Art und Weise der Trocknung und Verarbeitung hat Auswirkungen auf den Wein. Aus dieser Erkenntnis heraus kaufen viele Winzer heute selbst Holz ein und achten darauf, daß es anstatt im Ofen an der Luft getrocknet wird, weil ihm dabei strenge Tannine wirksamer entzogen werden und völlige Austrocknung gewährleistet ist, was wiederum das Risiko eines Essigstichs im Wein verringert. Als Faustregel gilt, daß pro Zentimeter Brettstärke ein Jahr an der Luft erforderlich ist, daher sind meist zwei bis drei Jahre Lagerung im Freien wünschenswert.

Beim Zusammenbauen eines Fasses müssen die einzelnen Dauben erhitzt und in die gewünschte Form gebogen werden. Ob sie dabei leicht, mittel oder stark angeröstet werden, ergibt Veränderungen der Polyphenolverbindungen und wirkt sich demzufolge auf die Intensität des Eichenholzgeschmacks im Wein aus. Im allgemeinen bringt leichte Anröstung mehr Komplexität, starke dagegen mehr Rundheit hervor. Berühmt gewordene Versuche Robert Mondavis im Napa Valley, bei denen er den jeweils gleichen Wein in verschieden verarbeitete Fässer geben ließ, brachten nicht nur den Nachweis dieser Wirkung, sondern auch die Erkenntnis, daß handgespaltene gegenüber gesägten Dauben, die Art und Weise der Erhitzung, Anröstung gegenüber Ankohlung und die Dicke der Dauben ausgeprägte Veränderungen des Weincharakters hervorrufen.

Zudem ist das Alter des Holzes zu berücksichtigen. Neues Eichenholz verleiht dem Wein eher Weinigkeit, älteres gibt ein reiferes Geschmacksspektrum ab. Geschmacksprüfungen mit gleichen Weinen, die in verschiedenen Fässern ausgebaut wurden, belegen die Wirkung dieser verschiedenen Faktoren eindeutig.

Schließlich kommt auch noch der Faßbauer ins Spiel; jeder arbeitet auf seine eigene Art, deshalb kann man selbst bei identischen Rohstoffen kaum mit identischen Ergebnissen rechnen.

Den meisten Winzern werden diese komplizierten Verhältnisse kaum bewußt. Sie kaufen gewöhnlich immer bei demselben Faßbauer; manche gehen soweit, Holz einer bestimmten Herkunft zu verlangen oder Fässer aus verschiedenen Wäldern zu erproben, doch der bedeutsamste Faktor ist für ihre Kalkulationen stets, wie viele Fässer jedes Jahr eingekauft werden müssen.

Zwar erfordert die Abstimmung zwischen Holz und Wein schon viel Verständnis, nicht weniger schwierig ist jedoch zu begreifen, was im Faß vorgeht, nachdem es gefüllt ist. Lange Zeit herrschte die Auffassung, Sauerstoff gelange auf dem Weg der Transpiration durch die Faßdauben in den Wein. Heute weiß man, daß das nicht stimmt: Peterson demonstrierte überzeugend (1976), daß in einem vollen, luftdicht verschlossenen, liegenden Faß allmählich ein Vakuum entsteht. Wenn also ein Wein während seines Aufenthalts im Faß Sauerstoff aufnimmt, dann nicht durch die Dauben.

Was geschieht aber statt dessen? Sauerstoff wird entweder aus in den Holzporen oder im Wein gelösten Verbindungen absorbiert, oder er gelangt durch die nicht absolut luftdichten Ritzen zwischen den Dauben oder um den Spund herum ins Faß. In modernen Kellern sind die alten (für Verwerfungen anfälligen) Holzspunde, die mit Tuch umwickelt waren, in dem sich eine ganze Menagerie von Mikroben tummeln konnte, längst durch Stopfen aus Glas und Gummi ersetzt, die sehr viel hygienischer, aber doch auch nicht absolut dicht sind. In der Praxis freilich gelangt viel Luft bei routinemäßigen Kellerarbeiten in die Fässer – beim Abstich, beim Schönen, beim Umlagern von Fässern und jedesmal beim Ziehen einer Probe.

Bis zur Abfüllung in die Flasche, in der praktisch kein Luftsauerstoff mehr Zutritt hat, vollziehen sich im Wein chemische Vorgänge, schon im Beisein winzigster Sauerstoffmengen. Im Extremfall wird ein Wein, zu dem die Luft völlig freien Zutritt hat, rasch zu Essig. Dagegen hat kontrollierter Zutritt karg bemessener Luftmengen im Lauf einiger Monate vor der Abfüllung im allgemeinen wohltätige Wirkung insbesondere auf Wein, der für längere Aufbewahrung gedacht ist.

Die Rolle, die der Sauerstoff dabei spielt, ist vielschichtig: Er oxidiert Weinsäure, Polyphenole und Alkohol – alles chemische Verbindungen, die im Wein von Natur aus enthalten sind –, mildert Tannine und stabilisiert Pigmente. Was am Ende bei diesen biochemischen Aktivitäten herauskommt, ist eine Minderung der nichtflüchtigen Säure und der Tannine und eine Ausfällung von Farbstoffen sowie die Oxidation von Tanninen, so daß Rot- und Weißweine bräunliche Färbung annehmen.

Die Wirkung des Faßholzes selbst ist aber nicht weniger bedeutend. Holz bringt Struktur – Elemente von Rückgrat und Festigkeit – ein. Tannine und andere Phenole gehen in einem Maß, das sich nach der Art der Fässer und der Länge der darin verbrachten Zeit richtet, aus dem Holz in den Wein über. Allerdings sind die Auswirkungen auf die Tanninstruktur nicht so ausgeprägt wie die auf andere Aroma- und Geschmackssubstanzen. Noch komplizierter wird die Sache dadurch, daß die aus dem Holz stammenden Tannine einen anderen Charakter und insbesondere Geschmack aufweisen als diejenigen, die aus den Traubenschalen (der Hauptquelle), aber auch aus den Kernen und Stielen kommen. Eichenholztannine sind meist härter im Geschmack als die Tannine aus den Schalen, trotzdem eignen sie sich in idealer Weise für Weine wie Chardonnays von der Côte d'Or, die dadurch an Fülle und Struktur gewinnen, ohne ein strenges, unharmonisches Gerüst anzunehmen.

In jedem Jahrgang muß der Winzer für jede einzelne *cuvée* bestimmte Entscheidungen neu treffen: Wieviel neue Fässer von welcher Holzart soll er verwenden, und wie lange soll der Wein darin verweilen?

Nur wenige erstklassige Dömanen halten an einem stets unveränderlichen Anteil neuer Fässer fest. Es gilt zu bedenken, daß mangelnde Umsicht bei der Benutzung von Eichenholz einen Wein aus dem Gleichgewicht bringen kann – die subtile Ausgewogenheit zwischen Tannin, Eichenholz und Frucht ist schnell gestört und erholt sich vielleicht nie wieder ganz. Zu viel neues Holz oder zu lange Verweildauer im Faß machen den Wein oft streng und mager – er büßt Frucht und Fleisch unwiederbringlich ein.

Die richtige Entscheidung kann nur durch Geschmackskontrollen getroffen werden und verlangt sicheres Urteilsvermögen; abgesehen davon hängt die Wahl des Abfülltermins aber auch weitgehend von finanziellen Erwägungen ab. Ein neues Faß kostet 2500 Francs, und wenn der Winzer 50 neue braucht, dann bedeutet dies einen Mehrpreis von 15 Francs für jede Flasche Wein – kann er aber bei der scharfen Konkurrenz dann seinen Wein verkaufen? Vielleicht würde ja ein schon dreimal gebrauchtes Faß es auch ein viertes Mal noch tun?

Überdies ist ihm auch bewußt, daß er eine Einbuße von 10 % durch Verdunstung und Kellerarbeiten einkalkulieren muß, wenn er seinen Wein in den teuren neuen Fässern reifen läßt, und auch der Arbeitsaufwand für das wöchentliche Auffüllen kostet Geld. Andererseits gilt es zu bedenken, daß in einem älteren Faß die Verdunstung sogar noch größer ist oder der Wein darin schneller reift – da eröffnen Edelstahltanks sicher oft einen attraktiven Ausweg. So ist es kaum verwunderlich, daß manche diesen bequemeren Weg gehen und weniger Wein in Fässern ausbauen bzw. diese weniger häufig erneuern.

Der Anteil an frischem Eichenholz muß von Jahr zu Jahr unterschiedlich angesetzt werden. Als Regel gilt, daß ein Wein um so mehr frisches Eichenholz vertragen kann, je feiner er potentiell ist. Grand-Cru-Weine reifen meist so gut wie ausschließlich in neuen Fässern, bei Premiers Crus sind es 40–60 %. Allerdings hängen diese Richtwerte auch von anderen Dingen ab: Kargere Jahrgänge vertragen weniger frisches Holz als reifere, und in manchen Gemeinden, z. B. Volnay und Chambolle-Musigny, fallen die Weine allgemein zarter aus und würden durch zu viel frisches Eichenholz leicht aus dem Gleichgewicht geraten. Auch ist zu bedenken, daß die endgültige *cuvée* schließlich durch Mischen des gleichen, jedoch in älteren Fässern ausgebauten Weins mit dem aus den neuen Fässern entsteht.

Obwohl es allgemein als unrentabel gilt, Weine mit geringerem als Premier-Cru-Status in neuen Fässern auszubauen, gibt es auch Winzer, die sogar ihren Bourgogne Rouge oder Blanc mit durchaus gutem Erfolg zum Teil in neuen Eichenfässern lagern und entsprechende Preise damit erzielen.

Der Einfluß des Holzes wird mit jedem Gebrauchsjahr geringer. Nach etwa fünf Jahren hat das Faß alles gegeben, was es zu geben hat und wird dann entweder an jemanden verkauft, der es dennoch weiter benutzt, oder durchgesägt und als Blumenkübel verwendet. Der oft in den ersten Jahren so deutlich spürbare Geschmackseindruck des neuen Holzes vermindert sich aber auch mit jedem Jahr, das der Wein in der Flasche reift – das Gerüst verschmilzt irgendwie mit dem Bau. Das Vanille- und Toastaroma wird wie das zusätzliche Tannin eins mit dem Wein.

Bei Weißwein sind heute viele Winzer der Meinung, daß es um so besser ist, je früher der Most in die Fässer kommt, vor allem wenn es neue sind. Im Faß vergorene Weißweine machen nicht nur früher und regelmäßiger die *malo* durch, sie schmecken auch runder und harmonischer als solche, die zunächst im Tank vergoren und erst dann ins Faß gegeben werden.

Holz ist also ein wichtiger, doch höchst komplexer Bestandteil der Produktion feiner Weine. Kein Winzer kann sich seinem Potential, aber auch seinen Tücken verschließen. Umgekehrt kann man aus der Einstellung eines Winzers zu neuen Fässern und ihrem Gebrauch mehr über sein Qualitätsbewußtsein erfahren als aus einer Karte an der Wand, in der mit schillernden Farben die hochgepriesenen Weinberglagen eingetragen sind, die er besitzt.

Ein Küfer der Maison Louis Latour beim Erhitzen und Biegen der Faßdauben.

ROTWEINBEREITUNG

Eine der Besonderheiten, die das Verständnis der Côte d'Or erschwerten, ist die, daß ein einziger Weinberg Weine von so unterschiedlicher Art und Qualität hervorbringen kann. Woher kommt es, daß von zwei Winzern, deren Reben direkt nebeneinanderstehen, der eine etwas ganz Sublimes, der andere aber etwas Nichtssagendes, Gewöhnliches produzieren kann? Beispielsweise bringt von den über 80 Mitbesitzern des Clos Vougeot – eines Weinbergs, der nicht größer ist als ein stattlicher Acker – nur eine Handvoll wirklich erstklassigen Wein zustande.

Oft läßt sich mindere Qualität auf Unwissenheit oder Mangel an Geld für gute Ausrüstungen zurückführen, in vielen Fällen steckt aber auch nur Bequemlichkeit oder Unfähigkeit dahinter. Wenn ein Winzer gesunde, reife Trauben hat, dann verfügt er über das nötige Rohmaterial für guten Wein; was also läuft schief?

Um zu verstehen, wie es zu so etwas kommt, muß man zunächst den rechten Begriff von den allgemein gültigen Prinzipien der Weinbereitung haben. Die Kenntnis der Vorgänge, in deren Verlauf sich Trauben in Wein verwandeln, erlaubt nicht nur eine bessere Würdigung des Weins, sondern verleiht auch die Fähigkeit, den Zusammenhang zwischen der Qualität und den Vinifikationstechniken festzustellen und daher auch Probleme zu erkennen.

Erstklassige Erzeuger betonen stets, wie wichtig gesunde, reife Frucht für einen störungsfreien Verlauf der Vinifikation ist. Das setzt die Bereitschaft voraus, abzuwarten, bis optimale Reife, das richtige Gleichgewicht zwischen Süßegrad und Säuregehalt und ein so günstiges Verhältnis von Feststoffen zu Flüssigkeit erreicht ist, wie es das Wetter überhaupt zuläßt. Es bedeutet auch, daß man Zeit und Geld dafür aufwenden muß, unreife Trauben, ja sogar einzelne faule oder beschädigte Beeren herauszusortieren und kleine Transportbehälter zu benutzen, damit die Frucht nicht unterwegs zerquetscht wird. Wenn der Winzer hierbei unsorgfältig ist, dann steckt er schon in Schwierigkeiten, bevor er mit der eigentlichen Weinbereitung angefangen hat.

In der «Cuverie» steht die erste wichtige Entscheidung dahingehend an, ob die Trauben entrappt, d. h. die Beeren von den Stielen getrennt werden sollen. Die Stiele sind nichts weiter als mehr oder weniger ausgereiftes Holz, das Farbe absorbiert und dafür nur adstringierendes Tannin abgibt, das nicht so edel ist wie jenes aus den Traubenschalen. Andererseits kann die frühzeitige Versorgung mit Tannin auch instabile, aber wertvolle Farbsubstanzen – Anthocyanine – fixieren helfen.

Einige unbeirrbar am Althergebrachten festhaltende Winzer lassen stets alle Stiele mit in die Gärbottiche gelangen, was aber den Nachteil hat, daß ihre Weine in allen außer den reifsten Jahrgängen eine rohe, unangenehm krautige Note aufweisen, die sich nicht verflüchtigt.

In jüngerer Zeit geht der auch von Fachleuten befürwortete Trend zu stärkerem Entrappen; es werden nur in besonders reifen Jahren etwa 20–30 % der Stiele mitverarbeitet, um die Struktur des Weins zu festigen, aber auch um das Durchsickern des Mosts durch den Hut zu erleichtern, der sich auf der gärenden Masse bildet.

In vielen Domänen hat das zu einer beträchtlichen Verbesserung der Weine geführt. Manchmal wird von Burgundern «alten» oder «neuen» Stils gesprochen, wichtiger aber ist doch, daß die richtige Abstimmung des Anteils der mitverarbeiteten Stiele auf den Jahrgangscharakter ein besseres, dauerhafteres Gleichgewicht ergibt. Die Fähigkeit der Weine im «alten Stil», sich ein Jahrhundert in der Flasche zu halten, bedeutet nicht viel, wenn am Ende nur herbes Tannin übrigbleibt.

Reife Pinot-Noir-Trauben enthalten das nötige Potential für Dauerhaftigkeit in Farbe, Aroma und Geschmack, das zumeist aus Substanzen stammt, die in oder unmittelbar unter der Beerenhaut und in weit geringerem Umfang im Fruchtfleisch sitzen. Nur wenn der Winzer diese Substanzen zu extrahieren versteht, wird sein Wein gelingen.

Die Extraktion geschieht vor, während und nach der Gärung und hängt von der Zeit und der Temperatur ab – je länger die Schalen im Most verweilen, desto mehr kann man aus ihnen herauslaugen, vor allem Farbstoffe. Allerdings werden vor der Gärung ganz andere Substanzen extrahiert als danach. Manche Winzer verzögern den Gärungsbeginn, um das erste Stadium der Extraktion zu verlängern; das geschieht entweder durch Kühlen oder durch Zusetzen von Schwefeldioxid (SO_2), das die Hefen vorübergehend betäubt. Andere haben eine Abneigung gegen diese Vormaischung und behaupten, es sei unnatürlich, den Gärbeginn zu verzögern. Hier gibt es kein Richtig oder Falsch, wohl aber ist unbestreitbar, daß eine kurze Vormaischung dunkleren, aromatischeren Most erbringt.

Das Kernstück der Weinbereitung, die Gärung, besteht aus einer komplexen Folge von Prozessen, bei denen unter Mitwirkung von Hefen Zucker in Alkohol umgewandelt wird. Beeinflußt werden diese Vorgänge durch die Temperatur und die Größe und Form des Behälters sowie dadurch, ob Natur- oder Kulturhefen verwendet werden. Kommt die Gärung in Gang, steigt die Temperatur an, und an der Oberfläche bildet sich aus den vom entweichenden Kohlendioxid nach oben getriebenen Feststoffen – Schalen, Kernen usw. – der Hut.

Der Vigneron muß nun über die Gärführung entscheiden: Läßt er die Temperatur sehr hoch steigen – mehr als 35 °C gelten allgemein als riskant –, dann kann er zwar eine stärkere Extraktion von Aroma- und Geschmackssubstanzen erreichen, es kann ihm aber auch passieren, daß die Hefen funktionsuntüchtig werden und dadurch die im Most vorhandenen Bakterien Gelegenheit erhalten, den noch verbleibenden Zucker in Essigsäure zu verwandeln. In hoher Konzentration macht sich diese flüchtige Säure durch unangenehm stechenden Geruch und scharfen, sauren Geschmack bemerkbar. Bleibt die Temperatur dagegen zu niedrig, fehlt es dem Wein meist an Substanz und Tiefe.

Auch gilt es zu entscheiden, wie oft der auf dem Most schwimmende Hut zerteilt und dadurch feucht gehalten werden soll. In Burgund geschieht dies üblicherweise mindestens ein- bis zweimal täglich – entweder indem jemand in den Gärbottich springt und die Masse unterstampft oder aber mit Hilfe einer Kolbenapparatur. Je häufiger diese *pigeage* erfolgt, desto kräftiger wirkt die Extraktion aus den Schalen.

Viele Vignerons bevorzugen heute die mit Kulturhefen verbundene Sicherheit einer gleichmäßig verlaufenden, beherrschbaren Gärung gegenüber der Wirkung der gewissermaßen als Schmelz auf den Trauben sitzenden Naturhefen. Andere halten dem entgegen, daß jede Gemarkung und Lage ihre eigene Hefepopulation habe, die allein imstande sei, die echte, typische Art und Komplexität zu erzeugen. Kulturhefen verwischen nach ihrer Ansicht nur die Unterschiede und führen zur Vereinheitlichung der Weine.

Einerseits werden nun die Kulturhefen immer mehr verfeinert, so daß sie den an der Côte vorkommenden Hefepopulationen immer genauer entsprechen – es sind auch raffinierte Methoden zur genetischen Identifizierung der einzelnen Hefen entwickelt worden –, andererseits stützen Forschungsergebnisse kaum die Hypothese, daß es eine gemarkungs- oder lagenspezifische Mikroflora gibt oder daß sie gar eine bedeutende Rolle für die Typenechtheit des Weins spielt. Sieht man jedoch einmal von der Sicherheit der Gärführung ab, kann man durchaus mit Recht fragen, ob Kulturhefen überhaupt nötig sind, wenn doch die im Weinberg heimischen Hefen die Arbeit einwandfrei leisten.

Die *cuvaison* ist die Gesamtheit der Prozeßschritte, die für die Umwandlung von Rotweintrauben in Wein erforderlich sind, und hat für Charakter und Qualität des Weins grundlegende Bedeutung. Sie erstreckt sich von der Einmaischung bis zum Abziehen des neuen Weins. In jedem einzelnen Stadium werden den Trauben bestimmte Substanzen entzogen, und andere werden umgesetzt. Es wird angenommen, daß die Vormaischung die Extraktion der wasserlöslichen Farbsubstanzen maximiert, während aromatische Substanzen vor allem während der Gärung, d. h. der Umwandlung von Zucker in Alkohol, extrahiert werden.

Die für die Langlebigkeit eines Rotweins so wichtigen Tannine sind vor allem in Alkohol löslich und werden deshalb im Verlauf der Gärung und danach maximal extrahiert. Wenn sie nun zunehmend in den neuen Wein gelangen, fixieren sie zugleich die bis dahin instabilen Farbsubstanzen, die vor Beginn der Gärung in Wasser gelöst wurden.

Die Länge der *cuvaison* ist sehr unterschiedlich. Wenn ein Winzer nicht über genug Gärbottiche für die hereinkommende Ernte verfügt, muß er den Vorgang abkürzen. Hat er dagegen genügend Raum, kann er eine längere *cuvaison* vorsehen, wenn beispielsweise die Schalen sehr zart oder nicht ganz ausgereift sind. Manche Winzer bevorzugen eine kurze *cuvaison* von sieben bis zehn Tagen, andere halten drei Wochen und mehr für angebracht. Feste Formeln gibt es zwar nicht, es ist aber zweifelhaft, ob bei einer *cuvaison* von weniger als zehn bis zwölf Tagen seriöser Wein entstehen kann.

Im Klima der Côte reift der Pinot Noir selbst in den Grand-Cru-Lagen oft nicht zu dem Zuckergehalt aus, der für den gesetzlich vorgeschriebenen und für das Gleichgewicht des Weins erforderlichen Alkoholgehalt genügt. Unter solchen Bedingungen ist es dem Winzer erlaubt, das Defizit durch Zugabe von Saccharose *(chaptalisation)* während der Gärung auszugleichen, und zwar bis zu einer Steigerung um 2 % Alkohol.

In manchen Jahren besteht Ungleichgewicht im Verhältnis zwischen Feststoffen und Flüssigkeit, d. h., die Trauben sind zu saftreich. Das bei der Rotweinbereitung als ideal geltende Verhältnis von ⅔ Saft zu ⅓ Feststoffen läßt sich durch *saignée*, d. h. Abziehen von Saft, herstellen. Das muß möglichst sofort nach dem Einmaischen geschehen, weil sonst mit dem überschüssigen Saft auch zunehmend kostbare Aroma- und Farbsubstanzen abgezogen werden.

Manche Erzeuger wollen das Opfer jedoch nicht auf sich nehmen, das beispielsweise bei einem Preis von 200 Francs pro Flasche für Grand-Cru-Wein doch eine beträchtliche Einbuße bedeutet, weil der Saft aus der *saignée* höchstens noch für «vin ordinaire» genutzt werden kann. Unter Umständen kann also die Einstellung eines Erzeugers zur *saignée* auch ein Licht auf sein Qualitätsbewußtsein werfen.

Auf jeden Fall stellt dieses Verfahren einen neuen, aber wertvollen Beitrag zum Rüstzeug des Winzers dar, und so mancher nutzt es regelmäßig selbst in reifen Jahren, z. B. 1990. Es darf aber nicht als Mittel zur Beseitigung von Übererträgen angesehen werden.

Nachdem der neue Wein entstanden ist, wird er als *vin de goutte* (Vorlaufwein) von den Feststoffen abgezogen, die dann als Restmaische abgepreßt werden. Der dabei entstehende *vin de presse* ist stets reicher an Tannin und Säure als der *vin de goutte*; je stärker der Preßdruck ist, desto mehr, aber auch um so tanninreicherer und in der Qualität schlechterer *vin de presse* kommt dabei heraus.

Meist wird behauptet, daß nur Wein aus der ersten, sanften Pressung dem Vorlaufwein beigemischt wird, doch die Angaben über den Anteil an Preßwein sind oft sehr aufschlußreich – 25 % bedeuten zu starke Pressung, 5–10 % sind eher akzeptabel.

Ist der Preßwein mit dem Vorlaufwein vereinigt, wird der neue Wein zur *élevage*, d. h. zum Ausbau, in Fässer mit 228 l Fassungsvermögen gefüllt. In der Ausbauzeit von 9 bis 24 Monaten hat der Winzer hinlänglich Gelegenheit, dem Wein Übles anzutun. Das kann in zuviel oder zuwenig neuen Fässern, in zu langer Verweildauer und damit Frischeverlust oder in ungenügendem Auffüllen der Fässer bestehen, so daß Luft an den Wein gelangen und Verwandlung in Essig bewirken kann.

Kurz nach der alkoholischen Gärung macht der neue Wein nochmals einen gärungsähnlichen Prozeß, die malolaktische Säureumwandlung, durch, die nicht auf der Tätigkeit von Hefen, sondern von Bakterien beruht und bei der sich die scharfe Apfelsäure in die mildere Milchsäure verwandelt.

Im Verlauf der *élevage* wird der Wein von Zeit zu Zeit durch Abstechen von seinem Geläger getrennt, das ihm sonst einen unangenehmen Beigeschmack verleihen könnte. Rotwein wird meist zweimal abgestochen – einmal im Frühjahr nach der *malo* und zum zweiten Mal etwa drei Monate vor dem Abfüllen. Der Zeitpunkt des Abstichs soll nicht durch eine feste Formel oder Platzbedarf in den Fässern bestimmt sein, sondern lediglich durch die Entwicklung des Weins, die vor allem durch Geschmackskontrollen überprüft werden soll.

Der erste Abstich ist empfehlenswert, weil während der *malo* der Wein relativ starker Sauerstoffeinwirkung unterliegt – CO_2 ist nicht beteiligt, und der Winzer kann kein SO_2 zusetzen, weil er damit die Bakterien, die den Abbau der Apfelsäure bewirken, behindern würde.

Will der Winzer seinen Wein ruinieren, dann hat er bei der Vorbereitung zur Abfüllung die beste Gelegenheit dazu, indem er nämlich alles tut, um starkes Depot auszuschließen und völlig klaren und stabilen Wein herauszubringen. Hierfür stehen ihm traditionell zwei Vorgänge zur Verfügung: Schönen und Filtrieren. Das Schönen erfolgt durch Zusetzen einer Substanz, die nach nichts schmeckt, aber alle feinen, oft kaum sichtbaren Trubteilchen, die sich nicht von selbst absetzen, aus dem Wein entfernt und im übrigen auch den Tanningehalt reduziert. Filtration durch ein mehr oder weniger feinporiges Medium läßt Trübungen von großen, sichtbaren Partikeln bis hin zu den feinsten Mikromolekülen aus dem Wein verschwinden.

Allerdings machen diese beiden Behandlungen oft die Nachhaltigkeit und Finesse des Aromas zunichte und nehmen dem Wein Saft und Kraft; darum ziehen viele Winzer es vor, sie zu vermeiden. Andere wollen lieber sichergehen, daß sie nicht mitten in der Nacht von einem wütenden Kunden aus dem Schlaf gerissen werden, der sich darüber beschwert, daß sein teurer Chambertin trüb geworden ist und angefangen hat zu schäumen. Deshalb schönen und filtern sie munter drauflos. Sorgfältige Weinbereitung sollte eigentlich jede außer vielleicht der schonendsten Behandlung überflüssig machen.

Aber auch wenn diese Klippe umschifft ist, lauert noch Gefahr – der Wein muß nun in die Flasche. Zunächst gilt es, den richtigen Zeitpunkt zu wählen, und der läßt sich nur durch ständige Geschmackskontrollen ermitteln. Schließlich muß noch die Abfüllung bewältigt werden, die ebenfalls ihre Tücken hat. Viele Winzer trauen sich diese Arbeit selbst nicht zu oder können sich eine teure Anlage, die jedes Jahr nur eine oder zwei Wochen lang gebraucht wird, nicht leisten und lassen deshalb einen Lohnabfüller kommen. Leider arbeiten diese Unternehmer meist im Akkord und wollen möglichst schnell fertig werden. Für den Wein ist das nicht gut. Als vernünftiger Mittelweg setzt sich die von mehreren Winzern gemeinschaftlich genutzte Abfüllanlage immer mehr durch.

Im Gespräch mit einem Winzer, dessen Leistungen zu wünschen übriglassen, und bei der Besichtigung seiner Keller stellt sich häufig heraus, was bei ihm nicht stimmt. Neben grober Unfähigkeit, mangelnder Hygiene oder schlechter Gärführung kommen im Keller oft dumme Fehler vor. Werden beispielsweise Proben immer aus demselben Faß gezogen, ist der Spund zu häufig offen, und es kann Luft hineingelangen; wird das Stück Jute zwischen Spund und Spundloch nicht regelmäßig gewechselt, können sich Bakterien darin festsetzen.

Henri Jayer hat einmal geäußert, daß rund 80 % aller Weine vor der *malo* gut schmecken, nachher aber seien es nur noch 40 % und bei der Abfüllung schließlich noch kärgliche 20 %. Zwar wird viel potentiell feiner Wein durch Übererträge sowie durch vermeidbare Fehler und Arbeitsüberlastung ruiniert, viel aber auch durch Mangel an Sachkenntnis. Die meisten Vignerons verstehen im Weinberg ihr Handwerk großartig, als Kellermeister aber sind leider nur allzu viele überfordert.

Weissweinbereitung

Im Gespräch mit Winzern zeigt sich immer wieder, daß die meisten die Weißweinbereitung einfacher finden als die Rotweinerzeugung. Tatsächlich trifft man nur selten einen an, der genauso feinen Rotwein wie Weißwein hervorbringen kann.

Außer in der Farbe unterscheiden sich Rotwein und Weißwein am stärksten im Tannin. Dabei sind Weißweintrauben niemals wirklich weiß, sondern zeigen verschiedene Nuancen von gelb und grün. Während Rotweintrauben in ihrem Saft gemaischt werden, damit möglichst viel «matière» aus den Schalen in den Wein gelangt, werden Weißweintrauben so rasch wie möglich gepreßt, und der Most wird von den Schalen getrennt, ehe er Farbe aus ihnen annimmt.

Aufgrund dieser minimalen Schalenmaischung enthält Weißwein auch nur kleinste Mengen an Tannin, das bei Rotwein so viel zur Struktur und Langlebigkeit beiträgt. Deshalb muß der Winzer dafür sorgen, daß im Weißwein genug Säure als Gegengewicht zu Frucht und Alkohol für eine entsprechende Lebensdauer vorhanden ist. Tannin und Farbe sind also unerwünscht, Säure dagegen ist wesentlich.

Das Fehlen von Tannin und oxidationshemmenden Enzymen bedeutet, daß weißer Most für Oxidation anfälliger ist als roter. Wie sich ein aufgeschnittener Apfel rasch verfärbt, wenn er nicht beispielsweise mit Zitronensäure behandelt wird, so wird Weißweinmost an der Luft unrettbar braun. Der Vigneron muß größte Sorgfalt und Hygiene darauf verwenden, den Wein klar und glanzhell in die Flasche zu bringen.

Hierzu gehört peinlichste Sauberkeit und umsichtiger Gebrauch von SO_2 als Desinfektionsmittel, wobei bessere Erzeuger vor allem auf Reinlichkeit setzen und möglichst wenig SO_2 benutzen, weil es oberhalb einer bestimmten Konzentration dem Duft und Geschmack des Weins eine flache Dimension verleiht. Einigen gelingt sogar hervorragender Weißwein ganz ohne SO_2; dabei ist allerdings wie beim Freihändigfahren das Unfallrisiko ziemlich groß.

Schon die Lese entscheidet über die Qualität. Süßegrad und Säure müssen ausgewogen sein; die *pourriture humide*, die bei großen süßen Weißweinen die Edelfäule ausmacht, ist zwar nicht so schädlich wie bei Rotweintrauben, Graufäule aber bedeutet Gefahr und muß vor dem Keltern ausgeschieden werden.

Die Hauptsache ist in diesem Stadium, daß die Trauben intakt bleiben. Aufgeplatzte Beeren oxidieren sofort, wenn sie nicht durch SO_2 davor geschützt werden, und verfärben sich, weil ohne die Pufferwirkung der Tannine die Oxidaseenzyme rasch um sich greifen. Deshalb sind nur unbeschädigte, reife und gesunde Trauben ein gutes Rohmaterial. Früher war es insbesondere in der Neuen Welt Mode, die Trauben sofort bei der Lese einzuschwefeln; Forschungen haben jedoch nachgewiesen, daß der daraus entstehende Wein auf lange Sicht weniger gut gegen Oxidation geschützt ist, als wenn das Lesegut bis nach dem Pressen ungeschwefelt bleibt.

Nach Anlieferung in der «Cuverie» werden die Trauben so schnell wie möglich gekeltert, und der Saft wird von den Schalen und Kernen getrennt. Forschungen in Amerika und Australien haben ergeben, daß durch einfaches Aufbrechen der Beerenhaut und anschließendes mehrstündiges Maischen bei relativ niedrigen Temperaturen kein unerwünschtes Tannin ausgelaugt wird, jedoch viel mehr Aroma- und Geschmackssubstanzen in den Wein gelangen, da diese unter den Schalen sitzenden Stoffe durch Pressen allein nicht freigesetzt werden. Manche Winzer in Puligny, Meursault, Aloxe-Corton und Chassagne arbeiten inzwischen mit dieser *macération pelliculaire*, um ihren Weinen mehr Tiefe im Extrakt zu verleihen.

Bis noch vor kurzem wurden die Weißweintrauben in Pressen desselben Typs gekeltert wie die Rotweintrauben – meistens waren es Spindelpressen, die entweder zwei Scheiben aus Metall gegeneinanderdrückten oder eine Scheibe von oben her auf die Trauben senkten. Moderne Pressen arbeiten mit einem aufblasbaren Gummibalg, der bei seiner langsamen Ausdehnung die Trauben gegen die Wände einer Trommel drückt. Der so entstehende sanfte, kontrollierbare Druck setzt den Saft frei, ohne unerwünschtes Tannin aus den Schalen oder, schlimmer noch, aus den mit besonders strengem Gerbstoff behafteten Kernen herauszuquetschen. Anschließend bleibt der Most stehen, damit sich grobe Trubteilchen absetzen können, und dann beginnt in Tanks aus Edelstahl oder Glasfaserkunststoff – bei kleineren Mengen und für bessere Weine in Eichenfässern – der Gärungsprozeß. Anders als bei Rotwein ist Faßgärung bei Weißwein durchaus möglich, weil ja kein Schalenhut bearbeitet werden muß. Bei dem geringen Volumen der Fässer steigt die Gärtemperatur nicht so hoch an wie in großvolumigen Behältern. Allerdings hat der Winzer bei der Faßgärung wenig Einfluß auf die Gärtemperatur; er kann lediglich den Keller kühlen – das aber ist langwierig und wenig wirksam.

Die Maximaltemperatur der Gärung ist maßgeblich für den Charakter des Weins. Kühle Gärung bei etwa 15 °C, ein heute in der Großmengenproduktion sehr beliebtes Verfahren, ergibt saubere, neutrale Weine, meist ohne großen Sortencharakter. Wird der Chardonnay bei so niedrigen Temperaturen vergoren, dann entwickelt er gern Aroma- und Geschmacksnoten von exotischen Früchten, die zwar im Wein durchaus ansprechend, aber doch sehr gleichförmig wirken. Dieser Mangel an Individualität widerspricht jedoch der Typenechtheit der einzelnen Appellationen, die doch für die Besonderheit und Finesse großer weißer Burgunder so viel bedeutet. Beim Chardonnay scheinen sich Gärtemperaturen von 17–25 °C am besten zu bewähren – oberhalb dieser Werte werden die Weine rasch flau und schwerfällig und büßen ihre Frische ein.

Die Gärung kann ganz im Faß erfolgen, es kann aber auch jeweils ein Teil des Postens im Faß und der andere zur besseren Schonung

Altmodisch und hochmodern: Der verzinkte Eimer ist ebenso unentbehrlich wie die Vaslin-Presse.

der Frische im Edelstahltank vergoren werden; erst danach kommen die beiden Teile zusammen. Werden neue Eichenfässer verwendet, dann ist es besser, die Gärung in ihnen vorzunehmen und nicht in einem anderen Behälter zu beginnen und erst später in die neuen Fässer umzufüllen – das Ergebnis ist harmonischer, und Gärung wie malolaktische Säureumwandlung verlaufen gleichmäßiger.

Wie beim Rotwein können die ständig verfeinerten Kulturhefen anstelle der im Weinberg heimischen Naturhefen benutzt werden; es gibt keine Beweise dafür, daß die einen oder die anderen besser oder schlechter wären.

Ist der neue Wein fertig, gilt es, ihn bis zur Abfüllung sorgsam zu pflegen. Ein wichtiger Bestandteil dieser Pflege besteht darin, für ausgedehnte Berührung mit dem Geläger, dem Trub- und Hefesatz, zu sorgen, aus dem der Wein Nährstoffe bezieht, die ihm «Fett» und aromatische Komplexität verleihen. Ist das Geläger jedoch nicht «gesund» oder wird die Hefesatzlagerung überzogen, dann kann sich ein unangenehmer, an Pappe erinnernder *goût de lie* einstellen; auch hier kommt es auf wachsame Beobachtung und ständige Geschmackskontrollen an.

Um den Trub möglichst gleichmäßig im ganzen Faß verteilt zu halten, wird von Zeit zu Zeit mit einem Instrument aus Edelstahl, das einer durchlöcherten Sense ähnelt, oder mit einem Stück Kette mehr oder weniger kräftig darin herumgerührt. Wie häufig diese sogenannte *bâtonnage* vorgenommen wird, ist ganz verschieden, üblicherweise ein- bis zweimal in der Woche bis zur *malo*.

Das Geläger spielt auch eine Rolle bei der Erhaltung der frischen Farbe von Weißwein. Es absorbiert nämlich Farbstoffe, so daß der Wein «weiß» bleibt und nicht vergilbt; aus diesem Grund ist Hefesatz in größeren Mengen beim Ausbau von Rotwein unerwünscht, und deshalb wird dieser auch nicht aufgerührt.

Mit großer Sorgfalt muß der Winzer darauf achten, daß das Säuregleichgewicht im Wein nicht gestört wird. Wenn in sehr reifen Jahren das Lesegut säurearm auszufallen droht, kann er sich dadurch helfen, daß er einen Teil der Trauben früh erntet, um in der *cuvée* insgesamt einen gewissen Anteil an Säure zu gewährleisten. Eine andere Möglichkeit ist bei roten wie bei weißen Trauben durch Mitverarbeiten eines Teils der *verjus* genannten Nachfrucht gegeben; diese Trauben der zweiten Generation sind nämlich nicht voll ausgereift und daher säurereicher. Sonst bleibt nur übrig, die *malo* zu unterdrücken und dadurch einen Teil der frischeren Apfelsäure zu bewahren, die sonst zur milderen Milchsäure abgebaut würde.

Wenn alles fehlschlägt, darf der Wein noch mit Säure angereichert werden. Diese Feinabstimmung, die übrigens scharfen Kontrollen unterliegt, kann durch Zusetzen von Weinsäure zum gärenden Most oder von Zitronensäure bei der Abfüllung des fertigen Weins geschehen. Beides ist nicht wirklich befriedigend, vor allem deshalb, weil sich die zugesetzte Säure nicht harmonisch in den Geschmack des Weins einfügt, sondern immer wie aufgesetzt wirkt.

Das Fehlen von Tannin macht Weißwein empfindlicher als Rotwein; er wird durch zu viel Behandlung leichter gestört. Erstklassige Domänen wie Leflaive, Sauzet oder Lafon betonen stets, wie wichtig ein Maximum an Hygiene und ein Minimum an störenden Eingriffen ist. Je weniger der Wein bewegt – abgestochen, belüftet oder gepumpt – wird, desto besser ist es vor allem für seine aromatische Komplexität und seine Frische. Obendrein wird dann auch weniger SO_2 gebraucht, um den Wein nach der Abfüllung stabil zu halten.

Besonders schwierig ist die Entscheidung über die Vorbereitungsmaßnahmen für die Abfüllung sowie über den Abfüllzeitpunkt selbst. Klarheit und Stabilität sind wesentlich, soll der Wein nicht nach einem halben Jahr von einem unzufriedenen Kunden zurückgeschickt werden. Beim Weißwein gelten so ziemlich dieselben Erwägungen wie beim Rotwein. Die Vorteile des Schönens und Filtrierens müssen ganz einfach gegen die Erkenntnis, daß zu viel Behandlung das zarte Gleichgewicht des Weins unwiederbringlich zunichte machen kann, sorgsam abgewogen werden.

Eine eindrucksvolle Batterie Edelstahltanks nimmt in der Domaine Bonneau du Martray den Corton-Charlemagne auf.

Während beim Rotwein das Schönen durch Zugabe von Protein, d. h. Eiweiß- oder Milchprodukten, geschieht, werden dem Weißwein durch Schönen Proteinmoleküle, die oft Trübungen verursachen, entzogen sowie Vergilbungserscheinungen beseitigt, so daß er glanzhell wird. Die Filtration kann mit unterschiedlicher Strenge erfolgen, vom ganz leichten Durchseihen bis zum Sterilfiltern, bei dem auch die kleinsten Teilchen entfernt werden, die auf lange Sicht störend wirken könnten. Wie beim Rotwein kann durch behutsames Schönen das Aroma der (auch im Weißwein vorhandenen) gröberen Tanninmoleküle verbessert werden. Übermäßiges Schönen und zu scharfes Filtrieren mag für den Erzeuger eine Beruhigung darstellen, es entzieht dem Wein aber Saft, Kraft und Finesse.

Die Abfüllung muß rechtzeitig erfolgen, denn ein noch so köstlicher frischer und fruchtiger Wein wird mager und ausgezehrt, wenn er zu lange im Faß liegenbleibt. Beobachtung durch häufige Geschmackskontrollen ist unumgänglich, denn von einer Woche zur anderen können Veränderungen eintreten.

An der Côte d'Or wird frischer, saftiger Aligoté schon einige Monate nach der Ernte abgefüllt, während ein wuchtiger Grand-Cru-Wein vielleicht erst nach ein paar Jahren in die Flasche kommt.

Obwohl die Weißweinbereitung einfacher ist, weil nicht wie bei Rotwein Farbe und Tannin extrahiert werden müssen, kommen doch auch hierbei Fehler vor. Der häufigste ist übermäßiger Gebrauch von SO_2 als Schutz gegen Braunwerden oder Nachgären in der Flasche. Jedes übermäßige Auffrischen des SO_2-Gehalts bei der Abfüllung macht sich in den ersten Monaten im Geschmack bemerkbar. Nach längerer Zeit absorbiert der Wein allerdings viel von diesem zugesetzten SO_2, so daß es weniger spürbar wird. Allzu starkes Schwefeln freilich macht den Wein am Ende unwiederbringlich flach und stumpf.

Warum nun gelingt manchen Erzeugern die so schwierige Weinbereitung besser als anderen? Eine einfache Antwort auf diese Frage gibt es zwar nicht, es liegt aber doch auf der Hand, daß viel mindere Qualität bei Rot- und Weißweinen auf an sich leicht zu behebenden Mängeln in der Vinifikation oder *élevage* beruht. Überdies kommt viel zwar korrekter, jedoch nichtssagender Wein durch Übererträge zustande, die oft den Unterschied zwischen gutem und großem Wein ausmachen.

So richtig dies alles sein mag, es bleibt aber dennoch unbestreitbar, daß Vignerons ein Talent in der Weinbereitung besitzen, das über die bloße Anwendung wissenschaftlicher Prinzipien hinausgeht. Diese wenigen Begabten bringen es zuwege, einen Aligoté zu veredeln oder aus einer bescheidenen Villages-Lage Grand-Cru-Qualität hervorzuzaubern. Hierin liegt der Unterschied zwischen dem Könner und dem Genie, und zum Glück strahlen am Firmament der Côte d'Or genug Sterne dieser Art.

Guy Accad

Der libanesische Önologe und Agronom Guy Accad ist eine der meistdiskutierten und meistkritisierten Gestalten Burgunds. Er ließ sich 1975 als kellertechnischer Berater an der Côte nieder und arbeitete auf dem Höhepunkt seiner Tätigkeit für rund 40 Domänen. Viele haben sich zwar inzwischen wieder von ihm getrennt, sein Einfluß aber und die Kontroverse, die aus seinen Gedankengängen erwachsen ist, sind geblieben.

Der Streit dreht sich um die Frage, ob seine Weinbereitungsmethoden der Tradition entsprechen, ob seine Weine die Vielfalt und typische Art der jeweiligen Appellationen aufweisen und ob sie gute Haltbarkeit besitzen. Ein großer Teil der öffentlichen Debatte wurde von Leuten geführt, die kaum mehr leisteten, als einige unter Accads Einfluß entstandene Weine zu degustieren; keiner machte sich die Mühe, im direkten Gespräch seine Ideen zu prüfen.

Nachfolgend nun das Resümee eines mehrstündigen Gedankenaustauschs mit Accad sowie vieler weiterer Stunden des Gesprächs und der Degustation bei seinen prominentesten Anhängern.

Accad bezog seine Inspiration aus alten Burgundern, die offenbar auf weit höhere Gipfel gelangten als heutige Weine – «wäre der Burgunder vor 50 Jahren entstanden, hätte er nie die Reputation erreicht, die er heute besitzt». Nun ist es nicht etwa seine Ansicht, die heutigen Winzer produzierten schlechten Wein, vielmehr gelinge es den meisten nicht, das Potential ihres Bodens voll auszuschöpfen.

Seine Methode setzt im Weinberg an: «Gutes Terrain, gesunde Reben und reife Trauben» sind die Voraussetzungen für Grand Vin – alles in allem also das bestmögliche Gleichgewicht des Bodens; Ungleichgewicht beeinträchtigt die Weinqualität.

Hochreife, jedoch nicht überreife Frucht ist ein weiterer Eckpfeiler seiner Strategie. Hier geht er von drei Ansatzpunkten aus: höhere Pflanzdichte, verringerte Erträge und späte Lese. Es werde oft vergessen, so argumentiert er, daß im vorigen Jahrhundert die Weinrebe ohne Erziehungssystem bei einer Dichte von etwa 25 000 Stück pro Hektar angebaut worden sei und auf diese Weise Weine mit großer Tiefe und hoher Güte erbrachte. Ganz allgemein lautet Accads Regel: je wärmer das Klima, desto geringer – je kühler, desto höher die optimale Pflanzdichte. Seinen Klienten an der Côte d'Or gibt er deshalb den Rat, die Pflanzdichte auf 12 500 Stück/ha zu steigern. Die Trauben gelangen aber auch um so weniger zur Reife, je mehr ein Stock zu tragen hat; also soll der Behang klein gehalten werden.

Reife Frucht weist mehr und komplexeres Aroma auf als unreife, und das dazugehörige Tannin schmeckt runder und milder. Späte Ernte bringt kräftigere Farbe und verringert den Bedarf an *chaptalisation*.

Alles das ist keineswegs revolutionär (höchstens die Idee einer systematisch späten Lese). Die eigentliche Kontroverse beginnt erst in der «Cuverie». Accad bemängelt, daß zuviel Wein – guter und schlechter – nach einem festen «Rezept» bereitet werde, und er übt Kritik an jenen, die dem Jahrgang die Schuld an minderer Qualität zuschieben. Die Frucht aus zwei analytisch wunderbar reifen Jahrgängen könne beträchtliche Unterschiede in der Qualität aufweisen. Es gehe also darum, eine ungefähre Einschätzung des Zucker- und Säuregehalts unter Einbeziehung der Schalendicke sowie der Tannin- und Pigmenteigenschaften vorzunehmen.

In Burgund ist der Begriff Grand Cru unlöslich mit Langlebigkeit verbunden. Auf den Einwand, daß ein noch immer tiefdunkler, lebenskräftiger 1909er Nuits-St-Georges vermutlich doch mit einem minderen Wein verschnitten worden sei, entgegnet Accad: «Verschnitten womit? Was außer einem Grand Cru könnte 80 Jahre und länger leben?» Die großen Züge der Vinifikation sind einfach: teilweises Entrappen (50–75 %), Schwefeln mit 2–3 l/t (das ist das 2- bis 3fache der üblichen Dosis), dann Kühlen auf 8–15 °C und fünf bis zehn Tage Maischen. Danach setzt die Gärung allmählich ein und verläuft bei einer Maximaltemperatur von 30 °C, bis der gesamte Zucker vergoren ist; dann wird der *vin de goutte* ohne Nachmaischung abgezogen. Nach dem Beimischen des Preßweins wird der Jungwein zu klassischer *élevage* in Fässer gefüllt.

Accads Methode beruht vor allem auf der Farbe als Indikator für die Entwicklung eines Weins sowie auf der Überzeugung, daß die besten Farb- und Aromasubstanzen ohne Mitwirkung von Alkohol extrahiert werden. Deshalb setzt er auch, um eine lange Maischzeit zu erreichen, neben Kühlung die für seine Weine typischen hohen Schwefeldosen ein, die aber einer verstärkten Farb- und Tanninextraktion dienen sollen und nicht der Verzögerung des Gärbeginns, denn bei den von ihm verwendeten Konzentrationen sei es den Weinhefen möglich, normal tätig zu werden. Anders als bei den herkömmlichen Vinifikationsmethoden gibt es aber nach der ersten Schwefeldosis keine weitere SO_2-Abstimmung mehr.

Hoher Schwefelgehalt verleiht dem Wein oft einen flachen Geschmack. Accad betont, daß – rechne man die bei der konventionellen Weinbereitung verteilt gegebenen kleineren Dosierungen zusammen – die Gesamtmenge bei seiner Methode kaum größer sei und daß auf diese Weise vinifizierter Wein eben nicht nach Sulfiten schmecke.

Der Temperaturverlauf während der Gärung spielt ebenfalls eine Rolle – eine langsame Gärung bringt andere Resultate als eine schnellere bei derselben Temperatur. Deshalb ist auch der Zeitpunkt der *chaptalisation* kritisch. Außerdem wird mit Bedacht das ansonsten übliche Verfahren der Nachmaischung vermieden, da der hierbei anwesende Alkohol eine höchst unselektive Extraktion unerwünschter, für Rotwein verderblicher Substanzen, v. a. von Enzymen, bewirke.

Accads Philosophie klingt fast banal: In jedem Stadium müsse der Kellermeister sich fragen, ob es nötig und der richtige Moment sei, dies oder jenes zu tun, und warum es überhaupt geschehen solle. «Tradition» dürfe keine ausreichende Entschuldigung für Gedankenlosigkeit darstellen.

Die von Accad beratenen Domänen bringen beständig eindrucksvolle Weine hervor. Bei der Degustation eines Querschnitts durch die 1987er, 1988er, 1989er und 1990er von Senard, Grivot, Labet und Confuron bleibt kein Zweifel an deutlicher Differenzierung zwischen den verschiedenen *climats* und Jahrgängen. Die Vielfalt der Erzeugerstile macht Vergleiche schwierig. Gibt es einmal einen Wein vom «Typ Accad», dann verändert sich vielleicht der Begriff von Typenechtheit.

Im Hinblick auf die Langlebigkeit erheben sich zwei voneinander unabhängige Fragen: Halten sich diese Weine, und werden aus ihnen «typische Burgunder»? Die anfänglich massive Struktur duldet keinen Zweifel daran, daß sie mindestens genauso haltbar sind wie die meisten konventionellen Burgunder aus vergleichbaren Lagen; darüber hinaus weisen die jetzt zur Genußreife gelangenden Weine vom Ende der 1980er Jahre genausoviel «Typenechtheit» auf wie andere.

Accads Ideen sind klar durchdacht und in sich schlüssig. Natürlich wird die Debatte darüber weitergehen, ob starke Schwefelung und kühle Vormaischung eine echte Innovation oder lediglich eine Modernisierung traditioneller Praktiken bilden. Dieser Streit ist müßig, sein Ausgang unwesentlich.

Die meisten unter Accads Ägide entstandenen Weine sind unbestreitbar fein. Selbst wenn es dem einen oder anderen an der klassischen Burgunderart mangeln sollte, ist es dann Ketzerei zu fragen, ob das denn so schlimm wäre?

HENRI JAYER

Im Kontrast zu Bordeaux mit seinen kapitalkräftigen Weingütern gibt Burgund aufgrund der Zersplitterung seiner Rebfläche dem einzelnen Winzer nur begrenzte Mittel an die Hand und bildet deshalb keinen guten Nährboden für Gurus. Hier ist die Betrachtungsweise mehr nach innen gerichtet und eher durch Familientraditionen als durch internationalen Vergleich bestimmt.

Wenn es einen Mann gibt, der auf die Einstellung und das Sachkönnen der jungen Winzergeneration großen Einfluß ausübt, dann Henri Jayer. Im Lauf von vier Jahrzehnten hat dieser bescheidene, liebenswürdige Mann viele, die heute als die Spitzenweinerzeuger Burgunds gelten, beraten und mit ihnen Freundschaft geschlossen.

Jayers eigener Ruf beruht auf einer langen Folge unübertrefflicher Weine aus seinem kleinen Weingut in Vosne, das er nach dem Jahrgang 1995 seinem von ihm selbst geschulten Neffen Emmanuel Rouget (siehe dort) übergeben hat. Frei vom Alltagsgeschäft setzt er jetzt seine Zeit dazu ein, ihm sowie Jean-Nicolas Méo, dessen Domäne er schon lange als Berater dient, zu helfen. Aber auch bei vielen anderen jungen und alten Vignerons ist sein Rat nach wie vor gefragt.

Jayer hat viel darüber nachgedacht, was die Qualität eines Weins eigentlich ausmacht, und ist zu der Ansicht gelangt, daß dem *terroir* der Vorrang zukommt – ein Gevrey kann nun einmal nicht so fein sein wie ein Vosne, weil Atmosphäre und Boden anders sind. Darüber hinaus hat jeder Vigneron seine eigenen Vorstellungen, die von vornherein dafür maßgeblich sind, wie er die Weinbereitung anpackt.

Jayers eigene Anschauungen sind auf robuste Weise schlicht und bemerkenswert unkompliziert. «Wein», so gibt er zu bedenken, «soll Genuß bereiten; deshalb muß man nach einem möglichst vollkommenen Gleichgewicht streben.» Zwei Grundsätze sind für ihn maßgeblich: «Erstens darf Wein beim Ausbau nicht in Watte gepackt werden – laßt der Natur ihren Lauf! Und zweitens kann man nicht Bestandteile, die von Anfang an fehlen, künstlich ersetzen und mit gutem Erfolg rechnen wollen.» Kunstgriffe, die unzulänglicher Frucht aufhelfen sollen, sind nicht der rechte Weg zur Qualität. Im übrigen, so meint er, gehöre Mysterium zur Faszination des Weins.

Immer wieder betont Henri Jayer, wie wesentlich es ist, jede erdenkliche Mühe für erstklassige Frucht aufzuwenden. Sein Rebenbestand war zum größten Teil über 50 Jahre alt; er führte die Lese «weder spät noch früh» durch und strebte stets optimale Qualität an, die er bei «90 % des möglichen Maixmalwerts» gegeben sieht.

Ideale Frucht bedeutet für ihn ein Verhältnis von ⅔ Flüssigkeit zu ⅓ Feststoffen. Hierzu gehört Entrappen, da die Stiele doch nur Adstringenz in den Wein einbringen. Jayer tritt für eine längere Vormaischung ein: «Die Weine mit dem feinsten Bouquet und der schönsten Robe beruhen auf fünf- bis siebentägiger Maischung vor der Gärung – dabei wird überaus viel Aroma und Farbstoff freigesetzt.» In diesem Punkt ist er sich mit Guy Accad einig; während aber Accad die Gärung auf chemischem Weg durch eine kräftige Dosis SO_2 hinauszögert, erreicht Jayer dasselbe Ergebnis durch Abkühlen der Maische auf 15 °C. Wenn sie sich dann erwärmt, beginnen die Hefen, unterstützt durch täglich zwei- bis dreimalige *remontage*, ihre Tätigkeit. Wenn die Gärung schließlich voll in Gang und die eventuell erforderliche *chaptalisation* durchgeführt ist, wird die *remontage* durch *pigeage* ersetzt.

Großen Wert legt Jayer darauf, daß nur Naturhefen zur Anwendung kommen. «An der Hefe liegt alles», sagt er und erzählt seufzend von einem kalifornischen «Pinot Noir», der wie ein Cabernet Sauvignon schmeckte. «Sie hatten ihn mit 80 % Cabernet-Hefen und 10 % Pinot-Hefen produziert», erläutert er und läßt deutlich seine Meinung darüber durchblicken: «Was war da anderes zu erwarten?»

Seine Abneigung gegen Kunstgriffe erstreckt sich auch auf die *saignée de cuve*; er sieht sie nur als Ausweg für Winzer an, die im Frühjahr nicht genügend ausgelichtet und deshalb verwässerten Most geerntet hatten. «Heute will keiner mehr ein Risiko auf sich nehmen».

Jayer bevorzugt *cuves* aus Zement, weil diese am wenigsten einen untypischen Beigeschmack hervorbringen und zugleich dazu beitragen, daß die Gärtemperatur unter 34 °C bleibt. Bei ihm dauerte die *cuvaison* 15 bis 20 Tage – bis der Schalenhut unterzugehen begann und damit das Ende der Gärung anzeigte. Nach dem Beimischen des Preßweins wurde der junge Wein 18 Monate lang in zu 100 % neuen Eichenfässern ausgebaut. Jayer meint, ein gut ausgewogener Wein könne das auch in nicht so reifen Jahren vertragen.

Die malolaktische Säureumwandlung durfte stets von selbst ablaufen; Jayer hält nichts davon, die daran beteiligten Bakterien durch Erwärmen zur Tätigkeit anzuregen – «Eile ist unnötig». Wenn dieser Vorgang bei kräftiger Säure länger daure, dann sei das auch nicht schlimm. Jede *cuvée* ist ein Individuum und soll sich ungestört entfalten dürfen. Nach zwei Abstichen wurden die Weine vom Schönungssatz direkt aus dem Faß sehr bedächtig abgefüllt.

Was unter Henri Jayers begabten Händen zustande kam, bedarf keiner langen Beschreibung. Wer jemals das Glück hatte, seine Weine zu kosten – vom vorbildlichen Bourgogne Rouge über den tiefen, seidigen Vosne Beaux Monts und den prachtvollen Vosne Cros Parantoux bis hin zum gebieterischen (deshalb aber nicht unbedingt feineren) Echézeaux –, der hat erfahren, welche Wunder dieser Mann aus Trauben hervorzuzaubern versteht.

Wenn nun Jayer zufolge die Weinbereitung etwas so Einfaches ist, wie kommen dann so oft Fehler zustande?

Insbesondere glaubt Jayer, daß zuviel Schwefel und übertriebene Manipulationen an der Qualitätsverschlechterung schuld seien. Auch unterließen es die Vignerons, die Fässer regelmäßig aufzufüllen und dabei jedesmal den Geschmack ihres Weins zu kontrollieren. Um die Kellerhygiene stehe es oft schlimm, vor allem bedürften ältere Fässer größter Sorgfalt bei der Instandhaltung. Auch durch überzogenes Schönen oder strenge Filtration werde viel feiner Wein verdorben. Jayer hält Filtrieren nicht für nötig; die sparsamste Schönung genüge bei seinen Burgundern. Bei stärkeren Manipulationen entstehe zwar beruhigend klarer, keimfreier Wein, das aber gehe auf Kosten der Ausgewogenheit und Qualität.

Jayer meint, der Kunde besitze den Schlüssel zur Beeinflussung des Qualitätsstandards: «Es liegt in der Hand des Verbrauchers, schlechten Wein nicht zu kaufen; er hat mehr Macht, als er selbst glaubt.» Jayer empfiehlt Mißtrauen gegenüber der «Kelleratmosphäre»; wenn obendrein ein wortgewandter Vigneron dabei ist, kann man dort keine überlegte Kaufentscheidung treffen.

Von seinen eigenen Leistungen spricht er mit Bescheidenheit: «Vielleicht habe ich einigen jüngeren Vignerons dazu verholfen, keine Fehler zu machen». In die Zukunft schaut er mit Optimismus: «Die Jungen haben die finanziellen und technischen Mittel, feine Weine zu produzieren. Sie arbeiten heute nicht mehr wie die älteren Vignerons über den Daumen oder nach Instinkt. Sie sind wißbegieriger, kommen weiter herum und degustieren mehr, so merken sie, wenn sie nicht die richtige Leistung bringen. Früher blieb jeder Vigneron eher für sich, heute findet mehr Gedankenaustausch statt; die besseren bilden für die anderen das Vorbild – Geheimniskrämerei gibt es nicht mehr.»

Wenn jemand ein solches Urteil aussprechen kann, dann Henri Jayer. Burgund und seine heutige Generation verdanken ihm viel Weisheit und geistige Anregung.

Vom Winzer zum Verbraucher – Vertriebswege

Die Côte d'Or bildet bei einer Länge von etwa 50 km und einer Breite zwischen 500 m und 2 km einen wahren Flickenteppich von Einzellagen, die unter mehr als 2000 Vignerons aufgeteilt sind, wobei auf jeden im Durchschnitt etwa 5 ha Rebfläche, verteilt auf mehrere Appellationen, entfallen.

Ein typischer Winzer hat in seinem Keller vielleicht zehn verschiedene Weine liegen – einen Bourgogne Aligoté, etwas Bourgogne Rouge oder Blanc, vielleicht zwei oder drei Villages-Weine, einige Premiers Crus und, wenn er Glück hat, einen oder zwei Grands Crus. Wie findet dieser Wein nun den Weg auf den Markt?

Solange der Wein noch nicht in der Flasche ist, hat der Winzer zwei Möglichkeiten: Entweder verkauft er ihn in Bausch und Bogen, oder er baut ihn selbst aus und füllt ihn in Flaschen ab. Im ersteren Fall sind seine Abnehmer die Négociants, also Handelshäuser mehrheitlich ohne eigenen Weinbergbesitz, die ihren Bedarf bei vielen kleinen Winzern decken. Schätzungsweise gehen heute etwa 60–70 % aller Burgunder durch die Hand des «négoce»; an der Côte d'Or dürfte der Anteil bedeutend geringer sein, weil dort viele Domänen selbst abfüllen und direkt vermarkten.

Entscheidet sich der Winzer für die Selbstabfüllung, dann kann er die Flaschen etikettieren und in größeren oder kleineren Posten an Privatkunden oder aber unetikettiert an Négociants verkaufen.

In der Praxis gibt es für den Winzer drei Stufen, auf denen er Wein an den Handel absetzen kann: 1. als Lesegut oder Most bzw. Jungwein, 2. im Faß, 3. in der Flasche. Viele Négociants unterhalten Lieferverträge mit einer großen Zahl von Winzern, die verschiedene Appellationen aus allen Gegenden der Côte anbieten – auf dieser Grundlage erstellen sie Preislisten für ihre Kunden.

Diese Liefervereinbarungen, in deren Rahmen der Négociant zur Abnahme der Ernte verpflichtet sein kann oder auch nicht, bestehen oft als ungeschriebene, schon seit Jahrzehnten geltende Absprachen. Ein guter Négociant kennt seine Vignerons persönlich und steht ihnen mit Rat und Tat zur Seite, um zu gewährleisten, daß sie ihm die Qualität liefern können, die er braucht.

Die besseren Handelshäuser kaufen überhaupt nur Lesegut oder unvergorenen Most und führen die Vinifikation selbst durch, so daß sie den Weinstil nach eigenem Ermessen bestimmen können. Andere kaufen fertigen Jungwein tankweise auf und übernehmen den Ausbau und die Abfüllung. Am wenigsten qualitätsbewußt handeln diejenigen Häuser, die fertigen Flaschenwein «sur pile» einkaufen und dann ihr eigenes Etikett daraufkleben.

Die feinsten Burgunder werden zum größten Teil von den Weingütern, in denen sie entstehen, selbst abgefüllt und vermarktet. Dieser Trend beschleunigt sich inzwischen auch bei kleineren Domänen in weniger prestigeträchtigen Appellationen. Zu Beginn des 20. Jh. nahmen noch praktisch alle Burgunder ihren Weg über das Négociant-System. Noch 1970 wurden nur 5 % aller Burgunder vom Erzeuger selbst als Flaschenwein verkauft; heute liegt der Anteil an der Côte d'Or wahrscheinlich eher bei 50 %.

Aus verschiedenen Gründen kommt es gelegentlich vor, daß eine Spitzendomäne Wein hat, den sie lieber im Faß verkaufen möchte, beispielsweise aus Liquiditätsgründen – große Vignerons sind nur selten auch Finanzgenies. Andererseits kann die Domäne, wenn das Traubengut in einem schlechten Jahr verwässert ist oder der Inhalt einiger Fässer nicht dem erhofften Qualitätsmaßstab entsprechend ausfällt, sich dafür entscheiden, diesen Wein nicht unter dem eigenen Namen herauszubringen – wodurch sie nur ihren guten Ruf gefährden würde –, sondern ihn lieber «sur le marché» abzusetzen.

Nichts hindert den Winzer und seinen Großabnehmer daran, ihren Handel direkt miteinander abzuschließen; trotzdem werden oft auch sogenannte «courtiers en vins» als Vermittler eingeschaltet. Dieser Berufsstand kam im Mittelalter auf, als es mit dem Verkehr noch im argen lag. Courtiers sind beispielsweise in Beaune seit 1375 nachgewiesen, und sie haben sich trotz aller modernen Kommunikationssysteme bis heute als wichtiger Teil der Handelsstruktur erhalten.

Es gibt derzeit an der Côte d'Or rund 60 selbständige Courtiers; sie benötigen keine besondere Berufsausbildung und arbeiten meist als Einmannbetrieb mit vielleicht noch einer Sekretärin, aber ohne eigene Lagerbestände. Jeder Kauf- oder Verkaufsinteressent kann sich an einen solchen Makler wenden, der als Kenner des Markts rasch Lieferanten für den einen oder Abnehmer für den anderen zu finden versteht. Jede Domäne arbeitet in der Regel mit einer kleineren Anzahl von Courtiers ihres Vertrauens zusammen, und ein gewissenhafter Courtier wird sich andererseits auf eine bestimmte Anzahl von Appellationen beschränken. Da sein Geschäft ganz bestimmte Stoß- oder Spitzenzeiten aufweist, könnte er gar nicht mehr als einige Gemeinden bewältigen.

Der Käufer verlangt vom Courtier allerdings nicht nur, daß er Kontakte herstellt, sondern auch jeden Abschluß beaufsichtigt. Eine Eigentümlichkeit ist, daß im Gegensatz zu den Gepflogenheiten im übrigen Frankreich, wo der Courtier vom Käufer eine Provision erhält, in Burgund, wo es gewöhnlich um viele, aber kleine Posten geht, der Brauch herrscht, daß dem Courtier sowohl vom Käufer als auch vom Verkäufer eine Provision gezahlt wird – üblicherweise 2 % vom einen und 3 % vom anderen.

Dafür hat er Degustationsproben zu liefern und Gewähr dafür zu leisten, daß der gelieferte Wein mit dem bestellten übereinstimmt. Er überreicht dem Käufer die Rechnung und ist verantwortlich für alle eventuellen Mängel des Weins, der Vertrag jedoch besteht zwischen dem Erzeuger und dem Käufer; zweifelt der Erzeuger an der Bonität des Kunden, kann er die Lieferung verweigern.

Zwar schätzen viele Négociants den direkten Kontakt mit den Erzeugern, andere aber ziehen die mit dem Courtier verbundene Anonymität vor; zeitraubende Reisen und Förmlichkeiten entfallen, man kann einige hundert Proben im eigenen Haus degustieren und gegebenenfalls ohne jede Peinlichkeit ablehnen.

Eine andere, oft mit dem Courtier verwechselte Art von Vermittler ist der «représentant». Es handelt sich dabei meist um Firmen, die mit Erzeugern Vereinbarungen über den regulären Vertrieb von Flaschenwein treffen. Anders als der Courtier gibt der Représentant meist Prospekte über die Weine, die er anbieten kann, heraus, und größere Firmen verfügen über eine Vertriebsorganisation. Zur Abdeckung der höheren Verwaltungskosten kommt allerdings meist über die normale Provision hinaus ein Preisaufschlag in Anrechnung.

Heutzutage treten oft so viele Kaufinteressenten an die feinsten Domänen in Burgund heran, daß diese nicht alle Wünsche befriedigen können und – da sie schon die Wahl haben, wen sie beliefern wollen – sich diejenigen aussuchen, bei denen ihre Weine die richtige Pflege und Wertschätzung genießen. Manche Weingüter konzentrieren sich auf die Spitzengastronomie und messen ihren Erfolg oft an den Michelin-Sternen der Restaurants, die ihre Weine führen.

Viele Winzer nehmen das Essen genauso wichtig wie das Trinken und freuen sich an den Wechselwirkungen der Belieferung von Restaurants wie Lameloise, Troisgros, Chapel oder Taillevent. Speist man an einem Freitag- oder Samstagabend in einer der besseren Gaststätten der Umgebung, dann trifft man dort bestimmt einen entweder besonders fein oder höchst nonchalant gekleideten Winzer mit seiner Familie an, die sich mit größtem Vergnügen durch das Menu de Dégustation arbeitet, während der Inhaber sich persönlich um sie bemüht, weil er hofft, seine magere Zuteilung aus dem betreffenden Weingut ein wenig aufbessern zu können.

Andere konzentrieren sich auf den Export und üben Zurückhaltung in Geschäften mit Restaurants oder Privatkunden. Für sie bilden große Einzelbestellungen und der geringere Zeitaufwand für gesellschaftliche Kontakte und Degustationen bedeutende Vorteile. Einige Domänen – beispielsweise in Chassagne und Pommard – versuchen das Problem allzu häufiger Besuche dadurch zu lösen, daß sie besondere Verkaufslokale einrichten, in denen die Weine mehrerer Erzeuger angeboten werden. Das erspart dem Kunden die Mühe, das betreffende Weingut aufsuchen zu müssen, und dem Winzer die Umstände, Besucher zu empfangen, was besonders unergiebig sein kann, wenn durch Sprachbarrieren die Verständigung auf Gestikulationen und mehr oder minder ausdruckskräftige Grimassen beschränkt bleibt. Unbestreitbar aber lassen solche Verkaufslokale viel vom Vergnügen, das mit dem Entdecken und Einkaufen verbunden ist, wegfallen.

Dessenungeachtet zeigt sich überall an der Côte ein wachsender Trend zum Direktverkauf. Von Ostern bis in den Spätherbst fallen Schwärme von Weinliebhabern überall in Burgund ein, um sich bei ihrem Lieblingswinzer mit Wein einzudecken. Die internationalen Medien haben aus manchen dieser hart arbeitenden Söhne der burgundischen Scholle wahre Berühmtheiten gemacht, die oft, auch wenn sie es meist nicht zugeben wollen, die damit verbundene Massage ihres Egos durchaus genießen. Sie haben sich kleinere Exzentrizitäten angewöhnt, um ihren Auftritt auszugestalten – z. B. lehnen sie sich an ein Faß oder wandern mit der Pipette in der Hand von einem Faß zum anderen, während sie sich über die eine oder andere technische Frage oder über diesen und jenen Jahrgang verbreiten. Manche zeigen sich auch amüsiert über die Aufmerksamkeit, die sie erregen, und können kaum begreifen, was das viele Getöse soll. Wie immer aber ein Vigneron zu dem stetigen Strom der Besucher steht, kaum einer hat etwas gegen das damit verbundene bare Geld und den Werbeeffekt einzuwenden, und deshalb wird der Trend sich mit Sicherheit fortsetzen. Kann ein geschäftstüchtiger Winzer dabei noch einen Preisvorteil herausschlagen, dann um so besser.

Viele Vignerons setzen auch einen großen Teil ihrer Produktion außerhalb Frankreichs ab und gehen dann gern mit der Familie auf Reisen in die exotischsten Weltgegenden, um zu sehen, wo ihr Wein hingelangt. Im Lauf der Jahrzehnte ist auf diese Weise oft genug die Saat für eine dauerhafte Freundschaft zwischen Erzeugern und Importeuren gelegt worden. Wieder andere haben für Reisen und die Anonymität ferner Märkte nichts übrig und verkaufen lieber an Kunden aus Frankreich oder europäischen Nachbarländern, mit denen sie vielleicht mehr Gemeinsamkeit zu haben glauben. Wie auch immer, die meisten Vignerons freuen sich doch an dem Gedanken, daß ihre Weine schließlich bei Leuten auf den Tisch kommen, die ihnen kundige und verständnisvolle Würdigung angedeihen lassen.

Ob ein Kaufinteressent etwas bekommt und auch, welcher Preis ihm abverlangt wird, hängt am Ende doch von nichts weiter ab als der Laune des Winzers. Wenn er einen nicht mag, dann ist es gleich, wie dick seine Brieftasche oder wie gut seine Empfehlung ist – er bringt seine Wünsche vergebens vor. Andererseits aber kann ein Glücklicher doch immer wieder einmal die eine oder andere Kiste einer Kostbarkeit herausquetschen. So mancher Weinliebhaber, der seine Hoffnungen schon an einem Achselzucken und dem üblichen Klagelied «Je n'ai plus rien, c'est tout vendu» gescheitert sah, wurde dann doch einen Moment später wieder aufgerichtet durch ein feines Lächeln und die Bemerkung: «Ich geh' mal nachschauen, ob ich ein paar Flaschen für Sie finden kann.»

Burgunder kaufen und geniessen

Im Jahr 1995 haben mehr als 4400 Erzeuger an der Côte d'Or eine Erntedeklaration abgegeben. Angenommen, jeder Erzeuger füllt sechs verschiedene Weine ab, strömen insgesamt 26 400 Weine in Domänenabfüllung auf den Markt. Unter ihnen werden sich über 60 höchst unterschiedliche Clos de Vougeots, ebenso viele Echézeaux, mindestens 15 Montrachets, eine Fülle von Pulignys und eine wahre Flut von Nuits-St-Georges befinden. Wie soll da ein Kaufinteressent hoffen, sich einen Weg durch diese Wildnis bahnen zu können?

Burgund ist ein Minenfeld – der Alptraum des Käufers, wo Qualität oft kaum im Verhältnis zum Preis steht und wo Interessengegensätze bei ineffektiven Kontrollen dem Skrupellosen eine immerwährende Jagdsaison auf unwissende oder leichtgläubige Kunden eröffnen.

Aber auch wenn man weiß, bei welchem Erzeuger man beruhigt kaufen kann, sind doch die besseren Weine nur in kärglichen Mengen zu haben, und die Nachfrage überwiegt stets bei weitem das Angebot. Vor allem in Spitzenjahrgängen wird alles schnell weggeschnappt. So ziehen immerfort Legionen von Handelseinkäufern auf der Suche nach verläßlichen Lieferquellen an der Côte hin und her, und Privatleute müssen in den Weinhandlungen deftige Preisaufschläge für die goldenen Domänen in Kauf nehmen – wenn sie überhaupt etwas bekommen können. Nun läßt sich das Angebot zwar nicht vergrößern, es ist aber doch möglich, feine Burgunder zu bekommen, wenn man etwas Mühe auf sich nimmt und wenn man nicht im Bann berühmter Namen steht.

Wer also den Wunsch hegt – ob Händler oder Privatmann –, sich einen Keller mit Burgundern anzulegen, muß sich fragen: wo kaufen, was kaufen, wie kaufen und wann kaufen? Zum Glück konkurrieren in Burgund anders als in Bordeaux die größeren und kleineren Interessenten meist auf gleicher Ebene, denn die Erzeuger haben nur kleine Bestände und lieben oft den persönlichen Kontakt, den die Weingutsbesitzer im Bordelais in vielen Fällen scheuen. Bei den Preisen gibt es nichts zu feilschen, und Mengenrabatte kommen außer bei den in größeren Quantitäten anfallenden Regionalweinen praktisch nicht in Frage. Wie also sieht die günstigste Strategie aus?

Wo kaufen? Wenn es auf Qualität ankommt, dann gibt es keine Alternativen zu der Art von Erzeugerbetrieben, wie sie hier näher besprochen ist, oder aber zu einer Handvoll Négociants mit gutem Namen. Wer sich seinen Weg durch die Erzeugerbetriebe von Burgund selbst suchen will, muß viel Zeit und hohe Kosten vor allem für die Versandabwicklung aufwenden, wenn er direkt kauft, oder aber um Importeure oder Wiederverkäufer aufzufinden, wenn er daheim kaufen will; die Négociants andererseits bieten zwar eine breite Auswahl an Weinen an, doch selten in gleichmäßiger Spitzenqualität.

In den meisten Ländern ohne Importbeschränkungen gibt es auf Burgunder in Domänenabfüllung spezialisierte Fachgeschäfte. Wer verschiedene Weine und gute Beratung wünscht, für den sind sie eine empfehlenswerte Lieferquelle. Allerdings ist meist die Angebotspalette und die Lieferbarkeit beschränkt, so daß man mehrere Fachgeschäfte in Anspruch nehmen muß. Gute Einzelhandelsgeschäfte dieser Art bieten regelmäßig Degustationen einzelner Jahrgänge oder Domänen an, die ausgezeichnete Kaufentscheidungshilfen darstellen. Allerdings muß man sich vor wortgewandten Verkäufern hüten, wenn man möglichst unbeeinflußt zu einem eigenen Entschluß kommen möchte.

Für ältere Weine bilden oft Auktionshäuser lohnende Jagdgründe, man muß aber darauf achten, daß der Wein ordnungsgemäß gelagert war und der Füllstand in der Flasche akzeptabel ist. Aus bislang noch unerforschten Gründen scheint Pinot Noir viel stärkeren Schwund in der Flasche vertragen zu können als der Cabernet Sauvignon. Selbst wenn sich zwischen dem Korken und dem Flüssigkeitsspiegel ein Luftraum von bis zu 5 cm eingestellt hat, ist der Flascheninhalt oft noch einwandfrei, solange die Farbe gesund wirkt und der Wein klar aussieht. Beim Chardonnay dagegen macht der Füllstand mehr aus; ältere Flaschen sollten sehr sorgfältig auf Bräunung – das untrügliche Zeichen für Oxidation – untersucht werden.

Was kaufen? Die Zeit ist nicht imstande, durch alchimistische Zauberkunststückchen mindere Weine in etwas Feineres zu verwandeln; wenn man also nichtssagende Burgunder – und stammten sie auch aus einem großartigen Jahrgang – einlagert, dann verschwendet man nur Geld, Kellerraum und Zeit. Dagegen spricht vieles für den Versuch, ausreichende Vorräte an anständigem jungen Wein einzukellern, bis er genußreif ist – schließlich wird er von den meisten Winzern dafür gemacht.

Aus den Profilen der einzelnen Erzeugerbetriebe und Gemeinden geht deutlich hervor, daß zwar die Spitzengewächse nur in kleinen Mengen anfallen und für die meisten Weinliebhaber unerschwinglich sein dürften, daß aber unterhalb dieser obersten Sphäre überall viele interessante Burgunder zu finden sind. Vor allem lohnt es sich stets, in den weniger populären Gemeinden – Monthélie, St-Aubin, Fixin, Marsannay, Auxey-Duresses, St-Romain usw. – auf die Suche nach gutem Wein zu vernünftigen Preisen zu gehen.

Viele erstklassige Erzeuger haben preisgünstige Regionalweine – Bourgogne Rouge und Blanc, Côte-de-Nuits- bzw. Côte-de-Beaune-Villages – für den Alltagsgenuß zu bieten, die sie mit derselben Sachkenntnis und Sorgfalt behandeln wie ihre Grands Crus. Billig sind diese Weine freilich auch nicht, sie gewähren aber ohne Frage weitaus mehr Genuß als mancher schlechter bereitete, dabei aber meist teurere Villages- oder Premier-Cru-Wein. Im Zweifelsfall dürfte schon ein Schluck zum Vergleich genügen.

Hat man ein paar Erzeuger herausgefunden, deren Stil einem zusagt, dann spricht vieles dafür, ihnen von Jahrgang zu Jahrgang treu zu bleiben. Gewiß hat jede Domäne auch ihre Mißerfolge, und keine ist gegen die Launen des Wetters oder gegen Schicksalsschläge gefeit. Hütet man sich jedoch vor eindeutig schlecht ausgefallenen Jahrgängen (die in neuerer Zeit sehr selten vorgekommen sind), dann ist der Name des vertrauten Erzeugers auf dem Etikett eine bessere Garantie für ungetrübten Genuß als der Jahrgang oder die Lage bei einem anderen.

Oft bieten zweitrangige Jahrgänge die besten Gelegenheiten zu günstigem Einkauf. In der Praxis bringen gute Vignerons heute in neun von zehn Jahrgängen respektable Leistungen zuwege, deshalb ist die Chance, einem wirklich enttäuschenden Wein aus einer der großen Domänen zu begegnen, recht gering. In über die Schulter angesehenen Jahrgängen wie 1991, 1987, 1986 und 1982 entstanden durchaus auch konzentrierte, köstliche Weine, zwar keine Gewächse der Spitzenklasse, aber dennoch wert, daß man sie in den Keller legt. Schließlich macht es doch mehr Spaß, mit einem Wein, von dem man wenig erwartete, angenehme Überraschungen zu erleben, als von unerfüllten Versprechungen eines teuren Etiketts mit einem großen Jahrgang enttäuscht zu werden.

Wir leben im Zeitalter der Gurus. Es herrscht kein Mangel an «Experten», die in Druck zu gehen bereit sind, kaum daß der Gärprozeß zu Ende ist. Die Erzeuger selbst geben dann noch kein Urteil ab, diese Leute aber wissen es offenbar besser. Manche von ihnen sind durchaus qualifizierte, erfahrene Degustatoren, die meisten leider jedoch nicht. Anders als der Weinhandel brauchen diese Propheten aber nicht für ihre Irrtümer geradezustehen. Wer einen Sachkundigen kennt, dessen Meinung er vertraut, der sollte ihm folgen; ganz allgemein aber gibt es keinen Ersatz für das unabhängig gebildete eigene Urteil.

Wie kaufen? Ein Importeur oder Großhändler kann direkt bei einer Domäne oder über einen Makler einkaufen. Im Kapitel «Vertriebswege» (Seite 266) ist das System erläutert. Für den Privatmann gibt es keine Alternative zu einem erfahrenen Fachhändler, dem man vertrauen kann. Wer in der Nähe Burgunds lebt, kann sich das Erlebnis gönnen, den Domänen einen Besuch abzustatten und die Weine an der Quelle zu degustieren – er muß aber damit rechnen, daß viele der besten Erzeuger Privatkunden mindestens ohne eine persönliche Empfehlung nur ungern empfangen und daß er, selbst wenn er glücklich über die Schwelle gelangt ist, vielleicht doch mit leeren Händen abziehen muß.

Selbst die höflichste Ablehnung kann schon wie ein Affront wirken, vor allem wenn man weit gereist ist, um ein hochverehrtes Haus zu besuchen, doch es steckt weder Bosheit noch Arroganz dahinter. An der Côte sind die meisten Domänen Familienbetriebe, die ein Winzer mit seiner Frau und vielleicht ein paar Weinbergarbeitern bewirtschaftet. Besucher nehmen viel Zeit in Anspruch, und schließlich ist das Degustieren teurer Weine auch für den Erzeuger nicht gerade billig. Wenn überdies eine Domäne ihre gesamte Weinproduktion ohne weiteres per Telefon verkaufen kann, dann besteht für sie wenig Anreiz, Besuchern viel Zeit zu widmen, wie sehr der Besitzer selbst auch den menschlichen Kontakt schätzen mag. Wer nicht riskieren möchte, abgewiesen zu werden, sollte sich mit einer Empfehlung und einer vorsorglichen Anmeldung rüsten.

Andererseits gehören in vielen der besseren Domänen Burgunds Gäste zum täglichen Brot, und die meisten nehmen wirklich interessierte Weinliebhaber mit Wärme auf, wenn sie vorher eine Besuchsankündigung erhalten. In letzter Zeit hat der Direktverkauf stark zugenommen, insbesondere an Stammkunden aus der Schweiz und Deutschland, die von Ostern bis Allerheiligen die Côte bereisen, sich zu günstigen Preisen mit Wein eindecken und dabei noch Spaß haben.

Wann kaufen? Es gab einmal Zeiten, da konnten Kaufleute, ohne von Inflations- oder Nachfragedruck gehetzt zu sein, ein paar auserwählte Domänen zwei- oder dreimal besuchen, den Wein im Faß und in der Flasche probieren und dann erst ihren wertgeschätzten Auftrag erteilen. Heute bekommt man, wenn man Glück hat, ein Fax, in dem eine Zuteilung genannt wird, die man innerhalb einiger Wochen oder gar nur Tage bestätigen muß, lange bevor der Wein überhaupt nur in die Nähe einer Flasche gekommen ist. Der Preis liegt meist bereits fest, und das Angebot trägt den ungeschriebenen Vermerk, daß schon eine ganze Schlange weiterer Bittsteller mit gezückter Brieftasche bereitstünde. Versucht ein Importeur einmal, einen minderen Jahrgang zu überspringen, dann stellt er beim nächsten Fünf-Sterne-Jahrgang fest, daß die ihm reservierte Zuteilung inzwischen verfallen ist.

Dieser Druck wird natürlich auf den Kunden abgewälzt – kauft er nicht «en primeur», so wird gemunkelt, dann kann es ihm passieren, daß er von den Wunderdingen aus seiner Lieblingsdomäne nichts zu sehen bekommt.

Eine Folge von übertrieben hochgelobten und entsprechend teuren Jahrgängen von der Côte hat dazu geführt, daß viele enttäuschte Käufer auf übergroßen Vorräten sitzen. Nach der fast universellen Fehlbeurteilung der 1983er durch die Medien hüten sich viele Importeure, Auftragsbestätigungen zu erteilen, bevor sie Gelegenheit hatten, den Wein in der Flasche zu kosten. Die Erfahrung, daß ein Wein, der im Faß als wohlproportionierte, elegante, unwiderstehliche Jungfrau erschien, sich dann in der Flasche rasch in eine dürre, runzlige und höchst widerstehliche alte Hexe verwandeln kann, veranlaßt inzwischen manchen dazu, sich nicht mehr so sehr auf frühe Presseurteile, sondern mehr auf eigene Erkenntnisse zu verlassen – ein begrüßenswerter Trend.

Der Kauf «en primeur» ist nur zu rechtfertigen, wenn die Qualität so hoch und das Angebot so knapp ist, daß man mit einer zweiten Chance nicht rechnen kann. Solche Umstände kommen jedoch selten vor – vielleicht ein- oder zweimal in einem Jahrzehnt –, deshalb sollte nüchterne Vorsicht stets den Vorrang vor übereilten Entschlüssen behalten.

Wie wird es weitergehen? Es wird vorübergehende Pendelausschläge bei Angebot und Nachfrage geben – einmal zum Vorteil des Käufers und einmal des Verkäufers –, doch der langfristige Trend ist insofern klar, als der stetig wachsende internationale Markt Jagd auf die winzigen Mengen superber Weine aus den erstklassigen Domänen macht. Unter solchen Umständen und solange sich von außen her zumindest für den Pinot Noir keine Bedrohung erkennen läßt, werden die Preise steigen. Die besten Weinerzeuger werden zu Kultfiguren, und ihre Weine sind bei denen, die sie sich leisten können, gefragt.

Für den umsichtigen Käufer sieht es dennoch nicht ganz düster aus. Zwar dürfte es aus der Preisspirale für die feinsten Burgunder kein Entrinnen geben, aber auch etwas weiter unten in der Pyramide ist viel Gutes und Interessantes zu finden. Neben den großen, bekannten Stars gibt es viele andere, weniger prominente Erzeuger, die sich mehr und mehr um Qualität statt Quantität bemühen. Jüngere, besser ausgebildete Weinerzeuger treten an der Côte allmählich an die Stelle der alten Garde, und mit ihnen kommen Aussichten auf feinere Weine aus heute noch mittelmäßigen Domänen auf.

Burgunder einlagern und trinken: Es ist schon viel darüber geschrieben worden, wie Wein zu behandeln ist – Lagerung bei gleichmäßiger Temperatur, liegende Aufbewahrung, Dekantieren älterer Weine und so fort –, Wiederholung ist also überflüssig. Allerdings gibt es beim Burgunder einige Besonderheiten zu beachten, auf die hier eingegangen werden soll.

1. Auch wenn ein feiner weißer Burgunder so gut wie kein Tannin enthält, braucht er doch wie der rote eine gewisse Reifezeit. Erstklassiger Puligny, Corton und Meursault ist zwar schon jung ein Genuß, hat aber viel mehr zu geben, wenn er einige Jahre Kellerruhe hinter sich hat; wie lange, richtet sich nach der Art des Weins und dem Jahrgang. Allgemein profitiert ein Grand Cru mehr von längerer Flaschenreife als ein Premier Cru, der wiederum länger bis zum vollen Ausreifen braucht als ein Villages-Wein.

2. Für alle Burgunder, insbesondere für die weißen, gilt, daß sie um so schneller reifen, je wärmer sie aufbewahrt werden.

3. Feiner weißer Burgunder büßt viel ein, wenn er zu stark gekühlt wird. Dieser Verlust ist oft unwiederbringlich – was beim Kühlen verlorengegangen ist, kommt beim Erwärmen nicht wieder. Legt man einen kostbaren Puligny ins Gefrierfach, wird er vielleicht rascher kühl – sicher ist das freilich nicht –, aber es tut ihm nicht gut. Eine halbe Stunde im Sektkübel ist besser für den Wein und wirkt genauso.

4. Rotwein ist im allgemeinen robuster, als uns übervorsichtige Sammler und Kommentatoren glauben machen wollen. Er kann durchaus in gewissem Umfang unsanfte Behandlung vertragen, ohne Schaden zu nehmen. Ideale Keller- und Servierbedingungen sind in der Realität nur selten anzutreffen. Wer aber keinen vollkommenen Keller, ein zu warmes Eßzimmer und keinen Dekanter besitzt, darf trotzdem aufatmen. Viel zu oft wird unrichtige Lagerung für von vornherein unzulängliche Qualität verantwortlich gemacht.

5. Dekantieren: Über dieses Thema sind schon viel zu viele Worte verschwendet worden. Man darf nicht vergessen, daß Wein viele flüchtige Substanzen enthält, die zu seiner Komplexität beitragen und unwiederbringlich verlorengehen, wenn die Flasche zu früh geöffnet wird. Außerdem kommt der Wein beim Dekantieren intensiv mit Luft in Berührung, und auch das bewirkt Veränderungen. Selbst alter Wein mit körnigem Depot kann, um solche Belüftung zu vermeiden, direkt aus der Flasche serviert werden – sie muß nur ein paar Stunden lang aufrecht stehen, damit das Depot sich absetzt.

6. Zu oft wird Rotwein dadurch Schaden zugefügt, daß er vor dem Servieren längere Zeit in einem stark geheizten Raum steht. Der Pinot Noir hat eine prachtvoll komplexe und subtile Duftfülle zu bieten, die sich bei zu viel Wärme jedoch rasch verflüchtigt. Mit dem französischen Ausdruck «chambré» für die Raumtemperatur, bei der Rotweine am besten zur Geltung kommen, ist der Bereich von 18–20 °C gemeint und nicht etwa die fast tropisch-paradiesische Temperatur mancher zentralbeheizter Eßzimmer.

Das Degustieren

Über den Wein einer Region zu lesen ist zwar schön, man muß ihn aber doch auch geschmeckt haben. Das Degustieren ist nun bei weitem nicht, wie mancher uns weismachen will, eine hohe Kunst, sondern eine Fertigkeit, die jeder erlernen kann, der einen normal entwickelten Geschmackssinn hat und ihn sinnvoll zu üben versteht. Vor allem aber gehört dazu die Bereitschaft, sich vorurteilsfrei den Geschmackseindrücken hinzugeben.

Über das Wirken des Geschmackssinns ist schon viel geschrieben worden – Broadbent (1992), Spurrier & Dovaz (1983) und Peynaud (1984) beleuchten die Hintergründe und geben nützliche Ratschläge. Hier soll ihren hervorragenden Ausführungen nichts hinzugefügt, sondern vielmehr erörtert werden, wonach es im Wein und insbesondere im Pinot Noir und Chardonnay von der Côte d'Or zu suchen gilt.

Dabei ist an die oft vergessene Tatsache zu erinnern, daß die Physiologen lediglich vier «echte» Geschmackswahrnehmungen unterscheiden: sauer, süß, bitter und salzig; sie alle mit Ausnahme der letzteren spielen beim Wein eine wichtige Rolle. Alles, was darüber hinausgeht, sind «Geschmacksempfindungen» – Temperatur, Viskosität, Volumen, Gefüge, Adstringenz usw. –, aber auch sie bilden Bestandteile des Geschmacksprofils. Im Verein mit einer ungeheuerlichen Fülle von Aromen stellen sie das Rohmaterial dar, das beim Degustieren analysiert, beschrieben und beurteilt wird.

Noch komplizierter wird die Sache dadurch, daß die Aromen nicht getrennt, sondern in Wechselwirkung miteinander stehen, sich gegenseitig verstärken oder überdecken. Beispielsweise verschleiert Süße die Säure und wird durch Alkohol verstärkt, während Tannin sowohl fruchtige als auch bittere Noten, ja fast alles, überdecken kann. Diese Wechselwirkungen können starke Verzerrungen hervorrufen, vor allem bei jungem Wein, dessen Bestandteile sich erst noch integrieren müssen, bevor die echten Qualitäten zum Vorschein kommen. Deshalb führen frühzeitige Urteile über Weine und Jahrgänge so oft in die Irre.

In einem gut bereiteten Wein soll nie ein einziges Merkmal dominieren – Frucht muß mit Säure, diese mit Alkohol im Gleichgewicht stehen, und beim Rotwein müssen alle das Gegengewicht zum Tannin bilden. Das bedeutet aber nicht, daß die Geschmacks- und Aromakomponenten einander aufheben, sondern vielmehr eine aktive Harmonie darstellen sollen – das dynamische Gleichgewicht des Turners, nicht die passive Ausgewogenheit des Schläfers.

Das Gefühl für gutes Gleichgewicht ist zwar subjektiv, man bekommt aber rasch einen sechsten Sinn für Weine mit Schieflage. Dem Unerfahrenen erscheint junger Wein oft zerrissen und unharmonisch, als ob er in Stücke gegangen sei. Nur mit einiger Übung lernt man die Art von Unausgewogenheit, die sich mit der Zeit vermutlich von selbst gibt, zu erkennen.

Weitere verläßliche Hinweise auf die Qualität eines Weins sind sein Abgang (wie weit hinten am Gaumen der Geschmack noch empfunden wird), seine Nachhaltigkeit (wie lange die Geschmacksempfindung erhalten bleibt) und seine Komplexität (bei jedem Schnuppern oder Schluck stellen sich neue Empfindungen ein). Wie renommiert oder teuer ein Wein auch sein mag, wenn ihm diese Qualitäten fehlen, ist er nicht wirklich groß.

Verdecktes Degustieren stellt hohe Ansprüche, ist aber das einzige wahre Mittel, den eigentlichen Wert eines Weins zu bestimmen, aber auch um den Geschmackssinn zu schärfen und ein unvoreingenommenes Urteilsvermögen zu entwickeln.

Ein definitives Qualitätsurteil zu fällen verlangt die Fähigkeit, die starken Einflüsse der Reputation, der Rücksichtnahme auf die Gefühle und Meinungen anderer und sonstiger Umstände auszuschalten. An diesem Punkt schleicht sich gern Selbsttäuschung ein, oft verstärkt durch die Furcht, mit der eigenen Meinung allein dazustehen. Viel zu häufig wird vergessen, daß es bei der Weinqualität auf das ankommt, was im Glas ist, und nicht auf das Etikett.

Unter allen Umständen sollte man sich angewöhnen, systematisch zunächst das Aussehen, dann den Duft und schließlich den Geschmack des Weins zu prüfen, um die Stärken und Schwächen seiner Komponenten zu ermitteln und sich daraufhin ein Urteil über Qualitätsstand, Entfaltungs- oder Entwicklungsfähigkeit, Kaufwürdigkeit und die Vergleichbarkeit mit anderen Weinen zu bilden. Sehr wertvoll sind Vergleiche von Weinen einer Rebsorte und Region untereinander, aber auch verschiedener Rebsorten und Regionen.

Von allen sinnlich wahrnehmbaren Qualitäten ist das Aroma am wertvollsten, denn es ist der stärkste Ausdruck der aus Rebsorte und Terroir stammenden Typenechtheit; es bildet in Art und Intensität den Schlüssel zur Weinqualität. Die Traube enthält zwei verschiedene Arten von Geruchssubstanzen – einerseits direkt wahrnehmbare Duftmoleküle und andererseits gewissermaßen Vorläufer von Aromen. Die erstere Art herrscht in aromatischen Traubensorten wie Muskateller vor, bei denen die Frucht ziemlich genauso schmeckt, wie sie riecht. Die zweite Art ist in nicht-aromatischen Traubensorten wie Chardonnay rund 20mal so stark konzentriert. Da sie aber an Zuckermoleküle gebunden ist, kann sie im unvergorenen Zustand nicht wahrgenommen werden und wird erst durch den Gärprozeß in aromatische Verbindungen umgewandelt. In dieser Phase wächst die Aromakonzentration um das Fünf- bis Sechsfache, und die typische Art der Traube tritt in Erscheinung.

Deshalb richten sich die aromatischen Qualitäten eines Weins sehr stark nach der Gärtemperatur. Nun verträgt Pinot Noir offenbar relativ hohe Gärtemperaturen – bis zu 35 °C –, ohne stärkere Aromaverzerrungen zu erleiden, während der Chardonnay in dieser Hinsicht empfindlicher ist. Oberhalb eines Idealbereichs von 17–25 °C steigt die Aromaintensität stark an, jedoch zu Lasten der Finesse und Frische; unterhalb dieser Temperaturspanne entstehen dagegen recht farblose, neutrale Weine mit wenig Sortencharakter. Die Bedeutung der Temperatur erstreckt sich auch auf die Duftwahrnehmung; das ist nicht nur beim Wein so: Viele Blumen riechen je nach Tageszeit, Luftfeuchtigkeit und Temperatur verschieden. Zurückzuführen ist dies lediglich auf subtile Veränderungen bestimmter flüchtiger organischer Verbindungen, die vielen Pflanzen gemeinsam sind und ihr Aromaprofil variieren können.

Das Degustieren junger Weine, die sich meist noch im Faß befinden, ist nicht so leicht und angenehm wie das Degustieren reifer Weine. Es stellt insofern höhere Ansprüche, als junge Weine oft ein ungefüges Gemisch unharmonischer Bestandteile darstellen – gewissermaßen einen Stapel Ziegelsteine, anhand dessen man sich den fertigen Bau vorstellen soll.

Im Faß verändert sich Wein von Woche zu Woche, vor allem beim Bewegen, Abstechen, Schönen und Filtern und ganz besonders dramatisch beim Abfüllen – dabei erleidet er einen Schock, von dem er sich erst nach Monaten, ja manchmal Jahren, wieder erholt. Derselbe Wein kann aus verschiedenen Fässern ganz unterschiedlich schmecken – aus neuen Fässern anders als aus alten, abgestochen anders als unabgestochen – deshalb sind Faßproben nur ein ungefähres Abbild des fertigen Weins. Auch ist selbst der malerischste Keller für die Degustation der denkbar ungeeignetste Platz, denn künstliches Licht und Kälte verzerren die Qualitäten des Weins. Im Aussehen zeigt sich junger Pinot Noir nur selten so dunkel und undurchdringlich wie junger

Cabernet Sauvignon oder Syrah, nur einige Winzer mit sehr altem Rebenbestand bringen durch lange *cuvaison* auch sehr dunkle Weine zustande. Dennoch darf helle Farbe nicht als Mangel an Substanz mißverstanden werden – mancher Wein erscheint fast wie ein Rosé und ist doch vollgepackt mit konzentrierter, reifer Frucht. Der Farbton junger Burgunder schwankt von Rubinrot bis zum Rot schwarzer Kirschen, der Sättigungsgrad der Farbe umfaßt ein weites Spektrum von hell bis dunkel.

Farbton und -tiefe geben wertvolle Hinweise auf das Alter und die wahrscheinliche Weiterentwicklung eines Weins. Junger Pinot weist oft eine von Anthocyaninpigmenten stammende Purpurkomponente auf, die sich später zu einem stabileren Tiefrot wandelt. Außerdem zeigen feinste Burgunder oft eine besonders angenehm ins Auge fallende Klarheit und Sanftheit.

Wie immer der Farbton auch erscheint, er soll doch eine durchgängige «Robe» von der Mitte zum Rand des schräggehaltenen Probierglases bilden. Ein wäßrig wirkender Spiegel oder eine Farbverschiebung ist kein gutes Anzeichen. Frühzeitige Bräunung oder ein ziegelroter Rand bei Rotweinen bzw. ein stumpfes Ockergelblich bei Weißweinen weisen oft auf zu viel Luftzutritt oder zu lange Verweildauer im Faß hin – solche Weine entwickeln sich nicht befriedigend. In der Ausbauphase können Weißweine leicht getrübt erscheinen, in der Flasche jedoch sollen sie glanzklar, hell strohgelb oder grünlich bis goldgelb sein.

Auf die Nase wirken junge Weine in verschiedener Weise. Chardonnays duften oft blumig, während Pinot Noir manchmal nach *fruits rouges, fruits noirs* oder nach gar nichts riecht. In der Ausbauzeit liegt die Aromaintensität zwischen überquellend fruchtig und stumpf oder unergiebig. Das ist normal und bildet die Erklärung dafür, daß man bei Jungweinen weniger auf das Aroma und mehr auf die grundlegenden Geschmackskomponenten achten muß.

Ein Wein, der eine Zeitlang im neuen Eichenfaß gelegen hat, weist gewöhnlich eine ausgeprägte Vanille- oder Toastnote auf. Sie behält oft ein, zwei Jahre lang die Vorherrschaft, und man muß deshalb tiefer schürfen, um festzustellen, ob genug Frucht vorhanden ist, die den Wein am Leben erhalten kann. Den vordergründigen Geschmack von Holz oder Tannin beim Degustieren außer acht zu lassen erfordert einiges Geschick, das sich nur durch Übung erwerben läßt.

Junger Chardonnay wirkt, da er kein Tannin und keinen «grünen» Stielholzton aufweist, am Gaumen weit zugänglicher als junger Pinot. Allerdings braucht er ausreichende Säure, wenn eine einwandfreie Entwicklung in der Flasche gewährleistet sein soll. Säurearmut ist beim Chardonnay ein häufiger Mangel, insbesondere in sehr reifen Burgunderjahrgängen wie 1983, 1989 und 1992.

Feiner Pinot Noir von der Côte d'Or umspannt ein breites Geschmacksspektrum, oft charakterisiert durch ein kräftiges, vollmundiges, saftiges Element reiner, reifer, weicher Beerenfrucht. Die Weine von der Côte de Beaune zeigen bei sonst großer Ähnlichkeit mit denen von der Côte de Nuits weniger deutliche muskulöse, dichte Art und sind auch nicht ganz so langlebig.

Aus einem sehr jungen Wein läßt sich aber nur eine ungefähre Vorstellung von der ihm zugrundeliegenden Struktur und Tiefe gewinnen – Säure und Tannin sind nicht so kurzfristigem Wandel unterworfen wie die übrigen Geschmacks- und Aromasubstanzen. Sie bilden daher einen guten Richtwert für die allgemeine Qualität und die Lebenserwartung. In diesem Stadium sollten auch auffällige Mängel oder Fehler wie wäßrige Art, Mangel an Frucht oder irreparabler Fäulegeschmack erkannt werden.

Zwar schmecken manche Weine schon aus dem Faß ansprechend, doch erst im Alter zeigt großer Burgunder, was in ihm steckt. In der Flasche und daher unter weitestgehendem Luftabschluß vollzieht sich

in einem feinen Burgunder eine noch langsamere und subtilere Verwandlung. Reaktionen zwischen den verschiedenen chemischen Bestandteilen, vor allem Alkoholen, Säuren und Tanninen, verändern allmählich die Farbzusammensetzung, machen Rotwein heller und Weißwein dunkler und bringen Spuren von Estern und verschiedenen anderen stark aromatischen Verbindungen hervor.

Mit der Zeit läßt die Abschirmung des Weins gegenüber dem Sauerstoff nach, und es beginnen neue Veränderungen. Der von Natur aus nicht sehr dunkle Pinot Noir verliert an Röte und bekommt einen bräunlichen Anflug, der Chardonnay dagegen verliert seinen jugendlichen Grünschimmer, und seine Farbe vertieft sich zu Gelb oder Gold hin. Damit einher geht eine Verschiebung vom primären, von Frucht und Blumigkeit bestimmten Duft beim Pinot Noir zu einem subtileren, komplexeren, an getrocknete Früchte, oft auch an Veilchen und Pilze erinnernden vegetabilen Bukett und beim Chardonnay zu Honig, Lindenblüten und Nüssen. Die Weine erschließen sich in Aroma und Geschmack, und die Einzelelemente verschmelzen miteinander. Ein reifer Pinot Noir oder Chardonnay soll sich rein und reichduftig, ohne vordergründigen Einfluß von frischem Holz präsentieren. Die Zeitspanne, in der sich ein Wein entfaltet, hängt von seinem Charakter ab; kräftige Struktur – vor allem Tannin und Säure – verlangsamt den Reifeprozeß, hält den Wein aber länger auf seinem Höhepunkt als einen schwächlicher gebauten.

Im Lauf der Jahre entwickelt sich immer eleganteres Aroma, bei Rotweinen kommen animalische und moschusartige Noten, bei Weißweinen oxidative Töne von Nüssen und Butter hinzu. Beim Pinot Noir entwickeln sich Anflüge von Leder, Pelz und insbesondere *sous-bois* (Laub, Waldboden) und manchmal abgehangenem Wild. Allerdings entstehen diese tertiären Aromen nicht ganz zu Lasten der Frucht, vielmehr kehrt der Pinot Noir oft zu jugendlicheren fruchtigen Düften – Erdbeeren, Himbeeren usw. – zurück. Die feinsten alten Pinots zeigen große Fülle und Opulenz – fast süße, exotisch reife Frucht bei seidig-samtigem Gefüge und bewunderungswürdiger Komplexität und Ausgewogenheit. Ein großer Burgunder soll Wucht mit Subtilität, Tiefe mit Delikatesse vereinen und jene besondere Art besitzen, die jeden Schluck zur Offenbarung macht.

Die großen weißen Burgunder sind nicht weniger hinreißend. Nach fünf bis zehn Jahren entwickeln sie Fülle und Eleganz im Verein mit kraftvollem Rückgrat. Die besten sind stets verhalten, komplex und intensiv und nie überzogen – sie fordern den Genießenden dazu auf, seine Phantasie spielen zu lassen und zwischen den Zeilen zu lesen.

Dennoch muß man stets auf der Hut sein; heute ist zwar nur noch selten ein Burgunder anzutreffen, der wirklich ungenießbar wäre, aber es gibt genug subtile Fehler zu entdecken, die auf Nachlässigkeit oder schlechte Weinbereitung hinweisen und einen Wein auf Dauer beeinträchtigen. Im Randklima der Côte kommt häufig ein Mangel an reifer Frucht und infolgedessen dünner, hohler Wein zustande. Das andere Extrem ist in sehr heißen Jahren (z. B. 1976 und 1983) allzu viel überreife Frucht, die den Wein erdrückt und unangenehm eingedickte Geschmackstöne hervorruft – eine öfters bei Pinot Noir aus der Neuen Welt anzutreffende Erscheinung.

Andere verbreitete Fehler hängen mit dem Gebrauch von Fässern zusammen. Zu viel frisches Holz überdeckt die Frucht des Weins und macht seine Finesse und Typenechtheit zunichte. Zu lange *élevage* in neuen oder alten Eichenfässern zehrt den Wein aus – er verliert seine Frische und sein Fleisch, und es bleibt nur ein mageres, mehr oder minder tanninherbes und saures Skelett.

Übermäßige *chaptalisation* zur Volumenverbesserung oder zum Überdecken von Fehlern ist schuld an viel unerfreulichem Burgunder. Zwar erlangen die Weine durch den höheren Alkohol- und Glyzeringehalt mehr Geschmeidigkeit und somit anfänglich ansprechendere Art, aber die Reinheit und die Finesse gehen zugrunde.

Fäule mit ihrem eindeutig muffigen Ton kommt bei Burgundern oft vor. Sie ist zwar bei Chardonnay nicht ganz so schlimm, deutet aber doch auf unzureichendes Sortieren des Leseguts hin. 1983 achteten viele Winzer zuwenig darauf, faule Trauben auszuscheiden; als Folge davon sind ihre Weine unauslöschlich gezeichnet.

Überzogener Gebrauch von Schwefel (SO_2), der in mäßiger Dosierung eine wertvolle Hilfe bei der Gewährleistung der Stabilität ist, ist meist ein Zeichen für nachlässige Weinbereitung und führt vor allem bei Weißwein zum Verlust der Frische – es bleibt ein unangenehmer, stechender Geruch und ein flacher, pappeartiger Geschmack. Ein frisch abgefüllter Wein riecht zwar normalerweise kräftig nach SO_2, doch mit der Zeit verliert sich dieser Geruch. Durch Erfahrung bekommt man einen Spürsinn für übermäßiges Schwefeln.

Bei reifen Weinen können sich mehrere andere Fehler zeigen: Es kann Korkengeschmack (ein relativ seltener, bedauerlicher Fehler) oder Firngeschmack auftreten, der Weißweine flach und Sherry-ähnlich und Rotweine unangenehm schal wirken läßt. Außerdem kann sich ein Essigstich einstellen, der in kleinen Spuren vielleicht ganz frisch, in größerer Konzentration aber unangenehm schmeckt; auch Maderisierung kommt vor – meist infolge zu warmer Aufbewahrung.

Der allgemeinen Persönlichkeit von Pinot Noir und Chardonnay überlagern sich die Charakteristiken der verschiedenen Weinorte und Weinberglagen an der Côte. Im Verein mit einer immensen Vielfalt individueller Stile der Weinbereitung sorgen sie dafür, daß der Begriff eines «typischen» Gevrey, Chambolle, Corton, Volnay und dergleichen kaum zu halten ist. Beim Degustieren der Weine zuverlässiger Winzer stellt man zwar ganz allgemeine stilistische Unterschiede zwischen verschiedenen Weinorten fest, wer aber noch im Kennenlernen begriffen ist, für den ist es zweckmäßiger, sich auf das für feinen Pinot Noir oder Chardonnay charakteristische Geschmacks- und Aromaspektrum zu konzentrieren anstatt auf die Besonderheiten von Pommard oder Chassagne-Montrachet.

Das Rangsystem der Appellationen an der Côte mit seiner Stufenfolge führt notwendigerweise zu Erwartungen einer schrittweise zunehmenden Komplexität, Finesse und Kraft. Was also unterscheidet allgemein gesprochen einen Grand-Cru-Wein von einem gut bereiteten Bourgogne Ordinaire?

In der reinen Analyse nicht viel. Die meisten Unterschiede liegen vielmehr in Dimensionen, die sich jeder Messung entziehen: Je großartiger die Appellation, desto mehr Subtilität und Nuancenreichtum, Fülle und Nachhaltigkeit, Tiefe und interessante Art, Wucht und Komplexität dürfte ihr Wein aufweisen. Für die Sinne stellen Aromavielfalt und die eine starke Aromakomponente enthaltende Geschmackstiefe die sichersten Indikatoren für Qualität dar.

Soll nun schon ein echter Grand Cru ein fein ausgewogenes Gleichgewicht besitzen, so gehört zu der inoffiziellen, nur den feinsten Weinen zugestandenen Ehrenbezeichnung Grand Vin noch etwas mehr. Was man in ihm besonders sucht, ist Klasse – etwas Erregendes, jedoch Undefinierbares, das nicht auf bestimmte Merkmale zurückgeführt werden kann. Klasse zu erkennen ist fraglos das einzige Element der Degustation, das sich nicht lehren läßt – entweder hat man das Gefühl dafür, oder man hat es nicht. Sicher scheint nur, daß sie, wenn man allzu sehr danach suchen muß, vermutlich nicht da ist. Selbst junge Weine, so schwierig und ungefüge sie auch sein mögen, lassen paradoxerweise Klasse trotz aller jugendlich scharfen Ecken und Kanten doch durchschimmern. Klasse verleiht einem Wein ein unauslöschliches Gepräge – ein Muttermal, das er sein ganzes Leben hindurch trägt. Manche Weine kommen echter Klasse nahe, doch den meisten bleibt sie versagt, weil zuviel danach gestrebt wurde – sie haben dann einfach zuviel von allem, alles ist zu aufdringlich: Ihr Merkmal ist eher die Bodybuilder-Pose als der ruhige, elegante Schwung des Tänzers.

Worte allein können den Nuancen eines großen Weins nie gerecht werden. So muß das auch sein, vor allem an der Côte d'Or, wo ungeheure Vielfalt die Aufgabe einer echten Würdigung mit so hohem Anspruch versieht. Großer Burgunder ist rar und teuer, doch die Bemühung, ihn zu verstehen, wird mehr als nur belohnt durch das, was schließlich und endlich den Sinn des Weintrinkens ausmacht – durch den Genuß, den er zu bieten vermag.

JAHRGÄNGE 1971–1995

Hier sind allgemeine Anmerkungen zu Wetterverlauf, Charakter und Entwicklung für 25 Weinjahrgänge von der Côte d'Or zusammengestellt.

Dabei darf nie vergessen werden, daß der Jahrgang immer nur einen Stein im Mosaik bildet, ganz besonders in Burgund, wo dem Erzeuger, der Lage und dem Mikroklima mindestens ebenso große Bedeutung zukommt. Ein guter Vigneron übertrifft durch Ertragsbeschränkung, gründliche *triage* und sorgfältige Weinbereitung oft die allgemeine Qualität eines Jahrgangs, vor allem in schwierigeren Jahren.

Überdies sind stets Unterschiede zwischen den verschiedenen Gemeinden und Weinberglagen zu berücksichtigen; Bodendurchlässigkeit, Sonneneinstrahlung und Kleinklima verschieben das Bild häufig in positivem oder negativem Sinn; nimmt man Düngung, Rebenalter, Rebschnitt, frühe oder späte Lese hinzu, dann ergeben sich weit komplexere Verhältnisse, als Tabellen sie wiedergeben können. Deshalb kommt dem Erzeuger so große Bedeutung zu.

Auch machen die örtlichen Unterschiede im Wetterverlauf an der Côte allgemeine Beurteilungen sehr schwierig. Hagelschlag oder Bodenfrost in einem ansonsten guten Jahr können dazu führen, daß der Wein einer Gemeinde oder gar nur eines schmalen Weinbergstreifens so stark geschädigt wird, daß keine Winzerkunst etwas dagegen vermag. Sowenig wie der Winzer etwas gegen das Wetter ausrichten kann, sowenig kann die schönste Witterung über Unfähigkeit in der Vinifikation hinweghelfen.

In unserer Zeit schnellen Reisens und noch schnellerer Kommunikation wird das Bild eines Jahrgangs oft schon in aller Welt gezeichnet, bevor er noch ausgegoren ist. Diese voreiligen Urteile mögen für einen Weinkaufmann, der nicht alle Quellen Jahr für Jahr besuchen kann, hilfreich sein, sollten aber mit größter Vorsicht behandelt werden.

Diese Arbeitsweise übt auch einen ungesunden Druck auf den Markt aus; insbesondere bei den Spitzendomänen muß man heute frühzeitig bestellen, damit man überhaupt eine Chance hat, eine größere Zuteilung zu bekommen. Die Zeiten, in denen man ein- bis zweimal Proben aus dem Faß und dann noch einmal eine aus der Flasche nahm, ehe man sich zum Kauf entschloß, sind außer in den magersten Jahrgängen vorüber.

Alles das ist für den Verbraucher, der unbesehen und oft zu hohen Preisen kaufen muß, keine große Beruhigung. Die Erzeuger würden sich selbst und dem Publikum einen großen Dienst erweisen, wenn sie einmütig allen außer vertrauenswürdigen Fachleuten – und auch diesen erst nach der *malo*, wenn ein beurteilbares Stadium erreicht ist – jede Degustation der neuen Weine verweigern würden.

Die hier folgenden Beurteilungen beruhen auf dem Geschmack und der Erfahrung eines einzelnen. Auch hierbei gilt es zu berücksichtigen, daß schon nach kurzer Zeit die Lagerungsbedingungen bei Wein beliebiger Herkunft großen Einfluß auf den Geschmack ausüben. Kein noch so jungfrischer Rot- oder Weißwein wird besser, wenn er einige Zeit in einem Kühlschrank, dessen Tür häufig auf- und zugemacht wird, oder gar an der Sonne in einem Schaufenster steht, während Weine aus einem lange vergangenen Jahrzehnt, die in einem kühlen Keller gelegen haben, noch immer lebendig und interessant sein können.

Es hat sich die Vorstellung breitgemacht, daß Burgunder keine lange Lebensdauer haben. Das ist ein Märchen. Michael Broadbent formulierte wie folgt: «Gut gebauter (roter) Burgunder hält sich so lange wie guter Bordeaux. Helle Farbe und leichter Stil können irreführend sein; der Schlüssel liegt in der dem Wein innewohnenden Qualität.»

Die Zersplitterung und Vielfalt Burgunds macht allgemeingültige Aussagen über Jahrgänge unsicher. Auf jeden Fall verläßt man sich in Burgund besser auf den guten Namen eines Erzeugers als auf den Ruf des Jahrgangs oder der Appellation.

1971

Von frühester Jugend an war dies ein goldener Jahrgang – wie die 1971er St-Emilions und Pomerols trugen auch die weißen und roten Burgunder ihr Herz offen zur Schau. *Coulure* zur Blütezeit mit entsprechend verringertem Fruchtansatz, anschließend ein langer, warmer Sommer mit nur hie und da etwas Hagel im August brachten eine feine Konzentration in der Beerenhaut und gut ausgereiften Saft zuwege. An der Côte de Beaune, die am schlimmsten vom Hagel betroffen war, gab es einen kleinen Ertrag an überragenden Weißweinen und einige höchst verführerische Rotweine. Die Weißweine sind noch immer ein Genuß: Ein Hospices Meursault Cuvée Grivault war 1989 mit Fülle, Tiefe und Festigkeit auf dem besten Weg in ein hohes Alter, und ein Chassagne Morgeot von Ramonet-Prudhon zeigte sich 1990 voll gebieterischer Wucht – ein feiner Wein und durchaus keine Mumie.

Auch die Rotweine trinken sich, sofern sie gut gelagert waren, noch bemerkenswert gut: ein warmer, opulenter, komplexer Taillepieds von de Montille, wundervolle Beaune Marconnets, Bressandes und Grèves von Albert Morot (ein erfahrener Weinkoster hielt den Bressandes wegen seiner Fülle und Komplexität für einen La Tâche), ein 1991 bei Adrien Belland degustierter reifer, noch jugendlicher Santenay La Gravière und ein nahezu makelloser La Tâche von DRC – die Litanei ist endlos.

Insgesamt hat sich der Jahrgang schön entwickelt – ansprechender als die Artgenossen aus dem Libournais. Alle Rot- und Weißweine sind inzwischen «à point», und man sollte sie nicht mehr länger aufbewahren, wenn man sie erleben will, solange sie ihren verführerischen Charme noch nicht eingebüßt haben.

1972

Dieser Jahrgang war, mindestens in England, so gut wie unverkäuflich. Anfänglich wurde er falsch beurteilt – sicher war der in den Knien schwache 1972er Bordeaux zum Teil daran schuld, aber auch der große Gesamtertrag. Der Witterungsverlauf machte den Randlagencharakter des Klimas an der Côte d'Or wieder einmal deutlich – ein kaltes, feuchtes Frühjahr, späte Blüte, anschließend ein kühler, trockener Sommer, dann aber ein prächtiger September, der die Frucht schön ausreifen ließ und dadurch die Ernte rettete. Die Weißweine erregten nicht viel Aufsehen, obwohl Broadbent einige «sehr stilvoll» fand.

Die Rotweine dagegen, die anfänglich so sauer waren, daß ihre Erzeuger sie als ungenießbar aufgaben, haben das Übermaß an Säure abgestreift und in aller Stille recht markante Art entwickelt. Viele 1990/91 bei ihren Erzeugern degustierte Weine erwiesen sich als durch und durch genußreif und -würdig, einige zeigten echte Finesse und Tiefe. Die meisten weisen die ansprechende Art alter Pinots, jedoch ohne die Opulenz und Tiefe der 1971er auf. Vermutlich hat der Jahrgang 1972 mehr Überraschungen als Enttäuschungen zu bieten. Allerdings will er doch bald getrunken sein und wird weitere Aufbewahrung nicht mehr besonders lohnen.

1973

Ein warmer, sehr trockener Sommer nach guter, gleichmäßiger Blüte versprach zunächst einen feinen Jahrgang. Dann aber schwemmten wiederholte schwere Regenfälle vom Juli bis zur Lese im September und in den Oktober hinein alle Hoffnung weg. Alle Erfahrungen mit den Rotweinen bestätigten Broadbents Bewertung: «Leicht, blaß, nichtssagend.»

Die Weißweine sind dagegen ganz anders – meist fest und gut strukturiert, mit beträchtlicher Aromaentfaltung und schöner Entwicklung im Alter. Dies erklärt sich weitgehend aus der früheren Chardonnay-Lese, wodurch die schlimmsten Auswirkungen des Herbstregens vermieden wurden. Ein 1990 degustierter Corton-Charlemagne von Tollot-Beaut zeigte sich in feiner Verfassung mit prachtvoll tiefer Farbe, einem Duft von gerösteten Mandeln und Lindenblüten und straffem, maskulinem Geschmack mit Nachhaltigkeit und Vornehmheit.

Gut gelagerte weiße 1973er aus achtbarer Herkunft dürften nach wie vor sauber und interessant sein.

1974

Der Jahrgang fiel sowohl bei Rot- als auch bei Weißwein allgemein abgrundtief schlecht aus. Auf einen mäßig guten Sommer folgte eine kalte, nasse Erntezeit. Die Weine waren dünn und unausgewogen. Ab und zu taucht überraschend noch ein 1974er Rotwein auf – ein St-Romain war 1989 noch am Leben, allerdings hoffnungslos mit Säure überfrachtet und karg an Frucht –, doch die Weißweine scheinen völlig untergegangen zu sein. Gelegentlich findet man noch einen 1974er zu horrendem Preis auf der Weinkarte eines französischen Restaurants – vielleicht ein Geheimtip?

1975

Wenn überhaupt möglich, war dieser Jahrgang noch schlimmer als der 1974er. Ein guter, warmer Frühling und Frühsommer bildete den Auftakt zu einem miserablen Sommer; abgesehen von einer trockenen, sonnigen Periode Ende August ging das so fort bis zur Lese Ende September. Feuchtigkeit rief verbreitet Fäule hervor; im Juli und August gab es Hagel, v. a. an der Côte de Nuits (Vosne war besonders stark betroffen). Die Weine fielen schlecht aus – viele waren fäule- und hagelgeschädigt, andere dünn und ohne Frucht.

Manche Domäne schadete ihrem Ruf dadurch, daß sie überhaupt Wein unter dem eigenen Namen herausgab, doch nach dem 1973er und 1974er stand wohl wirtschaftliche Notwendigkeit dahinter.

Ein weithin publizierter Bericht über eine Degustation von 1975ern der Domaine de la Romanée-Conti in London im April 1980, demzufolge alle Weine selbst für den offenen Ausschank in Restaurants viel zu wünschen übrig ließen und eigentlich nicht unter dem berühmten Namen auf den Markt hätten kommen dürfen, wurde von Mme. Bize-Leroy sofort mit einer beißenden Rüge bedacht. Ihre Antwort lautete, die Weine brauchten Zeit zur Entwicklung und – wie sie unentwegt behauptet – in minderen Jahrgängen sogar noch viel länger. Dessenungeachtet sind sie immer noch dürftig – wie lange muß man sie aufheben, bis die Domäne einen Fehler eingesteht?

Seltsamerweise gibt es doch ein paar Weißweine in guter Qualität. Ein Meursault Monatine der Domaine Rougeot trinkt sich nach wie vor schön – voll, reif und rund, nichts Dünnes oder Zweitrangiges. Es war Marc Rougeots erster Jahrgang; als sein Vater ihn damals kostete, schimpfte er über die Unfähigkeit seines Sohnes und versteckte die Flaschen in einer Ecke. Jahre danach begann der Wein aufzublühen und hat bisher nicht damit aufgehört.

1976

In dem langen, heißen Sommer, als die Städte kochten, der Asphalt schmolz und die Luft bleiern und schwül drückte, litten auch die Reben unter Trockenheit und Hitze und mußten tief in der Erde nach Wasser und Nahrung suchen. Trotz früher *véraison* und ungewöhnlich früher Lese Anfang September waren die Pinots tiefdunkel und sehr tannin- und extraktreich. Hochkonzentrierte Moste erschwerten die Vinifikation – dicke Schalen erforderten eine lange *cuvaison*, wobei die Gefahr der Überextraktion von Tannin bestand.

Voreilig wurde von einem neuen 1947er oder 1959er gesprochen. Als aber die Weine in der Flasche waren, stellte sich leider heraus, daß viele ein Übermaß an Tannin aufwiesen und lange brauchen werden, um sich abzurunden. Noch immer fordern die Erzeuger zu Geduld auf, obwohl es keine Gewißheit gibt, daß am Ende etwas Besseres als höchstens obere Mittelklasse steht.

Viele Rotweine sind noch immer verschlossen, schwer, klobig, teerig, unausgewogen und ohne Rasse. Manche Weißweine sind dagegen noch attraktiv – ein Chassagne Les Ruchottes von Ramonet-Prudhon zeigte sich 1990 auf altmodische Weise voll und nußwürzig –, doch allgemein ließ die Säurearmut auf frühzeitigen Niedergang schließen. Den besten Rat, den man Besitzern von weißen oder roten 1976er Burgundern geben kann, lautet «einfach probieren».

1977

Allgemein ein gleichgültiger Jahrgang. Der Sommer war zunächst sehr naß, doch die befürchtete Fäule kam nicht. Ein warmer, sonniger September wendete die Katastrophe ab, aber die Trauben erlangten keinen ausreichenden Süßegrad, und so war viel *chaptalisation* nötig, um wenigstens einigermaßen zu einem Gleichgewicht zu kommen. Die meisten Weine waren dünn, saft- und kraftlos und zu sauer – bestenfalls jedoch leicht und karg. Selbst die meist etwas kräftiger strukturierten Weißweine verblassen inzwischen sicherlich.

1978

Ein «annus mirabilis» sowohl beim Wetter als auch beim Wein. Kälte und Regen zogen die Blüte in die Länge und brachten durch *coulure* und *millerandage* Ertragsminderungen. Dann ging es naß und kalt weiter bis auf die letzten zehn Augusttage. Die Reben waren in der Entwicklung weit zurück und brauchten eine warme, trockene Periode, um ausreichende Reife zu erlangen. Tatsächlich kam dann in den nächsten beiden Monaten genau das, was für einen anständigen Jahrgang nötig war. Die Vegetation holte auf, und schließlich begann Mitte Oktober die Lese bei unverändert warmem Sonnenschein.

Ohne Übertreibung darf man sagen, daß diese Wochen der Wärme und Trockenheit den Jahrgang machten. Überall an der Côte setzten die Trauben in den letzten zwei Wochen vor der Lese noch 2 % potentiellen Alkoholgehalt zu.

Feine Qualität lag von Anfang an offen auf der Hand – attraktives Aroma, geschmeidige Frucht und feste Struktur. Eleganz und Sanftheit erbrachten vollmundige Weine ohne das harte, teerige Tannin der 1976er.

Der Chardonnay trug reicher als der Pinot Noir, glücklicherweise jedoch nicht zum Schaden der Weine – diese Traube kann höhere Erträge als der Pinot verkraften, ohne entsprechend an Qualität einzubüßen. Leider zeigen die 1978er Weißweine von der Côte d'Or einen gewissen unattraktiven, überzogenen Charakter; obwohl es auch sehr feine Beispiele von Leflaive, Ramonet, Ampeau und Lafon gibt, fehlt es doch vielen, selbst aus guten Domänen, an Finesse. Manche, darunter auch viele Pulignys von Sauzet, zeigten «kalkige» Säure und einen unsauberen Abgang. Damit soll von den 1978er Weißweinen nicht abgeraten sein, doch man sollte seine Erwartungen dämpfen.

Bei den Rotweinen gibt es keine Probleme dieser Art; sie sind zu großer Fülle und Vornehmheit aufgeblüht und dürften noch lange viel Genuß bereiten. Anders als die 1976er und 1969er, bei denen es sorgfältig zu wählen gilt, sind die 1978er von guten Erzeugern durchweg köstlich – vom bescheidensten Bourgogne bis zum anspruchsvollsten Musigny. Die Regionalweine sollten zwar inzwischen ausgetrunken sein, die Villages-Weine aber schmecken noch immer, mit Ausnahme einiger von der Côte de Beaune, die langsam zu verblassen beginnen.

Demgegenüber verfügen die meisten Premiers und Grands Crus noch über viel Lebenskraft und werden sich auch in den nächsten Jahren noch weiter entfalten. An der Spitze der Skala stehen dann etliche wahrhaft prachtvolle Weine aus vielen großen Domänen und bilden die klarste Lektion zum Thema feine Burgunder, die man sich denken kann. Manche, vor allem in Magnum- und noch größeren Flaschen, werden das nächste Jahrhundert ohne weiteres erleben, auch wenn sie alles in allem nicht genug Struktur besitzen, um noch einmal so lange durchzuhalten. Überhaupt hängt die Aufbewahrungsdauer sehr davon ab, ob man den Burgunder lieber mit dem zarten Fleisch der Jugend oder aber karger und gut abgehangen mag.

1979
Ein Jahr der Fülle – ein kräftiger Austrieb, eine fast vollkommene Blüte, und trotz eines nicht übermäßig warmen, aber auch nicht übermäßig nassen Sommers bestand Aussicht auf eine schöne Ernte. Abgesehen von örtlichen Schäden durch Hagel, vor allem um Nuits und Vosne, blieben die Trauben intakt und gelangten allmählich zu zwar nicht vollendeter, aber doch akzeptabler Reife. (Die Fruchtreife hat zwei Aspekte, die es nicht zu verwechseln gilt: einerseits die Reife der einzelnen Komponenten – Schale, Stielholz, Fruchtfleisch usw. – und andererseits das Verhältnis von Feststoffen zum Saft in den Beeren. Die analytische Reife – Säure, Zuckergehalt usw. – erfaßt diesen zweiten Aspekt nicht, jedoch sind beide gemeinsam für die Qualität maßgebend.)

In diesem Jahrgang waren aber auch die Erträge bei den einzelnen Winzern für die Qualität ausschlaggebend – lagen sie zu hoch, dann fielen die Weine hoffnungslos dünn aus; mäßige Erträge eröffneten dagegen die Chance auf akzeptables Gleichgewicht. Leider erwiesen sich viele Rotweine, v. a. von der Côte de Nuits und sogar oft von tadellosen Domänen, als dünn und mangelhaft mit Körper und Tannin ausgestattet.

Allerdings sind überall an der Côte auch attraktive Weine entstanden; Pommard, Volnay und Beaune hatten mehr Glück als die meisten anderen Gemeinden, doch in diesem Jahr gelang es manchen Winzern bei allem Bemühen einfach nicht, etwas anderes als kurzlebige, unausgewogene Weine hervorzubringen.

Die Weißweine stehen auf einem anderen Blatt. Bei ihnen zeigt sich einmal mehr die Fähigkeit des Chardonnay, auch bei relativ hohen Erträgen guten Wein zu erbringen. Den 1979ern fehlt zwar die Struktur und Konzentration der 1978er, sie sind dafür aber deutlich feiner und besitzen eine Eleganz in Geschmack und Aroma, die ihre Vorgänger nicht aufzuweisen haben. Sowohl Leflaive als auch Sauzet brachte 1979 weit stilvollere und sanftere Weine hervor als 1978; die 1979er dürften zwar jetzt auf dem Höhepunkt angelangt sein, gewähren aber noch auf längere Sicht schönsten Genuß.

1980
Ein kalter, durch und durch unfreundlicher Frühling führte zur spätesten Lese im ganzen Jahrzehnt; die meisten Winzer warteten bis Mitte Oktober ab. Zum Glück waren der August und der September warm und trocken, so daß sich ein zwar kleiner, aber gesunder Ertrag einstellte.

Voreilige schrieben den Jahrgang allgemein ab, und als Louis Latour erklärte, er habe keine einzige Flasche 1980er gekauft, war das auch nicht hilfreich. Zwar stimmt es, daß die meisten Weißweine flau und ohne Charme waren, die Rotweine erwiesen sich aber als hocherfreuliche, manchmal sogar superbe Gewächse. Für sie ist eher Eleganz als volle Rundung charakteristisch – eher Gainsborough als Rubens. Vorbildliche Weine mit zwar trügerisch heller Farbe, denen es aber an Wucht und Konzentration nicht fehlt, brachten Dujac und Rousseau zustande. Die meisten sollten allerdings jetzt getrunken werden.

1981
Louis Latours Jahrgangsbericht gibt den Hintergrund gut wieder: «Der Jahrgang 1981 zählt zu den kleinsten des Jahrhunderts, v. a. bei Rotwein... Von Anfang an war an den Reben nur magerer Fruchtbehang zu erkennen, und nachfolgende Witterungseinflüsse verringerten den erwarteten Ertrag noch weiter.» Zwar begann der Vegetationszyklus trotz Spätfrösten gut, aber erst im September gab es wirklich warmes, beständiges Wetter, das bis in den Oktober anhielt. Dann aber kamen Gewitter mit Hagel, vorwiegend im nördlichen Teil der Côte de Nuits. Dadurch wurde die Frucht geschädigt und der Most verwässert. Der Ertrag war schließlich nur halb so hoch wie normal.

Den Weißweinen erging es weit besser als den Rotweinen. Es gibt exzellente, allerdings etwas magere Beispiele von Leflaive und recht attraktive Weine von Ramonet und Sauzet, darunter insbesondere ein fleischiger, schön ausgewogener Champ Canet. Sie sollten allerdings möglichst bald getrunken werden.

Die Rotweine sind allgemein nichtssagend ausgefallen. Die Forderung nach Ausmerzung aller Spuren von Fäule und nach umfangreicher *chaptalisation* stellten die Winzer auf die Probe. Die meisten fielen durch. Das insgesamt trübe Bild zeigt ein paar Lichtblicke – sie stammen von den üblichen Perfektionisten. Ein Gevrey-Villages-Wein von Joseph Roty zeigte sich dunkel mit einem unpräzisen, dicklichen Duft und weichem, vollem Geschmack, der sich im Glas recht schön entfaltet – durchaus trinkbar und respektabel, aber auch ihm ist nur mit Mühe Interesse abzugewinnen. François Faiveley gelang es dank seiner gewohnten Sorgfalt, das allgemeine Mittelmaß mit einem feinen, vollmundigen Echézeaux zu durchbrechen; daneben produzierten auch Jacques Seysses, Charles Rousseau und Romanée-Conti komplexe und würdige Weine. Alles in allem aber ist der 1981er kein Jahrgang, den es allzu ernst zu nehmen gilt.

1982
In diesem Jahr geschah wenigstens beim Wetter nichts Negatives. Ein warmer, sonniger Frühling und Frühsommer führten zu einer vollen Blüte ohne viel *coulure* oder *millerandage*, und auch in den darauffolgenden Monaten gefährdete nichts die heranwachsende Ernte. Regen im August brachte Volumen, und die Reife verlief bis zur Lese Mitte September glatt.

Es gab zwei Hauptprobleme: Zunächst verursachte das schiere Volumen oft Platzmangel in Fässern und Tanks – ein Winzer soll sogar die Badewanne als Gärbehälter benutzt haben. Leider verkürzten viele die Vinifikation, um Gärbottiche frei zu bekommen, was zu Einbußen an Tiefe, Farbe und Extrakt führte. Das Problem übermäßiger Erträge ist meist selbstverschuldet; wer ernsthaft darauf achtet, den Ertrag auf einer mit bester Qualität verträglichen Höhe zu halten, hat damit keine Schwierigkeiten.

Das zweite, weit schädlichere Problem bestand darin, daß das Lesegut meist sehr warm in die Cuverie gelangte. Wer den Most kühlen konnte, ersparte sich Verderb; alle anderen hatten mit zu hoch ansteigenden Gärtemperaturen, sicherlich auch mit steckengebliebener Gärung – obwohl das nie zugegeben wird – und schließlich mit einem großen Ausmaß an flüchtiger Säure zu kämpfen. Nach dieser Erfahrung haben nun viele funkelnagelneue Wärmetauscher den Weg in die Keller gefunden.

Die Rotweine reichen nicht an die Qualität der 1982er aus Bordeaux heran. Die besten sind zwar gut gebaut, haben viel saftige, sanfte Frucht und gute Tiefe, es fehlt ihnen aber manchmal an Säure. Die schlechtesten sind überzuckert, dünn und uncharmant.

Auch die Weißweine sind unterschiedlich ausgefallen. Die Spitzendomänen produzierten alles in allem feine Weine, zwar nicht mit langer Lebenserwartung, aber doch mit Frucht und Charme. Weine von Leflaive – v. a. die Premiers und Grands Crus – sowie von Lafon, Coche-Dury und Ramonet erweisen sich als interessant und erfreulich.

Wer das Glück hat, einem lebenskräftigen 1982er zu begegnen, darf damit rechnen, daß er noch attraktiv ist. Die meisten aber dürften ihren Höhepunkt hinter sich haben.

1983
Ein uneinheitlicher, rätselvoller Jahrgang, besonders bei Rotwein. Der Schlüssel zum Verständnis liegt im Wetter: Das Frühjahr kam spät, war kalt und das Steigen des Safts und damit der Vegetationszyklus verzögerte sich. Im Mai wurde es dann besser, und die Blüte fand unter besten Verhältnissen statt. Bis Ende August war es weitgehend warm und trocken, doch im Juli wurde ein Gebiet zwischen Chambolle im Norden und Vosne im Süden, u. a. Echézeaux und Vougeot, von Hagelschlag betroffen. Ab Anfang September regnete es dann drei Wochen lang in Strömen, so daß trotz dick geratener Schalen überall an der Côte Fäule entstand. Schließlich kam

noch einmal extreme Hitze auf und ließ die Trauben bis zur Überreife gelangen. Die Lese begann am 25. September und verlief unter guten Bedingungen.

Unter solchen Voraussetzungen sind mehrere Faktoren von Bedeutung. Erstens Fäule: Werden faule Trauben nicht ausgeschieden, dann verleihen sie dem Wein einen nicht mehr gutzumachenden Beigeschmack. Das betrifft Weißwein weniger als Rotwein, bei dem ja die Schalen im Most verbleiben. Fäule breitet sich rasch aus und ist schwer zu bekämpfen. Einen gewissen Schutz bieten die Traubenschalen, wenn sie mit Präparaten auf Kupferbasis gespritzt und dadurch gehärtet oder wie 1983 durch die Sommerhitze dick geworden sind.

Zweitens Hagel: Er verletzt die Beeren und gewährt Fäulebakterien Eintritt. In geringer Konzentration läßt sich Hagelfäule durch Verschneiden mit unbeeinträchtigtem Wein verdecken, das aber ist nicht besonders befriedigend; manchmal verschwindet der Beigeschmack durch Belüften des Weins. Die Auswirkungen hängen vom Zeitpunkt des Hagelschlags ab – vor der *véraison* werden die noch kleinen harten, grünen Beeren kaum geschädigt; danach sind die Schalen empfindlicher, was die Gefahr erhöht.

Drittens *surmaturité*: Wirkt längere Zeit Hitze auf die Trauben ein, dann werden sie konzentrierter und beginnen zu rosinieren. Der Saftanteil geht zurück, die Schalen verdicken sich, und der Gehalt an Zucker, Säure und Extrakt in der Beere steigt im Verhältnis zum Wasseranteil. Das kann die Vinifikation erschweren und einen gekochten, an Feigen erinnernden Geschmack hervorrufen, der aber in Maßen angenehm wirkt.

Diese Faktoren trugen mehr oder weniger stark zu der Unterschiedlichkeit der 1983er bei. Im Faß schmeckten die Weine allgemein hervorragend: konzentriert, reif, jedoch nicht überreif, Frucht mit viel Tiefe und Extrakt – also ein großer Jahrgang im Werden. Zwischen Faß und Flasche ging jedoch irgend etwas schief. Die Weine büßten das Fleisch ein, wurden hart, streng und oft adstringierend. Bei vielen stellte sich seltsamerweise Fäulegeschmack ein – vermutlich waren die Proben nur aus «sauberen» Fässern gezogen und die Weine mit Beigeschmack erst später dazugemischt worden. Das war insbesondere bei feinen Domänen nichts weniger als unverzeihliche Unredlichkeit.

Noch immer sind die 1983er mit den Worten von Clive Coates «erregend, enttäuschend, erstaunlich, ärgerlich und irreführend», dennoch lautet die Prognose nicht ganz und gar düster. Zwar haben Weine mit starkem Fäule- oder Hagelgeschmack keine Zukunft mehr, doch die lediglich hart gewordenen bieten noch Aussicht auf Milderung, sofern sie über genug Frucht und Säure als Gegengewicht zum Tannin verfügen.

Selbst bei den besseren Domänen ist die Qualität sehr unterschiedlich. Die einen verkürzten die *cuvaison* aus Furcht vor Beigeschmack und zuviel Tannin, die anderen taten das Gegenteil, um möglichst viel Fülle zu erzielen. Manchmal wurde übermäßig mit Gelatine geschönt, um den Tanningehalt zu verringern – dadurch wurden die Weine stark mitgenommen, und es fehlt ihnen jetzt an Ausgewogenheit –, und ungeschickte Filtration machte die Sache dann noch schlimmer.

Dennoch gibt es aus diesem unterschiedlichen Jahrgang auch bemerkenswerte Weine: einige sehr feine Romanée-Contis, ein paar prachtvolle Ponsots sowie attraktive, harmonische Gewächse von Jadot, Grivot und Jean Gros. Die Weine mancher anderer Erzeuger zeigen sich dagegen nach wie vor hart, trocken und unzugänglich, ihre Zukunft ist ungewiß. Wer also noch 1983er besitzt, kann nichts weiter tun, als abzuwarten und zu hoffen.

Die Weißweine sind gleichmäßiger. Überreife bringt beim Chardonnay nur erhöhte Alkoholstärke hervor, hat aber nicht dieselben Auswirkungen auf den Geschmack wie beim Pinot. Die 1983er haben demzufolge oft zuviel Alkohol, und manche sind dicklich und schwerfällig. Allerdings gibt es auch ganz hervorragende Weine – u. a. von Sauzet, Leflaive, Ramonet, Lafon, Drouhin und Jadot. Die Grands Crus von Leflaive und Sauzet begeistern und werden sich superb halten.

1984

Zwischen dem unterschiedlichen 1983er und dem gleichmäßig reifen, üppigen 1985er nimmt sich der 1984er wie ein Zwerg aus. Der Sommer war unerbittlich kalt. Es gab zwar Sonnenschein, aber keine große Wärme, die den Trauben zur Reife verhalf. Fast den ganzen September hindurch regnete es, doch bei der Kühle konnte sich auch kaum Fäule entwickeln. Als schließlich die Lesezeit kam, hatten diejenigen, die zuletzt ernteten, das meiste Glück, die übrigen mußten sich mit einem großen Ertrag an ungleichmäßig reifen Trauben abmühen. Wer durch *saignée* ein günstigeres Verhältnis von Feststoffen zu Flüssigkeit herstellte, kam besser zurecht als andere.

Unter solchen Voraussetzungen sind Verallgemeinerungen sinnlos. Mit Sicherheit kann nur festgestellt werden, daß wie immer die gewissenhaften Erzeuger durchaus annehmbare Weine hervorbrachten, von denen die besten sich heute als mittelschwer, elegant, reich im Geschmack, mit schöner Reife und guter Ausgewogenheit darstellen – sie scheinen mit der Zeit Struktur zugelegt zu haben. Durch geschickten Gebrauch neuer Fässer erlangten manche, die sonst unerfreulich mager ausgefallen wären, einige Fülle. Auch in diesem Jahrgang spielten die einzelnen Weinberglagen mit ihrem jeweiligen Mikroklima eine große Rolle für die Reife der Frucht – sie sind so wichtig wie die Integrität des Erzeugers.

1985

Den Winzern wird das Jahr 1985 schon wegen der strengen Fröste unvergeßlich bleiben, die im Januar und Februar an der Côte d'Or einen großen Teil des Rebbestands vernichteten und einen weiteren Teil stark schwächten. Allein in Gevrey-Chambertin, der wahrscheinlich am schlimmsten betroffenen Gegend, belaufen sich die Schätzungen der Bestandsverluste auf 100–150 ha, v. a. in den flacheren Villages- und Regional-Lagen an der RN74. Diese Schäden wirkten sich über mehrere Jahre hinweg aus.

Die Wachstumsperiode verlief dann ohne besondere Ereignisse; auf einen trockenen und nicht besonders warmen Sommer folgten ein schöner, ausnehmend warmer September und Oktober. «Kein Wölkchen am Himmel, 25 bis 30 °C Tagestemperatur, ständiger Sonnenschein und milde Nächte, die eher an die Riviera als an Burgund erinnerten» (L. Latour, Jahrgangsbericht).

Die Lese begann in der letzten Septemberwoche und brachte einen enormen Ertrag an vollreifer, gesunder Frucht, die sich zu verführerischen, dunklen, vollen Weinen mit großer Finesse und Seidigkeit verarbeiten ließ. Wie die 1978er waren auch sie von Anfang an zugänglich und büßten nichts von der für sie kennzeichnenden offenen, reifen Frucht ein. Allerdings sind die meisten säurearm, was in Verbindung mit dem runden, sanften Tannin ein Fragezeichen über die langfristige Entwicklung setzt. Vielleicht werden sie wie die 1947er und 1959er allen Regeln trotzen und ein halbes Jahrhundert halten!

Bei den Weißweinen steht es ähnlich: reichlich reife, sanfte Frucht, viel «Fett und Sahne»; sie werden bis Ende der 1990er Jahre schönen Genuß gewähren, sich aber nicht lange darüber hinaus halten. Das warme Wetter zur Lesezeit brachte bei der Gärung erhebliches Überhitzungsrisiko, doch vernünftige Winzer hatten sich inzwischen Kühlanlagen zugelegt. Der verbreitetste Mangel – es wäre irreführend, hier von einem Fehler zu sprechen – ist Säurearmut. Winzern mit alten Reben und entsprechend niedrigen Erträgen gelangen jedoch Weine mit genügender Festigkeit, die solcher Stütze nicht sehr bedürfen.

1986

In diesem und im darauffolgenden Jahr war das Können des Winzers – wie die Franzosen sagen – «primordial». Nach dem Lesebeginn in der dritten Septemberwoche fiel die Entscheidung schwer, ob sofort geerntet oder noch abgewartet werden sollte. Die uneinheitliche Wachstumsperiode war ab Mitte August durch kaltes, nasses Wetter unterbrochen worden, und im ungewöhnlich nassen September hatte sich Fäule breitgemacht; viele Winzer begannen deshalb unverzüglich mit der Lese, ernteten dabei aber nur große Mengen an dünnem, charakterlosem Wein. Wer dagegen noch abwartete, wurde wie so oft in Burgund reich für das Risiko entschädigt. Schönes Wetter mit leichtem Wind trocknete die Trauben und verbesserte die Konzentration, so daß ab Mitte Oktober reifere, vollere Frucht geerntet werden konnte.

Vor der Verarbeitung mußte sehr viel Mühe und Sorgfalt darauf verwendet werden, faule Frucht auszuscheiden; vor allem bei den größeren Domänen entstanden hohe Lohnkosten für das Aussortieren. Wer die Mühe nicht auf sich nahm, brachte Wein mit Fäulegeschmack hervor.

In Jahren mit saftreifer Frucht wie 1986 und 1982 entstehen, wenn die Gärung sich selbst überlassen bleibt, Weine mit schwachem Körperbau – zuviel Saft und zuwenig Feststoffe als Gegengewicht. Viele Winzer helfen sich durch *saignée de cuve*, also Abziehen eines Teils der Flüssigkeit. Der Vorgang muß möglichst früh erfolgen, damit nicht zuviel Extrakt mit abgezogen wird, und erfordert – ob man nun 10 oder 60 % abzieht – viel Fingerspitzengefühl. Er bietet zwar keinen Ersatz für Reife, kann aber, richtig ausgeführt, dem Wein zu Gleichgewicht verhelfen. Nach Ansicht mancher Winzer, z. B. von Charles Rousseau in Gevrey, stellt die *saignée* aber eine Niederlage dar – das Eingeständnis, daß der Rebschnitt nicht streng genug war oder daß im Frühjahr nicht genug Knospen und junge Triebe ausgebrochen wurden.

Die 1986er Rotweine sind dementsprechend unterschiedlich ausgefallen: die einen gut, manche sehr gut, die übrigen dünn und mittelmäßig. Hat der Winzer Sorgfalt walten lassen, dann erzielte er recht sanfte, duftige Weine mit schöner Frucht. Viele konnten aber ein gewisses trockenes Tannin nicht loswerden, das sich vermutlich auch nicht abrunden wird.

Einige Erzeuger brachten sehr feine Weine hervor – man denkt zuerst an François Faiveley, Charles Rousseau und Daniel Chopin-Groffier, auch an Christophe Roumier. Die besten 1986er Rotweine haben noch Lebenskraft, die meisten aber fallen rasch auseinander.

Die Weißweine sind erheblich zuverlässiger als die roten. Der Altweibersommer nach dem Septemberregen ließ den Süßegehalt einem Bericht zufolge «täglich um fast ein halbes Grad» steigen, wodurch geduldige Winzer in den Genuß hoher Werte kamen. Manche Trauben wiesen sogar einen Hauch Edelfäule auf, die eine weitere Dimension der Fülle und Komplexität einbrachte.

Wer seinen Keller mit 1986er Weißweinen bestücken wollte, fand eine große Auswahl vor. Die besseren Domänen brachten köstliche Weine von großer Finesse und Eleganz hervor, die in Konzentration und Stil oft an die 1979er erinnerten. Sie haben sich inzwischen schön entfaltet und sind voll genußreif. Die 1986er Weißweine sind generell um eine Klasse besser als die freilich im Stil ganz anderen 1985er.

Alles in allem brachte 1986 gute Weine, die man genießen kann, während man auf die Trinkreife der 1985er, 1988er, 1989er und 1990er wartet. Wie immer gibt es große Qualitätsunterschiede zwischen den Domänen.

1987

Wie 1983 rettete auch diesmal ein ausnehmend warmer September den Jahrgang. Auf einen unfreundlichen Frühling, der nur im März drei Wochen schönes, warmes Wetter brachte, folgte ein ebenso unfreundlicher Sommer; die späte, ungleichmäßige Blüte war durch viel *millerandage* gekennzeichnet – dabei handelt es sich um Trauben, die in der Entwicklung zurückbleiben, wenn sie aber doch ausreifen, hohe Konzentration zum Wein beisteuern können. Sie bedeutet zugleich eine Ertragseinschränkung und damit einen zusätzlichen Vorteil.

In Burgund heißt es: «Der August macht die Trauben, der September den Wein» – das traf 1987 zu.

Der Ertrag lag bei Rotweintrauben um 20 %, bei Weißweintrauben um fast 25 % niedriger als 1986. Zum Glück war der September nicht nur warm, sondern auch weitgehend trocken, daher blieb der Fäulebefall minimal. Winzer, die sich die gesamte Wachstumsperiode hindurch um niedrige Erträge bemühten, erreichten gute Konzentration und entsprechend hohe Qualität.

Große Teile der Weinfachpresse beurteilten den Jahrgang weitgehend unter dem Eindruck der Regenfälle während der Lese Ende September/Anfang Oktober voreilig als der Beachtung nicht weiter wert. Sie irrten sich.

Zwar wiesen die meisten Rotweine anfänglich eine harte Tanninschale auf, aus der sie inzwischen heraustreten, sie zeigten aber tiefe Farbe, viel Frucht und Extrakt – unterstützt durch die *millerandage* – und schöne Säure. Die Degustation einer ganzen Reihe von Weinen aus beiden Teilen der Côte bestätigte 1990 und 1996 den Anfangseindruck eines Jahrgangs, der alle Elemente der Qualität in sich vereinigt, aber Zeit braucht, um sie miteinander in Einklang zu bringen. Bei dem kräftigen Säure- und Tanningehalt ist allerdings leicht zu verstehen, weshalb viele zu der Auffassung kamen, diese Weine seien unausgewogen. Erst unter der äußeren Hülle fand sich gute, feste, konzentrierte Frucht. Manche Erzeuger vergleichen diesen Jahrgang in Stil und Entwicklung mit dem 1972er – wenn das stimmt, gibt es im ersten Jahrzehnt des neuen Jahrhunderts ein paar herrliche Flaschen zu genießen.

Unter den Weißweinen befinden sich einige köstliche Gewächse – nicht übermäßig mit Frucht versehen, jedoch fein und zart. Die meisten sind durch kräftige Säure gekennzeichnet, die bei manchen grün und scharf erscheint. Die Zeit hat inzwischen jedoch bessere Harmonie geschaffen. Die Spitzenerzeuger, insbesondere Leflaive, Ramonet, Sauzet und Lafon, zauberten erwartungsgemäß feine Qualität hervor.

1988

Der Vegetationszyklus 1988 war geradezu ein Vorbild an Regelmäßigkeit: Mitte Juni verlief die Blüte bei Wärme und Trockenheit unter idealen Bedingungen. Es folgte kühles, regnerisches Wetter, das in einen warmen, oft heißen Sommer überging, wobei zu geringer Niederschlag die volle Reife der Frucht ein wenig verzögerte; das setzte sich im September fort.

An der Côte de Beaune begann die Lese in der dritten Septemberwoche. Manche Winzer, die es allzu eilig hatten, ernteten allerdings nur knapp reife Frucht, die starker *chaptalisation* bedurfte. Wer dagegen das Risiko einging, bis zum Ende des Monats zu warten, erzielte vollere, harmonischere Weine.

Die schöne Wachstumsperiode brachte einen großen Ertrag hervor – bei Rotweintrauben 11 % mehr als 1987, jedoch 12 % weniger als 1986, bei Weißweintrauben 26 % mehr als 1987, jedoch nur 2 % weniger als 1986. Hinter diesen Ziffern verbergen sich freilich beträchtliche Schwankungen zwischen den einzelnen Gemeinden an der Côte.

Die Vinifikation hatte nicht unter übertriebener Hitze während der Lesezeit zu leiden. Dagegen wurde allgemein eine *saignée*, diesmal wegen des Ertragsvolumens, erforderlich – außer bei Winzern, die Behangausdünnung geübt hatten oder über sehr alte Rebenbestände verfügten. Die Rotweine sind generell tiefer und einheitlicher als die 1987er, und zwar in dem doppelten Sinn, daß nicht nur die Qualität in den einzelnen Kellern höher lag, sondern auch von Marsannay bis Santenay ein gleichmäßig hoher Durchschnitt herrscht. Obschon es den Weinen an der eindeutigen «ampleur» und dem vollmundigen Charme der 1989er fehlt, sind sich die Erzeuger doch darin einig, daß die 1988er länger halten werden.

Anfänglich waren die 1988er mit einer Hülle aus kargem, aber vollständig reifem Tannin versehen, das sich inzwischen schön integriert; es wird bei den besseren aber noch etliche Jahre dauern, bis die Frucht voll zum Vorschein kommt. Darin besteht ein starker Kontrast zu den 1985ern, die ja üppige, reife Frucht in Hülle und Fülle haben, während bei den 1988ern zwar auch Frucht vorhanden ist, jedoch in verhaltenerer Form. Da so viele Domänen herrliche Weine produziert haben, wäre es nicht sinnvoll, einzelne besonders zu erwähnen. Vielmehr müßten ernste Bedenken gegen jeden Erzeuger erhoben werden, der keinen guten 1988er zuwege gebracht hätte.

Auch bei den Weißweinen verursachte das große Ertragsvolumen Probleme. Da jedoch die Schalen bei der Weißweinbereitung keine

Rolle spielen, bildet *saignée* hier keine brauchbare Option, daher mußten alle, deren Erträge zu hoch lagen, verwässerte Weine in Kauf nehmen. Alles in allem beweisen Degustationen, daß dieser unbestreitbar schöne und gesunde Jahrgang doch nicht ganz an die Qualität des 1985ers oder 1986ers herankommt. Manche Weine waren nach wie vor mager, und es fehlte ihnen an echter Tiefe und Konzentration, was auch durch lange Flaschenreife nicht korrigiert werden kann. Auf mittlere Sicht werden die 1988er mit ihrem sich entfaltenden attraktiven Aroma und ihrer recht annehmbaren, für Gleichgewicht und Lebendigkeit sorgenden Säure jedoch schönen Genuß gewähren.

Einige bemerkenswerte klassische Gewächse ragen aus der Masse der Weißweine hervor; wie üblich bilden Leflaive, Lafon, Bonneau du Martray, Coche-Dury, Jadot, Sauzet und Ramonet die Spitze, und Pierre Morey, Yves Boyer, Guy Roulot, Jean-Noël Gagnard, Michel Collin und Bernard Morey stehen nur wenig zurück.

1989

Fast überall an der Côte war dies ein Jahr der Vollkommenheit im Weinbau. Der Vegetationszyklus setzte rund zwei Wochen früher als üblich ein und behielt diesen Vorsprung bis zur Ernte bei. Der März war warm und sonnig, die Temperatur lag insgesamt weit über dem Monatsmittel von 5 °C. Allerdings hielt das späte Frühjahr einige Überraschungen bereit: Der April war zwar nicht besonders kalt, brachte aber knapp 115 mm Niederschlag; ein scharfer Frost Anfang Mai verursachte allgemein an tiefgelegenen Stellen und insbesondere im südlichen, nach Puligny hin gelegenen Teil der Gemarkung Meursault beträchtlichen Schaden; am 25. Mai traf ein Hagelschlag den Corton-Berg und Pernand-Vergelesses und minderte den voraussichtlichen Ertrag um die Hälfte.

Die Blüte zog sich über fast 15 Tage hin, was dazu führte, daß innerhalb einer Parzelle verschiedene Reifegrade zustande kamen. Im Juli wurde das Wetter wieder schön und blieb es bis zur Lese, die relativ früh, am Ende der zweiten Septemberwoche, begann. Da es insgesamt nicht viel Regen gegeben hatte, litten viele Reben – vor allem jüngere auf durchlässigem Boden, weil ihre Wurzeln noch nicht tief genug reichten – stark unter Dürre. Obwohl die Frucht gut ausgereift war, stellten viele Vignerons enttäuscht fest, daß der Süßegrad nicht die 13,5° potentiellen Alkohol erreicht hatte, die nach der Theorie von Monsieur Duvaud-Blochet, einem berühmten burgundischen Winzer aus dem 19. Jh., nötig sind, damit die Alchimie der Natur einen guten Jahrgang in einen großen verwandelt.

Dürre, Hagel und Frost drückten zusammen mit *coulure* und *millerandage* den Ertrag an Weißweintrauben um 14 % gegenüber 1988, während der Ertrag an Rotweintrauben knapp höher lag als im Vorjahr. An der Côte de Nuits ergab sich aufgrund von Niederschlägen kurz vor der Lese Ende September ein geringfügig höherer Durchschnitt als an der Côte de Beaune. Unterschiedlicher Wetterverlauf in den beiden Teilen der Côte d'Or erklärt auch die kleine Differenz in der durchschnittlichen Reife – an der Côte de Nuits fielen die Süßegrade etwas geringer aus als an der Côte de Beaune.

Reifeunterschiede können sogar in eng umschriebenen Bereichen auftreten: Beispielsweise wurde 1989 in der Lage Le Montrachet ein potentieller Alkoholgehalt von 12,3° erreicht, während in den Nachbarlagen Bâtard-Montrachet und Criots-Bâtard-Montrachet knapp über 13° zustande kamen.

Im Faß hatten Rot- und Weißweine eine Hauptcharakteristik gemeinsam: reichlich fette, reife Frucht. Die meisten waren opulent, vollmundig, gewichtig und zeigten enorm viel Charme und Eleganz; sogar die Rotweine waren schon im Faß nahezu genußreif. Die überschäumende Frucht bei wenig Säure veranlaßte manchen Winzer zu Vergleichen mit dem 1947er und 1959er. Auf jeden Fall sind die 1989er als herrlich attraktive Tropfen für mittlere Sicht zu betrachten.

Wenn es einen Indikator gibt, der in einem Jahr wie 1989 die guten von den sehr guten Domänen scheidet, dann ist es der Hektarertrag. Soweit dieser in der Macht des Winzers liegt (Lage und Rebenalter leisten ihren eigenen bedeutenden Beitrag), gibt es da eine breite Streuung. Manche sprechen von feiner Qualität bei Pinot um 50 hl/ha, anderen sind 45 hl/ha schon viel zuviel. Manche Winzer führten 1989 eine *saignée* durch, andere dagegen nicht.

Jedenfalls sind einige außergewöhnliche Weine im Werden: Daniel Chopin-Groffiers massiver, tiefer Clos Vougeot, eine Reihe rassiger Kostbarkeiten von Méo-Camuzet, eine feine «sortie» von Romanée-Conti und zahllose Köstlichkeiten von erstklassigen Winzern aus allen Gemeinden. Die besten, ob rot oder weiß, stellen ab der Mitte der 1990er auf ein Dutzend Jahre hinaus herrlichen Genuß dar, aber man muß beim 1989er von so etwas wie einem «Bardamensyndrom» sprechen: äußerlich höchst charmant und rundum ansehnlich gepolstert, doch wie's da drinnen aussieht...

1990

Dieser Jahrgang vereinigt in sich anscheinend die Fülle und Opulenz der 1989ers und die Struktur und Konzentration des 1988ers. Wenn sich das bewahrheitet, dann wird er zu den großen zählen. Vorerst aber ist die Zeit lediglich reif für vorsichtige Bewertungen.

Der erste Teil der «période végétative» verlief nicht günstig – auf einen fast sommerlichen März folgte ein winterlicher April mit Nachtfrösten. Der Juni brachte durchschnittliche Temperaturen und Niederschläge, jedoch ein Defizit an Sonnenschein. Ab dem 5. Juli setzte sich dann aber ein Hochdruckgebiet mit warmem, sonnigem, trockenem Wetter beharrlich bis nach der Lese fest. Eine bisher noch nicht dagewesene Dürre, die einer ausgewogenen Reife hinderlich zu werden drohte, wurde nur durch vereinzelte Gewitter unterbrochen. Am 30. August jedoch, als selbst der phlegmatischste Vigneron ein bedenkliches Gesicht zu machen begann, brachte ein Gewitter überall an der Côte d'Or 30–60 mm Regen innerhalb von 24 Stunden. Das genügte, um die Photosynthese in Gang zu halten und die Ernte zu retten, denn danach setzte sich das schöne, heiße Wetter unverändert fort.

Die Lese begann Mitte September – etwa 15 Tage früher als normal –, und die letzten Trauben wurden um den 10. Oktober eingebracht. In diesem Jahr gab es keinen Grund, mit der Lese zu zögern – die Trauben waren mehr als vollreif.

Die Hektarerträge lagen hoch. Viele Domänen nahmen aus Furcht vor Übererträgen Behangausdünnung vor. Die Behörden ließen sich sogar dazu hinreißen, den Grundertrag für Weißwein für die gesamte Côte um volle 5 % heraufzusetzen.

Die meisten Winzer stufen ihre Rotweine aus den beiden letzten 1980er Jahren sowie den 1990er in aufsteigender Reihenfolge nach Reifegrad und eigener Vorliebe so ein: 1989, 1988, 1990. Während nun aber einige ihren 1989er über den 1988er stellen, findet man kaum einen, der entweder den 1988er oder den 1989er höher als den 1990er einschätzen würde.

Nachdem die Weine inzwischen Gelegenheit hatten, sich in der Flasche einzurichten, stellt sich heraus, daß die frühen Prognosen wohlbegründet waren. Trotz hoher Erträge (bei Weißwein durchweg 27,4 % mehr als 1989 und 10,3 % mehr als 1988) gab es hohe Süßegrade bei eher knapper Säure (immerhin meist kräftiger als 1989). Im Charakter zeigen die Weißweine gute Konzentration an fester, reifer, z. T. ausgesprochen überreifer Frucht und merklich größere Finesse als die köstlichen, allerdings untypischen 1989er. Dieser Jahrgang bietet feine, klassische, ausgewogene Gewächse mit mittlerer Lebenserwartung.

Die Rotweine entwickeln sich schön mit großem Charme, reicher Fülle und unbestreitbarer Klasse. Schon die Regionalweine zeigen eine Dimension der Vornehmheit, wie sie nur in außergewöhnlichen Jahrgängen vorkommt, und lassen sich ebenso wie die Weine aus Villages-Lagen von der Côte de Beaune und die Chambolle Premiers Crus bereits gut trinken, während die Weine von der Côte de Nuits sowie die Grands Crus noch fest verschlossen wirken; zwar könnte man auch diese schon genießen, doch wäre es schade um sie, weil sie soviel mehr zu geben haben.

1991

Nach mehreren milden Wintern begann jener von 1990/91 schon früh mit wohltätiger Kälte und bereits im November mit für diese Zeit ungewöhnlichem Schneefall. Dennoch setzte im Frühjahr die Vegetationstätigkeit früher als normal ein. Der März war an der Côte d'Or mild, aber naß, so daß die Vegetation rasche Fortschritte machte. Danach hemmte wiedereinsetzende Kälte das Wachstum. Am 19. April fiel an der Yonne Schnee, und nach für die Jahreszeit zu hohen Temperaturen zu Beginn des Monats gab es am 20./21. und 23/24. April an der Côte strengen Nachtfrost. Dadurch wurde der erste Austrieb nicht nur in den bekannten Frostlöchern, sondern im ganzen Weinbaugebiet stark geschädigt; besonders stark waren Meursault, Puligny und Prémeaux betroffen.

Die Blüte zog sich ab Mitte Juni etwa zwei Wochen hin und ließ auf ungleichmäßige Reife der noch zu erwartenden Ernte schließen. Dann schlug der Alptraum des Winzers – Hagel – zweimal zu. Am 22. Juni ging Hagelschlag über dem Norden der Côte de Nuits nieder und richtete in den Hautes Côtes sowie in den Grands Crus zwischen Morey und Gevrey schwere Schäden an. Zwei Monate danach verheerte ein Gewitter am 22. August Ladoix und die Hautes Côtes und verursachte auch in Beaune, Chorey, Aloxe, Savigny, Pernand und Corgoloin Schaden.

Überhaupt verlief der Sommer nicht sehr günstig – auf einen kühlen Juni folgte ein wärmerer Juli mit rascher Vegetationsentwicklung an der ganzen Côte. Die *véraison* war Ende August weitgehend abgeschlossen. Anfang September hatten sich dann die Süßegrade trotz Regenmangel allgemein erholt. Schädlinge traten deutlich weniger als normal in Erscheinung, so daß der Bedarf an Spritzungen gering war.

Der *ban de vendange* wurde allgemein am 25./26. September aufgehoben, und wie üblich begannen viele Winzer sofort mit der Lese, vor allem dort, wo die Süßegrade bereits hoch waren. Diejenigen, die noch abwarteten, wurden mit einigen Tagen unbeständigem Wetter und kräftigen Regenfällen am 28.–30. September «belohnt». Dann aber kam die Sonne wieder heraus, so daß die Süßegrade anstiegen und die Trauben trocken eingebracht werden konnten. Allerdings hatte sich inzwischen an vielen Stellen der Côte Fäule ausgebreitet und erforderte sorgfältiges Aussortieren auch von hagelgeschädigten Beeren. In den meisten Gegenden zeigten die Trauben ungleichmäßige Reife; nur wer sorgfältig damit umging, konnte Wein mit guter Ausgewogenheit und Konzentration produzieren.

In Teilen der Côte de Beaune war der Wetterverlauf eigenartig: In Chassagne-Montrachet beispielsweise gab es Frostschäden an den Hängen, aber nicht in der Ebene – in Puligny war es eher umgekehrt. Dessenungeachtet wurden am 1. Oktober in Grand-Cru-Lagen gesunde Trauben mit 13,8° Zuckergehalt geerntet.

Trotz Fäule und Hagel zeigten sich in keinem der zahlreichen 1995 degustierten Weine aus diesem Jahrgang ungünstige Merkmale. Tatsächlich ist die Qualität dank der sorgfältigen Ausmerzung ungesunder Frucht allgemein gut bis sehr gut, und sowohl bei Rotweinen wie bei Weißweinen sind wahrhaft feine Beispiele zu finden.

Der Gesamtertrag lag bei Rot- und Weißwein um fast 13 % niedriger als 1990. Dahinter verbirgt sich eine große Schwankungsbreite: Die roten Grands Crus waren mit 23 % Rückgang gegenüber 1990 am stärksten betroffen, die weißen Grands Crus lagen um 5,5 % niedriger, die Villages-Weine und Premiers Crus mußten 13 % Rückgang hinnehmen. Die besseren Weingüter produzierten wesentlich weniger als der Durchschnitt, daher sind die Mengen an Spitzenweinen gering.

Nach den relativ reichlichen und guten Jahrgängen 1988/89/90 und einem weitgehend ungünstigen Presseecho fielen die Preise stark, und die Erzeuger blieben auf ihrem Wein sitzen – viele hatten 1995 noch 1991er auf Lager. Interessenten, die gegen den Strom zu schwimmen bereit sind, finden manchen exzellenten Tropfen zu günstigem Preis, doch Sorgfalt bei der Wahl ist nötig. Bei Rotwein wird die Unterschiedlichkeit um so größer, je weiter man auf der Skala hinabsteigt. Die erstklassigen Premiers und Grands Crus, vor allem von der Côte de Nuits und vom Corton, bieten die meiste Sicherheit – es sind Weine für etliche Jahre Aufbewahrungszeit. Vielen Villages-Weinen von der ganzen Côte fehlt es an «ampleur» und Ausgewogenheit. Am besten hält man sich an Spitzendomänen und meidet schlichtere Gemeinden.

Bei den Weißweinen ist das Bild nicht einfacher. Es gibt zwar exzellente Chassagnes, doch die Meursaults und seltsamerweise auch die Pulignys sind variabler. Vielen fehlt es einfach an Fleisch und Gleichgewicht, aber wenn man mit Bedacht wählt, kann man sehr attraktive Weine entdecken.

Der Burgunder-Jahrgang 1991 wurde – wie üblich voreilig – von vielen, auch achtbaren Journalisten verurteilt, nur weil sie zu früh degustierten und im übrigen nicht die einzelnen Erzeuger besuchten. Eine solche Arbeitsweise ist unsinnig und bringt den Winzern oft viel Schaden.

1992

Dieser Jahrgang belohnte wie so oft an der Côte diejenigen, die bereit sind, ihre Erträge einzuschränken. Die Gesamtzahlen weisen eine reichliche Ernte aus, die bei Rotwein um 3,5 %, bei Weißwein um 6,1 % unter der von 1990 lag. Bei den Weißweinen ist die Qualität gleichmäßig, bei den Rotweinen dagegen sehr ungleichmäßig.

Nach einem ausnehmend milden Winter und Frühling setzte die Vegetation früh ein. Der Austrieb begann um den 25. April. Auf einen warmen Mai folgte eine störungsfreie Blüte mit etwas *coulure* und *millerandage* an manchen Stellen. Dann kam kühles und feuchtes Juniwetter; alles deutete auf eine große Ernte hin, und deshalb schritten viele Winzer Ende Juli zur Behangausdünnung. Der August war so heiß, daß die Vegetation, die um diese Zeit der normalen Entwicklung etwa 14 Tage voraus war, abgebremst wurde. Ende August setzte Regen alles wieder in Gang, brachte dem Chardonnay aber stellenweise unerwünschten Botrytis-Befall. Es folgte dann ein heißer, trockener, sonniger Abschnitt, welcher der Fäule Einhalt gebot und den Zuckergehalt stark ansteigen ließ. Das hielt aber nicht an; das Wetter verschlechterte sich, und am 22. und 23. regnete es stark. Die an der Côte de Beaune ab dem 14. September gelesenen Chardonnay-Trauben waren gut ausgereift; der zwischen Mitte und Ende des Monats geerntete Pinot Noir war zwar ebenfalls in der Hauptsache reif, hatte aber nicht die Tiefe und Konzentration, wie sie für großen Wein nötig ist.

Den Weißweinen wurde verständlicherweise viel Lob entgegengebracht. Sie sind köstlich, entgegenkommend, vollmundig und weisen bei großer Geschmackstiefe und schöner Säure viel vordergründigen Charme auf. Großes Stehvermögen wird ihnen nicht zugetraut, doch die besten haben genug Struktur, um sich bis in die ersten Jahre des 21. Jh. gut zu entfalten. In diesem Jahr brachten auch die im zweiten Glied stehenden Weinorte – St-Aubin, Auxey-Duresses, Monthélie, Savigny, Pernand usw. – wundervolle, entgegenkommende, hocherfreuliche Weine hervor, und es lohnt sich, dort auf die Suche zu gehen. Allerdings werden die 1990er und zum Teil auch die 1993er mit festerer Struktur und besserer Ausgewogenheit zweifellos länger am Leben bleiben als die 1992er, denen es entschieden am Nerv fehlt.

Bei den Rotweinen bestehen große Unterschiede. Es gibt sehr wenige in wirklich aufregender Qualität, dafür aber sehr viele mit sauberer, attraktiver, wenn auch relativ früherreifer Art. In diesem Jahrgang kam es vor allem auf niedrige Hektarerträge an; Ausbrechen, Behangausdünnung und Aussortieren waren wichtig. Viele Vignerons nahmen darüber hinaus *saignée* vor, um konzentrierte Weine zu erzielen. Wer das *rendement de base* ausschöpfte oder gar überschritt, bekam nichtssagenden Wein. Es gilt daher beim Einkauf von 1992ern den Erzeuger sorgfältig zu wählen und ihn nach seinen Hektarerträgen zu fragen.

Im allgemeinen sind die besseren Weine gut gebaut, wenn auch nicht massiv in der Tiefe, dabei elegant mit Erdbeer- und Himbeercharakter versehen und mit ausreichender Grundlage für einige Jahre Reifezeit ausgestattet – schöne Weine, ideal für die mittlere Sicht, während man darauf wartet, daß die großartigeren 1988er, 89er, 90er und 91er ausreifen.

1993

Dies ist einer der Jahrgänge, deren Weine, zumindest die Rotweine, vielleicht an einem ganz anderen Ziel anlangen als dort, wohin sie ursprünglich zu segeln schienen. Alles beruhte zunächst auf dem Wetter, das den Sommer über warm, zwischendurch aber auch naß – mit heißen und feuchten Tagen im Wechsel – war, so daß der Echte und der Falsche Mehltau gediehen. Außerdem gab es mehrmals Hagel, insbesondere am 16. und 27. Mai bei Morey-St-Denis und am 20. Juni, als ein Streifen von Meursault bis Puligny Schaden litt. Von Mitte Juli bis Mitte September war es dann heiß und sonnig, unterbrochen lediglich von einem Gewitter am 10. September, das hocherwünschten Regen brachte. Es folgte kühleres Wetter, abwechselnd mit trockenen, sonnigen sowie feuchten und wolkenreichen Tagen. Die Lese begann an der Côte am 15. September und wurde immer wieder durch Regenschauer gestört. Wer bei der Lese rasch und flexibel reagieren konnte, hatte das meiste Glück.

Manche Erzeuger lehnten es ab, gegen Mehltau zu spritzen, und mußten zusehen, wie ihre Ernte zugrunde ging. Den übrigen (die öfter als normal spritzen mußten) half das kühle Wetter die Ausbreitung von Fäule abzublocken und die Pigmente in den Schalen der Pinot-Trauben zu bewahren.

Die Frucht, die schließlich in die Cuveries gelangte, erfüllte die Winzer nicht gerade mit Optimismus; der Säuregehalt war hoch, das Tannin offenbar hart. Viele dachten wohl, damit sei nicht viel anzufangen. Erst viel später – meist nach der *malo* – begannen sich die dem Wein in den Fässern innewohnenden Qualitäten herauszustellen. Vor allem wandelte sich das Tannin, das sich beträchtlich milderte, aber auch das Aroma, das sich entfaltete und intensivierte. Eines der Merkmale der 1993er Rotweine an der ganzen Côte ist ihr interessantes Aromapotential. Es schien, als ob die langsam verlaufende malolaktische Säureumwandlung bei Weinen auf gesundem Geläger mehr als die alkoholische Gärung schlafende Komplexitäten geweckt hätte. Bei der Degustation der Weine – meist aus dem Faß – zwischen April und September 1995 erwies sich, wie hochinteressant diese Dimension des Jahrgangs ist.

Vielen Erzeugern fiel auf, daß bei allgemein gut ausgereiften Schalen (auf jeden Fall lösten sich die so wichtigen Pigmente ohne weiteres heraus) der Süßegrad beim Pinot durchaus nicht hoch war – ein seltsames Zusammentreffen: außen reif, innen aber nicht.

Infolgedessen ist die Farbe der Rotweine gut, vielleicht nicht so tiefdunkel wie bei den 1990ern, aber schön und klar. Die Säure ist kräftig, manchmal sehr kräftig, im allgemeinen aber mit langsamer Entfaltung verträglich. Jedenfalls sollte mit Blick auf den 1972er, dessen Säure anfänglich den Mund so zusammenzog, daß er von manchen abgeschrieben wurde, kräftige Säure keinen Grund für Besorgnis darstellen. Das Tannin ist fest, in manchen Weinen wirkt es scharfkantig, alles in allem aber erscheint es rund genug, um Säure und Frucht nicht zu dominieren, sondern sich mit ihnen zu integrieren. Es ist also mit langer Flaschenreife zu rechnen, bevor der Höhepunkt erreicht wird. Viele 1993er sind eindeutig exzellent, vielleicht Grands Vins, doch die allgemeine Entwicklung des Jahrgangs ist schwerer vorauszusagen als beim 1990er, mit dem er gewiß verglichen werden wird.

Die Erzeuger sind geteilter Meinung, ob dem 1993er oder dem 1990er der Vorzug gebührt. Derzeit scheint vielen Weinen noch die Fülligkeit der 1990er zu fehlen, doch nach der *élevage* und einem Jahr Flaschenreife kann alles anders aussehen.

Die Weißweine bedurften ziemlich kräftiger *chaptalisation*, der Ertrag war reichlich (allerdings etwa 4 % geringer als 1990 und etwa gleich wie 1992), aber in der Hauptsache gesund. Die Vinifikation der nicht übermäßig substanzreichen Frucht erforderte besondere Sorgfalt und Umsicht. Die kräftige Säure führte zu lang ausgedehnter *malo*, die sich über den ganzen Sommer hinzog. Viele Winzer führten *bâtonnage* mit größerer Häufigkeit als sonst durch, um den Weinen Fülle zu verleihen, und übten mit neuen Fässern Zurückhaltung, um erdrückenden Eichenholzeinfluß zu vermeiden.

Die Weißweine der Spitzenklasse sind elegant, klar und klassisch strukturiert, derzeit noch fest im Griff der (Wein-)Säure, die Zeit zur Milderung braucht. Viele werden sicherlich einmal sehr attraktiv – nachhaltig, mittelschwer, mit genug Kraft und Stil. Die Vollmundigkeit und Rundheit der 1992er steht nicht zu erwarten, aber mittel- bis langfristig bieten sich schöne Aussichten. Mit der Zeit könnten sich die besten 1993er den 1992ern als überlegen erweisen, länger halten werden sie bestimmt.

1994

Ein warmes Frühjahr führte zum siebten Mal in Folge zu einem frühen Beginn der Wachstumsperiode. Ende Mai, Anfang Juni gab es eine kurze, gleichmäßige Blüte; es folgte ein sehr heißer trockener Juli und August. Am 20. Juni brach schwerer Hagelschlag über Teile von Puligny, Blagny und Meursault, v. a. die Premiers und Grands Crus einschließlich Montrachet und Chevalier, herein. Die Chardonnay-Ernte wurde reduziert und an manchen Stellen mit Fäule infiziert.

Regen Anfang September an der ganzen Côte hielt die Vegetation und damit die Zuckeransammlung in Gang, und dazwischenliegende trockene, sonnige Abschnitte hielten die Fäule in Schach. Wie 1993 und 1995 zeigte sich beim Pinot die von der Hitze gefestigte Beerenhaut als widerstandsfähig, und so fiel das Lesegut alles in allem gesund aus. Wie stets erzielten diejenigen, die sich um Ausmerzung fauler und beschädigter Frucht bemühten und die Hektarerträge niedrig hielten, exzellente Ergebnisse.

Degustationen im Frühling und Sommer 1995 ergaben große Qualitätsvariationen sowohl zwischen den Erzeugern innerhalb einer Gemeinde oder Appellation als auch zwischen den verschiedenen *cuvées* im gleichen Keller. Das gilt insbesondere für viele Rotweine, denen es oft bei zwar guter Farbe doch an Fleisch und Ausgewogenheit fehlt und deren unangenehm harte Tanninschärfe nicht durch genügende Konzentration ausgeglichen wird, während andere, harmonischere, auf dem besten Weg zwar nicht unbedingt zu Größe, jedoch zu attraktiver, schöner Art bei mittlerer Lebenserwartung sind.

Die Weißweine bieten interessantere Aussichten. Erzeuger, die früh ernteten, ehe die Fäule ein unerfreuliches Ausmaß annahm, produzierten sehr attraktive, wenn auch etwas schwächliche Weine, manche bereichert durch einen Hauch Edelfäule. Die Süßegrade erreichten bei weitem nicht die Werte von 1992, und in vielen Fällen besitzen die Weine nicht die Verfassung, die es sinnvoll erscheinen ließe, sie über viele Jahre hinweg aufzubewahren. Wer spät erntete, hatte nur Glück, wenn er gegen Fäule gespritzt hatte (was bei Chardonnay oft unterlassen wird). Kurz gesagt ist dies ein Jahrgang, in dem bei wohlbedachter Wahl so manches Gute zu finden ist.

1995

Der April war miserabel kalt und naß, der Mai zum größten Teil genauso bis in den Juni hinein. Die Blüte trat an der ganzen Côte verspätet ein und verlief ungleichmäßig, was auf eine späte und schwierige Ernte schließen ließ. Im sehr heißen und trockenen Juli wurde dann viel wieder aufgeholt. Anfang September zeigten die Trauben angemessene analytische Reife (Zucker, Säure usw.), doch stand zu befürchten, daß das Tannin unreif und hart sein würde. An der Côte de Nuits fand die Lese in der letzten Septemberwoche statt, viele Winzer ernteten auch noch in der ersten Oktoberwoche. Im allgemeinen fielen die Süßegrade in allen Rangstufen befriedigend aus. Regenschauer im September brachten es jedoch mit sich, daß bei unzulänglichem Aussortieren das Risiko von Fäulegeschmack im Wein bestand. Die Erträge waren bei Rotweintrauben niedrig, bei Weißweintrauben extrem niedrig, v. a. in den Premier- und Grand-Cru-Lagen.

Die ersten Anzeichen deuten bei Rot- und Weißweinen an der ganzen Côte auf gute bis sehr gute Qualität hin.

GLOSSAR

Agrément Die offizielle Zulassung eines Weins für seine jeweilige Appellation; sie beruht auf einer Analyse und Geschmacksprüfung zwischen November und April unmittelbar nach der Ernte.

Assemblage Die Zusammenführung des Inhalts mehrerer Fässer zur Vereinheitlichung des Weins und zur Herstellung einer *cuvée* für die Abfüllung; sie kann jederzeit stattfinden, wird aber meist beim Abstich oder unmittelbar vor der Abfüllung vorgenommen. Bei diesem Vorgang scheiden gewissenhafte Winzer Fässer mit Wein, der den Anforderungen nicht entspricht, aus.

Baguette Der Hauptfruchttrieb, der beim Rebschnitt stehengelassen wird.

Ban de vendange Der vom *INAO* örtlich festgesetzte öffentliche Lesebeginn; wer vor diesem Termin mit der Lese anfängt, muß bei der Vinifikation bestimmte Auflagen erfüllen.

Bâtonnage Das traditionelle Verfahren des Aufrührens von Weißweinen, um eine gleichmäßige Verteilung des Gelägers zu erreichen. Häufigkeit und Ausmaß sind von einer Domäne zur anderen verschieden.

Botrytis siehe *pourriture*.

Buttage Das traditionelle Anhäufeln der Reben mit dem Pflug wird als Winterschutzmaßnahme immer seltener durchgeführt.

Cépage Rebsorte.

Chapeau Der Hut aus Feststoffen – Schalen, Kernen, Stielen –, der sich auf gärendem Rotweinmost bildet und von dem entweichenden CO_2 an die Oberfläche getrieben wird. Wird er nicht feucht gehalten, dann trocknet er rasch aus und säuert den gesamten Most. Das Feuchthalten des Huts geschieht durch *pigeage*, die zugleich maximale Berührung zwischen Flüssigkeit und Feststoffen und daher optimale Extraktion gewährleistet.

Chapeau immergé Ein Verfahren zum Feuchthalten des Huts in einem Gärbottich durch ständiges Getauchthalten im Most mit mechanischen Mitteln. Dadurch wird zwar *pigeage* unnötig, doch viele Winzer lehnen das Verfahren ab, weil der Hut dabei nicht zerteilt wird, ihrer Meinung nach aber regelmäßiges Aufbrechen des Schalenhuts für eine gute Extraktion von Farbstoffen, Tannin, Aromasubstanzen usw. wesentlich ist.

Chaptalisation Das Anreichern des gärenden Mosts mit Zucker, um Mangel an natürlichem Traubenzucker zu korrigieren und den Endalkoholgehalt auf das gesetzlich vorgeschriebene Minimum anzuheben. Das 1801 von Chaptal eingeführte Verfahren dient nicht dazu, die Süße des Weins zu steigern; es unterliegt in Anwendung und Menge gesetzlicher Kontrolle.

Charpente «Gerüst»; Degustationsausdruck, der sich auf die Struktur bezieht. Bis zu einem gewissen Punkt ist es um so besser, je mehr *charpente* ein Wein aufweist.

Chlorose Eine bei der Rebe durch Kalziumüberschuß im Boden verursachte Erkrankung, die das Laub zum Vergilben und infolge Mangels an Chlorophyll die Photosynthese zum Erliegen bringt; die Hauptursache besteht in einer ungeeigneten Unterlagsrebe.

Climat Einzellage. An der Côte d'Or tragen die *climats* Namen wie Les Cras, Sous la Velle usw. Gleichbedeutend ist der Begriff *lieu-dit*.

Colle Schönungsmittel zum Klären des Weins vor der Abfüllung. Ein Wein verbleibt einige Wochen oder Monate *sur colle*, wobei seine Geschmacksqualitäten leiden können.

Cordon de Royat Ein Rebenerziehungssystem, bei dem der Hauptast der Rebe horizontal an einem Draht entlang gezogen wird; davon werden mehrere Fruchtruten vertikal abgezweigt. Das System wird in Chassagne und Santenay verbreitet genutzt und gewinnt wegen seiner ertragsbeschränkenden Wirkung auch bei besseren Domänen an anderen Stellen der Côte an Beliebtheit.

Corsé Ein in positivem Sinn gebrauchter Degustationsausdruck zur Bezeichnung eines kräftig gebauten, robusten Weins.

Coulure Verrieseln; fehlender Fruchtansatz, oft verursacht durch schlechtes Wetter während der Blüte – die Gescheine fallen unbefruchtet ab.

Coupage Verschneiden; oft wurden teure Weine mit billigeren verschnitten, um die Menge zu strecken. An der Côte d'Or war dies bis in die 1970er Jahre üblich; die Verschnittweine kamen meist von der südlichen Rhône oder aus Algerien.

Coup de feu Temperaturspitze bei der Gärung.

Courson Zapfen; ein beim Rebschnitt angeschnittener kurzer Trieb, der oft das Fruchtholz für das folgende Jahr hervorbringt.

Court-noué Reisigkrankheit; eine in Burgund v. a. bei Weißweinreben örtlich auftretende Viruskrankheit. Sie befällt das Weinlaub und behindert die Photosynthese. Das einzige Heilmittel besteht in Ausroden und Neupflanzung.

Crochet Eine Rebenerziehungsform, ein modifiziertes *Gobelet*-System; die Fruchtruten werden kurz auf ein bis zwei Augen geschnitten. Anwendung findet das System v. a. bei jungen Reben zur Wuchskraftbeschränkung oder bei sehr alten Reben, deren Ruten sich nicht ohne Bruchgefahr biegen lassen.

Cryptogames Pilzkrankheiten, u. a. Botrytis, Echter und Falscher Mehltau; die Bekämpfung erfolgt mit spezifischen Spritzmitteln.

Cuvaison Der nur auf die Rotweinbereitung angewandte Begriff bezeichnet die Gesamtzeit der Verarbeitung des Traubenguts zu Wein; sie beginnt mit dem Einmaischen der Trauben und endet mit dem Abziehen des neuen Weins in Fässer.

Cuve Gärbehälter; er kann aus Holz, Edelstahl, Glasfaserkunststoff usw. bestehen.

Cuve auto-pigeante Edelstahlgärbehälter mit eingebauter Apparatur für automatische *pigeage*. Es gibt mehrere Ausführungen, als rotierende Tanks oder feststehende Behälter mit Rührwerken. Manche Winzer finden, daß dadurch die Qualität verbessert wird, andere hegen tiefes Mißtrauen dagegen.

Cuvée Dieser Begriff bezeichnet einerseits den Inhalt einer *cuve*, andererseits aber auch den durch Mischen des Inhalts mehrerer *cuves* zusammengeführten Wein.

Débourbage Absetzen; der Vorgang des Ausfällens grober, in der Weiterverarbeitung unerwünschter Trubteile (*bourbes*).

Décuvage Das Abziehen des Weins aus dem Gärbehälter. Der Begriff bezieht sich eigentlich nur auf die Rotweinbereitung, bei der der neue Wein von der Restmaische getrennt wird, die anschließend durch Pressen den *vin de presse* ergibt. Die Wahl des richtigen Zeitpunkts für die *décuvage* ist wichtig, weil er Einfluß auf die Weinqualität hat.

Dédoublage Das Ausbrechen doppelter Augen oder Triebe im Frühjahr; eine Maßnahme zur Ertragsbeschränkung und Laubverteilung. Gleichbedeutend sind die Ausdrücke *ébourgeonnage*, *ébrossage* oder *évasivage*.

Ebourgeonnage siehe *dédoublage*, *évasivage*.

Ecoulage Abziehen von Wein oder Most aus einem Behälter oder der Kelter.

Edelfäule siehe *pourriture (noble)*.

Egalisage Abgleichen durch Zusammenführen gleicher Weine aus mehreren Fässern, um eventuelle Geschmacksunterschiede zu beseitigen. Dies geschieht meist bei einem Abstich oder beim *relève de colle* kurz vor der Abfüllung.

Egrappage Entrappen; die manuelle oder maschinelle Trennen der Beeren von den Stielen.

Elevage Ausbau; der Gesamtvorgang der Weinpflege zwischen Vinifikation und Abfüllung. Abstich, Schönung, Filtration usw. gehören zum Ausbau. Der Erzeuger und der «éleveur» eines Weins können verschiedene Personen sein, z. B. wenn ein Winzer seinen Jungwein im Faß an ein Handelshaus verkauft, das dann als «négociant-éleveur» fungiert.

En foule Das bis zum Ende des 19. Jh. übliche System der Weinbergbepflanzung; die Reben wurden einfach noch dicht nebeneinander gesetzt und wuchsen wahllos durcheinander.

En friche Brachliegendes, oft mit Gestrüpp bewachsenes Weinbergland.

Enherbement Begrünung durch Einsäen von Gras zwischen den Rebzeilen, um die oberste Bodenschicht vor Erosion zu schützen.

Eutypiose Tückische Rebeninfektionskrankheit, vermutlich durch Pilzsporen v. a. bei feuchtem, windigem Wetter verbreitet. In Rebschnittwunden dringt die Krankheit besonders leicht ein. Sie ist schon in einem frühen Entwicklungsstadium erkennbar, zieht sich dann aber wieder zurück, und es entsteht der Eindruck, die Rebe sei geheilt. Es kann bis zu sieben Jahre dauern, bevor erneut Symptome erscheinen, dann aber ist es bereits zu spät. Manche Gegenden der Côte d'Or sind stärker betroffen als andere. Die Eutypiose wird von allzu vielen Winzern noch immer nicht ernstgenommen.

Evasivage Das Entfernen überzähliger Knospen der Rebe wird meist zwischen Austrieb und Blüte durchgeführt. Der Arbeitsgang ist zur Beschränkung von Wachstum und Erträgen wichtig.

Fermage Ein Pachtsystem, wobei dem Pächter gegen einen Pachtzins, der dem Barwert einer vereinbarten Menge Wein aus dem betreffenden Weinberg entspricht, die gesamte Ernte des Pachtlands zusteht. Der Pachtzins wird auch dann fällig, wenn kein Ernteertrag anfällt. Siehe auch *métayage*.

Figué Feigenaroma; ein überreifer Pinot Noir kann in Duft und Geschmack an Feigen erinnern, insbesondere wenn die Trauben durch lang anhaltende Sonneneinstrahlung bei trockenem Wetter «gekocht» wurden. In gewissem Ausmaß wirkt dieses Aroma ansprechend.

Flüchtige Säure Essigsäure; kommt gewöhnlich bei nachlässiger Weinbereitung oder ungenügender Hygiene vor. In winzigen Spuren kann sie einen Wein beleben, in größeren Mengen aber wird sie von Nase und Gaumen als störend empfunden.

Foudre Großes Holzfaß.

Framboisé Himbeeraroma; kommt in jungem Pinot Noir häufig vor.

Fruits noirs Ein Degustationsausdruck, welcher sich pauschal auf dunkle Früchte wie Brombeeren, schwarze Johannisbeeren, Heidelbeeren und Pflaumen bezieht.

Fruits rouges Ein Degustationsausdruck, der sich pauschal auf rote Früchte wie Erdbeeren, Himbeeren, Loganbeeren, rote Johannisbeeren, Kirschen usw. bezieht.

Fruits sauvages Ein Degustationsausdruck, der sich pauschal auf die besondere Art von wildwachsenden Früchten bezieht.

Gobelet Ein Rebenerziehungssystem mit pokal- oder becherförmig senkrecht auf dem Hauptstamm angeordneten Trieben. Das auch an der Côte verbreitete System kommt in Frankreich vor allem in Beaujolais, an der südlichen Rhône und in der Provence vor.

Goût de lie Ein durch zu ausgiebige Lagerung auf dem Geläger verursachter flacher, hefiger, oft unangenehmer, an Pappe erinnernder Beigeschmack. Ein ausgeprägter *goût de lie* zeigt dem Winzer an, daß es höchste Zeit für einen Abstich ist.

Goût de silex Feuersteingeschmack; in Weißweinen aus Pernand-Vergelesses und Savigny-lès-Beaune vorkommende erdige Note.

Goût de terroir Ein Degustationsausdruck für einen insbesondere in Weinen aus schlichteren Gemeinden, z. B. St-Aubin, Auxey-Duresses, oder aus Lagen, deren Boden einen ausgeprägten Geschmack verursacht, auftretenden erdigen Ton; hierunter fällt auch der *goût de silex* in Weißweinen aus Pernand und Savigny.

Guyot Ein von Dr. Guyot im 19. Jh. entwickeltes Rebenerziehungssystem, bei dem eine einzelne oder doppelte Fruchtrute seitlich am Hauptstamm gezogen wird.

Grundelemente Stickstoff, Kali und Phosphor sind die für das Pflanzenwachstum wesentlichen Elemente im Boden und werden deshalb von den *Spurenelementen* unterschieden.

INAO Institut National des Appellations d'Origine. Die staatliche Organisation, die in Frankreich die Appellations Contrôlées für Keramik, Käse und Geflügel ebenso wie für Wein festlegt und verwaltet.

Lieu-dit Einzellage; bedeutungsgleich mit *climat*.

Macération carbonique Zum Vergären unzerkleinerter Rotweintrauben unter Luftabschluß dienende Kohlensäuremaischtechnik. Dabei findet zwar eine Extraktion von Farbe, nicht aber von Tannin statt, so daß der Wein geschmeidig und früh trinkreif ausfällt. Beaujolais und einfache Tafelweine werden meist nach diesem Verfahren bereitet.

Macération pelliculaire Maischung der Schalen von Weißweintrauben im Most vor der Gärung.

Mâche Dieser Degustationsausdruck bezeichnet einen Wein «zum Kauen».

Maischung Das Einweichen der Traubenfeststoffe – Schalen, Kerne usw. – im Most bzw. jungen Wein vor, während und nach der Gärung.

Maladie de mise Abfüllschock; der Ausdruck bezieht sich darauf, daß Weine unmittelbar nach der Abfüllung eine Zeitlang geschmacklich nicht in Bestform sind und sich manchmal erst nach einigen Jahren wieder erholen.

Malo Malolaktische Säureumwandlung; ein durch Bakterien bewirkter gärungsähnlicher Vorgang, bei dem nach der alkoholischen Gärung die von Natur aus im Wein vorhandene scharfe Apfelsäure zu milderer Milchsäure abgebaut wird.

Marc Trester; auch eine Kurzbezeichnung für Tresterschnaps.

Métayage Ein Pachtsystem, bei dem die Pacht nicht in Bargeld, sondern durch einen vereinbarten Anteil am Lesegut oder Wein, meist ⅓, ½ oder ⅔, abgegolten wird. Der Pächter (*métayeur*) hat für die Betriebskosten des Weinbergs – mit Ausnahme von neuen Pflanzen sowie Pfosten und Spanndrähten – aufzukommen. Der Grundbesitzer trägt manchmal auch einen vereinbarten Anteil an den Kosten für Dünge- und Spritzmittel usw.

Millerandage Kleinbeerigkeit; eine Anomalie, bei der zwar Fruchtansatz stattfindet, die Beeren sich aber nicht weiterentwickeln, jedoch trotzdem kleine Mengen an hochkonzentriertem Saft enthalten, der beträchtlich zur Konzentration des Weins beitragen kann.

Monopole Ein Weinberg im Alleinbesitz einer Domäne.

Most Unvergorener Traubensaft.

Oidium Echter Mehltau; eine aus Amerika eingeschleppte Pilzkrankheit, die den jungen Austrieb befällt und Trauben zum Aufplatzen und Faulen bringt. Sie wurde erstmals 1845 in den Royal Botanical Gardens, Kew, London, beobachtet und verheerte in den 1850er Jahren den Weinbau Frankreichs. Die Bekämpfung erfolgt mit Schwefel.

Palissage Das Aufbinden der Triebe und des Laubs auf den oberen beiden Spanndrähten im Sommer; das mittlere Drahtpaar wird aufeinandergeheftet.

Pénétrants Ein Spritzmitteltyp, der seine Wirkung durch Eindringen in das Kapillarsystem der Pflanze entfaltet. Diese Präparate stehen in Gegensatz zu Kontaktmitteln, die nicht in das System eindringen und durch Niederschlag abgewaschen werden, aber auch zu systemischen Mitteln, die noch tiefer eindringen. Jeder Typ hat seine Vor- und Nachteile.

Pièce Das burgundische Standardfaß mit 228 l Fassungsvermögen – im Gegensatz zur «barrique» aus Bordeaux mit 225 l.

Pied de cuve Eine Startkultur für den Gärprozeß; sie besteht aus Zuchthefen und Wein.

Pigeage Das Aufbrechen und Untertauchen des auf dem Rotweinmost schwimmenden Schalenhuts, um ihn am Austrocknen zu hindern. Dies geschieht traditionell durch Stampfen mit den Füßen, doch finden in vielen Domänen Kolben oder ähnliche Apparaturen Einsatz. Bei der *pigeage* werden zugleich die Feststoffe mit der Flüssigkeit vermischt, wodurch die Extraktion gefördert wird.

PLC (Plafond Limite de Classement) Zuschlag von meist 20 % auf das in hl/ha ausgedrückte *rendement de base* einer Appellation, der zugleich die absolute Ertragsobergrenze darstellt. Er wird theoretisch nur in besonders ertragreichen Jahren angerechnet.

Pourriture Die durch den Schimmelpilz Botrytis verursachte Fäule kommt in zwei Formen vor, einer trockenen (pourriture sèche) und einer feuchten (pourriture humide). Beide sind unerwünscht; die pourriture humide übt aber einen nicht so ausgeprägt unangenehmen Einfluß auf den Geschmack aus. Die Edelfäule, *pourriture noble*, stellt für süße Weißweine eine hochwillkommene Bereicherung dar und verbessert in kleinen Mengen auch trockenen Weißwein durch eine gewisse Fülle in Duft und Geschmack, die auf das vom Schimmelpilz *Botrytis* produzierte Botryzin zurückgeführt wird.

Prélèvement Entnahme von Stichproben aus einem Weinberg, um den Reifezustand der Trauben und damit den richtigen Lesezeitpunkt festzustellen.

Propriétaire Besitzer.

Reblaus Der 0,5–1 mm große Schädling mit kompliziertem Lebenszyklus saugt an den Rebwurzeln und bringt die Pflanze allmählich zum Absterben. Er vermehrt sich stark und lebt ständig in den Böden der meisten europäischen Weinberge, die von ihm am Ende des 19. Jh. verwüstet wurden. Es gibt kein Heilmittel dagegen, aber die Veredelung der europäischen Rebsorten auf reblausfeste amerikanische Unterlagsreben macht den Schädling harmlos. Es gibt in Frankreich nur noch wenige Rebenbestände auf eigenen Wurzelstöcken aus der Zeit vor der Reblaus.

Réduit Reduziert – der Gegensatz zu oxidiert; als Degustationsausdruck bezeichnet er einen mehr oder minder unangenehmen Geruch, der durch Lagerung in reduziertem Zustand, d. h. unter Luftabschluß, entsteht und sich durch Lufteinwirkung rasch beseitigen läßt. Riecht oder schmeckt ein Wein im Faß reduziert, dann muß er abgestochen werden.

Régisseur Gutsverwalter.

Régionales (appellations) Die regionalen, d. h. großräumigen Appellationen wie Bourgogne Aligoté, Passetoutgrain, Côte de Beaune-Villages, Bourgogne Blanc usw. beziehen sich auf Rebflächen, die sich ihrer Qualität nach nicht in eine höhere Rangstufe einordnen lassen.

Relève de colle Das Abstechen des Weins vom Schönungssatz.

Remontage Bei der Rotweinbereitung das Umpumpen des Mosts vom Boden des Gärbehälters über den Schalenhut. Dabei werden die Hefen mit Luft versorgt und aktiviert. Zudem wird ein Temperaturausgleich im Behälter geschaffen und der Schalenhut befeuchtet.

Rendement Ertrag, ausgedrückt in hl/ha.

Rendement de base Grundertrag; dabei handelt es sich um den für jede normale Jahre in Appellation festgesetzten höchstzulässigen Hektarertrag. In Jahren mit besonders reichlicher Ernte kann er um den *PLC* erhöht werden.

Repiquage Das Nachpflanzen einzelner Reben an der Stelle abgestorbener oder überalteter Weinstöcke im Gegensatz zum Roden ganzer Parzellen. Das Verfahren wird von vielen Winzern bevorzugt, weil es dazu beiträgt, ein hohes Durchschnittsalter der Reben zu gewährleisten.

Rondeur Bei der Degustation «Rundheit» als Geschmacksempfindung, nicht als physische Eigenschaft.

Saignée (de cuve) Das Abziehen von überschüssigem Saft bei der Rotweinbereitung, v. a. bei verwässerter Frucht, um deren Konzentration zu verbessern. Je länger man damit wartet, desto mehr Extrakt geht verloren. Viele Winzer meinen, daß die Notwendigkeit einer *saignée* nur auf Übererträge im Weinberg hinweist.

Sélection clonale Der Begriff wird sowohl für die Anpflanzung von Klonen durch den Winzer (im Gegensatz zur *sélection massale*) als auch für das höchst komplizierte Verfahren der Heranzüchtung von Klonen zur kommerziellen Vermehrung gebraucht.

Sélection massale Das traditionelle Verfahren der Auswahl geeigneten Pflanzenmaterials durch Abnahme von Edelreisern oder Augen von den besten und gesündesten Mutterpflanzen unmittelbar im Weinberg. Diese Vorläufer der Klone werden von manchen Winzern noch immer bevorzugt.

SO_2 Schwefeldioxid wird in der Weinbereitung weitgehend als Desinfektionsmittel benutzt, weil es schädliche Mikroben abtötet und Oxidation verhindert. In übermäßiger Dosierung verleiht es dem Wein einen stechenden Geruch und einen flachen, an Pappe erinnernden Geschmack, nicht zu verwechseln mit dem Geruch fauler Eier – dieser beruht auf Schwefelwasserstoff, H_2S.

Sous-bois Wörtlich «Unterholz» bezeichnet den angenehm an Pilze erinnernden Geruch von feuchtem Waldboden, der in älteren Weinen von der Côte d'Or oft anzutreffen ist.

Spurenelemente Im Boden in meist winzigen Mengen vorkommende anorganische Stoffe, z. B. Beryllium, Eisen, Kobalt, Mangan, Magnesium, Chrom. Sie leisten unterschiedliche Beiträge zu Reifevorgang, Düngung, Photosynthese und Zuckerbildung. Die ursächlichen Zusammenhänge sind allerdings noch nicht vollständig geklärt.

Sur colle «Auf dem Schönungssatz». Ein Wein, der noch das Schönungsmittel enthält – es dauert manchmal mehrere Monate, bis er davon abgestochen wird –, ist geschmacklich oft nicht in Bestform.

Surmaturité Überreife; bleiben die Trauben bei heißem, trockenem Wetter am Weinstock hängen, dann erlangen sie hohe Konzentration und beginnen einzuschrumpfen. Das vergrößert die Geschmackstiefe, kann aber über ein gewisses Maß hinaus dem Wein einen teerigen, eingekochten Geschmack verleihen. Überreife Trauben zeigen oft auch einen Hauch Botrytis-Fäule, die bei Weißwein eine Aromabereicherung darstellen kann.

Sur pressoir «Aus der Presse»; eine Verkaufsbezeichnung für Most oder unfertigen Wein.

Tâcheron Ursprünglich Tagelöhner, heute die Bezeichnung für die an der Côte häufig anzutreffende Übernahme der Weinbergpflege im Lohnauftragsverfahren.

Taille Rebschnitt.

Tendre Degustationsausdruck: zart, sanft.

Terre rouge Roter Boden; ein an der Côte häufiger, durch Eisenoxid gefärbter Typ.

Terre à rouge Rotweinboden, d. h. für Rotwein besonders gut geeigneter Boden.

Terroir Ein schwer zu erläuternder, aber wichtiger Begriff; er umfaßt das gesamte physikalische Umfeld einer Weinberglage – Klein- und Mikroklima, Boden, Hangneigung, Himmelsrichtung, Wasserabzug usw.

Triage/Trie Das Durchsortieren der Frucht auf ausschließlich reife und gesunde Trauben. Das kann bei der Lese im Weinberg oder später in der «Cuverie» geschehen und ist besonders wichtig in Jahren, in denen Fäule oder Hagelschäden aufgetreten sind.

Vendange verte Behangausdünnung durch das Herausschneiden von (noch grünen) Trauben vor der Lese. Diese Praxis ist umstritten; viele Winzer sind der Meinung, daß die Rebe zum Ausgleich die verbliebenen Beeren stärker mit Wasser versorgt, so daß sie anschwellen.

Véraison Der Zeitpunkt des Reifebeginns; die Rotweintrauben verändern ihre Farbe von Grün zu Blau (das geschieht an der Côte meist im August).

Ver de la grappe Der Sauerwurm, die Raupe des Traubenwicklers, frißt Beeren an und hinterläßt dabei eine Verletzung der Beerenhaut, in der sich Fäule festsetzen kann. Von dieser Raupe gibt es in der Wachstumsperiode zwei Generationen, deren erste – Heuwurm genannt – keine Schäden verursacht. Aus unerfindlichen Gründen sind manche Gegenden stärker vom Sauerwurm betroffen als andere.

Verjus Die zweite Traubengeneration bleibt klein und meist unreif und sitzt gewöhnlich am Ende der Triebe. Sie muß im allgemeinen lange vor der Lese entfernt werden, weil sie der Rebe nur Kraft wegnehmen und gegebenenfalls unreife Säure in den Wein bringen würde. In Burgund gilt die rechtzeitige Entfernung des *verjus* als wichtiger Qualitätsfaktor, weil die Leser oft nicht imstande sind, die Nachfrucht von der normalen Frucht zu unterscheiden.

Vigne mère Mutterrebe – Grundlage für die Klonenvermehrung und für die *sélection massale*.

Vin de garde Wein für längere Aufbewahrung im Gegensatz zu früh trinkreifem Wein.

Vin de presse/Vin de goutte Bei der Rotweinbereitung wird der Preßwein durch Pressen der in einem Gärbehälter nach dem Abziehen des Vorlaufweins (*vin de goutte*) verbleibenden Restmaische gewonnen. Er ist je nach Preßdruck gewöhnlich recht streng und tanninherb.

Masse und Gewichte

Flächenmaße
1 Hektar = 10 000 Quadratmeter = 100 Ar = 24 Ouvrées
1 Ar = 100 Quadratmeter (100 Ar = 1 Hektar)
1 Ouvrée = 4,166 Ar = 0,0417 Hektar
1 Journal = 8 Ouvrées = ⅓ Hektar (3 Journeaux = 1 Hektar)

Hohlmaße
0,75 Liter = 1 Standardflasche
1,5 Liter = 1 Magnum = 2 Flaschen
3,0 Liter = 1 Doppelmagnum = 1 Jeroboam
9 Liter = 12 Flaschen = 1 Kiste

1 Queue = 2 Tonneaux = 456 Liter = 608 Flaschen
1 Tonneau = 1 Pièce (das burgundische Standardfaß) = 228 Liter = 304 Flaschen
1 Feuillette = ½ Tonneau = 114 Liter = 152 Flaschen
1 Quarteau = ¼ Tonneau = 57 Liter = 76 Flaschen

Die Faßgrößen werden meist in Hektolitern angegeben:
1 Hektoliter = 100 Liter = 133,3 Flaschen = 11,1 Kisten

Ertragsangaben
Der Ertrag wird gewöhnlich in Hektolitern pro Hektar (hl/ha) angegeben.
40 hl/ha ergeben beispielsweise 444 Kisten pro Hektar; das entspricht etwa einer halben Flasche Wein pro Weinstock.

Produktionsangaben
130 kg Trauben ergeben etwa 1 hl Wein.
Eine Pflanzdichte von 11 000 Stock/ha und 8 Trauben pro Stock entsprechen ungefähr einem Ertrag von 55 hl/ha bzw. 1 Pièce pro Ouvrée = 24 Pièces pro Hektar. Hieraus errechnen sich rund 650 g Trauben bzw. ½ l Wein pro Weinstock.

Index

Die in diesem Buch behandelten Weinorte sind durch halbfette Schrift gekennzeichnet. Die Seitenzahlen der darunter aufgeführten Weinlagen/Climats beziehen sich auf den Haupttext, nicht auf die Lagenkarten und Weinbergbesitz-Tabellen, auf die hier ebenfalls verwiesen sei.

Accad, Guy 33, 50, 57, 76–7, 79–80, 104, 118–19, 265; Essay 264
Adrien Belland, Domaine 242–3
Alain Burguet, Domaine 21
Alain Hudelot-Noëllat, Domaine 65, 68–9
Alain Michelot, Domaine 110–11
Albert Bichot, Domaine 145
Albert Morot, Domaine 145, 154–5
Aloxe-Corton/Ladoix-Serrigny 46, 105, 109, 117, 118, 119, 124, 132, 133, 134, 139, 140, 141, 148, 152, 153, 163, 206, 207, 242, 248, 256, 262, 272, 274, 278
  Einleitung 117
  Domänen 118–21
  Grands Crus 117
  Karte der Weinlagen 116

Lagen/Climats:
  Bressandes, Les, Corton 117, 119, 126, 134, 135
  Chaumes, Les, Corton 135
  Clos de la Vigne au Saint, Corton 242
  Clos des Meix 119
  Clos du Roi, Corton 117, 119, 126, 135
  Corton Blanc 134, 135
  Corton 87, 117, 124, 135
  Corton-Charlemagne 55, 119, 124
  Corton, Le 117, 141
  Corton-Grèves 242–3
  Corton-Perrières 242
  En Charlemagne, Corton 117, 119, 243
  Fournières, Les 141
  Ile des Vergelesses 126, 134
  Maréchaudes, Les, Corton 121, 134, 135
  Paulands, Les 119
  Perrières, Les 117, 153
  Poujets 117
  Valozières, Les 134
  Vercots, Les 141
Amiot, Christian 58
Amiot, Pierre 58
Amiot-Servelle, Domaine 58
Ampeau, Michel 145, 183, 190–1, 209
Ampeau, Robert 190–1
André Gagey, Domaine 148, 275
André Ramonet, Domaine siehe Ramonet, Domaine
Angerville, Marquis Jacques d' 75, 166, 167, 168–9
Anne-Françoise Gros, Domaine 82, 161
Appellationen (Essay) 246–7
Arlot, Domaine de l' 40, 96–7
Armaille, Marie-Thérèse d' 196
Armand, Comte 156, 158–9, 164
Armand Rousseau, Domaine 30–1, 38
Arnoux, Robert 72
Auxey-Duresses 10, 148, 176, 177, 189, 208, 239
  Einleitung 182–3
  Domänen 184–7
  Karte der Weinlagen 182

Lagen/Climats:
  Duresses, Les 183, 185
  Grands Champs, Les 185
  Reugne 183

Bachelet, Bernard 20
Bachelet, Denis 20
Bachelet, Domaine 20
Bachelet, Edmond 224
Bachelet, Michelle 20
Barthod, Ghislaine 54
Barthod-Noëllat, Domaine 54
Beaudet, Maison 70
Beaune 8, 10, 13, 14, 19, 44, 118, 130, 140, 142, 148, 156, 166, 171, 177, 182, 183, 189, 190
  Einleitung 145
  Domänen 146–55
  Karte der Weinlagen 144

Lagen/Climats:
  Aigrots, Les 145
  Blanche Fleur 140
  Boucherottes, Les 142, 145
  Bressandes, 145, 155
  Champs Pimont 145
  Chouacheux, Les 145
  Clos des Fèves 145
  Clos des Mouches, Le 145, 146, 147
  Clos des Ursules 148, 150
  Clos du Roi 141
  Cras, Les 142
  Grèves, Les 113, 141, 145, 155, 171, 230
  Marconnets, Les 131, 145, 155
  Perrières, Les 145
  Pertuisots, Les 145
  Teurons, Les 142, 150, 170
  Toussaints, Les 155
  Tuvillans, Les 145
  Vignes-Franches, Les 142, 145, 150
Belland, Adrien 223, 231, 242–3
Belland, Jean-Claude 242–3
Belland, Joseph 223, 242
Belorger, Domaine 55
Bernard Morey, Domaine 230–1, 237
Bernard, Professor Raymond 48, 203, 254
Bertagna, Domaine 64, 66
Bertagna, M. 66
Bitouzet, Pierre 121
Bitouzet, Vincent 174
Bitouzet-Prieur, Domaine 174
Bize-Leroy, Mme. 10, 90, 186–7, 223
Bize, Patrick 130–1, 197, 218
Blain, Jean-Marc 224, 228
Blain-Gagnard, Domaine 224
Bocquenet, Daniel 98
Bocquet, Léonce 64, 128
Boden, Geheimnis (Essay) 250–1
Boillot, Henri 160
Boillot, Jean-Marc 160, 220
Boillot, Louis 160
Boillot, Pierre 189
Bonneau du Martray, Domaine 117, 123, 124–5, 278
Bonneau du Martray, René 124
Bouchard, Michel 108
Bouchard, Père et Fils, Domaine 71, 117, 145, 211
Boudot, Gérard 160, 220–1

Boudot, Jeanine 160, 220
Bouley, Familie 196
Bouley, Jean-Marc 157, 167
Bouveret, Jean-Claude 138
Bouvereau, Michel 193
Boyer, Yves 278
Brochon 16, 17, 19, 20
Brouin, Thierry 46–7
Bruchon, Henri 124–5
Brun, Philippe 14–15
Bruno Clair, Domaine 14–15, 39, 128
Burguet, Alain 21, 75
Burgunder
  degustieren (Essay) 270–3
  kaufen und genießen (Essay) 268–9
  Vertriebswege (Essay) 266–7

Camuzet, Etienne 64, 86
Capron-Charcusset, Domaine 132
Capron-Charcusset, Jean-Marie 132
Capron-Charcusset, Nicole 132
Carillon, François 212
Carillon, Jacques 212
Carillon, Louis 212
Carillon, Robert 212
Carnot, Ancienne Domaine 145
Cathiard, Domaine 73
Cathiard, Sylvain 73
Chambolle-Musigny 14, 23, 31, 32, 38, 39, 43, 44, 48, 51, 64, 66, 67, 68, 76, 81, 82, 101, 146, 166, 196, 197, 259
  Einleitung 52–3
  Domänen 54–63
  Grands Crus 53
  Karte der Weinlagen 52

Lagen/Climats:
  Amoureuses, Les 14, 44, 52, 55, 57, 58, 60, 61, 63, 100, 148, 149
  Baudes, Les 43, 54
  Beaux-Bruns, Les 52, 54
  Bonnes Mares, Les 38, 39, 42, 43, 44, 50, 52–3, 54, 55, 57, 61, 63, 148
  Charmes, Les 52, 68
  Châtelots, Les 54
  Cras, Les 52, 54
  Fuées, Les 52, 55, 58, 61
  Feusselottes, Les 89
  Hauts Doix, Les 44
  Musigny 52, 53, 55, 57, 148, 149, 150
  Véroilles, Les 54
Champy, Domaine 150, 152
Champy et Cie 151
Chandon de Briailles, Domaine 117, 123, 128, 134–5
Chanson, Domaine 145
Chapuis, Maurice 117
Chardonnay (Essay) 253
Charles Rousseau, Domaine 19
Charlopin, Philippe 28, 75
Chartron, Jean (Chartron et Trébuchet) 172, 214, 231
Chartron et Trébuchet, Maison 214, 237
Chassagne-Montrachet 148, 172, 204, 211, 236, 237, 238, 240, 241, 243, 252, 253, 255, 262, 267
  Einleitung 222–3
  Domänen 224–35
  Grands Crus 223
  Karte der Weinlagen 222

Lagen/Climats:
  Bâtard-Montrachet 9, 223, 224, 227, 228, 235
  Baudines, Les 230–1
  Boudriotte, La 223, 224, 228
  Caillerets, Les 222, 223, 224, 225, 226, 227, 229, 231, 235
  Champs Gain, Les 223, 227, 229
  Chaumées, Les 223, 225, 227, 229, 230
  Chenevottes, Les 223, 227
  Clos de la Boudriotte 223
  Clos de la Maltroie 227
  Clos Pitois 223, 231
  Clos St-Jean 223, 224, 227, 228
  Criots-Bâtard-Montrachet 223, 224, 238, 243
  Dent du Chien 237
  Embazées, Les 223, 230–1
  En Remilly 223, 225
  Grande Montagne, La 223
  Grandes Ruchottes, Les 223, 232, 234, 235
  Maltroie, La 223, 227
  Montrachet, Le 92, 147, 196, 198, 223, 225, 234, 250
  Morgeot 223, 224, 227, 228, 231, 233, 244
  Petits Clos Boudriotte, Les 227
  Vergers, Les 223, 225
  Vide Bourse 230, 232
Château de la Tour 78
Château de Monthélie, Domaine 177, 178
Château de Pommard, Domaine 157
Château Léoville Las Cases 173
Chauvel, Christophe 205
Chauvenet, Hubert 100
Cheilly-lès-Maranges 240
Chevillon, Bertrand 102
Chevillon, Christine 102
Chevillon, Denis 102
Chevillon, Eugène-François 102
Chevillon, George 99, 102
Chevillon, Marthe 102
Chevillon, Maurice 99, 102
Chevillon, Michel 99, 102
Chevillon, Pascale 102
Chevillon, Robert 95, 99, 102–3
Chevillon, Symphorien 102
Chopin, Daniel 65, 100
Chopin-Groffier, Domaine 65, 100, 277, 278
Choppin, Françoise 128, 154–5
Choppin, Guy 154–5
Chorey-lès-Beaune 118, 128, 145
  Einleitung 139
  Domänen 140–3
  Karte der Weinlagen 138

Lagen/Climats:
  Beaumonts, Les 139
  Ratosses, Les 139
Clair Daü, Domaine 13, 14, 15, 48, 53, 55, 60
Clair, Bernard 14, 60
Clair, Bruno 13–15, 39, 60, 128, 137, 158
Clair, Joseph 13, 14, 15
Clair, Noëlle 14
Claude Dugat, Domaine 37
Clavelier, Bruno 73
Clavelier-Brosson, Domaine 73
Clerget, Christian 67
Clerget, Georges 67

INDEX

Clerget, Michel 67
Clerget, Yvon 157, 167
Clos des Lambrays, Domaine 38, 46
Clos de Cîteaux 164
Clos des Epeneaux, Domaine 156, 157, 158–9, 164
Cos Frantin, Domaine 71, 145
Clos de Tart, Domaine 38, 158
Coche, Alain 192
Coche, Jean-François 177, 183
Coche, Julien 192
Coche-Bizouard, Domaine 192
Coche-Dury, Domaine 117, 194–5, 276, 278
Coche-Dury, Jean-François 192, 194–5
Coche-Dury, Rafaël 195
Colin-Deleger, Domaine 225
Colin, Marc 211, 237
Colin, Michel 225, 278
Collignon, Thomas 24
Comte Georges de Vogüé, Domaine 53, 55, 62–3
Comte Senard, Domaine du 118
Confrérie des Chevaliers du Tastevin 64, 183, 231
Confuron, Bernadette 76–7
Confuron-Cotétidot, Domaine 65, 76–7
Confuron, Jacky 65, 76–7
Confuron, Jean-Jacques 101
Cornu, Claude 120
Cosson, Familie 46
Couchey 15
Courcel, Domaine de 157, 162
Courcel, Gilles de 162
Couvreur, Domaine 14
Crottet, Jean 74

Daix 23
Damoy, Pierre 34
Daniel Bocquenet, Domaine 98
Daniel Rion, Domaine 115
Daniel Senard, Domaine 118–19, 139
Darviot, Didier 177
Degustieren, Das (Essay) 270–2
Delagrange, Andrée 228
Delagrange, Marie-Josèphe 228
Delon, Michel 173
Denis Mortet, Domaine 23
des Comtes Lafon, Domaine 196–8, 204, 211
de Triennes, Domaine 42
Devillard, Bernard 195
Diconne, Jean-Pierre 183, 184–5
Diconne, Mme. 184
Douhairet, Armande 157, 177, 180
Drouhin, Joseph 146
Drouhin, Maurice 146–7
Drouhin, Philippe 146
Drouhin, Robert 146–7
Drouhin, Véronique 146
Dubreuil, Bernard 123, 126
Dubreuil, Christine 126
Dubreuil-Fontaine, Domaine 126
Dubreuil, Julien 126
Dufouleur, Maison 112
Dugat, Bernard 35
Dugat, Claude 37
Dugat-Py, Domaine 35
Dujac, Domaine 38, 40–2, 43, 53

Ecard, Maurice 136, 137
Emmanuel Rouget, Domaine 74
Engel, Philippe 75
Engel, Pierre 75
Engel, René 75
Esmonin, André 37
Esmonin, Frédéric 37
Esmonin, Michel 35
Esmonin, Sylvie 35
Etienne Sauzet, Domaine 211, 220–1

Faiveley, Domaine 55, 60, 104–5, 117, 145, 275, 277
Faiveley, François 104–5, 275, 277

Faiveley, Guy 60, 105
Faiveley, Joseph 105
Fässer (Essay) 258–9
Faurois, Christian 86, 87
Faurois, Jacques 86
Faurois, Jean 86
Fernand Lecheneaut et Fils, Domaine 112
Fernand Pillot, Domaine 232
Fetzmann, Denis 152–3
Feuillat, Michel 24
Fèvre, Bernard 180
Fixin 14, 150
  Einleitung 16
  Domäne 17
  Karte der Weinlagen 16

Lagen/Climats:
  Arvelets, Les 16
  Clos du Chapître 17
  Clos Napoléon 16, 17
  Hervelets, Les 16, 17
  Meix Bas, Le 16
Flagey-Echézeaux *siehe* Vosne-Romanée
Fontaine-Gagnard, Domaine 224
Fontaine, Richard 224, 228
Forey, François 74
Forey Père et Fils, Domaine 74
Forey, Régis 74
François Frères 61
François Jobard, Domaine 200–1
Frédéric Esmonin, Domaine 37

Gabriel Tortochot, Domaine 19, 21
Gadille, Rolande 65
Gagey, André 148, 150
Gagey, Marie-Hélène 148
Gagey, Pierre-Henri 148–9
Gagnard, Caroline 226–7
Gagnard, Claudine (Blain) 224, 228
Gagnard, Jacques 224, 226, 228
Gagnard, Jean-Noël 226–7, 228, 278
Gagnard, Laurence (Fontaine) 228
Gagnard, Marie-Josèphe (née Delagrange) 228
Gagnard-Delagrange, Domaine 228
Gaudeau, Gérard 62
Gaunoux, Michel 163
Gaunoux, Mme. 163
Geantet, Vincent 36
Geantet-Pansiot, Domaine 36
Gelin, Pierre 17
Gelin, Stephen 17
Georges Clerget, Domaine 67
Georges Lignier, Domaine 38, 39, 43
Georges Lignier et Fils, Domaine 43, 53
Georges Mugneret, Domaine 65, 88
Georges Roumier, Domaine 55–7
Gérard Thomas, Domaine 227, 239
Germain, François 142–3
Gevrey-Chambertin 2, 14, 16, 18, 21, 38, 39, 43, 48, 52, 54, 75, 76, 90, 146, 149, 150
  Einleitung 19
  Domänen 20–37
  Grands Crus 19
  Karte der Weinlagen 18

Lagen/Climats:
  Aux Combottes 42
  Brunelle, La 27
  Gazetiers, Les 15, 19, 22, 29, 31
  Chambertin 19, 23, 30, 33, 36, 152
  Champeaux, Les 21, 23, 37
  Chapelle-Chambertin 19, 33, 34, 36, 148
  Charmes-Chambertin 20, 24, 25, 26–7, 28, 30, 34, 35, 51
  Cherbaudes 25
  Clos de Bèze 15, 17, 19, 30, 33, 44, 114, 148
  Clos de Meixvelles 17

Clos des Ruchottes 30
Clos Prieur 27, 36, 37
Cos St-Denis 28
Clos St-Jacques, Le 15, 19, 30, 35, 148
Clos Tarnisot 34
Combe aux Moines, La 19, 22
Corbeaux, Les 29
En Pallud 24, 25
Etournelles-St-Jacques 19, 37
Fontenys, Les 27, 29
Griotte-Chambertin 19, 27, 37
Latricières-Chambertin 19, 36
Lavaux St-Jacques 19, 25, 34, 35, 37
Mazoyères-Chambertin 19, 35
Mazis-Chambertin 15, 17, 24, 25, 26–7, 30, 34, 35, 37
Perrière, La 37
Petite Chapelle 35
Platière, La 22
Poissenots, Les 36
Ruchottes-Chambertin 19, 27, 30, 37, 88
Village 21, 26, 30, 34, 36
Grilles, Familie 120
Girard, Georges 133
Girard, Jean-Jacques 133
Girard, Philippe 133
Girardin, Aleth 164
Girardin, Hélène 164
Girardin, Henri 164
Girardin, Vincent 244
Girard-Vollot, Domaine 133
Gouges, Christian 106–7
Gouges, Henri 78, 106–7, 120, 168
Gouges, Marcel 106
Gouges, Michel 106
Gouges, Pierre 106–7
Graillet, Domaine 40
Grancy, Comtes de 152
Grivelet, Bernard 54
Grivelet, Familie 53
Grivot, Etienne 78–80, 197
Grivot, Gaston 78
Grivot, Jean 65, 71, 78–80
Grivot, Madeleine 78
Groffier, Jules 44
Groffier, Mlle. 100
Groffier, Mme. 44–5
Groffier, Robert 44–5, 100
Groffier, Serge 44–5
Gros, Anne 72
Gros, Anne et François, Domaine 72, 84
Gros, Anne-Françoise, Domaine 82, 161
Gros, Bernard 82, 83
Gros, Domaine 72
Gros, François 72, 84
Gros, Jean 65, 71, 82, 84, 270
Gros, Jeanine 157
Gros, Louis 72
Gros, Michel 82–3, 161
Gros, Mme. Jean 82, 83
Grux, Franc 208
Gublin, Nadine 199
Guyot, Dr. 128, 153
Guy Roulot, Domaine 208–9

Hancock, Professor 251
Harmand, Gérard 37
Harmand-Geoffroy, Domaine 37
Henri Gouges, Domaine 78, 94, 106–7
Henri Rebourseau, Domaine 19
Héritiers Louis Jadot, Domaine des 148
Hospices de Beaune 9, 10, 24, 145, 153, 172, 189, 196
Hubert Camus, Domaine 19
Hubert Lamy, Domaine 237, 238
Hubert Lignier, Domaine 38, 39, 43
Hudelot, Noël 68, 69
Hudelot-Noëllat, Alain 65, 68–9, 71
Hugel, Jean 228

Jaboulet-Verchere, Domaine 145, 157
Jacques-Frédéric Mugnier, Domaine 60–1
Jacques Germain, Domaine 139, 142–3, 145
Jacques Prieur, Domaine 33, 199
Jadot, Louis 65, 137, 148, 183, 276
Jadot, Louis-Alain 148
Jadot, Louis-Auguste 148
Jadot, Louis-Baptiste 148
Jafflin, Jean 217–18
Jahrgänge 273–80
Javouhey-Roulot, Michèle 208
Jayer, Georges 74
Jayer-Gilles, Domaine 120
Jayer-Gilles, Robert 120
Jayer, Henri 28, 74, 86, 105, 120, 261, Essay 265–6
Jayer, Lucien 74
Jean Chartron, Domaine 211, 214
Jean Grivot, Domaine 65, 78–80
Jean Gros, Domaine 82–3
Jean-Jacques Confuron, Domaine 101
Jean-Marc Boillot, Domaine 160
Jean-Marc Morey, Domaine 229
Jean-Marc Pavelot, Domaine 137
Jean-Noël Gagnard, Domaine 226–7
Jean-Philippe Marchand, Domaine 19
Jean-Pierre Diconne, Domaine 183, 184–5
Jean Tardy, Domaine 81, 86
Jean Trapet, Domaine 19
Jobard, François 183, 200–1
Jobard, Jean-Pierre 153
Jobard, Laurence 141, 223
Jobard, Mme. François 200
Joly, Maison 46
Joseph Drouhin, Domaine 44, 53, 71, 145, 146–7, 157, 196, 211, 241
Joseph et Pierre Matrot, Domaine 202
Joseph Roty, Domaine 26–7
Jules Belin, Domaine 96

Klima und Kleinklima (Essay) 248–9
Klone 254–5

Lachaux, Pascal 72
Ladoix-Serrigny *siehe* Aloxe-Corton
Ladoucette, Elizabeth de 62
Lafarge, Frédéric 167, 170–1
Lafarge, Michel 145, 167, 170–1
Lafon, Anne 196
Lafon, Bruno 196
Lafon, Comte Jules 196
Lafon, Dominique 196–8, 209
Lafon, Henri 196
Lafon, Jacques 196
Lafon, Jean-François 196
Lafon, Mme. Dominique 196
Lafon, Mme. Jules 196
Lafon, Pierre 196
Lafon, René 196
Laguiche, Marquis de 147, 211, 223
Lamarche, Domaine 71, 84–5
Lamarche, François 71, 84
Lamarche, Henri 71
Lamarche, Marie-France 71, 84–5
Lambrays des (Domaine Saier), Domaine 46–7
Lamy, Hubert 238
Lamy, Mme. 238
Lamy, Olivier 238
Lardière, Jacques 148-9, 223
Latour, Jean 152
Latour, Louis 152–3
Latour, Louis-Fabrice 152
Latour, Louis-Paul 152
Latour, Maison 152, 211, 242
Lechauve, François 180
Lecheneaut, Fernand 122
Lecheneaut, Philippe 112
Lecheneaut, Vincent 112
Leclerc, Philippe 22

285

Leclerc, René 22
Leflaive, Anne 217
Leflaive, Anne-Claude 217-19
Leflaive, Claude 216
Leflaive, Domaine 157, 178, 204, 205, 208, 211, 213, 216–19, 234, 237, 275, 276, 278
Laflaive, Joseph 216–17
Leflaive, Liliane 216
Leflaive, Nicole 216
Leflaive, Olivier 51, 157, 160, 184, 217, 219, 237
Leflaive, Vincent 178, 216, 217–18
Leglise, Professor Max 229
Lemon, Ted 208
Leneuf, Professor Noël 251
Lequin, René 241
Leroy, Domaine 10, 53, 183, 186–7
Lichine, Alexis 69
Liger-Belair, Familie 71
Lignier, Georges 43
Lignier, Hubert 43
Louis Carillon et Fils, Domaine 212–13
Louis Jadot, Domaine/Maison 13, 14, 53, 117, 123, 145, 148–50, 157, 177, 183, 195, 211, 223, 275, 278
Louis Latour, Domaine 71, 117, 123, 152–3, 195
Louis Trapet, Domaine 32-3
Loyère, Comte de la 128
Lucien Boillot, Domaine 19

Machard de Gramont, Domaine 108–9, 145, 157
Machard, Arnaud 108, 145, 157
Machard, Bertrand 108
Machard, Lescure 108
Machard, Xavier 108
Magenta, Duc de 10, 148, 150, 183, 223
Magnien, Michel 152
Magny-lès-Villers 120
Malibran, Mme. de 178
Marchand, Pascal 158–9
Marey, Familie 50
Marey-Monge, Familie 60, 71, 158
Mariller, Louis 24
Marlot, Gérard 90
Marquis d'Angerville, Domaine 78, 168–9
Marsannay-la-Côte 8, 16, 17, 39, 60, 128, 148, 150, 158
 Einleitung 12, 13
 Domänen 14–15
 Karte der Weinlagen 12
Masse Roland 66
Matrot, Thierry 202
Maufoux, Prosper 241
Maume, Bernard 24–5
Maume, Bertrand 24–5
Maume, Domaine 24–5
Maurice Ecard, Domaine 136
Méo-Camuzet, Domaine 65, 71, 86–7, 278
Méo, Jean 81, 86
Méo, Jean-Nicolas 75, 83, 86–7
Méo, Mme. 86
Merme, Armande 51
Mérode, Prince Florent de 121
Mesnil, Baron de 168
Mestre, Jean-François 203
Meunier, Alain und Sophie 101
Meurgey, Henri 151
Meurgey, Pierre 151
Meursault 117, 145, 156, 169, 176, 177, 182, 184, 211, 214, 217, 218, 219, 223, 226, 232
 Einleitung 189
 Domänen 190–209
 Karte der Weinlagen 188

Lagen/Climats:
Belles-Côtes, Les 194
Bouchères, Les 189

Caillerets, Les 189
Charmes, Les 189, 192, 201, 204, 209
Chevaliers, Les 192, 220
Clos de la Barre 198, 200
Clos des 6 Ouvrées 206
Clos St-Félix 203
Cras, Les 189
Désirée 198
En la Barre 197
Genevrières, Les 189, 201, 204
Gouttes d'Or, Les 189, 192, 197
Limozin, Le 192, 193
Luchets, Les 184, 194
Meix Chavaux, Les 209
Narvaux, Les 184
Monatine, En la 207
L'Ormeau 192
Perrières, Les 189, 195, 196, 198, 204, 209
Peutes-Vignes, Les 194
Pièce sous le Bois, La 190, 191, 202
Poruzots, Les 189, 201
Santenots 168, 169
Santenots Blancs, Les 189, 196
Santenots du Milieu, Les 196
Tillets, Les 189
Vireuils, Les 209
Volnay-Santenots 190, 196
Michel Ampeau, Domaine 145
Michel Bouzereau, Domaine 193
Michel Chevillon, Domaine 99
Michel Gaunoux, Domaine 157, 163
Michel Lafarge, Domaine 145, 170–1
Michel Prunier, Domaine 183
Michelot, Alain 110–11
Michelot, Bernard 203
Michelot-Buisson, Domaine 203
Millet, François 62–3
Molin, André 17
Momessin, Familie 50
Mondavi, Robert 66
Mongeard, Jean 71
Monnier, Familie 164
Monnier, Jean 156
Monthélie 10, 189, 196, 208
 Einleitung 176–7
 Domänen 178–81
 Karte der Weinlagen 176

Lagen/Climats:
Champs-Fuillot, Les 176
Crays, Les 194
Duresses, Les 176, 180, 192
Meix Bataille, Le 180
Sur la Velle 176, 178
Monthélie-Douhairet, Domaine 180
Montille, Domaine de 157, 172–3
Montille, Etienne de 172–3
Montille, Hubert de 157, 167, 172–3
Morey-St-Denis 14, 19, 31, 52, 53, 56, 62, 67, 81, 96, 110, 158
 Einleitung 38–9
 Domänen 40–51
 Grands Crus 39
 Karte der Weinlagen 38

Lagen/Climats:
Bussière, Clos de la 55, 57
Charrières, Les 110
Clos des Lambrays 39
Clos de la Roche 39, 48, 49
Clos de Tart 14, 39, 46, 50
Clos St-Denis 39, 46
En la Rue de Vergy 15, 39, 51
Monts-Luisants 39, 49
Riotte, La 51
Morey, Albert 230, 231
Morey, Alexis 204
Morey, Bernard 223, 229, 230–1, 278
Morey, Familie 196, 204
Morey, Jean-Marc 229, 230
Morey, Mme. Pierre 204
Morey, Pierre 204–5, 217–19, 278

Morey-Genelot, Auguste 204
Morinière, Comte und Comtesse Jean le Bault de la 124–5
Morinière, Jean-Charles de la 124–5
Morin, Christophe 40, 96
Morot, Albert 128, 154
Mortet, Charles 23
Mortet, Denis 23
Mortet, Thierry 23
Mourlon, Michel 217
Mugneret, Dr. Georges 88–9
Mugneret, Marie-Andrée 88–9
Mugneret, Marie-Christine 88–9
Mugneret, Jacqueline 88
Mugneret-Gibourg, Domaine 82, 84, 88–9
Mugnier, Famille 53
Mugnier, Frédéric 60–1
Mugnier, Mme. 60
Mussy, André 145, 157, 180

Naddef, Philippe 15
Naudin, Doudet 128
Nicolay, Claude de 134–5
Nicolay, Comte Aymar Claude de 134–5
Nicolay, Comtesse Nadine de 134–5
Nicolay, Familie 123
Niellon, Domaine 211
Noblet, André 90–1, 120
Noblet, Bernard 91–2, 111
Noblet, Mme. André 90
Noëllat, Charles 68
Nuits-St-Georges/Prémeaux-Prissey 8, 10, 13, 46, 49, 60, 66, 76, 77, 78, 82, 85, 87, 89, 145, 146, 148
 Einleitung 94–5
 Domänen 96–115
 Karten der Weinlagen 94–5

Lagen/Climats:
Aux Boudots 101
Aux St-Juliens 98
Boudots, Les 81, 87
Cailles, Les 94, 102–3, 111, 112
Chaignots, Les 89, 103, 107, 111
Clos de l'Arlot 95, 96–7
Clos de la Maréchale 60, 95
Clos de la Roche 112
Clos des Corvées 95, 148
Clos des Forêts St-Georges 95, 96–7
Clos des Porrets 99, 107
Clos des Porrets St-Georges 99, 106, 107
Clos de Thorey 113
Clos du Chapeau 117
En la Perrière Noblot 110
Fleurières, Les 101
Murgers, Les 77, 87
Perrières, Les 95, 103, 106, 107, 111
Poirets, Les 111
Poisets, Les 72
Porrets St-Georges, Les 94
Procès, Les 77
Pruliers, Les 94, 101, 107
Richemone, La 111
Roncières, Les 102–3, 111
Rue de Chaux 114
St-Georges, Les 94, 102–3, 107
Terres Blanches, Les 94
Vaucrains, Les 94, 102–3, 107, 111
Vignesrondes, Les 77

Pacelet, Philippe 114
Patriarche, Domaine 145
Paquelin, François 138
Parent, Domaine 156–7, 161
Parent, François 82, 156, 161
Pavelot, Jean-Marc 137
Pelletier, Rolland 46
Pepin, Jean-Luc 62–3
Pernand-Vergelesses 117, 133, 134, 142, 148, 155
 Einleitung 122–3

Domänen 124–7
Grand Cru 123
Karte der Weinlagen 122

Lagen/Climats:
Clos Berthet 123, 126
Corton 55, 124, 126, 142
Corton-Charlemagne 124, 126, 142
En Charlemagne 117, 119, 123
Fichots, Les 123
Ile des Vergelesses 123, 126, 134, 135
Petits Epenots, Les 126
Vergelesses, Les 123, 128, 134, 135
Pernin-Rossin, Domaine 38
Pernin, André 38
Perraud, Henri 50
Perrot-Minot, Christophe 57
Perrot-Minot, Domaine 51
Perrot-Minot, Henri 51
Pflanzgut (Essay) 254–5
Pflege der Reben (Essay) 256–7
Philippe Charlopin-Parizot, Domaine 28
Philippe Engel, Domaine 71
Philippe Joliet, Domaine 16
Philippe Leclerc, Domaine 22
Philippe Naddef, Domaine 15
Pierre Amiot, Domaine 39
Pierre Damoy, Domaine 34
Pierre Gelin, Domaine 16, 17
Pierre Morey, Domaine 204–5
Pillot, Laurent 232
Pillot, Fernand 232
Pinot Noir (Essay) 252
Poignant, Louis 108
Pommard 9, 130, 142, 145, 166, 167, 168, 182, 190, 206, 209
 Einleitung 156–7
 Domänen 158–65
 Karte der Weinlagen 157

Lagen/Climats:
Argillière, L' 156
Arvelets, Les 163
Chanlins, Les 157, 180
Clos des Cîteaux 156
Clos des Epeneaux 156, 158–9
Combes Dessous, Les 168
Epenots (Grands, Petits) 156–7, 159, 162, 164, 173
Fremiers, Les 156, 162, 167, 180
Grand Clos des Epenots 162
Jarolières, Les 156
Pézerolles, Les 156–7, 167, 170–1, 173
Platière, La 192
Rugiens, Les 156–7, 162, 164, 167, 173, 180
Saveilles, Les 157
Ponsot, Domaine 38, 39, 48–9
Ponsot, Jean-Marie 48–9
Ponsot, Laurent 48–9
Pont, Michel 133
Porcheret, André 26
Pousse d'Or, Domaine de la 10, 40, 41, 154, 167, 168, 175, 241
Potel, Gérard 175
Prémeaux-Prissey *siehe* Nuits-St-Georges
Prieur, Jean 199
Prieur, Martin 199
Prieuré Roch, Domaine 114
Prince Florent de Mérode, Domaine 121, 139
Prosper Maufoux, Maison 241
Prudhon, Henri 237
Puligny-Montrachet 10, 117, 125, 146, 148, 153, 178, 184, 189, 190, 195, 203, 204, 205, 223, 225, 231, 232, 234, 237, 238, 253
 Einleitung 210–11
 Domänen 212–21
 Grands Crus 211
 Karte der Weinlagen 210

INDEX

Lagen/Climats:
Bâtard-Montrachet 211, 216, 217, 220, 221
Bienvenues-Bâtard-Montrachet 211, 212, 213, 217, 219, 221
Caillerets, Les 172, 211, 214, 219, 225
Chalumaux, Les 211
Champ Canet 211, 213, 220
Champ Gain 211
Clavoillon 211, 217, 219
Chevalier-Montrachet 211, 214, 217, 220, 225
Clos de la Garenne 211
Clos de la Pucelle 214
Clos des Chevaliers 214
Clos du Cailleret 214
Combettes, Les 190, 211, 212, 217, 219, 220, 221
Demoiselles (Puligny-Montrachet), Les 148, 211, 225
Enseignères, Les 194
Folatières, Les 211, 214, 217, 219, 220
Garenne, La 220, 239
Montrachet, Le 204, 211, 217
Perrières, Les 211, 213
Pucelles, Les 211, 217, 219
Referts, Les 211, 213, 220
Sous le Dos d'Ane 218
Tremblots, Les 238
Truffière, La 211, 220, 225

Qualitätskontrolle (Essay) 246–7

Ramonet, André 234
Ramonet, Domaine 211, 214, 218, 223, 226, 229, 234–5, 274, 275, 276, 278
Ramonet, Jean-Claude 234
Ramonet, Noël 234–5
Ramonet, Pierre 234
Ramonet-Prudhon, Domaine *siehe* Ramonet, Domaine
Ravasse, Professor 251
Rebenpflege (Essay) 256–7
Reh, Eva 66
Reh, Karl 66
Reine Pédauque, Domaine La 117
Remigny *siehe* Santenay
Remoriquet, Domaine 114
Remoriquet, Gilles 114
Remoissenet, Domaine 117
René Engel, Domaine 71, 75
René Leclerc, Domaine 19
Rion, Daniel 115
Rion, Patrice 115
Robert Ampeau et Fils, Domaine 190–1
Robert Arnoux, Domaine 72
Robert Chevillon, Domaine 95, 102–3
Robert Groffier, Domaine 38, 39, 44–5
Robert Tourlière, Domaine 148
Roch, Henri 90, 114
Rodier, Albert 46
Rodier, Camille 46
Roland Rapet Père et Fils, Domaine 117
Romanée-Conti, Domaine de la 29, 42, 71, 84, 90–3, 120, 154, 196, 211, 275
Ropiteau, Maison 184
Rossignol, David 36
Rossignol, Jacques 36
Rossignol, Nicolas 36
Rossignol, Régis 157, 167
Rossignol-Trapet, Domaine 36
Rotweinbereitung (Essay) 260–1
Roty, Joseph 26–7, 275
Roty, Joseph-Antoine 26
Roucher, Michel 214
Rougeot, Alexandre 207
Rougeot, Domaine 206–7, 274
Rougeot, Marc 206–7
Rougeot, Pierre-Henri 207
Rougeot-Latour, Domaine 206

Rouget, Emmanuel 74
Roulot, Guy 208, 278
Roulot, Jean-Marc 208–9
Roulot, Geneviève 208
Roumier, Alain 55, 62–3
Roumier, Anne 196
Roumier, Christophe 55–7, 61, 65, 196, 197, 277
Roumier, Domaine 38, 196
Roumier, Georges 55
Roumier, Jean-Marie 55
Roumier, Paul 55
Rousseau, Charles 19, 30–1, 275, 277
Roy Frères, Domaine 183
Royer-Girardin, Domaine Le 164

Saier, Domaine *siehe* Lambrays, Domaine des
St-Aubin 10, 232, 253
Einleitung 236–7
Domänen 238–9
Karte der Weinlagen 236

Lagen/Climats:
Castets, Les 237, 238, 239
Charmois, Les 225, 230, 237
Chatenière, La 237, 239
En Remilly 238
Frionnes, Les 237, 238, 239
Murgers des Dents de Chien, Les 237, 239
Sur le Sentier du Clou 237
St-Joseph, Domaine 223
Santenay 8, 150, 172, 189, 223, 224, 226, 231, 232, 238, 252
Einleitung 240–1
Domänen 242–4
Karte der Weinlagen 241

Lagen/Climats:
Clos de Malte 148, 150
Clos de Tavannes 175, 240–1
Clos Rousseau 240–1
Comme, La 240, 243
Grand Clos Rousseau 230, 241
Gravières, Les 175, 240, 243
Maladière, La 240–1
Petit Clos Rousseau 241
Sauzet, Domaine 234, 275, 276, 278
Sauzet, Etienne 213, 220
Savigny-lès-Beaune 14, 54, 118, 121, 123, 139, 140, 190, 197, 218, 225
Einleitung 128
Domänen 130–8
Karte der Weinlagen 129

Lagen/Climats:
Aux Vergelesses 130
Basses Vergelesses 135, 155
Bataillère, La 128, 155
Champlains 131
Champ Chevrey, Le 128, 141
Clos La Bataillère 154–5
Dominode, La 14–15, 133
Fornaux, Les 128, 131, 135
Gravains 137
Grands Liards, Les 131
Guettes, Les 128, 131, 137
Hautes Vegelesses 155
Jarrons, Les 128, 136, 137
Lavières, Les 128, 132, 133, 134, 135, 140, 141
Marconnets, Les 128, 131
Narbantons, Les 128, 133, 136, 137
Perrières, Les 131
Peuillets, Les 128, 132, 133, 136, 137
Pimentiers, Les 131, 132
Rouvrettes, Les 133
Serpentières, Les 128, 131, 133
Vergelesses, Les 128, 131, 135
Serafin, Christian 29
Serafin, Mme. 29
Serafin Père et Fils, Domaine 29

Senard, Daniel 118
Senard, Jules 118
Senard, Philippe 117, 118–19
Seysses, Jacques 39, 40–2, 43, 96, 275
Siddle, Mark 66
Simon Bize et Fils, Domaine 130–1, 133
Smet, Jean-Pierre de 40, 95, 96–7
Steiner, Rudolph 217
Suremain, Familie de 177
Suremain, Eric de 178
Suremain, Robert de 178
Sylvie Esmonin, Domaine 35

Tardy, Jean 81, 86
Taupenot, Jean 46
Tavant, Yves 162
Terregelesses, Domaine des 118
Thenard, Baron 10, 196
Thenard, Familie 64
Thomas, Denis 113
Thomas, Gérard 237, 239
Thomas, Yves 113
Thomas-Moillard, Domaine 113
Tollot, Alain 140
Tollot, François 140–1
Tollot, Jacques 140
Tollot, Jean-Paul 72
Tollot-Beaut et Fils, Domaine 117, 128, 139, 140–1, 145
Tortochot, Domaine 21
Trapet, Arthur 32
Trapet, Jean 19, 32–3
Trapet, Jean-Louis 32–3
Trapet, Louis 32
Trébuchet, Louis (Chartron et Trébuchet) 214, 237

Unterlagsreben 255

Vachet, Gérard 34
Vachet-Rousseau, Domaine 34
Viénot, Charles 108
Viénot, Jean-Charles 96
Villaine, Aubert de 42, 90, 92–3
Villamont, Henri de 54, 128
Villars-Fontaine 113
Vincent Girardin, Domaine 244
Virot, Jean 204, 217
Virot, François 217
Voarick, Michel 117, 132
Vogüé, Comte Georges de 62
Voillot, Joseph 157, 167
Volnay 9, 10, 40, 41, 124, 130, 145, 155, 176, 177, 180, 190, 196, 224, 226
Einleitung 166–7
Domänen 168–75
Karte der Weinlagen 166

Lagen/Climats:
Angles, Les 166
Bousse d'Or 166
Caillerets, Les 166–7, 169, 174, 175, 176
Carelle sous la Chapelle 166–7
Champans, Les 166, 169, 173, 197, 228
Chanlins 166, 171
Clos d'Audignac 175
Clos des Chênes 166–7, 171, 174, 175, 176, 194
Clos des Ducs 166, 168–9, 171
En Chevret 166
Frémiets, Les 156, 157, 166–7, 169
Mitans 173
Pitures Dessus 166, 174
Ronceret, Le 166
Taillepieds, Les 166, 169, 173, 194
Village, Le 166
Volnay-Santenots 167
Vosne-Romanée/Flagey-Echézeaux 10, 68, 81, 94, 103, 107, 111, 120, 145, 197
Einleitung 70–1

Domänen 72–93
Grands Crus 71
Karte der Weinlagen 70

Lagen/Climats:
Aux Malconsorts 70, 84, 85, 113
Aux Raignots 71
Barreaux, Les 87
Beaumonts, Les 70
Brûlées, Les 87
Chaumes, Les 70, 81, 84, 85, 87, 115
Clos des Réas 83
Echézeaux 40, 42, 67, 70, 71, 73, 75, 85, 88, 98, 120
Gaudichots, Les 74
Grande Rue, La 71, 84, 85
Grands Echézeaux 70, 71, 75, 81, 90
Hautes Maizières, Les 72, 73, 114
Reignots 73
Richebourgs, Les 68, 71, 82, 83, 86, 87, 90, 91
Romanée-Conti, La 71, 91
Romanée, La 71, 84, 88
Romanée St-Vivant 68, 69, 71, 72, 85, 90, 96, 101, 152
Suchots, Les 68, 69, 70, 72, 77
Tâche, La 71, 84, 85, 90, 91
Verroilles, Les 71
Vougeot 52, 86, 176
Einleitung 64–5
Domänen 66–9
Grand Cru 65
Karte der Weinlagen 64

Lagen/Climats:
Clos de la Perrière 64–5, 66
Clos de Vougeot 9, 14, 33, 44, 58, 60, 62, 64–5, 68, 71, 72, 77, 78, 81, 85, 87, 88, 89, 100, 101, 115, 146, 148
Cras, Les 64, 66
Petits Vougeots, Les 64, 66, 100
Vigne Blanche, La 64

BIBLIOGRAPHIE

BECKER, HELMUT (1982) Breeding wine grapes for cool climates in Geisenheim – white and red varieties. *Institute of Masters of Wine, International Symposium.*

BROADBENT, MICHAEL (1992) Weine prüfen, kennen, genießen. *Hallwag Verlag, Bern und Stuttgart.*

BROADBENT, MICHAEL (1994) Weinnotizen. *Hallwag Verlag, Bern und Stuttgart.*

CANNARD, HENRI Balades en Bourgogne (Tome II). *Imprimerie Pornon, Dijon.*

DUIJKER, HUBRECHT (1980) Die großen Weine des Burgund. *Albert Müller Verlag, Rüschlikon-Zürich.*

DUIJKER, HUBRECHT (1996) Hugh Johnsons Weinreisen: Burgund. *Hallwag Verlag, Bern und Stuttgart.*

GADILLE, ROLANDE (1967) Le vignoble de la Côte Bourguignonne. *Université de Dijon, Paris.*

HANCOCK, PROF. J. M. (1967) The Geological Controls on Wines *(unveröffentlichtes Manuskript).*

HANSON, ANTHONY (1982) Burgundy. *Faber & Faber, London.*

KUNKEE, RALPH E., UND GOSWELL, ROBIN W. (1977) Table Wine. *Economic Microbiology, 1, 315–386.*

LAVALLE, DR. JEAN (1855) Histoire et statistique de la vigne et des grands vins de la Côte d'Or.

LEGLISE, MAX (1976) Une initiation de la dégustation des grands vins. *Défense et Illustration des Vins d'Origine, Lausanne.*

LENEUF, NOËL (1988) Terroirs viticoles en Bourgogne. *Cahiers du Centre d'Etudes Régionales de Bourgogne, No. 4, 27–52.*

LENEUF, NOËL (1983) Influence du sol sur la qualité des produits en viticulture. *Association Internationale des Entretiens Ecologiques, Dijon.*

LICHINE, ALEXIS (1980) Die Weine und Weingärten Frankreichs. *Seewald, Stuttgart.*

Guy Accad und Philippe Senard im Weinberg – da, wo die Qualität feiner Burgunder beginnt.

MERIAUX, S., CHRÉTIEN, J., VERMI, P., UND LENEUF, N. (1981) La Côte viticole. Ses sols et ses crus. *Bulletin Scientifique de Bourgogne, vol. 34, 17–40.*

NAUDIN, RENÉ (1989) L'élevage des vins de Bourgogne en fûts de chêne. *BIVB, Beaune.*

PETERSON, R. G. (1976) Formation of reduced pressure in barrels during wine ageing. *American Journal of Enology and Viticulture, vol. 27, 80–81.*

PEYNAUD, ÉMILE (1984) Die hohe Schule für Weinkenner. *Albert Müller Verlag, Rüschlikon-Zürich.*

PITIOT, SYLVAIN, UND POUPON, PIERRE (1985) Atlas des grands vignobles de Bourgogne. *Jacques Legrand, Paris.*

POMEROL, C. (Hrsg.) Geological Journeys. *Robertson McCarta, London.*

ROBINSON, JANCIS (1987) Reben, Trauben, Weine. *Hallwag Verlag, Bern und Stuttgart.*

SIMON, ANDRÉ (1946) A Wine Primer. *Michael Joseph, London.*

SINGLETON, V. L. (1982) Oxidation of Wine. *Institute of Masters of Wine, International Symposium.*

SPURRIER, STEVEN, UND DOVAZ, MICHEL (1983) The Académie du Vin Wine Course. *Century Publishing Co. Ltd., London.*

SUTCLIFFE, SERENA Burgund (Ausgabe 1995/96). *Hallwag Verlag, Bern und Stuttgart.*

WARNER, R. H., UND JOHNSTON, A. E. Proceedings of the Fertiliser Society, No. 72.

YOXALL, HARRY (1968) The Wines of Burgundy. *Michael Joseph, London.*